민주주의의 삶과 죽음

민주주의의 삶과 죽음

존 킨 | 양현수 옮김

The Life and Death of Democracy

대의 민주주의에서
파수꾼 민주주의로

교양인
GYOYANGIN

회의체 민주주의

5장 라틴아메리카의 카우디요 민주주의

6장 유럽의 민주주의

3부 파수꾼 민주주의

7장 인도의 민주주의

　《민주주의의 삶과 죽음》을 한국 독자들과 공유하게 되어 매우 기쁘고 영광스럽게 생각합니다. 이 책을 통해 흥미진진하고 격렬하며 때로는 비극으로 또 때로는 승리로 가득 찬 민주주의의 역사가 잘 전달되기를 바랍니다. 지금까지 알려진 민주주의라는 우주의 가장 먼 곳까지 여러분을 안내하는 이 여정이 모쪼록 우리 모두가 지니고 있는 민주주의에 관한 통념을 되짚어보고 나아가 민주주의를 완전히 새로운 눈으로 보는 계기가 되면 좋겠습니다.

　독자들에게 이 책이 흥미로운 경험이 될 수 있기를 기대합니다. 이 책은 민주주의의 역사를 서구 중심의 정치사나 정치사상사의 측면에서 다루는 것을 넘어, 고대부터 현재까지 삶의 방식이자 정치 제도로서 다양한 모습으로 존재해 온 민주주의를 말 그대로 전면적으로 다루고자 했습니다. 이를 위해 정치적 평등을 쟁취하기 위해 여성들이 벌인 극적인 투쟁, 오리엔트 세계에서 유래한 민주주의의 여러 제도들, 민주주의 역사에서 큰 힘을 발휘한 종교의 역할까지 다양한 내용을 담으려 했습니다. 독자들은 이 책을 읽으면서 과거에 왜 민주주의가 여러 차례 무너지거나 사라질 위기에 놓이게 되었는지 그 이유를 알게 될 것입니다. 또 21세기에 들어선 지금, 갈수록 커지는 빈부 격차, 검은 돈, 정부와 재벌의 유착이 민주주의를 어떻게 위험에 빠뜨리는지 더 잘 알게 될 것입니다.

여전히 우리는 한 나라 안에서 이루어지는 '자유롭고 공정한' 선거가 민주주의의 핵심이라는 확신에 사로잡혀 있습니다. 이 책은 18세기 유럽에까지 뻗어 있는 그 확신의 깊은 뿌리를 탐사합니다. 그러나 한편으로 이 책은 그런 정통적 믿음이 이제는 낡았으며, 한국을 포함한 기존의 민주주의 국가들에서 점점 속도가 빨라지고 있는 전 지구적 변화의 경향과 잘 들어맞지 않는다는 점을 확실히 보여주고자 합니다. 이 책이 다루는 가장 대담한 주장은, 오늘날 역사적으로 완전히 새로운 형태의 민주주의가 등장했다는 것입니다. 1945년 이후 우리는 새로운 감시 조직과 공공 감시 실험이 곳곳에서 계속해서 등장하는 것을 목격하고 있습니다. 이런 조직과 실험적 활동은 특히 기업이나 정부에서, 또는 국경을 초월한 영역에서 권력을 행사하는 사람들을 감시하기 위한 것입니다. 오늘날 민주주의는 시민들과 선출된 대표자들에 의한 자치를 의미할 뿐 아니라, 침실이건 기업 경영진의 회의실이건 또는 심지어 전쟁터이건 상관없이 권력이 행사되는 곳이면 어디서나 지속적으로 권력을 감시하며 제한하는 활동을 의미하게 되었습니다. 민주주의가 새로운 역사적 의미를 지니게 된 것입니다. 민주주의는 갈수록 역동적이고 개방적이며 시끌벅적한 활동이 되고 있습니다. 이 책에서는 이러한 새로운 민주주의의 시대를 '파수꾼 민주주의' 시대라고 부릅니다.

'파수꾼 민주주의'의 논지는 민주주의의 과거, 현재, 미래에 관한 모든 상투적인 생각에 도전합니다. 이 책에서는 지금까지 당연하게 여겨 온 민주주의의 지평을 새로 탐색하고 확장하고자 합니다. 이 작업은, 민주주의는 결코 주어지는 것이 아니며 당연한 것으로 여겨서는 안 된다는 일본의 정치사상가 마루야마 마사오의 주장에서 영감을 받은 것입니다.

이 작업의 의미를 설명하는 데 지평선(수평선)에 관한 비유가 적당할 것 같습니다. 비행기 조종사, 어부, 해안 경비원, 측량사, 풍경화가처럼 지평선이나 수평선을 매일같이 마주하는 사람들은 그 선들이 기만적이고 논쟁적이라는 사실을 경험을 통해 잘 압니다. 지평선(수평선)은 고정된 지점이나 실재하는 장소가 아닙니다. 그 선들은 끊임없이 우리의 감각을 속입니다. 그곳까지의 거리와 목적지가 분명히 실재한다고 믿도록, 확실하게 규정할 수 있고 계획할 수 있으며 탐색할 수 있다고 믿도록 우리를 유혹합니다. 이 책은 민주주의의 과거와 현재를 철저하게 검토함으로써 민주주의의 지평 (선)을 변경할 수 있다고 말합니다. 이것은 곧 '정해진 틀 밖에서' 생각할 필요가 있다는 뜻입니다. 달리 표현하자면, 민주주의의 역사를 다루는 이 책은 오래된 주제에 완전히 새롭게 접근하고 창의적으로 생각하고자 합니다. 한 나라 안에서든 세계 차원에서든 민주주의의 현재와 미래에 시급하고 중요한 사안들을 새로운 방식으로 이해하고자 합니다.

이 책을 집필하면서 몇몇 접근 방식을 조합하여 활용했습니다. 먼저, 알렉시 드 토크빌이 쓴 획기적인 저술《미국의 민주주의》(1836년)에서 처음 윤곽이 잡힌 전통적 방식에 따라, 과거와 현재에 이루어진 민주주의 실험들을 철저히 관찰한 다음에야 비로소 민주주의의 역사를 새롭게 다시 쓸 수 있다고 생각했습니다. 달리 표현하자면, 다루는 대상이 고대 그리스든 아니면 중세 유럽 도시나 독립 혁명 시기의 미국, 혹은 현대의 인도와 중국이든 상관없이, 그때 그곳에 존재했던 민주주의의 언어와 제도와 행위자들에 대해 구체적 맥락에 주의하면서 끈기 있게 증거에 바탕을 둔 분석을 진행하려 했습니다. 또한 과거와 현재의 민주주의 현실에는 언제나 이상(理想)이 스며있으며, 따라서 민주주의의 행태를 설명하는 것은 이론적 유희나 철학자의 도락이 아니라 민주주의 연구에서 핵심 요소라고 생각했습니다. 민주주의에 찬성하거나 반대하는, 서로 충돌하며 경쟁하는 많은 주장들, 그리고 권력 행사를 공적으로 통제하는 방식으로서 민주주의의 우월성을 논하는 21세기의 새로운 주장들은 모두 이 민주주의의 흥미로운 역사에서 중요한 부분입니다.

민주주의의 역사를 새롭게 서술한 이 책은 또한 독자들에게 민주주의의 기원과 미래에 대해 새롭고 좀 더 강력한 역사 인식을 지니도록 요청합니다. 사실성(史實性)을 강조하는 것은 단지 과거에 대한 무지가 현재에 대한 오해를 낳는다는 이유 때문만은 아닙니다. 더 중요한 이유는 이 책에서 반복해서 말하는 것처럼, 민주주의라는 것이 각 시대 상황에 민감하게 반응하는 특별한 정치 형태로서 권력 관계가 바뀔 수 있다는 감각을 사람들이 공유하게 해주기 때문입니다. 민주주의는 시민들과 그 시민들이 선택한 대표자들에게, 이 세상의 모습은 현재에도 또 미래에도 단순히 '주어지는 것' 혹은 '원래 그런 것'이 아니라 자신이 어떤 정치적 선택을 하는가에 따라 언제든 변할 수 있는 것이라는 감각을 지니게 해줍니다.

나아가 이 책은 민주주의를 삶의 방식 전체로 폭넓게 볼 것을 요청합니다. 민주주의란 그저 선거 방식이나 특정한 정부 형태를 가리키는 것이 아닙니다. 이 책은 민주주의가 단순히 누가 선거에서 승리할지, 누가 국가 기관을 통해 통치할지 같은 문제에만 영향을 끼치는 것이 아님을 보여줄 것입니다. 여성과 남성이 사회적으로 동등한 대우를 받는지, 어린이와 장애인과 노인이 시민으로서 존중받는지, 종교적 신념이 민주주의에 자양분이 될 수 있는지, 민주주의가 대규모 산업 재해를 방지할 수 있는지 따위의 문제들에서도 민주주의는 영향을 끼치고 있습니다. 《민주주의의 삶과 죽음》은 민주주의를 넓은 시야로 바라봅니다. 도시가 민주적 삶에 기여하는 점, 정당의 쇠퇴, 시민들이 참여하는 '주민 발의 제도'와 '그린피스', '국제투명성기구', '위키리크스' 같은 공적 감시 기구들의 성장 같은 다양한 문제를 다룹니다. 이 책은 또한 민주주의가 형성되는 과정에 민족주의와 폭력과 전쟁이 수행하는 역할에도 관심을 기울입니다. 더불어 대중 매체의 힘, 중산층의 성장, 자본주의와 민주주의의 긴장 관계, 여전히 일상에서 영향력을 행사하는 종교적 신념, 포퓰리즘의 위험성에 대해서도 살펴봅니다.

이 책을 쓰게 된 동기는 민주주의를 연구하는 데 습관적으로 서구의 기준을 적용하는 것에 대한 불만이었습니다. 많은 우여곡절 끝에 대의 민주주의의 언어와 제도들은, 이 책에서 보여주는 바와 같이, 사실상 아시아-태평양 지역 거의 모든 곳에서, 그리고 세계의 다른 지역에서도 역사상 선례가 없는 엄청난 규모로 그 흔적을 남기고 있습니다. 일부 학자들은 한국, 일본, 타이완, 인도를 포함해 아시아-태평양 지역의 민주주의 체제가 대부분 그 본질에 있어서 앵글로-아메리카 모델(양당 중심의 '자유민주주의' 체제)의 복제품이라고 주장하고 있습니다. 이 책은 이 같은 주장이 부당하다는 것을 보여주고자 합니다. 다른 문제는 제쳐두더라도, 민주주의가 각 지역의 상황에 따라 '현지화(indigenization)'라는 중요한 과정을 거치고 있음을 제대로 파악하지 못한 주장이기 때문입니다.

더 중요한 점은 아시아-태평양 지역이 민주주의의 정신, 언어, 제도에 중요한 기여를 함으로써 민주주의 역사에 흔적을 남기고 있다는 사실입니다. 이런 큰 변화가 민주주의를 다룬 저술들에서 대체로 무시되고 있습니다. 민주주의의 다양한 '모델'을 다루는 교과서적 저술들이 있지만, 그런 저술들도 대부분 과거와 현재의 수많은 비(非)전형적 사례를 모른 체하는 뚜렷한 '유럽 중심적' 경향을 띠고 있습니다. 인도, 한국, 타이완, 인도네시아에서 진행된 민주화는 각각 무척 다른 과정을 거쳤습니다. 과거 유럽에서 나타난 어떤 패턴이 그대로 반복되는 것이 결코 아닙니다. 이 책은 오늘날 민주주의 연구의 무게 중심이 여전히 대서양 지역에 위치한 대학과 싱크탱크를 비롯한 여러 기관들 쪽에 있으며, 이런 독점은 이제 더는 지지받을 수 없으며 무너져야 마땅하다는 생각에서부터 시작되었습니다. 이와 관련해 이 책은 새로운 접근을 제안합니다. 즉 대서양 지역을 민주주의의 고향이라고 전제하는 인식이 변하고 있음을 인정하고, 전 지구적 차원에서 민주주의의 운명은 아시아-태평양 지역에서 민주주의가 현재 그리고 미래에 겪을 부침(浮沈)에서 강력한 영향을 받을 것임을 인정하는 것입니다. 서울, 베이징, 마닐라, 도쿄, 방콕, 델리, 시드니, 자카르타 등지에서 벌어지는 일들은 단순히 그 지역의 특수한 현상이라고 볼 수 없습니다. 그곳에서 벌어지는 사건들은 전 지구적인 관심사이며, 전 지구적으로 중요한 일입니다.

시드니와 베를린에서
존 킨

불길한 달과 작은 꿈

현재의 시간과 과거의 시간
어쩌면 둘 다 미래의 시간 속에 있겠지.
그리고 그 미래의 시간은
과거의 시간 속에 들어 있겠지.
_ T. S. 엘리엇, 〈번트 노턴(Burnt Norton)〉,
《네 개의 사중주》(1936년)

역사는 온갖 비애의 목록이요, 비굴의 연속이요, 또 범죄로 가득 찬 도살장이라고 흔히들 말한다. 하지만 언제나 그랬던 것은 아니다. 고통스러운 굴종의 틀이 깨지는 때도 있다. 지금으로부터 2600년 전 유럽 대륙의 남동쪽 끝에 살던 그리스인들이, 오늘날 역사적 중요성 측면에서 볼 때 바퀴, 인쇄술, 증기 기관, 줄기세포 복제와 어깨를 나란히 하는 그것을 발명했다고 주장했던 때가 바로 그런 시기였다. 그리스인들이 발명했노라고 주장한 그것은 폭정에 맞선 저항을 배경으로 하여 태어났으며 처음에는 별다른 주목을 받지 못했다. 이 발명품에 참신한 특색이 있다는 것을 인정한 사람은 별로 없었다. 이 발명품 때문에 세상에 더 많은 혼란이 빚어질 것이라고 비난하는 사람도 있었다. 이 발명품이 장차 전 세계 사람들에게 호소력을 발휘할 것이라고 예측한 사람은 없었다. 이 발명품은 그저 인간사라는 거대한 수레바퀴의 일부분으로 보였고 적대 세력들 사이에 벌어진 권력 투쟁의 또 다른 사례로 여겨졌을 뿐이다. 하지만 이 발명품에 대한 인식은 곧 크게 바뀌었다. 헤아릴 수 없이 많은 사람들이 마치 쇳가루가 자석에 끌리듯 이 발명품에 매료되었으며 전 세계적으로 이 발명품에 대한 열정이 불타올랐다.

이런 현상이 벌어진 데는 충분히 이해할 만한 이유가 있었다. 이 발명품은 사람들에게 자기 자신을 새롭게 상상해보고 이제까지와는 다른 삶의 방식을 선택하라고 요구했기 때문이다. 이 발명품은 일종의 강력한 '희망적 관측'으로 여전히 우리 곁에 남아 있다. 그리스인들이 이 발명품에 붙인 이름은 '데모크라티아(dēmokratia)'였다.

'희망적 관측'이란 눈앞의 세계를 변형해 지금 이 세계보다 더 좋은 다른 미래 세계를 마음속에 그려보는 것이다. 사람들은 종종 희망적 관측을 조롱한다. 하지만 이것이 인간의 타고난 조건이라는 점은 분명하다. 언어를 사용하여 주변 세계를 표현할 때면 우리는 습관처럼 주위에 당장 존재하지 않는 어떤 것들을 언급한다. 우리는 때때로 부족한 정보를 바탕으로 하여 추측하고, 당장 눈앞에 놓인 주제와 맞지 않는 엉뚱한 이야기를 하며, 지금과 전혀 다른 상황에 대한 바람을 드러내기도 한다. 우리는 그런 크고 작은 꿈들에 기대어 산다. 그리고 우리는 그런 꿈을 꾸는 동안 종종 어떤 대상에 대해 말하는 새로운 방식을 찾기도 하고 놀랍도록 적절한 단어를 쓰거나 다른 사람들에게 특별한 영감을 불러일으키기도 한다. '데모크라티아'는 바로 그런 꿈에서 튀어나와 엄청난 힘을 발휘하는 단어 가운데 하나이다. 이 단어는 세계 곳곳의 수백만 명을 각성시켰으며, 사람들이 자신들의 세계를 이해하고 변화시킬 수 있게 도와주었다. 그 변화는 너무도 심오해서 오히려 과소평가되거나 종종 많은 오해를 받았다.

어떤 발명품에는 발명가의 이름이 확실하게 남아 있다. 예를 들면, '뉴턴', '후버', '루빅스 큐브'*가 그렇다. 하지만 민주주의라는 단어는 누가 처음 만들어냈는지 알 수 없다. 민주주의에 관련된 어휘들의 정확한 언어적 기원과 또 이 민주주의란 단어가 언제 어디에서 처음 사용되었는지는 여전히 수수께끼이다. 민주주의는 자신의 비밀을 조심스럽게 감추고 있다. 과거의 짙은 안개 속에 이따금 실마리들이 보이는데, 그 실마리는 종종 헝클어진 외모와

---

* '뉴턴(newton)'은 1960년에 제정된 힘의 단위로서 고전물리학의 선구자인 아이작 뉴턴(Isaac Newton)의 이름을 딴 것이다. '후버(Hoover)'는 20세기 초에 진공청소기를 처음으로 대중에게 판매한 윌리엄 후버(William Hoover)의 이름을 딴 것으로서 영국에서는 진공청소기를 통상 이 이름으로 부른다. '루빅스 큐브(Rubik's Cube)'는 여러 개의 작은 정육면체가 모여 하나의 큰 정육면체를 이루는 입체 퍼즐이며, 1974년 헝가리의 에르뇌 루비크(Ernö Rubik)가 발명했다.

옷차림을 한 인물들의 모습으로 나타난다. 그리스의 만티네아에 살았던 데모낙스(Demonax)가 그런 인물 중 한 명이다. 이 사람의 이름부터 민주주의를 뜻하는 그리스어 단어와 유사하다. 그는 턱수염을 기르고 헐렁한 옷을 입었으며 끈으로 묶은 샌들을 신고 다녔다. 기원전 550년경 데모낙스는 델포이 신탁을 전하던 여사제들의 부름을 받았다. 여사제들은 데모낙스에게 키레네―'키레네'는 지금의 아프리카 리비아 해안 지방에 있던 농업 도시국가였으며 그곳 주민들은 그리스어를 썼다.―로 가라는 신탁을 내렸다. 키레네의 왕 바투스 3세(Battus III)의 폭정으로 고통받고 있던 그곳 사람들에게 폭정에 항거할 수 있는 권리를 부여하고, 자체적으로 회의체를 조직하여 집회를 열어 자신들이 만든 법률에 따라 스스로 통치할 수 있게 하라는 명령이었다.

데모낙스는 역사상 최초로 자신을 민주주의의 친구로 표현한 몇몇 유명인 가운데 하나였을 수 있지만 이것을 확신할 수는 없다.[1] 데모낙스가 쓴 글이나 연설 혹은 그가 만든 법률 중에 지금까지 남아 있는 것이 없기 때문이다. 하지만 바로 그런 점에서 데모낙스는 민주주의에 대해 모든 것을 다 안다고 생각하는 이들에 맞서 여전히 많은 비밀을 간직한 민주주의를 적절하게 상징하는 인물이 된다. 민주주의라는 주제에는 너무나 많은 수수께끼와 혼란이 존재하며, 확실하지 않은데도 우리가 일단 진실이라고 추정해놓은 것들이 많다. 이 주제를 자세히 들여다보면 놀라운 것들이 많은데 그중 하나는 민주주의가 그리스인의 발명품이 '아닌 것'이 확실하다는 점이다. 민주주의가 서방 세계의 보편적인 가치이자 유럽이 전 세계에 준 선물이며 혹은 앞으로 그렇게 될 것이라는 믿음은 여간해선 사라지지 않는다. 그렇기 때문에 민주주의 역사에 접근할 때 가장 먼저 바로잡아야 할 것은 그리스의 민주주의 개념 표절이라고 부를 만한 행위이다. 대부분의 고대 그리스 희곡과 시와 철학적 저작들은 기원전 5세기에 살았던 그리스인들이 민주주의의 개념과 관행을 최초로 만들어낸 공적이 있다고 주장했다. 동시대 그리스인들이 보기에 이런 주장은 타당했다. 이후 현재에 이르기까지 대부분의 관찰자들은 같은 주장을 반복하고 있다. 하지만 틀린 주장이다.

《민주주의의 삶과 죽음》에서는 민주주의라는 이 짧은 단어가 고대 그리스의 평론가들이 주장한 것보다 훨씬 더 역사가 오래되었다고 주장한다. 이 단어의 뿌리를 살펴보면, 그리스 고전 시대보다 700년에서 1000년 정도 앞선 미케네 문명 시기의 '선형문자 B' 기록물에서 기원을 찾을 수 있다. 즉 미케네와 펠로폰네소스 반도의 도시국가들을 중심으로 하여 발달했던 후기 청동기 시대(기원전 1500년~기원전 1200년)에서 그 기원을 찾을 수 있다는 것이다. 미케네 사람들이 남긴 기록에 따르면, 토지를 공동으로 소유했던 사람들을 '다모스(dāmos)'라고 불렀으며, 이런 '다모스'를 대변해 활동하는 관리를 '다모코이(damokoi)'라고 불렀다고 한다. 하지만 이런 단어를 미케네 사람들이 언제 그리고 어떤 방식으로 습득하게 되었는지는 분명하지 않다. 또 하나 분명하지 않은 사실은, 이 단어들뿐 아니라 오늘날 우리가 민주주의에 관해 말할 때 쓰는 여러 단어들이 혹시라도 더 동쪽에서 온 것이 아닌가 하는 점이다. 예를 들면, 고대 수메르 문명의 기록을 보면 '두무(dumu)'라는 단어가 나오는데 이는 어느 특정 지역의 '주민' 혹은 '아들들' 혹은 '아이들'을 가리키는 단어였다. 이러한 불확실성을 다소 감소시키는 놀라운 사실을 현대 고고학자들이 발견했다. 즉 자치 회의체(self-governing assembly)의 민주적 관행이 고대 그리스인의 발명품이 아니라는 사실이 밝혀진 것이다. 회의체를 기반으로 하는 민주주의의 등불이 처음 밝혀진 곳은 '오리엔트(동방)' 지역이었다. 이때 '오리엔트'는 현재의 지리적 명칭으로 보자면 시리아, 이라크, 이란 지역을 가리킨다. 민주적 자치의 관행은 다시 더 동쪽으로 전달되어 인도 아대륙(亞大陸)으로 옮겨 갔다. 기원전 1500년 이후의 일정 시기, 즉 초기 베다 시대(기원전 1500년~기원전 1000년)가 되면 인도 아대륙 지역에서는 회의체에 의해 통치되는 공화국들을 흔히 볼 수 있었다. 민주적 관행은 서쪽으로도 옮겨졌다. 우선은 비블로스나 시돈 같은 페니키아의 도시국가들로 전달되었고, 이후 아테네로 전해졌다. 기원전 5세기가 되자 바로 이 아테네에서, 민주주의 관행은 서방에만 존재하는 특별한 것이며, 또 동방의 '야만성'과 비교하여 서방의 우월함을 보여주는 상징이라는 주장이 나왔다.

　머나먼 다른 지역으로부터 서방에 수입된 화약이나 인쇄술 같은 것들이 역사를 바꾼 것처럼, 이 민주적 회의체의 관행과 이보다 약간 늦게 들어온

'데모크라티아'라는 다소 낯설게 들리는 말이 오늘날 우리가 서방이라고 부르는 지역에 도착한 사건으로 인해 역사의 방향이 근본적으로 바뀌었다. 어쩌면 그 사건 덕분에 역사 자체가 가능했다고 말하는 것이 공정한 평가인지도 모르겠다. 민주주의라는 것을 그저 사람들이 스스로 통치하는 것이라고 단순하게 이해할 수도 있지만, 동시에 이 개념에는 급진적인 요소가 담겨 있었다. 즉 민주주의는 인간이 서로 평등한 존재로서 이 땅 위에서 어떻게 함께 살아갈지를 두고 스스로 결정을 내리는 데 필요한 각종 제도를 발명하고 활용할 수 있는 존재라고 가정한다. 이런 생각은 오늘날 우리에게 지극히 당연해 보일지 모른다. 하지만 조금만 더 생각해보자. 민주주의라는 작은 꿈 속에는 큰 믿음이 담겨 있다. 즉 인간이라는 유한한 존재들이 서로 동등한 입장에서 토론이나 회의체를 스스로 조직할 수 있고, 그 안에서 잠시 다른 활동을 멈추고 어떤 대상에 대해 시간을 두고 함께 생각할 수 있으며, 그러고 나서 행동 방침을 결정할 수 있다는 것이다. 이런 의미에서 민주주의는 소름 끼칠 정도로 굉장한 발명품이었다. 사실상 인류 역사에 나타난 최초의 '인간적인' 통치 형태였던 것이다.

물론 모든 통치 형태는 사람이 창조하고 발전시키며 또 운영한다는 점에서 모두 '인간적'이라고 말할 수 있다. 하지만 민주주의라고 불리는 통치 형태에는 예외적인 요소가 있었다. 즉 '인간적인 것'이 어떤 것인지는 고정불변이 아니며 모든 것은 시간과 장소라는 늘 변화하는 조건 위에 세워진다는 것, 그렇기 때문에 인간은 서로 평등한 존재로서 솔직하고 유연한 자세로 함께 살아갈 방법을 찾고 유지하는 것이 현명한 길임을 이해하라고 요구했다는 것이다. 민주주의를 받아들이려면 인간들은 반드시 신들과 자연이 들려주는 이야기의 이면을 꿰뚫어보아야 했으며, 두뇌나 혈통의 우수성에 근거한 특권의 이면을 꿰뚫어보는 능력을 갖추어야 했다. 민주주의란 권력의 '비(非)자연화' 과정을 뜻했다. 민주주의의 개념에는 소수의 지배 혹은 스스로 보통 사람이 아닌 초인(超人)이라고 주장하는 힘 있고 돈 있는 자들의 지배를 방지하는 것이 가장 중요한 정치 문제라는 생각이 담겨 있었다. 이는 사실 인류 역사에서 오래된 문제이다. 민주주의는 "누가 무엇을 언제 어떻게 가질 것인가?"*라는 사안을 답이 없는 미결 안건으로 영구히 남겨 두는 것이 가능한 정치 질서를 세움으로써 이 오랜 문제를 해결했다. 민주주의는 인간이 비록 천사나 신은 아니지만 최소한 일부 사람들이 자신을 천사나 신이라고 생각하는 것을 방지할 정도의 능력은 갖추었다고 믿는다. 민주주의는 겸손한 자들의, 겸손한 자들에 의한, 겸손한 자들을 위한 통치이다. 민주주의는 평등한 자들이 행하는 자치이자 민중의 회의체가 합법적인 통치를 행하는 것을 뜻했다. 민주주의는 이 회의체의 주권을 과거처럼 어떤 상상 속의 신들에게, 혹은 전통의 강력한 목소리에, 혹은 자의적인 통치를 일삼는 폭군에게, 혹은 보통 사람은 모르는 어떤 지혜를 지닌 자에게 넘겨주지 않겠다는 것이었다. 또 일상을 살아가는 나태함 때문에 주권이 자신도 모르는 사이에 타인에게 넘어가 타인이 나의 중요한 문제를 결정하도록 방치하지 않겠다는 것이었다.

이러한 의미의 민주주의가 2600년이 지난 오늘날에도 여전히 우리의 관심을 끄는 이유는 무엇인가? 20세기에 이미 민주주의가 승리를 거두었다는 선언이 있었는데 지금 민주주의의 삶과 시대상에 관해서 또 다른 역사서를 읽는 이유는 무엇인가? 이런 질문에 다양한 답을 이끌어낼 수 있겠지만 첫 번째 답은 가장 직설적인 다음의 답이다. 인류가 만들어낸 발명품의 역사에 관심이 있는 사람이라면, 이 책에서 공적인 회의체에 의한 통치, 여성 참정권, 비밀투표, 배심원 재판, 의회 대의제 같은 민주주의의 오래된 제도들과 이상이 언제 어디서 어떻게 비롯되었는지 그 불분명한 기원에 대해 새로운 세부 사항들을 알게 될 것이다. 이런 사항들 외에 민주주의에 딸린 다른 제도들―정당 제도, 의무투표 제도, 사법 심사* 제도, 국민투표 제도, 선거인단 제도, 시민 사회, 언론의 자유와 같은 시민권적 자유―에 관심 있는 사람들 역시 이 책에서 흥미로운 내용을 많이 발견할 수 있을 것이다. 또 민주주의의 의미에 관한 열띤 논쟁, 그 과정에서 발생하는 민주주의의 의미 변화, 민주주의에 관련된 중요한 용어들의 기원, 민주주의 비용에 대한 매우

---

* 이 구절은 미국의 정치학자 해럴드 라스웰(Harold Lasswell, 1902~1978)이 언급한 "Politics is who gets what, when, and how"에서 따온 것으로서 정치의 개념으로 종종 인용되는 문구이다. **사법 심사**(judicial review) 입법부나 행정부가 취한 입법 행동 혹은 행정 조치가 법에 부합하는지 여부를 사법부가 판단하는 제도. '위헌 법률 심사권'이라고도 불린다.

흥미로운 농담들, 민주주의가 좋은 것이라는 주장을 뒷받침하는 온갖 종류의—그리고 서로 충돌하는—이유들에 관심 있는 사람도 이 책에서 많은 것을 발견할 수 있을 것이다.

이 책 전체에서 (그리고 이 책의 맨 끝에 있는 역사와 민주주의에 대한 단상에서도) 기억해야 할 것을 망각하거나 혹은 잘못을 옳은 일로 기억하는 것이 민주주의를 위험에 빠뜨린다는 점, 그리고 영원불변할 것처럼 보이는 것들이 절대로 그렇지 않다는 점을 분명히 보게 될 것이다. 단순해 보이지만 알고 보면 상당히 복잡한 예를 하나 들어보자. 까치가 나무 위에 짓는 둥지가 다양한 재료로 이루어지듯, 선거에 관련된 어휘 역시 서로 기원이 다른 다양한 용어들로 이루어져 있다. '선거'를 뜻하는 영어 단어 'election'은 '선택하다', '(여러 개의 가능성 가운데에서) 고르다'라는 의미의 라틴어 단어에서 왔다. 한편 이런 선택의 권한이 있는 사람들을 집합적으로 가리키는 단어 'electorate(유권자)'는 매우 최근에 사용되기 시작했는데, 1879년에 최초로 기록되었다. 그 이전에는 'elector'라는 단어를 사용했다. 선거권자들이 보유한 권리, 즉 투표권을 가리키는 단어로 요즘 쓰는 것은 'franchise'이다. 하지만 이 단어는 원래 13세기 영어에서 '자유, 즉 예속이나 피지배에서 면제된 상태'를 뜻했다. 조금 더 시간이 흐른 뒤에는 합법적인 기소 면제라는 의미로 쓰였다. 그 이후에야 몇 개의 새로운 의미가 생겨났다. 이를테면 국왕이 어떤 사람에게 체포 면제 권한을 부여하는 경우처럼 어떤 권한이나 특권을 부여하는 행위를 가리키는 의미가 생겼고, 투표권을 가리키는 'elective franchise'란 표현도 생겼다. 또 오늘날에는 특정한 지역에서 특정 제품을 매매할 수 있는 면허권을 누군가에게 부여하는 것을 가리키는 의미로도 쓰인다.

'투표'를 뜻하는 'voting'이란 단어를 보자. 이 단어는 라틴어 단어인 'votum'에서 유래했으며 16세기에 '소망하다, 맹세하다'라는 뜻으로 영어에 편입된 다음, 1600년경에 스코틀랜드에서 현재의 의미, 즉 선거로써 행하는 선택의 의미를 갖게 되었다. 투표를 의미하는 단어에는 'poll'도 있다. 원래 '머리(head)'를 뜻했던 이 단어는 고대 네덜란드어와 독일어에서 나왔으며 현재 몇몇 지역 방언에서도 그 흔적을 볼 수 있다. 'poll'은 16세기 말에 도입된 완전히 새롭고 특이한 선거 방식을 가리키는 데 쓰였다. 그것은 지지자들의 머릿수를 세는 방식이었다. 이 새로운 방식을 비난하는 사람들이 'to poll'을 사람이나 동물의 머리털이나 목을 자르는 행위를 가리키는 데 쓰기도 했다. 그렇지만 이 새로운 방식 덕분에 과거의 부패한 선거 방식에 종지부를 찍을 수 있었다. 그전에는 지지자들이 자기 '후보'를 위해 큰 소리로 외쳤는데 이때 가장 큰 소리를 내는 쪽이 승리하는 방식이었다. '후보'를 의미하는 'candidate'는 로마 공화정 시기에 쓰인 단어 'candidatus'에서 기원을 찾을 수 있다. 라틴어로 'candidatus'는 '흰색 옷을 입은'이라는 뜻이었다. 원로원에 선출되기를 원하는 자들이 사람들의 이목을 끌기 위해 흰색 토가를 입고 다녔고 그런 사람들을 가리키는 말로 쓰였다.

오늘날 선거 입후보자들을 보며 흰색이나 순수함을 연상하기 어렵다는 점은 굳이 말할 필요도 없다. 한편, 선거의 어둡고 부정적인 측면과 연결되는 단어로는 'ballot(투표, 투표용지)'이 있다. 이탈리아어 'ballotta'에서 온 이 단어는 원래 투표할 때 항아리나 상자 속에 남몰래 넣는 작은 공을 의미했다. 이것은 18세기 영국 신사들의 사교 모임('젠틀맨스 클럽')에서 투표로 어떤 것을 정할 때 '거부'를 표시하기 위해 상자 속에 '검은색 공'을 집어넣은 것과 정확하게 같은 의미였다. 어떤 사안이나 어떤 사람에 대해 거부를 표현하거나 반대표를 던지는 것을 뜻하는 영어 단어 'blackballing'은 지금도 여전히 선거와 관련해 종종 쓰이고 있다.(2002년 한국에서 총선거가 치러졌을 때 '총선시민연대'라는 단체가 '부적절한' 후보자를 상대로 낙선 운동을 벌인 바 있다.[2]) 그러나 검은 공이 되었건 흰 공이 되었건 이 작은 사례에는 훨씬 더 큰 의미가 담겨 있다. 즉 오늘날 우리가 민주주의와 관련해 쓰는 여러 용어들은 시간이 지나도 변치 않는 불변의 어떤 것이 결코 아니라는 점이다. 일본이든 나이지리아든 캐나다든 우크라이나든 어디에서나 민주주의에 관련된 용어들은 모두 역사적인 것들이다.

《민주주의의 삶과 죽음》은 우리가 아는 민주주의에 관련된 모든 표현과 관습과 제도가 특정한 시대나 순간에 매여 있음을 상기하고자 한다. 민주주의는 우리의 정치적 운명이 도달한 영원불변의 성취가 아니다. 민주주의는 인류가 과거부터 현재까지 줄곧 변함없이 채택해 온 통치 방식이 아니며,

앞으로 인류 역사가 지속되는 한 언제까지나 지속될 것도 아니다. 지금처럼 민주주의의 의미와 효율성과 유용성을 두고 여러 의견이 충돌하는 시점에, 민주주의란 불안정하고 언제든 우발적으로 변할 수 있는 것이라는 인식을 제고하는 것이 바로 이 책의 목표이다. 물론 일반적으로 민주주의는 군사 독재나 전체주의 정당 혹은 국왕에 의한 통치가 아니라, 보통 사람들 혹은 그들의 대표자들이 법에 따라 스스로를 다스리는 특별한 유형의 정치 체제를 뜻한다. 최근 수십 년간 이런 의미의 민주주의가 전례 없는 인기를 누리고 있다. '데모크라시'라는 영어 단어는 컴퓨터나 오케이(OK) 같은 단어와 마찬가지로 전 세계인들에게 익숙한 단어가 되었다. 어떤 권위 있는 논평가들은 민주주의가 이미 전 세계적인 승리를 거두었다고 말하기도 하고 민주주의가 이제 보편적인 선(善)이라고 주장하기도 한다. 하지만 '민주주의'가 무엇을 의미하는지, 그리고 이것이 다른 경쟁 체제들에 비해 과연 더 나은 것인지, 더 낫다면 왜 그런지를 두고 여전히 여러 논의가 진행되고 있다. 미국, 영국, 인도, 아르헨티나 같은 나라들의 민주정이 과연 그들이 표방하는 민주주의 이상에 부합하는지를 두고도 의견이 분분하다. 사실 그 민주주의의 이상이라는 것도 논란의 여지가 많다. 가장 흔한 논란은—이 책에서도 해결책을 제시해보려고 노력하는 사항이지만—'참여' 혹은 '직접' 민주주의라고 불리는 것을 지지하는 이들과 '대의' 혹은 '간접' 민주주의라고 불리는 것을 지지하는 사람들 사이에 벌어지는 논쟁이다. 투표라든가 다수결의 형태로 모든 시민이 자신들의 삶에 영향을 끼치는 사안의 결정 과정에 참여하는 것이 '참여' 혹은 '직접' 민주주의이며, 보통 사람들이 투표나 공적인 의사 표시를 거쳐 자신들을 대신해서 사안을 결정해줄 대표자(대의자)들을 선출하여 정치를 맡기는 것이 '대의' 혹은 '간접' 민주주의이다.

회의체 민주주의

위와 같은 논란을 정리하는 데 유용한 첫 번째 지혜는 민주주의라는 것이 인간의 다른 모든 발명품들과 마찬가지로 역사가 있음을 이해하는 것이다. '민주주의'의 가치와 제도는 돌에 새겨진 글자처럼 불변하는 진실이 결코 아니다. '민주주의'라는 단어의 의미조차 시간의 흐름에 따라 변한다. 이 것이 《민주주의의 삶과 죽음》의 핵심이다. 이 책에서는 민주주의를 하나의 의사 결정 방식이면서 총체적인 삶의 방식으로 이해한다. 그리고 민주주의 가 서로 조금씩 겹치는 세 단계의 역사를 거쳐 발전해 왔다고 전제한다.

첫 번째 역사 단계에서는 공적 회의체가 만들어지고 확산되었다. 이 단 계는 대략 기원전 2500년에 지리적으로 오늘날 '중동(中東)'이라고 불리 는 지역에서 시작되었다. 이 단계는 그리스 고전 시대와 로마 시대까지 뻗 어 있으며 기원후 950년까지 초기 이슬람 세계를 포함한다. 이 역사 단계 는 아이슬란드와 페로 제도, 그리고 그 외 몇몇 도서 지역에 '팅(ting)', '뢰팅 (løgthing)', '알팅(althing)'이라는 이름의 지방 회의체가 확산되면서 끝이 났 다. 이 역사 단계 전체는 스칸디나비아와 고전 시대 아테네와 로마 공화정 의 찬란한 몇몇 시대를 제외하면 비민주적인 퇴보의 암흑기로 인식되곤 한 다. 어느 정치학자의 다음과 같은 언급을 이런 통상적인 인식의 한 사례로 들 수 있겠다. "[로마] 공화정이 붕괴하면서 민중이 통치하는 정치 체제는 남부 유럽에서 완전히 사라지고 말았다. 넓은 지역에 흩어져 살던 일부 소 규모 부족들을 제외하면 이러한 통치 체제는 이후 거의 천 년 동안 지구상 에서 완전히 모습을 감추었다."[3]

근대 서구의 편견에 깊이 물든 이러한 인식은 잘못된 것이다. 사실을 말 하자면, 이 첫 번째 역사 단계 동안 민주주의의 기본 제도—평등한 사람들 의 회의체를 통한 자치—의 씨앗들이 매우 다양한 토양과 기후의 지역에 널리 뿌려졌다. 이 씨앗들은 인도 아대륙과 페니키아의 번영하는 해양 제국 곳곳, 그리고 당시로서는 변방이었던 유럽의 서쪽 해안 지역까지 퍼져 나갔 다. 민주적 회의체는 점차 뿌리를 내리기 시작했으며, 여러 가지 부수적인 제도와 규칙과 관행들—예를 들어 성문헌법의 제정, 배심원과 선출직 관리 의 보수 지급, 공적 발언의 자유, 투표 집계 도구의 발명, 추첨 형식의 투표 제도, 투표로 선출되거나 혹은 선발된 배심원이 배석한 가운데 진행되는 재 판 제도—이 함께 발달했다. 또 권력을 함부로 휘두르는 지도자를 통제할 수 있는 제도도 발달했다. 법에 정해진 대로 선거를 치러 국왕을 선발하는 제도, 공직 보유 기간 제한, 그리고 (아직 정당도 없고 주민 소환이나 탄핵 절차가 없던 시대에) 회의체 내의 선동 정치가들을 도편 추방제에 따라 다수결 투표로 추방해버리는, 조금은 요란스럽지만 평화적인 제도들도 발달했다.

이상의 여러 제도는 유명한 도시국가인 아테네에서 매우 중요한 역할을 했다. 기원전 5세기 아테네에서는 성인 남자 시민들로 구성된 회의체에 의한 합법적 지배라는 뜻으로 민주주의의 의미가 확정되었다. 원칙적으로 여자와 노예와 외국인은 배제되었다. 이들을 제외한 성인 남자들은 아테네의 가장 중요한 공공 광장에서 약간 떨어진 '프닉스(pnyx)'라는 이름의 낮은 언덕에서 정기적으로 집회를 열었다. 집회의 목적은 어떤 사안을 두고 토론을 벌이거나, 저마다 다른 여러 의견을 표결에 부치거나, 손을 들거나 혹은 항아리 안에 도자기 조각이나 금속 조각을 던져 넣는 방식으로 앞으로 행동 방침을 정하는 것이었다. 이 민주주의의 첫 번째 단계에 이미 (양원제 의회의) 제2원 즉 상원(上院)을 두는 실험이 곳곳에서 진행되었다.(시민들이 통치하는 몇몇 그리스 도시국가에서는 이런 제2원을 '다미오르고이damiorgoi'라고 불렀다.) 그리고 이 시기에는 민주적 정부들의 연합 동맹을 만드는 실험도 진행되었다. '미리오이(myrioi)'라는 공동 회의체를 매개로 하여 상호 의견과 행동을 조율하는 연합 동맹은 기원전 360년대에 그리스어를 쓰는 아르카디아인들 사이에서 나타났다. 더불어, 이 시기에는 훗날 민주적 삶의 방식에서 필수 구성 요소로 여겨질 생활 양식을 만들어내려는 중요한 노력들이 나타났다.

이러한 혁신은 이슬람 세계에도 있었다. 그 가운데에는 인쇄 문화가 있었으며, 자치적 결사체를 구성하려는 시도가 있었다. 이런 자치적 결사체의 예로는 '와크프'와 '모스크'가 있었으며, 경제 분야에는 통치자로부터 법적으로 독립된 '샤리카'라는 일종의 공동 경영 조직이 있었다.* 또 이슬람교는 왕정에 조롱을 퍼부음으로써 통치자들의 권위에 관한 공적인 논쟁을 끝없이 촉발했다. 이 역사 단계가 끝나는 기원후 950년경에는 이슬람 학자들이

---

* 와크프(waqf)는 모스크와 기타 자선을 목적으로 하는 공공 시설을 재정적으로 유지하기 위하여 개인에게 기증받은 토지, 가옥 등의 신탁 기금과 그 기금을 관리하는 재단을 가리킨다. 모스크(mosque)는 이슬람 신앙의 상징이자 삶의 중심인 사원이다. 샤리카(sharika)는 이슬람의 전통적인 경제 활동 단체를 가리키는데, 구성원 각자 무한 책임을 지며 수익과 손실을 공동으로 나눈다.

민주주의의 오래된 개념들을 부활시키기까지 했다. 초기 이슬람 세계는 모든 사람이 공유해야 하는 덕성이 있음을 강조했다. 신성한 존재를 두고 회의론자와 신자들 사이에는 관용과 상호 존중의 정신이 필요했으며, 통치자들은 다른 사람들의 삶의 해석을 존중할 의무가 있었다. 이 시기에 무슬림들 사이에서 인간은 자연을 인간 자신과 동등하게 여겨 연민 어린 배려로 대해야 한다는 믿음이 나타났다. 인간과 자연은 둘 다 신성한 창조물이기 때문이었다.

대의제 민주주의

기원후 10세기경에 민주주의는 두 번째 역사 단계에 들어섰다. 유럽의 해안 지역, 북아메리카의 볼티모어와 뉴욕, 그리고 남아메리카의 카라카스, 몬테비데오, 부에노스아이레스를 이으면 대서양을 가운데 둔 거대한 삼각형이 그려지는데, 바로 이 큰 삼각형 지역이 두 번째 역사 단계에서 중심 역할을 했다. 이 역사 단계의 시작을 알린 사건은 이베리아 반도에서 이슬람 문명에 대항하여 일어났던 군사적 충돌이었으며, 그 여파로 12세기에 의회 제도가 탄생했다. 이 단계는 20세기 전반기를 고통으로 물들인 기계화된 전쟁과 독재와 전체주의 통치라는 폭풍들에 의해 민주주의 제도와 삶의 방식이 거의 파멸에 가까울 정도로 타격을 입은 비참한 분위기에서 끝이 났다. 이 역사 단계의 약 1천 년 동안에는 아주 특별한 일들이 벌어졌다.

도시의 재탄생, 기독교 내부의 종교 분쟁, 그리고 '저지대 국가들'*(1581년), 영국(1644년), 스웨덴(1720년), 미국(1776년)에서 일어난 혁명 같은 다양한 사건이 원인이 되어 이 기간 동안 형성된 민주주의는 '대의 민주주의(representative democracy)'라고 불리게 된다. 이 말은 18세기에 프랑스와 영국 그리고 새롭게 탄생한 미국에서 사용되기 시작했으며, 헌법 제정자들이나 영향력 있는 정치 저술가들이 민중의 동의에 기반을 둔 새로운 통치 형

저지대 국가들(Low countries) 스헬데 강, 라인 강 그리고 뫼즈 강의 낮은 삼각주 지대 주변에 위치한 지역 일대를 일컫는 말이다. 이 지역에는 오늘날의 벨기에, 네덜란드, 룩셈부르크, 프랑스 북부 지역 일부와 독일 서부 지역 일부가 포함된다.

태를 가리키는 표현으로 썼다. 정확히 누가 '대의 민주주의'란 표현을 처음 사용했는지는 아무도 모르지만, 이 개념과 관련해 새로운 지평을 연 사람은 프랑스의 정치 저술가 다르장송 후작(Marquis d'Argenson, 1694~1757)이었다. 그는 프랑스의 귀족이었으며 루이 15세 때 외무장관을 지냈다. 어쩌면 다르장송 후작이 처음으로 '대의(代議, representation)'로서 민주주의의 새로운 의미를 모색해낸 사람일지도 모른다. 그가 사망한 뒤인 1764년에야 익명으로 공개된 소책자에는 이런 구절이 있었다. "거짓된 민주주의는 곧 무정부 상태로 빠져든다. 그것은 다중(多衆)이 지배하는 정부이다. 이는 폭동이며, 법과 이성에 대한 뻔뻔스러운 멸시다. 이런 민주주의가 폭압적이며 자의적인 통치라는 것은, 그 폭력적인 작동과 불확실한 심의(審議)에 의해 분명히 드러난다. …… 진정한 민주주의는 민중의 선거에 의해 권위를 부여받은 대리인들을 통해 작동한다. 민중에게 선택된 자들의 사명, 그리고 그들을 뒷받침하는 권위가 공적 권력을 구성한다."[4]

　이는 민주주의에 대한 아주 참신한 사고방식이었다. 이 새로운 민주주의에서 사람들은 최소 두 명 이상의 후보자를 대상으로 하여 진정한 선택권을 행사할 수 있고, 투표자로서 자유롭게 대리인을 뽑을 수 있다. 그리고 대리인들은 투표자들의 이익을 옹호하기 위해 활동한다. 이 대리인들은 다른 사람들을 대신하여 의사 결정을 내림으로써 사람들을 '대의'한다. '대의'가 정확히 어떤 의미인지, 누가 누구를 대의할 수 있는지, 그리고 만약 대리인들이 자신들이 대의해야 할 사람들을 무시하는 일이 벌어지면 어떻게 해야 하는지 같은 의문을 두고 많은 잉크와 피가 흘렀다. 하지만 민주주의의 두 번째 역사 단계 동안 줄곧 사람들은 대리인들이 통치하는 정부가 좋은 정부라는 믿음을 공유했다. 토머스 페인(Thomas Paine, 1737~1809)은 "아테네가 만일 대의제를 도입했다면 그들의 민주주의를 능가했을 것"이라는 흥미로운 말을 했다. 우리는 이런 발언을 통해 18세기 말의 정치 평론가, 헌법 제정자, 시민들이 대의 민주주의를 완전히 새로운 것으로 얼마나 굳게 믿고 있었는지 엿볼 수 있다. 당시에 대의 민주주의는 군주제와 종종 대비되었으며 피대의자(被代議者), 즉 선거권자들 사이에서뿐 아니라 대의자들과 선거권자들 사이에서도 서로 다른 의견을 공개적으로 드러냄으로써 더 좋은 정치를 가능하게 해주는 제도라고 칭송받았다. 대의 정치 체제는 권력을 위임받은 지도자들에 대한 공포로부터 시민들을 자유롭게 한다는 찬사를 받았다. 이렇게 선출된 지도자들은 일정한 기간 동안만 '공직에 있는 것'이므로 선출 과정을 거치지 않은 국왕이나 폭군의 정부에서 사적으로 변형된 권력과 비교할 때 긍정적인 대안으로 보였다. 또 대의제는 좋지 못한 정치적 성과에 대한 책임을 배분하는 새롭고 효과적인 방식이라는 평가를 받았다. 이것은 업적이 있으면 보상을 주고 잘못이 있으면 벌을 준다는 원칙에 따라, 정치 지도자의 교체를 촉진하는 새로운 방법이기도 했다. 대의정은 겸손한 정부의 새로운 형태이고, 의견을 달리하는 정치적 소수에게도 일정한 공간을 허용하는 새로운 방법이며, 평등한 조건 속에서 권력 획득을 위한 경쟁을 가능하게 만든 것으로 평가받았다. 이로써 선출된 대의자들은 자신들을 파면할 권한이 있는 사람들 앞에서 자신들의 정치적 능력과 지도력을 시험해보는 것이 가능해졌다. 또한 대의 민주주의를 옹호한 최초의 사람들은 좀 더 실제적인 명분을 들었다. 아주 단순한 현실 문제였다. 즉 설사 사람들이 원한다 해도 모든 사람이 자신의 모든 시간 동안 정치 과정에 적극 참여할 수는 없다는 것이다. 이런 현실적인 제약이 있기 때문에 정기적으로 대의자를 선출하여 그들에게 정치라는 과제를 위임할 수밖에 없다는 이야기다. 대의자의 임무는 공적 자금의 사용 과정을 감시하는 일이다. 대의자들은 자신들을 뽑아준 유권자들을 대신해 정부와 관료 집단에 항의한다. 또 대의자들은 각종 문제를 두고 토론하고 법률을 제정한다. 그들은 민중을 대신해 누가, 어떻게 통치할 것인지 결정한다.

권력에 이름을 붙이고 권력을 다루는 방법으로서 대의 민주주의는 특이한 정치 체제였다. 대의 민주주의는 성문헌법, 독립적 사법 기관, 절차를 보장하는 법률들에 기반을 두었는데, 이것들은 오늘날 민주주의 운영에서도 여전히 핵심 역할을 수행하고 있다. 대의 민주주의를 작동하는 절차와 원칙에는 다음과 같은 것들이 있다. 인신 보호법(고문과 감금 금지), 주기적 선거를 통한 입법 기관 후보자 선출, 정치적 직책의 임기 제한, 비밀투표 원칙, 주민 투표, 주민 소환제, 선거인단, 경쟁적 정당 제도, 옴부즈맨* 제도, 시민 사회, 집회의 자유와 같은 시민권적 자유, 언론의 자유 등이다. 한편, 이전 단계의 회의체 민주주의와 비교해보면, 대의 민주주의는 자치 제도의 지리적 규모를 엄청나게 확대했다. 대의 민주주의는 처음에 도시나 농촌 지역에서, 또는 제국의 식민 정착지라는 여건 속에서 나타났지만, 시간이 흐르면서 주로 영토 국가 내에 자리 잡게 되었다. 이때 영토 국가란 상비군에 의해 보호되고, 법률을 제정하고 이를 강제할 권한이 있으며, 종속된 주민들에게 세금을 거두는 권한을 행사하는 국가다. 이 국가들은 고대 민주정의 정치적 단위보다 규모도 훨씬 크고 인구도 많은 것이 보통이었다. 회의체 민주주의가 시행된 고대 그리스의 경우, 만티네아와 아르고스처럼 대부분의 도시국가들은 면적이 수십 제곱킬로미터에 불과했다. 현대의 대의 민주주의 국가들 가운데 많은 국가들이 과거의 도시국가와 비교할 수 없을 정도로 크다. 캐나다는 998만 제곱킬로미터이고, 미국은 982만 제곱킬로미터이며, 오스트레일리아의 연방주인 웨스턴오스트레일리아의 캘굴리 지역구*에는 8만 2천 명의 유권자가 230만 제곱킬로미터에 이르는 광대한 면적에 흩어져 거주했다.

대의 민주주의를 낳은 변화들은 필연적인 것도 아니었고 정치적으로 논란의 여지가 없는 것도 아니었다. 대의 민주주의가 꼭 등장해야 할 이유는 없었다. 그러나 그렇게 되었다. 대의 민주주의는 다양한 권력 투쟁 과정에서 태어났으며, 그런 투쟁 가운데 상당수는 지배 집단에 맞서 일어난 것이었다. 이때 지배 집단은 교회의 위계 조직이거나 지주, 군주, 제국의 군대였고, 이들에 맞선 투쟁은 종종 '민중(people)'의 이름으로 행해졌다. '민중'이 과연 어떤 사람들을 가리키느냐는 골치 아픈 문제였으며 이 문제 때문에 대혼란이 일어나기도 했다. 대의 민주주의 시대에는 민주주의에 관련된 옛 어휘들이 되살아나는 놀라운 일이 벌어졌다. 그뿐이 아니었다. 민주주의라는 말 자체에 새로운 의미가 부여되기 시작했는데, 그런 새로운 의미를 만약 고대인이 접한다면 논리적으로 모순이라고 지적하거나 터무니없는 소리

옴부즈맨(Ombudsman) 정부나 의회가 임명한 관리로서 시민들이 제기한 각종 민원을 수사하고 해결해주는 사람을 말한다.
* 세계에서 가장 넓은 지방 선거구였던 캘굴리(Division of Kalgoorlie)는 1901년에 설치되었으며 2010년에 폐지되었다.

라고 일갈했을 것이다. 이 민주주의의 두 번째 발전 단계에서는 민주주의라는 단어 앞에 여러 가지 수식어가 붙게 되었다. 16세기 말 '저지대 국가들'에서 '귀족 민주주의'라는 표현이 나왔으며, 미국에서 최초로 '공화 민주주의'라는 표현이 나왔다. 다시 그 이후, '사회민주주의', '자유민주주의', '기독교 민주주의'가 나왔으며 심지어 '부르주아 민주주의', '노동자 민주주의', '사회주의적 민주주의'라는 표현도 나왔다. 이런 새로운 표현들은 통치 권력에 동등하게 접근할 권리를 위해 여러 집단이 벌인 다양한 투쟁 과정에서 나왔으며, 이런 투쟁의 결과로—때로는 의도했던 대로 또 때로는 원래 의도와는 다르게 단순한 우연으로—이제까지 없던 새로운 제도와 이상과 삶의 방식이 나타났다. 공식적인 권력 분립 원칙에 근거한 성문헌법이나 주기적 선거, 경쟁적 정당 제도, 다양한 선거 제도가 이 역사 단계에 새롭게 출현한 것이었다. '시민 사회'라는 발명품도 마찬가지였다. '시민 사회'는 새로운 사회적 관습과 관행에 기반을 두었는데 이 관습과 관행은 공공 식당에서 식사를 하는 행동이라든지 스포츠 활동을 하는 것, 예의 바른 언어를 사용함으로써 자신의 감정을 통제하는 것과 같은 매우 다양한 경험들로 이루어졌다. 새로운 '결사체' 역시 시민 사회의 기반이었다. 시민들은 결사체를 활용하여 정부의 간섭을 물리치려 노력했다. 정부의 검열에서 자유로운 인쇄기를 이용하거나 공개적으로 청원서를 회람하고, 시민 맹약*이나 새로운 헌법을 제정하기 위한 제헌 의회 소집 같은 비폭력적인 무기들을 사용했다. 일부 지역에서는 지방 자치 정부가 크게 활성화되었으며 시민의 권리와 의무를 중심으로 하는 문화도 탄생했다. 이 시기에 나타난 또 하나의 특이한 현상은 처음으로 '국제적 민주주의'에 관한 논의가 확산된 것이었다. 그 예로 대서양 연안 곳곳에서 발생한 협동조합 운동*과 노동 운동을 들 수 있다.

대의 민주주의 시대에 일어난 큰 흐름으로는 프랑스의 저술가이자 정치가였던 알렉시 드 토크빌(Alexis de Tocqueville, 1805~1859)이 '위대한 민주

맹약(covenant) 시민들이 단결을 과시하며 정부 정책에 반대하는 선언을 작성하여 이에 서명하는 행위를 가리킨다.
협동조합 운동(cooperative movement) 물품의 공동 구매와 공동 판매, 상호 부조, 공동 생활체 형성 등을 목표로 하여 다수의 사람이 결성하는 조합 운동. 로버트 오언(Robert Owen, 1771~1858)이 대표적인 인물이다.

주의 혁명'이라고 이름 붙인 현상이 있었다. 정치적, 사회적 평등을 지향하는 이 혁명은 대서양을 중심으로 한 삼각형 지대에서 출발하여 세계 각지로 퍼져 나갔는데, 종종 좌절과 후퇴를 경험했으며 특히 20세기 전반기 유럽에서는 거의 붕괴하다시피 했다. 민주주의 혁명의 열기는 거친 투쟁과 충격적인 사건들로 말미암아 불타올랐다. 예를 들면, 청교도 혁명 당시 찰스 1세의 공개 처형이 그런 사건이었다. 이런 사건들이 계기가 되어, 사람들 사이에 존재하는 불평등을 '자연스러운 현상'으로 여기는 사람들, 즉 부유한 자들과 힘 있는 자들이 지닌 반민주주의적 편견에 의문이 던져졌다. 노예, 여성, 노동자 같은 새로운 집단들이 참정권을 획득했다. 노예제가 공식적으로 폐지되면서, 노예제에 기반을 두었던 과거의 회의체 민주주의 세계와 대의 민주주의 세계 사이에는 분명한 선이 그어졌다. 대의제는 결국 민주화되었으며 주민 전체를 포괄하게 되었다. 그런 시도가 있었던 나라들에서는 최소한 문서상으로는 그렇게 되었다. 하지만 그 과정은 매우 힘들었으며 장애물도 많았다. 게다가 대의제는 끊임없이 시험에 놓였다. 예를 들어, 19세기와 20세기 초에 미국과 중남미 에스파냐어권 국가들에서 흑인, 가난한 사람들, 토착 원주민 출신 주민들 같은 특정 집단들이 투표권을 박탈당함으로써 '대의'의 범위가 실질적으로 축소되는 일이 벌어졌다. 두 번째 역사 단계의 맨 끝자락에 와서야, 그러니까 20세기 전반기에야 대표자 선출권, 즉 선거권이 보편적인 권리로 인식되었다. 선거권은 먼저 성인 남성의 보편적 권리로 인식되고 나서 보통 상당한 시간이 흐른 뒤에야 성인 여성의 보편적 권리로 인식되었다. 그러나 전체주의와 군사 독재의 경험에서 보았듯이 민주적 대의제에 반대하는 세력들은 끈질기게 싸웠으며, 민주적 대의제가 비효율적이며 중대한 결함과 해악이 있다고 지적해 상당한 성공을 거두기도 했다. 그들 덕분에 민주주의가 어떤 형태든 간에 필연적이지 않다는 것, 본래 역사적으로 보장된 것이 아님이 입증되었다.

파수꾼 민주주의

오늘날 우리가 알고 있으며 경험하고 있는 민주주의에는 어떤 일이 벌어지고 있는가? 세계의 민주 국가들은 장밋빛 미래를 기대할 수 있을까? 이 나라들은 혹시 지금 퇴보하고 있는 것이 아닐까? 아니면 '포스트-민주주의'라고 부를 수 있는 어떤 것으로 변형되는 고통을 겪고 있는 것일까? 민주주의는 실행 가능하고 바람직한 삶의 방식으로 계속 살아남을 수 있을까? 아니면 혹시라도 도도새, 이스터 섬의 숲, 북극과 남극의 얼음처럼 점차 사라질 운명에 놓인 게 아닐까?

이런 질문들이 우리를 불쾌하게 하거나 불길한 예감을 주는 이유는 현존하는 민주주의 체제들이 불완전하기 때문이다. 이들은 마치 아직 최종 결과가 기록되지 않은 실험과 비슷하다. 전 세계의 민주주의 체제들이 과연 어느 방향으로 움직일 것인가를 전망하는 데 《민주주의의 삶과 죽음》은 시간 옹호자의 역할을 맡으려 한다. 이 책을 통해 우리는 마치 매일 해가 뜨면 반드시 해가 지는 순간이 오듯, 민주주의 역사가 시간의 흐름에 따라 조금씩 만들어지고 있음을 민감하게 인식하게 된다. 이 책은 지금으로부터 50년 뒤에 글을 쓰는 가상의 어떤 역사학자를 설정하고, 그 역사학자의 눈을 통해 수십 년간 민주주의의 부침을 이끈 발상, 인물, 사건, 제도들을 상세히 묘사한다. 이 서술 기법에 따라 우리는 현재로부터 멀리 떨어진 허구의 미래 시점에서 지금 우리 시대를 되돌아보게 된다. 그리하여 미래에 존재하는 한 냉철한 목격자가 우리 시대를 관찰하고 우리에 대해 어떤 말을 할지 상상해볼 것을 요구받는 것이다. 물론 이것은 현재의 동향을 검토하는 여러 방법 가운데 하나일 뿐이다. 하지만 현재라는 시간에서 우리 자신을 분리함으로써 우리는 지금까지 미처 보지 못했던 것들을 새롭게 보는 정신의 훈련을 할 수 있다. 이런 기법을 통해 우리는 진정으로 새롭거나 또는 아주 위협적인, 그래서 제대로 이해하지 못했거나 간과하고 있는 어떤 경향을 고려해볼 수 있다.

이렇게 50년 후의 시점에서 지금 우리 시대를 돌아보는 방법을 쓰면, 제2차 세계대전 직후 전 세계적으로 민주주의가 다시 부활했던 사건을 이제까지와는 다른 시각으로 자세히 살펴볼 수 있다. 민주주의의 위대한 부활이 1974년 포르투갈의 카네이션 혁명*의 산물이라고 생각하는 사람도 있고 1989년에 중유럽과 동유럽에서 일어난 벨벳 혁명*의 산물이라고 생각하는 사람도 있겠지만 그러한 통념은 옳지 않다. 민주주의의 재탄생은 이 사건들보다 훨씬 오래전에 시작된 과정이며 그 과정에 따라 민주주의는 이미 우리에게 낯익은 지평선 너머, 어떤 낯선 영역에 도달해 있다. 가장 눈에 띄는 변화는 민주주의가 전 지구적 힘이 되었다는 사실이다. 인류 역사상 처음으로 민주주의의 어휘와 이상과 제도는 국적, 종교, 문명에 관계없이 지구상 거의 모든 지역의 사람들에게 익숙한 것이 되었다. 그뿐이 아니다. 이제는 '전 지구적 민주주의(global democracy)'라는 주제로 논의가 벌어지고 있으며, (노벨상을 수상한 경제학자인 아마르티아 센Amartya Sen의 말을 반복하자면) 민주주의는 이제 '보편적 가치'로 언급되고 있다. 하지만 이것도 변화의 전부가 아니다. 인류 역사상 처음으로 민주주의 이상에서 인종 혐오와 외국인 혐오의 편견이 제거되기 시작한 것이다. 그래서 이제 세계 곳곳의 많은 민주주의자들은 '후진적인', '문명화되지 않은', '본래 열등한' 사람들에 관한 이야기에 당혹스러워하거나 화를 낸다. 사실 이 표현들은 운명의 시대인 1930년대까지만 하더라도 세계 곳곳의 민주주의자들이 대수롭지 않게 흔히 쓰던 것들이다.

세계의 기후가 민주주의를 지지하는 방향으로 바뀌고 있는 것은 확실히 인상적인 일이다. 제2차 세계대전이 끝난 이후 세계의 독재자들은 악천후에 난타당해 왔다. 19세기 말에 헨리 애덤스(Henry Adams)가 쓴 미국의 고전적 소설 《민주주의》(1880년)를 다시 읽어보면 그 강도를 짐작할 수 있다. 이 작품에서 주인공 매들린 리는 미국의 수도 워싱턴에서 권력 투쟁과 각종 음모, 그리고 모든 사람이 목적을 위해 수단과 방법을 가리지 않는 모습을 보면서 불쾌해하며 짜증을 낸다. "민주주의가 나의 모든 신경을 갈가리 찢어

카네이션 혁명(Carnation Revolution) 1974년 4월 25일 포르투갈에서 발생한 무혈 쿠데타. 40년 이상 계속된 살라자르 독재 정권이 계속해서 구 식민지를 상대로 전쟁을 벌이자 이에 반발한 청년 장교들이 군사 혁명을 일으켰다. 카네이션 혁명이란 이름은 혁명 소식을 들은 시민들이 거리의 혁명군에게 카네이션을 달아 지지 의사를 표시한 데서 비롯되었다.

벨벳 혁명(Velvet Revolution) 1989년 체코슬로바키아의 공산 정권 붕괴를 불러온 민주주의 시민 혁명. 시민 혁명이 성공한 뒤, 민주화 운동을 이끈 반체제 지도자 바츨라프 하벨(Václav Havel)은 한 연설에서 "우리는 평화적으로 혁명을 이루어냈다. 이는 벨벳 혁명이다."라고 말했다. 이후 '벨벳(조용한, 평화로운) 혁명'은 피를 흘리지 않고 평화적으로 이룩한 모든 혁명을 비유하는 보통명사처럼 쓰이게 되었다.

놓았어." 그녀는 우울한 목소리로 말하면서 긴 한숨을 내쉬었다. "이집트로 가고 싶어." 하지만 지금 이 새로운 민주주의 시대에는 전 지구적 민주주의 혁명의 거센 압력 때문에 이집트 같은 나라도 민주주의를 두려워하거나 지겨워하는 사람들이 안전하게 피신할 장소가 아니다.

20세기 전반기에 심각한 후퇴가 있었지만—1941년에 지구상에는 민주 국가가 11개에 불과했다.—민주주의는 잊혀 사라질 위기에서 힘차게 다시 살아났다. 민주주의는 영국, 미국, 뉴질랜드 같은 국가에서 공중 폭격, 군사 침공의 위협, 경제적·도덕적 붕괴의 위기를 모두 이겨내고 살아남았다. 민주주의는 엄청나게 불리한 조건을 가진 인도에서도 뿌리를 내렸다. 인도의 민주주의 지지자들은 여러 종교와 언어로 나뉘어 있으며 높은 문맹률을 보이는 가난한 국민들이었다. 민주적 이상과 삶의 방식은 아프리카 남부 지역에도 가 닿았고, 라틴아메리카 일부 지역, 중부 유럽과 동유럽에서도 다시 모습을 드러냈다. 민주주의 역사상 처음으로 민주주의는 전 세계를 감싸는 정치 언어가 되었다. 이 정치 언어에서 수많은 방언이 파생해 나왔고, 이런 민주주의의 방언들은 인도, 이집트, 오스트레일리아, 아르헨티나, 케냐 같은 다양한 국가에서 사용되고 있다. 민주주의를 위한 투쟁은 전혀 예상치 못한 장소들에서 갑자기 터져나왔다. 21세기 초 몇 년간 레바논의 '삼나무 혁명', 그루지야(지금의 '조지아')의 '장미 혁명', 우크라이나의 '오렌지 혁명'이 일어났다.* 민주주의 정신은 일본, 몽골, 한국에도 생생하게 살아 있다. 심지어 중국, 미얀마, 북한 근처에서도 서성대고 있으며 그 국가들의 굳게 닫힌 문을 쿵쿵거리며 거세게 두드리고 있다.

대체로 민주주의라는 이름으로 통하는 이 현상을 지지하는 세계적인 경향이 상당히 뚜렷했기에 (프리덤하우스*에서 발간한) 어느 영향력 있는 보고서는 20세기를 가리켜 '민주주의의 세기'라고까지 말했다. 이 보고서에 따르

---

* '삼나무 혁명'은 2005년 레바논에서 일어난 민주화 운동을 가리킨다. 레바논 지역이 고대부터 배를 만드는 원료인 삼나무 생산으로 유명했다는 데서 붙은 이름이다. '장미 혁명'은 2003년 그루지야 민주화 운동 당시 시위대가 장미를 들고 있던 데서 비롯했다. '오렌지 혁명'은 2003년 우크라이나에서 일어난 민주화 운동을 가리킨다. 당시 야당을 상징하는 색이 오렌지색이었다.
프리덤하우스(Freedom House) 엘리너 루스벨트 등이 1941년 뉴욕에 설립한 비영리 인권 단체. 전 세계의 민주주의 확산과 정치적 자유, 인권을 위한 활동을 하고 있다.

면, 1900년까지만 하더라도 지구상에는 왕국과 제국이 압도적인 위치를 차지하고 있었다. 보통선거와 복수 정당이 경쟁하는 선거 제도를 허용하는 나라는 전혀 없었으며 오직 '제한적 민주주의'만이 존재했다. 이 '제한적 민주주의'를 시행하는 나라도 25개밖에 없었으며, 전 세계 인구 가운데 8분의 1만이 누렸다. 나치 독일이 전쟁에서 패배하고 세계적으로 탈식민화가 진행되고 유럽과 일본에 전후 재건 작업이 시작되면서 1950년에 이르면 민주정을 시행하는 국가가 22개에 이르렀다. 전 세계 인구의 거의 3분의 1이 민주주의 체제에서 살게 된 것이다. 또 이 보고서에 따르면 20세기 말을 기준으로 (유엔에 가입한 192개 국가들 가운데) 119개 국가를 '선거 민주주의'로 규정할 수 있다. 그리고 이 119개 국가 가운데 85개 국가—전 세계 인구의 38퍼센트—는 "기본적 인권과 법치를 존중하는" 여러 형태의 민주주의를 갖추었다고 한다. 이 보고서는 이제 전 세계가 민주주의를 추구하여 달성할 수 있는 범위 안에 들어왔다고 언급했다. "정말로 20세기는 '민주주의의 세기'가 되었다."라고 보고서는 결론짓고 있으며, 덧붙여 "전 지구적 인권과 민주 의식의 성장은 전 세계 각 지역과 모든 주요한 문명권과 종교권에 민주적 관행과 민주적 참정권이 확대되는 현상에 반영되어 있다."라고 언급했다.[5]

이 보고서는 결론 부분에서 사람을 유혹할 때 쓰는 수법을 어설프게 사용했다. 보고서는 오늘날 널리 퍼진 상식적인 견해, 즉 자신을 보통 사람과는 다른 특별한 사람이라고 여기는 독재자가 아니라 보통 사람이 권력을 행사해야 한다는 견해를 교묘하게 활용했다. 그리고 보고서에 쓴 개념 정의를 그럴듯하게 포장하고 조사 방법을 적절히 감추어, 모든 증거가 대의 민주주의의 전 지구적 승리를 가리키고 있음을 증명하려 했다. 그러나《민주주의의 삶과 죽음》은 민주주의가 진행하는 방향과 관련해 프리덤하우스 보고서와 근본적으로 다른 더 현실적인 입장을 취한다. 이 책은 현상을 좀 더 장기적인 역사 전망 속에서 바라보며, 프리덤하우스 보고서와 다른 개념 규정과 더 정밀한 해석 틀을 활용한다. 그렇게 함으로써 현실과 거리가 있고 근시안적인 프리덤하우스 보고서 같은 것들이 가정하는 이야기와 상당히 다르게, 현재의 경향이 더 모순적이면서도 훨씬 더 흥미롭다고 주장한다.

흡족한 성공담이 적절하지 않다면 과연 민주주의에는 어떤 일이 벌어지고 있는 것일까? 고대 시리아-메소포타미아 지역, 페니키아, 미케네와 고대 그리스의 도시국가들에서 가냘픈 소망으로 시작된 이래, 민주주의는 분명히 역사상 그 어느 때보다 지난 70년간 현실이자 이상으로서 더 강력해졌으며 더 많은 주목을 받고 있다. 미국이 선두에 서서 이끄는 지금의 민주주의 국가들은 전 세계적으로 힘과 영향력을 행사하기에 이르렀다. '민주주의 클럽(Democracy Club)'—미국의 전(前) 국무장관 매들린 올브라이트(Madeleine Albright)가 처음 제안했던 민주 국가들의 연합을 가리킨다.[6]—은 세계 구석구석에서 민주주의를 유명하게 만들었으며 동시에 시험대 위에 올려놓았다. 한 세대 동안 민주주의 국가의 수는 두 배로 증가했다. 민주주의의 이 세 번째 역사 단계에 이르러, 이제껏 좀처럼 변명이 필요 없었던 독재자들이 어디에서나 민주주의라는 옷을 걸쳐 입기 시작했다. 이 유행을 따르지 않을 수 없게 되었다고 인식한 이들 대부분—후진타오, 블라디미르 푸틴, 카다피, 리콴유—이 스스로 민주주의자라고 주장했으며 자신의 정책 방향을 민주주의의 언어로 포장했다.[7] 한편, 공산주의 붕괴 이후 오래된 민주 국가들은 모두—한때 파멸의 지경까지 이른 독일을 포함하여—큰 곤경을 겪지 않고 잘 유지되고 있다. 독일은 유럽연합(EU) 창설에 중요한 역할을 했다. 유럽연합은 세계에서 앞서가는 지역 통합 실험이라는 데 의미가 있으며, 그 내부에 어떤 적절한 규칙과 규정을 만들지를 두고 각국 시민들뿐 아니라 정책 담당자들 사이에 열띤 논쟁이 진행되는 중에도, 국경을 초월하는 민주적 구조—이 민주적 구조 가운데 일부는 민주주의 역사에 선례가 없는 것들이다.—를 만들기로 서로 분명하게 약속한 새롭고 다층적인 정치 공동체였다.

민주주의를 국경 너머로 확대하려는 유럽의 실험은 현존하는 민주주의 세계에 또 다른 경향이 있음을 보여주는 적절한 상징이다. 대의 민주주의의 기초적인 제도와 정당화 논리가 이 특별한 경향 속에서 거의 지난 한 세대 동안 중대한 변화를 겪고 있다. 이 책은 일반적인 인식에서 벗어나, 대의 민주주의 시대가 이제 저물고 있으며 '포스트-대의' 민주주의(post-representative democracy)라는 새로운 역사적 형태가 이미 탄생했고 민주주의 세계 전체로 확산되고 있다는 주장을 내놓는다. 이런 역사적 변화의 징후는 오늘날 민주주의를 규정하고 평가하는 방식에서 찾아볼 수 있다. 과거에는 민주주의를 신적인 존재나 절대자가 내리는 은총으로 여기기도 했고 '인간', '역사', '사회주의', '진리' 같은 어떤 제1원리에 기반을 둔 것으로 생각하기도 했다. 하지만 요즈음에는 민주주의를 이보다 실용적인 방식으로 인식한다. 즉 무책임한 권력 집중과 그런 권력 때문에 발생하는 불쾌한 결과들에 맞서 투쟁하는 데 쓰는 간편하면서도 필수적인 무기로 인식하는 것이다. 새로운 민주주의 시대에는 민주주의라는 단어가 새로운 의미로 쓰이게 되었다. 즉 한 국가이건, 국가들 사이를 관장하는 기관이건, 또는 이른바 비정부기구(NGO)나 (기업, 노동조합, 스포츠 단체, 자선 단체 같은) 시민 사회 조직이건 간에, 조직 내의 의사 결정권자들에 대한 공적 감시와 통제가 바로 민주주의의 새로운 개념이 된 것이다.

현실의 민주주의 세계에서는 다른 변화도 일어나고 있다. 권력 행사를 공적으로 감시하고 통제하는 새로운 방식들이, 회의체에 기반을 둔 메커니즘이나 대의제적인 메커니즘과 섞이거나 결합하는 과정이 지난 70년 동안 진행된 것이다. 새로운 민주주의 시대에 대의 민주주의 형태는 단순히 축소되거나 사라지지 않는다. 대의제가 완전히 망각 속으로 사라질 것이라는 생각은 잘못이다. 영토 국가의 틀 안에서 작동하던 과거의 대의제 메커니즘은 종종 그 형태 그대로 존속하기도 하고 어떤 나라에서는 더 왕성하게 작동하기도 한다. 또 몽골, 타이완, 남아프리카공화국의 경우처럼 그 나라 역사상 처음으로 작동하기도 한다. 대의정의 표준적 제도에 새로운 활력을 불어넣으려는 시도도 많이 이루어지고 있는데, 예를 들어 정치인과 정당과 의회가 하는 일에 시민들이 더 많은 관심을 쏟게 하려는 시도가 있다. 지난 20년 동안 요코하마나 가와사키 같은 일본 도시들에서 진행된 청렴 운동이나 공적 책무성 강화를 위한 운동, 시민 직접 참여 운동('마치즈쿠리'*라는 이름으로 알려져 있다)이 바로 그런 경우다. 그러나 제2차 세계대전이 남긴 파괴적인 영향에서 비롯된 여러 요인 때문에, 그리고 오늘날 부정부패와 권력 남용을

마치즈쿠리(まちづくり) 일종의 지역 공동체 복원 운동인데, 1970년대 일본에서 본격적으로 시작되었다. 우리나라에서는 '마을 만들기', '고장 만들기', '(살기 좋은) 도시 만들기'로 알려져 있다.

방지하려는 공공의 압력이 커지는 것 때문에, 대의 민주주의는 과거 우리의 조부모 세대 중 운이 좋았던 사람들이 경험했던 것과 근본적으로 다른 형태의 민주주의로 바뀌고 있다. 앞으로 차차 설명할 강력한 이유들을 기반으로 하여, 《민주주의의 삶과 죽음》에서는 새롭게 떠오르고 있는 민주주의의 역사적 형태에 조금은 이상하게 들리는 다음과 같은 이름을 붙이려 한다. 바로 '파수꾼 민주주의(monitory democracy)'이다.

 '파수꾼 민주주의'는 어떤 의미인가? 어째서 'monitor'란 말을 붙였는가? 무엇인가 곧 닥칠 위험을 미리 경고한다는 뜻, 다른 사람들에게 특정한 방식으로 행동하라고 충고한다는 뜻, 그리고 대상의 내용이나 품질을 검토한다는 뜻을 지닌 이 'monitor'란 단어를 왜 썼는가? 이상의 질문에 답하고 또 현재 진행 중인 변화를 이해하는 데 다음의 사실이 중요한 실마리를 제공한다. 즉 1945년 이후 현재에 이르기까지 과거 민주주의 세계에는 존재하지 않았던 약 100종류에 이르는 서로 다른 형태의 권력 감시 장치가 발명되었다는 사실이다. 과거의 감시 기구가 무엇인가를 주의 깊게 지켜보는 감시견(watchdog)의 이미지였다면, 이제는 감시견뿐만 아니라 안내견(guide-dog)과 경고하는 개(barking dog)도 등장했다. 이렇게 새롭게 고안된 권력 감시 장치들 덕분에 많은 민주 국가에서 정치 지형과 정치 역학에 변화가 생겼다. 이로써 시민들의 요구는 정당의 선택을 받아 선거에서 선출된 의회 대의원들에 의해 가장 잘 옹호된다고 가정하는 대의 민주주의의 교과서적 모델과 거리가 멀어졌다. 이 책의 관점에서 보자면, 새롭게 떠오른 '파수꾼 민주주의'에서는 권력 감시와 통제 장치들이 전체 정치 질서의 여러 곳으로 수평적으로 확산되었으며 아래쪽으로도 퍼져 내려갔다. 이런 감시 장치들은 정부 구조의 내부까지 파고들었을 뿐만 아니라 시민 사회의 구석구석을 차지했다. 이렇게 함으로써 감시 장치들은 정치인과 정당, 입법부와 정부를 매우 복잡하게 만들었고 또 때로는 그들을 아주 난처하게 만들고 있다. 이러한 의회 외적인 권력 감시 제도를 몇 가지 제시하면 다음과 같다. 공공청렴위원회, 사법 적극주의, 노동 중재 재판소, 합의 회의, 소수자 의회, 공익 소송, 시민 배심, 시민 의회, 싱크탱크, 주민 참여 예산 제도, 블로그를 포함한 새로운 매체를 통한 감시 활동 따위가 있다.

이 모든 장치들은 정당 중심의 대의 정부와 대의 정치라는 기존 모델을 잠재적으로 한층 더 겸손하게 만드는 효과가 있다. 이 효과는 국경을 넘어서 작동하는 감시 기구가 확산됨에 따라 더욱 강화된다. 유럽연합과 아시아태평양경제협력체(APEC) 회원국들은 국가 간 협상과 조정을 '개방형 정책 조정 방식(open method communication, OMCs)'으로 시행하고 있으며, '전문가 검토 회의(peer review panels)', 포럼, 정상 회담, 지역 의회, 인권 감시 조직을 운영하는데 이들이 바로 국경을 초월하여 작동하는 감시 기구이다. 이 기구들은 정부의 의제가 형성되고 결정되는 과정의 모든 단계에서 일정한 역할을 수행하기 시작했다.

시민 사회의 제도들을 통해 영토 국가의 영역보다 더 좁거나 더 넓은 삶의 영역에까지 민주주의를 확산하려는 시도 역시 눈에 띈다. 예를 들면 국제올림픽위원회(IOC) 같은 조직이 있다. 이 위원회의 집행부를 선출하는 방식은 비밀투표와 다수결로 진행되고 집행부는 임기 제한도 있다. 또 위성 텔레비전이나 휴대 전화, 인터넷 같은 새로운 통신 매체가 수없이 등장하면서 국제기구에 대한 공공 감시 활동도 증가하고 있다. 세계무역기구(WTO), 국제연합(UN), 동남아시아국가연합(ASEAN) 같은 국제기구들은 이제 그 기구가 원래 보유한 법적 절차뿐 아니라 외부 단체와 공공의 항의 활동을 통해 지속적으로 혹은 간헐적으로 감시를 받고 있다. 파수꾼 민주주의 시대에는 '글로벌 민주주의'를 촉구하는 큰 목소리도 들을 수 있으며, 역사상 처음으로 '녹색' 민주주의를 위한 창조적인 노력도 진행되고 있다. 지구의 '생물권'*에 행사하는 모든 권력을 공공이 철저히 감시한다는 원칙 아래, 시간과 자금과 에너지를 투자해 각종 생명 감시 제도를 구축하고 있다. 이로써 '생물권'은 사실상 유권자의 권리를 얻게 되었으며 인간이 행하는 모든 일에서 '피대의권', 즉 대의 행위를 보장받을 권리를 얻게 되었다. 인간과 자연계의 상호작용 관계를 '민주화'하려는 실험의 예는 점점 늘고 있다. 인간은 지금까지 자연을 대할 때 마치 무법자 종(種)처럼 행동해 왔다. 새로운 실험의 사례로는, 지구의 개별 지역 단위 전체를 포괄하는 독립적인 감시 기구와,

생물권(生物圈, biosphere) 지구에서 생물이 있는 장소 전체. 바닷속 최하부부터 대기권 약 10킬로미터 상공까지, 그리고 토양 심층부를 포함하는 전체 공간을 가리킨다.

지구의 친구 또는 보호자를 자처하는 사람들이 후원하는 시민 조직을 들 수 있다. 새롭게 형성되는 과학 기술 평가 조직도 같은 사례로 들 수 있다. 이를테면 성인 교육 네트워크를 통한 공공 계몽이라는—이를 덴마크어로 '폴케오플뤼스니'*라 부른다.—오래된 덴마크 전통에 기반을 둔 '덴마크 시민과학회의'가 있다. 이 조직은 오늘날에는 새로운 환경에 대응하여 유전자 변형 식품과 줄기세포 연구부터 나노 기술, 동물 실험에 이르는 다양한 분야에서 공공 자문 역할을 활발히 수행하며, 시민의 바람과 우려에 대한 의회의 이해 수준을 높이는 일을 하고 있다.

민주주의의 운명

많은 정책 입안자와 활동가와 학자들은 오늘날 민주주의가 당면한 문제는 웨스트민스터 형태, 즉 영국식 선거 민주주의를 받아들일 것인가 아니면 좀 더 참여가 활발한 '심층' 민주주의와 '직접' 민주주의를 받아들일 것인가 둘 중 하나를 선택하는 문제라고 생각한다. 사실상 이것은 현재를 그대로 받아들일 것인가 아니면 우리가 상상하는 아테네 민주정의 정신으로 되돌아갈 것인가의 선택이다. 그러나 《민주주의의 삶과 죽음》에서는 세 번째 선택지, 즉 '파수꾼 민주주의'를 제시한다. 우리는 이것이 최근 역사적 상황에 가장 잘 부합하는 민주주의이며, 민주주의 역사에 나타난 완전히 새로운 민주주의 형태라는 사실을 있는 그대로 인정해야 한다. 이 책 뒷부분에 담긴 파수꾼 민주주의로 나아가는 모든 흐름들을 보고 나면, 다음과 같은 사항들을 다시 한 번 확인하게 될 것이다. 즉 우리가 쓰는 민주주의라는 말은 시간에 따라 의미가 변하며, 민주적 제도와 사고방식은 영원불변하는 것이 아니라는 것이다. 또한 민주주의는 지금까지 인간이 경험한 것들 가운데 가장 권력에 민감한 정치 형태이므로 스스로를 민주화하는 일이 가능하다는 것이다. 예를 들어 이제까지 민주주의의 손이 닿지 않았던 온갖 종류의 제도

폴케오플뤼스니(folkeoplysnig) 성인을 대상으로 한 덴마크의 국민 교육 제도. 19세기 덴마크의 사상가이자 교육자였던 니콜라이 그룬트비(Nikolai Grundtvig, 1783~1872)가 제창한 국민 교육 사상에 기반한다.

에 대해 시민과 그들의 대리인들이 좀 더 평등하고 공개적으로 공적 접근을 할 수 있도록 보장하는 새로운 길을 개척하는 것이다.

우리는 이러한 견해가 타당하다는 증거를 인도에서 일어난 예상치 못했던 변화, 그러니까 인도에 민주주의가 도래했다는 사실에서 찾을 수 있다. 지구상에서 대부분의 민주정이 사라져버린 바로 그 시기에 인도에서는 민주주의가 발명되었는데, 이 사실은 당시 많은 사람들이 주장하던 바와 달리 독재와 전체주의가 정치적으로 불가피한 것이 아님을 증명했다. 또 인도의 민주주의는 민주주의에 관한 여러 통념이 편견에 불과하다는 것을 입증했다. 인도 시민들의 빈곤은 보는 사람의 가슴을 찢어지게 한다. 하지만 수백만의 인도인들은 한 나라가 민주주의를 받아들이려면 우선 경제가 받쳐주어야 한다는, 과거 인도를 지배했던 영국인들의 견해가 틀렸음을 보여주었다. 그 대신 인도인들은 거꾸로 민주주의를 '통해' 경제적으로 건강해지기로 결정했던 것이다. 이렇게 함으로써 인도인들은 겸손한 사람들도 이 땅을 물려받을 수 있다는 것, 그리고 정치적으로 가장 강하고 경제적으로 가장 적합한 자만이 생존할 수 있다는 '법칙'이 결코 절대적이지 않다는 사실을 증명했다.

이러한 변화에는 새로운 시대를 연다는 의미가 있다. 민주주의는 지구 곳곳에, 수십억 명에 가까운 사람들에게까지 가 닿게 되었다. 그 사람들은 한 가지 공통점이 있었는데 바로 유럽인이 아니라는 점이었다. 인도는 공통의 문화로 단단히 묶인 '데모스(dēmos)'가 있는 곳이라야 비로소 민주주의가 뿌리를 내릴 수 있다는 통념이 틀렸음을 보여주었다. 인도의 예를 통해 우리는 활발하고 소란스러운 사회, 여러 언어와 문화가 복잡하게 섞여 있고 따라서 그들이 공유하는 정치 공동체의 실체를 두고 다양한 개념 규정이 존재하는 사회를 보호하기 위해 자치가 필요하다는 것을 알 수 있다. 인도에 등장한 민주주의는 기존 민주주의와는 분명한 차이가 있었다. 인도는 곧 권력 행사 과정을 공적으로 감시하고 통제하는 새로운 장치들을 매우 다양하게 발명해 활용하기 시작했던 것이다. 다음은 이런 장치들 가운데 널리 알려진 것들이다. 지방 차원에서 이루어지는 '판차야트'* 자치 제도, 여성 참정권 부여, 마야와티* 같은 다양한 배경을 지닌 사람들이 이끌며 카스트 제도에 반대하고 일정 지역을 기반으로 하는 정당들, 비폭력 저항 운동(사탸그라하*), 소수자 집단을 위한 의무적 할당 제도 따위다. 이 밖에 시민 참여형 예산 제도, '옐로 카드' 보고서, 철도 법정, '로크 아달라트'*라는 이름으로 알려진 신속 판결 재판, 수자원 협의 제도, 공익 소송이 있다.

새롭게 만들어진 이 제도들이 장기적으로 어떤 중요성을 띠게 될지 적절하게 묘사할 수 있는 정치 언어를 찾기는 쉽지 않다. 분명히 인도의 정치는 대의 민주주의에 관한 교과서적 설명에 들어맞지 않으며, 의회를 중심으로 하며 자와할랄 네루(Jawaharlal Nehru)가 이끌던 '인도 국민회의'*식 민주주의 모델에도 들어맞지 않는다. 후자의 모델도 정당의 선택을 받아 선거에서 선출된 의회 대의원들이 시민의 요구를 가장 잘 옹호하리라는 가정을 바탕으로 한 것이었다. 《민주주의의 삶과 죽음》에서는 이제 60여 년 된 인도의 민주주의가 흔히 말하는 것처럼 세계에서 가장 많은 인구를 포괄하는 민주정일 뿐 아니라, 세계에서 가장 복합적이면서 역동적이고 또한 가장 흥미로운 민주주의의 원형이라는 점을 보여줄 것이다. 이 책에는 사람들의 인식을 변화시키고 다른 사람들에게 권력을 행사하는 이들을 겸손하게 만듦으로써 민주주의를 개선할 수 있으며, 공적 책무성 확대를 위한 씨앗은 개인의 침실에서부터 기업의 이사회와 전쟁터에 이르기까지 어디에나 뿌려질 수 있다는 확신이 담겨 있다. 권력에 대한 공공의 감시와 논쟁을 가능하게 하고 또 모든 단계에서 시민의 이익을 대변하는, 더 오래되거나 혹은 더 새로운 다

판차야트(Panchayat) 'pancha'는 산스크리트로 숫자 '5', 'yat'는 '회의(assembly)'라는 뜻이다. 즉 마을 주민이 선택한 현명한 다섯 원로의 회의라는 뜻이다. 인도 등 남아시아의 전통적 정치 제도로서 마을에서 존경받는 연장자들이 모여(꼭 다섯 명은 아니다) 마을의 각종 문제를 결정한다.
쿠마리 마야와티(Kumari Mayawati, 1956~) 인도의 여성 정치인. 인도에서 가장 인구가 많은(약 2억 명) 프라데시 주에서 1995년 이후 현재까지 여러 차례 행정 최고 책임자 직책을 맡았다.
사탸그라하(satyagraha) 1919년부터 인도에서 영국의 식민 통치에 대항하여 간디가 주장한 독립 투쟁 전술. 비폭력, 불복종, 비협력을 전술로 삼았다.
로크 아달라트(lok adalat) 인도의 대안적인 재판 제도. 'Lok Adalat'는 '사람들의 법정(people's court)'이라는 뜻이다. 선사 시대부터 마을 공동체 내부에서 분쟁을 해결해 오던 전통이 1987년에 제정된 관련 법에 의해 공식적인 분쟁 해결 제도가 되었다. 법적 판결보다 타협 또는 해결이 목적이기 때문에 사법 재판 제도의 절차를 대폭 줄이고 단순화했다. 은퇴한 재판관이 조정인이 되어 분쟁 해결을 중재한다.
인도 국민회의(Indian National Congress) 1885년에 결성된 인도의 보수 정당. 인도의 자치와 독립 운동의 주역이며 인도 독립 후에도 상당 기간 집권당이었다. 전통적으로 네루와 간디 집안이 이끌어 왔다.

양한 수단들을 갖고 있다는 점에서 인도의 민주주의는 이 책에 담긴 이러한 확신을 강화해준다.

이제는 회의론자가 의문을 제기할 순서다. 파수꾼 민주주의의 새로운 시대에 원동력을 제공하는 이러한 다양한 경향은 과연 오래 지속될 수 있을까? 파수꾼 민주주의는 과연 그 제도들에 가해지는 증가하는 압력을 이겨낼 수 있을까? 회의론자와 비판자와 적대자들은 파수꾼 민주주의에 의문을 제기하거나 혹은 전 세계 수많은 사람들의 마음과 정신을 사로잡은 파수꾼 민주주의의 힘을 약화하거나 완전히 파괴하려는 시도를 지속하고 있다. 이런 상황에서 파수꾼 민주주의는 과연 공격을 이겨내고 생존할 수 있을까?

《민주주의의 삶과 죽음》은 파수꾼 민주주의가 우리를 지상 낙원으로 이끌 것이라고 주장하지 않는다. 이 책에서는 파수꾼 민주주의를 강화하는 여러 경향이 세계 곳곳에서 반대 경향에 다양한 도전을 받고 있다는 사실에도 관심을 기울인다. 이 책은 굳이 에둘러 말하지 않는다. 이 책은 오늘날 민주주의가 시장의 실패와 사회적 불평등으로 말미암아 몹시 병들어 있음을 보여준다. 정당원 수가 눈에 띄게 줄고 있으며, 젊은 층과 불만을 품은 빈곤층은 투표 참여율이 매우 불규칙하고, '정치인'과 공식적 '정치 과정'에 대한 불신이 늘고 있으며, 심지어 모든 정당과 정당의 후보자들에게 반대하는 거부 운동과 풍자적 캠페인이 벌어지고 있어 오늘날 민주주의는 곤란을 겪고 있다. 민주주의 역사에서 이런 일이 처음은 아니지만, 지금 민주주의에 정면으로 쏟아지는 농담에는 꽤 심한 악의가 담겨 있다. 일본에서는 민주주의에 관한 조롱 섞인 이야기가 인기를 끌었다. 어느 토크 쇼에서 진행자가 이렇게 물었다. "정당과 정부가 대중의 신뢰를 회복하는 데 가장 좋은 방법은 무엇일까요?" 그러자 출연자 한 사람이 이렇게 대답했다. "최선의 방법은 우선 정치 체제가 붕괴하도록 하는 것입니다."

지금은 선거 때가 되면 엄청난 규모의 상업 광고가 제작되며, 조직화된 로비 활동과 정치적 '여론 조작'이 횡행하고, 전 지구를 포괄하는 대규모 언론 매체가 존재한다. 이탈리아와 프랑스에서는 '비디오크러시'*와 '텔레포퓰리즘'*이라고 불리는 현상이 나타나고 있다. 민주주의가 이런 블랙홀로 빨려 들어가 사라져버리는 건 아닐까? 이런 상황에서 민주주의가 과연 생존할 수 있을까? 생존할 수 있다면 그 방법은 무엇일까? 인도, 타이완, 인도네시아 같은 여러 나라에서 골치 아픈 문제가 되고 있듯이, '다문화'적 사회 기반과 민주주의는 양립할 수 있을까? 어떤 방식으로 양립할 수 있을까? 점점 더 불안정해지는 물질적, 감정적 환경에서 고령까지 장수하는 사람들이 점점 더 늘어나면서 이른바 '실버 민주주의'*의 문제 역시 심각하다. 또한 민주주의의 몸통으로 칼날처럼 파고들어 깊이 자리 잡은 현상들이 있다. 이런 현상들은 역사적으로 선례가 없으며 쉬운 해결책도 없다. 미국의 발흥이 그런 현상 가운데 하나다. 역사상 최초로 전 지구적 규모로 작동하는 세계 제일의 군사 제국인 미국은 민주주의의 이름을 내걸고 움직이면서 종종 민주주의를 좋아하지도 않고 존중하지도 않는 러시아와 중국, 다른 권위주의 국가들과 긴장을 조성한다. 이와 같은 수준의 위험한 현상으로는 파괴적이며 무차별적인 비정규전의 확산, 지구 생물권의 단계적 파괴, 모든 민주 국가가 보유한 살상력을 다 합한 것보다도 더 강한 살상력을 지닌 새로운 무기 체계의 확산 따위가 있다.

　민주주의의 현 단계에서 벌어지고 있는―이 단계는 아직 끝나지 않았다.―여러 가지 어려운 문제를 상세하게 살펴보면서 이 책은 단순히 역사를 위한 역사에 머물지 않을 것이다. 이 책은 골동품 연구의 산물이 아니다. 이 책에서는 우리가 과거와 미래를 계속 오가는 여행을 해야 한다고 주장한다. 이런 시간 여행의 목적은 민주주의를 조금 다르게 생각해보기 위해서이며, 또 민주주의가 과거에 거둔 승리와 실패 그리고 현재 겪고 있는 어려움과 미래의 모습을 좀 더 깊이 이해하기 위해서이다. 이 책은 민주주의란 본래 역사적으로 보장된 것이 아니며, 민주주의의 미래는 과거에 일어난 일과 현재 벌어지고 있는 일이 긴밀히 연관되어 있다는 것, 그래서 민주주의의 역사는 단순히 골동품 수집가의 관심이나 전문적인 역사학자의 영역이 아니

비디오크러시(videocracy) 'video'와 'cracy'의 합성어로서, 텔레비전을 비롯한 영상 매체의 선전 효과 또는 영향을 중시하는 정치를 가리킨다. 1994년 실비오 베를루스코니(Silvio Berlusconi)가 이탈리아의 총리로 선출되었을 때 널리 유행했다.
텔레포퓰리즘(telepopulism) 'television'과 'populism'의 합성어로서, 텔레비전이 중심이 되어 진행되는 포퓰리즘적 정치 현상을 가리킨다.
실버 민주주의(silver democracy) 노년층의 이해 관계에 크게 좌우되어 젊은 층의 이해관계가 상대적으로 경시되는 민주주의를 뜻한다. 종종 노인 인구가 많은 일본을 가리킨다.

라 우리 모두의 일임을 주장한다. 이 책에서 펼치는 주요 논지 가운데 하나는 마침내 민주주의의 포괄적인 역사에 관심을 기울일 때가 왔다는 것이다. 그 이유는 우리가 현재 민주주의라고 파악하는 정치 체제들이 마치 몽유병 환자처럼 자신도 모르는 사이에 깊은 고난 속으로 걸어 들어가고 있다는 아주 단순한 사실 때문이다. 이 책에서는 과거에 민주주의가 어떤 불길한 달(月)들 아래서 어떻게 고통받았고 결국 죽어 갔는지를 보여주면서 한편으로 현재 모든 민주주의 체제 위에 또 하나의 불길한 달이 떠오르고 있음을 보여준다. 미국에서든 아니면 영국이나 우루과이나 일본에서든, 민주주의는 역사적 선례가 없거나 또는 당장의 해결책이 없는 문제들에 직면해 있다. 따라서 삶의 한 방식으로서 민주주의가 지속되려면 민주주의에 변화가 필요하다. 그 변화는 당장 해결책이 없는 새로운 문제들뿐만 아니라 빈부 격차의 증대나 계속되는 여성 차별, 종교적·민족적 불관용, 부정한 돈을 받아 법 질서를 타락시키는 행동을 하여 민주 정치의 이름을 더럽히는 정치인들 같은 오래된 골칫거리들에도 대응해야 한다.

  지리적으로 또 역사적으로 다양하게 변화해 온 민주주의가 영구히 존속하지 못할 것이라거나, 민주정이 '데모사이드'*를 통해 스스로 칼로 자기 목을 긋거나 조용히 자살할 수 있다거나, 민주주의를 위협하는 외부 세력을 미처 주시하지 못하고 있다가 이 세력이 민주주의를 압도하고 결국은 말살하고 말 것이라는 골치 아픈 생각은 최근 많은 사람들이 표명하는 민주주의의 전 지구적 승리라는 낙관론에 역행하는 것이다. 허상을 깨기 위해 이 책에서는 일부러 더 직설적이고 거칠게 말한다. 뿌리 깊게 자리 잡은 다양한 문제들이 끼칠 장기적 영향을 가늠해보기 위해《민주주의의 삶과 죽음》은 점점 더 많은 사람들이 속으로만 생각하고 있는 것을 분명히 드러내어 말한다. 즉 그 모든 허세에도 불구하고 이른바 민주주의의 전 지구적 승리라는 것이 결국에는 얼음 위에 피운 캠프파이어처럼 곧 사그라질 것이라는 생각이다. 이 책은 인도에서 처음 시작된 민주주의 부활의 거대한 움직임이 어쩌

데모사이드(democide) 정치학자 루돌프 J. 러멜(Rudolph J. Rummel)이 제시한 개념이며, 국가 권력에 의한 계획적, 조직적 대량 학살을 가리킨다. 러멜에 따르면 20세기 들어 전쟁 사망자보다 '데모사이드'에 따른 사망자가 더 많다.

다 오늘날 전 세계 차원의 우려로 이어지게 되었는지 설명한다. 민주주의가 민주주의의 적들은커녕 스스로 자신의 문제를 다룰 수 있을 것인가 하는 우려가 그것이다. 이 책은 이 문제를 살피면서 쉽게 결론을 내리지 않는다. 특정한 사상이나 주의를 지지하는 단순한 입장도 취하지 않는다. 이 책은 분명히 민주주의의 편에 서 있으며 새로운 논지를 제시하지만 그렇다고 민주주의가 지닌 여러 환상과 어리석음과 약점을 무조건 변호하지는 않는다. 지금이 민주주의 역사에서 가장 모호한 국면이라는 가정 아래, 이 책에서는 현재의 여러 경향과 민주주의의 여러 개념 정의를 포함해 민주주의의 근본 특징을 다시 생각해보아야 한다고 주장한다. 공정한 입장을 유지하고 또 과거로 향하는 시선을 잃지 않으면서, 이 책은 오늘날 민주주의가 무엇을 의미하는지에 대한 명확한 이해가 부족하다는 걱정스러운 현상을 폭로한다. 동시에 어떻게 해야 미래의 다음 세대가—그들이 운이 좋다면—민주주의의 과실을 누리고 민주주의를 필수적인 것으로 여기게 될 것인가라는 문제에 관해서도 역시 명확한 이해가 없음을 폭로한다. 또한 민주주의가 어째서 우월한 통치 형태이면서 동시에 원칙적으로 지구의 모든 사람이 포용하고 적용할 수 있는 좋은 삶의 방식이라고 여겨지는지에 관한 새로운 이유들을 제시할 것이다.

이 책은 전체적인 접근 방식에서 19세기 미국의 위대한 시인이자 작가 월트 휘트먼(Walt Whitman)의 도움을 받았다. 휘트먼이 한 유명한 말이 있다. 민주주의의 역사는 기록될 수 없는데 그 이유는 자신을 비롯한 다른 사람들이 아는 민주주의가 아직 건설되지 않았기 때문이라는 말이다. 그리고 시간은 휘트먼이 옳다는 것을 증명했다. 지금 21세기 초의 이 시점에서 과연 새로운 유형의 민주주의가 파괴될 것인가 생존할 것인가를 논의하면서, 우리는 휘트먼의 말을 이렇게 조금 다르게 표현할 수 있을 것이다. 우리는 파수꾼 민주주의가 앞으로 어떤 모습을 띠게 될지 모른다. 그 이유는 파수꾼 민주주의의 운명이 아직 결정되지 않았기 때문이다.

1부

회의체 민주주의

THE LIFE AND DEATH OF DEMOCRACY

1장

\

아
테
네

이방인과 그리스인의 본성을 보면 극히 유사한 기원이 있다.
모든 인간이 자신에게 필요한 자연적 욕구 충족을 원하는 것은 당연한 일이다.
모든 인간은 이런 욕구 충족을 달성하는 데 필요한 능력을 똑같은 방식으로 갖추고
있으며, 이 점에서는 이방인들이나 그리스인들이나 다를 게 없다.
우리는 모두 코와 입으로 숨을 쉰다.*

민주주의는 정확히 어디에서 시작되었을까?

대부분 사람들은 오래전 아테네라는 도시국가(city state)에서 시작되었다고 답할 것이다.

사실 이 대답은 그 뿌리가 19세기까지 거슬러 올라가는 민주주의 탄생 신화를 자양분 삼아 형성된 것이다. 하지만 오늘날 대다수 사람들은 옛날 옛적에 지중해의 작은 도시 아테네에서 어떻게 이 새로운 통치 방식이 발명되었는지를 말해주는 전설에 대해 잘 모른다. 전설에 따르면, 이 영광스러운 발명품은 아테네 사람들의 용기와 지혜와 올바른 판단력과 불타는 투쟁 의지 덕분에 탄생했다. 아테네 사람들은 이것을 '데모크라티아(dēmokratia)'라고 불렀으며, 그 의미를 평등한 자들이 스스로 통치하는 것으로 규정했다. 그들은 노래와 계절 축제를 통해서, 연극 무대와 전쟁터에서, 또 매달 열리는 민회(民會, assembly)에서, 그리고 자랑스러운 시민들이 꽃다발을 걸고 거리 행진을 하면서 민주주의의 승리를 찬양했다. 아테네 사람들은 민주주의에 열성적이었기 때문에, 심지어 자신들의 목에 칼날이 스칠 때조차 온 힘을 다해 민주주의를 수호했다고 전설은 묘사한다. 이 전설은 아테네가 어떻게 불굴의 용기와 뛰어난 천재성을 발휘하여 민주주의의 탄생지라는 영예를 얻었는지, 어떻게 민주주의에 날개를 달아주어 그것이 무풍지대에서, 또 때

* 기원전 5세기에 제작된 파피루스 조각에 기록되어 있는 〈진리에 대하여〉라는 글. 아테네의 웅변가이자 사상가였던 안티폰(Antiphon)이 지은 구절로 추정된다.(원주)

로는 폭풍우 속에서도 창공으로 높이 날아올라 민주주의의 선물을 전 세계의 후손들에게 널리 나누어줄 수 있게 되었는지를 다시 확인하면서 끝난다.

이렇게 뚜렷하게 진술된 탄생 신화도 드물다. 또한 이 탄생 신화는 변형된 형태도 여럿 있는데, 그 모든 이야기들에는 한 가지 눈에 띄는 공통점이 있다. 그것은 아테네의 용기와 천재성과는 별도로, 왜 그리고 어떻게 아테네에서 이런 일이 일어났는지 거의 다루지 않는다는 점이다. 이 때문에 민주주의 탄생 이야기는 지극히 단순해지고 말았다. 유감스러운 일이다. 아테네를 민주주의의 영광스러운 탄생지로 칭송하는 신화들의 문제점은, 민주주의 탄생의 실제 배경이 매우 혼란스럽고 어지러웠다는 사실과 맞지 않는다는 것이다. 민주주의는 아테네의 천재성과 군사적 용맹, 혹은 단순히 행운에 기대어 탄생한 것이 아니다. 아테네에서 민주주의가 탄생한 과정을 살펴보면 오히려 불편한 진실이 잘 드러난다. 즉, 극소수의 예외가 있긴 하지만 민주주의는 원래 민주적인 방식으로 건설된 적이 거의 없다는 점이다. 많은 사료를 살펴보면 민주주의는 하룻밤 사이에 발명된 것이 아니며 그 뒤에는 매우 다양한 원인과 많은 사람들이 있었음을 알 수 있다. 의도가 뚜렷하고 순결한 사람들에 의해, 그리고 민주적인 수단으로 민주주의가 탄생하는 경우는 매우 드물다. 우연한 사건, 행운, 예상치 못했던 결과가 항상 민주주의 탄생에 중요한 역할을 했다. 또 민주주의는 종종 어처구니없는 사건 전개나 협잡과 사기, 또는 폭력과 밀접하게 관련되어 있었다. 2,600년 전 아테네에서도 그랬다. 아테네에서 민주주의가 탄생한 배경에는 잇따라 일어난 특이한 사건들이 있었는데, 그 사건들은 이상하게 틀어져버린 한 살인 사건에서 시작되었다.

참주 살해자들

자세한 내용을 살펴보면 의문점이 많지만, 여하튼 이때 발생한 사건들을 단순하게 정리하면 다음과 같다. 기원전 6세기 중반의 일이었다. 아테네의 귀족 페이시스트라토스(Peisistratos, 기원전 600?~기원전 527)는 여러 차례 시도한 끝에 아테네의 권력을 장악해 참주*가 되어 통치했다. 그의 통치가 정의로웠는지 아니었는지에 관해서는 논란이 있다. 여하튼 다른 참주정과 마찬가지로 그의 시대에도 호화로운 연회가 열렸고 정치적 반대자들에게는 잔인한 보복이 가해졌으며, 그의 지지자들은 일은 수월하고 보수는 두둑한 자리를 차지했다. 하지만 페이시스트라토스는 각 마을마다 이정표를 설치해 교통 여건을 개선했으며 아크로폴리스, 리시움,* 제우스와 아폴론을 기리는 사원 같은 공공건물 축조 사업을 추진해 현지인들에게 칭송을 받았던 것으로 보인다. 어떤 이들은 그가 추진한 사법 제도 개혁에서 좋은 인상을 받았다. 그는 공정성을 확보하기 위해 각 지역 주민의 거주지로 아테네의 재판관을 보내 법정을 열도록 했다. 참주정이긴 했지만 페이시스트라토스와 그의 가족의 통치 방식은 현대의 독재정과는 비교할 수 없을 정도로 훨씬 간섭이 적고 덜 폭력적이었다. 따라서 이런 것을 모두 알고 당시를 돌이켜볼 때 흥미로운 점은, 그 당시 많은 아테네 사람들이 이렇게 한 집안이 관직을 독점하는 상황을 아주 예외적이고 불쾌한 상황이라고 여겼다는 사실이다.

왜 그랬을까? 아테네는 그리스어를 쓰는 다른 도시국가들—예를 들어 코린토스—과 달리 참주정을 경험하지 않았기 때문이다. 그런 일이 가능했던 가장 큰 이유는 아테네가 지리적으로나 정치적으로 고립되어 외부의 간섭을 받지 않고 살 수 있었기 때문이다. 민주주의가 발명되기까지 오랜 시간 동안 아테네는 마치 돌 위에 앉아 자신의 연못을 내려다보는 개구리처럼 조용히 살아갈 수 있었다. 군사적으로 자신을 보호할 필요도 없었으며 외국의 지배에 굴복하거나 순응할 필요도 없었다. 또 아테네인은 기원전 8세기 중반부터 다른 그리스 도시국가들이 지중해와 흑해 연안에 식민지를 세우려고 엄청난 노력을 기울이던 때에도 이런 거대한 시대의 흐름에 동참하지 않았다. 다음 세기에 들어서도—이는 어쩌면 기원전 700년경에 전염병이 돌아 아테네 인구가 상당수 줄었기 때문일 수도 있겠지만—아테네인들은 현명하게도, 근처에 있는 에레트리아와 칼키스 사이에 벌어진 길고도 치

참주(僭主, tyranny) 고대 그리스의 여러 폴리스에서, 비합법적 수단으로 지배자가 된 사람. 대개 귀족 출신으로서 평민들의 불만을 이용하여 지지를 얻어 정권을 장악했다.
리시움(Lyceum) 아테네의 교육 기관. 보통 아리스토텔레스가 기원전 4세기에 세운 교육 및 연구 기관을 가리키지만 본문에 언급되었듯이 사실 이 기관은 그 이전부터 존재했다.

열했던 전쟁에 말려들기를 거부했다.

　기원전 7세기가 끝날 무렵, 올림픽 경주에서 우승한 경력이 있는 킬론 (Cylon)이라는 자가 아테네에 참주정을 세우려고 시도했다. 하지만 반대자들이 아테네 농민들을 성공적으로 동원해 저항하도록 했고 결국 킬론은 실패했다. 이때 반대자들은 아주 교묘하게 승리를 거두었다. 은신처에 숨어 있던 킬론은 안전을 보장해준다는 약속을 믿고 나왔다가 적대자들의 공격을 받고 패배하여 도주했다. 이렇게 킬론에게 확실한 승리를 거둔 아테네의 귀족 가문들은 아테네가 전쟁이나 침략으로부터 자유로운, 특별하게 축복받은 도시라고 믿게 되었다. 아테네의 귀족 계급(이들은 '아리스토이aristoi'라고 불렸다)과 주민들은 그들의 도시 아테네가 참주정, 즉 한 가문 또는 그 가문의 한두 명이 지배하는 체제가 전혀 발을 붙일 수 없는 도시국가라고 확신했다. 이러한 확신은 솔론(Solon)이라는 지도자가 추진한 과감한 개혁으로 더 확고해진다.

　솔론은 기원전 630년경에 귀족 집안에서 태어났다. 자신이 지은 유명한 시의 한 구절에서 솔론은 인간사를 바다에 비유했고, '올바른 질서(에우노미아Eunomia)'를 회복하려는 노력이 가져오는 진정 효과를 이야기했다. "올바른 질서는 거친 것을 부드럽게 만들고 탐닉의 충동을 달래며 주제넘은 야망을 꺾어준다."[1] 솔론은 보수적으로 사고했으며 킬론 같은 자들이 참주정을 강제하는 과정에서 파괴한 옛 질서를 다시 세우려고 노력했다. 이런 기본 방향을 바탕 삼아 그는 모든 부채를 탕감하는 칙령을 내려 저당 잡힌 농지를 농민들에게 돌려주었으며, 부채를 피해 다른 지역으로 도주한 사람들과 불법으로 노예로 팔려 간 사람들에 대한 사면령을 선포했다. 솔론은 또한 '400인회'라는 엘리트 입법기관을 창설했다. 부유한 계급에서 400명의 시민을 선출하여 구성했기 때문에 이런 이름이 붙었다. 솔론은 또한 토지 매매 비용이나 장례식 비용에 상한선을 두는 법률을 도입했으며 형사 고발 사건을 시민 배심에 맡기는 법률도 도입했다. 또 솔론은 모든 아테네 시민들에게 법률에 복종하겠다는 서약을 받았다.

　이러한 새로운 규정에 지주 계급의 일부는 강하게 반발했지만, 이들 역시 아티카 크기의 정치체에 참주정을 강요하는 것은 어리석은 행동이라는 것을 잘 알고 있었다. 아테네를 중심으로 한 아티카는 당시 고대 그리스 세계에서 면적이 넓은 지역이었다. 북쪽과 서쪽은 사람이 거의 통과할 수 없는 산맥으로 보호되었으며 면적은 약 2,500제곱킬로미터에 이르렀다.(이는 현재 룩셈부르크의 면적이다.)* 아테네에서 걷거나 혹은 나귀를 타면 긴 여름날 온종일을 가야 비로소 아티카의 끝부분에 도달할 수 있었다. 이런 넓은 면적은 당시에는 특별한 조건이었다. 대부분의 도시국가는 몇 시간만 여행하면 한쪽 끝에서 다른 쪽 끝까지 갈 수 있었다. 아테네의 경우, 이런 넓은 면적 때문에 이 지역의 귀족들이 중앙 집권적 정치 권력을 향한 열망을 억누를 수밖에 없었다. 설사 그런 권력을 세운다 해도 이 권력의 효율성은 시간과 공간을 세심하게 통제해야 확보된다는 사실을 귀족들은 잘 알고 있었다. 솔론의 개혁에 압력을 받은 아테네의 귀족 집안들은 이런 연유로 외부인과 별다른 접촉을 하지 않고 귀족들끼리만 교류했으며, 화려한 연회나 연애, 운동, 사냥 같은 활동에만 관심을 쏟았다. 그리하여 아테네는, 전염병과 전쟁, 참주정의 부패한 행정을 싫어하는 사람들의 안전한 피난처로 명성을 얻게 되었다.

아테네의 안정된 분위기는 페이시스트라토스가 권력을 장악하면서 흔들렸다. 그가 최초로 참주정을 시도한 것은 기원전 561년경이었다.(이때 그는 마치 자신이 공격받고 있는 것처럼 꾸몄으며 아테네 내에서 자신을 보호하기 위한 호위병을 불러 모으는 교묘한 방법을 썼다.) 이후 20년 동안 그는 두 차례 더 시도한 끝에 권력 장악에 성공했다. 아테네의 빈곤한 농민 일부의 지지를 등에 업고 감행한 이 세 차례의 쿠데타는 참주정으로부터 자유롭다는 아테네의 명성에 먹칠을 했다. 해악은 거기에서 그치지 않았다. 이후 페이시스트라토스가 병에 걸려 기원전 528년 혹은 527년에 세상을 뜨자, 그의 가족이 장악해 온 정치 체제는 승계 위기를 맞았다. 페이시스트라토스의 가족은 마치 제정신을 잃은 들짐승처럼 서로 할퀴고 물어뜯어 결국 갈가리 찢기고 만다. 아버지의 권력을 이어받은 아들들 사이에 추악한 경쟁과 다툼이 벌어진 것이다. 경쟁을 벌인 것은 두 아들 히피아스(Hippias)와 히파르코스

---

* 아티카의 면적은 제주도 면적의 약 1.5배 정도였다.

(Hipparchos)였지만, 셋째 아들이자 배다른 자식인 테살루스(Thessalus)도 온갖 지저분한 정치 문제에 휘말렸다. 경험도 별로 없고 나이도 젊은 세 아들 가운데 누가 어떤 강점을 지녔는지 당시 아테네 사람들의 기록을 보면 의견이 분분하다. 이들은 모두 고급스러운 옷을 입었으며 머리를 길게 길렀고 매미 모양의 금 단추를 달고 다녔다. 세 아들 가운데 누가 먼저 문제를 일으켰으며 누가 무엇을 언제 어떻게 추구했는지는 분명하게 알려진 것이 없다. 여하튼 이런 혼란 때문에 아테네 사람들은 참주정의 가장 추악한 측면이 피비린내 나는 내분이라고 더 강하게 확신하게 되었다. 아테네 사람들은 최악의 상황이 벌어지지 않을까 두려워하면서 공포에 떨었다. 그러다가 기원전 514년에 전혀 예상하지 못한 사건이 발생했고 그 사건은 엄청난 결과를 불러왔다. 마치 한 마리 독수리처럼 자유가 지상을 향해 엄청난 속도로 급강하해서는 서로 다투던 참주들의 화려한 안식처에 불쾌한 충격을 가했다.

이때 일어난 결정적 사건을 살펴보면 어처구니없다는 느낌이 든다. 당시 아테네 사람들 역시 이런 사건이 도대체 어떻게 일어날 수 있는지 어리둥절했다고 한다. 당시 아테네에서는 판아테나이아(Panathenaia) 축제가 열렸다. 아테네의 수호신인 아테나를 기리기 위해 4년에 한 번씩 열리는 화려하고 웅장한 축제였다. 이 축제 기간에 참주들 가운데 한 명인 히파르코스가 불만을 품은 두 젊은 귀족에게 암살당하는 사건이 벌어졌다. 암살자들은 은밀하고 재빠르게 히파르코스에게 달려들었다. 이들은 옷 안에 감춰 두었던 단도를 꺼내 히파르코스의 심장에 찔러 넣었고 그는 즉사했다. 아테네 중심가에서 그것도 대낮에 벌어진 일이었다.

암살자들의 과감한 행동을 목격한 사람들은 할 말을 잃었다. 게다가 이 행동이 초래한 결과 역시 말문이 막힐 노릇이었다. 당시 암살자들은 참주 형제를 잘 알고 있었는데도 엉뚱한 사람을 죽인 것이었다. 원래 이들이 목표로 삼은 사람은 형인 히피아스였다. 히피아스가 암살자 중 한 명의 여동생이 축제 기간에 펼쳐지는 행진에 참여하지 못하도록 막았다고 여겨 복수하려 했던 것이다. 하지만 이 사건을 촉발한 사람은 다름 아닌 셋째 아들 테살루스였다는 사실이 밝혀진다. 테살루스는 암살자 중 한 사람에게 동성애적 매력을 강하게 느꼈는데, 최근 그에게 구애를 거절당하고는 복수심에 불타올랐다. 그래서 그의 여동생이 아테네에서 가장 중요한 축제의 행진에 참가하지 못하게 하여 공개적으로 망신을 준 것이다.

결국 거절당한 구애가 이 음모의 주된 원인이었지만 이 사건은 다시 다른 방향으로 발전하여 역사적 중요성을 띠게 된다. 당시 두 암살자는 증오의 대상이었던 히피아스를 공격할 기회를 엿보고 있었는데, 마침 멀리서 히피아스의 모습이 보였다. 히피아스는 누군가와 대화를 나누고 있었는데 그 상대는 다름 아닌 암살 음모의 공범 가운데 한 명이었다. 자신들의 계획이 누설되었다고 믿은 암살자들은 초조한 나머지 마침 옆에 있던 히파르코스에게 단도를 휘둘렀다. 참주들을 모두 죽이지 못할 바에는 하나라도 죽이는 편이 낫다고 판단했던 것이다. 한편, 당시 몇몇 그리스인들은 이 암살 사건이 이보다 더 복잡한 사랑싸움에서 비롯된 개인적 복수극이라고 판단했다. 살해당한 참주 역시 두 암살자 가운데 하나와 연인 사이였으며, 두 암살자 역시 서로 사랑하는 사이였다는 이야기다. 하지만 이런 사각 관계는 곧 아무 의미가 없게 된다. 살아남은 참주 히피아스는 자신도 동생처럼 참혹한 운명을 맞을지 모른다고 생각했고, 그 자리에서 즉시 가혹한 처벌을 집행했다. 히피아스는 경호원들에게 장검을 뽑아들고 암살자들을 공격하라고 명령했다. 암살자들의 이름은 하르모디오스(Harmodios)와 아리스토기톤(Aristogiton)이었다. 곧 이 두 사람의 이름은 아테네는 물론 그 밖의 지역에도 널리 알려진다. 하르모디오스는 참주의 경호원들이 휘두르는 칼에 찔려 죽었으며, 아리스토기톤은 붙잡혀서 고문을 당한 뒤 몇몇 지지자들과 함께 참혹하게 죽었다.

이후에 히피아스와 테살루스가 주축이 되어 참주정을 유지했지만 정통성이 약했다. 이 정권은 너무도 역겨운 느낌을 주었기에 결국 기원전 510년경 경쟁 귀족 가문인 알크마이온 가문이 타도하는 데 성공한다. 이 과정에서 클레오메네스(Cleomenes) 왕이 이끄는 스파르타군이 개입했고, 그에 대한 반발로 또 다른 정치적 무력 행사가 있었으며 이와 동시에 사흘 밤낮에 걸쳐 폭동이 일어났다. 위에서 귀족 가문들이 권력을 놓고 다투는 사이에 아래에서 민중이 봉기를 일으킨 것이다. 이러한 위와 아래의 혼란은 상호작용을 하며 더욱 격렬하게 번졌다. 이렇게 하여 알크마이온 가문을 선두로 하는 아테네의 최고 귀족 가문들 사이에 균열이 생겼으며 그 균열의 틈새로 등장한 인물이 바로 알크마이온 가문의 클레이스테네스(Cleisthenes)였다.

클레이스테네스는 이제 공포를 수단으로 삼은 참주정으로는 통치를 오래 지속할 수 없다는 것을 알았다. 마치 어린 나무가 햇빛을 쬐려고 위쪽으로 자라는 것 같은 기세로 클레이스테네스는 기원전 507년과 508년에 새로운 권력 구조를 세웠다. 아테네와 교외 지역에 흩어져 거주하던 아테네 시민들은 10개의 '부족'과 3개의 새로운 행정 단위(농촌, 해안, 도시)로 통합되었다. 이 새로운 구조에 기반을 둔, 비(非)엘리트층으로 구성된 새로운 중장 보병 군대 '호플리테스(hoplites)'가 창설되었다. 통치 기구로는 '500인회'가 세워졌으며 이와 별도로 아테네를 근거지로 하는 독립적인 민회를 구성하라는 공식 권유가 있었다. 이 민회는 기원전 506년에 최초로 법령을 결의하여 통과시킨다. 이러한 여러 개혁 조치는 아테네의 오래된 귀족 집안들의 유대를 끊는 동시에 각 분파 사이에서 벌어지는 폭력과 음모에 종지부를 찍기 위한 조치였다. 그런데 이러한 일련의 개혁에는 또 다른 중요한 의미가 있었다. 그것은 바로 이런 개혁 조치들을 통해 '힘없는 자들의 힘'이 공식적으로 인정되었다는 사실이다. 클레이스테네스는 이 시기의 아테네 통치자들 가운데 최초로, 다수의 사람들이 한뜻으로 서로 힘을 합쳐 행동할 수 있다는 것과 '데모스(dēmos)'가 귀족의 조언이나 지도를 받을 필요 없이 스스로 주도권을 쥐고 일을 처리할 수 있다는 것을 간파한 사람이었다. 그는 이런 인식에서 출발하여, 이제 이 시점부터 아테네라는 정치체가 존속하려면 '데모스'가 스스로 통치할 권리를 지닌다는 원칙을 기반으로 삼아야 한다는 놀라운 결론을 이끌어냈다.

이 판단은 결코 평범한 성취가 아니었다. 그리고 이것이 바로 역사가 귀족 출신 클레이스테네스를 정치 지도자 가운데 최초의 민주주의자로 기억해야 하는 이유이다. 그러나 오늘날 많은 이들이 믿듯이 그를 아테네에서 민주주의를 '창시'한 공로가 있는 '위대한 인간'으로 취급하는 것은 옳지 않다. 또 아테네의 민주주의를, 온갖 난관을 뚫고 강인하게 투쟁한 용감한 '데모스'가 창조한 것이라고 보는 것 역시 옳지 않다. 아테네에서 이루어진 민주정으로의 전환은 피비린내 나는 참혹한 사건의 연속이었으며 아테네 이후 인류 역사의 민주화 과정이 다 그랬던 것처럼, '위대한 인간'이나 '데모스'를 주인공으로 내세운 설명 방식이 암시하는 것보다 더 혼란스럽고 더 장기적인 과정이었다. 아테네 민주주의를 만들어낸 원인은 여러 가지였으며 그 원인을 제공한 사람도 여럿이었다. 암살을 감행했던 하르모디오스와 아리스토기톤도 중요한 역할을 했다. 또 기원전 507년과 508년에 스파르타가 군사 개입했을 때 침략자들에게 대항하는 역할을 맡았던 이름 없는 민중들 역시 중요한 역할을 했다. 이 평범한 사람들은 클레이스테네스의 숙적이던 이사고라스(Isagoras)라는 자가 스파르타 군대의 힘을 빌려 새로운 과두정을 세우려 했을 때 그 계획을 결정적으로 좌절시킴으로써 다시 한 번 중요한 역할을 했다. 한편, 클레이스테네스도 핵심 역할을 했다. 다른 사람들이 도저히 불가능하다고 생각하던 것을 실행에 옮긴 이가 바로 클레이스테네스였다. 그는 정치적 자유를 아래쪽으로 넓혀 종래에 시민 자격에서 배제되었던 사람들에게 정치적 자유를 부여했다. 그렇게 함으로써 그는 아테네의 참주정을 해체하는 어려운 과정에서 당시 절박하게 필요했던 지도력과 폭넓은 대중적 호소력을 제공했던 것이다. 이때 클레이스테네스가 선택한 방법은 참주정을 대신할 수 있는 견고한 대안을 제시하는 것이었다.

클레이스테네스는 농민, 수공업자, 상인, 그 밖의 소자산자들 같은 중간층 사람들을 중요하게 여겼다. 이들은 공공 사업에 관심을 기울일 수 있는 충분한 시간적 여유가 있는 시민들이었다. 귀족 출신인 클레이스테네스는 자기 계급의 다른 사람들과 마찬가지로 빈민이나 힘이 없는 사람들은 별로 언급하지 않았다. 하지만 그는 이런 사람들에게도 참정권을 부여하는 것—즉 데모스를 끌어안아 급진적 개혁을 강력하게 추진하는 데 이들을 활용하는 것—이 무책임하고 집중된 권력을 타파하는 데 효과적인 무기가 될 수 있음에 주목했다. 이러한 그의 비전에 담긴 강력한 힘은 오늘날까지 전해지는 당시 목격자들의 증언이나 기록물로 증명된다. 이 기록물들을 살펴보면 우리는 아테네 역사상 처음으로 민회가 활발하고 강력한 정치 권력이 되었음을 알 수 있다. 민회는 '500인회'와 권력을 공유했는데, 이 민회는 '500부셸* 남자'(소유한 땅에서 매년 500부셸에 해당하는 액체 상태 혹은 건조된 생산물이 난다는 뜻)들만이 아니라 힘들게 생활하는 농민이라든지 소 두 필 정도의 보잘것없는 재산을 소유한 자들도 포함되었다. 이들이 민회 에 포함되면서 민회의 형태와 의미에 큰 변화가 생겼다. 이제 아테네 사람들 은 일반 시민이 주도권을 잡는다는 원칙—이 원칙은 후일 아리스토텔레스 (Aristoteles)가 "데모스가 키리오스(주인)"라는 말로 표현한다.[2]—을 바탕 으로 하여 구성된 자치 체제를 얻게 된 것이다. 이리하여 드디어 민주주의 가 시작되었다. 민주주의의 탄생은 이상하게 틀어져버린 암살 사건의 도움 을 받았으며, 이 사건의 원인이었던 연애와 질투 감정은 결국 전 세계를 완 전히 다른 형태로 바꾸는 정치적 결과를 불러오게 된 것이다.

아고라의 신들

암살자들이 단초를 제공했으며 그 다음에는 예상치 못한 여러 사건이 연 이어 혼란스럽게 일어난 결과로 참주정이 붕괴했다는 이 이야기에 대해서 는 여전히 논란이 많다. 어쩌면 클레이스테네스의 지지자들이 이렇게 오해 를 살 만하게 이야기를 꾸몄을 수도 있다. 암살자들은 페이시스트라토스의 참주정에 의해 중단된 옛 조상들의 질서를 복구하려는 사람들이었다는 식 으로 말이다.[3] 하지만 아테네 시민들은 이런 세세한 사항까지 신경 쓰지 않 았다. 아테네 시민들은 자신들을 해방으로 이끈 암살자들에게 여러 공적인 영예를 부여했다. 기원전 5세기의 서정시인 시모니데스(Simonides)는 이 암 살 사건의 의미를 "진정으로 위대한 빛이 아테네에 비친 것"[4]이라고 표현

부셸(bushel) 영미권에서 사용하는 과일이나 곡물의 무게 단위인데, 대략 27~28킬로그램에 해당 한다. '500부셸 남자'는 '펜타코시오메딤노이(pentakosiomedimnoi)'를 풀어 쓴 것인데, 1년에 500 메딤노이(부셸)의 곡물을 생산할 수 있는 토지를 소유한 남자라는 뜻이다. 이것은 솔론의 정치 개 혁과 관련 있는 말이다. 솔론은 아테네의 시민들을 출신이 아니라 소유한 재산과 생산력의 정도 에 따라 4계층으로 나누고 참정권에 차등을 두었다. 가장 부유한 계층이 펜타코시오메딤노이였고, 300메딤노이 이상의 생산력을 지닌 두 번째 계층을 히페이스(hippeis)라고 불렀다. 두 상위 계층은 최고위 관직에 진출할 수 있었는데 그 대가로 전시에 군사적 의무를 져야 했다. 히페이스는 기사 로 복무해야 했다. 세 번째 계층인 제우기타이(zeugitai)는 200메딤노이 이상의 생산력을 지닌 농 민이었는데, 이들은 하급 관리가 될 수 있었고 전시에 중장 보병의 의무를 졌다. 최하층인 테테스 (thétes)는 200메딤노이 이하의 생산력을 지닌 일용직 노동자로서 민회에 참여할 수 있었으나 관직 진출을 할 수 없었고 세금을 면제받았다.

했다. 부유한 사람들이 모여 키오스 섬에서 생산되는 고급 포도주를 마시면서 마음껏 대화를 나누는 파티인 '심포시온(symposion)'이 열리면 이들은 이 민주주의의 창설자 두 사람을 칭송하는 노래를 읊조렸다. 기원전 410년에 채택된 법률에도 이들이 언급되었다. 이 법률은 "아테네에서 민주정을 전복하려는 자 혹은 민주정이 무너진 이후 어떠한 관직이라도 취하는 자"를 살해하는 것을 정당한 행위로 인정하는 동시에, 그런 살해자에게 죄를 묻지 않겠다는 내용을 담고 있었다.[5] 한편 당시 존경받는 조각가였던 안테노르(Antenor)는 이 참주 살해자들을 청동 조각상으로 제작해 그들을 기렸다. 어깨 근육이 잘 발달된 두 사람의 조각상은 당장이라도 누군가를 죽일 듯한 자세로 당당하고 영광스러운 모습을 재현했다. 이 청동 조각상은 훗날 페르시아 군대가 아테네를 침공했을 때 약탈당했지만, 아테네 사람들은 곧 이 청동상을 대신할 대리석 동상 제작을 당시 아테네의 조각가였던 크리티우스(Critius)와 네시오테스(Nesiotes)에게 의뢰했다. 아테네 민주정은 대략 기원전 508년 혹은 507년에서 기원전 260년까지 대략 250년간 다양한 형태로 존속하는데, 그 기간 동안 청동 조각상과 대리석 조각상은 아테네 시민의 집단적 기억을 보존하는 역할을 했다고 한다. 그 기억에는 공포와 자긍심이 모두 포함되어 있었다. 참주정 끝에 남겨진 피의 웅덩이에 대한 공포심과 아테네의 용감한 시민들이 이 참주정을 멋지게 타도했다는 자긍심이었다.

우리와 멀리 떨어진 다른 시대 사람들이 느낀 자긍심과 영광이 얼마나 강력했는지 우리가 경험하기는 어렵다. 하지만 그들의 심정을 가늠해보는 한 가지 방법이 있다. 어째서 아테네 사람들이 이 두 조각상을 '아고라(Agora)'라고 부르는 아테네의 중심 광장에 세웠는지 그 이유를 살펴보는 것이다. 아테네는 아티카라는 큰 지역의 중심에 자리 잡고 있었으며 아티카의 전체 인구는 약 20만 명이었다. 아테네는 아티카의 다른 도시보다 훨씬 더 규모가 컸다. 아테네에는 성인 남성과 여성, 노예, 어린아이를 합하여 약 3만 명의 주민이 살았다. 아테네에 민주주의가 뿌리를 내리면서 주민 수는 두 배로 증가한다. 수만 명에 이르는 장기 체류 외국인('메토이코스metoikos'라고 불렸다)과 상인, 여행자로 인해 주민 수가 크게 늘었다. 이들은 아테네의 구

참주 살해자인 귀족 청년 하르모디오스(오른쪽)와 아리스토기톤(왼쪽). 기원전 476년경에 아테네의 크리티우스와 네시오테스가 안테노르의 청동상을 본떠 제작했던 것을 훗날 로마인이 다시 복제하여 만든 것이다.

불구불한 골목길을 걸어 들어와서는 모든 사람이 특별한 장소라고 생각하는 이 도시의 품에 자리를 잡았다. 아테네 사람들은 아고라를 도시의 중심이라고 생각했으며, 심지어 이 장소를 곧 그리스 전역에서 가장 강력한 국가가 되는 아테네를 떠받치는 버팀목이라고까지 생각했다. 아고라는 포플러와 플라타너스가 우거진 골짜기 위쪽에 배수가 잘 되는 지점에 사각형 모양을 하고 있었으며, 그 주변을 흰색 석조 건물들이 에워싸고 있었고 건물의 지붕은 진흙을 구워 만든 오렌지색이었다. 광장은 겨우 3에이커(약 12,100제곱미터)밖에 되지 않았다. 이는 런던의 트래펄가 광장과 거의 비슷한 크기이다.* 하지만 아테네 사람들은 이 광장을 공공(公共)의 소유물이며 모두가

* 서울시청 앞 서울광장의 면적이 13,207제곱미터이므로 아고라는 서울광장보다도 작았다.

함께 이용하는 위대한 공간이라고 생각했다.

많은 사람이 자유롭게 아고라에 모여들어 이 번영하는 도시가 제공하는 많은 행사와 활동에 참여했다. 광장에서는 사람들이 대화를 나누고 물건을 거래했으며, 행진, 축제, 체육 시합, 공개 재판, 연극 공연이 진행되었다. 이런 다양성 자체가 사람들의 기분을 고양했다. 또한 이렇게 살과 피를 가진 유한한 존재인 인간이 스스로 통치할 수단을 지녔다는 느낌을 공유하는 것이 사람들을 활기차게 만들었다. 아테네 시민들은 자신들의 광장을 다양한 공공 목적에 사용했다. 별일 없이 잠시 한자리에 머물거나 이리저리 돌아다니거나 한쪽 끝에서 한쪽 끝까지 행진하듯 걷기도 했으며, 서로 잡담을 나누거나 소문을 공유하거나 말다툼을 하거나 조용히 시를 읊조리거나 농담을 주고받기도 했다. 이곳에서 그들은 옛 친구를 만나기도 했고 새로운 친구를 사귀기도 했으며 다른 사람에게(성인 남자는 어린 소년에게, 젊은 남자는 피리를 부는 소녀에게) 농담을 걸며 장난을 치기도 했고 그러다가 때로는 사랑에 빠지기도 했다. 모두가 공유한 아고라라는 공간은 (종종 철학자들이 주장하듯) 합리적인 언어를 사용하는 진지한 의사소통의 장이 아니었다. 오히려 놀면서 재미있는 것을 경험할 수 있는 장소였고, 경기를 벌이거나 축제를 열어 기분 전환을 할 수 있는 장소였다. 오늘날의 엔터테인먼트 공간이라고 할 수 있겠다.

호메로스(Homeros)의 유명한 말처럼, 아테네 민주주의는 그 적대자인 귀족에게서 "영예로운 행동을 완수하고 모든 사람 가운데 첫 번째"가 되어야 한다는 강한 의지를 흡수했다. 민주주의는 스스로 성취한 바를 널리 알리고 기념하려는 충동이 특징인 역동적인 삶의 방식이었다. '판아테나이 길'을 예로 들 수 있는데, 광장을 대각선으로 가로지르는 이 길은 작은 자갈이 촘촘히 깔려 있었고 기병대가 훈련할 수 있을 정도로 폭이 충분히 넓었다. 장대한 판아테나이아 축제 때 바로 이 길을 따라 축제의 주요 의식인 휘황찬란한 행진이 펼쳐졌다.(행진 장면은 당시 한 건물의 프리즈*에 조각되었으며 이 조각은 현재 런던의 '대영 박물관'에 전시되어 있다.) 행진 행렬은 아고라 광장을 가

프리즈(frieze) 고전 건축에서 기둥머리가 받치고 있는 세 부분(코니스, 프리즈, 아키트레이브) 중 가운데. 여기에 여러 가지 조각이나 부조를 새겨 넣었다.

로질러 통과한 다음, 언덕을 올라 아테네의 수호신인 아테나에게 바쳐진 하얀 기둥이 늘어선 성채(파르테논 신전)로 향했다. 그 신전이 있는 언덕 위는 아크로폴리스라고 불렸다. 민주정이 설립되고 초기 몇십 년 동안에는 이 자갈길의 좌우 곳곳에 나무로 된 관람석이 있었다. 관람석에서는 행진이나 운동 경기를 더 잘 볼 수 있었다. 운동 경기 중에는 보는 사람의 숨을 멎게 하는 '아포바테스(apobates)'라는 경기가 있었는데, 여기에 참가한 선수들은 갑옷을 완전히 갖추어 입고 전투용 마차, 즉 전차를 타고 달리다가 뛰어내리기도 하고 다시 뛰어오르기도 하면서 시합을 벌였다. 또 이 관람석은 노래와 춤, 연극 같은 공연을 관람하기에도 매우 편리했다. 하지만 기원전 4세기 초 공연 도중에 관람석이 무너져 내려 많은 사람이 다치는 사건이 발생한 이후로 공연 행사는 당시 아크로폴리스 바로 남쪽에 새로 건립된 '디오니소스' 극장에서 열렸다.

여기서 말하고자 하는 요점은, 민주주의에는 모두에게 개방된 공공장소가 필요하다는 원칙을 아테네 사람들이 세웠다는 점이다. 서로 평등한 존재라고 생각하는 시민들이 이 장소에서 공동 관심사를 함께 규정하고 또 함께 경험하는 것이다. 아고라의 후신이라 할 수 있는 로마 제국의 '포룸(forum)', 유럽의 '피아차(piazza)', '스퀘어(square)'와 마찬가지로 아고라는 (오늘날의 좀 덜 우아한 표현을 사용하자면) 일종의 '도심'이었던 셈이다. 공공 활동을 위해 확보된 이 공간은 물리적 공간과 상징적 공간이 하나로 결합한 공간이었으며 모두가 공유한 공간이었다. 당시 아테네의 반(反)민주주의자들은 이 아고라에서는 노예와 장기 체류 외국인, 개, 나귀, 말까지 모두가 평등한 존재인 양 행동한다고 지적하곤 했다. 주제넘은 열등한 자들에 대해 이런 불만이 터져 나오는 것은 이해할 만한 일이었다. 아테네의 민주주의 옹호자들이 정말로 아고라를 집단의 소유라고 여겼기 때문이다. 즉 좋은 혈통을 지닌 자나 큰 부를 누리는 자뿐 아니라 목수, 농부, 선박 소유자, 선원, 신발 제조공, 향료 상인, 대장장이도 이 광장을 공동으로 소유한다고 생각했다. 많은 시민들은 모두가 평등한 존재로서 스스로 통치하는 민주정이 가능하게 된 원인으로 아고라에 자유롭게 접근할 수 있는 점을 들었다. 아고라는 이들에게 제2의 집이었으며 시간의 흐름에 따라 다가오는 죽음이라는 '자연적' 몰락에 맞서 시민들이 개인적으로나 집단적으로 단결하고 또 스스로를 구원하는 공간이었다. 아고라가 존재함으로써, 즉 그곳에서 다른 사람들의 존재를 느낌으로써 아테네 시민들은 자신들이 실제로 존재한다는 현실감을 느낄 수 있었다. 바로 이런 현실감이 '우는 철학자'라는 별명이 붙은 헤라클레이토스(Heracleitos, 기원전 540?~기원전 480?)가 언급한 다음 구절이 뜻하는 바인 것 같다. 그는 아고라의 세계를 평하면서, 잠에서 깨어 있는 사람들에게는 아고라가 그들이 공유한 단일한 장소이지만, 다른 사람들에게 등을 돌리는 사람은 잠에서 깨지 못한 사람이며 아고라에서 벌어지는 일에 아무런 관심이 없다고 말했다.

당시 아테네 사람들은 아고라에서 이렇게 공적인 접촉을 함으로써 자신들의 힘을 실감할 수 있다고 즐겨 말했다. 공동의 목적을 추구하기 위해 다른 사람과 이야기를 나누는 능력과 동료 시민과 함께 혹은 다른 시민에 대항하여 행동할 수 있는 능력이 있음을 실감할 수 있다는 뜻이었다. 아고라는 아테네 시민의 비아그라(viagra), 즉 활력 증진제였다. 아고라는 활기찬 장소였다. 여기에서는 자신들이 바로 데모스임을 자랑스럽게 확인하는 사람들이 아침저녁으로 바쁘게 움직였으며, 이들은 이 데모스란 이름으로 부자와 빈자의 손이 함께 정부 운영의 방향키를 쥐고 있다고 생각했다. 하지만 고고학적 조사를 통해 드러난 증거를 살펴보면 이상하고도 놀라운 점이 발견되는데, 그것은 설사 대부분의 사람은 아닐지라도 상당수(숫자는 정확하게 알 수 없다)의 사람이 아고라를 여러 신이 지켜보고 있다고 생각했다는 점이다. 21세기의 많은 사람들은 민주주의를 완전히 '세속적', 즉 비종교적이며 현세적인 이상이라고 생각한다. 현대인은 종교를 (섹스와 마찬가지로) '사적(私的)' 문제라고 여기며 정부는 모든 종교적인 것들에서 분리되어야 한다고 생각한다. 물론 형식적인 구호를 간혹 사용하는 것은 예외로 한다. 예를 들면 "우리는 하느님을 믿는다(In God we trust)"(이 구절이 미국의 지폐와 동전에 등장한 것은 1864년이다), "하느님 아래 나라(One nation under God)"('하느님 아래'라는 구절은 1954년에 이르러서야 비로소 미국의 '충성의 맹세'*에 포함되었다) 같은 구호가 그런 것이다. 따라서 많은 현대인에게 비세속적인, 즉 종교적인 민주주의를 상상하기란 매우 어렵거나 완전히 불가능한 일이다. 이

아테네의 아고라. 그림은 영국의 역사가 피터 코널리(Peter Connolly)의 작품이다.

상하게 들릴지 모르지만 아테네 사람들은 정확히 바로 그런 민주주의를 상정했다. 아테네는 현대의 감각으로 볼 때 세속적인 도시가 아니었으며 비종교적인 민주정이 아니었다. 아테네 사람들의 관념 세계는 성(聖)과 속(俗)이 혼합된 세계였다. 따라서 정교 분리, 곧 정치와 종교가 분리되어야 한다는 말을 아테네 사람들이 듣는다면 무슨 말인지 전혀 이해하지 못할 것이다. 하지만 아테네 민주주의가 여기에 반대 의견을 내는 사람을 완전히 배제하지 않았다는 것도 사실이다. 기원전 440년대 초에 최초의 소피스트라 불리는 프로타고라스(Protagoras, 기원전 485?~기원전 410?)는 아테네 사람들에게 "인간은 만물의 척도"라고 말했는데, 그 '만물'에는 신도 포함되어 있었다. 그리고 그는 신은 어쩌면 인간의 머릿속에만 존재하는 것일지 모른다고 주장했다. 이런 주장에 동조한 사람도 있었을 것이며 또 입 밖에 내지 않을지라도 속으로는 똑같이 생각한 사람도 있었을 것이다. 하지만 분명한 사실은 당시 많은 사람이 아테네의 민주주의를 초자연적인 관점에서 인식하고 있었다는 사실이다. 아테네 민주정이 제시하는 여러 조건을 받아들여 그 안에서 살던 사람들은 자기 마음대로 민주정을 받아들인다거나 떠나버린다거나 하는 선택권이 없었다. 그들은 아주 어린 나이부터 종교적 의례를 통해서 또는 각자의 집에서 행해지는 의식을 체험하면서 자신들의 삶이 여러 신이 존재하는 다신론적 세계에 단단히 뿌리를 내리고 있다고 배웠다. 이 신들의

충성의 맹세(Pledge of Allegiance) 미국 국기와 국가에 대한 충성을 맹세하는 짧은 문장. 한국으로 치면 '국기에 대한 맹세'와 유사하며 1892년부터 시작되었다.

존재 덕분에 아테네 민주정에는 지상의 삶에 신성한 기준이 적용된다는 의식이 널리 퍼져 있었다.

시민들은 신들에게 큰 희망을 품는가 하면 두려움을 느끼기도 했다. 기원전 399년 소크라테스(Socrates)는 가짜 신을 아테네에 들여와 젊은이들을 타락시켰다는 죄목으로 공개 재판을 받고 사형당했다. 이 사건을 본 많은 아테네 사람들은 신을 얕보면 엄한 처벌을 받게 된다고 더욱 확신하게 되었다. 아테네의 사제들이 강화하려 했던 도덕률과 노인들이 강화하려 했던 도덕률은 같은 것이었다. 그들은 아고라에서 서로 뒤섞여 활동하는 사람들에게 다음과 같은 이야기를 이따금씩 들려주어 경각심을 불러일으켰다. 이 이야기는 원래 호메로스가 쓴 것이다. 자유의 신인 제우스의 집에 들어가는 입구에는 커다란 통이 두 개 있는데 새로운 사람이 올 때마다 제우스는 어떤 사람들에게는 한쪽 통에서 악(惡)을 퍼주고 어떤 사람들에게는 다른 통에서 선(善)을 퍼주며 나머지 사람들에게는 양쪽 통 모두에서 선과 악을 조금씩 퍼준다는 이야기였다. 이런 이야기들 때문에 아테네 사람들은 항상 조심하는 태도를 지니게 되었다. 오늘날 우리는 신성한 것에 대한 이런 감정을 대수롭지 않게 생각할 수 있다. 하지만 당시의 현실을 보면, 아테네의 많은 시민들은 자신 혹은 자신들의 지도자가 의롭지 못한 행동을 하면 제우스 같은 신이 벌을 내릴 것이라고 믿는 신앙 공동체의 일원으로서 자신을 인식했다. 아테네 사람들은 제우스를 비롯한 다른 신들이, 예를 들어 나쁜 날씨를 몰고 오거나 수확을 망치게 하거나 참나무를 모두 말라죽게 하거나 아테네 근처의 항구인 피레우스의 어부들의 그물에서 물고기를 사라지게 하는 방법을 써서 아테네 민주정을 파멸시킬 힘을 지녔다고 믿었다.

이런 이유로 아테네 사람들은 신을 두려워하면서도 사랑하고 존경하고 숭배하지 않을 수 없었다. 제우스의 경우가 가장 뚜렷한 사례다. 아고라의 북서쪽 구석에 언덕이 하나 있었는데, 그 언덕 위에는 오늘날에도 볼 수 있는 커다란 신전(헤파이스테이온)이 있었다. 당시에는 이 언덕 아래에 줄기둥이 늘어선 웅장한 건물이 있었다. 이 건물은 시민들의 신전이었는데 '제우스 엘레우테리오스의 스토아'*라는 이름으로 불렸다. 이 건물은 대리석과 일반 석재를 재료로 하여 도리아 양식으로 건축되었으며 지붕에는 점토를 구위 만든 적갈색 기와가 얹혀 있었다. 입구에는 제우스의 조각상과 제단이 크게 자리 잡고 있었으며 제우스는 두 팔을 점잖게 앞으로 내밀고 있는 모습이었다. 이 건축물은 민주주의 시대 이전에도 있었지만 민주주의 이후에 그 모습이 다소 변했다. 제우스를 찬양하는 오래된 숭배 의식이 아테네의 민주주의자들에 의해 계승되었다는 사실은 가볍게 지나칠 수 없는 의미가 있다. 제우스 숭배 의식이 크게 유행한 것은 기원전 479년 플라타이아이 전투를 전환점으로 하여 그리스가 페르시아의 침공에서 자유로워진 때부터였다. 이 건물은 그 자체로 시민들에게 아주 인기 있는 장소였다. 시민들은 해가 저물 무렵이면 웅장한 건물 주변을 산보하기 좋아했으며 건물의 우아한 계단에 앉아 잠시 머물기도 했고 거대한 기둥 사이와 여유로운 내부 공간에 들어가 다른 사람과 이야기 나누는 것도 좋아했다. 신전 내부는 화려하게 장식되어 있었으며 에우파노르(Euphanor)라는 화가가 그린 '데모크라티아'와 '데모스' 그림들로 장식되어 있었다고 한다. 이 화가가 정확하게 어떤 그림을 그렸는지는 수수께끼로 남아 있다. 이때 그림은 모두 사라지고 없지만 이 그림들이 민주주의와 신성함이 밀접하게 연관되어 있음을 묘사했으리라는 점은 짐작할 수 있다. 시민들이 이 사원을 방문하여 자유에 경의를 표하는 행동은, 인간의 민주주의를 위한 투쟁에 도움을 준 신에게 경의를 표하는 행동이기도 했다. 오늘날 관광객들은 남아 있는 소박한 유물들을 감상할 수 있는데, 이 유물들 역시 신성함에 대해 민주주의가 표했던 경의가 어떤 것이었는지를 확인해준다. 그런 유물로는 도리아 양식의 기둥과 코니스* 조각, 당시 사원의 남쪽 건물의 남쪽 구석에 자리 잡고 있던 여신 니케의 아름다운 대리석 조각상, 아테네의 민주적 자유를 위해 싸우다 죽어 간 수많은 이름 모를 영웅의 방패 따위가 있다.

아테네 사람들이 신에게 느끼는 두려움에는 긍정적인 측면도 있었다. 신

제우스 엘레우테리오스의 스토아(Stoa of Zeus Eleutherios) 페르시아와의 전쟁에서 거둔 승리를 기념하고 자유를 가져다주는 해방자 제우스를 기리기 위해 지어졌다. '해방자 제우스의 열주랑(列柱廊)'이라 번역할 수 있다. 열주랑(stoa)이란 기둥이 늘어선 복도 공간을 뜻하는데, 열주랑이 있는 건물 전체를 지칭하기도 한다. 이런 건물에서는 상업 활동, 예술 공연, 공공 행사 따위가 열렸는데, 보통 고대 그리스 각 도시의 광장 주변에 지어졌다.
코니스(cornice) 고전 건축에서 기둥머리가 받치고 있는 세 부분 중 맨 위. 프리즈 위에 있다.

들이 인간의 걸음걸음에 힘을 불어넣어준다는 믿음이 널리 퍼져 있었기 때문이다. 신들은 인간의 삶을 인도하고 의미를 부여하며 보호해주었다. 좀 더 정확하게 말하자면 신들은 아테네 사람들이 삶의 갖가지 상황에 대처할 수 있도록 도와주었다. 다른 식으로는 도저히 설명할 수 없는 우연한 사고나 가뭄, 전염병 같은 일이 닥쳤을 때 신들은 인간에게 그런 일을 설명해주었다. 그뿐이 아니었다. 신들은 또한 인간에게 충고를 하거나 지시를 내렸다. 그리고 만일 인간이 신들이 내린 지시를 거부했을 경우 마치 어두운 밤이 지나면 밝은 낮이 찾아오는 것처럼 틀림없이 어떤 처벌이 인간에게 떨어질 것인지까지 미리 상세하게 예고했다. 어떤 문제에 해결책이 필요한 경우와 같은 곤란한 상황이 되면 신들은 인간을 구하러 찾아왔다. 신들은 또 핵심 쟁점을 규정하는 것을 도와주었다. 신들은 또한 일단 결정된 방침에 신뢰성을 부여했다. 그리하여 이런 결정에 저항할 가능성이 있는 시민들이 더 잘 받아들일 수 있게 도와주었다. 점을 치는 행위는 신에게 다가간다는 의미를 띠었는데, 이를 통해 시민들은 인간의 유한성을 떠올리고 더 겸손해져야 한다고 느낄 수 있었다. 바로 그런 이유에서 신들은, 지나치게 교활하거나 아니면 지나치게 완고해서 다른 이들에게 신경을 쓰지 못하는 지도자들에게 제동을 거는 역할을 했다. 점을 치는 행위는 이런 방식으로 권력에 일정한 한계를 부여했다.

점을 치는 행위는 곧 신의 뜻을 알아내려는 행동이었으며 이것과 민주주의의 작동 방식에는 놀라운 유사성이 있었다. 신의 존재를 가정함으로써 생기는 좋은 점은, 아테네 시민들로 하여금 변덕스럽거나 위험할 수 있는 다른 존재들을 신뢰와 존중을 바탕으로 대하는 방법을 일상적으로 익히게 해주었다는 것이다. 아테네 시민들은 다른 존재들에게 평화로운 방식으로 접근하고 그들과 협상을 하고 함께 결정을 내리는 데 필요한 섬세한 기술을 연마할 필요가 있음을 매일 되새겼다. 많은 신이 있지만 이들의 의중을 명백하게 알아낼 방법은 없었으며 경전도 따로 없었고 공식적인 교리도 없었다. 그뿐이 아니었다. 각각의 신은 당파적으로 행동하는 경향이 있었다. 신들은 몇몇이 모여 일을 꾸미기도 했고 어느 특정한 편을 들기도 했으며 입장을 바꾸기도 했다. 인간은 신을 상대로 협상할 수 있었는데, 신이 인간의 논리에 설득되어 의견을 바꾸기도 했다. 그러니까 어떤 결정을 내리기 전에 신들에게 다가가 조언을 청하고 신들의 조언을 해석해야 했던 것과 마찬가지로, 민주주의는 그 안에서 살아가는 시민들이 불확실한 상황에 직면했을 때 서로 존중하면서 공개적으로 모두 모여서 평등한 존재로서 어떻게 더불어 살아갈지를 결정하는, 유한한 인간들의 통치 형태이자 삶의 방식이었다. 물론 신과 인간의 관계는 불평등했다. 신은 인간을 불편하게 만들거나 아예 파괴해버릴 힘을 지니고 있었다. 하지만 바로 그러한 힘의 불균형 때문에 인간은 신을 기쁘게 해주어야 했으며, 그러기 위해 아고라에 사는 인간들은 신들과 맺은 관계를 모방해 살아가야 했던 것이다.

　지금 우리의 시각에서 보면 매우 역설적으로 보이지만 고대 그리스 시대의 아테네 사람들은 신성과 민주주의를 서로 적대하는 것으로 본 것이 아니라 가까운 친구 사이로 보았다. 그들은 이렇게 자신들의 삶에 종교적 감정이 깊숙이 들어와 있다는 사실과 아고라가 지극히 인간적인 발명품으로서 인간이 스스로 노력하여 보존해야 할 공간이라는 또 다른 사실 사이에서 아무런 모순도 느끼지 않았다. 종교와 정치의 '분리', 혹은 신의 의지와 인간의 '세속적' 의지를 구분하는 것은 아테네 사람들의 사고방식에서는 완전히 낯선 것이었다. 그들에게 민주주의란 반드시 점(占)이 필요한 정치 체제였으며 점 없이는 생존할 수 없었다. 그렇기 때문에 아테네의 민주정 운영에서 종교적 의식과 희생 공헌 의식이 핵심적인 역할을 했던 것이다. 또 그렇기 때문에 민주적인 아테네인들이 추첨으로 사제를 선발했고, 주변의 다른 어떤 도시보다 아테네가 축제와 연극 공연에 더 많은 시간과 돈을 쓰는 것으로 유명했던 것이다. 또 아테네 시민의 세분화된 집단들에는 ─점술가와 신탁(神託) 해석자의 조언을 받는 집단도 있었다.─ 각 집단마다 따로 규정된 축제 달력이 있었으며 이 달력에 따라 일 년 내내 어떤 특정한 시점에 특정한 희생물을 올렸다.

　아테네 사람 가운데 상당수는 아테네 민주정이 신들의 의지를 확인하고 그것을 실행에 옮기기 위해 수립된 체제라고 생각했으며, 결과적으로 신들이 인간의 권력 행사에 권위를 부여한다고 생각했다. 이런 아테네 사람들의 생각을 엿볼 수 있는 사례가 많다. 아테네의 군대는 기도를 드리고 제물을 올리는 의식을 통해 신의 허락을 받았고 그 이후에야 전장을 향해 출발했다. 또 이 승리를 찾아 가는 행렬에는 점술가들 —이들은 '보는 사람들(seers)'이라고 불렸다. —이 동행했다. 전장에서 직접 전투에 임할 때나 전장에서 멀리 떨어졌을 때 각급 부대는 여러 신에게 자문을 청했으며 동물을 죽여 희생물로 바치고 동물의 내장 모양을 살펴 다음 행동 방침을 정했다. 그중에서도 특히 간(肝)이 여러 징조를 보여주는 풍성한 재료였다. 아테네 시민 가운데 가장 유명한 인물이자 정치가이며 군사 지휘관이었던 페리클레스(Perikles, 기원전 495?~기원전 429)는 사람들 앞에 나서기 전에 —사람들 앞에 자주 나서지는 않았다. —신에게 기도를 드리면서 당면한 토론 주제에서 적당하지 않은 말은 한마디도 자신의 입 밖에 나오지 않게 해 달라고 빌었다. 이 역시 같은 맥락에서 이해할 수 있다. 아테네 시민들은 이따금 대표단을 델포이로 보내 아폴론의 신탁 전달자에게 의견을 구했다. 아폴론은 다른 신들의 뜻을 해석하는 신으로 여겨졌다. 이런 일이 행해진 이유는 아테네 사람들은 공적으로 중요한 사안이 있을 때 우선 신과 그 사안을 두고 협상해야 하며, 좋은 결과를 맺으려면 반드시 신의 은총이 있어야 한다고 믿었기 때문이다. 그들이 신을 지혜의 샘이라고 믿었다는 것을 알면 이 모든 일을 이해할 수 있다. 신들은 인간이 지닌 의혹과 불안감을 달래주었다. 신들은 인간의 공포를 잠재웠으며 용기를 주었고 또 행동의 방향을 가르쳐주었다. 이런 맥락에서, 시인 핀다로스(Pindaros, 기원전 518~기원전 438)는 자신의 악기 '리라'의 음률에 맞추어 신이 내리는 은총을 이렇게 노래했다. "이리 와서 춤을 추소서, 올림피아의 신들이여. 우리에게 당신의 영광스러운 은총을 내리소서. 이 성스러운 아테네에 오소서, 이 도시의 배꼽이며 아름다운 향으로 가득 차고 풍요롭게 가꾸어진 아고라로 오소서. 제비꽃으로 엮은 꽃다발과 봄에 따 모은 노래들을 받으소서."[6]

데모크라티아 여신

아고라는 자주 들르기 좋은 장소였으며, 다른 사람들과 어울리고 신들 앞에 자신을 드러내기에 적당한 곳이었다. 시민들은 저마다 좋아하는 장소가 있었다. 인기 있는 장소들 중에 아고라의 남쪽 가장자리에 있는 분수대가 있었다. 크기는 작았지만 아름답게 장식되어 있었다. 무더운 날이면 시원하게 목을 축일 수 있는 장소였지만 이곳에는 다른 기능도 있었다. 진흙을 구워 만든 수도관에서 흘러내린 물이 조르르 물동이에 떨어지는 소리가 아침부터 저녁까지 끊이지 않는 이 장소는, (현재까지 전해 오는, 사람들의 모습이 그려진 검은색 물동이로 추측컨대) 활발한 사교 장소의 기능도 했던 것 같다. 젊은 여성들이나 집안일을 하는 하인들이 공개적으로 만나 남의 눈총을 받지 않고 잡담을 나누거나 공동의 관심사를 이야기할 수 있는 장소가 그리 많지 않았는데 이 분수대가 그런 장소였다.

고대인들이 운영했던 영광스러운 민주주의를 지나치게 이상적으로 생각하는 사람들은 아테네 민주정이 사실은 극도로 성별 역할 구분이 분명한 체제였다는 점에 주목해야 한다. 많은 아테네 시민은 아고라의 공적인 생활과 가정의 사적인 영역이 뚜렷하게 구분된다고 생각했다. 가정에서 여성들은 아기를 낳았고, 그 아이들은 이야기와 신화를 들으며 컸고 (남자아이의 경우에는) 읽고 쓰기를 배웠다. 요리와 청소, 유지·보수를 비롯한 그 밖의 집안일은 하인들의 도움을 받았다. 공(公)과 사(私)의 구분은 다시 남성과 여성의 구별을 더욱 뚜렷하게 만들었다. 어떤 시민들은 여성들이 별도로 자신들만의 신적 존재를 향해 숭배 의식을 치르는 것, 또 여성들이 자유롭게 거리를 걸어다니는 것, (가난한 여성의 경우) 공공장소에서 물건을 파는 것에 주목했다. 그들은 이런 현상을 근거로 들어 민주주의가 해로운 영향을 끼치고 있다는 결론을 내렸다. 순전히 여성들은 아고라에서 모습을 보여서도 안 되며 그 목소리가 들려서도 안 된다는 이유만으로 말이다. "여성이라면 집 안에 있고 나다니지 않는 것이 적절하며, 반면 남성인데도 바깥일에 몰두하지 않고 집 안에 있다면 이는 수치스러운 일이다." 이것은 크세노폰(Xenophon, 기원전 431~기원전 350?)이 가정을 관리하는 문제를 두고 토론하는 중에 한 말이다.[7] 군인이던 그가 공적인 일에 여성이 관여하지 않는 것이 옳다고 주장하면서 한 말이었다. 이 주장은 곧 훌륭한 시민은 훌륭한 남성이며, 그에 비해 가정 안에서 생활에 필요한 일을 맡아 하는 여성이나 하인은 '태생적으로' 열등한 존재이므로 공적인 삶에서 배제되는 것이 당연하다는 견해로

이어진다.

　남성만이 훌륭한 시민이 될 수 있다는 이러한 생각은, 아테네에서 민주주의와 동성애가 깊은 관련을 맺고 있었다는 사실을 떠올리게 한다. 아테네 민주정은 남성 지배 체제였다. 남성들은 자신보다 열등한 자들의 시중을 받으면서 자기들끼리 서로 평등한 존재로서 단결하고 통치했다. 남성들은 여러 단체를 조직했으며 공적으로 많은 시간을 함께 보냈다. 그리고 그들은 어린 소년들이 장차 공적인 일에 종사할 수 있도록 보살피는 것을 즐거움으로 삼았다. 하지만 아고라가 남성들만의 세계라고 하는 견해를 모든 사람이 받아들인 것은 아니라는 점도 눈여겨보아야 한다. 아고라는 분명 남성들끼리 어울리는 장소였으며, 남성들이 서로 손을 잡거나 키스를 하기도 하는 장소였던 것은 분명하다. 남성의 육체적 매력을 과시하는 행동이라든지 다른 성인 남자 혹은 소년에게 사랑을 표시하는 행동은 육체의 아름다움을 치열하게 추구하는 행동, 쾌락 추구, 그리고 나이 듦에 대한 깊은 혐오와 밀접하게 관련되어 있었다. 그러나 이런 불리한 상황에도 불구하고 여성들은 아고라에 자신의 자취를 남겼다.

　만일 현대인이 이 광장을 방문하게 되면 몇 가지 역설적인 면을 발견하게 될 것인데, 그중 하나는 아테네 사람들이 거의 200년 가까이 그들의 삶의 방식을 묘사하는 데 사용했던 단어인 '데모크라티아'가 강한 여성적 함의를 지닌 여성 명사라는 점이다. 이렇게 하나의 단어가 있고 그 단어와 연관된 한 무리의 단어들이 문법적으로 여성인(이 단어들은 거의 전부 여성형 어미 'ia'로 끝난다) 구어(口語)와 문어(文語)를 지닌 세계를 이해한다는 것은 지극히 힘든 일이며 그런 세계를 상상한다는 것조차 상당한 노력이 필요하다. 이런 언어에 대해 잠시 생각해보자. 마치 우리가 배(船)에 관련된 이야기를 할 때 배를 여성 명사로 취급하듯이, 만일 우리가 언론의 자유라든가 주기적인 선거 같은 민주주의 제도에 관해 말할 때 이 명사들이 생명을 낳는 '여성적' 성질을 띤다고 전제한다면 우리는 이런 제도들을 어떻게 인식하고 느끼게 될까? 또 이렇게 필수적인 민주주의 제도들을 여성 명사로 표시하는 데다가 이 제도들을 뒷받침해주는 존재가 여신이며 이 여신에게 인간의 희망과 공포를 주조하는 힘이 있는 그런 상황을 상상해보기 바란다. 이렇게 민주주의에 인격을 부여하는 것은 단순한 지성적 차원의 행위만은 아니었다. 아테네 사람들은 자신들의 정치 체제를 여성적인 용어로 설명하는 경우가 자주 있었다.

민주주의를 이렇게 여성으로 의인화했다는 것을 알게 되면 우리는 아테네의 종교 생활에서 여성들이 핵심 역할을 수행했다는 사실에 놀라지 않게 된다. 여성은 입법 활동이나 정치에는 배제되었지만 사적인 제의(祭儀)나 도시가 주최하는 축제에는 완전한 참가 자격을 부여받았다. 이런 행사를 통해 여성들은 남성들의 전유물인 공적 공간에 등장할 수 있었을 뿐만 아니라 사제의 역할을 할 수 있었다. 델포이를 방문하는 자들에게 아폴론의 뜻을 전달하는 강력한 힘을 지닌 '피티아'가 바로 그 예이다. 많은 남성들은 이 여성들이 신적인 존재와 서로 소통하는 일에서 남성보다 우월하다고 생각했고 또 그런 사실을 두려워했다. 또 '데모크라티아'가 여신으로서 숭배를 받았다는 증거도 발견되었다.[8] 이 여신을 섬긴 집단도 있었다고 한다. 이 여신에게 바쳐진 석조와 목조 기념물들이 아고라 내에 세워져 있었다. 또한 이 여신에게 바친 성스러운 장소가 아고라 북서쪽 구석에 있었다는 이야기가 있다. 만약 그것이 사실이라면 그리스의 지리학자 파우사니아스(Pausanias)가 기록한 연민의 여신, '엘레오스'를 향한 숭배와 마찬가지로[9] 그곳에는 돌로 만든 제단이 있었을 것이며 그 앞에서 시민들은 남성 사제나 여성 사제의 인도에 따라 기도를 올리고 제물을 바쳤을 것이다. 제물은 주로 케이크, 빵, 포도주, 꿀이었을 텐데, 소나 염소 혹은 봄철에 태어난 양을 도살하여 번제(燔祭) 희생물로 바치기도 했을 것이다. '데모크라티아', 즉 민주주의의 여신을 모시는 여사제는 매우 큰 힘을 지녔을 것이다. 아테네의 주요 가문 출신의 여성들이 대대로 이어져 오면서 민주주의 여신을 모시는 여사제 직위에 임명되거나, 아니면 추첨으로 지명되었을 것이다. 이 경우 임명 이전에 신탁을 전하는 예언자의 의견을 들었을 것이다. 이렇게 임명된 민주주의의 여사제는 민주주의 여신을 향한 존경심을 널리 퍼뜨리는 임무를 수행하고 여신의 신비로운 권위가 훼손되지 않도록 노력했을 것이다. 만일 권위를 훼손하는 자가 있을 경우에는 처벌을 내렸을 것이다. 처벌의 종류는 다른 시민들에게 손가락질을 받는 정도의 가벼운 처벌부터 파문이나 처형에 이르는 무거운 처벌까지 다양했을 것이다. 여사제들은 이렇게 권위를 인정받는 대가로 민주주의에 나쁜 일이 생기는 것을 막아주었을 것이다. 예를 들면, 여신 데모크라티아의 자랑스러운 이름을 아티카의 함대 이름으로 정해주는 경우가 있었다. 바로 이것이, 당시 유물로서 현재까지 전해지는 것 가운데 가장 유명한 형상이 전하는 의미의 핵심이다. 기원전 336년에 아테네에서 참주정의 발흥을 방지하려는 목적으로 제정된 법률이 새겨진 대리석판이 현재 아테네의 스토아 박물관에 보존되어 있는데, 판의 윗부분에 여신 데모크라티아가 어느 수염 많은 늙은 남자의 머리 위에 관을 씌워주는 모습이 부조로 표현되어 있다. 이런 행동을 통해 여신은 이 노인을 감싸주고 보호하는 것이다. 이 노인은 '데모스'를 상징한다.

민주주의의 영웅들

여성들만 신의 축복을 받아 다른 사람을 설득하는 힘을 얻은 것은 아니었다. 남성들도 그런 축복을 받았다. 분수대에서 멀지 않은 곳, 즉 아고라의 남서쪽 모퉁이에 남자 시민들이 자주 들르는 장소가 있었다. 여기에는 확연하게 눈에 띄는 기념물이 하나 있었는데, 그것은 아테네의 열 개 부족에 자신의 이름을 부여한 열 명의 영웅을 조각한 동상이었다. 여러 개의 석회석 기둥에 나무 가로대를 끼워 만든 난간이 둘러쳐진 이 기념물은 장엄하고 숙연한 분위기를 자아냈다. 사람들의 머리 높이보다 훨씬 더 높은 곳에 너비가 4미터에 길이가 거의 17미터에 이르는 거대한 대리석 대(臺)가 설치되어 있었으며 그 위에 열 사람의 청동상이 나란히 세워져 있었다. 이들은 모두 아테네의 초기 시대 영웅들이다.

이 구조물의 의미는 무엇이었을까? 요즘 이곳을 찾는 관광객들은 부서진 이 구조물의 흔적 주위를 돌면서 사진을 찍고 그 의미가 무엇인지 궁금해한다. 고고학적 증거에 따르면 그 의미는 명백하다. 이 기념물은 신들이 축복받은 도시 아테네에 깊은 관심을 기울이고 있음을 끊임없이 아테네 사람들에게 상기시키기 위해서 여기에 세워졌던 것이다. 영웅 동상 양쪽 끝에는 세 개의 다리로 받친 구조물이 있는데, 델포이에 있는 아폴론의 신탁을 기리는

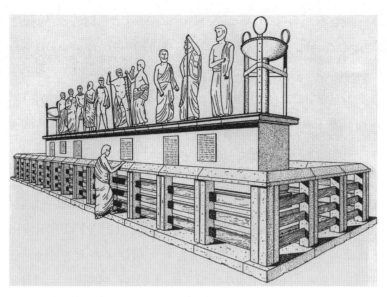
아테네의 열 개 부족에 자신의 이름을 부여한 열 명의 영웅을 기리는 기념물.

구조물이었다. 그곳을 수호하는 여사제들은 "어떤 것도 지나치게 하지 마라."라든가 "너 자신을 알라." 같은 훌륭한 조언을 해주며 아테네 사람들에게 존경을 받았다. 참주를 살해한 하르모디오스와 아리스토기톤의 조각상이 그랬듯이, 이 기념물 역시 기원전 6세기 말에 아테네의 영웅 클레이스테네스가 델포이의 아폴론 신관들과 접촉했음을 아테네 사람들에게 상기시키는 역할을 했다. 클레이스테네스는 델포이로 문서 전달관을 보냈는데 나귀를 탄 그의 품속에는 아테네에서 제일 유명한 100명의 이름이 적힌 서한이 있었다. 클레이스테네스가 알아내고자 했던 것은 이 100명 가운데 영원히 기억되어야 할 영웅들이 누구인가 하는 것이었다. 신관은 열 명을 지명했다. 이 숫자는 당시 클레이스테네스가 아테네의 모든 시민을 열 개의 부족(아테네에서는 '부족'을 필레phyle라고 불렀다)으로 나누었던 것을 상징한다. 이 기념물 위에는 실물보다 더 크게 제작된 10인의 영웅 동상이 서 있었는데, 아테네의 모든 시민이 이 영웅들을 쳐다보고 또 그들에게 존경심을 표하도록 했던 것이다. 이 기념물은 아테네 민주정이 구체적 인물의 모습을 이용하는 의인화 작업을 통해 힘을 강화하려 했던 또 다른 사례이다. 이 기념물의 경우에는 분명한 정치적 의미도 있었다. 즉 인상적인 이름을 가진 이 열 명의 위대한 인간―아카마스(Akamas), 아이아스(Aias), 아이게우스(Aigeus), 안티오키스(Antiokhis), 케크롭스(Kekrops), 에레흐테우스(Erekhtheus), 히포토온(Hippothoon), 레오스(Leos), 오이네우스(Oineus), 판디온(Pandion)―의 모습을 형상화함으로써 아테네의 젊은 민주주의가 사실은 뿌리가 깊다는 것과 이러한 신격화된 인물들이 민주주의의 '영원성'을 상징한다는 것을 아테네 시민들에게 강력하게 인식시키려 했던 것이다.

이 기념물에는 또 다른 정치적 목적이 있었다. 조각상들이 서 있는 대리석 대(臺)는 공고문을 게시하는 장소로 이용되었다. 그리스 민주주의 시대는 당연히 기계로 된 시계라든가 라디오, 인쇄기, 컴퓨터가 없던 시대다. 통보문과 소식 그리고 소문은 수레나 말을 탄 사람들 혹은 걷는 사람들을 통해 전달되었으며 사람들의 입에서 입으로 전해졌다. 아테네는 문자를 사용하는 정치 체제였으나 최소한의 의미에서만 그러했다. 필요한 경우 시민 가운데 누군가가 다른 사람들에게 글의 내용을 큰 소리로 읽어줄 수 있는 정도였다. 그리하여 이 동상들이 세워진 기다란 대리석 대의 아랫부분은 공적 게시물을 날마다 붙이는 장소로 사용되었다.(게시물은 무른 돌조각에 글자를 새긴 것도 있었고 파피루스나 색칠한 나무판 위에 서기들이 손으로 글자를 쓴 것도 있었다.) 데모스테네스(Demosthenes, 기원전 384~기원전 322?)는 유명한 웅변가로서 자신의 발음을 개선하기 위해 입속에 자갈을 넣고 말하는 연습을 한 것으로 유명하다. 마지막에는 자신이 태어난 아테네를 수호하려고 스스로 목숨을 끊은 사람이다. 그가 남긴 글에 따르면, 어떤 법안이 제안되면 그 소식이 보통 이 기념물에 게시되었다. 각 부족의 구성원들에게 알리는 공고문 역시 이곳에 게시되었다. 예를 들어 아카마스 부족의 어떤 사람은 이곳에 와서 게시물을 보고 최근 공적인 영예를 받은 이가 누구인지 알 수 있었으며 어떤 젊은이가 배심원 봉사에 호출되었는지, 또 어느 특정한 전투 작전에 병역 의무를 하도록 소집되었는지 알 수 있었다고 한다.

노예제와 민주정

영웅들의 기념비 아랫단에 게시된 공고문을 읽던 시민, 혹은 다른 사람들에게 읽어주던 시민은 정확히 어떤 사람들이었을까? 우리는 그들이 노예가 아니었다는 것, 그리고 아테네 민주정 전체가 노예 제도 위에 뿌리내리고 있었다는 것을 알고 있다. 이 두 제도, 즉 민주주의와 노예 제도는 밀접하게 연결되어 있었다. 만일 지구의 다른 부분에 있는 사람이 그리스 민주주의를 관찰하게 된다면 그는 이 민주주의라는 것이 사실은 다른 사람들을 노예로 만들기 위한 교묘한 방편에 불과하다고 말할 수 있으며, 그렇게 말해도 우리는 그를 크게 비난하지 못할 것이다. 이 관찰자는 또 다른 결론을 내릴 수도 있다. 즉 아테네 민주정 안에서 가장 부유한 시민들은, 시민의 지위를 누리는 다른 아테네 사람들이 어떤 경우에도 간섭받기를 싫어하며 자기 일을 알아서 스스로 해결하기를 원하기 때문에 이런 동료 시민들의 생활을 통제하는 것보다는 노예들을 취하는 편이 훨씬 더 쉽다는 것을 알아차렸을 것이다. 기원전 5세기 동안 민주주의가 자리를 잡아 가면서 많은 시민들이 더 부유해졌다. 이는 곧 이들 역시 노예를 수입하고 소유할 재력을 지니게 되었음을 의미했고 이런 현상은 특히 농업, 제조업, 광산업에 두드러졌다. 이런 사실 역시 외부 관찰자의 눈에 띄었을 것이다. 이런 이유에서 민주주의의 발전은 곧 노예제의 확대와 나란히 진행되었으며 시민권에 따라오는 큰 특혜가 바로 노예 소유였다는 결론을 내릴 수도 있다.

그러나 아테네 시민들에게 공정하게 말한다면, 노예제와 민주주의의 관계는 많은 사람이 생각하는 것처럼 그렇게 단순하고 분명한 것은 아니었다. 노예제는 민주주의 이전부터 존재했으며 노예에도 많은 종류가 있었다. 노예들의 생활 여건은 차이가 매우 컸는데, 이는 다양하고 모순적인 여러 호칭이 존재한다는 사실에서도 알 수 있다. 가정 안에서 노예 노동에 의존하여 살던 사람들은 노예를 '하인', '시종과 종복', '집의 아이' 또는 그냥 '몸'이라고 불렀다. 가정 바깥에서는 또 다른 여러 호칭이 사용되었다. 한편 이상한 호칭이 하나 있었는데, 그것은 '사람의 다리를 가진 동물'이라는 표현이다. 그리스어로는 '안드라포돈(andrapodon)'이라고 하는데, 이 단어는 항상 문법적으로 중성으로 사용되었으며 보통 노예를 지칭하면서 그들을 물건이나 동물로 취급하거나 혹은 인간으로 취급하되 공개된 시장에서 얼마의 가치가 있는가를 표현할 때 쓰였다. '사람(anthropos)'이라는 단어 역시 노예를 지칭할 때 쓰였다. 이런 표현은 지금 우리에게는 이상하게 들린다. 우리는 민주주의라고 하면 인간의 지위를 수호하고 개선하려는 노력과 연결되는 것이라고 이해하기 때문이다. 그러나 아테네 민주주의자들의 생각은 달랐다. 시민은 단순히 인간인 노예보다 한 단계 높은 지위였다. 한편 노예를 지칭하는 표현으로 '남자아이(boy)', '여자아이(girl)' 혹은 그냥 '아이(child)'라는 말을 쓰기도 했다. 아테네 사람들은 이런 표현을 씀으로써 노예는 근본적으로 자유에 어울리지 않거나 자유를 누릴 능력이 없는 존재라는 것을 노예 자신과 다른 모든 사람에게 다시 한 번 상기시켰던 것이다. 노예는 시민의 소유물이었다. 주인은 생각과 기분에 따라 노예를 사고팔 수 있었으며 유산으로 물려줄 수도 있었다. 주인이 빚을 갚지 못하는 경우에는 노예를 압류할 수도 있었다. 노예는 주인 남자의 성욕을 푸는 대상이나 매질의 대상이 되기도 했다.

당시 문헌에 이런 여러 단어들이 흔히 등장한다는 사실은 아테네 민주정에서 이런 노예가 어느 곳에서나 쉽게 눈에 띄었다는 사실과 연결된다. 노예들이 민주주의를 어떻게 생각했는지에 대한 기록은 시간이 흐르며 사실상 완전히 사라졌다. 유감스러운 일이다. 여하튼 우리는 당시 시민의 가정에 아무 일이나 시킬 수 있는 노예들이 있었던 것이 일반적이었다는 사실은 알고 있다. '호플리테스', 즉 중장 보병의 주축을 이루는 자영 농민 가정이 그러했으며 또한 농지는 없지만 비교적 부유한 노동자의 가정 역시 그러했다. 부잣집의 경우 여자 노예는 잔심부름, 요리, 빵 굽기, 옷 만들기, 양털 짜기, 머리 단장 같은 일을 했으며, 남자 노예는 식사 시중, 가사 관리, 문지기, 남자아이 돌보기 같은 일을 했다. 한편 노예들은 남자 시민의 요구에 따라 흥을 돋우는 역할, 댄서 역할, 매춘부(남자, 여자 노예 모두) 역할도 했는데 그런 일이 이루어지는 장소로는 비용이 저렴한 일반 유흥 업소에서부터 술을 진탕 마셔대는 사치스러운 분위기의 '심포시온'까지 있었다. 노예가 대규모로 동원된 곳은 대리석 채석장과 납, 은을 채굴하는 광산이었다. 특히 광산에서는 노예의 노동이 무자비하게 착취되었으며 그 결과 엄청난 부가 아테네 정치체와 일부 개인에게 생겼다.(기원전 5세기의 중요한 시민이며 군사 지휘관이던 니키아스Nicias는 1천 명의 노예를 소유했으며 이 노예들을 광산 작업에 대여해주었다고 한다. 트라키아 출신의 소시아스Sosias라는 이름의 노예가 뛰어난 능력을 인정받아 그 노예들을 지휘했다고 전해진다.) 또 노예들은 악기 '리라' 제작이라든가 가죽 손질과 제조 같은 전문 직종에 많은 수가 투입되었으며 의류, 무기, 칼, 램프, 항아리, 냄비 같은 상품 생산에도 종사했다. 노예들은 도로를 건설하고 수리하는 일에도 동원되었다. 그들은 정부의 화폐 주조창에서도 일했고 거리 청소도 했으며 심지어 법원이나 아고라에서 집회가 열릴 때 질서 유지를 위해 힘쓰는 일에도 동원되었다. 노예들의 땀은 사원의 보수 공사나 공공 건축 사업에도 스며 있다. 예를 들면 아크로폴리스에서 진행된 각종 공사나 아테네에서 서쪽으로 걸어서 하루가 걸리는 도시 엘레우시스의 성역(聖域)을 건설하는 데에도 노예들이 동원되었다.

아테네 민주정 내에 노예가 어느 곳에나 흩어져 있었다는 사실은 부인할 수 없다. 하지만 특이한 상황도 눈에 띈다. 아테네의 민주주의 옹호자들은 자신들이 노예를 소유하고 있다는 점에 대해, 또 민주주의 체제가 노예제라는 하부 구조 위에 서 있다는 점에 대해 숙고했으며 몇몇은 잠을 못 이룰 정도로 고뇌했다는 것을 간과해서는 안 된다. 노예제를 옹호하는 상세한 논의의 흔적이 거의 발견되지 않는다는 사실 역시 깊은 의미가 있을 수 있다. 그리스의 노예제에 관해서는 아리스토텔레스의 견해*가 가장 자주 인용되지만 그의 견해가 당시 아테네 시민들이 지니고 있던 다양한 견해를 대표하는 것이라고는 볼 수 없다. 노예 소유주들 가운데 많은 수가 일종의 민주주의적 고뇌라고 할 수 있는 고민을 품고 있었다. 그들은 노예 제도와 특정한 노예들, 특히 그리스 출신 노예들을 대할 때 모순되는 태도를 보였다. 그들이 고민했던 이유는 때로는 고통스러운 수치심 때문이기도 했지만 때로는 실제 경험에서 비롯된 것이기도 했다. 노예를 동물로 취급할 경우 그 노예가 최선의 성과를 제공하지 않는다는 것을 알았기 때문이다. 달리 말하면, 이렇게 살아 숨 쉬는 존재들을 상대하면서 그들을 사람이 아닌 생명이 없는 물건으로 대하는 경우, 노예들이 자기 자신이 마치 물건인 것처럼 행동할 위험성이 있었던 것이다. 이렇게 되면 노예를 소유하는 목적 자체가 달성되

---

* 아리스토텔레스는 사람들 가운데 천성적으로 주인이 될 사람이 있고 노예가 되어 주인에게 봉사할 사람이 있다고 주장했다.

지 않는 결과가 초래된다. 즉 노예가 스스로 적극적이며 자발적인 아랫사람이라고 느끼면서 주인에게 유용한 노동을 제공하는 일이 불가능해지는 것이다.

현재 남아 있는 증거물을 살펴보면 당시 노예제에 관하여 상당한 정도의 민주주의적 고뇌가 있었음이 확인된다. 당시 상황을 보면, 한편에는 노예를 상대로 혹독한 권력을 휘둘렀던 주인이 있었던 반면에 또 한편으로는 온화함과 동정심으로 대하는 주인이 있었다. 그들은 때때로 일부 노예에게 신분해방을 약속하기도 했다. 어떤 노예들은 '따로 거주하는 노예들' 혹은 '임금을 받는 노예들'이란 표현으로 묘사되는데, 이런 표현은 이들이 임금을 받을 권리가 있었으며 그렇게 벌어들인 돈을 저축하여 결국 자유를 얻어낼 권리가 있었다는 것을 암시한다. 이런 사실에서 노예에 대한 양면적인 태도를 엿볼 수 있다.(플라톤과 또 그 정체를 확실하게 알 수 없는 '늙은 과두주의자 Old Oligarch' 같은 반민주주의자들은 노예들이 임금을 받는다는 사실, 시민들과 같은 옷을 입는다는 사실, 그리고 정당한 지위의 시민에게 매질을 당하거나 경멸스러운 대우를 받을 두려움 없이 이리저리 여행을 다닐 수 있다는 사실에 매우 불쾌해 했다.[10]) '히브리스(hybris)'—다른 사람을 통제할 권력을 향한 맹목적인 추구—를 금지하는 유명한 법률에도 역시 같은 종류의 양면적 태도가 엿보인다. 민주정이 들어서기 이전부터 존재했던 이 법률은 가난한 시민들이 노예와 같은 대우를 받지 않도록 하기 위한 법률이었다. 이 법률은 폭력의 희생자들에 대한 모욕이나 이유 없는 폭력 행위를 구체적으로 지목하여 금지했으며, 한 걸음 더 나아가 노예들 역시 그러한 대우를 받지 않도록 규정했다. 이런 규정 때문에, 노예를 죽인 사람은 그가 어떤 상황에서 그랬는지와 상관없이 반드시 신들의 마음을 달래주는 정화(淨化) 의식을 거쳐야 했다. 또한 이 경우 살인자는 살해당한 노예의 주인이 제기하는 법적 소송의 대상이 될 수 있었으며 심지어는 살인죄를 받을 가능성까지 있었다. 이런 법률이 존재한 덕분에 종종 아테네 사람들의 '관용'에 대해 찬사가 쏟아졌다. 특히, 이 법률에 아테네의 '모든' 거주자들에 대한 '모든' 종류의 히브리스를 불법으로 규정한다는 의미가 담겨 있음을 즐겨 지적하곤 했던 웅변가들이 찬사를 보냈다.

시장과 광장

시민과 노예는 눈에 보이지 않는 고통스러운 상호 의존의 실타래로 함께 묶여 있었지만, 우리는 아테네의 노예는 시민이 아니었으며 아테네의 시민은 노예가 아니었다는 것을 알고 있다. 또 성인 남자만이 아테네의 시민이 될 수 있었다는 것도 안다. 기원전 4세기가 되면 아테네의 모든 계급의 성인 남자가 시민이 되지만, 우리가 유의해야 할 점은 아테네에서 거의 200년이 넘는 시간 동안 벌어진 자치를 위한 투쟁은 스스로 '중간층'이라고 인식한 사람들이 이 도시에서 오랫동안 주인 노릇을 했던 귀족 계급과 정치적으로 평등한 존재가 되려는 욕망을 품은 데서 비롯되었다는 사실이다.

이런 사실 때문에 훗날 민주주의가 중간 계급에만 해당한다든가 혹은 중간 계급이 없으면 민주주의가 태어날 수도 없으며 생존할 수도 없다는 공식이 생기게 된다.(뒤에서 살펴보겠지만 이것은 오해였다.) 이 공식은 당시 아테네의 상황에도 맞지 않았다. 민주주의는 부르주아의 기만책이 아니었으며 어느 사악한 계급의 속임수도 아니었다. 물론 아테네에서 농민, 상인, 교역 중개상으로 이루어진 중간 계급이 정치적으로 중요한 집단이었음은 분명하다. 부유한 편도 아니었고 가난한 편도 아니었던 이 집단은 자신들의 지위에 깊은 우려를 나타냈다. 이 집단은 가정에서 하인을 고용하거나 아테네에 거주하는 외부인을 고용할 수 있을 정도의 부를 누리고 있었다. 아테네에는 장기 체류 외국인이 매우 많이 살고 있었다.(그 숫자는 한때 1만 명에서 2만 명에 달했다.) 아마도 중간 계급 사람들은 더 부자가 되기를 열망했을 것이다. 하지만 그들은 자신들이 과연 그렇게 될 수 있을지 의심하면서 동시에 자신들이 경멸하는 빈곤층으로 떨어지지 않을까 하는 공포심을 느꼈다. 이런 공포심이 중간 계급의 뜨거운 정치 참여 욕구를 부채질했던 것이다. 이들은 여러 결정이 내려지는 데 분명한 발언권을 확보함으로써 부자와 빈자의 힘에 자신들의 운명이 좌우되는 것을 막고자 했다.

이 중간 계급은 자신들만의 경제적 관심사가 있었다. 농업 생산물과 제조업 생산물, 돈과 은행업, 생산과 교역 관리와 규제 등이 그들의 관심사였으며 따라서 이런 것들이 아고라에 뚜렷한 흔적을 남겼다. 이로써 아테네 민주주의는 확실히 그저 공적 공간이라든가 남성 우월주의라든가 신들과 여신들에 관한 문제를 넘어섰다. 아테네 민주주의는 재산, 돈, 상품, 서비스 같은 문제와도 항상 관련이 있었으며 시장 거래를 보호하고 확대하는 목적의 여러 제도를 바탕에 깔고 있었다. 분수대에서 멀리 떨어지지 않은 아고라의 남쪽에는 커다란 사각형 건물이 있었다. 석회석과 진흙 벽돌로 지어졌고 바닥은 흙을 단단하게 다져서 만든 이 건물은 정부의 화폐 주조창이었다. 이곳에서는 여러 종류의 공인(公認) 저울추와 각종 액면 가치의 청동 주화, 은화가 주조되었다. 동전의 한 면에는 이 도시의 수호신인 아테나의 모습이 새겨져 있었고 다른 한 면에는 부엉이와 올리브 가지―이는 여신 아테나의 상징이다.―가 새겨져 있었다. 이 작업은 여러 개의 작은 용광로에서 노예들의 노동으로 이루어졌으며 정부 감시원들은 이 과정을 세심하게 지켜보았다. 아고라 남쪽에는 이 화폐 주조창에서 멀지 않은 곳에 길이가 길고 웅장한 건물이 하나 더 있었는데, 이 건물에는 방이 열여섯 개나 있었으며 건물의 전면에는 두 줄로 줄기둥이 설치되어 있었다. 이 건물의 정확한 이름을 모르지만 이 '스토아'(이 이름으로 불리게 되었다)의 열주랑(列柱廊)은 사람들이 지중해의 뜨거운 태양이나 비바람을 피하는 기능만 있었던 것은 아니었다. 건물의 바깥에는 수많은 사람들이 끊임없이 왕래했다. 이들은 사업이나 정치에 관한 이야기를 나누었다. 하지만 '스토아'(이 단어에서 '스토익stoic'이라는 여러 의미를 지닌 단어가 유래했다)는 정부 부처의 건물과 비슷했으며 건물 안에는 많은 직무 부서와 협의 기관이 자리 잡고 있었던 것으로 보인다. 은행 업무를 보는 사무실도 있었을 것이다. 도량형의 쓰임새를 관리하고 감시하는 일을 하는 공공 관리 역시 이 건물에서 일했다. 이 관리들은 '메트로노모이(metronomoi)'라고 불렸으며 추첨으로 임명되었다. 식당도 있었는데, 이곳에서 여러 관직의 관리들이 식사를 했다. 그들은 비스듬하게 누울 수 있는 의자에 몸을 기대고 공공 비용으로 공급되는 식사를 했으며, 식당에서는 리크(백합과의 식용 채소), 치즈, 올리브, 호밀 케이크, 포도주, 때로는 생선과 고기 같은 소박한 음식이 제공되었다.

　이 건물의 바로 옆은 장터의 중심이었다. 이곳은 아테네의 어느 곳에서 걸어와도 10분 이내에 도착할 수 있었으며 온갖 종류의 상품을 파는 가판대들로 가득 차 있었다. 진열된 상품으로는 신발, 보석, 단지와 냄비, 향료, 올리브 기름, 각종 콩, 포도주, 잣, 신선한 과일, 말린 과일 따위가 있었다. 이 지역에서 생산되는 포도, 무화과, 올리브 열매도 제철이 되면 풍성하게 시장에 나왔다. 전 세계에서 수입된 희귀한 상품도 있었다. 페니키아에서 수입된 아몬드와 대추야자 열매, 헬레스폰투스에서 온 소금에 절인 생선, 이집트의 파피루스와 목화솜, 키레네의 소가죽과 실피움(약재로 널리 쓰였다), 로도스 섬에서 나는 건포도와 말린 무화과 열매 따위가 있었다.(말린 무화과를 먹으면 기분 좋은 꿈을 꾸게 된다고 했다.) 현대의 발굴 조사로 이곳에 소규모 작업장과 점포가 많이 몰려 있었던 것이 밝혀졌다. 당시의 웅변가 리시아스(Lysias)가 언급했듯이 이 장소에는 시민들이 "습관적으로 자주 들르는 …… 향수 가게, 이발소, 신발 수선집이 있었으며 …… 아고라에서 가까운 가게에는 많은 사람이 몰렸고, 아고라에서 먼 가게에는 적은 수의 사람밖에 가지 않았다."[11] 아고라에는 술집, 목욕탕, 성 매매 업소가 있었다는 흔적도 발견되었다. 노래를 부르는 축제 행사, 신적 존재에게 숭배를 표하는 무용, 동물을 죽여 희생물로 올리는 의식, 각종 운동 경기도 아고라에서 진행되었다. 재판과 재판에 관련된 협의 역시 아고라에서 이루어졌다. 당시에 관찰자들이 아고라에서 경제 활동과 공적 사안들이 기묘하게 뒤섞인 모습을 보고 놀림감으로 삼은 것은 놀라운 일이 아니다. 기원전 5세기의 희극 시인 에우불루스(Eubulus)는 이렇게 평했다. "아테네에 가면 당신은 한 장소에서 이런 것들을 모두 파는 광경을 볼 수 있습니다. 무화과, 출두 명령에 응하는 증인, 포도송이, 순무, 배, 사과, 증거 제공자, 장미, 모과, 오트밀로 만든 죽, 꿀벌 집, 병아리콩과 소송(訴訟), 온갖 종류의 벌의 침, 머틀(허브의 일종인 상록 관목), 추첨 기구,* 아이리스 꽃, 양(羊), 물시계, 그리고 법률과 고발."[12]

재치 있는 풍자이다. 하지만 현재 남아 있는 증거를 살펴보면, 아테네 시민들은 경제와 정치를 정신적으로나 공간적으로 구분하여 다루었던 것으로 보인다. 시장과 정치의 분리는 부분적으로는 현실적인 이유 때문이기도 했다. 공공 집회를 열려면 6천 명 이상의 시끄러운 시민을 아고라에 수용해

---

* 각 시민에게 배심원 임무와 같은 공적 업무를 배정하는 데 사용된 추첨 기구. 이 책 106쪽에 자세한 설명이 나온다.

야 했을 텐데 만약 그렇게 했다면 아고라에서는 다른 활동은 전혀 할 수 없고 모든 일이 정지되고 마비되었을 것이다. 한편 이런 현실적인 이유 말고 좀 더 고상한 다른 이유가 있었는데, 이는 아테네의 적수였던 페르시아의 폭군 키루스(Cyrus, 기원전 600?~기원전 529)에게 우연히 포착되었다. 키루스는 아테네 사람들이 도시 한가운데에 공공 광장을 만들어놓고 거기서 시민들이 서로 속고 속이고 있으니 이 사람들은 참으로 괴상한 사람들이라고 말했다. 그의 말은 분명 과장이었다. 하지만 이는 아테네 사람들 스스로 상업 활동에 드러냈던 부정적인 감정을 잘 반영하고 있다. 돈 많은 정치인을 소상인에 비유해 조롱하는 희극이 아테네에서 인기를 끌었으며, 기원전 5세기에는 '바나우소스(banausos)'라는 새로운 단어가 만들어져 수공업 종사자들을 비꼬는 말로 널리 사용되었다.(이 말은 '버노식banausic'이라는 영어 단어로 지금까지 전해지고 있다.) 이 단어가 뜻하는 바는, 이런 사람들은 자신의 곁에 불을 피워놓고 오랜 시간 일만 하기 때문에 시민의 자질이 훼손되며 공적인 일을 게을리 한다는 것이었다. 이런 모욕적인 표현에는 민주주의에서는 경제 활동이 아니라 자치 활동이 삶의 가장 중요한 일이 되어야 한다는 신념이 숨어 있었다. 여기에는 각 가정이나 시장에서 물질로 된 재화를 사적으로 생산하고 소비하는 활동은, 공적인 집회에 참가하여 연설을 하거나 법률을 제정하는 정치적 활동에 비해 열등한 활동이라는 뜻도 들어 있었다.

민회와 도편 추방제

정치가 가장 중요한 위치를 차지한다는 것이 핵심 원칙이었다. 아테네 시민은 과거에 솔론이 아고라에서 시를 낭독하는 바람에 어떤 소란이 일어났는지를 잘 기억하고 있었다. 솔론은 관행에 어긋나는 행동을 했다. 그는 아테네가 살라미스 섬을 군사 정복해야 한다는 내용의 긴 시를 지어 전부 암기한 다음, 작은 펠트 천 모자를 써 변장을 하고 아고라에 들어갔다. 그가 정신 나간 사람인 것처럼 시치미를 떼고 많은 사람들 앞에서 그 정치적인 시를 암송했을 때 사람들은 시를 감동적으로 받아들였다고 한다. 민주정 시대에는 아고라에서 연설을 행하는 것이 엄격하게 금지되었다. 정치와 경제는 마치 올리브 기름과 물처럼 서로 섞이지 않는 것이라는 인식이 널리 퍼져 있었으며 정치 활동은 아고라에서 분리된 장소, 즉 '프닉스'라고 불리는 곳에서 행해지는 것으로 정해져 있었다.

프닉스는 아고라에서 약 400미터 떨어진 낮은 언덕에 있었다. 이곳은 자연스럽게 경사진 길쭉한 모양이었으며 유칼립투스 나무와 올리브 관목이 곳곳에 있었다. 현재 이곳은 사람들이 잘 들르지 않는 장소이다. 관광객들은 이 언덕을 급한 걸음으로 지나쳐 조금 더 위쪽에 있는 아크로폴리스에 가서 사진을 찍는다. 지금은 이렇게 사람들의 관심을 받지 못하는 곳이지만 아테네 민주정 시기에는 매우 중요한 장소였다. 시민 전체가 이곳에 모여 ('에클레시아ekklesia'라고 불린 민회) 이 땅에서 시민들이 어떻게 함께 살아 나갈지를 규정하는 법을 제정했다. 클레이스테네스 통치기에는 민회가 프닉스에서 오직 한 번만 소집되었다고 하며 그때에는 행정관 선출과 감사라는 다소 덜 중요한 사안을 다루었다고 한다. 하지만 그 이후로 민회는 길고도 날카로운 이빨을 갖게 되었다. 민회의 규모 역시 대단했다.

아리스토텔레스는 어느 글에서, 도시국가의 크기는 전령 한 사람의 목소리가 시민 전체에게 들려야 하며 최소한 시민들이 서로의 얼굴을 보면 누구인지 알 수 있을 정도로 작아야 한다고 제안한 적이 있다. 그러나 아테네는 전혀 그렇지 않았다. 20세 이상의 남자이면서 활동이 가능한 아테네 시민의 수는 최소 6천 명이었다. 게다가 아테네의 해군력이 커지면서 해군을 뒷받침하는 선원들이 여러 차례 요구하여 시민권을 획득했으므로 프닉스는 계속 확장 공사를 해야 했다. 결국에는 원래 시민 수의 두 배가 조금 넘는 인원까지 수용 가능한 여유 있는 공간이 되었다.

민회가 거친 논란에 휩싸일 때나 생사를 가늠하는 중요한 사안을 논할 때면 시민 이외에 방청객들도 이곳에 모여들었다. 외국인들은 날씨가 좋아야만 민회를 열 수 있다고 생각할 수 있으나 그렇지 않았다. 특히 여름철에는 이른 아침부터 민회가 시작되었다. 새벽의 찬 공기가 사라지고 해가 떠올라 주변 언덕을 붉게 물들이기 시작할 때면 벌써 민회가 시작되었다. 보통은 출석률이 상당히 높았다. 날씨가 좋았기 때문은 아니었고 시민들 스스로 자신의 시민 자격에 강한 긍지가 있었기 때문이다. 아티카(도시국가 아

프닉스에 있었던 연설자의 연단. 프닉스는 아테네에서 민회가 열리는 곳이었다. 그림은 1863년 루돌프 뮐러(Rudolf Müller)의 작품이다.

테네의 영토명) 시민의 3분의 2가 아테네 시 경계의 바깥에 거주했는데, 이들은 전날 미리 도착하여 프닉스에서 밤을 보내든지 아니면 전날 밤중에 길을 떠나야 새벽녘에 프닉스에 도착할 수 있었다. 이런 사정을 고려하면 이처럼 높은 출석률은 놀라운 일이었다.

한편 아테네 시내에 사는 시민들 가운데 게으름을 피우는 자에 대해서는 특이한 방법이 동원되었다. 오랜 세월이 지나면 투표를 의무화하는 국가들이 생겨나게 되며(1892년 벨기에를 시초로 하여 1914년 아르헨티나, 1924년 오스트레일리아에서 투표 의무화 법이 시행된다), 19세기 영국의 웨스트민스터 의회에서는 '등원 명령' 제도를 시행한다. 고대 그리스에서는 민회가 곧 시작되는데도 출석하지 않은 시민들을 몰아오기 위해 노예들이 동원되었다. 이때 단순하지만 흥미로운 방법이 쓰였다. 우선 아고라에서 나가는 다른 출구를 모두 봉쇄하고 프닉스로 향하는 출구만 열어 둔다. 그런 후 노예들이 갈대를 꼬아 만든 긴 밧줄에 붉은 색 물감을 잔뜩 묻히고, 밧줄의 양끝을 들고 아고라 내의 공공장소와 건물을 훑고 다니는 것이다. 만약 민회에 가지 않고 다른 장소에서 꾸물거리는 시민들이 있으면, 그들의 옷이나 몸, 심지어 얼굴에도 붉은 색 물감이 묻었다. 이런 일을 당한 것은 그들이 늑장을 부렸거나 시민으로서 자신의 의무를 회피하려 했기 때문이었다.

민회 참석 기피자들을 모아들이는 데 이 붉은 밧줄이 얼마나 효과가 있었는지는 확인할 수 없다. 실제 민회에 몇 명이 출석했는지를 알려주는 증거는 별로 없다. 하지만 한 가지는 확실하다. 즉 더 많은 사람을 수용해야 한다는 필요성이 제기되었기 때문에 프닉스가 두 차례나 새로 조성되었다는 사실이다. 기원전 404년 혹은 403년경에는 현지의 분홍빛이 도는 커다란 회색 바위를 깎아 훌륭한 자연 음향 시설을 갖춘 반원형(半圓形) 극장을 건조했다. 연단의 위치를 새로 잡아서 청중은 바다를 바라보고 연설자는 육지 쪽을 바라보도록 했다. "우월한 해군력이 민주주의의 기원이며, 땅을 일구는 자들은 과두 정치에 대한 반감이 덜하기 때문에 이렇게 배치했다."라는 설명이 과거 기록에서 발견된다.[13] 후일 즉 기원전 4세기의 어느 시점인 것으로 추정되지만 확실하지는 않은데, 프닉스는 다시 한 번 확대되었으며 수용 가능 인원은 1만 3천 명에 가까워졌다. 하지만 여성, 노예, 장기 체류 외국인이 투표권을 부여받는 일은 한 번도 없었다.

민회는 실제로 어떤 방식으로 작동했을까? 어떤 기능을 수행했을까? 얼마나 효과적이었을까? 민회는 전체 아테네 정치 체제의 기반으로 여겨졌으며, 일 년에 마흔 번, 각기 하루씩 집회를 열었다. 대략 열흘에 한 번꼴로 열린 것이다. 당시 아테네인들이 쓰던 달력이 일 년을 열 달로 나누었으므로 한 달에 대략 네 차례 집회가 열린 것이며 특별한 일이 있을 때는 추가로 열기도 했다. 민회의 공식 기능은 법안을 심의하고 승인하는 것이었다. 또 민회는 주변의 정치 단위에서 찾아온 사절들의 연설을 청취했으며, 식량 공급, 주민 보건 문제, 도시의 군사적 방어 같은 의제도 다루었다. 민회의 심의는 '500인회'라는 기관이 민회에 제시한 각종 건의안과 법률 초안의 도움을 받아 진행되었다. '500인회'를 대표하는 간부들은 민회를 마주보고 설치된 긴 나무 의자에 앉았다. 좌석 배치는 평등 원칙에 따랐다. 민회의 모든 일은 직접 얼굴을 맞대고 진행되었으며 각종 발언에 기반을 두었다. 민회는 그날 의사 진행을 맡은 포고관의 질문으로 시작되었다. "시민 여러분! 폴리스에 유용한 제안이 있는 분은 누구십니까?" 이 질문이 던져진 다음 시민들이 연설에 나서는데, 이때 자신의 말이 멀리까지 들릴 수 있도록 연설자는 작은 연단(그리스어로 '베마bema') 위로 올라섰고 보통 "동료 시민 여러분" 혹은 단순히 "시민 여러분"이란 말로 연설을 시작했다. 이렇게 시작된 토론과 그 토론을 거쳐 결정된 내용은 '연락관들'이 듣는다. 이들은 집회가 진행되는 내내 잠들어서는 안 된다는 경고를 미리 받은 상태이며, 이들의 직무는 의사 진행을 주의 깊게 듣다가 요청이 있으면 밖으로 나가서 시내를 돌아다니며 중요한 소식을 사람들에게 전달하는 것이었다. 이들은 걸어 다니거나 나귀를 타고 다니면서 이 일을 수행했다.

아테네 정부는 민주정으로 여겨졌기 때문에 이 정부는 인간의 — 철저하게 인간의 — 사업으로 인식되었다. 하지만 신(神)을 언급하는 일이 자주 있었으며 또 사람들은 신의 지지를 받는 일을 중요하게 생각했다. 민회는 보통 조상의 신들에게 올리는 기도와 새끼 양이나 새끼 돼지를 희생물로 바치는 의식과 함께 시작되었다. 이런 정화 의식은 민회에 정당한 권력을 부여하는 것으로 여겨졌기 때문에 이 의식은 결코 신탁을 전하는 사제나 점술사에게 맡기지 않았다. 이 사람들은 사적(私的) 영역에 있는 '전문가'로 여겨졌으며 그들이 지닌 권위 혹은 그들의 예언 내용은 언제나 도전받을 수 있었고 때로는 완전히 무시되기도 했다. 연설자들은 차례로 연단에 올랐으며, 투표 — 이렇게 결정된 사항을 당시 아테네 사람들은 '사람들에게 최선이라고 여겨지는 것'이라고 표현했다. — 는 거수(擧手) 혹은 항아리에 작은 돌을 던져 넣는 방식으로 진행되었다. 결정 사항을 알리는 포고령은 양피지나 파피루스에 기록되어 아고라에 있는 시(市) 문서 보관소에 보관되었다. 이런 기록물은 현재 모두 사라지고 없다. 하지만 다행스럽게도 몇몇 결정 사항은 석판에 그 내용을 새겨서 아고라에 게시하라는 규정 덕분에 일부 남아 전해진다. 다른 세상을 향해 난 창문을 들여다보듯이 우리는 이 남아 있는 석판 조각들에서 당시 민회의 진행 상황에 관한 정보를 조금이나마 얻을 수 있다. 어떤 석판 조각에는 평범한 시민 몇몇의 공헌을 공개적으로 칭송하는 글귀가 적혀 있다. 또 다른 다수의 석판 조각에는 외부의 다른 정치 단위와 맺은 합의라든가 조약의 내용이 새겨져 있다. 또 다른 나라의 시민이면서 아테네를 지지한 어떤 사람에게 경의를 표하는 말이 새겨져 있기도 하다. 다음은 그런 글귀의 하나이다. "알렉산드리아 출신 필론의 아들 미칼리온은 아테네 사람들에게 그의 덕성과 선의를 보여주었기에 법률이 정한 바에 따라 그를 칭송하며 그에게 황금관을 씌워주는 바이다. 이는 우리 시민에게 가장 좋은 일이며 또한 큰 행운이다."[14] 가장 중요한 내용이 담긴 석판이며, 또 당연하게도 가장 유명한 석판은 이른바 참주정에 반대하는 법이 새겨진 석판일 것이다. 이 석판은 기원전 336년에 제작된 것인데, 당시 돈과 힘이 있는 일부 배신자들이 외부의 적과 공모하여—아마도 마케도니아의 왕이었을 것이다.—민주정을 전복하고 그 대신 과두정을 세우려 획책하려는 음모에 대해 민회가 경악하면서 강력하게 대응한 내용이다. 첫 부분을 보면 다음과 같다. "법률 제정자들은 다음과 같이 결의하는 바이다. 만일 어떤 자가 참주정을 수립하려 하거나, 거기에 동조하여 민중에 대항하여 일어서거나, 아테네의 민중이나 민주정을 타도하려 한다면, 이 가운데 어떤 일을 행한 자라도 그런 자를 살해한 사람에게는 누구를 막론하고 죄를 묻지 않는다." 다음 부분에서는 이 법을 널리 알리기 위한 세부 계획을 지정하고 있다. "500인회의 서기는 이 법을 두 개의 돌기둥에 새겨, 하나는 아레오파고스[프닉스 근처의 장소]에 …… 그리고 또 하나는 민회 회의장 내에 세워놓을 것. 석판을 새기는 작업을 위해 민중의 재무 담당관은 포고령에 의해 민중이 사용할 수 있도록 지정된 자금에서 20드라크마*를 지출할 것."

민회는 종종 격렬한 분위기로 치달았다. "이 도시는 자유와 마구잡이식 발언으로 가득 차 있으며, 모든 이들이 무엇이든 제멋대로 할 수 있는 방종을 이 도시 안에서 누릴 수 있었다." 이는 민주주의에 적대적이었던 사람이 한 말이다. 그는 계속해서 프닉스의 바위 벽에 부딪힌 반향 때문에 "비난과 칭송의 시끄러운 소음이 두 배로 더 크게 들렸다."고 언급했다.[15] 이런 비난은 사실 지나친 것으로 보인다. 시민들이 상당한 자제력을 발휘했음을 보여주는 증거가 많기 때문이다. 시민들은 격렬한 대결—이런 대결을 '스타시스(stasis)'라고 했다.—이 초래하는 위험을 잘 알고 있었으며, 민회 내에서 폭력을 휘두르거나 폭력을 쓰겠다고 위협하는 것은 절대 용납되지 않았다. 민회의 규칙을 위반하는 자가 있을 경우를 대비해 민회의 규정과 관행을 사

드라크마(drachma) 고대 그리스의 화폐 단위. 숙련 노동자의 하루 임금이 1드라크마였다.

람들이 준수하도록 하기 위해 활로 무장한 궁수 부대가 있었는가 하면 노예들과 잘 훈련된 진행 담당자들이 대기하고 있었다. 시민들은 둥그런 원을 그리며 주위의 바위 위에 앉았다. 어떤 이들은 집에서 푹신한 방석을 가져와 그 위에 눕기도 하고 비스듬하게 턱을 괴고 앉기도 했다. 시민들은 모든 사람이 자발적으로 발언할 의무가 있음을 알고 있었으며 그런 의무를 모든 사람이 실천에 옮기기를 기대했고, 또한 서로에게 '진솔한 발언'―이를 '파르헤시아(parrhesia)'라고 불렀다.―을 하기를 기대했다. 부자들을 조롱하는 발언도 있었으며 개인적으로 불미스러운 행동을 한 사람을 비난하는 발언도 발견된다. 부정부패에 관한 발언도 있으며 맹목적인 오만―'히브리스'―을 개탄하는 발언도 있었다. 회의에는 유머가 종종 등장했다. 소크라테스 이전의 철학자 데모크리토스(Democritos, 기원전 460?~기원전 370?)*가 프닉스를 방문한 적이 있는데 그의 말에 영향을 받은 몇몇 연사들이 청중을 설득하기 위한 수단으로 웃음을 유발하는 기술을 연습했다. 민회에서는 우스꽝스러운 소동이 연출되기도 했고 자기를 조롱하는 발언을 하여 남을 웃기는 사람도 있었다. 희극 작가 아리스토파네스(Aristophanes, 기원전 448?~기원전 380?)는 〈기사들(Hippeis)〉이라는 작품을 남겼는데, 그 끝부분에 노인 '데모스'가 노예와 소시지 상인에게 툭툭 얻어맞고 이리저리 떠밀리는 장면이 나온다.[16] 이 장면은 당시 많은 관객의 사랑을 받았는데 그와 비슷한 장면이 민회 현장에서 실제로 일어나기도 했다. 하지만 몹시 근엄한 분위기에서 민회가 진행되는 경우도 종종 있었다. 시민은 다른 사람들과 '평등하며 대등함'을 의미한다고 연사들은 계속해서 청중들에게 상기시켰다. 회의가 열릴 때마다 여러 차례 반복적으로 언급된 또 다른 말은, 민주정은 각 시민이 '이소노미아(isonomia, 법 앞에 평등)'와 평등한 발언권과 '번갈아 통치하고 또 통치를 받는' 자유를 누릴 수 있게 해주는 특별한 통치 형태라는 말이었다. 연사들은 이런 종류의 발언을 허투루 하는 것이 아니라 확신을 품고 진지하게 했으며 청중들 역시 이런 연사들의 발언을 온전하게 문자 그대로 받아들였다. 이런 종류의 신념이 바탕이 되어 작동했던 제도가 바로 '호불로메노스(ho boulomenos)'였다. 이는 민회에 참석한 개별 시민이 법안, 포고령, 공적 기소를 자발적으로 제안할 수 있음을 뜻했다. 이는 근대의 '의원 입법' 제도와 성격이 흡사하다고 할 수 있다.

정부 운영에서 민회는 스스로 최고 권력 기구라고 의식했지만 이와 동시에 신들에게 권한을 위임받았다고 믿었다. 늙은이 데모스는 어리석게 행동할 때도 있지만 그렇다고 하여 아무 근거 없이 행동하지는 않는다고 여겨졌다. 아고라에서와 마찬가지로 프닉스에서도 사람들은 어떤 초자연적인 힘을 깊게 믿었으며 그런 믿음 덕분에 상식에 근거한 질서를 유지해 나갈 수 있었다. 심지어 어떤 필요에 따라 시민들 사이에 추첨이 진행될 때조차 — 이 추첨 방식은 오늘날에도 민주주의자들에게 선호의 대상이 되기도 하고 실

---

* '웃는 철학자'라는 별명이 있는 데모크리토스는 아브데라라는 도시에서 부유한 가정의 아들로 태어났다. 아브데라는 발칸 반도 동남부의 트라키아 지방에 있었는데, 일찍이 테오스 지역에서 벌어진 전쟁을 피해 도망친 이오니아 사람들이 정착한 도시였다. 그는 젊은이들이 품게 마련인 호기심을 충족하기 위해 세계를 여행했으며, 그러면서 상당한 규모의 상속 재산을 다 써버렸다. 종종 그는 어떤 그리스 사람보다 자신이 더 많은 곳을 여행했노라고 자랑했다. 그는 자신이 이집트에서 5년 동안 그곳 사제에게 수학을 배웠다고 자랑했으며 또 페르시아와 칼데아의 끝까지 여행했으며 심지어 인도와 에티오피아까지 가보았노라고 자랑했다. 그리스 땅에 돌아온 뒤 그는 잠시 아테네에 정착해 살면서, 스승 레우키포스(Leucippos)와 함께 자신이 세계 각지에서 얻은 지식을 토대로 삼아 더 많은 연구를 진행했다. 그의 삶에 대해서 구체적으로 알려진 것은 이 정도뿐이다. 한편, 전해지는 이야기에 따르면 그는 인간의 어리석음에 대처하는 가장 훌륭한 치료법이 웃음이라고 생각했기 때문에 웃기를 좋아했다고 한다. 그는 고령이 될 때까지 살았는데, 장수의 비결은 벌꿀과 뜨겁게 구운 빵에 생긴 작은 구멍에서 나오는 증기를 번갈아 들이마시는 강박적인 습관이었다고 한다.(이 강박적인 습관의 바탕에는 뜨거우면서도 차고 달면서도 쓴 성질에 보인 그의 과학적인 관심이 있었다.) 또 다른 전해지는 이야기에 따르면, 데모크리토스는 뛰어난 기술을 지닌 웅변가였으며 다른 많은 책을 설명하고 내용을 요약하는 엄청난 양의 책을 썼다고 한다. 그 책들의 주제는 매우 다양해서 물리학과 천문학, 수학과 문법학, 그리고 기침과 발열 증세에 관한 책들이었다고 한다. 그의 저술은 대부분이 사라지고 없지만 조금 남아 있는 흔적에 따르면 그는 민주주의의 친구였던 것으로 판단된다. 그의 연설에는 민주주의적 정서가 가득 스며 있다. 공동체의 선(善)이 항상 첫 번째 자리에 놓여야 한다고 그는 즐겨 말했다고 한다. 또 그는 사적인 차원의 다툼이나 힘의 지나친 집중은 나쁜 것이라고 말했다. 인간의 욕심과 어리석음에 대한 최선의 대비책은, 바로 잘 운영되는 정치체라고 주장하기도 했다. 만일 정치체가 안전하게 유지되면 모든 것이 안전해지며, 정치체를 상실한다면 모든 것을 상실한다는 것이다. 그는 민주정이 최선의 정치체 형태인 까닭은 민주정이 '진솔한 발언(파르헤시아)'을 보장해주기 때문이라고 말했다. 또한 민주정은 어리석은 사람들과 오만한 사람들을 곤란하게 하는데 종종 이 두 부류의 사람은 동일한 사람들이라고 했다. 민주정은 진솔한 발언을 옹호함으로써, 관직에 있는 사람들이 저지른 실책을 그들이 성취한 성공보다 더 오래 기억되도록 해준다고 말했다. 이러한 이유 때문에 민주정에서 가난하게 사는 것이 참주정에서 이른바 번영을 누리는 것보다 더 선호할 만한 가치가 있다고 주장했다. 이는 노예 상태보다 자유를 선호하는 것과 마찬가지라고 했다. 하지만 그는 시민들은 가난을 혐오스러운 것으로 여겨야 마땅하다고 말했다. 그리고 개인적 욕망과 야심에 대한 억제, 자발적 자선 행위와 상호 부조 행위는 민주정이 번영하는 데 필수 요소이며, 권력과 재산과 발언권을 평등하게 나누어 가지면 '내 것'과 '네 것' 사이에 갈등을 없앨 수 있다고 주장했다. 그는 생선을 다른 사람과 나누어 먹으면 가시가 없어진다고 즐겨 말했다.(원주)

제로 사용되기도 하는데, 부와 명성의 불균형에 대비되는 모범적인 '공정성'을 지닌 추첨 방식이라고 인식되기 때문이다. ─신들이 이런 과정을 지켜보고 있다고 믿었으며 만일 필요하다면 그 신들이 현안을 결정하는 데 도움을 줄 것이라고 믿었다. 또 민회는 회의 진행이 지나치게 자유롭고 제멋대로 흐르지 않도록 하기 위해 몇 가지 구체적인 방법도 사용했다. 솔직한 대화는 갈등을 해소하는 데 큰 도움이 된다고 생각했으며 '호 불로메노스'도 그런 역할을 한다고 여겼다. 아테네 민주정에 성문헌법이 있었던 적은 한 번도 없었다. 하지만 공적인 기록을 남기는 방법과 결정된 법들을 공개적으로 게시하는 방법, 특히 아고라의 몇몇 주요한 건물의 안팎에 게시하는 방법은 민회의 어리석은 감정 폭발과 어설픈 결정을 미연에 방지하는 효율적인 헌법적 억제 기제 역할을 했다. 한 무리의 시민이 다른 동료 시민들에게 호소하는 것 역시 종종 동일한 효과가 있었다. 한편, 기원전 440년대 초에 강력한 보수파의 지도자였던 투키디데스(Thucydides, 기원전 460?~기원전 400?)는 자신의 지지자들을 한군데에 뭉쳐 자리를 잡게 하여 발언과 표결에서 통일된 모습을 보이려 했으나 이 시도는 좌절되었다. 이런 한 차례의 중요한 사건이 있었지만 아테네의 민회에는 현대 대의 민주제의 정당별 의원 총회라든가 공식적인 당직 체계라든가 정당별 동일 표결 의무 제도처럼 의사 결정의 결과를 미리 막후에서 조정하는 방식은 전혀 없었다. 그 대신에 시민들의 '클럽'은 다수 존재했는데 시민들은 클럽에서 동료 시민에게 서로 비슷한 자제력을 발휘하고 또 결속을 드러내기를 촉구함으로써 이 시민 조직체 전체가 순조롭게 운영되도록 도움을 주었다. 특정한 신을 숭배하는 단체들도 이와 유사한 정치적 기능을 수행했다. 이 단체들은 시민들에게 서로 좀 더 잘 알 수 있는 기회와 때로는 친구를 사귈 수 있는 기회, 동일한 선조에서부터 비롯된 후손이라는 데서 소속감을 느낄 수 있는 기회, 어떤 신이나 여성 영웅 혹은 남성 영웅을 함께 숭배함으로써 발생하는 단결심을 느낄 수 있는 기회를 제공했다.

　현대의 민주주의자들은 이런 관행을 쉽게 받아들이기가 힘들 것이다. 특히 고대 아테네에서 정당 제도와 정당 규율이 금지되었다는 점이 수상해 보일 것이다. 하지만 아테네의 민회가 그런 근대적 정당 제도 없이도 잘 운영되었다는 점은 주목할 만한 가치가 있다. 당시에는 정당 없는 민주주의라는 것이 개념적으로나 실제적으로 모순이라고 생각되지 않았다. 아테네 민회의 시민들은, 용기가 너무 없거나 창피하거나 두려워서 내부의 분열을 공개적으로 인정하지 못하는 종교 공동체처럼 강박적으로 행동한 것이 아니다. 아테네 사람들은 민회의 바깥이나 안에서 벌어지는 교묘한 속임수나 조작 행위에 대해 지금의 기준으로 평가할 때에도 날카로운 인식 능력을 갖추고 있었으며, 그렇기 때문에 그들은 권력 행사를 공적으로 통제하고 조정하기 위한 다양한 방법을 실험했다. 공공 관리는 임명되기 전에 일정한 검증 과정('도키마시아dokimasia'라고 불렀다)을 거쳐야 했다. 공공 관리는 자신의 활동을 정기적으로 보고해야 했다. 공공 관리의 활동은 사후에 검열받았으며 문제가 있는 경우 기소를 당할 위험까지 있었다. 그리고 민회의 회의 중에 개별 시민은, 만일 공공 관리가 시민을 의도적으로 기만했거나 약속을 이행하지 않았거나 공공 축제 중에 잘못된 행동을 했을 경우, 그를 상대로 진정서('프로볼레probole'라고 불렀다)를 제출할 권한이 있었다. 정당 제도와 정기적인 선거 제도가 없었던 반면, 아테네 사람들은 권력 남용을 방지하기 위해서 우리에게 조금 낯선 이런 수단들을 썼던 것이다. 시민들에 대한 기만을 방지하는 데 동원된 이러한 고대의 방법들 가운데 몇몇은 우리에게 매우 이상하게 보이기도 한다. 하지만 그런 방법들은, 적어도 일정한 시기 동안은 상당한 효과를 거두었다.

아테네 사람들이 '그라페 파라노몬(graphe paranomon)'이라고 불렀던 제도를 잠시 생각해보자. 이 제도는 민회의 성급한 의사 결정을 방지하기 위해 고안된 것이었다. 이 제도에 따르면, 어떤 시민이 다른 시민에 대해 민회에 '불법적인 제안'을 했다는 죄목으로 소송을 제기할 수 있었는데, 설령 민회에서 이미 그 제안을 승인했더라도 상관없었다. 오늘날 정치적 직책 담당자의 임기 제한 제도와 유사한 고대의 제도인 '도편 추방제'에 대해서도 생각해보자. 이 제도는 일정한 수의 투표자가 어떤 유력한 인물의 추방에 찬성하면 그 사람이 10년 동안 아테네를 떠나 있어야 하는 제도인데, 이 제도를 통해 '데마고그(선동가)'나 정변 음모자, 혹은 참주의 발흥을 방지하려 했다. 추방이 결정된 사람은 10일 이내에 아테네를 떠나야 했다.

이 도편 추방제는 원래 클레이스테네스가 제안했던 것인데 실제로 도입된 것은 기원전 490년 아테네가 페르시아를 상대로 군사적 승리를 거둔 직후 사기가 한껏 올라간 때였다. 그리스에는 오래전부터 한편의 엘리트가 다른 한편의 엘리트를 끈질기게 공격하여 외국으로 망명하게 만드는 관습이 있었다. 도편 추방제는 이런 구습을 확실하게 끊어버리는 진정으로 획기적인 제도였다. 도편 추방제는 민주적 타협의 새로운 형식이었다. 과거의 권력 투쟁이 적대 세력 사이에 피를 흘리는 모습을 보여주었다면, 이제는 도편 추방제라고 하는 정교한 제도가 도입되면서 시민의 통제 아래 정치적 적대자들이 그저 권력에 대한 경쟁자들로 취급되는 좀 더 부드러운 모습으로 바뀌었다. 이 제도의 시행은 최대한 일 년에 한 번으로 엄격하게 규제되었으며 정치적 추방 기간 역시 엄격하게 규제되었다. 추방을 당한 자는 재산을 몰수당하지 않았으므로 그들 중 일부는 정치 세계로 재등장하는 일이 가능했다. 도편 추방제를 옹호하는 사람들은 또한 이 제도가 민주주의 특유의 병폐를 해결하는 강력한 치료제 역할을 한다고 주장했다. 우리 시대의 민주주의에서도 볼 수 있는 이 병폐를 간단히 서술한다면, '민중'의 자치가 '민중'을 부추겨 '민중'을 이용하는 것 이외에는 '민중'에게 아무런 관심이 없는 지도자를 뽑게 만드는 것이다. 민주주의의 과잉으로부터 민주주의를 수호하기 위해 다시 한 번 민주주의적 방법을 사용하는 것이 바로 이 도편 추방제였다.

일단 목적은 이랬다. 그럼 과연 이 제도가 실제로는 어떻게 작동했을까? '오스트라키스모스(ostrakismos)'라는 단어에 단서가 담겨 있다. 이 단어를 문자 그대로 풀면 '조각들로 행하는 판결'이라는 뜻이다. '오스트라카'는 '조각들', '도자기의 깨진 조각들'을 의미하는데, 이는 진흙으로 만들어져 가장 저렴한 필기판이 될 수 있었다. 정치적으로 활동적인 시민들 가운데 다른 사람들을 압도하는 큰 힘을 이기적으로 추구한다고 의심되는 사람, 즉 데마고그가 될 가능성이 있다고 여겨지는 사람의 이름을 이 조각에 써서 투표하는 것이다. 일 년에 한 번씩 민회에서는 자신들 가운데 잠재적인 과두 지배자가 있는지 없는지 판단하는 투표를 실시했다. 사실상, 누가 제일 인기가 없는가를 따지는 경연이었다. 의사 결정에 필요한 정족수는 6천 명이

기원전 5세기 아테네에서 '도편 추방'에 사용된 도자기 조각. 각각 아리스티데스, 키몬, 테미스토클레스, 페리클레스의 이름이 적혀 있다.

었는데 여기서 과반수의 시민이 이 투표를 통해 도편 추방 표결을 시행할 필요가 있다는 의견을 밝히면 보통 2개월 뒤로 날짜와 시간이 정해졌다. 그리고 정해진 날짜에 민회가 다시 열리면 청문회가 진행되고 그 직후에 도편 추방 표결이 실시되었다. 도편 추방 표결의 대상자가 있을 것이고 그 대상자를 지지하는 편이나 반대하는 편이나 양측 모두 되도록이면 많은 사람이 민회에 출석하는 것이 이익이었으므로—가장 많은 표를 받은 사람이 추방되는 것이다.—표결이 예정된 날의 민회에는 사람들이 많이 출석했으며 시민들은 긴장했을 것이다. 민회를 최대한 조용히 진행하기 위해 최종 표결 이전에 진행되는 토론은 엄격하게 제한되었다. 도편 추방 표결은 특이한 방식으로 진행되었는데, 아고라 공간 일부에 임시 담장을 둘렀고 표결은 침묵 속에 진행되었다. 이 폐쇄된 공간에 들어갈 수 있는 입구가 열 개 설치되었다. 각 입구마다 각 부족 사람이 한 사람씩 차례로 입장했는데 각자 미리 도편 추방 대상자의 이름을 새긴 도자기 조각을 들고 들어갔다. 조각을 던져 의사를 표시한 다음 혹시 있을 수 있는 부정 행위를 방지하기 위해 표를 던진 사람들은 그 폐쇄 공간에서 밖으로 나가지 못하고 추방자가 결정될 때까지 기다려야 했다. 한 사람당 한 표를 행사했고 추방자 역시 단 한 명이었다.

우리에게 다행스러운 일은 이 도편, 즉 도자기 조각들이 나중에 아테네의 도로를 보수하는 자재로 다시 사용되었다는 사실이다. 이 조각들은 도로에 움푹 파인 곳을 메우는 데 좋은 자재가 되었으며 이로써 도편 추방에 얽힌

격한 감정의 흔적을 비롯한 많은 정보가 후대를 위해 보존되었다. 프레아리오이 지역 출신인 네오클레스의 아들 테미스토클레스(Themistocles, 기원전 524?~기원전 460)를 추방하자고 한 도편에는 '이자를 쫓아내자!'라는 글귀가 적혀 있다. 테미스토클레스는 이 표결 얼마 뒤에 페르시아와의 전투에서 큰 공을 세워 영웅이 되지만 결국에는 페르시아에 동정적이라는 이유로 아테네에서 추방당한다. 여하튼 기원전 483년 혹은 482년에 시행된 표결에서 이 가련한 시민 테미스토클레스는 겨우 추방을 모면했다. 이때 추방당한 이는 귀족 출신 정치인 아리스티데스(Aristides, 기원전 530?~기원전 468?)였다. 그의 별명은 '정의로운 사람'이었는데 표를 가장 많이 받아서 아테네 바깥으로 추방되었다. 또 하나의 도편에는 시민 칼리크세노스(Kallixenos)라는 사람을 '반역자'라고 비난하는 글귀가 써 있다. 대부분의 도편에는 지나치게 영향력이 많거나 인기가 좋다고 여겨지는 사람의 이름 전체 혹은 한 부분이 적혀 있다. 라키아다이 출신의 밀티아데스의 아들 키몬(Cimon, 기원전 510?~기원전 451?)은 기원전 460년대 후반에 도편 추방을 당했는데, 추방의 이유는 필시 그가 좀 더 급진적인 민주주의자 무리에 반대하는 입장을 취했기 때문이었던 것으로 보인다. 당시는 페리클레스(Perikles, 기원전 495?~기원전 429)가 이 무리에 가담한 직후였다. 이 젊은 군사 지휘관은 그 당시 아테네에서 가장 유명한 시민이기도 했는데 그 역시 도편 추방 표결의 대상이 된 적이 있고 큰 고초를 겪었다. 하지만 페리클레스는 뛰어난 정치적 능력을 발휘하여 불명예의 구렁텅이로 그를 밀어 넣으려는 시도를 몇 번이나 좌절시켰다.

그런데 아테네 시민들은 과연 진정으로 도편 추방제에 매력을 느꼈을까? 도편 추방제는 정말로 아테네 시민들이 기대한 효과가 있었을까? 답은 명백했다. 기원전 5세기가 지나가면서 많은 아테네 시민들이 이 도편 추방제라는 무기가 악용될 수 있다는 사실을 명백하게 깨닫게 된다. 예를 들어 자신의 경쟁자를 정치 무대에서 내쫓는 수단으로 정치인들이 이 방법을 이용했던 것이다. 많은 경우에, 가장 인기가 많기 때문에 실제로 가장 위험한 정치인은 두 번째로 강력한 정치인에게 표를 던지라고 지지자들에게 호소함으로써 정작 본인은 추방을 면했던 것이다. 이는 물론 도편 추방제의 원래 목적이 아니었다. 그리고 투표를 조작하는 추악한 일도 발생했다. 테미스토클레스를 제거하려는 음모가 꾸며졌을 때 한 사람이 대량으로 도편을 생산해 이것을 아무런 입장을 정하지 않은 시민, 또는 쉽게 속아 넘어가는 시민, 또는 문맹인 시민에게 나누어주어 투표하게 했다. 그때 테미스토클레스는 오만과 뇌물 수수 혐의로 고발당했다. 그 결과 기원전 476년에서 471년 사이의 어느 시점에 테미스토클레스는 도편 추방 투표에 따라 반역이라는 죄목으로 소아시아 지역으로 추방당했다.

이 제도는 어리석은 행동과 변덕스런 투표 행위를 조장하기도 했다. 아리스티데스 축출 운동*이 대대적으로 벌어지던 때의 일이다. 어느 날, 한 농부가 아리스티데스에게 다가왔다. 농부는 곧 도편 추방 표결에 참가할 예정이었지만 글을 읽지도 쓰지도 못했으므로 아리스티데스에게 도편에 '아리스티데스'라는 이름을 써 달라고 요청했다. 농부는 정작 아리스티데스가 어떻게 생긴 사람인지는 몰랐다. 아리스티데스는 시치미를 떼고 그 농부에게 아리스티데스라는 사람이 농부에게 무슨 잘못이라도 했느냐고 물었다. 농부는 이렇게 대답했다. "아니오, 나는 그 사람이 누구인지도 몰라요. 다만 어디를 가든 그 사람을 '정의로운 사람'이라고 부르는 것이 이젠 듣기 지겨워서요." 자신을 내세우는 성격이 아니었던 아리스티데스는 이 대답을 듣고는 농부가 내미는 도편에 자신의 이름을 새겨주었다. 자신에 대한 정치적 사형 선고에 동의한 것이다. 그는 아테네에서 추방되어 5년간 밖에서 살다가 돌아왔다.

또한 이 도편 추방제가 정치적 복수극을 불러일으켰다는 증거도 있다. 기원전 443년은 아크로폴리스에서 진행되는 건설 사업을 두고 치열한 논쟁이 벌어지던 때였는데, 페리클레스는 자신을 가장 극렬하게 비난하던 멜레시아스의 아들 투키디데스를 도편 추방제를 이용하여 제거하는 데 성공한다. 또한 기원전 417년에도 한 차례의 정치적 격돌이 일어난 와중에 알키비아데

아리스티데스 축출 운동 아테네의 귀족 출신 정치가이자 장군이었던 아리스티데스는 마라톤 전투에서 페르시아군을 격퇴하는 데 크게 활약했고, 기원전 489년~기원전 488년에는 아르콘(집정관)으로서 일했다. 함대를 건설해 해상 세력을 확장하려는 테미스토클레스와 갈등을 빚으면서 도편 추방제에 따라 추방되었다. 이 일은 기원전 485년에서 기원전 482년 사이에 벌어진 것으로 추정된다.

스(Alcibiades, 기원전 450?~기원전 404)와 니키아스(Nicias, 기원전 470?~기원전 413?)는 서로 상대방을 숙적으로 여겼지만 도편 추방제를 활용하여 공동의 적인 히페르볼루스(Hyperbolus)를 제거하는 데 성공한다. 이런 종류의 제도 악용 사례가 발생했고, 따라서 기원전 5세기 말에 이르러 결국 도편 추방제가 폐기된 것은 조금도 놀라운 일이 아니었다.

직접 민주주의

아테네 민주정 구조에서 최고 권력 기구로 널리 인식되었던 민회를, 2천 년이 넘는 세월이 지난 오늘날 우리는 어떻게 평가해야 할까? 아테네에서 민주주의가 작동하던 250년 동안 실제로 '시민'들은 자신들의 정부를 확실하게 통제했을까? '권력의 평등한 공유'라는 개념은 실제로는 정확히 어떤 의미였을까? 그 개념에 무슨 의미가 있기는 했을까?

아테네 민주정은 오랜 세월 '직접 민주주의' 혹은 '순수 민주주의'의 첫 번째 실험이었다는 칭송을 받았다. 듣기 좋은 말들이다. 하지만 정말 그랬을까? 고대 세계의 친구를 자처하는 현대인들은 다음과 같이 대답할 것이다. 모든 상황을 고려하여 평가할 때, 아테네 민주정은 진실한 의미에서 '국민의', '국민을 위한' 통치 형태였을 뿐만 아니라 '국민에 의한' 통치 형태였기 때문에 우리의 이른바 '대의제' 민주주의 체제는 아테네 민주정에 비한다면 부끄러운 것이다. 게다가 이 '국민에 의한' 통치 형태를 더 구체적으로 들여다볼 때 규모가 큰 오늘날의 국가나 비정부기구 내에서 실천 가능한 것보다 훨씬 더 높은 정도로, 그리고 훨씬 더 의미 있게 '국민에 의한' 정부였다고 대답할 것이다. 이러한 평가는 18세기에 활약한 제네바 출신의 정치 사상가 장 자크 루소(Jean Jacques Rousseau, 1712~1778)의 언급에서 기원을 찾을 수 있다. "그리스 사람들의 경우 민중이 해야 할 일이 있으면 어떤 것이라도 모두 민중 스스로 했다. 그들은 민회에서 항상 서로 만났다. 그들은 온화한 기후 속에 살았다. 그들은 지나친 욕심에 사로잡히지 않았다. 필요한 모든 작업은 노예가 했다. 민중의 주요 관심사는 자신들이 지닌 자유를 어떻게 할 것인가 하는 문제였다."[17]

이런 칭송의 말과 (그런 말을 하는 사람들은 노예 제도라든가 여성 억압 문제에는 관심을 기울이지 않는다) 원초적 민주주의가 시행된 좋았던 옛 시절에 대한 깊은 동경은 신중하게 다루어야 한다. 앞으로 이 책에서 비중 있게 살펴볼 내용인데, '직접' 혹은 '참여' 민주주의를 열렬하게 옹호하는 사람들은 보통 한 가지 점을 간과한다. 그것은 바로 '국민'은 일정한 제도에 의존하지 않고는 스스로 통치할 수 없으며, 그 제도들은 '국민'을 분열시키는 성질이 있다는 점이다. '국민'들은 스스로 서로 어깨를 나란히 하고 있으며, 서로 얼굴을 마주하고 서로의 눈을 똑바로 바라보며 서 있다고 상상하려고 노력하지만, 스스로 '국민'이라고 부르는 이들은 '국민'이 실제로 다양한 개인과 집단으로 구성된 가상의 존재이며 이 개인과 집단들은 제도를 통해 상호작용하고, 이 제도들은 이들이 내리는 의사 결정의 방법과 내용을 결정할 뿐 아니라 '국민'이 과연 누구인지까지 실질적으로 결정한다는 점을 간과해서는 안 된다는 이야기다.

이런 중요한 논점을 잘 보여주는 사례가 바로 아테네 민주정이다. '직접 민주주의'의 모범으로서 아테네 민주정의 특성들에 대해 후대에 찬사가 쏟아졌지만, 그 당시에 있었던 여러 제도를 통해 아테네 민주정이 주권을 지닌 데모스의 직접 통치에 기반한 체제였다는 이야기가 허구임을 확인할 수 있다. 우선 당시 아테네 사람들이 '아레오파고스(Areopagos)'라는 이름으로 부른 기구에 대해 생각해보자. 아테네에서 가장 오래되고 또 가장 권위 있는 이 법정은 그 뿌리를 민주정 이전 시대에 두고 있는데, 아테네에 민주정이 지속된 250년 동안에도 이 법정은 상당한 권한이 있었으며, 이따금씩 이 법정의 권한은 민중이 항상 통치한다는 민회의 원칙을 마치 도끼날처럼 치고 들어왔다.

아레오파고스는 아고라의 바로 남쪽에 있었으며 그 이름은 커다란 바윗돌이 불쑥 튀어나와 이루어진 '아레스의 언덕'이라고 하는 작은 바위산에서 딴 것이다. (아이스킬로스Aeschylos가 지은 비극 〈에우메니데스Eumenides〉에 따르면) 아주 먼 옛날에는 이 언덕에서 아레오파고스 회의가 열렸다고 한다. 이 기구는 과거 영국의 '귀족원(House of Lords)'을 기원전 5세기로 옮겨놓은 것이라고 비유할 수 있겠다. 영국의 귀족원은 한때 매우 위엄 있는 기관

으로서 귀족 출신 노인들이 압도적으로 구성원의 다수를 차지했으며 종신
직으로 임명되었고 입법 사안에 관하여 조언을 하거나 개정을 가하는 특별
한 권한을 지녔다. 아레오파고스 법정의 '판사들'은 약 300명이었으며 모두
귀족 계급에서 선출된 사람들이었다. 이들이 과연 가난한 자들의 사랑을 받
지 못하는 불운한 위치에 있었는지 아닌지, 또는 그런 위치에 있었다면 어
느 정도로 심하게 미움을 받았는지는 지금 우리가 알 수 없다. 한편 이 법정
이 공적으로 상당한 찬사를 받은 경우가 여러 차례 있었다는 것은 우리가
분명하게 알고 있다. 예를 들면, 기원전 480년에 있었던 페르시아의 침공 당
시 아테네 시민들을 안전하게 대피시키는 데 도움을 주었다는 이유로 큰 칭
송을 받았다. 하지만 이 법원이 고초를 겪은 시기도 있었다. 기원전 462년
경 아레오파고스는 민회로부터 강한 압력을 받았고 그 결과 법원이 누려 온
특권을 상당수 박탈당했다. 하지만 이런 변화를 겪은 이후에도 아레오파고
스는 여전히 중요한 권한을 지니고 있었다. 특히 살인 사건, 방화 사건, 정
치적 부정부패 사건을 심리하는 법정 역할을 했다. 반역죄나 뇌물수수죄 혐
의를 조사하기도 했는데, 이때는 보통 민회나 민중 법원과 합동으로 조사를
진행했다. 이런 경우 이 법원이 다루는 전문 분야가 민주정에 심각한 위협
을 가하는 사건이라는 점이 부각되었다.

　시민 전체가 스스로 통치하며 법을 제정하고 집행하는 데 직접 참여한다
는 원칙이 제대로 지켜지지 않았던 또 다른 요인은 아테네의 민회가 일정한
필요에 따라 특정한 시민에게 많은 기능을 위임했다는 사실이다. 이들은 시
민 전체의 '대의자(代議者, representative)'로서 독립적인 성격을 띠었다. '대
의자'를 가리키는 명칭만 없었지 사실상 완전한 의미의 '대의자'였다. 한 가
지 짚고 넘어갈 점은, 이렇게 다른 사람들을 대신하고 그 사람들을 위해 활
동하는 것을 묘사하는 단어가 아테네 사람들에게 없었으며 그 때문에 그
들은 '대의자'에 관해 사고할 수 없었다는 것이다. 아테네 사람들은 가끔
'사절'이나 '대사'의 일을 하는 사람을 '지명된 연락관'이란 표현으로 칭했
다. 이들은 어떤 결정이나 요구 사항, 예를 들어 프닉스에서 개최된 민회에
서 결정된 사항들을 아티카 바깥의 외국에 전달하는 일을 맡았다. 또 아테
네 사람들은 시민들이 결정한 어떤 업무를 감독하는 일을 위임받은 사람에

게는 '관리자' 혹은 '간사'에 해당하는 그리스어 단어를 사용했다. '대의(代議, representation)'의 개념을 직접 표현하는 단어를 그리스 사람들이 쓰게 된 것은 19세기에 이르러서였다. 그 단어는 '안티프로소포스(antiprosopos)'였다. 하지만 이 단어는 원래 전장에서 적대자나 상대편을 향해 마주 서는 것처럼 어떤 사람이나 물건에 대하여 정면으로 마주보는 입장 혹은 대결하는 입장에 선다는, '대의'와 다소 어울리지 않는 의미를 지니고 있었다. 이와 같이 언어는 중요한 문제이다. 고대 그리스 사람들은 어떤 행동을 하면서도 그 행동이 무엇인지 정확하게 표현할 언어를 갖지 못했던 것으로 보인다. 그들은 제대로 표현하지 못했다. 하지만 분명한 사실은, 민회라고 하는 '직접' 민주주의 제도에는 '간접'적 부속 수단이 반드시 필요했다는 사실이다. 이 '간접'적 부속 수단은 시민들의 뜻을 보호하고 또 발전시켰지만 동시에 '재정의'하는 역할까지 수행했다.[18]

당시 아테네 민주주의자들은 어떤 사람이 다른 사람을 대신하여 의사 결정을 한다면 그런 정치체는 왕정이거나 참주정이라는 데 동의했다. 그래서 그들은 시민들이 번갈아 가며 직책을 맡는 방식을 택했으며, 그런 이유로 이런저런 정치적, 행정적 직무를 떠맡은 사람의 수가 어떤 시점에도 항상 아테네 전체 시민의 절반 정도나 되었다. 하지만 그렇다고 해도 아테네 민주정이 자치의 '순수' 형태, 즉 시민과 시민이 항상 얼굴을 마주 보는 상태로 운영되었다는 의미는 아니다. 또 아테네 민주정은 직책을 맡은 시민들이 그 직책을 맡긴 다른 시민들의 입장을 온전하게 대변해 말 그대로 대리인으로 활동하면서 그들의 의견을 완벽하게 재현하는 방식으로 운영되지도 않았다. 만약 그랬다면 직책을 맡은 시민과 나머지 시민 사이에 아무런 견해차도 없었을 것이다. 마치 아테네 전체 정치체가 시민의 뜻을 아주 세밀하고 정확하게 반영했던 것처럼 종종 이야기되지만 실제로는 그렇지 못했다. 사람들이 직접 행하지 못하는 여러 책무를 다른 사람들이, 데모스의 이름으로 대리하여 수행할 수밖에 없는 상황이 통상적으로 발생했다. 이 같은 방식으로, 다시 한 번 민중이라는 이름으로 사람들은 자기 자신의 인격과 이해관계를 다른 사람의 손에 넘겨주었다.

이뿐만이 아니었다. 아테네 사람들은 '대의'를 뜻하는 단어를 갖고 있지 않았으며 또 '대의'의 근대적 의미도 몰랐지만 프닉스에서 집회를 열었던 민회는 사실상 여러 통치 기구 가운데 하나였을 뿐이며 다른 기구들 역시 민회와 마찬가지로 시민의 뜻을 형성하거나 또 일단 형성된 것에 변경을 가할 수 있는 힘이 상당했던 것이다. 아테네 민주정이 여러 정치적 기능을 구분해 분산했다는 사실을 보여주는 증거가 많이 있다. 이는 훗날 '권력 분립'이라고 불리게 되는데, 기묘하게도 이런 양상을 포착할 수 있는 단어 역시 아테네 사람들에게는 없었다. 이런 사례는 수없이 많다. 아테네 민주정에는 오늘날 우리가 말하는 공무원 제도나 관료 제도에 해당하는 말은 없었지만 매년 행정 업무를 위해 700명으로 추정되는 관리를 고용했다. 그들 가운데에는 시장 감독관과 도량형 감독관이 있었다. 이들의 일은 시장의 상품 구매자를 보호하는 것이었다. 시 행정관도 있었는데 이들은 노예의 도움을 받아 공공 건물 유지, 거리의 질서 확립, 횃불 경주와 축제 조직 —여기에는 판아테나이아 축제 행렬 조직도 포함된다.—과 같은 업무를 담당했다. 대사들이 임명되어 아테네의 이익을 지키기 위해 외국으로 파견되었다. 배심원을 선출해 각 법원에 배정해야 했으며, 각 직무를 맡을 행정관도 필요했다. 군대 내에도 공식 연락관과 행정관이 있었다. 여기에서 말하려는 요점은, 아테네 민주정이 단순하고 쉬운 일이었다고 생각해서는 안 된다는 것이다. 행정업무는 종종 극도로 세분화되어 있었다. 기병에 소속된 기수들은 매년 평가를 받아야 했으며 그들이 입은 손해(예를 들어 전투 중에 말을 잃었다면)는 보상해주어야 했다. 국경 주둔 부대와 국경 수비대의 지휘관은 일정한 감독을 받아야 했다. 또 공식적인 규정에 준하여, 보병들에게는 국가 소유인 무기, 예를 들어 방패와 장창(長槍) 같은 것이 지급되었다. 세무 행정 부분에서도 세부 사안을 직접 관리해야 할 일이 많았다. 광산이나 장기 체류 외국인, 그리고 공공 토지를 빌려 사용하는 사람들에게는 일정한 돈을 징수했다. 피라에우스 항구에서는 수입 물품과 수출 물품에 대하여 상품 가격의 50분의 1에 가까운 금액이 관세로 징수되었다. 동물을 희생물로 바치고 난 다음에는 그 가죽을 판매했는데 이때에도 세금을 징수했고 세금 납부를 지연할 경우 벌금까지 받아내야 했다.

　이렇게 시민들은 재정 위원회나 다른 기능을 맡는 위원회에서 일을 하도록 선출되기도 하고 배정되기도 했다. 그러나 이뿐만이 아니었다. 이에 덧붙여 시민들이 채워야 하는 상당한 규모의 법률 관련 조직들이 있었다. 토론을 한 다음 거수로 결정하거나 항아리 속에 돌을 집어넣는 방식으로 법안을 결정하는 업무가 있었고, 그것과 별도로 민회에서 제정된 법률을 공정하고 효율적으로 집행하는 업무가 있었다. 모든 시민은 '500인회' 봉사에 선출될 된 자격이 있었다. 500인회는 민회를 위해 법안을 미리 준비하는 업무, 추첨을 통해 행정부의 최고위 집행 관리들을 선출하는 업무를 수행했다.[19] 500인회는 또한 선박과 기병대의 감독과 같은 필수적인 기능 역시 수행해야 했으며, 새로 배정된 관리들의 자격 요건을 검토하고 부정 행위 혐의로 기소된 행정관들에 대한 심판을 진행해야 했다. 그리고 광산의 채굴 허가와 압류된 부동산 매도 같은 업무를 담당하는 다른 공공 기관들과도 협조해야 했다.

여러 종류의 재판에 배심원으로 봉사하는 것 역시 모든 시민의 의무였다. 이 의무는 모든 시민이 평등하다는 민주주의 원칙에서 비롯된다. 당시 배심원 봉사는 30세 이상 남자에게만 적용되었다. 아테네의 민주주의자들은 시간이 지혜를 무르익게 한다고 생각했던 것이다. 이는 민회 참가 연령보다 10세가 높았기 때문에 어떤 시민이 배심원을 맡게 되면 그는 아고라에서 민회 참가자보다 더 큰 신용과 영향력이 있는 것으로 인정받았다. 젊은이의 성급함을 극복한 것으로 간주되는 이 시민 배심원들은 배심원 봉사를 의무이자 특권으로 생각했다. 기원전 5세기 말부터는 배심원 봉사를 하면 반 드라크마의 보수를 받았다. 이는 숙련 기술자의 하루치 보수에 약간 못 미치는 금액이었다. 대단한 금액은 아니었다. 민주정 비판자들은 오직 가난한 사람들만이 돈을 좀 벌어보려고 정치 활동 주위를 맴돈다고 비꼬았지만, 그러기에는 너무 적은 금액이었다. 이 업무를 수행하려면 상당한 집중이 필요했다. 또 이 일에는 부당한 상황을 바로잡고 동료 시민들의 미래를 결정할 수 있는 큰 힘이 따랐기 때문에 각 배심원은 공식적인 서약 절차를 거쳐야 했다. 하지만 주의할 점이 있다. 현재 우리는 다른 시민과 정부 관리의 침해로부터 시민을 보호하려는 목적의 법률을 제정한 다음, 그 법률이 정한 원칙과 절차와 제한에 준하여 행사되는 권력만을 인정한다. 이를 '법의 지배

(rule of the law)'라고 한다. 하지만 아테네 민주정은 그런 원칙에 기반을 두고 있지 않았다.

아테네는 달랐다. 아테네의 배심 법정 체제는 '디카스테리아(dikasteria)'라는 명칭으로 불렸다. 이 명칭의 어근이 되는 단어 '디카스테스(dikastes)'는 배심원을 뜻하기도 하고 동시에 재판관을 뜻하기도 했다. 서로 대립하는 두 역할이 이 한 단어에 포함되어 있다는 것은 중요한 의미를 지닌다. 아테네 민주주의에는 법률가라는 것이 없었다. 정식으로 훈련받은 재판관도 없었고 따라서 그런 재판관이 법정을 지휘하는 일도 없었다. 배심원이나 피고에게 법적 지침을 주는 사람은 없었다. 가끔 소송 당사자들이 변론 대필자를 고용하는 일이 있었지만 그런 경우에도 그들은 어디까지나 일반 시민 자격으로 재판에 임했다. 시민이라면 누구나 만일 어떤 사안이 민주주의 질서 전체에 악영향을 끼친다고 판단하면 공적으로 소송을 제기할 수 있는 권한이 있었다.(이 시민은 '호 불로메노스' 원칙에 따라 배심원들 앞에서 최대 3시간까지 발언할 수 있었다.) 법정 운영을 담당한 행정관도 비전문가였다. 이들의 임기는 1년이었으며 이 직책은 일생에 오직 단 한 번만 맡을 수 있었다. 이들의 직무는 오직 행정적인 기능이었을 뿐 재판의 구체적 내용에는 관여하지 않았다. 지금과 달리 당시에는 법이라는 것이 일정한 자격을 갖춘 전문가가 관장하는 특수 영역으로 여겨지지 않았다. 당시 법은 매우 실제적인 의미로 받아들여졌다. 즉 시민 배심원들이 스스로 만들어서 적용하는 규칙들을 법이라고 생각했던 것이다. 시민 배심원들은 때로는 너털웃음을 터뜨리기도 했고 또 소송 당사자들이 말하는 것을 듣고 큰 소리로 반대 의사를 표명하거나 도저히 믿을 수 없다는 의사를 표시하기도 했다. 그러나 시민 배심원들에 대해서는 공식적으로 질책할 수 없었고 업무 비리 혐의로 고소할 수도 없었다. 그들이 내린 판결은 최종적인 것이었으며 그 판결에 대해 배심원들이 다른 어떤 공식 기관 앞에서 해명할 의무도 없었다. 사안이 있으면 구체적인 맥락에 따라 어느 것이 옳고 그른지 시민들이 스스로 판단하는 것이 원칙이었다. 이러한 원칙이 극명하게 드러난 것이 기원전 416년에 도입된 '그라페 파라노몬'이라는 제도였다. 이는 '법에 어긋나는 법안에 대한 기소'다. 이 제도가 도입됨에 따라, 제안된 법안이나 민회에서 이미 통과된 법안에 대해 의문을 제기할 수 있었다. 이 사안을 배심 재판에 회부할 수 있었는데, 이때 배심은 해당 법안의 처리를 정지하거나 법 자체를 취소하는 권한을 행사할 수 있었으며, 처음에 이 법안을 제안한 사람을 처벌할 수도 있었다. 이 전체 과정을 살펴보면 이런 법원들이 최고 권한을 쥐고 있으므로 민회의 권한을 압도하고 있지 않은가 하는 짐작이 가능하며, 이런 법원들이 상원이 되거나 최고재판소가 되는 길로 들어선 것이 아닌가 하는 생각이 든다. 그런 일은 발생하지 않았지만, 수 세기 뒤에 등장한 그리스의 역사가이자 전기 작가인 플루타르코스(Ploutarchos, 46?~120?)는 아테네에서 이 민중 법정이 많은 사안에서 최종 결정권이 있었으며, 그렇기 때문에 민회가 아니라 이 법원이 사실상 데모스의 최고 권력에 기반을 둔 최종적 발언을 할 수 있었다고 기록했다.[20]

이렇게 아테네 민주정이 법적 공정성에 집착했다는 사실은 분명히 지금 우리에게 특이하게 느껴진다. 또 다른 특이한 점은 아테네 민주정이 결정 사항의 조작과 부패를 방지하기 위해 매우 열정적으로 노력했다는 사실이다. 이런 사례로는 공공 봉사에 금전적 보상을 해주는 조치가 있었다. 이 조치는 기원전 462년 배심원 봉사에 처음 적용되었고 나중에는 민회 출석에도 적용되었다. 이 조치는 민주정을 '정화하는' 효과가 있다고 판단되어 실시되었다. 한편 페리클레스처럼 이 조치의 시행을 주장했던 사람들은 특이한 논리를 명분으로 내세웠는데 여기에도 주목할 가치가 있다. 페리클레스는 자신의 스승인 다몬(Damon)의 조언을 따른 것이었다고 한다. 그들은 음악 이론에서 자신들의 정치적 구상을 끌어냈다. 그것은 리듬과 음조 변화가 듣는 사람의 덕성에 직접적으로 영향을 끼친다는 논리였는데, 예를 들어 음악을 통해 그 사람이 원래 지니고 있던 자제력과 용기와 정의감을 회복할 수 있다는 것이었다.[21] 민주주의의 역사를 살펴보면 이렇게 하나의 새로운 제도가, 이 경우에는 공적 업무에 대한 보수 제도가, 그 발명자와 이용자에게 근본적으로 다른 평가를 받는 것은 이번이 처음도 아니었고 마지막도 아니었다. 또 아테네 사람들은 정부가 부패하지 않도록 하며 깨끗한 사람들이 민주정에 참여하도록 해야 한다는 강한 집착이 있었기 때문에, 시민을 민회뿐 아니라 그 외의 다른 정부 기관에도 참여시키는 새로운 방식을 찾아 이런저런 실험을 했다. 예를 들어 배심원단은 오늘날과 비교해볼 때 규모가 무척 컸으며 질서 정연하지 못했다. 소규모 소송 사건―그리스어로 '디케(dike)'라 했다.―의 배심원단 최소 인원은 201명이었다. 만일 관련 금액이 1천 드라크마를 초과하면 401명으로 증가했다. 큰 규모의 공적 소송―그리스어로 '그라페(graphe)'―인 경우에는 1천 명이나 2천 명, 혹은 특별한 사건에는 2500명의 배심원단이 동원되었다. 앞서 언급한 '그라페 파라노몬'의 경우에는 배심원 선발 대상에 해당하는 전체 인원 6천 명이 모두 법정에 나오도록 호출된 적이 최소 한 번은 역사에 기록되어 있다.

아테네 사람들은 부정부패가 발생하면 신들이 불쾌하게 느낀다고 생각했다. 따라서 그런 일이 벌어지는 것을 방지하기 위해 매우 정교하며 심지어 다소 지루한 느낌을 주는 배심원 선발 과정을 운영했다. 정치적 평등을 확보하기 위해 이 과정은 놀라울 정도로 기계화되어 있었다. 아테네에는 '클레로테리온(kleroterion)'이라는 이름의 편리한 배심원 선발 장치가 있었다. 재판이 열리기 직전에 이 장치를 사용하여 시민과 피고에게 공정한 방식으로 배심원이 선출되었다. 이 교묘한 장치가 작동하는 방식은 다음과 같다. 우선 모든 시민은 심사를 거쳐 배심원에 선출될 수 있는 자격을 취득한다. 자격 심사의 내용은, 이 시민의 부모와 조부모가 누구인지 확인하는 것, 이 시민이 병역 의무를 마쳤는지와 세금을 제대로 납부했는지를 확인하는 것, 그리고 신들에게 존경심을 보였는지를 확인하는 것이었다. 배심원 선발은 재판 당일에 이루어졌다. 이는 협박과 매수 행위가 일어날 가능성을 최소화하려는 조치였다. 배심원 자격을 취득한 시민은 모두 나무 혹은 청동으로 만든 작은 표찰을 하나씩 갖고 있었다. 이 표찰에는 자신의 이름과 자신이 소속된 배심원 집단이 적혀 있었다.(배심원 집단은 각 부족마다 하나씩 있었으므로 모두 10개가 있었다.) 해가 뜰 무렵, 배심원 자격이 있는 시민은 자신의 부족이 보유한 클레로테리온이 있는 곳으로 간다. 이 장치는 높이가 성인의 키 정도이고 두께는 약 15센티미터 정도 되는 직사각형 모양의 돌판이었다. 이 석판의 앞면에는 깊고 가느다란 구멍이 여러 줄로 나란히 새겨져 있었는데, 이 구멍들은 전체적으로 기묘한 격자 모양을 이루었다. 시민들은 구멍들 중에 아무 구멍에나 자신의 표찰을 깊숙이 박아 넣었다. 그날 배심원 봉

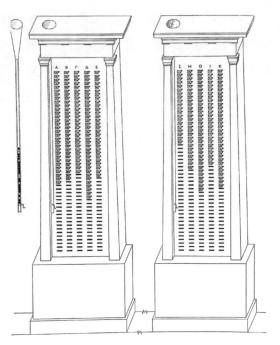

기원전 4세기 아테네에서 '클레로테리온'이라고 불렸던 한 쌍의 배심원 선발 장치.

사를 할 의향이 있는 사람들의 표찰이 전부 '클레로테리온'의 구멍에 꽂히면, 담당 관리가 표찰들 가운데 무작위 순서로 일정 수의 표찰을 뽑았다.

　이렇게 임의로 선택된 표찰들은 다시 담당 관리들이 아고라의 남서쪽 구석에 두 개의 주요 법정이 있는 곳으로 옮겼다. 하나는 기원전 6세기에 비롯된 '헬리아이아(Heliaia)'라는 법정이었고, 다른 하나는 기원전 5세기에 건설된 '광장 페리스틸레(Square Peristyle)'라는 법정이었다. 여기에 도착한 관리들은 나무 혹은 청동으로 된 표찰들을 하나씩 아고라에 설치된 한 쌍의 '클레로테리온'의 구멍에 꽂는다. 이렇게 하여 그날 활동 가능한 배심원 후보의 표찰들이 위에서 아래로 꽂히게 되는데, 그 줄은 모두 10줄로써 각 부족마다 한 줄씩 배정되었다. 그날 재판의 진행 담당 행정관은 우선 그날 필요한 배심원의 숫자를 정하고 나서 드디어 이 정의를 위한 기구를 작동한다. 행정관은 10개의 줄 가운데 가장 짧은 줄에 꽂혀 있는 표찰의 수를 센 다음, 그 수만큼 돌을 집어 든다. 이렇게 하면 10줄 가운데 가장 짧은 줄보다 더 긴 줄에 꽂혀 있는 배심원 후보의 표찰은 자동적으로 제외되는 것이다.

이때 돌에는 흰 돌과 검은 돌이 있는데 행정관은 흰 돌과 검은 돌을 각각 몇 개씩 집을지는 정하지 않고 그저 가장 짧은 표찰의 수에 맞추어 돌을 집어 든다. '클레로테리온'의 왼편에는 기다란 대롱이 부착되어 있었고 그 대롱의 주둥이에 행정관은 자신이 집은 흰 돌과 검은 돌을 집어넣는다. 그다음 이 대롱의 맨 아래에 설치되어 있는 손잡이를 천천히 한 바퀴 돌린다. 그렇게 하면 단 한 개의 돌이 튀어나오게 되어 있었다. 첫 번째 튀어나온 돌의 색깔에 따라 10개 줄의 첫 번째 행(가로)에 있는 표찰 10개의 운명이 결정된다. 흰색 돌이 튀어나오면, 그 10개 표찰의 주인은 그날 배심원으로 선출된 것이다. 검은 색 돌이 나오면 표찰의 주인들은 그날 배심원에서 제외된다. 행정관은 대롱에 집어넣은 돌들이 다 튀어나올 때까지 이 작업을 계속하며, 한 번으로 끝나지 않으면 이런 절차를 몇 번이나 반복하여 그날의 배심원을 결정했다.

이런 교묘한 장치를 언제, 어디서, 누가 처음 발명했는지 알 수는 없지만, 이 장치는 아테네 사람들이 자신들이 법적 '평등'이라고 부른 것에 얼마나 집착했는지를 보여준다. 이런 집착에서 아테네 사람들의 어떤 신념을 엿볼 수 있다. 그것은 모든 시민은—그들이 시민인 까닭에—반드시 서로 구별이 안 되는 방식으로 대우받아야 한다는 신념이었으며, 또 법의 문제에 있어서 시민들은 서로 같거나 비슷한 자질이 있다는 신념이었다. 아리스토텔레스가 말한 '수량적 평등'[22]을 아테네 시민들이 누리고 있었다는 이야기다. '클레로테리온'은 단순히 각 개인의 운명을 결정하는 교묘한 장치가 아니었다. 평등한 자들이 향유한다고 인식되는 그 평등성이라는 것이 단순한 희망을 넘어서게 되었다는 것, 시민들 사이에 공평한 대우라든가 정당함이라는 것이 실행 가능한 규칙이라는 것, 평등한 자들의 자율적 통치에 기반을 둔 정치체가 가능하다는 것, 이러한 바람을 담은 상징물이 바로 이 '클레로테리온'이었다.

그러나 이런 신념 뒤에는 불안감이 숨어 있었다. 즉 민주주의 공동체를 하나로 묶어주는 신뢰와 상호의존의 실타래를 어떤 사람들이 기만하여 끊어버릴지도 모른다는 불안감이었다. 이런 불안감을 보여주는 크고 작은 예가 많이 있다. 우선 법정에서 사용되었던 물시계의 사례를 보자. 공정한 재

기원전 4세기 아테네에서 배심원이 사용한 표결 동전과 데모파네스라는 이름의 시민이 갖고 있던 배정용 표찰.

판을 이루려면 평등 대우의 원칙이 필수라고 여겨졌다. 소송 당사자들은 변론을 통해서 각자의 논리를 주장했으므로 원고 측이나 피고 측에 동일한 시간이 주어졌다. 이를 위해 시계의 초기 형태라고 말할 수 있는 '클렙시드라(klepsydra)'라는 장치가 사용되었다. 이것은 점토로 만든 큰 물그릇인데 우선 노예가 이 그릇에 물을 가득 담는다. 물그릇의 밑바닥에는 청동으로 된 작은 대롱이 삐죽 튀어나와 있다. 이윽고 한쪽의 변론이 시작되면 그 대롱 끝을 막고 있던 마개를 빼버린다. 그러면 물이 졸졸 흘러나와 바로 옆에 있는 항아리에 떨어지고 결국 물이 다 빠져나가면 배정된 시간이 끝나는 것이다. 작은 사건이나 소송 대상 금액이 소액인 경우(5천 드라크마 이하의 경우) 각각의 변론을 약 6분으로 제한했다. 배정된 시간이 끝나면 변론을 그쳐야 한다. 예외는 있었다. 즉 관련 문건을 제출하거나 목격자의 증언을 듣는 데 드는 시간은 변론 시간에서 제외됐다. 이런 시간 제한의 목적은 소송 당사자들을 공평하게 대우하면서도 여러 법적 분쟁을 단 하루에 종결하려는 것이었다.

조작을 방지하고 공정성을 확보하려는 당시 사람들의 생각은 공개 재판의 배심원이 사용한 특이한 비밀투표 방식에서도 분명하게 드러난다. 배심원들은 각자 한 표씩 던져서 전체 평결을 결정지었다. 사건 심의가 종결되고 나면, 각 배심원에게는 청동으로 제작된 조그만 표결 동전이 두 개씩 배분된다. 두 개의 동전에는 '공공 투표'라는 글귀가 적혀 있었다. 동전은 한가운데에 작은 핀(pin)이 마치 축(軸)처럼 꽂혀 있었다. 한 동전 축에는 작은 구멍이 뚫려 있었으며 다른 동전의 축에는 구멍이 없었다. 구멍이 뚫려 있는 동전은 유죄, 구멍이 없는 동전은 무죄를 의미했다. 평결을 내려야 하는 때가 되면 각 배심원은 양손에 하나씩 표결 동전을 쥔다. 이때 엄지와 검지로 축의 양끝을 막아 어느 쪽 손에 든 것이 유죄이고 무죄인지 다른 사람은 알지 못한다. 표결 동전을 던져 넣는 항아리 역시 두 개가 있었다. 한쪽은 유효 투표이고 다른 한쪽은 무효 투표다. 배심원은 자신이 원하는 투표 동전을 유효 투표 항아리에 던져넣고, 남은 하나는 무효 투표 항아리에 던져넣었다. 이런 방식을 사용해 피고 측의 운명은 비밀을 유지하면서도 공개적인 상황에서, 공정한 수단으로 결정되었다.

민주정과 우연성

아테네 민주정에 담긴 아주 흥미로운 역설 가운데 하나는, 이러한 투표 동전, 물시계, 배심원 선발 장치, 세심한 추첨 과정을 통해 마치 기계와도 같은 정확성을 추구함에 따라 — 이 모든 절차는 신들이 주의 깊게 지켜보는 가운데 진행되었다. — 아테네의 정치적 삶에 예측 불능이라는 요소가 넓게 자리 잡게 되었다는 사실이다. 국가 반역 사건과 뇌물 사건의 경우에는 특별한 공적 조사를 진행한다든지, 또 민회의 운영에 관해 공개 토론이나 도편 추방제 같은 변덕스러운 제도에 의존했다는 사실 역시 예측 불능의 요소를 강화했다.

아테네의 민주정 옹호자들이 이렇게 표현한 적은 없지만, 아테네 민주정은 이 세상에 대한 상식적 인식 체계에 바늘을 찔러 구멍을 내는 실험과 비슷했다. 이 세상이 엄격한 필연성에 의해 돌아간다는 논리 한가운데에 민주정이 구멍을 내버린 것이다. 사물과 사건과 제도와 사람들에게, 그리고 또 그 사람들이 지닌 신념에 우연성이 깃들어 있다는 것을 민주정은 확연하게 드러냈다. 세상을 바라보는 관행적인 사고방식에 대해서, 또 권력이나 지배를 무심하게 받아들이는 태도에 대해서, 그리고 마치 세상 모든 것을 필연적이거나 '자연스러운 것'으로 받아들이며 살아가는 것에 대해서 정면으로 도전한 것이 민주정의 독창성이었다. 신들을 향한 존경심이라든가 노예제의 필요성 같은 문제는 사람들 사이에 상당한 이중감정을 일으켰지만, 이런 것들이 아테네 민주정의 도전 대상이 된 적은 거의 없었다. 한편 그 당시를 돌이켜 보건대, 또 한 가지 분명한 점은, 이 세계가 언제까지나 동일할 것이며 신들의 힘과 아테네 사람들이 '자연'이라고 명명한 것에 이 세계가 종속되어 있다는 세계관을 아테네 민주정이 단단히 붙들고 있었다는 사실이다. 이런 세계관을 지녔기에 아테네 사람들은 인간과 제도가 시대의 산물이라는 인식에 대해서도 그리고 현재 상황에 맞지 않는 희망과 기대라 할지라도 미래에는 실행에 옮겨질 수 있다는 인식에 대해서도, 결코 긍정적인 태도를 표하지 않았다. 소포클레스(Sophocles, 기원전 496?~기원전 406)가 자신의 작품 〈아이아스(Ajax)〉에서 모든 것이 일시적이며 변화하게 마련이라고 언급했다는 것이 자주 인용되지만, 그 말에는 결국 이 세상의 모든 것이 변화의 과정을 한 바퀴 돌아 다시 원점으로 돌아온다는 생각이 깔려 있었다.[23] 이런 한계들이 있지만 여하튼 그럼에도 불구하고 아테네 민주정은 이 세상에서 "누가 무엇을 언제 어떻게 획득하는가."라는 근본적인 의문을 제기하는 데 성공했다. 아테네 민주정은 높은 신분의 권력자들을 당황하게 만들었다. 그로써 아테네 민주정은 정의의 문제가 과거처럼 누구도 건드릴 수 없는 기정사실이 아니라는 점을 확실히 했다. 왕정, 참주정, 과두정은 배격되었으며, 이 정치 체제들을 세상의 이치라고, '자연스러운' 것이라고 주장하는 사람들이 있으면 아테네 사람들은 그들을 향해 도무지 무슨 말을 하는지 알 수 없다는 표정을 짓기도 하고 강력한 반박 논리를 펴기도 했으며 때로는 풍자를 곁들여 이야기를 들려주거나 아예 그냥 껄껄 웃어버렸다. 민주정은 이른바 '다른 사람을 통치해야 할 필연성'을 거부할 기반을 마련해주었다. 아테네 민주정은 그 지향하는 바를 미리 정할 수 없는 전혀 새로운 통치 형태였다. 그것은 평등한 시민들이 공적 토론과 거친 논쟁을 활발하게 진행하도록 북돋웠으며 종종 그런 과정을 거쳐 놀라운 정치적 결과가 도출되거나 끝까지 결과를 알 수 없는 아슬아슬한 상황이 벌어지기도 했다.

그 이유는 쉽게 이해할 수 있다. 아테네 민주정 체제는 이 체제의 모든 의문에 답을 주거나 혹은 이 체제가 맞닥뜨리게 되는 모든 문제에 해결책을 주는 지배적인 이념이나 지배적인 정치적 '진리(Truth)'를 지니고 있지 않았으며, 그런 삶의 방식을 적극적으로 배격했다. 민주정은 권력과 권위를 의

심하는 태도를 장려했다. 민주정은 사람들에게 생(生)의 방향은 구체적으로 미리 정할 수 없는 것이며 시민들이 내리는 판단에 따라 삶의 모습이 계속 결정되어 간다는 생각을 심어주었다. 이것이 바로 기원전 5세기 중반부터 한 무리의 수사학자와 교사들이 전개했던 운동이 강력하게 내세운 논점이었다. 이들이 바로 '소피스트'들이었다. '소피스트'는 그리스어 '소포스(sophos)', 즉 '지혜로운 자'에서 비롯된 표현이다. 새로운 민주주의 정신의 핵심을 제시한 이들은 칼리클레스(Callicles), 고르기아스(Gorgias), 프로타고라스(Protagoras)와 같은 특출한 인물이었다. 그들은 변함없는 '자연'―'피지스(physis)'라고 불렀다.―과 관습과 제도와 사고방식처럼 상황에 따라 변하는 이 세상의 것들 사이의 차이점을 강조했다. 이 차이점은 프로타고라스의 유명한 말로 요약할 수 있다. "인간은 만물의 척도이다. 인간들에게 존재하는 것만이 존재하며, 인간들에게 존재하지 않는 것은 존재하지 않는다."[24] 자연과 관습을 이렇게 구별하는 것은 매우 강력한 논리적 무기였다. 이런 구별이 있었기에 소피스트들은 힘 있는 자들을 놀리고 조롱하는 힘을 발휘할 수 있었다. 소피스트들은 민회에서 그런 힘 있는 자들에게 비난을 퍼부었으며 또 그런 사람들이 아고라에 모습을 보일 때면 힘껏 방귀를 뀌기도 했다.

인간사가 원래 우연에 지배된다는 생각의 기원은 하나 더 있다. 그것은 기원전 5세기에 매년 3일 동안 진행된 축제에서 아테네의 극작가들이 쓰고 연출하고 시민들이 관람하던 연극 공연이었는데, 그 작품의 수는 대략 천 편에 달했다. 시민들은 이런 연극 공연을 보면서 진실과 기만, 전쟁과 평화, 혼돈과 질서, 삶과 죽음처럼 서로 완전히 반대되는 요소들이 직접 연결되면서 계속 변화하는 것을 보았다. 마찬가지로, 제도나 관습이나 정치적 결정 사항이라고 하는 것들 역시 항상 변화할 수 있는 것들이라고 시민들은 생각하게 되었다. 예를 들면 에우리피데스(Euripides, 기원전 484?~기원전 406?)가 쓴 희곡 가운데, 오늘날에는 전체가 온전히 남아 전해지는 것도 있고 일부만 남은 것도 있지만, 여하튼 그의 희곡 작품을 보면 일상생활에서는 전혀 건드릴 수 없는 노예 제도 같은 주제를 이런저런 방식으로 풍자하는 것을 볼 수 있다. 이런 작품에 나오는 노예들이 보여주는 지성과 충실함과 용감성은 극 중의 자유인들이 보여주는 자질과 동등하거나 때로는 더 우월한 것으로 묘사되곤 했다. 노예 제도는 그런 불의한 대우를 받을 이유가 없는 사람들의 가치를 파괴하는 제도로 묘사되었다. 희곡 〈알렉산드로스(Alexandros)〉에는 파리스(Paris)라는 노예가 트로이에서 열린 영웅들의 경기에서 자유인들을 상대로 경쟁하여 승리를 거두는 장면이 나온다. 희곡 〈이온(Ion)〉에는 충실한 노예 한 명이 등장하는데 그는 자신의 여자 주인을 위해 목숨까지 건다. 그는, 우연히 누구는 귀족으로 누구는 시민으로 또 누구는 노예로 태어나지만, 높은 신분으로 태어난다 해서 반드시 훌륭한 도덕적 자질을 갖추는 것은 아니라고 말한다. 그는 "노예에게 치욕을 안겨주는 것은 단 하나, 즉 노예라고 하는 이름뿐이다."라고 민주주의적인 정서를 표현한다. "만약 어떤 노예가 훌륭한 인간이라면 그는 자유인과 비교해서 다른 어떤 면에서도 열등하지 않다."[25]

이런 정서는 마치 거울에 비치듯 아테네 민주정에 그대로 반영되었다. 민주정은 아테네 사람들이 공유하던 정신적 하부 구조를 바꾸어놓았다. 민주정은 인간의 끈질긴 노력의 성과도 갑자기 쉽게 부서지고 말 수 있다는 점을 상기시켰다. 또 정치적 결정을 내리는 것이 무척 어려운 일이며 당황스럽고 난감한 상황이 어느 곳에나 있다ㅡ아테네 사람들은 이를 '아포리아(aporia)'라고 이름 지었다.ㅡ는 공공의 인식을 자극했다. 내일의 법률과 법적 판단이 무엇이 될지 오늘은 모르기 때문에 아테네 사람들은 항상 긴장 상태에 있었다. 마치 가정법 시제 상태로 사는 것 같았다. 오늘 혹은 내일 "누가 무엇을 언제 어떻게 획득하는가."라는 문제가 민회나 법원의 결정에 달려 있었던 것이다. 서로 경쟁 관계에 있는 기관들이 서로 다른 판단을 내리고 그다음에야 최종적 해답이 주어지는 경우도 자주 있었다. 예를 들면 유명한 안티폰(Antiphon) 사건이 그랬다. 그는 피레우스 항구에 불법으로 들어왔다는 이유로 체포된 망명자였는데 민회에서는 그를 무죄로 풀어주었다. 그런데 그 이후 다시 기소되어 아레오파고스 법정에서 유죄 판결을 받았다. 또 다른 예로는 아레오파고스가 스스로 결정할 수 없다고 판단해 사건을 공개 배심원단에게 보낸 몇 가지 사례가 기록으로 남아 있다. 공적 희생 제물로 바친 동물의 고기를 개인적으로 판매하다가 기소당한 한 남자의 사건이 있었고, 나루터를 오가는 배를 강탈한 사건도 있었으며, 극장에 출석할 경우 시민에게 주는 지원금 5드라크마를 중간에서 가로채 한몫 챙기려던 사건도 있었다. 이런 사건들을 심리했던 배심원단이 피고의 운명을 어떻게 결정할까 고심한 기록이 남아 있는 것이다. 이 기록을 살펴보면, 비록 신들이 인간에게 위안을 주었을지라도, 민주정은 결국 예측할 수 없는 체제였다는 점이 확연하게 드러난다. 참주정이나 과두정의 경우에 신민들은 최소한 자신이 어떤 처지에 있는지 알았다. 하지만 민주정은 시민들로 하여금 자신들의 삶이 만 가닥 줄 끝에 매달려 있다고 느끼게 했다. 그들은 마치 연극의 한 배역을 맡은 것 같다고 느꼈고 이 극의 대본은 항상 새롭게 다시 쓰이고 있으며 그 대본의 마지막이 어떻게 끝날지는 그 누구도 미리 알 수 없었다.

민주주의의 적대자들

'데모크라티아'라는 신조어가 널리 퍼지면서, 이러한 세상사의 불확실성에 대한 의식이 강화되었다. 이 단어는 아테네 사람들에게 어떤 의미로 다가왔는가? 이 단어는 어디에서 온 것일까? 어째서 민주주의의 적대자들은 이 단어를 입에 올릴 때마다 증오에 불탔는가?

이 질문들에 즉각적이고 명확한 대답은 할 수 없다. 하지만 적어도 분명한 사실이었다고 말할 수 있는 것은, 클레이스테네스 이후 아테네에서는 최고 권력을 지닌 것으로 인정되는 데모스를 언급하는 일이 무척 많았으며, 그에 못지않게 새로운 통치 방식으로서 데모크라티아를 언급하는 경우도 무척 많았다는 것이다. 또 데모크라티아는 힘 없는 자에게 힘을 주고 모든 시민을 평등한 존재로 대우하는 귀중한 실험이라는 의미를 지니고 있었다. 어떤 외부인이 당시의 아테네를 방문했다고 상상해보자. 그는 프닉스 근처에서 수많은 사람이 왕래하는 것을 보았다. 흰 옷을 입고 거친 가죽 샌들을 신은 시민들의 피부는 햇빛에 타 검붉었으며 수염은 덥수룩하게 자라 있었다. 이들은 소나무 향기가 가득 찬 선선한 새벽 공기 속에서 그날의 민회가 시작되기를 기다리고 있었다. 이 방문자가 질문을 던지자마자 그가 외부인이라는 사실이 곧 드러났다. "여기 이 언덕에서 무슨 일이 벌어질 예정입니까? 이 도시의 통치자는 〔즉, '티라노스(tyranos)'는〕 누구입니까?" 시민들 가운데 한 사람이 나지막한 소리로 답했다. "이방인이여, 당신은 잘못된 질문을 던졌습니다. 여기에서 티라노스를 찾는 것은 헛된 일입니다. 이 도시는 자유로운 도시이며 어떤 한 사람이 통치하지 않습니다. 데모스가 매년 서로 순번을 바꾸어 통치의 책임을 맡습니다. 우리는 부유한 자들에게 패권을 주지 않습니다. 가난한 사람들도 권력의 한 부분씩 평등하게 공유합니다."

이런 종류의 말들이 민회 내부에서나 외부에서 흔하게 들리기 시작한 것이 기원전 6세기 말이었다. 하르모디오스와 아리스토기톤의 행동 덕분에, 그리고 스파르타 군대가 침입했을 때 주민들이 폭동을 일으킨 덕분에, 그리고 클레이스테네스가 실행한 개혁 덕분에, 아테네 사람들은 데모스와 데모크라티아를 이야기하면서 열정을 느꼈으며, 자신들이 새롭게 갖게 된 통치 형태가 평등한 자들의 자치이며 특별한 것임을 확인했다. 하지만 현재 남아 있는 여러 증거를 종합할 때에는 신중해야 할 것이다. 왜냐하면 그 민주주의라는 단어를 도대체 어디서 어떻게 정치 언어로 쓰기 시작했는지가 너무나 깊은 신비에 싸여 있으며 이것이 우리가 민주주의에 관해 품는 수많은 흥미로운 의문 가운데 하나이기 때문이다. 한동안 학자들 사이에는 하나의 합의가 존재했다. 즉 데모크라티아라는 표현은 기원전 5세기 중반이 되어서야 뒤늦게 만들어졌으며 5세기 말에 와서야 널리 사용되기 시작했다는 학설이었다. 학자들의 정설에 따르면, 아테네 민주정은 그 초기, 즉 민주정이 시작된 지 반세기가 넘는 동안에는 이 명칭으로 불리지 않았다.[26]

하지만 이런 종래의 합의는 근거가 빈약하며 거부되어 마땅하다. 기원전 5세기 중반 훨씬 전부터 데모크라티아라는 단어—이 단어의 문자 그대로의 뜻은 '민중(데모스, dēmos)에 의한 정부 혹은 통치(크라토스, kratos)'이다.—는 이 새로운 정치 체제를 지지하는 사람들이 사용하던 단어였다. 고고학적 발굴 작업에서 발견된 기록물에서 그 단서를 찾을 수 있다. 그런 작은 단서들 가운데 하나로 데모크라테스라는 이름을 가진 아테네 시민에 대한 기록을 들 수 있다.(그는 철학자 플라톤이 묘사한 어린 소년 리시스Lysis의 아버지로 알려져 있다.) 이 시민의 묘지에 세워진 비석은 오랫동안 땅속에 묻혀 있다가 지난 세대에 비로소 발굴되었는데, 그 비석에는 그가 기원전 470년 경에 태어났다고 새겨져 있다. 그의 이름 데모크라테스는 데모크라티아와 어근이 같은데, 그의 이름을 문자 그대로 풀면 '데모스를 통치하는 자'가 된다. 이 단편적 증거에서 적절히 추론해보자면, 이런 이름을 지었다는 것(그의 아버지가 지어준 이름이었을 것이며 당시의 관습대로 신들을 기쁘게 하기 위해 이런 이름을 지었을 것이다)은 당시 이 단어가 널리 유통되고 있었음을 보여주며 또 이런 이름이 당시 남자 시민에게 붙일 만한 품격 있는 이름이었음을 보여준다. 따라서 최소한 기원전 6세기 초에는 그러한 시대적 흐름이 형성되어 있었다고 보아야 할 것이다.[27]

종래의 정설이 폐기되어야 한다는 주장을 뒷받침하는 좀 더 흥미로운 근거가 있다. 고고학적 발굴에서 얻은 새로운 증거물을 살펴본 결과, 데모스란 단어가 기원전 6세기보다 훨씬 더 오래된 단어라는 것이 확인된 것이다. 고대 그리스 세계에서 이 단어가 지녔던 최초의 의미는—지금 우리 귀에는 이상하게 들리겠지만—'고장(country)'과 '땅(land)'이었다. 민주정 이전부터 그리고 민주정 시기 동안 매우 자주 사용되었던 단어로 '데메(deme)'라는 단어가 있는데, 이 단어가 바로 그런 뜻이었다. 데메는 지리적으로나 정치적으로 나눈 작은 구획을 가리키는 단어였다.[28] 조금 더 깊이 파고 들어가보자. 이제 우리는 어쩌면 이 고대 그리스 시대의 단어 '데모스'가 실제로는 우리가 미케네 문명이라고 부르는 고대 문명에 직접적인 뿌리가 있었을 가능성이 매우 높다는 사실에 접근하게 된다. 미케네 문명이라는 명칭은 그 문명의 중심 도시 미케네(Mycenae)의 이름을 딴 것이다. 이 문명은 기원전 2000년경에 시작되어 몇 세기 동안 번성하다가 갑자기 몰락했다. 몰락의 원인은 명백하게 확인되지 않았는데 여하튼 이 미케네 문명은 매우 풍부한 고고학적 유물을 후세에 남겼다. '선형문자 B'라고 불리는 기묘한 상형 문자도 그 유물 가운데 하나이다. 전해지는 수백 개의 상형 문자 가운데 두 음절로 된 '다모스(dāmos)'라는 단어가 있다.(이 단어는 '다모dāmo'라고도 읽을 수 있다)

이 단어는 무슨 뜻이었을까? 선형문자 B는 오랫동안 해독이 불가능했는데 1950년대 초에 마침내 해독할 수 있게 되었다. (여성 명사일 가능성이 다분한) 이 단어는 토지 보유자 집단을 가리켰는데, 이 집단은 촌락 공동체로서 토지 소유권을 분배하고 보호하는 권한이 있었다. 당시의 봉건적 토지 보유제는 아직 도회지의 형태로 집중되지 않은 촌락들을 기반으로 삼았으며, 이 다모스란 단어는 사원이라든가 왕이 지배하는 궁정의 행정부, 왕이 조직한 군대와 대비되는 뜻으로 사용되었다.[29] 다모스는 통치하지 않았다. 하지만 이 단어는 마치 인격체인 것처럼 쓰였으며 깊은 정치적 의미가 있었다. 특히 토지에 관한 일이 있을 때면, 당시 유물에 새겨진 "그러나 다모스는 이렇게 말했다."라는 구절에서 볼 수 있는 것같이, 다모스는 자신을 위해 발언할 능력이 있었다.[30] 예를 들면 '필로스(Pylos)'의 한 마을에서 그런 일이 벌어졌다는 기록이 있는데, 다모스의 몇몇 구성원이 어떤 회의체의 의원으로 참석하게 되었다고 한다. 이 회의체는 '공동 경작지'인 '파로 다모이'('지역 공동체에서 비롯된'이라는 뜻)를 임차하고 관리하는 일을 담당하는 회의체였다. 이때 회의체 의원들은 '다모코로'('촌락 감독관'이란 뜻)라 불리기도 하고 '오피다미조'('마을 책임자'라는 뜻)라고 불리기도 했다. 이들은 외부인의 요구에 맞서 다모스를 보호하는 일을 책임지고 수행했다. 예를 들면, 당시 어떤 초목의 여신을 숭배하던 여사제가 이미 다른 임차농들이 사용하던 토지를 여신의 이름으로 요구한 일이 있었다는 기록이 있다.[31] 이런 일이 벌어지자 다모스는 (그 회의체를 통해) 왕궁에 강력하게 항의했고 왕궁은 그런 항의 사실을 충실하게 기록으로 남긴 것이다. 과연 이때 왕궁이 임차농이 점유하여 경작하던 토지의 권리를 다모스를 통해 확인해주었는지 아닌지는 알 수 없다.

잠시 이야기가 옆길로 새서 아주 먼 옛날이야기를 하고 있지만 이런 옆길도 의미가 있다. 미케네 문명과 아테네 민주정이 시간적으로 아주 멀리 떨어져 있는데도 불구하고 둘 사이에 흥미로운 연결점이 있었다는 것이 여러 기록물과 유물을 통해 점차 증명되고 있다. 오리엔트의 민족들과 교류했던 미케네 문명은 아테네 사람들에게 일군의 어휘를 물려주었다. 그런 어휘들 중에 정치적 통일체 내에서 적극적으로 활동할 가능성이 있는 어떤 집단의 힘을 묘사하고 옹호하는 중요한 단어가 하나 있었다. 바로 '다모스'였다. 어떻게 이 단어가 아테네 사람들에게 전달되었는지 그리고 이 단어가 어느 정도 변형을 겪었는지 자세한 것은 알 수 없다. 하지만 우리는 이 단어에 아주 흥미로운 변화가 있었던 것은 확실하게 알고 있다. 기원전 1200년을 전후한 시기에 '다모스'의 의미가 뒤집혔다. 그것은 미케네 시대의 종말을 나타내는 정치 경제적 격변과 직접 연관된 변화였다. 많은 '다모스'가 토지를 잃었다. 이즈음 새로운 왕조가 일어났으며 토지 소유 관계 역시 새롭게 형성되었고, 그로 인해 '다모스'는 정치적 패배를 겪었다. 하지만 그럼에도 불구하고 이들은 여전히 '다모스'라고 불렸다. 이 오래된 단어는 언어적 의미만 바뀐 것이 아니라 정치적인 의미도 바뀌었다. 상형 문자에서 다섯 개의 그리스 토착 문자로 바뀌는 과정을 거치면서, 이 단어는 '토지가 없는', '가난한 시골 사람들'이라는 새로운 의미를 지니게 되었다. 다시 말해, 이제 '다모스'란 단어는 토지가 없으며, 따라서 부유한 토지 소유자의 우세한 계급에 들지 못한 사람들(스파르타에서는 토지 소유자들을 과거와 마찬가지로 계속 '가이아다모스gaiadamos'라고 불렀다)을 통칭하는 단어가 되었다. 그 우세한 계급 사람들이 다모스를 다스리는 정치적 힘을 행사했다.

이 놀라운 변화가 또 다른 변화의 길을 열었다. 즉 부와 권력 없이 다른 사람에게 짓밟히는 사람이란 부정적 의미를 가진 단어 '다모스'가 이다음에는 긍정적인 의미의 '데모스'로 변화한 것이다. 데모스는 잠재적 통치 능력을 지닌 사람들의 집단을 의미했다. 이 단어는 몽둥이로 얻어맞아 마땅한 비천한 무리를 의미하던 데서—이런 이미지는 《일리아드》에서 전사 오디세우스(Odysseus)가 묘사했다.—잠재적 지배 계급을 의미하는 것으로 지위가 달라졌다. 그리하여 결국 기원전 5세기 중엽이 되자 아테네에서 이 데모스란 단어는 각종 비문(碑文)에 새겨진 형태로(이 시기 이전에 여러 비문이 있었다 하더라도 지금 남아 있는 것이 거의 없다), 그리고 산문 문장의 형태로(기원전 약 460년부터 기원전 430년 사이에 쓰인 산문 문장은 완전히 소멸되었다) 나타나게 되었다. 안티폰은 이 데모스란 단어를 연설에서 사용했다고 한다. 〈코레고스에 대하여〉의 한 부분에서 그는 데모크라티아 여신에게 제물을 바치는 관습을 언급했다. 최초의 역사가로 일컬어지는 헤로도토스(Herodotos, 기원전 484?~기원전 430?)도 이 여신을 언급했다. 또 아테네의 최초의 정치 평론가라고 할 수 있는 '가짜 크세노폰(Pseudo-Xenophon)'도 민주주의를 줄기차게 비난하면서 데모크라티아 여신을 언급했다. 데모크라티아는 단어 자체가 운율상 적당하지 않아서인지 아주 오래된 시와 음유 시인들의 작품에는 나타나지 않지만 지금까지 남아 있는 가장 오래된 희극인 아리스토파네스의 〈아카르나이 사람들(Archarnians)〉에 등장한다. 이 작품은 전쟁의 비참함을 통렬하게 비판한 작품이며 기원전 425년에 처음으로 공연되었다. 민주주의라는 주제와 관련해 또 하나의 중요한 구절을 발견할 수 있는 작품은 아이스킬로스의 비극 〈탄원하는 여인들(Supplicants)〉이다. 기원전 463년에 처음 상연된 이 작품은 아테네 관객이 무척 좋아하던 작품인데, 여기에는 한 공공 집회의 장면이 묘사되어 있다. 이 장면에 "모두 손을 위로 치켜올렸다. 오른손을 높이 치켜든 것이다. 만장일치다. 이로써 민주주의는 하나의 결정을 법으로 만들었다."라는 구절이 있다. 아득한 신화 시대를 배경으로 하는 이 비극에는 자매가 등장하는데 이들은 아프리카의 어느 지역을 통치하는 아이깁토스 왕의 조카딸들이었다. 어느 날 이들은 아버지와 함께 그리스의 도시 아르고스에 도착한다. 이들의 말에 따르면 이들은 강간과 강제 결혼을 피해 이곳으로 도망쳐 왔다. 아르고스의 왕 펠라스고스는 어려운 선택을 해야 했다. 만일 외부인에게 환대를 베풀어야 한다는 신성한 법칙을 존중하여 신들을 만족시킨다는 결정을 하게 되면(그럼으로써 이 탄원자들에게 보호 조치를 취하면) 자신이 통치하는 아르고스는 아이깁토스 왕의 분노와 그의 강력한 군사력의 위험에 직면하게 되는 상황이었다. 펠라스고스 왕은 매우 사려 깊은 결정을 내렸다. 결국 탄원자들은 피난처를 제공받았다.

아테네의 데모스는 새로운 생명을 옛 단어 속에 불어넣었던 것이다. 옛 미케네 단어 '다모스'를 아테네가 민주화했다고 묘사하는 것이 너무 가벼운 표현일지도 모르겠으나, 여하튼 아테네가 기원전 6세기 말에 이 단어를 재해석한 것은 대담하고도 상상력이 넘치는 행동이었다. 그렇게 함으로써 아테네는 자기 자신의 특성과 약점과 강점을 확실하게 의식하고 있음을 과시했으며, 또 과거와 현재를 통틀어 볼 때 자신의 정치 체제가 인간 세상을 통치하는 방식으로 얼마나 독창적인지 확실하게 의식하고 있음을 보여준다.

이런 독창성을 표현하기 위해 아테네는 데모크라티아라는 단어를 발명하여 사용했는데 이것이 큰 반향을 불러일으킨 것은 당연한 결과였다. 아테네에는 참주 암살, 주민 봉기, 정치 개혁이 일어났으며 민주정의 인기가 올라감에 따라 그에 대한 반발 역시 거세게 일어났다. 당시 정치라는 것은 여전히 귀족들이 장악한 영역이었음을 기억해 두어야 할 것이다. 귀족들은 자기들끼리 치열하게 경쟁하는 상황이면서 또 귀족을 반대하는 자들과도 다툼을 계속하고 있었다. 당시 귀족 계급의 사람들이 공유한 감정은 바로 민주주의에 대한 깊은 혐오였다. 민주주의를 거세게 비난하는 글이 귀족들의 깃펜 끝에서 흘러나왔다. 귀족들은 민주주의라는 단어를 증오했으며 이 단어가 상징하는 모든 것을 경멸했다. 귀족들은 데모크라티아와 관련한 이야기가 자신들의 귀에 들어올 때마다. 아테네 전체가 지금 잘못된 방향으로 가고 있으며 아테네가 어리석게도 일부 이기적이고 분파적인 집단의 손에 스스로를 넘겨주고 말았다고 강하게 느꼈다. 이른바 '데모스'라는 집단은 당연히 증오와 공포의 대상이었다. 그들은 가난했고 재산이라고는 없었으며 무지하고 쉽게 흥분하는 사람들이었다. 그리고 이 사람들이 지닌 최악의 특질은 이들이 마치 굶주린 늑대처럼 정치 권력에 달려든다는 점이었다.

민주주의에 대한 정면 공격이 무척 심각했다는 점을 가볍게 생각해서는 안 된다. 대다수 아테네 귀족들이 보기에 민주정은 혼란스러운 정치 체제였으며, 이기적이고 분파적인 권력을 행사하는 사람들에 의해 일그러지고 망가진 통치 형태였다. 하지만 그뿐이 아니었다. 귀족들은 데모크라티아라는 단어 자체에 깊이 숨겨진 부정적 의미가 있음을 지적했다. 조작, 속임수, 폭력이라는 의미가 담겨 있다는 것이었다. 바로 이렇기 때문에 귀족들이 생각하기에는 이 데모크라티아라는 단어가 사용될 때마다 중대한 위협이 발생하며 또한 그렇기 때문에 이 단어는 악평을 받아 마땅하다고 보았다.

당시 귀족들이 지녔던 사고의 연결 고리를 조금 더 잘 이해하기 위해 '크라티엔(kratien)'이라는 동사를 잠시 살펴보자. 이 그리스어 동사는 오늘날 보통 라틴어 동사 '레굴라레(regulare)'와 같은 뜻으로 인식된다. 이 '레굴라레'는 '통치하다' 혹은 '다스리다'라는 뜻으로서 다른 사람이나 사물을 대상으로 영향력을 행사하고 통제한다는 의미이다. 하지만 그리스어 동사 '크라티엔'의 원래 뉘앙스는 좀 더 거칠고 투박하고 심지어 폭압적이라고까지 말할 수 있다. 지금의 우리가 듣기에는 이상하지만 당시 아테네 사람들이 이 동사를 사용할 때에는 군사 작전이나 군사 정복에 관련하여 사용했다. '크라티엔'은 어떤 사람이나 사물을 대상으로 하여 주인이 되는 것, 정복하는 것, 명령을 내리는 것, 소유하는 것(현대 그리스어에서 이 동사는 보유keep 와 장악hold의 뜻으로 쓰인다), 더 강한 힘을 과시하는 것, 제압하는 것 따위를 의미했다. 고대 그리스의 시인 헤시오도스(Hesiodos, 기원전 740?~기원전 670?)는 《신들의 계보(Theogonia)》라는 작품에서 이 세상의 시초와 신들의 탄생에 관해 이야기하면서 이 동사를 사용했다. 그는 이 동사를 의인화하여 '크라토스(Kratos)'라는 존재를 만들어냈는데 이 존재는 엄청난 두려움의 대상인 제우스의 충실한 대리인으로서 엄정하게 일을 추진하는 신으로 등장한다. '데모크라티아'의 뒷부분에 들어 있는 명사 '크라토스'는 완력, 힘, 타인에 대한 승리를 의미하며 특히 무력 사용의 의미가 함축되어 있다. 지금은 쓰이지 않는 '데모크라테오'라는 동사에는 권력 탈취와 타인에 대한 통제력 행사의 뉘앙스가 분명하게 들어 있었다.

21세기를 사는 사람으로서 민주주의에 이런 뉘앙스가 들어 있었다는 것은 이해하기 힘들다. 당시 많은 아테네 사람들에게 그리고 민주주의 적대자 대부분에게 이 데모크라티아라는 단어의 뉘앙스가 오늘날 민주주의의 뉘앙스와 '정반대'였다는 것은 특이한 일이다. 우리가 '민주주의'라는 말을 쓸 때는 긍정적인 뜻으로 사용한다. 이 단어는 비폭력적인 관용을 의미하며 타협과 공정성에 기반을 둔 권력 공유, 타인의 존엄성 존중을 법적으로 보장하는 데 기반을 둔 평등을 의미한다. 이와 완전히 대조적으로 당시 아테네 내 비판자들은 데모크라티아를 일종의 위협으로 인식했다. 그들은 데모크라티아가 특이한 통치 형태라는 점에는 동의했다. 하지만 그들이 보기에 데모크라티아는 그 안에서 데모스가 자신의 편파적인 이익을 어리석은 방식으로 추구하는 최악의 통치 형태였다. 이것이 비판자들이 민주주의를 증오한 이유였다. 민주주의의 적대자들이 데모크라티아라는 단어를 언급할 때면 그들은 이 데모스라는 집단이 특정한 이익과 관련된 특정한 사람들로서 이들의 이해관계는 모든 사람의 이해관계와 같지 않다는 점을 지적하려고 노력했다. 민주주의가 여성 명사였다는 점 역시 이들의 논지를 강화하는 역할을 했다. 비판자들은 데모크라티아라는 단어의 의미를 '데모스'가 '크라토스'를 잡고 있는 것이라고 해석했다. 마치 여자들이 그러는 것처럼 이 데모크라티아는 무리하게 행동하는 경향이 있고, 계략을 쓰고 억지를 부려서 자신이 원하는 특정한 것을 획득하는 경향이 있으며, 그렇게 함으로써 자기 자신에게 해를 끼치는 것은 물론이고 또 더 중요하게는 다른 사람에게 해를 끼치는 경향이 있다고 지적했다.

민주주의의 적대자들은 주변에서 이런 의미 해석이 타당하다는 증거들을 발견할 수 있었다. 기원전 6세기 밀레토스라는 도시국가에서 벌어진 일이 아테네에 알려졌을 때 사람들은 큰 충격을 받았는데, 이런 종류의 사건들을 이 민주주주의의 적대자들은 오랫동안 망각하지 않고 기억했다. 밀레토스는 지금의 터키 해안에 있던 도시였다. 불만을 품고 있던 밀레토스의 데모스는 지역의 부유한 가문들에게서 권력을 탈취하고 가축을 빼앗은 다음 그 가축들을 거칠게 몰아 부유한 가문의 어린아이들이 밟혀 죽게 했다. 지배 계급의 일부가 나중에 다시 공격하여 도시 안으로 진입하는 데 성공했다. 반란 지도자들과 그들의 자식들을 잡아들여 타르를 발라 숨통을 막은 다음 불을 놓아 죽였다. 권력욕 때문에 일어난 이 참혹한 폭력 사태를 마음속에 담아 두었던 아테네의 철학자 플라톤의 견해에 따르면, 민주정은 두 얼굴의 통치 형태로서 "한쪽 얼굴로는 군중이 재산 소유자들을 폭력으로 지배하고 다른 쪽 얼굴로는 동의를 얻어 지배"한다고 말했다.[32] 플라톤은 민주정을 무지한 빈자들의 헛된 욕심에 부응하여 좋은 정부를 훼손하는 겉만 그럴듯한 엉터리 발명품이라고 생각했다. 플라톤은 민주정을 얼간이들이 지휘하는 선박에 비유했다. 이 얼간이들은 항해술이 존재한다는 것조차 부정하며, 키를 잡고 배를 운행하는 사람을 쓸데없이 별자리나 쳐다보는 한심한 인간으로 여긴다는 것이다. 플라톤은 민주정에 '극장 정치(Theatrocracy)'라는 이름을 붙여주었다. 민회 참석자들을 극장의 시끄러운 군중에 비유했던 것이다. 민주정 옹호자들은 마치 일반 민중이 이 세상의 모든 것에 대해 말할 자격이 있는 것처럼 주장하는데, 이는 영원불변의 법칙을 거스르는 행동이며, 이런 주장을 하게 되면 결국 거짓된 외형이 지배하고 힘없는 자들을 연설로 유혹하는 형국이 되며, 힘을 지닌 자들 사이에는 무법 행동이 만연하게 된다고 플라톤은 주장했다. '늙은 과두주의자'라는 인물은 그 정체를 확실하게 알 수 없는데, 그 역시 플라톤과 사실상 동일한 감정을 표했다. 그는 데모스가 주민 가운데 가장 저열하고 또 가장 잘못된 생각을 하는 사람들이라고 말했으며 이런 데모스에 의한 지배 형태가 바로 데모크라티아라고 비난했다. 그는 데모스가 이따금 귀족 가운데 일부와 결탁하는 방식으로 통치하려 한다고 지적했다.[33] 이런 일이 벌어지면 민중은 비록 그 자신의 이름을 내걸고 있지만 사실은 지배를 받게 되는 것이며, 이런 방식으로 활용될 때 데모크라티아는 폭력에 근거한 당파적 지배일 뿐이라는 것이다. 그러나 이 정치 체제의 강조점에 미묘한 변화가 생겨, 마치 민중을 '통한' 권력 행사와 같은 의미를 지니게 된다고 그는 지적했다. 다른 식으로 표현하면 결국 데모크라티아는 외형상으로는 민중이 지배하는 것 같지만 사실은 민중이 지배를 당하는 통치 형태라는 것이다.

이런 맹렬한 비난을 받게 되면 아테네의 민주정 옹호자들은 햇빛에 바싹 마른 입술을 굳게 다물고 수염이 수북한 얼굴을 아래로 숙이는 방식으로 대응했다라고 이제까지 묘사되어 왔다. 아테네에 관하여 20세기의 가장 뛰어난 전문가로 손꼽히는 한 사람은 다음과 같이 언급했다. "철학자들은 민주정을 공격했지만 민주정의 충실한 옹호자들은 그런 철학자들의 말을 무시하는 방식으로, 또는 그저 민주적 방식으로 정부와 정치의 일을 묵묵히 진행해 나가는 방식으로 대응했다. 이 주제를 두고 논리적인 글을 쓰는 방식은 택하지 않았다."[34] 이 언급은 주목할 만하다. 왜냐하면 우리는 이런 언급을 통해 아테네의 철학이 탄생 시점부터 대체로 반(反)민주주의적 활동이었으며 민주정이 배양한 평등 의식에 마치 알레르기와 같은 격한 반발을 보인 측면이 있었다는 것을 떠올릴 수 있기 때문이다. 하지만 아테네의 민주정 옹호자들이 민주정에 대한 자신들의 생각을 표현하지 않은 것이 그저 전술적 침묵이었다고 설명하게 되면, 우리는 이런 상황에 담긴 근본적인 함의를 놓치고 만다. 아테네 민주정 옹호자들의 이런 침묵 덕분에 민주정 반대자들은 마치 문어처럼 마음 놓고 민주정의 얼굴에 먹물을 뿌려댈 수 있었다. 그들은 민주정 옹호자들의 명성에 먹칠을 함으로써 침묵시키려 했던 것이다.

향후 민주주의의 역사에서 민주주의의 귀중한 언어를 민주주의 반대자들이 탈취하는 방식으로 민주주의로부터 모든 것을 빼앗으려는 시도가 빈번하게 등장하는데, 아테네의 민주정 반대자의 행동은 역사상 처음 기록된 이러한 사례였다.

아테네 민주정을 옹호했던 사람들은 공적인 의사 표현의 수단으로 글쓰기라는 방법을 신뢰하지 않았거나 혹은 전혀 사용하지 않았기 때문에, 기록된 역사의 영역은 민주정 반대자들이 마음대로 활개를 치는 공간이 되었다. 아테네는 민주정을 이론적으로 옹호하는 큰 인물을 남기지 않았다. 따라서 현재 남아 있는 아테네 민주정에 관한 기록물은 거의 전부 민주정의 참신함에 적대적인 입장을 취한 것이며, 특히 민주정이 가난한 사람들을 고무해 부자의 통치에 공개적으로 저항하도록 했던 사실과 관련하여 깊은 적대감을 드러내고 있다. 민주정을 공격했던 아테네의 지식인들에게 데모스란 무척이나 역겨운 존재였다. 이 지식인들은 귀족과 공감대를 형성하고 있었으며 역사의 시계를 거꾸로 돌리고 싶어 하는 사람들이었다. 당시 아테네는 공적 활동에 참여하는 것을 높이 평가했고 귀족들이 누렸던 한가로운 생활 방식을 비난하는 분위기였다. 그러므로 민주정 옹호자의 입장에서 보았을 때 이 지식인들은 민주정에 대해 글을 쓰거나 말을 할 때마다 마음속에서 주먹을 움켜쥐는 사람들일 뿐 아니라, 문자 그대로 '게으르며' 또한 '아무런 쓸모없는' 인간들이기도 했다.

이런 민주정 옹호자들의 견해에도 일리는 있었다. 민주정에 대해 철학적인 글을 쓰려면 재산과 시간적 여유가 있어야 하고 또 정치적 삶에서 어느 정도 거리를 유지해야 했다. 이런 이유로 민주정 옹호자들은 '아리스토이', 즉 귀족과 민주정에 대한 귀족들의 생각과 글에 매우 적대적이었다. 민주정 옹호자들의 이런 대처 방식은 효과가 있기는 했지만 이렇게 아무런 기록물 없이 귀족들에게 반대 입장을 취했던 것은 결국 나중에 큰 대가를 치르게 된다. 민주정 옹호자들은 자신들의 독창성에 대해 굳은 신념이 있었으며 여신이 자신들의 편이라고 확신한 나머지, 자신들이 기억에서 지워질 위험을 과소평가했다. 실제로 거의 기억에서 제거될 뻔했다. 기억 보존의 측면에서 민주정 옹호자들은 자신의 운명을 다른 계급 사람들이 좌지우지할 수 있도록 허용했는데, 그 계급의 사람들은 아테네 민주주의라는 추한 딱정벌레를 발로 뭉개버리는 것을 꿈꾸던 자들이었다. 그뿐 아니라 이 귀족들은 기억 상실증에 걸린 사람들로 이루어진 계급이었으며 훨씬 더 사악한 것을 목표로 삼고 있었다. 즉, 그들은 민주정 옹호자들의 의견을 기록으로 남겨 후대로 전하는 사람이 아무도 없기를 바랐다.

제국의 오만

아테네 민주정의 언어를 공격하는 이러한 추악한 전술은 기원전 5세기 말 무렵이 되면 두 번의 보상으로 돌아온다. 펠로폰네소스 전쟁 중에 두 차례의 쿠데타가 일어나 민주정이 중단되었던 것이다. 이 두 번의 정변으로 세워진 정권은 각 정권을 장악한 음모자의 숫자로 이름이 정해졌다. 기원전 411년의 정권은 '400인 과두정', 기원전 404년의 정변은 '30인 참주정'이라고 명명되었다. 이렇게 숫자가 한정되었다는 사실에서 우리는 이 정변의 가장 근본적인 동기를 눈치챌 수 있다. 즉 시민 자격을 재산의 소유 정도와 연결 지음으로써 참정권 보유자의 수를 줄인 것이다. 재산을 보유한 자들이 이렇게 반격을 가하는 것은 이후로도 민주주의 역사에서 종종 발생하는 일이지만, 아테네 과두정 옹호자들이 감행한 이 두 차례의 민주정 전복은 극도로 무능한 정부를 배출했을 뿐이다. 민주정 최대의 적대자라고 말할 수 있는 플라톤조차 《제7 서한》에서 '30인 참주' 정권은 너무나도 한심한 정부였기 때문에 차라리 그 이전에 있었던 민주정이 오히려 매력이 있을 정도였다고 기록했다. 하지만 이때의 상황을 평가하는 데 더 중요한 점이 있음을 간과하지 말아야 한다. 이렇게 아테네 민주정에 대해 전면적인 공세가 펼쳐졌다는 사실은 "누가 무엇을 언제 어떻게" 획득하는가를 결정하는 필요 불가결한 과정인 정치에 임하는 모든 사람은 항상 누군가가 등 뒤에서 갑자기 자신을 공격하지 않을까 조심해야 한다는 원칙을 다시 한 번 확인해주었다. 정치는 패배자를 낳는데, 특히 다른 사람을 지배하는 권력에 지나치게 욕심을 부릴 때 그러하다고 많은 아테네 사람들은 생각했다. 왕들, 참주들, 대귀족들이 이 세상의 권력을 지나치게 추구하여 무모한 모험을 한다거나 때로는 이득을 얻기 위해 모든 것을 위태롭게 만드는 행동을 하게 되면, 신이 그들에게 '네메시스(nemesis)' 즉 저주를 내린다고 아테네 사람들은 굳게 믿었다. 이런 무모한 욕심에는 '히브리스(hybris)'라는 이름이 붙었다. 히브리스를 저지른 자는 그 벌로 파멸을 맞는다. 돈과 명예와 권력에 지나치게 욕심을 부리는 사람은 바보라는 이야기다.

이는 상당히 난처한 의문을 불러왔다. 아테네 같은 도시국가가 마치 혜성과도 같이 빠른 속도로 패권을 잡는 것을 신들은 보고도 못 본 척하면서 그대로 놔둘 것인가? 히브리스와 민주정 사이에 어떤 연관성이 있는 것은 아닐까?

히브리스에 관해 최초로 사색한 아테네 사람들은 매우 인상 깊은 논지를 제시했으며, 그들의 성찰의 울림은 오늘날까지 전해진다. 아테네의 웅변가들, 시인들, 희곡 작가들, 사상가들의 논지에 따르면, 자신에게 적당한 정도를 넘어 권력을 무리하게 추구하는 경우 그 시도는 타인의 명예를 심각하게 손상시키는데 ― 이것이 히브리스다. ― 이 현상은 정치 영역에서 고질적으로 나타난다. 인간은 종종 자신이 생명이 유한한 존재라는 것을 망각하는 경우가 있다. 이럴 때 인간은 지나치게 높은 이상을 품게 되며 자신의 힘을 남용하게 된다. 그는 타인에게 해를 끼치는 행동을 하여 쾌락을 얻는다. 이 쾌락은 무엇인가 잘못된 행동을 한 타인에게 정당한 복수를 했다는 데서 느끼는 쾌락이 아니라, 그 상대가 해를 입었다는 사실로 말미암아 그가 나보다 열등한 존재라는 것이 증명되었다는 데서 오는 쾌락이다. 동방의 히타이트어에는 '해악', '학대', '폭압'을 뜻하는 '후왑(huwap)'이라는 단어가 있는데, 이 단어에서 '히브리스'가 유래했을 가능성이 있다. 히브리스는 우월감의 원인이자 결과이다. 마치 자신이 신적 존재인 것처럼 행동하고 마치 신들과 경쟁하려는 것처럼 집요하게 목표를 추구하는 이런 사람들은 타인을 통제하는 권력에 굶주린 나머지 결국 적수들의 자존심에 상처를 입힌다. 이 적수들은 우월감을 느끼려는 욕망의 희생자가 된 것이며 수치심에 불타게 된다. 주위의 여러 사람이 보는 상황에서 치욕을 당했기 때문에 그들은 개인적 혹은 집단적 분노에 휩싸인다. 이 분노는 때가 되면 쉽게 복수의 거센 불길로 활활 타오르게 된다. 결국 이리하여 무모한 권력을 휘두르는 어설픈 모험은 승리를 거둔 지배자에게나 패배를 당한 피지배자에게나 반드시 나쁜 결과를 가져온다. 아리스토텔레스의 말에 따르면, 부자이면서 젊은 사람이 쉽게 이런 히브리스의 덫에 걸린다고 한다. 이런 자들은 타인에게 부당한 행동을 하는 과정에서 자신의 우월성이 더 확고해진다고 느낀다는 것이다. 희곡 작가 에우리피데스는 〈탄원하는 여인들〉에서 높은 지위에 오르게 되면 히브리스가 생긴다고 말했다. 이 작품의 또 다른 구절에서 그는 정복자는 "마치 방금 부자가 된 가난한 자와 같아서 히브리스를 저지르게 마련이며 그 히브리스는 결국 그 자신에게 돌아와 자신을 파멸시킨다."라고 했다. 페리클레스도 이와 비슷한 논지의 말을 했다. 특히 그가 우려했던 것은, 아테네 민주정이 자만심에 찬 나머지 적대 도시국가들에게 특별한 이유 없이 그저 잔인하게 구는 데서 쾌락을 얻는 그런 오만한 실책을 범하는 것이었다.

히브리스가 재앙을 불러온다는 것, 그리고 권력이 오만한 방식으로 행사되는 때에는 언제든지 바로 그런 일이 일어날 수 있다는 것을 아테네의 민주정 옹호자들은 아주 분명하게 인식하고 있었던 것으로 보인다. 참주정과 과두정에 반대하여 궐기했던 것이 바로 그들 아니었던가. 그러나 민주정의 이름 아래 펼쳐지는 군사 작전에도 히브리스가 자행될 가능성이 잠재해 있었다. 민주주의의 역사에서 아테네는 어떤 민주정도 그 자체로 고립된 섬처럼 존재할 수 없다는 일반 법칙을 보여주는 최초의 사례 역할을 한다. 아테네에서 민주정 실험이 시작된 기원전 6세기의 상황을 보면, 당시 그리스 전역에서는 도시국가들과 제국들 사이에 지정학적인 충돌이 벌어지고 있었으며 서로 이웃에게 서슴지 않고 폭력을 쓰던 때였다. 아테네는 민주정이 확립되기 이전인 기원전 6세기에는 운이 좋은 편이었다. 아테네는 한 세기 동안 열 차례 정도의 소규모 군사 작전에만 관여했으며, 주변의 산악 지대에 다수 존재하던, 제대로 된 육군도 해군도 없이 외부로부터 고립된 많은 소규모 정치 단위 가운데 하나에 불과했다. 그러나 클레이스테네스가 옛 귀족의 권력을 축소하고 아테네를 민주정의 길로 들어서게 하는 권력 구조 개혁을 시행한 지 불과 2년 뒤부터 상황은 험악하게 돌아가기 시작했다. 아테네의 전통적인 적대 세력인 보이오티아와 칼키스가 동시에 아테네를 공격한 것이다. 그러나 이 둘은 하루 한 날, 즉 같은 날에 아테네 군대에 패배했다.

이 상황을 바라본 많은 이들은 아테네의 힘에 깊은 인상을 받았다. 또 이오니아 지역의 그리스 출신 사람들이 페르시아에 저항하는 반란을 일으켰을 때―이 반란은 결국 실패로 끝난다.―아테네는 그들을 지원했고 이 행동 역시 많은 그리스인들의 찬사를 불러왔다. 이후 페르시아의 다리우스 왕은 군대를 이끌고 그리스를 침공했고 페르시아 군대는 기원전 490년 마라톤 평원에서, 플라타이아에서 온 소규모 부대의 지원을 받은 9천 명의 아테네 군대에 참패한다.

동방의 거대한 제국과 상대하여 아테네 민주정이 이렇게 놀라운 승리를 거두자, 많은 아테네 사람들은 '바바리안(barbarian)', 즉 야만인에 대한 경멸적 태도를 더욱 굳히게 된다.(그리스어 '바르바로이barbaroi'는 원래 그리스 사람이 알아듣지 못하는 말을 하는, 그리스인이 아닌 외국인이라는 뜻이었다.) 아테네와 페르시아의 격돌은 성경에 나오는 소년 다윗과 거인 골리앗의 싸움과 같았다. 이 싸움의 향방은 기원전 480년과 479년에 걸쳐 아테네의 승리로 굳어졌다. 이때 치러진 전투 가운데 가장 유명한 전투가 살라미스 해전이다. 이러한 군사적 승리 덕분에 그리스 전 지역의 세력 균형이 아테네 쪽으로 기울기 시작했다. 그러나 이런 상황 변화 때문에 아테네는 이 세력 다툼에 점점 더 이해관계가 깊어졌다. 아테네 민주정은 지속적으로 군사적 승리를 거두었으며 그에 따라 그리스 세계 전체의 패권을 놓고 다른 도시국가들과 장기적으로 경쟁하는 관계에 들어가게 되었으며 그 주된 경쟁 상대는 스파르타였다. 페르시아 군대를 상대로 승리를 거둔 이후, 마침 운 좋게 발견한 은맥(銀脈) 덕분에 아테네는 기원전 480년대에 대대적으로 해군력을 증강했다. 200척에 이르는 전함이 건조되었다. 아테네와 그 외항 피레우스를 외침으로부터 보호하는 거대한 성벽과 방어 구조물 축조 사업에도 엄청난 돈과 물자를 투입했다. 아테네는 수백 개의 그리스 도시국가들을 포괄하는 연합체를 만들고 거기에서 지도적 위치를 잡으려고 노력했다. 이 연합체가 바로 '델로스 동맹'*이다. "공동의 친구와 공동의 적을 갖자."라는 맹세를

델로스 동맹(Delian League) 기원전 478년에 아테네가 페르시아의 침략에 대비하여 에게해 일대의 여러 나라들과 맺은 해상 동맹. 본부를 델로스 섬에 두었으며, 뒤에 아테네의 패권 확장에 이용되자 스파르타의 반감을 불러일으켜 펠로폰네소스 전쟁으로 발전했다.

앞세운 이 연합체의 군사적 목표는 당시 페르시아의 지배 아래 있던 그리스 섬 국가들과 소아시아(지금의 터키)의 그리스 도시국가들을 해방하는 것이었다. 많은 적대 국가를 하나씩 격파하면서 아테네는 한 걸음 한 걸음 제국주의적 강대국—이를 아테네 사람들은 '아르케(arkhe)'라고 불렀다.—으로 변모해 갔다.

기원전 450년이 될 무렵이면 아테네는 무려 160개에 이르는 도시국가를 제국의 영향권 아래 두게 된다. 어떻게 이런 일이 일어났을까? 물론 아테네의 지리적 위치가 제국 건설에 유리한 요인으로 작용했다. 발칸 반도의 남쪽 지역에서부터 에게해 전반에 이르는 넓은 지역의 정중앙에 아테네가 자리 잡고 있었던 것이다. 하지만 아테네가 그리스어를 사용하는 세계의 중심이라는 생각은 단순히 지리적인 요인에만 뿌리를 둔 것이 아니었다. 아테네 사람들은 자신들이 그리스 세계의 북동쪽에 거주하던, 강력하지만 정치적으로는 제대로 조직되지 않은 트라키아인이나 스키타이인보다 훨씬 더 우월한 존재라고 강하게 의식하고 있었다. 또 아테네 사람들은 당시 대부분 페르시아 제국의 지배를 받고 있던 오리엔트 지역의 사람들보다 자신들이 몇 단계나 우월하다고 생각했다. 이 동방의 '바바리안'들은 용맹성도 없고 전투력도 약하다고 널리 인식되었는데, 그 이유는 부분적으로 기후 때문이라고 여겨졌다. 아테네 사람들은 자신들이 강한 의지력과 열정을 지닌 이유가 자기 고장의 기후가 급격하게 변하기 때문에 거기에 단련되었기 때문이라고 생각했다. 반면 오리엔트 지역의 기후는 항상 일정하기 때문에 그런 단련의 기회가 없었다는 것이다. 오리엔트 사람들이 그토록 허약한 또 다른 이유는 관습과 법, 정치 체제 때문이라고 여겨졌다. 특히 오리엔트 사람들은 오랜 세월 동안 왕에게 통치를 받았기 때문에 자신의 이익을 위해 강인하게 투쟁하려는 의지력이 약해졌다는 것이었다.

이러한 아테네 사람들의 독단이 크게 강화된 것은 기원전 490년부터 기원전 480년에 걸쳐 벌어진 페르시아 전쟁에서 아테네가 놀라운 승리를 거둔 뒤였다. 여기에다 그때까지 페르시아가 지배하던 에게해와 소아시아 해안 지역으로 아테네가 해군력을 확대하면서 다시 한 번 아테네의 독단이 강화되었다. 아테네 사람들은 엄청난 자부심을 느꼈다. 이들은 이렇게 아테네가 주변 세계에 영향력을 끼칠 수 있게 해주는 원동력이 바로 아테네의 민주정 체제라고 생각했다. 기원전 5세기 중엽이 되면 이제 '힘' 그리고 그 '힘'의 축적을 위한 노력이 아테네 사람들의 경험과 기대의 중심에 자리 잡게 된다. 힘에 기반을 둔 외교와 제국주의는 이제 아테네가 당연히 추구해야 할 목표이며 또한 민주정 체제라면 당연히 추구해야 할 목표라고 여겨졌다. 아테네는 타국을 압도하는 힘을 끊임없이 추구하는 '끈질긴 참견꾼'이라는 명성을 얻었으며, 민주정이란 말은 이제 그런 참견꾼이란 말과 동의어가 되었다. 민주정은 아테네 시민들로 하여금 자신들이 최고의 지배자들이며 주변 세계의 통치자라는 생각에 빠지게 했다. 아테네 사람들이 민주정이 이룩한 성취에 강한 자부심을 느꼈다는 증거는 많이 발견된다. 예를 들면 투키디데스가 기록한 페리클레스의 유명한 연설이 있다. 펠로폰네소스 전쟁 초기에 한 장례식에서 그가 행한 추도 연설이다. 페리클레스는 이렇게 말했다고 한다.

"이 땅에는 단일한 종족이 오랜 세월 동안 세대와 세대를 이으면서 계속해서 살아왔으며 우리의 선조는 용기 있는 행동을 통해 우리가 지금 소유하고 있는 자유로운 국가와 제국을 우리 시대에 물려주었습니다. …… 우리의 통치 형태는 주변 국가의 제도를 본뜬 것이 아닙니다. 우리가 다른 이들을 모방한 것이 아니라 그 반대로 다른 이들이 우리를 본뜨고 있습니다. …… 우리의 정부는 민주정이라고 불립니다. 왜냐하면 정부의 행정이 소수의 사람이 아니라 다수의 손에 놓여 있기 때문입니다. …… 우리의 도시는 너무도 위대하기 때문에 세상의 모든 생산품이 우리에게 계속 흘러오고 있습니다. …… 또 전쟁을 대비한 우리의 훈련 체제도 적대국들보다 우월합니다. …… 우리는 부를 허세의 수단을 삼지 않고 행동을 위한 기회로 활용합니다. …… 우리는 공적 사안에 참여하지 않는 사람들이 그저 자기 자신의 일을 잘 돌보는 사람이라고 생각하지 않습니다. 우리는 그런 사람들을 쓸모없는 사람이라고 생각합니다. 이런 방식으로 생각하는 사람들은 우리뿐입니다. 우리 아테네 사람들은 공적인 문제를 우리 스스로 결정합니다. 혹은 최소한 우리 모두가 그런 공적 문제를 제대로 이해할 수 있도록 노력합니다. 우리는 이런 토론이 행동에 방해가 된다고 생각하지 않습니다. 오히려 행동하기 전에 이런 토론을 거침으로써 우리는 사안을 깊이 이해하게 되는 것입니다. …… 한마디로 말해 우리 도시 전체는 '헬라스*의 학교'입니다."[35]

아테네가 전체 그리스 세계의 교사이자 주인이라는 이런 논리는 제국주의의 열망 속에 마치 바짝 마른 말똥처럼 활활 불타올랐다. 이 논리는 군사적 용맹이 시민의 덕성이라는 믿음을 더욱 북돋웠으며 데모크라티아와 군사적 성공을 마치 한 쌍의 쌍둥이처럼 연결지었다. 이 조합은 단순했지만 후폭풍은 굉장했다. 제국주의적 힘을 추구하게 되면 반드시 군대가 동원되어야 했는데, 이렇게 군대에 동원된 사람들은 정부에 참여할 권리를 요구했다. 원래 아테네 군대의 근간은 아테네 사람들이 스스로 자금을 조달해 만든 것이었다. 부유한 시민들이 기병에 복무했는데 이때 말이나 안장 같은 장비는 모두 시민이 스스로 장만한 것들이었다. 하지만 곧이어 호플리테스 전투가 전쟁 방식의 최우선적인 형태가 되면서 새로운 역학 관계가 발생했다. 호플리테스 부대는 보통 평탄한 지형에서 전투를 벌였으며 기병과 궁수의 조력을 받으며 상대방 보병 부대와 격돌했다. 이 보병 전투의 승자가 모든 것을 차지했으며 이렇게 되면 전쟁 자체가 종결되는 것이 보통이었다. 이러한 새로운 전투 방식이 자리를 잡으면서 민주주의적인 결과를 초래했다. 즉 중장 보병이 발달함에 따라 보병 부대를 구성하는 (상대적으로) 가난한 호플리테스들이 정치 체제에 참여할 권리를 요구했으며 이 요구를 거부할 수 없었던 것이다. 한편 아테네의 해군력이 증강되어 영향력을 넓히는 상황이 벌어지자 다시 한 번 민주주의의 논리가 작동하기 시작했다. 해군 승조원의 대부분을 차지하는 '테테스(thetes)', 즉 가장 가난한 시민들도 다른 시민과 평등한 권리를 요구한 것이다. 바다와 민주정은 쌍둥이같이 보이기도 했다. "우리 도시가 힘을 갖게 만들어주는 것은 중장 보병이나 출신이 고귀한 사람, 재능이 뛰어난 사람들이 아니라 바로 조타수, 갑판장, 수병 조장, 뱃머리의 관측병, 군함 건조 기술자 같은 사람들이다." 당시 어느 관찰자가 남긴 말이다.[36]

히파르코스가 희생된 어설픈 암살극에서 비롯된 여러 모순 가운데 하나

헬라스(Hellas) 고대 그리스인이 자기 나라를 이르던 이름.

1
장
아
테
네

·

는 이 사건을 계기로 해서 정치 개혁이 실행되었으며 아티카 지역 전체의 자유민 남자는 각각 '데메'와 '부족'에 시민으로 등록해야만 했고, 이로써 아테네는 도시국가 역사상 처음으로 대중 동원의 표준 체제를 갖추게 되었다는 사실이다. 아티카 지역이 당시 다른 그리스 도시국가 평균의 20배에 이르는 넓이와 주민 수를 갖고 있었다는 점을 고려하면, 아테네는 호플리테스 동원 체제를 시발점으로 하여 잘 정비된 동원 체제를 갖춤으로써 잠재적 경쟁 도시국가에 비해 엄청난 군사적 우위를 차지할 수 있게 된 것이다. 하지만 민주정과 제국의 위험한 연결 고리는 더 깊은 곳에 있었다. 전사자 수가 점점 증가했지만 승전 소식은 일부 아테네 사람들에게 큰 기쁨을 주었다. 전쟁의 열기가 공허감을 채워주는 듯했다. 그것이 민주주의 자체에 부분적으로 책임이 있는 만성적 불확실성으로부터 사람들을 보호해주었던 것이다. 물론 아테네 사람들은 다양한 수단에 의지해 결의를 다졌으며 또 좀더 일반적인 의미에서 자신들의 삶을 지탱해 갔다. 그들에게는 시와 노래, 극장과 스포츠, 종교 의식이 있었으며 프닉스에서의 정치 활동도 있었다. 또 사창가나 심포시온에서 흠뻑 술에 취하기도 하고 방문객들과 성적 쾌락에 빠지기도 했다. 이런 것들이 모두 삶을 향한 의지를 불어넣는 활동이었다. 하지만 언제 전쟁에 동원될지 모른다는 느낌은 더욱 강력한 자극제 역할을 했다. 전쟁이 시작된 경우는 물론이고, 전쟁이 곧 시작될 것이라는 소문만 퍼져도 데모스는 자신의 발에 힘이 불끈 생기는 느낌을 받았다. 이를 두고 희극 작가인 아리스토파네스는 어느 작품에서 만일 스파르타 적군들이 아테네의 강아지 한 마리를 훔쳤다는 소식만 전해져도 아테네 시민들은 당장에 300척의 군함을 발진시킬 것이라고 말했다.[37] 전쟁은 모두가 죽음의 손아귀에서 벗어나려 투쟁한다는 점에서 모든 사람을 평등하게 만든다. 전쟁은 힘든 고통을 강요하지만 그 고통은 명예를 가져온다. 전쟁은 남자들이 지닌 남성적 우월감을 확인해준다.(아테네 사람들은 이런 탁월성이나 뛰어난 기량을 '아레테Arete'라고 불렀다.) 전쟁을 통해서 각자의 생명은 절대 흔들리지 않는 의미를 얻게 된다. 인간은 원래 바람에 흩날리는 이파리 같은 존재이며, 여러 그림자 가운데에서도 가장 덧없는 그림자이며, 마치 하루살이처럼 잠시 존재하는 것에 불과하다는 비관적인 생각을 전쟁을 통해 잠시 잊을 수 있었다.

　적군을 상대로 전투에 임하면서 사람들은 자신이 중요한 시민이라고 느꼈을 뿐만 아니라 돈도 벌 수 있었다. 민주주의는 제국에서 이익을 끌어냈다. 제국의 힘을 견고하게 한 아테네는 주요 법적 소송의 관할권을 아테네로 집중하고자 하는 유혹을 느꼈고 그런 큰 소송 사건들의 관할권을 변방에서 아테네로 이동시켰다. 그렇게 함으로써 아테네 시민들에게는 더 많은 일이 생겼으며 이들은 법률 제도 운영에 참여하여 더 큰 수입을 얻을 수 있었다. 법률 제도 역시 점차 규모와 중요성이 커지면서 민주정 전체 구조에서 더 큰 비중을 차지하게 되었다. 이런 사실은 아테네의 주요 민사 법정(아고라의 남서쪽 구석에 있었다)의 물리적 크기에도 반영되었다. 민사 법정은 커다란 사각형 모양이었으며 천장의 일부는 하늘로 열려 있었고 1천 명에서 2천 명 사이의 배심원을 수용할 수 있는 크기였다. 제국은 또한 민주정 체제에 부와 수입을 가져다주었다. 그 돈의 일부는 아테네의 정부 운영비와 엄청난 수의 아테네의 보통 남성들을 병사로 고용하는 데 쓰였다. (기원전 440년대 초가 되면) 몇몇 소수의 도시국가는 아테네 선단에 자신들의 함선을 제공하여 명목상 독립을 유지했지만 그 밖의 모든 도시국가는 매년 일정 금액을 아테네에 조공해야 했다. 또 이 국가들은 제국의 중심 항구인 피레우스 항구를 통과하기 위해 일정한 수출입 관세를 지불해야 했다.

　제국에 의해 발생하는 부가 민주정의 생존에 어느 정도나 결정적 의미가 있었는지는 여전히 논란의 여지가 있다. 이 같은 제국의 힘은 기원전 4세기 동안 점차 사라져 가지만, 그 이전의 기간을 살펴보면 제국을 유지하는 데서 발생한 가장 큰 결과는 아테네 정치 체제가 평상적으로 작동할 때 군사적 비중이 확대되었다는 사실이다. 공공 예산 전체를 보았을 때 전쟁 수행과 전쟁 준비 부문에 다른 어떤 활동보다 많은 자금이 배정되었다. 제국에서 끌어모은 수입은 전쟁 수행의 표준화된 방식을 혁명적으로 개선하는 데 지출되었다. 아테네 사람들은 훌륭한 민주정 옹호자들이었고 동시에 훌륭한 전사(戰士)였다. 아테네 사람들은 포위 공성전과 전술적 퇴각의 경험을 축적해 갔다. 호플리테스와 해군 병사들은 때로는 몇 주일씩 때로는 몇 달씩 훈련을 받았으며, 함선을 고속 운행하여 공격 무기로 사용하는 아테네 해군의 기술은 최고조에 이르렀다. 동부 지중해에는 엄청난 숫자의 함선과 전투함이 몇 달씩 운항하고 있었으며, 만일 적군의 성을 포위하여 공격하는 포위 공성 작전이 시작되면 어느 때는 몇 년씩이나 아테네의 해군이 바다를 운항했다. 전쟁이 없는 평시에도 수십 척의 배가 훈련이나 경호 임무를 띠고 항해하면서 일 년에 몇 달씩 활동했다.

우호적인 사람에게나 적대적인 사람에게나 모두 아테네 민주정은 항상 무엇인가를 추진하지 않고는 못 배기는 체제라고 인식되었다. 이제 이 민주정 체제는 여러 전선에서 동시에 전투를 수행하는 새로운 방식을 개발해 실행에 옮겼다. 기원전 5세기를 통틀어, 아테네는 평균 3년 가운데 2년은 전쟁 중이었으며 10년 이상 평화를 유지한 적은 한 번도 없었다. 특히 기원전 450년대에는 군 복무자에게 보수를 지불하기로 결정되었고, 그 이후부터 아테네 사람들의 일상생활과 시각 예술과 민회 운영에서 전쟁이라는 주제는 압도적인 위치를 차지하게 된다. 시민의 자격과 군 복무는 점차 서로 구별할 수 없는 개념으로 합쳐졌다. 민주주의의 정신과 제도는 이제 매우 군사적인 느낌을 주었다. 예를 들어 펠로폰네소스 전쟁이 시작되던 시점을 보면 아테네 시민의 거의 3분의 1이 호플리테스였다. 젊은 남성은 18세가 되면 자신의 '데메'에 시민으로 등록해야 했다. 이 등록 사실을 500인회가 인준하면 이들의 일부는 자기 '부족'의 다른 징집 대상자들과 함께 군역에 복무해야 했다. 이 젊은 병사들은 완전 군장을 하고 전투에 임하는 방법을 훈련받았다. 활, 투창, 투석기 사용이 익숙해지도록 훈련받았다. 각 '부족'은 나이가 많은 남자들(보통 40세 이상)을 이 젊은 대원들의 훈련관 혹은 스승으로 선발했고, 이들이 무기를 사용하는 전투 기술을 지도했다. 젊은 대원들은 2년 동안 군에서 복무해야 했다. 그런 다음에 이들은 아고라에 눈에 잘 띄는 곳에 세워진 돌기둥에 자신의 이름이 새겨지는 자격을 얻었다. 이런 최초의 입문 과정을 거친 젊은이들은 평생토록 긴장을 늦추지 않는 습관을 몸에 지니게 된다. 이들은 이후 40년 동안 징병 대상 목록에 올라 있게 된다. 군사적 위기 상황이 발생하면 이들은 며칠분의 식량을 손에 들고 현역 복무를 위해 관계 당국에 신속하게 출두할 준비가 되어 있었다.

민주정의 종말

지금 그 시대를 돌이켜 보면 민주정과 군대의 이런 위험한 관계가 결국 아테네에 치명적인 영향을 끼쳤다는 것은 명백해 보인다. 기원전 5세기에 제국이 가장 발전한 시기가 되면 아테네에서는 정치적 자유에 제한이 가해지기 시작한다. 제국은 또한 대중 선동을 불러왔다. 제국이 있었기 때문에 선출직 군사 지휘관들이 지나친 명성을 획득하게 되었다. 키몬과 페리클레스가 그런 군사 지휘관이었다. 이들은 일반적 관행을 어기며 연속해서 몇 차례나 자신의 직책을 유지했다. 전쟁터에서 활동하던 이 인물들은 민회 진행을 도중에 끊고 들어올 수 있었으며 자신의 사안을 민회에 제시할 권한이 있었다. 이렇게 해서 정당이나 법률, 관습의 제한이 없는 상황에서 이들은 자신의 뛰어난 웅변술을 활용해 민회에 모인 시민들을 요리하고 아테네의 운명을 결정하는 커다란 힘을 손에 넣게 된 것이다. 페리클레스는 보좌관을 여럿 두고 그들이 자신을 항상 에워싸도록 했으며, 자신을 아테네의 쾌속 연락선인 '살라미니아'*에 비유하는 섬세한 솜씨로 카리스마를 키워 나갔다. 그는 사반세기에 이르는 기간 동안(기원전 454년부터 기원전 429년까지) 자신의 직책을 보전했으며 긴급한 공적 사안이 있어 이를 즉각 다루어야 할 때에만 민회에 출석했다. 투키디데스를 비롯한 여러 사람이 그를 비판한 것은 이해할 만했다. 그는 공적인 자리, 예를 들어 민회에 나갈 때면 마치 오만한 왕처럼 말하고 행동했다고 한다. "타인을 지배하려고 하는 자가 증오와 질시의 대상이 되는 것은 당연한 일입니다." 전사한 병사들을 기리는 자리에서 페리클레스는 청중에게 그렇게 말했다. 계속해서 그는 다음과 같은 도전적인 말을 이어 갔다. "하지만 이것도 기억해야 할 것입니다. 만일 그대의 나라가 이 세계에서 가장 위대한 명성을 획득하게 된다면 그것은 이 나라가 결코 재앙 앞에 굴하지 않았기 때문이며, 또한 이 나라가 다른 어떤 나라보다 많은 생명과 노력을 전쟁 하는 데 바쳤기 때문이며, 이제까지 역사에 알

살라미니아(Salaminia) 기원전 5세기 후반 아테네의 해군에 있었던 쾌속 연락선. 펠로폰네소스 전쟁에서 몇 번에 걸쳐 뛰어난 공로를 세웠으며, 델포이에 신탁 전달을 받기 위한 사절단이나 아테네의 고위 정치 지도자의 항해에 사용되었던 유명한 배이다.

려진 어떤 힘보다 강한 힘을 획득했기 때문일 것입니다. …… 우리가 어떤 그리스 국가보다도 많은 수의 그리스인을 다스렸던 것, 다른 그리스 국가들이 개별적으로 혹은 연합하여 우리에게 대적했을 때 우리가 엄청난 규모의 전쟁을 수행했다는 것, 그리고 우리가 자원으로 보나 규모로 보나 다른 어떤 도시와도 비교되지 않는 도시에 살았다는 것은 오랫동안 기억될 것입니다."

이 위대한 지도자의 말에는 히브리스의 독이 가득 차 있다. 그의 말 한 마디 한 마디는 병사들과 민간인들의 죽음을 의미했다. 그뿐이 아니다. 그의 언급에는 이제 아테네의 민주정 실험이 종말에 가까웠다는 것이 드러나 있다. 아테네 민주정이 몰락하기까지는 확실히 시간이 오래 걸렸다. 좌절이 거듭되었지만 그때마다 새로운 승리도 있었기에 좌절의 의미는 제대로 인식되지 않았다. 아테네 민주정이 혹시라도 제국을 향한 욕망 추구를 포기하고 그 대신 다른 국가들과 줄 것은 주고 받을 것은 받는 타협을 하면서 동반자적 연합 관계를 맺을 수 있었을지는 누구도 알 수 없다. 여하튼 아테네가 이렇게 제국 건설을 추진하면서 정치 생활이 점차 군사화되었고, 따라서 아테네는 이제 아테네 자신의 가장 큰 적이 되고 말았다. 제국의 안으로 들어와 있는 국가들이나 그 밖에 있는 국가들이나 아테네를 시기와 질투의 대상으로 보기 시작했다. 아테네의 군사화는 아테네 내부적으로도 해로운 힘으로 작용하기 시작했다. 아테네 사람들은 이 해로운 힘을 '아테(atë)', 즉 망상이라 일컬었다. 죽음의 악취 때문에 정치적 환각이 발생했다. 아테네 사람들은 이제 타협에 관심을 잃기 시작했으며 다른 도시국가가 함락되고 다른 사람들에게 불행이 닥치는 상황 속에서 아테네의 영광을 발견했다. 특히 기원전 5세기에는 아테네에서 가상의 존재인 공동의 선조에 대한 관심이 크게 늘었다. 그 계기는 기원전 451년에 시민권을 제한하는 법률이 통과된 사건이었다. 이 법률의 의도는 장기 체류 외국인, 즉 '메토이코스'와 외국인이 아테네 시민권을 취득하는 것을 불가능하게 만들려는 것이었다. 종래에는 아테네 시민, 즉 남성은 아테네 여성이나 외국 여성과 결혼하여 그 사이에서 아이를 낳는 것이 허용되었다. 하지만 이 법률이 통과되면서 외국 여성과 결혼이 금지되었고 설사 외국 여성과 사이에 아이가 태어난다 해도 그 아이는 시민권을 획득하지 못하게 되었다.

이제 부모가 모두 아테네 출신이어야 자식이 시민권을 얻게 되었으며, 이런 변화가 생기자 결국 여성들이 탄압을 받게 되었다. 여성은 남성에게 성적 쾌락과 자식을 제공함으로써 내부인과 외부인의 경계, 아테네인과 야만인의 경계, 자유인과 노예의 경계, 합법적 시민과 사생아의 경계를 무너뜨릴 수 있는 힘을 지녔던 것인데, 이제 그러한 여성의 힘에 제한이 가해진 것이었다. 또 이 시민권 제한 조치에는 자유인 신분의 남성들에게 보내는 경고의 의미도 있었다. 후손과 혈통에 관한 인식을 더욱 강화함으로써 아테네 시민들이 좀 더 이 도시에 관심을 기울여야 한다고 경고한 것이다. 이런 조치는 아직 우리가 현대에 보는 인종주의나 민족주의에 비교될 만한 것은 아니었다. 아테네인은 자신들을 '인종'이나 '민족'으로 생각하지 않았다. 하지만 끊임없이 계속되는 전쟁의 압력 아래 아테네 사람들은 내부적 '순수화' 조치를 추진하게 되었으며 이런 조치는 적들에 대한 공포심 때문에 더욱 격한 양상을 띠게 되었다. 불순한 난자와 조심성 없는 정자가 결합하여 태어난 것으로 의심되는 사람들에게 의혹의 눈길이 쏠렸다. 근대의 '마녀사냥'과 유사한 일이 벌어졌다. 기원전 5세기 그리스 역사에서 줄곧 '악역'으로 묘사된 알키비아데스에게 쏟아진 비난이 그런 '마녀사냥'과 흡사했다. 당시 소문에 따르면, 그는 밀로스 섬 출신의 노예 여성과 사이에 아들을 둠으로써 민주정의 적을 낳았다. 한편 징집 대상이 되는 시민 전원이 강제로 해군이나 육군에 징집되어 이웃 도시국가와 전투를 벌여야 하는 경우가 있었는데, 이런 경우 탈영하거나 징집을 회피하면 그의 시민권을 박탈해버리는 법률이 민회에서 통과되었다.

여기서 이야기가 끝나는 것이 아니다. 민주정과 군사력의 위험한 결합은 좀 더 폭넓은 지정학적 의미가 있었다. 민주정 내부에는 반(反)민주적 수단에 의한 팽창의 씨앗이 분명히 존재했다. 기원전 8세기부터 그리스 사람들이 서쪽으로 이주하여 시칠리아 섬과 남부 이탈리아 반도를 식민지화하는 과정에서 구호로 사용하던 말이 있는데, 그것은 "당신이 어느 곳을 가든 그곳에서 당신은 '폴리스(polis)'가 될 것이다."라는 말이었다. 아테네 사람들은 처음에는 이러한 팽창 욕구를 이길 수 있었다. 하지만 곧 유혹에 지고 말았다. 민주주의란 단어는 세계 각 지역에 아테네 사람들이 이주하는 현상과 또 그렇게 이주한 아테네 사람들이 서로 교류하는 현상과 동일한 의미를 지닌 단어로 여겨지기 시작했다. 아테네 사람들은 서쪽으로는 마르세유와 에스파냐 해안까지 갔고, 동북쪽으로는 크림 반도와 흑해의 동부 해안까지 갔다. 아테네의 힘의 확산은 민주주의적 삶의 방식의 확산과 나란히 진행되었다. 특히 기원전 5세기 전반기에 그런 현상이 두드러졌다. 새로운 건축 양식이 생겨나는가 하면 대중을 위한 공적 공간도 마련되었다. 시민에 의한, 시민을 위한 새로운 형태의 정부가 각지에 세워졌다. 어떤 사람도 법 위에 존재하지 않으며 법은 모든 사람에게 평등하게 적용되어야 한다는 원칙에 입각한 법률 체제 역시 각지에 수립되었다.

이런 새로운 제도들이 다른 지역 사람들에게 매력으로 비쳤음은 분명한 사실이다. 새롭게 형성되던 제국의 각 지역에서 이전까지 그 지역의 귀족에게 고통을 받거나 귀족 간의 대립 상태인 '스타시스(stasis)' 때문에 고통받던 각지의 시민들은 때로는 아테네의 간섭을 환영했다. 이런 상황의 사례로는 기원전 444년과 443년에 걸쳐, 당시로서도 고대 도시였던 시바리스가 새롭게 건설된 경우가 있다. 이 도시는 외부에서 온 정착민을 받아들였으며 도시 계획도 새로 정비했고 참신한 민주주의적 권력 구조도 도입했다. 하지만 문제는 민주주의가 에게해의 바다 속에서 솟아올라오는 것도 아니고 또 이 지역의 땅에서 자라나는 것도 아니며 주민들의 마음속에서 자연스럽게 생겨나는 것도 아니라는 점이었다. 아테네 측은 민주주의 확산이 무척 어려운 일이라는 것을 알아차렸다. 민주적 법률 제도를 부여하려는 사람들은 사실 그 지역의 주민들이 법률에 순종하는 태도를 전혀 보이지 않는다는 것을 때때로 발견했다. 그리하여 민주적 법률 제도를 때로는 속임수를 써서, 또 불가피한 경우에는 폭력적 수단으로 강요할 수밖에 없었다. 그러나 이런 일이 실제로 벌어질 때면 아테네 민주정은 아테네 시민들이 말하기 좋아하는 '중용(中庸)을 지키는 태도'를 지니기가 어렵다는 사실을 발견했다. 아테네는 추악한 현실을 직시해야 했다. 즉, 민주주의의 명분을 내세우거나, 아테네의 입지를 굳게 지키거나 강화하기 위해, 아테네 정부는 군대를 파견해 주둔(駐屯) 식민지를 설치하거나 특정한 도시국가 전체를 완전히 파괴하거나 심지어 아테네의 활동에 방해가 되는 사람들을 잔혹하게 다루어야 했다.

바로 이런 일이 기원전 416년에서 415년 사이에 밀로스 섬에서 벌어졌다. 밀로스 섬은 아테네의 바로 남쪽에 자리 잡은 스파르타의 번영하는 식민지였다. 하지만 이전부터 밀로스는 지역 분쟁에서 군사적 중립을 지키겠노라고 선언한 바 있었다. 10년 전에 아테네는 이 섬을 침공한 적이 있었지만 밀로스는 아테네의 침공을 격퇴하는 데 성공했다. 아테네 장군들은 이번에는 무력이 아니라 외교를 사용했다. 밀로스 정부는 아테네의 사절단을 받아들였으나 밀로스 전체 시민을 상대로 연설을 하겠다는 사절단의 요구는 거절했다. 따라서 아테네 측과 밀로스 측의 협상은 비공개 상태로 진행되었다. 민회 활동의 복잡하고 거친 정치 과정에서 단련된 아테네 사람들은 이런 담판에서 강한 협상자의 모습을 보였다. 그들은 현재 상황에 대해 무엇이 옳고 그른지를 논의할 수 없다고 고집했다. 회담에서 논의될 유일한 의제는 바로 양측 사이에 힘의 불균형이 어떤 정도인가라는 문제뿐이라고 말했던 것이다. 아테네는 밀로스에게 항복할 것을 요구했으며 만약 이 요구를 거부한다면 재앙이 닥칠 것이라고 말했다. 밀로스는 자신의 입장을 고수했다. 밀로스 측의 주된 주장은 자국이 이제까지처럼 중립국의 위치에 남아있는 것이 아테네의 이해관계에도 맞을 것이라는 주장이었다. 아테네의 협상자들은 이런 밀로스의 주장을 완전히 거부했다. 그리고 그들은 웃음을 터뜨렸다. 명예의 중요성을 두고 논쟁이 이어졌다. 그다음 아테네 협상자들은 밀로스 섬을 떠났다.

아테네로 돌아온 협상자들은 밀로스 정부가 결코 입장을 바꾸지 않을 것이라는 통보를 받았다. 어떤 상황이 되더라도 절대로 항복하지 않겠다는 것이었다. 이에 따라 아테네의 군사 지휘관들은 전쟁을 선포했다. 밀로스 섬을 외부 세계와 단절하는 해상 봉쇄선이 몇 개월 동안 유지되었다. 이 때문에 끔찍한 결과가 초래되었다. 밀로스의 주민들은 굶주림으로 죽어 갔으며, 서로 반목하고 배신을 일삼았다. 결국 밀로스는 무조건 항복을 택한다. 그 즉시 아테네의 민주정 옹호자들은 밀로스 현지의 정치 체제를 완전히 분쇄하는 작업을 시작했다. 붙잡힌 밀로스 사람들 중에 군대 징집 연령에 해당하는 남자들은 처형했으며 여자와 아이들은 노예로 팔았고 어린 아기와 노인들은 들판에 내팽개쳐 늑대의 먹이가 되도록 했다. 곧이어 500명의 아테네 시민이 밀로스에 새로운 정착자로 이주하였다. 섬은 아테네의 식민지가 되었다. 잔혹함과 피를 통해 민주주의의 지배가 확고하게 자리 잡았다.

밀로스 군사 작전의 교훈은 무엇일까? 우선 아테네 민주정이 전쟁을 잘할 수 있다는 점과 이웃 국가에 엄청난 폭력을 가할 수 있다는 점을 보여주었다. 한편 이런 폭력이 아테네 민주정에 양날의 칼로 작용한다는 점도 증명했다. 아테네 민주정은 이중 잣대라는 비난과 군사적 보복에 대한 비난을 받을 수 있었던 것이다. 아테네 민주정은 스파르타와 페르시아라는 적수들과 대결한 끝에 영웅적으로 생존했지만 여기에는 부정적인 측면도 있었다. 즉 아테네는 스스로 보호하기 위해 무장했으며, 다른 지역에 각종 분쟁을 부추겼고(기원전 360년대 초부터 아테네는 마케도니아 지역에서 그런 행동을 했다), 마치 아테네 자신에게도, 아테네의 이웃에게도 끊임없이 불안감을 주기 위해 태어난 것처럼 주위에 지속적으로 간섭하는 국가로 행동했다. 이런 아테네의 행동 때문에 아테네의 경쟁자들은 하나의 최종 목표를 추구하게 되었고 결국 달성하게 된다. 그 목표는 바로 아테네를 굴복시키고 아테네가 자신의 깊은 피 웅덩이에 빠져 죽도록 하는 것이었다.

기원전 4세기의 마지막 사반세기 동안 바로 그런 일이 벌어졌다. 아테네 본국 내에서는 히브리스가 자행되고 외부에서는 군사적 패배가 이어지면서 결국 아테네는 잘 무장된 왕국인 마케도니아에 굴복한다. 마케도니아의 왕 필리포스 2세는 기원전 359년에 극적으로 권력을 장악했으며, 이는 민주정 몰락의 신호탄이 되었다. 하르모디오스와 아리스토기톤이 민주주의 최초의 영웅이었다면, 마케도니아의 필리포스 2세는 민주주의를 무너뜨린 최후의 악당이었다. 그를 위해 만들어진 지하 무덤이 최근에 그리스 북부 베르기나(마케도니아 왕국의 첫 수도 '아이가이'가 있던 곳이다)에서 발굴되었는데 그 안에는 턱수염을 멋지게 기른 왕이 말을 타고 사냥하는 모습이 대리석 벽에 프레스코화로 그려져 있다. 하나 남은 눈으로—그는 전투 중에 오른쪽 눈을 잃었다.—사냥감을 잔뜩 노려보면서 일격에 끝낼 태세로 사자 한 마리를 향해 돌진하는 모습이다. 그림에서뿐 아니라 실제로 필리포스 2세는 귀족 출신의 뛰어난 군사 지휘관으로 널리 이름을 떨친 인물이었다. 그에게 또 하나의 행운으로 작용했던 것은 그가 많은 수의 주민을 지배하는 절대적 통치자였다는 점이다. 마케도니아 주변에 있던 작은 국가나 덜 호전적인 국가는 하나도 빠짐없이 모두 필리포스의 진격 앞에 무릎을 꿇었다. 한쪽 방향을 공격하는가 하면 어느새 그 반대 방향으로 치고 들어갔으며, 한 적대국과 잠시 화평을 맺는가 하면 어느새 다른 적대국 하나를 몰살하는 눈부신 군사적 활약을 통해 그는 기원전 359년에서 기원전 339년 사이에 마케도니아의 통제권을 남쪽으로는 그리스의 중앙부까지, 동쪽으로는 마르마라해까지 급속도로 확대했다.

아테네는 초긴장 상태에 빠졌다. 아테네 사람들이 느낀 공포가 너무나 커서 프닉스에서 진행되던 정치 일정이 시민들의 무거운 침묵 때문에 잠시 마비 상태에 빠진 적도 있었다.[38] 아테네 군대는 이 외눈박이 왕이 지휘하는 기병대의 진격을 저지하려고 몇 차례 시도했다. 하지만 아테네가 비잔틴(오늘날의 이스탄불)을 방어하기 위해 부대를 급파하자 필리포스 2세는 아테네의 허를 찔러 진격 방향을 남으로 돌려 그리스 본토를 침공하면서 아테네를 향해 진격했다.

아테네 민주정은 그때까지 거의 2세기 동안 몇 번이나 치명적인 부상을 입을 위기에 처했지만 그때마다 살아났다. 하지만 이제 아테네 민주정의 시간은 끝나 가고 있었다. 물론 아테네의 패배에는 이후 80년에 가까운 세월이 더 걸린다. 아테네 사람들은 강인하게 저항했다. 예를 들면 메난드로스(Menandros, 기원전 342?~기원전 291?) 같은 극작가나 시인들은 자신들이 창작하고 연출한 대중적인 희극의 주제 설정이나 수사적 관행, 플롯 장치 등을 통해 저항했다. 또한 고고학적 유물과 아테네가 품었던 정치적 이상은 훗날까지도 하나의 작은 꿈으로 계속해서 살아남았다. 후대 사람들의 도움 덕택에 아테네는 기존의 지배적인 정치적 관행에 도전한 실험으로 전 세계에 걸쳐 기억된다. 아테네는 많은 제도를 만들어냈다. 공공 배심원 제도, 자유로운 공적 토론, 추첨이나 거수 혹은 항아리에 작은 돌을 던짐으로써 결정되는 투표 제도 따위가 있다. 이런 제도들을 통해 단지 좋은 혈통과 많은 재산을 가진 사람들뿐 아니라 미천한 지위의 목수와 농부와 선원과 신발 제조공이 자신들의 법률을 스스로 제정할 수 있었다. 힘 없는 자들이 어떻게 권력을 획득하여 그들의 지도자들을 질책하고 서로 평등한 존재로서 통치할 수 있었는지를 아테네는 보여준다. 그러나 아테네가 상징하는 이런 것들과 또 그 밖의 것들이 많이 있었다 할지라도 여하튼 그 모든 것은 이제 일련의 사건들을 거치면서 거칠게 훼손되는 처지에 빠졌으며, 그 사건들은 아테네의 위대하지만 비극적인 역사의 이정표로 남아 있다.

　기원전 338년, 3만 2천 명의 거대한 군대를 이끈 필리포스 2세는 보이오티아 지역의 카이로네이아 전투에서 민주정 옹호자들과 그들의 동맹군을 격파한다. 이 전투는 매우 길고 치열했다고 한다. 1천 명이 넘는 아테네 사람이 전사했으며 최소한 2천 명이 포로로 잡혔다. 필리포스는 대대적인 학살로 상대방을 궤멸하면서 펠로폰네소스 반도 전체를 굴복시키고 주요 지점에 마케도니아 군대를 주둔시켰다. 그리스 전역의 수백 개의 정치 단위는 필리포스의 지휘 아래 재조직되어 이른바 '코린토스 동맹'이 구성되었다. 이후에 그리스 전역에 걸친 평화 체제가 선포되고 이로써 페르시아를 향한 총공세 준비가 시작된다. 필리포스는 기원전 336년 일출을 기리는 마케도니아의 연례 축제에서 측근 호위 장교에게 살해되지만 그럼에도 불구하고 아테네 제국은 굴종을 강요당한다. 한편 카이로네이아 전투에서 패배했지만 아테네 민회는 반격을 꾀했다. 민회는 몇 개의 비상조치를 채택한다. 그 가운데 하나는 히페레이데스(Hypereides, 기원전 389~기원전 322)라는 웅변가가 주장했던 것인데, 신체 건강한 모든 남성을 징집하자는 것이었다. 이로써 곧 닥칠 것으로 예상되던 마케도니아의 침공으로부터 아테네를 수호하려 했다. 하지만 이 비상조치는 일부 아테네 시민의 눈살을 찌푸리게 했다. 이 조치에는 15만 명에 이르는 노예와 장기 체류 외국인도 포함되어 있었는데 그렇게 될 경우 실질적으로 모든 성인 남자에게로 시민권이 확대되는 결과가 초래되기 때문이었다. 이 밖에 갑옷과 무기와 황금의 재고를 준비하는 조치와 아테네 성벽을 요새화하고 해군을 강화하는 조치도 취해졌다. 많은 민주정 옹호자들은 이 다가오는 결전을 지난 세기의 유명한 페르시아 전쟁에 비교했으며 아테네가 최후의 승자가 될 것을 염원했다.

　마케도니아는 조심스런 반응을 보였다. 마치 그들은 민주정의 전투 의지를 꺾으려면 민주정이 스스로 자만에 빠지도록 해야 한다는 것을 아는 듯했다. 그들의 전략은 효과가 있었다. 잔뜩 기다리고 있던 마케도니아의 침공이 현실화되지 않자 히페레이데스는 재판에 회부되었고 불법적인 조치를 제안했다는 이유로 유죄 판결을 받았다. 그러는 사이 마케도니아는 외교 방면에서 아테네의 목을 죄어 왔다. 마케도니아의 지배에 항거하는 그리스 사람들의 반란이 일어났고 그 반란이 진행되던 도중 아테네는 '라미아 전쟁'(기원전 323~기원전 322)에서 다시 한 번 궤멸에 가까운 참패를 당했다. 이 패배의 결과로 아테네는 과거보다 훨씬 가혹한 대가를 강요당했다. 패전 직후 이루어진 강화 조약에 따라 안티파트로스(Antipatros, 기원전 365?~기원전 321)가 지휘하는 마케도니아 군대가 아고라에 쳐들어왔으며 즉각 민주정을 해체하고 과두정을 세웠다. 이때 참정권을 박탈당한 아테네 사람의 수는 1만 2천명에서 2만 2천 명 사이였다. 어떤 사람들은 머나먼 트라키아 지방으로 강제 이주를 당했다. 히페레이데스와 데모스테네스를 포함하여 민주정 지도자들 가운데 많은 수가 이때 스스로 목숨을 끊거나 처형당했다.

이때 살아남은 민주정 지지자들은 상처를 달래면서 그들의 민주주의가 이러한 힘겨운 운명의 소용돌이를 거쳐 끝내는 다시 살아날 것이라는 가날픈 희망을 애서 지켰다. 기원전 319년 안티파트로스가 병에 걸려 사망하자 민주정은 실제로 이 도시에서 다시 회복되었다. 하지만 그것도 잠시였다. 안티파트로스의 장남 카산드로스(Kassandros)는 책략에 능했는데 그는 아테네 직할 총독 자리에 팔레론 출신의 데메트리오스(Demetrius)를 앉혔다. 그는 10년 동안 아테네를 통치했다. 그 이후 아테네의 민주정 옹호자들은 세력을 만회했고 마케도니아 사람들과 일정한 타협안을 이루어냈으며, 다른 그리스 도시국가들을 과두정에서 해방시키고 있다는 마케도니아 사람들의 자부심을 적당히 활용하는 모습을 보였지만, 결국 다시 한 번 과두정을 강요당하는 고통을 맛보게 되었다. 하지만 아테네 민주정 옹호자들은 강인한 저항 정신을 끈질기게 지켰으며 기원전 287년 다시 한 번 그들은 엄청나게 불리한 조건을 이겨내고 자치 정부를 세우는 데 성공했다. 이때 세워진 민주정은 25년간 지속된다. 하지만 마케도니아는 민주정을 용납할 생각이 전혀 없었다. 기원전 260년 데메트리오스의 아들인 안티고노스 고나타스(Antigonus Gonatas)는 자신의 군대에게 아테네를 재점령하라는 명령을 내린다. 아테네의 민주정 옹호자들은 분쇄되었다. 최종적인 패배였다.

　한 단계 한 단계씩, 그리고 고통에 힘들어하면서, 민주주의는 첫 번째 죽음을 맞았다.

2장

오리엔트 민주주의

아테네 민주정은 마케도니아 제국의 침입자들에 의해 단계적으로 철저하게 파괴되었으며 다른 여러 도시와 농촌 지역에 남아 있던 민주정의 흔적도 산산이 흩어졌기 때문에 이후의 저술가들은 데모크라티아에 전혀 관심을 기울이지 않았다. 데모크라티아는 서서히 망각의 어둠 속으로 사라졌다. 이제 민주정은 고대 그리스 유물을 파는 골동품상에 널린 잡동사니가 되었으며 마치 고생물의 화석 같은 존재로 전락하고 말았다.

아테네를 망각 속에 사라지게 하는 작업이 시작된 것은 로마 공화정 때였다. 로마의 역사가들과 정치 저술가들은 아테네는 법적 질서가 결여되어 진지한 검토의 대상이 될 수 없는 정치 체제였다고 보거나 (키케로Cicero가 그랬던 것처럼) 아테네의 데모스가 자신들의 지도자에게 배은망덕하게 행동했다고 비난했다. 로마 공화정 다음에 들어선 로마 제국은 보통 기원후 1세기에 시작된 것으로 보는데, 당시 역사가로 활동했던 폼페이우스 트로구스(Pompeius Trogus)와 저술가이자 수사학자로 활동했던 발레리우스 막시무스(Valerius Maximus)도 아테네를 좋게 생각하지 않았다.(막시무스의 아버지는 한때 율리우스 카이사르의 비서 겸 통역관으로 일한 적이 있었다.) 이들은 로마가 영예로운 공화정 시기 이후 점차 퇴보하고 있음을 의식했지만, 여전히 로마인이 전 세계 위에 우뚝 서 있는 위대한 존재이며 그리스인보다 도덕적으로나 정치적으로 우월한 존재라고 스스로 애써 위안하고 있었다. 이들은 이런 로마의 우월성의 근거로 민주정의 쇠퇴와 죽음을 들었다.

다시 세월이 흘러 로마 제국은 비잔틴 세계로 넘어간다. 비잔틴은 로마의 법적 전통과 그리스 문화, 기독교 문화를 혼합한 문명이었고, 이른바 '중세 시대'라고 불리는 다가올 시대를 준비하기 시작했다. 한편, 앞으로 이 책에서 보겠지만, '중세 시대'는 민주주의 역사에서는 별 의미가 없는 말이다. 비잔틴 제국 시대에 들어서면 대부분 사람들이 민주주의라는 주제 자체를 완전히 망각해버린다. 그러나 여전히 권력과, 권력의 공유라는 문제를 고찰하는 사람들도 있었다. 그들은 군사 정복과 왕정의 힘에 의해 무너진 그리스 민주정의 사례를 통해 혼합정체*와 성문헌법에 관심을 갖게 되었다. 헌법은 그리스의 메갈로폴리스* 출신의 정치인이자 역사가였던 폴리비오스(Polybios, 기원전 200?~기원전 118?)가 '히브리스와 오만'이라고 부른 것에 대항하는 방법으로 보였다. 정치가들이 자신이 만든 환상에 빠지려 할 때 헌법이 그것을 방지할 수 있다고 생각한 것이다. 즉 정치체를 구성하는 한 부분, 예를 들어 군대나 토지를 소유한 귀족 가운데 일부 인물들이 권력을 탈취하려 할 때 정치체의 다른 부분이 그런 시도를 저지할 수 있다는 것이었다. 성문헌법을 옹호하면서 옛 그리스 민주주의의 이상을 참조하는 사람은 별로 없었다. 하지만 언제나 예외적인 인물이 한 명은 있게 마련이다. 그리스어를 쓰는 유대인 가정에서 태어난 정치 평론가이자 철학자였던 알렉산드리아의 필로(Philo, 기원전 20?~기원후 50)는 옛 그리스의 민주정을 분명하게 언급했다. 그는 방 안에서 책만 읽는 부류의 학자는 아니었다. 그의 활동과 삶은, 당시 지중해 세계에서 가장 큰 규모에다 다른 도시에 비해 월등하게 활기찬 도시였던 알렉산드리아의 위대한 문화적 환경의 일부였다. 필로는 민주주의라는 자치 체제의 핵심이 결국 법 앞의 평등('이소테스isotēs')이라고 즐겨 말했다. 또한 그는 법 앞의 평등이라 해서 민주주의가 단순히 민중의 지배를 의미하는 것은 아니라고 강조했다. 그는 민중이란 존재를 긍정적으로 평가하지 않았다. 민주주의—필로가 말한 민주주의에 오늘날 민주주의의 의미와 유사한 부분이 있다는 데 주목하라.—에는 권력 담당자의

혼합정체(混合政體) 군주정, 귀족정, 민주정 각각의 장점을 두루 받아들인 정치 체제. 고대 로마에서 집정관, 원로원, 민회 등을 통해 이루어진 상호 억제에 의한 통치를 폴리비오스가 이론적으로 정식화한 것이며 근대 권력 분립론의 사상적 기원이 되었다.
메갈로폴리스(Megalopolis) 몇 개의 거대 도시가 연속하여 다핵적 구조를 가지는 띠 모양의 도시 지대.

2장 오리엔트 민주주의

합법적인 교체가 있어야 하며, 그렇게 함으로써 한 집단의 사람들이 다른 집단의 사람들을 임시로 지배하게 된다는 것이었다. 필로에 따르면, 그렇게 해서 긴 시간이 흐르면 결국 각 집단과 개인이 차례로 공평하게 권력에서 자기 몫을 분배받게 된다.

민주주의에 대한 필로의 고찰은, 그가 민중의 지배를 거부한 것까지 포함해서, 포스트-민주주의(post-democracy)의 환경 속에서 태어났다. 비록 그가 살던 세계에서는 데모크라티아에 관련된 말이 사실상 완전히 사라진 상태였지만, 전해지는 기록에 따르면 그가 살던 지역의 도시의 광장이나 원형극장 혹은 경기장에서 활기에 넘친 데모스가 고함을 치거나 흥정을 하거나 소란을 피워—종종 높은 사람들의 지배에 반발하는 모습으로—나름의 성과를 거두는 장면이 묘사되어 있다. 이따금씩 기묘한 광경이 벌어졌고 그 결과 엄청난 일이 생기기도 했다.

어느 유월절*에 예루살렘에서 있었던 일이다.(《마가복음》 15장 8절, 〈마태복음〉 27장 15절) "그래서 무리가 올라가서, 자기들에게 해주던 관례대로 해 달라고, 빌라도에게 청하였다." 살인죄를 받은 죄수를 석방해 달라는 것이었다. 그 지방 총독인 빌라도는 처음에는 이런 군중의 요청을 거부했다. 그 대신 예수라는 이름의 남자를 석방하겠노라고 제안했다. 하지만 사람들은 화를 냈다. "그들이 다시 소리를 질렀다. '십자가에 못 박으시오!'" "그리하여 빌라도는 무리를 만족시키려고" 그들의 요구를 받아들였다. 군중의 함성이 승리한 것이다. 살인죄를 지은 사람은 풀려났고, 예수는 병사들에게 끌려가 채찍질을 당한 다음 십자가에 못 박혔다.

이런 결과는 민중의 지배가 항상 심각한 모순을 가져온다고 판단했던 필로의 생각을 확인해주었다. 그러나 사실 그의 견해는 별로 의미가 없었다. 동부 지중해 지역에서 로마인들과 비잔틴 사람들이 차례로 강력한 지배력을 확보하던 기간 동안, 데모스가 지닌 살아 있는 힘은 그리스 데모크라티아의 여러 이상과는 더는 아무런 직접적인 관련이 없었다. 아테네의 기억은 사실상 다 사라졌다. 아니, 아테네 자체가 완전히 사라졌다고 표현하는 것

민주주의의 삶과 죽음
·
148

유월절(逾越節) 이스라엘 민족이 이집트에서 탈출한 일을 기념하는 유대교의 축제일.

이 더 정확할지 모르겠다. 아테네는 망각의 힘에 굴복했다. 민주주의 반대자들은 아테네 민주정을 체스판에서 가장 힘없는 말로 취급했으며 완전히 낡아빠진 쓸모없는 것이라고 평가했다. 따라서 조금이나마 그것에 대해 알고 있는 것조차 모두 망각하는 것이 가장 좋은 태도라고 생각했다. 폴리비우스나 필로의 저술을 읽은 학자들이 아테네가 이룬 위대한 성취에 관한 아주 작은 기억들을 양피지 문건에 기록한 것이 전부였다. 하지만 그런 학자들조차 정작 관심을 둔 주제는 법률이나 철학이었으며 더 시간이 지나서는 기독교였다. 오늘날 민주주의가 누리는 세계적인 인기를 떠올리면 이런 망각 현상은 우리에게 경각심을 불러일으킨다.

14세기가 되어 르네상스 운동이 일어나며 고대 그리스와 로마의 문화, 정치 제도를 재발견하려는 움직임이 일었지만 여전히 크게 바뀐 것은 없었다. 고전 시대에 관심을 보인 사람들은 대부분, 지아노티(Giannotti)와 귀치아르디니(Guicciardini) 같은 당시의 정치 평론가들이 그랬던 것처럼, 군사력을 갖춘 공화국을 더 높이 평가했다. 그런 체제가 법과 질서를 유지하고 좋은 통치를 추진하는 데 더 효율적이라고 판단했기 때문이다. 그 밖의 사람들은 민중의 반란을 두려워했으며, 과거 스파르타나 로마에 있었던 것 같은 '혼합정체'를 통해 평민들을 복종시켜야 한다고 주장했다. 이 모든 관찰자들은 민주주의라고 하는 소박한 꿈을 오히려 악몽으로 느꼈던 것이다. 이런 느낌을 잘 전해주는 사람이 바로 그 시대에 가장 유명하고 영향력이 컸던 정치사상가 니콜로 마키아벨리(Niccolò Machiavelli, 1469~1527)이다. 그는 다음과 같이 서술했다. 왕의 통치(즉 군주정)는 여러 가지 이유로 조만간 참주정으로 타락한다. 그다음 참주정은 귀족정으로 대체되며 귀족정은 과두정의 방향으로 움직이는 경향이 있다. 그다음 소수에 의한 통치 체제를 타도하려는 민중 투쟁이 일어나며 그 덕분에 민주정으로 가는 길이 열린다. 그러나 민중이 최고 권력을 보유하는 정치 체제는 어떤 체제이건 빠른 속도로 무정부 상태로 타락하고 만다. 이는 완전한 방종의 상태가 되며 정치적 타락의 불길이 크게 타오르게 된다. 상황이 이렇게 되면 다시 한 명의 왕이 통치하는 군주정이 유리한 위치를 차지하게 되며 결국 이렇게 군주정, 참주정, 과두정, 그리고 방종에 가득 찬 무질서라고 하는 악몽과 같은 순환이 다시 시작

된다는 것이 마키아벨리의 논지였다.[1]

　마키아벨리는 당시 반(反)민주주의 정서를 반영했다. 15세기 말의 모든 저술가는 아테네의 민주주의 실험에 별다른 관심이 없거나 아니면 명확하게 적대적인 태도를 보였다. 저술가들은 민주주의의 기원에 관한 이야기를 완전히 잊어도 아무런 문제가 없다고 판단했으며, 그런 판단의 근거로 고전시대 비평가들의 비판적 견해를 그대로 수용했다. 한층 구체적으로, 아테네 민주정은 그릇된 원칙에 오도된 정치 체제로서 이런 정치 체제는 무질서를 야기하고 법을 무시하는 풍조를 불러오며, 또한 예를 들어 소크라테스 같은 현자들에게 어리석은 징벌을 내리는 결과를 빚는다고 이들은 비판했다. 장 보댕(Jean Bodin)의 《국가에 관한 6권의 책》(1576년)에 이런 부정적 평가가 뚜렷하게 드러나 있다. 이 책은 여러 언어로 번역되어 출판되었으며 유럽 전역에서 상당히 인기를 끌었다. 1606년에 첫 번째 영어 번역본이 나왔는데 그 가운데 일부를 인용해본다.

　"만일 우리가 플라톤의 말을 신뢰한다면 그가 민중 국가를 모든 물건이 매매되는 시장과 같은 곳이라고 비난했다는 것을 알 수 있다. 우리는 아리스토텔레스 역시 비슷한 의견이었음을 안다. 아리스토텔레스는 호메로스의 권위를 빌려 민중 국가도 귀족 국가도 좋지 않다고 말했다. …… 웅변가 막시무스 티리우스(Maximus Tirius)는 민주정이 매우 해로운 정치 체제라고 말했으며, 그는 이런 이유로 아테네, 시라쿠사, 카르타고, 에페수스를 비난했다. 왜냐하면 (세네카가 말했듯이) 어떤 사람이 명예를 존중하는 사람이라면 그는 일반 민중의 환심을 사려고 행동하는 일 따위는 도저히 할 수 없기 때문이다."

　과거 시대로부터 선택적으로 끌어온 이런 증언들을 기반 삼아 보댕은 민주주의는 잊혀지는 것이 마땅하다는 결론을 내렸고 자치권을 지닌 회의체라는 아이디어 역시 오로지 경멸의 대상일 뿐이라고 판단했다. "도대체 어떻게 이런 대중이, 다시 말해 머리가 여럿 달린 짐승처럼 판단력도 이성도 없는 존재가 올바른 결정을 내릴 수 있다는 말인가?" 그는 질문을 던졌다. 자기 자신의 질문에 그가 어떤 답을 냈을지는 쉽게 짐작할 수 있다. "(고대의 민중 국가에서 그랬던 것처럼) 만일 대중에게 결정을 내리라고 요청한다면 그것은 마치 미친 사람에게서 지혜를 찾는 것과 같다."[2]

아테네에 대한 이런 종류의 편견은 근대에 들어와서도 오랫동안 유지되었다. 우호적인 태도를 보인 사람이 몇 있긴 했지만 대부분은 아테네 민주정을 경멸하거나 무관심한 태도를 보였다. 그들은 아테네 민주정을 지적인 면에서나 정치적인 면에서나 망각의 감옥에 넣어버렸다. 18세기가 꽤 지날 때까지도 유럽과 북아메리카 지역의 정치인과 사상가들은 민주주의라는 주제에서 칭찬할 거리보다 비난할 거리를 더 많이 찾아냈다. 이 시기에 영국과 프랑스는 최초로 중요한 자국어 사전을 발간했는데, 이 사전들은 민주주의란 단어를 냉정한 태도로 다루었다. 마치 어떤 사람의 묘비명인 것처럼, 민주주의란 단어는 오랜 옛날 아테네에서 잠깐 번성했다가 타고난 결함 때문에 곧 사멸한 정치체를 가리키는 말로 여겨졌다. "만일 민중의 통치가 덕(德)에 대한 사랑과 법의 엄정한 집행과 도덕률과 검약을 계속 유지할 수 있다면, 그것은 참으로 좋은 일일 것이다." 18세기에 발행된 가장 위대한 사전인 프랑스의 《백과전서(Encyclopédie)》에서 '민주주의' 항목을 집필한 조쿠르(Louis de Jaucourt, 1704~1779)의 말이다. 그는 아테네의 경험을 예로 들면서 다음과 같이 결론을 내렸다. "이런 정부는 거의 예외 없이, 야심을 품은 일부 시민 혹은 외부인의 희생물이 되어 결국에는 귀중한 자유를 최악의 노예 상태와 교환해버리는 운명에 놓인다."[3]

《영어사전(A Dictionary of the English Language)》(1755년)을 편찬한 새뮤얼 존슨(Samuel Johnson, 1709~1784)은 '민주주의적(democratical)'이란 단어의 정의를, 영국 성공회 신자였으며 부유한 편이었던 토머스 브라운(Sir Thomas Browne, 1605~1682)에게 위임했다. 그의 글 가운데 한 구절을 인용한 것이다. 브라운은 '진리에 대한 민주주의적 적대자들'에게 쓸 친절한 말은 단 한 마디도 갖고 있지 않았다. 그들은 이른바 '민중'의 본능을 잘 이용하는 자들인데, '민중'은 얼간이 무리로서 "어리석음 속에서 살다가 어리석음 속에서 죽는 존재이며, 괴상한 걱정거리에 사로잡힌 채, 세상에 대해 비뚤어진 생각을 하고 신과 천지창조의 지혜를 경멸하는 태도를 지닌 채 그날그날 살아가는 사람들이다."[4]

아멘. 같은 세대로서 대서양 반대편에 살던 미국 혁명가들도 비슷한 견해를 내놓았다. 이들에겐 강한 열정과 확고한 목적이 있었다. 보통은 이들을 미국 민주주의의 '건국의 아버지들'이라거나 프랜시스 후쿠야마(Francis Fukuyama)가 주장한 것처럼[5] 근대 자유민주주의(liberal democracy)의 창시자라고 생각하지만, 이런 생각에 반대되는 증거는 아주 많다. 미국의 혁명가들은 아테네 사람이라기보다는 로마 사람이었다. 그들은 로마 공화정을 모델로 삼은 혼합 공화정체를 선호했으며, 이미 쓸모없어진 민주주의의 이상과 밀접한 관련이 있는 어리석음과 기만적 술책을 자신들은 반드시 피해야 한다고 생각했다. 1787년 5월 중순부터 9월 중순까지 4개월 동안 미국 연방 헌법을 제정하기 위한 힘겨운 회의가 열렸다. 회의 장소는 필라델피아에 있는 펜실베이니아 주 의회 의사당이었다. 붉은 벽돌로 지은 이 건물에서 미국 혁명의 아버지들은 모든 문과 창문을 걸어 잠근 채 회의를 진행했다. 매일같이 연설이 이어졌는데, 회의 기록을 보면 발언자들이 저마다 민주주의의 개념에서 스스로 거리를 두려 했음을 알 수 있다.

5월 31일 목요일 오전과 오후에 진행되었던 회의 내용을 잠시 엿들어보자.[6] 대의원들은 우선 새로운 연방 입법부를 양원제*로 구성하는 데 합의했다. 그다음 대의원들은 과연 '하위의' 입법부를 국민의 직접 투표로 선출할 것인지를 놓고 상반되는 입장을 공개적으로 밝혔다. 코네티컷의 뉴헤이븐에서 온 로저 셔먼(Roger Sherman)은 기존의 각 주 의회에서 지명하는 방식으로 하원을 구성할 것을 제안했다. 그는 '일반 민중에 의한 선거'에 반대했다. 왜냐하면 그들은 언제나 "(부족한) 정보를 원하며, 잘못된 방향으로 이끌릴 위험이 있기 때문"이라고 그는 설명했다. 셔먼의 의견에 완전히 동의한다고 말하며, 매사추세츠에서 온 엘브릿지 토마스 게리(Elbridge Thomas Gerry)가 자리에서 일어나 발언을 시작했다. 이 사람은 후일 권리 장전*이 포함되지 않았다는 이유를 들어 헌법 채택에 반대표를 던진 것으로 유명하며, 또 민주주의의 어휘 속에 '게리맨더링'*이라는 단어가 들어오게 한 것으로

양원제(兩院制) 의회의 구성을 양원으로 하는 제도. 미국의 상원-하원, 일본의 참의원-중의원이 여기에 해당한다.
권리 장전 여기서는 1791년에 미국 연방 의회가 개인의 기본적 인권을 보장하기 위해 합중국 헌법에 덧붙여 통과시킨 헌법 수정안을 가리킨다.

도 유명하다. "우리가 경험하는 해악은 바로 민주주의의 과잉에서 오는 것"이라고 그는 말했다. "민중은 뛰어난 자질이 있는 인물을 알아보지 못하고, 애국자인 척하는 자들에게 속아 넘어가는 멍청이들이다." 그는 또한 '무조건적 평등의 정신(levelling spirit)'이 불러올 심각한 위험을 우려했다.

민중 선거를 옹호하던 대의원들은 이렇게 기선을 제압당했지만 곧 반격을 개시했다. 하지만 주목할 만한 사실은 그들조차 민주주의를 옹호하는 데 민주주의라는 단어를 분명하게 내세우는 사람이 한 사람도 없었다는 사실이다. 버지니아에서 온 조지 메이슨(George Mason)은 영국의 하원처럼 '정부의 민주적 원칙을 담보하는 위대한 기관'이 미국에도 필요하다고 말했다. 하지만 최근 여러 사태를 보면 새로 독립한 이 나라가 '지나치게 민주적인' 모습을 보이고 있음을 알 수 있다고 동료 대의원들에게 재빨리 고백했다. 펜실베이니아 주에서 온 제임스 윌슨(James Wilson)이 조지 메이슨을 지지하고 나섰다. "어떤 정부도 국민의 신임 없이는 오랜 기간 동안 유지될 수 없습니다." 그러고는 서둘러 바로 그러하기 때문에 '공화 정부'가 지금 필요한 것이라고 덧붙였다. 그는 민주 정부를 언급하지는 않았다. 자신이 어느 순간에 등장할지 세심하게 고려하던, 버지니아 출신의 제임스 매디슨(James Madison)이 드디어 발언을 시작했다. 그는 다른 곳에서 민주정을 '저속한 통치 형태'라고 악담을 한 것으로 유명하지만 이날 회의에서는 "국가 입법부의 한 부분이 일반인의 선거로 선출되는 것"은 '자유 정부'의 구성에 핵심적인 요소라는 점에 동의했다. 하지만 영리하게도 그는 입법부의 제2원 즉 상원과, 행정부, 사법부는 모두 임명제를 기반으로 하여 구성하는 것이 좋겠다고 말했다. 그는 "연속적인 여과 장치를 활용해 대중에 의한 지명을 좀 더 세련된 형태로 만든다는 방침"에 찬성하는 사람이라고 자신을 규정했지만, 정작 그가 자기 발언의 결론을 내릴 때는, 현재 논의 중인 새로운 형태의 정부가 "반드시 일반 민중이라는 견고한 기반 위에 세워져야 한다."라고 말했다. 민중의 압력을 '여과'하고 '세련된 모습으로 만든다'라는 표현이 나옴으

게리맨더링(gerrymandering) 자기 정당에 유리하게 선거구를 변경하는 일. 1812년 미국의 매사추세츠 주지사인 게리가 고친 선거구의 모양이 전설상의 괴물 샐러맨더(salamander), 곧 도롱뇽과 비슷하다고 하여 반대당에서 게리의 이름을 붙여 게리맨더라고 야유한 데서 유래한다.

로써 비로소 이 사안은 해결의 실마리를 찾은 듯했다. 민중의 투표로 구성되는 새로운 입법부, 즉 하원을 설치하자는 제안이 정식으로 표결에 붙여졌다. 델라웨어 주와 코네티컷 주의 대의원들은 표가 분산되었으며 뉴저지 주와 사우스캐롤라이나 주는 단결하여 반대표를 던졌다. 그러나 뉴욕 주, 펜실베이니아 주, 버지니아 주, 노스캐롤라이나 주, 조지아 주의 대의원들은 모두 찬성표를 던졌다. 찬성표가 다수였다. 표결이 끝난 뒤 저녁 식사가 시작되었다.

고대 그리스의 재발견

18세기의 마지막 사반세기에 이르면 민주주의는 매우 암담한 상황에 빠진다. 민주주의가 이렇게 거절당하고 또 거의 사라지게 되었던 당시 상황을 볼 때, 우리는 다시 한 번 민주주의의 정신, 언어, 제도가 역사에서 어떤 특권적 지위도 누리고 있지 않음을 상기하게 된다. 또한 민주주의에 관한 한, 죽은 자들의 명성이 결코 산 자들의 손에 온전하게 보존되지 않음을 다시 한 번 생각하게 된다. 이제 앞으로 우리가 보게 되는 바와 같이 민주주의의 부활은 매우 어려운 과정과 불리한 상황 속에서 진행되었다. 19세기 초가 되면, 죽어 가던 민주주의에 여전히 숨이 붙어 있다는 징후들이 보인다. 아테네의 부활은 정치적, 지적 노력이 낳은 실천적 성과였으며, 여기에는 몇몇 유럽 역사가들의 역할이 특히 중요했다.[7]

장 빅토르 뒤리(Jean Victor Duruy, 1811~1894)는 나폴레옹 3세가 율리우스 카이사르의 전기를 집필할 때 도움을 준 인물이며 훗날 프랑스 정부의 교육부 장관이 되는데, 그는 많은 그림을 곁들여 세 권으로 된 고대 그리스 역사서를 발간했다. 뤼베크에서 태어난 독일의 역사가 에른스트 쿠르티우스(Ernst Curtius, 1814~1896)는 그리스에서 직접 고고학 현장 조사를 진행했으며 나중에는 프리드리히 빌헬름 왕자(훗날 프리드리히 3세 황제)의 궁정 가정교사를 지낸 인물인데, 그 역시 여러 권으로 된 그리스 역사서를 발간했다. 이 책 역시 그리스 역사에 관한 초기 저술에 해당한다. 하지만 이 시기에 가장 중요한 저술은 영국 중간 계급 출신의 은행가이자 실용주의 사상가였

영국의 정치가이자 사상가였던 조지 그로트. 그는 《그리스의 역사》를 저술했으며, 오랫동안 폄하되었던 아테네 민주정을 열렬히 옹호했다.

으며 대학 총장과 의회 의원을 지냈고, 스스로 민주주의자라고 여겼던 조지 그로트(George Grote, 1794~1871)의 저술이었다.

　그로트는 1846년에서 1856년까지 열두 권짜리 《그리스의 역사》라는 책을 써냈다. 엄청난 영향을 끼친 이 책에서 그는 그때까지 망각과 비난의 무게에 깔려 거의 생매장당한 상태였던 아테네 민주정을 열렬히 옹호했다.[8] 그는 청교도인 어머니와 브레멘 출신의 상인이자 은행가인 아버지에게서 태어났으며, 철저하게 사실을 중시하는 현실적인 생활 태도를 지닌 사람이었다. 재미있는 것은 그가 그리스를 방문한 적이 없었다는 사실이다. 그의 아버지는 그로트의 대학 진학을 막고 은행가가 되도록 훈련시켰다. 이렇게 되자 그로트에게는 다른 선택이 없었다. 모범적인 '오네트 옴므'*가 되어 은행 업무를 보면서 틈틈이 독학으로 공부하는 중산층 지식인이 되는 수밖에 없었던 것이다. 그는 19세기의 플레이보이들과는 전혀 다른 열심히 노력하는 청년이었다. 그는 찰스 디킨스의 소설 《두 도시 이야기》의 주인공 찰스 다네이를 닮았다. 소설 속 찰스 다네이는 훌륭한 가정에서 자란 정직한 남자로서 상류 사회 사람들의 속물근성과 매정함에 강한 반발심을 품은 인물이었다. 그로트는 자기 계발의 열망에 사로잡혔다. 그는 독서에 상당한 의욕을

─────────

오네트 옴므(honnête homme) 프랑스어로 '올바른 사람' 혹은 '정직한 사람'이라는 뜻. 16세기 후반 프랑스 사회에서 이상적인 인물의 표본이며 교양 있고 정직한 사람을 부르는 표현으로 쓰기 시작했다.

2장 오리엔트 민주주의 •

보였으며 1820년대에는 한동안 일 주일에 두 번씩 은행 업무가 시작되기 전에 은행 뒷방에서 토론 모임을 열기도 했다. 이 은행은 당시 아버지가 다른 친구와 공동으로 소유하고 있었으며 훗날 그로트가 물려받게 될 은행이었는데 런던의 금융 중심지인 스레드니들 거리에 있었다.

그로트 같은 인물 때문에 카를 마르크스를 포함한 19세기의 민주주의 비평가들은 민주주의를 그저 부르주아의 음모라고 확신했다. 즉 이런 은행가들이 늑대처럼 포악한 정부로부터 자신들의 자산을 지키기 위한 술책으로 생각해낸 것이 바로 민주주의라는 것이다. 그로트는 그렇게 생각하지 않았다. 거의 2천 년에 가까운 세월 동안 그리스인, 특히 그중에서도 아테네인들은 부당한 대우를 받아 왔는데, 그들이 받은 이 오랜 역사의 재판에서 이제 그로트 자신이 변호사 역할을 맡았다고 자부했다. 그는 끈기 있게 엄청난 양의 독서를 이어 갔으며 "검증할 수 있는 최초의 사실에 기초를 둔 조심스러운 추정"이라는 자신의 연구 방법에 기대어, 이제까지 역사상 누구도 하지 못한 방식으로 훌륭하게 아테네를 변호했다. 자신의 의뢰인인 아테네가 지었다고 지목된 죄상에 대해 그는 무죄를 주장했다. 총체적으로 보았을 때 아테네의 민주주의 경험은, 권력 집중으로 발생하는 참혹함을 어떻게 방지할 수 있는지를 보여준 풍부하고도 생생한 사례라는 것이 그의 견해였다. 아테네는 희귀한 옛것을 찾는 골동품 수집가의 관심사에 그칠 대상이 아니다. 아테네는 과거에서 온 귀중한 동맹자이자 우리에게 영감을 주는 특별한 체제이다. 이 체제는, "자유인으로 이루어진 대중에게는 다른 곳에서 찾아볼 수 없는 높은 수준의 보호를 제공하며, 창조적 충동을 지닌 천재에게는 자극을 주고, 속박에서 충분히 벗어난 우월한 정신의 소유자에게는 종교적·정치적 관습을 벗어나 그들이 사는 시대를 뛰어넘는 성과를 이루어 후대 사람의 스승이 되게 해준다."라고 그로트는 주장했다.

그로트는 자신의 친구인 제러미 벤담(Jeremy Bentham, 1748~1832), 제임스 밀(James Mill, 1773~1836), 존 스튜어트 밀(John Stuart Mill, 1806~1873)과 마찬가지로 과두 지배 체제는 언제나 불량한 통치 행태를 보인다고 전제했다. 그로트는 인간을 이기적인 존재로 보았지만 그렇다고 절망할 필요는 없다고 생각했다. 인간의 이기주의를 막을 방지책이 있었다. 즉 다수의 사람들에게 참정권과 교육의 기회를 제공함으로써 최대 다수의 최대 행복을 확보하면 된다는 것이었다. 그로트는 아테네의 민주정 옹호자들이 참주들을 얼마나 증오했는지 독자들에게 상기시키는 방향으로 논증의 줄기를 세웠다. 아테네의 참주들은 "국가의 풍습을 훼손하고 여인을 범했으며 재판 없이 사람을 죽였다."(그로트는 이 부분에서 과거 헤로도토스가 페르시아 귀족인 오타네스의 발언이라고 서술했던 것을 그대로 인용했다.) 그로트는 계속해서 같은 논리에 따라 정치적 야심을 막을 방지책으로서 도편 추방제의 장점을 강조했으며, 당시 영국의 귀족 지배를 포함한 다른 모든 통치 형태와 비교해 볼 때, 책임감 있는 민주적 통치가 뛰어나게 우수하다는 결론을 내렸다. 이런 견해를 지녔기에 그로트는 플라톤의 민주정 비난에 반대 입장을 밝혔다. 그로트는 플라톤이 비판적인 정신 능력을 배양하고 신앙심을 포함한 기존의 사고방식을 비판하려는 목적에서 집요한 질문을 계속 던지는 대화술을 사용한 것을 높이 칭송했다. 그러나 플라톤이 편견에 사로잡혀서 소피스트들을 공격한 데에는 반대 의견을 냈다. 그로트는 프로타고라스 같은 소피스트들이 사용한 대화술을 살펴본 결과, 그들이 다양성에 보인 관용적 태도, 개인 정신의 독자성, '노모스 왕'* 앞에 있으면서도 반대 의견을 말할 수 있는 공적인 권한 따위의 원칙을 옹호하고 있음을 발견했다. 그로트는 이 모든 원칙이 탄생하고 배양된 장소가 바로 도시국가 아테네였다고 주장했다. 덧붙여 이런 모든 원칙은 지금 새롭게 되살아나야 하며 19세기 유럽의 과두정에 맞선 민주정의 투쟁은 이처럼 민주주의의 탄생지로 되돌아가는 방식으로 장려되어야 한다고 강조했다.

그로트의 작업은 기념비적이었다. 그의 작업 덕분에 모든 것이 바뀌었다. 어떤 때는 조금 흥하고 어떤 때는 조금 쇠한 경우가 여러 차례 있었지만, 그로트의 과감한 작업 덕분에 아테네가 근대의 필수적인 동맹 세력이라는 믿음이 생겨났다. 그 덕분에 오늘날까지 아테네가 여전히 생생하게 살아 있는 것이다. 그로트가 남긴 흔적은 어디에나 있다. 이 주제에 관련한 어떤 언어

노모스 왕(King Nomos) 소피스트들이 사회, 제도, 도덕, 법, 종교 등을 자연과 대립시켜 이르던 '노모스'를 절대 권력자인 왕에 비유한 것. 플라톤이 말한 "노모스는 죽게 마련인 존재들과 죽지 않는 존재들 모두의 왕이다."라는 구절에서 비롯되었다.

로 된 짧은 저술을 읽든지 아니면 텔레비전 프로그램을 시청해보라. 거기에는 아테네가 서양 문명의 고향이라고 언급되어 있거나 아니면 그런 구체적 언급이 없더라도 암묵적으로 전제되어 있다. 이 위대한 도시에서 이를테면 동전의 제조나 시장 경제의 발달 같은, 오늘날 우리가 근대 세계라고 부르는 것의 기원을 찾는 것도 그로트의 영향이다. 그러나 이뿐이 아니다. 인간 존재에 관한 여러 철학적 탐구 역시 아테네에서 탄생한 것으로 여겨진다. 아테네는 우리에게 소크라테스, 플라톤, 아리스토텔레스의 철학을 선사했다. 오스트리아에서 성장하고 영국에서 활동한 철학자 칼 포퍼(Karl Popper)는 그들을 아테네의 '위대한 세대'라고 칭했다.[9] 또 아테네는 우리에게 아이스킬로스, 투키디데스, 데모스테네스 같은 인물을 선물했으며, 역사학과 무대 예술과 고전 조각 예술과 그 밖의 예술을 주었다. 마지막으로 아테네는 우리에게 아주 특별한 통치 형태를 선물했는데, 그것이 바로 민주주의이다.

천천히 그러나 매우 확실하게, 이 모든 것이 아테네에서 시작되었다는 견해가 지식인들의 정통 이론으로 자리 잡았다. 이런 믿음은 정치적 구호 역할을 하기도 했지만 동시에 상업적 구상의 역할도 겸했다. 그리스 정부가 2004년 아테네 올림픽 유치를 위해 노력할 때 이런 논리가 큰 몫을 했다. 전 세계 여행사들 역시 같은 방법으로 아테네에 관광객을 끌어모으는 선전을 하고 있다. 그들이 발행하는 광고문을 보면 보통 다음과 같이 힘찬 구절이 적혀 있다. "그리스의 수도, 민주주의의 요람, 서구 문명의 탄생지인 아테네는 옛것과 새것이 손을 잡은 활발한 도시입니다. 웅장한 파르테논 신전이 높이 솟아 이 도시를 내려다보고 있습니다. 이 도시가 고대에 누린 영광은 오랜 시간 비바람에 씻긴 돌에 새겨져 있으며, 국립고고학박물관에는 아테네의 황금 시대로부터 전해져 오는 수많은 유물이 소장되어 있습니다." 너무 과장하는 것일까? 이렇게 민주주의를 상업적으로 이용하는 풍조 때문에 사람들은 약간 불신과 냉소를 드러내기도 한다.

아테네 이전의 민주주의

여기서 의문을 하나 제기해볼 수 있다. 고생대에 지구상에 생물이 처음으로 등장한 것처럼 아테네에서 민주주의적 이상과 제도가 최초로 등장했다는 주장을 그대로 받아들여야 하는 것일까? 고고학 자료는 바로 이런 주장을 아주 강하게 편드는 것 같지 않은가? 사실 그렇다. 왜 그런지를 따져보는 것이 민주주의에 관한 지혜를 얻는 출발점이다.

아테네는 고대 그리스 지역에서 압도적인 힘을 지닌, 정치적으로 우월한 존재였기 때문에 아테네가 고대 그리스 역사라는 드라마에서 중심 역할을 차지한 것은 당연한 일이었다. 아테네는 제국의 분위기가 나는 웅장한 도시였으며, 스스로 역사를 만들어 나가기도 했지만 역사를 만드는 과정에서 많은 외부인을 끌어들여 도움을 받았다. 이 시기에 그리스가 성취한 것과 관련된 사람들 다수가 아테네 출신이었지만, 이 도시의 자석과도 같은 흡인력에 이끌려 지중해 여러 곳에서 이주한 사람들 역시 그 성취와 관련되어 있었다. 아테네는 웅변가와 정치인, 철학자, 극작가, 시인, 역사가들 덕분에 명성이 높아졌다. 투키디데스, 프락시텔레스, 소크라테스, 아이스킬로스, 데모스테네스 같은 인물이 그 예이다. 이들은 모두 아테네의 아고라에서 많은 시간을 보냈으며 아테네의 민회와 법정에서 내려지는 결정들을 검토했고 결국은 방대한 양의 문헌을 후대에 물려주었다. 이 밖에도 아테네 민주정은 광범위하고 지속적으로 기록을 보존하는 습관이 있었기 때문에 많은 기록을 남겨놓았다. 아마도 아테네는 당시 그리스 지역의 어떤 정치 체제보다도 더 많이 자신의 역사를 석판과 불에 구운 진흙판에 새겨 넣었을 것이다. 그렇게 비석이나 기물에 새겨진 글이 아고라에서만 7500점이 넘게 발굴되었다. 그 내용을 보면 각종 조약, 법률, 구매 물품 목록, 건축 과정 설명서, 명예 칭호 수여 포고문, 경계석, 투표용 표찰, 동상의 기단 부분 따위이다. 1930년대 이후로 엄청난 돈과 시간을 투자해 고고학 발굴 작업을 진행했는데, 그 중심에 '아테네 미국고전연구학회(American School of Classical Studies at Athens)'가 있었다. 이 작업의 결과 아테네의 압도적인 위치가 다시 한 번 확인되었다. 아테네가 매우 특별한 존재였을 뿐 아니라 세계사적으로도 중요하다는 견해를 뒷받침할 '사실들'이 확보된 것이다. 이리하여 아테네는 서양 문명의 요람이며, 지중해 동쪽 끝에 위치한 이곳에서 민주주의가 처음으로 창안되어 기원전 5세기부터 그리스의 여러 폴리스에 민주주의 관념과 제도가 확산되었다는 견해가 확립되었다.

하지만 이 책에서는 새로운 관점을 소개하고자 한다. 민주주의의 역사를 새로운 눈으로 바라보기 위한 첫 번째 상상력의 도약이다. 요점을 미리 말해 두자면, 서로를 평등한 존재로 여기는 시민들이 회의체를 활용하여 자치 정부를 꾸려 나가는 제도를 처음 고안해낸 것은 '아테네 사람들이 아니었다.' 우리는 이미 앞에서 데모크라티아라는 단어가 아테네 민주정보다 역사가 오래되었다는 점을 확인했다. 그러나 이보다 더 중요한 사실은 지중해 지역에 널리 흩어져 존재했던, 그리스 출신 사람들이 주축을 이룬 여러 도시국가에서 이미 아테네와 전혀 관련 없이 민주적 민회를 활발하게 운영하고 있었다는 사실이다. 게다가 아테네 시민들이 자신들의 도시가 민주정으로 변모하고 있다고 정당하게 주장할 수 있는 시기인 기원전 6세기의 마지막 10년보다 훨씬 앞선 시점이었다.

이른바 '신뢰할 만한 자료'에 대해 항상 의심을 해봐야 하는데, 이 경우에 더욱 그러하다. 고대의 여러 민주정에 관한 증거물은 오랜 세월이 흐르며 몹시 훼손된 데다가 그나마 조금 남아 있는 증거물도 아테네의 경우와 비교한다면 충분한 관심을 받지 못했다. 아테네 외 지역에 있는 박물관들은 자금도 부족했고 운영도 조직적이지 못했으며, 게다가 박물관이 소장한 유물 가운데 정말로 귀중한 것들은 조금씩 도난당해 완전히 없어지기까지 했던 것이다. 하지만 이런 열악한 상황에도 여전히 약간의 신뢰할 만한 증거물이 남아 있다. 예를 들어보자. 하나는 '데모스'를 가리키는 구절이 새겨진 붉은 화산석 조각인데 키오스 섬의 남쪽 지방에서 발견되었으며 기원전 575년에서 기원전 550년 사이에 제작된 것으로 추정된다. 또 다른 증거물은 크레타 섬의 드레로스에 있는 아폴론 델피니오스(Apollon Delphinios) 신전에서 발견된 회색 편암 조각이다. 기원전 650년에서 기원전 600년 사이에 제작된 것으로 추정되는데, 현존하는 가장 오래된 그리스 법률이 기록되어 있다는 점에서 매우 중요하다. 그뿐만 아니라, 이 돌조각에 새겨진 구절에 '다미오이(damioi)'라는 기관이 언급되어 있는데 이 기관이 도시국가 드레로스의 공적 사안을 결정하는 데 관여한 것으로 기록되어 있다.

드레로스나 키오스와 유사한 도시국가의 수는 모두 200개 정도 되었던

전해지는 것 가운데 가장 오래된, 돌에 새겨진 그리스 법률 구절. 크레타 섬의 아폴론 델피니오스 신전에서 발견되었으며 기원전 650년에서 기원전 600년 사이에 제작된 것으로 추정된다. 이 구절의 내용은 다음과 같다. "도시는 다음과 같이 결정한다. 어떤 사람이 한번 '코스모스'*가 되면 그 사람은 향후 10년 동안 '코스모스'가 될 수 없다. 만일 그 사람이 '코스모스'인 것처럼 행동한다면 그가 어떤 판결을 내렸든 그는 두 배로 보상해야 하며 또 그는 평생 관직에 대한 권리를 상실하게 되며, 그가 '코스모스'로서 행한 모든 행동은 무효가 된다. 서약한 사람은 '코스모스'와 '다미오이'와 도시의 20인이다."

것 같은데 그 가운데 거의 반수에 가까운 도시국가들이 어느 시기에는 민주정 체제를 경험했다. 이런 도시국가들로는 그리스 본토 북서부의 암브라키아, 지중해에 면한 리비아 동북부의 키레네, 흑해 남부 연안의 헤라클레아 폰티카가 있었다. 당시 사람들은 이 도시국가들을 데모크라티아라고 불렀는데 이 초기 데모크라티아들에 관한 자세한 내용을 살펴보면 처음에는 약간 지루하게 느껴질 수 있지만, 그러한 지식을 축적함으로써 민주주의 역사를 이해할 수 있다는 데 큰 의미가 있으므로 자세하게 알아 둘 필요가 있다. 인내심이 필요하며, 그 인내의 보상은 클 것이다.

　지금까지 남아 있는 증거들을 살펴보면 민주주의자들에게 좋은 소식만 있는 것은 아니다. 증거물에는 종종 민주적 제도가 어떻게 파괴되었는지에 관한 내용이 고통스러울 정도로 자세하게 묘사되어 있다. 때로는 외부의 침략에 의해, 때로는 부유한 자들의 음모에 의해, 그리고 때로는 확고한 목적을 지닌 참주들에 의해 파괴되었으며 종종 위의 세 가지 요소가 결합하여 작동하기도 하고 또는 일정한 순서로 하나씩 차례차례 작동하기도 했다. 이런 사례들을 보면, 민주정의 운명은 항상 언제든지 쉽게 변할 수 있으며 마치 가을바람에 날리는 낙엽처럼 어느 한 순간에 멀리 날아가버릴 수 있다는 것을 다시금 떠올리게 된다.

　민주정의 취약성을 보여주는 가장 오래된 증거는 먼 동쪽 끝, 그리스의 식민지로 건설된 도시국가 '헤라클레아 폰티카'에서 찾아볼 수 있다. 이 도시는 흑해의 안쪽으로 들어가 소아시아 해안에 있는 리쿠스 강 하구에 있었

코스모스(kosmos) 그리스어에서 통상적으로 '우주', '질서'를 의미하지만 드레로스가 있는 크레타 섬에서는 최고 행정관을 칭한다.

다. 그리스인은 우선 이곳의 토착민인 마리안디니(Mariandyni) 부족을 무력으로 제압했고, 이후 헤라클레아 폰티카에는 민주정 체제가 들어섰다. 그때가 기원전 560년경이었으니 아테네보다 거의 한 세대 전이었다. 발굴된 유물을 통해 이곳에서도 민회와 배심원 재판에 광범위하게 시민들이 참여했음을 알 수 있다. 매년 새롭게 '불레(boule)'라고 불리는 행정관들을 선출했는데, 이들은 훗날 아테네에서 만들어지는 이름이 같은 기구와 동일한 종류였다. 이 기구의 직무는 제안서를 작성하는 것이었는데, 제안서는 민회에서 채택되거나 거부되었다. 또한 관리들로 구성된 집합체 혹은 평의회가 있었는데 이 기구의 이름은 '다미우르고이(damiourgoi)'였다. 이 평의회는 실질적인 행정 권한을 행사하여 도시의 삶을 발전시키는 업무를 수행했는데, 이 업무 수행에는 '아이심네타이(aisymnetai)'라는 이름의 개별 관리나 행정 감독관이 도움을 주었다. 헤라클레아 폰티카에는 모든 법률이 '불레와 시민'의 결정에 근거해야 한다는 관행이 존재했다. 하지만 이런 관행이 얼마나 뿌리 깊은 것이었는지는 불확실하다. 그것은 다음과 같은 사실 때문에라도 그러하다. 이 도시가 설립되고 얼마 지나지 않아, 부유한 상류층 사람들 —이들은 '그노리모이(gnorimoi)'라는 이름으로 불렸다. —의 재산을 몰수해야 한다고 강력하게 주장하는 대중 선동가들이 나타났고 이곳의 데모스는 이 선동가들에 이끌려 잘못된 방향으로 나아갔다. 이렇게 재산을 몰수당한 계층의 사람들은 자신의 생명을 보존하기 위해 황급히 이 도시를 떠나 외부에서 망명 생활을 하다가 시간이 흐른 뒤 단단하게 무력을 준비하여 다시 돌아와서는 민주정을 무너뜨려버렸던 것이다.

그리스인의 도시국가 가운데 민주정이 더 오래 유지되고 더 행복한 삶을 영위한 곳도 있었다. 성공 사례도 많았으며 아테네보다 한 세대 이상 앞서서 민주정을 성공시킨 사례도 있다. 이 민주정들은 민주주의가 건설되는 데에는 매우 다양한 방식이 있으며, 회의체 민주주의에도 놀랍도록 다양한 종류가 있음을 생각하게 해준다는 점에서 중요하다. 당시 번성한 도시국가였던 키오스를 사례로 들어본다. 이 섬은 소아시아의 해변에서 불과 8킬로미터밖에 떨어져 있지 않았는데, 여기에서 기원전 575년에서 기원전 550년 사이에 제작된 것으로 보이는 석판이 발견되었다. 이 석판은 어떤 공공 장소

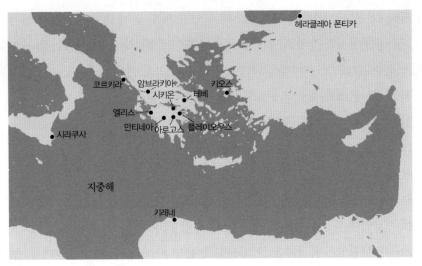

고대 그리스의 일부 민주정 도시국가들의 위치. 이들 중 몇몇은 기원전 6세기에 세워졌다.

에 세워져 있던 것이었는데 그 내용을 보면, 데마르코스(demarchos)라고 불린 행정관들에게 데모스의 레트라(rhetra)—법률, 포고령, 합의문 등을 의미하는 것으로 추측된다.—를 준수하라고 명령하면서 그러지 못하면 벌금을 내라는 내용이 새겨져 있다. 이 초기의 해양 민주정은 특이하게도 노예 노동에 크게 의존하고 있었는데, 노예들은 주로 포도나무 경작과 포도주 생산에 종사했다. 이 포도주를 수출하여 외국에서 다른 생활용품을 수입했다. 부유한 토지 소유자들은 상당한 정치 권력을 휘둘렀으며, 분명 행정관으로 이루어진 평의회 같은 기관—당시 키오스 주민들은 이 기관을 불레 데모시에(boule demosie)라고 불렀다.—에 자신들의 뜻을 강요하려고 했을 것이다. 바로 이 때문에 이런 석판을 제작해 공공 장소에 세워놓아 사람들이 볼 수 있게 했고, 귀족들에게 공적 사안에 관한 최종 결정권이 데모스에 있음을 상기시키려 했던 것이다.

이러한 민주적 통치는 상당히 다른 사례인 키레네에서도 시행되었다. 키레네는 현재의 리비아 해안에 있던 식민 도시였으며 고지대의 골짜기에 자리 잡고 있었다. 골짜기의 샘물 덕분에 수목이 울창하게 자라나는 곳이었다. 이 도시국가는 특산물로 실피움이라는 약초를 수출했다. 기원전 555년에서 기원전 550년 사이에 키레네는 토착민인 리비아인에게 군사적 패배를 당해 그 여파로 심각한 정치 위기에 휩싸였다. 이 군사적 패배로 인해 당시 키레네를 통치하던 왕조가 무너졌다. 왕인 아르케실라오스 2세(Arcesilaus II)가 살해되었으며, 우여곡절 끝에 왕위에 오른 그의 아들 바투스는 자신에게 키레네를 통치할 능력도 권위도 없음을 알게 되었다. 그리하여 키레네 사람들은 델포이의 신탁 전달관에게 조언을 구하기로 했다. 신탁 전달관은 왕조에게는 슬픈 소식을 전했다. 신들이 바투스의 말더듬증을 치료하는 가장 좋은 방법은 리비아로 가서 왕위를 차지하는 것이라고 말했다는 것이다.(많은 사람들은 이 조언이 현명한 조언이라고 생각했다.) 한편 왕을 제외한 다른 키레네 사람들에 대한 조언은 조정자를 한 사람 외부에서 데려오라는 것이었다. 키레네 사람들은 조정자를 '카타르티스테르(katartister)'라고 불렀는데, 그는 수염이 무성한 데모낙스라는 사람이었다. 우리가 이미 언급한 적 있는 인물이다. 우연의 일치인가? 그는 이름조차 데모스와 데모크라티아를 연상시킨다. 그는 도시국가 만티네아에서 유명하고 존경받는 시민이었다. 현재 남아있는 증거물에 따르면, 그는 신속하게 왕가의 권한 대부분을 박탈했다고 한다. 왕가에는 약간의 토지와 사제직을 남겨주었을 뿐이었다. 그리고 키레네의 오래된 행정 구역을 개편했다고 한다. 이 식민 도시의 외곽에 살던 극빈층 사람들에게 (그리고 분명 현지 리비아 원주민이면서 그리스 문화에 동화되어 정착 생활을 하던 사람도 포함되었을 것이다) 새롭게 시민권을 부여했다. 그리고 이제까지 정치 과정에서 소외되었던 주민들로 이루어진 데모스에게 정치 권력의 대부분을 이양했다.

시간적으로 가장 앞서며 또한 가장 흥미로운 그리스 민주정의 사례는 코린토스 사람들이 세운 도시국가인 암브라키아이다. 여기에 식민지가 처음 세워진 것은 기원전 650년에서 기원전 625년 사이였다. 이 도시는 배의 운항이 가능한 하천을 따라 바다에서 몇 킬로미터 내륙으로 들어온 지점에 울창한 숲으로 덮인 평야 지대에 자리 잡고 있었다. 이렇게 장래가 유망한 위치에 세워진 이 식민 도시에 민회에 의한 자치 정부가 세워진 것은 기원전 580년경이었다. 아테네의 민회가 첫 번째 법령을 낸 시점보다 무려 70년 넘게 앞선 때였다. 암브라키아의 경우를 보면 민주정이 민주적인 방법으로 세워지는 경우가 극히 드물다는 법칙을 다시 한 번 확인할 수 있다. 민회를 기반으로 하는 암브라키아의 민주정은 페리안드로스(Periandros) 왕의 폭정에 대항한 음모와 항거의 결과로 탄생했다. 페리안드로스는 똑같은 이름을 가진 코린토스 참주의 조카였다. 전해지는 이야기에 따르면, 이 페리안드로스는 술자리에서 폭음을 하던 중에 그의 젊은 남성 연인에게 아직 임신하지 않았느냐는 무례한 질문을 던졌고 그 소문이 퍼지자 시민들이 크게 분개했다고 한다. 페리안드로스에게 너무도 심각한 모욕을 당한 남성은 왕을 무력으로 타도하기 위해 음모를 꾸몄다. 어떻게 보면 이 사건은 약 65년 후에 아테네에서 벌어진 하르모디오스와 아리스토게이톤 사건(기원전 514년)의 전초전이라는 느낌도 든다. 여하튼 암브라키아의 경우에, 이 남성의 음모 덕분에 다른 사람들도 용기를 얻었다. 그 음모는 결국 이 지역의 데모스와 페리안드로스 왕의 적대자들—아마도 상층의 재산 소유자들 가운데 불만을 품은 자들이었을 것이다.—이 연합 세력을 형성하는 촉매 역할을 했다. 아리스토텔레스의 말에 따르면, "데모스는 참주 페리안드로스의 적대자들과 힘을 합쳐 그를 타도하고 헌정 질서를 장악했다."[10] 암브라키아에서 공직을 맡으려면, 그렇게 높은 수준은 아니었지만, 재산이 일정 수준 이상이어야 했다. 그러나 이 사건 이후 그런 기준은 완전히 폐지되었다. 시민 가운데 극빈층이 정치에 참여하게 되었으며 이 정부의 가장 주된 권력의 원천으로 활동하기 시작했다.

암브라키아의 사례는 그리스 세계 전역에서 널리 모방되었다. 아테네에서 민주정 탄생의 계기가 되었던 참주 살해 사건이 벌어지고 몇 해 안에 이와 비슷한 정치적 실험이 키오스, 키레네, 헤라클레아에서 시작되었을 뿐 아니라 펠로폰네소스 반도의 연안 국가인 아르고스 같은 부유하고 정치적으로도 중요한 나라에서도 시작되었다. 또한 융성하던 시칠리아 섬의 아름다운 도시 시라쿠사에서도 기원전 491년 지배 계급인 토지 소유자들—이들은 '호이 가모로이(hoi gamoroi)'라고 불렸다.—에 대항하는 봉기가 일어나 민주정이 수립되었다. 시라쿠사의 군대가 헬로루스 강변에서 패배를 당한 사건이 계기가 되어 시라쿠사에서 시민들이 권력을 공유하는 방향으로 흐름이 바뀌었다. 군사적 손실이 종종 과두정 지배자들의 권위를 무너뜨리고 그럼으로써 민주주의 실험을 위한 길이 열린다고 하는 경험 법칙에 꼭 들어

맞는 또 하나의 사례이다. 부유한 귀족층에 맞선 봉기는 아르고스에서 교역을 담당하던 계층의 전폭적인 지지를 받은 것으로 보인다. 이들은 교역에서 발생하는 부의 지나치게 많은 부분이 토지 소유자 손에 넘어간다는 점에 대해 이미 오랫 동안 불평해 왔다. 봉기는 데모스의 지지를 받았으며 특이하게 노예들의 지지도 받았다. 이 노예들은 킬리키리오이(kyllikyrioi)라고 불렸으며 시칠리아 섬 원주민의 후손이었던 것으로 추측된다.

시칠리아 섬에 있던 다른 그리스 도시국가들도 대부분 시라쿠사의 뒤를 따랐다. 당시 주요한 세 통치 형태는 참주정, 과두정, 왕정이었는데 이 형태의 정부들은 기원전 5세기에 광범위한 지역에서 타도되었다. 기원전 460년대가 되면 민주적 자치 정부 형태가 남부 이탈리아의 수많은 도시에 자리 잡게 되며, 이오니아해에 있는 낫 모양의 섬인 코르키라와 그리스 본토의 펠로폰네소스 반도에도 자리 잡게 된다. 펠로폰네소스 반도에 있는 도시국가 엘리스의 유적에서 흥미로운 글귀가 발견되었다. 기원전 5세기 초에 제정된 것으로 보이는 긴 법률 가운데 결론 부분이었다. 그 내용을 보면, 엘리스에서는 성문 법률 하나를 다른 법률로 갈아 치울 수 있는 힘이 법원의 판결('디카dika')에 있지 않고 오직 공적인 결의안에 의해서만 가능하며 그 결의안은 '일반 민중의 전체 회의('다모스 플레티온damos plethyon')'의 동의를 얻어야 한다고 기록되어 있다. 당시의 관찰자들의 기록에 따르면, 펠로폰네소스에 위치한 만티네아 역시 일정한 기간 동안 농업에 기반을 둔 활발한 민주정 체제를 유지했다고 한다. 이 민주정은 '데모스 호 게오르기코스(dēmos ho georgikos)'라고 불린 소규모 토지 소유자 계급이 장악하고 있었다고 한다. 아리스토텔레스의 견해에 따르면, 이 만티네아가 가장 훌륭하고 또 가장 오래된 민주정 체제였으며 이 체제의 중심 역할을 한 것이 소규모 토지 소유자 계급이었다.

한편 펠로폰네소스 반도의 도시국가로 엘리스, 만티네아 다음 세 번째로 언급할 수 있는 아르고스는 민주정이 도입되는 과정에—다른 많은 도시국가가 그러했듯이—우여곡절이 많았다. 아르고스의 민주정은 기원전 6세기 중반에 테메노스(Temenos) 왕조의 몰락과 함께 시작되었다. 당시 상황이 담긴 한 기록물을 믿는다면, 아르고스는 군사적 패배를 당했고 그로 인해 왕이 넓은 토지를 내주면서 아르고스의 데모스가 분노했다고 한다. 왕은 목숨을 건지기 위해 외국으로 망명했다. 그 뒤로 기원전 494년경 세페이아(Sepeia) 전투에서 스파르타 군대에게 압도적으로 패하기 전까지 '다미우르고이(damiourgoi)'라는 이름의 기구가 국가를 운영했다. 그러나 세페이아 전투로 6천 명에 가까운 희생자가 발생했고 그로 인해 성인 남자의 수가 확 줄어서 새롭게 스스로 세력을 형성한 데모스가 정부를 장악하게 되었다. 데모스를 구성한 사람들은 '둘로이(douloi)'와 '오이케타이(oiketai)'라는 이름으로 불린 해방 노예들과, 이전까지는 참정권이 없던 다수의 농촌 지역 주민들이었다. 여기에다 '김네테스(gymnêtes)'라고 불리는 사람들도 포함되었는데 이 명칭은 '벌거벗은' 혹은 '옷을 입지 않은' 사람이라는 뜻이었다.

에게해의 민주주의

민주주의로 가는 이 흐름은 전염성이 있었다. 게다가 아테네와 스파르타 사이에 펠로폰네소스 전쟁이 시작되면서 더욱 거세졌다. 에게해 주변의 해안과 도서 지역에 있는 많은 도시국가들은 아테네가 지휘하는 방대한 규모의 군사 동맹에 참여했고 이 국가들 가운데 많은 수가 민주적 정치 체제를 이미 도입했거나 곧 도입하게 된다. 아테네인들은 의도적으로 민주정체 지원 정책을 폈다. 이들은 제국 건설이라는 목적을 위해 가능한 곳이라면 어디에서든 해당 지역에서 민주정을 옹호하는 분파를 지원했다. 이런 아테네의 노선은 질서 정연한 과두정을 선호하던 스파르타와 확연하게 대조되었다.

민주정이 어디에서나 순조롭게 건설되었던 것은 아니다. 여러 어려움이 있었다. 예를 들어 펠로폰네소스 전쟁 중 스파르타가 군사적 승리를 거둔 시기에 아테네에 짧은 기간 동안 전제(專制) 정치 체제가 들어선 적이 있었다. 이미 우리가 살펴본 대로 기원전 411년에 과두정 옹호자들이 주도한 쿠데타가 일어났다. 당시 빈곤층 시민의 상당수가 해군에 복무하기 위해 아테네에서 멀리 떠나 있었으며 남아 있는 시민들조차 공포와 선전의 무기를 휘두르는 선동가들 때문에 의지가 약해졌다. 이런 분위기에서 아테네의 민회는 표결을 거쳐 스스로 해체했다. 스파르타가 군사적 승리를 이어나가자 스파르타의 동맹국들 가운데 많은 국가에서 민주정이 무너졌다. 시라쿠사에는 참주정이 복원되었으며 이에 따라 시라쿠사를 중심으로 한 광범위한 지역에서 진행되던 모든 자치 정부 실험이 끝장날 위기에 빠졌다. 전쟁은 민주주의에 나쁜 영향을 끼쳤다. 하지만 전쟁이 민주정에 치명적인지 아닌지는 각 도시국가의 시민들이 어떻게 행동하느냐에 달려 있었다. 아테네의 경우가 특히 그랬다. 아테네에서는 잠시 동안 시가전이 벌어진 덕분에, 그리고 권력을 장악한 '400인회'가 갈수록 인기를 잃은 탓에, 시민들이 과두정을 물리치고 다시 민주정을 복원할 수 있었다.

아테네의 저항이 예외적인 현상은 아니었다. 에게해 지역의 많은 시민 국가는 자신들의 민주정 체제를 결사적으로 옹호했다. 그리스 본토의 아르고스도 그랬고 시키온, 플레이오우스, 테베도 같았다. 펠로폰네소스 반도의 아르카디아 지역에 있었던 한 무리의 도시국가들(아르카디아 동맹) 역시 한 세기가 넘게 민주정을 지켰다. 기원전 370년에 만들어진 아르카디아 동맹은 그때까지 스파르타의 무력에 압도당하던 이 지역에 평화를 가져오는 것을 목표로 삼았다. 동맹은 기원전 5세기에 그 뿌리를 두고 있었다. 아르카디아 동맹은, 민주주의적 협상과 타협의 규칙으로 묶인 2단 구조의 연합체라는, 그 이전에는 한 번도 시도되지 않았던 조직 원칙을 적용했다는 점에서 오늘날 유럽연합(EU)의 더 작은 규모이면서 더 단순화된 형태라고 볼 수 있다. 동맹은 상비군을 두었는데 이 군대는 새롭게 설정된 수도인 메갈로폴리스에 주둔했다. 아르카디아 사람들은 아테네의 경우와 마찬가지로 '불레(boule)'라는 이름의 업무 조정 평의회를 고안했으며, 이 평의회에는 '다미우르고이(damiourgoi)'라 불리는 50명의 관리가 상주했다. 특히 주목할 사실은 이 동맹이 전체 지역을 총괄하는 회의체를 형성했다는 점이다. 이 회의는 '미리오이(myrioi)'라고 불렸는데 이 단어의 뜻은 '1만(萬)'이다. 그러나 우리가 이 단어의 뜻을 문자 그대로 받아들여야 할지는 확실하지 않다. 만일 문자 그대로 받아들인다면 이 회의체의 실제 규모를 가리킨 것일 수 있다. 그런 경우에는 호플리테스를 구성하는 중간 계층의 재산 소유자들과 그보다 부유한 사람들만 참가하는 것으로 제한되어 있었을 것이다. 한편 '미리오이'라는 명칭이 상징적 의미로 쓰여 '매우 많은 수'의 시민들을 가리켰을 수도 있다. 그 경우 어쩌면 이 회의체는 자유 신분의 모든 성인 남성이 참가할 수 있었는지도 모른다. 기록된 내용이 사실이라면 이 회의체는, 국경선을 넘나드는 민주주의 실험으로 역사상 처음 기록된 사례가 된다.

아르카디아 동맹은 결국 아테네와 스파르타와 테베 사이에서 더 넓은 지역을 두고 벌어지는 석연치 않은 연합과 그에 따른 권력 투쟁 때문에 암초에 부딪치고 만다. 동맹은 외부의 침공을 받았으며 기원전 362년에 일시적으로 분열했다. 그러나 동맹 국가들의 의견 차이는 다시 봉합되었고, 이후 동맹은 아테네 민주정만큼이나 오랫동안, 기원전 230년대까지 이어진 것으로 보인다. 아르카디아 동맹이 이렇게 오랫동안 존속했다는 것은 의미심장한 일이다. 한 지역에 기반을 둔 민주 국가들을 민주적인 협상을 거쳐 통합하고 보호한 아르카디아 동맹의 실험은 그 시절과 마찬가지로 오늘날에도 굳건하게 남아 있는 어떤 작동 원리에 기댄 것이다. 그 원리는, 간단히 말해, 살아남고 번창하기 위해 민주 국가들은 자국 국경에 가해지는 정치적, 군사적 압력을 반드시 가라앉혀야 한다는 것이다. 어쩌면 이런 맥락에서 '아르카디아 법칙'이라는 것을 말할 수 있을지도 모른다. 그 법칙은 어떤 민주정 체제가 생존할 확률은 그 체제에 가해지는 외부의 ('지정학적') 위협의 양에 반비례한다는 것이다.

아르카디아 법칙에 따르면 필연적으로 비관적인 결론에 이르게 된다. 즉 민주정은 이웃 국가들을 상대로 하여 군사적 힘을 잘못 사용하면 자멸할 수 있다는 경고이다. 아르카디아 동맹이라는 실험은 당시 아테네가 그리스 지역의 다수의 민주 국가에 가한 심각한 위험에 용감하게 맞선 사례였다. 아테네 제국은 당시 민주주의라는 이름으로 다른 민주정들을 집어삼키고 있었는데 이것을 아르카디아 동맹이 막은 것이다. 아르카디아 동맹의 실험은, 민주 국가들은 자기들끼리 경쟁 관계로 격돌하거나 외부로 팽창을 꾀하거나 군사 충돌을 일으켜 모두 공멸하는 것을 막아야 하며, 그러기 위해 정치적 협상을 통해 함께 생존하며 평화적인 방법으로 서로 굳게 단결하는 것이 큰 이득이 된다는 것을 보여주었다.

이것이 전부가 아니다. 우리는 아르카디아 동맹과 다른 그리스 도시국가들의 민주주의 실험에서 더 많은 교훈을 얻을 수 있다. 다시 말해, 민주주의에 대한 상상이 오로지 아테네로 수렴되는 현재 상황에서 벗어나야 하는 이유를 알 수 있다. 우선 우리가 얻을 수 있는 한 가지 교훈은 고대 그리스 세계가 단 한 종류의 민주정만 알고 있었던 것이 아니라는 점이다. 즉 아테네 이외의 지역에서도 매우 다양한 회의체 민주정이 번성했으며 분명 민주주의 자체에 대한 이해도 다양했을 것이다. 그리스 세계에서 민주주의는 단일하거나 고정된 형태가 아니었다. 민회가 핵심이었던 것은 사실이지만 그리스 세계에서는, 마치 오디세우스가 겪은 모험처럼, 다양한 상상의 산물들과 각양각색의 현실적 실험이 당연한 일이었다.

또 다른 교훈도 있다. 그리스 민주주의가 특정 지역에 한정되어 있었고, 우연히 발생한 현상이었으며, 아리스토기톤과 하르모디오스 같은 말썽꾼 혹은 영웅적 인물 아니면 솔론이나 클레이스테네스 같은 창시자들에 의해 어느 한순간에 갑자기 창조된 것이라는 민주주의에 관한 오랜 편견이 있다. 하지만 앞에서 본 것처럼 그리스 세계에 다수의 민주정이 다양한 형태로 존재했으며 강인하게 오래 유지되었음을 고려하면 이 오랜 편견에 큰 의심이 든다. 민주정이 다양한 형태와 규모로 존재했으며, 일부는 아테네보다도 훨씬 오래전에 존재했다는 사실은 평등과 법에 대한 존중과 민회를 통한 자치 정부를 선호하는 민주주의적 행동이 어떤 단일한 전통이 아니라 그리스 세계 전역에서 고안된 다수의 전통이라는 점을 알려준다. 한편 마케도니아의 왕이며 기원전 323년 암살될 때까지 세계의 정복자였던 알렉산드로스 대왕처럼 다른 측면에서는 그리스에 적대적이었지만 전술적 이유 때문에 민주주의 전통을 존중한 사례가 있었다. 전해지는 말에 따르면, 그는 자신이 페르시아의 지배에서 해방시킨 그리스 도시국가들에서 과두정 체제를 전복하고 민회를 세우려고 할 수 있는 모든 노력을 다했다고 한다.

제국 건설을 위해서는 각 지역의 관습을 존중할 필요가 있었다. 고대 그리스의 변론가 이소크라테스(Isocrates, 기원전 436~기원전 338)가 '선조의 민주주의'라고 부른 관습이 바로 그런 것이었다. 이소크라테스는 거의 1세기에 가까운 긴 세월 동안 이 지역의 민주주의를 경험한 사람이었다. 그는 기원전 358년과 기원전 352년에 작성한 것으로 추정되는 정치 평론 《아레오파기티코스(Areopagiticos)》에서 다음과 같이 못마땅한 말투로 평했다. "우리의 가게에 앉아 우리는 현재 상황을 비판하면서 민주주의 아래서 현재의 정부보다 더 나쁜 정부를 가져본 적이 없다고 불평한다. 하지만 우리의 행동과 생각 속에서 우리는 우리 선조들이 물려준 민주정보다 현재의 정부를 더 선호하고 있다." 이소크라테스는 이런 상황의 대응책으로 민주정 옹호자들이 선조들을 반드시 기억해야 한다고 주장했다. 그러고는 다음과 같은 결론을 내렸다. "미래의 위험을 사전에 피하고 현재의 위기에서 탈출하는 유일한 방법은, 가장 민주적인 통치자였던 솔론이 입법 활동을 통해 확립했으며 클레이스테네스가 참주들을 쫓아내고 시민들에게 권력을 돌려줌으로써 처음으로 세웠던 민주주의를 회복하겠다는 열의를 품는 것이다."[11]

이소크라테스가 제기한 주장들, 특히 그가 민주주의의 기원을 이렇게 시간적으로 앞으로 당긴 것과 당시 관행대로 솔론에게 영웅적 지위를 준 것이 과연 정확한 것이었는지에 관한 까다로운 문제는 일단 옆으로 치워놓자. 흥미로운 것은 그가 '민주주의의 역사'라는 것이 필요하다고 깊이 확신했다는 점이다. 우리가 오늘날 전통이라고 부르는 것, 다르게 표현하면 살아 있는 자가 알든 모르든 간에, 혹은 알더라도 그것을 좋아하건 싫어하건 상관없이, 살아 있는 자들과 죽은 자들을 서로 묶어주는 언어와 삶의 견고한 실타래는 이른바 '그리스의 천재성'이 창조한 산물이 아니다. '데모크라티아'는 많은 힘과 사건들이 일정 시간 동안 서로 겹치면서—큰 난관이 있었지만—함께 작동하여 민회에 의한 자치 정부 체제를 삶의 방식의 하나로 그리스인의 세계 전체에 널리 전파한 것이다.

그리스 세계에서 이렇게 회의체 민주주의가 탄생할 수 있었던 배경에는 어떤 힘들이 작용했을까? 제대로 된 기록이 남아 있지 않은 사건들이 마치 만화경처럼 어지럽게 섞여 있는 이런 상황에서 어떤 힘이 어떻게 작용했는지를 알아내기는 쉽지 않다. 하지만 결정적인 요인 하나는 이 지역에서 부유한 사람들이 중심이 된 과두정 체제가 특이할 정도로 취약했다는 점이다. 작은 도시국가들에서 민주주의의 적대 세력들은—근대의 독재자와 전체주의적 지배자에 비교할 때—피지배 주민들을 통제하는 수단이 지극히 제한되어 있었다. 물론 국왕이나 귀족, 참주가 통치하는 도시국가의 경우에는 통치자가 피지배자에게 강력한 타격을 주는 경우가 있었다. 하지만 그런 사건이 벌어진 경우도 정치에서 결코 폭력이 전부가 아니며 설사 날카로운 칼과 창으로 위협당한 시민들이 일시적으로는 복종할지라도 결국에 이들을 무기에만 의존해 지배할 수는 없다는 것을 우리에게 알려준다. 폭력으로는 당시 그리스 사람들이 '에게모니아(egemonia)'라고 부르던 피지배자들의 동의를 얻을 수 없었다.

현대에 사는 우리가 볼 때 놀라운 점은, 당시 이 지역의 과두정들이 어떤 음모나 격렬한 소요 사태, 군사적 패배의 압력이 가해지면 너무도 쉽게 무너졌다는 것이다. 각 지역의 과두정 체제는 당시 사람들이 '스타시스(stasis)'라고 부른 것에 지속적으로 취약한 모습을 보였다. 이는 정치적 분파 간의 다툼 혹은 공개적 격돌, 공공연한 내전, 유혈 사태, 대규모의 추방 조치를 포함하는 광범위한 현상을 가리키는 용어였는데, 사람들은 이것을 상당히 두려워했다. 스타시스는 당시 독립 도시국가들의 지정학 체계에서 특유하게 발생하는 풍토병 같았다. 이 도시국가들은 조정자 역할을 해줄 구심점이 없었고 따라서 격렬한 경쟁의 소용돌이에 휘말려 들어감으로써 지리적 분리와 정치적 자율성을 서로 끊임없이 침범하였다. 이 도시국가들은 국가 내부에서 이따금씩 주민들 사이에 확산되는 각종 소문에도 취약했다. 과두정 지배자들이 쓴 감시 수단은 자주 허술한 방식으로 운영되었으며, 그 때문에 이런 비민주적인 정권은 음모, 정권 타도 계획, 과감한 정권 퇴치 공작 따위에 취약했다.

폭압 통치를 하려 해도 사람들의 신을 향한 믿음이 어렵게 했다. 통치하는 자는 항상 자신보다 강력한 존재—어떤 일을 하든 그 일의 동기와 성격과 실행에 판결을 내렸다.—가 등 뒤에서 자신들을 지켜보고 있음을 의식하지 않을 수 없었다. 그렇기 때문에 통치자들은 성스러운 존재들이 지닌 더 강력한 힘이 제시한 지시와 명령에 복종해야 하는 경우가 종종 있다는 것을 싫더라도 인정할 수밖에 없었다. 신들의 의지에 불복할 수도 있지만 그 경우 신과 사람들이 서로 공모하여 결국 폭군 통치자를 몰락시킬 확률이 높았다. 이것이 사실이건 아니건 여하튼 많은 그리스인들은 그렇게 생각했다. 통치자의 지위에 오르려 한 사람들 가운데 어떤 사람은 심지어 신들이 데모크라티아 편에 서 있다고 믿었다. 헤로도토스의 흥미로운 기록에 따르면 기원전 522년 사모스 섬에서 마이안드리오스(Maiandrios)라는 지도자가 민주적 자치 정부를 수립하기 위해 시행한 최초의 몇몇 조치에서 그러한 모습을 볼 수 있다.

마이안드리오스는 이 섬을 통치할 권한을 폴리크라테스(Polycrates)라는 참주에게서 부여받았다고 주장했고, 그 사람을 기리는 의미에서 '해방자 제우스를 위한 제단'을 축조한 다음, 시민들을 민회에 소집하고 그들 앞에서 연설을 시작했다고 한다. "여러분이 알고 계시는 바와 같이 폴리크라테스의 홀*과 권위는 나에게 위임되었으며, 따라서 나는 이제부터 여러분을 통치할 수 있게 되었습니다." 시민들은 숨을 죽였다. 마이안드리오스는 잠시 말을 멈추었다가 다시 입을 열었다. "하지만 내가 비난했던 다른 사람들의 행위를 나 자신이 또다시 행하지 않도록 가능한 한 노력할 생각입니다. 폴리크라테스는 마치 자신이 시민들의 주인인 것처럼 행세했습니다. 하지만 시민들은 폴리크라테스와 특별하게 다른 존재가 아니었습니다. 나는 그런 폴리크라테스의 행동을 좋아하지 않았습니다. 그리고 나는 다른 어느 누구도 그런 식으로 행동하는 것을 좌시하지 않겠습니다. 여하튼 폴리크라테스는 자신의 운명을 맞이했습니다. 내 입장을 말하자면, 나는 민중의 손에 권력을 돌려드릴 것이며 여러분에게 평등을 선포하는 바입니다."[12]

사모스의 사례는, 신적인 존재가 비록 민주주의를 보장해준 것은 아니지만 잠시나마 폭군들을 성가시게 만들거나 그들에게 겁을 준다거나 때로는 그들의 행동을 저지할 수도 있었음을 알려준다. 그리스의 통치자들이 해군력에 의존했다는 사실도 통치자들의 자의적 행동을 억제하는 효과를 냈다. 바다와 민주주의 사이에 인과 관계가 있다는 주장이 종종 제기되었는데, 그런 주장을 한 사람들 가운데 가장 유명한 사람은 아마도 영국의 작가 조지 오웰(George Orwell, 1903~1950)일 것이다. 그는 육지에 기반을 둔 폭압적 정치 체제와 영국의 '느슨한 해양 민주주의 체제'를 대비하는 인상적인 구절을 쓴 적이 있다.[13] 육지와 바다의 경계선 자체가 때로는 불분명한 것처럼 이런 대비는 결코 완벽하지 않다. 하지만 지중해의 바닷물에서 우리는 그리

홀(笏) 왕의 권위를 상징하는 의례용 지팡이. '왕홀(王笏)'이라고도 한다.

스 초기 민주주의의 비밀 일부를 발견할 수 있다. 이 국가들의 상당수는 사실 '해양 민주주의 체제'라고 부를 수 있었으며 해군 전함의 노를 젓는 평민들과 이들을 지휘하는 장교들은 종종 과두정 옹호자들의 가슴에 공포를 심어주었다. 이 바다 사나이들은 예측 불가능한 사태 변화에 익숙했다. 이들은 갑자기 닥치는 비상 상황을 어떻게 헤쳐 나가야 하는지 알았다. 바다의 조류와 폭풍우는 이들을 시험에 들게 했다. 이들은 넓은 세상을 경험하면서 단련되었으며 그 넓은 세상의 엄혹하고 예측 불가능한 현실을 존중하는 자세를 배웠다. 이들은 신들을 존경하고 두려워했다. 이들은 현실적인 의심에서 비롯된 분별력을 갖춘 사람들이었다. 이들은 자기 자신과 자신들의 도시국가만을 신뢰했다. 다른 해안가 혹은 골짜기 아래로 멀리 떨어진 곳에 자리 잡은 이웃 도시국가에 사는 사람들은 이들에게는 이방인이었다. 따라서 이들은, 예를 들어 그리스 전체를 하나의 공동체로 보는 '헬레닉 애국주의 (Hellenic patriotism)' 같은 숭고한 관념 따위는 믿지 않았다. 해양적 특질을 지닌 이 바닷사람들은 곤경에 빠졌을 경우에 자율(自律)이 무엇을 의미하는지 잘 알고 있었다. 그렇기 때문에 이들은 히브리스와 노예 제도를 싫어했다. 그래서 이들은 시바리스의 스민디리데스(Smindyrides)와 같은 과두정 지배자들의 오만을 싫어했다. 정치계의 거물인 스민디리데스는 여행할 때 자신의 식사 준비 인원으로 1천 명을 데리고 다녔으며 장미꽃으로 만든 침대 때문에 물집이 잡힌다고 은근히 뻐기곤 했다.(실제로는 분명 그의 DNA나 식사 습관에 원인이 있었을 것이며 혹은 술에 취한 채로 침대에서 여자들과 놀았기 때문일 것이다.)[14]

아리스토텔레스도 이런 해양적 특질의 중요성을 지적했다. 기원전 473년 이후 시칠리아 섬의 작은 국가 타라스에 '데모크라티아'가 수립되는 과정에서 어부들이 한 역할을 논하는 글에서였다.[15] 해양적 특질에 대한 논의는 좀 더 확대할 수 있다. 그리스 세계의 바다와 항구에 어부들과 뱃사람들과 해군 병사들만 있었던 것은 아니다. 엄청난 양의 상품도 있었으며 이런 상품들은 각지의 시장에서 유통되었고 도시와 농촌 모두에 번영을 가져다주었다. 바로 타라스라는 작은 도시국가가 그런 사례였다. 타라스는 동(銅) 관련 산업, 양모, 기름, 포도주, 생선, 그 밖의 자연 생산물로 유명했는데,

타라스의 주민들은 참주들이 정권을 잡으면 함부로 교역과 상업에 간섭한다고 생각했다. 그들의 눈으로 볼 때, 과두정 체제는 번영의 걸림돌이었다. 따라서 이곳 주민에게 부를 가져다주는 사람들로 민회를 구성하고 그 민회가 중심이 되어 민주주의 체제가 운영되는 것, 그런 체제 이외의 어떤 체제도 타라스 주민에게는 인기가 없었다. 부를 가져다주는 사람들의 범주에는, 단지 어부들과 뱃사공들뿐만 아니라 생산자들과 상인들과 이들이 고용한 노동자들까지 포함되었다.

고대 동방의 회의체

아테네를 평가할 때 좀 더 신중해야 한다는 점에 관해서는 이제 충분히 논의가 되었다. 민주주의가 아테네의 전유물이 아니었다는 것, 그리고 다른 지역의 그리스 사람들도 민주주의를 발명하고 실행했으며 때로는 원대한 목적을 이루기 위해 그리했으며 또 대단한 결과를 낳았다는 사실에 대해서 우리는 이제 새로운 시야를 얻었다. 하지만 이러한 논지에 회의적인 사람은 이 논지에 문제가 있음을 지적하려고 애쓰면서 다음과 같은 어려운 질문들을 던질 것이다. "당신들의 그런 논의는 모두 훌륭합니다. 그렇게 해서 우리가 민주주의의 과거를 이해하는 데서 아테네의 역할을 축소했다고 칩시다. 하지만 그러면 결국 그리스 사람 전체가 우리 모두에게 민주주의라고 하는 유산을 남겨주었다는 논지가 더욱 강화되는 것은 아닌가요? 그로트를 비롯한 19세기의 저술가들이 결국 올바른 주장을 한 것 아닙니까? 오래된 이야기들은 결국 근본적으로는 여전히 사실로 남습니다. 2,600년 전 지중해 동쪽에 살았던 그리스 사람들의 천재성에서 민주주의가 튀어나왔다는 이야기도 그런 것이지요. 그렇게 되면 그리스 사람 전체가 전 세계에 이 민주주의라는 선물을 주었다는 결론이 더욱 강화되는 것 아닌가요?"

매우 훌륭한 질문들이다. 우리는 이런 질문들 덕분에 또 한 번 새로운 통찰에 이르게 된다. 즉 이런 반대 논리가 제기됨으로써, 우리는 다시 한 번 민주주의를 새로운 눈으로 보기 위한 상상의 도약을 하게 되는 것이다. 우선 우리가 알아야 할 것은, 아테네 혹은 그리스 전체가 민주주의의 탄생지라는 이야기는 그저 단순한 하나의 이야기로서 의미만 있는 것이 아니라는 사실이다. 이 이야기는 일종의 창립 신화로 작동하며, '동방'의 여러 민족이 민주주의 문제에서 반응이 느리다는 것을 증명하는 데 사용되었다. 이런 도그마 때문에 동방의 민족들은 민주주의에는 적당하지 않은 사람들, 민주주의 체제를 몹시 불편하게 느끼는 사람들로 여겨졌다. '서방'의 좀 더 문명화된 민족들이 훌륭한 솜씨로 민주주의의 씨앗을 땅에 심고 마침내 수확할 때에도, 동방 민족들은 훨씬 나중에야 그 일이 가능했고 또 설사 그렇게 시도한 경우에도 매우 서툴렀으며 또 종종 실패로 끝나고 말았다는 것이다.

'서방 민주주의의 도그마'—이렇게 부르도록 하자.—는 다양한 방식으로 표현되었으며 오랜 세월 동안 유지되었다. 이 도그마는 원래 그리스 사람들이 만들어낸 것이며, 그 이후에는 교역이나 상업, 정치와 외교, 국제 관계는 말할 것도 없고 심지어 문학과 회화, 연극 부분에서도 위력을 발휘했다. 각 영역의 학자들은—때로는 자기 분야에서 지도적 위치에 있는 학자들조차—이 도그마의 추정들을 강화했으며, 특히 여러 형태의 폭정이 번영했던 장소가 바로 이 '동방' 세계라는 인식을 강화했다. 그리스 민주주의를 연구하는 현대의 저명한 학자가 쓴 글에 따르면, 고대 동방 세계에는 정치라는 것 자체가 존재하지 않았다. 오직 군왕의 처소 곁방에만 정부가 존재했다. 군왕 곁에서 항상 그를 보필하는 신하들과 군왕의 측근 조언자들만이 약간의 영향력을 행사했을 뿐이다. 시민이라는 것은 아예 존재하지 않았다. 통치하는 사람은 오직 군왕 한 사람뿐이었다.[16] 제임스 브라이스(James Bryce)가 근대 민주주의에 관하여 쓴 책은 20세기 초에 큰 영향을 끼쳤는데, 이 책에서 그는 이 같은 입장을 취할 뿐 아니라 악감정마저 표출했다. "인류 최초의 문명이 태어난 동방 세계가 다시 한 번 역사의 무대에 등장했을 때, 우리가 발견한 것은 일정 규모 이상의 모든 국가에 왕조 체제가 존재한다는 것과 아직 그 정도의 국가로 발전하지 못한 부족 수준의 집단에는 족장 지배 체제가 존재한다는 것이었다. 이런 상황은 아시아의 모든 곳에서 변함없었다. 아시아에서 군주 지배 체제에 법적 제한이 가해진 것은 1890년 일본이 지금의 헌법을 제정한 것이 처음이었다. 사람들은 이기적이거나 게으른 통치자를 마치 자연 질서의 일부인 것처럼 받아들였다. 이따금 살라딘*이나 아크바르* 같은 강력한 전제 군주가 등장해 정의가 더 잘 구현되거나 신중한 군주 덕분에 외국의 침략 위협이 감소하기도 했다. 이런 밝은 시기는 어쩌다 한 번 존재했을 뿐이며 마치 농부가 예외적으로 풍년이 들었던 해를 기억하는 상황과 마찬가지였다." 한편 브라이스는 "국왕에게 어느 정도 압력을 행사하던 것이 있었으니, 첫째는 관습이고 둘째는 주민 대부분이 불만을 품는 상황이 촉발되는 것에 대한 공포심이었다."라고 인정했다. 하지만 그는 이러한 동방 전제정의 예외적인 사례들이 오히려 동방이 민주주의에는 적대적인 토양이라는, 더 일반적인 명제를 증명해준다고 보았다. "어떤 특별한 폭정, 또는 종교적 감정에 대한 극도의 도발 같은 것 때문에 반란이 일어나기도 했으며, 이 반란으로 인해 왕이 타도되거나 심지어 왕조 전체가 쓰러지기도 했다. 하지만 누구도 통치 형태 자체를 변경시킬 생각은 하지 않았다."[17]

여기서 우리는 우리 자신에게 솔직해질 필요가 있다. 왜냐하면 앞서 제시된 사고방식으로 인해 우리에게 잘못된 오만이 있다는 것이 드러나기 때문이다. 이런 오만 때문에 민주주의는 ― 오늘날 민주주의의 이상은 의심에 대해 개방적 태도에 높은 가치를 둔다. ― 오랜 세월 '서방 중심적'인 혹은 '오리엔탈리즘'적인 편견을 품고 있지 않았나 하는 의심을 받아 왔다. 그런 편견은 그 자체로 반(反)민주주의적이다. 다른 것은 문제 삼지 않더라도 이런 편견은, 실제로는 많은 역사를 공유하는 민족들 사이에 마치 바위처럼 단단한 벽을 높이 세우는 결과를 초래하기 때문이다. 이런 이유로, 연구자들 사이에서는 민주주의의 역사 자체가 민주화되어야 한다는 논의가 일어나고 있다. 이제 민주주의의 역사는 새로운 증거와 참신한 의견, 신선한 사고방식의 폭탄 세례를 받아야 한다. 연구자들은 만일 그리스가 동방의 여러 민족과 접촉하지 않았더라면 우리가 아는 그리스인이 될 수 없었다는 사실을 발견했다. 원래 에게해 주변에 살았던 그리스어를 사용한 사람들이 우리가

살라딘(Saladin, 1138~1193) 이슬람 세계의 정치가. 이집트 아이유브 왕조의 시조로, 1187년에 십자군을 격파하고 예루살렘을 탈환했으며, 제3차 십자군도 격퇴하여 세력을 확보했다.
아크바르(Akbar, 1542~1605) 인도 무굴제국의 제3대 황제(1542~1605). 데칸 지방을 제외한 전 인도를 정복하여 중앙 집권제를 확립했고, 이슬람교와 힌두교의 융합을 꾀하고 재정과 군비를 정비하여 제국을 번성시켰다.

지금 아는 그리스인으로 변모한 것은 기원전 8세기의 일이라고 연구자들은 지적한다. 그 시기는 정신과 제도가 급작스럽게 재구성된 시기였는데, 사실 그 재구성 작업에는 동방에서 가져온 도구들이 쓰였다. 알파벳은 원칙적으로 누구나 배우고 쓸 수 있는 새로운 문자였는데, 이 알파벳도 동방에서 온 것이다. 또 다른 도구로는 동방에서 수입된 다양한 단어나 개념을 들 수 있다.(히브리스의 사례는 이미 살펴보았다.) 천문학 같은 새로운 형태의 지식이라든가 세계를 새로운 방식으로 설명하는 옛 신화도 수입되어 동방과 서방의 상호 의존성이 더 커졌다. 이 상호 의존성은 또한 새로운 생산 기술의 수입과 그에 따른 생활 수준의 향상과 사치품 소비의 증가로 이어졌다.

이렇게 최근 학자들 사이에서는 그리스 문화에 '동방'의 요소가 들어 있다는 점이 점차 인정되는 추세인데, 여기에서 특이한 점은 이런 상호 의존의 개념이 정치적 제도에까지는 적용되지 않는다는 것이다. 기원전 6세기에서 기원전 3세기 사이의 민주주의 시대에 그리스인들은 결코 완전히 독자적으로 그리스인이 된 것이 아니라는 데 점차 많은 사람들이 동의하고 있다. 그리스인들이 정신적으로나 문화적으로나 부분적으로는 동방인이라는 것, 그리고 이들의 정체성이 복합적이었다는 점에 대해서는 합의가 이루어졌다. 또 당시 그리스어를 쓰던 사람들의 경우 스스로 그리스를 유럽 문명의 발상지라고 생각하지 않았다는 점 역시 지금의 연구자들은 인정하고 있다. 그런 관념은 조지 그로테의 시대에 탄생한 편견이었다. 한편 그로테 역시 그리스 신화에 나오는 상상의 인물 '오이로파(Europa)'가 지금의 레바논 지중해 해안가에 있던 티레라는 도시국가의 왕 아게노르(Agenor)의 딸로 묘사되었다는 점을 잘 알고 있었다. 그리스 사람들이 이러한 '동방적' 특질을 갖고 있었으며 또 여기에 언급되지 않은 다른 동방적 특질들을 지니고 있었다는 것을 이제 많은 사람이 인정한다. 이런 상황에서 여전히 역사가들과 다른 학자들이 민주주의적 삶의 방식에 이런 식의 상호 의존이 있었다고 전제하지 않는 것은 참으로 이상한 일이다. 그런 상호 의존의 모습을 보여주는 매우 놀라운 증거들이 지금 우리 시대에 꾸준히 쌓이고 있다.

페니키아의 '무두트'

최초의 아주 작은 사례를 들어보겠다. 기적적으로 보존된 희귀한 파피루스 문서 하나가 이집트의 사막에서 발견되었다. 이 고대의 자료에는 나일 강 상류에 있었던 도시 테베에서 파견된 웬아몬(Wen-Amon)이 겪은 비운에 관한 기묘한 이야기가 적혀 있었다. 그는 기원전 1100년경 배를 타고 아테네에서 동쪽으로 약 700킬로미터 떨어진 페니키아의 번성하는 항구 도시 비블로스에 도착했다. 여기서 웬아몬은 비블로스 지역의 상인들에게 근처 삼나무 숲에서 나오는 양질의 목재를 구입하려 했다. 이 교섭은 상업적으로 중요했지만 그 과정은 그다지 복잡한 것이 아니었다. 현지 통치자의 허가를 받은 뒤 노예들을 부려 삼나무를 베고 다듬어 그것을 배에 선적하고, 그 배를 타고 지중해 동부 해역을 가로질러 테베 왕국까지 가서 그 재목을 하역하고, 그다음에는 현지의 최고 기술자들을 동원하여 그 재목들로 하천용 바지선을 건조하는 것이었다. 이 바지선은 당시 이집트의 통치자였던 람세스 11세가 풍요의 신이며 파라오의 수호신인 아몬(Amon)에게 경의를 표하는 의미에서 만드는 신성한 선단에 사용될 예정이었다.

일은 그런대로 잘 진행되었으며, 잠시 동안은 예정한 대로 일이 되어 가는 듯했다. 비용 지불과 관련해 상당 기간 밀고 당기는 일이 있었고 겨울철 눈이 내리는 바람에 일이 지연되기는 했지만, 결국은 300마리의 소를 동원하여 최고급 목재를 비블로스 항구에 정박해놓은 배에 선적했다. 그러나 출항하기 몇 시간 전, 신(神)들의 심사가 뒤틀려버렸다. 가엾은 웬아몬과 그의 선원들은 11척의 배가 자신들을 포위하고 있음을 발견했다. 그 11척의 배에는 이웃 지역의 주민 테케르 사람들이 타고 있었다. 테케르 사람들은 웬아몬과의 교역에 화가 나 있었으며 현지 당국에 웬아몬의 체포를 요구했다. 초승달 모양을 한 비블로스 항구 근처로 군중이 몰려들었다. 항구는 흥분으로 가득 찼다. 금방이라도 폭력 사태가 일어날 것 같은 일촉즉발의 긴장감이 감돌았다. 전령이 위기를 해결해 달라고 요청하는 전갈을 들고 급히 비블로스의 통치자 자카르바알(Zakar-Ba'al) 왕에게 달려갔다. 모든 것이 혼란스러운 상황이었다. 웬아몬과 선원들은 목숨을 잃지 않을까 공포에 떨

파피루스에 기록된 웬아몬에 관한 보고서의 일부. 1890년 이집트의 알히바에서 발견되었으며 1년 뒤 카이로에서 러시아 출신의 이집트 연구자 블라디미르 골레니셰프(Vladimir Golenishchev)가 사들였다.

었다.

자카르바알 왕이 항구로 왔다. 그는 평온한 모습이었으며 이 외교 사절과 선원들에게 포도주 여러 병을 주었고 양을 한 마리 주어 구워 먹게 했으며 노래하는 여인을 보내어 그들의 마음을 위로하였다. 왕은 웬아몬에게 자신이 이 분쟁을 잘 살펴볼 것이며 하룻밤 동안 어떤 선택지가 있는지 생각해보겠다고 말했다. 이 희귀한 문서에 따르면 "아침이 되자 그는[즉 자카르바알은] 그의 '무두트(mw-ʿdwt)'를 소집했고 그들 가운데에 서서 테케르 사람들에게 다음과 같이 물었다. '그대들이 온 까닭은 무엇이오?'"[18]

이 문서에는 결국 웬아몬과 그의 부하들이 호위를 받으며 항구 밖으로 배를 타고 안전하게 나갈 수 있었고 곧 웬아몬의 배는 강한 바람을 타고 테케르 해적들이 탄 배보다 훨씬 빠른 속도로 먼바다로 나갈 수 있었다고 기록되어 있다. 비블로스에서 그다음 어떤 일이 벌어졌는지는 분명하게 기록되어 있지 않지만 그것은 여기서 별로 중요하지 않다. 왜냐하면 그런 세부사항은 위의 글에 등장한 이상한 짧은 단어, 즉 '무두트'에 비하면 별로 흥미롭지 않기 때문이다. 어떤 고고학자들은 이 남성 명사를 발견된 형태 그대로 표기하기도 했고, 또 다른 고고학자들은 이 명사를 '호위병'이라고 잘 못 번역하기도 했다.

〈hieroglyphs〉

이 단어는 사실 옛 셈어로서 '회의체(assembly)' 혹은 '평의회(council)'를 뜻했으며 히브리어로는 '모에드(mô'ēd)'이다. 이 단어는 성경에 등장하는데 그 예로 〈민수기〉의 구절을 들 수 있다. "그들은 회중의 대표들로 총회에서 뽑힌 이들이었으며, 잘 알려진 사람들이었다."(《민수기》 16장 2절) 이 단어는 〈출애굽기〉에도 나오는데, 모세가 이스라엘 사람들에게 올리브 열매를 손으로 으깨어 만든 기름을 가져오라고 명령하는 장면이다. "아론과 그 아들들은 그것을 회막(assembly tent) 안의 증거궤 앞에 쳐놓은 휘장 밖에 켜 두어서, 저녁부터 아침까지 주 앞에서 꺼지지 않도록 보살펴야 한다."(《출애굽기》 27장 20절).

도대체 이것이 민주주의의 역사와 무슨 관계가 있느냐고 물어볼 수도 있겠다. 답을 하나 제시하자면, 웬아몬의 이야기에서 아테네의 민주주의 실험보다 500년이나 앞선 시기에 이미 일종의 자치 정부가 작동하고 있었음을 암시하는 실마리를 발견할 수 있다는 것이다. 웬아몬의 원정 시기에 비블로스는 크기는 작지만 크게 번성하는 해양 도시국가였다. 세월이 더 지난 뒤 이 도시의 명칭은 그발(Gebal)이 되었고 오늘날에는 주바일(Jubayl)이 되었다. 고대의 지중해 세계에서 이 도시는 우선은 목재와 종이의 생산으로 널리 알려졌지만—책을 뜻하는 'book', 성경을 뜻하는 'bible', 도서 목록을 뜻하는 'bibliography' 같은 소중한 단어는 모두 이 도시의 이름에서 비롯한 것이다.—이 도시의 '회의체'에 의한 통치 형태 역시 이 도시가 명성을 얻는 데 도움이 되었다. 이 도시는 심지어 성경에도 언급되었다. 성경에서 이 지역은 자유로운 교역과 상업이 활발한 지역으로 묘사되며, 유명한 한 성경 구절에는 "네 경계선들이 바다의 한가운데 있"다고 되어 있다.(《에스겔》 27장 4절) 이 지역은 이스라엘 땅에서 나오는 귀중한 밀과 꿀과 기름과 유향 그리고 레바논에 있는 오래된 삼나무를 깎아 만든 양질의 선박 돛대뿐만 아니라

'그발의 장로들과 지혜 있는 사람들로' 구성된 회의체로도 유명했다.(《에스겔》 27장 9절)

족장들의 평의회

여기에는 더 크고 더 불안한 점이 있다. 우리의 이야기는 이제 본격적으로 흥미진진해진다. 즉 비블로스 같은 페니키아의 옛 도시들에 회의체가 존재했다는 증거가 조금씩 발견됨에 따라, 지난 세대 동안 연구자들 사이에서는 옛 페니키아 사람들이 회의체에 기반을 둔 정부를 운영했다는 주장이 과거보다 더 널리 받아들여졌다. 페니키아 사람들이 처음 자리를 잡은 곳은 '레반트'였는데, 지금의 이스라엘, 레바논, 시리아 지역이다. 페니키아의 역사는 기원전 세 번째 천 년 시기로 거슬러 올라간다. 이들은 원래 아시리아와 바빌론의 지배를 받고 있었는데 웬아몬이 방문했던 기원전 1100년경이 되어서야 비로소 그들의 지배에서 힘겹게 벗어날 수 있었다. 이후 페니키아는 동부 지중해 해안에서 주요한 정치적, 문화적 세력으로 성장했다. 페니키아 사람들은 무역상과 뱃사람이었으며 지중해와 북아프리카의 광범위한 지역에 식민지를 세웠다. 서쪽으로 가장 멀게는 오늘날의 에스파냐 땅에까지 식민지를 건설했다. 페니키아 사람들은 활발하게 회의체를 운영한 것으로 유명했다. 특히 널리 명성을 떨친 회의체는 무역상과 부유한 지역 상인으로 구성된 평의회였는데, 이 평의회의 구성원들은 동쪽으로는 메소포타미아 지역에서부터 서쪽으로는 서부 지중해 연안까지 광범위한 상업 네트워크를 구축했다. 이런 평의회들은 각지의 군주들을 압도하는 막강한 힘을 행사했다. 앞의 비블로스 사례처럼, 권력의 최고 수준에서 각 지역의 왕들이 자유권을 지닌 남성 시민으로 구성된 회의체에 조언과 동의를 구할 수밖에 없음을 보여주는 풍부한 사례가 많다. 기원전 7세기에 아시리아와 페니키아 지역에 있는 왕들이 체결한 조약 문건을 살펴보면, 부유한 페니키아의 원로들로 구성된 평의회가 심지어 왕과 동등한 위치에서 왕에게 영향력을 행사하는 '견제 세력'으로 작동했음을 암시하는 내용이 있다. 페니키아인은 북부 아프리카와 지중해 연안에 걸친 넓은 지역에 많은 식민 도시가 있었는데 이 가운데 당시 새롭게 등장한 그리스어를 쓰는 민족들이 포함되어 있었으며 이 식민 도시들에 당시 페니키아인이 세 단계로 구성된 정부를 구성하도록 영향력을 행사했다는 증거가 많이 발견된다. 행정관들로 이루어진 감독 기관, 입법 제안을 작성하는 원로원, 주권을 지닌 민중의 회의체였다. 이런 정부 구조는 당시로서는 매우 복잡하고 세련된 것이었다.

그리스 세계에 회의체 정부라는 문화를 소개한 것이 결국 페니키아인이었다는 사실은 쉽게 확인할 수 있다. 그러나 페니키아인의 회의체 선호가 그들보다 더 동쪽에 살았던 민족들과 지속적으로 접촉하면서 어떤 방식으로 습득되었는지는 확실하지 않다. 이 동쪽 사람들이란, 티그리스 강과 유프라테스 강, 그리고 이 강들의 지류가 침식 작용으로 시리아와 메소포타미아 지역의 사막 언덕과 산을 깎아 형성된 거대한 하천 분지에 살던 사람들을 말한다.

기원전 3000년경의 시점으로 돌아가면, 이 지역은 매우 넓은 지역에 흩어져 거주하는 부족들로 이루어진 세계였다. 그들은 천막에서 거주하는 정착민과 양과 염소를 기르면서 계절의 변화에 따라 먼 거리를 이동하던 유목민으로 이루어졌다. 유목민들은 비옥하고 물이 풍부한 곳을 찾아 넓은 초원과 평야 지대를 사방팔방으로 이동했다. 도시에 살지 않은 이 사람들이 어떤 방식으로 생활했는지를 보여주는 증거는 그리 많이 남아 있지 않지만 확실한 것은 이들에게 '회의체'를 가리키는 풍부한 어휘가 존재했다는 사실과 이런 '회의체'가 분쟁을 규정하고 해소하는 데 필수적인 요소라는 점을 강하게 주장했다는 사실이다. '회의체'와 관련된 더 풍부한 증거는 이 지역에서 등장하기 시작한 도시에서 찾아볼 수 있다. 세계의 다른 어떤 지역보다 먼저 이곳에서 처음으로 도시가 발달했다.

기원전 3200년경부터 이 시리아-메소포타미아 지역에 생겨난 도시로는 라르사, 마리, 나바다, 니푸르, 툿툴, 우르, 바빌론, 우루크 등이 있다. 오늘날 이 지역들은 희뿌연 갈색 흙더미가 이리저리 바람에 날려 낮은 언덕을 이루고 있는 황량한 모습이지만, 전성기 때로 돌아가면 당시 도시에 세워진 웅장한 사원들은 처음 보는 이의 숨을 막히게 할 정도로 엄청난 규모였다.

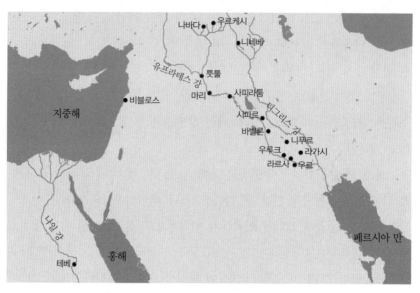

시리아－메소포타미아 지역의 주요 고대 도시들. 대략 기원전 3200년부터 기원전 1000년 사이.

사원들은 넓은 석재 기단 위에 건축되거나, 아니면 '지구라트(Ziggurat)'처럼 햇볕에 말린 흙벽돌을 쌓아 만든 거대한 인공 산(山) 위에 지어졌다. 이런 초창기 도시들은 이 지역의 농업이 비약적으로 발전해 잉여 농산물 양이 급증한 덕분에 생겨날 수 있었다. 도시가 발달하면서 전문화된 수공업자가 증가했으며 각종 행정 기술 역시 발전했다. 이때 개발된 여러 행정 기술 가운데 하나가 바로 '쐐기 문자'인데, 전문 서기(書記)들은 끝이 사각형인 철필로 이 문자를 판 위에 새겼다. 도시들은 또한 동과 은 같은 원자재가 생산지에서 소비지까지 장거리로 이동하는 데 전달자 역할을 했다.

이런 도시는 넓이가 40~400헥타르* 정도였다. 도시는 보통 수리 시설이 잘 갖추어진 넓은 지역의 중심에 있었다. 도시에서는 땅이 높은 가치를 지니게 되었고 이때부터 인류는 지구상에 한 번도 없었던 엄청나게 높은 인구 밀도를 경험하게 되었다. 현재 베네치아가 그러하듯이, 이 초기 도시들은 운하로 구획되어 있었다. 이 운하를 통해 신선한 물이 각 가정에 공급되었고 도시 주민이 사용하는 도로망도 운하에 맞추어 모양이 정해졌다. 도로는 운

* 40헥타르는 40만 제곱미터(약 12만 평), 400헥타르는 400만 제곱미터(약 120만 평)의 면적이다.

하와 나란하거나 운하와 90도 각도로 만나게 되어 있었다. 진흙 벽돌로 만든 주택이 빼곡하게 들어서 고위 관리와 가난한 어부가 이웃에 살았다. 도시의 중심 지역은 종종 '부두'였는데 그곳은 상인들의 동업 조합이 관리했다. 상인들은 주로 버터와 콩, 벌꿀과 맥주, 양모 직물과 가죽 따위를 팔았는데 이들은 궁궐이나 사원으로부터 상당히 가까운 곳에서 장사를 했다. 궁궐과 사원들은 (신들을 기쁘게 하기 위해) 보통 높다란 단(壇) 위에 지어졌기 때문에 도시에서 몇 킬로미터 떨어진 곳에서도 궁궐과 사원의 모습을 볼 수 있었다.

지방과 도시의 이런 특징들에 따라 통치 형태를 포함해 시리아-메소포타미아 세계의 모습이 결정되었다. 토지 소유와 교역 문제, 또 특히 왕정을 둘러싸고 항상 일정한 긴장이 흘렀다. 이 긴장 관계는 누가 무엇을 언제 어떻게 얻는가 하는 문제를 결정짓는 정치 과정의 형태로 구체화되었으며, 특히 왕을 둘러싸고 이런 긴장이 조성되었다. 관습적으로 우리는 왕이라는 존재가 이 지역을 수 세기 동안 압도적으로 지배했다고 생각한다. 이런 관습적 인식은 비판받아 마땅하다. 서구의 편견에 사로잡힌 사람들이 말해 온 것과 달리, 실제로 왕은 그렇게 절대적인 권한을 지니지 못했으며 모든 곳을 철저하게 통제하지도 못했다.

'동양적 전제주의'라는 오래된 이미지에 따르면, 왕은 중요하고도 다양한 각종 직무를 수행했는데, 이것은 정확한 설명이다. 왕들은 다른 사람의 삶에 간섭하기 좋아했으며 신민들에게 각종 세금을 징수하는 데서 기쁨을 느꼈다고 묘사되었다. 바빌로니아에 세워진 첫 번째 왕조의 왕이던 함무라비(Hammurabi, ?~기원전 1750) 같은 통치자들은 궁궐에 거주하면서 신하를 비롯한 종속적 위치에 있는 사람들의 목숨을 가지고 놀았다. 정책 문제에서도 왕들은 큰 권한이 있었다. 종종 가축 떼를 돌보는 목자에 비유되던 왕들은 신들이 자신들에게 영감을 주거나 자신들을 왕위에 지명해주었다고 믿었으며, 따라서 그 신들의 비위를 맞추어야 마땅하다고 생각했다. 전쟁이 일어나면 왕들은 당연히 백성들을 이끄는 동시에 그들을 보호해야 했다. 평화 시에 왕들은, 예를 들어 물을 대는 운하의 연결망을 건설하고 또 관리함으로써 농지가 비옥하게 유지되도록 노력하여 주민들의 유복한 삶을 보장해야 했다. 왕은 이런 활동 혹은 다른 활동의 대가로 주민들에게 세금을 징수했다. 또는 주민들로 하여금 직접 농업 관련 사업에 노동력을 제공하거나 왕실을 위해 전쟁터에 나서도록 강제했다. 동방의 왕들은 종종 이 같은 방식으로 묘사되었다.

실제로 왕은 큰 권력을 지니고 있었다. 그러나 현재 남아 있는 증거물을 엄밀하게 관찰한 연구자들은 이런 식으로 고대의 시리아-메소포타미아 지역을 전제적인 왕들이 다스렸다고 결론 내리는 것은 당시 상황을 제대로 묘사하지 못하는 것이며, 게다가 이념적 편견에 찬 결론이라고 말한다. 연구자들이 첫 번째로 지적하는 점은, 인간으로서 도시의 왕은 그 도시의 신을 모시는 사원의 존재감과 사원이 지닌 힘에 의해 모든 영역에서 확실하게 제약을 받았다는 점이다. 실제로 왕은 신의 신하로 여겨졌다. 예를 들어, 함무라비는 바빌로니아라는 작은 도시국가의 통치자로 30년의 세월을 보내면서 나중에는 메소포타미아 남부 지역 전체에 평화를 정착시키는 일을 해냈다. 하지만 그의 군사적 성공은 바빌로니아의 수호신인 마르두크(Marduk)의 승리라고 널리 인식되었다. 마르두크는 주요한 신들로 구성된 회의체에서 이 제국을 관리하도록 지목되었으며, 인간의 모습을 한 종복인 함무라비는 마르두크를 보조했을 뿐이라는 이야기다. 또 다른 예로, 마리라는 도시에서는 사원 전체가 무서운 폭풍의 신인 다곤(Dagon)에게 봉헌되었다. 이 도시는 각종 축제와 신성한 의식을 통해 에스타르(Eštar)라는 여신을 정기적으로 경배했다. 그러한 축제와 의식을 통해 여신에게 왕과 왕실에 축복이 내려질 것인지 아닌지 의견을 물었으며 이 축제와 의식에는 도시 주민 전체가 적극적으로 참가해야 했다. 한 가지 사례를 더 들자면, 메소포타미아의 도시 라가시에서는 가장 중요한 사원이 닌기르수(Ningirsu)라는 신의 것이었다. 이 신에게는 마음대로 부릴 수 있는 신과 인간들로 이루어진 대군이 있어, 이들이 문지기, 염소 치기, 술 빚는 사람, 무기 제조공 역할을 했다. 이 사원은 단연 최대 규모의 토지를 소유했는데, 엄청나게 많은 사람이 사원의 지배 아래에 있었으며, 소작인과 농노도 상당수였다.

신성한 존재와 연결된 이러한 상황은 왕들의 행동을 제한하는 역할을 했으며 왕들을 겸손하게 만들었다. 그러나 고고학적 증거물을 살펴보면, 왕의 힘과 권위는 아래로부터 민중의 압력에 의해서도 역시 효과적으로 제한되었다는 것을 알 수 있다. 이것은 아테네의 민주주의 실험보다 최소한 2천 년 앞선 일이다. 민중의 압력은 각종 네트워크 혹은 연속된 여러 절차, '회의체'(이 '회의체'는 수메르어로는 우킨ukkin이라고 했으며 아르카디아어로는 푸흐룸pŭhrum이라 했다)라고 불리던 각종 제도들을 통해 행사되었다. 덴마크 출신의 연구자 토르킬드 야콥센(Thorkild Jacobsen)의 뒤를 잇는 한 무리의 관찰자들은 시리아-메소포타미아 전역에 걸쳐, 특히 기원전 두 번째 천 년 초기의 바빌로니아와 아시리아에 '원시적 민주주의(primitive democracy)'가 번성했다고 추정한 바 있다.*

  야콥센은 이 지역이 마치 정치적 '공동체(commonwealth)'와 흡사한 모습을 하고 있으며, 이 '공동체'는 신들의 소유이고 그들의 통치를 받는 것 같다는 말을 즐겨 했다. 야콥센은 신들이 그들의 집행 기관을 활용하여 외부를 향해서는 압력을 행사하고 내부를 향해서는 법과 질서와 정의를 실행했으며, 그 일은 인간의 도움을 받아 진행되었는데 크고 작은 모든 사업의 출발점은 시민들로 이루어진 회의체였다고 설명했다. 시리아-메소포타미아 세계에 '원시적 민주주의'가 존재했다는 이런 과감한 발언은 과연 실체가 있는 것일까? '원시적 민주주의'라는 개념에 제기된 반론은 무척 많다. 우선 '원시적'이라는 단어에는 목적관이 담겨 있는데, 이것이 어떤 사물의 가장 첫 번째 사례이며 뒤에 생겨날 사물의 원형이라는 추론이 성립하게 된다. 이 추론에 따라 과연 그리스의 민회와 메소포타미아의 이러한 '회의체' 사이에 어떤 역사적 연결점이 있는가와 관련해 답변하기 어려운 문제들이 제기될 것이다. 이 개념에 포함된 또 하나의 명제 — 이 책의 다음 부분에서 우리는 이 명제가 잘못된 것임을 보게 될 것이다. — 는 회의체에 기반을 둔 민주주의와 근대의 대의 민주주의가 비록 많은 차이점이 있다 하더라도 둘은 끊어짐 없는 진화의 사슬로 연결되어 있다는 것인데, 마치 라가시와 마리와 바빌론에 살았던 서로 매우 다른 사람들이 제임스 매디슨, 윈스턴 처칠, 자와할랄 네루와 형제자매라고 주장하는 듯하다. '원시적 민주주의'라는 표현을 너무 자유롭게 사용하게 되면, 이 표현이 나온 시기와 거의 같은 시기에 폴란드 출신의 영국 인류학자인 브로니슬라브 말리노프스키(Bronislaw

Malinowski)가 발전시켰던 '원형적 민주주의(proto-democracy)'라는 표현을 자유롭게 쓸 때와 같은 오류에 빠질 위험이 있다. 즉 많은 사회들을 관찰하면서 단지 그 사회에 중앙 집권화된 제도가 없고 권력을 계속 독점하는 현상이 없었다는 이유로, 또는 사람들이 항거하거나 항의할 수 있는 노골적으로 불법적이거나 혹은 합법적 기관으로 위장된, 폭압의 중심 기관이 없었다는 이유로, 너무 많은 사회들을 '민주주의적'이라고 부르는 오류에 빠질 수 있다.

'선형문자 B'에 기원을 두는 '데모크라시'라는 단어를, 시간을 거슬러 수

---

* 토르킬드 페테르 루돌프 야콥센(Thorkild Peter Rudolph Jacobsen, 1904~1993)은 덴마크 태생으로서 1928년에 미국으로 건너갔다. 시카고 대학의 '동방 연구소'(Oriental Institute)에서 진행하던 《아시리아어 사전》 편찬 팀에 합류하기 위해서였다. 당시 미국은 금주법이 시행되고 있었다. 이 젊은 외국인은 시카고에 도착하여 처음 며칠을 시내 호텔에서 묵으며 갱단의 총격 소리를 배경음 삼아 밤을 보냈다고 한다. 야콥센은 이런 암흑가에서 잘 살아남았으며, 동방 연구소에서 거의 35년의 세월을 보내게 된다. 이 연구소에서 그는 여러 직책을 맡게 되는데, 처음에는 연구 조교이자 고고학자의 직책으로 있었고, 후일에는 《아시리아어 사전》의 편집 팀 구성원으로 있다가 결국에는 편집 책임자가 되었고, 나중에는(1946~1950) '동방 연구소' 소장 직을 맡았다. 야콥센은 학문에 관해서 매우 뚜렷한 개인적 목적 의식을 지니고 있었으며 자신이 옳다고 생각하는 원칙들을 위해서는 용감하게 행동하는 사람으로 이름이 나 있었다. 동료들 가운데 일부는 그를 너무나 까다로운 사람이라고 보기도 해서 그들과 긴장 관계가 초래되자 그는 여러 차례 자신의 직책에서 사임했으며, 결국에는 정상적인 경우보다 이른 나이에 시카고 대학에서 은퇴했다. 그러나 이런 긴장 상황 덕분에 그는 수메르의 종교와 문헌 분야에서 매우 흥미로운 후기 저작을 생산할 수 있었다. 1962년 그는 하버드 대학의 초빙 교수 직을 받아들였으며 이듬해에는 같은 대학의 종신 교수가 되었다. 그는 1974년 현직에서 은퇴했지만 연구 활동을 계속 활발히 펼쳤다. '미국동방학회(American Oriental Society)' 회장으로서 연설한 것이 그의 마지막 공적 활동이었는데 그 연설을 하고 불과 2주일 뒤에 사망했다. 그때 야콥센은 벌써 고대 중동에 관한 세계적으로 저명한 최고의 학자로 인정받고 있었다. 그의 연구는 매우 다양했다. 고고학, 역사, 문학, 종교, 문법학이라는 다양한 분야에서 그는 각 분야마다 획기적인 공헌을 했다. 야콥센은 니푸르의 유적 발굴 사업이 펜실베이니아 대학에서 다시 시작되는 데 큰 역할을 했다. 이 발굴 사업은 50년 동안 중단된 사업이었다. 그가 수행한 연구 작업의 일부는 매우 자세하게 묘사되어 기록으로 남겨졌다. 그런 예로, '수메르 왕 목록(Sumerian King List)'이라는 문건을 전문적으로 분석하여 재편집한 것이 있다.(1939년에 출판된 이 책은 아직까지도 이 문건의 결정적인 판본으로 인정되고 있다.) 또 하나는 그가 우르의 직물 산업을 연구하고 남긴 기록이다. 그는 또 시턴 로이드(Seton Lloyd)와 공동 작업을 통해 기원전 7세기에 아시리아의 센나케리브가 니네베에 물을 공급하기 위해 건설한 수도관을 발견해 조사했고 이것에 관한 증거 문건을 발행했다. 야콥센은 또한 초기 수메르의 종교를 창조적으로 재구성했으며 수메르의 시를 번역했고 수메르어의 동사 체계의 미세한 부분에 관한 설명을 제시한 것으로 유명하다. 그는 새로운 연구 방법들을 시도했는데 그 예로 그가 남부 이라크에서 진행한 고고학적 표면 조사 방법이 있다. 그는 문헌적 자료뿐 아니라 문학적 자료도 사용하여 초기 메소포타미아 정치사 해석에 획기적인 연구물을 제시했다. 그가 남긴 고전적인 연구물은 다음과 같다. Thorkild Jacobson, 'Primitive Democracy in Ancient Mesopotamia', *Journal of Near Eastern Studies*, 2 (1943), pp. 159-172, and 'Early Political Development in Mesopotamia', *Zeitschrift fur Assyriologie*, 52 (1957), pp. 91~140.(원주)

메르 시대에 억지로 사용하는 것도 문제이다. demo, dēmos, damu 같은 단어와 고대 수메르 언어에서 '아들(son)'을 가리키는 '두무(DUMU)'**라는 단어 사이에 어떤 의미 연결이 있을 수 있으며, 이 수메르 단어를 복수형으로 만들면 '아들들' 혹은 '아이들(children)'의 의미가 되고 이 단어를 지리적 위치에 적용하면 (선형문자 B에서 다모스dāmos가 그러했듯이) 서로 혈연과 공동의 이해관계로 묶이는 그 장소의 주민들을 가리켰다는 놀라운 사실이 있기는 하다. 그러나 수메르 시기에는 어디에서도 '데모크라시'에 해당하는 단어가 사용되지 않았다. 그리고 마지막으로 '원시적 민주주의'라는 개념에 제기될 수 있는 반론은, 겉으로는 거의 눈에 띄지 않지만 사실은 가장 중대한 의미를 지닌 반론이다. 만일 우리가 시리아-메소포타미아 사람들의 정치적, 법적 제도를 '원시적' 혹은 '민주주의적'이라고 규정한다면, 자칫 그들의 제도가 지닌 '기묘한 독창성'을 간과하거나 과소평가할 위험에 놓인다는 것이다.

'원시적 민주주의'를 언급한 사람들이 이런 것을 의도했다고 볼 수 없는 것은 명확하지만, 여하튼 이 개념에 그런 부정적인 함의가 내포되어 있는 것은 사실이다. 이 '원시적 민주주의' 체제를 민주주의 역사의 일부분으로 삼은 사람들이 지적 차원에서나 정치적 차원에서 중요한 행동을 한 것은 사실이다. 시리아-메소포타미아 지역의 고대 '회의체'는 사실상 아테네를 비롯한 그리스 민주주의 체제들이 남긴 유적 속에, 그리고 페니키아 세계의 '회의체' 속에 그 흔적이 남아 있는 화석과 같은 존재들이다. 시리아-메소포타미아에 있던 훨씬 더 오래된 '회의체'들은 민주주의의 기원을 근본적으로 다시 생각하게끔 한다. 이 '회의체'의 존재 때문에, 우리는 충격적인 사실을 받아들일 준비를 해야 한다. 즉, 그리스 식의 민주주의는 실제로는 동방에 뿌리를 두고 있으며, 따라서 오늘날의 민주정은 전통적으로 민주주의를 실천에 옮길 수 없는 민족이라고 판단되었던 '동방'의 사람들이 구성한 '회의체'에 의한 자치 정부라는 첫 실험에 매우 실질적인 의미에서 은덕을 입었다는

** 이 단어의 글자 네 개를 모두 대문자로 표기하는 이유는 수메르 언어가 표어문자(標語文字)이기 때문이다. 표어문자란 하나의 문자로 하나의 개념을 표시하는 문자 시스템을 말하며, 한자(漢字)의 각 글자가 독립해서 작동하는 중국어가 대표적인 표어문자라고 할 수 있다.

것을 인정해야 하는 것이다. '빛은 동방으로부터(Ex oriente lux)', 즉 '회의체'에 기반을 둔 민주주의의 등불은 동방에서 먼저 켜졌다.

회의를 소집하는 메소포타미아의 신

'원시적 민주주의' 개념의 또 다른 문제는 '원시적'이란 단어를 썼기 때문에, 비록 의도하지는 않았지만, 이 대상이 품고 있는 수수께끼 같으면서도 동시에 매혹적인 측면이 무시되고 말았다는 것이다. 그것은 바로 이 '회의체'들의 탄생의 밑바탕에 신화가 있었다는 사실이다.

오늘날 우리가 근동, 혹은 서아시아라고 부르는 지역에 '회의체'들이 흔하게 존재했다는 것을 인정하려면 일종의 정신적인 혁명이 필요하다. 최근까지 그렇게 인식하지 않았기 때문이다. 이 '회의체'들이 왜 이렇게까지 알려지지 않았는지 이유를 살펴보면, 그 주된 이유는 이 지역이 신화가 지배하는 세상이었으며 그런 세상에 회의체가 존재한다는 것은 도저히 불가능하다고 판단했기 때문이다. 이 지역은 마르크스의 유명한 표현에 따르면 '과잉 지배'가 시행되던 세계였다. 즉 이 세계는 "인간의 정신을 가장 작은 범위로 속박했으며 그렇게 함으로써 인간 정신을 미신 숭배를 위한 무저항의 도구로 만들었고 전통적 관습의 노예로 만들었으며 인간 정신의 위대함과 역사적 힘을 완전히 빼앗아버렸다."[19]는 것이다. 만일 마르크스가 수메르어를 조금이라도 배울 기회가 있어서(1853년에 수메르어는 여전히 '죽은' 언어였으며 해독되지 않고 있었다) 수메르어로 기록된 자료를 참고할 수 있었다면, 그는 아마도 상당히 다른 시각을 갖게 되었을 것이다. 수메르 지역에서는 기원전 4000년대 중엽에 강력한 신화들이 생겨났으며 그 신화들이 규정한 세계를 무대로 하여 최초의 회의체들이 탄생했다. 이 신화들은 사람들이 사물의 '본질'을 보지 못하게 하려는 의도로 만들어진 이야기라고 볼 수 없다. 신화는 '진실'인가 '거짓'인가, 또는 '옳다'든가 '그르다'로 판단할 수 있는 대상이 아니다. 신화는 정신의 범주를 제공했으며 그 정신의 범주는 인간의 삶에 구체적 형태를 주었고 체계화했으며 활기를 주었다. 그렇게 함으로써 사람들에게 삶의 의미를 주었고 자신이 공간과 시간 속 어디쯤 있는지 알 수 있는 지도를 제공했다.

　시리아-메소포타미아 사람들은 우주를—2천 년 뒤 그리스 사람들이 그랬던 것처럼—각각의 개성을 지닌 막강한 힘들이 서로 밀고 당기고 있기 때문에 항상 갖가지 충돌이 들끓는 공간으로 인식했다. 신들은 공포의 대상이 되어 마땅했다. 신들 때문에 이 세상은 이따금 엄청난 폭풍우에 시달렸으며 때로는 물동이로 쏟아붓는 듯이 폭우가 내려 단단한 대지를 무른 진흙탕으로 만들어 모든 사람이 꼼짝 못하도록 만들었다. 각 지역의 강물은 이따금씩 예고도 없이 갑자기 불어나 강둑을 무너뜨리고는 들판의 곡식을 휩쓸어버렸다. 뜨거운 바람이 불어와 숨이 턱턱 막히게도 했다. 이런 자연 현상들은 신의 뜻으로 여겼으며, 그 밖에 우주의 모든 사물도 그렇다고 여겼다. 산, 골짜기, 돌, 별, 식물과 동물, 그리고 인간까지 모두 신의 의지가 작용한 까닭에 생긴 것이라고 여겼다.

　또한 세상의 모든 것은 항상 움직이는 상태이며, 이 역동적인 존재 양식은 놀랍게도 결국에는 질서로 귀결한다고 생각했다. 시리아-메소포타미아 사람들의 믿음에 따르면, 태초에 혼돈의 바다가 있었고 거기에서 신들이 출현했다. 신들은 혼돈의 세력과 싸워 중요한 승리를 거두었으며 그다음 이 세상에 에너지와 움직임을 가져다주려고 노력했으며, 그 기반 위에서 역동적인 통합을 통해 질서를 창조하려고 노력했다고 한다. 이렇게 도출된 최종적 균형은 여러 '회의체'에서 벌어진 협상의 결과이며, 신들은 바로 이런 집회를 통해서 장차 다가오는 사건의 향방, 즉 운명을 결정하는 권한을 행사한다고 인식되었다.

　이런 종류의 신화적 논리 구조에 대해 그 정확성이나 매력을 어떻게 생각하든지 간에, 중요한 점은 많은 사람들이 그것을 믿었다는 것이며 또 이런 논리 구조 덕분에 시리아-메소포타미아 사람들이 스스로 일정한 힘을 얻게 되었다는 점이다. 만일 이런 신화가 없었다면, 사람들은 스스로를 공포스러운 힘에 지배되는 이 세상에 꼼짝없이 사로잡힌 미미한 존재라고 의식할 수밖에 없었을 것이다. 당시 사람들은 남신과 여신을 모두 합해서 50여 명의 신이 있다고 생각했는데, 중요한 결정은 이 가운데 7명의 신으로 이루어진 작은 회의체에서 논의되었으며 이 일곱 신 가운데 가장 영향력이 큰 신은 '아누(Anu)'였다. '아누'는 하늘의 신이었다. 위엄 있는 모습의 아누는 거대한 폭풍우를 타고 다녔으며 엄청난 힘을 지닌 신이었다. 그의 이름은 평상시에 쓰는 단어로 '하늘'을 의미하기도 했으며 동시에 당시 신화에 묘사된 것처럼 '위대한 신들로 구성된 공식 회의체'를 소집하는 신이기도 했다. 오늘날 민주주의 원칙을 적용한다면 일곱 신의 이런 회의는 일종의 과두정 체제처럼 보이는데, 이 체제가 지배한 세상은 민주주의가 아직 어떤 한 단어가 되지도 못했으며 아무런 형상도 갖추지 못한 때였다.

　여기서 잠시 멈추어 시리아–메소포타미아인이 지녔던 흥미로운 믿음에 관해 생각해보자. 그들은 신들의 개성이 유동적이라고 믿었다. 즉 각 신은 다른 신의 성격과 서로 합쳐지기도 했고 좀 더 넓은 범위로 작동하여 인간 세계와 합쳐지기도 했으며, 그런 과정에서 인간들에게 자신의 특질을 부여하기도 했다. '신들의 어머니'인 '닌투(Nin-tu)' 신을 생각해보자. 어느 유물에 새겨진 기록에 따르면 이 신은 '모든 어린이의 어머니'였다. 돌조각에 새겨진 닌투의 형상을 보면, 여인이 아이에게 젖을 물리고 있는 모습이다. 아직 태어나지 않은 태아들이 닌투 주위를 에워싸고 있으며 그가 입은 옷 아래에는 어린아이들이 고개를 들고 세상을 내다보고 있다. 모든 여인은 부분적으로 닌투와 동일성을 획득할 수 있으며 따라서 닌투가 지닌 출산의 힘을 공유할 수 있다고 여겨졌다. 우리가 주목해야 할 점은, 이 여신이 사람에게서 멀리 있는 추상적인 존재가 아니었다는 것이다. 오히려 다정한 '그대(Thou)'의 느낌을 주는 존재로서 사람들에게 평등성을 부여하고 평등한 사람들 가운데서 그 평등성을 확인해주는 존재였다. 또 다른 주목할 점은, 이 신이 어떤 사람을 악인이라고 판단하면 그에게 자손을 금했으며 심지어 대지 위에서 모든 출생을 정지시키는 막강한 힘까지 지니고 있다고 여겨졌다는 것이다. 그래서 남자들과 여자들은 닌투의 존재를 의식하면서 자신들의 행동을 조심해야 했다. 닌투의 힘은 매우 컸기 때문에 신들의 회의가 소집될 경우 이따금씩 아누, 엔릴(Enlil)과 나란히 자리하기도 했다. 전 우주의 통치 기관인 이런 회의석상에서 닌투는 '닌마흐(Ninmah)' 여신, 즉 '신들의 여왕'이자 '왕들과 지배자들의 여왕'으로 변했다. 그는 '(모든) 하늘과 땅에 관련된 사항'을 결정함으로써 운명을 가름하는 여신이었다.[20]

바로 이렇게 강력한 신들과 혼연일체가 될 수 있다는 가능성이 있었기 때문에, 인간들은 세상을 살아가면서 용기를 낼 수 있었고 똑바로 설 수 있었으며 목표를 향해 노력할 힘을 얻었던 것이다. 이것은 아테네에서나 시리아-메소포타미아에서나 마찬가지였다. 신을 받아들이는 행동은 곧 개인이 자신에게 스스로 권한을 부여하는 행동이었다. 이 때문에 사람들은 종종 신에게 올리는 편지를 썼으며 종교 축일에는 종적을 감춘 신을 찾아 사람들이 울면서 행진하는 순서가 있었고, 많은 사람들이 그 행진에 흥미를 보였던 것이다. 또 사람들은 처소에 모두 각자 숭배하는 신을 모시는 작은 제단을 마련해놓고 매일 신에게 경배했으며 작은 공물을 바쳤다. 이런 행동을 함으로써 인간은 (신화적 논리에 주목하라) 신들과 손을 맞잡고 신들과 유사한 존재로 변화하는 것이다. 그다음에 이어지는 논리는, 인간이 신들의 이득을 위해 특별히 창조되었으며 따라서 신들에게 봉사하는 것이 당연한 일이므로 신들의 자치 방식을 흉내 내는 행동도 마찬가지로 똑같은 효과를 낼 것이라는 점이었다. 신들이 지닌 일부 특질을 인간이 흡수한다는 것인데, 신들이 회의체를 운영하는 능력, 연설하는 능력, 토론에 기반을 둔 협상과 타협을 수단으로 하여 중요한 결정을 내리는 능력을 인간들이 얻게 된다는 이야기다.

시리아-메소포타미아 사람들은 이런 기술을 '서로 묻기'라고 불렀다. 그들이 세상을 보는 관점은 현대인들과 달랐다. 그들은 모든 사물을 그것이 살았는가 죽었는가 또는 생물인가 무생물인가라는 기준으로 구분하지 않았다. 그들에게는 또 존재의 '수준'이 다르다는 관념도 없었다. 다시 말해 신은 하늘, '저기 높은 곳'에 있고 인간은 땅, '여기 낮은 곳'에 있어서 서로 구별된다고 생각하지 않았다. 시리아-메소포타미아에서 살던 사람들은, 자신들이 사는 우주가 살아 있으며 역동적으로 통합되어 있고 여러 힘이 밀고 당기는 움직임에 항상 종속되어 있다고 믿었다. 또 회의체 안에서 발현되고 행사되는 여러 의지가 우주 질서에 활기를 불어넣는 원천이라고 믿었다.

야콥센은 메소포타미아의 정치체를 '모든 시민으로 구성된 총회'에 기반을 둔 거대한 '공동체'였다고 묘사했지만 그런 묘사를 뒷받침해줄 증거는 충분하지 않다. 그러나 그의 이 과장된 묘사 덕분에 우리는 아리스토텔레스가 훌륭하게 표현한 다음의 중요한 논점을 좀 더 명확하게 이해할 수 있다. 인간은 "신들의 모습을 상상해냈다. 그뿐이 아니었다. 또한 인간은 신들의 삶의 방식이 인간의 그것과 같을 것이라고 상상했다."[21] 이 통찰력 있는 주장은 시리아-메소포타미아에 분명하게 적용된다. 함께 모여 판단하고 결정하는 이곳의 관습은 다신교적 토착 신앙을 기반으로 한 것이었다. 다양한 직업을 가진, 서로 다른 지위에 있는 사람들이 함께 모여 다양한 문제를 토론할 때면 — 이들은 지성이 자리 잡은 신체 부위가 두뇌가 아니라 귀라고 믿었다. — 이들은 자신들이 신들에게 호의를 베풀어줄 것을 탄원하는 사람들이자, 자칫 무질서와 혼돈으로 빠질 수 있는 이 세상이 부드럽게 통합을 이룰 수 있게 공헌하는 사람들로서 신의 세계라는 더 넓은 세계에 참여하는 것이라고 생각했다.

기독교 사상과 현대 사상은 이런 신화를 편견으로 대하기 때문에 시리아-메소포타미아 지역의 고대 회의체들은 이제까지 기록된 민주주의의 역사에서 무시되어 왔다. 이런 현상에는 다른 요인도 있다. 즉, 문자 사용의 정치경제학이다. 인류 역사상 문자가 처음으로 발명된 것은 바로 이 지역이었다. 여기서 문자가 처음 만들어졌을 때는 점점 복잡해지는 회계 과정을 좀 더 쉽게 처리하는 것이 목적이었다. 당시 이 지역에서 도시가 팽창하고 사원 경제가 발달함에 따라 회계 작업이 매우 중요한 일이 되었던 것이다. 이 기록 문화의 발달에 따라 시리아-메소포타미아 지역에는 상당히 중요한 의미를 담은 문학이 탄생했다. 그러나 문자 사용은 일부 계층에 한정되어 있었다. 문자가 주로 사용된 영역은 교역과 상업의 기록 부문이었으며 특히 사원과 궁정 같은 공공 기관들의 행정 부문이었다. 또한 정부 기관과 부유한 개인이나 가정에서만 제한적으로 문자를 사용하고 기록했다는 점이 원인이 되어, 이 지역에 존재했던 회의체들이 후대 사람들의 눈에는 거의 보이지 않는 결과가 초래된 것이다. 이런 결과는 역설적이게도 이 회의체들이 힘이 있었다는 사실 때문에 더욱 강화되었다. 궁정과 같은 중앙 집권화된 관료 체제가 경제와 행정 분야에서 기록 관리를 독점했기 때문에, 회의체들 내에서 진행된 분권화된 정치 과정은 기록되지 않았던 것이다. 현재까지 남아 있는 간헐적 증거물들이 이런 상황을 암시한다.

설사 이러한 고고학적 흔적들이 너무 희미해 보여도, 그것은 이 지역에 회의체들이 아예 존재하지 않았기 때문이라거나, 설사 존재했다 하더라도 너무 취약한 상태였기 때문은 아니다. 그것은 '서방 민주주의 도그마' 때문이며, 기록 보존과 문자 사용의 역사가 격심한 변화를 겪었기 때문이다. 또한 시간이라는 무자비한 폭군 때문이며, 발굴 작업에 따르는 운과 기술 때문이며, 그리고 좀 더 최근의 일을 언급하자면 이 지역에서 치열한 전쟁이 벌어졌기 때문이다. 고대 수메르어와 아르카디아어에서 회의체를 지칭하는 단어는 각각 우킨과 푸흐룸인데, 이 단어들이 (영어에서도 그러하듯이) 사람들의 비공식 모임을 뜻하기도 하고 통치 기구를 뜻하기도 한다는 사실 역시 고고학적 탐구 작업을 어렵게 만들었다. 그러나 이런 증거 부족이 결코 이 회의체들이 무력했다거나 역사적으로 의미가 없다는 것을 뜻하지는 않는다. 이 회의체들의 작동 양상을 자세히 묘사한 문건은 심각할 정도로 부족하다. 하지만 놀라운 내용이 들어 있는 것들도 있다.

이런 문건에 따르면 회의체가 도시에만 존재하는 것이 아니었음을 알 수 있다. 예를 들어 기원전 두 번째 천 년의 기간 중에 메소포타미아의 북서부 지역에서 천막 생활을 하는 유목민들이 공동 관심사를 해결하기 위해 정기적으로 모임을 열었다는 것을 보여주는 증거가 있다.[22] 이런 모임을 뜻하는 서(西) 셈족의 언어는 리숨(rihsum)인데, 이 단어는 상이한 유목민 집단 사이에서 진행된 회담을 가리키는 데 쓰였다. 예를 들어 야미니트족과 잘마쿰족 사이의 회담을 지칭할 때 이 단어가 사용되었다. 한 문건에 다음과 같이 기록되어 있다. "잘마쿰과 야미니트가 만났고 회담(rihsum)을 했다. 회담의 목적은 동맹이었다." 때때로 외부의 어떤 권력자가 주도하여 회담이 시작되는 경우도 있었다. 그런 권력자 가운데 한 사람이 마리의 왕인 짐리-림(Zimri-Lim)이었다.(재위 기간은 기원전 1775년에서 기원전 1761년까지였다.) 짐리-림이 작성한 지령서의 내용을 보면 다음과 같은 구절이 있다. "하나(Hana)족(유목 부족 가운데 하나)을 쫓아가서 찾아낸 다음, 회담(rihsum)을 실시하라. 그리하여 하나족이 한군데 모이도록 하고, 횃불을 쳐들어 올릴 때(?) 하나족 전체가 마치 한 사람처럼 나를 돕기 위해 올 수 있게 하라." 이 지령에 따르면 이런 리숨에 참여하는 사람의 범위는 넓었던 것으로 보이며, 어쩌면 여성과 아이들까지 포함되었을지도 모른다. 증거물을 보면, 참석자들이 기꺼이 먼 거리를 이동하려 했던 의지는 종종 발견되지만, 이런 회담이 정기적으로 열리는 정해진 장소는 없었던 것으로 보인다.

이처럼 정해진 곳 없이 장소를 옮겨 가며 열린 모임에서 서로 의견을 교환하고 합의를 이루었으나, 이러한 이동식 모임이 모임의 전부는 아니었다. 도시에도 사람들 사이의 분쟁을 심의하고 법적 심판을 내리기 위한 목적으로 개최되는 모임이 있었다. 유프라테스 강변에 있던 신성한 도시 닌푸르는 가장 오래된 바빌로니아의 정착지로서 엔릴 신이 인간을 창조한 장소라고 전해진다. 지금의 바그다드에서 남쪽으로 약 160킬로미터 떨어진 곳에 있었으나 지금은 거대한 사막 유적지일 뿐이다. 여기에서 발견된 유물 중에 기원전 2000년대 초반에 일어난 살인 사건을 다룬 재판 기록이 있다. 이 기록에는 현지 사제의 아들인 루-이난나(Lu-Inanna)라는 사람이 세 남자에게 살해당한 것과 피살자의 아내가 사건을 은폐하려고 시도했던 정황이 자세하게 묘사되어 있다. "이 사건은…… 우르-니누르타(Ur-Ninurta) 왕에게 보고되었다. 왕은 닌푸르의 회의체에서 이 사건에 대한 결정을 내리라고 명령했다." 평민(무스케눔muškēnum)—새를 잡는 사람, 정원사, 단지 만드는 사람, 군인 같은 직업을 가진 사람이 평민이었다.—으로 구성된 회의체는 이 사건을 철저하게 논의했으며 결국 네 사람 모두 유죄 판결을 받았다. "닌푸르의 회의체에서는 루-신(Lu-Sin)의 아들 난나-시그(Nanna-sig), 이발사 쿠-난나(Ku-Nanna)의 아들 쿠-엔릴라(Ku-Enlila), 정원사 아다-칼라(Adda-kalla)의 노예 엔릴-엔남(Enlil-ennam), 루-니누르트(Lu-Ninurt)의 딸이며 동시에 루-이난나의 아내였던 닌-다다(Nin-dada)의 사형을 결정했다. 닌푸르 회의체의 판결."[23]

또 다른 증거물에 따르면, 기원전 2000년대에 닌푸르에 있던 회의체들이 이처럼 민법(民法) 사안을 다루는 민중 법정의 역할만 한 것은 아니었던 것 같다. 이따금 이 회의체들은 군주에게 도전하는 권한도 있었던 것으로 보인다. 이 사실을 암시하는 증거물로, 당시 바빌론의 회의체가 바빌로니아의 왕인 샤마시-슈마-우킨(Shamash-shuma-ukin)과 그의 형제이자 아시리아의 왕이었던 아슈르바니팔(Ashurbanipal) 두 사람에게 동시에 발송한 서신이 남아 있다. 회의체가 작성한 서신에는 과거 바빌로니아 왕이 보장해주었던 내용이 기록되어 있다. 즉 "바빌론에 들어오는 자는 누구든지 영구히 보호 받을 것"이며 "설사 개 한 마리일지라도 바빌론에 들어오는 자는 죽음을 당하지 않을 것"이라고 보장했다는 내용이다. 서신은 또한 두 왕에게 바빌론의 모든 주민에게 보호의 권리를 승인해줄 것을 요청하고 있다. 이때 주민은 외국에서 바빌론으로 이주해 들어온 사람들까지 포함하는 것이었다.[24] 이 청원의 내용은, "굴종 상태에서 어떤 것을 빼앗기게 되면 그것은 결국 도전의 수단이 된다."*라는 유명한 속담을 떠올리게 한다. 이 청원의 내용과 일맥상통하는 또 다른 유물이 있다. 니네베에서 세계에서 가장 오래된 고대의 도서관이 발굴되었는데 여기에서 발견된 진흙 판에는 정치적 성격의 글이 적혀 있었다. 이 글은 '군주에 대한 충고'라는 이름으로 불린다. 이 글은 대략 기원전 2000년대 마지막 시기에 작성된 것인데 내용을 보면, 군주가 만일 도시와 농촌의 삶의 자유에 간섭한다면 여러 남신과 여신이 가만히 두고 보지 않을 것이라고 경고한다. 만일 탐욕스러운 군주가 "바빌론의 시민들이 갖고 있는 은을 빼앗아 자신의 금고에 보태면, 혹은 군왕이 바빌론 사람들과 관련 있는 소송을 심의할 때 경박스럽게 처리하면, 하늘과 땅의 주인인 마르두크 신이 군주의 적들이 군주를 공격하게 만들 것이며 군주가 누리던 재산과 부를 군주의 적에게 줘버릴 것이다." 이와 유사한 처벌을 받게 되는 다른 여러 가지 행동이 열거되어 있다. 충고를 잘 듣지 않는 것, 시민들에게 부당한 유죄 판결을 내리거나 시민들을 부당하게 구속하는 것, 시민을 강제로 경작지나 사원에서 일하게 하는 것 등이다. 이 정치적 문건은 이미 바빌론과 니푸르와 시파르의 회의체들이 모두 각각―신들의 도움을 받아―전제적이거나 자의적인 통치에서 면제권을 확보한 상태라는 것을 현재와 미래의 군주들에게 상기시키고 있다. "하늘과 땅에 거주하는 위대한 신들인 아누와 엔릴과 에아(Ea)는 그들의 회의체에서 위 도시들에 사는 사람들이 그러한 책무에서 자유롭다는 것을 확인해주었다."[25]

하지만 이런 종류의 자료를 우연히 발견했다 해도 지나치게 흥분해서는 안 된다. 고대의 회의체에 대한 이런 탐구 작업에 비판적인 사람은 다음과

---

* 이 속담은 기원전 2000년경의 것으로 추정되는 고대 수메르 유물에 기록된 십여 개의 속담 가운데 하나이다.

같이 말할 것이다. "그런 이야기들 모두 다 좋습니다. 하지만 군주 입장에서 볼 때 그런 회의체가 무척 유용하겠죠? 분명히 그렇겠죠? 그런 회의체들은 아주 귀한 정보원이었을 것입니다. 신민들과 떨어져 있는 군주들로서는 그런 회의체가 무척 유용한 여론 청취 도구였을 것입니다. 게다가 그런 회의체들은 군주가 이미 결정한 정책들에 지지를 동원하는 데 이용되지 않았을까요? 그렇게 함으로써 그 정책들이 성공적으로 채택되어 실행될 수 있도록 상당한 힘이 되어주지 않았을까요?"

적절한 질문들이다. 실제로 이 회의체들은 통치자들이 백성과 접하는 것을 완전히 피할 수 없는 작은 규모의 공동체에서 통치자와 피치자 사이에 중요한 의사소통 수단이 되었다. 그러나 '서방 민주주의의 교조주의자들'이 즐겨 하듯이 이렇게 일방적으로 평가하는 것은 잘해야 전체 상황의 절반만 보는 것이며 이것은 결국 엄청난 거짓을 영속화한다. 천 년이 넘은 후대에 출현하는 그리스의 정치 체제가 그랬던 것과 정확하게 똑같이, 이 시리아-메소포타미아 지역의 고대 회의체들은 대중의 학습, 권력에 대한 의혹, 그리고 훗날 '정치'라고 불리는 것 ─ 즉 누가 언제 어떻게 무엇을 획득하는가에 관한 공적인 판단 ─ 을 다루는 기술을 교육하고 계발하는 현장이었다.

향후 그리스 세계에 등장하게 되는 도시국가의 민회들과 비교했을 때, 시리아-메소포타미아의 회의체들은 그 수가 더 많고, 특정한 장소에 고정되어 있지 않았으며, 또 더 넓게 분산되어 있었을 가능성이 크다. 훗날 그리스에서 보여지듯, 일정한 영역 내에 거주하는 분명한 공동체 구성원이 있고 그 구성원을 기반으로 하는 고정된 형식의 회의체가 구성되는 경우는 드물었다. 이런 차이는 그리 놀라운 일이 아니다. 왜냐하면 시리아-메소포타미아의 신들은 어느 장소에나 있었으며 에너지가 넘쳤고 강력한 윤리적 성격을 띠었기 때문이다. 인간의 회의체가 역할 모델로 삼은 남신과 여신들은 그저 자신들의 욕망을 추구하면서 술을 진탕 마시고 법석을 떨면서 노는 의식에 몰두하는 부류의 신이 아니었다. 이곳의 신들은 우주의 합당한 질서 확립을 위해 아주 작은 세부 사항까지 신경 쓰면서 노력하는 신이었다. 신들이 참가하는 회의체는 특정한 개최 장소가 없었으며 이런 회의에 참가한 신들은 오만과 무법과 잔인한 행동을 저지르지 말라고 경고하는 한편, 도덕적

숙의와 참회의 기도와 합리적 판단을 권유했다. 현존하는 증거에 따르면, 시리아-메소포타미아 세계는 '윤리적 다신교'[26]였기 때문에 이곳의 사람들은 필요한 상황이라고 인정되기만 하면 때와 장소를 가리지 않고 회의체를 결성해 진지하게 논의하는 일이 매우 활발했던 것으로 보인다. 이런 사정을 염두에 두면, 어째서 회의체들이 그토록 진지하게 받아들여졌는지, 어째서 회의체들이 상황에 따라 끝없이 변화하는 모습을 보여주었는지, 어째서 고정된 회의 장소가 없었는지, 어째서 회의체들이 그토록 넓은 범위를 관할했는지―이 회의체들은 지극히 다양한 환경에 있는 많은 사람의 삶에 관여하고 그들의 삶의 모습을 형성했다.―그리고 어째서 이 회의체들이 번성했던 도시 지역이나 전원 지역에서 '네스티드 분포'나 '모듈러 분포'*의 양상으로 나타나는지 이해할 수 있다.

새로운 증거가 곧 발견될지도 모르지만 우리는 구체적인 정보를 풍부하게 확보하고 있다. 이 증거물들은 마을과 도시뿐 아니라 전원 지역에서 많이 발견되었다. 이 증거물을 통해 우리는 일반 주민들로 구성된 회의체의 존재를 확인할 수 있으며, 회의체가 법의 영역에서 작동했을 뿐만 아니라 물과 토지에 관한 분쟁에서부터 세금과 공공 안전에 이르기까지 광범위한 문제를 다루었음을 알 수 있다. 도시에서 지도적 역할을 하는 사원 내에도 이런 회의체가 존재했다는 것을 보여주는 풍부한 증거물이 있다. 사원은 신을 경배하는 장소만은 아니었다. 특히 기원전 첫 번째 천 년 시기에 사원들은 사람들의 문제를 논의하는 장소였을 뿐 아니라 정부의 자의적인 권력 행사로부터 사람들을 보호하는 완충 장치 역할을 하기도 했다. 이는 도시에 있던 소지역 회의체도 마찬가지였다. 도시는 여러 행정 구역으로 나누어지는 것이 보통이었으며 각 행정 구역에는 주민 회의체가 있었는데, 이 조직은 주민들 사이의 분쟁을 공적으로 심의하고 판결하는 법원의 역할도 겸했다.

시리아-메소포타미아의 옛 회의체들은 놀라울 정도로 형태가 다양했다.

---

* '네스티드 분포(nested distribution)'는 마치 러시아 인형 마트료시카나 야외용 접시 세트처럼 크기가 큰 구성 요소 속에 약간 작은 크기의 구성 요소가 들어 있고, 그렇게 겹겹이 조금 더 작은 구성 요소가 들어 있는 분포를 말한다. '모듈러 분포(modular distribution)'는 장난감 로봇이나 우주선같이 각각의 구성 요소가 독립적으로 존재하면서 동시에 이 구성 요소들이 모여 하나의 전체 구조를 만들 수 있는 분포를 말한다.

그리고 이러한 사실은 그런 회의체들이 단순히 지역의 군주들이나(설사 군주가 회의체를 종종 소집했다 하더라도), 사원이나 부유하고 강력한 제국의 통치자들에게 지배당한 기관이 아니었음을 확인해준다. 그러나 이런 회의체에 참가할 자격이 있는 사람의 범위가 과연 충분히 넓었는지, 또 야심 있는 참가자들이 권력에 대한 탐욕을 드러낼 때 과연 이 회의체들에 그것을 억제할 수단이 있었는지, 투표가 실시되었는지, 과연 다수결의 원칙이 (남아 있는 일부 문건이 암시하듯) 널리 통용되었는지에 관한 답은 알 도리가 없다.

여하튼 분명한 사실은, 티그리스 강과 유프라테스 강 그리고 그 지류들로 둘러싸인 지역에 이렇게 생겨난 각종 회의체가 누구도 무시할 수 없는 영향력을 행사했다는 점이다. 또한 우리는 이 회의체들이 '세속적' 제도가 아니었다는 것(신성과 세속의 구별은 그리스인과 페니키아인이 그랬던 것처럼 이 지역 사람들에게도 의미가 없었다)과 회의체들이 가끔씩 논란에 휩싸였다는 것을 알고 있다. 이런 정황을 암시하는 유물로는, 과거 아나톨리아 지역에 있었던 아시리아의 교역 식민 도시 카니시에 살았던 어느 주민이 신에게 기도를 드리는 내용이 담긴 유물이 있다. "저의 신이시여, 저를 그 회의에 버려두지 마십시오. 그곳에는 저를 해치려는 자가 많습니다. 그 회의에서 제가 해를 입지 않도록 해주십시오."[27] 또한 이미 예로 든 니푸르의 살인 사건 재판에서 볼 수 있듯이, 시리아–메소포타미아 지역의 옛 회의체들 가운데 적어도 몇몇은 아테네의 민회보다 진정한 의미에서 더 대중적인 조직이었다고 말할 수 있다. 여성이 정규적으로 이런 회의체에 참가했는지는 의심스럽다. 그랬는지 아닌지를 판정해줄 증거는 거의 발견되지 않았다. 보통, 노예와 어린아이는 회의체에 참여하지 못했다. 그러나 도자기 만드는 사람, 정원사, 새 잡는 사람, 현지 사원에서 복무하는 병사들은 회의체에 '평민' 자격으로 참여했다. 이들은 특정한 기술 분야 혹은 직업 분야에서, 예를 들어 상인들이 소집한 회의체에도 참석했다. 또한 아테네 민주정이 번성하던 바로 그 시기에 외국인들로 구성된 자치적 단체가 있었음을 시사해주는 흥미로운 증거물도 있다. 예를 들어, 기원전 5세기 바빌로니아에는 이집트를 비롯한 다른 지역 출신 이주자들이 만든 회의체가 있었다. 아테네에는 이런 종류의 회의체가 존재한 적이 없다. 또한 카니시의 한 회의체에는 어느 가정이 소유한 노예가 출석했음을 보여주는 기록도 있다. 고대 바빌로니아 시대인 기원전 1700년경의 증거물에는 한 마을의 주민 모두가, 즉 출신과 직업을 막론하고 모든 남성과 여성이 회의체에 출석한 사실이 기록되어 있다. 장소는 유프라테스 강변에 있던 변두리 마을인 하라둠이었다. 마을 대표인 하바사누라는 자가 납세자들의 돈을 횡령한 혐의로 공적으로 기소된 사건을 논의하는 회의였다.[28] 또한 마리의 문서 보관소에서 발견된 기록도 있다. 마리는 당시 유프라테스 강 골짜기에 있던 작은 왕국의 수도였는데 현재 시리아와 이라크의 국경에서 시리아 쪽에 위치한 곳이다. 마리에서 강을 따라 조금 내려가면 사피라툼이라는 도시가 있었는데, 이곳에 있는 궁정 토지의 법적 지위에 관한 공적 논란이 점토판에 쐐기 문자로 새겨져 기록으로 남았다. 이 회의는 마리의 왕인 짐리-림이 관장했으며 사피라툼 주민 전체가 출석했다. 마흔세 명의 대변인들도 출석하여, 어떤 개인이 이 토지의 소유권을 주장하는 것과 관련한 세부 내용을 심의했다. 기록된 바에 따르면, 이렇게 회의에 모인 주민 전체는 개인의 주장을 거부하는 투표를 실시했으며, 해당 토지가 왕의 소유임을 확인했고 왕 앞에 충성을 맹세했다고 기록되어 있다.

　시리아-메소포타미아 지역에 있던 회의체들이 진정으로 민중적이었다는 주장을 제기한다면―그럼으로써 이 회의체들이 '민주주의'의 초기 형태였다고 주장한다면―그 주장은 곧바로 이 회의체들 중 일부가 앞서 비블로스의 경우로 언급했듯이 이른바 '도시의 장로들'에게 장악되었다는 증거에 의해 힘을 잃고 만다. 장로들의 영향력을 암시하는 단서는 수메르의 유명한 문학 작품《길가메시 서사시》에 나오는 길가메시와 아가(Agga) 이야기에서도 발견된다. 기원전 세 번째 천 년 시기 후기에 작성된 것으로 추정되는 이 이야기는 우루크라는 도시(이 도시의 왕이 바로 길가메시였다)가 키시(키시의 왕이 아가였다)에서 온 군사들에게 포위 공격을 당하는 상황이 묘사되어 있다. 길가메시는 초인적인 힘을 지닌 반쯤은 신적인 존재였는데 이렇게 어려운 상황에 맞닥뜨리게 되자 겸손한 자세를 보이며 회의체 두 곳에 조언을 구했다. 하나는 '도시의 남자들' 또는 '신체 건강한 남자들'이었고 다른 하나는 '도시의 장로들'이었다.(전자의 남자들은 수메르어로 구루스guruš였으며, 후자의 장로들은 수메르어로는 압바ab.ba, 아르카디아어로는 시부툼 šibūtum

이었다.) 이 '장로들'과 그 외의 사람들이 정확하게 어떤 관계였는지는 알 수 없다. 그러나 이런 구별이 있었다는 사실 자체로 우리는 고대의 회의체들이 존재했던 세계가 결코 평등주의적 낙원은 아니었으며, 이 세계에는 나이나 성별, 재산, 직업상 지위의 기준에 기반을 둔 (것으로 추정되는) 강한 위계 질서의 구조가 세워져 있었다는 점을 알 수 있다.

시리아-메소포타미아 회의체의 전파

그렇다면 이렇게 기원전 2000년대에 번성했던 고대의 회의체들은 과연 어떻게 되었는가? 마치 뜨거운 여름날 하늘에 피어오르던 뭉게구름처럼 그저 홀연히 사라지고 말았는가?

오늘날 이 질문에 주어지는 가장 권위 있는 답변은 다음과 같다. 시간이 흘러 이 지역에 제국이 성장함에 따라 민중 회의체들이 약해졌으며, 또 무력의 뒷받침을 받는 중앙 집권화된 권력이 성장하면서 이런 회의체들의 목숨이 끊어지게 되었다는 것이다. 이런 답변은 상당히 설득력 있게 보이기 때문에 더 할 말이 없게 만든다. 그러나 비록 현존하는 자료들이 다소 불확실하게 보인다는 것을 감안하더라도, 증거를 따져보면 위의 답과는 전혀 다른 결론이 도출된다. 새로운 결론은, 이 지역 전반에 민중 회의체가 존속했을 뿐 아니라 일부 지역에서는 추측과는 반대로 오히려 더 '강력'해졌다는 것이다. 바빌로니아 혹은 아시리아처럼 넓은 지역을 관장한 제국들은 효율적으로 움직이기 위해 제국의 권력을 '아웃소싱'해야 했다. 그리고 그것은 제국이 지배하던 영토 곳곳에 점점이 흩어져 있던 유목 부족들이나 도시들과 '계약을 통한' 합의를 발전시키고 좋은 관계를 유지함으로써 가능했다.[29]

제국과 자치 기구가 이러한 긍정적인 관계를 맺었다는 것은 쉽게 이해하기 힘든 내용인데 앞으로 몇 차례 더 이 관계에 관하여 논할 것이다. 우선은 기원전 두 번째 천 년 시기 초기의 옛 아시리아에서 작성된 흥미로운 편지에서 이런 관계를 암시하는 내용을 볼 수 있다. 이 편지에는 아수르 시에서 보낸 요구 사항이 적혀 있는데 새로운 성채를 쌓는 데 필요한 자금을 식민지가 지불해야 한다는 내용이었다.[30] 고대 아시리아 시대에 작성된 서신들을 보면 '회의체'란 단어가 종종 '시'라는 단어와 동의어로 사용되는데 이 편지에서 바로 그렇게 쓰인다. 토르킬드 야콥센은 이런 회의체들에 군주를 지명하거나 해임하는 권한이 있었다고 주장하기도 했다. 이 주장은 사실일 수도 있고 아닐 수도 있다. 하지만 한 가지는 분명하다. 이러한 회의체들이 최소한 2천 년 동안 존속했다는 것이다. 달리 말해, 고대 아시리아 때 있었던 회의체들은 이후에 등장한 페니키아와 그리스의 회의체나 민회와 마찬가지로 일종의 '정치적 전통'을 형성했으며 그 전통은 쉽게 폐기되거나 무시될 수 없었다는 것이다.

비록 현장 증거는 부족하지만 우리는 어느 정도 확신을 품고, 시리아-메소포타미아의 옛 자치적 회의체들이 다른 지역으로 확산되는 경향이 있었다고 말할 수 있다. 무슨 뜻인가? 지리적으로 말하자면 이 말은 자치적 회의체들이 동쪽으로 널리 퍼졌으며, 예를 들어 지금의 인도 아대륙으로 확산되어 기원전 1500년경, 즉 초기 베다 시대가 되면 이 지역에 회의체가 통치하는 공화국들이 많았음을 의미한다.[31] 한편 서쪽 방향으로는 하천 무역과 대상(隊商)의 교역로가 마리, 툿툴, 나바다 같은 시리아-메소포타미아의 도시를 통과하는 덕분에, 회의체를 기반으로 한 토론의 관행이 지중해 해안까지 이르렀으며 이후 지중해 해안을 장악하는 페니키아 '해양 민족'들과 그리스인들에게도 전해졌다. 그리스인들은 그러한 회의체에 '민주주의'라는 새로운 이름을 부여함으로써 용감하게도 바로 자신들이 이런 회의체를 처음 고안해낸 영광의 주인공이라고 주장했다.

당대 그리스 사람들은 자신들이 이런 뻔뻔한 일을 저질렀음을 부정하는 것이 보통이었지만, 주목할 만한 예외가 하나 있었다. 그것은 기원전 492년의 봄철에 지중해 동쪽 해안에서 일어난 사건에 관한 묘사이다. 당시 페르시아 사람인 마르도니오스(Mardonios)는 지중해 동쪽 해안 지역에서 군사 원정을 시도하고 있었다. 그때 상황을 묘사한 내용은, 회의체 민주주의의 기원이 동방에 있었다는 우리의 이야기를 강하게 뒷받침해준다.

마르도니오스는 페르시아 제국의 왕 다리우스의 딸 아르토조스트라(Artozostra)와 결혼한 지 얼마 되지 않은 때에, 엄청난 육군과 해군 병력의 지원을 받아 소아시아 해안 지역을 휩쓸며 이오니아의 그리스인 도시들을 공격하고 그리스 본토의 에레트리아와 아테네를 향해 진군하려 했다. 이 군사 작전은 결국 악천후 때문에 실패로 돌아갔지만, 이오니아 지역에서 마르도니오스는 가는 곳 어디에서나 자신이 붙잡을 수 있는 폭군들을 모두 퇴위시킴으로써 각 지역 주민의 지지를 모으려고 노력했다. 폭군의 정권 대신에 그는 민중 회의체가 주도하는 정부를 세웠다. 그 결과 그는 각 지역의 과두정 옹호자들의 호의를 얻는 데 성공했다. 그들 가운데 페르시아 귀족인 오타네스(Otanes)가 있었는데 그는 회의체를 통한 자치 체제에 찬사를 보냈다고 기록되어 있다.

오타네스가 마르도니오스에게 정치적으로 공감을 보인 일은 당시 적잖은 그리스인의 눈에 '놀라운 일'로 비쳤다.[32] 대부분의 사람들은 이 이야기를 듣고 놀랐고 상당수는 이 이야기 자체를 믿으려 하지 않았다. 바로 그렇기 때문에 이 이야기가 기록에 남게 된 것이다. 여하튼 이 이야기는, 공적 책임성을 지닌 정부의 중요성에 관해 그리스와 페르시아가 나눈 대화라고 볼 수 있기에, 여기서 그 내용 전부를 살펴볼 가치가 있다.

오타네스는 이렇게 말을 시작했다. "제가 보기에는 우리들 가운데 단 한 사람이 통치자가 된다는 것은 최선의 방책이 아닌 것 같습니다. 그런 상황이 벌어지면 유쾌하지도 않을뿐더러 이롭지도 않을 것입니다." 오타네스는 잠시 말을 멈추었다. 숨을 한 번 들이쉰 다음에 그는 페르시아의 캄비세스(Cambyses) 2세의 사례를 들면서 자신의 논지를 전개했다. 캄비세스 2세는 폭음을 일삼던 범죄적 통치자였으며, 성스러운 동물을 죽인 뒤 그 죄값으로 미치광이가 되었다고 알려져 있었다. "여러분은 캄비세스의 오만한 성품을 이미 보았으며 그것이 어떤 지경까지 갈 수 있는지 보았습니다. …… 단 한 사람에 의한 통치가 어떻게 질서 정연한 통치가 될 수 있겠습니까? 군주는 자신의 행동에 아무런 설명을 내놓지 않은 채로 자신이 원하는 대로 행동할 수 있지 않습니까? 모든 사람들 가운데 가장 훌륭한 자라 할지라도 만일 그가 그 자리에 서게 되면 바로 그 자리 때문에 그의 원래 성격은 다른 방향으로 변하게 될 것입니다. 그 사람은 좋은 것들을 소유하기 때문에 그의 내부에 오만함이 생길 것입니다. 그리고 질투심은 본래 인간의 내면에 뿌리내리고 있습니다. 이렇게 오만과 질투가 생기면 그 사람은 모든 종류의 악덕을 저지르게 됩니다. 그는 무분별하게 잘못된 행동을 많이 하게 될 것입니다. 풍요에서 비롯된 오만이 이런 행동을 부추기는가 하면, 질투심 역시 무분별한 행동을 부추깁니다. 폭군의 경우 그는 모든 종류의 좋은 물건을 다 가지고 있기 때문에 질투심에서는 자유로울 수 있습니다. 그러나 그는 시민들에게는 정반대의 감정을 느끼게 됩니다. 그는 시민들 가운데 고귀한 사람들이 자신의 주위에서 번창하는 데 원한을 품는 한편, 시민들 가운데 가장 저열한 자들 속에서 기쁨을 느낄 것이며, 따라서 그는 남의 험담을 몰래 즐겨 듣는 사람이 될 것입니다. 다른 모든 것 중에서 특히 지적할 것은, 그가 일관성이 극히 결여된 태도를 보일 것이라는 점입니다. 만일 당신이 그를 소극적으로 칭송할 경우 그는 자신에게 큰 칭찬이 주어지지 않는다는 점을 불쾌하게 여길 것입니다. 반대로 당신이 그를 거창하게 칭송할 경우 그는 당신이 아첨꾼이라고 생각할 것입니다. 그리고 이 모든 것 가운데 가장 중요한 것은 지금 제가 말씀드리려는 것입니다. 그는 우리 조상에게서 물려받은 관습을 무너뜨릴 것이며, 여성들을 강간할 것이며, 재판도 거치지 않고 사람들을 죽일 것입니다."

귀족 오타네스는 이제 전제정에 대한 자신의 처방을 제시한다. "한편, 다중(多衆)에 의한 통치를 부르는 여러 명칭 가운데 가장 멋진 것은 '법 앞에 평등(isonomia)'입니다. 다중은 단독 통치자인 군주가 행하는 위의 예시 중 어느 것도 하지 않습니다. 정부의 직책은 추첨으로 배분되며 행정관들은 자신의 결정을 해명해야 하며 모든 심의는 공적 회의체에서 진행됩니다. 따라서 나는 1인 군주 체제가 사라지도록 해야 하며 민중의 힘을 늘려야 한다고 생각합니다. 그들 안에 모든 것이 들어 있기 때문입니다."

이슬람과 회의체

'민중의 힘'이라든가 '그들 안에 모든 것이 들어 있다'는 칭송의 표현이 페르시아 귀족의 입에서 나왔다는 사실은 놀라운 일이다. 이 사실 덕분에 우리는, 중요한 결정 사항을 다중의 회의체에 넘김으로써 권력을 공적으로 통제한다는 '동방의' 관습이 얼마나 강한 전파력을 지녔는지 새삼 깨닫게 된다. 물론 관습이라는 것은 '자연적'인 것이 아니며 어떠한 역사적 보장도 있을 수 없다. 그렇기 때문에 여기에서 새로운 질문들이 제기된다. 고대 그리스의 민주주의 체제가 지중해 동부 지역에서 모습을 감춘 뒤, 공공 회의체에 의한 자치 정부의 관습에는 어떤 일이 벌어졌는가? 회의체들은 지하로 숨어들었는가? 아니면 아무런 흔적도 없이 그냥 사라져버렸는가? 이제까지 기술된 모든 민주주의의 역사에서 추정했듯이, 자치적 회의체가 남긴 뼈대에 새로운 살을 붙이는 작업은 많은 세월이 지난 뒤에 기독교화된 유럽에 맡겨진 것인가?

이 질문들에 모두 다 아는 뻔한 일반적인 답변 몇 개를 내놓을 수도 있지만, 그 대신에 좀 더 세심하게 답을 찾으면 우리는 회의체 민주주의의 초기 역사에 대한 우리의 그림을 한층 분명하게 완성할 수 있다. 이를 위해 또 하나의 편견에 의문을 제기한다. 마케도니아의 군사적 승리 뒤에 아테네를 비롯한 그리스 지역의 민주주의가 비극적인 몰락을 맞았으며, 그 후에 등장한 로마 제국과 비잔틴 제국이 생산한 것은 정치적 무덤뿐이었다는 편견이다. 이 편견에 따르면, 민주주의는 죽어버렸고 망각되었으며 그런 상태로 오랜 시간이 흘렀다. 민중의 지배는 "1천 년 동안 지구상에서 사라졌으며" 마치 멸종된 줄 알았던 생물체가 격변의 빙하 시대가 지난 뒤 기적적으로 되살아난 것처럼 기원후 1100년경에 이탈리아 북부 도시에서 다시 되살아났다는 논지다.[33]

모든 편견이 그러하듯 민주주의가 천 년 동안 사라진 상태였다는 이야기에도 약간의 진실이 담겨 있다. 고대 그리스 세계에 존재하던 민주적 제도와 삶의 방식은 마케도니아의 통치 속에서 심하게 훼손되었고, 로마 제국의 영향 속에서 고난을 겪었으며, 로마 제국이 붕괴하고 비잔틴 지배 체제로 변형되는 과정에서도 파괴되었다. 이 지역 전체에서 그리스의 민주정을 대체하여 중앙 집권화된 국가들이 들어섰는데, 그 국가들은 주로 군주정이었다. 그 군주정 국가들은 작은 도시국가들—이 도시국가들 가운데 일부는 군대가 주둔한 수비대 도시였다.—이 거미줄같이 연결되어 있는 넓은 지역을 통치했다.

이러한 반민주적 분위기 속에서 단 한 번 예외로 로마의 공화정이 존재했다. 하지만 이 역시 기원전 1세기까지 잠시 동안만 존재했다. 로마의 집정관(consul), 법무관(praetor), 집정관을 지낸 속주 총독(proconsul), 법무관을 지낸 속주 총독(propraetor)이 지녔던 권력이 과두정적인 권력이었던 것은 사실이지만 이들은 여론에 크게 의지했다. 공공 집회(contiones)에서 표출된 여론은 다시 원로원(senatus)에서 걸러졌으므로, 원로원은 상당한 견제 세력으로 작동했다. 예를 들자면 로마의 각 속주(屬州)가 어떻게 통치되는 것이 가장 좋은가 하는 문제에서 원로원이 한 역할이 그러했다.[34] 공화국의 정무관(magistratus)들은 정기적으로 남성 시민들로 구성된 회의체를 소집했으며 그들의 집회 장소는 로마의 포룸(Forum)이었다. 이 회의에서 시민들은 피고의 유무죄 여부나 법률의 공인, 관직의 입후보자 결정 같은 사안을 판단하라는 요청을 받았다. 하지만 실제로는 공화국의 지리적 규모가 컸기 때문에(이탈리아 반도 남쪽 끝의 레기움에서 로마까지 거리는 600킬로미터였다) 대부분의 시민은 단 한 번도 표결권을 행사하지 못했다. 설사 일부 시민이 이런 제안 연설을 듣기 위해 집회에 참석했다 하더라도 이들에게 주어진 권한은 그저 '예' 혹은 '아니오'라는 의사 표시뿐이었다. 발언권은 통상 현재 관직에 있는 자와 전임 관직자에게만 주어졌다. 세월이 흐르며 이런 회의체들은 권력을 좇는 여러 경쟁 세력 간에 벌어진 힘 겨루기와 폭력으로 점차 분열되었다. 남아 있던 공공 통제 메커니즘의 에너지는 제국 체제가 들어서면서 차츰 약화되었다. 로마를 근거지로 했던 정부는 제국의 과두정 체제로 변질되었으며 이 과두정 체제는 민주적 자치 정부의 원칙과 관행에 깊은 적개심을 품고 있었다. 로마 제국 내의 도시들은 자기 도시의 군사적, 외교적 사안에 관한 통제력을 상실했다. 그뿐 아니라 도시의 내부적 사안에도 역시 힘을 제대로 발휘하지 못했다. 이는 궁정 신하들, 관리들, 권력의 '친구들'로 구성되는 계층이 크게 성장했기 때문이었다. 이들은 세금 징수 수단을 갖고 있었고 수비대 병력을 지휘할 권한이 있었기 때문에 도시 행정의 행정적 자율성을 전반적으로 규제할 수 있었다. 민회나 민중 법정, 500인회 같은 제도들이 사라졌다. 물론, 이런 제도들이 남긴 흔적은 민주주의의 사망을 기록한 각종 정치적 저술에 남았다. 하지만 대체로 당시 번성했던 것은 권력을 과시하는 각종 행사들이었는데 이는 종교 의식, 스포츠 경기, 체육 시설 등을 중심으로 진행되었다. 또 궁정 관료 집단도 번성했는데, 이들은 통치 권력을 위해 일하는 관리들이었다. 비판자들은 이들을 기생충 혹은 아첨꾼이라고 불렀다. 이들은 토지와 현금, 화려한 의복과 제복, 하인, 권력 수단에 접근할 특권적 권리를 통치 권력에게 선물로 받았다. 이런 모든 여건 때문에 민주주의적 정부의 기술은 거의 천 년 가까이 사람들의 기억 밖으로 밀려났다. 이것이 종래의 주장이었다.

하지만 이런 주장은 사실과 다르다. 민주주의가 세계에서 사라졌다는 것은 거짓 도그마이다. 이 도그마에 반대되는 증거는 많이 있으며 그 증거들을 활용하면 이런 잘못된 편견은 곧 무너지고 만다. 새로운 증거들을 통해 지금까지 살펴본 민주주의의 초기 역사 중에서 가장 크게 놀라게 될 것이다. 즉 우리는 이슬람의 결정적인 공헌을 알게 될 것이다. 인간은 회의체를 조직해 서로 평등한 존재로서 스스로 다스릴 능력이 있다는 오래된 원칙을 이슬람이 활성화했으며, 지리적으로도 확산시켰다는 사실을 알게 될 것이다.

우리가 민주주의라고 부르는 것은 아테네 사람들, 그리스 사람들, 혹은 페니키아 사람들이나 고대 시리아-메소포타미아 사람들이 하나의 목적을 지니고 발명한 것이 아니다. 회의체를 기반으로 한 초기 민주주의 역사는 마치 수많은 서로 다른 물길들이 합쳐져 만들어진 유프라테스 강의 모습과 흡사하다. 초기 민주주의라는 강의 하구에 만들어진 삼각주들과 상류에 있는 수원의 관계는 매우 복잡하다. 기존의 설명이 제시하는 것보다 훨씬 더 복잡한 관계이기 때문에 우리는 민주주의의 이상과 제도가 거대한 사각형 지대에서 탄생하고 최초로 육성되었다고 말하는 편이 좋겠다. 그 사각형 지대는 서쪽으로는 아테네와 로마, 동쪽으로는 바빌론과 메카, 이 네 도시를 연결한 지역이다.

메카? 이슬람교도들의 존경을 받는 사막 도시이며 이슬람 세계에서 가장 성스러운 장소로 여기는 그 도시? 이 도시를 민주주의 역사에 포함시킨다는 것은 언뜻 말도 안 되는 행동으로 보일 수 있다. 하지만 엄연히 존재하는 증거를 무시한다는 것은 민주주의가 순수하게 서방의—궁극적으로는 그리스의—발명품이라는 편견에 영합하는 것이다. 우리는 곧 이슬람 세계가

'황금' 시기인 최초의 사 세기 동안 고대 시리아-메소포타미아 지역에서 비롯한 회의체의 전통을 잘 지켜왔음을 알게 될 것이다. 그뿐이 아니다. 우리는 또 이슬람교도들이 서로를 평등한 존재로 인식하는 사람들 간에 권력을 공유하고 감시하는 참신한 공적 메커니즘을 다양하게 발명해냈음을 알게 될 것이다. 그리고 정치적으로 큰 의미가 있는 것은 다음 사실이다. 바로 세계의 여러 민족이 고대의 회의체 민주주의 형태에서 벗어나 대의제 정부의 세계로 넘어가는 과정에서 이슬람이 귀중한 교량 역할을 했다는 사실이다. 이러한 사실들은 앞서 기술된 민주주의 역사에는 전혀 기록되지 않았다. 과거의 민주주의 역사서는 이슬람을 의도적으로 무시하는 병폐에 시달렸다. 유럽 민주주의 역사에 관한 저술을 쓴 어스킨 메이(Erskine May, 1815~1886)는 다음과 같이 강하게 말했다. "세계의 모든 종교 가운데 무함마드의 종교만큼 자유에 적대적인 종교는 없었다." 또 이런 말도 했다. "그 예언자의 추종자들은 무자비한 정복자들이었으며 이 새로운 종교는…… 신정(神政) 체제였다. 절대적 통치자라는 요소는 그 정치 체제에서 핵심적인 요소였으며 그 정치 체제의 법률들은 변경할 수 없으며 코란에 의해 규정된 것들이다."[35]

메이가 밝힌 견해는 당시 기준으로 보아서는 그다지 극단적인 것은 아니었다. 하지만 이런 견해에는 실제로 대단히 반(反)민주주의적인 함의가 있다. 이슬람교도들은 민주주의의 역사에서 완전히 배제되었으며 그 이유는 19세기 프랑스의 정치인이며 저술가였던 토크빌(Alexis de Tocqueville, 1805~1859)이 분명하게 밝혔다. 그는 미국이라는 젊은 공화국에 깃든 민주주의를 열렬하게 옹호했던 사람으로 유명하다. 토크빌은 직설적으로 말했다. 그는 미국에서 활발한 사회와 굳건한 민주적 제도가 성장하는 데 기독교 정신이 밑거름이 되었다는 데 아무런 의심이 없었다. 이와 대조적으로, 이슬람 신앙은 시초부터 그 신앙자들을 물질주의와 숙명론이라는, 서로 밀접하게 관련된 두 가지 질병에 걸리게 했다는 것이다. 그는 이슬람이 너무나도 퇴행적이기 때문에, 이를테면 알제리 같은 장소에서 자행된 '정복이라는 거대한 폭력'이 반드시 필요했으며, 식민지들을 유지하기 위해 필요한 '더 작은 폭력 행동'이었다고 유럽 식민주의자들을 정당화했다. 그는 "무함마드의 종교만큼이나 인간에게 해로운 종교는 이 세상에 별로 없을 것"이라고 보았으며 "오늘날 이슬람 세계에서 보이는 퇴행 현상의 주요한 원인"이 바로 무함마드의 종교라고 보았다. 이슬람 사회에서 민주주의는 불가능하다는 것이었다. 결국 유일하게 남은 대안은 두 개의 층으로 이루어진 정치 질서였다. 위쪽은 기독교 문명의 원칙에 따라 민주주의적으로 살아가는 사람들이 다스리는 세상이며, 아래쪽은 코란이 제공하는 후진적인 율법과 관습 속에 괴로워하면서 살아갈 수밖에 없는 사람들의 세상이었다.[36]

이런 사고방식에 담긴 편협한 오만함은 오늘날 매우 불쾌하게 느껴진다. 이런 편견은 배척되어 마땅하다. 한편 이런 편견의 이면이라고 할 수 있는 사고방식, 즉 이슬람 세계가 민주주의라는 서방의 더러운 악마와 아무런 관련이 없다는 사고방식 역시 배척되어 마땅하다. 새로운 출발이 필요하다. 우리는 다시 역사를 찾기 위해 7세기 초 아라비아의 사막 지대로 돌아가야 한다. 이 지역은 초승달 모양의 모래 언덕들로 뒤덮여 있었고 군데군데 자리 잡은 오아시스는 야자수로 둘러싸여 있었으며 장이 서는 작은 도시들이 번성했다. 이 황량한 지역에 살던 주민들은, 각종 민간 신앙을 따르던 아랍의 유목 부족과 유대교, 기독교를 믿는 교역 상인과 여행자들이었는데 바로 이곳에서 새로운 세계 종교가 선포되었다. 이 종교의 창시자는 메카의 주민이자 고아였다. 현지 사람들은 그를 '알-아민(al-Amin, 신뢰할 수 있는 사람)' 이라고 불렀다. 그는 교역에 종사하는 쿠라시(Qurash) 부족에서 태어났으며 훗날 '예언자 무함마드'라고 불린다. 그의 정식 이름은 '아부-르-카심 무함마드 이븐 압드-알라(Abu-l-Qasim Muhammad ibn Abd-Allah)'였다. 그는 마흔 살 무렵에 히라 산 부근 동굴에서 수행을 했는데 명상을 하던 중 계속해서 사람의 목소리와 짤랑거리는 소리를 들었고 환영을 보았다. 그 소리와 환영은 마치 '새벽이 열리는 것처럼' 다가왔으며 세상을 창조한 신을 숭배하라고 명령했다. 그 신은 아랍인들이 이미 경의를 표해 온 알라(Allah)였지만, 그때까지 아랍인들은 알라에게 종교적 숭배 대상으로서 배타적인 지위를 부여하지 않고 있었다.

알라를 숭배하는 유일신 신앙을 세우고 포교 활동을 시작한 무함마드는 다신교를 믿던 쿠라시 부족의 주요 가문들로부터 박해를 받았다. 그러던 중 든든한 후원자였던 첫 번째 아내 카디자가 죽고(619년) 메카에서 탄압이 더

명상을 하던 중 천사 '가브리엘'에게 계시를 받는 '예언자 무함마드'.

욱 심해지자 622년에 자신을 따르는 사람들과 함께 오아시스 지역인 메디나로 망명을 떠났다. 마침 이 오아시스는 누가 권력을 장악할지 모르는 상황이었다. 이곳 주민인 아랍 부족들은 그곳의 유대인 정착민들을 수적으로 거의 압도했지만 아랍 부족끼리는 반목하는 상태였다. 안정된 정부의 전통도 없었다. 무함마드와 지지자들이 이 권력 공백을 메웠다. 사막의 고아는 곧 공평하면서도 엄정하게 규율을 지키는 권력자라는 명성을 얻었다. 그는 영적 지도자였으며 규칙 제정자이자 입법자, 최고 재판관이었고, 게다가 이제 막 자리를 잡아가는 군사 지휘관이기도 했다. 당시 비잔틴 제국과 페르시아의 사산 왕조라는 두 거대한 제국이 서로 싸우면서 내부적으로 온갖 문제를 안고 있었는데 이 세력들의 변방에 위치한 서부 아라비아 지역 전체는 안전했다. 무함마드는 이런 지정학적 환경을 잘 활용했다.

이러한 정치적 진공 상태에서 종교적 열정과 지략과 낙타의 기동력을 활용해 이슬람 정치 공동체가 탄생했다. 예언자 무함마드는 624년 바드르 전투에서 큰 성공을 거둔 뒤 당당한 기세를 자랑하며 메카로 귀환했고 이곳에서 자신의 낭송문, 즉 코란을 완성한다. 아랍로 매우 아름답게 쓰인 이 저술에는 기도, 단식, 자선, 순례와 같은 종교 의례에 관한 규칙이 기록되어 있다. 또한 민사 사건이나 형법상 문제에 관한 규정이 기록되어 있으며, 계승과 상속에 관한 법률, 그리고 서로 평등한 존재로 여겨지는 통치자와 피치자 사이의 비폭력적 권력 공유의 중요성이 적혀 있다.

초기 이슬람교가 곧 이상한 옛 관습들과 뒤섞여버린 것은 사실이다. 예를 들면, 자신의 종교 공동체를 지킨다는 명분 아래 올바른 것을 위해 단연코 싸워야 한다는 관습, 또 제국을 건설하기 위해 군사적 폭력도 기꺼이 사용한다는 관습이 있다. 또한 이슬람은 신앙자들의 공동체로서 대단히 모호한 측면을 지니고 있었는데, 이는 훗날 이슬람이 과연 평등을 중시하는가라는 대답하기 난처한 질문을 부른다. 한 예로 여성의 역할에 대한 이슬람의 초기 입장이 있다. 초기의 이슬람교도들은 여성의 차별 대우를 강하게 반대했다. 이를테면 여자아이가 태어나면 죽이는 관습이라든가 여성을 유산 상속에서 제외하는 관습 따위에 반대했다. 그런 입장을 굳게 지킨 이들은 여성이 남성과 어느 정도까지 평등한 존재인가 하는 문제에는 종종 불분명한 태도를 보였다. 우리는 이러한 이슬람의 모호한 태도에 주목할 필요가 있다. 하지만 그만큼 중요하고 우리가 주목해야 할 또 다른 사실은, 이슬람이 통치자와 피치자 사이에 비폭력적 권력을 공유하는 문화를 활발하게 조성했으며, 이전까지 회의체 민주주의를 전혀 접해보지 않았거나 미약하게 접해본 여러 지역에 이런 생각을 널리 확산시켰다는 점이다.

이렇게 초기 이슬람 공동체 내에 원초적인 민주적 본능이 있었다는 것을 이해하게 되면, 민주주의라는 것이 종종 그 모습을 감춘 채로 다가온다는 점과 실상은 민주주의적 발명품인데 겉으로는 다른 이름이 쓰이기도 한다는 점을 이해할 수 있다.[37] 여기서 잠깐 멈추어 새로운 눈으로 그 증거를 살펴보자.

코란은 '선민(選民)', 즉 선택받은 민족이라는 관념을 배격했다. 그 대신 인류의 공동 운명에 대한 강력한 믿음을 강조했다. 알라를 창조주로 삼은 유일신 신앙은 보편적 윤리관을 함축하고 있었다. 코란은 집단의 자존심이나 피를 흘리며 지키는 명예심, 또는 다른 편협한 부족 차원의 기준보다 더 큰 기준으로 인간의 삶을 판단해야 한다고 주장했다. 선(善)의 추구는 곧 전 세계를 위해 신이 내려준 기준에 따라 살아간다는 의미였다. 자연히 이슬람의 보편주의 안에는 미신과 우상 숭배를 이 세상에서 제거해야 한다는 관념이 깃들어 있었는데, 미신과 우상 숭배는 그리스 민주정과 시리아-메소포타미아의 회의체들에서 중요한 역할을 수행한 것이었다. 알라를 창조주로 믿는 신앙은 도덕적 순수성과 모든 개인이 자신의 행동에 책임을 져야 한다는 요구로 보였다. 코란은 도덕에 관한 어떠한 포괄적 체계도 구축하려 하지 않았다. 코란은 모든 것을 다 안다고 허풍을 떠는 이념이 결코 아니었다. 하지만 코란은 책임을 강조함으로써 사람들의 사회적 행동에 정의의 규칙을 적용해야 한다고 요구했으며, 또한 강한 자의 방종을 제한하고 약한 자에게 관용을 베푸는 정의로운 정치 체제를 요구했다.

방종을 제한해야 한다는 규정은 매우 특이하게도 우리가 지금 '생물권'이라고 부르는 영역에까지 확대, 적용되었다. 그리스 민주정과 시리아-메소포타미아 회의체에서 신들을 대하는 존경심과 마찬가지로, 그러나 초기 기독교의 인간 중심적 사고방식과는 크게 대조되는 형태로, 이슬람의 정신은 인간과 다른 존재들이 살아가는 자연의 초월적 세계에 강한 존경심을 보였다. "알라신에 존경을 표하라. 그는 하늘과 땅을 창조했으며 어둠과 빛을 만들었다."(6장 1절) 이는 유명한 코란 구절이다. 이와 유사한 요소는 많은 사랑을 받은 이야기 '인간에 대한 동물의 소송'이라는 글에도 확연하게 드러난다.[38] 이 글은 10세기에 바스라에 살았던 수피(Sufi)파 이슬람교도가 작성한 것인데, 꿀벌에서 말에 이르는 동물의 왕국의 모든 동물의 대표가 나와서 인간의 손에 당한 끔찍한 경험을 존경하는 '영혼의 왕'에게 호소하는 한편 인간 역시 똑같이 훌륭한 언변으로 반론을 펴면서 자기 자신을 변호하는 내용이다. 이 글의 의미는 명백하다. 즉 신앙자는 자신을 자연과 분리해서 생각하거나 자연보다 우월하다고 생각해서는 안 된다는 것이다. 자연을 마치 장난감처럼 경멸적인 태도로 이용하는 것도 금지되었다. 광대한 우주는 인간의 정신으로는 온전히 파악할 수 없으며 인간의 손으로는 더더욱 잡을 수 없는 대상이므로 인간은 우주 앞에 겸손하게 행동해야 한다는 교훈도 있다. 통치 문제에서 초기 이슬람 신앙자들은 인간뿐 아니라 자연계 역시 일정한 권리를 부여받았음을 강조했다. 그러한 권리들 중에는 자연계도 발언권을 존중받을 권리와 최소한 다른 존재들로부터 존경 어린 대우를 받을 권리가 있었다. 자연을 자비심으로 대하는 것이 곧 신에게 봉사하는 것이었다. 무함마드는 동물에게 잔혹한 행동을 하지 말라고 금지했다. 다음은 예언자가 남긴 유명한 구절이다. "짐승에게 행한 선한 행동은 인간에게 선한 행동을 한 것만큼이나 좋은 일이며, 짐승에게 잔혹한 행동을 하는 것은 인간에게 잔혹한 행동을 하는 것만큼이나 나쁜 일이다." 코란은 이러한 자비심이 직접 신에게서 비롯한다고 설명한다. "땅 위에 (사는) 동물이나 날개를 달고 날아다니는 것들이나 어느 것 하나 당신과 함께 공동체를 (이루지 않고 있는 것은) 없다."(6장 38절)

평등주의나 민주주의라는 단어가 사용되지 않았을 뿐, 위의 구절들은 그런 생각의 표출과 다르지 않다. 한편 이슬람은 인간 세상의 제도를 다루는 데서도 대단히 창의적이었다. 무함마드가 사망하고(632년) 한 세기가 채 지나가기 전에, 미너렛(이슬람 사원의 첨탑)에서 무엣진*이 "알라 이외에 신은 없으며 무함마드는 알라의 사도이다."라고 외치는 소리가 서쪽으로는 에스파냐에서부터 동쪽으로는 인도 아대륙과 중국까지 울려퍼졌다. 이슬람교가 창시되고 300~400년이 지나면(9~10세기에 이르러) 이슬람교도들이 지배하는 세계 제국이 건설되고 세계 각지에 개별 정부들이 설립된다. 무함마드가 사망하면서 제기된 까다로운 계승 문제는 일단 아부 바크르 알시디크(Abū Bakr alsiddiq)가 초대 '칼리프(caliph)'로 임명되면서 일시적으로 해결되었다. 그는 무함마드가 죽음 직전 병석에 누워 있을 때 공적 기도를 이끈 사람이다. 아부 바크르를 시작으로 네 사람의 '칼리프'를 수니파 이슬람교도는 '라시둔(Rashidun) 칼리프'라고 하는데 그 뜻은 '올바르게 인도된' 칼리프란 뜻이었다. 이 네 칼리프가 통치한 시기는 632년부터 661년 까지였으며 그 가운데 세 명은 암살당했다. 이후 제국은 다마스쿠스를 근거지로 삼은 칼리프들에 의해 모습이 정해지고 또 그 모습이 변경되었다. '우마이야(Umayya) 왕조'라고 불리는 이 칼리프조(朝)는 661년부터 750년까지 존재했다. 그다음 등장하는 칼리프조는 주로 바그다드를 근거지로 삼았으며 이들은 '압바스(Abbas) 왕조'로 불렸다. 이 명칭은 그들의 첫 번째 칼리프 아불압바스 알

무엣진(muezzin) 이슬람에서 하루에 여러 차례 있는 기도 시간을 알리는 사람. 전통적으로는 이슬람 사원의 첨탑인 미너렛 곁에 서서 육성으로 외쳐 기도 시간을 알리게 되어 있으나 최근에는 확성기를 이용하는 경우가 많다.

사파(Abu'l-'Abbas al-Saffah, 749~754)에서 딴 것이다.

재미있는 역설을 즐기는 사람들이라면 이슬람의 역사 속에서 얼마든지 즐길 대상을 발견할 수 있을 것이다. 초기의 칼리프들은 통상적으로 내부 고위층 분파에 의해 지명되었을 뿐 피치자들의 동의는 받지 않았으며, 이슬람이라는 새로운 세계 종교는 겸손과 권력 공유를 열렬하게 내세웠지만 결과적으로는 세계 최초로 전 세계를 장악하려는 제국 체제를 낳았다. 이에 못지않게 모순적인 사실이 또 있다. 이슬람은 하나의 삶의 방식으로서 여러 대륙에 빠르게 확산되었는데 그 과정에서 이슬람의 전사들은 협상과 개종, 토지와 자원의 선물이라는 방법을 사용했고 이런 모든 방법이 효과가 없을 경우 무기의 힘을 사용했다. 그렇지만 이런 움직임은 정부의 권력 집중에 효율적인 제한을 가하는 '사회' 제도들이 기반을 다지는 장기적인 결과로 이어졌다.

이슬람 학자들을 비롯한 여러 학자들은 이렇게 수많은 사회 제도가 성장한 것을 두고 '시민 사회(civil society, jamaa'i madani)'라고 불렀으며 이런 사회 제도들은 그리스인, 페니키아인, 시리아—메소포타미아인에게는 없던 것이었다. 당시 이슬람 무역상들과 성직자들, 학자들의 관점에서는 에스파냐의 지브롤터 해협에서부터 북부 아프리카를 지나 동쪽으로 중동 지역과 페르시아, 그리고 계속 진행하여 인도양에 이르는 광대한 지역을 인간 세계의 중심으로 인식했다. 이런 인식은 파리 국립 도서관이 소장한 유명한 지도에 드러나 있다. 이 지도는 1154년에 무함마드 알-이드리시(Muhammad al-Idrisi, 1100~1165)라는 아랍의 지도 제작자가 만든 것인데, 그는 당시 시칠리아 왕 로제르 2세의 궁정에서 봉사하고 있었다. 이 지도는 남쪽이 위로 향해 있으며 그 남쪽 중앙에 아라비아 반도가 있고 왜소한 크기의 유럽—우루바(Uruba)라고 표기되어 있다.—이 오른쪽에 자리 잡고 있다.

초창기 이슬람교도들은 이슬람교가 세계의 버팀목이라고 생각했는데—실제로 이슬람 내부는 서로 충돌하는 많은 경향들로 말미암아 분열되어 있었다.—그런 생각에는 경제적 근거가 있었다. 이슬람교는 무역상들의 종교였으며 이들은 도시들 간의 연결망을 갖추고 있었다. 이슬람교는 농민의 종교가 아니었으며, (19세기에 흔히 생각되었듯이) 스스로 보잘것없는 위치에 있다고 여기는 외로운 사막 거주자들의 종교도 아니었다. 이슬람교도들이 구성한 광대한 규모의 시민 사회는 오늘날 우리가 볼 수 있는 중동 지역의 시장인 '바자르(bazaar)'를 크게 확대한 듯했다. 즉 크고 작은 방들이 수없이 연결되어 있으며 골목들이 구부러져 어디론가 향하고 있고 한쪽 계단을 올라가면 정체를 알 수 없는 장소로 인도되며 사람과 상품이 전 세계 각지로 끊임없이 움직이는, 흡사 만화경 같은 모습이었다. 당시 시민 사회를 이렇게 시장에 비유하는 것은 적절하다. 왜냐하면 이 사회의 기본 제도 가운데 하나가 바로 신용 제도와 이른바 '압바스 디나르 금화'라 불리는 공통 화폐 단위에 기반을 둔 광범위한 영역을 포괄하는 경제 제도였기 때문이다. 이슬람이 낳은 거대 경제권에는 곳곳에 도시들이 자리 잡고 있었다. 그 가운데 새롭게 형성된 도시로 이라크의 바스라와 쿠프라, 이집트의 푸스타트가 있었다. 푸스타트는 후일 카이로가 된다. 이 도시들은 각종 상품의 생산, 교역, 소비의 순환이 이루는 거대한 도로망 내에서 중요한 연결점 역할을 했다. 이슬람 상인들은 삼각돛과 철제 나침반을 갖춘 선박을 타고 멀리 인도와 중국에서 후추를 비롯한 각종 향료와 고급 옷감, 도자기, 귀금속 따위를 싣고 왔다. 수많은 낙타를 대상(隊商)으로 잘 꾸려서 낙타들의 등에 여러 가지 상품을 실어 이를 수입하고 다시 세계 각지에 수출했다. 북방의 나라에서 생산된 모피, 에스파냐 산(産) 비단, 서아프리카의 금, 마그레브(리비아, 튀니지, 알제리를 포함하는 아프리카 서북부 지역)에서 생산된 각종 금속과 올리브기름이 그런 상품이었다.

　새로운 발명품들은 주로 서쪽으로 빠른 속도로 퍼져 나갔다. 중국과 인도에서 고안된 새로운 것들이 페르시아를 거쳐 지중해 연안까지 널리 퍼져 갔다. 돌려짓기 농사 방식이라든가 대규모로 농업 용수를 공급하는 각종 관개 시설—여기에는 시리아에서 개발된 우물 굴착 기술과 페르시아에서 개발된 지하 수로 방식도 포함되었다.—이 널리 확산되어, 수박, 살구, 사탕수수, 목화, 쌀, 오렌지, 레몬의 생산이 크게 늘어났다. 당시 이슬람 경제권은 중국에서 들여온 종이와 같은 최신 발명품을 발전시키는 면에서 비길 데가 없었다. 압바스 칼리프 왕조의 수도였던 바그다드는 종이 제작 공장들과 제지를 판매하는 상점들로 유명했다. 이러한 바탕이 있었기에 아라비아 숫자의 발달이 가능했으며 지도 제작도 활발했고 코란을 멋진 필기체로 쓴 판본이 생산될 수 있었던 것이다. 헝겊을 재료로 하여 만든 종이는 혁명적인 새로운 매체의 역할을 하게 되었다. 가볍고 질긴 데다가 생산 단가까지 저렴한 이 종이 덕분에—《구텐베르크 성경》*은 641쪽의 양피지에 인쇄되어 있었는데 이 한 권을 제작하는 데 무려 300마리의 양가죽이 쓰였다는 사실을 상기해보라.—광대한 지역을 통치하는 정부와 행정이 가능해졌다. 이 제지술의 발달 덕분에 독서하는 대중의 수가 증가했으며 과학 지식의 확산과 계약법의 새로운 체계가 발전할 수 있었다.

초기 이슬람 시대의 시민 사회는 인상적인 모습을 보였다. 이 시민 사회는 무역과 재산을 보호하는 사법(private law)과 민법(civil law)의 선구적인 발전이 특징이었는데, '공동 경영(partnership)'이라고 불리는 사업 단위가 시민 사회를 구성하는 대표적인 형태였다. 공동 경영은 훗날 유럽에서 발달하는 고용자-노동자의 관계(훗날 많은 이슬람교도들은 이 같은 관계를 노예제의 한 형태로 간주한다)와는 전혀 유사성이 없으며, 재산 소유자와 비소유자 사이를 가르는 계급 분화 현상을 초래하지도 않았다. 이슬람의 사회 생활에서는 재산, 생산, 교역, 소비 활동 모두 가정이나 지역 사회, 종교 단체 같은 사회적 제도 속에 깊이 박혀 있었다. 이 때문에 상업 활동에 종사하는 사람은 누구나 공동 경영에 자본을 대든 노동을 제공하든 상관없이, 여자와 남자를 막론하고 서로 '소유자'로 인식했다. 이렇게 발생한 사회적 연결 고리는 매우 다변적이고 유동적이고 역동적이었다. 민주주의의 역사라는 관점에서 보았을 때, 이 모든 현상이 초래한 결과는 두 가지였다. 첫째, 이런 복합적인 사회적 연결 고리 덕분에 대규모 무역업, 제조업 회사의 출현—즉 시장 자본주의—이 저지되었다. 이런 종류의 회사는 거의 천 년에 가까운 세월이 지난 뒤 유럽의 저지대 지역*에서 처음 나타난다. 둘째, 이러한 사회적 연결 고리 덕분에 타인의 경제 활동에 간섭하는 기술을 고도로 발달시킨 유

구텐베르크 성경(Gutenberg Bible) 1450년대에 독일의 구텐베르크가 제작한 성경이며 초기 활자 인쇄물로 유명한 작품이다.
저지대(低地代) 지역 스헬데 강, 라인 강 그리고 뫼즈 강의 낮은 삼각주 지대 주변에 위치한 지역 일대를 일컫는 말이다. 오늘날 벨기에, 네덜란드, 프랑스 북부에 해당한다.

럽형 절대주의 체제가 등장할 수 없었다.

이 같은 방식으로 이슬람 사회를 파악하게 되면, "절대적 통치자라는 요소는 이슬람의 정치 체제에서 핵심이었으며 이 정치 체제의 법률들은 변경할 수 없으며 코란에 의해서 규정된 것들이다."라고 어스킨 메이가 이슬람 정치 체제를 두고 했던 주장은 전혀 근거가 없는 것이 되고 만다. 어스킨 메이 같은 사람들이 상상 속에서 멋대로 설정했던 '동방' 독재 국가는 훨씬 시간이 흐른 뒤에나 나타나는 현상이다. 게다가 외국의 침탈과 서방의 식민지화가 큰 영향을 끼쳐 나타난 것이었다. 바로 외국의 침탈과 식민 활동 때문에, 이슬람 지역 대부분에서 이슬람 제국의 기반이던 활발한 사회적 공동 경영 조직들이 크게 손상되거나 완전히 파괴되는 결과가 발생한 것이다. 경제 부문의 공동 경영은 이슬람 시민 사회를 떠받치던 기둥들 가운데 하나였으며 다른 기둥들 중에는 '와크프(waqf)'도 있었다. 와크프는 기부금 헌납으로 조성되는 기금 단체로서 비정부적 제도였다. 와크프가 기반으로 삼은 원칙은, 살아 있는 자는 미래에 일정한 의무를 지고 있다는 것, 살아 있는 자는 공동체 전체, 특히 그중에서도 가장 힘없는 공동체 구성원이 토지를 비롯한 각종 혜택에 접근할 수 있는 권리를 보장함으로써 재산과 부의 부당한 축적을 방지할 의무가 있다는 것이었다. 이처럼 공동체 전체의 권리를 보장하는 목적은 사람들이 타인 앞에서, 그리고 신이 보시기에 존엄성을 잃지 않도록 하기 위함이었다.

와크프는 이슬람 통치자들과 부유한 귀족들에게서 기금을 모아 전체 공동체에 제공하기 위한 목적으로 설치된 제도였다. 와크프 제도에는 모든 사람에게 최소한의 생활 수준을 보장해주는 것 이상의 기능이 있었다. 와크프는 사회적 단결과 다양성을 보장해주는 원천으로서 통치자들에게 통제력을 발휘했으며 통치자들이 폭군이 되는 것을 방지하는 역할을 했다. 많은 무슬림 법학자는 훗날 칼리프(재위 634~644) 직위에 오르는 우마르 이븐 아브드 알카타브(Umar ibn Abd al-Khattab)가 세운 선례의 중요성을 강조했다. 그는 628년에 유대인 도시인 카이바르를 군사적으로 정복했고 여기에서 가치 있는 땅 한 필지를 획득했다.(아마도 야자수 농원이었던 것으로 추측된다.) 그는 예언자 무함마드에게 이 땅을 어떻게 하면 좋을지 문의했다. 예언자는 그에게 "그 땅을 그대로 보존하고 거기에서 나오는 소출은 숭고한 목적을 위해 쓰라."고 명했다.

널리 실행된 와크프의 원칙은 사적 소유권을 소유권의 행사와 분리할 수 있다고 전제했다. 사유 재산은 올바른 사회적 목적을 위해 사용되어야 한다고 생각되었는데, 이를 위해 기부금 제공에 대한 법적 구속력 있는 의무 관계를 창출해야 했다. 방법은 두 가지였다. 첫째는 부유한 개인들이 어떤 특정한 집단의 사람들에게 영구히 귀속되는 기부금을 내는 방법이었다. 예를 들면 부자의 자식이나 혹은 자식의 자식에게 기부금을 내는 방식이다.(부자 자신에게 혜택이 가는 기금 창출은 엄격하게 금지되었다.) 부자들이 가난한 이들을 위해 기부금을 내는 방법도 있었다. 이를테면 가난한 이들에게 부자의 땅에서 가축을 풀어 풀을 먹이게 허락하여 우유와 양털을 얻을 수 있도록 하거나 나무를 심어 과실을 수확할 수 있게 허락했다. 둘째는 어떤 공공의 목적이나 종교적 목적에 영구히 귀속되는 기부금을 내는 방법이었다. 예를 들어 병원이나 사막 여행자 쉼터(피곤에 지친 여행자들이 밤을 지낼 수 있는 여관), 공공 도서관, 교량, 가축 쉼터, 물 공급 시설, 창고 같은 시설물을 짓고 관리하는 비용으로 각종 재화를 기부했다. 모스크, 학교, 정원, 농장, 묘지도 지원했으며 빵을 굽는 가게나 공중목욕탕에서부터 제지 공장과 설탕 제조 공장에 이르는 사업체도 지원했다. 카이로에 있는 유명한 대학인 알아즈하르(al-Azhar) 대학은 972년에 설립되었는데 이곳 역시 와크프로 기부된 재산에서 발생한 수입에서 재정을 확보했다.

이러한 각종 사회 제도에서 매우 흥미로운 사실은, 이 제도들 덕분에 사람들은 와크프를 몰수하거나 통제하려는 통치자, 정부 관료의 맹렬한 시도를 물리칠 수 있었다는 점이다. 통상적으로 와크프의 운영이 한 사람의 관리인(이런 관리인은 나지르nazir, 카이임kaiyim, 무타왈리mutawalli라는 명칭으로 불렸다)에게 맡겨진 것도 중요한 요인이었다. 이들은 일정한 관리 직무를 수행하면서 그 대가로 월급을 받았다. 이렇게 현지 관리인에게 월급을 지급하는 방식은, 기부금에 가해질 수 있는 두 종류의 위협, 즉 횡령과 권력 남용에서 기부금을 보호하는 여러 방식 가운데 하나였다. 물론 와크프 제도는 기부자와 피기부자 사이에 존재하는 권력 불균형 상태를 영속적으로 고착하는, 정교한 후견 제도로서 오작동할 수도 있다. 이를 방지하기 위해 와크프로 유지되는 장소에는 기금의 설립 목적—이런 설립 목적 조항은 절대 폐기될 수 없는 부분이었다.—을 공중에게 상기시키는 글이 새겨진 명패가 세워졌으며, 또한 와크프는 상세한 법적 계약 규정의 통제를 받는 것이 보통이었다. 와크프의 설립자들도 다양한 통제를 받았다. 기금을 여러 개의 작은 단위로 잘게 분리하는 방식이 널리 시행되었다. 그렇게 함으로써 다수의 관리인이 기부자를 견제하고 조정할 수 있었으며, 관리인들끼리 서로 견제하고 조정할 수 있었다. 널리 시행된 또 다른 공적 감독 방식은 위원회를 두는 것이었는데, 각 지역의 저명한 시민을 포함한 지방 위원회가 감독을 하거나 (우마이야 칼리프조 통치 시기의 코르도바Córdoba에서 그랬듯이) 여러 지역을 포괄하는 광역 자치 위원회가 감독했다.

이런 기금 단체는 수피 형제단이라는 조직—이 조직은 타리카(tariqa)라고 불렸다.—에 의해 사회적 책무가 더 강화되었다. 11세기에, 이전까지 이슬람 사회 생활의 변방에 존재하던 수피 형제단은 이슬람 시민 사회의 주류를 형성하는 조직으로 변모했다. 수피파는 제자들을 양성했으며 도시를 근거로 하던 종교적 열정을 도시 주변의 농촌 지역에까지 넓혔다. 이들은 또한 자치적으로 조직된 연결망을 수평적이고 큰 규모로 구성했으며 이 연결망은 종종 매우 먼 거리까지 닿았다. 수피파 수행자들은 성찰과 자기 완성, 신과 영적 교감을 목적으로 하는 삶을 살기 위해 애썼다. 하지만 이들이 일반 사회에서 영원히 분리되어 사는 경우는 드물었으며 다양한 직업군의 사람들과 긴밀한 관계를 유지했다. 어느 곳에서나 이들은 권력에 대한 의심과 검소한 생활 방식, 겸손한 태도로 유명했으며 보통 사람들에게 보통 사람들의 언어로 말을 건네는 출중한 능력으로 유명했다. 이들이 사회의 약자 편을 들어 그들의 불만 사항을 대변하거나 더 큰 정의의 실현을 요구하는 모습을 묘사한 사례가 많이 있다. 한 이야기 속에 또 다른 숨은 이야기를 집어넣는 방식, 하나의 의미 속에 또 다른 숨은 의미를 집어넣는 방식은 이들이 즐겨 사용한 무기였다. 당시 수피파의 이야기로 유명했던 것을 하나 소개한다.

시제하(Si'Djeha)라는 젊은이가 자신이 사는 도시 주변을 이리저리 산책하다가 한 이슬람 판관(判官, 카디qadi)을 보았다. 그는 나무 아래서 코를 골며 자고 있었다. 술을 진탕 먹고 취해서 아무 데서나 잠이 들었던 것이다. 판관은 양모로 만든 신품 고급 망토를 입고 잠들어 있었는데, 시제하가 그 새 옷을 살짝 벗기는데도 판관은 깨어나지 않았다. 이윽고 잠에서 깨어난 판관은 비싼 새 옷을 누군가 훔쳐간 것을 알았다. 그는 부하들에게 새 옷을 찾아오라고 명령했다. 얼마 지나지 않아 부하들은 시제하가 판관의 새 옷을 입고 있는 것을 발견하고는 그를 도시의 재판정으로 끌고 왔다. 판관이 물었다. "어떻게 그렇게 고급스러운 망토를 가지게 되었는가?" 젊은이가 대답했다. "저는 어느 불신자(不信者)가 고약한 술 냄새를 풍기며 어느 나무 아래서 잠을 자고 있는 것을 보았습니다. 그래서 저는 그의 턱수염에 침을 뱉고 그의 망토를 벗겨 가졌습니다. 만일 판관께서 이 망토를 요구하시면 그것은 이 망토가 판관 귀하의 물건이므로 돌려 달라는 것이 됩니다." 판관은 내심 화가 치밀었지만 화를 누르고 이렇게 대답했다. "내 평생 한 번도 그 망토를 본 적이 없다. 자, 그럼 어서 이 자리에서 물러가거라. 그리고 망토도 가져가라."

모스크, 평등의 공간

대서양에서 인도양까지 펼쳐져 있던 이슬람 시민 사회의 중심에는 마스지드(masdjid)라고 불린 새로운 건축 양식이 있었다.(이 단어가 에스파냐에서 메스키테mesquite로 변형되었고 여기에서 영어 단어인 '모스크mosque'가 나왔다.) 모스크가 공동 기도 장소의 역할만 한 것은 아니었다. 그리스 민주주의 시대의 아고라와 프닉스를 합쳐놓은 것처럼, 모스크는 지역 공동체의 회의체들이 모여 시끌벅적하게 공적 업무를 수행하는 공공 장소 구실을 했다.

모스크는 회의체 민주주의의 정신을 전하는 강력한 매개체였다. 이곳에는 누구나 접근할 수 있었다. 젊은이와 늙은이, 부자와 가난한 자, 남자와 여자가 모두 동등하게 환영받는 곳이었다. 여성의 경우 이따금 일정한 제한 조치가 적용되었다. 향수를 뿌렸거나 생리 중인 여성은 모스크에 들어갈 수 없었다. 또한 여성은 남성과 분리해서 집회를 열어야 했고 남성이 모스크에서 나오기 전에 미리 나와야 했다. '책의 사람들'*, 즉 모든 종파와 분파의 유대인과 기독교인도 환영받았다. 다만 헤브론(Hebron)에서처럼 이들이 모스크에 입장하려면 일정한 요금을 지불해야 하는 경우도 있었다. 다른 문화 전통과 언어를 지녔다는 이유로 특정한 사람들에게 입장 금지 조치를 내리는 행동은 비판을 받았다. '움마(umma)'라고 불리던 이슬람교도의 공동체에는 훗날 유럽에 나타나는 민족 개념이나 민족 간 구분이 전혀 없었으며 피부색 때문에 어떤 사람들을 열등하다고 생각해 차별하는 습속도 전혀 없었다.

대부분의 모스크는 규모가 작았으며 격식을 차리지 않는 방식으로 운영되었다. 각 지방에서 나는 건축재로 지었고 현지의 특색과 전통을 반영했다. 모스크 건물은 물론 기도 장소로 사용되었지만 그 옆에는 다양한 시설과 부속 건물이 늘어서 있었다. 여행자나 순례자에게 숙소로 제공되는 쉼터가 있었고, 현지의 재판관이 심리를 진행하는 법정도 있었으며, 병자를 위한 병원 시설도 있었다. 초기 이슬람 시대의 모스크는 지역 주민들이 다양한 목적에서 서로 어울리는 장소의 역할도 했다. 모스크에는 항상 향이 피워져 있어서 그 향기가 감돌았으며 밤이 되면 등불이 켜졌다. 등불을 밝히는 것은 글을 읽는 사람들을 위해서이기도 했지만 한편으로는 범죄를 예방하려는 목적도 있었다. 모스크는 사람들이 모여 시간을 보내기 좋은 곳이었다. 여름날 밤이면 사람들이 모스크에 와서 시간을 보내곤 했는데 그것은 모스크가 안전했기 때문이며—초기 이슬람 시대에는 밤을 지새우며 기도하는 것이 관례였다.—시원하고 쾌적했기 때문이다. 모스크에는 보통 식수대가 있었고 세탁 시설과 심지어는 동물에게 물을 줄 수 있는 시설도 있었다.

또한 모스크는 슬픔과 공포를 달래는 장소이기도 했다. 페르시아에서는 유족이 사흘 동안 조문객을 맞는 것이 관습이었다. 심한 가뭄이나 역병이 도는 경우와 같은 어려운 시기에는 모스크에서 기도하거나 그저 서로 함께 있기 위해 모여들기도 했다. 모스크는 축하의 장소이기도 했다. '라마단의

책의 사람들(People of the Book) 이슬람교에서 이교도를 지칭할 때 사용하는 표현인데, 구체적으로는 유대인과 기독교인을 가리킨다. 7세기에 무함마드가 출현하기 이전 시기에 나온 각종 서적의 내용을 신앙하는 이들이라는 뜻이다.

달'*이 되면 저녁시간에 모스크에서 축제가 열렸으며, 그 밖에도 새해 첫날이 라든가 초승달이 뜨는 때, 혹은 보름달이 나오는 때에도 축제가 열렸다. 이 때는 모스크 전체가 등불로 밝게 빛났다. 먹을 것과 마실 것이 준비되었고 여성 가수들이 공연을 했으며 사람들은 연설자 곁에 모여들어 여러 이야기 나 각종 주제에 대한 '강론(kasas)'을 들었다.

초기의 모스크는 시장 역할도 했다. 여기에서 계약이 성립되고 서약이 행 해졌으며 행상인이 소리치며 물건을 팔고 여인들은 실이나 요리용 고기, 또 는 이미 요리된 고기와 술을 팔았다. 다마스쿠스, 알레포, 예루살렘, 메디 나, 카이라완, 에스파냐의 이슬람 수도인 코르도바에 있는 큰 모스크에서도 이런 상업 활동이 이루어진 것으로 보인다. 제국에서 가장 규모가 크고 가 장 사랑받았던 이 성스러운 집들은 특별한 장소로 여겨졌다. 사람들은 금 요일 예배 때면 몸에 기름과 향수를 바르고 가장 좋은 옷을 입고 이곳을 찾 았다. 사람들은 이곳에서 서로 예의 바른 태도를 취해야 했다. 신발을 벗어 야 했고 침을 뱉는 행동도 금지되었다.(특정한 방향으로 뱉는다든지 특정한 장 소에서 뱉는 것이 금지되었다.) 대규모 모스크들은 설계가 서로 매우 흡사했 다. 각 모스크에는 이슬람 특유의 첨탑, 즉 미너렛이 있었으며 정해진 시간 이 되면 무엣진이 그곳에 올라 주변 사람들에게 기도 시간이 되었음을 소리 쳐 알렸다. 모스크 가운데에는 안뜰이 있었다. 그 곁에는 지붕으로 덮인 공 간이 있어서 그곳에서 예배자들이 줄을 지어 대기했다. 사람들은 '기도 인 도자(이맘)'의 지휘에 따라 메카 쪽으로 몸의 방향을 잡았다. 모스크마다 예 배자들이 기도를 올리는 방향의 벽에는 오목하게 파인 작은 공간(미흐라흐 mihrab)이 있었다. 이 근처에 연단(민바르minbar)이 있었으며, 금요일 정오 가 되면 이 연단에서 설교가 진행되었고 공공의 관심사 역시 이 연단에서 종종 거론되었다.

이처럼 모스크는 숙박 시설 역할도 했고, 고통받는 사람들이 쉬어 가는 장소이기도 했으며, 시장, 만남의 장소, 아늑한 기도 장소이자 조용한 성찰 의 장소였으나 그뿐이 아니었다. 모스크에는 정치적 기능도 있었다. 모스크

라마단의 달(the month of Ramadan) 이슬람 달력에서 아홉 번째 달. 이 기간에는 기도와 금식을 하며 평소보다 더 엄격하게 신앙 생활을 한다.

와 이슬람 제국의 관계는 마치 민회와 그리스 민주주의 세계의 관계와 같았다. 사회적인 것과 종교적인 것을 모스크 안에서 정치와 결합하는 관습은 이슬람 전통보다 더 오랜 고대에 뿌리를 두고 있었다. 쿠트바(khutbah)는 금요일 정오에 열리는 대예배 때 하는 설교를 뜻하는 단어인데, 웅변가나 재판관이 권위 있는 장소에서 발언하는 아랍 부족의 오래된 관례에서 유래한 것이다. 메디나의 모스크에서 예언자 무함마드는 연단에 자리를 잡고 앉아, 정치적 성명을 발표하기도 했고 정부 업무를 보거나 먼 곳에서 찾아온 외교 사절을 접견하기도 했다. 이런 원칙은 무함마드의 마지막 투병 기간 중에 더욱 견고해졌다. 이 시기는 아부 바크르가 공중 기도를 인도해 달라는 요청을 받은 때였다. 이것이 하나의 선례가 되었으며 이후 각 지역의 통치자들은 이 선례를 철저하게 지켰다. 통치자들이 직위에 오르고 나서 처음에 반드시 해야 하는 몇 가지 일 중에 해당 지역 신앙자들의 집회에 나아가 몇 마디 말을 한 다음, 그 집회의 선두에 서서 기도를 이끄는 일이 있었다. 이슬람 '황금 시대'에는 최고 통치자인 칼리프들이 스스로 이런 관습을 계속 지켜 나갔다. 메디나에서 칼리프 우마르(재위 634~644)가 페르시아에 있는 이슬람 군대가 곤경에 빠졌다고 발표한 뒤 지원병이 되어 달라고 사람들에게 호소한 장소는 모스크의 연단이었다. 칼리프 우트만(Uthman, 재위 644~656)이 자신의 통치 방법에 여론의 비난이 일자 자기 자신을 변호하기 위해 연설한 장소도 바로 모스크의 연단이었다.

모스크에서는 일상적으로 사법 정의에 대한 호소도 행해졌다. 그러나 이런 호소는 혈연의 이름으로 행해지지 않았고 (근대 유럽에서처럼) '민족', '신분 계급', '국가'의 이름으로 행해지지도 않았다. 이슬람 신앙 공동체를 움마(umma)라고 했는데, 이 움마가 보내는 신호에 따라 사법 정의가 작동했다. 그리스의 데모스가 행했던 기능과 유사하게, 움마는 지상에서 최종 결정권을 행사했다. 움마는 종교적인 성격과 함께 사회적, 정치적 성격을 띠었으며, 실제 작동에서는 신성한 율법인 샤리아(shari'a)의 지침을 따랐다. 샤리아가 제시하는 각종 규칙과 규제는 원칙적으로는 코란과 하디스*에 근거를

하디스(hadith) 넓은 의미로는 '전승(傳承)'을 뜻하나, 좁게는 무함마드의 행위와 말의 전승을 가리킨다.

두었으며, 실제로는 코란과 하디스 해석자들의 작업을 통해 모습을 갖추었다. 이 율법 전문가들은 파키(Faqih)라고 불렸으며 또한 울라마(ulama)라는 명칭으로도 알려졌다. 재판관들과 율법 해석자(mufti)들은 재판소와 율법 학교(madhahib) 같은 다양한 독립적인 법 제도를 통해서 중요한 역할을 수행했는데, 이는 이슬람교만의 특이한 양상이었으며, 정치적 공동체의 법률이 전체 공동체에 종속되도록 만들려는 노력이기도 했다.

이슬람교의 변질

이러한 평등성 원칙은 실제적 결과를 낳았다. 즉 초기 이슬람교는 원칙적으로 통치자들에게 특별한 정당성을 부여하지 않았던 것이다. 통치자들의 역할은 율법의 준수를 보증하고 율법의 독자성을 존중함으로써 통치하는 것이었다. 그렇게 함으로써 그들은 어느 위대한 이슬람 사상가가 '거주 가능한 세상에 있는, 모든 사회의 연합'이라 즐겨 불렀던, 상호 연결된 사회적 자유의 다원성을 보장하도록 정해져 있었다.[39]

하지만 이것은 이론에 불과했다. 현실에서는 문제가 있었다. 점차 이슬람이 동쪽으로는 인도와 중국의 경계선에서부터 서쪽으로는 대서양과 북아프리카 지역에 이르는 광대한 정치체와 동일시되면서, 이 제국의 거대함과 제국이 가져다주는 힘과 부가 축적되면서 곧 무슬림 통치자들은 절대자가 자신들의 편에 서 있다고 확신하게 되었다. 634년에 아부 바크르의 직위를 계승한 우마르는 스스로 자신을 '신앙자들의 지휘관'일 뿐 아니라 '신의 사도의 대리인의 대리인'이라고 불렀는데, 이때부터 이슬람 통치자들은 자신을 신적인 존재로 여기기 시작했다. 그들은, 신의 힘에 인도받으며 그렇기 때문에 필요하다면 무력을 사용해서라도 이슬람교를 본래의 완벽함에 가까운 형태로 유지할 수 있다고 여겨지는 세속 통치자의 역할을 자임했고, 그 역할을 수행하기 위해서라면 어떤 위험도 감수할 준비가 되어 있었다.

세속의 권력자가 종교적 권위를 얻을 수 있다는 이러한 허영심에 들뜬 주장 때문에 이슬람교도들 사이에 수많은 다툼이 발생했다. 거칠게 격돌하는 순간도 종종 있었다. 최초의 칼리프 넷 가운데 세 명이 살해당하거나 암살된 것은 결코 우연이 아니었다.(첫 번째 칼리프 아부 바크르의 죽음에 관한 정황은 불분명하다. 그가 자연사했다는 설도 있고 독살당했다는 설도 있다.) 예언자 무함마드의 후계자들이 통치하는 것을 기꺼이 지지하는 이슬람교도는 충분히 많았다. 하지만 많은 동시대인들은 그런 복종을 이상하게 보았다. 그런 복종은, 사실상 메디나 모델에 지지를 표명하는 것이었다. 메디나 모델은 무함마드가 메디나에 머무를 때 고안해 실행했던 개인적 전제 체제였다. 메디나는 오늘날까지도 칭송받는 도시이지만 회의체를 기반으로 하는 민주주의와는 상관이 없다. 정부는 무함마드라는 카리스마적 인물을 중심으로 돌아갔으며 그는 모든 협상과 논쟁에서 최고 중재자 역할을 했다. 행정은 가부장적이었고 초보적 수준이었다. 도시의 방어는 신앙인으로 구성된 군대가 맡았다. 공공 재정은 자발적인 기증품과 주변 부족들에게 거두어들인 세금으로 채워졌다.

기도의 의무와 무함마드를 예언자로 인정하는 것은 사실상 강제 사항이었다. 이 통치 모델은 상호 합의에 따른 통치와 심지어 이슬람교도들의 평화적인 자치 정부까지도 약속했지만, 협상과 개종과 무력 투쟁을 통해 메디나 공동체가 처음 구성된 이후로 이슬람 제국은 그 안에 히브리스의 씨앗을 분명하게 품고 있었다. 자치 정부 구성 약속은 반박 논리에 부딪혀 무력해지기 십상이었다. 반박 논리에 따르면, 모든 지상 권력은 신이 지명하는 것이므로 모든 책임은 최종적으로 신에게 있고 신민(臣民)의 의무는 아첨꾼 노릇을 하는 것이며 비록 불의한 통치자라 하더라도 그에게 복종해야 한다. 정의로운 통치자들이 언젠가 신에게 보상을 받는 것처럼, 불의한 통치자의 사악한 행동은 언젠가 신에 의해 심판받을 것이기 때문이라는 논리였다. 예언자 무함마드가 했던 이야기와 금언을 모은 하디스의 내용을 보면 통치자들에게 신민을 보잘것없는 존재로 여기고 다루라고 권유하는 내용을 충분히 많이 발견할 수 있다. 한 구절을 보면 이렇다. "신이 사람들에게 좋은 일이 일어나기를 원할 때 신은 그 사람들 위에 관대하고 현명한 이를 주시며 그 사람들의 재부를 너그러운 통치자의 손에 맡긴다. 하지만 신이 어떤 사람들에게 나쁜 일이 일어나기를 원할 때는 신은 그 사람들 위에 어리석고 저열한 이를 주시며 그 사람들의 재부를 탐욕스런 통치자에게 맡긴다."[40]

과연 무함마드 본인이 정말로 이런 충고를 했는지는 확인하기 힘들지만, 초기 이슬람 칼리프 가운데 몇몇이 신이 자기 편에 있기 때문에 자신은 결코 어떤 잘못도 범할 수 없는 사람인 양 행동했던 것은 의심할 수 없는 사실이다. 아부 바크르가 다른 사람이 자신을 '알라의 대리인'이라고 부르는 데 반대했다고 전해지지만, 그 이후의 많은 통치자들, 특히 압바스 왕조가 통치한 500년 동안에는 통치자들이 바로 그런 식으로 자신들을 인식했으며, 그 인식의 핵심에는 자신들이 압바스, 즉 무함마드의 삼촌의 후손이라는 주장이 있었다. 만수르(Mansur, 재위 754~775)는 자신이 신의 세상 위에 군림하는 신의 권위(술탄sultan)이라고 선포했으며, 무타와킬(Mutawakkil, 재위 847~861)은 체포된 반역자가 그 앞에서 그를 신과 신의 창조물 사이를 잇는 밧줄과 같은 칼리프라고 칭했을 때 조금도 기분이 상한 것처럼 보이지 않았다고 전해진다. 분명 이런 비유들은 이슬람 시대의 최초 몇백 년 동안 많은 칼리프의 머릿속에 확실히 자리를 잡았을 것이다. 스스로 제국의 운영이라는 신이 내린 과제를 짊어진 성스러운 사람이라고 생각했던 칼리프들은 자신의 영광을 과시하기에 바빴으며—더 오래된 비잔틴과 페르시아의 전통에 따라—스스로 자신을 화려한 궁전에 가두어 둠으로써 자신이 다스리는 신민들과 거리를 두었다.

축제에 축제를 거듭하는 사이에, 그리고 기도에 기도를 거듭하는 사이에, 이슬람이라는 종교는 점차 제국 권력의 행사 방식과 의례에 뒤섞이고 말았다. 제국의 통치자들은 많은 시간과 돈을 들여 본격적인 행정 시스템을 구축했다. 행정 업무는 '디완(diwan)'이라는 명칭의 다양한 부서로 분할되었으며 이런 행정 사무에 필요한 재정은 토지와 생산품, 새로이 만들어진 수출입 관련 조세로 충당했다. 부유한 사람에게 무거운 세금을 물리는 방식도 채용했으며, 이슬람이 아닌 이들에게는 인두세를 매겼다. 궁전들은 화려한 정원과 공원으로 꾸며졌으며, 전 세계에서 가지고 온 각종 보물, 훌륭한 식사와 최고급 식기류, 이국적인 새들과 마치 공작새가 날개를 편 듯이 화려한 문양의 비단천으로 몸통을 감싼 코끼리들을 볼 수 있었다. 칼리프들은 아름다운 보석을 몸에 지니고 순금 실로 수놓은 화려한 의복을 입었으며, (압바스 왕조의 경우) 칼리프가 땅에 발을 디디면 신민들이 그 자리에 입을 맞추어야 했다. 여러 명의 시종과 환관, 시동(侍童)과 하인이 하나부터 열까지 모든 시중을 들었다. 여러 분야의 정부 관리들이 나머지 업무를 처리했으며, 그 가운데 제일 높은 사람은 '와지르(wazir)'라고 불리던 수석 보좌관이었다. 그 밖에 스파이와 정보원 조직이 있었는데, 이들은 제국의 각 지역에서 일어나는 일을 칼리프가 알 수 있게 도와주었다. 또 많은 병사들을 선발하여 잘 무장된 호위군으로 배치했으며, 칼리프 곁에는 항상 무시무시한 느낌을 주는 처형자가 즉결 처형을 내릴 태세를 갖추고 서 있었다. 그의 손에는 통치자의 뜻에 가장 거슬리는 신민이 흘릴 피를 곧바로 닦아낼 가죽 수건이 들려 있었다.

권력 집중은 신의 승인을 받은 사항이라는 확신은 히브리스를 통해 다시 더 부풀려졌으며, 이것은 당대의 이슬람 학자와 신학자와 시민들에게 광범위한 불만과 거센 항의를 불러일으켰다. 이 지역에 종래까지 회의체 중심의 정부라는 견고한 전통이 존재했던 것을 감안하면 이런 반응은 당연했다. 최근 이슬람에는, 신이 이 세상에 질투심을 분배했을 때 모든 보통 사람에게는 2퍼센트만 분배했고 나머지 98퍼센트는 정치인과 성직자에게 분배했다는 우스갯소리가 있다. 초기 이슬람교가 사람들의 무한한 권력욕을 공공연하게 부추긴 것은 아니었음을 시사하는 농담이다. 처음 400년 동안의 번성기에 이슬람 사회는 어떻게 권력이 공적으로 책임을 지도록 만들 것인가 하는 문제를 두고, 당시 기준으로 볼 때 무척 세심한 관심을 기울였다고 한다. 이 사실만큼은, 이슬람교에 적대적인 입장을 취하는 오늘날의 학자들과 전문가들도 인정한다.[41] 칼리프 체제와 관련해, 많은 사람들이 누군가가 사망하거나 부재할 때만 계승자를 둘 수 있는데, 신이라는 존재는 절대로 사망이나 부재 상태가 될 수 없는 존재라는 점을 지적했다. 카리지(Khariji)라고 불린 집단은 무함마드와 얼마나 가까운 관계인지가 아니라 오직 덕성만이 이슬람 종교에서 의미가 있다고 주장했다. 이들은 오직 깨끗한 삶을 사는 경건한 이슬람교도만이 통치할 권한을 얻는다고 했다. 이것은 잘못된 길로 빠진 통치자에 대해서는 반대해야 한다는 의미이거나, 혹은 경건한 이슬람교도들이 어딘가 멀리 떨어진 곳에 가서 그들만의 도덕적인 정치 공동체를 새롭게 만들어야 한다는 주장이었다.

이런 주장과 같은 계열의 정치 논리를 다른 방식으로 내세운 사람들도 있었다. 이들은 칼리프도 다른 모든 이슬람교도와 마찬가지로, 울라마에 의해 수호되는 이슬람의 율법 샤리아의 규정에 복종해야 한다고 주장했다. 이런 주장이 도화선이 되어 우마이야 왕조의 통치자들에게 저항하는 대규모 민란이 몇 차례 발생하기도 했다. 특히 740년대에 발생한 봉기가 유명하다. 이러한 저항이 있었다는 사실에서 분명하게 알 수 있는 것은, 훗날 유럽의 기독교 세계에서 나타난 교회법과 국가법의 구별이라는 것이 초기 이슬람 사회에는 전혀 존재하지 않았다는 사실이다. 이슬람은 법률과 정부와 정치를 합쳐서 하나로 만들었다. 모든 법률은 종교적 기원이 있다고 인식되었으며, 따라서 심지어 칼리프 본인조차 그의 세속적 권력에 대해 종교가 규정하는 제한 조치를 준수할 의무가 있었다. 통치자들이 법률 문제에서 자신이 결정권을 쥐고 있다고 주장하는 경우도 있었다. 하지만 이런 주장이 나오면 울라마는 종종 불편한 심기를 드러냈다. 울라마는 그 자신이 법률 해석의 유일한 권위자이며 정치 권력을 둘러싸고 벌어지는 다툼은 그 다툼의 밑바탕에 있는 영적 기회주의와 마찬가지로 이슬람적인 삶의 방식에 어긋난다고 지적하곤 했다. 이와 동일한 주장을 내세운 사람으로 8세기에 활동했던 시인 수다이프(Sudayf)가 있었다. 압바스 집단이 권력을 탈취하는 것을 보고 그는 다음과 같이 개탄했다고 기록되어 있다. "우리가 전리품을 획득하면 신의 명령에 따라 그것은 우리들 사이에 공유되었다. 하지만 지금은 부유한 자들의 특전이 되었다. 우리의 지도 체제는 과거에는 협의의 성격을 띠었지만 지금은 자의적인 것이 되었다. 우리의 계승 체제는 과거에는 공동체의 선택으로 결정되었는데 지금은 유증(遺贈)에 의해 결정된다."[42]

이슬람 민주주의자 알파라비

이런 말들을 통해 발산된 강력한 정치적 감정들을 알고 나면, 7세기 이후 이슬람교도들이 통치자를 공개적으로 선출해야 한다고 직설적으로 요구했던 이유를 알 수 있다. 마치 나팔을 불듯 큰 소리로 외치는 사람들이 꽤 많았지만 그 가운데에서도 다른 사람들에 비해 확연하게 우렁찬 소리를 낸 사람은 아부 나스르 알파라비(Abu Nasr al-Farabi, 870?~950?)였다.[43] 이슬람 교도로서는 민주주의에 관해 처음으로 발언한 사람이다.

오늘날 알파라비는 위대한 이슬람 철학자로 평가받는다. 자서전을 남기지 않았기에 그의 생애는 알려진 것이 적다. 하지만 그의 삶의 흔적들이 여기저기 예상치 못한 곳에서 발견된다. 예를 들면, 현재 카자흐스탄에서 통용되는 200텡게(tenge) 지폐에 그의 모습이 담겨 있으며, 이란의 테헤란에 있는 말렉 국립도서관에서 그가 남긴 흔적을 발견할 수 있다. 알파라비는 투르케스탄 지방에서 태어난 것으로 추정되며, 당시 압바스 왕조의 수도였던 바그다드로 와서 아랍어와 그리스어를 비롯한 다른 학문을 공부했던 것으로 보인다. 그가 남긴 저술은 대부분 바그다드에서 쓰였으며 그는 낮에는 포도 농장에서 일하고 밤이면 근처 정원을 지키는 파수꾼이 밝혀 둔 등불에 의지해 책을 읽고 글을 썼다고 한다. 그는 칼리프 체제에 전혀 호감을 느끼지 않았으며 금욕적인 삶을 살았다. 식사는 스위트 바질 이파리를 물에 섞어 마시고 양의 심장을 먹었다고 한다. 수피식 갈색 옷을 항상 입었으며 그를 만난 사람들은 그의 지성과 언어 습득 능력에 감탄을 금치 못했다고 한다.(그가 70개가 넘는 언어를 말했다고 주장하는 사람들도 있었다.) 알파라비는 사막을 이리저리 배회하기 좋아했으며 넓은 지역을 여행했다. 다마스쿠스, 이집트, 하란, 알레포에도 갔는데, 나이가 들자 알레포에 정착했다. 당시 함다니드 왕조*의 통치자였던 사이프 알-다울라(Sayf al-Dawla)가 지원하던 문장가 집단에 합류했다고 한다. 하지만 이런 세부 사항이 과연 사실과 부합하는지 여부는 확실하게 알 수 없다. 심지어 그가 어떻게 사망했는지조차 잘 알지 못한다. 몇몇 기록에는 그가 다마스쿠스에서 자연사했다고 적혀 있지만, 어떤 기록에 따르면 그는 다마스쿠스에서 아스칼론으로 향하는 바위 길을 걷다가 강도의 손에 죽임을 당했다고 한다.

만일 그렇게 강도에게 죽임을 당한 것이 사실이라면, 그의 죽음을 둘러싼 아이러니는 더욱 가슴 아프다. 왜냐하면 알파라비는 사람들의 자유와 행복(그는 이것을 사아다sa'ada라고 불렀다)을 확보해주는 새로운 통치 형태를 주

함다니드 왕조(Hamdanid dynasty) 이라크와 시리아 지역에서 9세기에서 11세기경까지 존재하던 왕조.

카자흐스탄 정부가 발행한 200텡게 지폐에 그려진 알파라비의 초상.

장한 큰 인물이었기 때문이다. 그는 그리스에서 데모크라티아 실험이 있었다는 사실을 매우 잘 알았다. 하지만 그는 자신의 저술 곳곳에서—그는 아랍어를 읽을 수 있는 이슬람 대중을 위해 단순한 문장을 썼다.—데모크라티아의 이상에 대해 양가적인 태도를 드러냈다. 플라톤이 《국가론》에서 주장했듯이 알파라비도 민주주의—그는 아랍어 단어 '알마디나 알자마이야(al-madina al-jamayya)를 사용했다.—가, 그 자신의 표현에 따르면, '절대적 자유'의 장점을 지나치게 과장할 우려가 있다고 말했다. 그런 점에서 민주주의는 무한 경쟁 상태로 타락할 수 있다는 이야기였다. 사람들이 각자 자기 중심적인 쾌락 추구에 몰두하기 때문이다.

홍미로운 사실은 알파라비가 민주정 이외의 다른 통치 형태에 대해서는 더 부정적으로 생각했다는 것이다. 그는 통치 형태를 논하면서 다양한 '도시'의 형태로 구분했다.(이때 '도시'란 정치 공동체를 뜻하는 단어로서 우리가 오늘날 사용하는 영토 국가의 개념과는 전혀 다른 것이다.) 그는 이 타락한 정치 체제들의 대다수가 (그는 분명 압바스 왕조를 염두에 두고 있었을 것이다) 잘못된 방향으로 인도되고 있다고 보았다. 사람들은 지상에서 어떻게 하면 행복하게 살아갈 수 있을지 선택하는 능력을 신에게서 부여받았는데, 이 정치 체제들은 사람들이 이런 능력을 제대로 발휘하지 못하게 하거나 그 능력 자체를 완전히 부정한다고 보았던 것이다. 그는 특히 사람들의 동물적인 욕구만을 충족시키는 퇴폐적인 정치 체제를 증오했다. 삶에서 재산과 부와 돈벌이만이 중요한 일이라고 믿는 저열한 태도에 기반을 둔 도시들과, 또한 인기와 명예와 권력을 추구하면서 강자에게 권리가 있다는 원칙을 기반으로 삼아 운영되는 도시들이 바로 그런 퇴폐적인 정치 체제였다. 알파라비는 이처럼 타락한 정치 체제로 운영되는 도시들을 '무지한 도시들'이라고 불렀고 여기에서 그는 민주정에 매력을 느꼈던 것이다. 그는 민주정을 모든 정치 체제 가운데 가장 덜 무지한 체제라고 평가했다. 물론 민주정도 완벽한 형태로 발전할 수는 없다고 보았다. 하지만 민주정이 특이한 점은, 이 민주주의 체제가 다른 종류의 정치 체제와는 다르다는 점을 민주정 구성원 스스로 매우 분명하게 인식하고 있다는 점이었다. 알파라비는 이와 같이 뚜렷한 자기 인식(self-awareness)은 민주주의가 솔직한 의견 교환과 공개된 공공 회의체를 통한 자치라는 요소에 특히 강조점을 두는 데서 비롯한다고 평가했다.

알파라비는 이런 요소들에 호감을 보였다. 왜냐하면 이 요소들은 그가 원래 지니고 있던 신념과 딱 들어맞았기 때문이다. 인간은 결코 신이 미리 예정한 운명에 종속되지 않으며, 원래 자유로운 사고 능력을 신에게서 부여받았기 때문에 자신의 완성을 위해서 — 여기서 완성은 행복을 위해 서로 협조하려는 욕구를 뜻한다. — 스스로 매우 실질적인 공헌을 할 수 있다고 알파라비는 굳게 믿었다. 민주주의는 인간의 이러한 능력을 해방시켜 만개하도록 하는 것이었다. 민주주의는 "민주적인 사람들이 다양한 목표를 세우도록" 보장해주었다.

알파라비가 인정했듯이, 민주주의는 가끔씩 이렇게 다양한 목표와 상충하는 의견 때문에 극단적인 대립 상태로 빠져들 수 있었다. 민주정은 특히 전쟁에 취약한 모습을 보인다. 전쟁의 위협이나 그 가능성 앞에서 시민들은 적대적인 두 집단으로 나뉘는 경향이 있다. 한 집단은 평화를 원하는 사람들이며, 다른 한 집단은 "강압적 통치가 선(善)을 실현하며, 이때 두 가지 방법이 있는데 하나는 직접적인 공격이고 또 하나는 …… 속임수, 사기, 배신, 계략, 위선, 기만, 그리고 사람들이 방향을 잃도록 오도하는 방법이라고 주장"하는 사람들이다. 알파라비는 민주주의가 제공하는 자유가 양날의 검이라고 생각했다. 이 자유 때문에 사람들 속에 있던 가장 나쁜 요소가 튀어나오기도 하지만, 또한 이 자유 덕분에 덕성을 갖춘 시민이 배출되기도 한다는 것이다. 민주주의는 완벽한 정부를 향해 가는 발걸음으로 여겨질 수도 있다. 다음은 알파라비가 쓴 구절이다. "민주적 정치 체제에서는 온갖 종알파라비가 저술한 《완전한 정치체에서 시민들이 내는 의견의 원리》의 도입부. 11세기에 제작된 희귀본을 촬영한 것이며, 현재 이 책은 테헤란의 말렉 국립도서관에 보관되어 있다.

류의 욕구와 행동 방식들이 함께 공존한다. 그렇기 때문에 시간이 흐르면서 그 안에서 뛰어난 사람들이 성장하고 현명한 사람들과 웅변가들과 시인들이 나타날 수도 있는 것이다. …… 따라서 완벽한 정치 체제를 구성하기 위한 요소들을 민주적 정치 체제로부터 끌어모으는 것이 가능해진다. 이것은 이 정치 체제에서 일어나는 여러 좋은 일 중 하나다." 알파라비가 수량적 평등을 직접적으로 옹호했던 사람이라고는 말할 수 없다. 그는 지상에 있는 모든 신의 피조물이 자유와 행복을 누리기를 바랐으며, 그러려면 반드시 뛰어난 지성과 건전한 판단력과 강한 체력을 지닌 훌륭한 사람이 정치적 지도력을 제공해야 한다고 생각했다. 그 지도자는 훌륭한 웅변가이며 학문과 진실을 사랑하는 자이며 이 세상의 물질 만능주의를 초월한 사람이어야 했다. 이렇게 덕성을 갖춘 소수의 사람들이 통치해야 했다. 알파라비가 지적했듯이, 문제는 이렇게 덕성을 갖춘 지도자 집단이 등장하는 것을 모든 정치 체제가 막고 있는데 오직 한 종류의 정치 체제만이 그렇지 않다는 것이다. 이것이 바로 민주주의 체제가 지닌 특유한 장점이다. 즉, 이 체제는 크림이 우유의 표면 위로 자유롭게 떠오를 수 있게 한다는 것이다.

중동 지역의 '협의' 전통

이렇게 민주주의적 자유와 행복을 지지하는 창조적인 사고방식이 등장하자, 초기 이슬람 세계에서는 불편한 속마음을 드러내는 반응들이 나왔다. 이런 모습은 초기 이슬람교도들이 정치 권력 문제를 다루는 데 혼란이 있었음을 보여준다.

바스라 출신의 아부 알하산 알마와르디(Abu al-Hasan al-Mawardi)의 의견을 살펴보자. 그는 86세의 고령까지 살다가 1058년에 사망했으며 당시 율법학자 가운데 지도자 위치에 있던 인물이다. 그는 당시 무너져 가던 압바스 칼리프조에 대해 칼리프 혹은 이맘 직책을 종래처럼 지명할 것이 아니라 선출해야 한다고 주장했다. 그의 주장에 따르면, 모든 성인 남자, 혹은 최소한 경건한 사고가 가능하며 성숙한 판단력을 지닌 자들이 이 과정에 참여해야 한다. 거의 모든 칼리프가 실제로 자신의 선임자에 의해 지명되었다는 사실을 안 마와르디는 곧 처음 내놨던 대담한 주장에서 한 걸음 뒤로 물러섰다. 그는 선거인의 수가 얼마가 되어야 선거가 유효할 수 있는지를 두고 권위 있는 사람들 사이에 합의된 의견이 없음을 알았다. 그리고 그는 이슬람 시민 사회의 모든 부분에 있는, 적절한 자격을 갖춘 모든 이슬람교도에게 만장일치의 동의를 구한다는 것이 현실적으로 어려운 일이라는 것을 지적했다. 그리하여 마와르디는 아부 바크르가 선출된 상황을 예로 들면서, 공동체의 종전 지도자가 사망할 당시 그때 그 자리에 있던 사람들이 이슬람교도 전체를 대표하기에 충분하다고 주장했다. 이런 식의 엉성한 결론은 곧 당연한 질문을 낳았다. 이렇게 크고 다양한 정치 공동체의 대변자는 최소한 몇 명이어야 하는가라는 질문이었다. 마와르디는 확실한 답을 내놓을 수가 없었다. 아부 바크르의 경우에는 5명이었다. 우마르는 자신이 죽기 전에 6명의 선거인단을 지명했다. 마와르디는 일부 동시대인들이 이 계승 사안이 결혼 계약과 유사하다고 보고 3명이면 충분하다는 의견을 냈다고 전했다. 한 명이 계약서를 작성하고 서명하고 나머지 두 명이 증인 역할을 한다는 것이었다.(신부가 빠져 있음을 주목하라.) 문제를 더욱 어렵게 하려는 듯, 마와르디는 심지어 단 한 명의 의견으로 후계자를 결정하는 것도 가능하다고 주장하는 사람들도 있음을 인정했다. 그렇다면 과연 이 문제는 어떻게 해결할 수 있을까? 마와르디가 내린 다음 결론은 아마 몇몇 통치자의 귀에는 마치 감미로운 음악처럼 들렸을 것이다. 통치자 한 사람의 의견이 곧 이슬람교도 전체 공동체의 의견을 대표한다는 것을 확실하게 알기에, 각 칼리프는 자신의 후계자를 직접 지명할 권한이 있다는 것이다.

이 정도로 소란스러운 지적 논쟁이 있었다는 사실을 고려하면, 초기 이슬람 세계의 권력자들이 통치자의 약속 이행과 직무 수행을 보장하기 위해 고안된 다양한 제도의 도전을 받았다는 사실은 조금도 놀라운 일이 아니다. 이렇게 고안된 제도 가운데 가장 중요한 것이 '마시와라(mashwara)'였다.(때로는 '마슈라mashura'라고 불리기도 한다.) 통치자가 제정하는 모든 세속적 법률은 먼저 공중 앞에서 조언자들 ─ 이때 조언자들이 누구인지는 다양하게 정의될 수 있다. ─ 과 공개적으로 토론과 협상을 거쳐야 비로소 그 정당성을 갖추게 된다는 것이다.

일부 이슬람교도는 이 공개 협의의 관행이 이슬람 이전 시대부터 전해져 내려왔다고 생각했다. 이런 인식은 정확한 것이었다. 예를 들면 각 부족의 장로들이 모여 협의하던 옛 아랍의 관습이 있었다. 또한 이런 협의의 기술은 시리아─메소포타미아 사람들과 페니키아 사람들이 확립한 더 오래된 전통에서도 영향을 받았던 것이 확실하다. 코란에서 최소한 두 개의 구절에 의사 결정권자들에게 협의의 의무가 있음을 명기하고 있다고 이슬람교도들은 상기하곤 했다.(3장 153~159절, 42장 36~38절.) 자의적이고 개인적인 통치(이는 아랍어로 '이스티브다드istibdād'였는데 나쁜 어감을 주는 단어였다)가 지닌 위험과 협상을 통한 합의가 지닌 장점은 하디스에도 종종 언급되었다.

초기 이슬람교도들의 '협의'가 얼마나 포괄적인 형태였는지는 확실하지 않다. 칼리프 우마르가 정한 극도로 제한된 선례가 있다. 그는 죽기 전에 위원회를 하나 구성했고 그 위원회의 위원 가운데 한 사람을 자유롭게 후계자로 선출하라고 지시했다. 이 경우 협의는, 통치자들이 모여 누구를 배척하고 누구를 새로운 통치자로 삼을 것인가를 결정하는 관행 이상을 의미하지 않는다. 그래서 만일 통치자들이 어떤 사안을 독자적으로 결정하려 드는 상황이 되면, 울라마들이 자신의 권위를 내세우며 큰 소리로 항의했던 것이다. 이 대변자들—그들은 전부 남성이었던 것으로 보인다.—은 성스러운 경전과 율법과 정치적 지혜의 문제에서 자신들이 전문가라고 생각했다. 그들은 신앙자의 전체 공동체는 보호받을 필요하다고 확신했으며, 자신들이 지상에서 올바른 삶의 길로 이끄는 올바른 수호자라고 자신했다.

울라마의 논리는, 자신들과 같이 신앙심이 깊은 사람들은 항상 전체 정치 공동체에 최선의 이익이 무엇인지 잘 파악하고 있다는 마음 편한 (혹은 어리석은) 전제 위에 서 있었다. 따라서 자신들은 잘못을 저지를 이유가 전혀 없거나, 혹은 거의 없다는 것이었다. 초기 일부 이슬람교도들에게 이런 전제는 전혀 받아들일 수 없는 것이었다. 그들은 이런 말을 들을 때 무척 불편하게 느꼈으며 결국에는 영속적이며 더 광범위한 성격의 협의가 필요하다고 큰소리로 주장하기 시작했다. 그 대표적인 예가 '무타질라파(Mu'tazilites)'였는데, 느슨하게 조직되었지만 상당히 영향력 있는 단체였다. 이 단체들은 720년대에 바스라와 바그다드와 그 주변 지역에서 시작되었으며, 후일 이란 지역에서 크게 번성하여 11세기까지 존속했다. 무타질라파는 군주제는 금지된 것임을 이슬람교도들에게 상기시켰으며, 정치 지도력은 반드시 능력에 기반을 두어야 하며 만약 그렇지 못할 경우에는 사회적 혼란과 내전이 발생할 것이고 이런 사태는 이슬람 공동체의 균열로 이어져 바람직한 결과를 낳을 수 없을 것이라는 견해를 널리 퍼뜨렸다. 이들 중 많은 사람은, 능력이란 그 사람이 어느 부족이나 종족 소속인지와 전혀 관계가 없고 관직은 아랍인에게나 비(非)아랍인에게나 똑같이 열려 있어야 한다고 강조했다. 심지어 비아랍인 이맘을 두는 편이 더 좋을 것이라고 주장한 무타질라파도 있었다. 비아랍인 이맘이 좀 더 독립적으로 판단을 내릴 것이며 또 그는 주요 부족의 지지를 받고 있지 않기 때문에 잘못된 행동을 했을 때 이맘 직책에서 물러나게 하기가 쉽다는 것이 이유였다. 무타질라파는 이슬람교도들이 지도자를 물러나게 할 권한을 영속적으로 보유하고 있다고 확신했으며 만약 필요하다면 칼을 사용해도 좋다고 생각했다.

무타질라파 중에 어떤 사람들은 좀 더 과격한 주장을 했다. 아예 이맘이 필요 없다고 주장한 것이다. 아부 바크르 알아샴(Abu Bakr al-Asamm)이라는 저명한 인물은, 기도나 순례와 달리 이맘은 인간이 만든 제도에 불과하다고 지적했다. 이맘들은 스스로 군주가 되거나 혹은 군주와 거의 비슷한 존재로 변하는 나쁜 습관이 있으며(당시 통치자였던 압바스 왕조의 칼리프들이 그랬다), 그렇지 않다 하더라도 이슬람 공동체가 너무나 크고 또 복잡해졌기 때문에 한 사람이 통치하는 것이 불가능해졌다는 논리였다. 그는 압바스 왕조의 칼리프 지배 체제가 결국 붕괴하고 말 운명이라고 (정확하게) 예측했고, 제국 내에 여러 명의 통치자를 두는 것이 좋을 것이라고 제안했다. 이는 예언자 무함마드가 아라비아 지역에 여러 명의 이맘을 지명해 질서를 유지하고, 조세를 걷고, 사람들에게 율법을 존중하도록 가르치는 일을 하도록 했던 전례와 같은 방식이라고 그는 주장했다. 알아삼이 직접 그런 표현을 사용하지는 않았지만, 실제로 그가 제안한 것은 비(非)중앙 집권화된 통치자들의 연방에 매우 가까운 것이었으며, 이 체제에서 각 통치자들은 피치자들의 요구에 복종하도록 되어 있었다. 알아삼은 이렇게 다수의 통치자가 있을 때 이들의 관계를 어떻게 조정할지에 대해서는 아무 말도 하지 않았다. 하지만 각각의 통치권 내에 민중으로 이루어진 회의체가 의무적으로 있어야 한다고 확신했다. 이런 회의체야말로 최종적 정의(正義)의 문제를 다루고 그에 대해 채찍질이라든가 손발 절단이라든가 사형과 같은 형벌 ─ 이때 형벌은 아랍어로 후두드(hudud)라 한다. ─ 결정을 내릴 수 있을 것이라고 주장했다. 그는 또한 이렇게 다수의 사람으로 이루어진 회의체에 기반을 둔 통치 형태가 이기적인 편견과 위험한 음모를 방지할 수 있는 유일한 방법이라고 주장했다.

오스만 제국의 지도자 선출 방식

알아삼 같은 무타질라파의 제안은 훗날 이븐 타이미야(Ibn Taymiyyah, 1263~1328)라는 젊은 신학자가 내놓은 제안의 선구적 역할을 했다고 볼 수 있다. 그는 이 협의의 원칙을 극단적 평등주의에까지 확장하려 했다. 타이미야가 내린 결론은 놀라웠다. 그는 고전적 저술의 내용을 인용하면서 통치자들이 휘하의 군사적, 행정적 관리 혹은 울라마와 반드시 협의해야 할 뿐만 아니라, 일반 주민의 대변자들로 구성된 회의체와도 협의해야 한다고 주장했다. 그가 여기서 내세우는 원칙의 뿌리는 시리아-메소포타미아, 페니키아, 그리스 민주정에 있었다. 또 그는 자신은 알 도리가 없었겠지만 자신도 모르는 사이에 장차 민주주의의 역사에 등장하는 여러 가지 것들을 예견했다.

타이미야는 자신의 주장 때문에 결국 몇 차례 투옥당하는 고초를 겪게 된다. 하지만 권력에 관한 그의 논의는 이슬람 세계에서 번성했던, 특히 13세기에 시작되어 1922년까지 존속한 오스만 제국 내에서 크게 번성했던 협의적 회의체 제도의 정신을 세우는 데 기여했다. 오스만 제국의 정부는 처음부터 '협상을 통한 합의(negotiated agreement)'의 기반 위에 세워진 것으로 널리 알려져 있다. 한 설명에 따르면, 오스만 제국의 건국자로 알려진 오스만 1세(Osman I, 1258~1326)가 아버지의 뒤를 이어 자기 부족의 지도자가 되기까지 거친 절차부터 그러했다. 당시 케트쿠다(Ketkhuda)들과 베이(Bey)들이 모여 '마시와라(mashwara)'를 열었다고 한다.(오스만식 표현은 메시웨레트 meshweret이다.) 긴 토론을 거친 끝에 그들은 새로운 지도자를 선출하기로 합의했다. 새 지도자는 머리카락 색이 새까만 것으로 유명했고, 또 두 팔이 무척 길어서 서 있는 채로 두 팔을 내려뜨리면 손이 무릎을 지날 정도였다고 한다. 이 젊은이의 이름인 '오스만'은 '뼈를 부러뜨리는 자'라는 뜻이었는데, 그가 바로 '오스만 베이(Othman Bey)', 오스만 1세이다.

이것이 실제로 있었던 일인지 아니면 나중에 꾸며낸 이야기인지 확실하게 판단할 수는 없지만 여하튼 이런 국가 창립 이야기는 오스만 제국 전역에 걸쳐 협의적 회의체가 널리 활용되었던 상황(특히 15세기 이후 시기의 상황)을 잘 반영한다. 전성기의 오스만 제국은 아시아와 아프리카와 유럽의 세 대륙에 걸쳐 있었다. 많은 제도가 공개적 심의에 관한 규칙들을 지키며 시행되었는데, 통치자인 술탄이 출석하지 않은 상태에서 이런 심의가 진행되는 것이 보통이었다. 이스탄불 시내에서 메시웨레트가 열렸다는 기록이 매우 많이 남아 있는데, 지역에서 발생하는 다양한 문제를 토의하고 해결하기 위해 문제가 일어나자마자 메시웨트가 열렸다고 한다. 군사 지휘관들도 야전에서 이런 협의 과정을 종종 활용했다. 또 제국 최상층부에서 이루어지는 통치 활동도 같은 절차에 따라 진행되었다. 미리 참석 범위가 정해진 최고 평의회(diwan-i humayun)가 있었다. 최고 평의회는 초기에 술탄이 관장했으나 나중에는 '총리 대신(Grand Vizier)'이 주관했다. 이 회의는 정기적으로 특정한 시간에 열렸으며 제국의 상황을 검토하고 각종 문제가 발생하면 그에 관해 토의하고 해결책을 찾았다. 18세기 말에 가까워지면서 오스만 제국이 러시아를 포함한 새로운 강대국들의 압력을 느끼기 시작함에 따라 이런 회의가 좀 더 자주 열렸다. 중요한 역사적 전환점이 된 것은 1789년 5월, 프랑스 혁명이 일어나기 몇 주 전이었다. 당시 새롭게 제국의 통치를 시작한 술탄 셀림(Selim) 3세는 주요 관리들로 구성된 협의적 회의체를 소집했고 여기에서 제국의 중요한 문제를 토론했으며 이 회의체가 어떻게 그 문제들을 해결할 수 있을지 논의했다. 이 회의체는 이름만 그렇게 불리지 않았을 뿐이지 사실상 의회(parliament)였던 것이다.

하지만 우리는 여기서 너무 앞서 나갔다. 엄연한 현실을 보면, 10세기가 될 무렵 보편적인 삶의 방식으로 정치적 인정을 받으려 했던 이슬람의 시도는 중단되었으며 단일 칼리프 체제가 분열되어 에스파냐와 이집트, 페르시아에 각각 서로 경쟁하는 칼리프 체제가 들어서는 좌절을 맛보았다. 무크타디르(Muqtadir) 칼리프 시대(908~932)에는 압바스 왕조 통치자의 권력이 바그다드와 인근에 미칠 뿐이었다. 심지어 무크타디르 자신도 휘하의 무질서한 터키 병사들의 노리개 신세로 전락했다. 결국 이 터키 병사들은 향락으로 엉망이 된 무크타디르의 통치에 분노해 다툼을 벌이다가 그를 살해하고 만다. 그의 시체는 살해당한 자리에 부패할 때까지 그대로 방치되었다. 병사들은 그의 머리를 잘라서 창끝에 높이 매달아, 허영심이 절대로 용서받을 수 없음을 모든 사람이 보도록 했다. 그의 뒤를 이어 칼리프 자리에 오른 그의 동생 카히르(Qahir)는 공포를 수단 삼아 통치하려 했으나 불과 2년 뒤 퇴위당하고 만다. 카히르가 물러나게 된 이유도 형처럼 허영심 때문이었던 것으로 보인다. 카히르는 붉게 달군 바늘로 눈알을 뽑혔다. 그는 11년 동안 감옥에 있었으며 사람들 눈에 띈 그의 마지막 모습은 어느 모스크에서 구걸하는 모습이었다.

유럽에 끼친 이슬람의 영향

이런 끔찍한 사건들 때문에 이슬람의 초록 깃발이 피로 더럽혀졌지만, 그렇다고 해서 시리아-메소포타미아와 페니키아, 그리스에 있었던 여러 형태의 고대 회의체 전통을 다가오는 대의 민주주의 세계와 연결하는 정치적 교량을 이슬람교도들이 효과적으로 건설했다는 사실을 간과해서는 안 될 것이다.

이슬람 사회의 상층부는 권력 투쟁과 무력 분쟁으로 볼썽사나운 모습을 보였지만, 아래에 자리 잡은 이슬람 사회는 끈질긴 생명력을 과시했다. 공동 경영 제도에 기반을 둔 이슬람 시민 사회는 계속 살아남았다. 이슬람교도들이 세운 제국은 인도양에서 지중해 연안에 이르는 넓은 지역의 사람들을 서로 연결해 단일한 교역 시스템을 창출했고 이는 농업과 수공업 분야의 획기적인 변화를 촉진했으며 이런 변화 덕분에 대규모 도시들이 더욱 번창하게 되었다. 유대교, 기독교 그리고 다른 종교 공동체들이 중요한 역할을 했지만, 그래도 제국 주민의 상당수가 받아들인 종교는 역시 이슬람교였다. 이슬람교의 전파 수단은 아랍어였다. 아랍어는 극도로 다양한 각 지방의 문화 전통과 공통의 예술 형식을 일체화하는 강력한 기반으로 작동했다. 이리하여 이슬람 양식의 독특한 건축물, 시와 서적들, 각지의 기후에 맞는 새로운 의상 양식, 산술, 주판, 목판 인쇄 같은 새로운 발명품이 등장했다.

이슬람은 다른 일도 했다. 광범위한 지역에 걸쳐 와크프 제도와 수피 (Sufi) 네트워크, 또 통치자들이 정치 공동체를 공적으로 책임지게 하는 여러 수단을 확산시켰다. 이런 제도의 지리적 확산은 당시 무슬림들이 '우루바'라고 부르던 지역, 다시 말해 유럽 지역에 근본적이고 매우 놀라운 영향을 주었다. 우루바의 땅에 이슬람은 비(非)정부 조직의 씨앗을 뿌렸다. 그것은 조직화된 종교와 정치 권력으로부터 거리를 두고 자신들의 일을 스스로 처리하는 조직이었다. 중요한 예로 들 수 있는 것이 '마드라사(madrasa)'이다. 마드라사는 종교 연구를 위해 세운 신학교였는데 훗날 등장하는 최초의 유럽 대학의 본보기가 되었다. 유럽 최초로 대학이 등장한 지역은 남부 이탈리아였는데 이 지역은 이슬람의 영향을 매우 많이 받았으며 여러 제도가 서로 영향을 주면서 성장하기에 적절한 분위기였다. 새로운 대학의 본질을 잘 보여주는 특색 가운데 하나는 바로 이 대학들이 자치적 운영의 원칙을 분명하게 천명했다는 사실이다. 원칙적으로 이 대학들은, 선출된 '평의회(council)'라든가 '이사회(syndic)' 또는 '전체 집회(congregation)'와 같은 여러 가지 명칭으로 불린 기구들에 의지했다. 이러한 기구들은 이슬람에서 영감을 받은 것이었으며 향후 수 세기에 걸쳐 다른 제도들에 옮겨 심어져 마침내는 유럽의 정치 지형을 새로 만드는 데 결정적이고 때로는 혁명적인 역할을 하게 된다.

이슬람은 민주주의를 부활시키고 새롭게 규정하는 데 이렇게 근본적인 역할을 했는데, 그 역할은 위에서 든 사례와 다른 방식으로 행사되기도 했다. 그 다른 방식은 그렇게 확연하게 눈에 띄지는 않았지만 영향이 더 오래 지속되었다. 광대한 지역 곳곳에서 이슬람은, 부와 권력의 극심한 불균형을 혐오하는 역동적인 정치 공동체들을 조직할 능력이 있음을 입증했다. 그리하여 이슬람은 하나의 매력적인 삶의 방식으로 인정받기에 이르렀으며, 이 새로운 삶의 방식은 종래에 있었던 후진적인 경제·사회·정치적 형태들을 밀어내고 그 자리를 확실하게 차지하게 되었다.

근대에 들어 '동양적 전제주의(Oriental despotism)'라는 표현이 유럽 사람들의 입에 자주 오르내렸다. 그러나 그 실제를 들여다보면 언제나 유럽이 벌인 정복 사업의 핑계로 사용되었다는 것을 알 수 있다. 이런 사고방식 때문에 우리는 초기 이슬람의 삶의 방식이 유럽인들에게 매력적으로 다가왔다는 사실을 망각하고 말았다. 당시 이슬람 교역자 또는 침입자와 직접 접촉했던 중세의 기독교인들은 이러한 매력을 확실하게 알고 있었다. 그것은 중세의 기독교인들을 곤혹스럽게 만들었다. 이슬람에 저항했지만, 동시에 이슬람의 품격 있는 삶의 방식에 매력을 느낀 사람들은 이슬람의 지배를 받은 코르도바나 그라나다에서처럼 종종 자신들의 삶의 방식을 바꾸기에 이르렀다. 그들은 이슬람의 품속으로 뛰어들었다. 두 도시에 살던 기독교인들은 종교만 바꾸지 않았을 뿐이지 사실상 모든 면에서 이슬람 문화에 영향을 받아 큰 변화를 겪었고, 그로 인해 '모자랍(Mozarab)', 즉 '아랍화된 사람(Arabiser)'이라는 별명을 얻게 되었다. 한편 이와 반대되는 움직임도 종종 나타났다. 즉 이슬람의 매력을 목격한 기독교인들이 새로운 군사적 방어선과 새로운 정치적 저항의 수단을 건설하려는 결심을 더욱 굳히기도 했던 것이다. 그들은 이슬람의 힘을 영구히 물리치거나 말발굽과 칼과 십자가의 힘으로 이슬람을 완전히 파괴하기를 바랐다.

우리는 곧 이 협조와 대결과 저항이라고 하는, 삶과 죽음을 건 역동적인 상호작용을 보게 될 것이다. 그리고 그 상호작용으로 말미암아 이상하면서도 역설적인 결과가 많이 나타나는 과정을 보게 될 것이다. 이 결과들 가운데 가장 주목할 만한 것은 바로 지구상에 아직 나타난 적이 없던 새로운 제도가 출현한 상황이며, 이는 이슬람과 유럽이 대치하는 전선에서 발생한 사건이었다. 그 새로운 제도는 바로 다양한 사회적 이해관계를 대변하는 '의회'라는 제도이다. 의회는 이슬람이 근대 세계에 준 선물이며 이 새로운 제도 덕분에 민주주의의 개념을 규정하는 데 근본적 차원의 변화가 일어난다. 의회 제도는 12세기에 갑자기 등장한다. 당시 이베리아 반도 북부에 있던 기독교 지역 사회의 인물들은 자신들이 위기에 놓였으며 이 위기를 벗어나지 못할 경우 지역 사회 전체가 파멸할 것이라는 사실을 깨달았다. 이 지역을 좌우하던 귀족, 교회, 도시 상인들은 갑자기 이 같은 깨달음을 얻으면서 힘을 합치지 않을 수 없었고 머리를 맞대고 의견 차이를 조정해야 했다. 그들은 협상 테이블로 모두 함께 모일 수밖에 없었다. 그들은 자신들이 정치적으로 취약하다는 사실을 절실히 깨달았기 때문에 상호 동의에 따른 합의를 도출하기 위해 서로 단결하는 새로운 방법을 고안해냈다.

그러한 고민은 역사적으로 엄청나게 중요한 결과를 낳았다. 이슬람과 기독교가 부모가 되어 낳은 이 새로운 제도는, 비록 이름은 달랐지만 실체 면에서는 '협의'라고 하는 매우 오래된 이슬람의 관습과, 그 관습에 숨겨져 있던 핵심 원칙과 통했다. 그것은 바로 정부는 피치자들이 스스로 선택한 대표자들의 적극적인 동의에 의해 승인받을 때에만 비로소 정통성을 지니게 된다는 원칙이다.

2부

대의제 민주주의

THE LIFE
AND DEATH OF
DEMOCRACY

3장

\

대의 민주주의의 탄생

왕과 폭군은 전혀 다른 존재다.

_ 라우텐바흐의 마네골트, 〈게베하르트에게 보내는 서신〉(1085~1086?)

민주주의의 미스터리

만일 고대 바빌론과 니푸르의 회의체들을 잘 알던 어떤 시민이 저승에서 다시 지상으로 돌아와서 지금 이 책에서 초기 민주주의에 관해 설명하는 이야기를 접한다면 과연 어떤 반응을 보일까? 그가 알고 있던 시리아-메소포타미아 지역의 옛 회의체가 페니키아인, 그리스인, 유대인, 이슬람교도들의 노력에 힘입어 동쪽과 서쪽으로 확산되었다는 이야기를 들으면 그는 과연 자랑스럽게 생각할까? 아니면 이 회의체들이 엄청나게 불리한 상황에서도—일시적으로나마—존속할 수 있었다는 사실에 놀랄까? 민주주의라는 삶의 방식이 그처럼 복잡하고 때로는 서로 모순되는 여러 기원들을 갖고 있다는 믿기 힘든 사실을 보고 신기하다는 듯 미소 지을까?

물론 우리는 그가 어떤 반응을 보일지 모른다. 하지만 마지막 질문은 특히 흥미롭다. 만일 그 사람이 이런 반응을 보인다면, 민주주의—즉 회의체에 기반을 둔 자치—의 기원이 결코 단순하게 묘사할 수 없는 어떤 것임을 다시 한 번 확인할 수 있기 때문이다. 민주주의의 시작에는 여러 가지 서로 다른 요인이 작동했다. 절대적 유일신 혹은 여러 신을 향한 사람들의 믿음, 도시 간에 이루어진 교역과 상업의 발달, 전쟁에서 패한 정부의 붕괴까지 여러 요인이 있었다. 클레이스테네스와 데모낙스 같은 사람들이 벌인 전술적 조작, 분노의 감정에서 촉발된 범죄와 그 범행의 실패, 신탁의 조언을 속삭여 들려준 여사제들, 그리고 더는 참지 못하고 폭군에 저항한 선원들과 병사들과 노예들의 용감한 행동이라는 요인도 있었다. 이것이 실제 현실이었다. 즉 분명한 운동 법칙도 없었으며 규칙적인 패턴도 없었다. 그저 이렇게 저렇게 생겨난 여러 차례의 전진과 후퇴의 복잡한 상황과, 회의체를 활용해 권력 행사를 공적으로 통제하려는 사람들의 계속된 노력이 얽혀 있었을 뿐이다.

민주주의는 그 기원만 복잡한 것이 아니다. 기원후 1000년이 지나고 새로운 천 년이 시작되면서 민주주의의 무게 중심이 중세 유럽으로 옮겨 갔다. 그러면서 민주주의가 새롭게 규정되어 다시 한 번 복잡한 과정을 거치게 된다. 이런 일이 어떻게 일어났는지를 이해하기 위해 엄청난 양의 잉크와 종이가 소모되었지만 누구도 성공을 거두지는 못했다. 이는 전혀 놀라운 일이 아니다. 왜냐하면 '근대' 민주주의의 역사적 발전을 설명할 '법칙'이나 분명한 패턴이 없기 때문이다. 사실 그럴 수밖에 없다. 이 지구에 존재한 다양한 민주적 삶의 방식은 모두 공통적으로 불확실성과 개방성과 의외성을 존중했기 때문이다. 최근 들어 학자들 사이에는 민주주의로 향하는 '이행(transition)'과 민주주의의 '공고화(consolidation)' 과정에 내재하는 규칙을 확인하려는 노력이 활발하다. 이는 사실 아리스토텔레스에서부터 시작된 오래된 습관이다. 이런 노력을 통해 일정한 통계적, 비교론적 지식을 갖추게 되면 세계 어느 장소에서나 민주주의적 제도를 새로 건설하거나 개선할 수 있다고 일부 학자들은 믿는 듯하다. 하지만 이런 입장에 선 사람들이 간과하기 쉬운 사실은, 민주주의의 탄생과 발전과 파괴는 항상 특정한 맥락 속에 진행되었다는 사실이다. 이것은 곧 민주주의는 제도적 환경에 의해 형성되는 인간 행동의 양식이며, 의외성과 민주주의는 쌍둥이라는 뜻이다. "세상 사물의 신비를 그냥 받아들이자(And take upon us the mystery of things)." 이 말은 셰익스피어가 쓴 《리어 왕》에서 리어 왕이 딸 코델리아에게 슬픈 목소리로 한 말이다.[1] 이 말은 민주주의에도 그대로 적용된다. 민주주의의 탄생과 생존, 변형과 죽음은 보편 법칙의 적용을 거부한다. 민주적 제도가 살아남아 번성할 것인가, 또 어떤 형태를 이룰 것인가는 모든 경우에 불확정성에 기대고 있다. 특정한 환경에서 일어나는 예측 불가능한 움직임, 신중한 계산, 즉흥적 결정, 그리고 절대 과소평가해서는 안 되는 예기치 않은 결과의 변덕스러운 힘까지 모두 중요한 변수로 작용한다.

대의 민주주의 등장

우리는 민주주의가 우연성의 집에 살고 있다고 말할 수 있다. 그 근거는 민주주의 역사의 두 번째 단계를 연 잇따른 사건들에 있다. 전혀 예상할 수 없는 방식으로 새로운 실험들이 이어지면서 민주주의라는 단어에 새로운 의미가 깃들었던 것이다.

앞으로 보겠지만 당시 변화 과정에 정확한 시기를 추정하기는 힘들다. 거칠게 말하자면 대략 기원후 10세기를 시작으로 하여 그리스의 옛 관행 — 페니키아의 무두트와 바빌로니아의 푸흐룸에 뿌리를 둔, 회의체를 수단으로 하여 서로 동등한 사람들이 행하는 자치 — 인 데모크라티아의 의미에 속도는 매우 느리지만 근본적인 변화가 생기기 시작했다. 이 변화는 많은 사람의 손을 거쳤다. 왕, 수도승, 목동, 정치인, 귀족, 수공업자, 공화주의자, 성직자, 부자, 도시 거주자, 농부, 군인, 출판업자, 신을 두려워하면서 종교의 권위에 반대했던 사람들에 이르기까지 모두 각자의 역할을 수행했다. 그 결과로 생겨난 변화에 훗날 19세기나 20세기 초기에 '부르주아의 발흥'이라든가 '자유주의'라는 이름을 붙였지만 실제로 그렇게 단순하게 표현할 수 없는 변화였다. 이때 태어난 새로운 민주주의는, 비유하자면 부모가 확실하지 않은 아이였다. 이 아이의 출생은 의도되지 않은 것이었다. 이 아이가 생존하리라는 것은 어떤 시점에도 보장된 것이 아니었다. 민주주의의 도래는 필연이 아니었다. 한 걸음 한 걸음, 그리고 많은 우여곡절을 거치면서 아주 느린 속도로, 그러나 아무것도 확실히 보장되지 않은 상태에서 결국 기적이 일어난 것이다. 민주주의는 이제 '대의 민주주의'라고 규정되기 시작했다.

대의 민주주의라는 명칭은 18세기가 끝날 무렵에, 즉 실제 변화보다 뒤늦게 붙여진 것이며 헌법 제정자들이나 정치 저술가들이 민중의 동의에 뿌리를 둔 새로운 통치 형태를 가리키는 이름으로 썼다. '대의 민주주의'라는 표현을 누가 처음 사용했는지는 아무도 모른다. 언뜻 모순처럼 보이는 두 단어가 결합한 이 표현은 영국과 프랑스와 미국을 부모로 삼아 탄생했다. 이

때 새로운 지평을 연 정치 저술가가 있었는데 18세기 프랑스 보르도의 귀족 출신으로서 약간의 부를 가진 사람이었다. 보르도 고등법원 부원장을 지낸 그는 바로 샤를 루이 드세콩다 몽테스키외 남작(Montesquieu, Charles Louis de Secondat, 1689~1755)이었다. 《법의 정신》(1748년)이라는 획기적인 책에서 몽테스키외는 공화정, 민주정, 로마, 아테네를 한 묶음으로 취급하면서 긍정적으로 말했는데 당시로서는 이례적인 일이었다. 아마도 그는 자신의 발언이 이 주제에 관한 종래의 사고방식에 완전히 어긋난다는 것을 의식하지 못했을 것이다. 그는 민주정 내에서 "최고 권력을 보유하는 주체인 민중은 그들의 힘이 미치는 범위 내에서 모든 것을 관리해야 마땅하다."라고 말했으며, 덧붙여 "민중의 능력을 넘어서는 일은 그들의 대리인들이 시행해야 한다."[2]라고 주장했다.

대리인들? 민중의 일을 이들에게 위임한다는 것은 무슨 뜻이었을까? 이 질문에 답한 사람은 루이 15세 때 외무장관을 지낸 프랑스 귀족 출신의 다르장송 후작이었다. '대리인'이라는 단어의 뜻을 풀어내고 민주주의를 대의(代議) 제도라고 새롭게 규정한 이가 바로 다르장송이었을 것으로 추정된다. 다르장송은 '거짓된' 민주주의와 '진짜' 민주주의를 구별했다. "거짓된 민주주의는 곧 무정부 상태로 빠져든다. 그것은 다중이 지배하는 정부이다. 이는 폭동이며, 법과 이성에 대한 뻔뻔스러운 멸시다. 이런 민주주의가 폭압적이며 자의적인 통치라는 것은, 그 폭력적인 작동과 불확실한 심의(審議)에 의해 분명하게 드러난다. …… 진정한 민주주의는 민중의 선거에 의해 권위를 부여받은 대리인들을 통해 작동한다. 민중에게 선택된 자들의 사명, 그리고 그들을 뒷받침하는 권위가 공적 권력을 구성한다."[3]

다르장송의 뒤를 이어 다른 사람들도 곧 민주주의와 대의제의 관련성에 대해 이야기하기 시작했고, 이들의 주장은 빠른 속도로 퍼져 나갔다. 대서양 건너편에서 제임스 매디슨은 원래 민주주의라는 단어를 마치 나병 피하듯 피하던 사람이었지만, 그렇더라도 자신이 "정부 운영을…… 나머지 시민들이 선출한 소수의 시민에게 위임한 것"에서 미국의 정치 실험의 참신함을 발견한 사람들 가운데 하나라고 생각했다.[4] '대의(representation)'라는 단어와 '민주주의'라는 단어를 서로 조금씩 가까이 접근시키고 결국에는 두 단어를 결합해 '대의 민주주의'라는 완전히 새로운 표현을 사용한 최초의 미국인은 아마도 알렉산더 해밀턴(Alexander Hamilton, 1755?~1804)일 것이다. 그는 분명 자신이 무슨 말을 하는지 확실하게 알지 못한 채 '대의 민주주의'라는 새로운 표현을 썼을 것이다. 민주주의 역사에서 가장 귀중한 몇 가지 표현이 마치 누군가 꿈꾸던 중에 만든 것 같다고 주장한다면 이상하게 느껴질 것이다. 하지만 '대의 민주주의'라는 이 새로운 표현은 바로 그렇게 해밀턴을 통해서 처음 등장했다. 대체로 해밀턴은 민중의 지배에 적대적인 입장이었으며, 종종 그것을 민주주의라고 불렀다. 해밀턴은 민중의 지배가 결국 '제어할 수 없는 폭도들'이 주도하는 '폭정'과 '기형적 통치'로 이어지게 된다고 비난했다. 그러나 미국 독립 선언이 있고 얼마 지나지 않아 그는 갑자기 환각 상태에라도 빠진 것처럼 "민중의 정부는 그 본질에 불안정성이 내재한다."라는 주장을 부정하기 시작했다. 그는 이런 정부가 만일 "선거권이 잘 확보되고 관리되며, 명목상이 아니라 실질적으로 민중에게 선택받은 선출된 사람들에게 입법·행정·사법의 권한을 행사하도록 맡기는 대의 민주주의"의 형태를 취한다면 "만족스럽고 질서정연하며 내구성 있는 정부가 될 수 있다."고 말했다.[5]

똑같은 생각을 좀 더 명확하게 표현한 사람은 해밀턴과 마찬가지로 스코틀랜드 출신이었던 제임스 윌슨(James Wilson, 1742~1798)이었다. 그는 장로교에 소속된 박식한 법률가였으며 1787년 미국 헌법을 제정하는 데 기여한 인물이다. 윌슨은 미국의 새로운 연방 헌법이 두 가지 점에서 특이하다고 말했다. 미국 헌법은 "대의가 반드시 필요하다고 규정하고 있는데, 이는 국민이 집단적으로 행동하는 것이 불가능하기 때문이다." 이런 규정 덕분에 새로운 공화국은 '순수하게 민주적'이라고 그는 말했다. 왜냐하면 "모든 종류의 권력이 대의 과정을 통해 국민에게서 나오며, 민주적 원칙이 정부의 모든 부분에 들어와 있기 때문이다."[6]

이상의 내용은 민주주의를 인식하는 완전히 새로운 방식이었다. 이런 생각에 따르면, 민주주의에서 국민은 투표권자로 인식되며 이들은 최소한 두 가지 대안 가운데 진정한 의미의 선택을 할 수 있다. 자유롭게 다른 사람을 선출하고, 그렇게 선출된 사람들은 투표권자의 이익을 지키는 방향으로 행동한다. 즉 투표권자를 대신하여 여러 사안을 결정함으로써 투표권자를 '대의한다(represent)'. 대의의 의미가 정확히 무엇인지, 누가 누구를 대의할 권한이 있다는 것인지, 만일 대의자들이 자신이 마땅히 대의해야 하는 사람들을 무시한다면 어떻게 해야 하는지와 같은 질문들을 두고, 그때 이후로 많은 글이 쓰였고 많은 피가 흘렀다. 영국 출신의 정치 평론가로서 베스트셀러 작가였던 토머스 페인은 기하학에서 인상적인 비유를 끌어와, '민주주의에 접목한 대의제'를 옹호하는 목소리를 높였다. 그는 이를 가리켜 스스로 내부의 분열을 인정하는 새로운 유형의 정부라고 말했다. 이는 군주정과, 군주정이 내세우는 통일된 정치체라는 낡은 믿음과 대립하는 것이었다. 또한 고대 아테네의 '단순한 민주주의'와도 구별되는 것이었다. 아테네의 데모스는 내부적으로 의견 일치를 끌어내야 한다는 압력을 스스로 끊임없이 받았다.[7] 토머스 페인은 "아테네가 만일 대의제를 도입했다면 그들의 민주주의를 능가할 수 있었을 것"이라는 흥미로운 발언을 했는데, 이 발언을 통해 그는 아마도 아테네 민주정 내부에 존재했던 합의에 대한 강박을 지적하려 했을 것이다. 그는, 완전한 합의에 이르지 못하면 그것은 비민주적인 현상이며 민주적 정치체는 반드시 내부의 분열이 없어야 한다는 가정에 대해, 대의제 형태의 민주주의는 반대 입장을 취한다고 주장하려 했던 것이다. "국가는 인체로 표현될 수 있는 실체가 아니다. 국가는 하나의 원(圓)에 포함된 실체이며 이 원에는 모든 반지름선이 만나는 중심이 있다. 그 중심은 바로 대의 과정에 의해 형성된다."

이것은 상당히 복잡한 관념이다. 토머스 페인은 이런 관념을 제시하여, 좋은 정치 제도는 선조에게 물려받는 것이라는 어리석은 생각을 몰아내려 했다. 대의제가 도입되면서, 남성의 정자(精子)가 훌륭한 정치 체제를 전달하는 운반체라는 생각이 오류임이 드러났다. 대의제는 각기 다른 이해관계와 의견이 공개적으로 드러나는 것을 장려할 뿐 아니라, 이렇게 드러난 각종 이해관계를 능력을 원칙으로 운영되는 정치 지도자 집단이 처리하고 해소하도록 장려하는 정치 체제이다. 대의제는 시민들이 자신의 권력을 위임한 지도자들에게 공포를 느끼는 일에서 벗어나도록 도와주었다. 선출된 대의자들은 일정한 기간 동안만 '해당 직책을 보유'했으며 이는 선출 과정을 거치지 않는 군주나 폭군 개인에게 부여된 권력을 대신하는 긍정적인 제도였다. 정치적 성과가 빈약할 때 그 책임을 배분하는 데서도 대의제는 효과적인 새로운 제도로 인정받았다. 이 제도는 능력 발휘에 성공했느냐 실패했느냐에 따라 정치 지도부가 순환적으로 교체되는 새로운 방식이었다. 대의제는 겸손한 정부의 새로운 형태이자, 정치적 소수자의 반대 의견 피력과 공정한 권력 경쟁을 위한 공간을 창출해주는 것으로 여겨졌다. 대의제에서, 선출된 대의자들은 자신의 정치적 능력과 통솔력을 자신들을 해고할 권한이 있는 사람들 앞에서 시험해볼 수 있었다. 만일 능력 발휘를 못하면 그들은 자리에서 물러나야 했다. 정치 지도자의 이러한 순환 교체는 결국 권력 경쟁이라는 수단을 통해 권력 행사를 평화적으로 통제하는 방법이었다. "대의제는 정치적 야심에 치명적인 타격을 준다."라고 토머스 페인은 설명했다. 또한 그는 이러한 새로운 통치 형태가 필요한 좀 더 실제적인 이유를 제시했다. 명백한 현실을 현실적으로 반영한 것이 바로 이 새로운 통치 형태라는 것이다. 즉, 모든 사람이 모든 시간 동안 정부의 일에 관여하는 것은 설사 그들이 원한다 하더라도 불가능하다는 것이 명백한 현실이다. 현실이 그러하다면 국민은 주기적인 선거를 통해 대의자를 선출해 통치 업무를 위임할 수밖에 없다는 것이 페인의 논리였다. 대의자들은 공적 자금 사용을 감시하는 일을 수행했다. 대의자들은 유권자들을 대표하여 정부와 정부 관료들에게 항의했다. 대의자들은 여러 문제에 관해 토론했으며 법률을 제정했다. 그들은 국민을 대신하여 누가 어떻게 통치할 것인가를 결정했다. 토머스 페인은 "단순한 민주정은 최초의 형태를 보면 결국 고대인들의 집회장과 다름없었다. 점차 주민이 증가하고 영토가 확대됨에 따라 단순한 민주정 체제는 불편하고 비실용적인 것이 되었다."라고 결론 내렸다. 이런 복잡성 증가의 대응책이 바로 대의 민주주의라는 것이다. "민주주의에 대의제를 접목함으로써 우리는 다양한 이해관계와 어떤 규모의 영토와 주민이라도 모두 포용하고 연합할 수 있는 통치 형태에 이르게 된 것이다."

이런 의견들은 민주주의의 의미와 제도에 획기적인 변화가 생겼음을 알려주었다. 이런 변화들은 종종 칭송의 대상이 되었으나, '어떻게' 그리고 '왜' 이런 변화가 생겼는지에 관해서는 피상적인 언급밖에 없었다. 대의 민주주의는 나름의 역사가 있으며 게다가 그 역사는 매우 복잡하다. 대의 민주주의의 뿌리는 회의체 중심 민주주의의 '고전' 시대에까지 뻗어 있다. 여기서 우리는 다시 한 번 민주주의의 첫 번째 단계와 두 번째 단계의 경계선이 물리적인 '실제'가 아니라는 사실을 떠올리게 된다. 이 경계선은 이른바 '현실'이라는 원재료를 작가가 상상력을 발휘해 재가공한 산물에 불과하다. 회의체 민주주의라는 낡은 기차가 역사의 어느 한 기점을 종착역 삼아 완전히 멈춰 서고, 그 역에서 승객들이 모두 내려서 다시 대의 민주주의라는 새 기차에 올라탄 것이 아니다. 경계가 분명한 순간이나 물리적으로 완전히 분리된 단절의 지점 같은 것은 없었다. 하지만 민주주의에 나타난 변화는 분명 매우 인상적인 것이었으며, 지금 돌이켜보면 오해의 여지 없이 확실한 것이었다. 이 변신의 과정은 때로 빠르게, 그러나 대체로 느리게 진행되어서 마무리되기까지 거의 천 년의 세월이 걸렸다. 변화가 처음 나타난 곳은 유럽 지역이었다. 유럽에서 이 과정은 보통 무계획적이고 혼란스럽게 진행되었는데, 심지어 의식적으로 진행된 경우에도 그러했다. 그때그때 사정에 따라 진행되었기 때문에 대의 민주주의는 여러 가지 서로 다른 구체적 형태를 띠게 되었다. 여기에서 중요한 점은, 대의 민주주의를 한 권의 책에 비유할 때 이 책에는 일관된 플롯이 없었다는 점이다. 누락된 페이지가 많으며, 내용도 뒤죽박죽이고, 다루어야 마땅한 주제들 가운데 제대로 다루어진 것은 얼마 되지 않았다. 하지만 이 모든 혼란 속에서도 오늘날까지 살아남은 공통된 주제가 하나 있었다. 그것은 바로 대의의 기능을 수행하는 여러 제도에 관한 원칙과 관행의 발명이다.

권력에 이름을 부여하고 권력을 다루는 한 방법으로서 대의 민주주의는 분명 완전히 새로운 것이었다. 이것은 정치 제도로서 특이한 종류에 속했으며 하나의 포괄적인 삶의 방식이었다. 이 제도의 특징으로는 성문헌법, 독립된 사법 기관, 그리고 입법부 의원의 정기적 선출, 정치적 직책의 임기제, 비밀투표제, 경쟁적 정당 제도, 공적으로 집회를 열 수 있는 권리, 언론·출판의 자유 등을 보장하기 위한 법률 같은 것이 있다. 이전의 민회 중심 민주주의와 비교해볼 때, 대의 민주주의는 자치적 정부 제도의 지리적 규모를 크게 확대했으며, 이 지리적 확대는 이슬람 세계의 경우보다 더 성공적으로 진행되었다. 대의 민주주의는 처음에는 도시나 농촌 지역에서, 또는 제국의 식민 정착지라는 여건 속에서 나타났지만, 점차 시간이 흐름에 따라 상비군과 법률 제정 능력과 조세 징수 권한을 갖춘 개별 영토 국가의 틀 속에 주로 '자리' 잡게 되었다. 이 국가들은 첫 번째 민주주의 시대의 정치 단위보다 양적으로 더 크고 인구도 더 많았다. 회의체 민주주의의 그리스 세계에서 대부분의 국가는, 예를 들어 만티네아나 아르고스의 경우 면적이 수십 제곱킬로미터에 불과했다. 대의 민주주의 시대에 존재하는 정치 단위는 대부분 그리스 도시국가와는 비교할 수 없을 정도로 크다. 현재 대의 민주주의를 시행하는 가장 큰 국가들인 캐나다(998만 제곱킬로미터)나 미국(963만 제곱킬로미터)을 만일 데모낙스라든가 아리스토텔레스가 보았다면 어떻게 생각했을까? 또 20세기에 세계에서 가장 큰 선거구에서는 이동식 선거 진행 팀이 있어 비행기와 사륜구동 자동차를 이용하여 투표용지와 투표함을 운반했다는 이야기를 들으면 얼마나 놀랄까? 선거 진행 요원들은 캘굴리라는 광대한 지방 선거구에 산재한 마을과 병원, 요양원과 감옥에 있는 8만 2천 명의 투표권자에게 투표용지를 나누어주어야 했다. 오스트레일리아의 캘굴리 선거구는 웨스턴오스트레일리아 주에 있는 선거구이다. 웨스턴오스트레일리아 연방주는 면적이 230만 제곱킬로미터에 달하며 북쪽으로는 티모르해를 보고 있는 칼룸부루에서 시작하여 인도양 쪽으로는 엑스머스, 남극해 쪽으로는 에스페란스까지 아우르는 드넓은 지역이다.

회의체를 중심으로 한 통치 형태를 옹호한 사람들은 대의 민주주의 체제의 규모와 복잡성에 말문이 막혔을 것이라고 보아도 좋다. 게다가 이러한 변화가 필연적인 것도 아니었고 아무런 논란 없이 진행된 것도 아니었다는 사실을 안다면 더욱 놀랄 것이다. 한편 대의 민주주의의 발전이 그런 난관을 거치지 않았다고 주장하는 사람들도 있었다. 19세기에 활동했던 프랑스의 자유주의 저술가이자 정치가인 프랑수아 기조(François Guizot, 1787~1874)는 이 주제와 관련하여 파리에서 유명한 공개 강연을 진행한 적이 있는데 하루는 이렇게 말했다. "그들이 처한 상황이 그랬기 때문에 그들의 제도에서, 그들의 희망에서, 그리고 그들의 역사에서 대의제 통치 형태는 끊임없이 먼곳에서 때로는 분명하게 때로는 희미하게 그들의 눈에 들어올 수밖에 없었습니다. 폭풍우가 몰아쳐 그들을 멀리 밀쳐버릴지라도, 장애물이 나타나 그들이 들어오지 못하게 막더라도 결국에는 도달해야 할 항구와도 같았습니다."[8] 대의정의 기원과 발전을 이렇게 낙관적으로 생각할 수 있었던 사람은 진보의 믿음으로 충만했던 19세기 사람들뿐이었다. 사실을 말하자면 대의제 통치 형태의 등장은 거센 도전을 받았고 뜻하지 않은 사태의 전환을 겪었으며 계속해서 좌절을 맛보았다. 그뿐 아니라 대의제 통치 형태는 스스로 만들어낸 문제들, 예를 들어 통치 구조에서 가난한 사람과 여성을 배제하는 데서 발생하는 문제들이 계속되었다.

대의 민주주의는 사실 치열한 권력 투쟁을 거쳐 탄생했다. 그중 많은 경우가 당시 지배 계층이던 귀족, 교회 성직자, 지주, 또는 제국을 지배하던 황실에 맞서 일어났으며, 종종 '민중'의 이름으로 추진되었다. '민중'을 지지하는 투쟁으로 말미암아 두 번째 민주주의 단계 동안에 수많은 분쟁이 일어났다. 이 단계에 등장한 새로운 표현으로는 우선 '귀족 민주주의(aristocratic democracy)'가 있으며(16세기 말에 저지대 지역에서 처음 나타났다), '공화 민주주의'라는 표현도 있다(이것은 미국의 새로운 상황을 언급한 것이었다). 그 이후에는 '자유민주주의', '사회민주주의', '기독교 민주주의', 심지어 '부르주아 민주주의', '사회주의적 민주주의', '노동자 민주주의'라는 표현도 생겨났다. 이러한 신조어들이 등장하면서, 통치 권력에 동등하게 접근할 권리를 얻기 위해 여러 집단들이 벌이는 다양한 투쟁의 열기가 더 뜨거워졌다. 그 결과로 전례가 없던 여러 제도가 태어났는데 그런 탄생이 단순한 우연이거나 전혀 의도하지 않은 결과인 경우도 가끔 있었다. 이렇게 태어난 제도들 가운데 중요한 것은 배심 재판, 권력 분립 원칙에 입각한 성문헌법, 의회, 정기적인 선거, 정당 제도 등이다. (조금은 다른 이슬람교도들의 선례를 따라) 유럽형 '시민 사회들'이 탄생한 것도 중요한 사건이었다. 이 시민 사회들은 시장과 각종 사회적 관습에 기초해 세워졌다. 예를 들어 소설을 읽는다거나 누구나 들어갈 수 있는 공공 식당에서 식사를 한다거나 예의 바른 언어를 사용하는 경험들이 새로운 사회적 관습에 들어갔다. 또한 시민 사회는 시민들이 구성한 새로운 형태의 결사체들에도 기반을 두었다. 이 결사체들 덕분에 시민들은 정부의 간섭을 어느 정도 막을 수 있었다. 결사체들은, 예를 들어 정부의 검열에서 자유로운 인쇄기를 쓰거나 청원서를 작성해 공공에 배포하는 방법, 혹은 시민 맹약*을 작성하거나 완전히 새로운 헌법을 제정하기 위한 목적으로 제헌 회의를 요구하는 등 비폭력적인 무기를 썼다.

대의 민주주의를 향한 투쟁들 때문에 두 번째 천 년의 시간은 흥분으로 가득했고 때로는 엄청난 혼란이 일어났다. 권력 공유라는 구호가 항상 떠돌아 다니던 이 시대에는 프랑스의 정치가이자 역사가인 알렉시 드 토크빌이 제시한 유명한 표현대로 '위대한 민주주의 혁명'이 펼쳐졌는데, 이 혁명은 정치적, 사회적 평등을 지향하는 움직임이었다. 대서양 지역에서 시작된 이 혁명은 밖으로 계속 충격파를 내보냈으며 종종 좌절과 후퇴를 경험했다. 특히 유럽에서 민주주의 혁명은 20세기 초에 (우리가 앞으로 이 책에서 보겠지만) 완전히 붕괴하여 늪에 빠져버리고 만다. 그 늪에는 사람을 잡아먹는 흉포한 짐승 같은 정치인들이 우글우글했다. 대의 제도 확립을 지향하는 민주주의 혁명은 거친 투쟁과 충격적인 사건들로 말미암아 불타올랐다. 예를 들면, 네덜란드 지역에서 수공업자들이 봉기했던 사건과 영국에서 찰스 1세를 공개 처형한 사건을 꼽을 수 있다. 이런 사건들이 계기가 되어, 부유한 자들과 힘 있는 자들이 지닌, 불평등을 '자연스러운' 현상으로 여기는 반(反)민주적 편견이 거센 도전을 받게 되었다. 노예, 여성, 노동자 같은 새로운 집단의 사람들이 참정권을 얻었다. 최소한 문서상으로 보면, 대의제는 결국 민주화되었다. 모든 주민을 포괄하도록 확장된 것이다. 하지만 그 확장 과정은 종종 한계점에 이르렀으며, 거대한 난관에 부딪치고 끔찍한 역경에 맞서며 진행되었다. 대의 민주주의는 끊임없이 시험대에 놓였다. 미국의 경우 19세기와 20세기 초에도 여러 차례에 걸쳐 '대의'의 범위가 축소되었으며, 이에 따라 특정한 집단, 특히 흑인과 가난한 사람들이 투표권을 박탈당하는 경우가 있었다.

이 긴 역사적 단계의 맨 끝에 와서야, 즉 20세기 전반기에 이르러서야 마침내 대의자를 선출하는 권리가 사람이면 누구나 갖는 '보편적인' 권리로 간주된다. 이런 관점은 우선 성인 남성들에게 적용되었으며 그 뒤에 ― 보통

맹약(covenant) 원래 신자들 간의 약속을 뜻하지만, 17세기 스코틀랜드 등에서 시민들이 정치적 입장을 공표하고 공개적으로 서약을 하는 행동을 뜻하게 되었다.

훨씬 뒤에—모든 성인 여성에게 적용되었다. 하지만 여전히, 전체주의와 군부 독재의 경험이 보여주었듯이, 민주적 대의 정치에 반대하는 자들은 치열하게 싸웠으며 이 싸움에서 상당한 성공을 거두었다. 그들은 민주적 대의 정치가 여러 측면에서 비효율적이고 치명적인 결점과 해악을 지니고 있다고 생각했다. 그들은 말과 글로, 칼과 총, 전차와 전투기로 대의 민주주의가 필연적으로 등장해야 하는 체제가 아님을 증명했으며, 또한 이 체제가 역사적으로 원래부터 보장되어 있지 않다는 것을 보여주었다.

의회의 기원, 코르테스

시간을 돌이켜 12세기 초반, 훗날 대의 민주주의라고 불리게 되는 체제의 핵심 요소 하나가 탄생한 놀라운 순간으로 돌아가보자. 그 제도는 역사상 전례가 없던 것이었다. 이는 새로운 유형의 통치 기구였으며, 다양한 사회적 이해관계를 대표하는 사람들이 결정을 내리는 장소였으며, 지리적으로 넓은 범위를 포괄했다. 이 제도는 '코르테스(cortes)'라고 불렸다.

이 제도는 어디서 탄생했을까? 전통적인 설명이며 경건한 느낌마저 주는, 일부 영국인의 설명을 우선 보자. 이들은 '빅벤', 즉 영국 의회가 시간을 초월해 존재했고 의회 제도는 "영국인이 세계 문명에 선물한 것이며 다른 어떤 것보다도 위대한 선물"이라는 오만한 주장을 폈다.[9] 하지만 사실을 말하자면 의회 제도는 지금의 에스파냐 북부 지방에서 처음 고안되었다. 이는 그리스인의 자치 정부 실험 이후 1천 년 이상의 세월이 지난 때였다. 또한 통상적으로 사람들이 대의 민주주의가 도래했다고 말하는 시기, 즉 프랑스 혁명보다 무려 600년이나 앞선 때였다. 의회 제도의 발명은 대의 민주주의라는 새로운 세계에 유럽이 준 몇 가지 최초의 선물 가운데 하나였다. 다소 과장해서 표현한다면, 의회 제도의 창안에 이슬람이 기여했다고 말할 수도 있다. 당시 기독교인들은 이슬람이 지배하던 땅을 군사적으로 정복하려고 기를 쓰고 있었으며 그 때문에 기독교인들 사이에서 권력 투쟁이 일어났고, 그 여파로 말미암아 의회 제도가 탄생했기 때문이다.

최초의 의회는 절망으로부터 태어났다. 기원후 1000년경 이베리아 반도

북쪽 지역에 거주하던 많은 기독교인 공동체들은 이제 자신들이 살 날이 얼마 남지 않았다고 확신하게 되었다. 그들에게 닥친 위험은 명백했다. 7세기에 무함마드 신앙자들은 시리아와 팔레스타인, 이집트, 북부 아프리카 해안을 정복했다. 8세기에 그들은 콘스탄티노플(오늘날의 이스탄불) 바로 앞까지 진격했으며 에스파냐를 정복했고 그다음에 남부 프랑스까지 들어왔다. 9세기에 사라센인*은 로마를 약탈했으며 시칠리아 섬을 점령하고 남부 이탈리아의 해안과 언덕을 점령했다. 기독교가 이 세계에서 흔적 없이 사라져버릴지도 모른다는 공포가 번졌는데, 예루살렘이 함락되고 아시아와 아프리카 지역에 있던 기독교 세력이 점차 붕괴하면서 이런 공포심은 더욱 커졌다. 사라센인이 소아시아의 대부분과 페르시아 지역을 점령함에 따라 기독교의 네스토리우스파* 교회와 야곱파* 교회가 유럽과 유지하고 있던 연결이 끊어졌다. 아비시니아(오늘날의 에티오피아) 지역에 있던 교회도 같은 이유로 고립되었으며 시리아와 이집트, 그 밖의 지역에 있던 수많은 기독교인은 이슬람 통치자들이 강제하는 차별적 징세 조치와 모욕적 관용 정책 아래에서 큰 위협을 느끼며 살게 되었다.

그리하여 기독교 부흥을 위한 무대가 마련되었으며 이는 군사적 양상을 띠게 된다. 기독교 부흥의 분위기가 크게 고조된 계기는, 1095년 당시 교황이었던 우르바누스 2세*가 프랑스의 클레르몽페랑에 모인 대규모 청중 앞에서 연설한 사건이었다. 클레르몽페랑은 오늘날에는 도시 주변을 둘러싼 사화산(死火山)으로 유명하다. 당시 교황의 연설문은 남아 있지 않지만 그의 행적을 기록한 다양한 문건에 따르면, 교황 우르바누스 2세는 이 연설에서

사라센인(Saracen人) 십자군 시대에 유럽인이 이슬람교도를 부르던 말.
네스토리우스파(Nestorius派) 콘스탄티노플의 대주교였던 네스토리우스(Nestorius, 386?~450?)가 창시한 기독교의 한 종파. 그리스도의 신성(神性)과 인성(人性)의 불일치를 주장해 이단시되었으나 교리는 페르시아를 거쳐 인도와 중국에까지 퍼졌다.
야곱파 6세기부터 시리아를 중심으로 하여 확산된 동방 기독교 교파. 네스토리우스파에 반대하여 예수 그리스도는 신성과 인성이 완전히 일체로서 복합된 단일성을 지닌다고 주장했다. 이러한 단성론 신학을 발전시킨 야곱 바라데우스(Jacob Baradaeus, 500?~578)의 이름을 딴 야곱파 교회는 시리아 정교회라고도 불린다.
우르바누스 2세(Urbanus II, 1035?~1099, 재위 1088~1099) 로마 교황. 신성로마제국 황제 하인리히 4세와 프랑스 왕 필리프 1세와 다투면서 교황권 신장에 힘썼으며, 1095년 클레르몽 종교 회의에서 성지 예루살렘 회복을 위한 제1차 십자군을 결성하도록 했다.

기독교에 닥친 재앙이 인간의 사악함에 대한 신의 징벌이라고 주장했고, 유럽의 이름으로 십자가를 위해 싸워 은총을 회복하라고 청중에게 촉구했다고 한다. "행복과 확신을 느끼면서 신의 적들에 대한 공격에 앞장서 나가는 것"[10]에서 구체적으로 무엇을 해야 하는지는 기독교 정신이 투철한 왕들의 현명한 판단에 맡겨졌다. 그 왕들 가운데 한 사람이 레온 왕국의 알폰소 9세(Alfonso IX, 1171~1230, 재위 1188~1230)였다. 그는 젊고 노련한 통치자였으며 북부 이베리아 반도에서 이슬람교도들이 장악한 들판과 도시들을 탈환하는 처절한 투쟁 과정에서 정치적 스타가 되었다.

이때 상황을 조금 자세하게 묘사할 필요가 있어 보인다. 남은 증거는 단편적이고 또 부분적으로 서로 모순되는 것도 있지만 여하튼 분명한 점은 당시 알폰소 9세가 왕위에 오르기 전에 개인적인 문제들로 괴로워했다는 것이다. 그는 어린 시절부터 심한 뇌전증 발작 증세 때문에 고통을 겪었는데, 그래서 그에게는 '침 흘리는 자' 또는 '우둔한 자'를 뜻하는 에스파냐어 '바보소(baboso)'라는 별명이 붙었다. 그는 페르난도 2세(Fernando II, 1137?~1188, 재위 1157~1188)의 첫째 아들이었지만 그의 어머니와 페르난도 2세의 결혼은 교황의 승인을 받지 못한 상태였다. 그의 계모인 우라카 로페스 데 아로(Urraca Lopez de Haro)는 상당한 힘 있는 여성이었는데, 자기 아들이 왕위를 계승하기를 원했다. 알폰소는 암살을 당하지 않을까 하는 두려움 때문에 포르투갈로 피신했다. 그곳에 잠시 머물던 알폰소는 전혀 기대하지 않았던 소식을 접하게 된다. 즉 자신의 아버지가 사망했으며, 산티아고의 대주교와 레온 왕국의 몇몇 중요한 귀족, 그의 사촌인 카스티야 왕국의 왕 알폰소 8세가 자신을 왕으로 추대했는데, 그 이유가 이 지역에서 내전이 벌어지는 것을 방지하기 위함이라는 소식이었다.

그리하여 알폰소 9세는 불과 17세의 나이에 왕위에 올랐고 얼마 지나지 않아 어른들의 현실 정치 속으로 떠밀려 들어가게 되었다. 그가 다스리던 레온 왕국은 군사적 압력을 크게 받고 있었는데, 이웃한 왕국 때문이기도 했지만 이슬람교도인 무어인*의 군대 때문이기도 했다. 무어인들은 이미 400년 전부터 이 지역의 영토를 조금씩 정복해 오고 있었다. 이슬람 군대의 끊임없는 침공 때문에 레온 왕국은 재정이 거의 바닥나 있었다. 과거에는 이 지역에 세워진 '타이파(taifa)'라고 불리던 이슬람 소국들이 기독교 왕국의 왕들에게 방위비 명목으로 일정한 돈을 납부하는 '파리아스(parias)'라는 관행이 있었지만 이 관행은 이미 무너진 상태였다. 교회와 도시에 새로운 세금을 부과했지만 사람들의 반발이 거셌다. 새로 즉위한 왕이 임명한 관리들에게 사람들의 청원이 쏟아져 들어오기 시작했다.

알폰소 9세는 모든 사람을 깜짝 놀라게 했다. 그는 난관을 타개하기 위해 그 자신과 그의 신민들이 보기에 당연히 기독교인의 땅이라고 여겨지던 영토를 탈환하겠다는 극적인 결단을 내렸다. 이는 위험천만한 시도였다. 하지만 얼마 시간이 흐른 뒤 결국 1222년 카세레스(Cáceres), 1230년 메리다(Mérida)와 바다호스(Badajoz)를 탈환했으며 이 승전의 결과로 최종적으로 세비야(Seville)까지 탈환했다. 당시 상황에서 이러한 알폰소의 전쟁 결단은 정치적으로 위험해 보였으며, 심지어 어리석다고 생각하는 사람들도 있었다. 재정과 인력이 부족했던 그는 모든 기독교인에게 많은 세금을 물렸다. 이 시대는 아직 '대표 없이 과세 없다(no taxation without representation)'는 구호가 등장하기 전이었지만 그는 자신의 궁정 밖에서 지원을 요청하는 일에 착수했다. 알폰소 9세의 목표는 왕국을 보호하고 확장하는 일에 앞장서는 것이었다. 설사 이 과정에서 왕국의 경영에 도박과도 같은 타협 조치를 취해야 하고, 어쩌면 스스로 왕권을 약화하는 결과를 가져올지 모르는 일일지라도 말이다. 알폰소 9세는 자연히 지역 귀족과 전사(戰士) 귀족에게 의존했다. 이들은 뼛속까지 자신들의 땅을 보존하려는 결의에 차 있었으며 항상 더 많은 땅을 구하려는 욕심에 사로잡혀 있었다. 이들은 기독교 왕들이 이슬람교도라고 하는 불신자(不信者)들을 상대로 영속적인 전쟁을 벌일 의무를 지고 있다고 확신했다. 또한 전쟁을 수행하고 전쟁에서 승리하는 것이 교황 우르바누스 2세가 내린 지침에 복종하는 행동일 뿐 아니라, 훌륭한 기독교 왕의 정부 조직을 강화하는 동시에 자신들의 지위를 강화하는 데 꼭

무어인(Moor人) 아프리카 북서부에 살던 이슬람교도들로서 이베리아 반도에 침공해 들어온 사람들을 부른 명칭. 원래 모로코의 모리타니, 알제리, 튀니스 등의 베르베르인을 주축으로 하는 여러 원주민 부족을 가리켰으나, 11세기 이후 북아프리카나 아시아의 이슬람교도를 뜻하는 말로 쓰였고 15세기경부터는 이슬람교도를 이르는 말이 되었다.

십자군 전쟁의 전사, 레온 왕국의 알폰소 9세.

필요한 활동이라고 믿었다.

　알폰소 9세와 지역 귀족들은 이러한 탈환 사업에는 반드시 일련의 정치적 타협이 필요하며, 그렇게 해야 전쟁을 수행하는 데 서로 긴밀하게 행동을 조정할 수 있다는 데 동의했다. 하지만 그러려면 우선 교회의 주교들을 자기들 편으로 끌어들여야 했다. 주교들은 자신들이 영혼의 수호자이며 신의 땅을 정신적으로 보호하는 자라고 인식했다. 한편, 전쟁을 시작한다는 것은 곧 비용을 충당해야 한다는 뜻이었다. 무어인과 상시적으로 전쟁을 수행하려면 우선 전쟁 비용을 마련해야 했다. 이제부터는 이 지역 전체가 일종의 포위된 상태에 들어가게 되는 것이며 레온(레온 왕국의 수도)처럼 전략적으로 중요한 도시들은 마치 성벽으로 둘러싸인 요새와 같은 상황이 되는 것이므로, 알폰소 9세는 이 도시들의 단결을 호소하기로 결심했다. 그가 호소한 대상은 도시의 대변자들이었다. 당시 문헌을 보면 이 대변자들을 '키베스(cives)' 혹은 '보니 호미네스(boni homines)'라고 불렀다.* 이 시민들은 '훌륭한 사람들'이었으며 지도력으로 명성이 높은 자들이었다. 지도자로서 명성은 '푸에로스(fueros)'라고 불렸던 각 도시의 평의회 간부로 선출된 데서

---

* 'cives'는 라틴어 단어 'civis(citizen, 시민)'의 복수형이며 'boni homines'는 'bonus homo(good man, 훌륭한 사람)'의 복수형이다.

비롯한 것이었고, 하급 귀족의 가족이기 때문에 명성이 높은 경우도 있었다. 이 훌륭한 시민들은, 무기를 다룰 줄 아는 도시민들을 왕에게 공급하기에 좋은 위치에 있었다. 이들은 또한 큰 돈을 기부할 능력도 있었다. 하지만 여기에 다시 한 번 상호 타협의 원칙이 적용되어야 했다. 전사 귀족과 교회의 지원을 받고 있던 알폰소 9세는 각 도시가 병사와 돈을 제공하는 대가로 왕국 내에서 적에게 포위된 도시를 보호해주기로 약속했던 것이다.

이렇게 왕이 귀족과 주교와 도시 시민이라는 세 신분의 사람들을 규합하는 상황에서 바로 근대의 관행인 의회 대의 정치가 탄생했다. 로마 사람들이 세운 성벽 도시인 레온에서 1188년 3월에 알폰소 9세는 최초의 '코르테스'를 소집했다. 이는 잉글랜드의 존 왕(King John)이 마그나 카르타*를 선포한 1215년보다 한 세대나 앞선 것이었다. 코르테스라는 명칭은 이 회의가 소집되고 얼마 지나지 않아 당대인들이 붙인 것인데, 당시 도시의 평의회와 왕이 거주하는 도시를 모두 가리키던 단어였다.[11] 그때 이 지역의 세 신분, 즉 귀족, 교회, 도시 시민을 각각 대표하는 사람들이 집결한 장소는 수수하면서도 장엄한 느낌을 주는 '성 이시도로(San Isidoro)' 교회 내의 황색과 적회색 사암으로 지어진 회랑이었다. 이 교회의 이름은 회의의 성격과 딱 맞아떨어졌다. 성인 이시도로는 세비야의 대주교를 지낸 인물이었으며, '훌륭하게 통치하고 훌륭하게 행동하는 자가 진정한 왕'이라는 금언을 남긴 것으로 유명하다. 알폰소 9세가 이 금언에 맞게 행동하려고 노력했음을 확인해주는 글귀가 이 젊은 왕의 서명과 함께 훗날 교회 벽에 새겨졌다. "나의 치세의 시작을 맞이하여, 레온의 성 이시도로 교회에서 제1회 코르테스를 개최한다. 알폰소 9세, 레온의 왕, 1188년."

이 글귀는 알폰소 9세의 통치가 시작되던 때에 성 이시도로 교회 안에서 사상 처음으로 코르테스가 열렸다는 것을 알려주는데, 여기서 실제로 진행된 일의 의미를 상당히 축소하여 서술한 것이다. 이때 집회에 출석한 사람들이 토론을 거쳐 동의한 첫 번째 포고령은 이 나라의 관습을 존중하겠다는 내용이었지만 사실 이 모임 참석자들은 과거의 관행을 확실하게 거부하는

마그나 카르타(Magna Carta) 1215년에 영국 귀족들이 영국의 국왕 존(John)에게 강요하여 왕권의 제한과 귀족의 권리를 확인한 문서. 훗날 영국 헌법의 근원이 되는 문건으로 평가받았다.

행동을 취했다. 이 집회는 사실 헌정 질서에 대해 토론하고 합의를 찾기 위해 소집된 모임이었으며, 기록된 것으로는 세 신분이 한 자리에 모인 역사상 최초의 사례였다.(이제까지 이 지역의 군주들이 소집한 집회에서는 도시들의 이익이 무시되었다.) 이 레온 회의는 왕실에 아첨을 떠는 사람들이 모이는 통상적인 회의가 아니었다. 또한 왕이 자신의 신하들에게 깊은 인상을 주려고 궁정의 멋진 휘장이 새겨진 깃발을 흔들며 소집한 회의도 아니었으며, 불과 몇 달 전 이웃한 도시인 카리온에서 열린 엄숙한 궁정 의식 같은 집회도 아니었다. 카리온 집회에는 교회와 귀족을 대표한 사람들 이외에 카스티야 왕국의 48개 도시의 수장들이 알폰소 9세의 소집령에 따라 모였다. 참석자들은 신성로마제국(962~1806년)의 황제 프리드리히 1세(Friedrich I)의 아들인 콘라트 2세(Konrad II)와 베렝겔라(Berenguela) 왕녀의 결혼에 증인이 되고 이 결혼을 인정하라는 요구를 받았다. 이 집회에 참석한 사람들은 무릎을 꿇고 결혼 계약에 들어 있는 중요한 조항 하나에 동의해야 했다. 즉 장차 이 왕국의 통치권이 공주와 공주의 부군, 그리고 이 두 사람의 권리 승계자에게 양도될 것이라는 조항이었다.

성 이시도로 교회에서 열린 코르테스는 전혀 달랐다. 전쟁 상황이 배경이었기에 회의는 위기감과 불만의 분위기가 감돌았다. 회의가 열리기 전에 이미 각 신분이 지닌 불만 사항이 문서로 제출된 상태였던 것이 분명하다. 현재까지 남아 있는 증거를 살펴보면, 10대 소년 왕은 이 눈에 보이지 않는 압력을 느꼈고 따라서 무엇인가 행동을 취하지 않으면 안 되는, 혹은 최소한 그런 모습이라도 보이지 않으면 안 되는 상황에 놓였던 것 같다. 특히 지역 귀족과 도시의 유력 인사들 사이에 점점 더 강한 연합 관계가 형성되고 있다는 사실이 소년 왕을 압박했다. 따라서 성 이시도로 교회에서 개최된 당시 회합에서 15개에 이르는 포고령(이 가운데 몇몇은 진위를 두고 논란이 있다)이 만들어졌다는 점과 그 포고령들을 집합적으로 볼 때 헌법 제정 선언문과 유사한 것으로 볼 수 있다는 점은 당시 상황으로 볼 때 그리 놀라운 일이 아니었다.

왕은 향후 전쟁과 평화의 문제, 동맹과 조약 체결 문제에서 주교, 귀족, 도시의 '훌륭한 사람들'과 협의하고 조언을 받겠다고 약속했다. 교회의 주교들은 당시까지 세속 권력에 충성 맹세를 하는 것이 금지되어 있었다. 하지만 이 회합 자리에서 주교들은 기사들과 도시민들과 함께 행동하여 자신들 역시 평화와 정의를 위해 힘쓰겠다고 왕에게 약속했다. 또한 회합 참석자들은 주거의 안전과 재산은 누구도 침해할 수 없는 것이라는 데 동의했다. 참석자들은 사법 절차를 받아들였으며 절차를 통해 만들어지는 법률을 존중하겠다고 동의했다. 또 왕의 통치 영역 내에서는 가능한 경우라면 과거로부터 전해진 일반적인 법률들의 인도를 받아들이겠다고 동의했다.(이때 '일반적인 법률들'이란 당시 '책book' 혹은 '리베르 이우디키오룸'*이라고 불리던 것을 가리키며, 이는 서고트족* 시대에서 유래한 것이다.) 그리고 참석자들은 이후에도 왕과 세 신분의 대표가 참석하는 회합을 계속 개최하기로 합의했다.

이 합의의 구체적 내용과 합의에 이른 방법은 새로운 통치 방식이 도래했음을 알려주는 것이었다. 이 합의는 선구적인 원칙에 기반하고 있었다. 그것은 누가, 무엇을, 언제, 어떻게 획득하는가 하는 문제를 해결하는 가장 좋은 방법은 대화, 세밀한 입장 조정, 무력을 배제한 평화적 경고 혹은 교묘한 타협, 한마디로 '정치'라는 활동을 통하는 것이라는 원칙이었다. 이 역사상 최초의 코르테스는 비록 공개 토론이라는 측면이 있었지만, 과거 시리아-메소포타미아나 페니키아, 그리스, 이슬람에 있었던 시민 회의체와 같은 종류는 아니었다. 또한 오스만 제국 시대에 발달한 '메샤와라(meshawara)'가 그대로 서방에 옮겨진 형태도 아니었다. 코르테스는 자신의 이익을 극대화하려 했던 어느 기독교도 왕의 머릿속에서 만들어진 것이었다. 그는 정치적 동물이었다. 그는 효율적으로 통치하려면 이해 당사자들 간의 분쟁 해결과 협상을 위한 새로운 구조를 창안해야 한다는 것을 알았다. 이때 당사자들은 타협에 이르는 것이 공통의 이익이라는 점, 그래서 서로 죽고 죽이는 폭력을 피하는 것이 모두에게 이익이라는 사실을 아는 이들이었다.

리베르 이우디키오룸(Liber ludiciorum) 'Book of Laws'란 뜻의 라틴어이며, 기원후 7세기 서고트 왕국에서 제정된 법률이다. 게르만 관습법과 교회법, 로마법을 종합한 것으로 중세 유럽의 법률 체계에 큰 영향을 끼쳤다. 종종 '서고트법'이라고도 불린다.
서고트족(西Goth族) 고대 게르만족의 한 부족. 처음에는 흑해 북쪽에 살다가 4세기 말 무렵에 훈족에 밀려 남쪽으로 옮겨 왔으며, 5세기 초에 로마를 멸망시키고 갈리아 남쪽에서 에스파냐에 걸치는 서고트 왕국을 세웠다. 8세기 초 이슬람 세력에게 침략받기 전까지 이베리아 반도에서 주도적인 위치를 차지했다.

이후 알폰소 9세는 1202년에 베렝겔라 여왕과 그들 사이에서 난 아들 페르난도 3세(Fernando III, 1199~1252, 재위 1230~1252)가 참석한 가운데 베나벤테에서 열린 회의를 비롯해 여러 차례 회합을 소집했지만 각각의 회의에 대해서는 자세히 전하는 바가 없다. 그러나 지금 돌이켜보았을 때 1188년에 최초로 소집된 코르테스가 지닌 독창성은 아무리 강조해도 지나치지 않다. 1188년에 열린 코르테스는 군주의 의지에 충성을 재확인하기 위해 소집되는 회의라는 낡은 관행과 완전히 다른 것이었다. 참석자들은 모두 자신들의 입장을 분명하게 인식하고 있었다. 서로 '공정한 경쟁'을 약속했기 때문에 설사 이해관계가 충돌한다 하더라도 무력에 호소하지 않고 정치적 타협에 이를 수 있다는 생각을 바탕에 깔고 있었다. 또한 아테네인들이 민주주의는 단일한 감각을 지닌 정치 공동체를 필요로 한다고 가정했던 것과 달리, 코르테스는 정반대되는 전제에 따라 운영되었다. 즉 코르테스는, 여러 이해관계가 서로 경쟁하고 충돌할 수 있는 개연성이 충분히 있다는 것, 그리고 그런 이해관계들 사이에 평화적인 타협을 이끌어내는 일이 바람직하다는 것을 전제로 했다. 코르테스는 의사 결정자들—이 사람들 가운데 몇몇은 매우 먼 거리에서 와야 했다.—의 수를 제한함으로써 현실성 있는 합의를 도출할 가능성이 높아진다고 가정했다. 또한 정부는 신민에게서 지리적으로 멀리 떨어져 있는 상태에서도 그들의 신뢰와 동의를 잃지 않고 통치할 수 있다고 전제했다. 이렇게 할 수 있었던 이유는, 의사 결정에 참여한 사람들이 국왕이 출석한 바로 그 앞에서조차 각자의 이익을 수호하기 위해 국왕에게 대들 수 있는 힘을 지니고 있었기 때문이다. 곧 이 대표자들은 '대의자(representative)'라는 뜻의 에스파냐어 '프로쿠라도르(procurador)'로 불리기 시작했다.

코르테스의 확산

코르테스에서 대의 활동을 하는 사람을 가리키는 이 명칭은 어디에서 기원한 것일까? 정확한 것은 알 수 없다. 아주 희박한 가능성이지만, 당시 대의에 관해 논하던 현지 사람들이 혹시라도 이베리아 반도의 북부 산간 지방에 흘러내리던 이슬람 정치 사상의 냇물을 조금 마신 것인지도 모른다. 당시 이베리아 반도에 살던 이슬람교도들은 분명 이웃 마을이나 먼 장소에 법적 대리인을 고용하는 상업 관행에 익숙했다. 이 법적 대리인을 아랍어로 '와킬(wakil)'이라 했다. 와킬은 보통 종교적 판관(判官)이 맡았는데, 상인은 자신을 대신하도록 이런 와킬을 지정했다. 와킬이 수행한 일의 예를 들자면, 상인의 법적 소송 사건 관리, 상인이 다루는 상품의 보관과 판매 감독이었으며 은행 업무와 통신 업무도 담당했다. 이 이슬람의 대리인 관습은 어떤 사람이 다른 사람에게 권한을 주어 자신의 이해관계를 명시하고 보호하려는 제도로 이해할 수 있다. 하지만 과연 당시 젊은 알폰소 9세 주변에 모인 대표자들이 이 이슬람 관습의 영향을 받았는지 아닌지는 분명하게 알 수 없다. 우리가 분명하게 아는 사실은, 이 첫 번째 코르테스의 구성원이 자기 자신을 지칭하기 위해 사용한 단어가 라틴어 '프로쿠라토르(procurator)'에서 비롯했다는 사실이다. 이 라틴어 단어는 어떤 사람의 동의를 얻은 상태에서 그 사람을 대신해 어떤 일을 수행하는 사람을 뜻했다. 18세기에 편찬된 널리 알려지지 않은 어느 에스파냐어 사전이 우리에게 알려주는 바는 다음과 같다.[12] 이 오래된 라틴어 단어가 새로운 생명을 부여받은 것은 레온과 같은 도시들이었으며, 그곳에 '프로쿠라도르'라는 단어는 다음의 몇 가지 의미로 쓰였다고 한다. 첫째, 법적 쟁송이나 분쟁에서 다른 사람을 보호하기 위해 재판정에 출석할 권한을 부여받은 자를 뜻했다. 둘째, 도시의 재산과 안전을 책임지는 관리를 뜻했다. 그들은 '프로쿠라도르 헤네랄(procurador general)'이라고 불렸다. 셋째, 자신과 직접적으로 물질적 이해관계가 없는데도 가난한 사람들의 일에 관여하는 외부인을 지칭했다. 이런 사람은 '프로쿠라도르 데 포브레스(procurador de pobres)'라고 불렸다.

이렇게 융통성 있는 단어 '프로쿠라도르'의 의미를 확장해, 코르테스 안에서 국왕에 맞서 도시의 이익을 수호하기 위해 지명된 도시의 관리를 지칭하도록 한 것은 역사적으로 중요한 의미가 있다. 또한 이 단어가 '모든' 코르테스 대의원을 가리키게 된 것도 큰 의미가 있다. 이렇게 이 단어는 의미 적용에서 매우 관대한 모습을 보여주었는데 이는 정치 권력의 영역이 지리적으로 크게 확장되던 당시 상황과 잘 어울렸다. 코르테스 제도가 새롭게

민주주의의 삶과 죽음 ·

266

창출된 덕분에 자치 정부의 범위가 크게 확대될 수 있었다. 이런 확대의 양상이 처음 나타난 것은 1250년이다. 이때 레온 왕국의 코르테스는 자신을 복제하여 코르테스를 하나 더 만들기로 의결했다. 두 번째로 만들어진 코르테스는 레온의 코르테스보다 한 단계 높게 레온 왕국과 카스티야 왕국 모두를 감독할 수 있는 코르테스였다. 당시는 페르난도 3세가 두 왕국을 하나로 통합한 지 얼마 되지 않은 때였다.

무어인과 치른 전투에서 거둔 군사적 승리에 힘을 얻어, 레온의 코르테스는 향후 수백 년간 존속할 수 있었다. 의회의 동의를 받아야 하는 원거리 통치는 효율적으로 작동했다. 레온 왕국과 카스티야 왕국이 통합된 상태에서 14세기 말 무렵이 되면 이 통일 왕국의 대의원들은 상당한 권한을 행사할 수 있게 된다. 이들은 집회의 권한과 청원 제출 권한을 인정받았으며, 의회와 타결을 본 합의안은 법적 구속력이 있다는 주장도 이제 관행으로 인정받게 되었다. 물론 상당한 갈등이 있었다. 코르테스는 왕국에 이득이 되는 것이 과연 무엇인가를 둘러싸고 열띤 다툼이 발생할 때 무대 역할을 했다. 갈등의 핵심은 종종 돈이었다. 모든 신분을 대표하는 대의자들의 명백한 동의 없이 국왕이 특별한 세금을 징수하는 것은 금지된 사항이라는 점이 대의자들을 통해 여러 차례 지속적으로 재확인되었다. 14세기가 끝나기 전까지, 코르테스가 궁정의 재정 지출에 대해 감사를 요구했다는 언급이 여러 차례 발견된다. 최소한 한 번의 경우, 이미 납부한 세금에 관해서 코르테스가 감액을 요구했다는 기록도 있다.

이렇게 권한을 누리던 코르테스 제도가 이웃한 지역으로 확산된 것은 조금도 놀라운 일이 아니다. 이후 200년 동안 이슬람 지배 지역을 탈환하는 군사 작전은 점점 더 빠르게 진행되었고 그 사이에 이웃한 왕국들은 레온 왕국의 통치 스타일을 복제했다. 카탈루냐 왕국의 경우 코르테스가 개최되고 마지막 회의(이 마지막 회의는 '솔리오solio'라고 불렸다)가 열릴 때면 국왕이 '도나티보(donativo, 세금)'를 수령하기 이전에, 제정된 법률을 준수하겠다는 맹세를 해야 했다는 기록이 남아 있다. 그리고 국왕이 약속을 반드시 지키도록 감독하기 위해 코르테스 회의가 열리지 않는 기간에는 여섯 명으로 구성된 '디푸타시온 헤네랄(diputacion general)'이라는 기구가 활동했다고 한다. 국왕이 무능력하거나 미성년자인 상황을 이런 의회가 최대한 활용한 경우도 있었다. 그런 경우에 국왕의 모습은 마치 여러 신분 대표들이 지명한 관리처럼 보일 정도였다. 레온 왕국과 카스티야 왕국에서 시작되어 이베리아 반도에 널리 확산된 이 초기 의회가 행사한 실제 권력은 지역에 따라 상당한 차이가 있었으며 표준이라고 할 것은 없었다. 지역에 따라 그리고 시기에 따라 이 초기의 의회가 막강한 힘을 발휘한 경우도 있었다. "국왕은 코르테스의 동의를 얻어 다음과 같은 사실을 확정하고 명한다."라는 글귀가 아라곤 왕국이 제정한 법률의 전문(前文)에 기록되어 있다. 당시 의회가 날카로운 이빨을 가졌음을 보여주는 글귀다. 아라곤 왕국에서 코르테스는 조약을 비준하고 전쟁과 평화에 관한 문제를 토의했다. 코르테스가 대사를 임명하는 경우도 가끔 있었다. 왕국에 들어온 이방인을 국왕의 신민으로 받아들이는 절차도 코르테스가 통제했다. 코르테스의 사전 승인 없이 새로운 세금이나 특별한 세금을 징수할 수 없었으며 세율이나 징수 방법을 변경하려면 반드시 코르테스의 동의가 필요했다. 또한 코르테스는 '디푸타시온 페르마넨테(diputacion permanente)'라는 이름의 위원회를 구성했는데, 이 위원회의 임무는 공적 자금의 운영을 감시하며 국왕과 신하들이 법률을 준수하도록 하는 것이었다. 아라곤의 코르테스는—왕국의 법률의 전문이 강조했듯이—국왕과 국왕의 신하들이 법을 어겼다는 혐의가 있을 경우 조사할 권한이 있었으며 잘못이 확인되면 처벌을 요구할 권한도 있었다. 발렌시아의 코르테스 대의원들도 이와 유사한 권한을 지녔으며, 이들은 의회가 열리지 않는 기간에 왕국의 법률과 각 신분의 권한 행사를 감독했다.

다양한 사회 집단들이 이렇게 국왕에게 조언을 하거나 그를 설득하거나 혹은 꼭 필요하다면 그의 권한을 확실하게 제한하는 데에는 정도의 차이가 있었다. 현실에서 벌어지는 상황은 각 지역 내 세력 균형과 각 지역 의회가 시행할 수 있었던 협상 규칙에 따라 달랐다. 레온 왕국과 카스티야 왕국의 경우에는 코르테스 내에서 발언의 자유와 코르테스 회기 중에 체포당하지 않을 자유가 관행적으로 존중되었다. 바르셀로나 같은 도시들은 대의원들에게 급료를 지급하거나 이들의 여행 경비와 숙박비를 지급함으로써 대의원의 독립성을 최대한 높이려고 노력했다. 의회를 정기적으로 개최한다는 원칙을 지키기 위해, 그리고 왕권을 확실하게 감시하기 위해 많은 노력이 기울여졌다. 아라곤 왕국의 후안 1세(Juan I), 카스티야 왕국의 페르난도 4세(Fernando IV)를 비롯한 다른 군주들은―19세기 영국에서 의회를 매년 소집하자고 요구한 차티스트 운동*에 거의 500년이나 앞서서―12개월마다 한 번씩 의회를 소집했다.

정기적인 감독 권한을 확보하기 위해 투쟁해야 했던 경우도 있었다. 예를 들어 1283년 페드로 3세(Pedro III)는 카탈루냐 코르테스의 요구에 따라 '긴급한 필요'가 방해하는 경우를 제외하면 귀족과 도시민과 성직자가 모이는 의회를 일 년에 한 번씩 개최할 것을 명시한 헌법을 공표했다. 또 아라곤에서는 (1307년부터) 코르테스가 2년에 한 번씩 개최되었으며 각 회기의 중간 기간에는 '아라곤의 사법장관(justicia de Aragon)'이라는 명칭의 강력한 권한을 보유한 감시관이 활동했다. 이 감시관의 역할은 의회의 권한을 보호하는 것이었다. 발렌시아에서는 코르테스가 잠재적으로 급진적인 성격의 또 다른 수단을 사용하여 군주의 모든 움직임을 잠시도 쉬지 않고 감시했다. 즉 이 의회는 의회가 개최되지 않는 기간에 각 신분이 집회를 열 수 있는 권한을 주장했다. 이는 군주의 행동을 끊임없이 감시하기 위한 조치였다. 이 밖에 다른 경우를 보면, 레온 왕국과 카스티야 왕국과 같이 의회의 대표자들에게 세심하게 작성된 지령문을 부여함으로써 군주의 행동에 확실한 제한을 가하려는 시도도 있었다. 이 모든 조치에서 핵심은 결국 군주의 행동을 제한한다는 생각이었다. 원칙은 분명했으며 그 실행 역시 확고했다. 군주들은 이 대표자들이 자신들이 대표하는 사람들에게 다시 의견을 물을 것이며, 그렇게 되면 인기 없는 조치가 취소되거나 수정되는 결과가 초래될 수 있다는 가능성을 반드시 고려해야만 했다.

차티스트 운동(Chartist movement) 1830년대에서 1840년대에 걸쳐 영국에서 일어난 노동자들의 참정권 확대 운동. 투표권을 유산 계급에게만 부여한 데 불만을 품고, 보통선거권을 포함한 요구 사항을 인민헌장에 제시하여 정부의 탄압을 받았으나, 나중에 그 요구 사항이 대부분 실현되었다.

신분제 의회의 역할

젊은 국왕 알폰소 9세가 창안한 이러한 대의적 의회 제도는 이베리아 반도에 있던 모든 왕국의 정치 상황에 깊은 영향을 주었다. 향후 이 제도는 유럽 전역에서 핵심적인 역할을 수행하게 된다. 13세기가 지나는 동안 의회 제도는 레온 왕국과 카스티야 왕국에서 시작하여 아라곤, 카탈루냐, 발렌시아, 나바라에 확산되며 시칠리아와 포르투갈, 그리고 잉글랜드와 아일랜드, 오스트리아와 브란덴부르크에까지 전파된다. 이후 200년에 걸쳐 의회 제도가 발달하는 곳은 독일의 공국들 가운데 다수, 스코틀랜드, 덴마크, 스웨덴, 프랑스, 네덜란드, 폴란드, 헝가리였다. 이렇게 탄생한 초기 의회들은 거의 대부분 17세기 혹은 18세기 초까지 존속한다. 절대주의 체제가 등장하면서 아라곤, 카탈루냐, 발렌시아의 의회가 없어지지만, 많은 나라의 의회는 1789년 프랑스 혁명 때까지 존속한다. 그 의회 제도 가운데 몇몇(나바라 왕국의 코르테스, 스웨덴의 릭스다크Riksdag, 헝가리의 디에트Diet)은 19세기까지 존속했다. 메클렌부르크 공국에는 상당한 힘을 지닌 '신분제 의회'가 1918년까지 살아남았다.

이런 초기의 의회들이 꽤 오랜 기간 존속했다는 사실 때문에 자연스럽게 그 의회들과 훗날 등장하는 근대적 대의 민주주의 제도가 어떤 관계인지 의문이 생긴다. 정확히 어떤 관련이 있었을까?

중세와 근대의 의회들은 분명히 동일한 역사의 쇠사슬의 중간에 위치한 고리들이며, 그렇기 때문에 우리는 마치 민주주의와 의회가 쌍둥이처럼 한꺼번에 탄생한 것으로 생각하고 싶은 유혹을 느끼게 된다. 하지만 그 유혹에 넘어가서는 안 된다. 사실, 의회들은 후일에 이르면 민주주의의 귀중한 동의어가 된다. 하지만 우리가 이제까지 살펴보았듯이, 의회 민주주의의 뿌리는 매우 깊이 땅속에 박혀 있을 뿐 아니라 심하게 엉켜 있다. 의회 제도가 처음 등장한 곳은 유럽 지역이지만, 의회 탄생의 시점은 의회라는 용어나 민주주의의 평등주의적 주장이 등장하기 훨씬 이전이었다. 의회 제도를 두고 그것이 특별히 근대적인 현상이라고 말한다거나 '자유주의적' 혹은 '민주주의적' 발명품이었다고 말하는 것은 시기적으로 앞뒤가 맞지 않는

14세기 프랑스의 니콜 오렘이 아리스토텔레스의 《정치학》을 프랑스어로 번역한 책에 실린 민주정을 상징하는 삽화. 평민들과 병사들, 형틀 위에서 죽어 가는 사람이 그려져 있다.

주장이 된다. 옛 의회 제도 가운데 어떤 것도 '자유주의적' 혹은 민주적이라고 성격을 규정할 수 있는 원칙이나 절차에 기반을 두고 있지 않았다. '민주주의'라는 명사는 여전히 부정적인 느낌을 주는 단어였다. 프랑스의 과학자 니콜 오렘(Nicole Oresme, 1325~1382)은 14세기에 아리스토텔레스의 《정치학》의 유명한 프랑스어 번역본을 냈는데 그 책에 실린 삽화를 보면 민주주의를 부정적으로 보았던 것을 잘 알 수 있다. 그림의 오른편에는 좋은 것들이 그려져 있는데 여기에는 군주정, 귀족정, '티모크라시(timocracy, 재산을 보유한 사람만이 통치자가 되며 이들이 강력한 명예심에 근거하여 행동하는 정치 체제)'의 모습이 그려져 있다. 그림의 왼편에는 나쁜 것들이 그려져 있는데 여기에는 참주정, 과두정, 그리고 민주정이 그려져 있다. 민주정을 상징하는 것으로 평민들과 병사들, 형틀 위에서 죽어 가는 사람의 모습이 그려져 있다.

여기에서 분명한 것은, 초기 의회 제도가 민주주의의 언어라는 옷을 입고 있지 않았다는 사실이다. 민주주의적 제도가 뿌리를 내리면서 종종 민주주의가 아닌 다른 이름이 붙는 경우가 있었던 것이다. 이베리아 반도의 여러 왕국의 토양에서 처음으로 싹을 틔운 의회 제도는 훗날 미국, 독일, 우루과이, 뉴질랜드 같은 다양한 정치적 생태 환경을 토양으로 삼아 대의 정치 체제라는 거대한 나무로 자라나게 된다. 의회 정치 체제는 '정부'도, '사회'도 통일된 집합체가 아니라는 전제 위에 성립되었다. 의회 정치 체제는 이 사회는 분열되어 있기 때문에 다양한 이해관계를 품고 있으며, 이런 다양한 이해관계를 정부에 제시할 필요가 있다고 가정했다. 이런 창설 원칙은 그리스의 회의체 민주정과는 완전히 이질적인 것이었다. 각 왕국의 군주들은 자신이 통일체로서 왕국을 대변한다고 주장했던 반면, 왕국 내의 신분들—귀족, 성직자, 도시 거주자—은 정부의 이해관계가 아닌 다양한 이해관계가 존재하며, 이 다양한 이해관계들은 인정받을 가치가 있고 따라서 좀 더 정의로운 정치 질서를 구축하는 데 이 다양한 이해관계가 반드시 그 일부가 되어야 할 권리가 있다고 주장했다. 이런 식으로 국왕과 각 신분 사람들이 충돌할 때면, 그 장소가 어디이건 또 그 시기가 언제이건 앞서 언급한 의회 정치 체제의 창설 원칙이 등장했다.

초기 의회들은 이렇게 국왕과 각 신분들 사이의 강한 긴장 관계 속에 존재했으며 종종 상당한 영향력을 발휘했다. 초기 의회들을 (훗날 근대 의회에 부정적인 태도를 지닌 사람들이 즐겨 비판하는 것처럼) 그저 권력에 순종하는 기관이라든지 소문이나 퍼뜨리는 응접실, 행동하지 않으면서 그저 이야기만 생산하는 장소였다고 생각하는 것은 잘못된 관점이다. 아라곤의 코르테스 같은 의회들은—아라곤의 코르테스는 14세기 말이 되면 가장 강력하고 가장 많이 사람들의 입에 오르내리는 코르테스가 되었다.—이보다 오래된 독일의 '호프타게'*나 잉글랜드의 '위테나게모트'* 같은 자문 기관과는 명백하게 달랐다. 역사 기록에 따르면, 이 회의체들은 국왕이 조언이 필요하거나 왕가의 결혼, 국제 조약, 새로운 사법적·입법적 조치와 같은 특별한 사항을 널리 홍보할 때 소집하는, 느슨하게 조직된 회의 기구였다. 초기 의회는 또한 아이슬란드의 싱벨리르에 있었던 주민 회의체와도 성격이 달랐다.[13] 초기 의회들이 이런 과거의 자문 기구들의 뒤를 이은 것은 사실이지만 그들과 대조적으로 더 자주, 더 정기적으로 모였다. 게다가 초기 의회들은 처음부터 날카로운 이를 가지고 태어났다. 이 의회들은 단순히 자문이나 박수 갈채를 위한 수단이 아니었다. 이 의회들이 내린 결정은 구속력이 있었다. 의

호프타게(Hoftage) 신성로마제국의 황제가 소집했던 중세 독일의 제후 회의.
위테나게모트(Witenagemot) 중세 영국에 있던 귀족 자문 회의.

회 구성원에게 특권이 부여되면서 의회의 힘은 더욱 강력해졌다. 예를 들면, 14세기 초 카스티야의 코르테스에서는 구성원들이 의회의 회의를 위해 각자의 지역에서 회의 장소로 이동하는 기간과 회의가 진행되는 기간, 회의를 마치고 다시 자기 지역으로 돌아가는 기간 동안 체포나 재산 압류 조치에서 완전히 자유로웠다. 유럽의 초기 의회들은 한편으로는 고대부터 이어져 온 관습에, 또 한편으로는 새로운 각종 권리에 기반을 두고 서 있었는데, 이런 전술은 19세기와 20세기, 21세기의 각국 의회도 종종 활용하는 것이다. 이 초기 유럽 의회들은 매우 다양한 사안에서 공공이 품은 불만을 표출했다. 이들이 다룬 사안으로는 전쟁 문제, 이슬람교도나 유대인과의 관계 문제, 국왕 소유의 동물들이 일으키는 환경 훼손 문제, 군대의 강제 징집 문제, 대사 임명 문제, 표준 도량형 문제, 농민이 짊어져야 해야 했던 고된 노동과 전반적인 착취 문제 따위가 있었다.

초기 의회들은 세금 문제에도 항상 관심을 기울였다. 국왕이 국민의 의사를 무시하고 자의적으로 일을 결정하려 할 때면 이들은 종종 국왕을 귀찮게 하는 일을 저지르는 것도 전혀 꺼리지 않았다. 의회의 동의 없이 국왕이 단독으로 정부 지원금(이 지원금은 이따금 '세르비시오servicio'라고 불렀다)을 차지하거나 세금을 징수하는 경우는 드물었다. 의회는 종종 의회의 대리인과 재정 기관을 활용하여 세금을 거두고 세금을 어떻게 쓸지 제시하기도 했으며, 심지어 왕이 사용하는 예산에 대한 감사를 요구하기도 했다. 의회는 재정 관련 입법을 주도하는 상당한 권한을 누렸다. 예를 들면 의회는 재정 관련 결의안을 의결했고 그 결의안은 국왕이 동의하면 곧바로 법령으로서 힘을 발휘했다. 또한 초기 의회들은 국왕과 국왕의 관리들이 저질렀다고 의심되는 재정상 부정 행위와 불법 행동을 조사하기도 했다. 또 국왕이 특정한 쟁점 사안을 어떻게 처리하는지를 조건으로 붙여 국왕에 대한 자금 공급을 조정할 수 있다는 원칙을 시행하기도 했다. 외교 정책의 수행, 각종 조약의 보장 조치, 왕위 계승 문제의 타결, 국왕의 고문과 대신 임명 같은 사안에 의회는 고유 권한을 쥐고 있었으며, 특히 국가에 위기가 닥치면 이 고유 권한을 행사함으로써 세금과 관련된 의회의 권한이 강화되었다. 지금까지 언급한 방법과 또 다른 방법을 동원하여 초기 의회들은 지배적인 신분들의 특정한 이해 이상의 것에 봉사했다. 초기 의회들은 자의적이고 비합리적이고 폭력적인 통치에 반대했다. 또 비겁한 폭정과 절대주의적 정부에 맞서 견제자 역할을 수행했다. 훗날 대의제 통치 형태와 종종 연결되는 '자유' 정신과 입헌 정치의 정신을 명백히 육성한 것이다.

초기 의회의 한계

그런데 대의제의 친구 혹은 열렬한 팬임을 자처하는 사람들이 알아야 할 것이 있다. 이러한 유럽의 초기 의회들이 민주주의로 향하는 고속도로 역할을 한 것은 아니었다는 사실이다. 자유 민주주의와 입헌 군주제를 역사적 절대선으로 상정하는 휘그(Whig)식의 설명에 따르자면, 휘기가 넘치고 순종과 거리가 멀었던 의회 제도 옹호자들은 어두운 시기에 의회를 거점으로 삼아 반대파를 형성했으며 이들이 결국 절대주의 왕정의 기반을 약화했고 19세기에 들어서 저지대 국가들과 브리튼 섬에 있던 국가들을 완전한 형태의 의회 민주주의로 변혁해 나갔다고 주장한다. 하지만 이 주장은 몇몇 측면에서 명백하게 잘못되었다.

어째서 그런가? 가장 눈에 띄는 사실은 이것이다. 이 최초의 유럽 의회들이 여러 가지 권한을 쟁취했던 것은 사실이지만, 여전히 그들의 시야는 국왕에 의해 끊임없이 제한을 받았다. 국왕은 자신의 이해관계를 중시하면서 의회의 활동을 좌지우지했다. 당시 국가 건설자들이 지녔던 철저하게 현실적인 관점에서 냉소적으로 이때 상황을 보자면, 초기 의회 제도들은 하나의 정치적 도구였다. 국가 건설자들은 이 도구를 활용해 동의에 바탕을 둔 재정 공급을 완성해 갔으며 대의자들이 만든 법률들을 이용해 그 대의자들을 다시 구속했던 것이다. 중세 후기와 근대 초기의 의회 제도와 근대의 민주주의적 의회 제도 사이에 깊은 연관성이 있는 것은 사실이지만, 이 두 제도 사이에는 중요한 차이점들이 있었다. 초기 의회는 덜 규칙적으로 소집되었으며 의회 구성원 또한 소집 때마다 달라지는 것이 보통이었다. 다음 그림은 1530년 신성로마제국의 황제 카를 5세(Charles V, 1500~1558)가 아우크스부르크에서 '제국 의회'를 소집했을 때의 모습이다. 이 회의가 보여주듯이

신성로마제국의 카를 5세가 1530년 아우크스부르크에서 열린 제국 의회를 주재하고 있다.

초기 의회는 종종 군주의 뜻과 의지에 따라 소집되었으며, 귀족과 성직자 계급의 교활함과 기술, 거부권에 매여 있었다.

대의자의 삶은 쉽지 않았다. 대의자의 자격을 두고 격심한 논란이 일었으며 국왕은 그런 논란을 능숙하게 이용했다. 때때로 대의자들은 '대의'의 서로 충돌하는 두 개념 때문에 실제로 주먹다짐을 하기도 했다. 그중 하나는 대의자가 그들을 선출한 유권자들의 종복이며 대변자에 불과하다는 개념이다. 이 개념에 따르면 이들은 짧고 단단한 줄에 묶인 채로 활동해야 하는 것이 아닐까? 카스티야 왕국의 코르테스의 경우 각 도시는 그 도시를 대표하는 대의자들에게 자세하게 규정된 구속력 있는 지침서를 교부했고 그 지침서를 '포데레스'*라고 했다. 이런 조치가 바람직한 게 아닐까? 최선의 방안은 대의자들이 의회에 참가하고 각 도시로 돌아온 뒤 이들을 엄격한 청문회에 출석하게 하는 것이 아닐까? 카탈루냐의 바르셀로나에서는 종종 이런 방식이 행해졌는데, '24인 위원회'라고 하는 상설 위원회가 대의원들의 공적·사적 활동을 철저하게 감시했다고 한다. 한편, '대의'를 다르게 정의해 대의

─────────────

포데레스(poderes) 에스파냐어 '포데르(poder)'는 힘, 권한(power)이라는 뜻인데 이 단어의 복수형 '포데레스'는 위임, 혹은 위임장이라는 뜻이다.

자들이 정치 공동체 전체를 위한 자유로운 정신의 수호자들이라고 보는 사람들도 있었다. 이에 따르면 대의자들은 때로 유권자의 뜻을 거부할 수도 있으며, 중요한 사안이 있을 때 절대적인 만장일치의 합의에 도달함으로써 세세한 사항에 대한 다툼을 넘어서서 좀 더 차원 높은 정치적 선(善)을 위해 이기심을 버리고 활동해야 했다. 왕국의 삶을 개선하기 위해서라면 만장일치의 입장을 정해야 하며 때로는—"예의는 예의를 불러온다."라는 오래된 에스파냐 속담의 정신과 반대로—의회에서 거칠게 행동하고 소리를 지르는 반항적인 대의자들을 강제로 퇴출시켜야 하지 않을까? 아니면 좀 다른 방식을 택하여, 아라곤의 코르테스처럼, 만장일치 정신에 복종하도록 하기 위해 만들어진 '아빌리타시온'*이라는 이름의 시험을 한 무리의 선출된 관리들이 대의자들에게 실시하여 개별 대의자의 적합성을 미리 검토하는 것이 바람직하지 않을까? 아라곤에서는 법안이 하나 통과될 때마다 (그곳에서 떠도는 농담에서 언급되듯이) 그것은 곧 신의 힘이 일으킨 기적에 못지않은 일이라고 했는데 그것이 진실이 아닐까?

국왕들은 이런 어려운 질문에 쉬운 답이 없다는 것을 잘 알고 있었다. 왕들과 여왕들은 특히 그들이 어떤 난관에 봉착했을 때에는 마치 의회가 자신들을 위한 개인 자문 회의인 것처럼 행동했다. 즉 왕과 여왕 자신들의 문제를 해결하기 위해 자신들이 선택한 대의자들이 모인 회의를 소집한 것처럼 굴었다. 이런 의회에서는 매우 자주 국왕들이 최후의 승리를 거두었다. 에스파냐에 있던 여러 왕국의 코르테스가 전성기를 누린 기원후 13세기에서 16세기 사이를 보면 의회 소집 시기와 장소를 국왕이 결정했다. 만일 국왕이 아프거나 다른 이유로 의회에 불참하면, 국왕을 대리하는 대의자들이 나서서 의회 소집 권한이 국왕의 양도할 수 없는 특권이라는 전제 위에 의회 업무를 주도했다. 의회에 대한 이런 왕권 중심적인 견해는 의회 업무 관장의 관습적인 절차에 반영되어 있었다. 대의자들은 각자의 자격 증서를 제출한 이후 국왕이 행하는 연설을 경청해야 했으며, 이 연설에서 국왕은 이 회의가 소집된 목적을 이야기했다. 대의자들은 왕의 연설에 대해 격식을 차

아빌리타시온(habilitacion) '자격 및 권한 부여'라는 뜻의 에스파냐어 단어.

린 답변을 제시하는 것이 허락되었다. 대의자들은 청원서를 제출할 수 있었으며 같은 신분 사람들이 모여 따로 논의를 계속할 수 있었고 국왕과 조용히 토론을 벌일 수도 있었다. 하지만 국왕이 출석하는 최종 회의는 종종 열리지 않았다. 국왕은 대의자들의 요청과 요구에 일정한 반응을 보여야 한다는 명령을 신에게 받은 적이 없다는 식의 태도를 보였다. 대의자들은 잘해야 '쿠아데르노스'*라고 불리는 문건의 사본을 받아보는 정도를 기대할 수 있었다. 이 서류를 언제 받을지는 정해져 있지 않았다. 이 서류에는 해당 의회 기간에 제시된 청원의 목록과 그에 대한 국왕의 답변이 적혀 있었다.

국왕들은 초기 의회를 다루는 데서 또 다른 방식으로 정치적 술수를 부렸다. 대의자들이 언제라도 초청에서 제외될 수 있게 하는 것이 국왕들이 즐겨 쓰던 책략이었다. 동일한 도시에서 고위 성직자나 귀족이나 '프로쿠라도르'를 초청할 때 과거의 의회에 출석했던 사람들을 변경하지 않고 그대로 국왕이 의회에 초청하는 경우는 대단히 예외적인 일이었다. 만약 동일한 인물을 계속 대의자로 초청한다면 이는 아래로부터 자치 정부라는 요소를 도입하는 일이 되리라는 것은 조금이라도 생각이 있는 국왕이라면 아는 일이었다. 그런 일이 벌어지면 군주정의 가장 기본적인 원칙이 위험에 빠지고 말 것이었다. 이러한 이유 때문에 대주교나 주교를 성직자 신분의 대표로 선출하는 경우에 국왕은 이 대표자들을 그때그때 상황에 맞는 인물로 지명했다. 톨레도의 주교*라든가 혹은 궁정에 상주하는 고위 성직자가 관습과 관례에 따라 의회에 초청되는 것이 상례였지만, 그렇다고 해서 이들에게 확고부동한 출석 권한이 있었던 것은 아니었다. 귀족 계급의 공작, 후작, 백작, 남작, '카바예로', '일다고', '에스쿠데로'*들도 모두 원칙적으로는 의회에 출석할 권한이 있는 것으로 간주되었지만, 실제로 이들의 출석 여부는 국왕의 판단에 달려 있었다. 국왕에게 일방적으로 유리한 이러한 상황을 더 심화한 것

쿠아데르노스(cuadernos) 종이 여러 장을 묶어놓은 철이란 뜻으로 현재는 공책 또는 연습장을 가리키는 단어이다. 여기서는 회의록이라는 뜻.
톨레도의 주교(Bishop of Toledo) 톨레도의 주교는 전통적으로 에스파냐의 최고위급 가톨릭 성직자였다.
카바예로(caballero), **일다고**(hildago), **에스쿠데로**(escudero) 모두 에스파냐의 전통적인 귀족 계급의 명칭이다.

은, 국왕이 임명하는 관리들에게 의회 출석을 의무화했던 조치였다. 이렇게 출석이 의무화된 사람들 가운데는 국왕에게 종속된 다른 왕국의 왕도 포함되어 있었다. 국왕은 만일 그들이 의회에 출석하지 않을 경우 반역죄로 다스릴 수 있었으며, 이것은 결국 국왕 자신에게 유리한 방향으로 의회 구성인원을 조작하는 것을 가능하게 만들었다.

이렇게 초기 의회는 국왕에게 일방적으로 유리한 방식으로 운영되었으며 그것은 결국 '대의'의 전 과정을 헛되게 만들었다. 의회 제도 옹호자들은 서로를 지위가 동등한 존재로 여겼으며, 자신이 국가 전체를 대변하려고 노력하기 때문에 의회 구성원으로서 권위를 지니고 있다고 생각했다. 하지만 이런 견해는 현실에서 아무런 의미가 없는 우스운 이야기로 보였다. 초기 의회의 대표성에 관한 그럴싸한 이야기는 농민의 목소리는 어디서도 들리지 않았다는 사실 때문에 허구성을 드러내고 만다. 여성의 경우도 마찬가지다. 최고위급 몇몇 귀족 여성을 예외로 한다면 여성은 제도적으로 배제되었다. 또한 초기 의회들은 훗날 18세기와 19세기에 몽테스키외, 프랑수아 기조, 존 스튜어트 밀 같은 사람들이 개발한 논리에 비견할 수 있는 논리 구조를 지닌 강력한 정치 이론으로 스스로를 변호하지 못했다. 초기 의회들은 그저 과거의 관습과 특권을 자신들의 논리 기반으로 삼았으며 그런 관습과 특권을 수정하려는 움직임에 강력하게 반발했다. 초기 의회들은 마치 자신들이 제시한 독창성 자체를 잘못 이해한 것 같으며 자신들이 지닌 잠재력을 제대로 인식하지 못한 것 같다. 이베리아 반도에 있던 아라곤 왕국과 카탈루냐 왕국의 코르테스 같은 기구들이 대의의 최소한 두 가지 개념에 관한 씨앗을 심었던 것은 사실이다. 하지만 실제 이 초기 의회들은 몇몇 치명적인 병폐에 시달렸으며 그 병폐를 끝내 치유하지 못하고 생명을 다했다.

단순하게 말하자면, 이베리아 반도에 있었던 코르테스들은 각 신분과 국왕이 토론과 의사 결정을 하는 데서 동등한 파트너가 된다는 최소한의 의미에서조차 제대로 '민주적'인 제도로 자리 잡지 못했다. 국왕은 '자신들의' 의회를 언제 소집할 것인지와 같은 가장 기본적인 권한을 포함해 여러 특권을 누리는 데 성공했다. 그뿐이 아니었다. 거의 모든 코르테스에서 국왕들은 지연 작전을 쓰거나 금전 대출, 관세 부과, 그 밖의 재정 조달 수단에 의지함으로써, 세금 징수 권한과 국왕의 쟁점 해결 여부를 밀접하게 연계하려는 의회의 여러 시도를 성공적으로 좌절시킬 수 있었다. 청원을 제출할 권리는 조세 거부권에 의해 뒷받침되는 법률 제정권으로 좀처럼 발전하지 않았다. '대표 없이 과세 없다'는 원칙은 승리를 거두지 못했다. 레온 왕국과 카스티야 왕국의 초기 의회에서 볼 수 있듯, 조세 징수에는 불평등이 존재했다. 귀족과 성직자 신분은 과세 대상에서 면제되는 것이 상례였기 때문에 결국 조세 부담은 각 도시의 '옴브레스 부에노스'*가 지게 되었다. 이 도시 주민 대표들은 돈 문제에서 국왕을 상대로 홀로 싸워야 했으며 항상 고립될 위험에 처해 있었고 언제나 패배의 가능성에 직면해 있었다.

사정을 더 악화시킨 것은 국왕들이 스스로 폭넓게 잡은 '적절한' 과세의 개념 규정을 포기하기를 거부했다는 사실이었다. 예를 들어 상품 판매에 붙는 '알카발라'라는 소비세가 있었는데 나라 전체에서, 특히 도시에서 이 세금은 '특별한' 세금으로 여겨졌지만 국왕은 그런 인식을 받아들이지 않았다. 돈 문제에서 이렇게 '옴브레스 부에노스'가 고립되었다는 사실은 다시 각 신분 사이에 각자의 이해관계를 중심으로 하여 다툼이 일어나는 현상으로 발전했다. 국왕의 손을 묶어놓으려면 각 신분의 대표자들이 연대하는 것이 필수적인 요소라는 점은 명백했다. 하지만 의회의 운영 과정에 합의를 이루고 그 합의된 사항에 따라 마치 기계처럼 작동하는, 규율이 잡힌 정당들이 출현하기까지는 시간이 한참 흘러야 했다. 1188년 알폰소 9세가 소집했던 코르테스처럼 귀족과 성직자와 도시민들이 연합 전선을 이루는 경우도 이따금 있기는 했다. 하지만 일이 그렇게 순조롭게 진행되는 경우는 거의 없었다. 분할 통치 수법을 써서 자신의 입지를 강화하려는 국왕이 일부러 분란을 일으키는 경우가 자주 있었기 때문이다. '대의'의 근본적 의미를 둘러싼 논란도 이따금 일어났다. 각 신분들은 서로 합의를 이루는 데 자주 실패했다. 귀족과 성직자와 도시민들 사이에는 질투와 적개심이 끊임없이 일어났으며 때로 이런 영역 다툼은 뜨겁게 과열되어 엄청난 혼란을 불러일으켰다. 아마도 국왕들은 이 모습을 보고 남몰래 킥킥대며 웃었을 것이다.

옴브레스 부에노스(hombres buenos) '훌륭한 사람(good men)'이라는 뜻의 에스파냐어. 도시의 시민 계층을 지칭한다. 라틴어 '보니 호미네스(boni homines)'의 에스파냐어 번역이다.

같은 신분 내부에서 심하게 다툼이 일어난 적도 있었다. 예를 들면, 1645년 어느 날 밤에 발렌시아 왕국의 코르테스 회의가 진행되고 있었는데 귀족 한 사람이 너무 피로하다고 말하면서 자신에게 잠자리에 들 수 있는 권리를 보장하라고 요구했다. 이 발언을 듣고 또 다른 귀족이 일어나 벌컥 화를 내면서 "저런 바보는 거리로 내던져버려야 한다!"라고 외쳤고, 잘 권리를 요구한 귀족은 곧바로 거리로 내던져졌다. 그 광경을 지켜보던 회의 참석자들은 환호성을 질렀다고 한다.[14] 한 신분 내부에서 일어난 분열이 극도로 자기 파괴적인 경우도 여러 차례 있었다. 부르고스와 톨레도라는 두 도시는 220 여 년 동안(1348~1570)이나 서로 우위를 다투었는데 두 도시의 대표자들이 서로 다투는 것을 왕의 부하들이 직접 진압한 경우도 여러 번 있었다. 카스티야의 코르테스는 1506년 회의 때 이 두 도시의 대표자들이 "모두 자리에서 일어나 서로를 향해 너무 큰 소리로 고함을 쳐서 누가 무슨 소리를 하는지 전혀 알아들을 수 없는 지경"에 이르게 되어 결국 회의를 중단할 수밖에 없었다고 한다.[15]

자연 환경과 대의제

이처럼 대의 민주주의의 발전에는 길고 긴 투쟁의 역사가 있었고 그 역사속에는 많은 다툼과 고함이 있었다. 여기서 간과해서는 안 되는 한 가지 중요한 사실은, 훗날 대의 민주주의라고 불리게 되는 역동적인 제도들의 전체기계 장치 속에서 정작 의회라는 것이 언제나 가장 중요한 톱니바퀴는 아니었다는 점이다.

유럽에서 의회가 발명된 것은 물론 아주 중요한 역사적 의미가 있다. 또 의회 제도는 결국에는 민주주의의 가장 중요한 상징물이 된다. 그러나 대의 민주주의로 향하는 10세기나 되는 오랜 세월 동안 의회가 반드시 모든 변화의 중심 역할을 했던 것은 아니다. 다른 요소가 결정적 역할을 수행한 적도 여러 번 있었다. 헤아릴 수 없이 많은 별개의 사건, 인물, 변화, 조직들이 대의 민주주의의 제도를 창출하는 데 상호작용했던 것이다. 물론 각 요소가 원래부터 그러한 목적으로 작동한 것은 아니었다. 우리가 곧 살펴보게 되듯이, 각 지역의 회의체, 영토 국가, 교회 공의회, 독립적 사법 기관, 그리고 각종 청원과 맹약이 결정적인 역할을 한 경우도 많았다. 대의 제도들이 대서양을 건너 북아메리카와 카리브해 지역, 오스트레일리아와 뉴질랜드로 전파됨에 따라 비유럽적인 요소의 영향도 크게 받았다. 전체 그림은 대단히 복잡하지만, 아무리 강조해도 지나치지 않은 한 가지 요점이 있다. 의회 제도들이 일련의 정치적, 사회적 힘들의 변화에 뒤처지는 상황도 벌어졌으며 의회 제도들은 이런 힘들이 바깥에서나 아래에서 주는 강력한 충격과 자극을 받았다. 그리하여 의회들은 결국 여성을 포함한 모든 '민중'에게 참정권을 부여하라는 요구를 받아들였으며, 마침내 모든 민중이 자신을 대표하는 대의자들을 선출할 수 있게 된 것이다. 이런 외부의 정치적, 사회적 힘들이 없었다면 대의 민주주의는 등장하지 못했을 것이다.

오늘날 우리가 아는 의회는 보통 의회 외부의 힘들이 작동한 결과물이다. 이 힘들이 행사한 여러 종류의 압력 덕분에 정치적 평등의 원칙이 대의 제도에 주입된 것이다. 하지만 이 압력을 '민중'이라는 집단이 자신의 해방을 위해 영웅적으로 투쟁했다는 식으로 설명하는 것은 적절하지 않다. 유럽에서 민주주의가 출현한 것을 이런 식으로 생각하는 것은 완전히 잘못된 것이다. 이런 잘못된 인식을 받아들이면 전체 상황을 너무나도 단순화하게 되며, 그렇게 되면 유럽을 좀 더 민주주의적인 대의 형태로 이끌어 갔으며 때로는 그 과정에서 놀라운 성공을 거둔 여러 힘의 놀라운 조합에 대해 알지 못하게 된다.

이 힘들 가운데 놀라운 하나의 힘은 바로 자연이다. 자연은 이따금 대의 정치 양식을 민주화하는 방향으로 작동했다. 농촌 지역의 주민들은 자연 덕분에 지역 중재자들의 도움을 받으며 스스로 자율적으로 통치하는 투쟁을 진행할 수 있었다. 한 예로 스칸디나비아 지역을 들 수 있다. 국토의 절반쯤이 항상 얼음에 덮여 있으며 여름이 짧은 이곳의 농촌 지역에 있던 많은 지역 공동체에는 대의원들로 구성된 '팅(ting)'라는 이름의 회의가 발달했다.* 팅은 법을 만들고 집행하는 기구였는데, 공개적으로 업무를 진행했으며 집회 장소는 보통 일정한 자연 구조물 근처, 예를 들어 커다란 바위 위라든지 호수 부근, 아니면 넓은 공지나 풀밭, 또는 큰 나무 곁으로 잡았다. 또한 고

대부터 내려오는 묘지라든가 고대 신앙의 흔적인 석물(石物) 부근에서도 팅 집회가 종종 열렸다. 노르웨이에는 굴렌이라는 외딴 지역이 있다. 놀라운 경치를 자랑하는 송네피오르 어귀에 있는 지역인데 여기에서 '굴라팅(Gula-thing)'이라는 집회가 열렸다. 이 집회는 야외에서 진행되었는데 신성한 곳으로 회의 장소를 정하고 그 둘레에 말뚝을 박고 밧줄을 둘러쳐 출입을 통제했다. 이 회의에는 선서 절차를 거친 36명의 대의원들이 참석했는데 이들은 '라우그레토멘(laugrettomen)', 즉 '법을 개정하는 사람들'이라고 불렸다. 대의원들은 해가 뜰 무렵 회의 장소에 도착해 착석해야 했으며 음식을 먹거나 마시는 것은 금지되었다. 만일 대의원들의 판단이 엇갈릴 경우에는 그들 스스로 지정한 '뢰그만(Lögman)', 즉 '법의 사람'이 내리는 결정에 복종할 의무가 있었다. 그는 모든 법을 외우고 있다고 여겨졌다.

한편, 아마도 가장 널리 알려진 대의제 기관은 930년을 전후하여 아이슬란드에 등장한 기관일 것이다. 아이슬란드는 당시 36개 지역으로 나뉘어 있었다.(훗날 39개 지역으로 늘어난다.) 그중 세 지역씩 모여 사법 관할 구역인 '팅(ting)'을 형성했다. 각 지역의 최고 지도자들이 12명의 재판관을 지명했고 이 재판관들이 모여 '팅'을 관할하는 법원을 구성했다. 이 법원은 '바르팅(varthing)'이라고 불렸으며 일 년에 한 번씩 소집되었다. '팅'에서 내린 판결에 당사자가 불복하는 경우는 다시 더 상위의 최고법원에 상소할 수 있었다. 최고법원은 매년 여름 중반에 개최되었으며 '알팅(al-thing)', 또는 '알싱(alþing)'이라는 명칭으로 불렸다. 알팅이 개최된 장소는 아이슬란드 섬의 동서부 구석에 위치한 '팅벨리르(Tingvellir, 팅을 위한 장소라는 뜻)'였는데 이곳은 바위가 많고 지질학적 단층선으로 에워싸여 있었다. 최종 판결을 내리는 기관인 이 법원은 최초에는 48명의 재판관들로 구성되었다. 아이슬란드 섬

---

* 대의제 기관을 지칭하는 이 단어는 고대 노르드어와 아이슬란드어의 'þing'에서 유래했다. 이 단어는 현재까지도 이 북방 지역 국가들의 입법 기관의 공식 명칭에 그 흔적이 남아 있다. 예를 들어 덴마크의 '폴케팅(Folketing)', 덴마크의 자치령인 페로 제도(Faroe Islands)의 '뢱팅(løgting)', 노르웨이의 '스토르팅(storting)'이 그것들이다. 이 단어의 존재는 영어 단어에서도 감지할 수 있는데 바로 '물건'(object)을 뜻하는 영어 단어 'thing'이다. 영어를 보면, assembly(의회), court(법정), case(재판), business(업무), purpose(목적), thing(사물)이라는 단어들이 함축된 의미에서 하나의 연결 고리를 이루고 있는데 thing은 이 의미 연결고리의 마지막 부분이다.(원주)

에스파냐에서 수자원 재판이 진행되는 모습. 1865년 베르나르도 페란디스 바데네스의 그림.

을 네 지역으로 나누고 각 지역에서 12명의 재판관이 선임되었던 것인데, 이들도 각 지역의 최고 지도자들이 지명했다. 이 사람들은 '고다르(goðar)'라고 불렸는데, 넓은 토지를 소유했으며 농민들을 전사(戰士)로 소집할 능력이 있었고 가축 절도 사건이나 마녀 의혹 사건 같은 소소한 분쟁에서 해당 지역 주민들을 보호할 능력을 갖추고 있었다. 이 능력이 이들이 지닌 힘의 원천이었다.

독일 남부 지역의 농업 공동체들도 이와 유사한 대의원 회의를 열어 법률을 제정하거나 현지의 문제를 해결하도록 했다. 필요한 경우에 농업 공동체 주민들은 각 지역의 왕에게 끈질기게 요구해 이런 회의를 구성하는 데 성공했다. 이베리아 반도에서도 유사한 회의들이 만들어졌다. 예를 들어, 가뭄이 잦은 무르시아와 카탈루냐 지역의 강 유역에 만들어진 관개 농경지('우에르타huerta'라 불린다)에서 농민들은 농작물 관개 시설을 개발했는데, 이 시설들을 유지하는 조직—이를테면 이 조직은 수자원 재판소라고 할 수 있다.—은 법률 적용을 관장하는 권한이 있었으며 농민들 스스로 이 조직의 활동을 계속 감시했다. 이들의 감시 수단은 오늘날에도 발렌시아 대성당의 북쪽 출입구에서 열리는 모임과 같은 종류의 모임이었다.

카탈루냐 지역에는 목양업자 단체가 있었는데 이 협회는 1273년에 당시 국왕인 알폰소 10세의 공인을 받았다. 가축들이 풀을 뜯는 목초지는 여름에는 높은 산지에 있었고 겨울에는 평지의 초원에 있었는데, 그 사이를 연결하는 길 가운데는 길이가 무려 수백 킬로미터나 되는 것도 있었다. 알폰소 10세는 목양업자들이 이 길을 따라 자신들의 소중한 메리노 양을 몰고 이동하면서 길 주변의 초원에서 자유롭게 풀을 뜯게 할 수 있는 권한을 부여했다. 한 해에 두 번씩 엄청나게 많은 가축이 이동했으므로 가축이 지나는 다리라든가 물을 먹이는 시설, 휴식처 같은 정교한 시스템이 필요했다. 또한 사람이 쉴 수 있는 움막이나 오두막, 가축의 수를 세는 장소(contadero), 양털을 깎는 곳과 양털을 세탁하는 시설도 필요했다. 이 모든 시설이 잘 운영되어야 했는데, 그 일은 모두 양치기들이 맡았다. 카스티야 지역의 양치기들은 나름대로 협회를 결성하고 때에 따라 장소를 이동하면서 집회를 열어 자치 활동을 했다. 대의원들의 회의—지역 주민들은 '메스타(mesta)'라고 불렀다.—는 일 년에 두세 차례 계절에 따라 각각 다른 장소에서 열렸다. 이 회의체는 양털의 시세라든가 길 잃은 가축의 소유자 확인, 목초지를 비롯한 각종 시설의 상태 따위를 논의했다. 계절에 따른 이동식 목축은 이렇게 대의 활동에 의한 정치를 탄생시켰다. 이 목양업자들의 협회는 지도 기관으로 대의원 회의체를 갖추고 있었으며 회원들에게 세금을 거두었다. 이 수입의 일부는 국왕 휘하의 관료들에게 지불되었다. 그 관료들은 양치기들의 여러 특권을 주의 깊게 감시하는 사람들이었다. 또한 수입의 일부는 카스티야의 왕에게 직접 지불되었다. 이 지불에 대한 반대급부로 왕은 중간 관료들을 거치지 않고 협회를 직접 상대하여 여러 가지 중요한 사안을 협상해야 했다. 왕과 직접 협상하는 사안으로는 양치기들의 병역 의무 면제, 목축의 권리에 관한 사안, 그리고 당시 무어인과 치르던 전쟁으로 인한 위협에서 사람, 가축, 목축지의 안전을 지키는 사안 등이었다.

　이제까지 살펴본 각각의 현상을 보면 마치 자연 세계가 자기 나름의 정치적 권리를 지니고 있는 것 같기도 하다. 다시 말해 마치 자연 세계가 무언가 말을 해서 지역 사람들이 자연을 돌보게 되었고, 그 수단으로 자연의 요구를 대변하는 제도와 지역 사람들이 스스로 통치하는 제도를 만들게 되었다고도 해석할 수 있겠다. 자연 환경 덕분에 이렇게 정치 참여가 확대되었다고 말하는 것은 물론 비유일 뿐이다. 하지만 이런 비유에는 장점이 있다. 양치기들과 농부들은 자연의 힘에 주의를 기울이지 않으면, 또한 다른 사람들도 그렇게 행동하도록 만들지 않으면, 자신들의 노동이 아무 성과를 거둘 수 없다는 것을 매우 잘 알았다는 사실을 이런 비유를 통해 정확히 이해할 수 있다. 유럽에서는 농부들이 소유권 분쟁을 해결하기 위해 지역 법정에 출두할 때 동물이나 식물, 채소를 가지고 오는 관습이 있었는데, 이 역시 같은 논리에 따른 것으로 해석할 수 있다. 12세기를 지나면서 유럽 북해 연안의 저지대 지역(오늘날 네덜란드 지역)에서는 물 관리 위원회나 물 협회(이 조직들은 '바테르스하펜waterschappen' 또는 '호헤임라드스하펜 hoogheemraadschappen'이라고 불렸다) 같은 조직이 발달했는데 이 조직 역시 동일한 논리 선상에서 해석될 수 있다.

이 저지대에 사는 주민들은 바닷물의 주기적인 범람으로 피해를 입고 있었으며 따라서 자신과 농경지를 보호하기 위해서 제방을 높이 쌓고 배수로를 팠다. 바다를 흙으로 메워 농경지로 만들거나 그 농경지가 바닷물에 침수되지 않도록 보호하는 사업에는 매우 많은 노력이 필요했다. 그 시설들을 관리하는 사업도 마찬가지였다. 주민들은 서로 평등한 존재로서 단결했으며(아마도 각 가정의 남성 가장들이었을 것이다), 자치적인 협회를 만든 다음 그 협회에서 물 관리 위원회를 선출했다. 농지 소유자들은 각각 한 표의 의결권이 있었다. 이들이 선출한 관리 위원들은 제방의 관리와 보수를 책임졌으며 위원들은 선출된 대표인 '데이크흐라프(dijkgraaf)'의 지도를 받으며 활동했다.(이 직책은 오늘날까지 네덜란드에 남아 있다.) 시간이 흘러 13세기가 되면 각 지역의 물 관리 위원회들이 서로 연합해 더 광범위한 지역을 포괄하는 통합 관리 위원회를 구성한다. 이 조직은 바다가 끼치는 피해로부터 남자와 여자와 어린아이, 가축과 농작물을 보호하는 대규모 사업을 감독했다. 해당 지역을 통치하는 군주들은 이따금씩 이런 사업에 간섭하려 했지만 예외적인 경우에만 가능했다.

흥미로운 점은 이런 물 관리 위원회들이 큰 권한을 누렸다는 사실이다. 그들의 권한에는 세금 징수권, 법원 운영권, 법률 집행권이 있었다. 프리슬란트, 홀란트, 위트레흐트 같은 해안 지역에는 육지가 수면보다 낮은 곳이 많았는데, 그런 곳에서는 이 위원회들이 매우 복잡하고 큰 규모로 발전했다. 또 이 조직에서 일하는 관리들은 과거 성경 시대에 모세의 오른손이 독점적으로 수행하던 일을 할 수 있었다. 이 위원회들은 막강한 권한을 누렸으며 그들이 관리하는 자원을 둘러싸고 정치적 쟁투가 벌어지는 일도 흔했다. 이베리아 반도 내의 왕국들의 경우처럼 이곳에서도 대의자들의 일과 대의 행위의 의미에 관해 여러 의문이 제기되었다. 제일란트와 플랑드르, 그 밖에 다른 지역에서는 일부 물 관리 위원회가 잘못된 결정을 내린 탓에 해수가 육지로 넘쳐 들어오는 일이 이전보다 더 자주 발생한다는 비난이 일기도 했다. 때때로 물 관리 위원들이 이기적으로 행동한다고 비난받기도 했다. 또한 각종 혜택과 부담을 모든 사람이 공평한 비율로 나누어야 한다는 원칙을 더 엄격하게 준수해야 한다는 공공의 요청도 있었다. 부유한 재산 소유자들이 관리 위원회에 압력을 행사하여 자신들의 재산을 지키는 데 유리한 결정을 내리도록 유도했다는 비난에 따른 것이었다.

자유의 성역, 도시

지금까지 살펴본 사례를 통해, 대의 정치에 관련된 여러 원칙과 관행이 확산되는 과정을 다룬 역사에서 유럽의 농촌 지역이 지금보다 합당한 위치를 차지해야 함을 알 수 있다. 하지만 이렇게 유럽 농촌의 여러 지역에서 대의적 기구가 발달했던 것은 사실이지만, 그런 기구들의 힘은 내부 분열뿐 아니라 농촌의 삶이 원래부터 지니고 있던 각박한 현실 때문에 약화되었다. 역사의 흐름은 농촌 자치에 우호적이지 않았다. 농촌의 자치를 약화시킨 요인으로는 우선 자본 축적의 한계, 더 넓은 시장 접근의 한계, 외부의 간섭에 대한 농촌의 특별한 취약성을 들 수 있다. 외부의 간섭 가운데 특기할 만한 사실은, 잘 무장한 군대가 농촌에 침입하면 인구 밀도가 낮아 주민들이 곳곳에 흩어져 사는 농촌 지역을 물리적으로 쉽사리 제압할 수 있었다는 점이다. 이러한 이유들 때문에, 또 앞으로 거론할 이유들 때문에 대의 정치라는 새로운 정치 실험에 더 우호적인 환경을 제공한 것은 결국 유럽의 도시들이었다.

이런 변화는 레온 같은 에스파냐 북부 지역에 있던 변경 도시들에서 분명하게 나타났는데, 그곳에서 자치는 여러 형태로 발달했고 이런 추세는 유럽의 다른 지역으로 확산되었다. 11세기부터 특히 이탈리아 북부 지역을 중심으로 하여 유럽에서 도시가 번성했는데, 브루게와 안트베르펜, 제노바, 뉘른베르크, 런던, 바르셀로나 같은 도시가 여기에 속했다. 왜 이렇게 도시가 발달했는지는 여기서 특별한 주의를 기울일 필요가 없다.(가장 주요한 원인은, 당시 유럽 지역에 갑자기 평화가 찾아오고 농지를 효율적으로 경작하는 방법이 개발됨에 따라 농촌 인구가 급격히 증가하고 유휴 노동력이 발생하여 이 사람들이 도시로 이주했기 때문이었다.) 우리가 주의를 기울일 사항은, 앞서 말한 도시들을 비롯한 여러 유럽 도시의 주민 수에 비해 이 도시들이 대의 민주주의의 역사에서 차지하는 중요성이 어울리지 않게 너무 컸다는 점이다. 당시 도시들은 지금보다 훨씬 작은 규모였으며 유럽 인구의 10분의 1만이 도시 지역에 거주했다. 주민 10만 명이 넘는 도시는 서너 개밖에 없었으며—나폴리가 가장 큰 도시였다.—주민이 5천 명을 넘는 도시도 겨우 500개 정도밖에 없었다. 게다가 주민 대부분은 곡물 수확의 부진과 전염병의 확산 때문에 언제라도 죽음에 직면할 수 있는 위험에 노출되어 있었다.

도시의 수도 얼마 되지 않았고 인구 수도 적었지만 이 도시들은 권력의 실험실로 작동했다. 건축과 극장, 과학 발명과 가족 생활, 새로운 시장 상품의 생산과 소비 같은 다양한 분야의 실험이 바로 이 도시들을 무대로 하여 진행되었다. 또한 도시는 새로운 형태의 자율적 통치를 창출해내는 데 많은 에너지가 투입된 장소였다. 이 도시들이 획득한 자유는 그냥 얻어진 것이 아니라 많은 투쟁 끝에 손에 쥔 것이었다. 12세기 이탈리아의 롬바르디아(Lombardia) 지역의 도시들은 신성로마제국의 프리드리히 1세와 끈질기고도 치열하게 투쟁했다. 이 투쟁은 곧 전설이 되었다. 콜라 디 리엔초(Cola di Rienzo, 1313~1354)는 초기 도시의 지도자였는데, 그는 전설의 일부가 되었고 훗날 리하르트 바그너(Richard Wagner)가 만든 유명한 오페라의 주인공이 된다. 로마에서 선술집 주인의 아들로 태어난 리엔초는 대중 선동 능력을 지닌 사람이었다. 그는 고대 로마의 영광과 관련한 많은 이야기를 혼자 공부해서 익혔다. 그는 공증인으로서 훈련받았으며 자신의 짧은 인생을 자신이 태어난 로마의 독립된 권력과 명성을 다시 되찾는 일에 바쳤다. 그는 여러 교황과 군주 사이의 반목을 교묘하게 이용해 로마 재건 작업을 일시적으로나마 성공으로 이끈다. 1347년 5월, 리엔초는 고대 로마의 공직인 호민관*에 자기 자신을 임명했다. 하지만 로마 시민의 일부는 결국 리엔초의 허풍과 잔인함에 반발해, 리엔초의 관저를 불태우고 그가 평민복으로 위장하고 도망치는 것을 붙잡아 군중 앞에 세웠다. 리엔초의 몸은 천 개의 단검에 의해 산산조각이 났다.

모든 유럽의 도시에는 나름대로 (리엔초보다는 온건한 인물로) 영웅이 있었던 것으로 보인다. 시민 가운데 '훌륭한 사람들'이 각 도시의 자유를 쟁취했지만 이 자유는 왕족이나 군주의 지원이 있거나 (뉘른베르크의 경우와 같이) 신성로마제국 황제의 지지가 있어야 보존되었다. 신성로마제국의 황제는 여러 도시에 특권을 인정하는 특허장을 발부했는데 이때 각 도시는 그 대가로 황제에게 여러 혜택(특히 세금과 관련된 혜택)을 제공해야 했다. 각 도시들은 또 스스로를 보호하기 위해 성벽을 축조하도록 허락받는 경우도 종종 있었다. 성벽에는 성문과 감시탑이 군데군데 설치되었다. 일부 도시는 요새나 다른 외곽 수비 시설을 갖추어 좀 더 세련된 형태의 방어 성곽 구조를 축조하기도 했다. 도시는 영지, 교회, 국왕의 영토에 빼곡하게 둘러싸인 무장한 요새 같은 모습을 갖추게 되었으며, 이런 조건 때문에 역설적이게도 도시들은 권력의 자의적인 행사로부터 벗어나 자유를 제공하는 성역(聖域)의 역할을 수행하게 된다.

어떻게 이런 일이 벌어졌을까? 아주 간단히 답하자면, 유럽의 도시들이 전 세계에서 제일 먼저 대규모 시장 거래가 발달한 장소였기 때문이다. 도시에서는 근접 지역 거래와 원거리 지역 거래, 새로이 발달한 화폐 경제 네트워크, 그리고 특정한 시간과 장소 안에서 이루어지는 수많은 서로 다른 행위자들 간의 우연한 만남이 기묘하게 결합되어 시장의 상호작용이 발달했다. 이 도시들 때문에 오랫동안 존재했던 지역 공동체들은 산산조각이 났다. 이는 화폐를 사용하면서 발생한 이동성 증가와, 원거리 무역을 비롯해

호민관 고대 로마에서 군사적인 문제를 처리하거나 시민들을 위해 일하던 관리. 평민회의 투표로 뽑았으며, 원로원이나 집정관의 결정에 거부권을 행사할 수 있었고 평민회의 의장이 되었다.

시장을 중심으로 하는 다양한 종류의 사회적 상호작용 때문에 일어난 일이었다. 종래 유럽은 (예를 들어) 지중해 유럽과 대서양 유럽, 발트해 유럽과 같은 몇 개의 지역으로 나뉘어 있었지만 이제 이 지역들은 서로 연결되었다. 유럽의 각 지역에서 도시가 균등하게 발달한 것은 아니었다. 예를 들어 러시아 지역에서는 도시의 발달이 극히 미미했으며 저지대 국가들 지역에서 가장 왕성했다. 각 지역에 있는 도시들은 엄청난 지리적 거리를 극복하고 서로 연결하여 네트워크를 이루었으며, 마치 대양에 존재하는 섬들처럼 서로 간의 연결망을 발전시키기 시작했다. 각 지역의 영주나 국왕들과 반대로 이 도시들은 상호 협력에 관심이 있었다. 바르셀로나가 가장 눈에 띄는 사례다. 13세기에 바르셀로나는 원거리 네트워크를 발전시켰다. 이 네트워크는 지중해 서쪽으로 확장되었다. 시칠리아 섬과 사르디니아 섬과 발레아레스 제도에 정착지가 만들어졌으며, 북아프리카 북부 해안의 오랑, 튀니스, 베자이아 같은 도시에는 바르셀로나 시민을 보호하는 영사관이 설치되었다. 한자(Hansa) 동맹이라고 일컬어지는 도시 집단 역시 같은 역할을 했다. 이 동맹은 뤼베크, 베스트팔렌, 작센, 프로이센 지역을 중심으로 활동하던 무역 단체들의 연합체에서 비롯했다. 한자 동맹은 1356년에 창설되어 상인들의 무역 관련 이해관계를 보호했다. 이 조직을 뒷받침한 것은 상업 재판소 네트워크였으며 훗날 한자 동맹은 러시아의 노브고로드에서 스칸디나비아의 각 도시, 저지대 지역의 도시에까지 거의 200개에 이르는 도시를 연결하는 막강한 동맹으로 발전했다.

이러한 도시 네트워크가 번창하는 곳에서는 어디서나 많은 이방인들이 자석에 이끌리듯 매혹되었다. 이방인들은 도시의 밝은 불빛과 사람들의 분주한 움직임, 더 높은 임금, 봉건적 영주와 주교들과 귀족들의 지배에서 벗어난 자유에 이끌렸다.(하지만 그 자유라는 것이 상상 속에만 있는 경우도 있었다.) 다른 지역에서 더는 합법적으로 살 수 없는 처지가 된 이방인들이 도시에서 살려면 서약을 해야만 했다.(이 서약을 '코뉴라티오네스coniurationes', 즉 함께 맹세하는 행위라고 불렀다.) 이 서약을 통해 그들은 도시 사람들과 함께 당당하게 행동할 것을 약속했다. 그 후 평화롭게 일 년하고 하루를 더 살면 그들은 이 도시의 법이 보장하는 자유를 얻을 수 있었다. 법률을 제정하고 이를 적용하는 권한은 이런 자유 도시에 필수적이었다. 당시 도시들이 업무를 처리하는 방식이 결국에는 독립된 사법부의 기초가 되었으며, 훗날 모든 대의 정부 체제에서 사법부는 핵심적인 역할을 수행하게 된다.

유럽의 농촌을 배경으로 하여 등장한 도시 내부에서 발생한 분쟁은 그 지역의 행정관이 처리하는 것이 보통이었다. 날카로운 이와 매서운 혀를 가진 그들은 공공 복지의 중요성을 강조했다. 그들이 당시 사용한 문구는 라틴어 '우틸리타스 푸블리카(utilitas publica)' 혹은 '보눔 코무네(bonum commune)'였다. 12세기와 13세기에 걸쳐 이탈리아의 북부와 중부에 있던 도시들에서는 행정관이 개방적인 태도를 유지하도록 하는 새로운 방법이 개발되어 실시되었다. 독립적인 사법 관리의 직책을 마련했던 것이다. '포데스타(podesta)'라고 불린 이들은 외부에서 초빙되었으며 임기는 6개월이었다. 그들은 도시의 법령과 규약에 대한 서약을 한 다음 행정관의 업무 수행을 평가했다. 13세기 볼로냐 같은 도시에서는 법학자들로 구성된 위원회를 설치해 도시의 85개 성문 법전에 담겨 있는 복잡한 여러 법률을 합리적으로 정리하는 작업을 맡겼다. 많은 도시들이 시민의 자격 규정에 대한 각 도시의 법적 권한을 수호하려고 노력했다.(시민의 자격은 보통 출생, 결혼, 공로를 통해, 혹은 일정한 요금을 납부함으로써 취득했다.) 각 도시는 새로운 시민들이 단체로 서약을 하는 의식을 마련했다. 새로운 시민은 시민의 의식을 기르고 다른 시민들에 대한 의무를 성실히 수행하는 태도를 보여야 했다. 그런 태도를 보이면 그 반대급부로 시민의 권리를 누릴 수 있었다. 그 권리 가운데에는 오직 자신이 소속된 도시 내에서만 재판에 회부될 수 있다는 권리가 포함되어 있었다.

한편 각 도시는 지나치게 가혹한 형벌이나 보복적 폭력 행위를 용인했던 봉건적 관습을 엄격하게 금지하는 법률을 발전시켰다. 중세의 기사도 관행은 도시의 자유와는 절대로 친구가 될 수 없음을 분명히 했다. 1179년 신성로마제국 황제인 프리드리히 1세가 라인프랑켄을 위해 내린 포고령에는 다음과 같은 구절이 있었다. "만일 어떤 사람이 도망치는 적을 추격하여 어느 도시의 근처까지 오게 되면, 그는 도시의 성문에서 자신의 창과 무기를 버려야 한다. 그는 도시에 들어와서 자기 자신의 의지로 여기까지 온 것이 아

'한자 동맹'의 상업 재판소에서 재판이 진행되는 모습. 한자 동맹은 북해와 발트해 연안의 여러 도시들이 상업적 목적을 위해 결성한 교역 네트워크였다.

니라 말의 힘에 의해 온 것이라고 맹세의 무게를 걸고 선언해야 한다. 만약 그렇게 하지 않으면 그는 평화의 파괴자로 지목받게 될 것이다."[16] 이와 비슷한 시기에 플랑드르 지방의 겐트를 비롯한 몇몇 도시에서는 폭력 행위를 금지하는 조치가 취해졌다. 이 도시들에서는 검을 비롯한 다른 무기를 통상적으로 휴대하거나 다른 사람이 볼 수 있도록 외부에 내보이는 것이 금지되었으며 이를 위반하는 자는 무거운 형벌을 받도록 했다. 단, 도시를 통과하는 상인, 도시의 성벽 바깥으로 여행할 예정인 사법 관리와 도시 주민은 제외되었다. 몇몇 도시는 지나치게 잔혹한 형벌을 금지하는 조치를 취하는 데까지 나아갔다. 이프르의 시민들은 플랑드르 백작의 허락을 받아, '결투 재판', '잠수 재판', '뜨거운 철봉 재판'* 대신 일정한 규칙에 따르는 재판을 열

---

* '결투 재판'은 양측이 결투를 하도록 하여 이긴 자가 정의롭다고 판정하는 방법이었다. '잠수 재판'은 혐의자를 물속에 빠뜨려 살아나면 신이 그의 편에 있다고 보아 무죄를 선고하는 방법이었다. '뜨거운 철봉 재판'은 빨갛게 달아오른 뜨거운 철봉을 맨손으로 잡게 하여 혐의자가 고통을 견디면 신이 그의 편에 있다고 판단하여 무죄를 선고하던 방식의 재판이다.

기로 했다. 이런 재판에서 원고는 5명의 정직한 증인을 불러 맹세를 시킨 다음 그들에게 증언을 들을 수 있는 권리를 지니게 되었다.

도시 공화국

자의적인 법률, 폭력, 농노 상태에서 도망친 사람들이 들어오면서, 도시는 합법적으로 허용된 다양한 생업에 종사하는 색다른 사람들이 사는 곳이라는 느낌이 더 강해졌다. 그들은 서로 다닥다닥 맞붙은 집에 살았으며, 이런 집들이 교회, 시청사, 곡물 창고, 상품 창고, 병원, 빈민 구제소 같은 건물들과 담장을 사이에 두고 붙어 있는 경우도 흔했다. 도시는 팽팽한 긴장을 조성하는 새로운 종류의 엔진 같았다. 도시는 주민들에게 계속 새로운 생명력을 불어 넣는 듯했다. 도시 사람들은 마치 잠시도 쉬지 않고 움직이는 것 같았다. 사람들은 시가지를 규칙적으로 오갔고, 반드시 도시 내에서만 머물지도 않았다. 예를 들어 곡식을 수확하는 철이 되면 기능공을 비롯한 도시 주민들은 평상시 자신의 업무를 잠시 멈추고 도시의 집을 떠나 먼 곳에 있는 농지에 가곤 했다. 수레가 끊임없이 덜커덩거리면서 왕래했고 매주말 혹은 매일 장터가 섰으며 수많은 물량이 거래되는 모습을 보며 도시 사람들은 자신들이 넓은 공간을 무대로 하여 활동하고 있다는 느낌을 받았다. 물을 길어 나르는 사람, 바닥에 광택을 내는 사람, 목수, 짐꾼, 가마꾼이 도시의 거리를 바쁘게 돌아다녔다. 행상, 토끼 가죽 상인, 가발 제조공, 이발사, 신발 수리공, 집안일 하는 하인들도 항상 만날 수 있었다. 또 도시 주민들은 거지, 도둑, 비숙련 노동자같이 주거지 없이 이리저리 떠돌아다니는 사람들도 많이 마주쳤다. 그들은 비좁은 주거 공간에 살면서 온갖 종류의 잡일을 해 먹고살았다. 예를 들어 물건 나르는 일, 땅 파는 일, 상품을 배달하는 일, 동물을 돌보는 일 따위였는데, 기계화 이전 사회에 이런 잡일은 얼마든지 있었다. 도시에는 이렇게 수많은 다양한 직종에 종사하는 사람들이 있었고, 인종적·종교적 소수자 집단도 있었으며, 훨씬 상위 계층의 사람들도 많이 살고 있었다. 예를 들자면 상인(이들 중에는 큰 부자도 있었다)이나 다양한 직종의 장인, 용병, 기술자, 선장, 의사, 교수, 화가, 건축가가 그런 상위 계층이었는데, 그들은 시간과 공간을 무대로 여행한다는 것이 어떤 의미인지 아는 사람들이었다.

도시는 구불구불한 골목길로 어지럽게 이어져 있었으며 이런 환경 덕분에 더 역동적인 느낌을 주었다. 복잡한 미로 같은 거리로 이어진 대도시를 만들어낸 문명은 오직 둘밖에 없었다. 하나는 이슬람 문명이었으며 나머지 하나는 바로 이 중세와 근대 초기의 유럽 문명이었다. 유럽의 도시가 이슬람과 달랐던 점은 당시 지배적인 정치 권력 집단에게서 더 큰 자유를 누리고 있었다는 점이다. 앞서 살펴본 바와 같이 이슬람 세계는 시민 사회의 여러 제도를 발명했다. 대표적으로 모스크, 와크프, 공동 경영 제도가 있다. 하지만 이슬람의 시민 사회는 칼리프가 장악하는 제국의 지배 체제 아래에서 발전했다. 유럽 지역에서 발전한 시민 사회의 여러 제도는 기본적으로 도시의 여건과 도시의 시장을 배경으로 탄생한 제도들이었다. 각 지역의 상인, 교역인, 수공업 길드, 제조업자, 은행가는 매우 넓은 범위에 걸쳐 화폐 경제 체제의 막강한 등뼈 역할을 했으며, 이들에게는 국왕과 교황과 주교가 각 지역을 통치하는 조건과 방법을 일방적으로 결정하거나 그 통치자들과 논의하여 공동으로 결정할 수 있는 힘이 있었다. 이런 방식으로 본다면, 도시의 시장은 마치 중세 도시라는 작은 새 둥지에 낳아놓은 뻐꾸기 알 같은 존재였다.* 이 둥지는 가정이나 종교 분파, 길드와 같은 비정부적 제도의 매우 복잡한 요소들로 짜였다. 이 요소들 가운데, 새로운 자유권 생성과 발달에 특별히 중요한 원천이 된 것이 바로 길드였다. 자발적 조직인 길드는 구성원의 생계를 보호하는 것이 본래의 목적이었지만 그보다 더 큰 목적도 있었다. 길드는 도제(apprentice)가 직인(journeyman)이 되고, 또 직인이 장인(master)이 되는 과정을 통제했다. 길드는 자기 길드의 조직원이 아닌 수공업자들이나 상인들이 도시 인근 시골이나 도시 안에서 물건을 생산하지 못하도록 했다. 한편 길드는 자치의 기술을 발전시켰다. 이 조직들이 목적한 바는 통치권을 공유하는 '상위 정치' 즉 왕국 전체의 큰 문제에 참여하는 것이 아니었다. 길드는 자신들의 대표자들을 선출하거나 지명하는 자치 기구

---

* 뻐꾸기는 자신의 둥지를 만들지 않고 다른 새의 둥지에 자신의 알을 낳고 그 새가 그 뻐꾸기 알을 품어 부화하게끔 하는 것으로 유명하다.

로 활동하여 구성원들의 이익을 보호하려고 했다. 시장 구조 속에 뿌리내린 다른 비정부 단체들과 마찬가지로 길드는 자유로운 사회 공간이 발전하는 데 도움을 주었다. 이 공간에서는 중앙 집중화된 정치 권력에 견제와 비판을 가할 수 있었다. 더 일반적으로 말한다면, 정치 권력은 이제 자신들이 더는 다른 사람의 소유물이 아니라고 생각하는 시민들에게 함부로 손을 댈 수 없었다.

도시들은 대의 민주주의의 발명에 이르는 다양하고 복잡한 경로에서 중요한 요소로 작동했는데, 바로 도시의 삶에 대한, 그리고 도시와 더 넓은 세계의 관계에 대한 참신한 정치 사상을 촉발했다는 점이다. '공화주의'라는 이름으로 알려진 정치 사상이 바로 도시의 가장 강력한 생산품이었음은 의심할 여지가 없다. 공화주의는 비전을 제시하는 정치 양식이었다. 공화주의 덕분에 자유 도시국가의 의미가 부각될 수 있었고, 무장한 적들로 가득차 있는 세계에서 어떻게 이 자유 도시국가들이 생존해 갈 수 있는지를 두고 여러 방안이 고안되어 나올 수 있었다. 공화주의 태동에 영감을 준 것은 고대 그리스의 소규모 도시국가의 이상화된 판본이었다. 하지만 공화주의는 특히 로마 공화정에 있었다고 여겨지는 덕성들을 크게 옹호했다. 공화주의 언어는 군주제에 적대적이었으며 군주제를 보통 폭정 상태와 동일시했다. 또한 자의적인 권력 행사에 종속되기를 거부하는 시민들이 운영하는 자유 도시들에 호의적이었다. 그러나 공화주의는 민주주의에는 반대 입장을 취했으며, 민주주의가 사회의 하찮은 인간들에게 즐거움을 주는 정치 체제에 불과하다는 진부한 이미지를 품고 있었다. 그러나 당시 상황을 보면, 공화주의가 옹호하는 여러 제도들이 결국에는 대의 민주주의의 핵심적인 조건이 되는 방향으로 역사는 나아갔다. 그 제도 가운데 하나가 바로 '국가'였다. 국가(lo stato)에 대해 발언한 최초의 공화주의자 가운데 한 사람이 바로 니콜로 마키아벨리였다. 북부 이탈리아 지역의 중세 도시에서 처음 생겨난 공화주의 사상은 정치적 상상력의 대담한 도약을 통해, 통치자와 피치자 모두로부터 분리된 제도로서 국가의 이미지를 형성하는 데 도움을 주었다. 이때 국가는 한정된 영토와 그 안에 거주하는 주민들을 보호하는 최고의 정치적 권위체로서 끊임없이 그 역할을 수행하는 (익명의) 기구였다. 영토 국가의 개념은 후일 대의 민주주의 체제에서 권력이 담기는 그릇의 역할을 하게 되므로 결국 민주주의는 공화주의에 일종의 언어적, 정치적 빚을 진 셈이다. 원래 마키아벨리가 지녔던 반민주주의적 의도와 달리 훗날 그가 대의 민주주의 발명에 필수적인 정신적 도약을 이룬 선구적 공화주의 사상가로 꼽히게 된 것은 역설적인 일이다. 훗날 등장하는 민주주의 사상가들과 마찬가지로, 그는 정치적으로 위험한 순간들에 관해 이야기하면서 그러한 때에 "국가는 시민들을 필요로 할 뿐 아니라", 권력 담당자들은 음모자들을 격퇴하고 적대자들을 무력화하기 위해 '국가의 위엄'을 동원해야 할 필요가 있다고 썼다.[17]

향후 공화주의와 민주주의는 숙적처럼 오랫동안 적대 관계를 유지하지만 이 두 사상 사이에는 연관된 부분이 더 있었다. 공화주의자들은 국가와 같은 비인격적 구조가 쉽게 전제 정치나 과두 정치로 전락할 수 있다는 것을 잘 알았기 때문에, 국가를 통제하고 견제할 수단이 필요하다고 주장했다. 공화주의자들은 대체로 군주제를 배격했는데 그 이유는 통치라는 것이 기본적으로 시민의 공동 업무라고 확신했기 때문이다. 공화주의자들은 성문 헌법과 대의적 의회의 중요성을 인식했을 뿐 아니라—그들 중 일부는 매년 정례적으로 의회가 열려야 한다고 주장하기도 했다.—권력을 분산할 다양한 제도를 제안하기도 했다. 이러한 제도를 통해 시민들은 자신들이 선출한 대표자들을 매개체로 하여 때로는 통치자가 되기도 하고 때로는 피치자가 될 수 있었다.

공화주의자들은 어떤 제도에 우선권이 주어져야 하는지를 두고 서로 의견이 갈렸다. 정부의 제한된 임기, 시민 배심원이 결정하는 공정한 재판 제도를 선호하는 사람들이 있었던 반면에 어떤 사람들은 군사적 위업과 영광을 중요하게 보았고, 또 상당수는 상비군보다 민병대가 각 도시의 자유를 수호하는 데 필수 요소라고 강력하게 주장했다. 하지만 이러한 의견 차이에도 불구하고, 전체적인 맥락을 본다면 시민 정신을 함양하는 것이 정치적으로 가장 중요하다고 본 점에서 사실상 모든 공화주의자들은 의견이 같았다. 자유 도시는 자유 시민을 필요로 했다. 자유 시민은 공공심(公共心)을 갖춘 개인으로서, 스스로를 자신이 속한 정치 공동체의 평등한 구성원이라 생각했다. 그 공동체는 시민들의 권리를 보호하고 동료 시민들에 대한 의무 이행을 보장했다.

공화주의와 민중

많은 공화주의자들이 '시민'과 '민중', 이 두 단어를 말할 때면 두 단어를 거의 붙여서 사용하기를 좋아했다. 그들은 보통 이 두 단어를 동의어로 이해했다. 이 사실 때문에 우리는 그리스인들이 물었던 질문을 다시 던질 수밖에 없다. 즉 공화주의자들은 '민중'이라는 단어로 무엇을 뜻하려 했던 것일까? '민중'은 정확하게 누구인가?

약간은 조악한 답변이지만 다음과 같이 대답하면 이 질문은 간단하게 해결된다. 즉 초기 공화주의 사상의 결정적 약점은 엘리트주의라고 답하면 되는 것이다. 거의 예외 없이, 공화주의자 입장에서는 주민의 대다수를 차지하는 사람들—재산이 없는 사람들과 여성들—을 위해 들일 시간도 없었고 인내심도 없었다. 이 사람들이 언급되는 예외적인 경우는 이들이 조용하게 불만을 호소할 때, 혹은 용맹스럽고 공공심을 지닌 남자들, 즉 만약 필요하다면 무기를 들고 국가를 수호하기 위해 앞장서고 공공선을 위해 재산상 사적인 이해관계를 어느 정도 양보할 줄 아는 훌륭한 사람들의 소유물로서 언급되는 때였다.

여하튼 공화주의자들은 점차 '민중'이란 단어를 자주 사용하게 되는데 이경우 보통 자기 자신과 같은 사람들을 지칭했다. 즉 군인이며 시의 평의회 의원이고 재산이 있으며 또한 한 가정의 아버지라는 역할을 하나로 뭉뚱그려 수행하는 시민들이 바로 공화주의자들이 말하는 '민중'이었다. 18세기에 들어서고 한참 지나서까지도 공화주의자들은 그런 식으로 '민중'을 말했다. 미국의 유명한 공화주의자였던 존 애덤스가 한 말을 들어보자. 그는 '민중'이란 단어를 설명하면서 여러 개의 형용사를 나란히 사용했는데 이 형용사들은 사실상 그의 동료 뉴잉글랜드 사람들이 신에 대해 말할 때만 사용하는 단어들이었다. "모든 지성과 모든 권력과 모든 힘과 모든 권위는 원초적이고 생래적으로, 또한 필연적이며 불가분하며 침탈이 불가능한 형태로 '민중'

속에 내재해 있다."[18] 이런 표현 방식은 훗날 좀 더 공중이 받아들이기 쉬운 형태로 '위 더 피플(We, the People)'이라고 단순화되었으며 이 표현은 1787년 9월 중순에 필라델피아에서 채택된 미국 연방 헌법에 제일 처음 등장하는 세 단어가 되었다.

오랫동안 잊혔던 '민중'에 관한 민주주의의 언어가 새로운 모습으로 재등장하게 되었는데, 이는 북부 에스파냐와 북부 이탈리아의 도시에서 시작된 공화주의 덕분이었다. 여기에는 재미있는 역설이 숨어 있다. 즉 초기 공화주의자들은 이렇게 '민중'에 대해 계속 이야기를 하는 동안에 자신도 모르는 사이에 '다모스(dāmos)'와 '데모스(dēmos)'라는 죽은 단어에 새로운 생명을 불어 넣었던 것이다. 다시 말해, 공화주의 사상은 결국에는 민주주의의 죽은 언어를 다시 살린 것이고, 훗날 완전히 달라진 역사적 환경 속에서 민주주의가 자신감을 회복할 수 있도록 도와준 셈이 되었다. 공화주의 사상은 유럽 사회가 대의 민주주의 쪽으로 움직여 가는 과정에서 또 다른 방식으로 예기치 못한 영향을 끼쳤다. 원래 공화주의가 '민중'을 언급할 때는 양면성이 있었다. 즉 '민중'에는 대다수의 사람이 배제되어 있었던 것이다. 초기 공화주의 사상은 인민 주권의 원칙이나 보편적 평등의 원칙에 반대하는 입장을 취했다. 이 실수 때문에 공화주의 사상은 결국 대가를 치러야 했다. 공화주의 사상 때문에 과연 누가 정부 기구의 운영을 책임져야 하는가를 두고 정치적 소요가 발생하게 되었던 것이다. 따라서 공화주의 사상은 전혀 의도하지 않았지만 결과적으로 반박, 반란, 혁명 같은 반작용을 촉발했으며 그 상황은 시민권의 민주화로 이어졌다.

공화주의가 엘리트적 성격을 띠었던 것은 결코 우연이 아니었다. 초기 공화주의 사상은 당시 막 떠오른 도시들 내부의 과두적인 권력 관계를 반영했다. 이 초기 도시들은 도저히 평등의 안식처라고는 말할 수 없었으며 명백하게 사회적 엘리트 집단이 지배하고 있었다. 대개 그 엘리트는 상인과 전문가 집단이었는데, 특히 법률가의 역할이 두드러졌다. 뉘른베르크와 베네치아 같은 대도시에는 최상류 계층인 도시 귀족(patrician)이 있었다. 이들은 교역에 직접 종사하지는 않으면서 그 대신 투자금을 기반으로 이익을 얻었으며 스스로 최상류 귀족이라고 여겼다. 물론 예외는 있었다. 당시 번창하던 바르셀로나가 그중 하나였다. 1387년에서 1388년 사이에 바르셀로나는 후안 1세에게서 자치권을 인정받았다. 도시는 차츰 국왕에게 상당한 힘을 과시하게 된다. 예를 들어 카탈루냐 왕국의 국왕이 마치 선출된 국왕처럼 느껴지던 때도 있었다.(바르셀로나는 카탈루냐 왕국의 수도 역할을 했다.) 국왕은 이 도시의 선출된 대의원들(이들은 신디코스síndicos라고 불렸다)에게 날카로운 이로 물어뜯기는 듯한 아픔을 느껴야 했다. 바르셀로나의 대의원들은 '100인 평의회'라는 기구를 통해 정부를 운영했다. 100인 평의회의 선출은 공개적으로 진행되었으며 새벽이나 황혼이 깃들 때 도시의 중심 광장에서 각 가정의 남성 가장들이 모여 직접 손을 들어 거수로 다수결 투표를 했다.

하지만 바르셀로나 같은 도시가 다수는 아니었다. 일반적으로 유럽의 도시들은 공개적인 민주 정부를 갖고 있지 않았다. 혹 그런 민주 정부를 가졌다 하더라도 그것은 각 도시의 역사에서 먼 훗날의 일이었다. 도시가 발달하기 시작한 11세기를 보면 대부분의 도시를 지배한 것은 단일한 시 평의회였으며 이 평의회는 행정권과 입법권과 사법권을 독점했다. 베네치아 같은 도시는 복잡하게 연결된 다수의 평의회 제도를 유지했는데, 이는 공화주의자들에게 상당히 칭송을 받았다. 그러나 베네치아처럼 복잡한 평의회 제도와 '도제(doge)'라는 명칭의 지도자와 원로원까지 갖춘 도시는 거의 없었다. 시장은 이따금 이 사람 저 사람이 돌아가면서 맡는 경우가 있었지만 평의회의 의원직은 보통 종신직이었다. 간혹 선거를 통해 평의회의 의원들을 임명하는 경우도 있었으며, 평의회 의석이 특정한 길드 혹은 특정한 지역에 할당된 적도 있었다. 하지만 대부분은 만일 현직 평의원이 사망하거나 은퇴해 공석이 생기면 남아 있는 평의원들이 자체적으로 그의 후임을 결정했다. 이러한 도시 평의회 구성원의 사회적 배경을 조사해보면 그 결과는 언제나 같다. 즉 이들은 대체로 도시에서 가장 부유한 주민들이었던 것이다.

새로운 도시들에서는 도시를 기반으로 한 시장(市場)의 재력이 강력해지는 한편, 혈통을 기반으로 하는 신분적 지배가 약화되었다. 시장의 부는 또한 각 평의회의 구성 양상을 변화시켰다. 초기 평의회가 일반적으로 상인과 토지 소유자와 부유한 수공업자로 이루어졌던 반면, 1550년경이 되면 자산

소득 생활자와 법률가들이 평의회의 의석을 차지하기 시작한다. 개신교 도시의 평의회 의석에는 성직자들도 있었는데, 이들은 다른 평의원들과 함께 교회 법정에 참여해 결혼에 관한 문제라든가 개인의 품행에 관한 여러 정책을 결정하고 그 결정 사항을 집행하는 일에 관여했다. 모든 평의회는 사실상 남성들의 전유물이었다. 간혹 최상층 가문의 여성이 재산을 물려받거나 소유하거나 또는 일정한 형태의 경제적 사업에 참여하는 경우는 있었다. 하지만 이 여성들은 보통 길드의 정책 결정 과정이나 도시의 평의회 일에서는 배제되었다. 이런 여러 가지 상황 때문에 결국 도시의 평의회는 일종의 금권정치의 모습을 띠게 되었다. 도시의 평의회는 자신의 정직성과 시민적 정당성을 자부하는 소수의 거대 가문 출신의 사람들이 주도하는 지극히 보수적인 제도였다.

평민들의 반란

이 세련된 부유층들은 큰 권력을 휘둘렀지만 그렇다고 해서 그들이 완전히 난공불락의 자리에 있었던 것은 아니다. 왕과 제후들이 자신들의 관리를 지명하거나 새로운 세금을 부과하는 등 끊임없이 시 정부의 일에 간섭하려 했기 때문이다. 11세기부터 도시의 지도자들은 국가의 통치자에게서 자율권을 확보하기 위해 노력했다. 힘의 우열은 계속 변화했지만, 16세기와 17세기가 되면 국가 지도자들이 좀 더 많은 재정적·군사적 수단을 보유하게 되었고 그에 따라 국가는 도시에 대한 통제력을 더 강화할 수 있었다. 몇몇 도시는 맹렬하게 저항했다. 신성로마제국의 자유 도시들이 그랬다. 베네치아나 피렌체 같은 도시는 그 지역의 군주가 취약한 상황을 이용하여 무장한 작은 국가처럼 도시의 모습을 변모시켰으며 이 도시의 지배 엘리트들은 스스로를 공화주의자라고 불렀다. 한편 다른 도시들의 경우에는 도시의 과두 지배자들이 종종 해당 지역의 군주와 협력하여 이득을 보았다. 때로는 협력의 정도가 아주 높아져서 도시의 지배층과 군주 정부의 지배층이 단일한 도시 과두정 체제로 융합되는 경우도 있었다. 이 체제를 형성한 부유층 인물들은 피지배층에 아무런 책임감도 느끼지 않았다.

하지만 도시의 과두 지배자들이 모든 일을 수월하게 진행할 수 있었던 것은 아니었다. 당시 시 정부는 직업 경찰력을 갖추지 못한 상황이었고, 대신 치안관이나 교회 교구 관리인 몇 사람을 보유했을 뿐이다. 그래서 시 정부는 보통은 시민들로 구성된 민병대나 자경단의 협력에 의지했다. 무장한 시민들은 충분한 예우를 기대했으며 공적으로 존중받기를 원했기 때문에 이들은 종종 자의적인 권력 행사를 통제하는 역할을 수행했다. 시민들은 횃불, 방패, 창, 총, 칼로 무장했으며 이들이 도시의 장터에 모일 때면 도시의 행정관과 평의회 의원들은 두려움을 느꼈다. 과두정 지배자들은 효율적으로 정부를 운용하려면 반드시 자신들을 제외한 도시의 많은 일반 가장(家長)들의 이해관계에 주의를 기울여야 한다는 것을 본능적으로 느꼈다. 하지만 아직 주기적인 선거 제도가 없던 시대에 정치적 균형을 잘 잡는다는 것은 쉬운 일이 아니었다. 과도한 징세 혹은 환영받지 못하는 정책 때문에 폭동이 일어나는 경우도 있었다. 이 경우 도시 평의회 의원들은 엄청난 공포를 맛보았으며 때로는 직책에서 쫓겨나기도 했다. 시민들은 확립된 관습과, 자의적인 권력 행사에 저항할 수 있다는 원칙을 내세워 그들을 쫓아냈다.

1254년 벨기에의 뫼즈 강 골짜기에 있는 도시 디낭에서 구리 세공사들이 일으킨 무장 봉기는 앞으로 닥쳐올 요란스러운 소동의 전조였다. 그들은 자신들의 일에 대한 관할권이 자신들에게 있다고 선포하고 작은 종(鍾)과 자신들의 문장(紋章)을 옷에 달았다. 이 도시는 무장 병력으로 포위당했고 반란은 곧 진압되었다. 이들을 진압한 철권은 다른 문장을 지닌 사람들이었는데, 그들은 이 도시의 부유한 상인들, 지방 귀족이 거느린 병사들, 인근 대도시인 리에주의 주교 휘하의 병사들이었다. 향후 반세기 동안 이 지역에서는 직조공, 금세공사를 비롯한 각종 수공업자들의 도시 반란이 간헐적으로 이어졌다. 여러 반란의 정점을 이룬 것은 '브루게의 아침 기도'라는 이름으로 훗날 알려지게 되는 몇 가지 사건이다. 1302년 5월 17일 밤 벨기에의 브루게 출신인 평범한 직조공 피테르 데 코닌크(Pieter de Coninc)는 플랑드르 지역의 양모 직조공들을 이끌고 반란을 일으켰다. 당시 프랑스의 왕은 이들의 영업 행위에 간섭했으며, 영국에서 수입되는 양털의 공급에도 간섭했는데 이런 행동에 양모 직조공들은 큰 불만을 품고 있었다. 길드 조직

1302년 7월 11일에 벌어진 '황금 박차의 전투'. 이 전투에서 플랑드르의 평민 보병 부대가 프랑스 기병대를 크게 무찔러 플랑드르 독립에 기여했다.

원들은 도시의 교회당을 점령하고 종을 울렸다. 이들은 거리를 돌아다니면서 'schild en vriend(길드의 친구)' 혹은 'des gildens vriend(방패와 친구)'라는 구호를 외치면서 그들의 지도자였던 코닌크를 지지한다고 밝혔다. 반란자들은 도시에 주둔한 프랑스 왕의 군대가 이 구호를 플라망어(플랑드르 지역에서 쓰이는 언어)로 제대로 발음할 수 없다는 사실을 알았기 때문에, 이것을 이용해 거리를 샅샅이 뒤져 자신들의 적을 찾아냈다.(의심스러운 사람에게 플라망어로 이 구호를 말하게 한 뒤 제대로 발음하지 못하면 그 자리에서 죽었다고 한다.) 이들은 프랑스 병사들, 도시 평의회 의원들, 그리고 이들과 연합한 도시 귀족 가문 사람들을 공격했다. 많은 사람들이 죽고 난 뒤에야 질서가 다시 회복되었다. 그리고 몇 개월 뒤 프랑스 왕의 군대는 '황금 박차의 전투'*에서 다시 한 번 큰 패배를 맛보게 된다.[19]

그후 수백 년 동안 유럽 도시에 거주하는 평민들은 이렇게 줄기차게 반

황금 박차의 전투(Battle of Golden Spurs) 1302년 7월 11일에 플랑드르 지역 도시 연합군과 프랑스 군대 사이에 벌어진 전투. 플랑드르의 평민 보병 부대가 프랑스의 기병대를 대파함으로써 플랑드르 독립에 큰 기여를 했다는 데 의미가 있으며, 당시 프랑스 기병대의 상징인 황금 박차를 500개 넘게 전리품으로 챙겼다고 해서 이런 이름이 붙었다.

란을 일으켰다. 도시의 평민들은 이러한 저항과 폭력적인 진압의 기억을 잊지 않으려 했다. 그리하여 유럽 곳곳에서 도시 반란의 전통이라고 할 만한 것이 생겨났다. 많은 도시의 주민들은 이런 자신들의 행동 때문에 큰 대가를 치러야 했는데, 그들의 저항은 돌발적으로 일어났으며 대부분의 경우 아무런 성과가 없었다. 이렇게 평가한다고 해서 이 도시의 반란자들을 로빈 후드 같은 무법자나 농촌의 비밀 결사, 농민들로 이루어진 천년왕국 추종자 집단과 같은 무리로 끼워 넣으려는 것은 아니다. 또한 도시의 반란자들이 세밀하게 구성된 어떤 해석 틀에, 예를 들어 마르크스주의 같은 해석 틀에 들어맞지 않는다 해서 그저 역사의 부적응자들이나 실패자들이라고 비난하려는 것도 아니다. 사회적으로 권력에 항거한 이들을 '원시적'이라거나 '구식'이라는 식으로 비난하는 태도는 민주주의의 역사를 살펴보는 작업에서는 단연코 배격해야 마땅하다. 그런 태도는 기본적으로 내려다보는 태도이기 때문이다. 또한 그런 태도는 이런 반란들이 자신의 정치적 언어를 보유하지 못했기 때문에 스스로를 마비시킬 수밖에 없었다는 근본적인 문제를 간과한다. 당시 반란이란 말 그대로 그저 반란이었을 뿐이다. 즉, 우발적인 사건에 자극받아 다른 사람들에게 본때를 보여줌으로써 확립된 관습을 수호하려 했던 것일 뿐, 정부의 중요한 문제들이 결정되는 규칙을 변경한다는 꿈은 꾸지 않았다. 이런 한계 때문에 당연히 도시와 농촌의 반란은 가난한 이들과 탄압받는 이들을 위한 장기적인 변화를 이끌어내지 못했다. 이런 평민 반란 이상의 어떤 것—즉 군주들이나 농촌의 압력이나 도시 공화주의에 의해 소집되는 대의적 의회—이 있어야 비로소 유럽을 대의 민주주의의 방향으로 떠밀 수 있었던 것이다. 도시 반란이나 로빈 후드 같은 산적 행위, 농촌의 비밀 결사, 농민의 천년왕국 추종 집단의 의미에는 한계가 있었다. 이런 것들은 '일반 민중'이 스스로 대표자를 선출할 권리가 있음을 인정하는 제도를 세우는 행동과는 큰 차이가 있었다.

교회와 민주주의

대의 민주주의로 가는 많은 경로를 설명하면서 이제까지 우리는 의회 제도 발명의 중요성과, 농촌과 도시에서 생겨난 대의적 기구들의 영향을 살펴보았다. 또한 영토 국가 내에 존재하는 도시들의 정체성을 공화주의적 입장에서 수호하려는 행동의 의미도 살펴보았다. 비록 큰 성과를 거두지는 못했지만 '민중'이 스스로를 통치해야 마땅하다는 원칙에 사람의 목소리를 추가하려고 평민들이 노력한 것도 살펴보았다. 이 모든 경로를 따라오던 우리는 이제 또 다른 분기점에 이르게 되며 또 다른 의외의 사실과 마주하게 된다. 이제까지 우리가 살펴본 다양하고 때로는 서로 충돌하는 여러 경향들에 추진력과 방향성을 제시한 중요한 요인이 바로 1천 년 전 '골고다'라는 이름의 황량한 언덕에서 고난을 겪고 죽어 간 한 사람이 주는 이미지였다는 점이다. 근대에 들어서 대의 민주주의라고 불리게 되는 사상의 제도들을 살펴보면 중세 기독교 정신이 수많은 곳에서 발견된다. 대의 정부 혹은 대의 민주주의의 탄생에 기여한 기독교인들은, 폭정에 저항할 권리, 좋은 정부를 요청할 시민의 권리, 언론의 자유, 보통선거, 공직 임기의 제한, 필요하다면 공개적인 처형을 통해서라도 군주정을 폐지하는 일과 같은 여러 실제적 원칙에 따라 정치 권력을 다루는 새로운 방식을 주장했다. 이 관점에서 본다면, 예수가 없었다면 대의 민주주의도 없었을 것이라고 말할 수 있다.

근대 대의 민주주의의 기독교적 뿌리를 논하는 일은 유행에 맞는 주제가 아니다. 지금부터 한 세대 전에 민주주의가 무릎을 꿇는 듯한 모습을 보였을 때 잠시 인기 있는 주제였을 뿐이다. 하지만 유행에는 신경 쓰지 않는 것이 좋다. 왜냐하면 민주주의의 두 번째 역사 단계에 대한 논의를 공정하게 진행하려면 종교라는 주제를 피할 수 없기 때문이다. 이런 논의는 당연히 이견을 부를 수 있다. 그 시기를 살았던 기독교인들은 독선과 폭력과 정복과 예속의 불길을 지폈다는 비난을 받았으며 그런 비난에는 상당한 근거가 있기 때문이다. 하지만 그것은 전체 이야기의 절반에 지나지 않는다. 나머지 절반은 제대로 이해되지 못하고 있다. 가장 먼저 지적할 것은 '공직 보유'라는 관행을 퍼뜨리는 데 기독교 교회가 결정적인 역할을 했다는 사실이다. 공직 보유의 관행은 대의 민주주의 형태가 등장하는 데 본질적으로 중요한 의미가 있었다.

오늘날 우리는 특정한 목적이 있는 직책에 어떤 사람이 임명되어 특정한 기간 동안 그 직책에 있는 관행을 당연하게 여긴다. 하지만 그래서는 안 된다. 왜냐하면 이 관행은 특수한 것이며 그 뿌리는 오래되었고 또 복잡하게 얽혀 있기 때문이다. 그 뿌리를 거슬러 올라가면 바빌론의 궁정 관료와 사제, 도시국가(polis) 아테네의 선출직 관리, 이슬람 세계의 무엣진에 이른다. 로마 제국 역시 이와 마찬가지로 각종 행정 단위와 연관된 공직들을 창설하고 발전시켰는데, 그 공직 가운데 일부는 영토적 의미를 뚜렷하게 지니거나 공적 권한과 기능의 분명한 위계질서가 있다는 것이 특징이었다. 로마 제국이 해체되고 비잔틴 제국(동로마 제국, 330~1453년)으로 변형되어 가는 몇 세기 동안, 로마에 근거지를 둔 기독교 교회는 위의 관행들을 보존하면서 동시에 크게 발전시켰다. 그 결과, 공직을 일정 기간 동안 보유하면서 좀 더 높은 차원의 대의에 봉사하는 관행이 교회 이외의 많은 종류의 세속 조직에 뿌리를 내리게 되었으며, 정부 조직에까지 확산되었다.

교회는 어떻게 이런 일이 일어나게 만들었을까? 한 가지 중요한 단서는, 중세 시대를 돌이켜 볼 때 당시 유럽 전역을 통제하고자 하는 염원에 불타던 유일한 제도가 바로 교회였다는 사실이다. 교회는 신을 향한 복종심, 법률, 재산, 라틴어, 그리고 물론 타인에 대한 지배욕까지 더해져 단단하게 뭉쳐 있었다. 광범위하게 펼쳐져 있던 교회의 거대한 조직을 조정하는 일은 로마 제국의 기존 구조에 의존하면서 동시에 그 구조를 확장함으로써 이루어졌다. 이 같은 사실을 보여주는 예는 풍부하게 발견된다. 4세기는 교회가 권력 구조를 건설하기 시작하던 때인데, 이때 교회는 옛 제국의 수도였던 로마에 교회의 수도를 건립한다. 교회는 '키비타스(civitas)'라고 불리던 과거 속주(屬州)의 행정 수도에 교회의 행정 기지들을 건립했으며 그곳들을 거점으로 하여 주교들은 먼 곳까지 손을 뻗어 사람들의 영혼을 만져주고 치유해 주었다. 또한 292년에 디오클레티아누스(Diocletianus, 245?~316) 황제가 만들어놓은 행정구(prefecture), 관구(diocese), 속주(province)로 이루어진 위계 조직을 그대로 복제하고 각 조직 단위에 교회 관리를 임명해 미리 정해진 특정한 여러 임무를 책임지게 했다. 그다음, 교회는 자기 나름의 관직과 관리를 새로 만들어 추가하기도 했다. 이를 잘 보여주는 중요한 사례가 이른바 '로마 교황청'이다. 로마 교황청은 고위급 행정가와 법률가로 이루어진 조직이었는데, 이들은 스스로 교황과 각 관구의 주교를 보좌하는 일을 맡은 신(神)의 사람이라고 생각했다. 공증인, 부제*, 법정 변호인, 판사와 그 밖의 교황청 구성원들은 명확하게 규정된 교회 직책을 보유했다. 이들은 분명하게 규정된 직무를 수행할 의무가 있었으며, 확실하게 규정된 롤모델과 견주어 행실을 똑바로 할 것을 요구받았다. 고대 이스라엘에서 양치기였다가 왕이 된 다윗이 중세 교회가 좋아한 롤모델이었는데((사무엘하) 7장 12절~16절) 다윗은 기독교인들에게 어떻게 살 것인지, 어떻게 참회할 것인지, 그리고 고난의 시기에는 어떻게 신에게 의지할 것인지를 모범적으로 보여준 인물로 여겨졌다.

다윗과 같은 인물들을 성인(聖人)의 반열에 올려놓음으로써 교회는—역설적이게도—권력에 구체적 인격성을 부여하는 견해에 분명하게 반대하는 입장에 서게 되었다. 예를 들어 이슬람교도들이 칼리프의 지배를 받아들임으로써 권력을 인격화하는 데 교회는 반대했다. 또 교회는 개인적 거래, 비공식적 대화, 부하에게 내리는 명령과 같은 수단으로 통치하는 것에도 반대했다. 이런 통치 방식은 당시 게르만족과 슬라브족, 그리고 발칸 반도와 중부 유럽 일부를 정복했던 기마 민족들이 통상적으로 시행하던 방식이었다. 교회의 공직 보유 관념은 완전히 다른, 훨씬 '탈(脫)개인화'되고 '탈(脫)형상화'된 권력 행사의 개념을 의미했다. 교회의 거대하고 광범위한 구조 속에서 일정한 공직을 맡은 개인들은 교회의 규범과 법률을 준수해야 했다. 성경과 로마법이 정해놓은 선례에 크게 영향을 받은 교회는 법률 조문의 준수와 합법적인 직무 수행을 확고하게 존중하는 조직이었다. 교황들은 교회법을 수단으로 삼아 통치했으며, 11세기부터 13세기에 이르는 동안 이들은 당시까지 공포된, 뒤죽박죽 섞여 있던 각종 교회법과 법령들을 집대성하고 체계화하는 사업을 강력하게 추진했다. 오랜 세월이 지난 뒤 이러한 교회의 시도를 유럽의 근대 국가들이 모방한다. 교회는 중요한 직책을 맡은 사람들이 교회의 관할권에 복종할 것을 기대했으며 또한 그들이 교회가 정한 법률을 아주 세세한 부분까지 명확하게 준수해줄 것을 기대했다. 즉 추기경, 교회

부제(deacon) 부제품을 받은 성직자. 사제를 도와 강론, 성체 분배 따위의 집행을 하게 된다.

법률가, 공증인, 수석 사제, 수도사, 탁발 수도사를 비롯한 모든 담당자는 각각의 직책을 유지하고 직무를 수행할 때 반드시 교회법의 테두리 안에 머물러 있을 것으로 기대되었다. 직책을 보전하려면 분명하게 규정된 자격 요건을 충족해야만 했으며, 직권을 행사할 때는 반드시 직책에 따라 명확하게 규정된 책무에 기반을 두어야 했다. 이 때문에 그들은 한 가지 원칙을 적용받게 되었는데, 만일 그들이 미리 규정된 자격 요건에 미달하거나 직무 수행에서 권한을 남용하거나 규정을 위반할 경우에는 해당 직책에서 해임되어 마땅하다는 원칙이었다.

법으로 규정된 공직에 임명되면 언제나 규정된 보상이 뒤따랐다. 교회는 청빈의 미덕을 칭송하며 타인에게 베푸는 것의 중요성을 강조했지만, 동시에 하위 성직 보유자들에게 선물, 지대(地代), 성직록(聖職祿), 또는 생활을 유지하기 위한 최소한의 수단을 보장했다. 고위 성직 보유자는 일정한 토지의 수확물과 그 토지에 붙은 봉건적 권리를 향유하는 것이 보통이었다. 이렇게 받은 수입이나 보상을 '베네피키움(beneficium)'이라고 했는데 이는 공짜로 받는 선물로 여겨지지 않았다. 직책을 맡는 것은 곧 물질적 안전을 확보하는 일이었으며 이때 조건은 일정한 과업을 충실하게 수행하는 것이었다. 여기서 중요한 점은, 직책 보유가 특정한 기대와 의무를 동반한다는 사실이다. 이는 다시 직책이 탈개인화되거나 탈형상화된 역할과 같아지는 상황으로 이어진다. 직책은 직책 담당자와 분리되어 인식되었다. 어떤 과업과 그 과업을 수행하는 사람은 동일하지 않았다. 직책을 담당하는 것은 그 직책을 '소유'하는 것이 아니었다. 종신직도 그랬다. 직책을 맡는다는 것은 어디까지나 임시적인 상황이었다. 왜냐하면 직책을 보유한다는 것은 동시에, 일정한 절차를 거친 뒤에 그 직책에서 해임될 수도 있다는 것을 의미했기 때문이다. 이를 해임의 원칙이라고 부를 수 있다면, 이 해임의 원칙은 훗날 성립되는 관료제의 기본 요소이다. 한편 이 원칙은 근대의 대의 민주주의 이론이나 관행과도 밀접한 유사성이 있다. 일정한 임기가 정해진 직책에 선출된 시장, 국회의원, 또는 사임을 강요당하는 대통령이나 총리의 경우를 잠시 생각해보라. 이들의 정치적 역할은 그 하나하나가 모두 예로부터 전해지는 기독교적 전제 위에 서 있는데, 그 전제에 따르면 직책 담당자와 그 직책은 동일한 것이 아니다. 직책 담당자가 개인적으로 그 자리를 '소유'한 것이 아니며, 가장 힘없는 자리부터 가장 힘 있는 자리까지 어떤 정치적 지위든 그것을 맡은 사람은 누구라도 그 자리에 일정한 시간 동안만 앉아 있는 것이다. 따라서 (밥 딜런의 노래 가사를 조금 바꾸어 표현한다면) 대의 민주주의에서는 이 지구에서 가장 힘 있는 민주 국가의 대통령이라 할지라도 정기적으로 시민들 앞에, 그리고 전 세계 앞에 벌거벗은 채 서야 한다는 것이다.[20]

배심원 제도의 기원

중세 기독교 역사를 보면 심지어 교황이라 할지라도 신도들 앞에 벌거벗은 채 서 있기를 강요당한 적이 종종 있었다. 직책을 개인에게서 분리해 규정하던 관습 덕분에 교회는 뜻하지 않게 한 가지 정치적 질문을 스스로 던지게 되었는데, 이 질문은 훗날 모든 대의 민주주의 국가에서도 비슷하게 곤란한 문제가 된다. 즉 종교적 혹은 정치적 직책을 점유하고 있는 자가 자신의 직책을 마치 자기 개인 소유물처럼 다루어 자신의 권한을 남용하는 나쁜 버릇에 빠지지 않도록 하려면, 교회는 어떤 정당한 장치를 사용해야 하는가? 혹은 사용하겠다고 위협해야 하는가?

그 답 가운데 하나는, 교회의 일에 간섭하는 정부를 향해 손가락질을 하며 비난하는 방법이었다. 배심원 재판이라는 관습은 이런 비난 행동에서 비롯되었다. 캐나다와 미국 같은 민주 국가의 법정에 시민의 대표자들이 배심원으로 참여하는 방법은 오늘날 정부의 자의적인 권력 행사를 견제하는 핵심 방안으로 여겨지고 있다. 이 같은 배심 제도는 예측 불가능성이라는 강력한 평등주의적 요소를 사법 절차에 도입한 것으로 평가된다.(과거 프랑스의 법무장관 로베르 바댕테르Robert Badinter는 배심원 재판을 "폭풍 속으로 배를 몰고 들어가는 것"이라고 묘사한 적이 있다.) 또한 배심원 봉사는 정부 활동에 대한 시민의 직접 참여를 활성화하며, 사법 절차의 복잡한 성격에 대한 시민의 이해를 높이고, 자신이 사는 사회의 전반적인 삶의 질에 대해 개인적 책임이 있다는 인식을 계발함으로써 시민들의 시야를 넓혀준다고 평가된다. 대의 민주주의의 역사에 있는 많은 역설 가운데 하나는, 바로 그러한 의미를 지닌 배심원 제도가 사실은 중세 기독교가 세속 군주에 대항하여 영적 투쟁을 벌인 끝에 우리에게 전달되어 온 유산이라는 점이다. 시민 대표자들로 구성된 배심은 새로운 제도였다. 과거 아테네의 법정이나 팅(ting), 로마 공화국 시대에 수백 명 혹은 수천 명의 시민으로 구성된 코미티아* 앞에서 비(非)전문가 재판관이 조정하던 사형 재판과는 달리, 배심이라는 법률 조직은 법정 그 자체는 아니었다. 배심 재판 제도는 민회의 박수 갈채에 의한 재판, 전투를 통해 의로운 자를 결정하는 방식, 결투를 통해 부상이나 사망으로 결말을 내는 옛 방식을 대체했다. 이 제도는 우선 배심원이 법률적인 문제를 결정하는 것은 아니며, 배심원과 재판관의 역할은 엄격하게 구분된다는 점을 전제로 한다. 배심원이 될 사람은 추첨으로 결정되며 큰 공동체를 임시로 대표한다. 통상적으로 이들이 대표하는 공동체는 재판이 열리는 법정 관할 지역이나 행정 구역 정도의 단위이다. 배심원은 적용할 법률을 미리 결정하지 않으며 배심원 표결이 끝난 뒤에 어떤 선고를 내릴지도 결정하지 않는다. 배심원단은 비전문가인 시민 대표들이 법정 선서를 하고 심의를 하는 조직이며, 이들에게 주어진 임무는 상당히 좁은 범위의 일이다. 즉 증거의 무게를 따져보고 서로 충돌하는 각종 증언과 소문으로 전해지는 내용들을 가려내, 다툼의 대상이 되는 사실 관계를 추정하는 것이 임무이다.

진정한 의미에서 최초의 배심원 재판이며 모든 기록이 현재까지 보존되어 있는 재판으로 영국에서 있었던 한 재판을 들 수 있다. 켄트 주에 있던 목초지 소유권을 둘러싸고 로체스터의 주교 건덜프(Gundulf)와 영국 왕이 임명한 주(州) 장관 피콧(Picot) 사이에 벌어진 뜨거운 법적 다툼이었다. 윌리엄 1세 시기(1066~1087)였다. 윌리엄 1세는 처음에는 특별 법정을 소집해 분쟁을 끝내려 했던 것으로 보인다. 켄트 지역에 거주하는 주민 가운데 어느정도 중요한 명사들을 모두 불러 이들의 숫자를 헤아려, 이 논란에 종지부를 찍으려 했다. 주장관이 행사하는 압력에 눌린 이들은 선서를 하고 그 땅이 국왕의 소유라고 증언했다. 건덜프는 불복했다. 그의 항의가 너무나 거셌기 때문에, 당시 이 법정을 주재한 바이외의 훌륭한 주교 오도(Odo)는 명

코미티아(comitia) 고대 로마에서 관리들이 제출한 중대사를 의결하던 민회(民會).

사들 가운데 열두 명을 선택하여 그들의 결정 사항을 다시 한 번 심의하도록 했다.* 인상적인 이름을 가진 위엄 있는 태도의 남성들 ― 치펜햄에서 온 에드워드, 엑스닝게에서 온 레오프윈과 해롤드, 기슬햄에서 온 에드릭, 베를링햄에서 온 오드머, 랜드웨이드에서 온 울프윈, 그 밖에 여섯 명 ― 은 잠시 동안 별도의 장소로 가서 표결을 진행했는데, 결과는 이전의 판정과 같았다. 이 문제는 여기에서 완전히 마무리된 것 같았다. 그런데 그림(Grim)이라는 어느 정직한 수도사가 건덜프 주교를 찾아가기로 결심한다. 이 용감한 수도사는 건덜프에게, 자신이 한때 지금 논란이 되고 있는 토지의 관리인으로 일했으며 지대(地代)와 농민들이 제공하도록 되어 있는 각종 용역을 거두어 받는 일을 담당했노라고 말했다. 건덜프 주교는 오도에게 찾아가 이 사실을 전했고, 오도는 그림뿐 아니라 이전에 배심원으로 참여했던 사람 가운데 한 명을 소환하는 데도 동의했다. 그 배심원은 즉시 땅바닥에 엎드려 거짓 증언을 했노라고 고백했다.(당시 종교적 도덕성의 영향력, 그리고 악행에 대한 사후 처벌의 공포는 이 정도로 강했다.) 오도는 또 한 사람의 배심원을 불렀는데, 그도 역시 위증을 했노라고 실토했다. 오도는 열두 명의 배심원과 이전에 그 땅이 국왕 소유라고 서약했던 켄트의 모든 다른 명사들을 런던에 소환하여 남작들이 참여하는 특별 법정을 열고 자신이 그 법정을 주재했다. 법정은 압도적인 다수결로, 배심원이 실제로 위증죄를 지었다고 확정했으며 다툼의 대상이 되던 토지는 합법적인 교회의 소유물이라고 판정을 내렸다. 하지만 켄트의 명사들 가운데 두 사람은 여전히 고집을 피웠다. 그들은 자신들의 칼을 흔들어 소리를 요란스럽게 내면서 그 토지는 국왕의 것이라고 계속 주장했다. 그리하여 결국 주교 오도는 그들의 공연한 위협에 대항하여 그들에게 평판을 깨끗하게 하기 위해 자신들의 결백을 뜨거운 철봉의

* 배심원을 12명으로 한다는 규칙의 기원은 알 수 없다. 하지만 영국 본토와 영국의 여러 식민지에서 이 규칙이 기독교의 관점에서 해석되던 일이 많았다는 증거는 있다. 예를 들어, 서머스 경이 저술했다고 알려진 다음의 책을 보라. Lord Somers, A Guide to English Juries (London, 1682), pp. 10-11.: "근래 배심원의 수가 12명으로 줄어든 것은 다음의 내용에 비유할 수 있다. 진리를 미리 선포한 예언자의 수는 12명이었고, 진리를 설교한 사도 역시 12명이었으며, 가나안 땅으로 파견되어 진리를 찾아 보고한 탐구자의 수도 12명이었다. 성스러운 예루살렘의 기초에 놓인 돌의 개수는 12개였으며, 먼 옛날부터 법을 심리하여 결정을 내린 판사도 12명이었고, 법을 집행하는 데도 언제나 12명의 선서자가 필요했다."(원주)

심판에 맡기는 것이 어떻겠느냐고 물었다. 그제서야 그들은 굴복했다. 두 사람은 각각 300파운드의 벌금을 선고받았고 이 벌금을 국왕에게 납부해야 했다. 이 사건 덕분에 훗날 좀 더 민주적인 시대가 되었을 때 배심원이 준수해야 할 기본 원칙들이 확인되었다. 배심은 정부의 소유가 아니라는 점, 배심원은 '피고와 동등한 자'로 간주되고 법적 교육을 받은 적이 없으며 통상적으로 법률에 관한 문제에 판단을 내리지 않는다는 점, 배심원은 기존의 법률이 제시하는 규칙을 준수하고 재판관이 내는 배심원 지침에 따라서 분쟁의 내용을 청취하고 제시된 증거를 평가하며 '사실'에 근거를 두고 판단해 배심원 평결을 도출해낸다는 점이다.

카노사의 굴욕

교회는 세속 권력의 유혹 때문에 영혼이 타락한다고 주장하는 전술을 택했는데 이 전술은 1075년부터 1122년에 걸쳐 교황과 신성로마제국의 하인리히 4세(Heinrich IV, 1050~1106, 재위 1056~1106), 하인리히 5세(Heinrich V, 1086~1125, 재위 1106~1125)가 벌인 장기간의 갈등 국면에서 잘 나타났다. 오늘날에는 이 분쟁을 '서임권 갈등'*이라고 부르는데, 이 사건을 통해 정치적 직위를 보유한 사람들의 권력에 대하여 교회가 어떤 방식으로 새로운 문제를 제기하는지를 알 수 있다. 요란하고 치열했던 이 갈등의 핵심에는 황제와 교황 각자의 역할에 얽힌 복잡한 문제가 있었다. 어떤 중요한 사안을 둘러싼 갈등이 점차 커져 심각한 양상으로 치달을 때 과연 교황이 황제 앞에 무릎을 꿇어야 하는가? 아니면 황제가 교황에게 무릎을 꿇어야 하는가?

교황 그레고리우스 7세(Gregorius VII, 1020~1085, 재위 1073~1085)는 베드로의 계승자(교황 자신)는 아무리 험한 길이라도 정의의 길에서 절대로 벗어나면 안 된다고 확신했다. 그것은 영혼의 영역에서도 그랬고 세속의 영역에서도 그랬다. 그는 황제나 군주보다 교황이 우월한 위치에 있다고 확신했다. 이런 자기 확신에 걸맞게 그는 열정적으로 행동했다. 1075년에 우선 성

서임권 갈등 11세기 후반부터 12세기까지, 가톨릭의 주교·수도원장 같은 성직을 임명하는 서임권을 둘러싸고 로마 교황과 유럽 각국의 군주 사이에 벌어졌던 싸움.

직 매매와 성직자의 결혼과 같은 사안에서 교회는 더욱 엄격하게 판정했고 (성직 매매 금지, 성직자의 독신 추구), 그다음에는 이러한 개혁에 대한 교회의 반대자들을 상대했다. 그는 황제와 교회의 일반 성직자들을 향해 갑자기 공격을 개시했다. 교황은 앞으로 주교나 수도원장이 사망하는 경우에 그 계승자를 지명하는 권한을 교황인 자신이 행사할 것이라고 선언했다. 하인리히 4세는 분노에 찬 반응을 보였다. 어떤 상황이든 하인리히 4세 자신과 후대 황제는 관행의 변경을 받아들이지 않겠노라고 선언했다. 과거의 관행에 따르면 그들, 즉 세속의 권력자가 주교와 수도원장에게 반지와 지팡이를 수여하며 "아키페 에클레시암(Accipe ecclesiam, 이 교회를 받아들이라)."이라고 말했다.

이 분쟁에는 엄청난 이해관계가 걸려 있었다. 이미 한 세기 넘는 시간 동안 주교들은 힘을 키워 왔다. 그들은 여러 역할을 수행했다. 그들은 제국의 지방 권력자들이었으며, 광대한 토지 위에 여러 특권을 향유하는 봉건적 영주들이었고, 제국 권력의 받침대 역할을 하는가 하면, 교황의 권력과 권위에 잠재적 위협이 되기도 했다. 각 당사자의 입장이 더욱 강경해진 것은 당연한 일이었다. 하인리히 4세는 조금도 위축되지 않고 마치 도전이라도 하듯이 독일과 이탈리아 땅에 있는 주교의 임명 작업을 계속해 갔다. 그레고리우스 7세의 보복이 뒤따랐다. 1076년 2월 로마에서 개최된 사순절 공의회에서 교황은 12사도의 왕인 베드로에게 올리는 기도를 통해 황제에게 파문과 폐위라는 심판을 내렸다. "나는 (하인리히 4세에게) 독일과 이탈리아 왕국의 통치를 금지합니다. 모든 기독교인을 충성 맹세로부터 해방하는 바이며, 누구도 그를 왕으로 대하는 것을 금지하며 …… 당신(베드로)의 계승자는 황제에게 저주의 족쇄를 채웁니다."

이다음부터 놀라운 사건들이 연속해서 일어난다. 처음에 황제는 참회하는 듯한 모습을 보였다. 그는 한겨울에 아펜니노의 산속으로 들어가 당시 그레고리우스 7세가 머물고 있던 카노사의 요새로 향한다. 요새 앞에서 그는 사흘 밤낮을 참회자의 누더기 옷을 입고 맨발인 채로 서 있었다. 그다음 그레고리우스 교황 앞에 인도된 그는 무릎을 꿇고 용서를 빌며 파문을 면하게 해 달라고 간청했다. 이렇게 용서를 받은 황제는 이제 다시 자유롭게 다음 계획을 세우기 시작했다. 하지만 독일 내의 교황 지지자들은 슈바벤 공작 루돌프 폰 라인펠덴(Rudolf von Rheinfelden)을 새 황제로 추대함으로써 하인리히 황제에게 보복한다. 하인리히 황제는 현재 교황직과 별도로 새로운 교황직, 즉 '대립교황(anti-pope)'을 세우겠다고 위협했다. 그러자 그레고리우스 7세는 1080년 사순절 공의회에서 두 번째로 하인리히 황제를 파문했다. 황제를 지지하는 주교들은 이에 대한 반발로 그다음 공의회에서 현 교황을 퇴위시키고 라벤나(Ravenna)의 대주교인 비베르트(Wiibert)를 대립교황으로 세웠다. 그는 자기 자신을 클레멘스 3세(Clemens III)라고 칭했다. 이와 같이 교회와 황제의 갈등이 더 깊어지면서, 하인리히 황제는 드디어 총공세를 개시했다. 그는 로마를 향해 네 차례의 군사 공격을 감행하여, 마침내 1084년에 로마 전체를 점령했다.

1084년 봄, 황제는 대립교황의 손을 빌려 다시 한 번 황제의 관을 썼다. 이 일은 오늘날 타블로이드판 잡지에 나오는 온갖 우스꽝스러운 요소를 다 갖추고 있었다. 그 광경은 당대인들의 눈살을 찌푸리게 하고 분노를 샀던 게 분명하다. 또 하나 특이한 현상은 이 사건과 관련된 글들이 많이 쏟아져 나왔다는 점이다. 양피지에 손으로 직접 쓴 것이었는데 특히 각 지역에서 시장이 열리거나 재판이 개최될 때 널리 배포되었다. 그 글들은 보통 길이가 짧고 날카로웠으며 서임권을 둘러싸고 지겹도록 오래 진행된 교회와 황제의 갈등에서 유발된 드라마를 더욱 격렬하게 만들었다. 그러나 그뿐이 아니었다. 그 글들은 권력의 원칙에 근원적 충돌이 있음을 사람들 앞에 공개적으로 내보였던 것이다. 이러한 논쟁의 작은 물줄기들은, 근대에 등장하게 되는 대의제라는 큰 강물의 상류에 물을 대고 있었다.

가장 주목할 만한 일은 황제의 지지자들이 불을 지핀 뜨거운 논쟁이었다. 그들은 매우 과격한 말로 군주제가 신이 이 세상에 내려준 선물이라고 주장했다. 일부 신도는 이 주장에서 우려스러운 결론을 끌어냈는데, 그것은 어떤 왕이든 신에게만 책임이 있으며, 교회는 만일 그 영혼의 순수함을 지키고자 한다면 통치에는 전혀 관여해서는 안 된다는 것이었다. 교회는 전체 신앙자들의 집합이며, 신의 말씀과 사랑과 평화의 정신으로 하나로 뭉쳐 있는 사회로서, 오직 영혼의 칼만을 소지할 권한이 있다는 이야기였다. 세속의 권력과 다투는 것은 금지되었다. 황제를 옹호하는 이런 종류의 논의들이 기독교 진영 전체에 넘쳐흐르게 되었다. 예로 《리베르 데 우니타테 에클레시아(Liber de unitate ecclesiae)》*라는 저자 미상의 소책자를 들 수 있는데, 이 저작은 중부 독일의 헤센에 있던 헤르스펠트 수도원의 람페르트(Lampert of Hersfeld, 1024?~1088?)가 저술했거나 8세기에 이 수도원에 있던 다른 수도사가 저술한 것으로 보인다.

그러한 글들에 담긴 황제 지지자들의 논리 전개는 교회에 충격을 주었다. 일부 성직자는 양측이 타협해야 한다고 촉구하기도 했다. 한편 그레고리우스 7세는 세속의 사안에 대한 교회의 역할을 뒷받침하는 교회법들을 수집하도록 데우스데디트(Deusdedit) 추기경과 루카의 주교 안젤름(Anselm)에게 지시를 내렸다. 한편, 황제를 향한 가장 격렬한 공격은 교회 내부 깊은 곳, 바로 교회의 기반인 수도회에서 나왔다. 이는 우연이 아니었다. 왜냐하면 수도원이야말로 사람들이 신의 은총 아래 선한 평등자로 검소하게 살면서 올바른 삶에 대해 깊이 생각해볼 수 있는 공간이기 때문이다. 그들은 종종 지배와 복종이라는 사안에 지극히 민감한 반응을 보였다. 그들은 높은 지위에 있는 자들에게 주어지는 표준적인 조언을 잘 알고 있었다. "무질서하게 사는 사람을 훈계하고, 마음이 약한 사람을 격려하고, 힘이 없는 사람을 도와주고, 모든 사람에게 오래 참으십시오."(《데살로니가전서》 5장 14절) 그러나 수도원장 같은 높은 사람이 자신에게 주어진 권한의 한계를 넘어섰을 때 과연 어떻게 해야 하는지는 여전히 명확하지 않았다. 남녀 수도사들은 힘 있는 직위에 있는 모든 사람에게 보내는 성 아우구스티누스의 경고를 잘 알고 있었다. "윗사람은 자신의 권한 행사가 아니라 그대들에게 사랑으로 봉사하는 자신의 역할 속에서 스스로 행복을 느껴야 한다. 그대들의 눈에 그 윗사람은 그의 직책으로 인해 그대들 가운데 첫째 자리를 차지하고 있는 것으로 보일 것이다. 하지만 신 앞에서는 두려움이라는 측면에서 본다면 그는 그대들 가운데 가장 작은 자이니라."[21] 이 구절에 담긴 메시지는 강력했다. 그 메시지는 봉건 체제의 마을과 논밭에 널리 울려 퍼졌다. 그곳에 살던

많은 사람들은 영주와 소작인들의 관계가 계약에 의한 것이라고 믿었고, 따라서 어떤 영주가 계약을 위반한다면 소작인은 충성을 철회해도 정당했다. 하지만 이 메시지로 인해 까다로운 의문이 하나 생겨났다. 즉, 만일 그 윗사람이 자신만을 사랑하고 보살펴야 한다는 유혹에 굴복한다면 어떻게 할 것인가? 그를 위해 기도해야 할까? 아니면 그에게 자신의 마음을 높은 곳으로 들어올리고, 헛되고 세속적인 것을 추구해서는 안 된다고 촉구해야 하는가? 그에게 자신을 다시 한 번 평범한 삶과 일체가 되도록 노력하라고 당부해야 할까?

이 의문에 대해 마치 천둥과도 같은 답을 낸 것은 라우텐바흐의 마네골트(Manegold)라는 미미한 위치에 있던 수도사였다. 그는 슈바르츠발트 가장자리에 있던 은신처에서 밤이면 촛불을 켜놓고 글을 썼다. 그가 지내던 작은 수도원이 근처에 있었는데 당시 그 수도원은 신성로마제국의 황제 하인리히 4세가 지휘하는 병사들이 완전히 파괴한 상태였다. 마네골트는 교황 그레고리우스 7세를 확고하게 지지했다. 그는 교황에 대한 비방이 "거리에 메아리치며, 시장에서는 사람들이 큰소리로 외치며, 심지어 실을 잣는 여인들의 잡담거리가 되고 있다."라고 개탄했다. 그는 교황을 비판하는 자들에게 보내는 응답을 작성했다. 응답의 형식은, 당시 잘츠부르크의 주교였던 게브하르트(Gebhard)에게 보내는 논쟁적인 성격을 띤 양피지 서한이었다. 훗날 '리베르 아드 게베하르둠(Liber ad Gebehardum)'*이라는 제목이 붙는 이 서한은 읽기 쉬운 문건은 아니다. 이 서한의 문장은 각종 형용사, 성경 인용문, 교황의 칙령, 그리고 하인리히 4세가 지옥에 떨어질 운명이라는 주장 따위로 가득 차 있다. 하지만 여기에 담긴 왕권에 관한 견해는 당시로서는 매우 독창적인 것이었다.

마네골트는 직책과 직책 담당자에 대한 교회 내부의 논의를 효율적으로 활용했다. "주교, 사제, 부제가 덕성에 붙은 이름이 아니라 그 직책에 붙은 이름이듯이, 왕과 백작과 공작 역시 그 직책과 지위에 붙은 이름이지 어떠한 본성이나 덕성에 붙은 이름이 아니다." 만일 왕들이 직책 담당자에 붙

---

* 'A Letter to Gebehard', 즉 '게브하르트에게 보내는 편지'라는 뜻이다.

과하며 그 직책을 '자연'이나 신에게 부여받은 것이 아니라면, 하인리히 4세처럼 그들이 만약 자신의 책무에서 이탈하는 경우에는 그 직책에서 쫓겨나는 것이 당연한 일이다. 예수는 이미 그런 상황에서 어느 길로 나아가야 하는지를 보여주었다. "그는 모든 사람에게 권력에 복종하라고 말했지만, 네로에게 굴복하느니 차라리 죽는 것을 택했다. 이는 자신을 예로 들어, 우리에게 가르침을 주신 것이다. 즉 우리가 신과 세속적 권력을 모두 따르지 못하는 경우에는 인간이 아니라 신에게 복종해야 한다고." 교황 그레고리우스 7세 역시 같은 길을 걸어간다. 교황은 세속 권력에 종속된 상태의 신민들을 해방해줄 수 있는 권위를 지닌다는 것이다. 마네골트는 결코 민주주의자가 아니었다. 하지만 그는 옛 로마 사람들이 사용하던 '민중'이란 단어의 사용을 매우 편하게 느낀 나머지, 잔인한 폭군을 자기 주인의 돼지를 훔쳐 주인에게서 해고당해 마땅한, 말 안 듣는 돼지치기에 비유하기에 이른다. 그는 이 비유에 기독교적인 색채를 적당히 가미했으며, "왕이 되는 것과 폭군이 되는 것은 전혀 다른 일"이라고 명확하게 말했다. 이 말에 함축된 의미는 분명했다. "만일 왕이 왕국을 통치하는 임무를 중단하고 마치 폭군처럼 행동하며, 정의를 파괴하고 평화를 흩트리고 자신의 신앙을 버린다면, 그에게 서약했던 사람들은 그 서약에서 자유로우며 민중은 그 왕을 폐위하고 다른 왕을 세울 권리가 있다. 왜냐하면 그 왕은 그들 사이의 상호 의무 관계의 바탕에 있는 원칙을 이미 파괴한 것이기 때문이다."[22]

공의회의 탄생

악당과 폭군은 직위에서 축출하는 것이 당연하다는 주장은 훗날 대의 정치의 근본 원칙이 된다. 이 논점을 마네골트는 대단히 화려한 언어를 구사하면서 확고하게 정립했다. 이 논점은 교회 내에서 수많은 역사적 순간에 여러 차례 강조되었다. 기독교인들은 교회를 비판하면서 이 논점을 강력하게 주장했을 뿐 아니라 공의회(council)라고 이름 붙인 회의체를 스스로 조직함으로써 정신적인 충격파를 만들었으며, 이 충격파로 말미암아 교회의 전체 구조가 흔들리고 균열이 생기는 일까지 벌어지게 된다.

공의회는 오늘날 사람들에게는 별로 익숙하지 않지만, 이것이 초기 기독교 세계에서 자치(自治)의 정신을 크게 배양했다는 점은 절대로 가볍게 볼 수 없다. 공의회의 역사적 중요성은 아무리 강조해도 지나치지 않다. 당시 유럽의 농촌 지역과 도시와 궁정에서는 대의적 회의체들이 나타나고 있었는데, 이것과 마찬가지로 공의회도 유럽인들로 하여금 고대의 회의체 세계에서 탈피하여 대의 정치라는 새로운 세계로 나아가도록 북돋아주고 있었다. 공의회를 뜻하는 영어 단어 '카운실(council)'은 원래 '시노드(synod)'라는 단어와 동의어였는데, 두 단어 모두 교회 대표자들의 모임을 뜻했고 이 모임은 신앙과 질서에 관한 문제를 토의하고 결정하고 법령을 발표했다.('카운실council'은 라틴어 단어 '콘실리움consilium'에서 나왔으며, '시노드'는 희랍어 단어 '시노도스synodos'에서 유래했다. 콘실리움과 시노도스 모두 회의체라는 뜻이었다.) 공의회의 주요 참석자는 주교들이었지만 수도원장, 사제, 부제, 그리고 성직을 갖지 않은 일반 귀족들도 얼마간 참석했다. 간단히 말해서, 공의회는 신앙적, 세속적 사안에서 교회가 자신을 스스로 통치하는 일종의 특별 회의였다. 그 종류는 매우 다양하여—제국 공의회, 관구 공의회, 총대주교 공의회, 전국(plenary) 공의회 등이 있었다.—중세의 교회는 마치 공의회들이 얽히고설켜 이루어진 거대한 벌집의 모습과 닮아 있었다. 이 가운데 관구 공의회와 같은 일부 공의회는 일정한 지역의 대표들이 소집되었기 때문에 주로 지역적인 효과만이 있을 뿐이었다. 제국 공의회나 세계 공의회(ecumenical council)는 기독교 세계 전체에 주요한 결과를 불러왔다. 이 모든 형태의 공의회는 평등한 신학적 지위와 의의를 지닌 것으로 여겨졌다. 당시 등장한 새로운 말인 '공의회 원칙(conciliarity)'에는 이런 다층적 복합성이 내포되어 있다.(이 개념은 '시노댈리티synodality'라고 표현하기도 하며 슬라브 정교에서는 '소보르니시티sobornicity'라고 표현한다.) 이 개념은, 교회가 정기적으로나 지속적으로 한군데 모여서 기도하고 의논하고 결정을 내리고 구속력 있는 법령을 발표함으로써, 교회의 유기적 단일성을 과시하고 이 세계 안에서 교회의 확연한 존재감을 내세워야 한다는 교회의 지속적인 내적 요구를 표현한다.

대단히 흥미로운 사실은, 역사상 첫 번째 지역 공의회가 열린 곳이 소아시아 지역이었으며, 그것도 서기 2세기 후반부라는 이른 시기였다는 것이다. 이는 자치적 회의체의 기원과 전통이 동방에 있다는 이 책 앞부분의 발견과 확실히 일치한다. 마치 교회가 이 고장의 흙에 담겨 있는 오랜 전통을 삼투 작용의 힘으로 빨아들여 흡수했다고 비유할 수 있겠다. 초기 교회의 대표자들은 '시노도스(synodos)'라는 단어를 사용했는데, 확실한 것은 그들이 이 단어가 성경 용어인 '에클레시아(ekklesia)'와 밀접한 관련이 있으며 예수 당시의 유대교 종교 관행에 그 뿌리가 있다는 점을 알고 있었다는 사실이다.[23] 대규모로 공의회 활동을 하면서 초기 교회는 고대 회의체 세계와 근대 대의제 세계를 잇는 다리 역할을 했던 것이다. 교회는 대표자들로 구성된 이 회의체 활동을 촉진했으며, 이런 활동은 보통 각 지역에서 긴장과 갈등이 발생했을 때 타협책을 도출하려는 노력이 출발점이었다. 교회의 공의회는 요컨대 어떤 갈등 상황 속에 잠재되어 있는 폭력에 대한 정치적 치유 수단이었다. 이런 갈등 상황의 예로는 (지금의 터키 영토에 있는) 프리기아(Phrygia) 땅에서 일어난 일을 들 수 있다. 이 갈등을 촉발한 것은 기독교의 한 분파인 몬타누스주의자들(Montanists)이었다. 이 금욕주의 집단은 자신들이 성령의 신탁자이며 심판의 날이 바로 눈앞에 닥쳐왔다고 설교하는 몬타누스(Montanus)와 두 여성 예언자 막시밀리아(Maximilia)와 프리스카(Prisca)를 따랐다.

공의회 제도는 서쪽으로 전파되어 북아프리카의 카르타고에까지 이르렀는데 여기에서 이 제도는 3세기에 확고하게 자리를 잡았으며 다시 에스파냐와 골 지방에까지 퍼졌다. 기독교인 박해, 세례의 권한, 교회에서 멀어진 사람들을 대하는 신자들의 태도와 같은 논쟁을 처리하기 위해 소집된 공의회는 처음에는 일반 교인들의 모임이었다. 모임에서는 이따금 순교자, 예언자, 증거자*의 삶을 다룬 공연이 펼쳐졌다. 모임의 의제를 정하는 권한은, 원인은 확실하게 알 수 없지만, 자기 자신을 사도(使徒)의 계승자로 여기는 주교들의 손으로 점차 넘어가기 시작했다. 주교들이 즐겨 인용한 성경 구절은 사도행전 15장 6절이었다. "사도들과 장로들이 이 문제를 다루려고 모였

증거자(Confessor) 어떤 상황에서도 예수가 구세주임을 증언하고 의연하게 신앙의 자세를 지킨 사람을 일컫는 말.

다." 그들은 자신들의 결정이 성경의 권위를 지니고 있다고 믿었으며, 그 결정에 대한 만장일치는 성령에 의해 보장된 것이라고 믿었다. 이 책에서 우리가 진행하는 이야기의 관점에서 볼 때 중요한 점은, 그 주교들이 개별 교회의 교인 집단 또는 개별 주교들, 심지어 로마의 주교인 교황보다도 공의회가 더 높은 권위를 지닌다고 주장했다는 점이다.

또 하나 흥미로운 점은 주교들이 이끄는 공의회가 동방에서 가장 빠른 속도로 발달했다는 사실이다. 이 조직은 교회에서 최고 권위를 지닌 위치에 오르게 되었다. 이는 4세기 초 로마 황제 콘스탄티누스(Constantinus I, 280?~337, 재위 306~337) 덕분이었다. 그는 기독교로 개종하고 비잔티움을 점령한 다음 그곳의 이름을 '노바 로마(Nova Roma)', 즉 '새로운 로마'라고 개명했다. 노바 로마의 다른 이름은 '콘스탄티노플'이다. 콘스탄티누스 황제는 교회와 제국을 효율적으로 하나로 묶는 것이 전략적으로 중요하다고 확신했다. 교회가 하나로 단결하면 제국의 단결도 증진된다는 것이 그의 생각이었다. 이것이 바로 이슬람의 초기 시대에 누구도 시도하지 않은 사업을 그가 시도한 이유였다. 325년 봄, 그는 제국 최초의 공의회를 소집했다. 장소는 니케아(Nicaea)였다. 오늘날의 터키 북서부에 있는 도시 이즈니크이다. 그곳에 있던 황제의 궁전에서 개최된 공의회에는 황제가 직접 참석했으며 최소 250명의 주교가 모였다. 주교들은 서쪽으로는 디종과 코르도바, 북쪽으로는 에그리시(이 도시는 현재 러시아와 압하지야의 국경 분쟁이 있는 곳이다), 남쪽으로는 다마스커스, 예루살렘, 알렉산드리아 같은 지역에서 왔다.

니케아 공의회는 새로운 시도였다. 이 회의는 기독교 세계 전체에 해당하는 사안들을 결정할 권한이 있는 역사상 최초의 범(汎)교회적 공의회였을 뿐 아니라, 교회와 제국이 하나의 공통된 통치 전략을 만들어내려는 목적으로 상호 협조한 역사상 최초의 사례였다. 이 방식은 파급력이 있는 것으로 밝혀졌으며 이후 여섯 차례에 걸쳐 세계 공의회가 소집되었다. 1차 콘스탄티노플(381년), 에페수스(431년), 칼케돈(Chalcedon, 451년), 2차 콘스탄티노플(553년), 3차 콘스탄티노플(680~681년), 2차 니케아(787년)까지 모두 동방에서 열렸다. 이 공의회들은 사실 종교 권력과 세속 권력의 일시적 만남이었다. 이 공의회들은 우리가 앞으로 보게 되는 바와 같이 양측 모두에게 큰

기원후 325년 니케아에서 열린 세계 공의회에 참석한 대표자들.

문제를 가져다준다. 즉 대의 민주주의의 도래를 앞당기는, 의도하지 않았던 결과를 부르고 말았던 것이다. 하지만 당시에는 누구도 이런 결과를 예측할 수 없었다. 9세기에 들어서 동방과 서방의 교회가 분리되는 대분열*이 일어나고 이것이 다시 비잔틴의 총대주교 포티우스(Photius)의 파문으로 이어지기 전까지, 교회 전반을 아우르는 세계 공의회는 로마 혹은 비잔틴의 황제에 의해 정기적으로 소집되었으며 황제들의 보호 아래, 그리고 이들의 지침 아래 진행되었다. 9세기 이후, 로마에 본거지를 둔 교회는 서방 기독교 세계를 주도하는 주인이 되었고, 황제와 왕은 주교, 교황과 지속적으로 여러 동맹 관계를 맺었다. 그 결과, 교회의 공의회가 내린 결정이 제국의 중앙 권력 혹은 지방의 통치 권력 단위에서 법률로 변형되어 공식적으로 선포되었다.

대분열(Great Schism) '대이교(代離教)'라고도 한다. 로마 가톨릭 역사에서 1378년부터 1417년까지 로마와 프랑스 아비뇽에 각각 교황이 있어 교회가 둘로 나뉘어 대립했던 일을 말한다. 프랑스 왕이 교황청을 남프랑스의 아비뇽으로 옮겨 교황을 자기 지배 아래 둔 '아비뇽 유수'(1309~1377)를 거치면서 가톨릭 교회는 로마와 아비뇽에 각각 교황이 존재하는 분열을 겪게 되었다. 1409년에 이 사태를 해결하고자 피사에서 공의회를 열었으나 오히려 또 다른 대립교황 알렉산데르 5세를 배출하게 되어 결국 교황이 세 명이 되고 말았다. 이 분열은 알렉산데르 5세의 후임인 요한 23세가 신성로마제국 황제 지기스문트의 요청에 따라 소집한 콘스탄츠 공의회(1414~1418)에서 마르티누스 5세(1417~1431)를 선출함으로써 마무리되었다.

콘스탄츠 공의회

니케아 공의회는 훗날 '공의회주의'*라 불리게 되는 운동을 낳았다. 이 운동을 통해 교회는 내부의 의견 차이를 밖으로 드러내게 되었으며, 또 이런 의견 차이를 유혈 사태 없이 해소하는 방법을 모색하게 되었다. 공의회가 신이 내린 선물이라는 믿음이 생겨나면서, 기독교의 단일성이라는 전제는 완전히 폐기되었다. 젊은 왕 알폰소 9세가 소집한 역사상 최초의 의회가 그랬듯이, 공의회는 분열을 공식적인 현실로 인정했으며 교회 내에 정치의 씨앗을 뿌렸는데, 그 수단은 공의회 대표 제도였다. 공의회 대표들은 곧바로 정치적 문제를 하나 제기했는데, 이 문제는 결국 다시는 돌이킬 수 없도록 교회를 정확히 반으로 쪼개버리고 만다. 사실상 문제는 두 가지였다. 이 거대한 기독교 신자들의 집합체를 통치할 권한이 누구에게 있는가? 그는 과연 어떤 수단을 사용할 권한이 있는가?

이 문제가 바로 1414년 11월 슈바벤에 있는 제국 도시 콘스탄츠에서 개최된 통합 공의회에서 논의의 중심 주제가 되었다. 콘스탄츠 공의회는 다양한 충돌로 점철되었고, 어떤 이들은 절망적으로 분열된 상태였다고 묘사했다. 실제로는 분파로 분열되어 있어 서로 죽이려고 안간힘을 쓰면서도 관중 앞에서는 필사적으로 일치단결의 가면을 쓰는—공의회의 경우에는 유럽의 기독교 엘리트가 관중이었다.—오늘날 정당의 전당대회와 닮은 모습이었다. 공의회의 개최 준비 작업에만 긴장으로 가득 찬 열두 달이 흘렀다. 이 공의회를 개최하는 데 가장 크게 공헌한 사람은 헝가리 왕, 룩셈부르크 가문의 지기스문트(Sigismund, 1368~1437)였다. 그에게는 마치 면도날처럼 예리한 타협의 재능이 있었는데, 이런 재능은 그의 형의 모습을 영리하게 관찰한 데서 온 것이었다. 그의 형은 보헤미아의 술주정꾼 바츨라프 4세(Wenceslaus IV)였는데, 바츨라프 4세는 제국을 완전히 엉망으로 만들었으며 결국에는 로마를 근거지로 둔 교회 추기경 집단인 선제후(選帝侯)들에 의해 신성로마제국 황제 자리에서 쫓겨났다. 지기스문트의 지원을 받

공의회주의(conciliarism) 공의회 수위설, 공의회 지상주의라고 번역되기도 한다. 중세 가톨릭교회에서 공의회의 결의가 교황권(敎皇權)보다 우위에 있다고 주장하는 학설.

화형당하는 종교 개혁가 얀 후스. 1563년에 발간된 후스파(派) 기도서에 삽입된 그림이다.

아 600여 명에 이르는 교회의 인물들이 모였다. 모임의 목적은 당시 교회에 닥친 대분열을 어떻게 봉합할 수 있을지 논의하는 것이었다. 당시 교회에는 교황이 세 명이나 있었다. 요한 23세(Joannes XXIII), 그레고리우스 12세(Gregorius XII), 베네딕토 13세(Benedictus XIII)는 모두 각자 자신만이 교회 수장의 권리를 지니고 있다고 주장했다. 콘스탄츠 공의회 의원들은 이렇게 분열된 교회는 도저히 존속할 수 없음을 잘 알았다. 이들이 해결해야 할 문제는 단 하나였다. 현실 세계에 존재하는 이 세 직책을 어떻게 하나로 만들 것인가였다.

마치 내부 결속을 강화하듯이, 공의회는 처음부터 신학적으로 보수적인 성향을 확실하게 드러냈다. 보헤미아 출신의 신학자이자 설교가인 얀 후스(Jan Hus, 1372?~1415)를 공격한 것이다. 후스는 주류 신학 이론에 반대하는 입장이었는데, 그가 콘스탄츠로 여행할 때 신변의 안전을 보장해준 사람은 바로 지기스문트 황제 본인이었다. 후스는 잔인한 속임수에 걸려든 것이었다. 비유적으로 말하자면, 그는 화려한 연회에 초대받아 바로 그 식탁에서 살해당한 것이다. 그는 감옥에 갇혀 오랫동안 심문을 받았다. 결국 그는 존 위클리프(John Wycliffe, 1330?~1384)의 글을 너무 많이 읽었으며 진정한 교회는 구원이 예정된 사람들로 이루어졌다는 위클리프의 이단설을 수용했다는 혐의를 받았다. 얀 후스는 기존 교회 질서의 상당 부분이 성서의 내용에 따르면 정당화될 수 없으며 따라서 공의회 자체도 아무런 정당성이 없다는 결론을 자신이 도출해냈다고 인정했다. 교회는 성직자들이 아니라 신의 말씀이 지배해야 한다는 이야기였다. 얀 후스는 이단죄로 유죄 판결을 받았다. 그는 참회하기를 거부했다. 지기스문트의 명령에 따라 사형을 선고받은 그는 1415년 불타는 화형대에서 용감하게 생을 마쳤다. 그의 재는 라인 강에 뿌려졌다.

후스가 사형당하고 3개월이 지났을 때, 보헤미아와 모라비아 지역의 귀족 100명은 승자가 강요한 판결에 항의하는 문건을 발표했다. 이는 역사상 유례가 없는 일이었다. 이때부터 주류를 거슬러 행동하는 것에 '보헤미안'이라는 표현이 붙기 시작했으며, 정의를 위해 공개적으로 권력을 비판하는 탄원서를 발표하는 것은 모든 소수 반대파가 택할 수 있는 선택지가 되었다. 탄원서는 대의 민주주의 시대에 들어 정치적 도구로 종종 사용된다. 한편 공의회는 권력을 감시하는 다른 정치적 도구들의 창출에도 기여했는데, 이는 공의회가 특별히 어떤 일을 했기 때문이 아니라 당시 상황에서 저절로 그렇게 된 것이었다. 콘스탄츠 공의회에서 성공적으로 수호된 정치적 도구 가운데, 우리 시대의 관점에서 평가할 때, 다른 것보다 월등하게 위험한 도구는 '아래로부터' 즉 피치자들이 선출한 대표들이 통치한다는 원칙과 관행이었다. 이보다 이른 시기에 레온에서 확립된 원칙은, 통치자가 '위로부터' 사회 계급의 대표자들을 소환할 수 있다는 원칙이었다. 이런 관행을 완전히 거꾸로 뒤집은 것이 바로 콘스탄츠 공의회였다. 이 변화는 하나의 근본적인 문제를 해결하고자 하는 욕구에서 출발했다. 그것은 공의회가 과연 교황을 지명하거나 소환하여 퇴임시킬 수 있는가, 좀 더 무례한 표현을 사용하자면 교황의 등을 발로 힘껏 걷어차서 내쫓아버릴 수 있는가 하는 문제였다.

공의회 참석자들은 1414년 11월부터 1418년 4월까지 이 문제를 두고 씨름했다. 이들의 토론은 계속 원점으로 돌아왔다. 그 원점은 바로—이슬람 초기에 칼리프 통치 체제를 둘러싼 논란과 유사하다는 점을 주목하라.—교회

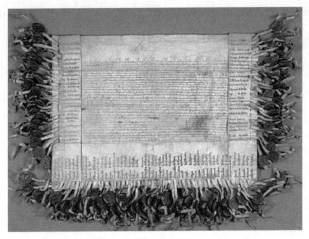

얀 후스의 처형에 항의하여 1415년 10월에 보헤미아와 모라비아 지역의 귀족 100명이 서명한 탄원서.

내에서 주권(sovereignty)이 어디에 있는가 하는 것이었다. 구체적인 교회 조직, 교회의 통일성, 교황 제도가 필요하다는 점에는 모두가 동의했지만 당시 교황이 무려 세 명이었기 때문에 최소한 두 명은 자리에서 물러나게 해야 했다. 세 교황 사이의 경쟁 관계와 권력을 향한 탐욕스러운 주장은 모두 청산되어야 했다. 교회의 선례라든가 교회법 같은 것은 거의 혹은 전혀 도움이 안 되었다. 왜냐하면 그것들은 교황의 절대적 권한을 옹호하는 논리 쪽에 있었으며 바로 그런 상황이 분명 당시 문제의 한 부분이었기 때문이다. 기독교인들의 상황은 매우 이례적으로 느껴졌다. 교회라는 것을 처음부터 다시 시작해야 할 것만 같았다.

콘스탄츠 공의회에 참석한 많은 대표자들은 좀 더 강한 어떤 것, 좀 더 새로운 어떤 것이 필요하다고 생각했다. 당시 널리 알려진 개혁안을 내놓은 인물들과 가까운 사이였던 대표자들이 특히 그랬다. 그 인물들의 이름은 오늘날 교회 역사의 중요한 한 부분이 되었다. 우선 님(Niem)의 디트리히(Dietrich)가 있었다. 그는 보편 교회(universal church)의 중요성을 인정했지만 아무런 통제 없는 교황의 지배는 많은 문제와 부패의 원천이라고 주장했다. 또 다른 인물로는 캉브레의 주교인 피에르 다이(Pierre d'Ailly)가 있었다. 그는 공의회를 연속 개최하여 공의회가 교회를 통치해야 한다고 주장했다. 그리고 이 두 사람의 중간쯤 되는 입장에 서 있던 이가 장 제르송(Jean

Gerson)이었다. 파리 대학의 학장이었던 그는 통합 공의회가 개혁의 주창자가 되어야 하지만 동시에 교황 지배가 필수 불가결하다고 주장했다. 단 교황 체제는 교정할 수 있어야 하며 교회의 구성원에 대해 책임을 져야 한다는 조건을 붙였다.

　일부 대표자들은 교정할 수 있는 교황 체제라는 표현 자체가 내적으로 모순을 안고 있다고 생각했다. 그러나 결국에는 제르송의 주장을 약간 수정한 내용이 승리를 거두었으며 교황 측은 상당한 희생을 감수하며 받아들여야 했다. 1415년 4월에 공의회는 교령(敎令) 하나를 발표한다. 공의회의 권력은 예수 그리스도로부터 위촉받은 것이며, 공의회의 판단에 교황도 복종할 의무가 있다는 내용이었다. 교황 요한 23세는 당시에 이미 망명을 하여 도주하던 중이었는데, 프라이부르크(Freiburg)에서 적발되어 투옥되었으며 곧 재판을 받게 되었다. 1415년 5월 29일 요한 23세는 교황직에서 퇴위당했다. 그레고리우스 12세는 별다른 저항을 하지 않고 굴복했다. 베네딕토 13세는 황제 지기스문트의 수완에 선수를 빼앗겼다. 지기스문트는 마지막 세 번째 교황의 지지자 상당수를 설득하여 공의회에 대한 지지를 끌어내는 데 성공했던 것이다. 이렇게 공의회는 드디어 자유롭게 활동할 수 있는 여건을 마련했으며 마치 훗날 등장하는 헌법 제정 회의처럼 행동하기 시작했다.

　공의회에 참석한 대표자들은 교황을 새로 선출하기로 합의했다. 하지만 우선 몇 개의 교령을 모든 사람이 받아들이는 것을 전제 조건으로 삼았다. 그 가운데 두 개가 특히 중요했다. '사크로상타(Sacrosanta)'라는 이름이 붙은 교령은 공의회가 예수 그리스도로부터 직접 권한을 부여받았다는 것과, 따라서 공의회의 권위가 가장 우선된다는 것, 설사 로마 교구 즉 교황이 반대하거나 이의를 제기해도 그러하다는 내용을 직설적인 표현을 사용하며 선언했다. 이러한 원칙은 근본적인 변화를 의미했다. 즉 교황이 행사하는 권한은 위촉에 의해, 교회에 이로움을 주기 위해서 보유하는 것이므로 이 권한을 남용하면 박탈할 수 있다는 것이 이 교령의 의미였다. 교황은 교회의 최고 권력자가 아니라 심부름꾼이며, 교황의 통치는 피치자의 동의 위에 자리 잡고 있다는 것이었다.

　두 번째로 중요한 교령은 '프레쿠엔스(Frequens)'라는 이름이 붙여졌는데,

농사일을 비유로 들어 공의회가 일회성 행사가 아니라는 점과 그 구체적인 실행 방법을 다룬 것이다. "통합 공의회를 자주 여는 것은, 주님의 밭을 일구고 찔레와 가시풀과 엉겅퀴, 즉 이단설과 오류와 분열을 제거하며 풍성한 수확을 거두기 위한 수단이다."[24] 1417년 10월 9일에 채택된 '프레쿠엔스'에는 교황의 폭군적 통치를 방지하기 위한 엄격한 절차가 규정되어 있었다. 교황의 권한을 지속적으로 감시하기 위해 공의회는 일정한 시간표에 따라 개최하도록 규정되었다. 첫 번째 공의회는 5년 뒤에 열리고, 그로부터 7년 뒤에 두 번째 공의회를 열도록 규정되어 있었다. 그 이후의 공의회는 10년마다 한 번씩 열게 되어 있었다. 또한 교황은 다가오는 공의회 장소를 변경할 수 없지만, 다만 아래에 언급되는 모든 투표단에서 각각 3분의 2 이상의 동의를 사전에 얻는 경우에는 변경이 가능했다. 추기경들로 이루어진 투표단과 프랑스, 에스파냐, 독일, 영국, 이탈리아의 각 '민족' 대표들로 이루어진 투표단이 있었는데, 이 투표단들은 각각 개별 투표 단위로 인정되었다. 좀 더 확실하게 하려는 듯 '프레쿠엔스'에는 교황이 자신의 임기를 연장할 수 없다고 규정되어 있으며, 한편 '비상 상황'이 생겨 교황이 공의회의 개최 간격을 좁히려 할 때에는 신성 로마 교회의 추기경 3분의 2의 동의가 있어야 하며, 다음 공의회 개최 12개월 전에 공의회 대표자들에게 서면으로 공의회 개최 시기를 통지해야 한다는 조건을 붙였다.

종교 개혁의 역설

현대의 대의정은 피치자 다수의 동의에 기반을 두고 있다. 피치자들의 의견은 선거 제도로 취합되며 이 선거 제도에는 정당 경쟁의 가능성이 열려 있다. 콘스탄츠 공의회에서 채택된 결의 사항들이 이 같은 현대 대의정의 원칙과 상당히 유사했다는 사실을 발견하는 데는 그리 큰 상상력이 필요하지 않다. 또 하나 뚜렷한 유사성이 있다. 바로 통치자는 항상 관심을 기울이는 공공의 주의 깊은 감시의 눈길 아래에 있어야 한다는 원칙이다. 공의회가 열리던 4년 동안, 엄청난 수의 기독교인뿐 아니라 비기독교인들도 많은 수가 직접 자신들의 눈과 귀로 여기에서 진행되고 있는 일을 보고 듣기 위해서 콘스탄츠로 몰려 들었다. 추기경, 총대주교, 대주교, 주교, 수도원장, 성당 참사회장,* 그리고 (주로 신학 전공의) 박사들이 유럽 전역에서 몰려 왔다. 수도사와 탁발 수사만 하더라도 5천 명이나 이곳을 방문했다. 유럽의 국왕과 각 지역 통치자들도 많이 왔으며 프랑스, 영국, 스코틀랜드, 덴마크, 폴란드, 나폴리, 에스파냐의 왕은 대사를 콘스탄츠로 파견했다. 이들은 모두 황제의 손님 자격으로 왔다. 공의회가 끝날 무렵에는 비잔틴 제국의 황제 미카엘 팔라이올로구스(Michael Palaelogus)가 19명의 비잔틴 제국 주교들을 대동하고 모습을 드러냈다. 하지만 공의회는 엘리트들만의 행사가 아니었다. 신분이 낮은 사람들 역시 많이 몰려들었다. 구걸로 살아가는 금욕주의 수행자 집단인 파키르(fakir)가 왔는가 하면 상인들과 약장수들이 몰려와서 상품과 서비스를 판매했다. 호기심을 채우기 위해 이곳에 들러서 며칠, 몇 주, 혹은 그 이상 머무른 외부인의 숫자를 모두 합하면 5만에서 10만 명 사이였다.

콘스탄츠 공의회는 참으로 대단한 행사였고 당시 심각한 문제였던 교회의 분열을 치유했다는 의미는 있었지만, 공의회가 통과시킨 결의안들은 교회의 미래에 대한 의견 불일치를 감추는 역할을 했다. 공의회 내부의 분열이 매우 심각했기 때문에 새로 선출된 교황 마르티누스 5세(Martinus V, 1368~1431)는 공의회에 아무런 두려움을 품지 않고 자신의 웅장한 침대에 누워 편안한 마음으로 잠을 잘 수 있었다. 공의회는 허약했으며 심하게 분열되어 있었고, 곧 많은 지역적 관심사가 출현하면서 영향력이 완전히 사라졌다. 공의회는 1418년 4월에 막을 내렸다. 이후 교황 체제는 다시 옛날 방식으로 되돌아가버렸다. 다만 얀 후스의 유령이 이후 교황들의 마음을 계속 심란하게 했을 뿐이다.

그다음에 닥친 엄청난 변화는 모든 사람을 놀라게 했다. 민주주의의 역사를 살펴보면, 보수적 의도에서 출발한 움직임이 결국 급진적인 변화를 불러오는 일이 가끔 있는데, 교회에 닥친 변화도 그런 식으로 일어났다. 당시 장기간 계속되던 기독교 세계의 대혼란은 후스를 비롯해 주류 신학에 반대하

성당 참사회장 규모가 큰 성당에서는 성직자들이 하나의 단체를 이루어 성당 주교를 보필하고 성당의 각종 업무를 논의했는데 이를 '참사회'라 했다. 참사회의 수장은 주요한 역할을 수행했다.

는 이들의 이름과 연결되었으며 훗날 '종교 개혁'이라는 이름이 붙게 되는데, 이때 급진적 변화를 초래한 것도 보수적 의도였다. 후스는 결코 급진적인 사람이 아니었다. 교황에게 반대 의견을 냈던 공의회주의 주창자들도 보수주의자들이었다. 교황의 무제한적 권한을 반대한 사람들에게는 마음 깊이 자신들이야말로 신앙의 진정한 수호자라는 확신이 있었다. 이때의 반대파들은 훗날 츠빙글리파(Zwingli派), 칼뱅파(Calvin派), 혹은 재세례파*라는 이름을 얻게 되는데, 이들 역시 같은 방식으로 생각했다. 그들은 교황 체제를 맹비난했지만, 그러면서도 교황 체제 지지파와 몇 가지 점에서 의견이 같았다. 즉 전능하신 신의 존재가 하루하루 일상의 곳곳에 충만하게 임하고 있다고 믿는 점에서 그러했으며, 심지어 정통론(orthodoxy)에서 이탈하는 모든 반대자는 확실하게 처벌받아 마땅하다고 생각한 점에서도 교황 체제 지지파와 생각이 같았다.

교황 체제 지지자들은 종종 반대자들에게서 지나치게 독선적이며 정통론에서 벗어나는 의견에 대해 지나치게 비관용적이라고 비난받았다. 이해할 만한 비난이다. 《금서 목록》을 강력하게 옹호했으며 엄격한 태도를 지녔던 교황 바오로 4세(Paulus IV, 1476~1559)와 같은 인물은 실제로 매우 독선적인 사람이었다. 하지만 교황들만 그랬던 것은 아니다. 분명한 역사적 사실은, 신교 측의 종교 개혁 운동과 가톨릭 측의 '반종교 개혁'* 운동 둘 다 동일한 담론 속에 진행되었다는 점이다. 두 운동 모두 유럽의 도시와 농촌의 주민들에게 기독교를 좀 더 확실하게 전파해야 한다는 강렬한 열망으로 가득 차 있었다. 이들의 눈은 십계명을 각 개인의 일상 습관으로 만들겠다는 욕구로 타올랐으며, 이를 시행하기 위해 열렬한 도덕 운동을 펼칠 것이고, 만일 그것만으로 부족하다면, 악마를 색출하기 위해 사용하는 뜨겁게 달구어진 철봉이나, 칼, 석궁 같은 무력 수단의 도움도 마다하지 않겠다는 입장

재세례파(在洗禮派, Anabaptists) 16세기에 유럽의 하층민 중에서 나타난 급진적인 기독교도. 자의식이 없는 때에 받는 세례는 무의미하므로 유아 세례를 받은 자도 다시 세례를 받아야 한다고 주장하고, 종교에 대한 국가 간섭을 완강히 반대했다.
반(反)종교 개혁(Counter-Reformation) 17세기 무렵 종교 개혁에 대항하여 가톨릭 교회 안에서 일어난 개혁 운동. 또는 개신교에 대한 종교적, 정치적 반격 운동. 가톨릭 종교 개혁이나 반동 종교 개혁이라고도 한다.

이었다.

개혁파 역시 천사는 아니었다. 만일 어느 편이 더 독선적이었는지를 측정하는 도구가 있다면 아마도 그 측정 결과는 이 종교적 반대파들이 가톨릭 측 사람들보다 때로는 훨씬 더 오만하고 독선적인 태도를 보였음을 나타낼 것이다. 마르틴 루터(Martin Luther, 1483~1546)는 한동안 유럽의 종교적, 세속적 권력자들이 가장 두려워하고 증오하는 기독교인이라는 '명예'를 누렸는데, 그는 교황의 권력에 신속하고 대담한 솜씨로 반격을 가하곤 했다. 루터의 마음은 성경이 바로 신의 말씀이라는 신념에 완전히 사로잡혀 있었다. 루터에게는 이 신념이 교회 신앙의 유일하고 진실한 기반이었다. 하지만 이렇게 오직 '말씀'에만 집착하는 태도는 때로 나쁜 결과를 불러왔다. 루터는 고대의 의미로나 근대의 의미로나 절대 민주주의 옹호자가 아니었다. 〈강도와 살인을 저지르는 농민 폭도들에 반대하여〉라는 글에서 그는 당시 반란을 일으키던 농민들을 비난하며 "총으로 갈겨 그들의 머리가 어깨에서 떨어져 나가도록 할 것"을 권고했다. 루터의 친구였던 칼뱅(Jean Calvin, 1509~1564)은 당시 합법적인 지배자에 대한 저항에 계속 반대했으며 대체로 폭군도 신의 도구라고 믿었다. 칼뱅도 대부분의 사안에서 루터만큼이나 극단적이었다. 1545년 제네바에 전염병이 돌았을 때 이 전염병을 일부러 퍼뜨렸다고 의심받은 남자들과 여자들에 대해 칼뱅은 고문과 처형을 승인했다. 또한 그는 자신이 보기에 도덕을 파괴한다고 여겨지는 모든 행위를 맹비난했다. 간음이나 스키틀* 같은 놀이, 혹은 설교 시간에 남녀가 뒤섞여 앉는 일까지 공격했다. 루터는 에라스뮈스(Desiderius Erasmus, 1466~1536)를 뱀장어에 비유하고 오직 신만이 그를 붙잡을 수 있다고 조롱했다. 에라스뮈스는 여성을 바보라고 생각했는데, 예수처럼 자기 자신이 부활했다고 확신한 존 녹스(John Knox, 1513~1572)는 에라스뮈스의 여성관에 확실하게 동의했다.

이런 독선과 편견은 그리 놀라운 것이 아니었다. 왜냐하면 신교 측 반대자들의 생각도 그들이 비난한 보수적 전통의 깊은 곳에 근원을 두고 있었기 때문이다. 종교 개혁은 그 지지자들의 눈으로 볼 때 그다지 참신한 시

스키틀(skittle) 현대 볼링 게임의 옛 형태로서 핀을 5개나 9개, 혹은 10개를 놓고 야외에서 공을 굴려 그 핀들을 많이 쓰러뜨리는 것으로 승부를 내는 게임.

도가 아니었다. 그렇기 때문에, 민주주의의 역사를 다루는 이 책의 입장에서 볼 때, 16세기 종교 개혁을 주도한 보수적 인물들에 의해 결국 혁명적인 일들이 일어났다는 것은, 그들이 전혀 의도하지 않은 결과를 냈다는 점에서 주목할 만하다. 종교 개혁의 중대한 역설은 종교 개혁의 독단적 태도 덕분에, ─지금 돌이켜 보면 종교 개혁은 마치 종교적 볼셰비즘이었다고 말할 수 있다. ─전혀 의도하지 않았지만, 모든 시민이 누릴 수 있는 시민적, 정치적 자유라는 살아 있는 전통이 탄생했다는 점이다. 다른 말로 표현하자면, 종교 개혁에는 또 다른 얼굴이 있었다는 것이다. 옛 질서를 단단히 세운다는 명분 아래, 후스, 루터, 녹스와 그들을 따르는 제자들은 장기적으로 몇 가지 관행의 성장을 촉진하는 영향을 끼치게 된다. 바로 그 관행들이 훗날 근대적인 대의 민주주의 체제의 기본적인 요소로 평가받게 된다.

스코틀랜드 칼뱅파의 시민 불복종

기독교 내의 반대자들이 개발한 수단들 가운데 특히 중요했던 것은 대의명분을 위해 공개적인 운동을 벌이는 기술이었다. 이런 행동을 통해 그들은 수천 명의 지지자를 자기 편으로 끌어들였으며, 그 수적인 힘을 활용하여 통치 당국이 정책을 바꾸거나 통치 방식을 교정하도록 압력을 행사했다. 스코틀랜드의 저지대와 고지대에 살던 개신교 칼뱅파들이 시작한 몇몇 행동은 분명히 그런 효과를 가져왔다. 이들의 행동은, 훗날 대의 민주주의 시대에 일상적으로 벌어지는 시민 불복종 운동과 흡사했다.

이때 벌어진 일은 다음과 같다. 스코틀랜드의 칼뱅파들은 스코틀랜드를 교황의 권력과 가톨릭의 우상 숭배 관행에서 보호하기 위해 '신앙적 단결(godly band)' 혹은 '맹약(covenant)'을 지지하는 운동을 개시했다. 간략하게 말해서 이 운동은 신앙 고백을 글귀로 적어서 신앙자들이 이 고백에 구속되도록 하는 것이었다. 역사에 기록된 최초의 사례는 '던스 맹약(Duns Covenant)'인데, 이는 1556년 5명의 영주가 서명한 반(反)가톨릭 선서문이었다. 대륙에서 망명 생활을 마치고 스코틀랜드로 귀환한 존 녹스가 촉구하여 작성된 이 맹약은 성서에서 실마리를 얻었다. 성서에는 이 단어(covenant, 성서 번역에서는 '언약')가 300번이나 등장한다. 이들은 곧 '맹약파(covenanters)'라는 이름을 얻게 되는데, 이들에게 깃털로 된 펜촉을 잉크에 적신 다음 양피지 위에 자신의 이름을 적는 것은 곧 자신에게 권력을 부여하는 행동이었다. 구약 성서에 묘사된 의식 절차를 따라 자신의 피를 묻혀 서명하는 신앙자들도 있었다. 검은 잉크로 하든 붉은 피로 하든 이런 서명 행동이 그들에게는 마치 신과 직접 소통하는 일인 것처럼 느껴졌다.

맹약은 진실한 신앙을 확인하는 행위였다. 이는 개인과 신 사이의 엄숙한 계약이었다. 자유로운 상태에서 서명해야 했으며, 서명 전에 자신의 양심과 내적인 갈등을 거쳐야 했다. 설교단 앞에서 친구들과 함께, 또는 지역 교회의 묘지에서 신앙자가 홀로 신과 마주한 상태에서 이런 맹약이 체결되었다. 이 계약이 체결된 장소가 어디든, 어떤 방식으로 체결되었든 한 가지 사실은 분명했다. 즉 맹약은 단순히 인간의 행위가 아니라 신의 은총으로 주어진 성스러운 선물이라는 사실이었다. 신의 은총은 인류에 대한 선의(善意)와 자비심에 기반을 두고 있었다. 맹약을 맺음으로써 개인들은 그에 호응하는 행동을 취해야 했으며, 다른 이들과 단결함으로써 감사의 마음을 표해야 했다. 은총은 사람을 치유해주며 또한 더 높은 곳으로 올려준다. 은총을 받는 것은 (잠재적으로) 선택받은 사람이라는 표시이기도 하다. 은총은 죽음의 저주를 받은 죄인에게 아무런 대가 없이 주어지는 도움이다. 또한 각 개인이 주 예수 그리스도를 통해 속죄하며 영생을 얻을 수 있도록 해주는 도움의 손길이다.

은총? 대의 활동? 민주주의? 대의 민주주의의 기본적 관습이―운동과 조직, 정당에 의한 평화로운 동원과 체계적인 정치 캠페인을 통해 시민 사회를 지키는 것―어떻게 이런 종교적인 사고에서 출발하게 되었을까? 현세와 구별되는 또 다른 더 높은 세상으로 가는 해방의 가능성에 대한 종말론적 믿음이 도대체 대의 활동―어떤 종류이건―이나 민주주의와 무슨 관련이 있단 말인가? 혹시라도 스코틀랜드 현지의 어떤 물리적 조건이, 신앙심을 지닌 민간인들을 동원하는 데 일차적인 역할을 했던 것이 아닐까?

통치 기관에 대한 시민의 저항이 발생한 것을 설명하는 데는 분명 스코틀랜드 현지의 요인도 어느 정도 도움이 된다. 스코틀랜드의 가난, 1618년에 시작된 '30년 전쟁' 때문에 이 지역에 조성된 불안, 그리고 잉글랜드와 스코틀랜드의 왕 찰스 1세(Charles I, 1600~1649)가 프랑스에서 온 가톨릭교도인 헨리에타 마리아(Henrietta Maria)와 결혼함으로써 많은 백성의 가슴 속에 서늘한 공포심을 심어준 것도 확실히 일정한 역할을 했다. 그러나 시민적 저항의 탄생에 가장 중요한 촉매제 역할을 한 것은 역시 종교였다. '스코틀랜드 교회'*의 신앙자들은 귀족도 일부 있었지만 대부분은 평범한 주민이었고 이들이 지닌 전투적인 종교적 성향의 역할이 컸던 것이다.

스코틀랜드 맹약의 사례가 다시 한 번 보여주는 것은, 인간에 관계된 모든 것의 근원이 신이라는 원초적이고 맹목적이고 열정적인 신념이, 자기 자신을 신적 존재라고 믿는 세속의 통치자들을 통제하고자 하는 보통 사람들의 현실적인 주장을 촉발할 수 있다는 것이다. 우리는 이 책의 앞부분에서 이미, 회의체 민주주의와 대의 정치 체의 기본적인 제도들이, 초월적인 존재의 힘에 대한 믿음과 마치 쌍둥이처럼 동시에 태어났다는 점을 살펴보았다. 메소포타미아의 회의체들은 아누와 엔릴을 비롯한 남녀 신에게서 힌트를 얻었으며, 그리스 민주주의 체제는 신들이 자신들을 주의 깊게 살펴보고 있다는 믿음에 바탕을 두고 발전했다. 모스크, 기금 단체, 공동 경영 같은 이슬람 제도들은 그 자체로 사랑이 충만하고 자비로운 신의 현현으로 여겨졌다. 초기 기독교인들도 마찬가지였다. 신의 이름으로 그들은 제한된 임기 동안 직책을 담당하며 그에 대해 책임을 지는 관행을 널리 퍼뜨렸다. 대표자들의 공의회에 의지하는 것이라든가, 청원서를 작성하여 발표하는 것, 군주들이 통치하는 국가는 항상 그 주민들에 의해 긴장 상태에 놓여 있어야 하며 군주는 자신의 행동에 공적으로 책임을 져야 한다는 것 같은 관행이 발전하는 데도 초기 기독교인들의 공헌이 있었다.

스코틀랜드의 '맹약파'는 이러한 원칙들을 좀 더 급진적으로 만들었다.

스코틀랜드 교회(the Church of Scotland) 스코틀랜드 국교를 가리키는 말이며, '커크(Kirk)'라고도 한다. 장로교에 속한다. 스코틀랜드에 기독교가 처음 들어온 것은 4세기 말 켈트계 선교사들에 의해서였고, 11세기 이후 로마 가톨릭의 영향 아래 재편되었다. 16세기에 존 녹스가 칼뱅주의 개혁을 도입했으며 1560년에 장로교회가 세워졌다. 한편, 1625년 제임스 1세의 뒤를 이어 잉글랜드와 스코틀랜드의 왕이 된 찰스 1세가 스코틀랜드에 잉글랜드 국교회 방식의 예배와 기도서를 강요하면서 스코틀랜드 교회의 신앙자들이 반발해 맹약을 맺고 반란을 일으키는 사태로 번졌다.

종교 개혁에서 태어난 새로운 논리에 자극받은 수만 명의 스코틀랜드인들은 당시로서는 놀라운 행동을 하게 된다. '맹약파'는, '커크(the Kirk)' 즉 '스코틀랜드 교회'의 종교적 사안은 국왕을 포함한 어떤 세속적 권력에게도 절대로 간섭받아서는 안 된다는 확고한 믿음에서 출발했다. 라우텐바흐의 마네골트가 내세웠던 논리와 요점은 유사했지만, 그 주장은 상당히 달랐고 훨씬 더 강경했다. 맹약파의 생각에 따르면, 이스라엘 백성의 경우처럼 포위된 상태에 있는 스코틀랜드 사람들은 신과 실존적 맹약 관계에 진입한 것이다. 이 계약은 성스럽기 때문에 어떤 사람도 파기하거나 간섭할 수 없다고 보았다. 권력은 궁극적으로 신의 손에 있는 것이지, 죽음을 피할 수 없는 미미한 존재인 인간이 붙잡을 수 있는 것이 아니었다.

영혼의 독립을 옹호하는 이런 원칙들이 공급하는 산소를 듬뿍 마시면서, 그 뒤로 50년 동안 수십 차례에 걸쳐 이 열렬한 스코틀랜드인들은 단합해 행동했다. 그들은 도시의 거리와 시골의 영지를 여기저기 훑고 다니면서 독실한 신앙자들을 찾아다녔고, 그들에게 믿음의 맹약을 지지하는 서약을 하도록 했다. 이런 행동이 벌어진 시기는 보통 가톨릭 세력이 스코틀랜드를 접수하지 않을까 하는 공포가 크게 증가한 때였다. 어떤 사람들은 여러 차례에 걸쳐 반복적으로 맹약에 서명했다. 이유는 단순했다. 맹약이 지속적으로 새롭게 갱신되어야 한다고 열렬하게 믿었기 때문이다. 이 같은 단합 행동 가운데 가장 중요한 것은 1581년 '왕의 고백(King's Confession)'이다.(이는 '부정적 고백Negative Confession'이라고 불리기도 한다.) 이 맹약은 애버딘셔 출신의 종교적 반대자 존 크레이그(John Craig, 1512?~1600)의 도움을 받아 작성되었다. 그는 제임스 6세 아래에서 고위 관료를 지냈으며, 존 녹스의 동료이자 친구였고, 도미니코 수도회 소속이었다. 20년 전 로마에서 교황의 감옥에 갇혀 곧 교수형당하거나 화형당할 위험에 빠졌으나 성난 군중이 감옥의 문을 강제로 열고 난입하여 아슬아슬하게 죽음을 모면했다. '왕의 고백' 맹약을 작성하는 데 크레이그는 큰 영향을 끼쳤다. 이 문건의 언어는 강경했으나, 제임스 6세와 궁정의 가솔은 이 맹약에 서명했다.(그래서 '왕의 고백'이라는 이름이 붙었다.) 이 문건은 교황을 공개적으로 비난하면서 로마 가톨릭의 교리를 비판했다. 맹약 문건은 스코틀랜드 사람들에게 거짓에 맞서 단결하고 그들의 진정한 종교를 지지해줄 것을 촉구했다. 문건은 기초를 놓는 문건이라고 스스로를 자리매김했다. 즉 지금 살아 있는 세대의 삶을 인도하는 지침일 뿐 아니라, 앞으로 등장할 새로운 신앙자 세대에 신이 내린 은총의 선물이라고 보았던 것이다.

영적 단합의 전통은 매우 강력했기 때문에 1630년대에 스코틀랜드 사람들에게 많은 곤란이 닥치자 맹약파는 다시 한 번 행동을 개시하여 새로운 '국민 맹약(National Covenant)'을 옹호했다. 각 교회에서 나온 사람들과 노회(老會, presbytery)라 불리는 상급 지역 회의체의 대표들이 주축이 되어 이 맹약을 추진했는데, 맹약파 사람들은 이 세계에 언제 어느 때라도 종말이 닥칠 것이라는 생각에 사로잡혀 있던 사람들이었다. 그들은 성경 지상주의자였으며 자신들의 정당함을 확신하던 사람들이었고, 오늘날 우리가 상상하기 힘들 정도로 강한 신념을 지닌 사람들이었다. (1638년 어느 설교자가 교인들에게 말했듯이) 그들은 자신들이 영적인 측면에서 특권을 받은 민족이라고 믿었다. 그들은 '망각되지 않을 영원한 맹약 안에서 주께' 자신들을 강하게 연결함으로써 마치 자신들이 '시온으로 향하는 길을 물은' '이스라엘의 자손'인 것처럼 생각했다.[25] 이런 이야기는 과장이었을지 모르지만 아주 널리 언급되었으며 그 덕분에 단식과 기도와 설교와 공개 서명식이 1년이라는 긴 시간 동안 활발하게 진행될 수 있었다. 이런 공개 서명식의 예로는 그레이프라이어 교회 뜰에서 진행된 한 서명식을 들 수 있다. 이 교회는 종교 개혁이 발생한 이후에 에든버러(Edinburgh)에 최초로 건설된 교회였다.

이 맹약 문건은 각 지역 교회와 노회의 대표들로 구성된 최고 의결 기관 '총회(Assembly)'에서 채택되었는데, 이 '국민 맹약'의 문안은 당시 널리 퍼져 있던 반가톨릭 정서를 자극하고 이용했다. 6만 명이 서명한 이 맹약은 "모든 역행적 종교와 교리를 비판하며, 일반적인 형태이거나 특수한 형태이거나 모든 종류의 교황 중심적 관행을 비판"[26]했다. '국민 맹약'은 과거에 채택된 '왕의 고백'을 '진정한 기독교 신앙의 고백'이라고 칭하고 그 내용의 일부를 다시 반복하면서, 맹약파 사람들에게 '신의 진정한 교회'의 '자유와 해방'을 지지하는 취지로 스코틀랜드에서 채택된 의회 법률의 존재를 상기시켰다. 이 맹약은 특이하게도 정부와 법률에 우선권을 주었다. 교회의 지

1638년 2월 28일, 에든버러의 그레이프라이어 교회 앞에 모인 사람들이 반(反)교황적인 '국민 맹약'에 서명하는 모습. 윌리엄 앨런 경(Sir William Allan)의 그림.

시보다 의회의 법률을, 영성보다 정치를 선호함으로써, 특이하게도 스코틀랜드식 개신교는 주권을 지닌 군주의 보호를 받는 정부와 교회, 양측의 통일성을 적극적으로 지지했다. 선량한 기독교 군주에게 호소하는 것은 당시의 모든 청원문에 들어가는 표준적인 문구였지만, 군주의 권력에 대한 피치자의 동의는 언제든 철회될 수 있었으며 또 만약 꼭 필요하다면 시민 불복종이라는 조직적 운동을 전개할 수도 있었다.

'국민 맹약'에서 가장 급진적인 내용을 들자면, 정부에 대한 복종이 당연한 것이라는 정통적 견해에 의문을 제기하는 부분이다. 이 내용은 1638년 알렉산더 헨더슨(Alexander Henderson, 1583~1646)이 맹약을 지지하면서 스코틀랜드 서남부의 글래스고(Glasgow)에서 그의 지지자들에게 행한 설교에 잘 요약되어 있다. 교회의 권력이든 세속 정부의 권력이든, 권력에 복종하는 것은 사물의 자연적 순리가 아니라고 헨더슨은 말했다. 복종은 자동으로 받는 것이 아니라, 합당한 요건을 갖춤으로써 획득하는 것이다. 그렇기 때문에, 만일 통치자가 '신에게 받은 소명'을 드러내면서 그 소명에 기반을 둔 법률을 준수한다면 그는 마땅히 합법적이고 정당한 통치자로 간주되어야 할 것이다. 하지만 만일 권력을 행사하는 자가 잘못된 태도를 보인다면 그때 "우리는 그들에게 복종할 이유가 없다."라고 헨더슨은 결론지었다.

정치적 원칙은 분명했다. 이런 원칙은 폭군들을 두려움에 떨게 했으며 또한 상당수의 정치 혁명을 촉발하게 된다. "사람들이 합당한 경계선을 넘어서서 자신이 더 높은 존재에 복종할 의무가 있음을 망각하게 되면, 그 사람들 아래에 있는 사람들은 전혀 그들에게 복종할 필요가 없게 된다. 그들이 이미 올바른 질서에서 벗어났기 때문이다."[27]

시민 불복종의 가능성을 내비치면서 맹약파는 찰스 1세에게 거세게 도전했다. 의회의 법률이 중요하다는 것과 의회의 지지 없이 통치하려는 그의 경향을 받아들일 수 없으며 그런 행동이 심지어 '진정한 종교'를 위배하는 것임을 상기시켰다. 그것뿐이 아니었다. 맹약파는 통치자가 국가의 종교를 결정할 수 있다는 오래된 교회법을 완전히 부정했다. 그들은 종교와 폭정이 손을 잡을 수 있음을 지적했으며, 신앙과 폭력이 혼동되어 사악한 결과를 낳을 수 있다고 지적했다. 맹약파는 종교가 사회의 손에 있을 때 더 안전하다는 점을 확신했다. 바로 이런 확신이 있었기에, 만일 국왕이 시민과 관련된 일에 특권을 남용한다면, 그들은 서로를 지켜주기로, 즉 "동일한 대의를 지닌 우리는 모두 서로를" 지지하기로 맹세했다. 이는 곧 집단 행동을 할 수 있다고 위협하는 것이었다. 이런 행동은 과거에 종종 있었던 폭도의 지배가 아니었다. 이것은 조직적인 시민 불복종 행동이며, 행동의 기반에는 권력에 대한 새로운 견해가 있었다. 이는 힘없는 자들의 힘이며, 규율 바른 연대가 만들어내는 힘이었다. 귀족, 신사 계급(gentry), 도시의 자산가들, 사제 집단뿐 아니라 '모든' 스코틀랜드 사람을 포함하는, 맹약으로 맺어진 민족의 힘이었다.

"이와 같이 꼴찌들이 첫째가 되고, 첫째들이 꼴찌가 될 것이다."(〈마태복음〉 20장 16절) 이 구절은 종교적 반대자들의 입에 종종 올랐다. 이들은 세상을 올바르게 만들기 위해서라면 가장 미천한 죄인을 위해서조차 일어설 준비가 되어 있는 사람들이었다. '신을 향한 진정한 숭배에 대한 이단자와 적대자'를 제외하면, 맹약의 자격은 원칙적으로 모든 사람에게, 즉 남자와 여자, 부자와 가난한 자에게 열려 있었다. 오직 신의 손을 기꺼이 잡기만 하면 되었으며, 그 방법은 그들의 손으로 직접 맹약에 서명하는 것이었다. '국민 맹약'은 고대 로마에 있었던 하나의 법 원칙에 새로운 생명을 불어넣었는데,

그것은 모든 사람과 관련이 있는 사안은 모든 사람에게 승인을 받아야 마땅하다는 원칙이었다. 맹약 운동이 옹호했던 원칙은, "우리 가운데 가장 적은 수의 사람에게 그 이유로 일어나는 일은 우리 모두에게 일반적으로 일어나는 일로 간주해야 하며, 또한 우리 한 사람 한 사람에게 개별적으로 일어나는 일로 간주해야 한다." 간략하게 말해서, 맹약은 정신적, 정치적 '평등'을 의미했다. 맹약은 우리가 훗날 보통선거권이라고 부르는 것의 17세기 초반 형태였던 것이다.

《아레오파지티카》와 언론의 자유

이런 것들은 모두 당시 유럽의 기준으로 보았을 때 굉장히 자극적인 일이었다. 여기서 또 중요한 의문이 제기된다. 루터파, 칼뱅파, 스코틀랜드 장로파 같은 종교적 보수주의자들은 정확히 어떤 방식으로 세계에 이렇게 깊은 흔적을 남길 수 있었을까?

이 질문에 대한 한 가지 유력한 대답은, 개신교의 급진파(전부는 아니지만)의 대다수가 도시 주민이었다는 데 있다. 그들은 뉘른베르크나 마그데부르크 같은 도시에 피난처를 마련할 수 있었으며, 도시의 성벽 안에서 당시 점차 무너지던 중세 질서에 대항하는 반대 세력을 형성하려는 노력에 종교적 열정을 보냈던 것이다. 이 도시들은 적대 세력에게 포위당한 모습이었기 때문에 개신교도들이 당시 기독교 세계를 거꾸로 뒤집기 위해 도시를 지레로 사용한 것은 별로 놀라운 일이 아니었다. 그들이 사용한 방법은, 누가 무엇을 언제 어떻게 보유할 자격이 있는가에 대한 기본적인 질문들을 제기하는 것이었다. 이렇게 제기된 질문은 신속하게 멀리까지 전파되었는데 이는 새로운 인쇄 기술을 활용한 덕분이었다. 인쇄 기술은 원래 중국에서 유래한 것인데 유럽에서는 1456년 요하네스 구텐베르크(Johannes Gutenberg, 1397~1468)가 인쇄기를 사용하기 시작했으며 바로 그해에 금속 활자를 사용해 인쇄한 성서가 처음으로 출판되었다. 이런 일들이 교황 체제에 대한 도전과 종교적 소요의 첫 번째 징후가 나타난 것과 동일한 세대에서 발생했다는 것은 완전히 우연이었다. 하지만 단순한 우연으로 끝나지 않았다. 이 우연한 결합은 결국 폭발적인 힘을 발휘했다. 인(燐)이 산소에 노출되면 불꽃이 타오르는 것과 마찬가지로, 금속 활자와 종교적 반대파가 만나자 엄청난 양의 정치적 불꽃과 화염이 발생했던 것이다.

인쇄술의 활용은 사회적으로 극적인 효과를 불러왔다. 활자 주조공, 식자공, 교정자, 번역가, 편집자, 삽화가, 색인 작성자의 노력 덕분에 수백, 수천, 수만 부의 똑같은 글귀를 찍어내 광범위한 지역에 배포할 수 있게 되었던 것이다. 이러한 급격한 변화 덕분에 이른바 '저술가(the author)'라는 개념이 탄생했다. 저술가는 펜으로 책을 창조하는 사람으로서 과거에 다른 사람의 말을 그저 재생산하거나 반복하는 일을 했던 서기, 편찬자, 해설자와는 다른 부류였다. 인쇄업자들은 인쇄기를 사용하여 현지 일반인이 사용하는 언어로 쓰인 수천 부의 값싼 책을 출판했으며 루터, 칼뱅, 녹스와 같은 몇몇 저술가는 이 거대한 파도를 솜씨 좋게 타면서 높이 솟아올라 유명인이 되었다. 이런 유명 인사의 개인적 삶을 책으로 쓰는 사람도 생겨났다. 마르틴 루터는 다른 사람이 작성한 인쇄물에 의해 오명을 덮어쓴, 근대 최초의 공적 인물 가운데 한 사람이 되었다. 칼뱅 역시 곧 그런 일을 당하게 된다. 그는 1577년 제롬 볼섹(Jerome Bolsec)이란 사람이 쓴 모욕적이면서 흥미진진한 전기의 주인공이 된다. 이 책에서 칼뱅은 편협하고 사람을 지루하게 만들며, 악의로 가득 차고 잔인하며, 좌절감에 빠진 동성애자이면서도 주위에 있는 모든 여자들을 성적으로 희롱하는 사람으로 묘사되었다.[28] 한편, 책을 읽는 경험, 또한 다른 사람이 큰 소리를 책을 읽는 것을 듣는 경험은 사람들을 도취시켰던 것 같다. 책을 한 권 읽는다든지, 혹은 책에서 얻은 의견을 듣는다든지 하는 행동 하나하나는 마치 마법의 묘약처럼 큰 효과를 불러왔다. 과거에는 오직 광범위한 지역을 순례하는 학자들만이 다양한 책을 접할 수 있었지만, 이제 여러 문헌의 내용을 비교하는 일은 흔해졌다. 다양한 판본을 비교하며 그것들이 제시하는 다양한 관점을 견주는 활발한 문화적 활동이 시작되는 징후가 보였다. 또 출판과 관련해 발생하기 마련인 불미스러운 사건 역시 이때 처음으로 발생했다. 1631년 찰스 1세의 의뢰에 따라 로버트 바커(Robert Barker)라는 영국인이 성서를 1천 부 인쇄했는데, 그 내용 중에 십계명의 일곱 번째 계율이 잘못 인쇄되어 출판되었던 것이다. 원래는

'간음하지 말라.'라고 인쇄되어야 하는데, 실수로 '간음하라.'로 인쇄되었던 것이다. 이 때문에 이 성서본에는 '사악한 성서'라는 별명이 붙기도 했다.

활자 조합의 실수로 벌어진 이 사건에서 우리는, 인쇄술과 독서 문화가 확산되면 자동적으로 세상을 보는 세속적인 관점이 촉진될 것이라고 가정하는 것이 얼마나 잘못된 생각인지 알 수 있다. 인쇄술이 발명되고 나서 한 세기 동안 지구상에서 일어나는 일과 또 천체에서 일어나는 일에 대해 많은 과학적 문건들이 출판된 것은 분명한 사실이다. 하지만 성서, 교리문답, 그리고 어떻게 하면 지상에서 천국으로 갈 수 있는지를 알려주는 종교적 소논문들이 서가에 더 가득히 들어차게 되었으며, 이런 서적들이 다른 종류의 서적을 압도하는 경우가 많았다. 이런 경향을 주도한 가장 주요한 세력은 개신교의 활동가들이었다. 그들은 많은 서적을 생산해내는 저술가와 출판인의 역할을 수행한 것만이 아니었다. 그들은 자신들이 뿜어낸 언어의 강물로 세상 전체에 세례를 베풀고자 했던 것 같다. 한 가지 확실한 사실은, 모든 사람이 글을 읽고 쓸 수 있게 하는 사업―이는 대의 민주주의 발전에 중요한 전제 조건이기도 하다.―을 그들은 중요한 정신적, 정치적 의제로 두었다는 사실이다.

이런 움직임을 앞장서서 주도한 사람이 바로 마르틴 루터였다. 그는 30년 동안 평균 2주에 한 권씩 책을 출판할 정도로 엄청난 저술 활동을 했다. 그의 독자와 청중이 정확하게 어떤 사람들이었는지는 확인하기 힘들지만, 여하튼 분명한 것은 '출판인과 독자의 공화국'이라고 명명할 수 있는 이 공간이 엘리트들만이 참여하는 영역이었다는 사실이다. 인쇄 기계가 한 가지 확실한 민주화 효과를 낸 것은 틀림없는 사실이다. 이전까지는 성서와 같은 귀중한 문건들은 지하실이나 금고 속에 자물쇠로 채워 보관되었지만, 이제는 그곳에서 꺼내어져 재생산됨에 따라 모든 사람이 그런 문건을 보고, 읽고, 그리고 남이 읽어주는 것을 들을 수 있게 되었다. 그러나 여전히 글을 읽을 수 있는 사람은 그 수가 얼마 되지 않았으며, 다른 사람이 글을 읽어주는 것을 곁에서 들을 수 있는 사람들은 그나마 운이 좋은 축에 속했다. 바로 이런 상황 때문에 많은 종교적 반대자들은 글을 읽고 쓰는 능력을 시급히 널리 길러야 한다고 느꼈으며, 또 바로 그렇기 때문에 이들의 노력이 새로이 등장한 검열관과 충돌을 일으켰던 것이다. 이런 충돌은 교회 내에서 혹은 정부 내에서 발생했으며 종종 교회와 정부 내에서 동시에 발생하는 경우도 있었다.

이러한 마찰을 겪으며 저술가와 출판업자와 독자는 갑자기 위기의식을 느꼈다. 인쇄기와 연관된 이 새로운 자유가 교회나 정부에 의해, 또 주교나 왕이 쥐어주는 돈을 받을 기회를 좇는, 돈에 눈먼 인쇄업자들에 의해 말살될 수도 있다는 것을 깨달은 것이다. 당시에 많은 개신교도들이 우려한 사건이 있었는데, 그것은 안트베르펜의 인쇄업자 크리스토퍼 플란틴(Christopher Plantin)과 연관된 사건이었다. 그는 당시 에스파냐의 왕인 펠리페 2세(Felipe II, 1527~1598)와 손을 잡고 엄청난 돈을 벌어들였다. 16세기의 성무일도서*를 1만 5천 부나 인쇄해 에스파냐의 사제들에게 공급했던 것이다. 일부 사람들은 왕이 이런 사업을 후원한다는 것은 교회의 가르침을 널리 전파하는 데는 도움이 되겠지만, 인쇄기가 잠재적으로 제공하는 자유가 위협당한다고 주장했다. 이들이 옹호했던 개념은 훗날 '출판의 자유'라고 불리게 된다.

출판의 자유를 위한 투쟁은 유럽의 북부와 서부 지역에서 처음 등장했다. 여기에는 아일랜드와 영국이 포함되어 있었으며, 이 나라들을 출발점으로 하여 북아메리카 대륙의 식민지와 '어퍼캐나다'*로 투쟁이 확산되었다. 훗날 출판의 자유는 권력 공유를 원칙으로 하는 근대적 통치 행위와 정치 체제의 초석이 되는데, 처음 이 개념을 고안해내고 옹호했던 사람들은 실은 '민주주의'라는 단어를 낯설게 생각하거나 심지어는 혐오스럽게 생각한 사람들이었다. 이 사실은 민주주의 역사에서 발견되는 또 하나의 커다란 모순이다. 이 경건한 사람들의 생각에 따르면, 인쇄기는 이 세상 끝까지 '말씀'을 전파함으로써 신에 대한 복종을 굳건하게 만들어주는 기술적 수단이었다. 이런 사고방식은 표현과 출판과 독서의 자유를 옹호하는 저명한 책에서 분

성무일도서(聖務日禱書) 로마 가톨릭교회의 전례서. 매일 정해진 시간에 하느님을 찬미하는, 교회의 공적(公的)이고 공통적인 기도, 그리고 찬미가와 시편, 전례 독서, 교부들의 설교, 기도 등을 담고 있다.

어퍼캐나다(Upper Canada) 1791년에서 1842년까지 현재의 캐나다 온타리오 지역에 존재했던 영국의 식민지.

명하게 제시되었다. 《아레오파지티카》*(1644년)는 아테네 고전 시대에 관한 저자의 관심이 돋보이는 책이다. 이 책의 저자는 잉글랜드의 개신교 저술가 였는데, 훗날 국가 기밀에 관련된 큰 사건에 연루된다. 그의 이름은 존 밀턴 (John Milton, 1608~1674)이다.[29]

출판의 자유를 위해 밀턴이 쓴 이 시적인 호소문은―그는 훗날 이 글이 "자유의 적들에 대항하는 전 인류를 위한" 것이라고 말했다.―지극히 장중 하고 화려한 문체로 쓰였으며 그 내용은 도전적이었다. 이 글을 쓴 장소는 그가 어린 시절 자랐던 브레드 스트리트에서 아주 가까운 올더스게이트였 는데, 이곳은 사람들로 북적이고 쓰레기가 나뒹구는 거리였다. 《아레오파지 티카》의 문장들은 절박한 위기감에 가득 차 있다. "사람들은, 과거에는 논 의의 대상도 되지 않았고 저술의 대상도 되지 않았던 것들[에 관하여] …… 논쟁하고, 추론하고, 책을 읽고, 고안하고, 논의해야 마땅하다."라고 그는 썼다. 밀턴은 이 책이 다루고자 하는 주제에 관해 잘 알았다. 이 책은 일석 이조의 효과를 노리고 있었다. 첫째로, 이 책은 허버트 파머(Herbert Palmer) 라는 성직자에게 띄우는 강력한 답변이었다. 파머는 몇 달 전 영국 의회에 서 밀턴의 이혼관을 비판하는 적대적인 설교를 했다. 《아레오파지티카》에 는 기성 교회, 형식만 남아 있는 의례 절차, 십일조, 그리고 그가 '탐욕스러 운 수사(修士)'라고 부른 성직자들에 대한 극도의 경멸적 감정이 넘쳐흘렀 다. 둘째로 이 책은, 출판업자 조합이 하원 출판위원회를 상대로 제출한 청 원서에 대한 비판이었다. 이 청원서는 밀턴을 출판 규정 위반자로 지목했으 며 출판 관련 법률의 강화를 촉구했다. 밀턴의 책에는 서적 발행 허가제와 서적 사전 검열제 관행에 대한 반대 입장이 표명되어 있으며, 그가 품고 있 던 여러 생각이 다양하게 서로 연결되어 나타난다. 그는 당시의 공화주의적 사상을 신봉하고 있었으며, 고대 그리스와 로마에도 학문적 관심을 보였고, 자유 의지, 양심, 책임감과 그 밖에 다른 기독교적 개인주의 덕목들에도 열 정적인 신념이 있었다. 이 기독교적 덕목은 신에게 선택받은 사람의 내면에

《아레오파지타카》 이 책의 제목은 고대 그리스의 연설가 이소크라테스(Isocrates)가 기원전 5세기에 쓴 《아레오파기티코스》를 본뜬 것이다. '아레오파고스'는 아테네에 있는 바위 언덕의 이름인데, 고 대 그리스 시대에 재판정이 있었던 곳으로 전해진다.

신이 살아 있다는 믿음, 즉 '내면의 빛'의 교리로 설명되었다. 1644년 11월에 출간된 4펜스짜리 밀턴의 책은 출판 허가 없이 나왔으며 출판인의 이름도 없었다. 만일 출판인을 밝혔더라면 그 사람은 괴롭힘을 당하거나 체포될 위험이 있었다. 책의 속표지에는 에우리피데스의 〈탄원하는 여인들〉의 한 구절이 인용되어 있었다. 이 인용문은 이 책의 주제와 목적을 명확하게 말해준다. "이것이 진정한 자유다. 자유롭게 태어난 인간들이/ 일반 대중에게 조언할 것을 자유롭게 말하는 것/ 그런 행동을 할 능력이 있으며 그런 의지가 있는 자는 높이 칭찬받아 마땅하며/ 그런 능력도 의지도 없는 자는 입을 다물라./ 한 나라 안에서 이보다 더 정의로운 일이 무엇이겠는가?"

이후 많은 해설자들은 출판 허가 없이 나온 밀턴의 이 책을 출판의 자유를 다룬 근대에 출간된 비슷한 부류의 책 가운데, 어느 언어로 쓰인 것이든 간에, 가장 위대하다고 생각했다. 어쩌면 이는 후대 사람들의 과장된 편견일지도 모른다. 이 책의 초판은 다 판매되지도 않았으며, 17세기가 끝날 무렵에야 2판이 나왔다. 여하튼 이 책은 의심할 여지 없이 인쇄기의 정치적 의미에 관한 최초의 주장이자, 지속적으로 영향력을 행사한 주장들 가운데 하나였다. 밀턴의 주장은 부분적으로 실제적인 측면이 있었다. 당시 인쇄 기계는 값이 저렴하고 무게가 가볍고 이동이 쉬웠기 때문에 이런 인쇄 기계의 사용을 금지하는 것은 마치 "공원 문을 닫아서 까마귀들을 가두어 둘 수 있다고 생각하는 용감한 자"의 어리석은 행동과 마찬가지로 아무 효과가 없을 것이라고 밀턴은 주장했다. 이런 조롱 섞인 말은 출판 검열에 대한 밀턴의 깊은 혐오감이 뒷받침하고 있었다. 그의 생각에 따르면, 출판 검열 조치는 각 개인이 스스로 생각할 수 있는 자유를 누리지 못하게 말살하는 것이었다. 이런 조치를 취하면, 각자가 신중하게 판단할 수 있는 능력이 약해지며, 이는 결국 기독교적 삶을 선택하는 능력을 약화한다는 논지였다.

검열 제도를 향한 공개적 도전인 밀턴의 책은 자유로운 출판을 통해 신을 향한 사랑과 '자유롭고 지적인 영혼'이 번성할 수 있다는 믿음으로 가득차 있었다. 신은 각 개인에게 이성(理性)을 빌려주었으며, 이는 곧 글을 읽으면서 양심이라는 내적인 빛의 힘으로 선과 악 가운데 하나를 선택할 능력을 빌려준 것이라고 밀턴은 확신했다. 신은 인간에게 그들의 이성을 활용하도록 위탁했고, 그 이성을 자유롭지 못한 곳에 가두어 두면 안 된다는 지침을 내렸으며, 그 지침과 함께 출판의 열쇠가 천국에서 지상으로 내려보내졌다는 것이다. 이는 반대 의견이나 반대 경험과 적극적으로 접촉하는 과정을 통해 각 개인의 덕성이 지속적으로 성장하고 시험받아야 한다는 것을 의미한다. 기독교적 덕성은 순진무구함에서 태어나는 자식이 아니다. 선과 악은 쌍둥이다. "밀과 가라지, 좋은 물고기와 잡스런 물고기를 구분하는 것은 인간이 할 수 있는 일이 아니다. 이는 현세의 일이 끝날 때 천사들이 맡아야 할 일이다." 선을 알 수 있는 유일한 방법은 악을 잘 아는 것이며, 그렇기 때문에 악은 결국 선의 실천을 가능하게 하는 것이다. 진리의 집에는 신에 대한 모독과 모함도 함께 살고 있다. 따라서 내 의견과 다르거나 충돌하는 의견에 관용적인 태도를 지니는 것은, 개인의 판단력을 기르고 덕성을 갖추는 데 기본적인 전제 조건이다. "우리를 정화하는 것은 시련이며, 시련은 반대되는 것에 의해 이루어진다."라고 밀턴은 말했다.

관용이라는 것은 무척 까다로운 원칙이다. 이 점은 밀턴도 솔직하게 인정했다. 덕성을 지키기 위한 투쟁에서, 불관용에 관용을 베푸는 것은 자신의 패배를 부르는 길이다. 따라서 그는 교황 추종자들이 내는 출판물은 금지되어 마땅하다고 보았다. 밀턴이 출판의 완전한 자유를 지지했던 것은 아니다. 그 당시에 그런 사람은 아무도 없었다. 그는 '내면의 빛'을 대신할 권리가 정부에 있는 것은 아니라고 보았지만, 어떤 책들은 사회를 극히 혼란스럽게 하여 그 빛을 꺼뜨릴 위험이 있다고 생각했다. 그는 '투르크인'*의 의견이 그런 위험을 불러올 가능성이 크며 '교황파'의 경우에는 의심의 여지가 없이 그런 위험을 불러올 것이라고 보았다. 그는 가톨릭(popery)이 "종교의 옷을 뒤집어쓴 사제들의 전제 지배"이며 "모든 종교적, 시민적 권리를 뿌리 뽑아버릴 것"이라고 주장했다. 당시 영국에서 '교황파'는 사실상 에스파냐 혹은 프랑스를 위해 움직이는 잠재적인 '제5열'이었다. 밀턴은 교황을 지지하는 독선적인 인물들이 내는 책은 제거해야 마땅하다고 힘주어 말했다. 덕

* 여기서 '투르크'는 이슬람 세계를 대표하는 나라로 지칭되었다. 당시 서구인이 가장 쉽게 접할 수 있는 이슬람 국가였기 때문이다. 당시 서구인은 이슬람 세계를 폭정이 지배하며 무절제한 욕망과 관능이 널리 퍼져 있는 곳으로 보았다.

성을 지키기 위한 투쟁에서 이러한 불관용에 관용을 베푸는 것은 패배를 자초하는 일이라고 밀턴은 강력하게 주장했다. 따라서 밀턴은 어떤 출판물이 나온 이후 그것이 출판권의 남용과 방종이라고 판단될 때 이를 처벌할 수 있는 법률에는 찬성 의견을 표했다. 미래의 정치체는 만일 어떤 사람들이 그 정치체를 압박하려 한다면, 그에 맞서 그 사람들을 압박할 필요가 있다. 미래의 정치체는 "책이 어떻게 사람만이 아니라 스스로의 품위를 떨어뜨리는지 경계의 눈으로 지켜보아야 하며" 그리하여 "그런 일이 있을 경우에 저자들은 해로운 존재로 인식하고 그 행동에 제한을 가하거나 감옥에 가두거나 혹은 가장 강력한 법적 제재를" 가해야 한다.

　그는 국가의 모든 제한을 철폐하자고 주장하지는 않았지만 출판에 대한 지나치게 강압적인 통제는 잘못된 것이라고 결론 내렸다. 그가 내린 결론은 수사학적 측면에서 볼 때 매우 뛰어난 논술이었다. 그는 선과 악에 대한 지식은 검열의 대상이 될 수 없으며, 또한 세금 부과의 대상이 되는 상품도 아니라고 논술했다. 밀턴은 검열이 개인들을 마치 성질 나쁜 어린아이처럼 다루는 것일 뿐 아니라, 한 국가의 존엄을 깎아내린다고 주장했다. 정부의 검열은, 기독교인이 잘못된 교리에 저항할 힘이 있다는 것과 그 교리에 맞서 승리할 힘이 있다는 것을 정부가 신뢰하지 않음을 입증한다. 검열 제도는 눈먼 자들의 논리에 기반을 두고 있으며, 진실과 거짓이 '자유롭고 공개된 대결'을 벌이면 결국 승리를 거두는 쪽은 진실이라는 것을 알지 못하는 근시안적 견해. 검열 제도의 가장 나쁜 점은 신이 인간에게 선물한 이성을 강탈한다는 점이다. 이것은 살인의 한 종류다. "사람을 죽이는 자는 신의 형상인 이성을 지닌 창조물을 살해하는 것이다. 한편 좋은 책을 파괴하는 자는 이성 그 자체를 살해하는 것이며, 마치 사람의 눈 속에 들어 있는 가장 귀중한 신의 형상을 살해하는 것과 같다.〔이는 신의 형상이 인간의 정신에 직접 투영되어 있다는 뜻이다.〕"

저지대 개신교도의 봉기

　강력한 논리 전개이며 예리한 단어 선택이었다. 이 글은 공개적으로 표출된 여러 의견과 피치자의 동의에 기반을 두는 새로운 통치 형태에 대한 지지를 촉구하는 드높은 나팔소리였다. 밀턴은 이 같은 통치 형태를 '코먼웰스(Commonwealth)'라고 불렀다. 밀턴의 글은 영어를 읽거나 쓸 수 있는 사람이라면 누구에게나 강한 설득력을 발휘했다. 대의 정치의 여러 원칙을 빛나는 은색 실에 비유한다면, 밀턴은 《아레오파지티카》에서 이 은실 가닥들을 한데 모은 다음, 멋진 황금색 리본으로 매듭을 묶은 것과 같다. 이 황금색 리본은 바로 출판의 자유라는 원칙이었다. 그는 의회를 통해 운영되는 공화정을 선호했다. 잉글랜드처럼 '민족'을 기반으로 하면서 넓은 영토를 가진 정부의 경우에는 대의 메커니즘이 필요하다고 보았다. 각 지역 정부와 교회에도 마찬가지로 대의 활동은 필요하다. 밀턴은 인쇄기를 활용해 대의원들이 그릇되게 행동하지 않게 할 수 있다고 확신했다. 만에 하나라도 대의원들이 거짓의 악마에 굴복하는 일이 생길 경우에는 활자를 통해 그들의 기만과 거짓된 자만심이 폭로될 것이라고 주장했다. 그리하여 어떤 통치 형태를 원하는지 자신의 의견을 가진, 글을 읽을 줄 아는 대중이 그 사실을 알게 될 것이었다. 대의 민주주의를 출판의 자유라는 황금색 리본으로 묶인 상호 보완적인 여러 제도들의 다발로 여길 때, 부족한 요소가 하나 있었다. 귀중한 다이아몬드 같은 그것은 바로 '민주주의'였다.

이 요소는 사실 이미 수십 년 전에 영국 해협 건너편 유럽 대륙에서 등장한 적이 있었다. 당시 '에스파냐의 노예 상태'에 대항하여 대의 정치 체제를 세우기 위해 놀라운 투쟁을 벌인, 한마음으로 뭉친 개신교도들에 의해서였다. 유럽에서 민주주의의 이름을 내건 대의정이 처음 등장한 것은 1581년 중반 즈음이었는데, 당시에는 이 사건에 어떤 특별한 의미가 있는지 아무도 의식하지 못했다. 1581년 7월 26일, '연합주 전국의회(States General of the United Provinces)'라는 대의제 회의체가 헤이그에서 소집되었다. 대의원들은 부유한 개신교도들이었으며 이들은 브라반트, 헬데를란트, 플랑드르, 홀란트, 제일란트, 위트레흐트, 오버레이설, 프리슬란트 같은 주의 도시들을 대표했다. 이들이 입에 올린 정치적 언어를 보면, 마치 이 책에서 우리가 살펴본 대의제의 다양한 기원에 관한 내용들로 가득 채워진 한 권의 사전을 보는 듯하다. 대의원들은 선언문에서 다음과 같이 지적했다. "인간이 신에 의해 창조될 때 군주를 위해 창조된 것이 아니며, 또한 군주의 명령에 복종하는 것을 유일한 목적으로 하여 창조된 것도 아니다. 이는 군주가 경건한 자이든 아니든, 또 정당한 군주이든 부정한 군주이든 마찬가지이다. 또한 군주에게 혹은 군주의 노예들에게 봉사하기 위해 인간이 창조된 것도 아니다."

또 대의원들은 파기되고 만 여러 서약들, 반복적으로 자행된 배신, 잔혹한 전쟁, 강탈 행위, 추방, 처형, 순교, 집단 학살에 관한 끔찍한 이야기를 마치 목록을 만들 듯 자세하게 서술했다. 이 선언문 초안자들은 이러한 죄행들이 신의 뜻에 어긋나는 것이라고 주장했으며, 이런 연유로 에스파냐의 왕이자 홀란트와 제일란트의 백작이었던 펠리페 2세와의 관계가 회복할 수 없는 상태로 완전히 무너지고 말았다고 주장했다. "화해의 방도는 모두 사라졌으며 더는 개선책도 조력도 얻을 수 없는 상태"가 되었기에 초안자들은 이제 에스파냐 왕으로부터 자유로운 공화국을 선포해야 한다는 결론에 도달했다고 주장했다. 이 독립 선언은 "자연법에 부합하는 방식으로 이루어졌으며 우리 자신의 권리와 우리 동포들의 권리 보호를 위해, 우리의 특권과 전통적 관습과 조국의 자유를 위해, 우리의 배우자와 자식 그리고 후손의 생명과 명예를 위해" 실행되었음을 강조했다.[30]

이 독립 선언은 훗날 '철회령(Act of Abjuration)'이라고 불리게 되는데, 이를 지지하는 사람들은 여러 면에서 확고한 입장을 고수했다. 이 반란이 진행되던 지역 전체에서 사람들은 펠리페 2세의 문장(紋章)을 파괴했으며 건물 외벽에 장식물로 설치된 문장도 마찬가지로 철거했다. 어떠한 공식 문건에서든 그의 이름을 언급하는 것이 금지되었으며 공직과 공공 업무에 종사하는 모든 사람에게는 새로운 선서 의식이 실시되었다. 이 선언문 자체에 '민주주의'라는 단어가 직접 언급된 것은 아니었지만 지지자들 가운데 이단어를 언급한 사람들이 분명히 존재했으며, 그들은 도시의 자치에 관한 습관이 몸에 배었기 때문에 그리했던 것이다. 독립을 선언한 이들이 군주제에 항거하고 의회 통치를 수용한 데에는 깊은 뿌리가 있었다. 다음 네 가지 사실을 기원으로 들 수 있다. 첫째, 16세기의 저지대 지역은 세계에서 가장 도시화된 지역이었다. 둘째, 이 지역은 유럽 전체에서 가장 상업적으로 발달

1581년에 이른바 '철회령'이 선포되던 당시에 저지대 지역에 있던 여러 주(州)와 주요 도시들.

한 지역이었다. 셋째, 이 지역은 여러 군주들의 조치로 말미암아 지역 전체를 포괄하는 하나의 중앙 집권적인 국가 조직이 꾸준하게 발달했다. 넷째, 이 지역은 수로 관리와 도시에 기반을 두었으며, 기독교인의 열정이라는 특색이 있었고, 자치(自治)의 오랜 전통이 있었다. 이러한 요인들이 모여 혁명을 촉발한 것이다. 이 혁명은 미래의 여러 순간에 그대로 옮겨졌으며, 그 뒤로도 오랫동안 전 세계 각지에 영향을 끼쳤다.

이 혁명은 정확히 어떻게 일어났는가? 혁명(revolution)은 그 정의 자체에 어떤 마술적 의미가 있으며 예측이 불가능한 사건이다. 하지만 당시 저지대 지역이 매우 높은 수준의 도시화를 이룩했다는 사실은 분명히 결정적인 역할을 했을 것이다. 당시 이 지역을 여행한 사람들도 이곳의 높은 도시화 수준을 인상 깊게 받아들였다. 독립 선언 직전 시기에 이 지역에는 대략 300만 명의 주민이 살았는데 이 가운데 3분의 2가 이 지역의 핵심 주인 홀란트, 브라반트, 플랑드르에 거주했다. 홀란트, 브라반트, 플랑드르는 농업 경제 면에서도 번창했지만, 그 지역 전체 주민의 반수에 가까운 사람이 도시에 살았으며 그런 도시 가운데 몇몇은 규모가 매우 컸다. 에스파냐 왕가의 지배가 타도될 당시 안트베르펜은 9만 명의 주민이 살고 있었으며 유럽의 재정과 교역의 중심지였다. 두 번째로 큰 도시인 브뤼셀에는 5만 명 정도의 주민이 살았고, 암스테르담에는 2만 5천 명 정도의 주민이 살았다. 암스테르담은 발트해 주변의 곡물 교역에서 새로운 중심 도시로 떠오르고 있었다.

　모든 사람이 이익을 보았던 것은 아니다. 시장 경쟁은 언제나 패자를 낳게 마련이다. 하지만 한 가지 사실만은 분명했다. 그것은 이런 도시의 엘리트 집단이 큰 부를 이루었을 뿐 아니라, 각 도시의 통치 기관들을 관리했기 때문에 거기에서 자연스럽게 따라오는 정치적 권력도 누렸다는 사실이다. 이 엘리트 집단은 스스로 신을 두려워할 줄 아는 경건한 '시민(burgher)'이라고 자부했으며, 자기 자신을 많은 재산을 소유한 '귀족'으로 여겼고, 다른 주민보다 1미터 정도 높은 위치에 올라 있다고 생각했다. 이들은 모든 일을 자신의 손으로 직접 해결하는 데 익숙한 자치 도시의 시민이었다. 이들은 상업과 은행업과 교역의 장점을 확신했다. 이들 중 대다수는 인간이 본래 허영심에 가득 찬 존재이며, 그들 자신도 다른 사람들보다 뛰어난 존재로 부각되기를 열망한다는 것을 인정했다. 하지만 여기서 그들은 시종 한 무리를 두어 자신을 따라다니게 하는 과거의 봉건적인 제도가 이런 허영심의 문제를 해결하는 방법은 아니라는 결론을 이끌어냈다. 그보다는 자신의 에너지를 일과 재산과, 부의 축적에 쏟는 편이 훨씬 더 좋은 방법이라고 생각했다. 사람을 소유하는 것보다 돈을 소유하는 것이 월등하게 더 좋은 것이었다. 바로 이러한 이유에서 이들은 각 지역의 통치 기관을 활용해 자신의 자산을 보호하는 데 상당한 솜씨를 발휘했다. 이들은 시장, 시의 행정관, 재판권을 행사하는 법정 구성원의 결정뿐 아니라 돈과 사법과 행정에 관한 주요 사안들을 다루는 권한이 있는 여러 개의 시 평의회 구성원을 결정하는 과정에 오랜 세월에 걸쳐 영향력을 발휘해 왔던 것이다.

　도시 부르주아지—계급적으로 보았을 때 이들은 이 명칭으로 불려야 마땅하다. —의 이러한 정치 권력 강화에 도움이 된 것은 역설적이게도, 이 지역에 중앙 집권적인 국가 기구를 설립함으로써 저지대 지역을 통합하려 했던 여러 군주들의 조치였다. 통합 과정은 매우 복잡하게 진행되었다. 통합은 14세기 후반에 시작되었는데, 권력 공유의 전략에 의존하면서 추진되었다. 이것은 고대 그리스의 클레이스테네스와 에스파냐의 알폰소 9세처럼, 그 밖의 다른 측면에서 전혀 달랐던 통치자들이 공통적으로 활용한 전략이었다. 저지대 지역을 통치했던 왕조들은 자신의 통치권을 확고하게 하기 위해, 영토를 새로이 획득하거나 지역의 다양한 정치 단위들 사이에서 협조를 촉구하거나 분쟁을 중재하는 방식을 택하지 않을 수 없었다. '대담공(大膽公)'이라고 불린 부르고뉴 공국의 필리프 2세(Philippe le Hardi, 1342~1404)는, 마치 자신의 이름처럼, 1384년에 아르투아와 플랑드르를 획득했으며 그 다음에는 림부르흐(Limburg)와 브라반트를 차지했다. 1430년에는 그의 손자인 '선량공(善良公)' 필리프 3세(Philippe le Bon, 1396~1467)가 이 정치 단위 사이에 실질적 통합 관계를 구축했으며, 3년 뒤 그는 자기 자신을 '제일란트, 홀란트, 에노의 백작'으로 임명함으로써 저지대 지역의 핵심 지방들을 묶는 통일 과정을 완성했다. 그는 자신의 아들인 '용담공(勇膽公)' 샤를 1세(Charles le Téméraire, 1433~1477)와 함께 영토 경계선을 기초로 하는 여러 중앙 집권적 제도들을 구축했고, 이 제도들의 집합은 초기 공화주의자들이 '국가(the state)'라고 부르는 구조의 모습을 닮아 가기 시작했다.

분리되어 있던 여러 정부를 하나로 통합하며 사법과 재정에 관한 핵심 제도들을 만드는 일은 외부에서 간섭을 받거나 내부의 저항을 받을 위험이 있다. 외부의 간섭을 보자면, 1477년 용담공 샤를 1세가 이끌던 부르고뉴 공국은 낭시 전투에서 로렌 공작 르네(René)에게 패배했다. 이 전투에서 샤를 1세가 전사하면서 그가 통합했던 지역은 다시 흩어지게 되었다. 이렇게 외부 세력에게 정복당하게 되자 놀랍게도 부르고뉴 공국 내에는 애국적 정서가 폭발하여 새로운 프랑스 통치자들에게 저항하는 모습이 나타났다. 수십 개 도시에서 사람들이 들고 일어섰으며 지방 특권이 다시 부활했고 사람들은 행동에 나섰으며 부르고뉴의 왕녀 마리를 아버지의 적법한 후계자로 추대하고 프랑스 왕국에 맞서 무기를 들고 일어서겠다고 위협했다. 그러나 부르고뉴 공국의 상속자 마리는 이런 반대파들을 배신했다. 신성로마제국 황제이자 오스트리아 대공인 프리드리히 3세의 아들 막시밀리안(Maximilian, 1459~1519)과 결혼을 한 것이다. 이리하여 합스부르크 왕가와 부르고뉴 왕가는 통합되었으며, 1496년에 마리의 아들인 '미남공(美男公)' 필리프 4세(Philippe le Bel, 1478~1506)가 카스티야 왕국의 후아나(Juana) 왕녀와 결혼하면서 왕조 간의 거래가 마무리되었다. 이후 운명의 묘한 장난에 의해 후아나는 카스티야와 레온의 여왕 자리에 오르게 된다(1504년). 결국, 여러 왕족들 사이의 유혹과 결혼의 정치 작용에 의해 저지대 지역은 에스파냐의 일부가 되고 말았던 것이다. 이후 필리프 4세의 아들인 카를 5세(Karl Ⅴ, 1500~1558)는 에스파냐의 왕위와 신성로마제국 황제 지위를 동시에 차지하게 되자, 저지대 지역의 통일을 완수하기 위해 과감한 조치를 취한다. 그는 프리슬란트, 위트레흐트, 오버레이설 같은 곳을 재빨리 손에 넣었다. 6년 뒤 그는 또 다른 조치를 취하는데, 후에 이 조치를 두고 깊이 후회하게 된다. 그 조치는 바로 네덜란드 전체를 '단일하고 절대 분할할 수 없는' 지역으로서 행정적인 독립성을 부여하는 조치였다.

이러한 여러 개혁에 참여한 대부분의 사람들은 미처 깨닫지 못하고 있었지만, 결혼과 상속과 통합에 이르는 장기간에 걸쳐 '위에서 아래로' 실시된 행정 개혁은, 권력 공유형 회의체에 관한 기술을 '아래로부터' 습득하는 일종의 학교 역할을 했다. 각 지역의 '신을 두려워할 줄 아는' 시민(burgher)들은 겉으로는 잘 보이지 않는 방식으로 자신들의 회의체를 창설하고 수호하는 노력을 계속했다. 이런 장기간의 노력은 결국 1579년 '위트레흐트 동맹'의 결성으로 이어지며 정점에 이른다. 이는 홀란트, 제일란트, 위트레흐트, 헬데를란트, 프리슬란트, 오버레이설, 흐로닝언의 대표자들이 결성한 동맹인데, 대단한 위세를 떨친 연합체였다. 이 동맹의 목적은 이들의 여러 공통된 권리를 보호하는 것이었으며 그 가운데에는 개신교도로서 종교적 관용을 향유할 권리도 포함되어 있었다.

위트레흐트 동맹은 참신한 시도였다. 이는 일정하게 규정된 영토 내에 대의제적 정부를 건설하는 하나의 도박이었다. 이 실험적 사업은 돛도 노도 없이 망망대해를 항해하는 배의 그림을 자신의 상징으로 택했으며 배 그림 아래에 '인케르툼 쿠오 파타 페란트(*incertum quo fata ferant*)'라는 라틴어 문구를 써넣었다. 이 문구는 '우리는 운명이 우리를 어디로 데려갈지 모른 다'는 뜻이다. 이런 상징을 택한 것은 적절한 결정이었다. 1555년 아버지 카를 5세의 뒤를 이은 펠리페 2세(Felipe II, 1527~1598)가 이끄는 정부는 엄격 하게 말하자면 절대주의 체제도 아니었고 그렇다고 대의제적 정부의 개방 된 체제도 아니었는데 바로 그런 사실 때문에 정치적으로 상당히 불안정한 분위기가 있었다. 대신에 펠리페 2세는 특혜로 돌아가는 정치 체제를 운영 했다. 이는 후견-피후견 관계가 중심이 되는 체제였는데, 이런 후견 행위는 특히 각 지역의 부유한 시민들을 타깃으로 삼았다. 이들의 지지를 확보하는 것이 가장 중요하다고 생각했기 때문이다. 이들의 지지가 있어야 애국심을 북돋울 수 있을 것이고, 또 당시 복잡하게 얽혀 있던 통치 제도를 '때려 부 수어' 일관성 있는 정치체와 유사한 어떤 것을 만들어낼 수 있을 것이었다.

그렇게 펠리페 2세는 위로부터의 분할 통치(divide and rule)라는 위험한 게임을 하고 있었다. 가장 부유한 부르주아 '귀족들' 중 일부가 특히 각종 직책을 많이 선물받았다. 이들은 각 지역의 총독 직책을 받았으며 그와 동 시에 상당한 돈도 받았고, '황금양모기사단*'의 일원이라는 거창한 칭호도 부여받았다.(이 기사단은 1430년 선량공 필리프 3세가 설립했다.) 이 후견 제도 는 결국 자기 모순에 빠지게 된다. 왜냐하면 군주정이 이렇게 신민을 공식 적으로 인정하면서 신민들 가운데 일부(즉 귀족적 시민)를 특히 총애하는 사 람으로 지정함에 따라, 결과적으로 군주정의 업무에 대해 적극적으로 발언 할 수 있는 권리를 그들에게 준 셈이기 때문이다. 여하튼 이런 이유로 펠리 페 2세 치하에서는 서로 협상을 통해 수십 가지의 규정과 절차가 갑자기 생 겨나기 시작했다. 또한 이 규정과 절차가 실제로 암묵적인 헌법으로 작동하 기 시작했으며 나아가 최고 입법자, 최고 재판관이고자 하는 주권자(즉 군 주)의 요구에 제동을 거는 브레이크 역할을 하기 시작했다. 정부 활동은 점 차 상호 합의적인 성격을 띠게 되었으며 지역 주민들은 이러한 정부 활동을

'쇼즈 퓌블리크(chose publique)', 즉 '공공의 일'이라고 불렀다.* 군주는 '국가의 중대하고 주요한 문제'에 관하여 각종 자문 기구의 조언을 받았는데, 국내 치안과 외교 문제를 담당하는 '국왕자문회의'(1531년 카를 5세가 처음 만들었다)나 '국가자문회의'를 예로 들 수 있다. 법의 규제나 일반 공공 행정에 관한 사안은 여러 개의 '사법자문회의'가 맡았다. 한편 입법 준비를 하고 실시하는 업무는 '추밀원'에서 담당했는데, 그 밖에도 특허, 특권, 사면을 인가하고 특정한 정책 대립에 관하여 최종 심판의 역할도 수행했다.

세금과 네덜란드의 민주주의

이처럼 상호 합의를 통해 운영되던 정부는 스스로를 귀족적 시민(noble-burgher)의 주인이자 종복으로 상상하려 했다. 이 정부는 귀족적 시민들에게 깊이 의지하고 있었다. 이것은 분명 매우 세심하게 신경을 써야 균형을 잡을 수 있는 일이었다. 그러나 저지대 지역의 통치자들에게 이런 태도를 유지하는 것 외에는 다른 대안이 없었다. 그들은 화려한 의식을 진행함으로써 이런 복잡한 속내를 감추려 했다. 왕들이 여는 겉치레 행사 가운데 다른 것보다 월등하게 극적인 성격을 띠었던 것은 브라반트에서 열리는 '환희의 입성(la joyeuse entrée)'이라는 공개 서약 의식이었다. 이 의식은 14세기 중반에 시작되었다. '환희의 입성'이라고 이름 붙은 까닭은 당시 브라반트의 공작 지위에 오르게 된 룩셈부르크의 벤체슬라우스(Wenceslaus of Luxemburg, 1337~1383)가 그의 새로운 부인 요한나(Johanna)와 함께 브뤼셀에 공식적으로 처음 들어올 때 이 의식이 행해졌기 때문이다. 이 의식은 지역의 정치적 상상에 매우 큰 영향력을 행사했다. 이 의식을 묘사하는 벽화와 그림, 그 밖의 장식물들이 겐트와 브루게와 같은 도시의 시청 건물에 눈에 잘 띄게 설치되었다. 이 의식에는 많은 군중이 몰려들었으며 이런 의식과 관련된 성경의 우화가 자주 언급되었다. 이는 매우 중요한 의식이었으므로 브라반트의 역대 공작들은 모두—1549년 운명적인 '입성'을 하게 된 펠리페 2세를 포함

---

* 프랑스어인 'chose publique'는 라틴어로는 'res publica'인데, 이 두 단어가 합쳐져 '공화국(republic)'이라는 단어가 된다.

하여 — 공개적으로 엄숙한 선서를 해야 했는데, 그들은 선서를 통해 부패와 자의적인 통치에서 주민들을 보호하는 여러 법률을 충실히 준수할 것을 다짐했다. '환희의 입성' 의식에서 언급되는 여러 조항들은 법 앞의 평등을 보장했다. 이 조항들은 중앙 집권적 권력을 제한하고 선(善)을 위해 일하며, 모든 주민이 지역의 통치 과정에 참여하기를 권장하는 것을 통치자의 의무로 규정했다. 또 '환희의 입성'에는 정부에 공개적으로 책임을 물을 수 있게 하는 규정이 명기되어 있었다. 이 규정을 깊이 해석하면 그 이면에는 왕국의 신민들이, 어떤 상황에서는, 무분별한 통치자에게 복종을 거부할 수 있는 권리를 지닌다는 원칙이 숨어 있었다.

불복종이라는 개념 속에는 복종이란 개념이 우선적으로 담겨 있기 때문에, '환희의 입성'의 이런 원칙들이 군주제 폐지를 정당화하는 데 활용될 수 있으리라고 누구도 생각하지 못했다. 하지만 바로 그런 일이 1581년 여름에 일어났다. 시민(burgher) 반란자들은 불복종 행동을 전개했으며, 왕가에서 화려한 의식을 거행한다고 해서 핵심적인 문제, 즉 펠리페 2세의 왕정주의 정부를 운용하는 데 필요한 세금을 누가 부담할 것인가 하는 문제를 뒤로 감출 수는 없다는 것을 보여주였다.

16세기가 흘러가는 동안에 특히 제일란트와 홀란트의 귀족적 시민들은 위의 문제에 답을 제시하면서 그들의 정치적 영향력을 과시하는 방법을 습득했다. 예를 들어 그들은 도시의 행정관을 결정할 때 후보자 몇 명을 국왕에게 제시하여 국왕이 그들 가운데서 한 명을 지명하도록 했다. 이와 같이 부유한 시민들은 이미 도시 내부 행정에 관하여 사실상 최종적인 발언권을 지니고 있었다. 귀족적 시민들은 이 권한들을 지키는 데 매우 적극적이었으며, 결국 그 권한들을 확실하게 보호하는 유일한 방법은 자신들의 힘을 '위쪽으로', 즉 도시 차원을 떠나 정부의 최고위층에까지 명확히 드러내는 것이라고 결론지었다. 권력의 정점에 선 그들은 자신들의 의견이 진지하게 고려되어야 마땅하며 전쟁 선포나 세금 징수를 비롯한 그 밖의 다양한 사안에서도 자신들의 동의가 반드시 필요하다고 강력하게 주장했다. 이런 상황이 벌어진 데는 묘한 역설이 숨어 있다. 즉, 부르고뉴 왕가는 '선량공 필리프'의 최초 시도를 발판으로 하여 각 지방의 회의체를 통합해 일정 정도의 연방제적 성격을 띠는 회의체 기구, 즉 '연합주 전국의회'를 구성했는데, 바로 그 덕분에 시민들의 이런 행동이 가능하게 된 측면이 있었던 것이다. 이 의회의 권한(1477년에 '대특권Grand Privilege'이라는 문서에서 처음으로 규정되었다)에 는 선전 포고를 중지할 권리, '우리의 공통의 지방들의 복지와 이익, 그 밖의 사안들을 토론'할 수 있는 권리가 포함되어 있었다. '대특권'은 이 의회에 토론의 자유라는 원칙과 군대나 전쟁 관련 사안에서도 발언권이 있다는 원칙을 밝히는 데서 멈추지 않았다. 당시 왕정은 '연합주 전국의회'에 새로운 세금을 요구했는데, '대특권'의 내용에는 바로 이런 새로운 세금 부과를 승인할 권리도 언급되어 있었던 것이다.

이렇게 해서 북부 에스파냐의 초기 '코르테스(Cortes)'에 암묵적으로 내재해 있었으며 이후 등장한 모든 대의 민주주의 정치체에서 근본 원칙으로 인식되는, 피치자의 대표권 행사 없이 세금을 부과할 수 없다는 원칙이 협상 테이블 위에 올려졌다. 조세 부담에 관한 사안은 시간이 지남에 따라 급속하게 귀족적 대시민들에게 엉덩이에 박힌 가시처럼 괴로운 문제가 되었다. 16세기에 정부 구조가 점차 중앙 집권화되고 왕정이 더 많은 세금을 요구하면서, 급기야 시민들과 그들의 대표자들이 지갑을 꽉 닫아버리는 지경에 이르게 된다. 이런 행동을 하면서 그들은 민주주의라는 명분을 내걸었다. 돈과 민주주의를 연결하는 것은 당시로서는 매우 이례적인 일이었다. 16세기 전까지 돈과 민주주의는 마치 기름과 물처럼 서로 섞일 수 없으며 서로를 배척하는 요소들로 여겨졌다. 최소한, 고대 그리스와 로마 시대에 민주주의의 친구이거나 관찰자였던 많은 사람들은 그렇게 생각했다. 소포클레스는 다음과 같이 말했다. "도시를 약탈하는 것은 바로 돈이며, 따뜻한 가정에서 남자를 멀어지게 하는 것도, 천성적인 순수함을 왜곡하고 타락하게 만드는 것도, 거짓말을 습관처럼 하게 만드는 것도 돈이다."[31] 플루타르코스도 다음과 같이 말을 거들었다. "모든 것의 힘의 원천이 돈이라고 처음 지적한 사람은 특별히 전쟁을 염두에 두었던 것으로 보인다."[32] 디오게네스도 그다지 호의적인 입장은 아니었다. "돈에 대한 사랑은 모든 악을 낳은 어머니다."[33] 이들의 말을 보면 돈이 낳는 것은 돈뿐이 아니었다. 돈은, 돈을 사랑하는 사람들이 다른 이를 지배할 수 있는 권력을 열망하게 만들기 때문에 자치의 정신을 해친다고 여겨졌던 것이다.

16세기 저지대 지역에서 돈과 민주주의의 관계에 대한 이러한 통념에 처음으로 근본적인 변화가 나타났다. 돈을 민주주의의 적이 아니라 민주주의를 성장시키는 것으로 보기 시작했으며, 민주주의라는 단어가 근대 유럽 역사상 처음으로 가치 있는 정치적 이상(理想)이자 좋은 것으로 여겨졌다. 이는 매우 특별한 변화였으며 어쩌면 연금술에 맞먹는 변화였다고도 말할 수 있다. 이 변화는 조세 징수를 둘러싼 공개적인 논쟁에서 촉발되었는데, 이 논쟁에 대해서 간략히 살펴보자.

저지대 지역의 많은 도시 거주자들, 특히 부유한 무역업자나 상인이 보기에 모든 상설 통치 기관은 그것이 어떤 형태이든 제대로 작동하려면 돈을 들여야 했다. 시민들은 분명 조세 징수의 역사에 관해서는 별로 아는 것이 없었을 것이다. 초기 이스라엘 민족 같은 고대 부족의 통치에는 조세라는 것이 없었다. 이 원시적 통치 체제는 정복 행위로 획득한 전리품에 탐닉했다. 그들은 자기 것으로 만든 토지, 곡물, 가축, 귀금속, 노예 같은 재화를 정복에 참가한 자들에게 분배하기도 하고 앞으로 다가올 궁핍한 때를 대비해 비축해 두기도 했다. 정복 행위 덕분에 부족의 수장들은 약탈물의 분배 과정을 독점할 기회와 점차 군주로 변모할 수 있는 기회를 얻었는데, 이렇게 군주가 된 이들은 자신의 신민들로부터 진상품을 비롯한 여러 물질적 공납을 합법적으로 수령할 수 있었다.

고대 부족 통치 체제가 고대 군주제로 변화하는 역사적 과정에는 치열한 갈등이 있었다. 이 과정에서 의도하지 않은 결과들이 많이 생겼는데, 고대 세계에 등장한 회의체들이 바로 그런 경우였다. 어떤 통치자가 신민에게서 재원을 얻어내기 위해 지나친 행동을 보일 때, 이 고대 회의체들은 종종 강하게 거부했다. 아테네 민주정에서도 마찬가지였다. 아테네 민주정은 자체 방어와 팽창을 위해 보병 부대에 크게 의존했는데, 아테네가 시도한 민회 중심 정부 운영에서 흥미로운 점은 아테네 시민들이 조세를 징수당하는 것을 불명예스럽게 생각해 이를 거부한 방식이다. 시민들이 정부와 맺은 계약은 그런 금전적인 차원의 계약이 아니었다. 군대에 필요한 남자들의 수가 증가하자 의무 징집이라는 수단이 제기되었는데, 시민들은 이 의무 징집에

응하는 대가로 자신들의 정부를 구성하는 데 시민의 자격으로 적극적으로 참여할 권리를 요구했다. 전사(戰士)들은 자신들이 정책을 수립하는 시민이라고 주장했다. 이런 계약은 가난한 평민들에게도 정확하게 적용되었다. 특히 전함에서 노를 젓는 남자들에게 그랬다. '나우티코스 오클로스(nautikos ochlos, 바다의 무리)'라고 불리던 이 수병들은 민회에서 매우 큰 영향력을 과시했다. 그들이 바로 해군에 병력을 공급하는 사람들이었기 때문이다.

아테네 제국이 팽창함에 따라 민회는 공공 채무(public borrowing)의 방법을 모색했다. 이런 공공 채무를 활용한 또 하나의 사례는 초기 로마 공화국인데, 기원전 3세기에 이르면 공공 채무의 총액이 로마 공화국 전체 1년 생산물 가치의 절반에 가깝게 증가한다. 이런 부채의 압력은 제국의 팽창 정책에 의해 일부 줄었지만, 결국 재정 압박을 견디지 못한 로마 제국은 무너지고 만다. 일반적으로, 로마 제국이 붕괴한 원인으로 빈약한 지도력이나 '야만인' 적대자들의 수적 우세 같은 외적 요인을 꼽지만 이는 잘못된 분석이다. 로마 제국 붕괴의 근본 원인은 지속적인 상업 축소, 도시의 쇠퇴, 물물 교환 경제의 성장이었다. 광대한 지역을 정치적으로 통제하기 위해 안간힘을 쓰던 이런 형태의 제국에는 재정 자원 확보가 가장 중요했는데, 로마 제국은 바로 이 재정 자원이 고갈되고 말았던 것이다.

중세의 마지막 시기가 되자 에스파냐 북부 지방과 이탈리아 북부 지방에 아주 작은 규모의 공화국들이 많이 생겨나는데, 바로 이 공화국들에서 자치와 조세에 관한 진정한 변화가 시작되었다. 앞에서 살펴보았듯이 주민이 1만 명 이상 되는 도시라면—베네치아, 제노바, 피렌체를 포함해—거의 모두가 공화주의적 자치 정부 실험을 진행했다. 이 도시들을 지배하던 상인들과 부유층들은 봉건 제도에 맹렬하게 반대 입장을 취했다. 14세기에 이 새로운 도시들은 봉건 제도로 빙 둘러싸여 고립된 상태였다. 도시의 지배층은 봉건적 질서가 강요하는 복종 관계를 싫어했으며, 모험적 사업이나 명예나 지도력에 관한 일을 처리할 때 전사의 우두머리와 그가 자의적으로 선택한 몇몇 종복들 사이에 충성이라는 사적인 유대 관계를 만드는 관행을 싫어했다. 또 그들은 '콤멘다티오(commendatio)'라는 중세의 관행에도 반대했는데, 이는 영주가 자신에게 의지하는 봉신(封臣)에게 토지와 그 토지에 거주하는 노예,

암스테르담에 있었던 교환 거래소의 모습. 1688년 이후에 요브 베르크헤이데가 그린 그림.

농노, 자유민에 대한 권리를 부여하는 제도였다. 봉신들은 그 대가로 영주가 그런 권리를 분배할 권력이 있음을 인정하고 완전히 복종했다. 이 권리 부여 제도는 '베네피키움(beneficium)'이라 불렸다.(나중에는 '페붐fevum'이라 불렸고 그보다 더 시간이 지난 후에는 '페우둠feudum'이라고 불렸는데, 여기에서 '피프fief', 즉 봉토封土라는 단어가 나왔다.) 베네피키움은 일종의 약탈적 권력 관계로 여겨졌다. 도시 지배층은 이 제도를 영주가 자신들보다 사회적으로 열등한 봉신에게 자신이 요구하는 봉사의 제공을 대가로 하여 일정한 권리를 부여하는 불공정한 제도이자 발전을 저해하는 일이라고 인식했다. 봉신들이 제공해야 하는 봉사에는 전시에 전투를 수행할 능력이 있는 말을 탄 전사를 제공하는 일이 포함되었다.

북부 이탈리아 도시에 살던 상인들은 이러한 관행을 몹시 경멸했으므로 정부와 완전히 다른 관계를 형성했다. 이들은 돈과 재산과 교역과 상업을 통제하고 있었기 때문에 도시국가를 사실상 통제할 수 있었으며, 정부 운영이 결국 사업과 마찬가지라고 보는 경향이 강했다. 이 때문에 국가 운영의 기술 중에서도 특히 공공 재정 분야에서 혁명적 변화가 일어났다. 의도나 효과 면에서 반(反)봉건적 성격을 띤 새로운 계약이 체결되었다. 상인들은 스스로 시민인 동시에 채권자라고 여겼다. 돈이건 현물이건 직접 납세의 부담을 피할 방법을 찾았지만, 어떤 정부에서든 비용을 지불해야 한다는 것을 잘 알았으므로 그들은 정부에 자금을 빌려주는 방식을 시도하기로 했다. 다양하고 기발한 방식이 개발되었다. 채무 증서를 발행하기도 했으며, 신부의 결혼 지참금을 마련하는 기금과 연금 기금도 개발했다. 세금을 납부하되 환급이 가능하도록 한다든가, 매입한 공채를 다시 매도할 수 있는 제도도 실험적으로 운용했다.

하지만 이탈리아의 공화국들은 서로 쓸데없이 싸우느라 자원을 모두 소진했고, 결국 이러한 채무자 국가의 틀을 좀 더 세련되게 다듬고 확대하는 작업은 새롭게 번영하던 저지대 지역의 도시들에서 진행되었다. 펠리페 2세에 대항하는 반란 직후에, 전체 주민 10만 명 가운데 6만 5천 명이 공공 기관의 채권자였던 것으로 추정된다. 시민-채권자들은 교환 거래소 안뜰에서 이리저리 몰려다니기를 좋아했으며, 시간이 흐르면서 자기 지방의 의회에 새로운 정치적 거래에 기반을 둔 새로운 조세 방식을 제정하도록 압력을 행사했다. 즉, 도시의 신민들은 자신들이 납부한 세금에 이자를 덧붙여 되돌려받는 조건과 채권자들을 시민으로 인정한다는 조건을 요구했던 것이다. 그 결과로 생겨난 원칙은, 돈을 받는 사람이 신뢰할 수 있는 사람일 경우에만, 오직 그럴 때에 한해서 돈을 안심하고 내줄 수 있다는 원칙이었다. 정부는 채무자들이 자신들의 돈을 믿고 맡길 수 있다는 것을 증명해야 했다. 재정적 신뢰는 정치적 신뢰를 전제로 한 것이었다. 신뢰는 정부와 신민 사이에 걸쳐 있는 가느다란 거미줄 같은 것이라고 생각되었다. 이 논리에 따르면, 신뢰는 지속적으로 갱신되어야 하는 것인데, 그것은 신민들이 눈과 귀를 활짝 열고 정부의 말과 행동을 의심하는 태도로 지켜보며 정부에 개방성과 공정성을 요구할 때에만 가능하다.

이런 관점에서 본다면, 모든 정치 권력은 주민 전체를 위한 공동선이 무엇인지 규정하고 그 공동선을 보호하기 위해 위탁된 권력인 것이다. 따라서 정치 권력을 운용하는 대표자들은 궁극적으로는 자신들의 모체인 국민에 대해 영속적으로 책임을 져야 한다. 이런 논리는 1583년 네덜란드어로 쓰인 익명의 정치 평론에서 제시되었다. 그 제목은 "네덜란드 사람들이 오늘날 어떤 통치 형태와 양식을 최선인 것, 가장 유익한 것으로 판단하고 선택해야 하는가를 해명하는 평론"이었다. '연합주 전국의회'가 펠리페 2세의 지배 권력을 무효로 선언하는 결정을 내리자, 수십 편의 정치 평론과 서적이 갑자기 쏟아져 나왔는데 이 글도 그 가운데 하나였다. 하지만 이 24쪽짜리 평론은 특별한 의미가 있다. 왜냐하면 근대의 대의 정치 역사를 볼 때, 명백하게 정치적인 목적으로 '데모크라시'라는 단어를 긍정적으로 사용한 최초의 사례로 추정되기 때문이다.

이 글의 저자가 누구인지는 모른다. 다시 한 번—데모낙스, 또는 '데모크라티아'라는 단어를 발명한 미지의 인물을 잠시 생각하면서 경의를 담은 묵념을 하자.—민주주의는 우리에게 자신의 비밀을 영원히 감추고 있다. 이 '평론'은 분명 당시 높은 정치 의식을 지녔던 시민-채권자를 독자로 삼아 집필되었을 것이다. 이 글은 "귀족 가운데 가장 훌륭한 사람들, 시민 가운데 가장 현명한 사람들"의 통치를 보장할 수 있는 선출된 대표자들의 정부 유형으로 '데모크라시'를 권장한다. 여기서 민주주의는 엄격한 법률에 의해 인도되는 통치 형태로 인식된다. 그렇기 때문에 이 평론의 저자는 군주제를 맹렬하게 공격한다. 이 평론에서는 군주제를 단 한 사람에 의한 절대적인 지배라고 규정하고 있다.(이 글에서는 펠리페 2세와 당시 안트베르펜을 군사 공격했던 앙주 공작을 염두에 두었을 것이다.) 군주제는 반드시 철폐되어야 마땅하다. 역사적 경험을 볼 때 군주제는 항상 폭정으로 타락하는 경향이 있기 때문이다. 또한 군주제는 사람들이 자유로운 가운데 함께 살아간다고 하는, 신이 주신 자연적인 인간의 조건과 양립할 수 없기 때문에 비난받아 마땅하다. 이 글의 저자는 "태초에 인간들은 자연적인 조건인 자유를 향유하며 살았다."라고 주장했다. 하지만 후대는 '순결, 덕성, 정의'를 신장하기 위해 '신이 준 영감에 기대어', '섭정'과 '총독'을 뽑겠다고 선택했다. 이 초창기의 통치자들에게는 선출자들이 자유 의지에 따라 부여한 약간의 권한만 있었을 뿐, 그 밖에 세속적이거나 종교적인 권한은 전혀 주어지지 않았다. 그런데 이후에 발생한 군주제가 바로 이러한 제한을 넘어버린 것이다.

또 다른 통치 형태인 귀족정은 폭정으로 타락하는 경향이 조금 덜 하다고 이 글의 저자는 판단했다. 귀족정이란 각종 작위를 획득한 귀족들이 통치하는 체제인데, 이때 작위는 뛰어난 덕성을 보인 그들의 부모가 물려준 것이거나 그들이 스스로 자신의 고장에서 정의를 세우는 데 공헌하여 보상으로 받은 것이다. 평론의 저자는 귀족정이 칭송받아 마땅한 체제라고 주장했다. 하지만 저지대 지역에서는 군주제가 유지되었기 때문에 현지의 귀족 가운데 일부가 타락하고 말았다고 했다. 그리하여 이제 덕성을 갖춘 귀족은 그 수가 너무 모자라게 되었다. 이 사실과 순수한 형태의 귀족정에서는 시민들이 억압받을 수밖에 없다는 점이 암시되어 있음을 볼 때 새로 해방된 저지대 지역에서 귀족에 의한 통치 체제를 추구하는 것은 바람직하지 않다고 저자는 주장했다. 저지대 지역은 이제 최선의 통치 형태를 구축하기 위해 적절한 정도의 민주주의가 필요한데―지나치게 간결하긴 하지만 그렇더라도 대단히 혁신적인 논리 전개에 주목하라.―그것은 바로 귀족정과 민주정의 혼합 형태라고 저자는 주장했다. 민주정―이때 민주정은 '정직하고, 잘 정비된 부르주아 정부(borgerlijcke regieringhe)'라고 규정되었다.―을 지지함으로써 귀족적 덕성이 새롭게 재발명될 수 있다고 저자는 주장했다. 이는 "귀족 가운데 가장 훌륭한 사람들과 시민 가운데 가장 현명한 사람들"의 정부를 세울 수 있게 하는데, 이 정부에서는 "동료 시민들의 손에 의해 가장 훌륭하고 능력 있는 주민들과 시민들이, 일정한 조건으로 특정한 임기를 정해서 선출된다."라고 했다.

이 글의 저자는 공직, 선거, 시민 같은 사안을 언급하면서 대의 정치의 초기 역사를 구성하는 중세와 근대의 사실상 모든 발명품에 대해 긍정의 신호를 보낸다. 의회, 공화제 국가, 공직 보유, 공의회, 청원서, 시민 맹약, 출판의 자유 따위가 그 발명품들이다. 흥미롭게도 이 글은 폴리비오스라는 고대 그리스 역사가의 주장을 슬쩍 도용한다. 기원전 2세기 사람인 폴리비오스는 로마 군대에 붙잡혀 포로가 되었으며 로마가 코린토스를 군사적으로 패배시키는 것(기원전 146년)을 지켜보았다. 그는 세상에서 물러나 은둔해서 40권 분량의 《역사(Historia)》라는 책을 썼는데 16세기에는 그 일부만이 전해지고 있었다. 폴리비오스의 주장에 따르면, 가장 진실하고 가장 행복한 정치 체제는 세 가지 정체, 즉 군주정와 귀족정과 민주정이 효과적으로 하나로 합쳐진 것이다. 과연 이 16세기 평론의 저자가 실제로 폴리비오스의 주장

1583년 네덜란드에서 발행된 익명의 정치 평론. 민주적으로 선출된 대표자를 기반으로 운영되는 '데모크라시'를 바람직한 통치 형태라고 옹호한 최초의 글로 추정된다.

을 알았는지는 분명하지 않다. 또한 귀족정의 이상이 무조건적 평등을 지향하는 민주정의 압력을 견디어낼 수 있다고 생각했는지, 아니면 민주정이 귀족정의 가치들을 더 존중하게 되면 민주정 자체가 부패할 위험이 있다고 생각했는지도 알 수 없다. 이런 문제들은, 우리가 앞으로 살펴보겠지만, 훗날 많은 사상가들을 곤경에 빠뜨린다. 귀족적 민주정이라는 것이 도저히 성립할 수 없는, 모순적 개념인가 아닌가 하는 문제는 당시로서는 별로 중요하지 않았다. 이 평론에서 진실로 창의적이었던 부분은 '재조합' 능력이었다. 다시 말해, 정치적 독립을 달성하기 위해 신학, 자연적 자유권 이론, 귀족정이 각각 제시하는 이상들을 동원해 논거를 배열하는 능력 말이다. 그 능력 덕분에 짧은 단어 '데모크라시'의 의미에 근본적인 변화가 일어났다.(물론 이 글에서는 '데모크라티에democratie'라는 네덜란드어로 표현되었다.)

많은 아테네 논평가의 의견과 달리, 이 글에서 민주정은 훌륭한 정치 체제로 평가되었다. 그뿐이 아니다. 민주정의 이상 자체가 근대화되었다. 민주정은 (1566년 3만 명의 주민이 있었던) 암스테르담 같은 도시에만 적용할 수 있는 것이 아니라 그리스 고전 시대의 어떤 도시국가와도 비교가 안 될 정도로 넓은 영토와 많은 주민을 보유한 정치체에도 적용할 수 있다고 여겨졌다. 귀족정의 특징이 가미된 민주정이 이미 스위스에 있는 공화국들에서 실행되고 있다고 저자는 지적했다. 민주정은 이제 저지대 지역에서도 실행될 수 있으며, 이제까지 어떤 시도보다도 큰 규모로 이루어질 수 있었다. 저자는 정치적 노력을 확고하게 기울이라고 호소했다. 영토를 지킬 상비군을 설치해야 할 것이고, 시민들은 이제 "눈을 뜨고 그들 자신을 해방하고 보호하기 위해 그들 자신과 다른 주민들을 이용해야 할 것"이라고 주장했다. 이 평론은 '데모크라시'라는 단어를 또 다른 한 방향으로 근대화했다. 이 지역에 좀 더 적합한 정치 체제가 성공적으로 작동하려면 대규모 정부가 필수적으로 보였으며 민주주의의 개념을 이런 대규모 정부에 적용할 수 있을 것이었다. 그렇기 때문에 이제 시민들은 반드시 과거처럼 도시 평의회를 통해 직접 통치에 참여하지 않아도 되었다. 이 평론에 '대의 정체'라는 구절이 등장하지는 않았지만 글 속에는 분명 그 개념이 녹아 있었다. 귀족적 민주정 체제에서 시민들은 자신들을 통치할 사람들을 선출할 '권한과 자유'를 보유하게 되는데, 이 통치자들은 시민들을 각 지역 현지에서 혹은 멀리 떨어진 곳에서 통치한다. 시민들은 주기적으로 통치자를 해임할 권한을 지닌다. 이때 통치자가 겹겹이 쌓인 권력의 구조 속 어느 위치에 있든지 상관없으며, 특히 그들이 무능력이나 오만을 보일 때 해임 권한을 행사할 수 있다. 이 글에 따르면, 민주주의란 "통치에 무능하다고 판단되는 사람 혹은 해당 직책에 걸맞지 않는 태도를 보이는 사람을 해임할 권리와 그 직책을 다시 적절한 사람으로 채워 넣을 권리"를 의미했다.

왕관을 쓴 폴란드 공화정

이 짧은 정치 평론은 민주주의를 위해 놀라운 변론을 전개했으나 이 변론에는 문제점이 있었다. '에스파냐의 노예 상태'에 맞서 일어난 저지대 지역의 혁명에 모순이 있음을 의도치 않게 드러내 보여주었던 것이다. 그 모순의 핵심은, '민주적' 자치 정부를 확립하려는 투쟁을 주도한, 신을 두려워할 줄 아는 개신교 부르주아가 자신들을 '귀족'이라고 생각했다는 점이다. 저지대 지역만큼이나 심각한 모순을 안은 채 변화가 진행된 곳이 바로 중부 유럽이었다. 거의 같은 시기에 '폴란드-리투아니아 왕국'에서 놀라운 변화가 일어나 대의 정체의 원형적 민주주의 형태가 성립되었다. 이곳에서 군주제를 공격한 것은 도시 거주자들이나 부유한 시민들이 아니라 가톨릭교회를 신봉하던 명문 귀족들이었으며, 이들은 훗날 그들이 '귀족 민주주의'라고 이름 붙이는 명분을 내세워 군주제를 교묘하게 무력화했다.

폴란드를 살펴보면 민주주의라는 용어가 매우 다양한 맥락에서 사용되었음을 알 수 있다.* 또한 폴란드의 사례에서 의회가 필연적으로 '자유주의적'이거나 '부르주아적'인 것은 아니라는 점과, 토지 소유 귀족 계급이 사회 전체에 대한 자신들의 지배력을 확대하려고 작정한 경우에 그들도 의회를 활용할 수 있음을 알 수 있다. 16세기가 지나는 동안 폴란드의 군주제는 사실상 무력화되었으며 이는 부르주아 계급의 이해관계가 묵살된 것과 동시에 진행되었다. 이런 현상은 1496년에서 1541년 사이에 의회—폴란드에서는 의회를 세임(Sejm)이라고 했다.—에서 통과된 법률에 잘 드러나 있다. 농민 계급은 토지에 예속되었으며 왕실의 의사 결정에 대한 접근이 완전히 거부되었고 그 대신 이들은 각 영주의 결정에 복종하는 입장이 되고 말았다. 몇몇 도시를 제외하고는 거의 모든 도시가 의회의 대표권을 상실했으며—대표권이 있었을 때도 투표권은 없었다.—대부분의 도시는 귀족이 직접 관리

---

* 민주주의라는 말의 이런 성격은 다음 책에서 그 예를 찾을 수 있다. 훗날 이 책은 교황 바오로 4세가 발행한 무시무시한 《금서 목록(List of Forbidden Books)》에 오르게 된다. 《공화국의 개혁에 관한 논평(Commentariorum de republica emendanda libri quinque)》(전 5권)이라는 책을 쓴 사람은 안제이 프리츠 모제우스키(Andrezej Frycz Modrzewski, 1503~1572)로서, 그는 16세기 폴란드의 위대한 신학자이자 정치 평론가였다. 그는 이 책에서 '민주주의'의 중요성을 언급하면서, 폴란드-리투아니아 공화국의 정치 개혁의 필요성을 옹호했다. 그는 민주주의를 '다수의 민중에 의해 통치되는 정치체'라고 규정했으며 '공동선(common good)에 기반을 둔 공정한 선거를 통해 정부 직책이 분배되는' 특별한 종류의 공화국이라고 설명했다. 1551년부터 1554년에 걸쳐 발행된 이 책은 민주주의와 공화국을 동시에 긍정적으로 언급한 근대 출판물 가운데 가장 초기 작품 중 하나이다. 이 책은 작은 논란을 불러일으켰으며, 거기에는 몇 가지 확실한 이유가 있었다. 이 책에서는 우선 국왕들이 '신에 의해 주어진 권위'가 아니라고 주장했으며, 국왕은 모든 성인 남성이 행하는 주기적인 선거를 거쳐야 한다고 주장했다.(모제우스키는 하와의 나쁜 선례가 보여주듯 여성들은 '공공 사안에서 해악'만을 불러올 뿐이라고 생각했다.) 그는 폴란드 귀족에게 권력을 다른 사회 계층과 좀 더 공평하게 나누어 가질 것을 촉구했다. 또 그는 교회에서 미사를 지낼 때 라틴어가 아니라 폴란드어로 진행할 것과 사제의 결혼을 허용하라고 촉구했다. 그는 또한 (남자) 어린이의 교육을 앞으로는 교회가 아니라 정부가 책임져야 할 것이라고 주장했다. 교황 바오로 4세가 이 책을 금서로 지정하자, 이후 빠른 속도로 원래의 라틴어에서 에스파냐어, 이탈리아어, 독일어, 프랑스어로 번역되었다. 이 책의 완전한 형태의 라틴어 3판은 모제우스키 자신이 작업하여 1559년 바젤에서 출판되었다. 위의 인용문은 폴란드어판에서 인용한 것이다. O poprawie Rzeczpospolitej (Warsaw, 1953), pp. 99, 121, 133.(원주)

하는 상황이 되었다. 16세기 말이 되면 교회와 도시를 대표하는 대의원들은 폴란드 의회에서 완전히 사라지게 된다. 1573년부터 전체 귀족이 모인 자리에서 국왕을 선출했으며, 국왕은 귀족과 맺은 계약의 조건을 충실하게 이행하겠다는 서약을 해야만 했다.

귀족들은 어떻게 군주를 굴복시킬 수 있었을까? 이 지역의 지리적 요건, 그러니까 험한 산맥이 없고 영토 대부분이 평야로 이루어진 점이 분명 통일된 왕국이 형성되는 것을 도왔다. 그 시초는 '용맹왕' 볼레스와프 1세(Boleslav I Chrobry, 992~1025)가 진행한 군사 정복이었다. 왕들은 땅과 주민을 자기 가족의 재산으로 여겼기 때문에 자식들에게 분배하는 것을 당연하게 여겼지만, 그처럼 넓은 영토를 실제로 행정적으로 관리하려면 레온과 카스티야의 국왕들처럼 할 수밖에 없었다. 즉 그들은 각 지역의 지지를 구했고, 그래서 자신의 권력을 다른 사람들의 동의에 달린 문제로 만들었던 것이다. 국왕들은 각 지역의 실력자들에게 땅과 특권을 제공했는데, 이들은 점차 기사와 관료로 변신했고 마침내는 궁정의 일을 방해할 정도로 힘이 커졌다. 12세기와 13세기가 되면 폴란드어로 '슐라흐타(szlachta)'라는 대귀족 계급이 형성된다. 이 집단을 계급이라고 칭하는 것은 어쩌면 잘못인지도 모르겠다. 왜냐하면 이들에게는 처음부터 통합된 지리적 관념이 없었기 때문이다. 권력은 지역 차원에서, 각 지역의 주민을 대상으로 하여 대개 지방의 회의체를 통해 행사되었다. 그 회의체들은 지역 사제들과 귀족 가문이 장악하고 있었다.

권력 분산이 일으킨 경쟁은 폴란드 왕국을 거의 난파시켰다. 이런 상황은 당시 유럽 시장에서 폴란드 곡물 수요가 증가하여 큰 부를 누리게 된 많은 농민들이 반항적 태도를 보였기 때문이다. 슐라흐타의 사회적, 정치적 힘은 포위되었고, 이들은 더 낮은 지위의 귀족들을 자기편으로 끌어들임으로써 다시 힘을 결집했다. 13세기 초가 되면, 귀족들은 빈부를 따지지 않고 서로 힘을 합친다. 이제 이들의 숫자는 전체 주민의 10퍼센트에 가까웠다.(유럽의 다른 곳에는 보통 2퍼센트 미만이었다.) 이들은 자신들을 공통의 목적과 특권 아래 결속한 특권적 '귀족 공동체'라고 부르기 시작했다. 이들은 납세 의무를 조금씩 회피했다. 브와디스와프 1세(Władysław I, 1260?~1333, 재위

1306~1333)가 폴란드를 다시 통합한 1320년 이후로, 귀족들은 유명한 '코시체 협정(Pact of Koszyce)'(1374년)을 출발점으로 하여 점차 궁정의 힘을 제압하기 시작했다. 코시체 협정은 귀족들에게 사실상 그들이 원하던 모든 것을 주었다. 이 협정은 귀족들이 세금 납부의 의무에서 영구히 면제된다고 선언함으로써 과세라는 정치적 문제를 해결해주었다. 또한 국왕이 배분하는 관직에 대해서도 귀족들이 배타적 독점권을 갖도록 보장했다. 그러나 귀족들이 거둔 가장 큰 승리는 루트비크 대왕(Ludwik I Wielki, 재위 1342~1382)이 죽은 뒤 폴란드의 왕위를 이은 그의 막내딸 야드비가(Jadwiga)를 압박하여 리투아니아의 대공 야기에우워(Jagiełło)와 결혼하게 만든 것이었다. 이 일격으로 폴란드의 슐라흐타는 폴란드와 리투아니아를 통합(폴란드-리투아니아 연합 왕국)했으며, 가장 근본적인 권한을 확보했다. 바로 왕을 지명하는 권한이었다.

많은 귀족들은 국왕의 날개 끝을 잘라내려면 영토 전체를 아우르는 의회가 필요하다는 데 동의했다. 중앙 의회, 즉 세임이 가위 역할을 했다. 세임은 귀족이 자신의 생각을 기탄없이 말할 수 있는 자리였으며 유럽 전역의 왕정주의자들에게 이제 폴란드의 정치 체제는 왕관을 쓴 공화정, 즉 국왕이 있는 공화정이라는 놀라운 사실을 발표하는 자리였다. 야기에우워가 폴란드의 국왕 브와디스와프 2세(Władysław II, 재위 1386~1434)로 즉위한 때부터 세임의 대의원들은 최소한 일 년에 한두 차례, 보통 6주간의 회기 동안에 자신들의 힘을 확실하게 과시했다. 세임은 귀족이나 귀족 출신의 직책 담당자(예를 들어 주교들, 성의 총독이나 성주를 포함한 고위 관직자들)가 장악했으며 여기에서 왕국의 법률이 결정되었다. 1454년 이후 국왕은 선출 과정을 거쳐 지명되었으며 이때의 의식을 '팍타 콘벤타(pacta conventa)'라고 불렀다. 국왕은 귀족이 좌우하는 '세이미크(sejmik)'라는 지방 의회의 동의를 얻지 못하면 새로운 세금을 징수하거나 군대를 모을 수 없다는 내용에 동의해야만 했다. 역대 국왕들이 세이미크를 세임과 대립하는 세력으로 활용하려고 시도했지만 그 전략은 역효과를 낳았다. 15세기가 끝날 무렵에 세임은 양원제 의회로 바뀌었다. 상원은 국왕이 의장을 맡았지만, 국가 고위직이나 주교, 성주 등의 지위에 있는 귀족의 목소리에 좌우되었다. 소수에 불과했지만 상원에 참여하는 도시 주민들도 있었다. 콜럼버스가 북아메리카 대륙을 향해 출발한 다음 해인 1493년에 하원이 창설되었는데, 이는 지방 의회의 대표자들로 구성되었다.

양원제 의회가 주도하는 일종의 대의제 정부를 이용하여, 귀족들은 어떤 군주가 마치 자신이 진정한 지배자인 것처럼 행동하려 할 경우에 그를 더잘 제압할 수 있도록 귀족 내부의 의견 차이 가능성을 제도화해놓았던 것이다. 이 과정을 거치면서 양원의 구성원들은 자신들의 사회적 옆구리를 보호하는 조치를 취했는데, 그 방법으로 특기할 만한 것은 의회 내에서 소수인 도시 대표자들에게 정치적 압박을 가하는 것이었다. 세임은 레온 왕국의 코르테스처럼 세 신분으로 구성되지 않았다. 도시를 대표하는 시민 '보니 호미네스(Boni homines)'는 없었으며, 귀족과 교회 성직자는 사실상 한 그룹으로 통합되어 있었다. 세임에는 왕국의 주요 도시인 크라쿠프와 빌나, 그 밖의 몇몇 다른 도시를 대표하는 고관들만 있었을 뿐이다. 그러나 곧 이들의 투표권은 정지되었고, 이들은 투표권이 없는 단순한 참관자가 되고 말았다. 1505년에 통과된 헌법 '니힐 노비(Nihil Novi)'는 군주제를 상대로 한 귀족의 전면적인 승리를 의미했다. 왜냐하면 이 법을 통해 상원과 하원과 국왕이 일종의 공동 권력체를 구성했기 때문이다. 이로써 귀족들이 정부를 구성하는 여러 조건을 결정할 수 있는 길이 열렸다. 예를 들어 최고재판소는 1578년 국왕의 영향권에서 벗어나, '국왕 재판소'라는 새 이름을 달고 매년 귀족이 그 구성원을 선출했다.

귀족이 장악한, 왕관을 쓴 의회적 공화정 체제는 18세기가 한참 흘러갈 때까지도 존속했다. 귀족들이 모두 모여 선거를 통해 국왕을 선출하는 성대한 행사는 국왕의 권리가 완전히 선출자들의 동의에 의존하고 있음을 분명하게 보여주었다.(이는 폴란드-리투아니아의 마지막 왕이었던 스타니스와프 아우구스트 포니아토프스키의 임명식을 그린 베르나르도 벨로토의 그림을 통해 알 수 있다.) '귀족 민주주의'라는 용어는 17세기에 처음 사용되었다. '귀족 민주주의'의 세계는 왕이 신민이고 귀족이 주권자인, 완전히 거꾸로 뒤집힌 세상이었다. 귀한 혈통을 타고난 사람들은 그 힘이 너무도 막강해진 나머지 16세기 후반부터 스스로 순수한 '귀족 국민'이라고 생각하고 그렇게 말하기 시작했다. 자신들에게는 농민이나 도시민, 그리고 국왕에게 묻어 있는 더러운 오물이 없다는 뜻이었다. 요컨대 (장 자크 루소가 지적했듯이) 폴란드는 세 계층으로 이루어져 있었다. 첫째는 귀족으로서 그들은 모든 것이었으며, 둘째는 시민으로서 그들은 아무것도 아니었으며, 셋째는 농민으로서 그들은 아무것도 아닌 것보다 더 못한 존재였다.[34)]

'귀족 국민'은 확실히 자신들을 스스로 통치하는 국민이라고 생각했다. 귀족들은 자기 자신의 권력을 수호하려는 마음이 매우 강했기 때문에 1652년부터는 만장일치 원칙―어느 귀족에게나 거부권이 있어서 입법안을 거부할 수 있었다.―을 채택해 세임에서 결의하는 모든 사안에 적용하기 시작했다. 이 거부권을 '리베룸 베토(liberum veto)'라고 했는데 당시 일부 관찰자들은 이 제도를 찬양했다. 하지만 리베룸 베토는 대의 정치의 원칙에 위배되는 것이었으며, 이는 '피루스의 승리'*에 불과했다. 폴란드인이 마치 고대 그리스인처럼 할 수 있다고 생각한 것은 환상이었다. 리베룸 베토는 곧 폴란드를 내부에서 파열시키는 결과를 불러왔다. 세임은 이미 권력을 거의 독점하다시피 한 상태였는데 이제는 거기에 덧붙여 '국왕 재판소'가 내린 판결을 파기할 수 있게 되었고, 이로써 입법부이면서 동시에 사법적 권한을 지닌 기관으로 변모했다. 세임의 거부권 행사는 점차 일상적으로 시행되는 제도가 되었으며, 그에 따라 1652년부터 1764년까지 세임이 아무런 입법 성과 없이 회기를 마치는 경우가 53회에 이르렀다. 무기력하고 침체된 분위기가 가득했다. 유력자와 하급 귀족 사이에는 긴장이 높아졌다. 부유한 귀족과 가난한 귀족 사이에 권력 다툼이 시작되었고 이 다툼은 각 지방 의회로 번졌다. 지방 의회를 장악하고 있던 사람들은 대체로 지역에서 가장 넓은 토지를 소유한 지주들이었는데, 차르토리스키(Czartoryski) 가문과 포토츠키(Potocki) 가문이 그런 경우였다.

당시 폴란드의 혼란상을 루소는 '민주주의의 대혼란'이라고 말했는데, 이

피루스의 승리(Pyrrhic victory) 희생이 너무 커서 패배나 다름없는 승리를 가리키는 말. 고대 그리스 에피루스(Epirus)의 왕 피루스(Pyrrhus)가 로마를 상대로 여러 차례 승리를 거두었지만 병력의 3분의 1 이상을 잃을 정도로 희생이 컸기에 "이런 승리를 또 한 번 거두었다간 우리가 망할 것이다." 라고 말한 데서 유래했다.

런 사태에 직면한 왕관을 쓴 공화정은 결국 스스로 붕괴하기 시작했다. 국왕의 이름을 내걸고, 각 지방의 실력자들은 자신의 이해관계를 보호하기 위해 병사를 모으고 세금을 거두기 시작했다. 이들은 군사적 세력을 구축하겠다고 공언했으며 이들 가운데 일부는 군주와 다른 실력자들에게 공공연하게 맞서면서 자기들끼리 정치적 연합체를 형성하겠다고 선언하기도 했다. 정치 권력은 이제 가장 부유한 실력자들의 성(城)에 집중되기 시작했다. 국왕 체제는 마비되었다. 몇 차례 개혁 시도가 있었는데, 예를 들어 1719년 아우구스트 2세(August II, 1670~1733)는 하노버와 오스트리아의 지지를 받아 러시아에 대항하며 권력 구조의 변화를 시도했다. 하지만 개혁 시도는 모두 좌절되었다. 이 상황에서 외국의 강대국들, 특히 프로이센이나 러시아같이 잘 무장된 국가의 경우, 장차 얻을 수 있는 이득을 생각하면서 서로 손을 잡는 것은 당연한 일이었다. 특히 폴란드에 폭력적인 내분이 벌어질 때는 더욱 그랬다. 1648년 이후 70년 동안 폴란드는 끊임없이 전쟁과 가난과 역병에 시달렸다. 인구 수는 3분의 1로 줄었다. 도시는 완전히 황폐해졌으며 생활 조건은 너무 악화되어 거의 대부분의 수공업자가 농업으로 직종을 전환할 수밖에 없었다. 그러나 농업 분야 역시 곡물의 생산량과 수출량이 급격하게 감소했다.

중부 유럽에서 이렇게 고대 그리스의 민회를 모방한 체제를 재창조하려는 시도는 완전한 실패로 끝나게 된다. 1772년 갑작스럽게 제1차 폴란드 분할이 일어났고 이때부터 폴란드의 전 국토는 해체의 길로 접어든다. (이 운명적인 해의 4월에 루소가 표현했듯이) 이 나라는 "침입자를 막을 방도가 없으며 불행과 무정부 상태의 최고점에 있었고, 주민이 사라지고 황폐하고 억압받는 땅으로" 전락하고 말았다. 폴란드 각 지역의 실력자들은 이런 난국을 용감하게 뚫고 가겠다는 의지를 보이면서—결국은 실패하지만—더 큰 타격을 방지하기 위해 한군데로 권력의 집중을 시도했다. 세임은 36명의 인원을 선출하여 강력한 상임 집행 평의회를 구성하고 이 평의회가 왕을 보좌하고 정부의 여러 제도를 이끌게 했다. 하지만 정치 위기를 극복하려는 이 같은 시도는 실패로 끝난다. 1791년에 무혈 혁명이 일어난다. 국왕과 각 지역의 애국자들은 세임을 설득하여 세습 군주제와 거부권 없는 입법부를 받아들이고 귀족의 특권을 포기하도록 했으나, 이후 폴란드는 국토가 갈라지는 일을 두 차례나 더 겪는다. 폴란드의 귀족 민주주의 실험은 완전히 끝났다. 실험이 끝났을 뿐 아니라, 폴란드 자체가 이후 150년 동안 유럽 지도에서 사라져버리고 말았다.

찰스 1세 처형

폴란드 귀족 민주주의의 죽음에서 여러 가지 많은 교훈을 얻을 수 있지만, 특히 중요한 점은 폴란드의 귀족 민주주의 체제가 리더십을 인정하지 않았다는 것, 그리고 심각한 사회적 분열상을 안고 있는 넓은 공화국을 운영할 때 대의적 메커니즘이 없어도 된다고 생각했다는 것이다. 하지만 성숙한 대의 민주주의의 이상적 모습을 기준으로 하여 돌이켜 보건대, 폴란드 실험의 근본적인 약점은 귀족 민주주의의 민주주의적 성격이 위장된 것이었다는 점이다. 당시 폴란드 주민들의 눈에 귀족 민주주의라는 체제가 어느 정도로 정당성이 있어 보였는지 확실하게 알 수는 없다. 하지만 그렇다고 해서 다른 이들이 곧 던질 한 가지 날카로운 질문을 우리가 던지지 못할 이유는 없다. 즉, 모든 사람을 군주의 지원을 받는 귀족들이 벌이는 권력 게임의 노리개 신세로 전락시키는 이 체제는 도대체 어떤 민주주의란 말인가?

이런 질문을 수백만의 사람들에게 던지려면 네덜란드나 폴란드의 변화보다 더 과격한 사건이 일어나야 한다. 극단적인 무언가가 필요하다. 예를 들면, 살이 오른 국왕의 머리통이 단두대에서 풀썩 떨어지는 모습 같은 것 말이다. 게다가 그런 장면을 군중이 숨죽이고 쳐다보고 있다면?

바로 그런 유혈이 낭자한 군주제의 종말이, 잉글랜드에서 벌어진 혁명적 상황 속에 미리 그 전조를 보였다. 이는 저지대 지역의 반란이 일어나고 한 세대 뒤의 일이다. 당시 잉글랜드에서 벌어진 극적인 사건에는 많은 원인이 있었다. 놀라운 사건도 많았다. 그중 가장 큰 사건은 바로 폭로성 출판 사건이었다. 이는 국왕 권력 체제의 심장을 파고들었다. 당시 찰스 1세(Charles I, 1600~1649)는 (1645년 6월 14일) 네이즈비 전투에서 철기대* 혹은 신모범군*이라고 불리는 의회군 정예 기병대에 패배했다. 그런데 그 와중에 왕은,

자신의 개인적 소지품이 가득 든 트렁크를 의회군에게 탈취당하는 불운을 더 겪었다. 국왕의 적들은 이 트렁크 속에 보관된 여러 종류의 편지에 특히 흥미를 느꼈다. 그리하여 1645년 7월 초—요한 구텐베르크가 성경을 인쇄할 때 처음 사용한 것과 같은 종류의 활자 인쇄기 몇 대의 도움을 받아—국왕의 적대 세력은 《국왕의 편지함 공개(The King's Cabinet Opened)》라는 출판물을 내놨다.[35]

그 즉시 인쇄물을 매체로 한 엄청난 논란이 끓어올랐다. 국왕의 비밀이 이렇게 경멸적인 방식으로, 게다가 이렇게 공개적으로 다루어진 적은 없었다. 나라 전체가 내전에 휩싸였다. 국가 최고위급에서 다루는 사안들이 영어를 읽을 줄 알거나 누군가가 읽어주는 것을 들을 수 있거나 소문에서 실마리를 찾을 수 있는 사람이라면 누구에게나 노출되었다. 이 편지들은 (의회 측 반대파의 해설에 따르면) 왕과 왕비가 "외국의 왕족이 외국 세력과 군대를 이끌고 이 왕국에 들어오도록" 하려는 의도를 품었음을 폭로했다. "끝없이 이어지는 의회를 조속히 종결"하겠다는 왕의 의도 역시 이 편지들 속에 분명히 들어 있었다. 이런 구절들과 (반대파의 해설은 이어진다) 그가 평소에 지녔던 '가톨릭교도'에 대한 공감을 고려한다면, 이는 이 나라 역사상 가장 키가 작고 3살이 될 때까지 걷지도 못하고 말하지도 못했던 왕이, 이제는 야심찬 계획을 꾸몄음을 보여주었다. 그는 "힘으로 국법을 무너뜨리는 것"을 목표로 삼았다는 비난을 받았다. 또한 그는 "폭력으로 왕국의 법률과 법령을 무효화하며 …… 가톨릭교도에 대항하는 모든 법령을 무효화"하려 했다. "오랫동안 어둠 속에 감추어져 있던 이런 일들이 이제 발각되어 폭로된 것"은 자유의 대의를 위해 좋은 일이었다.

국왕 지지파는 격분했다. 그들은 폭로 내용을 부정하며 반대파의 주장 하나하나에 자신들의 반대 의견을 달아 출판물로 펴냈다. 그들은 '이 시대의 반란자들'이 '그렇게 비열한 전리품'을 탈취하여 고결하고 성스러운 문

철기대(鐵騎隊, Ironsides) 1643년 영국에서 청교도 혁명 때 올리버 크롬웰이 만든 기병대. 철기는 크롬웰의 별명이었다.
신모범군(新模範軍, New Model Army) 1645년에 청교도 혁명 때 크롬웰이 편성한 국민군. 신앙심이 깊은 청교도들로 구성된 크롬웰의 철기대를 중심으로 네이즈비 전투에서 결정적인 승리를 거두었다.

건들을 더럽히고 미천한 사람들의 저열한 호기심 앞에 노출"한 것을 비난했다. 이런 행동은 반역 행위이며, 국왕의 '신성한 인격'과 군주제라고 불리는 '행복한 통치 체제'에 대한 직접적인 침해라고 주장했다. 국왕 지지파는 경악에 휩싸여 다음과 같이 비판했다. "그자들은 왕이 반역자를 증오하는 것을 허락하지 않는다. 그자들은 또한 왕이 자신의 검을 사용하는 것조차 허락하지 않는다. …… 그자들은 왕이 자신의 펜도 사용하지 못하게 하며, 왕을 웃음거리로 만들려고 한다."[36)]

인쇄기와 싸우기 위해 이렇게 인쇄기를 활용하는 행동이, 결국은 그들의 적대자들이 교묘하게 설치해놓은 덫으로 걸어 들어가는 행동이라는 것을, 왕당파의 기밀 옹호자들은 눈치 채지 못했다. 이들은 엄청난 인쇄물 전쟁에 기름을 붓는 행동을 한 것이며, 그 결과 왕정 체제는 치명적인 손상을 입었다. 네이즈비 전투 이후 두 번의 여름이 지났을 때, 국왕은 자신의 세력 기반인 옥스퍼드에서 도망쳐 스코틀랜드 군대에 자신을 의탁했지만, 그들은 상당한 액수의 돈을 받고 웨스트민스터의 의회파에게 국왕을 넘겨주었다. 의회파는 국왕에게 일정한 조건들을 인정하면 왕좌에 돌아갈 수 있게 해주겠다고 제안했지만, 국왕은 즉시 거부했다. 왕이 강경한 태도를 취하자, 의회파 안에서 의견 충돌이 일어났다. 신모범군 일부가 험악한 분위기를 풍기기 시작했다. 신모범군의 핵심 지지자와 지도자 그룹은 개신교 과격파였는데, 이들은 국왕을 제압하기를 원했다. 그들은 영국 내전의 전투에서 말을 탄 채 대형을 이루어 국왕의 군대를 제압하는 방법을 잘 알고 있던 사람들이다. 왕은 체포되어 런던 서남부 교외의 햄프턴 궁전에 갇혔다. 왕은 자신이 살해될지 모른다고 생각하여 그곳을 탈출해 와이트 섬으로 도망쳤다. 와이트 섬의 총독은 국왕을 캐리스브룩 성에 연금 상태로 두었다. 항상 무엇인가 계획을 짜고, 속임수를 쓰려고 하던 찰스 1세는, 이번에는 스코틀랜드의 국왕 지지파와 거래를 하려 했다. 그들은 만일 국왕이 장로교를 스코틀랜드 왕국과 잉글랜드 왕국의 공식 종교로 인정하면, 국왕을 왕좌에 복귀시켜주겠노라고 약속했다.

이 거래에 의회파는 분노했다. 1648년 5월에 있었던 군 기도회에서 병사들은 자신들이 "피를 부르는 자, 저 찰스 스튜어트를 자신이 흐르게 한 피에 대해 책임을 지도록, 그리고 그가 주(主)의 뜻과 이 가난한 나라의 민중에게 끼친 극도의 해악에 대해 책임을 지도록 촉구할" 의무를 신에게 부여받았다고 발언했다. 이 발언에서 '민중(people)'을 언급한 점과 신과 정의가자기들 편에 있다는 과격파의 자기 확신에 주목하라. 이후 왕과 반대파는서로 대화하기를 거부했고 그 때문에 다시 한 번 전 국토에 걸쳐 치열한 전투가 벌어졌다. 크롬웰이 지휘하는 의회파의 신모범군은 국왕과 스코틀랜드 지지자들을 상대로 하여 싸웠다. 스코틀랜드 지지자들의 잉글랜드 침공은 1648년 8월 중순에 프레스톤 전투에서 그들이 패배하면서 좌절되었다.

이제 신모범군은 상황을 완전히 통제할 수 있는 위치에 섰으며, 의회에남아 있던 장로교 동조자들과 온건파를 숙청하기 시작했다. 남은 사람들로구성된 '잔여 의회(Rump Parliament)'는 국왕과 교섭을 진행하며 국왕을 "안전하고 명예로우며 자유로운 상태"로 복귀시킨다는 목적을 달성하기 위해의회 위원회를 만들었다. 국왕에게 제시한 조건은 2년에 한 차례 의회를 소집하고, 의회에 군 통제권과 주요 장관의 임명권을 부여하고, 미지급 상태인 보수를 지급하라는 것이었다. 자신의 지위를 낮추는 그 제안을 국왕은받아들이지 않았다. 그렇게 1648년 크리스마스를 12일 앞둔 시점에 국왕과의 교섭은 결렬되었다. 많은 어려움과 귀족원(상원)의 노골적인 반대가 있었지만, 의회는 국왕을 기소할 특별 법정을 어떻게든 구성하기 위해 안간힘을 썼다. 결국 1649년 1월 20, 새로이 구성된 고등법원이 왕을 재판하기 위해 소집되었다. 국왕은 자신이 어떤 혐의로 추궁받게 될지 전혀 모르고 있었다.

검은 법복을 입은 그레이 인(Gray Inn) 법학원의 법정 변호사이자 법무차관인 존 쿡(John Cook)이 일어서서 기소 내용을 낭독하기 시작했다. 국왕은"잉글랜드의 국민의 이름으로 대역죄와 중범죄"를 저질렀다는 죄목으로 고발되었다.[37] 왕은 쿡의 낭독을 중간에 막으려 했지만 쿡은 계속했다. 그는국왕이 "제한된 통치 권력을 위임받았으며 이때 권력은 오로지 국법에 의해, 국법에 따라 주어진 것"이라고 말한 후, 그런데도 왕은 "현재의 의회를적대하고, 또한 의회가 대표하는 민중을 적대하는 전쟁을 역모적이며 악의적으로 수행"했다고 주장했다. 기소문의 결론은 왕이 "폭군, 반역자, 살인

자이고 잉글랜드 국가에 대한 공공연하고 집요한 적대자"라는 것이었다.

쿡과 왕은 이후에 논쟁을 벌이는데, 이 논쟁을 통해 우리는 주권의 개념에 대해 근원적으로 상충하는 두 입장을 볼 수 있다. 쿡은 피고에게 기소 내용에 관하여 법정에서 답변하라고 요구했다. 왕은 평소 말을 더듬는 버릇이 있었으나 이때만큼은 더듬지 않았다. 그는 우선 이 법정의 권위를 부정했다. 의회가 화약통으로부터 권력을 얻어 키웠는지 모르나 이는 결코 올바름의 원천이 될 수 없다고 말했다. 그리고 왕은 날카로운 어조로 이렇게 말했다. "나는 내가 어떤 힘에 의해 이곳에 불려왔는지 알 수 있을 것이다. 그 힘이 합법적 권위라면 말이다. 이 세상에는 많은 불법적 힘이 있다. 도둑이나 길가의 강도 같은 것들이 그런 것들이다." 그는 잠시 말을 멈추었다. 그리고 경고했다. "기억하라. 내가 그대들의 합법적인 왕이란 것을. 그리고 또 기억하라. 지금 그대들이 자신들의 머리 위에 어떤 죄를 쌓아올리고 있으며 신께서 이 땅에 어떤 심판을 내릴지를. 잘 생각해보라. ……"

무죄 추정의 원칙 같은 것은 전혀 믿지 않는 쿡은 "국민의 왕으로 선출된 당신은 국민의 이름 아래" 기소 내용에 답해야 마땅하다고 계속 주장했다. 피고는 분노하여 폭발하듯이 말했다. "지난 천 년 가까운 세월 동안 잉글랜드는 선출된 왕이 다스리는 왕국인 적이 한 번도 없었다. …… 심판자를 자칭하여 이곳으로 온 그 어떤 사람보다 더 많이 나는 내 신민의 자유를 지지한다. …… 나는 이 법정에 복종하기 위해 이곳으로 온 것이 아니다. …… 왕국의 헌정 질서에 따라 공인된 합법적 영장이 있으면 내게 보여 달라. 그리하면 답하겠다."

왕이 이렇게 답하자, 법정에 있던 병사들은 "정의의 심판을 내려라! 정의의 심판을 내려라!" 하고 고함치며 야유했고, 결국 왕은 사형 선고를 받았다. 1월 30일 오전에 하원은 스스로 국민의 대표자들로 이루어진 의회이며 정치 권력의 궁극적 원천이라고 선언하고, 앞으로 새로운 국왕을 선포하는 행위를 범죄로 규정하는 내용의 비상 법안을 통과시켰다. 이렇게 하원이 자신의 업무를 처리하는 동안, 국왕은 세인트제임스 궁에서 호송병에게 끌려나와 근처 공원을 지나 화이트홀로 향했다. 왕을 호송한 보병대 병사들은 각종 깃발을 휘날리며 북소리에 발을 맞추어 행진했다. 왕은 작은 방으로 인도되었으며 거기에서 몇 시간 동안 대기했다. 그는 성찬을 받았다. 정오쯤 그는 빵을 조금 먹었고 포도주를 한 잔 마셨다.

그리고 나서 왕은 최후의 절차를 밟았다. 머스킷 소총을 치켜든 병사들이 마치 벌목할 나무를 에워싼 나무꾼들처럼 그를 둘러쌌다. 왕은 병사들에게 둘러싸인 채 페테르 파울 루벤스(Peter Paul Rubens)가 그린 패널화로 천장이 치장된 방케팅 하우스를 지나, 화이트홀 밖으로 끌려갔다. 그곳에는 검정색 천이 둘러쳐진 엄청나게 큰 대(臺)가 세워져 있었다. 대 위의 한가운데에는 도끼 한 자루와 두터운 사각형 나무 받침대가 놓여 있었다. 수천 명의 군중이 대를 향해 몰려들었다. 왕과 그의 주치의, 그리고 주교 한 사람, 몇 명의 군 장교가 대 위로 올라갔다. 그중에는 얼굴을 복면으로 가린 사형 집행인 해커 대령도 있었다.

군중은 숨을 죽였다. 왕은 태연해 보였다. 나중에 알려진 이야기에 따르면 왕은 이때 윗옷을 두 겹으로 입었다고 한다. 1월의 추운 날씨에 몸을 떨면 군중이 혹여 그가 공포심 때문에 겁에 질린 것으로 오해할까 봐 그랬다는 것이다. 왕은 이때 다소 정리되지 않은 문장 몇 개를 말했다고 한다. "나는 나 자신이 정직한 사람이며 좋은 왕이며 좋은 기독교인임을 분명히 하는 것이 신과 나의 국가에 대한 의무라고 생각한다." 그는 여전히 자신이 신에게 권리를 부여받은 정당한 왕이라고 굳게 믿고 있었다. 그는 "전국에서 사람들을 자유롭게 초청하여 그들 사이에 자유롭게 토론하는 전국 공의회에서 이 사안을 결정지어야 한다. 그때야 비로소 모든 의견을 자유롭고 분명하게 들을 수 있을 것"이라고 말했다. 찰스 1세가 교회의 공의회 역사를 분명하게 이해하고 있었음을 알 수 있는 대목이다. 그는 계속 말을 이어 갔는데 한두 마디 프로테스탄트 과격파의 편을 드는 듯한 언급을 했지만 곧 다시 원래 생각으로 돌아갔다. "나는 국민의 순교자이다. 나는 국민을 위한다. 그리고 나는 어느 누구만큼이나 국민의 자유를 진정으로 소망한다. 하지만 이 말을 반드시 그대들에게 해야겠다. 자유의 본질은 통치권을 보유하는 데 있다. …… 신민과 주권자는 분명히 다른 존재이다."[38]

왕의 말들은 이제 곧 도끼의 힘에 의해 침묵 속으로 빠져 들어갈 예정이었다. 항상 명령하는 버릇이 있던 왕은 해커 대령을 향해 도끼를 잘 휘둘

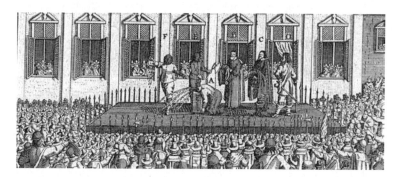
1649년 런던의 화이트홀에서 진행된 찰스 1세의 공개 처형.

러 달라고 지시했다. 불필요한 고통을 없애기 위함이었다. 그다음 그는 밤에 잠자리에 들 때 쓰는 자신의 나이트캡을 달라고 했다. 나이트캡 밑으로 그는 자신의 구불거리는 긴 머리카락을 꼼꼼히 챙겨 넣었고 사형 집행인이 그를 도왔다. "내게 대의가 있으며 자비로운 신이 나와 함께하신다." 마지막 죽을 채비를 하면서 왕은 그렇게 말했다. "이제 나는 부패한 왕국을 떠나 영원히 부패하지 않을 왕국으로 간다. 그곳은 어떤 소란도 있을 수 없다. …… 이 세상의 어떤 소란도……." 이 말을 마치고 왕은 자신의 머리를 올려놓을 나무 받침대로 향했다.

왕은 잠시 받침대를 쳐다보았다. 그리고 사형 집행인에게 말했다. "저것을 단단하게 고정해야 하네."

사형 집행인: "이미 단단하게 고정되었습니다."

왕: "조금 높게 했으면 좋았을 것을 ……"

사형 집행인: "더 높게 할 수가 없습니다."

왕: (두 팔을 양 옆으로 죽 펴 보이며) "내가 이렇게 두 팔을 양쪽으로 내밀면, 그때……"

두어 마디 혼잣말을 한 다음, 왕은 상체를 앞으로 숙이고 무릎을 꿇고 앉아 나무 받침대 위에 자신의 머리를 얹었다. 사형 집행인은 왕의 나이트캡 밑으로 다시 한 번 왕의 머리카락을 쓸어 넣었다.

왕: (집행인이 곧바로 내려칠 것이라고 생각하고) "내가 신호를 보낼 때까지 가만히 있거라."

사형 집행 : "네, 그렇게 하겠습니다. 그것이 전하가 원하는 것인 줄 알고 있습니다."

몇 초가 흐른 뒤 왕은 두 팔을 양 옆으로 내뻗었다. 군중은 숨을 죽였다. 사형 집행인은 도끼를 휘둘러 왕의 목을 내리쳤다. 단 한 차례의 가격이었다. 분수처럼 피가 솟아올라 단두대 위에 흩뿌려졌다. 왕의 몸통은 조심스럽게 관으로 옮겨졌고 검은 벨벳 천으로 감싸였다. 사형 집행인은 잘려 나간 왕의 머리통을 움켜잡고 높이 치켜들어 아무 말 없이 몇 분간 서 있었다. 이로써 눈이 있는 자는 모두 알 수 있었다. 왕/여왕의 시대는 이제 끝났다는 것을.

함께 처형된 군주제

정치적으로 이제 모든 일은 과거와 같을 수가 없었다. 영국에서도 그랬으며 유럽 다른 곳에서도 그랬다. 모든 혁명적 사건이 그런 것처럼 국왕의 처형이 만들어낸 충격파는 왜곡된 결과를 빚어내기도 했다. 국왕 처형 이후 의회파가 수립한 '잉글랜드 연방'(Commonwealth of England, 잉글랜드 공화국. 1649~1660) 시기에 영국 의회는 미리 선택된 사람만으로 구성된 '베어본즈 의회(Barebones Parliament)'로 변형되었으며, 한때 영국이 크롬웰의 군사 독재 아래로 들어가기도 했다.(군대 내에서 터져 나온 큰 항의의 목소리가 없었다면 호국경 크롬웰은 어쩌면 왕관을 받아들여 스스로 왕이 되었을지도 모른다.) 아일랜드에서는 엄청난 폭력 행위가 자행되었다. 스코틀랜드는 정복되었으며, 해군력을 앞세운 공격적인 교역 확대 정책은 네덜란드와의 전쟁으로 이어졌고, 뒤이어 에스파냐와도 전쟁을 치렀다. 16세기 전반만 하더라도 세계의 해상 화물 운송은 네덜란드가 독점했다. 봉건적 토지 보유 제도의 폐지와 정부에 대항할 수 있는 절대적인 재산권 확립을 계기로 하여, 이후 150년 동안 대대적인 인클로저* 운동과 재산 박탈 과정이 진행되었으며 이는 다시 사회적 비극과 정치적 충돌을 불러왔다. 군주제는 이제 허약한 것으로 인식되기 시작했으며, 왕의 직위라고 하는 것은 마치 왕의 피로 쓰인 것에 불과하다고 생각되었다. 한편으로는 찰스 1세의 공개 처형을 계기로 하여 찰스 1세를 순교자로 받드는 개인 숭배 의식이 생겨나기도 했다. 이런 개인 숭배는 그가 죽기 전에 몇 개월 동안 성찰한 것이라고 주장하는 글이 출판되면서 시작되었다. 소문과 풍문의 거대한 강물은 새로운 공화국의 몸체를 뚫고 흘러갔다. 왕의 머리통을 몸통에 다시 꿰매 붙이라는 명령을 올리버 크롬웰이 내렸다는 소문도 퍼졌다. 왕이 처형된 그 시간에 도버 해안에 거대한 고래가 기어 올라와 죽었다거나 그날 밤 불타는 별이 화이트홀 위로 떨어졌다는 소문이 돌았다. 처형 다음 날 아침에 왕이 죽어 마땅했다고 떠들어대던 어느 평민에게 갑자기 검은 까마귀 떼가 몰려와 그의 두 눈을 쪼아서 파버렸다는 소문도 있었다.

실제로 이 순교 덕분에 왕권주의의 대의가 계속 살아남을 수 있었고, 이는 1660년의 왕정 복고로 귀결되었다. 영국 국교회는 왕의 죽음을 성스러운 순교로 지정했다. 찰스 2세가 망명에서 돌아오면서, 아버지의 머리가 화이트홀의 군중이 보는 앞에서 높이 들려진 그 순간 이후로 줄곧 자신이 신이 부여한 세습 권한에 의거해 국왕이었던 것처럼 행동했던 것도 사실이다. 또한 자신이 처형당한 화이트홀을 내려다보는 위치에 세워진 찰스 1세의 동상에 해마다 처형일이 되면 그를 추모하는 꽃다발이 놓이는 것도 부정할 수 없는 사실이다. 후퇴도 있었고 타락도 있었고 각 지방 정부를 장악한 신흥 유산 중간계급과 젠트리 계층이 불공정한 이득을 얻기도 했지만, 여하튼 영국 땅에서 일어난 근본적인 변화는 바로 왕권과, 국가와 연합한 교회의 지위가 영구히 하락했으며, 그 대신 보통 남자들과 보통 여자들이 정치사의 무대 위에 분명하게 등장했다는 것이다.

어느 익명의 저술가가 플랑드르 지방의 언어로 쓴 정치 평론을 보면, 저

인클로저(enclosure) 근세 초기의 유럽, 특히 영국에서 영주나 대지주가 목양업이나 대규모 농업을 하기 위해 미개간지나 공동 방목장과 같은 공유지를 사유지로 만든 일. 15~16세기의 제1차 인클로저와 18~19세기의 제2차 인클로저로 인해 중소 농민들이 농업 노동자 또는 공업 노동자로 전락했다.

지대 지역에서 발생한 초기의 반란 때문에 '교육받지 못한 직조공과 모피 가공업자' 사이에 논쟁이 들끓었으며, 레이던(Leiden)과 겐트에 사는 보통 사람들조차 민주주의를 자신들이 해야 하는 일로 생각하게 되었음을 크게 개탄한다.[39] 영국에서 벌어진 사건 역시 같은 결과를 가져왔는데 저지대 지역에서보다 훨씬 더 과격했다. 사형 집행인의 날카로운 도끼는 영국의 사회 조직 깊숙한 곳까지 치고 들어왔으며 비록 일시적이었지만 일부 새로운 의견들에 정당성을 부여했다. 그것은 억압당하는 자들이 존엄하게 대우받아야 하며, 존중받아야 한다는 것, 심지어 정당한 특권을 지닌 이들로 보아야 한다는 주장이었다. 군주제는 '불필요하고 부담스러우며 위험한' 것이라고 규정되었으며 '국민의 자유와 안전과 공적 이해관계'라는 이름 아래 철폐되었다. 그리고 '민중'이라는 오래된 범주가 되살아나 새로운 정신과 새로운 의미를 얻었다. 특히 잉글랜드의 남부와 동부 지역, 그리고 당시 스스로 선출한 대표자들에 의해 관리되던 신모범군 내부에서는 군주제를 타도하는 투쟁이 남루한 옷을 입은 평민들의 지지를 끌어모았다. 평민들은 이제 저마다 정치적 이상을 품고 있었다. "우리에게는 위원회라고 하는 것이 있다."라고 와이트 섬의 젠트리 한 사람은 기록했다. "이 위원회는 부주지사의 결정뿐 아니라 치안판사의 결정까지도 바꾸어버릴 수 있다. 우리에게는 이런 일에 용감하게 앞장서는 사람들이 있다. 즉 뉴포트 출신의 링우드는 행상을 하던 사람이다. 메이너드는 약제 판매상이이고 매튜는 제빵업자다. 웨이블과 레그는 농부다. 백스터는 허스트 캐슬 출신의 가난한 사람이다. 이 섬 전체를 다스리는 것은 그들이며, 그들은 무엇이든 자신들이 좋다고 생각하는 것을 실행에 옮기고 있다."[40]

찰스 1세의 처형은 대의 정치의 역사에서 하나의 긴 국면을 마무리 짓는 극적인 사건이었다. 이 사건으로 말미암아 행상, 제빵업자, 약제 판매상, 농민, 미천한 하인이 공적인 발언권을 얻게 되었을 뿐 아니라, 이후 정치적 평등 혹은 민주주의라는 유령이 항상 대의 정치를 따라다니게 되었다. 처형된 왕이 웨스트민스터 대성당에 묻히지 못하고 윈저 성에 묻힌 것은 사람들의 소동을 우려해서였으며, 이 사실은 누구도 예측하지 못했던 미래를 암시했다. 그 미래는 신을 두려워할 줄 아는 프로테스탄트 과격파로서도 전혀 예상하지 못한 미래였다. 그들 중 일부는 "유대 사람도 그리스 사람도 없으며, 종도 자유인도 없으며, 남자와 여자가 없습니다. 여러분 모두가 그리스도 예수 안에서 하나이기 때문입니다."(갈라디아서 3:28)라는 갈라디아서 구절을 인용하여 평등을 주장하기도 했다. 당시 해커 대령 자신은 전혀 몰랐지만, 그는 화이트홀의 추운 겨울 오후에 두 사람의 왕을 처형한 것이었다. 첫 번째는 물론 왕의 물리적 신체였다. 하지만 동시에 그가 상징적 의미로 처형한 것은 (왕권에 대한) 경의였다. 그날 이후로는 영국에서뿐만 아니라 다른 곳에서도 공개적 국왕 처형은, 복면 쓴 집행인이 있든 없든 간에, 어제까지는 국왕의 신민이었던 미천한 사람들이 이제는 허리를 곧추세운 시민으로서, 그리고 알베르 카뮈가 《반항적 인간》에서 제시한 주권자의 왕좌가 영원토록 공석으로 남아 있는 그런 나라에서 살아가는 시민으로서 변화해 갈 것임을 약속해주었다. 왕의 목을 자른 사건은 왕좌에 앉는 관습에 종지부를 찍었다. 이 사건으로 말미암아, 눈에 보이며 실제로 존재하는 정치적 통일체—이것은 그 자체로 세속의 주권자의 신체가 확장된 것으로 이해되었다.—를 국왕이 마치 신처럼 홀로 지배하는 통치 형태이자 삶의 방식은 종말을 고하게 되었다. 군주제는 한 개인이, 예컨대 신이 내린 왕권으로, 통치하겠다는 주장 이상이다. 군주제는 특정한 종류의 정치 질서이며, 이 정치 질서는 단 한 사람의 주권자 개인만이 통치할 수 있다. "국가는 국왕의 인격 내부에 있다." 당시 프랑스의 주교였던 자크베니뉴 보쉬에(Jacques-Bénigne Bossuet, 1627~1704)가 한 말이 이러한 점을 강조한다. 정치적 통일체(국가)는 특정한 성격의 지도력을 요구하는데, 이때 지도자는 신의 대리자, 평화의 중재자, 모든 것의 주인, 국가의 미스터리를 아는 유일한 사람, 그리고 마치 자식과도 같은 자신의 백성들을 보호하고 사랑하는 마음으로 훈육하는 아버지와 같은 존재라는 것이다.

찰스 1세의 공개 재판과 처형은 군주제라는 정치 체제에 치명적인 것으로 판명되었다. 암살자나 궁정 내부의 살인자가 은밀히 국왕을 살해하는 일은 있을 수 있었다. 하지만 왕을 재판에 부친 다음, 놀라서 입이 떡 벌어진 대중 앞에서 왕을 처형하는 것은 두 몸을 일격에 죽여버리는 일이었다. 왕의 몸, 그리고 신이 내려준 정치체라는 몸. 이제부터 정부는 원칙적으로 모든 사람에게 열린 존재가 되었으며, 더 근본적인 차원에서 말하자면 이제 권력 관계라는 것은 신성한 것도 아니고 왕족에 속한 개인과 상징적으로 연관된 어떤 것도 아닌 것이 되었다. 누가, 무엇을, 언제 어떻게 획득하는가 하는 문제는 이제 상황에 따라 그때그때 결정되는 문제로 여겨지기 시작했다. 이 문제는 이제 누구라도 건드릴 수 있는 사안이자 사람의 판단과 행동이 토대가 되는 사안이 되었으며, 가능하다면 모든 시민의 지지를 받는 선출된 대표자들로 구성된 정부가 다루는 편이 더 좋다고 여겨지는 사안이 된 것이다.

4장

미국의 민주주의

> 우렁차게 외쳐라! 힘차게 나아가라! 민주주의여!
> 복수의 결심을 담아서 힘차게 가격하라!
> _ 월트 휘트먼, 〈북소리〉(제3편), 《풀잎》

　찰스 1세의 통치를 중단해버린 그 칼날 덕분에, 유럽은 대의 정치의 고향
이라는 명성을 확고하게 얻게 되었다. 즉 공직 임명, 의회, 출판의 자유, 영
토 국가 내에서 주민들의 동의에 의한 통치 같은 기본적 관행들이 탄생한
곳이라는 명성을 얻게 된 것이다. 그러나 18세기 말이 되면 아무런 예고도
없이 이 모든 활동의 무대가 갑자기 서쪽으로 옮겨진다. 대서양을 건너 보
스턴, 찰스턴, 필라델피아 같은 시끌벅적한 도시가 새로운 무대가 된 것이
다. 이제 세계 민주주의의 무게 중심은 미국이 되었다. 또한 1776년의 대격
변이 역사상 최초의 근대 민주주의 혁명이라는 미국 사람들의 자랑스러운
믿음도 널리 퍼져 나가기 시작했다.

　미국보다 훨씬 더 이전에 북해 연안의 네덜란드나 개신교 영국에서 벌어
진 정치적 사건들을 고려하면 실제 상황은 한층 더 복잡했다고 말할 수 있
겠지만, 일단은 미국 쪽의 이야기를 들어보자. 미국의 유서 깊은 믿음에 따
르면, 1776년에 울린 머스킷 총성을 신호로 하여 민주주의를 향한 질주가
시작되었다. 종전까지 자신들을 충성스러운 영국 신민이라고 생각하던 식
민지 개척자들이 영국 해군, 육군과 맞싸우며 용감하게 독립을 선언한 것이
다. 계속해서 그 논리에 따르자면, 그 선언의 결과로 탄생한 필라델피아 자
치 모델은 연방(federation) 체제를 꾀했으며 연방을 통해 미국인들은 통치
권력의 수단들을 확고하게 손에 넣게 되었다. 새로운 연방은 '지방 자치에
대한 열정과 사회적, 정치적 귀족 지배 체제에 대한 반감'과 같은 '아메리카
식민지 민주주의의 핵심적인 특질들'이 자연스럽게 성장한 결과였다.[1] '연

합'*은 십 년이 채 안 되는 짧은 기간 동안 존재했으며 그동안 중앙뿐 아니라 각 주 차원에서도 느슨한 정부 체제가 운영되었는데, 이는 1787년 헌법 초안자들이 원래부터 지녔던 기질적 보수주의와 결합해 '뚜렷한 반(反)민주적 반동'을 낳았다. 이 반민주적 반동은 결국 1790년대 초에 격퇴되는데, 이는 알렉산더 해밀턴이 장악한 연방주의자당(the Federalist Party, 연방당)에 반대하여 토머스 제퍼슨(Thomas Jefferson, 1743~1826)이 이끄는 민주공화당(the Democratic-Republican Party)이 결성됨으로써 가능했다. 1801년 역사상 처음으로 한 정당에서 다른 정당으로 정부 권력의 무혈 이양이 이루어졌고, 그 이후 제퍼슨이 이끄는 민주주의자들은 사법부를 제외한 미국 정부 전체에 대한 전반적인 통제권을 차지했다. 그해 제퍼슨의 대통령 취임 연설은 오늘날 당연시되거나 보편적으로 받아들여지는 민주주의 원칙들을 미국 정부의 기본 원칙으로 강력히 천명한 것으로 평가받는다. 제퍼슨은 이 연설에서 귀족 지배 체제에 반대하는 '민주주의'를 옹호했다. 그는 (미국인들의 이야기에 따르면) '인간의 권리', 정치적 기회의 확대, 사회 계층의 평등화(leveling)를 옹호했다고 한다. "나는 이 정부가 지구상에서 가장 강력한 정부라고 믿습니다." 그는 이 감동적인 연설에서 이렇게 말했으며 이어서 새로운 공화국이 누리고 있는 '축복들'을 열거했다. "지구의 4분의 1에 해당하는 지역(유럽)에서 일어나는 파괴적인 혼란으로부터 자연과 대양에 의해 고맙게도 격리되어 있다는 축복; 다른 사람들의 불행을 그대로 참고 보지 못하는 고결한 마음을 지니고 있다는 축복; 우리 뒤의 천 세대 그리고 다시 천 세대의 후손들에게도 충분히 넓은 공간을 제공해주는 선택받은 국토를 가졌다는 축복; 우리는 평등한 권리에 대한 합당한 인식을 갖고 있는 바, 우리 모두 각자의 능력을 활용하는 데서 평등하며, 각자의 근면한 노력으로 얻은 결과물에서 평등하며, 출생에 의해 획득한 것이 아니라 우리의 행동과 그 행동에

연합(the Confederation) 영국에 맞서 독립전쟁을 치르던 중, 1781년에 열린 대륙회의에서 13개 주(state)가 '연합규약(Articles of Confederation)'을 채택함으로써 느슨한 형태의 연방 국가가 만들어졌다. '미합중국(the United States of America)'이라고도 불린 이 '연합'에서 13개 주는 각각 주권, 자유, 독립을 유지했으며, 각 주 대표로 구성된 연합회의가 일종의 중앙 정부 역할을 했다. 연합회의는 국방과 외교에서만 권한을 행사할 수 있었고 징세권과 통상규제권, 상비군이 없었다. 연합규약이 1789년에 헌법으로 대치되면서 '연합'은 중앙 정부(연방 정부)와 하위 정부(주 정부)가 각각 독자적인 권력을 행사하는 이중 구조의 '연방(the Federation)'으로 재탄생했다.

대한 동료 시민들의 평가로 획득한, 그들의 우리에 대한 존중과 신뢰에서 평등하다는 축복; 비록 다양한 형태로 고백되며 실행되고 있지만, 정직과 진실과 절제와 감사와 인간에 대한 사랑을 강조하는, 자애로운 종교에 의해 우리가 계몽되어 있다는 축복…… 이 모든 축복을 받고 있는 우리에게 과연 행복하고 번영하는 국민이 되기 위해 더 무엇이 필요할까요?"라고 제퍼슨은 질문을 던졌다.[2]

민주주의를 두려워한 독립의 아버지들

미국 민주주의가 1776년의 영광스러운 사건들을 통해 기반을 마련했다는 이야기는 오늘날까지 미국인들에 의해 계속 반복되고 있다. 공공 집회에서, 교과 과정에서, 언론인들과 정부의 웹사이트를 통해서 되풀이된다. 하지만 이 이야기가 간과하는 점이 있다. 그것은 미국인들이 민주적 권력을 하부로 이양하는 것을 강조했기 때문에, 각 주 정부의 권한 강화라는 독트린이 노예제 옹호라는 토양에 물을 댔으며 이 토양에서 생산된 곡식이 결국 남북전쟁의 불꽃을 피우는 불쏘시개가 되었다는 점이다. 우리가 이 책에서 곧 알게 될 사실이지만, 미국 대의 민주주의의 훌륭한 역사는 결코 행복에 찬 단순한 이야기가 아니다. 정치적인 면에서 대의 민주주의의 승리는 보장된 것이 아니었으며, 항상 교과서 속 이야기가 제시하는 것보다 훨씬 더 문제가 많았고 취약했다. 하지만 1776년의 영광에 관한 이야기에서 정말로 이상한 것은 다음과 같은 단순한 사실에 대해 모두 침묵한다는 점이다. 그 단순한 사실이란 필라델피아 식 정부를 옹호한 공화주의 신사들이 여러 쟁점을 두고 정치적 견해를 달리했다 하더라도 한 가지 쟁점에서만큼은 같은 태도를 보였다는 것이다. 바로 민주주의에 대해서는 전혀 열성적인 태도를 보이지 않았다는 점이다.

필라델피아 공화주의 정부 모델의 역사적 독창성에는 어떤 의문도 없다. 제임스 매디슨이 '복합 공화국(compound republic)'이라는 유명한 이름을 붙인 이 통치 체제는 그때까지 세상에 없던 것이었다. 이는 이중 구조로 된 연방 체제이며, 대통령과 의회와 대법원 사이에 권력 균형을 이룸으로써 군주제의 쓸데없는 장식들을 제거하려는 의도로 만들어졌다. 이는 또한 법치주의와 주기적 선거를 확립하여 시민들이 자신의 시민적, 정치적 자유권을 존중하도록 하는, 대륙 전체를 포괄하는 기반 위에 선 공화국이었다. 지금에 와서 역사를 다시 돌이켜본다는 장점을 활용하여 판단하건대, 미합중국 (the United States of America)이라고 불리는 공화국 체제는 엄청난 민주주의적 잠재성을 지닌 놀라운 혁신의 결과물이었다. 하지만 이렇게 말하는 것 자체가 하나의 아이러니를 드러내는데, 그것은 그 체제 전체가 바로 민주주의에 제동을 건다는 명분으로 건설되었다는 사실이다. 혁명 엘리트 가운데 몇몇은 '민주주의'를 반대하면서, 오늘날 그들이 당시를 돌이켜볼 수 있다면 그들 중 많은 수가 스스로 당혹해할 정도로 너무나 거친 단어를 사용했다. 예를 들면 보스턴 출신의 유력한 정치인이었던 조지 캐벗(George Cabot, 1752~1823)은 공개적으로 동료 혁명가들 편을 들면서 민주주의를 (이탤릭체를 사용하여 그 뜻을 강조하면서) "가장 질이 낮은 사람들의 정부"라고 매도했다.[3]

다른 대부분의 미국 정치인들은 좀 더 부드러운 표현을 썼지만, 민주주의라는 것은 아테네를 의미하며 하층민의 극심한 변덕이 항상 잠재해 있기 때문에 붕괴할 위험이 큰, 작은 규모의 정부라는 생각을 공유했다. 심지어 토머스 페인 같은 급진적 인물조차 ─아직 자신이 민주주의의 친구라고 선언하지 않은 때였는데─ 자신의 보수주의적 반대자들과 똑같은 표현을 사용했다. 대담한 내용이 담긴 그의 저술《상식》(1776년)은 미국 혁명 시기 최고의 베스트셀러였으며 혁명을 촉구하는 최초의 인쇄물이었는데, 2실링짜리 이 소책자는 아메리카 식민지인들을 흥분의 도가니로 몰아넣었다.《상식》에서 페인은 공화국들이 쉽게 포퓰리즘적 폭정으로 타락할 수 있다고 경고했다. 그는 어부에서 폭군으로 변신한 이탈리아의 톰마소 아니엘로(Tommaso Aniello, 1622~1647)의 예를 들었다. 마사니엘로(Masaniello)라는 이름으로 불리기도 한 이 인물은 나폴리의 시장에서 사람들의 가장 저열한 감정에 호소하는 선동적인 연설로 주민들을 흥분시켰고 그다음에는 당시 에스파냐 정복자들에게 대항하는 폭동으로 주민들을 이끌었다. 페인은 경고했다. "만일 우리가 경계를 게을리하면, 장차 마사니엘로 같은 자들이 들고일어나 널리 퍼진 불안을 이용해 절망에 빠지고 불만에 가득 찬 사람들을 규합해 그들이 정부 권력을 장악하도록 할 것이고, 결국에는 이 대륙의 자유를 마치 대홍수와 같이 쓸어내버릴 것이다."[4]

토머스 페인의 이런 태도는 특별한 것이 아니었다. 헌법 입안자들 가운데 주요 인물이자 버지니아 주의 노예 소유주, 연초 농장 경영자 역할도 겸했던 매디슨도 오랜 옛날에 '민주주의'를 선호했던 '이론적 정치인들'을 공격하면서 같은 의견을 제시했다. 그는 '민주주의자'라든가 '민주주의' 같은 단어는 당대의 상황에 어울리지 않는다고 생각했기에 누군가를 비난할 때 사용했다. 그에게 민주주의란 무지한 평민들이 다수를 차지하고 운영하는 작은 규모의 정부 형태로서, 다수의 이익과 '다중의 혼돈'이 소수의 좀 더 높은 차원의 생각을 완전히 압도해버리는, 일종의 계급 지배였다. 민주주의는 두려워해야 마땅한 것이었다. 그는 '푸블리우스(Publius)'라는 로마식 필명으로 신문에 글을 기고했는데 이 글에는 훗날 '연방주의자 논고 10번'이라는 제목이 붙게 된다.* 매디슨은 이 글의 결론에서 "민주주의는 예전부터 항상 혼란과 쟁투의 광경일 뿐 개인의 안전이나 재산에 대한 권리와는 양립할 수 없었으며, 체제의 생존 기간이 짧았을 뿐만 아니라 죽음을 맞이할 때도 격심한 폭력에 휘말렸다."라고 말했다. 민주주의는 대의 제도에 적대적이며, "가장 매력적인 장점을 지녔으며 가장 관대하고 안정된 성격의" 정치인들을 배출할 능력이 없는 정치 체제였다. 민주주의는 작은 규모로 시행되기 때문에 국민의 시야를 좁혀버리며, 따라서 "국가적인 거대한 목적을 이해하고 추구할 능력이 없는" 지도자와 시민을 생산한다고 그는 말했다.[5] 만일 매디슨이 200년 전 네덜란드의 공화주의자들이 '민주주의'에 공감했다는 것을 알았다거나 혹은 그 당시에 프랑스에서 벌어진 '대의 민주주의'에 관한 논의를 자세히 알았더라면, 아마도 민주주의에 관한 자신의 견해를 반어적

---

* 1787~1788년에 13개 주에서 헌법 비준을 둘러싸고 치열한 토론이 벌어졌다. 당시 헌법 비준을 설득하기 위해 알렉산더 해밀턴, 제임스 매디슨, 존 제이(John Jay)가 '푸블리우스(Publius)'라는 공동 필명으로 일련의 평론들을 신문에 발표했다. 각 주에 강력한 권한을 부여하자고 주장하는 반(反)연방파에 맞서, 이들은 강력한 중앙 정부를 약속하는 헌법의 의미와 필요성을 주창했다. 85편의 평론이 훗날 한 권의 책으로 묶여 출판되었으며 오늘날에는 《연방주의자 논고(Federalist Paper)》로 알려져 있다.

인 어투로 밝혔을지도 모른다. 아니면 그런 견해 표명을 처음부터 자제했을 수도 있다. 그랬더라면 매디슨은 미국 혁명을 통해 설치된 새로운 제도들이 완전히 새로운 종류의 민주주의를 탄생시킬 것을 예견할 수 있었을지도 모른다. 하지만 매디슨은 결코 그런 식으로 생각하지 않았다.

매디슨의 태도에 놀랄 필요는 없다. 그가 이렇게 진지하게 '민주주의'를 비판하면서 공화주의를 옹호한 것은 이런 입장이 당시 지배적인 정설이었기 때문이다. 이것을 알면 당시 혁명가들의 행동에 나타난 이상할 정도로 엘리트적인 몇 가지 특징들을 더 잘 이해할 수 있을 것이다. 먼저 지적할 수 있는 것은 그들이 1787년 헌법의 초안을 잡고 이를 채택하는 데서 엄격한 비밀 원칙을 지켰다는 점이다. 이들은 펜실베이니아 주 의사당에서 문을 꼭 걸어 잠근 채로 이 작업을 진행했다. '국민'에 대한 칭송의 노래 뒤에는 이들의 엘리트 의식이 감추어져 있었다. 마치 지금 이 자리에 없는 신을 향해 기적을 베풀어 달라고 줄기차게 찬양하는 것처럼, 이 국가 건설자들은 '국민'을 숭배했다. 이 '국민'은 상상 속의 존재로서, 어디에도 없으면서 어디에나 있었다. 온갖 종류의 제안이 국민의 이름으로 정당화되었다. 펜실베이니아를 대표한 거버너 모리스(Gouverneur Morris, 1752~1816)는 오만한 입법부에 실질적으로 대항할 수 있는 행정부를 선출하자는 원칙을 지지하면서, "모든 국민이 이런 사항을 잘 알고 잘 이해하고 있으며 이런 조치의 효과를 느끼게 될 것"이라고 말했다. 델라웨어 최고행정관을 지낸 존 디킨슨(John Dickinson, 1732~1808)도 이 의견에 동의했다. "국민은 각자의 주가 지닌 가장 뛰어난 성격을 잘 알고 있을 것이며, 다른 주를 보면서 서로 분발하여 그들이 가장 자랑스럽게 여기는 인물을 선출할 것이다." 다른 혁명가들도 대부분 '국민'에게 겉으로는 경의를 표시했으며, 노예 소유주였던 버지니아의 조지 메이슨(George Mason, 1725~1792)이 언급했던 '국민의 천재성'이라는 거창한 표현을 다시 끄집어내어 언급하는 사람들도 있었다.[6]

메이슨, 디킨슨, 모리스 같은 신사들의 생각에 따르면, '국민'의 천재성이란 것은 어디로 움직일지 전혀 예측 불가능하며 역설적인 의견들로 가득 차 있었다. 바로 그렇기 때문에 이 인물들은 '국민'이 다양하고 서로 모순되는 많은 입장들에 찬성하기도 하고 반대하기도 한다고 보았다. 매사추세츠 주를 대표한 고집스러운 성격의 엘브리지 게리는 제헌 회의 석상에서 "뉴잉글랜드의 국민은 연례 선거라는 조항을 절대 포기하지 않을 것"이라고 말했으며(그들은 곧 포기했다), 법률가이며 '유나이티드 스테이츠(United States)'라는 새로운 표현을 적극 주창한 코네티컷의 대표 올리버 엘즈워스(Oliver Ellsworth, 1745~1807)는 '각 지역에 살고 있는 우리 국민의 천재성'은 대륙 전체를 포괄하는 상비군의 개념과 양립할 수 없다고 말했다. 이런 주장에 대해서 거버너 모리스는 국민의 이름으로, 그리고 국민의 보호를 위해서 다음과 같이 반문했다. "국민의 보호와 안전을 위한 병역 의무의 이행에 대해, 그렇게 보호받고 또 안전을 보장받게 될 국민 스스로가 아니라면, 누가 그렇게 잘 판단할 수 있겠는가?"

'국민'이라는 단어가 이처럼 지나칠 정도로 자주 언급된 것이 심각한 파워 게임 내에서 진행된 심각한 단어 게임이었다는 것을, 그리고 이 파워 게임은 새로운 공화국이 스스로를 어떻게 통치하느냐는 어려운 질문을 풀기 위함이었다는 것을, 그때로부터 2세기 이상 지난 지금 우리는 더 분명하게 알고 있다. 만일 민주주의라는 것을 사람들의 자치라고 단순하게 이해한다면, '국민'을 주권의 원천으로 생각하는 것은 민주주의적 가능성을 풍부하게 해주는 것이다. 하지만 흥미로운 점이면서도 분명하게 드러나지 않은 것이 하나 있다. 당시 대부분의 혁명가는 그들이 민주주의의 해악이라고 인식하던 것들로부터 이 '국민'을 보호하려 애썼다는 점이다. 미국 헌법은 '우리 국민은(We the people)'이라는 유명한 문구로 시작되지만, 이 헌법에 들어 있는 거의 모든 사항은 그 '국민'에게 제한을 가하고 그 국민이 지니고 있다고 여겨지는 '천재성'이나 지혜를 가두어 두기 위해 마련되었다. '우리 국민은'이라는 표현은 사실 '국민에 의해 선출된 뛰어난 대표자들인 우리는'이라는 의미였다. 국민은 엄한 통치가 필요한 존재로 인식되었다. 대부분의 필라델피아 혁명가들은 플라톤이 썼던 표현을 사용하면서 국민을 배척했다. 국민은 너무나 무지하기 때문에 자신들에게 이로운 것을 추구할 수 없는 존재로 여겨졌다. 자신들의 대통령을 선출할 권리를 그들에게 주는 것은 마치 '색맹에게 색채 검사를 하는 것'과 마찬가지라고 조지 메이슨은 말했다. 로저 셔먼은 대의원이면서 뉴헤이븐의 시장직을 겸했는데, 토머스 제퍼슨은 셔먼이 일생 동안 단 한 번도 어리석은 말을 한 적이 없다고 칭찬하기도 했다. 그런 셔먼도 대통령을 간접 선거로 뽑는 것을 선호했으며, 연방 하원의원 역시 각 주의 입법부가 선출해야 한다고 주장했다. 왜냐하면 그는 국민이 '항상 기만당할 위험'이 있기 때문에 '인물들에 관해 충분하게 아는 경우는 절대 없을 것'이라고 생각했기 때문이다.

이와 같이 민주주의는 무지한 자들의 통치라고 인식되었다. 반면에 공화국은 정치로부터 감정을 배제할 줄 아는 박식한 사람들이 통치할 때 가장 좋다고 여겨졌다. 혁명가들은 '국민'의 열정적이면서도 무지한 면을 우려했으며 ─국민에 대한 그들의 칭송의 이면이다.─ 이런 우려 때문에 그들은 절묘한 논리를 만들어냈고 그러는 과정에서 때로는 아주 뛰어난 솜씨를 보였다. 흥미로운 사례를 두 가지 들어본다. 첫 번째는 제임스 매디슨의 논리인데, 그는 지혜로운 사람들만이 통치의 기본 사항을 결정할 수 있다고 주장하면서 그 이유로 '국민'은 신경증적 성격을 지니고 있기 때문에 자기 자신을 아는 것이 불가능하다고 설명했다. 제헌 회의에서 행한 연설에서 매디슨은 "만일 국민의 의견을 우리의 지침으로 삼는다면 우리가 어떤 길을 선택해야 할지 알기 힘들 것"이라고 말했다. 그는 계속 강한 어조로 말했다. "제헌 회의 참석자들은 각자 자기 지역 유권자들이 지금 이 순간 어떤 의견을 갖고 있는지 알 수 없다. 그뿐 아니라 만일 지금 우리 제헌 의회 참석자들이 지닌 정보와 지식을 각 지역의 유권자들이 갖게 된다면 그들이 어떻게 생각하게 될지 우리는 더욱더 알 수 없다. 또 우리가 이보다 더 알 수 없는 것은, 앞으로 6개월 혹은 12개월 뒤 과연 유권자들의 생각이 어떤 방향으로 변할 것인가이다." 매디슨이 마지막으로 내린 결론은 공화주의 신사에게 어울리는 말이었다. "우리는 무엇이 올바르고 필요한지에 대해 그 사안 자체만 두고 판단해야 마땅하다."

두 번째 사례로는, 민주정과 과두정의 연결 고리를 끊기가 어렵다는 점을 두고 거버너 모리스가 매우 논리정연한 주장을 펼친 것이다. 모리스의 논리는 이후로도 많은 사람이 인용했다. 그는 부자들은 다른 사람들의 열정을 끓어오르게 부추기는 나쁜 버릇이 있으므로 정부 운영에서 배제되어야 마땅하다고 주장했다. 민중이나 부자나 둘 다 통제해야 한다는 것이다. "국민은 결코 이성만으로 행동하지 않는다는 점을 우리는 반드시 명심해야 한다."라고 그는 제헌 회의에서 동료 참석자들에게 말했다. 그에 따르면 국민은 어린아이와 마찬가지로 절제시킬 필요가 있는데, 이는 그들 자신을 위해서이다. 그는 "부자들은 국민의 열정을 이용할 것이며, 이것을 다시 국민을 억압하는 도구로 만들 것"이기 때문에 공화주의 신사들이 운영하는 정부는 매우 중요하며, 더 나아가서 필수 불가결하다고 주장했다.

결국 '국민'에 대해서 어떤 사람은 자긍심을 느낄 수 있지만 다른 사람은 공포를 느낄 수 있다는 말이다. 모리스의 논증은 자유에 관하여 많은 이야기를 했지만 그의 논증이 결국 손을 잡게 되는 제도와 관행은 훗날이 되면 확실하게 과두제의 경향을 띠게 된다. 모리스만이 그랬던 것이 아니다. 사실상 혁명 지도자들은 모두 까다로운 정치 문제 하나를 항상 염두에 두고 있었다. 그것은, 국왕과 허울뿐인 의회가 통치하는 정치체를 넘어 공화주의적 정부 형태를 건설하는데 이때 그 주권의 원천—즉 '국민'—을 어떻게 통치 권력의 주요 수단에서 멀리 떨어져 있게 할 수 있는가 하는 문제였다. 국민에 대해 이렇게 공감하면서 동시에 불신했다는 점을 이해하면, 국가 건설 과정에 얼마나 심각한 모순이 있었는지 알 수 있다. 식민지 시대 이후 미국의 운명을 결정할 회의가 소집되었을 때, 어떤 통합된 '국민'이라는 실체가 있었던 것은 아니다. 회의는 사실상 '국민'의 이름을 내걸고 자체적으로 협의에 들어간 극소수 활동가들만의 작업이었다. 1787년 5월 25일 금요일에 필라델피아에서 시작된 제헌 회의에서 헌법을 작성한 사람들은 새로운 정치체의 13개 주 가운데 12개 주에서 온 대표들이었다.(연방 체제에 원칙상 반대한 로드아일랜드 대표는 오지 않았다.) 그들은 철저하게 비밀을 지키면서 회의를 진행했다. 제헌 회의의 회의 내용은 '허가 없이 인쇄되거나 공표되거나 전달'될 수 없었다. 이 점은 제헌 회의가 열리기 일 주일 전에 매디슨이 파리에 있던 토머스 제퍼슨에게 보낸 편지에서 거론했다. 매디슨은 제헌 회의 규칙에 따라 쟁점과 투표에 대해서는 심지어 '은밀한 의사 소통조차' 허용되지 않는다는 점을 반복하여 언급했다.

이런 비밀 유지 원칙을 두고 여러 가지 변명이 제시되었다. 조지 메이슨 같은 사람들은, 대의원은 자유로운 의사 결정자이기 때문에 자신의 의견을 바꿀 권리가 있는데 만일 의사 진행 기록이 문서로 작성되고 공표되어 사람들이 볼 수 있다면 의견을 전혀 바꿀 수 없거나 그러기 어려울 것이라고 설명했다. 그리고 헌법 협의 내용에 대해 자유롭게 유포되는 문건이 있다면 제헌 회의의 적대자들이 그것을 악용할 위험이 있다고 우려한 사람들도 있었다. 공화주의적 자유는 강철 같은 규율을 필요로 했다. 국가 건설 사업에 대중의 참여는 경계해야 한다는 뿌리 깊은 편견도 있었다. 특히 "열띤 감정은 질서와 화합의 개념에 극도로 적대적"이라는 우려가 있었다. 이는 제임스 매디슨과 알렉산더 해밀턴이 신문에 기고하여 경고한 내용인데, 이 글에는 훗날 '연방주의자 논고 49번'이라는 이름이 붙는다.[7] 당시 회의에서는 제헌 의회에 대한 조항—제헌 의회는 스코틀랜드 칼뱅주의자들의 창안물이다.—을 새로운 연방 헌법에 포함하자는 제안이 있었지만 부결되었다. 매디슨과 해밀턴 두 혁명가는 부결된 제안에 적대감을 드러내면서 다시 한 번 '국민이야말로 권력의 유일한 원천'이라는, 마치 주문처럼 되풀이되는 원칙에는 동의를 표했다. 하지만 그들은 국민에게 주기적으로 의견을 묻는 것은 정부의 명성을 떨어뜨릴 것이며, 게다가 빈번하게 국민의 의견을 묻는 것—예를 들어 매년 선거를 통하여—은 더 나쁜 일이라고 주장했다. 그들에 따르면, 그런 행동은 정부에 어떤 결함이 있다는 것을 의미하며, 그렇게 되면 이 정부에 대해 "시간이 모든 것에 부여하게 마련인 존경심이 없어질 것이며 그런 존경심이 사라지면 가장 현명하고 가장 자유로운 정부들은 꼭 필요한 안정이라는 것을 상실하고 말 것이다." 또한 해밀턴과 매디슨은 대개 '국민'은 '국가의 중요한 문제들에 대하여 다양한 의견'을 갖고 있게 마련이라고 경고했다. 만일 그들에게 의견을 구하는 일이 잦아지면 그들은 결국 제각각 온갖 의견을 낼 것이라는 이야기였다. '분파 정신'이 젊은 공화국을 망가뜨려버릴 것이었다. 두 사람은, 이런 불협화음은 반드시 "공공의 감정을 지나치게 흥분시켜 공공의 평온을 손상시킬 위험"과 함께 온다고 주장했다.

이런 다양한 주장을 바탕 삼아 확정된 결론은, 비준 절차 때에 가서야 비로소 '국민'에게 정보를 제공하여 자신들의 의견을 표명할 수 있도록 하자는 것이었다. 비준은 제헌 회의가 끝난 뒤로 예정되어 있었다. 이 때문에 헌법 제정자들은 제헌 회의가 진행되던 펜실베이니아 의사당에 보초를 세워 두도록 했으며, 토론 내용이 공식적으로 기록되지 않는 데 합의했고, 공식 회의록에는 오직 정식 제안들과 표결 결과가 주(州)별로 어떻게 되었는지 만 기록되도록 했으며, 새로운 헌법이 비준될 때까지 회의 기록은 봉인하여 보관하도록 했다. 언론은 당연히 4백만 명을 위한 헌법을 제정하는 이 어려운 사업에서 멀리 떨어져 있어야 했다. 조지 워싱턴(George Washington, 1732~1799)은 대륙군을 이끈 군사 지도자에서 이제 제헌 회의 의장으로 역할을 바꾸어 일하고 있었는데 어느 날 대의원 한 명이 실수로 자신의 노트를 의사당 바닥에 떨어뜨리자 그를 꾸짖었다. "나는 귀하에게 좀 더 조심하기를 요청하지 않을 수 없습니다. 혹시라도 우리가 이야기한 내용이 신문지상에 오르게 되면 쓸데없이 미리 추측하는 일이 벌어져서 공공의 평온을 무너뜨리게 될 것입니다." 제임스 매디슨이 기록한 개인 노트는 1840년에 그가 죽은 뒤에야 출판되었는데, 그 역시 엄격하게 침묵을 지키는 조심성이 꼭 필요하다고 말했다. 그러지 않으면 언론에서 대립을 조장하는 소문을 퍼뜨릴 것이라고 말했다. 매디슨은 훗날 이렇게 말했다. "만일 제헌 회의의 토론 내용이 공개되었더라면 어떤 헌법도 채택하지 못했을 것이다."[8]

비밀을 중시하는 이런 규칙 덕분에 재산과 지식과 시민적 덕성을 지닌 인물을 존중하는 정치 문화가 크게 발달했다. 물론 이들 가운데 일부는 노예 소유주였다. 조지 워싱턴은 버지니아의 농장주이자 평생 동안 노예 소유주였고, 또한 공화주의 신사였다. 공화주의 신사들은 자신들이 대부분의 평민과 비교해서 옷도 더 잘 입고 더 좋은 교육을 받았으며 더 좋은 음식을 먹고 또 키까지 더 큰 사람들의 대변자라고 생각했다. 그들이 보기에 평민들은 예의범절이나 말씨, 논리가 그들의 더러운 손의 피부만큼이나 투박하기 짝이 없는 사람들이었다. 워싱턴은 민주주의자가 아니었다. 복종의 미덕을 옹호하는 입장을 요약한 적이 있는데 이때 그는 쓸데없는 단어는 하나도 사용하지 않았다. "정부를 구성할 권력과 권한이 국민에게 있다는 생각 자체에는 이미 그렇게 구성된 정부에 각 개인이 복종할 의무가 있다는 것이 전제되어 있다."[9] 이런 구절이 그 성격을 대변하는 정치 문화는 결국 정당(政黨)에 엄격한 태도를 취할 수밖에 없다. 이 같은 정치 문화는 '분파'나 '정당의 정신' 혹은 일반적으로 시민 단체들에 대해서 불신의 감정을 품거나 더 나아가서는 적대적이다. 이런 정치 문화에는, 매디슨이 '정당의 분노'라든가 '당파의 폭력' 혹은 '사리사욕으로 움직이며 오만한 다수가 지닌 우월한 힘'이라고 표현한 것들에 대한 공포가 있었다. 심지어 이 정치 문화 속에는 새로이 건립된 공화국이 불복종이나 극심한 사회적 견해차에 의해 약화될 수 있다는 우려도 표면 아래 감추어져 있었다. 이런 사회적 이견이 돌출할 수 있는 집단으로는 남북 캐롤라이나 주와 버지니아 주의 대농장 소유주들, 허드슨 강 주변의 네덜란드계 주민들, 뉴잉글랜드 지방의 청교도 집단, 그리고 필라델피아의 독일어를 사용하는 상점주들이 있었다. '1776년 정신'은 이런 모든 불안을 바탕으로 삼아 정치적 승리를 이루었다. 이런 불안과 우려를 고려하면, 어째서 이 혁명가들이 건설한 정부 형태가—만일 필요하다면 최고의 사법 권력을 행사한다든지 무력 행사로 위협을 해서라도—시민 사회의 성장에 제동을 건다거나 대중의 압력을 걸러낸다는 전제 위에 성립되었는지 좀 더 잘 이해할 수 있을 것이다.

1776년의 혁명적 신사들은 정치적 반대자들이 등장하는 경우에도 이들을 상대로 하여 '복합 공화국'과 그 공화국의 '국민'의 이름을 내걸고 서슴없이 강압적으로 행동했다. 이는 이어진 상황들을 보면 명확하게 알 수 있다. 미국 연방대법원은 당시로서는 생긴 지 얼마 되지 않았고 경험도 없던 기관이었으나 훗날 '마버리 대 매디슨(Marbury v. Madison)'이라 불리는 유명한 사건의 판결을 맡게 된다.[10] 이 사건은 특별히 흥미롭다. 공개적인 분쟁 상황에 놓였을 때, 혁명적 신사들은 배후에서 비겁하게 영향력을 행사한다거나 자신들이 만들어놓은 제도들의 취약점을 활용한다는 것을 명확하게 보여주었기 때문이다.

이 사건에 대한 법정 심리가 시작된 것은 1803년 2월이었지만, 일 년도 전부터 대법관인 존 마셜(John Marshall)과 대통령 제퍼슨 사이에 엄청난 격돌이 예상되었다. 두 사람은 컬럼비아 특별구, 즉 워싱턴 시의 치안판사로 윌리엄 마버리를 임명할 것인지를 두고 대립하고 있었다. 많은 관찰자들은 최악의 상황이 벌어질 것이라고 예상했다. 마버리는 메릴랜드 주 출신의 부유한 금융업자 신사였다. 전임 대통령인 존 애덤스(John Adams)는 대통령 임기를 마치기 단 이틀 전에 반(反)제퍼슨 성향의 순회판사*와 치안판사 수십 명을 한꺼번에 임명했다. 마버리도 그때 포함되었다. 마지막 순간에 임명된 이들에게는 '한밤중의 법관들'이라는 별명이 붙었다. 제퍼슨은 이러한 전임 대통령의 조치가 불쾌했다. 그는 법무장관 레비 링컨과 새로운 국무장관 제임스 매디슨에게 전임 대통령이 후임자에게 강요한 이런 조치를 중단하라고 명령했으며 마버리와 몇몇 다른 사람의 임명을 거부하도록 조치했다.* 이후 마버리를 포함한, 이른바 '한밤중의 법관들'은 신임 대통령의 이 같은 조치를 되돌리고자 법원에 제소했다.

이 주일 가까이 사건 심리를 마친 연방대법원은 4 대 0으로 만장일치 판결을 내렸다. 대법관 마셜은 강한 논조의 판결문을 발표했다. 그는 이 판결문에서 마버리가 법원에 제소할 권리가 있다고 명기했다. 이는 미국 정부가 "사람으로 이루어진 정부가 아니라 법률로 이루어진 정부"이기 때문이라고 했다. 그는 제퍼슨이 '한밤중의 법관들'에 대한 임명 과정을 중단함으로써 잘못을 저질렀으며 '이미 획득한 법적 권리'를 침해했다고 명기하여 마버리의 주장에 동의했다. 하지만 곧 많은 공화주의 신사들은 충격을 받게 되며 교훈을 얻게 된다. 대법관 마셜은 제퍼슨뿐 아니라 결국 판사직을 받지 못하게 된 불운한 마버리에게까지 법적인 차원의 비판을 가했던 것이다. 마셜의 판결문은 '국민'의 이름으로 권력을 획득할 수 있다고 생각하던 모든 사람에게 강타를 날렸다. 마셜은 대중에 의해 선출된 의회(Congress)는 대법원의 1심 관할권을 수정할 권력도, 권위도 없다는 사실을 반복하여 말했다. 좀 더 쉽게 말한다면, 만일 의회가 통과시킨 법률—예를 들어 애덤스 대통령이 서둘러서 사법부 직위 임명을 할 수 있도록 하기 위해서 그의 지지자들이 통과시킨 1801년의 '법원 조직법(Judiciary Act)'—이 헌법과 충돌하는 경우에 대법원은 헌법을 준수할 책무가 있다는 이야기다. 마셜은 그의 현명한

순회판사 지방 법원장의 지시를 받아 관할 내의 다른 지방을 순회하면서 화해·독촉·조정에 관한 사건이나 소액 사건 심판법의 적용을 받는 민사 사건 따위를 심판하는 판사.

* 애덤스가 마지막에 판사직에 임명한 사람은 58명이었는데 임명 과정이 정식으로 완결되려면 임명장이 피임명자에게 확실하게 전달되어야 했다. 판사직 임명에 대한 상원의 비준이 난 것은 10월 3일, 후임 대통령 토머스 제퍼슨이 대통령에 취임한 것은 그 다음 날인 10월 4일이었다. 상원의 비준 직후 임명장 전달이 시작되어 황급히 진행되었으나 후임 대통령 취임 전까지 처리할 시간이 촉박했으므로 마버리를 포함한 몇몇 판사들은 임명장을 미처 받지 못했던 것이다.

펜 끝으로 이 사건의 양 당사자 모두 공화국의 기본적 법률을 위반했음을 선언했다. "권력에 제한을 가하는 것은 어떤 목적을 달성하기 위함인가? 그리고 이 제한 사항을 기록으로 확실하게 남겨 둔 것은 어떤 목적을 달성하기 위함인가? 만일 제한의 대상이 되는 사람들이 언제라도 이 제한 사항을 초월할 수 있다면 무슨 의미가 있겠는가?" 이 질문은 사실 하나의 답변으로 수렴되며, 그 답변은 하나의 분명한 결론을 지향했다. 즉, 두 법률이 서로 충돌한다면 법원이 어느 법률이 적용되는지 결정을 내려주어야 한다는 것이었다. 법원은 '미국의 법률들'에 앞서 헌법을 존중하는 방식을 통해 그리해야 한다는 결론이었다. 다툼이 고조되어 무엇인가 최종적 결론을 내려야 할 순간이 다가오면 법원은, 당시의 정부가 '국민'의 이름으로 무엇을 말하건 무슨 행동을 하건 상관하지 않고, '사법 심사'*의 원칙을 확고히 할 권한이 있으며 그런 '사법적 책무'를 지닌다고 마셜은 주장했다.

공화 민주주의의 등장

그러나 제퍼슨의 대통령직 수행에 열렬하게 반대하던 일부 사람들은 위와 같은 방식으로 이 사건을 보지 않았다. 한 신문 기사는 심지어 이 대법원의 판결을 통해 "민주주의의 우상이며 국민의 친구인 제퍼슨이 그들의 자유를 보장하는 헌장을 짓밟아버렸다."는 것을 보여주었다는 논지를 폈다.[11] 하지만 냉정하게 따져볼 때 드러나는 진실은, 마셜의 판결문이 단지 '국민'을 대변한다고 주장하는 대통령들뿐 아니라 연방 사법부를 자기편 사람들로 채워 넣으려 했던 공화주의 신사들의 시도에 대해서도 준열하게 비판했다는 사실이다. '마버리 대 매디슨' 사건이 사법 심사 원칙을 맨 처음으로 서술한 사건이었다고 종종 일컬어지지만 그것은 사실이 아니다. 연방 각 주의 법률을 대상으로 하는 사법 심사의 권리는 이미 연방대법원에 부여되어 있었다. '마버리 대 매디슨' 사건이 새로웠던 점은, 비록 잠시 동안이긴 했지만 분파 간의 싸움이나 불필요한 정치화에 대항하여 연방 법원의 힘을 강화

*사법 심사(judicial review) 미국 연방 의회가 제정한 법률이나 주 의회가 제정한 주법이 미국 헌법에 위배되는지를 심사하는 제도로서 삼권 분립에 중요한 제도이다.

하는 방식을 보여준 점이었다. 또 이 사건은 연방 법원이 행정부로부터 독립되어 있다는 것을 원칙적인 입장에 서서 주장함으로써 새로운 복합 공화국의 제도들이 위로부터 교정 가능하다는 것을 보여주었다.

아래에서 볼 때, 즉 미국의 평범한 정착민들이 볼 때에는 이 '마버리 대 메디슨' 사건이 공화주의자들이 지닌 민주주의에 대한 편견을 전혀 건드리지 못한 것으로 보였다. 1776년 이후 수십 년 동안, 조지 워싱턴이나 제임스 매디슨같이 정치관이 서로 매우 다른 신사들을 포함한 모든 부류의 공화주의자들은, 많은 재산을 보유한 백인들, 즉 그들 자신과 똑같은 사람들에 대한 편애와 그들이 공화국의 초석이라고 칭송해 마지않는 '국민'에 대한 존경심(하지만 이 존경심에는 깊은 불신이 깔려 있었으며 때로는 경멸의 감정까지 곁들여졌다) 사이에 아무런 모순을 발견하지 못했다. 공화주의자들의 입장은 모순적이었으며 오래 지속될 수 없는 것이었다. 이는 1794년에 분명하게 드러났다. 이때 일어난 사건은 새로운 연방 공화국에서 사회적으로 낮은 위치에 있던 사람들 사이에서 처음으로 실시된 대규모 인기 테스트였다고 말할 수 있다. 그것은 바로 '위스키 반란'이라고 불린 조직적 반란을 둘러싼 논란이었다.

1790년대 초에 미국은 대의 민주주의라는 아름다운 나비를 품은 번데기 같았다. 그리고 그 나비는 금방이라도 튀어나올 참이었다.(그와 함께 제국이라는 말벌도 같이 나온다.) 번데기를 터지게 한 촉매제는 공공의 불만이었다. 대서양 연안 도시에서나 공화국의 오지 농촌에서나 수많은 시민들이, 조지 워싱턴과 알렉산더 해밀턴 같은 연방파 정치인들의 지도 아래 나라가 나아가는 발전 방향에 점점 불만을 품게 되었다. 수십 개의 '협회(societies)'와 단체들이 행동에 나섰다. 이들은 연방 정부가 확연하게 강화되는 것, 연방 정부의 권한을 이 연방파들이 사용하거나 특히 인맥이 좋거나 부유한 사람들을 우대하기 위해서 남용하는 방식에 대해, 자신들이 느끼는 우려를 표현했다. 최초로 등장한 협회는 1793년 4월에 등장한 필라델피아의 '독일공화협회(German Republican Society)'였다. 이 단체는 시민들에게 호소하는 문구를 인쇄하여 배포했는데 여기서 잠시 소개할 가치가 있다고 생각된다. "공화 정부에서 자유의 정신이 다른 모든 정신적 가치와 마찬가지로 계속 생생하게 살아 있도록 하는 것은 오로지 끊임없는 행동이며", 이 행동은 시민들이 하는 것이었다. 이 호소문은 바로 지금 "시민들이 앞으로 나서야 하며, 자신들이 다른 영향력에서 독립적이라고 선언해야 하며, 시민들은 독자적으로 사고해야 한다."라고 촉구했다.[12] 이들은 자기 자신을 시민이라고 불렀으며 이런 단체의 남자들—여자는 없었던 것으로 보인다.—은 보통 농부, 수공업자, 의사, 책 판매상, 교회 성직자, 부와 학식을 갖춘 자수성가한 사람들이었다. 이 가운데 많은 사람은 자기 자신을, 여러 상황이 자신들과 가족들에게 더 나은 방향으로 이루어지기를 바랄 뿐인 '중간(middling)' 계층이라고 생각했다. 이들 사이에도 상당한 사회적 차이가 있었지만, 현 체제가 1776년의 평등주의 정신에서 이탈하여 많은 사람이 '귀족 정치' 혹은 '군주정'이라고 부르는 체제로 변질되어 가는 것을 방지하려면, 단순히 주기적인 선거만으로는 부족하다는 의견에 모두 동의했다. 이런 단체의 구성원들은 공공 집회, 진정서와 청원서 발표 같은 사업을 조직했으며 거리 행진도 추진했는데, 이런 사업들은 자주 자기 단체의 법적 등록을 지지하기 위해 추진되었다. 당시 이런 단체들이 법적 지위를 얻기는 쉽지 않았다. 1785년에 뉴욕에서 창설된 '기계공과 수공업자 총협회(General Society of Mechanics and Tradesmen)'는 해당 지역에서 등록하기 위해 장기간 투쟁했는데—결국 이들은 1792년 등록에 성공한다.—이런 사례는 당시 상황을 잘 보여준다. 이 단체의 한 지지자는 어째서 돈이 있는 단체, 예를 들어 은행 같은 단체는 그토록 쉽게 등록되는데, 기능장과 숙련공들은 왜 그렇게 오래 기다려야 하는지 날카롭게 질문했다. 스스로 '평등권의 친구'라고 밝힌 또 다른 지지자 역시 강력하게 항의했다. "'태생이 좋은' 사람 특유의 점잔 빼는 사람들은 이 도시의 '기계공'이 상인과 '동등한 권리'를 지닌다는 점, 그리고 그들이 이 공동체의 다른 어떤 집단의 인간만큼이나 중요하다는 점을 반드시 알아야 할 것이다."[13]

그의 말은 민주주의의 새로운 정신을 담고 있었는데, 이 민주주의란 단어는 필라델피아의 독일공화협회의 훌륭한 시민들에 의해 최초로 공공연하게 사용되었다. 이러한 변화는 민주주의 역사에서 위대한 한 순간이었으며, 이것이 프랑스 사람들이 준 선물로 등장하게 되었다는 점 또한 주목할 만한 일이었다. '독일공화협회'가 만들어지고 얼마 지나지 않은 시점인 1793년 4월 초에 영국의 우편선을 통해 프랑스의 왕 루이 16세가 공개 처형 되었다는 소식이 자세하게 전해졌다. 소식은 들불처럼 빠르게 퍼져 나갔다. 주미 프랑스 대사로 새로 임명된 '시민' 에드몽-샤를 주네(Citizen Edmond-Charles Genet)가 미국에 도착하면서 그 들불은 더욱 거세게 타올랐다. 이 인물에 관해서는 여러 이야기가 전해진다. 많은 미국인은 주네가 대사직을 이용하여 지저분한 게임을 하는 허풍쟁이이며 속임수를 쓰는 자라고 생각했다. 여하튼 그는 당시 미국에 존재하던 협회들을 '민주주의'의 지지자로 새롭게 이름 짓는 강력한 운동에 직접 나서서 선봉 역할을 했다.[14] 독일공화협회 회원들 그리고 그 밖에 영어와 독일어를 모두 사용하는 필라델피아 주민들을 포괄하는 상급 단체였던 '자유의 아들들(Sons of Liberty)'은 이 프랑스 대사가 필라델피아를 방문하고 나서 얼마 되지 않은 1793년 5월 말에 자랑스럽게 단체 이름을 '민주주의 협회(Democratic Society)'로 바꾸었다. 이때 사람들이 느꼈을 확연한 변화의 분위기와 이제 모든 일이 과거와는 달라질 것이라는 생각이 주는 환희의 감정이 어땠을지 상상해보라.

갑자기 그 이후 몇 달 동안 '민주주의 협회'라든가 '민주-공화 협회'라는 이름을 내건 단체가 급속하게 생겨나기 시작했다. 주로 동부 해안 쪽이었다. 이는 민주주의의 커다란 승리였다. 일단 명칭에서 그러했으며 내용도 곧 뒤따랐다. 이 민주-공화 협회들이 공공 집회 권리를 옹호하고 나섰던 것이다. 또한 이들은 당시의 통치자들과 공공연하게 의견을 달리할 권리를 주장했으며, 통치자들이 듣고 싶어 하지 않거나 설사 듣는다 해도 이해할 수 없는 것들을 이야기할 권리가 자신들에게 있다고 주장하기 시작했다. 그러한 권리들이 헌법에 기재되어 있지 않은 비정상적인 상황 때문에 협회 내부에는 분노의 불길이 타올랐다. 이 협회들을 지지하던 많은 사람들은 지금 미국이 후퇴하고 있고 '귀족정'이라는 바닥 모를 심연으로 빠져 들어가고 있으며, 그곳은 조지 워싱턴처럼 미래에 왕으로 변신하기를 원하는 자들이 지배하는 장소라고 믿었다. 협회들 내부에서 서로 단결하던 시민들에게 '귀족적 민주주의'라는 말―저지대 지역에서 처음으로 들렸던 표현이다.―은 도저히 알아들을 수 없는 궤변이었다. 그런 표현 대신 시민들은 종전까지 적대적이었던 두 단어를 이제 친구처럼 나란히 붙여 사용하기로 했다. 그것은 바로 '공화 민주주의자(republican democrats)'라는 표현이었다. 공화 민주주의자들은 정치적 오만에 지극히 민감하게 반응했으며, 연방파 정부를 상대로 투쟁하는 반항자들을 지지했다. 또한 협회들은 옛 공화파가 '분파'나 '분파 정신'에 대해 늘 이야기하던 것을 확고하게 거부했다. 따라서 제임스 매디슨 같은 신사들이 경고한 바와 같이 '분파의 해악'이나 '혼란과 쟁투의 발생'에 의해 공화국이 위험에 빠진다는 말을 들을 때면 그저 다 안다는 듯한 미소를 짓거나 너털웃음을 터뜨리곤 했다.

시민 사회는 이제 자신의 소리를 내려 하고 있었다. 그것은 아주 큰 민주주의의 목소리였다. 가장 큰 고함이 나오게 된 계기는 의심할 여지 없이 알코올 때문이었으며 좀 더 구체적으로 말하자면 연방 의회의 결정에 의해 촉발되었다. 그 결정은 당시 재무장관 알렉산더 해밀턴이 추진했는데, 위스키를 비롯한 주류 생산업자에게 각자의 증류 장치를 관청에 등록하게 하고 알코올 생산량에 대해 세금을 부과하겠다는 것이었다. 이 조치를 두고 즉각 반발이 일어났다. 비유적으로 표현하자면 이 조치가 마치 술꾼들의 혀끝을 찌른 것 같았다. 사람들의 분노가 치솟았다. 밀주를 만들던 사람들은 분노로 얼굴이 붉어졌으며 이 법률에 반대하는 시민 불복종 행동을 취해야 한다는 호소가 여기저기서 일어났다.

우선은 수입원이 사라진다는 문제가 있었다. 위스키 생산자들은 자신들이 농사를 짓고 남는 곡물을 재료로 술을 빚었는데, 이는 소규모 농산물 시장에서 이들이 생존하기 위해 필요한 독립적 수입원이었다. 하지만 이뿐이 아니었다. 정치체에서 배제되어 있다는 소외감이 새로운 법률 때문에 배가 되었던 것이다. 많은 사람들이 대규모 양조업자들은 현금이 부족한 소규모 양조업자들이 내는 세금의 절반밖에 내지 않는다고 불만을 토로했다. 소규모 업자들은 각 군에 주재하던 연방 조세 관리에게 현찰로 세금을 내야 했다. 사람들은 새로운 형태의 폭정에 불만이 많았다. 이제 그들은 한낱 세금 납부자 신세가 되었으며 연방 징세관과 연방 검사들의 변덕과 선심에 꼼짝없이 복종하는 신세가 되었다고 느꼈다. 이런 이유 때문에 밀주 제조업자들이 끝을 날카롭게 깎은 몽둥이나 쇠스랑, 타르를 바르는 붓과 총을 들고 일

1794년 여름, 펜실베이니아 남서부에서 일어난 '위스키 반란' 당시 농민들이 징세관을 붙잡아 온몸에 타르를 바르고 깃털을 붙인 뒤 멀리 쫓아버린 일도 있었다.

어섰던 것이다. 1794년 여름, 펜실베이니아 남서부 지방에서는 이 항의자들의 공격을 받아 연방군 부대가 분쇄되었다. 항의자들은 총을 쏘며 공격하는 한편, 그 지역에서 증오의 대상이던 지역 징세 감독관 존 네빌(John Neville)의 집과 창고를 불태워버렸다. 피츠버그의 거리를 7천 명의 시위대가 행진했다. 시위대는 우편 배달 마차를 습격했으며, 법원의 심리를 방해해 중지시켰고, 징세관을 공격했다. 한번은 농민 여러 명이 여자 복장을 하고 있다가 징세관을 갑자기 공격하여 그의 머리를 짧게 깎아버리고 온몸에 타르를 바르고 깃털을 붙인 다음 말에 태워 멀리 쫓아버린 적도 있었다.

신생 공화국은 그때까지 이 정도의 대규모 조직적 저항을 목격한 적이 없었다. 또한 위스키 반란이 지닌 매우 특이한 점도 목격되었으니, 그것은 이 시골 반란자들 가운데 많은 사람이 당시 지배적인 합의 사항, 즉 선출된 대표자들로 구성된 정부에 대한 복종이 공화국의 기본 원칙이라는 합의 사항을 신뢰한다고 분명하게 표명했다는 점이다. 민주주의의 역사를 살펴보면 이런 순간들이 가끔 있는데, 이 순간 역시 여기서 행동을 하는 사람들은 자기 자신이 무엇을 하고 있는지 제대로 알지 못했다. 사실상 이들은 훗날 그들의 후손들이 잘 알게 되며 또한 소중하게 간직하게 되는, 대의 민주주의의 탄생에 도움을 주고 있었던 것이다. 한편, 조지 워싱턴은 이 시골 반란자들을 '자기 멋대로 만든 협회'에 속한 오만한 군중이며 '밤의 어둠을 틈타' 움직이면서 '이 나라의 정부를 파괴'하려는 자들이라고 공개적으로 비난했으며,[15] 1만 3천 명이나 되는 민병대 병력을 출동시키도록 명령했다. 이 병력 규모는 얼마 전 영국 주둔군 전체를 상대로 작전을 편 군대의 규모와 같았다. 정부는 사태를 심각하게 받아들였던 것이다. 하지만 반란자들은 현명하게도 곧 해산했고, 오직 스무 명만이 체포되어 필라델피아에서 반역죄로 기소당해 재판을 받았다. 두 명이 유죄 판결을 받아 교수형에 처해질 예정이었으나 결국 워싱턴에 의해 사면되었다. 이때 한 명은 '제정신이 아니며' 한 명은 '얼간이'라는 이유로 사면되었다. 이것으로 반란은 끝났다. 하지만 선출된 신사들에 의해 운영되던 질서 정연한 공화국에는 이미 큰 타격이 가해졌으며 그 타격은 영구적인 것이었다.

위스키 반란이 갑작스러운 계기가 되어, 비(非)민주적 공화주의는 완만한 죽음의 과정에 돌입했다. 반란자들은 부당한 법률에 대항하는 시민 불복종 운동을 벌여 의회 주권의 원칙을 공공연하게 거부했다. 그뿐이 아니었다. 이 반란의 특별한 점은, 다양한 민주-공화 협회들─이 협회들은 프랑스 대사와 그가 대표하는 프랑스 혁명을 지지하여 만들어진 것이었다.─이 반란자들 편에 섰다는 점이다. 반란자 일부는 사실 그 협회들의 회원이었으며, 이들은 당시 대서양 연안 도시에서 유행하던 대로 스스로 '민주주의자(democrats)'라고 자랑스럽게 불렀다. 당시 민주주의라는 단어는 프랑스에서 미국으로 막 도입되었으며, 연방파 정부에 염증을 느끼던 모든 시민들과의 단결을 뜻하는 수사적 표현으로 사용되고 있었는데, 이제 이 단어는 미국의 정치 체제 속에 확실하게 자리 잡게 되었다. 이 젊은 공화국에 있었던 이전의 논란들과 다르게, 예를 들어 토머스 페인이 사일러스 딘*을 날카롭고 맹렬하게 공격했던 것과 다르게,[16] 위스키 반란은 '국민'에 대한 이야기에 새로운 의미를 부여했다. 국민은 이제 더는 헌법 제정자들의 손에서 조각되는 나무 우상이 아니었다. 이제 그들은 정부 주변에서 활동하며 잠재적으로

사일러스 딘(Silas Deane, 1737~1789) 미국 독립 운동 참여자. 미국 최초의 외교관으로 유럽 지역에 파견되었지만 첩자라는 의혹과 공금 유용 의혹을 받았다.

는 정부의 반대자도 될 수 있는, 피와 살을 가진 구체적 인간들로 인식되었다. 위스키 반란은 시민 불복종 운동이었으며 '민주주의'의 깃발 아래 행진했다. 이 반란은 공화국의 민주화를 약속했다. 이 점은 '펜실베이니아 민주협회'가 조직한 공공 집회의 회의록에서 잘 지적하고 있다. "자유와 평등의 적대자들은 우리를 향한 비방을 절대로 멈추지 않는다. 심지어 영향력 있는 일부 인사들까지 대담하게 나서서 모든 정치적 협회를 공개적으로 비난하고 있다." 다음은 이런 정치적 협회의 회원들이 말한 내용이다. 그들은 무엇을 해야 할지 잘 알고 있었다. "만일 국민이 느끼는 감정이 메아리처럼 울려 나온 것이 우리나라의 법률이라면, 그런 감정들은 일반에 널리 알려져야 하지 않을까? 정치 협회들을 활용해 자유로운 토론을 하고 출판물을 펴내고 의사소통을 하는 것보다 그 감정을 더 잘 이해시킬 수 있는 방법이 과연 무엇이 있겠는가?[17]

토머스 제퍼슨의 평화적 정권 교체

1790년대 초 미국의 비주류 행동가들에게는 분명한 주장이 하나 있었다. '민주적' 정치에 매력을 느낀 이 중간 계급 사람들은 여러 가지 주장을 하면서 새로운 공화국 곳곳에 민주주의라는 단어를 가득 적어 넣었다. 그들은 민주주의의 이름을 내걸고 1776년 필라델피아의 공화주의 정신이 의미했던 모든 것에 도전장을 내밀었으며, '아래로부터'의 민중적 압력에 그 공화주의 정신이 활짝 문을 열도록 강제했다. 그렇게 함으로써 이 정치적 통일체 내부에 합당한 분열이 존재함을 인정하도록 밀어붙인 것이다. '분파'에 대한 반감이 지배적인 상황이었는데도 1790년대가 지나는 동안 미국에 경쟁적 정당들이 탄생한 것은 바로 그들의 노력 덕분이었다.

처음에 나타난 가장 중요한 대립은 미래의 공화국을 두고 경쟁하는 두 비전의 대립이었다. 한쪽 편에 있는 사람들은 중앙 정부 강화, 농촌 질서 재편, 상업 확대를 지지했다.(조지 워싱턴과 알렉산더 해밀턴 같은 이른바 '연방파'가 그런 사람들이었다.) 다른 편에 있는 사람들은 이른바 '공화파(Republican)' 혹은 '민주-공화파(Democratic-Republican)' 혹은 '반(反)연방파(Anti-

Federalist)'라고 불렸으며 이들은 중앙 집권을 추구하는 정부를 반대했으며, 또한 아무런 제한 없는 시장을 이용하여 사유 재산을 아무 제한 없이 축적하는 것에 반대했다. 반대의 핵심적 이유는, 그런 정부와 시장이 힘을 합치면 결국 공화국의 기반을 파괴할 것이기 때문이었다.

그런데 실제로는 이 두 편이 항상 분명하게 구분되는 것은 아니었다. 곧 알렉산더 해밀턴과 토머스 제퍼슨이라는 두 인물이 양측을 상징하는 인물로 인식되기 시작했지만, 느슨하게 뭉쳐 있던 무리들은 처음에는 구체적 명칭이 있는 '정당'으로 활동한 것도 아니었고 정식으로 구성원이 정해진 것도 아니었으며 문서화된 강령 같은 것도 없었다. 예를 들어, 펜실베이니아 주 같은 경우는 선거 때 투표용지에 후보를 나열하여 인쇄하는 것조차 법으로 금지되고 있었다. 투표자가 직접 손으로 이름을 적는 것만이 인정되었다. 이런 것이 당시 미묘한 상황에서 젊은 공화국이 내전으로 빠져 들어가지 않은 주된 이유였다.

제퍼슨은 만일 한 정당과 동행해야 천국에 들어가는 것이 허락된다면, 차라리 천국에 가는 것을 포기하겠다는 유명한 말을 했다. 그는 또한 자신이 연방파도 아니며 그렇다고 반연방파도 아니라고 공개적으로 천명했다. 하지만 그와 그의 친구 제임스 매디슨은 비밀리에 자신들의 견해를 신문이 지지하도록 힘쓴 바 있다(1790년). 그런 움직임은 당시의 지배적인 합의 사항에 위배되는 대담한 행동이었으며, 오늘날 우리가 아는 정당 정치를 제도화하는 방향으로 크게 한 걸음을 옮긴 것이나 다름없었다. 당시는 정당 제도 자체에 반대하는 의견이 대다수였는데, 많은 재산을 가진 신사들이 통치하는 것이 마땅하며 '국민'이 순화되고 정련된 상태가 바로 각 주의 입법부라는 논지가 그 의견을 뒷받침했다. 정당을 반대하는 의견은 또한 (오래된 적수인 영국과) 군사적 충돌이 끝나고 평화 상태가 도래함에 따라, 매디슨이 '연방주의자 논고 49번'에서 표현한 대로, '질서와 조화에 지극히 적대적인 열정들'이 표면으로 떠오를 것이라는 우려에 의해 강화되었다. 이 때문에 당시 연방파와 공화-민주주의 성향의 집단 사이에서 발생한 갈등은 상대방이 음모와 반란 선동을 꾸미고 있다는 비난을 서로 주고받는 거친 분위기 속에 가열되었다.

1789년 미국 연방 의회는 외국인을 규제하고 선동 행위를 금지하는 목적을 띤 느슨한 언어로 구성된 법안을 통과시켰으며, 많은 연방파 사람들은 이 법안을 공화국을 보호하는 무기로 사용할 수 있다고 생각했다. 특히 당시 상황이 비록 공식적인 선전 포고는 없었지만 미국이 프랑스와 사실상 해전을 벌이고 있었기 때문에 더욱 그러했다. 이 법안은 외국인의 귀화 과정을 좀 더 엄격하게 규정했다. 외국인 거주자들은 이제 시민이 되려면 14년(종전에는 5년이었다)을 기다려야 했다. 모든 외국 국적 주민에 대한 등록과 감찰 제도가 세워졌으며 또한 알렉산더 해밀턴이 거창하게 명명한 '국가적 의견 일치(national unanimity)'에 위협이 된다고 간주되는 외국인이라면 누구든지 추방할 수 있는 권한이 대통령에게 부여되었다. 또한 이 법안은 연방 의회나 대통령을 '멸시 혹은 오명'의 대상으로 만드는 것으로 해석될 수 있는, 기록되거나 기록되지 않은 모든 형태의 발언을 금지했다. 그러한 공공질서의 파괴는 이제 최고 5천 달러의 벌금이나 5년의 징역형을 받게 되었다.

　　이 법안은 엄청난 논란을 불러일으켰다. 정치 무대의 막후에서 해밀턴을 비롯한 연방파 사람들은 연방파 정부를 전복하려는 음모가 진행되고 있으며 그 음모를 분쇄하려면 군대를 동원해야 한다고 강력하게 주장하기 시작했다. 이와 대조적으로 제퍼슨은 평온을 유지하자고 호소했다. 인내심이 필요하다고 그는 친구에게 말했다. "곧 마녀들의 시대가 지나가고 그들이 걸어놓은 주문이 풀리면, 우리는 사람들이 진정한 시력을 회복하고 그들의 정부를 진정한 원칙들로 돌려놓는 것을 보게 될 것이다."[18] 하지만 자기 자신을 '민주주의자'라고 생각하며 제퍼슨 편에 서 있던 많은 시민들은 연방 정부에 대한 반대가 불법화될 것을 예상하며 크게 우려했다. 워싱턴이 이런 말을 했다는 것이 널리 알려지면서 논란의 불길은 더욱 활활 타올랐다. 워싱턴 당시 전쟁부 장관이던 제임스 맥헨리(James McHenry)에게 "민주주의자라고 공언하는 자들이 자신의 원칙을 바꾸도록 하는 것보다 차라리 '검은 무어인'(검은 피부의 사람[19])을 문질러 흰색으로 바꾸는 게 쉽다. 그들은 이 나라의 정부를 전복하기 위해 어떤 짓이라도 할 것"이라고 말했다고 한다. 신문의 독립적인 역할, 자발적 결사들, 그리고 초기 형태의 정당과 관련한 공공의 논란은 점점 더 거친 양상으로 흘러갔으며, 결국 1800년에 실시된 연방 선거는 이 법안의 지지자와 반대자 사이에 총력전 양상을 띠게 되었다. 토머스 제퍼슨은 이 법안을 폐기하는 데 찬성한다고 선언한 상태였다.

결국 제퍼슨이 대통령에 당선되기는 했지만 아슬아슬했다. 당선에 이르는 과정은 교묘한 불확실성과 예상치 못한 놀라움의 순간이었으며, 대의 민주주의는 훗날 이런 불확실성과 놀라움을 지닌 체제라는 명성을 얻게 된다. 제퍼슨과 그의 부통령 후보 지명자 에런 버(Aaron Burr, 1756~1836)가 충분한 득표를 하여 승리를 거두었지만, 그들의 당선은 선거만으로 확정되지 않았던 것이다. 이는 미국 헌법이 지닌 또 하나의 공백 때문이었다. 당시 헌법은 각 주의 선거인이 두 표를 행사하는데 하나는 대통령 후보에게 또 하나는 부통령 후보에게 던지도록 규정하고 있었다. 헌법 제정자들의 의도는, 가장 많은 표를 받은 사람이 대통령, 그다음으로 많이 받은 사람이 부통령이 되도록 하는 것이었다. 하지만 1800년 선거 무렵에 이미 정당은 미국 정치 무대의 한 부분으로 명백히 자리 잡고 있었다. 그리하여 당시 존 애덤스의 연방파 정부에 반대하는 선거인은 한 표는 제퍼슨에게, 또 한 표는 에런 버에게 던졌다. 표에 대통령이라든가 부통령이라든가 하는 표시를 하지 않게 되어 있었기 때문에 결국 두 사람은 같은 표를 얻었다. 두 사람 다 73표를 얻었던 것이다.*

---

* 오늘날 미국의 선거가 완전히 오염되어 타락했다고 확신하는 사람들은, 이 득표수가 어떻게 나왔는지 떠올리면 아마도 자신의 생각을 고쳐먹을 것이다. 당시 미국 공화국은 열여섯 개 주로 구성되어 있었는데 그 가운데 확실한 다수인 열 개 주가 그들의 주 의회 구성원들만의 투표로 연방 정부의 대통령과 부통령 후보를 결정했다. '국민'의 참여는 전혀 없었다. 조지아, 매사추세츠, 뉴햄프셔, 펜실베이니아 등이 여기에 속했는데 이 가운데 펜실베이니아 주의 경우에는 이 사안에 국민의 투표가 있어야 한다는 조항이 원래 있었지만 이 조항을 표결로 폐기했고 따라서 주 의회 구성원에게만 선택권이 있도록 했다. 소수에 속하는 여섯 개 주(켄터키, 메릴랜드, 노스캐롤라이나, 로드아일랜드, 버지니아, 테네시)는 일반인의 투표를 허락했지만 재산에 따라 제한을 두는 다양한 제도가 있었으며 남성들만 투표권이 있었다. 남성 전원에게 투표권을 부여하는 주는 하나도 없었다. 또한, 공정성을 위해 각 주의 투표일을 같은 날로 한다는 생각도 별로 없었다. 각 주는 투표 방식과 투표일을 각각 정할 권한이 있었고, 이에 따라 각 주의 투표일은 1800년 4월부터 8월에 걸쳐 있었다. 그 결과 연방파와 민주-공화당 양측은 65 대 65로 똑같은 득표수를 기록했고 마지막으로 투표하게 된 사우스캐롤라이나 주는 자신의 주가 마지막으로 결정권을 행사한다는 것을 이미 알고 있는 행복한 상태였다. 이들은 자신의 주가 가진 모든 표를 민주-공화파 측에 던졌고 이에 따라 예비적인 승자가 결정되었다. 선거인단 표수로 계산했을 때 최종 결과는 이랬다. 토머스 제퍼슨 73표, 에런 버 73표, 존 애덤스 65표, 찰스 코츠워스 핑크니 65표, 존 제이 1표. 이리하여 이 선거는 연방 의회로 자리가 옮겨졌으며 큰 소란과 격동이 벌어졌던 것이다.(원주)

4장 미국의 민주주의

헌법에 명기된 대로 이 드라마는 연방 하원으로 무대를 옮겼다. 하원은 연방당이 장악하고 있었는데 그들은 제퍼슨에게 표를 던지고 싶지 않았다. 하원의원들은 각 주별로 투표하게 되어 있었으며 한 주에 한 표가 주어졌다. 당시에 열여섯 주가 있었으므로 대통령이 되려면 과반수인 아홉 표가 필요했다. 여러 가지 이상한 일이 벌어졌으며 각 주를 대표하는 하원의원들은 변덕스럽게 행동했다. 첫 번째 투표를 실시했을 때, 연방당이 장악한 주들의 대부분은 버에게 투표했고, 민주-공화당이 장악한 주들은 모두 제퍼슨에게 투표했다. 버몬트 주와 메릴랜드 주는 기권 표를 던졌다. 첫 번째 표결 결과, 제퍼슨의 득표가 과반에서 한 표 모자랐다. 모든 것이 마비 상태에 빠질 상황이 되었다. 이후 일 주일에 걸쳐 이 교착 상태를 타개하기 위해 하원은 모두 서른다섯 번이나 투표했다. 위기 의식이 너무나 고조된 나머지 결국 알렉산더 해밀턴은 자신이 대통령을 결정하는 역할을 맡기로 결심했다. 그는 제퍼슨을 지지한다고 말했는데, 왜냐하면 에런 버에 비해 제퍼슨이 '훨씬 덜 위험한 인물'이기 때문이었다. 에런 버는 해밀턴의 배신 행위를 결코 잊지 않았다. 3년 뒤 그는 개인적인 결투를 벌여 해밀턴을 죽인다. 결국 2월 17일 화요일, 아무것도 표기하지 않은 무효표를 던지겠다거나 지침을 따르지 않겠다는 위협적인 배신의 목소리가 여전히 높은 가운데, 서른여섯 번째 표결이 시작되었다. 이번에는 제퍼슨이 승자로 결정되었다. 그가 얻은 표는 열 표였다.

제퍼슨의 이 아슬아슬한 승리는, 오늘날 정치학자들이 '정계 재편 선거'* 라고 부르는 것보다 훨씬 더 중요한 사건이었다. 이 선거는 미국 정치의 분수령이었으며 또한 근대적 의식의 민주화에서 결정적인 전환점이었다. 대의 민주주의 역사에서 이 선거는 하나의 선출된 정당에서 또 다른 선출된 정당으로 통치 권력이 폭력적 사태 없이 이양된 첫 번째 사례였기 때문이다.

이 정권 교체는 당시 미국인들을 매우 긴장시켰다. 옛날식으로 생각하던 유럽의 관찰자들은 미국이 곧 내전에 빠져들 것이라고 예상했다. 군주제와

정계 개편 선거(realigning election) 한 나라에서 상당 기간 존재하던 정당 또는 정파의 지배가 끝나고 다른 정당 또는 정파가 권력을 장악하는 계기가 되는 결정적 선거를 가리킨다. 미국의 1896년 선거, 1932년 선거가 대표적인 예이다. 정치 세력을 재편 혹은 재조정(realign)하는 선거라는 뜻이다.

공화제에 관련한 이론이나 실제를 볼 때, 특히 이 체제들이 '분파'와 '정당'에 대해 품고 있던 적개심을 고려할 때, 그렇게 추정할 수 있었던 것이다. 미국 내에서는 승리에 의기양양해진 제퍼슨이 1801년 대통령 취임 연설에서 대단한 논란을 불러일으킬 것이라고 예상하는 사람들이 대다수였다. 취임사는 당시 건설이 일부 완료된 연방 의회 의사당 내의 새로운 상원 회의장에서 초청 인사들을 청중으로 하여 행해질 예정이었다. 그러나 신임 대통령은 전혀 다른 태도를 취했다. 관용 정신을 호소했던 것이다. 그는 자신의 적대자들에게 잎이 무성하게 달린 긴 올리브 가지를 내밀었다. 제퍼슨은 대의 민주주의를 특별한 애정이나 호감이 없더라도 반대자들과 평화롭게 살아갈 수 있는 삶의 방식으로 이해했다. 그는 대의 민주주의에 훌륭한 찬가를 바치면서, 서로 다른 원칙과 이해관계가 충분히 작동하도록 허락해줄 수 있을 정도로 담대한 정부와 시민 사회라는 비전을 옹호했던 것이다. 그는 자기 자신도 판단을 잘못해 실수를 저지를 수 있다고 말했다. "나는 여러분에게 내가 저지른 실수들에 대한 관용을 요청합니다. 나의 실수는 결코 의도적인 것이 아닐 것입니다. 그리고 다른 사람들의 실수도 마찬가지로 옹호해줄 것을 요청합니다." 또한 그가 '신성한 원칙'이라고 표현하면서 강조한 것이 있었는데 그것은 "모든 경우에 다수의 의지가 승리를 거둘 것이지만…… 소수도 평등한 권리를 보유할 것이며 법률이 평등하게 그것을 보호해야" 하리라는 내용이었다. 그는 청중들에게 "의견의 차이 하나하나가 원칙의 차이는 아니다."라는 점을 상기시켰으며, 또한 미국의 국가 인장(印章)에 들어 있는 라틴어로 된 모토, '에 플루리부스 우눔'*을 다른 표현을 사용하여 청중들에게 분명하게 새겼다. 그는 심지어 연설 중간에 "우리는 모두 공화주의자입니다. 우리는 모두 연방주의자입니다."라고 선언하기까지 했다.[20]

서로 의견이 달라도 좋다고 합의하자는 호소는 독창적이며 매우 영리한 방법이었다. 적(enemy)을 정치적 대항자(opponents)로 전환하는 것, 그리고 사람들에게 서로 다른 의견을 지닐 수 있는 완전한 자유를 허락하는 것, 오직 이런 태도를 취함으로써 공화주의적 민주주의가 번성할 수 있다. 여기에

에 플루리부스 우눔(E pluribus unum) 13개 식민지가 모여 하나의 국가를 이루었음을 표현하는 문구로서, '여럿이 모여 하나로'라고 풀이할 수 있다. 미국의 1센트, 5센트 동전 뒷면에도 새겨져 있다.

서 우리는 종래의 회의체 민주주의의 세계에는 없던, 완전히 새로운 선례를 발견하게 된다. 제퍼슨은 이후로 정당들은 선거전이 아무리 격렬했다 하더라도 그 결과를 존중해야 마땅하다고 말한 것이다. 만일 어떤 정당이 권력의 자리에서 쫓겨난다면 그들은 패배를 점잖게 받아들여야 할 것이라는 이야기다. 그러고 나서 그 정당은 권력을 잡을 수 있는 다음 기회를 기다려야 한다. 다음 기회란 다음 번 선거를 이야기한다.

잭슨 민주주의와 정당 정치

이렇게 하여 미국 정치 체제의 역사에서 새로운 한 시대가 열렸다. 그리고 이 시대를 특징짓는 사건은 앤드루 잭슨(Andrew Jackson, 1767~1845)의 놀라운 선거 승리였다(1828년). 그는 가난한 스코틀랜드 이민자의 후손으로 태어나 독학으로 법률을 공부해 성공의 기반을 닦은 사람이었다. 그는 자기 힘으로 일어선 부유한 노예 소유주이며 면화 재배업자였다. 또한 그는 젊은 시절 영국군 장교가 군화를 닦으라는 것을 거절했다가 입은 상처를 자랑으로 삼을 만큼 강인한 성격의 정치인이었다. 그는 개인의 기업가 정신과 각 지역의 자주적 결정을 신봉하는 수백만 미국인이 지닌 이상화된 자기 이미지를 거대하게 확대한 사람이었다. 군인 생활을 통해 단련된 정치적 투사였던 그는 은행가, 투기 사업가, 그 밖에 돈 많은 자들을 본능적으로 싫어했다. 그는 빠른 속도로, 워싱턴 이후 가장 강력한 대통령이 되었는데, 여기에 중요한 요인으로 작용한 것이 그의 새로운 통치 기술이었다. 그가 활용한 기술은 거부권 행사, 포켓 거부권 행사(의회 회기의 마지막 열흘 동안 법안에 서명하지 않음으로써 해당 법안이 폐기되도록 하는 방법), '키친 캐비닛' 등이었다. '키친 캐비닛'이란 선거를 거치지 않은 조언자들의 도움을 받는 것이었는데, 이들은 대통령의 신뢰를 받지만 동시에 대통령이 임의로 해고할 수 있었다.

대략 1800년에서 시작하여 잭슨의 놀라운 대통령 당선 사건을 거쳐 1850년대 중반까지의 기간은, 결국 공화국을 내전의 벼랑 끝으로 내몰았다. 하지만 이 기간은 또한, 훗날 모든 대의 민주주의 체제의 어젠다가 되는 여러 새로운 제도가 발명된 시기이기도 했다. 윤활유를 잘 친 기계처럼 작동하는 정당, 전국 규모의 전당 대회, 시끌벅적한 재미와 소란 그리고 '종이 돌조각'*을 제공해주는 대중 선거, 의도적으로 민주주의적 예술과 문학을 지원하고 육성하는 시민 사회, 많은 여성이 역사상 처음으로 공적으로 목소리를 냈던 강력한 반노예제 운동 등이 이 시기에 탄생했다. 이 시기에 시작된 개혁적 제도들의 의미가 너무도 중요했기 때문에, 당시 상당수의 관찰자들 중 일부는 기원전 5세기의 아테네를 염두에 두고 19세기야말로 민주주의의 세기이며 미국은 그 민주주의를 추진하는 동력이라고 주장하기까지 했다. 1842년에 발행된 《브리태니커 백과》 제7판에는 '세계에서 가장 훌륭하고 가장 현명한' 몇몇 정부 가운데 미국이 들어 있으며, '민주주의의 가장 완벽한 표본'이라고 서술되어 있다. 논리 전개에 허술한 면이 있고 지나치게 간략하긴 하지만 여하튼 틀린 말은 아니었다.

특히 1812년 영미전쟁* 이후의 19세기는, 대의 민주주의의 팽창과 재평가의 관점에서 볼 때 진정으로 미국의 시대였다고 할 수 있다. (앞으로 보겠되 겠지만) 다른 대륙에 살던 사람들 역시 중요한 공헌을 했지만, 미국이라는 새로운 공화국은 대의 정치가 민주화될 수 있다는 것, 그 씨앗이 널리 뿌려져 민주적 권리와 의무의 결실을 수확할 수 있다는 것, 근대 세계 최초로 그리고 대륙 차원에서 갈수록 더 많은 사람들이 그 결실을 누릴 수 있음을 인상적으로 증명해 보여주었던 것이다. 그 결과로 많은 관찰자들은 이제 유럽과 미국이 지리적, 역사적으로 확실히 갈라졌다고 강하게 느끼게 되었다. 분명히 미국은 유럽인들이 장악한 유럽의 한 가지에서 출발했지만, 이제 이 '신세계'의 대의 민주주의는 과거와 새 시대를 가르는 역할을 하는 것으로

종이 돌조각(paper rocks) 마치 죄를 지은 사람에게 형벌을 주기 위해 여러 사람이 돌팔매질을 하듯이, 투표용지를 통해 무능하고 부패한 관리를 처벌한다는 비유이다.
영미전쟁(the Anglo-American War) '1812년 전쟁(War of 1812)'이라고도 불린다. 1812년 6월부터 1815년 2월까지 미국이 영국에 선전포고를 하면서 벌어진 군사적 충돌을 가리킨다. 나폴레옹 전쟁 중에 영국이 프랑스를 봉쇄하기 위해 프랑스로 가던 미국 선박들을 나포한 것이 전쟁의 한 원인이었다. 양측 모두 결정적인 승리를 거두지 못한 채 전쟁이 장기화되면서 강화를 논의하기 시작했고 1814년 12월 '겐트 조약'을 맺어 전쟁을 종결하는 데 합의했다. 그러나 강화 조약이 체결된 사실을 모르고 뉴올리언스와 루이지애나에서 한동안 전투가 계속되었고 결국 1815년 2월 11일에야 완전히 끝났다.

평가되었다. 유럽은 이제 과거였으며, 미국이 현대를 여는 날카로운 칼끝이었다. 유럽은 이제 낡은 시대였으며, 그 낡은 시대의 죽음이 바로 새로운 시대의 시작이었다. 미국은 위대한 탈출이며 웅대한 모험이었다. 이 시대의 위대한 시인 월트 휘트먼(Walt Whitman, 1819~1892)은 자신을 비롯한 많은 미국인이 지닌 자기 나라의 잠재력에 대한 사랑을 극적으로 표현한 기도문에서 이렇게 노래했다. "민주주의의 배여! 항해하라, 최선을 다해 항해하라! …… 지구의 생이 그대의 배에 고스란히 올라가 있도다!"[21] 미국의 사명은 불평등과 전쟁과 오만과 그 밖의 해악으로 인해 단단히 묶여 있는 과거의 굴레를 벗어던지는 것이었다. 과거를 음울하게 바라보는 것이 아니라 미래를 낙관적으로 바라보는, 민주주의의 나라 미국은 곧 그 자체로 유럽에 대한 부정(否定)을 암시했다.

이 시기 동안 많은 정치적 발명품이 미국 정치의 풍경을 바꾸어놓았다. 그중에서도 유권자의 지지를 얻기 위한 정당 간 경쟁이 탄생한 것이 의미가 크다. 이런 정당 경쟁의 뿌리를 찾으려면 과거로 돌아가 대서양의 반대편으로 가야 한다. 그곳에서 근대 초의 정당 제도는 천천히 발전했으며 정치적 난관을 극복해야만 했고 또한 정당 제도가 분열적이며 분란을 선동해서 위험하다는 주장 때문에 널리 퍼진 정당에 대한 적대감을 극복해야 했다. 유럽에서 정당은 18세기 초에 비로소 탄생했다. 최초로 등장한 정당으로 영국의 조지 3세(George III, 1738~1820)의 긴 치세 동안 하원에서 형성된 작은 정당들을 들 수 있는데, 이는 전제정에 대한 저항과 대의 정치의 성장과 긴밀하게 연결되어 있었다. 처음에 정당들은 에드먼드 버크(Edmund Burke, 1729~1797)의 표현대로 신사들의 '명예로운 연대(honorable connection)' 형태를 띠었다. 이 '명예로운 연대'가 수행한 역할은 당시 신생 시민 사회의 지배적인 계급 권력 집단의 이름을 내걸고, 정부의 각료들을 비판하거나 제한을 가하거나 지지하는 것이었다. 19세기 초까지만 하더라도 이런 초기 형태의 정당들은 귀족 계급과 부르주아 계급의 의회 대표자들로 이루어진 느슨한 집단이었다. 이 집단들은 오로지 입법부 내에만 존재했기 때문에 공개적인 선거 경쟁이라거나 의회 밖 사람들에게 지지를 호소하는 따위의 일은 전혀 하지 않았다. 또한 이들은 당규 등을 이용해서 집단의 구성원을 자체적으로 규제하는 일도 하지 않았다.

미국에서 나타난 정당의 공개 경쟁이라는 현상이 결국에는 모든 것을 바꾸지만, 이를 받아들이는 과정은 느리게 진행되었다. 제퍼슨이 대통령직을 평화적으로 넘겨받은 사건이 있고 나서 오랜 시간이 흐른 뒤에도 정당에 소속된 대표자에 대한 공식적인 적대감은 여전히 강하게 남아 있었다. 거버너 모리스는 이런 정당 소속 대표자들을 두고 "패싸움꾼들이며 인기몰이를 주업으로 삼는 자들"이라고 말했다.[22] 1812년 영국과 전쟁으로 향하는 긴장의 고조 속에서 발생한 공포는 이런 분열을 억제하는 데 일조했다. 당시 정치인들은 어떤 성향을 지녔든 간에 모두가 미국 국기 아래에서 단결할 것을 호소했다. 정당 정치에 관해서는 오늘날에는 상상하기 힘들 정도로 강하게 자조적이며 경멸적인 태도가 나타났다. 각 주의 입법부에서 봉사하는 것을 대부분의 사람들은 자신의 인격을 타락시키는 행위라고 생각했으며, 대부분의 입법부 구성원들은 프라이버시를 잃는 것에 불평했다. 연방 정부가 있던 워싱턴도 사정은 마찬가지였다. 워싱턴의 정치인들은 지리적으로나 정서적으로 대다수 시민들로부터 동떨어져 있다고 생각했으며, 워싱턴의 유명한 허름한 건물들이나 진흙탕 구덩이, 모기들 때문에 정치인들 사이에는 자기 경멸적인 감정이 팽배했다. 정치를 하려면 두꺼운 피부가 필요하다는 유명한 말은 존 퀸시 애덤스(John Quincy Adams, 1767~1848)가 경고한 바다.(그는 미국 제2대 대통령을 지낸 존 애덤스의 아들이다.) 그가 이런 말을 한 까닭은, 정치인들이 '지속적이며 악의적인 감시'의 대상이었기 때문이다. 감시의 이유는 단 하나였다. '공개적인 야유 혹은 공개적인 조롱'을 통해 그들을 망가뜨리기 위함이었다.[23]

이 발언은 미국 정치계에서 아직까지도 끊임없이 회자되는 말과 일맥상통한다. 즉 정치라는 것은 정당한 직업이 될 수 없으며, 그 이유는 정치인과 그들의 정당이 결코 완전히 신뢰할 수 없는 무뢰한들이기 때문이라는 이야기다. 그런데 지금 돌이켜보면 정당에 대한 이런 반감은 사실 대의정체의 성장에 핵심적인 역할을 했다. 대의제 정부는 그 구조상 선출된 대표자들에게 의존하는데, 이런 구조의 밑바닥에는 이 대표자들이 주기적으로 그리고 자주 직책에서 해고되어야 한다는 전제가 깔려 있다. 대의제 정부는 겸손한 정부라고 인식되었다. 또한 의견이 다른 소수를 위한 공적 공간, 그리고 권력을 향해 공개적으로 경쟁하는 공적 공간을 만들어주기 위한 새로운 방법이라고 인식되었다. 대의제 정부는 선출된 대표들이 자신의 정치적 능력과 지도력을 유권자들이 보는 앞에서 시험해볼 수 있도록 하는 정부였으며, 유권자들은 선거일이 되면 투표를 통해 일종의 종이로 된 돌을 대표들에게 던질 권한이 있었다. 주기적으로 투표를 한다는 것의 의미는 바로 이런 것이었다. 만일 대표자들이 항상 성인(聖人)처럼 행동한다면 이런 선거는 아무런 의미가 없게 된다.

19세기 전반부 미국에서 흥미로웠던 현상은, 정당 정치에 대한 이러한 의심이 변증법적인 과정을 거쳐 정당 정치가 제공하는 정치 방식들에 대한 적극적 지지로 연결되었다는 점이다. 각종 토론을 진행하고 의결 사항을 통과시키고 특정 후보에 대한 지지를 표명하기 위해 열리는 공공 집회가 젊은 공화국 전체에 빠른 속도로 확산되었다. 이 유행은 심지어 그전까지 이 경향에 반대하던 연방파마저 휩쓸어버렸다. 정당 정치의 물결을 막는 데 실패한 그들은 이제 자신들도 합류하기로 했던 것이다. 각 정당들은 도시 위원회라는 조직을 만들었다. 이 조직을 통해 조개구이, 바비큐 혹은 생선 튀김 파티를 열어 어느 당을 지지할지 결정하지 못한 사람들을 끌어들이려 했으며, 선거 직전이 되면 자기 당에 투표할 가능성이 있는 유권자들을 방문하였다. 또한 각 군(郡), 선거구, 주 단위로 당 위원회가 설치되었으며 이런 당 위원회에서는 훗날 예비선거 제도의 선례라 할 수 있는 일이 전개되기도 했다. 즉 옛 스코틀랜드의 총회(convention)의 원칙을 활용하여 각급 입법부 후보자를 선출했다. 과거 스코틀랜드에서 열린 총회는 종교적인 형태였지만 지금은 비종교적인 형태로 응용되었고 일 년에 한 번 개최되는 경우가 많았다. '주문을 거는 사람(spellbinder)'이라고 불리던 연설자들은 이 도시에서 저 도시로 옮겨 다니며 호기심 많은 유권자들이 모인 모임에 나타나서는 자신의 특기를 마음껏 발휘했다. 이들은 1840년대 정당 활동가들이 '중국인들의 사업(Chinese business)'이라고 부른 활동을 통해 지원받았다. (행진하며 연주하는) 악단, 오케스트라, 깃발 게양, 불꽃놀이, 차우더(조개와 생선 살로 만든 수프) 파티, 겨울철 무도회, 여름철 피크닉, 길거리에서 진행하는 악수 행사, 당의 지지자들이 동일한 제복을 입고 눈에 잘 띄는 당의 표지를 달고 말을 타고 행진하는 일 따위가 있었다.

이런 새로운 발명들 덕분에 옛 영어 단어 하나가 새로운 의미를 얻게 되었다. '후스팅(hústing)'은 원래 회의체나 평의회를 가리키는 단어였다. 하지만 정당의 선거 운동원들과 후보자들은 이제 지지자를 모으는 집회를 '허스팅즈(hustings)'라고 부르기 시작했다.(이 단어는 고대 스칸디나비아어인 '후스팅 hústhing'에서 온 것인데, 지도자가 주재하는 가문의 회의를 뜻하는 말이었다. 여기서 '후스hús'는 '하우스house'를, '팅ting'은 회의체를 의미했다.) 허스팅즈로 인해 선거 운동의 주기가 연장되는 효과가 생겼다. 연방파는 조지 워싱턴의 생일 (2월 22일)에 그를 기념하여 체리 파이를 큼직하게 담아 먹는 행사를 정례화했다. 1790년대에는 모든 정당이 정기적으로 기념하지 않던 독립 선언일(7월 4일)을 나라의 제일 중요한 축일로 큰 의미를 두기 시작했다. 이제 미국인들은 공적 사안에 관심을 기울여야 할 의무가 있으며 투표를 해야 한다는 호소를 계속 듣게 되었다. 그리하여, 별로 놀라운 일이 아니지만 허스팅즈 덕분에 또 다른 효과가 나타났다. 즉 잠재적 투표자의 범위가 확대되었던 것이다. 선거권 확대 요구가 커짐에 따라 결국 1824년이 되면 공화국의 모든 주가 사실상 백인 성인 남성 전원에게 투표권을 부여한 상황이 되었다.(영국에서는 1867년이 되어서야 이루어진 일이다.) 이제 미국은 과거에 왕정주의자들과 공화주의자들이 정파에 품었던 공포심을 완전히 떨쳐버렸다. 미국은 세계 최초로 상시적으로 활동하는 정당과 정치를 직업으로 삼는 전업 정치인을 탄생시켰다.

이 같은 변화를 상징하는 특출한 인물이 바로 1837년에서 1841년 사이에 제8대 대통령을 지낸 마틴 밴 뷰런(Martin Van Buren, 1782~1862)이다. 밝은 붉은색 머리카락에 160센티미터가 채 안 되는 작은 키의 밴 뷰런은 언제나 연미복을 말끔하게 차려 입었는데, 그 연미복에 맞추어 목과 소매에 하얀색 주름 장식을 했다. 그는 미국 대통령으로서는 처음으로 미국 시민으로 태어난 사람이었으며 부모도 영국 사람이 아니었다. 그가 태어난 곳은 뉴욕 주의 킨더후크라는 곳이었다. 그를 개인적으로 알던 사람들은, 그가 진정한 첫 번째 미국 대통령이라고 종종 말하곤 했다. 그의 아버지는 네덜란드 출신으로서 소규모 토지를 경작하는 농부이자 술집 주인이었다. 마틴 밴 뷰런은 독립전쟁 때의 군사 작전이나 공화주의 신사들이 진행했던 헌법 제정 작업과 아무런 관련 없이, 오로지 정치만 하는 정치인 집단에 속한 최초의 대통령이었다. 법학을 공부한 후, 그는 뉴욕 주의 복잡한 정치에 빠져들었으며 1812년에 뉴욕 주 상원의원이 되었다. 그는 곧 정치적 생존을 자신의 소명으로 생각하는 사람이 되었다. 그는 오로지 정치를 위해 살았다. 그는 '벅테일'*이라는 모임의 주요 조직책으로 활동하면서 정치적 역량을 쌓아 나갔다. '벅테일'은 당시 분파 갈등으로 얼룩지고 명망가들이 지배하던 뉴욕 주 민주공화당 조직 내부에 좀 더 확실한 조직 규율을 세우기 위해 노력하던 영리한 당원들로 이루어진 강경파 모임이었다. 밴 뷰런을 중심으로 하는 벅테일의 지도적 인물들은 세련된 매너를 갖추었고 옷도 잘 차려입었는데, 그들은 정당 내에 '과두제의 철칙'*같은 것은 존재하지 않는다고 생각했다. 따라서 그들은 정당이 일관성과 지도력을 확보하려면 열심히 노력해야 하고, 그런 일을 하는 사람이 바로 당의 활동가들이라고 생각했다. 이들에게 '올버니 섭정단'*이라는 이름이 붙었는데, 이 조직은 정치 머신*의 원형이었다. 이들은 비공개 내부 회의인 '코커스(caucus)'와 정실주의(patronage)를 활용했으며, 일반 당원들의 충성과 득표 성과에 대한 반대급부로 정치적 승진을 제공함으로써, 유명세와 악명을 한꺼번에 얻게 되었다.

미국의 좀 더 넓은 정치 무대에서도 '올버니 섭정단'은 중시해야 할 세력이었다. 이 조직은 당시 앤드루 잭슨이 주도하던 전국 규모의 민주당(Democratic Party)과 연결되어 있었으며 잭슨이 1828년에 대통령직에 도전

벅테일(Bucktail) 조직원들이 모자 뒤에 '벅테일', 즉 사슴 꼬리 모양의 장식품을 달고 다녔다는 데서 유래했다.

과두제의 철칙(iron law of oligarchy) 독일의 사회학자 로베르트 미헬스(Robert Michels, 1876~1936)가 주장한 법칙으로서, 대중 정당은 반드시 소수가 지배하게 된다는 이론이다.

올버니 섭정단(Albany Regency) 올버니는 뉴욕 주의 수도이자 주 정치의 중심지인데, 이곳을 배후에서 실제적으로 조정하고 통제하는 집단, 즉 '섭정'을 하는 집단이라는 뜻이다.

정치 머신(political machine) '정치(정파) 조직'이라고 번역하기도 한다. '머신'은 권위 있는 한 명의 보스(boss) 혹은 소규모 그룹이 선거 승리를 위해 정당 지지자들과 활동가들을 지휘하고 통제하는 정치 조직을 말한다. 미국의 정당 머신은 선거 조직의 전형적인 예로 꼽힌다. 남북전쟁 이후 대도시를 중심으로 생겨나기 시작했으며, 20세기에 들어와서는 뉴욕, 시카고, 필라델피아 등 주요 대도시의 선거와 정치를 장악하고 연방 정치에까지 영향력을 행사했다. 뉴욕의 '태머니 홀'이 대표적인 머신이다.

미국 제8대 대통령을 지낸 마틴 밴 뷰런. 사진은 대통령 퇴임 후
인 1855년에 찍은 것이다.

했을 때 지원하여 성공으로 이끌었다. 신임 대통령은 즉시 밴 뷰런을 국무
장관에 임명하여 반대급부를 제공했고, 밴 뷰런은 국무장관이라는 직위를
활용하여 훗날 부통령직에 오르게 된다. 이 반대급부는 밴 뷰런이 민주당
활동가들의 지원 시스템을 훌륭하게 조직한 것에 대한 인정의 표시였다. 이
들은 홍보지와 당의 후보 명단을 집집마다 돌렸으며 말과 마차를 동원하여
지지자들을 집에서부터 투표 장소까지 실어 날랐다. 잭슨이 대통령에 당선
되자 밴 뷰런은 당에 충성한 사람들에게 연방 정부의 직책을 나누어주는 일
을 도왔다. 밴 뷰런은 '엽관 제도'*라고 일컬어지는 이 같은 제도가 완벽하게
'민주주의적'이라고 주장했다. 그의 논리에 따르면, 이러한 제도를 통해 보
통의 미국 시민들이 행정가가 될 수 있으며, 기생충 같은 공무원들이 영속
적인 그룹을 이루는 것을 방지할 수 있기 때문이었다.

  '작은 마술사'는 밴 뷰런의 여러 별명 가운데 하나였다. 밴 뷰런은 열정

엽관 제도(spoils system) 선거를 통해 정권을 잡은 사람이나 정당이 공직을 장악하는 정치적 관행.
19세기 중반 미국 상원의원인 마시가 "전리품은 승리자의 것(To the victor belongs the spoils)"이
라고 말한 데서 유래했으며, 엽관주의라고도 한다.

적으로 선거 운동을 벌였다. 그는 조직이야말로 승리의 비결이라고 확신했으며, 당의 열성분자들을 양성하는 데 남다른 재주가 있었다. 1828년과 1832년 대선에서 앤드루 잭슨의 선거 운동원으로 크게 활약한 '후라 보이즈(Hurra Boys)'가 그런 그룹이었다. 이들은 잭슨의 별명인 '올드 히커리(Old Hickory)'를 널리 알리기 위해 단단하고 묵직한 히커리 나무 막대기를 민주당의 선거 운동 집회에서 사람들에게 나누어주었다. 밴 뷰런은 이를 흉내 내어 '올드 킨더후크(Old Kinderhook)'라는 별명을 쓰기도 했다. 그는 공공 집회의 거칠고 들끓는 분위기를 사랑했다. 그는 적수에게 상당히 너그러웠지만 필요하다고 생각하면 더러운 술수도 얼마든지 쓸 수 있는 사람이었다. 은밀하게 기자들과 접촉하는 일도 마다하지 않았다. 민주당에 긍정적인 기사를 쓰도록 설득하기 위해서였다. 또한 그는 열성, 근면, 웃음의 장점, 그리고 동지들과 단결을 소중하게 여기는 사람이었다.

뷰런은 뛰어난 연설가는 아니었다. 특별한 카리스마를 지닌 것도 아니었다. 그렇지만 그런 약점 때문에 정치 경력에서 손해를 보지는 않았다. 왜냐하면 그는 정당이 대의 민주주의에 필수적이라는 완전히 근대적인 신념을 기반으로 하여, 완전히 근대적인 방법을 사용하는 능력 있는 당 조직자였기 때문이다. 그는 정당이 권력을 운용하는 기계 장치와 같다고 확신했다. 정당은 다양한 무리의 시민들을 국가의 여러 통치 제도에 결합해주는 훌륭한 수단이었다. 그렇게 함으로써 정당은 국가 제도들이 정당으로 조직된 대표자들 앞에서 좀 더 공적으로 책임감 있게 행동할 수 있도록 한다는 것이었다. 또, 은밀하게 진행되는 입법 기관의 내부 회의(코커스)와 비교해볼 때, 전당 대회는 지도자를 선출하고 정책을 결정하는 데 국민에게 발언권을 주는 것이었다. 또 다른 면도 있다. 당 조직이 전당 대회를 조작할 수도 있다. 하지만 당 조직은 정부로 하여금 통치 행위를 더 잘할 수 있게 하며, 정당이 없을 경우 큰 논란을 일으키거나 아예 이루어지지 않을 수도 있는 사업들이 시행될 수 있도록 해준다. 만일 정당이 이런 일을 해내지 못하면 지지자들이 정당을 거부할 것이다. 그렇게 되면 집권당은 자리에서 물러남으로써 자신의 무능을 인정하고, 또 그리하여 반대자들이 일정 기간 동안 그들의 권력 운용 기구를 작동하도록 허용한다.

밴 뷰런은 미국 정당 머신 정치의 다툼 많은 세계에서 부침(浮沈)을 경험했다. 그것도 최고 수준에서. 그는 1835년 볼티모어의 민주당 전당 대회에서 만장일치로 대통령 후보자로 지명되었고, 그 이듬해 대통령에 당선되어 빠른 신분 상승을 경험한다. 대통령 선거를 통해 그는 자신이 만든 약의 효능을 보았으며, 그는 그 약을 우아하게 마셨다. 이제 그는 머리가 벗겨졌지만 턱과 볼에 붉은 수염을 멋지게 길렀다. 그는 "훌륭한 전임자들의 발자취를 따르겠다."라고 의지를 밝혔다. 하지만 상황이 밴 뷰런에게 나쁘게 돌아갔다. 그는 이 경험을 통해 대의 민주주의가 지역의 안보 문제에 크게 영향을 받으며 또한 시장 경제의 변덕스러운 움직임에도 크게 좌우된다는 것을 배운다. 그의 재임 기간 중에 영국령 캐나다의 영국군이 국경을 넘어 미국 영토로 들어왔으며 이로써 반(反)영국 감정이 크게 물결쳤다. 이보다 훨씬 더 심각한 일은 밴 뷰런의 재임 첫 해 동안 경제 위기가 발생하여(1837년의 공황) 미국 사회가 큰 타격을 받았고, 이 일로 정부와 민주당 사이에 심각한 다툼이 벌어진 것이다. 곧 그는 '마틴 밴 루인(Martin Van Ruin)'이라고 조롱받기 시작했으며 1841년 대통령 재임에도 실패했다. 그는 휘그당* 후보인 윌리엄 헨리 해리슨(William Henry Harrison, 1773~1841)에게 대통령 선거에서 패했는데, 이때의 평화로운 패배는 대의 민주주의 세계에 큰 유산 하나와 작은 유산 하나를 남겼다.

뷰런이 남긴 큰 선물은, 항상 통치 권력을 갈망하고 단단한 규율로 통제되며 누구든 복제할 수 있는 형태의 정당이었다. 작은 선물은 훗날 전 세계적인 인기를 누리게 되는 알파벳 두 개로 이루어진 표현이다. 밴 뷰런의 지지자들은 1840년 재선을 위한 선거 유세 기간 중에 윌리엄 헨리 해리슨과 휘그당 조직이 사용한 효과적인 전략 때문에 곤경에 빠졌다. 그들은 밴 뷰런에게 조소와 비난을 퍼부었다. 뷰런에게 '작은 마술사' 그리고 '마틴 밴 루인'이라는 별명을 붙였을 뿐 아니라, 예를 들어 '국왕 마틴 1세', (그의 조금 밖에 남지 않은 붉은 머리와 교활함을 유권자들에게 상기시키기 위한) '킨더후크의 여우'과 같은 더욱 불쾌한 별명을 붙였다. 해리슨의 지지자들은 해리

휘그당(Whig Party) 1833년에서 1860년까지 존재했던 미국의 정당. 앤드루 잭슨의 정책에 반대하여 조직되었으며, 왕정에 반대하는 영국 휘그당과 정치적으로 유사했다.

슨에게 '티퍼카누(Tippecanoe)'라는 별명을 붙여주었다. 티퍼카누는 인디애나 주의 라파예트에서 북쪽으로 조금 떨어진 숲이 우거진 지역인데 해리슨이 아메리카 원주민들과 전투를 벌여 승리를 거둔 곳이었다. 이 전투로 원주민들은 수천 년 동안 자기 땅으로 여겨 온 중서부의 비옥한 땅에 대한 통제권을 상실했다. 해리슨의 부통령 후보는 존 타일러(John Tyler, 1790~1862)였는데, 휘그당은 '티퍼카누 앤드 타일러 투(Tippecanoe and Tyler too)!'라는 간략하면서도 단순하고 'T' 음이 기분 좋게 반복되는 슬로건을 만들어 전체 선거 운동에 활기를 불어넣었다. 선거 운동에서 불리한 상황에 놓인 뷰런 측의 선거 운동원들은 멋진 대응책을 하나 만들어냈다. 아메리카 원주민 촉토(Choctaw)족이 사용하던 '오케(okeh)'라는 단어에서 힌트를 얻어, '민주당 오케이(O.K.) 클럽'이라는 것을 세워 '올드 킨더후크'의 이미지를 끌어올릴 아이디어를 냈던 것이다. 이 두 글자는 민주당원들이 볼 때 뷰런의 '모든 것이 괜찮다'는 것을 의미했는데, 이후 전 세계로 퍼져 어떤 사람 혹은 어떤 것에 대한 승인을 표시하는 유행어가 되었다.

시민 사회와 기독교 민주주의

이 시기의 특별한 중요성, 즉 이슬람 세계를 포함한 회의체 민주주의 세계와 근본적인 차이를 보여주는 것은 19세기 초반 미국의 정당 활동가와 지지자들의 새로운 생각이었다. 이들은 통치체라는 것은 원래 분열되어 있다고 생각했으며, 자유를 수호하려면 정부와 정부 관리들이 날마다 행하는 잘못된 행동에 통제를 가해야만 하기 때문에 정부 기구와 비(非)정부 기구의 대립은 전반적으로 볼 때 좋은 일이라고 여겼다.

이렇게 생각해보라. 새로운 정당들은 이상하긴 하지만 꼭 필요한 일, 많은 갈등을 유발하지만 유용한 일을 하고 있다. 정당들이 하는 일은 정치체를 여러 부문으로 나누는 일, (일부) 시민들을 정부에 밀접하게 연결함으로써 그런 작은 부문들을 양성하며 보호하는 일, 그럼으로써 시민들로 하여금 정부 제도와 정책에 통제력을 지니도록 하는 일이다. 공개적인 정당 경쟁 체제가 가정하는 바는, 시민들이 각기 다른 이해관계와 관심사를 갖고 있다는 것, 그래서 스스로 모여서 의미 있는 '집합체'를 구성할 필요가 있다는 것이다. 정당은 독립적인 —그리고 다수의— '결사체들(societies)'이 합쳐져서 이루어진 (당시 표현을 쓰자면) '문명화된 사회(civilized society)'를 필요로 하고 또 그런 사회를 전제로 삼았다.

19세기 중반이 되면 수백만 명의 미국인들은, 자생적 결사체에 대한 워싱턴의 비판을 무시하고 매우 다양한 종류의 클럽과 자발적 조직들에 활발하게 참여한다. 이 단체들은 민주적인 자기 조직화에 필요한 에티켓을 학습하는, 이를테면 유치원 같은 역할을 했다. 이 단체들은 공화국 창설자들을 본받아 자신들만의 규칙과 규약을 정하고 자체적으로 임원을 선출했는데, 이런 활동은 모두 대의 민주주의의 원칙에 따라 이루어졌다. 이따금 이 조직들은 주 전체를 포괄하는 총회를 개최해 그 자리에서 전략, 목표, 지도부에 관한 사항을 결정했다. 예를 들어, 의용 소방대가 각 도시와 읍에 많이 생겨났다. 또 개인적인 선의와 개별 상인의 기분에 의존하여 금전 대출을 받던 사람들이, 이제는 시민들이 소유하고 경영하며 주 정부가 승인한 은행들의 서비스를 받게 되었다.

글을 읽을 수 있는 사람들을 위해서는 독립적인 의견과 이야기들이 유통되었다. 정치적 반대도 있었고 재정적인 문제와 지리적 문제도 있었지만, 수백 개의 출판사, 서점, 신문사가 이 일을 가능하게 했다. 예를 들어 〈포킵시 저널(Poughkeepsie Journal)〉과 〈보스턴 위클리 애드버타이저(Boston Weekly Advertiser)〉가 있었다. 후자는 1811년 제임스 커틀러(James Cutler)가 창설한 주간지인데, 일간지를 구입할 여력이 없는 사람들을 위한 것이었다. 나무통 제작업자, 재봉사, 모자 제작업자, 제빵업자, 석수, 인쇄업자, 조선업자, 도축업자를 비롯한 모든 종류의 기능공들이 자발적 조직을 결성했다. 1830년대가 되면 노동자들 역시 같은 행동을 한다. 일부 노동자들은 종래의 순종적인 태도를 벗어던지고 자신들만의 정당을 만들기도 했다. 심지어 연방 전체를 포괄하는 시민 단체가 등장하기도 했다. 훨씬 이전 시기부터 친(親)연방파 퇴역 장교들이 만든 '신시내티 협회(Society of the Cincinnati)'라는 단체가 있었는데, 1783년에 창설된 이 단체는 혁명 전쟁에서 죽은 장교들의 아내와 자녀들을 위한 기금을 마련하려고 노력했다. 시민 단체들은 일찍이

'신시내티 협회'가 채용한 획기적인 전술을 모방해 시민 결사의 자유 원칙을 옹호했다. 시민 단체들은 청원권을 옹호했는데, 청원을 선거와 다음 선거 사이에 실시되는 또 다른 형태의 선거라고 이해했다. 또한 그들은 사회적 품위와 정의를 옹호했으며 주 경계선을 넘어서 대륙 차원에서 이루어지는 시민들의 연대를 옹호했다. 시민 단체들은 말로만 이런 권리들을 옹호하는 데 그치지 않고, 자신들의 활동을 통해 '아래로부터의 연방주의'의 한 형태를 보여주었다. 이런 '아래로부터의 연방주의'가 뚜렷하게 드러난 현상은 당시 중간 계급의 금주(禁酒) 운동 조직의 급속한 발전이었다. 금주 조직 가운데 가장 큰 것은 의심의 여지 없이 '미국 금주 협회(American Temperance Society)'였다. 1835년에 설립된 이 협회는 8천 개 이상의 부속 조직이 있었으며 회원이 150만 명에 이르렀는데 이는 당시 미국의 자유민 성인 인구의 5분의 1에 가까운 숫자였다.

대부분의 금주 협회들은 뉴잉글랜드의 청교도 전통에 뿌리를 두거나 거기에 세력 기반이 있었지만 이들의 스타일과 메시지는 북아메리카 대륙 전체에 영향을 끼쳤다. 1832년 헨리 클레이(Henry Clay)가 주도하여 휘그당을 설립할 때 금주 협회들이 결정적인 역할을 했다. 그뿐이 아니었다. 또 이들은 학교, 일요 학교, 도서관, 성경 협회, 대학, 고아원, 보호소 같은 새로운 기관을 설립하는 데에도 힘을 썼다. 또 농아자를 위한 자선 사업을 펼치고 '태번'*에서 청원 운동을 진행해 성경의 복음을 널리 전파했다. 그들은 주요 정당의 후보자들에게 질문 공세를 펼치기도 했으며, 오하이오와 버몬트 같은 '개척 지역'에 선교사를 파견하기도 했다. 핵심 활동가들은 분명 중간 계급이었으며 공화국의 도덕이 타락하는 현상을 우려하는 퇴영적인 사람들이었다. 그러나 가장 놀랍고도 대단히 역설적인 사실을 말하자면, 당시 이 지역을 상당 기간 휩쓸었던 종교 부흥 운동, 즉 이른바 '제2차 대각성 운동'*의 중심에 있던 비정부 단체들에 대한 용인을 뒤에서 추동한 힘이 바로 이들이

태번(tavern) 미국 역사 초기에 전국에 산재한 식당 겸 여관을 부르던 명칭인데, 이따금 미국 각지의 태번에서 독립 청원을 비롯한 정치 집회가 열렸다.
제2차 대각성 운동(Second Great Awakening) 미국에서 1800년에서 1830년 사이에 일어난 국가적 신앙 부흥 운동. 뉴잉글랜드의 회중교회에서 시작되어 장로교회, 감리교회, 침례교회 등 미국 전역으로 확산되었다. 제1차 대각성 운동은 1720년대부터 1750년대 사이에 있었다.

었다는 점이다.

이 기독교 운동은 미국 사회의 종교적 본능을 강화하는 데 과거와 미래의 그 어떤 운동보다 큰 영향을 끼쳤지만, 또 하나 지적할 것은 이 운동이 당시 성장하던 시민 사회와 교회들에 민주주의적 영향을 끼쳤다는 점이다. 당시 반항적 성향의 침례교와 모르몬교와 감리교 신자들은 보통 사람들, 특히 그중에도 가난한 이들에게 개인의 자기 존중과 공적 조직과 집단적 신뢰라는 강력한 비전을 전달했는데, 그런 활동이 비정부적 영역인 바로 이 시민 결사체들의 내부에서 진행되었던 것이다. 여러 미국 교회의 설교자들은 평민들이 원하는 것을 제공했다. 그들은 평민들에게 이해하기 쉬운 실천적 교리와 으스대지 않는 지도자, 부르기 쉬운 찬송가, 지역민들이 관리하는 지역 교회를 제공했다. 일부 관찰자들은 설교자들이 표준적 기독교 교의들을 논할 때 보이는 '열정'에 두려움을 드러내기도 했지만, 분명한 것은 한 세대 전 영국에서 있었던 감리교의 대지진과 마찬가지로 이 '제2의 대각성' 운동이 종교적 권위의 구조를 흔들어버렸다는 사실이다. 예배를 일반인과 다른 부류의 사람인 성직자의 일로 여기던 과거와 달리, 이제 보통 사람들의 일이라고 직관적으로 느끼게 된 것이다. 일상어로 된 말씀과 노래를 높이 찬양하면서 교리적 정통론에 의문을 던지게 되었다. 이런 현상에 명망 높은 교회 성직자들은 얼굴을 찌푸렸다. 특히 로렌조 다우(Lorenzo Dow)라는 인물에 관한 소식을 들을 때면 더욱 그러했다. 다우는 대단한 지성인이었으며 감리교와 같은 목적을 지향하는 동조자였다. 당시에 활동한 어떤 설교자보다 그는 더 많은 곳을 여행했으며 더 많은 사람에게 설교했고 야외 집회에 더 큰 규모의 청중을 지속적으로 끌어모았다.

로렌조 다우가 걸어간 길을 보면 이 젊은 민주 공화국 내부에서 평등주의적 가치관이 아주 특이한 방식으로 배양되고 있었던 것을 알 수 있다. 1804년 그는 미국 전역을 맹렬하게 돌아다님으로써 동료 신앙인들에게 모범을 제시했다. 그 한 해 동안 그는 500개에서 800개 사이의 집회에서 설교했다. 그는 자신과 마찬가지로 이신론* 입장을 취하던 토머스 페인의 말을

이신론(理神論, deism) 기독교의 신앙 내용을 오로지 이성적인 진리에 한정한 합리주의 신학의 종교관. 성서를 비판적으로 연구하고 계시(啓示)를 부정하거나 계시의 역할을 축소했다.

인용하면서 설교를 시작하는 때가 많았다. 다우는 부의 불평등에 대해 경멸적인 말을 쏟아부었다. 때로는 정치인의 폭정에 대해, 때로는 성직자의 특권에 대해, 그리고 법률가와 의사 집단에 대해 비판했다. 그를 비판하는 사람들은 그를 '미치광이 로렌조 다우'라고 불렀지만, 그를 실제로 만난 사람들은 대부분 다우가 가장 놀라운 설교자였다고 말했다. 마치 세례자 요한을 떠올리게 하는 풍모의 다우는 인간의 권리에 대해 설교했다. 그에게 민주주의란 '내가 당신만큼 훌륭하다'는 것을 의미하는 것이 아니라, '당신이 나만큼 훌륭하다'는 것을 의미했다. 이런 점 때문에 다우는 서민들 사이에서 인기를 끌었다. 하지만 그가 지닌 자석과도 같은 또 다른 매력은, 그의 너덜너덜한 옷차림, 햇빛에 그은 얼굴, 예수를 연상시키는 길고 붉은 수염, 단정한 가운데 가르마, 번쩍이는 눈매, 거친 몸동작, 그리고 걸걸한 목소리 같은 것들이었다. 그의 설교는 마법을 거는 듯한 연극적인 공연이었다. 그는 몇 달 전에 미리 어느 장소에 나타나기로 약속한 다음, 그 장소에서 집회가 열리면 마지막 순간에 극적으로 등장하곤 했다. 그는 재미있는 농담을 날리는가 하면, 극적 효과를 내기 위해 의자를 마룻바닥에 내팽개치기도 하고, 청중을 울리는가 하면, 심지어 청중을 종교적 황홀경의 상태로 몰고 가서 '경련체조(Jerking Exercise)'라고 불리는 목이 부러질 것 같은 발작을 일으키도록 만들었다. 종종 그는 청중 가운데 유명 인사를 지목하여 그를 죄인, 살인자, 도둑이라고 비난했으며, 기존의 교회 조직, 특히 감리교의 간부들에게 절대로 굽신거리지 않았다. 감리교 측에서는 그의 활동을 방해했다가 오히려 그의 인기를 더 키우게 될까 봐 아무런 조치도 하지 않았다. 그가 말하고자 했던 핵심은, 종교는 보통 사람들을 위한 것이며, 사람들은 공개적으로 집회를 열어 자신들의 뜻을 표현할 권리가 있다는 것이었다. 정치인이나 정당, 판사들이 어떻게 말하든지 간에, 또는 그런 자들이 사람들을 체포해 그들의 바람을 꺾어놓으려 하더라도 말이다.

토크빌의 찬탄과 경고

상당수 미국인들에게서 민주주의 정신이 서서히 발효 중이라는 사실은 누구나 뚜렷이 느낄 수 있었다. 선거를 통해 보장받는 평등과 자유의 감정은 씹는담배를 즐기는 습관, 서로를 대하는 간결한 몸짓과 스스럼없는 태도, 그들의 대담한 꿈과 높은 기대, 그리고 스스로 민주적이라 의식하는 예술과 문학에서 잘 표현되었다. 월트 휘트먼의 〈풀잎〉(1855년)을 예로 들 수 있는데, 이는 미국의 민주주의 실험이 지닌 무한한 잠재력과 관습적 언어를 파괴하는 시인의 힘을 찬양한 작품이다. 또 19세기 미국 소설 가운데 최고로 손꼽히는 허먼 멜빌의 《모비 딕》(1851년)도 있다. 여기서 멜빌은 이 세상에 아무런 한계도, 규칙도, 도덕적 제한도 없는 것처럼 행동하는 사람들의 앞날에는 오만과 자멸만이 있을 뿐이라고 경고하고 있다.

이렇듯 개방적이고 실험적인 사회가 성장하고 있다는 것, 과감할 정도로 평등주의적인 감성을 특징으로 하는 정치 질서가 성장하고 있다는 것을 많은 관찰자들이 목격했다. 그들 가운데 프랑스의 젊은 귀족 알렉시 드 토크빌(Alexis de Tocqueville, 1805~1859)이 있었다. 1831년 스물여섯 살의 토크빌은 9개월이라는 짧은 기간 동안 미국을 여행하면서 대의 민주주의에 관한 생각을 정리했다. 그는 미국의 거의 모든 곳에 가보았다. 굳은 결심을 한 여행자처럼 증기선을 타기도 하고(그가 탄 증기선 가운데 하나는 침몰했다) 현지 음식을 맛보기도 하고 통나무집에서 머물기도 했다. 그는 이것저것 조사를 하기도 하고 휴식을 취하기도 했으며, 영어가 그리 완벽하지는 않았지만 그래도 그에게 유익하게 느껴지는 미국인이나 특출한 미국인들과 대화를 나누었다. 그들 중에는 퀸시 애덤스, 앤드루 잭슨, 대니얼 웹스터(Daniel Webster) 등이 있었다. 토크빌은 뉴욕을 출발하여 뉴욕 주 북부의 버펄로(Buffalo)까지 간 다음, 당시는 '프론티어(frontier)' 즉 개척 지역이라고 불리던 미시간 주와 위스콘신 주까지 여행했다. 그는 2주일 동안 캐나다에 머무르고 다시 남쪽으로 내려와 보스턴과 필라델피아, 볼티모어로 갔다. 그런 다음 서쪽으로 방향을 잡아 피츠버그와 신시내티까지 갔다가 다시 남쪽으로 방향을 바꾸어 내슈빌(Nashville), 멤피스, 뉴올리언스까지 갔다. 이후에는 북쪽으로 향했는데 남서부 지역의 주들을 거친 다음 워싱턴에 갔고, 마지막으로 뉴욕으로 돌아와서 대서양 횡단 여객선을 타고 프랑스의 르아브르(Le Havre)로 돌아갔다.

여행 초반에 뉴욕에서 5월 11일부터 약 6주간 머물 때, 그는 대의 민주주의가 아직 유아기에 머물러 있는 이 시끌벅적한 시장 사회(market society)에 대해 분명하게 유보적인 태도를 취했다. 다음은 그가 일기에 쓴 내용이다. "내 눈에 들어오는 그 어떤 것도 나의 열정을 불러일으키지 못한다. 왜냐하면 나는 사람의 의지보다 사물의 본질에 더 많은 의미를 두기 때문이다." 여전히 그는 자신의 조국 프랑스에서 벌어진 정치적 혼란에 영향을 받고 있었던 것 같다. 그러나 노르망디 지방의 백작 아들이며 허약한 체질이었던 토크빌―지금도 토크빌 성(城)은 셰르부르 항구가 보이는 장소에 서 있다.―은 얼마 지나지 않아 마음을 바꾼다. 그는 9월 7일부터 10월 3일까지 보스턴에 머물렀는데 그 사이의 어느 시점에 미국적인 삶의 방식을 칭송하는 개종자로 변모한다. 그는 '위대한 민주주의 혁명'이라고 말하기 시작했으며 이 혁명이 지금 그 중심지인 미국에서부터 전 세계를 향해 번지고 있다고 말했다.[24] 그는 지금 미국처럼 유럽에서도 대의 민주주의가 승리하는 '시간이 다가오고 있다'고 확신하게 되었다. 미래는 미국에 있었다. 따라서 미국의 강점과 약점을 이해하는 것이 매우 중요하다고 그는 생각했다. 그는 1832년 1월 12일 프랑스로 향하는 여객선에 승선하기 직전, 미국의 민주주의에 대한 책을 써서 프랑스 사람들에게 보여주겠다는 계획을 세웠다. 다음은 당시의 결심이 나타나는 글이다. "이 잘 규율된 공화국의 내부 작동, 이 공화국의 국민들이 획득한 권리에 대해 표하는 깊은 존경심, 그 권리들이 대중에게 미치는 힘, 법이라는 종교, 국민이 향유하는 실제적이며 효과적인 자유, 진정한 다수의 지배, 모든 일의 진행에서 보이는 편안하고 자연스런 분위기, 이 모든 것을 만일 〔프랑스의〕 왕당파 사람들이 보게 된다면, 그들은 자신들이 이제까지 서로 공통점이 전혀 없는 다양한 형태의 정부들을 단 하나의 명칭으로 불러 왔다는 점을 깨닫게 될 것이다. 공화파 사람들은, 우리가 공화국이라고 부르던 것이 도저히 분류가 불가능한 괴물이라는 것 …… 피와 진흙에 덮여 있으며, 고전 시대에 있었던 논쟁의 불꽃에 휩싸여 있다는 것을 알게 될 것이다."

토크빌은 자신의 계획을 실행했다. 그 결과물인 《미국의 민주주의 1, 2》(1835~1840)는 여전히 이 주제를 다룬 위대한 책으로 꼽히며 고전으로 평가

프랑스의 정치가이자 정치학자, 역사학자였던 알렉시 드 토크빌. 그는 1831년에 9개월간 미국을 여행하면서 자신이 직접 관찰한 미국 민주주의의 현실을 두 권의 책으로 정리했다.

받고 있는데 이는 합당한 평가이다. 왜냐하면 미국 민주주의 실험의 결정적인 순간에 그가 미국 민주주의가 지닌 활력의 몇 가지 원천을 정확하게 짚어냈기 때문이다. 토크빌은 미국의 '시민 사회'에 확실하게 좋은 인상을 받았다.(그는 '시민 사회'를 '소시에테 시빌société civile'이라고 불렀다.) 그는 이 젊은 공화국이 수많은 다양한 종류의 시민 결사체로 차고 넘치는 것을 목격했고, 민주주의를 확고하게 다지는 데 이런 결사체들이 어떤 의미를 지니는지에 대해 사색했다. 토크빌은 이런 결사체들을 공공의 정신을 배우는 학교에 비유했다. 이 학교는 모든 사람에게 개방되어 있으며, 안에서 시민들은 다른 사람들의 얼굴을 익히고, 서로 동등한 존재로서 자신의 권리와 의무를 배우며, 자신의 관심사를 내세우고, 때로는 이런 과정에서 정부와 반대되는 입장을 취하고, 투표를 통해 다수에 대한 소수의 폭정을 방지했다. 그는 이런 시민 결사체들이 소규모인 점을 지적했지만 그럼에도 이런 단체 내에서 각각의 시민들은 자신의 관심을 이기적이며 고집스럽고 편협한 사적인 목표를 넘어서는 일로 끌어올림으로써 스스로를 '사회화'시키는 일이 자주 있다고 말했다. 시민 결사체 참여를 통해 시민들은 자기 자신이 '시민'임을 느끼게 된다. 그들은 다른 사람의 협조를 얻으려면 자신도 종종 다른 사람에게 평등한 존재로서 협력해야 한다는 결론을 얻었다는 것이다.

미국에 관한 토크빌의 서술은 많은 측면에서 흥미롭다. 특히 19세기의 결정적 순간에 일부 사람들이 어떻게 대의 민주주의가 지닌 참신함을 자각하게 되었는지를 보여준다는 점에서 그렇다. 토크빌은 대의 민주주의가 선거와 정당, 그리고 대표자들에 의한 정부 운영으로 규정되는 자치의 새로운 유형이라는 점에서뿐만 아니라, 시민 사회의 여러 제도들이 평등의 이름으로 정부의 관할권과 권한에 일정한 한계를 지정함으로써 정치적 압제를 방지한다는 점에서 특이하다는 것을 독자들에게 일깨워주었다. 토크빌은 또한 이런 시민 결사체들이 매우 중요한 사회적 의미가 있음을 지적했다. 미국에서 진행 중인 '위대한 민주주의 혁명'이 삶의 모든 영역에 존재하는 기존의 특권들에 적대적 태도를 보인다는 것이다. 미국 사회는 귀족이 지배하는 사회가 아니라 민주적 사회였다. 그 증거로는, 옛 유럽에서 물려받은 다양한 종류의 불평등 구조가 대의 민주주의에 의해 허물어졌다는 것을 들 수 있다. 이를 통해 그런 불평등 구조들이 꼭 필요한 것도 아니며 바람직한 것도 아니라는 것이 드러났다. 또 다른 증거는, 이보다 더 놀라운 경향인데, 사람들 사이에 권력과 부와 지위의 평등에 대한 열정이 확산되고 있으며, 사람들은 현재의 불평등이 완전히 우연에 불과하므로 인간의 행동으로 바꿀 수 있다고 믿는다는 것이었다.

토크빌은 이러한 평등을 지향하는 흐름에 매료되었다. 법과 정부의 영역에서 모든 사안이 논쟁의 대상이 되며 불확정적인 것으로 여겨지는 경향이 있다고 토크빌은 서술했다. 전통적인 정서, 절대적 도덕률, 신의 힘에 대한 종교적 믿음의 장악력이 약해졌다. 따라서 점점 더 많은 미국인이 정치인과 정부가 쥔 권력에 의심스러운 시선을 보내기 시작했다. 미국인들은 권력을 휘두르는 자들을 의심하고 비판하는 경향을 보였으며 따라서 정치인과 정부의 자의적인 지배를 참지 못하게 되었다. 정부와 법률이 신성한 것이라는 생각은 점차 사라지고 있었다. 이제 정부와 법률은 특정한 목적을 달성하기 위해 마련된 수단에 불과하며 또한 동등한 시민적·정치적 권리를 부여받은 시민들의 자발적인 동의에 근거해야 한다고 인식하기 시작했다. 절대 왕정이라는 과거의 마법은 완전히 깨졌다. 과거에는 소수 특권층의 운 좋은 사람들만 정치적 권리를 얻었지만 그 범위가 점차 확대되어 이전에 차별 대우를 받던 사람들에게까지 부여되었다. 정부 정책과 법률은 지속적으로 공개적인 불만 표출과 법적 도전과 수정의 대상이 되었다.

대의 민주주의 덕분에, 사회적 삶에서도 유사한 현상이 나타났다. 최소한 토크빌은 그렇게 보았다. 그는 미국의 민주주의는 영속적인 '사회 혁명'의 영향 아래에 있다고 주장했다. 토크빌은 "여성의 행복의 원천은 남편의 가정에 존재한다."라는 오래된 가부장제의 원칙을 감정적으로 확신한다고 고백했다. 하지만 그는 당시 미국 사회에서 성별 간에 중대한 변화가 일어나고 있다고 지적했다. 대의 민주주의는 "과거에는 자연 속에 영원토록 뿌리박고 있는 것으로 인식되었던 남자와 여자의 커다란 불평등"을 점차 파괴하거나 변형하고 있었다. 그가 내세우고자 했던 좀 더 일반적인 논점은, 종래에 사람들이 '자연적'이라고 규정하던 사회적 삶이 이제 민주주의라는 조건 아래 새로운 질서로 대체되고 있는 바, 이 새로운 질서는 사람들이 의식적으로 선택했으며 평등을 우선시하는 질서라는 것이었다. 민주주의에 의해 사회적 삶의 '탈(脫)자연화' 과정이 빠르게 진행되고 있었다. 사회적 삶은 이를테면 영속적 민주화라고 부를 수 있는 것의 영향 아래에 들어간 것이다. 이 과정을 더 자세하게 설명하면 이렇다. 만일 어떤 사회 집단이 재산 혹은 수입 면에서 자신들의 특권을 옹호한다고 하자. 그러면 그 특권을 그밖의 사회 집단들에도 확대해야 마땅하다는 압력이 증가한다는 것이다. 평등을 외치는 사람들은 이렇게 말할 것이다. "어째서 안 되는가?" 그리고 그들은 연이어 질문할 것이다. "어째서 특권을 누리는 사람들은 마치 그들이 우리와 다른 사람이거나 우리보다 더 나은 사람인 것처럼 대우받아야 하는가?" 평등의 원칙에 대해 새로운 양보가 하나씩 생길 때마다, 사회적으로 소외된 사람들로부터 새로운 요구가 등장할 것이며 그 때문에 특권을 가진 사람들은 한 번 더 양보를 해야 하게 된다. 이렇게 되면 종국에는, 한때 소수의 사람들이 누리던 사회적 특권이 재분배되어 '보편적'인 사회적 권리 보장이라는 형태를 띠는 상황에 이를 것이다.

적어도 이론적으로는 그랬다. 토크빌은 자신의 여행과 관찰에 근거하여 미국의 민주주의가 미래에 한 가지 근본적인 딜레마에 직면할 것이라고 예언했다. 이 딜레마를 가장 단순하게 이야기하자면 다음과 같다. 만일 어떤 특권을 지닌 미국인들이 이러이러한 원칙을 대며 사회적, 정치적 특권을 소수에게만 제한하려고 한다면, 그런 상황에서 그들의 적대자들 역시 스스로 조직화해야 한다는 유혹을 받을 것이다. 그들은 그런 조직을 활용하여 이러이러한 특권이 결코 '자연적'인 것이 아니고 신에게 부여받은 것도 아니며, 따라서 그 특권이 민주주의를 공공연히 무시하는 행위임을 지적할 것이다. 토크빌의 서술에 따르면, 민주주의적 메커니즘은 사회적, 정치적 평등을 향한 열정을 불러일으키지만 그런 열정은 결코 간단하게 만족시킬 수 있는 것이 아니다. 평등화를 향한 투쟁은 끝이 없을 것이다. "이 완전한 평등이라는 것은 사람들이 그것을 잡았다고 생각하는 순간 곧바로 손에서 미끄러져 나가며, 파스칼(Pascal)이 말했던 것처럼 영원한 비상(飛上)을 시작한다."

특히 투표권이 없는 사람들을 포함해 이 사회에서 상대적으로 힘이 약한 사람들이 바로 이런 상황에 있다고 토크빌은 생각했다. 그들은 자신들이 종속적인 지위에 있다는 점에 자극받으며, 이런 상황을 극복할 수 있을지도 모른다는 가능성에 유혹받지만, 평등을 쟁취하는 것이 불확실하다는 사실에 점차 낙심하게 된다. 그들이 최초에 느꼈던 열정과 희망은 실망으로 바뀐다. 하지만 그런 좌절 가운데 있던 이들도 어느 한 순간에 다시 평등을 향한 투쟁을 새롭게 결심한다. 이러한 '사회의 끊임없는 요동' 때문에 미국 민주주의의 세계는, 절대적인 것에 대한 의문, 불평등에 대한 근원적 의심, 실험에 대한 성급한 사랑, 평등이라는 명분으로 어떤 것이라도 새로운 방식을 적용해보려고 하는 시도들로 가득 채워진다. 미국은 자신이 민주주의적 소용돌이 속에 붙잡혀 있음을 알게 된다. 어떤 것도 확실한 것이 없으며 침해해서는 안 될 것도 없다. 오직 사회적, 정치적 평등을 향한 어지러운 투쟁만이 있을 뿐이다. 이런 흥분 상태를 보고 깊은 인상을 받은 토크빌은 다음과 같이 말했다. "당신은 미국 땅에 발을 내려놓는 순간 이 놀라운 소란을 보고 깜짝 놀라게 된다. 혼란스러운 고함이 사방에서 들리며, 천 명의 목소리가 동시에 자신들의 사회적 필요를 충족해 달라고 요구하고 있다. 당신 주위의 모든 것이 요동치고 있다." 그는 계속해서 말한다. "한 곳을 보면 한 마을 주민들이 모임을 열고 교회 건축에 관한 결정을 논의하고 있으며, 다른 곳에서는 대표자를 선출하는 투표가 진행되고 있다. 마을 밖으로 조금 더 나가면, 한 지역의 대의원들이 마을로 급히 들어오는 것을 볼 수 있는데 이들은 개선해야 할 현지의 어떤 상황을 논의하기 위해 오는 것이다. 또 다른 곳에서는 시골 마을의 노동자들이 손에서 쟁기를 놓고 도로나 공립 학교 건설 계획을 논의하고 있다." 그는 다음과 같은 결론을 내렸다. "시민들은 정부의 행동을 인정할 수 없다는 점을 분명히 밝히겠다는 오직 한 가지 목적만으로 집회를 소집하기도 하며, 또 다른 집회에서는 당대의 정치 권력을 쥔 실력자들을 이 나라의 아버지로 칭송하기도 한다. 혹은 지나친 음주를 이 나라의 가장 큰 해악으로 지목하는 협회를 결성하기도 하며 스스로 금주의 원칙을 맹세하기도 한다."

노예제 논란

멋진 문장들이다. 하지만 많은 관찰자들은 이 문장들에서 토크빌이 당시 미국에서 진행되던 활발한 평등 과정의 동력과 그 지리적 범위를 과장했다고 지적해 왔다. 토크빌은 외양과 실재의 차이를 찾아내는 데 뛰어난 육감을 지닌 사람이었지만, 미국의 생활상을 보는 데는 이따금 미국이 제시하는 자국의 가장 좋은 이미지를 전혀 의심 없이 통째로 받아들였다. 19세기에 미국을 방문한 사람들 가운데, 이 새로운 민주 국가가 제시하는 매력에 빠진 사람은 토크빌만이 아니었다. 당시 이탈리아 사람들에게는 이 새로운 민주주의 공화국을 방문하여 실제 상황을 살펴보는 것이 하나의 유행이었다.[25] 어느 여행자는 이렇게 기록했다. 토크빌이 그의 위대한 작품을 발표한 직후였다. "그대에게 환호를 보낸다, 오 위대한 나라여! 미국은 자유의 나라다. 그렇게 볼 수 있는 핵심적인 이유는, 미국의 아들들이 서로 상대의 의견에 대해 존중이라는 우유를 함께 마시기 때문이다. …… 바로 이것이 그들을 아름답게 만드는 것이며, 자유가 목마른 옛 유럽에서 온 우리에게 그들의 공기가 좀 더 호흡하기 쉬운 이유다. 옛 유럽에서는 우리가 그렇게 많은 피와 고통을 통해 쟁취한 자유가, 우리 서로의 불관용에 의해 대부분이 질식당하고 말았다." 또 다른 이탈리아 여행객 역시 이와 비슷한 흥분을 표현했다. "아, 이것이 내가 사랑하는 민주주의이며, 내가 꿈꾸고 열망하던 민주주의다." 그는 미국의 민주주의를 자기 조국에 있는 '높은 지위에 있는 사람들'의 '오만과 속물 근성'과 비교했다. 이 방문자는 또한 미국의 시민들이 모자를 아무렇게나 편한 모양으로 쓰는 것, 턱수염 기르는 것을 대단치 않게 생각하는 것, 입담배를 씹는 것, 그리고 손을 주머니에 넣은 채로 담소를 나누기 좋아하는 것 따위를 인상적으로 보았다. 그는 '소박한 사람들, 소박한 가구, 소박한 인사법'에 대해 기록했으며 미국인들은 "당신에게 손을 내밀고, 무엇이 필요한지 물어보고, 곧바로 응답"한다고 덧붙였다. 또 다른 방문자는 감탄을 금치 못한다. "관리들은 거짓말을 모른다. 진실, 언제나 진실하다. 편견이 전혀 없으며 쓸데없는 관료적 허세도 전혀 없다. 거리 곳곳에 희망과 영원한 자비심에 도취한 사람들의 큰 목소리가 들려온다, '앞으로! 앞으로!'라고." 그는 자기 나름의 예언도 한다. "마치 로마가 지중해의 옛 세계와 로마화된 기독교 위에 로마의 법률과 세계시민적인 문화의 도장을 찍었듯, 미국의 연방 민주주의는 인류의 다음 정치 단계를 위한 모델의 역할을 할 것이다."

토크빌은 이만큼 열광적이지는 않았지만 그가 내린 판단 가운데 많은 부분은 정확했으며 미래를 내다본 것이었다. 예를 들면 그는 이 새로운 시민 사회의 중심에, 자본주의적 제조 산업과 새로운 사회적 권력 집단(토크빌은 이들은 '귀족'이라고 불렀다)이 성장하는 현상이 지닌 위험을 우려했다. 이 새로운 권력 집단이 가진 자본에 대한 통제력 때문에 대의 민주주의에서 핵심적인 가치인 자유와 다원주의와 평등이 위협받고 있다고 보았다. 또한 많은 근거를 대면서, 이 계급 내부에서 공적 정신이 퇴보하고 있음을 걱정했다. 특히 그는 이 계급에게 부 자체를 목적으로 하여 부를 추구하는 경향이 있다는 것과, 그렇기 때문에 탐욕과 이기심 같은 나쁜 심성, 편협한 사고방식에 기반을 둔 교활함을 보인다는 점을 특별히 우려했다. 아직 제대로 크지 못한 민주주의 공화국에 대해 중간 계급이 적대적인 태도를 보일 가능성이 분명히 있다고 토크빌은 보았지만, 그것은 또 다른 위협과 비교해 보았을 때는 아직 먼 훗날의 이야기였다. 토크빌이 대의 민주주의가 당면한 가장 크고 가장 가까운 위협으로 꼽은 것은 바로 노예 제도였다.

토크빌은 대의 민주주의가 노예 제도와 공존할 수 없음을 지적한 첫 번째 저술가였다. 고전 시대의 회의체 중심 민주주의는 노예제에 비록 어느 정도의 불편함을 느꼈지만 그래도 노예제와 공존하는 것이 가능했다. 토크빌은 노예제라는 '재앙' 때문에 사회적, 정치적 삶에서 어떤 방식으로 끔찍한 분열이 일어나게 되는지를 확연하게 드러내 지적했다.[26] 흑인은 미국에서 시민 사회 내부에 들어오지도 못했으며 시민 사회의 구성원도 아니었다. 그들은 무례하고 거친 대접을 받았다. 흑인과 백인이 결혼할 경우 그들에 대한 법적인 처벌과 비공식적 처벌은 가혹했다. 노예제가 폐지된 주(州)의 경우에도 만일 흑인이 감히 투표하거나 배심원으로 봉사하려고 할 경우에 위협의 대상이 되어 생명을 잃을 수도 있었다. 교육에도 흑인과 백인 사이에는 분리의 원칙이 있었으며 심각한 불평등이 존재했다. "극장에서 노예였던 인종에 속하는 사람들은 금(金)을 지불한다 해도 과거 주인이었던 사람의 옆자리를 구할 수 없다. 병원에서도 그들은 다른 곳에 눕는다. 그들은 백인과 똑같은 신의 이름을 부르지만 그들만의 교회에 마련된 별도의 제단에서 그들만의 성직자들과 함께해야만 한다." 편견은 심지어 죽은 이들에게까지 따라갔다. "흑인이 죽으면 그의 뼈는 아무 데나 던져진다. 누구에게나 공평하게 찾아오는 죽음에서조차 신분의 차이가 분명하게 있는 것이다."

이런 관습 뒤에는 심각한 역설이 숨어 있었다. 토크빌의 지적에 따르면, 흑인에 대한 편견은 그들의 공식적 신분 해방과 비례하여 증가한다. 이런 의미에서 볼 때 미국의 노예제는 고대 그리스의 경우보다 더 질이 나빴다. 고대 그리스에서는 노예가 종종 그들의 주인과 같은 피부색을 가졌다는 사실이 노예 해방을 촉진했다. 이와 비교할 때 미국의 경우는 흑인이 노예제 내부에 있든 외부에 있든 마찬가지로 끔찍한 편견에 시달려야 했다. 그들은 '주인의 편견, 인종의 편견, 피부색의 편견'에 시달렸다. 그 편견들은 백인의 '자연적' 우월성이라는 사실이 아닌 이야기에 근거를 두었다. 이런 편협함이 미국 민주주의의 미래에 긴 그림자를 드리워서, 이제 미국 민주주의는 노예제 보존과 조직화된 편견이라는 불쾌한 두 개의 선택지에 직면했을 뿐 아니라 '내전이라는 가장 끔찍한 사태'가 발발할 위험에 직면한 것으로 보였다. 토크빌이 음울한 정치적 전망을 제시한 것을 충분히 이해할 수 있는 상황이었다. "기독교에서는 노예제를 불의하다고 하며, 정치경제학에서는 편견이라고 한다. 또한 지금 민주적 자유와 우리 시대의 지성에 견주어볼 때, 노예제는 더 존속할 수 없다. 주인의 행동에 의해서건 아니면 노예의 의지에 의해서건, 노예제는 종식될 것이다. 두 경우 중 어떤 경우에도 큰 재앙이 따를 것으로 예견된다. 만일 남부 지역의 흑인들에게 자유가 주어지지 않는다면 그들은 결국 자기 자신의 힘으로 강제적으로 쟁취할 것이다. 한편, 만일 그들에게 자유가 주어진다면 그들은 오랜 기간 그 자유를 악용할 것이다."[27]

토크빌은 노예제와 대의 민주주의의 깊은 모순을 정확하게 관찰했지만, 한편으로는 그가 백인으로서 흑인에게 의심을 품고 있었다는 점도 주목할 만하다. 이 문제가 지닌 엄청난 심각성에 대한 그의 우려도 정확했다. 1820년대까지 아프리카에서 신대륙으로 끌려온 노예의 수는 최소 1천만 명이나 되었다. 북아메리카 지역에 온 노예는 대략 40만 명이었다. 하지만 노예는 빠르게 늘어나 '메이슨-딕슨선'* 남쪽에 위치한 모든 주는 '노예제 사회'라는 표현이 의미하는 것을 전부 충족하는 지경에 이르렀다. 뉴잉글랜드 지역은 비교적 노예의 수가 적었지만, 그 지역의 경제는 서인도 제도와의 노예 무역에 뿌리를 두고 있었다. 흑인들은 이 민주주의 공화국의 힘들고 더러운 일을 도맡아 했다. 그들은 숲의 나무를 베어 개활지로 만들고 땅을 일구었으며, 수출 가능한 곡물을 파종해 돌보고 수확했다. 그 곡물을 수출한 덕분에 노예를 소유한 계급은 거대한 부를 쌓을 수 있었다. 노예제는 대단히 성공적이었기 때문에 1819년 이후 남부 출신의 정치인과 지주들 그리고 그들의 지지자들은 노예제를 미국 전역에 도입해야 한다는 캠페인을 연방 정부 내에서 벌이기도 했다. 하나의 생산 양식으로서 그리고 포괄적인 삶의 방식으로서, 노예제는 매우 공격적인 태도를 취했다. 이를 두고 에이브러햄 링컨(Abraham Lincoln)이 정확하게 표현한 적이 있는데, 그는 '노예 권력'*이 남부뿐 아니라 북부까지 포함하는 미국 전체를 탈취하기 위해 모든 노력을 아끼지 않는다고 말했다.

메이슨-딕슨선(Mason-Dixon Line) 미국 펜실베이니아, 메릴랜드, 버지니아 세 주의 경계선. 1763~1767년에 영국의 천문학자 메이슨(C. Mason)과 딕슨(J. Dixon)이 이들 식민지의 경계 분쟁을 해결하기 위해 측량한 것인데, 19세기에는 노예가 있는 주와 없는 주의 경계선이 되었고 노예제가 폐지된 이후에도 남부와 북부의 감정적인 경계선이 되고 있다.

'노예 권력'이 1820년대와 1830년대에 드러낸 공격성 때문에 일부 미국인들은 자신들의 꿈을 이루기 어렵다고 느꼈으며 이들은 미국이라는 정치체가 새로운 건국 과정을 거쳐야 한다는 결론에 이르렀다. 이들은 자신들의 민주주의적 세계관에 따라 논리를 전개하여, 자유롭고 평등한 시민권이라는 이상과 노예제가 도저히 양립할 수 없다고 지적했다. 한편 이들은 이를테면 모순 안에 또 다른 모순이 숨어 있음을 어느 정도 인식하고 있었다. 문제를 간략하게 표현하자면, 노예제 철폐가 과연 민주적으로, 즉 청원이나 의회 결정과 같은 평화로운 수단을 통해 이루어질 수 있는지, 아니면 노예제 수호자들을 굴복시키기 위해 군사력을 동원해야 하는지 하는 문제였다.

미국 건국 초에도 그랬으며 잭슨 대통령이 재임하던 민주주의 발전기에도 이 노예제의 문제는 교묘한 방식으로 정당 정치의 외부로 밀려나 있도록 처리되었다. 예를 들어 헌법 제정 회의에서 매디슨은 이 주제를 묵살하자고 분명하게 말했다. 그는 "각 주(州)의 이익이 갈라지는 진정한 경계선은 큰 주와 작은 주 사이가 아니라 남부의 주와 북부의 주 사이에 있다."라고 지적했다. 하지만 그는 이 노예제라고 하는 '경계선'이 새로운 정치 체제의 형태에 대한 토론에서 반드시 배제되어야 한다고 주장했다. 그러지 않으면 새로운 정치 체제의 생존 자체가 위협받을 것이라고 그는 말했다.[28] 당시 상황에서 매디슨의 논리는 승리를 거두었으며, 이로써 새로운 헌법이 어째서 노예제와 관련해 확연하게 침묵을 지키고 있는지가 설명된다. 또 한 가지는 상원의 구성 방법이었다. 상원에는 각 주가 같은 수의 대의원을 보내도록 규정되었는데 이는 남부 지역의 노예제를 손댈 수 없다는 것을 보장하는 규정이었다. 왜냐하면 19세기 중반에 이르기까지는 남부 지역의 주들이 상원에서 다수를 차지했기 때문이다.

1820년에 미주리 주가 미합중국에 편입되면서 의회에서 큰 소동이 일어났지만 이 소동은 교묘한 방식으로 해결되었다. 이때의 해결 방식을 살펴보면 노예제를 아예 논의의 주제로 삼지 않으려는 정치적 노력이 계속되었음

노예 권력(Slave Power) 1840년대부터 1860년대까지 널리 사용되던 표현으로, 남부의 노예 소유주들이 노예제를 존속시키고 널리 퍼뜨리기 위해 미국 연방 정부에 부당한 압력을 행사하는 것을 비판하면서 사용되었다.

을 알 수 있다. 노예제가 정착된 미주리 주가 연방에 편입됨에 따라 그때까지 존속되던 상원의 균형, 즉 자유주 11개와 노예주 11개의 균형이 깨질 위험이 생겼고, 이에 따라 매사추세츠 주의 북동부 마을 몇 개를 잘라내 노예제를 인정하지 않는 메인(Maine) 주를 신설함으로써 이 문제를 해결했던 것이다. 향후 새로운 주가 또 연방에 가입할 경우를 대비하여 남부가 받아들일 수 있는 조건을 붙여 새로운 가이드라인이 설정되기도 했다. 또한 당시 '미조직 지역'*이라 불리던 대평원(Great Plains) 지역을 당분간 노예제 금지구역으로 지정함으로써 노예제의 미래에 관한 논의는 일단 나중으로 미루어졌다. 국가 조직 차원에서 이런 조치를 취한 것은 기발한 행동이었으며, 타협이야말로 공화 민주주의에서 정부라는 기계 장치가 원활하게 작동하는데 필요한 윤활유라는 것을 보여준다. 하지만 이 '미주리 타협'이 지닌 효율성에는 한계가 있었다. 토머스 제퍼슨(그는 거의 200명에 이르는 노예를 소유했으며 그중 한 노예 여성과 아이를 한 명 낳기도 했다)은 정확하게 예언했다. 이 타협은 나쁜 타협이며 결국은 문제를 일으킬 것이고 급기야 연방의 파괴로 이어질 것이며, 게다가 무력 충돌로 인해 그렇게 될 것이라는 내용이었다. 그는 '미주리 타협'을 '화재를 알리는 한밤중의 종소리'에 비유했다. 이 종소리에 깨어난 그는 공포에 사로잡혔다는 것이다. "나는 이 종소리를 듣자마자 즉시 이것이 우리 연합의 죽음을 알리는 조종(弔鐘)이라고 생각했다. 이 종소리가 일단 잠잠해진 것은 사실이지만 이는 형의 집행 유예일 뿐 최종 선고가 아니다. 어떤 지리적 경계선이 도덕적이며 정치적인 분명한 원칙과 일치하는 경우, 일단 그 경계선의 개념이 잡히고 사람들의 격정의 대상이 된 이후에는 결코 지워질 수 없다. 새로운 분란이 하나씩 일어날 때마다 그 경계선은 그만큼 점점 더 깊게 새겨질 것이다."[29] 제퍼슨의 주장은 요지가 확실했다. 노예제라는 문제에 뚜껑을 덮어 두기 위해 정부가 결의안을 채택하는 것은 나름대로 가치가 있는 일이다. 하지만 그렇게 한다고 해서 이렇게 활발한 시민 사회에서 노예제에 대한 공공의 저항이 일어날 때 그것을 막을 수 있을지는 알 수 없다는 것이었다. 시민 사회에는 노예제에 분노하는 시

미조직 지역(Unorganized Territory) 미국의 영토이기는 하지만 자치적 지방 행정 조직이 아직 설치되지 않은 지역을 일컫는 말. 19세기에는 미국 대륙의 상당 부분이 이에 속했다.

민들이 점차 늘고 있었다. 그들은 자신의 마음 깊은 곳에 평등과 자유라는 보편적인 가치를 소중하게 간직하고 있었기 때문이다.

당분간이기는 했지만 주요 정당들은 이 문제를 잘 피해 나갔다. 1830년대 내내 (민주당 정책에 반대하기 위해 결성된) 휘그당은 이런 회피 작업에 분명하게 기여했다. 민주당도 마찬가지였다. 잭슨 대통령과 밴 뷰런이 이끌던 민주당은 선거 운동 때문에 계속해서 남부 지역에 지지를 호소하지 않으면 안 되었는데, 바로 그 때문에 노예제 문제를 연방 차원의 정치로 끌어올리려는 사람들의 노력이 좌절되었던 것이다. 밴 뷰런이 내세운 교묘한 논리가 이때 상황을 잘 보여준다. 그는 노예제가 바람직하지 않은 제도이긴 하지만 이 제도를 철폐하려면 반드시 노예 소유주들의 동의가 있어야 한다는 논리를 내세웠다. 이런 논리는 노예 소유주들에게 이로운 논리이기도 했지만 동시에 밴 뷰런 자신에게 유리한 논리이기도 했다. 그렇기 때문에 1830년대 내내 그는 연방 의회가 컬럼비아 특별구, 즉 수도 워싱턴의 노예제를 폐지하는 권한을 얻으려면 반드시 다른 노예제 인정 주들의 동의가 있어야 한다고 주장했다. 또한 그는 노예 폐지를 주장하는 문건들이 우편 제도를 통해 유통되는 것을 두고는 각 주의 법률에 따라야 한다는 입법안을 지지했다.* 그는 악명 높은 '개그 룰(Gag Rule)'도 지지했다. 1836년 하원에서 채택된 이 법안은 의회 내에서 노예제 반대 청원을 다루는 독회(讀會)나 토론회를 열 수 없도록 막는 내용이었다.

이 모든 일을 통해 이 신생 공화 민주주의 국가가 영원토록 노예제 문제를 회피할 수 있으리라고 판단했던 사람들은 곧 놀라운 상황을 마주하게 된다. 이제 막 날아오르기 시작한 정당 체제와 대의제 제도들 아래에서 갑자기 새로운 힘이 폭발하여 상황을 급속하게 반전시킨 것이다. 사회 운동이 하나 탄생한 것이다. 이 운동은 시민의 반대 의견을 표출하는 데 언론을 비롯한 다른 수단들을 활용하여 노예제가 필요악이 아니라는 것을 논증함으

---

* 당시 노예제 철폐 운동은 북부의 여러 주에서 활발하게 진행되었으며 운동 조직들은 다량의 노예제 반대 문건을 작성하여 남부의 여러 주로 보냈다. 이때 남부 주의 우편 송달 업무를 담당하는 정부 부서가 이런 노예제 반대 문건을 위험한 문건으로 여겨 배송을 거부하는 일이 발생하곤 했다. 따라서 각 주의 우편 업무 관련 법률을 지지한다는 것은 이런 우편 처리 거부 행위를 합법화하는 조치였다.

로써 노예제 문제를 '민주화'하고자 했다.

노예제 반대 운동은 위스키 반란을 넘어섰다. 이 운동은 대규모의 사회적 저항 운동이었다. 또 이 운동은 훨씬 더 숭고한 목표를 추구했으며 훨씬 더 성숙한 방식들을 썼는데, 그 가운데는 대서양 건너편에 있는 노예제 반대 운동가들과 협력하는 방식도 있었다. 1830년대 이전의 노예제 반대 여론은 식민지 귀환 운동이 중심이었다. 이는 아프리카 대륙에 있는 라이베리아 (Liberia) 같은 식민지로 노예들을 귀환시켜야 한다는 운동이었다. 그러나 영국 의회에서 '노예제 폐지법'이 통과된 1833년(덴마크 왕정은 이미 1792년에 칙령을 발포함으로써 선례를 보였다) 미국의 노예제 폐지론자들은 일부 사람들이 '즉시주의(immediatism)'라고 부르는 입장을 받아들이면서 이전보다 더 강경한 태도를 취하기 시작했다. 이들은 대의 민주주의의 이름을 걸고 노예제 문제의 시급성을 강조하면서 노예제 반대 여론을 불러일으켰고, 주저하던 정치인들에게 압력을 가하여 공화국의 새로운 영토에 노예제가 확산되는 것을 막고, 남부 지역에서 즉시 그리고 완전하게 노예제가 폐지되어야 한다고 주장했다. 노예 소유주들도 신속하게 대응했다. 존 칼훈(John Calhoun, 1782~1850)은 당시 널리 알려진 '확고한 선(善)으로서 노예제'[30]라는 연설에서, 군사 쿠데타를 고려할 수도 없으며 또한 실행할 수도 없는 정치체에서 남은 선택지는 오직 하나, 시민 사회와 정당 제도로부터 공공의 지지를 획득하기 위한 전투에 참여함으로써, 노예제 반대 운동에 대응하는 방식밖에 없다고 주장했다.

미국의 분열

하지만 칼훈의 이 권고 때문에 노예제 옹호론은 오히려 치명적인 손상을 입었다고 볼 수 있다. 이제까지 옹호론자들은 노예제가 '자연적'이거나 '신이 부여'한 것이라고 주장해 왔다. 하지만 이제는 그들이 나서서 설득의 힘을 포함해 다양한 힘의 원천을 장악해야만 하나의 제도로서 존속할 수 있음을 인정해버린 것이다. 그렇다고 해서 노예제 옹호론자들이 쉽사리 자신들의 환상을 포기하지는 않았다. 그들은 총을 들기도 하고 논리를 제시하기도 하면서 치열하게 싸웠다. 이때 이들이 사용한 논리를 보면, 자신들도 민주주의자이며 그것도 좀 더 높은 수준, 즉 고대 그리스적 민주주의의 옹호자라고 주장했다. 남북전쟁이라는 지독한 내전이 발발하기 직전, 미국 전역에 엄청난 언론전이 확산되었다. 언어의 전사(戰士)들이 끊임없이 등장했다. '강철의 사람'이라는 별명으로 불리던 칼훈은 연방법 실시 거부 원칙(nullification)을 강고하게 옹호하는 주장을 앞장서서 외쳤다. 연방법이라 하더라도 만일 그것이 헌법에 위배된다고 판단되면 각 주는 다수 의견을 거부하여 그 연방법을 무효라고 선언할 수 있다는 원칙이었다. 다수결의 원칙에 대한 이런 공격은 새로운 현상이었다. 너무도 새로운 현상이었기 때문에 당시 많은 사람은 이 공화국의 유권자인 데모스(demos)가 마치 살아 있는 세포가 그러하듯이 두 개의 데모이(demoi)*로 분열하기 시작한 것이 아닌가 하는 우려를 표명했다. "우리는 하나의 국민이 아니다. 두 개의 국민이다."라고 〈뉴욕 트리뷴〉이 1855년 노예제를 반대하는 논지의 사설에서 선언했다. "우리는 자유를 원하는 국민과 노예제를 원하는 국민으로 나뉘어 있다. 이 두 국민 사이에 충돌은 불가피하다."[31]

치열한 충돌이 불가피했던 것은 사실이지만 충돌의 실제 양상은 이 사설이 언급한 것보다 훨씬 더 복잡했다. 노예제 폐지론자 가운데는 남부인도 많았다. 1827년 이전까지 설립된 폐지론을 옹호하는 협회 130개를 살펴보면 회원의 5분의 4가 남부 지역에 거주하고 있었다. 그들 중에는 '제2차 대각성 운동' 시기의 예배당이나 공개 집회에서 폐지론 견해를 형성한 사람들도 많았다. 이들은 19세기 미국 최고의 베스트셀러 소설인 해리엇 비처 스토의 《톰 아저씨의 오두막》(1852년)에 자신들의 견해가 그대로 반영되어 있음을 발견하기도 했다. 노예제를 생산 양식의 하나로 볼 때 이익이 비교적 적다고 결론 내린 사람들도 있었다. 또한 국가주의자 집단이 있었는데 이들은 하나의 통합된 국가를 지향하는 미국의 '명백한 운명'에 노예제가 장애가 된다고 생각했다. 또한 일부 폐지론자들은 나라를 구하는 방도로 북부의 분리 독립을 선호했다. 윌리엄 로이드 개리슨(William Lloyd Garrison)은 노예

---

* '데모이(demoi)'는 '데모스(demos)'의 복수형이다. 고대 그리스어에는 다양한 복수 어미가 있는데, 그것들 중 하나가 '오이(oi)'다.

Eliza comes to tell Uncle Tom that he is sold and that she is running away to save her child.　Page 62.

1852년에 출간된 《톰 아저씨의 오두막》 초판에 실린 삽화. 흑인 노예들의 비참한 실상을 담은 이 소설은 커다란 반향을 일으키면서 19세기 미국 최고의 베스트셀러가 되었다. 하지만 남부에서는 금서가 되었다.

제 반대론자였으며 〈리버레이터(Liberator)〉의 창립자 겸 편집인이었는데, 그는 1854년 7월 4일에 열린 독립기념일 집회에서 헌법 책자를 공개적으로 불태웠다. 신성한 지혜의 표현인 독립 선언서의 정신이 노예제를 옹호하는 미국 헌법에 배반당했다는 그의 확신을 보인 것이었다. 그는 미국 헌법을 '죽음과 맺은 언약이며 지옥과 이룬 합의'라고 비난했다. 천국과 지옥에 대한 이야기는 폐지론자들 사이에서 종종 언급되던 이야기였는데, 그 가운데 가장 과격한 사람들은 종교적 원리주의자들이었다. 여기에 오랜 뿌리를 가지고 있으며 앞으로도 긴 역사가 지속될 커다란 역설 하나가 있다. 자유롭고 평등한 시민들이 비폭력적으로 권력을 공유하는 이상적인 사회 형태로 이해되는 대의 민주주의는, 신을 두려워하는 투사들에 의해 가장 강력하게 옹호되었다. 그들은 노예제를 신과 인간성에 맞서는 죄악이라고 보았다. 왜냐하면 노예제 때문에 각 개인이 신에게 받은 능력, 즉 이 세계에서 자신들의 존재를 책임감 있게 선택하는 능력이 파괴당한다고 생각했기 때문이다.

여성 해방과 노예제 폐지 운동

노예제라는 죄악을 쓸어버리자는 호소는 대의 민주주의 시대에 들어와서는 처음으로 대규모 사회 운동에 영감을 불어넣었는데, 그뿐이 아니었다. 노예제 폐지론자들이 사용한 개념이나 논리, 조직 운용 전술은 다른 분야로 그대로 복제되었으며 때로는 놀라울 정도의 민주적 효과를 낳았다.

눈에 띄는 예로서 여성의 노예제 반대 운동이 있었는데 여기에는 여성 자신이 남성에게 저항하는 부분도 들어 있었다. 여성이 해방되어 마땅하다는 주장에는 오래된 뿌리가 있었는데, 그중에는 17세기와 18세기의 프로테스탄티즘 운동과 자연권 교리가 있었다. 하지만 여성을 최초로, 그것도 역사상 전례가 없는 큰 규모로 단결하게 한 것은 1830년대 미국의 노예제 반대 운동이었다. 여성의 이러한 단결은 노예제에 심각한 도전이었을 뿐 아니라, 여성을 배제하고 여성을 침묵시킨 바탕 위에 세워진 시민 사회에 대한 도전이기도 했다. 이 사이비 시민 사회에서 여성의 이름은 일생에 단 두 번만 인쇄물에 등장했다. 결혼식 때와 부고 기사에 날 때 두 번이었다. 이 사회에서 여성은 결혼했다 하더라도 자녀에 대한 법적 권리가 없었으며 유산 상속이나 자신의 소득에 대한 권리도 없었다. 이 사회는 불평등한 사회였다. 여성은 교육받지 못했으며 교회의 일에도 발언권이 없었고 독신으로 있으면 결혼하라는 압력을 받았고 일반적으로 가정에 매여 살 운명이었다. 여성들은 가정에서 고되게 일하는 어머니로서 역할을 다하고, 생활에 우아함과 장식을 더해주고 성적 만족감을 제공하는 역할을 수행하리라는 남성들의 기대를 받았다.

여성들은 자신들을 예속 상태로 몰아가는 의무에 저항했는데 이는 부분적으로 노예제 반대 입장의 설교자들에게서 영향을 받은 것이었다. 이 설교자들은 폐지론의 입장을 전달하기 위해 이 도시 저 도시를 다니면서 각지에 지부를 만들었는데, 이 과정에서 여성들에게도 지부에 가담하라고 촉구했다. 현재 남아 있는 증거물이 암시하는 바에 따르면, 초기의 많은 여성 활동가들은 자신들이 좋은 기독교인 혹은 도덕적으로 흠결 없는 이신론자이기 때문에, 일반적으로 남성 전체, 구체적으로는 이미 부패했거나 부패할 위험이 있는 정당들이 억눌렀던 문제들을 거론할 자격이 있다고 생각했다. 신앙심이 매우 깊었던 이 여성들은 무리를 지어 공적 영역에 진출했다. 그들 대부분에게 이 경험은 사적 영역과 공적 영역의 경계선을 처음으로 넘어서는 모험이었다. 이들은 예배당과 공공 집회에서 발언했다. 이들은 노예제 폐지 운동 협회들을 세우는 데 협조했다.(협회의 수는 1837년이 되면 1천 개 이상으로 급증한다.) 증기 기관의 힘으로 작동하는 인쇄기, 당시 공화국 전체로 범위가 확장된 새로운 우편 서비스 네트워크를 활용하여 자신들이 작성한 청원서를 대량으로 인쇄하여 배포했다. 미국의 대의 민주주의라는 새로운 세계에서는 청원서 제출이 자주 행해졌는데, 이를 존 퀸시 애덤스는 '탄원, 호소, 기도'의 한 형태라고 비유했다. 특히 여성들은 아직 투표권을 얻지 못했는데도 이런 청원서 제출에 활발히 참여했다. 1838년과 1839년 두 해만 보더라도 미국의 각급 입법 기관들은 40만 건이 넘는 청원서를 접수했으며 이 청원서들에 올라 있는 미국인의 서명은 약 200만 개였다. 서명자들 가운데 상당수는 여성이었으며 이들은 주(州) 사이의 노예 거래, 플로리다와 텍사스를 노예제 인정 주로 미합중국에 가입시키는 것, 컬럼비아 특별구와 서부의 준주(準州)*들에서 노예제가 유지되는 데 반대했다.

1830년대 청원 운동의 초기 발전 기간에 노예제 폐지론에 대한 저항과, 여성이 공공 문제에 공개적으로 참여하는 데 대한 반대가 거세졌다. 공화국의 몸체에 있던 갖가지 작은 구멍에서 정치적 독물이 배어 나오기 시작했던 것이다. 필라델피아의 〈퍼블릭 레저(Public Ledger)〉가 여성의 평등한 권리에 대한 이야기를 풍자하는 기사에서 "여성은 존재하지 않는다."라고 선언했다. "아내라는 단어가 전부다. 예쁜 소녀 한 명은 1만 명의 남성과 동등하며, 어머니는 신(神)과 마찬가지로 전능하다." 따라서 "필라델피아의 숙녀들은 여성으로서가 아니라 아내로서, 미인으로서, 처녀로서, 그리고 어머니로서 자신의 권리를 유지할 것을 결심했다."라고 이 기사는 결론을 내렸다.[32] 한편, 여러 주의 입법부는 '선동적' 문건을 배포하는 행위를 금지하는 법안을 통과시켰다. 앞서 언급했던 '개그 룰'은 잭슨 행정부의 열렬한 지지를 받아 연방 의회에서 채택되었는데, 이 규정에 따라 하원은 노예제 반대 청원에 관한 내용을 논의할 수 없었고 심지어 언급할 수조차 없었다. 폐지론 지도자들을 체포하면 그에 따른 보상이 주어지는 경우도 있었다. 폐지론 지도

준주(準州, territory) 미국 동부의 기존 주들 이외에 아직 주로 승격하지는 못했지만 미국 영토로서 자격이 있던 서부의 여러 지역을 지칭한다. 대부분의 준주는 훗날 정식 주로 승격되었다.

자들이 운영하는 사업에 대한 보이콧 운동도 점차 확산되었다. 우체국 관리가 노예제 반대 문건을 취급하지 않겠다고 거부하는 경우도 있었으며 공공 집회에서 문건을 불태우는 경우도 있었다. 노예제 반대의 대의에 동감을 표하는 여성들에게 신체적, 언어적 폭력이 가해졌다는 소식이 전국 각지에서 들려왔다. 이런 군중 폭력과 여성 혐오(misogyny)—17세기에 등장한 이 단어는 이제 좀 더 자극적이고 새로운 정치적 의미를 띠기 시작했다.—는 여성들이 이 공동의 대의를 위해 다른 여성들과 힘을 합치도록 북돋는 결과를 불러왔다. 흑인들의 노예 상태에 반대하는 투쟁은 범위가 더욱 넓어졌다. 노예 상태라는 단어는 이제 여성에게도 적용되었다.

이런 의미 변화는 매우 중요했다. 그 파괴력을 증명해주는 것이 앤젤리나 그림케(Angelina Grimké, 1805~1879) 같은 인물의 등장이다. 미국 동부 찰스턴의 성공회 간부이며 부유한 노예 소유주의 딸인 그림케는 사우스캐롤라이나 농장 소유주 집단의 무도회와 만찬회에 등을 돌렸을 뿐 아니라 아버지의 교회 종파에도 등을 돌렸다. 그녀는 북쪽으로 이주하여 필라델피아로 갔다. 여동생 사라는 그곳의 퀘이커 교도들과 힘을 합치라고 그녀를 설득했다. 하지만 그림케는 곧 퀘이커 교도들의 완고한 가부장주의를 거부하고 이를 인쇄물을 통해 알렸다. 당시 가장 유명한 노예제 폐지론 신문이었던 윌리엄 로이드 개리슨의 〈리버레이터〉에 그녀는 군중 폭력을 주제로 한 편지를 기고했고 그 글은 큰 파문을 일으켰다.

그림케가 최초로 쓴 소책자는 〈남부의 기독교도 여성들에게 보내는 호소〉였는데, 많은 사람들이 그녀가 이 글에서 뛰어난 문학적 재능과 정치적 재능을 보여주었다고 평가했다. 여기서 그녀는 노예제를 비기독교적이라고 비난했다. 그녀의 주장은 모든 사람이 신이 보기에 평등하다는 것이었다. 흑인과 여성의 영혼은 백인 남성의 영혼과 똑같이 가치가 있다. 신의 자녀들을 노예로 만드는 것은 설사 헌법에서 인정한다 하더라도 '도덕률(Higher Law)'에 어긋난다. 그녀는 여성들을 향해 '노예 권력(Slave Power)'을 거절하도록 촉구했으며, 자유롭게 생각하는 공적 주체로서, 또 노예 제도는 신과 인간에 대한 죄악임을 '그대들의 남편과 아버지와 형제와 아들에게 설득'할 책임이 있는 시민으로서 행동할 것을 촉구했다.[33]

그림케는 곧 남성과 여성 모두를 청중으로 하는 연설 기술을 개발하여 이를 활용하기 시작했다. 찰스턴에서 그녀는 노예들이 당하는 잔혹 행위를 수없이 목격했다. 이제 그녀는 작업장의 노예가 회전 수차에 팔을 묶인 채로 매달려 지르던 비명을 처음 들었을 때의 공포, 반복된 채찍질 때문에 두 다리에 영구적인 상처를 입어 절뚝거리며 걷는 어린 노예 소년을 보았을 때의 죄책감을 청중에게 전달하는 데 뛰어난 재능을 발휘했다. 그런 만행에 몸을 떨기도 하고, 성경의 말씀과 노예 폐지론의 이상에서 영감을 얻기도 하면서, 그녀는 완벽하게 정리된 감동적인 문장으로 청중을 격분시키기도 하고 그들에게 최면을 거는 듯한 효과를 연출하기도 했다. 그림케의 연설은 다음과 같은 구절로 장식되었다. "여러분이 서 있는 그 땅은 성스러운 땅입니다. 절대로, 절대로 그 땅을 포기하지 마십시오. …… 만일 여러분이 포기하면 노예의 희망은 사라지고 맙니다." 또한 그녀는 항상 여성들에게 특별한 말을 전했다. "나는 여러분이 법을 제정하지 않는다는 것을 알고 있습니다. 하지만 법을 제정하는 사람들의 아내이며 어머니이며 누이이며 딸이 바로 여러분이라는 것을 나는 압니다." 또 그녀는 연설의 마지막을 이렇게 장식하기도 했다. "그리스도 안의 나의 자매들이여. …… 나는 여러분이 여성으로서 지니고 있는 동정심에 호소했으며 여러분이 기독교 여성으로서 지니고 있는 의무감에 호소했습니다. …… 진실의 모든 힘을 동원하며, 영혼의 검으로 노예제를 공격해야 합니다. 여러분은 기독교 기반 위에서 노예제를 상대해야 합니다. 기독교의 무기로 싸우면서 동시에 여러분의 두 발은 평화의 복음이라는 신발을 신고 있어야 합니다. …… 무거운 짐을 치워 억압받는 자를 자유롭게 하십시오. …… 안녕히."

이런 연설은 사실 일종의 행위였다. 남성들이 운영하는 교회 조직을 통해 행동하던 여성들의 옛 습관과 과감하게 결별하는 행동이었다. 비록 중간 계급의 이신론이라는 한계를 안고 있었지만, 앤젤리나 그림케는 이제 미국이라는 무대에서 훨씬 더 급진적인 무언가를 주장하는 여성으로 등장했다. 즉, 여성은 공적인 방식으로 행동할 권리가 있으며 남성과 평등한 개인의 자격으로 자기 자신을 표현할 책무를 지닌다는 주장이었다. 그런 확신이 있었던 그림케가 그때까지 미국에서 어떤 여성도 하지 않았던 몇 가지 일을 한 것은 너무도 당연한 일이었다. 1837년 봄, 그림케는 뉴욕 주의 포킵시 (Poughkeepsie)라는 도시에서 여동생 사라와 함께 여성으로는 역사상 처음으로 남녀 모두가 청중으로 참석한 자리에서 연설을 했다. 그림케 자신과 다른 사람들은 이 청중을 두고 '남녀가 난잡하게 뒤섞인' 청중이라고 묘사했다. 몇 주일 뒤 그녀는 강연 여행을 계속하고 있었는데, 매사추세츠 주 에임즈버리에서 두 청년이 그녀에게 노예 제도와 여성의 사회적 발언권이라는 주제로 공개 토론을 하자고 제안했다. 이리하여 한 여성이 남성들을 상대로 하는 첫 번째 공개 토론회가 벌어졌다. 전해지는 이야기에 따르면, 이 자리에서 그림케는 '차분하고 겸손하며 품격 있는 태도'를 유지했으며 '하찮은 적수들이 그녀에게 던진 음흉한 올가미'를 간단하게 물리치면서 아주 안정된 모습을 보였다고 한다.

1838년 2월 21일에 여전히 매사추세츠에서 머물고 있던 그림케는 다시 한 번 멋진 광경을 연출했다. "의장님, 이렇게 당신 앞에 서는 것을 저는 특권으로 생각합니다." 그녀는 보스턴의 비컨 힐(Beacon Hill)에 위치한 매사추세츠 주 의사당에서, 전원 남성으로 구성된 주 의회 앞에서 연설을 시작했다. 그 자리에는 다른 청중도 있었다. 방청석으로도 모자라 계단까지 가득 메우고 조용하게 앉아 있는 그녀의 지지자들이었다. 그 가운데는 화려한 장식의 드레스를 입고 머리에는 예쁜 보닛 모자를 쓴 숙녀들도 있었다. 그뿐만 아니라 그림케의 적들도 있었는데 이들 가운데 일부는 그녀가 회의장에 입장할 때 복도에서부터 야유를 보내기도 했다. 그녀는 의장석에 서서 연설하도록 요청받았다. 거기에서 연설해야 그녀의 모습이 청중들에게 가장 잘 보이고 그녀의 말이 가장 잘 들리기 때문이었다. 그림케는 여성의 예속 상태가 도저히 받아들일 수 없는 위선임을 분명히 밝혔다. "여성에 대한 이런 억압은 반드시 철폐되어야 합니다. 빠르면 빠를수록 좋습니다." 그녀는 계속하여 "중대하고 엄숙한 주제인 노예 제도"로 옮겨 갔다. 그녀는 두 시간이 넘도록 계속 발언했으며 이 소중한 기회를 활용하여 어째서 흑인 운동의 대의명분이 정당한지, 그리고 왜 독실한 모든 미국인이 "쇠사슬에 묶인 우리 국민들의 비통한 마음과 쇠약한 몸뚱이 위에 세워졌으며 멍에에 묶여 있는 우리 자매들의 피와 땀과 눈물로 굳어진 이 복합적인 죄악의 체제"를[34] 지

노예제 반대와 여성의 권리 신장을 주장했던 앤젤리나
그림케. 사진은 1875년에 촬영한 것이다.

옥으로 쫓아버려야 할 의무가 있는지 그 이유를 하나하나 열거하면서 연설
했다.

3개월 뒤인 1838년 5월 중순, 그림케는 필라델피아에서 열린 대규모 노예
제 반대 여성 대회에서 마지막 연설을 했다. 한 시간에 걸쳐 연설을 하는 동
안, 건물 밖에서는 군중 한 무리가 소리를 지르고 욕설을 하면서 건물 벽과
창문에 돌을 던졌다. 그녀는 목소리를 더 크게 할 수밖에 없었다. "나는 그
것을 보았습니다! 직접 보았습니다! 그 끔찍한 참상은 도저히 말로 표현할
길이 없음을 나는 알고 있습니다. 나는 노예제의 지붕 아래서 자랐습니다."
그녀는 노예제의 해악을 이야기했다. 다음날 아침, 성난 군중이 다시 모여
들었다. 여성 대회 운영자들은 시 당국에 보호를 요청했다. 시장은 서면으
로 유색 인종이 이 총회에 출석하지 못하도록 해야 한다는 답을 보내왔다.
필라델피아 시민들을 격분시키고 따라서 관련된 모든 사람의 안전을 위협
하는 존재는 바로 유색 인종이라는 내용이었다. 시장의 서신은 총회에 참석
한 대의원들 앞에서 낭독되었다. 하지만 이들은 조금도 주저하지 않고 용감
하게 총회 일정을 진행했다. 그날 오후, 대의원인 흑인 여성과 백인 여성이
짝을 지어 팔짱을 끼고 건물을 떠난 직후에, 분노로 가득 찬 군중의 수가
갑자기 불어났다. 부근의 가로등이 갑자기 전부 꺼졌다. 군중이 곁에서 말

없이 지켜보는 가운데, 일부 선동가들이 건물에 불을 붙이고 건물의 노예제 반대 운동 사무실을 약탈하고 닥치는 대로 책과 기록물과 종이들을 끄집어 내 불태워버렸다.

노예제 선동가

노예제가 사악한 제도이며 피부가 검은 남녀뿐 아니라 백인 여성까지도 짐승 상태로 내몰기 때문에 신(神)의 법에 위배된다는 주장은, 기독교가 깊이 뿌리내린 미국 시민 사회에 마치 천둥처럼 울려 퍼졌다. 대의 민주주의를 위한 투쟁에서 언어는 중요한 역할을 한다. 노예제 폐지론은 결국 정부와 정당과 정치인에게 영향을 끼치게 된다. 하지만 그렇게 되기 전에, 노예제를 옹호하는 평론의 대가들 그리고 달변가들과 한바탕 싸움이 벌어질 수밖에 없었다. 예를 들어 조지 피츠휴(George Fitzhugh, 1806~1881)라는 사람이 있었는데 그는 버지니아의 농장주였으며 남부의 페리클레스를 자처했다.

두 권의 베스트셀러 《남부를 위한 사회학: 자유 사회의 좌절》(1854년)과 《모두 식인종이거나 주인 없는 노예들이다!》(1857년)를 쓴 피츠휴는 인종 차별주의의 친구도 아니었으며 자연권의 주창자도 아니었다. 그의 프로파간다는, 노예제를 간접적으로 옹호하는 것만으로는 충분하지 않다는 전제를 깔고 있었다. 그런 간접적 옹호는 칼훈 같은 사람들이 시도한 방법이었는데, 그들은 함부로 구는 다수에 대항하여 소수를 보호하는 것이 정부가 할 일이라고 주장했다. 피츠휴의 견해는 훗날 '아메리카연합국'* 대통령 제퍼슨 데이비스(Jefferson Davis, 1808~1889)의 견해와 비슷했다. 제퍼슨 데이비스는 노예제가 '전능한 신의 명령에 따라 성립'되었으며 '창세기에서 묵시록에 이르는 신구약 성경에 의해 허가'된[35] 것이라고 주장했다. 하지만 피츠휴는 더 거칠고 직설적인 접근 방식을 선호했다. 그의 논리적 출발점은 인간은 평등하게 창조되지 않았다는 것이었다. 일부 인간은 우월한 신체적·도덕적·지적 능력을 원래부터 부여받았으며, 이런 더 나은 사람들을 지배자

아메리카연합국(Confederate States of America) 남북전쟁 시기에 노예제를 옹호하던 주들이 모여 수립한 국가. '아메리카남부연합'이라고도 한다.

로 만들고 보통의 재능을 지닌 자를 노예로 만들어 자연을 따르는 것이 훌륭한 법률이자 정부의 역할이라는 논리였다. "어떤 사람들은 등에 안장을 진 채로 태어나며 또 다른 사람들은 그들 위에 올라타기에 적당한 신발과 박차를 가지고 태어난다. 따라서 그 사람들의 등 위에 올라타는 것은 모두에게 좋은 것이다."[36] 그에 따르면, 북부의 이른바 자유주(自由州)들의 정부 형태와 비교할 때 남부의 정부 형태가 명백히 훨씬 우월했다. 북부의 시장 주도적인 주에서는 돈 많고 힘 있는 사람들이 가난하고 억압당하고 자연적으로 열등한 사람들에게 아무런 의무를 지고 있지 않다. "토지와 돈을 가진 재산 보유자들은 가난한 이들의 주인이다. 하지만 이들은 주인이 마땅히 지녀야 할 감정과 이해관계와 동정심이 전혀 없다. 이들은 〔노동자들을〕 자기들이 좋을 때 고용하며 자기들이 원하는 대로 일을 시킨 다음, 나중에는 그들이 길거리에서 죽도록 내버려 둔다. 자유의 땅에서 그들에게 허락된 유일한 집이 바로 그 길가이기 때문이다."

피츠휴는 남부에도 문제가 있음을 인정했다. 예를 들면, 가난한 백인들(그는 이들을 '백인 쓰레기white trash'라고 표현하기도 했다)을 좀 더 밀접하게 노예 제도와 연결시켜야 하며, 이를 위해서 주 정부가 주도하는 산업화와 적극적인 교육 운동이 시급하다고 말했다. 이따금 피츠휴는 가난한 백인들이 사실상 임금 노예제에 묶여 있으며 이런 상태를 종식하는 가장 좋은 방법은 그들을 아예 노예로 만들어버리는 것이라고 암시하는 듯하기도 했지만, 분명하게 말하지는 않았다. 그러나 그런 단점이 있는데도 여전히 남부가 우월한 정치체이며 더 큰 잠재력을 품고 있다고 그는 주장했다. 노예제를 기반으로 삼아 문명화되었고 번창했던 고대 그리스의 민주정들이 그랬듯이, 남부 역시 '자유' 노동 시장이 있다는 따위의 주장을 하지 않는다는 것이다. "정부는 사회가 만들어내는 피조물이다. 정부는 권력을 피치자의 동의로부터 끌어낸다고 말할 수 있다. 하지만 사회가 보유하는 최고 권력은 그 구성원들의 동의, 의사 표시, 합의 같은 것이 있어야만 정당화되는 것이 아니다. 벌집과 마찬가지로 사회는 사회를 구성하는 개인들이 만들어낸 것이며 동시에 자연이 만들어낸 것이다." 정치가 아니라 자연이 정치 공동체를 받쳐주고 보장한다는 것이다. 자연은 "한 사회를, 한 바구니에 집어넣어져 서로 물고 싸우는 고양이들의 모습으로 만드는 것이 아니라, 공동선을 위해 일하는 형제들의 모임으로 만들어준다. 경쟁 체제는 상호 대립과 전쟁의 체제이다. 우리의 체제는 평화와 형제애의 체제이다. 전자는 자유 사회 체제이며, 후자는 노예 사회 체제이다."

피츠휴가 말하고자 한 요점은, 영혼 없는 산업주의와 회계 사무소 직원 따위의 문화를 남부는 거절하겠다는 것이었다. 노동 시장에 기반을 둔 자유 방임주의와 시민 사회를 이야기하는 것은 역겨운 일이었다. 우아한 여성, 정중한 남성, 행복하고 성실한 흑인들이 만드는 남부의 시민 정신이 남부를 더 우월한 문명으로 만든다. "노예들 사이에는 고용을 획득하기 위한 대립도 경쟁도 없다."라고 피츠휴는 지적했다. "주인과 노예 사이의 전쟁도 없다. 주인은 자신의 이익 때문에, 노예가 어리다거나 병들었다 하여 그에게 주는 용돈이나 급료를 줄이지 않는다. 만약 그렇게 하지 않으면 노예를 잃을 수 있기 때문이다. 주인에게는 자신의 노예를 생각하는 마음이 있기 때문에 노예가 늙더라도 그에게 인색하게 굴지 않는다. 노예들은 잘 먹고 잘 입으며 땔감도 충분하고 행복하다." 남부 대농장의 '아름다운 이상'은 진정한 민주주의가 실제로 작동할 수 있음을 보여주는 것이었다. 하지만 그것은 오직 모든 시민과 노예가 불평등을 자연의 법칙이라고 인정하고, 덕성을 갖춘 유권자들과 입법자들이 열등한 사람들을 보호하고 공공선을 위해 자발적으로 협조 관계를 구축하는 경우에 한해 가능한 일이었다.

정당 국가

이런 미사여구는 마치 카드모스*의 씨앗처럼 남부의 비옥한 토양에 뿌려졌고, 결국 4년에 걸친 무시무시한 참극을 불러왔다. 거대한 두 군대가 1만 차례나 전투를 치른 비참한 전쟁이었던 미국의 남북전쟁은, 역사상 최초로 자신만만한 두 대의제 민주정 사이에 벌어진 전쟁이었다. 양측의 정치 엘

___
카드모스(Kadmos) 그리스 신화에 나오는 영웅. 테베를 건설했다고 전해지는데, 그가 용을 죽여 용의 이빨을 땅에 묻자 거기에서 수많은 전사들이 자라나 땅 위로 올라왔으며 이 전사들이 싸움을 벌여 그 가운데 살아남은 승리자들이 테베 귀족의 조상이 되었다고 한다.

리트들은 자신들이 민주주의의 양립할 수 없는 두 개념의 옹호자로 자처하는 경향이 있었다. 이 전쟁은 어떤 의미에서는 서로 다른 두 역사의 충돌이었다. 남부의 그리스 민주주의에 대한 환상은 신이 부여한 대의 민주주의의 비전이라는 이름으로 정당화되었지만, 결국에는 군사적으로 분쇄되었다. 여기에는 큰 희생이 따랐다. 양측 모두 죽음과 신체 장애와 궁핍으로 인해 수십만의 가정이 파괴되었다. 사상자는 97만 명으로 추정되는데 이는 당시 미국 전체 인구의 3퍼센트에 해당했다. 그 가운데 군인 전사자는 약 62만 명이었는데 그중 3분의 2는 방치되거나 질병으로 사망한 사람들이었다.

전투와 약탈과 살육을 통해 얻은 결과 중에 조금이라도 좋은 것이 있다면, 이제 '전쟁 이전의 상태(status quo ante bellum)'로 되돌아갈 가능성이 완전히 사라졌다는 것이었다. 에이브러햄 링컨 대통령의 지도 아래, 연방은 복구되었으며 끊어진 통신과 무역과 교역의 선도 다시 봉합되었다. 또한 전투의 열기와 불길로 인해 검게 타버렸던 산천에, 전쟁 중에 어떻게든 생명을 지켜 왔던 초록빛 새순과 각종 식물의 어린 종자들이 모습을 드러낸 것도 사실이다. 하지만 또 하나 분명한 사실은 패배한 남부의 사회 풍경에 근본적인 변화가 일어났다는 점이다. 남부는 징벌적인 '재건'에 직면하여 '정신적인' 애도와 복구라는 고통스러운 과정을 거쳐야만 했다. 또한 남북전쟁은 민주당을 분열시켰는데 이는 상징적으로 좋은 일이었다. 노예제와 민주주의를 동일시하는 공공의 인식이 깨지는 데 도움이 되었기 때문이다. '노예 권력'에 맞서 승리한 덕분에 민주적 감성이 더욱 강력해졌으며, 노예제에 근거한 옛 관습과 제도가 무너졌고, 4백만 명에 가까운 노예가 공식적으로 해방되었다. 미국 헌법에는 세 개의 주요한 수정 조항이 추가되었다. 수정 조항 제13조는 노예제의 불법화, 제14조는 인종에 상관없이 모든 시민이 연방법의 보호를 받는다는 점을 규정했으며, 제15조는 투표권이 인종과 피부색, 이전의 예속 상태에 의해 제한되지 않음을 규정했다.

서서히 등장하고 있던 대의 민주주의의 세계에서 이러한 몇 가지 변화가 불러온 긍정적인 효과는 놀라웠으며 선례가 없는 것이었다. 이때 해방된 노예들이 곧 자유를 잃은 것은 사실이다. 하지만 1865년 버지니아 주의 애포매톡스 마을에서 북부군이 노예제 찬성 세력에게 최종적으로 치욕을 안겨준 이후* 시작된 '재건'은 대의 민주주의가 새롭고도 도전적인 방향으로 나아갈 수 있도록 밀어붙였다. 이 가운데에는 특별히 위험한 것도 있었다. 이후 반세기 동안 서로 밀접하게 연관된 두 힘이 대의 민주주의에 특히 위험한 의미를 지니게 되는데, 이는 잭슨과 밴 뷰런 시대에도 잘 알려진 것이었다. 두 힘 중에 하나는 대기업이고, 또 하나는 정당들에 의해 운영되는 큰 정부였다.

토크빌이 미래를 예측할 때도 바로 이 두 힘을 우려했다. 민주주의 사회의 가슴에서 산업 제조업자라는 새로운 권력 집단이 튀어나왔으며 이것이 이제는 이 사회의 자유와 다원주의를 위협하고 있다고 그는 일찍이 지적했다. 그는 이 집단을 '귀족'이라고 불렀는데 이들은 제조업 분야에 분업의 원칙을 적용했다. 이로써 생산성과 생산량이 급증했지만 높은 사회적 비용도 발생시켰다. 토크빌의 주장에 따르면, 이러한 제조업의 근대적 시스템은 '제조업 계급'이라는 것을 만들어냈는데, 제조업 계급은 돈을 사랑하며 시민의 덕성에는 아무런 관심이 없는 재산 소유자들과, 도시와 대도시로 몰려들어 끔찍한 가난에 시달리는 노동자들로 구성되었다.

마르크스와 달리 토크빌은 제조업 계급 내의 두 부분이 각자의 이익을 위해 정부에 도로, 철도, 항구, 운하의 공급 같은 대규모 사회 기반 시설 계획을 요구할 것이라고 보았다. 이런 기반 시설들은 부의 축적과 사회 질서 유지를 위해 필요한 것으로 여겨졌다. 토크빌은 이런 일들이 주권을 가진 국민의 이름으로 행해질 것이라고 예상했으며, 그렇게 시민 사회의 일에 정부가 간섭하게 되면 결국 시민 결사의 정신은 질식할 것이며 새로운 형태의 국가 전제주의로 귀착될 것이라고 말했다. 족쇄나 처형인 같은 거친 수단을 쓴 과거의 전제주의와 달리, 새로운 '민주적' 전제주의는 '절대적이며 세심하고 원칙적이며 용의주도하고 온화한'[37] 행정 권력을 양성할 것이다. 평화적으로, 조금씩 조금씩, 그리고 민주적으로 만든 법률을 활용하여 정부는 시민의 복지를 확보하는 데 헌신하는 일종의 후견적 권력이라는 새로운 형태로 변화할 것이다. 그러나 이 변화에는 큰 희생이 따른다. 시민 사회의 동

---

* 남부군은 1865년 4월 9일 버지니아 주의 애포매톡스(Appomatox)에서 북부군에게 정식으로 항복했다.

맥이 막히고 시민들이 집단행동의 힘을 빼앗기는 것이다.

이러한 토크빌의 예측에 대해서는 많은 논란이 일었으며 그 대부분이 부정되었다. 논란의 세부 내용은 여기서 중요하지 않다. 그의 예측에 담긴 의미심장한 통찰이 훨씬 흥미롭기 때문이다. 토크빌이 우려했던 바는, 미국의 민주주의 실험이 나쁜 습관을 키울 것이며 ― '국민'의 이름으로 돈과 정치가 혼합되어버리는 것 ― 이 습관이 민주주의의 말살이라는 결과로 이어질 수도 있다는 것이었다. 이후의 실제 추이를 살펴보면, 토크빌은 돈과 정치의 융합이라는 전반적인 경향에 대해서는 올바르게 예측했지만, 그런 경향이 몰고 올 결과는 잘못 예측했다. 돈과 정치의 융합은 결국에는 매우 놀라운 현상으로 이어졌다. 즉 많은 시민이 민주주의가 공격을 받고 있으며 해체될 위험에 빠져 있다는 경각심을 느꼈으며, 개인의 부(富)와 부패한 정당 정치가 제기하는 이중의 위협에서 이제까지 이룬 위대한 성취를 보호해야 한다는 것을 뚜렷하게 깨달은 것이다. 19세기의 마지막 25년간 벌어진 사건은 무척 놀라운 것이었다. 선출직 대통령제와 경쟁적 정당 체제, 시민 결사체, 그리고 민주주의적 단어인 '오케이'를 세계에 선물한 이 나라는 다시 한번 민주주의의 정신과 내용을 더 멀리 밀어붙여 이제까지 누구도 발을 딛지 못한 새로운 영역으로까지 발전시켰던 것이다.

정확히 무슨 일이 일어났는가? 19세기의 마지막 10년을 앞두고 미국 사회는 거대 기업이 이끄는 산업화에 의해 모습이 완전히 바뀌어버렸다. 존 록펠러(John D. Rockefeller)와 존 모건(John P. Morgan) 같은 인물들은 기업 경영자와 금융업자로 이루어진 새로운 계급의 손에 경제력이 집중되는 새로운 경향을 상징했다. 이들의 부는 세계적 차원의 부였다. 철강왕 앤드루 카네기(Andrew Carnegie)는 2천만 달러가 넘는 수입을 올렸지만 세금은 단 한 푼도 내지 않은 것으로 알려졌다. 한편 그가 고용한 노동자들은 일 년에 450달러도 채 벌지 못했고, 하루 12시간씩 주 6일을 일했다. 재계의 거물들은 엄청난 부를 누리며 풍요롭게 살았으며, 자연스럽게 정치 권력에 흥미를 갖게 되었다. 새롭게 획득한 부의 힘을 확신했던 그들은 정당, 연방 의회, 주 의회에서 그리고 심지어 법원에서조차 암암리에 자신의 영향력을 행사했다. 돈은 단순히 영향력만 행사하는 것이 아니었다. 돈은 법률을 만들었으며, 원하는 일이 확실하게 이루어지도록 보장해주었다. 비즈니스란 바쁘게 움직이는 것을 의미했다. 비즈니스는 결국 정치 자금을 조달하기 시작했으며 이 손쉬운 돈벌이에 참여하도록 정당들을 유혹했다. 이 기간에 돈은 수많은 사람들의 삶을 건드렸으며, 이 과정이 너무나도 특출했기 때문에 이렇게 정부와 관련된 일자리의 형태로 당의 열성 지지자들에게 돈을 배분하는 새로운 전술을 묘사하는 단어가 만들어질 정도였다. '태머니 홀'*이 그것이다. 이는 전설적인 아메리카 원주민 추장의 이름(태머넌드Tamanend)에서 유래한 것이며 또한 뉴욕 민주당 본부의 이름이기도 했다. "젊은이들이 당을 위해 일하려 할 때 그들에게 나누어줄 직책이 없다면 도대체 어떻게 이 나라 젊은이들의 흥미를 끌 수 있단 말인가?" '태머니 홀'의 지도자였던 조지 워싱턴 플런킷은, 널리 읽힌 그의 책《태머니 홀의 플런킷(Plunkitt of Tammany Hall)》에서 이와 같은 질문을 던졌다. 태머니 홀에서 제시하는 답은 직설적이었다. 직책은 이제 정치에서 너무나도 당연한 양식이 되었기 때문에 어떠한 정부도 지지자들에게 넉넉하게 직책을 공급하는 방식을 거부할 수 없다는 것이다.

　1890년대에서 1920년대 사이에 이 도시의 정부 규모는 확대되고 있었으며 여기에서 최소한 5분의 1의 직책이 당의 열성 지지자들에게 주어졌다. 만일 정부와 사기업 사이에 체결된 계약을 통해 배분된 직책까지 합산한다면, 실제 수치는 훨씬 더 클 것이다. 태머니 홀의 인재들은 연방 정부 차원을 비롯한 정치 체제의 위에서부터 아래까지 널리 퍼져 나갔다. 정부 권력의 정점에 있는 대통령도 예외는 아니었다. 에이브러햄 링컨이 대통령 당선자 신분이었을 때, 당시 분열되어 있던 공화당 지지자들에게 연방 직책을 나누어줄 계획을 묘사하는 과정에서 '모두에게 정의를(Justice to All)'이라는 슬로건을 처음 썼는데, 바로 이 슬로건이 새로운 경향을 이끌었다. 링컨은 전임 대통령의 비호 아래 수도 워싱턴의 정부 기관들에 임용되었던 1500명가량의 사람들 가운데 4분의 3을 해임하도록 명령했다. 그는 1865년에 암살당할 때까지 자기 마음에 드는 사람들로 이 빈 자리를 채워 나갔다.

태머니 홀(Tammany Hall) 18세기 말에 일종의 자선 단체로 출발했으나 1800년경부터 1930년대까지 뉴욕 시 민주당을 지배한 정치 조직. 보스 정치와 독직(瀆職)의 대명사가 되었다.

이후 40년간 연방 정부의 정실 임용은 급격하게 증가하여 마치 '골드 러시(gold rush)'에 비유할 수 있을 정도였다. 구체적 숫자는 확정하기 어렵지만 1871년에는 공무원의 수가 5만 1천 명이었는데 1881년이 되면 연방 정부의 직책에 있는 사람의 수가 10만 명에 이르렀다고 한다.[38] 이 기간에 재임한 대통령들은 종종 이런 정실 인사 제도를 비난했다. 상원의원을 지냈으며 제20대 대통령이었던 제임스 A. 가필드(James A. Garfield, 1831~1881)는 직무 시간의 3분의 1을 관리를 해임하고 임명하는 데 허비하고 있으며, 자신이 '홍수'처럼 밀려오는 정실 인사의 희생자라고 생각했다. 그는 "맙소사! 이곳에 도대체 무엇이 있기에 다들 여기에 들어오려고 야단들일까?"라고 한탄했다.[39] 가필드 대통령이 암살자에게 치명적인 부상을 당한 이후, 대통령직을 이어받은 체스터 A. 아서(Chester A. Arthur, 1829~1886)는 직책을 구하는 사람들과의 면담을 일 주일에 3일 이상은 하지 않겠다고 말했다. 그로버 클리블랜드(Grover Cleveland, 1837~1908)는 대통령을 두 차례 지냈는데 연임이 아니었다. 이는 미국 역사상 단 한 번밖에 없던 일이다. 클리블랜드는 두 번째 대통령 취임사에서 "이 무섭고 저급한 공직 구하기 활동"과 "이권 쟁취를 위한 한심한 광기"를 비난했다. 그는 또한 이런 이권 추구를 하는 사람들에게 아예 워싱턴에 모습을 보이지 말라고 경고하기도 했다.[40] 그러나 마치 재계에서 두 기업이 한 업종을 양분하여 독점하는 것과 마찬가지로, 민주당과 공화당 두 정당이 정실 임용 제도를 운용하고 있었던 것은 엄연한 사실이다.

이런 경향에 반대하는 목소리는 곧 정당 내부에서 터져 나왔다. 가장 심각한 도전은 1880년대 초 공화당 내부의 반대자들에게서 나왔는데, 〈뉴욕 선(The New York Sun)〉은 이들에게 '머그웜프(Mugwump)'라는 이름을 붙여 주었다. 이들은 부유한 변호사, 은행가, 학자, 저술가 등으로 이루어진 작은 모임이었는데 엽관 제도에 밀려 공직 생활에서 배제된 사람들이었다. 이들은 지나간 시기의 공화주의 신사들과 닮은꼴이었으며 '부패'를 비난했다. 여기서 '부패'란, 더러운 돈을 윤활유로 사용하며 교양 없는 기회주의자들이 운영하는 정부를 가리켰다. 이런 불만 때문에 이들에게 '머그웜프'라는 별명이 붙은 것인데, 이 단어는 '중심 인물'을 뜻하는 오래된 은어였으며 '위대한

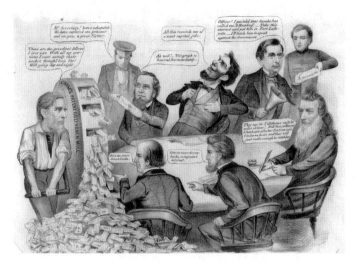

19세기 후반에 미국 사회에서는 돈과 정치가 결합하는 현상이 두드러졌다. 1864년에 그려진 이 풍자 만화도 그러한 내용을 담고 있다. 링컨 대통령이 측근 각료들과 함께 회의를 하고 있으며, (왼쪽에서) 재무장관 윌리엄 피트가 '달러 제조기'를 작동하고 있다.

인물'이라는 뜻의 알곤킨어*에서 온 단어였다. 자기 자신을 엽관 제도에 참여하기에는 너무 훌륭한 사람이라고 생각했던 그들에게 비아냥이 묻어나는 머그웜프라는 별명은 적절했다. 그들은 스스로 하층민과 어울리기에는 너무 수준 높은 교육을 받았고 정치의 더러움에 손을 담그기에는 너무 양심적인 사람들이라고 생각했다.

머그웜프가 클리블랜드의 대통령 당선에 도움이 되긴 했지만, 19세기의 가장 젊고 가장 활발한 이 대의 민주주의 국가 전체에 엽관 제도의 열기가 너무 급속도로 확산되었기 때문에 전반적인 경향을 18세기 유럽 궁정 정실주의로의 퇴보라고 규정하고 싶은 유혹도 느껴진다. 물론 주된 차이점은 있었다. 즉 19세기 미국에서는 영향력을 거래하는 장사치가 정당이었다는 점이다. 경우에 따라 정당들은 마치 한 국가 안에 존재하는 여러 복지 국가처럼 보였다. 또 다른 경우에 정당들은 마치 '링(ring)'이라는 카르텔을 통해서 정부 권력을 사고파는 대기업처럼 보이기도 했다.('링'은 도시에서 이권을 탐하는 정치인과 정당 관료의 연합체를 가리키는 명칭이었다. 예를 들어 필라델피아

알곤킨어(Algonquin) 북아메리카 대륙의 북서 지방에 살던 원주민이 사용한 언어.

에는 '가스 링Gas Ring'이라는 연합체가 있었는데, 이 조직은 시의 가스국을 중심으로 하여 수천 명의 고용주 역할을 했고 이와 동시에 예비선거와 후보자 지명 대회를 관리하며 각종 선거에서 승리를 추진하는 민주당 하부 조직의 역할을 했다.) 정당의 선거 승리는 당의 열성 지지자들에게는 곧 일자리, 공공사업 계약 체결, 특허권, 사업 허가권과 같은 의미였다. 육군의 동원 해제 이후 거대 고용주가 된 연방 우편 시스템(1896년 78,500개의 일자리가 있었다)은 여당이 좋아하는 대상이었다. 우편국장이 종종 당 기관지의 배포를 맡는 대행자 역할과 야당의 출판물 흐름을 차단하는 힘을 지닌 당 조직책 역할을 겸했기 때문이다. 즐겨 이용했던 또 다른 기관은 세관이었다. 연방 정부 수입의 절반 이상이 단 한 기관에서 나왔는데 바로 뉴욕 세관이었다. 뉴욕 세관은 전국에서 모여든 사람들을 고용했으며 미국 전체에서 가장 큰 민간 기업보다 5배나 많은 사업을 운영했다. 이 기관은 사실상 뉴욕 공화당의 고용 알선 기관 역할을 했으며, 수익성 좋은 돈벌이 판으로서 당 열성 지지자들에게는 직업과 수입을, 세관 관리의 주머니에는 뇌물을 공급했다.

세관이 상징하는 바는, 과거에 시민 사회의 기관이던 정당이 이제 국가와 일체가 되어버렸다는 사실이다. 19세기가 끝나 갈 무렵에 대중의 선거 참여가 미국 역사상 가장 높은 수준을 보인 이유는 정당의 이 같은 정실 제도 때문이라고 설명할 수 있다. 훗날 정당의 당원이 감소하고 정당에 대한 지지자들의 애착이 줄어든 경향을 개탄할 때 이 점을 기억해야 할 것이다. 1876년부터 1896년 사이에 치러진 여섯 차례의 대통령 선거에는 유권자의 평균 78.5퍼센트가 투표에 참여했으며, 중간 선거에도 63퍼센트에 가까운 유권자가 투표했다. 이는 인상적인 수치였으며, 양당 체제가 잘 균형 잡혀 있다는 인식과 더불어 투표 행위가 실제로 효과를 낸다는 인식이 시민들 사이에 스며든 결과였다. 1872년부터 1912년까지 공화당이 대통령직을 독점했으며 오직 그로버 클리블랜드가 1884년과 1892년에 그 독점을 잠시 깼을 뿐이다. 하지만 민주당도 공직에서 상당한 몫을 차지했다. 위의 기간 동안, 민주당은 열 번의 하원 선거에서 일곱 번이나 상당한 의석 차이로 다수당의 위치를 지켰다. 이런 치열한 경쟁이 유권자들의 흥미를 자극했고 이는 곧 투표율을 높이는 효과로 이어졌다. 선거 운동 기간에는 모든 활동이 일시적으로 중지되었다. 모든 사람이 마치 문법적으로 조건법 속에 살고 있는 듯했다. 선거 결과를 알지 못했으며 유권자들이 어떻게 투표하는가가 결과에 영향을 끼칠 수 있다는 점만 알았기 때문이다. 앞날을 예측할 수 없는 정치는 민주화라는 효과를 불러왔다. 한편 더러운 이권 역시 유권자들을 끌어당기는 데 큰 역할을 했다. 또한 '정당 머신'의 등장 역시 그런 역할을 했다. 그런 정당 머신을 운영하던 당 보스(party boss)들은 먹고 마시고 잠을 자는 동안에도 정치만을 생각하는 사람들이었다.

'머신' 정치

공화당과 민주당은 ('할당금' 혹은 '자발적 기부금'이라고 부르던) 반강제적 세금으로 재정을 충당했는데 공직 후보자들과 당의 이권을 얻어내는 행운을 얻은 수혜자들에게서 징수했다. 당의 공직 후보로 나가고자 계획한 사람은 후보자 명부에 이름을 올리기 위해 상당한 돈을 지불했다. 당시 기록을 살펴보면, 판사직 후보자는 약 1만 달러, 상원의원과 하원의원은 약 20,300달러, 시 의원직은 12,180달러를 지불할 것으로 기대되었다고 한다.[41] 한편 당 조직은 수혜자와 지지자들에게 '할당금'을 거두었다. 이런 징수는 겉보기에는 '자발적'이었지만 실제로는 주인이 하인에게 내리는 지시와 같았다. '머신(machine)' 정치는 다음과 같은 방식으로 작동했다. 당 위원회는 전업 당 활동가들—여기에는 '행동대원'이나 '해결사' 같은 역할을 하는 사람도 포함되었다.—의 도움을 받아 할당금 통지서를 각 우체국장과 연방 판사, 연방 혹은 주 혹은 시(市)의 사업체, 세관, 국세청 같은 기관에서 일하는 단순 노동자들을 비롯하여 그 밖의 사람들에게 발송한다. 손으로 일일이 작성한 이 서신에는 납부 요청 금액이 정확하게 기록되어 있었다. 보통은 급료의 3퍼센트였다. 만일 돈을 내지 않으면 후속 서신이 발송된다. 식당, 가정, 일터에 우락부락하게 생긴 당 활동가들이 불쑥 찾아오는 일도 있었다.

이런 부담금은 사실상 강제적 세금이었으며 이 돈으로 당 '머신'에 윤활유를 치는 대량의 자금을 마련했던 것이다. 정당은 대규모 고용주였다. 1880년대 뉴욕에서만 민주당이 고용한 전업 현장 활동가가 3,200명이 넘었으며 이들은 각 선거구에서 당 업무를 수행했다. 펜실베이니아의 공화당 조직은 자신이 보유한 2만 명의 정규 활동가들 덕분에 펜실베이니아 주에 있는 대부분의 민영 철도 회사들보다 더 큰 고용주가 되었다고 자랑했다. 선거 기간 동안에 두 당은 선거 입회인이나 사무원에게는 일당을, 선거 운동원들에게는 일시불로 보수를 지급했다. 선거와 선거 사이 기간에는 일반적으로 주(州)의 당 보스(boss)와 하위 지역 보스들, 카운티(county) 당 의장과 의원들로 구성된 정당 간부 모임을 통해 당의 재정을 충당하고 유통시켰다. 이렇게 조성된 자금은 당의 보스들이 조직하는 다양한 형태의 '포크 배럴'*을 통하여 각 지역의 지지를 끌어내는 데 사용되었다. 러시아의 정치학자이며 정당 연구자였던 모이세이 오스트로고르스키(Moisei Ostrogorski, 1854~1919)는 1896년 미국을 방문한 다음, 미국의 정당 활동가들이 마치 봉건 영주와 자본주의적 고용주, 현대 기독교 선교사가 묘하게 합쳐진 것 같은 존재라는 점을 설명하려고 했다. 지역 말단 활동가, 선거구 책임자, 카운티 의장, 주 의회 의원, 연방 하원의원과 주의 정당 보스의 모습을 인상 깊게 묘사한 그의 글을 주목해보자. "그는 이쪽 사람에게 1달러를 꿔주는가 하면, 저쪽 사람에게는 공짜로 철도 표를 얻어낸다. 한겨울에는 석탄을 나누어주는가 하면, 다른 종류의 물건을 선물하기도 한다. 이따금 그는 크리스마스에 맞추어 가금류를 보내오기도 하며, 아픈 사람을 위해 약을 사주기도 한다. 또한 죽은 이를 장사 지낼 때 필요한 관을 외상 또는 반값으로 구입할 수 있게 도와준다. 그런 위치에 있는 덕분에 그는 친절한 마음을 지니고 있으며, 그의 위치는 그가 친절을 베풀 필요가 있을 때 그 필요를 충족시킬 수단을 제공한다. 그가 나누어주는 돈은 '머신'의 금고에서 나온다. 머신이 그 돈을 구하는 방법은 몹시 수상하다. …… 그러나 아무런 상관이 없다. 이 돈으로 그는 술집에서도 넉넉하게 인심을 쓴다. 그가 술집에 들어서는 순간 그의 친구들뿐 아니라 별로 친하지 않은 사람들까지 순식간에 그의 곁에 모여든다. 그는 모든 사람을 대접한다. 사람들을 위해 그는 한 잔씩 돌리고 또 돌린다. 여기서 술을 마시지 않는 사람은 그 사람 단 한 명뿐이다. 그는 지금

포크 배럴(pork barrel) 특정 지역구를 위한 선심성 사업 또는 정치 자금 후원자를 위한 낭비성 사업을 가리키며, 돼지(pork)의 여물통(barrel)이라는 뜻이다.

업무 수행 중이기 때문이다."[42]

정당 '보스(boss)'—지금은 그들을 기억하는 사람들이 별로 없지만, 예를 들어 캘리포니아의 조지 허스트(George Hearst), 뉴욕의 톰 플랫(Tom Platt), 펜실베이니아의 맷 키(Matt Quay) 등이 있었다.—는 새로운 유형의 정치 동물이었다. 주인이나 고용주, 상사에 대한 존경을 표현하는 단어로 네덜란드어 '바스(bass)'가 뉴욕에서 널리 쓰였는데, 이 '바스'에서 나온 단어가 '보스(boss)'였다. '보스'는 자신이 민주주의자임을 공언했다. 하지만 한편으로 '보스'는 사람들을 교묘하고 거칠게 조종하는 인물로서, 잠을 자지 않고 일할 정도로 끈질기고 다양한 속임수를 쓰는 기만적인 사람이었다. '보스'는 존경을 받기도 했지만 동시에 두려움의 대상이기도 했다. 그것은 그가 엄청나게 고집스럽고 영리하며 큼직한 지갑을 가지고 있었기 때문이다. 조직의 규모가 점점 더 커져 가던 그 시대에, '보스'는 마치 선거라는 전쟁터에서 군대를 지휘하는 장군과 비슷한 역할을 수행했다. 선거 때가 되면 정당들은 공공연하게 서로 충돌했는데 이때 이들은 총 대신 떠들썩한 선전 활동을, 총알 대신 종이로 만든 돌, 즉 투표지를 사용했다. 미국에서 선거 운동은 대단한 볼거리였는데, 이는 쥘 베른(Jules Verne)의 소설 《80일간의 세계일주》의 주인공이 샌프란시스코에 도착한 직후 발견한 장면이었다. 주인공인 필리어스 포그는 선거 운동 집회에서 몽둥이와 지팡이가 날아다니는 패싸움을 보았다. 그것이 무엇인가 궁금해하는 그에게, 호텔 직원은 맨디보이와 캐머필드라는 사람이 후보자로 나왔고 이들의 연설을 듣기 위한 평범한 집회였다고 설명한다. "대통령 선거인가 보군요?"라고 포그가 묻자, 그 직원은 "아뇨, 이 지역의 치안판사* 선거예요."라고 답한다.[43]

미국의 정당 '머신'은 다툼이 특기였다. 그들은 투쟁 '머신'이었다. 선거 운동은 엄청나게 시끄러운 소동이었으며 당시 사람들은 "정치는 애들이 가지고 노는 장난감이 아니다."라고 이야기했다. 열기가 엄청나게 치솟았으며, 각 당의 후보자들과 그들이 지휘하는 '머신'이 승리를 다투는 사이, 이 민주주의 사회 전체는 마치 활활 타오르는 불꽃 같은 모습이 되었다. 후보자들

─────────

치안판사(justice of peace) 말단 행정 단위에서 사법과 행정 업무를 담당하는 직책으로, 지역에 따라 선거로 선출하거나 행정 책임자가 임명한다.

은 유권자들에게 깊은 인상을 주려고 안간힘을 썼다. 모든 사람에게 1달러씩 나누어주기도 했고, 몇 잔의 술을 돌리기도 했으며, 볼 만한 구경거리를 다른 후보보다 더 크고 화려하게 제공하려고 했다. 그런 구경거리로는 여러 클럽을 동원하고, 길모퉁이에서 연설회를 열고, 집을 화려한 조명으로 장식하고, 횃불 행진을 조직하고, 공중으로 10미터 20미터나 올라가는 '자유의 기둥(liberty pole)'을 세우는 일 따위가 있었다. 선거 전술이 군사적 뉘앙스를 띠는 경우도 이따금 있었고, 정당 간에 벌어진 작은 전투는 외부인이 볼 때는 마치 남북전쟁을 고상하게 순화된 형태로 다시 치르는 듯한 느낌까지 들 수 있었다. 그때까지만 해도 남북전쟁에 대한 기억이 여전히 사람들의 머릿속에 또렷하게 남아 있었다. 분할 투표*를 하는 유권자와 부동층 유권자를 마치 애국심을 저버린 사람인 양 비난하는 풍조가 널리 퍼졌다. 호전적인 선거 운동 노래와 전쟁 때 사용하던 전투 구호가 쓰였고, 당 집회에 남북전쟁 시기의 북부군 참전 용사 조직인 '북군 육해군 군인회(GAR)' 회원이 가슴에 훈장을 달고 나오거나 '남부 연방군' 출신의 턱수염이 덥수룩한 대령들이 나와서 연설을 하는 경우도 있었다.

정당에서 내놓는 정치적 수사(rhetoric)가 마치 교회에서 하는 '예배의 선언'과 닮은 경우도 종종 있었다. 그런 예로는 1896년 대통령 선거 기간 중에 공화당의 윌리엄 매킨리(William McKinley)가 '정직하게 벌어들이는 달러'와 '풍성한 저녁 식사 도시락'에 대해 말한 설교조 연설을 들 수 있다. 당시 매킨리는 자신의 지역인 오하이오 주 캔턴에서 자신을 찾아온 유권자들을 맞았다. 그는 건물 현관에 서서 흰 말뚝 울타리를 내려다보면서 그 울타리 너머에 운집한, 약 75만 명으로 추산되는 어마어마한 청중을 상대로 연설했다. 이 청중은 9천 량의 열차 객차로 이곳에 왔으며 그 비용은 공화당이 지불했다. 하지만 보통의 경우에는 좀 더 소박한 방식이 주로 사용되었다. 당시 애용된 신기한 선거 운동 방식으로 '트럭 꽁무니 선거 운동'이 있었

분할 투표(ticket splitting) 선거에서 유권자에게 여러 개의 투표권이 주어지는 경우에 유권자가 한 정당 소속 후보가 아닌 여러 정당 후보들에게 나누어 투표하는 것을 말한다. 예를 들어, 한국에서는 총선에서 지역구 후보와 비례대표 후보를 각기 다른 정당 출신으로 선택하는 경우가 여기에 해당한다.

다. 가스 계량기 검침원이었으며 '단일 토지세'를 옹호하던 헨리 조지(Henry George)가 1886년 뉴욕 시장에 출마했을 때(결국 그는 낙선했다) 이 방식을 사용했다. 당시 어떤 사람은 이렇게 묘사했다. "보통 이렇게 한다. 우선 어느 거리 한 모퉁이를 지정하여 집회가 있을 것이라고 선전한다. 그 집회 시간 직전이 되면 트럭이 한 대 도착하고 그 '꽁무니'에 연설자들이 한 사람씩 올라서서 모여든 군중에게 연설을 한다."[44] 즐겨 사용된 또 다른 방식으로는 취주악단이나 선거 운동원들이 각종 장식을 하고 거리를 가득 메우며 행진하는 방식이 있었다. 여기저기 순회하면서 공연하는 합창단(glee club)도 인기가 있었다. 이런 합창단은 원래 18세기 영국에서 처음 등장했는데 이를 미국식으로 바꾼 것이었다. 합창단들은 많은 관중을 끌어모으고 그들을 즐겁게 해주는 데 효과적인 것으로 여겨졌다. 1896년 대통령 선거 운동 때 인디애나 주의 설리번 카운티에서는 공화당 합창단을 태운 여섯 마리 말이 끄는 엄청나게 커다란 마차가 등장했다. 이 마차에는 지붕과 커튼이 있었고 마부 바로 뒤에는 작은 오르간까지 올려져 있었으며, 각종 깃발을 세우고도 마흔 명의 합창단이 앉을 수 있는 의자까지 있었다. 합창단은 이 거대한 마차를 타고 이리저리 돌아다니면서 공연을 했는데, 당시 윌리엄 매킨리의 선거 운동 구호를 다시 한 번 확실하게 강조하듯이 마차에는 갖가지 음식이 가득한 도시락이 수북하게 실려 있었다.[45]

인민주의의 등장

정당들이 벌이는 이런 소란은 이 과정에서 배제된 사람들의 노여움과 야유를 불러일으켰는데, 이는 충분히 이해할 만한 반응이었다. 특히 여성들이 그러했는데 그들은, 다른 이유도 있었지만, 신뢰할 만할 정도로 '이성적'이지 않다는 이유로 배제되었다. "지나치게 흥분할 필요는 없다. 그것은 그저 애국적 충성심이며 원칙에 대해 남자답게 그리고 멋지게 헌신한다는 것일 뿐이다." 여성 참정권 운동의 위대한 연설가였던 애나 하워드 쇼(Anna Howard Shaw, 1847~1919)가 볼티모어에서 열린 민주당 전당 대회에서 새벽 5시까지 남자들이 박수치고 환호하며 노래를 불러대고 모자를 공중에 집어

던지며 소란을 피우는 모습을 보고 조롱하듯 한 말이다.[46] 감리교에서 최초의 여성 목사가 됨으로써 미국 역사에 새로운 장을 열었던 이 여성이, 전원 남성으로 이루어진 정당 보스 체제를 공격하는 것은 충분히 예견할 수 있는 일이었지만, 그녀의 말에서 우리는 또 다른 핵심을 확인할 수 있다. 즉 정당들이 숨겨주고 있는 남성의 위선적 태도가 실제로 여성들에게 정치적 브레이크 역할을 하고 있다는 사실이었다. 같은 역할을 하던 것이 또 하나 있었는데, 그것은 정당에 관한 미국의 실험이라는 동맥에 생긴 또 다른 폐색증 증상이었다. 바로 이 정당들의 '머신'과 그 '머신'을 운용하는 보스들에게 공공을 상대로 설명할 책임이 전혀 없었다는 점이다.

여기에 문제가 있었다. 정당 간 경쟁에 의한 정치는 대의 민주주의 역사에서 과감한 시도였다. 이 실험이 잠재적으로 보장하는 것은, 선거가 정복 행동으로 타락하지 않을 수 있다는 점, 그리고 승리자들이 패배자들에게도 어느 정도는 지지를 호소해야 하기 때문에 자제력을 발휘할 수 있다는 점이었다. 19세기를 거치면서 미국에 존재했던 여러 정파의 민주주의자들은 다음 한 가지 점에 동의했다. 즉 정당이 존재하지 않는 민주주의는 그 말 자체로 모순이므로 그들은 정당 정치가 "하나의 정파가 다른 정파를 억누르는 또 다른 형태의 폭정"이라고 한 조지 워싱턴의 견해를 무시했다.[47]

사실 대의 민주주의는 정당을 빼놓고는 생각할 수 없었다. 하지만 이제 민주주의의 역사에 새로운 상상이 필요한 때가 왔다. 19세기를 살던 미국인 가운데 점점 더 많은 사람들이 정당에 깊은 실망감을 느끼고 있었기 때문이다. 1880년대가 되면 많은 시민이 새로운 현상을 보게 되는데 그것은 '좀 더 부드러운' 독재였다. 선출되지 않은 정당의 보스들이 '국민'의 이름을 내걸고 정당 위에 군림했는데, 이들은 편안한 공직을 나누어주는 일과, 후보자와 지지자 양측에게서 돈을 뜯어내고 지지를 강요하는 기술이 특출했다. 지금에 와서 돌이켜볼 때, 이런 부드러운 정당 독재가 민주주의에 위협이 되었다는 것은 명백하다. 또 하나의 명백한 사실은 이것이 훗날 20세기에 등장한, '단단한' 정당 독재의 가까운 사촌이라는 사실이다. 20세기의 강성 정당 독재는 돈, 정실 인사, 계략만이 아니라 주먹과 테러와 전체주의적 프로파간다를 활용하여 러시아, 이탈리아, 독일 같은 서로 너무나도 다른 나라들을 지배한다. 19세기 말의 미국판 정당 지배는 물론 훨씬 더 큰 변화 가능성을 품고 있었다. 당시의 정당 지배는 그 외양이 좀 더 아름다웠으며, 궁극적으로 유권자에게 퇴출 여부 판정을 받았다. 하지만 보스 체제는 여전히 위험스럽게 반(反)민주주의적 독물을 생산하고 있었다. 바로 이런 이유 때문에 20세기에 들어서자 수백만의 미국인이 행동에 나서 공화국의 건강을 지키기로 결정했던 것이다.

포크 배럴의 관행에서 독성을 뽑아내는 것이 시급한 일임을 극적으로 확인해준 것은, 1881년 워싱턴의 기차역에서 당시 대통령이던 제임스 가필드가 최근 해고당하여 분노에 찬 정부 관리 한 사람에게 암살당한 사건이었다. 무엇인가 조치를 취해야 하며, 우선 한직을 배분해주는 부패한 시스템부터 없애야 한다는 여론이 크게 일어났다. 구체적인 대응책으로는 공무원 제도 개혁이 있었는데 이는 엄격한 전문성 기준을 도입하여 정당 '머신'이 지닌 정부 장악력을 분쇄하는 것이었다.

'펜들턴 공무원법'(1883년)에 따라 독립적인 공무원 인사 위원회가 설치되었으며 위원회의 임무는 연방 공직을 체계적으로 분류하며 임용 시험을 관리하는 것이었다. 이런 정화 작업은 개혁 성향인 그로버 클리블랜드가 대통령에 오른 2년 뒤부터 더욱 강화되었다. 일찍이 그는 뉴욕의 버펄로에서 시장을 지내며 '거부권 시장(Veto Mayor)'이라는 별명을 얻었다. 당시에 그는 시 정부 사무실을 일찍(오후 4시) 닫는 관행을 없애고, 시의 하수도와 거리 청소 용역에서 부정한 계약을 철폐했다. 그는 "이 무섭고 저급한 공직 구하기 활동"을 비난했다. 그는 펜들턴 법이 적용되는 공직의 숫자를 두 배로 늘렸는데, 그러면서도 정당의 보스 시스템을 "분명하게 말하건대 하나의 불쾌한 필요"라고 인정했다.[48] 이 발언을 통해 우리는 '공적 문제에 사업 원리를 적용한다'는 원칙에 근거한 클리블랜드의 개혁 작업과, 펜들턴 법이 장기적으로는 모순된 결과를 불러왔다는 점을 명확히 이해할 수 있다. 1900년이 되면 채용 과정에서 과거보다 좀 더 엄격한 전문성 기준을 적용하도록 정해진 공직의 숫자가 10만 개에 이르렀다. 따라서 정당에 대한 기부금 납부를 강요할 수 있는 공직 보유자의 수가 감소했고, 정당들은 자금을 구하기 위해 다른 방도를 모색해야 하는 상황이 되었다. 결국 정당들은 록펠러, 제이

굴드(Jay Gould), 레비 모턴(Levi Morton), 헨리 B. 페인(Henry B. Payne) 같은 대기업의 부호들에게 바싹 다가갈 수밖에 없었던 것이다.

이런 모순은 모두의 눈에 명확하게 보였으므로, 많은 관찰자가 민주주의와 달리, 그리고 대정당과 대기업의 치명적인 결합이 정부 제도 전체에 비민주적 영향을 끼치고 있다는 점을 지적했다. 민주주의 역사가이며 워싱턴 주재 영국 대사를 지낸 제임스 브라이스는 1884년에 민주당 클리블랜드 후보와 공화당 제임스 G. 블레인(James G. Blaine)이 대통령 선거에서 경쟁하는 모습을 직접 볼 기회가 있었다. 그는 양측이 서로 너무나 비슷해지고 있다는 사실에 깜짝 놀랐다. "두 정당 모두 아무런 원칙도 없으며 뚜렷한 정책 신조도 없다. 그런데도 둘 다 나름대로 경향성을 지니고 있다고 주장한다. …… 모든 것이 사라졌다. 오직 남은 것은 공직 혹은 그것을 잡을 수 있다는 희망뿐이다." 수십 년 동안 많은 시민들은, 공화당원들은 정부가 적극적이며 돈을 잘 쓰기를 기대하고 민주당원들은 정부가 소극적이며 돈을 아껴 쓰기를 희망한다고 말해 왔다.(당시 그로버 클리블랜드는 "국민은 정부를 지탱해주지만, 정부는 국민을 지탱해주어서는 안 된다."라는 유명한 말을 했다.) 하지만 상황을 좀 더 명확하게 파악했던 것은 국외자인 브라이스였다. 선거 운동 배지를 자랑스럽게 가슴에 달고 선거인 명부를 손에 들고 시가를 피우는 사람들이 정당의 권력을 독점하고 있었으며, 이들은 바닥이 있는지 모를 정도로 깊은 '포크 배럴'에서 선물을 꺼내 나누어주었다. 이때 단순히 사람들을 먹여 살려준 것만은 아니었다. 정당의 권력은 정치는 썩어빠진 비즈니스라는 인상을 더 강하게 만들어주었다. 사람들이 보기에 성공하려면 계단을 올라 '항상 열려 있음'이라는 안내문이 붙은 숨겨진 뒷방의 당 본부에 가는 것이 가장 빠른 길이었다. "맞습니다. 우리 중 많은 사람이 정치를 통해 부자가 되었습니다. 나도 그렇습니다. 나는 이 게임에서 큰 재산을 만들어냈고 하루하루 더 부자가 되고 있습니다." 조지 워싱턴 플런킷이 했던 말이다. 하지만 아래쪽에서는 그렇게 보지 않았다는 것이, 새롭게 창설된 오리건 주의 '농민동맹(Farmers' Alliance)'이나 '산업조합(Industrial Union)'이 초기에 발표한 성명서에 분명하게 나타나 있다. "트러스트*와 대기업의 힘은 이제 참기 힘든 폭정이 되고 말았다."라고 이 단체 구성원들은 선언했으며, 이런 말을 서둘러 덧붙였다. 대기업들이 "공공의 영역을 거의 다 침범했으며 부패 때문에 이제 우리의 선거는 몰염치한 웃음거리에 지나지 않게 되었다."[49]

목적을 위해 수단과 방법을 가리지 않는 후보자들과 대기업을 위해서 장사하는 부유한 판매원처럼 행동하는 직업적 정당 보스들의 이미지 때문에 우려한 사람은 오리건의 농민들과 노동 운동가들뿐만이 아니었다. 수백만의 다른 미국인들도 마찬가지로 걱정했다. 이 젊은 민주주의 체제는 변화가 필요했으며 실제로 곧 변화가 생겼다. 이는 자기 정화 과정이었다. 이 과정은 훗날 많은 나라에서 반복되었으며 그 결과 다양한 효과가 나타났다. 미국이라는 젊은 대의 민주주의 국가에서 '국민'의 이름으로 대의 제도 자체에 반발하는 움직임이 처음으로 나타났던 것이다.

정당 바깥에서, 시민 사회의 변두리 집단들 안에서 나타난 다양한 움직임들이 앞으로 일어날 사태를 짐작하게 해주었다. 급속한 공업화와 곡물 가격 하락, 신용 공여의 반복되는 추락에 고통받던 농민들이 비명을 질렀다. 소도시에 사는 미국인들은 기독교 사회의 몰락을 느끼고 몹시 불안해했다. 산업 노동자들은 자신들의 직장과 급료를 보호하며 노동 시간을 줄이려는 목적에서, 스스로를 조직할 수 있는 권리를 얻기 위해 투쟁했다. 참정권 제한을 두고 특히 여성과 흑인, 그리고 대부분의 가난한 사람들 사이에서 불만이 퍼졌다. 그리하여 1880년대에 처음으로 '새로운 정치'에 대한 요구가 나오기 시작했다. 이때 나온 다양한 목소리들에는 헨리 조지의 토지 단일세 주장의 지지자들이 있었고, 사회주의 유토피아에 대해 에드워드 벨러미(Edward Bellamy)가 쓴 베스트셀러 《뒤를 돌아보며》(1888년)의 독자들이 있었으며, '사회 복음주의(the Social Gospel)'를 통하여 기독교 협동조합 운동에 참여한 사람들이 있었다. 이들은 비록 전술과 전망에서 서로 큰 차이가 있기는 했으나, 거대한 정치체 안에서 힘없는 사람들이 처한 운명에 애태웠다는 점에서는 모두 같았다. 이 정치체는 도시 자본과 정당이 지배하는 정부에 기반을 둔 독점 기업들에 마음대로 활동할 수 있는 자유를 주었다.

트러스트(trust) 같은 업종의 기업이 경쟁을 피하고 훨씬 더 많은 이익을 얻기 위해 자본의 결합을 축으로 한 독점적 기업 결합.

이 분노의 용광로에서 솟아오른 것이 바로 '인민주의'*였다. 1890년이 되면 초당파적인 인민주의 운동이 전체 정치 시스템을 뒤흔들기 시작한다. 1892년 대통령 선거에서 인민주의 세력이 결집한 '인민당' 후보로 나선 사람은 제임스 위버(James Weaver, 1833~1912)였다. 그는 가난한 농부 출신이며 노예제 폐지 운동 경력이 있었고 남북전쟁 때 장군을 지낸 사람이었다. 위버는 소득 수준에 따라 세율이 달라지는 누진 소득세, 하루 8시간 노동, 남부의 흑인과 시민 사이의 연대를 주장했다. 그는 견고한 신앙인들에게 마치 기도하는 마음으로 투표에 임할 것을 촉구했고, 그 결과 1백만이 넘는 표를 얻었다. 열한 명의 인민당 후보가 연방 하원의원에 당선되어 워싱턴으로 갔으며, 세 군데 주(콜로라도, 캔자스, 노스다코타)에서 주지사가 배출되었다.

인민주의 지지자들은 계급의 경계선을 넘나들었으며 사회적으로도 혼합되어 있었다. 인민주의는 다양한 신념과 이상을 망라한 정치 활동이었다. 흑인과 백인을 막론한 극빈층 농민들, 곤경에 빠진 지역의 상인들, 소도시의 편집자들과 광부들, 턱수염이 덥수룩하고 넓은 챙이 달린 모자를 썼으며, 이민자들에게 강한 혐오감을 내보이던 카우보이와 소를 사육하는 목장주들이 이 운동을 지지했다. 인민주의 운동의 연단에서는 특히 여성들이 돋보였는데, 그들은 강력한 존재감을 드러냈다. 이 여성들 중에는 '금권(Money Power)'과 '독점'을 반대하는 연설자들이 있었고, 서부에서 밀주 제조와 월스트리트를 없애버리려고 작정한 강경 금주 운동가들이 있었으며, 시민의 참여가 사라진 것과 미국의 쇠퇴를 연결해 큰 영향력을 발휘한《일곱 개의 금융 음모》의 저자 세라 에머리(Sarah Emery) 같은 작가들이 있었다. 인민주의 운동가들은 자신들이 사악한 경향들과 싸우는 사람들이라고

인민주의(populism) 민중, 대중, 인민을 가리키는 라틴어 '포풀루스(populus)'에서 유래한 말로서, 대중주의, 민중주의라고도 한다. 일반적으로 대중의 견해와 바람을 대변하고자 하는 정치 사상과 정치 활동을 가리키며, 소수 엘리트가 다수의 대중을 지배하는 엘리트주의에 상대되는 개념으로 여겨진다. 미국에서 인민주의 운동은 19세기 후반에 중서부와 남부 지역에서, 일부 대기업과 금융기관이 부를 독점하는 현실을 비판하고 농업 개혁을 주장하던 농민들을 중심으로 하여 일어났다. 1880년대에 이들은 전국적인 정치 조직을 결성하는 방향으로 나아갔으며 그 결과 인민당(People's Party, Populists' Party)이 탄생했다. 1892년 7월에 네브래스카 주 오마하에서 1,300여 명의 농민 대표들이 모여 창당을 선언하고 대통령과 부통령 후보를 지명했다. 인민당은 1892년에서 1896년까지 미국 정치계에서 주요 좌파 정당이었으나 1896년에 대부분 민주당으로 흡수되었다. 일부가 남아서 1908년까지 '인민당'의 이름을 유지했다.

생각했다. 이들은 기독교적인 구원을 암시하면서 힘없는 서민에게 굴욕감을 주는 정치를 중단하라고 요구했다. 이들의 목적은 토머스 제퍼슨, 에드워드 벨러미, 신약 성경 같은 다양한 원천에서 영감을 찾는 정치의 부활을 통해, 수백만의 미국인에게 희망을 주는 것이었다. 이들이 던지는 메시지는 그 스타일은 조악했으나 효과는 탁월했다. 인민주의 운동가들의 역사 인식은 다소 빈약했지만 어쨌든 이들이 권력에 대해 하는 말은 당시 권력자들을 걱정시키기에 충분했다. 1892년 오마하에서 개최된 인민당 전국 대회는 다음과 같이 선언했다. "우리는 보통 사람들의 손에 공화국 정부를 되돌려줄 것을 추구한다. 이들이 바로 공화국의 원천이다." 대의원들은 또한 '금권'과 '정부의 불의'를 비난했으며, (마치 마르크스의 글이라도 읽은 것처럼) 이 나라가 두 개의 거대한 계급, 즉 '뜨내기 일꾼과 백만장자'로 분열되고 있다고 경고했다. 정치적 결백은 이제 덕성으로 여겨졌다. 권력 장악 — '우리나라가 명실상부한 자유인의 형제적 합중국이 되는 것' — 은 이제 하나의 필요성이 되었다.

혁신주의 운동

아침 첫 햇살이 비출 때 발사되는 산탄총의 울림처럼 인민주의가 등장하자, 커다란 정치적 동물들은 사방으로 도망쳤다. 인민주의는 1890년대 초반에 선거에서 승리를 얻어냈지만 인민주의 세력이 결집한 인민당은 제3당으로서 자금도, 후보도, 조직에 대한 노하우도 없었다. 결국 1896년 세인트루이스에서 열린 인민당 전국 대회에서 대의원 다수가 윌리엄 제닝스 브라이언(William Jennings Bryan)을 대통령 후보로 하는 이른바 '데모파프(Demopop)'를 지지하기로 결정한 것을 기점으로 하여 인민주의 운동은 분열되어 흐지부지되었다.* 민주당 후보로 나선 브라이언은 맹렬하게 선거 운

* 당시 민주당은 이미 브라이언을 대통령 후보로 선출해놓은 상태였으며, 인민주의 진영(인민당)은 자체적인 대통령 후보를 내놓을 것인가 아니면 민주당 후보인 브라이언을 후보로 인정하고 당선 가능성이 높은 쪽으로 표를 몰아줄 것인가 하는 두 가지 전략을 놓고 논란을 벌였다. 결국 민주당 후보인 브라이언을 지지하기로 결정했고 부통령 후보에 인민당 사람을 추가했다. 민주당과 인민당이 합쳐진 대통령-부통령 후보라 하여 '데모파프(Demopop)'라고 불렀다.

동을 했지만 대통령 선거에서 패배하고 말았다. 그러나 인민주의 정신은 미국의 정치 체제에 침투했다. 인민주의가 표방했던 '거대 자본'과 '거대 정당'에 대한 저항은 구식 정치를 상대로 한, 더 장기적인 도전으로 변모했으며, 결국 1900년 즈음이 되면 미국의 민주주의 정치 체제는 매우 모순적인 성격을 지닌 놀라운 현상이었던 혁신주의(Progressivism)에 의해 재구성된다.

거대 자본과 거대 정당에 맞선 저항은 여러 경향이 뒤섞인 불안정한 혼합체를 만들어냈다. 혁신주의 운동에 공감했던 당시 사람들은 이 운동을 여러 개혁이 서로 겹쳐진 혼합물이라고 묘사했다. 정치 부패에 대한 반대, 정부의 공적 책임 확대, 사회적·경제적 고통을 줄이기 위한 정부의 효율적 확대가 그런 개혁들이었다. 이들이 반대했던 것은 낭비, 무질서, 무능력이었다. 이들은 특권의 독점, 불법 리베이트, 뇌물에 대해 비난의 목소리를 높였다. 또 이들은 쓰레기로 가득한 거리에 빼곡하게 들어찬 다 무너져 가는 임대 공동주택과 쾌적한 녹지가 조성된 아름다운 거리에 자리 잡은 웅장한 대저택들이 만들어내는 불쾌한 대조에 역겨워했다. 이들은 정부—시 정부, 주 정부, 연방 정부—가 가난이 불러온 매춘과 알코올 중독에 종지부를 찍어주기를 기대했다. 이들은 정부가 계획적으로 개입해 공공의 이익을 지켜주기를 바랐다. 예를 들어, 높은 전차 요금을 인하하고 위생 상태를 개선하고 위험한 철도 건널목의 안전을 확보하는 일 따위였다. 한편 이들이 추구했던 두 방향 사이에는 심각한 갈등이 있었지만 그것을 알아차린 사람은 거의 없었다. 이들은 한 방향으로는 주권자 국민의 노력을 통해 시민 정신을 활성화하려 했지만, 다른 방향으로는 전문가들이 운영하는 능률적인 하향식 정부라는 정반대되는 원칙을 역설했다. 혁신주의는 결국 일관성이 결여된 것으로 판명되었다. 이는 마치 미국인들이 데모낙스와 플라톤이 제시하는, 혹은 토머스 페인과 알렉산더 해밀턴이 제시하는 서로 충돌하는 조언을 동시에 따르려 했던 것과 같다. 그 결과, 미국의 민주주의는 다시 한 번 미지의 영토로 가는 새로운 길을 개척해야만 했다. 당시 미국은 '계획 수립자(planner)'와 시민(citizen) 사이에서 발생한 심각한 긴장 관계와 씨름해야 했다. 이런 긴장 관계는 오늘날 존재하는 여러 민주 국가를 여전히 괴롭히고 시련에 들게 하고 있다.

당시 미국 혁신주의 운동은 실제로 어떤 모습이었을까? 혁신주의는 여러 얼굴을 가지고 있었다. 그 가운데 하나는 대략 1900년부터 1920년대 중반 사이에 드러났다. 혁신주의는 시민 사회 내부에 존재하는 불의를 해결하기 위해 부단히 애를 썼는데, 이는 대중의 정치 참여를 촉구하는 움직임의 전주곡이었다. 스스로 진보적이라고 생각하는 많은 이들은, 보스 지배와 부정부패를 해결하는 가장 좋은 방법이 시민 연합체를 결성하는 것이라고 확신했다. 다양한 종류의 시민 운동이 등장하여 시민 사회의 경계를 넓혔는데 특히 여성, 흑인, 도시 빈민을 포함하는 방향으로 나아갔다. 이들의 일상생활의 모습은 당시 미국 사회의 치부로 여겨졌다. 흑인 운동 지도자인 윌리엄 에드워드 B. 듀보이스(William Edward B. Du Bois, 1868~1963)는 저서《흑인의 영혼》(1903년)에서 정부가 사람들에게 인내를 요구하는 것과, 흑인 노동자들에게 육체노동자로서 기술을 단편적으로 향상시키는 데에만 치중하는 것을 비판했다. 듀보이스는 좀 더 근본적인 대책을 제안했다. 예를 들어, 교육 기회의 평등이라든가 일상에서 백인들의 편견을 제거하려는 노력 같은 방법이었다. 1909년 그는 흑인과 백인을 모두 포함한 다른 혁신주의자들과 함께 '전미흑인지위향상협회(National Association for the Advancement of Colored People)'를 창설하여, 인종 차별 철폐, 흑인의 참정권 획득과 시민적·정치적 자유권의 확장을 위해 오랜 (그리고 아직도 끝나지 않은) 운동을 시작했다.

진보적인 개혁가들 혹은 최소한 그들 가운데 일부는 여성의 권리 신장을 위한 결의를 밝혔다. 당시 여성 운동의 중심을 이루고 있던 사람들은 대부분 백인이며 중간 계급이었다. 고등 교육을 받은 여성의 수가 늘어났을 뿐만 아니라, 교직 같은 특정한 전문 직종과 자발적으로 생겨난 클럽과 조직 내부에 여성의 수가 급증하면서 여성 운동에 참여하는 여성들도 크게 늘어났다. 1910년이 되면 대학 취학 연령에 해당하는 미국인 가운데 실제 대학에 다니는 사람의 숫자가 5퍼센트에 이르렀으며 그 가운데 40퍼센트가 여성이었다. 이 가운데 활동적인 여성들은, 여성에 의해 그리고 여성을 위해 운영되는 자발적인 봉사 네트워크인 '여성클럽총연합회'에 가담했다. 또한 1899년에 창설된 '전국소비자연맹'이 있었으며, 여성을 노동조합에 가입하도록 하고 여성의 노동 시간 단축을 위해 앞장서서 노력하던 '여성노동조합연맹'(1903년 창설)도 있었다. 많은 진보 운동 조직의 여성들은 헨리 조지가 쓴 《진보와 빈곤》(1879년) ─ 이 책은 3백만 부 이상이 빠른 속도로 팔려 나갔다. ─과 여성 운동가 샬럿 퍼킨스 길먼(Charlotte Perkins Gilman, 1860~1935)이 쓴 《여성과 경제학》(1898년)을 읽었다. 또한 개혁가들은 시민운동가 플로렌스 켈리(Florence Kelley, 1859~1932) 주위로 몰려들었다. 그녀는 '전국 소비자연맹'의 창설자이자 일리노이 주가 임명한 최초의 공장 감독관이었고, 고용주의 착취에서 아동을 보호하는 노동법을 제정하기 위해 노력했다. 또 다른 여성들은 산아 제한 정책 분야에서 노력했다. 이런 노력에 매우 넓은 범위의 여성들이 지지를 보냈다. 리투아니아 출신의 에마 골드먼(Emma Goldman, 1869~1940)에서부터 여성 운동가 마거릿 생어(Margaret Sanger, 1879~1966)와 법률가이자 페미니스트였던 사회주의자 크리스텔 이스트먼(Crystal Eastman, 1881~1928)이 이 운동을 지지했는데, 이들은 피임 정보와 피임 기구의 보급을 가로막고 있던 외설물 금지법을 강력하게 반대하는 데 뜻을 같이했다.

새로운 페미니즘의 또 다른 상징은, 종교적 열정을 지닌 젊은 중간 계급 독신자 여성들이 대거 참여한 '세틀먼트 하우스(Settlement House) 운동'이었다. 유명한 런던의 토인비 홀(Toynbee Hall)에서 힌트를 얻은 이 운동은 도시 빈민의 자립을 지향했다. 세틀먼트 하우스 운동의 선구적 인물인 노벨 평화상 수상자 제인 애덤스(Jane Adams, 1860~1953)가 시카고 빈민가 중심에 있는 낡은 저택 헐하우스(Hull House)에서 이 운동의 시범을 보였다. 1895년이 되면 이런 시설이 쉰 곳이 넘게 운영되면서, 불평등으로 일그러진 미국의 비참한 현실과 극명한 대조를 이루는 새로운 사회 질서의 모델이자 사회적 실험실로 여겨졌다.

이 운동의 지지자들은 통계를 수집하고 직접 관찰이라는 방법을 활용해 자신들의 목적을 널리 알렸으며, '머크레이커(muckraker)*'라고 불리는 새로운 유형의 저널리스트들에게 도움을 받았다. 링컨 스테펀스(Lincoln Steffens), 아이다 타벨(Ida Tarbell), 제이컵 리스(Jacob Riis) 같은 저술가들은 자신들을 동시대 미국의 현실을 알고 싶어 하는 대중을 위해 글을 쓰는 공

탐사 보도에서 새로운 지평을 열었다고 평가받는 미국의 저널리스트 넬리 블라이.

적 기자라고 규정했다. 별명의 의미에 충실하듯 이들은 사적인 영역이 신성 불가침하다고는 전혀 인정하지 않았다. 그들은, 언제 어디서나 '공공의 이해 관계'가 걸린 경우라면 사적인 영역도 공개되어야 마땅하다고 생각했다. 이 목적을 달성하기 위해 이들은 인터뷰 같은 새로운 탐사 기법을 활용했다. 이들은 빗발치는 항의 속에서도(이들은 종종 주제 넘게 나선다거나 쓸데없이 남의 일에 참견한다는 비난을 받았다), 광고 산업이 발달하고 더 저렴하게 출판물을 대량 생산하고 배포할 수 있게 되면서 신문, 잡지, 서적을 광범위하게 유통할 수 있다는 점을 활용했다. 이들은 길고 자세한 기사를 쓰거나 아예 책을 한 권 써서 정부의 부정부패와 낭비, 기업들의 사기 행각, 비참한 사회상과 관련하여 세상을 떠들썩하게 하는 폭로의 글을 발표하곤 했다. 펜실베이니아 태생의 신문 기자 넬리 블라이(Nellie Bly, 1864~1922)는 용감하지만 위험한 행동을 했다. 그녀는 정신질환자인 것처럼 가장하고 여성 정신병

머크레이커 오늘날 '머크레이커(muck-raker)'의 사전상 의미는 '추문 폭로자'이다. 머크(muck)는 더러운 흙이나 오물, 분뇨를 뜻하고 레이커(raker)는 갈퀴를 가리킨다. 즉 '머크레이커'는 '거름을 긁어내는 갈퀴를 든 사람'이라는 뜻이다. 이 단어가 '추문 폭로자'를 가리키게 된 것은 미국의 시어도어 루스벨트 대통령 덕분이다. 1906년 4월 14일, 루스벨트는 존 버니언의 《천로역정》에 나오는 한 구절을 이용해 "거름 갈퀴를 든 사람들은 사회 발전에 꼭 필요하지만, 갈퀴질을 멈출 때를 알아야 한다."라고 말했다.(《천로역정》에는 발밑의 거름을 뒤적이느라 신의 은총을 알지 못하는 "거름 갈퀴를 든 사나이"가 등장한다.) 당시 루스벨트는 부정부패를 폭로하는 데 골몰하는 저널리스트들에게 분노해 그들을 비판하기 위해 이 말을 썼다. 하지만 곧 저널리스트들이 스스로 '머크레이커'라고 칭하면서 긍정적인 의미로 쓰이게 되었다.

원에 잠입하여 그곳의 실체를 폭로하는 기사를 작성해 이를 조지프 퓰리처 (Joseph Pulitzer)의 신문인 〈뉴욕 월드(New York World)〉에 기고했다.

또한 이 머크레이커들은 정치계의 보스들과 대기업의 거물들에게 공공연하게 도전했다. 이들은 어떤 대가를 치르더라도 산업의 진보를 이뤄야 한다는 생각에 의문을 제기했다. 이들은 부당 이득, 속임수, 공공 위생과 안전에 관한 낮은 기준을 공격했다. 또한 아동 노동, 매춘, 알코올을 비난하는 글을 썼다. 이들은 도시 생활을 개선해 도시 슬럼가를 없앨 것을 촉구했다. 1905년경이 되면 이제 머크레이커는 반드시 그 존재를 고려해야 하는 힘 있는 세력이 되었고 그 사실은 윌리엄 랜돌프 허스트(William Randolph Hearst)가 잡지 〈코즈모폴리턴(Cosmopolitan)〉*을 매수하는 것으로 증명되었다. 〈코즈모폴리턴〉의 베테랑 기자인 데이비드 그레이엄 필립스(David Graham Phillips, 1867~1911)는 즉시 대형 연재를 시작하며 엄청난 주목을 받았다. '상원의 배신'이라는 제목의 이 연재 기사에서 필립스는 상원의원들에게 경멸을 쏟아부으면서 그들이 산업가와 금융업자의 앞잡이이며, 대의자는 유권자 전체에 봉사해야 한다는 원칙을 저버린 사람들로 묘사했다.

많은 혁신주의자들은, 시민 사회를 확장하고 그 구성원을 예속 상태에서 보호하려면 통치 행위에 더 많은 국민의 참여가 필수적이라고 확신하게 되었다. 이 점에서 인민주의와는 확연하게 달랐다. 인민주의는 절반쯤 조직화된 정당 활동을 통해 '국민'의 권리 신장에 대한 희망과 기대를 키웠으나, 역설적이게도 이 불만 세력을 정당의 손에 들어가도록 유도했다. 각양각색의 인물과 생각과 정책이 모여 이루어진 혁신주의는 달랐다. 혁신주의는 열린 통치라는 새로운 방법을 시도했다. "국민들은 하나의 길을 발견하고 있는 중이다."라고 혁신주의 평론가 윌리엄 앨런 화이트(William Allen White, 1868~1944)는 선언했다. 그는 '근원적 민주주의(fundamental democracy)'[50] 방식이 급속하게 확산되고 있다고 흥분된 어조로 지적했다. '근원적 민주주의'가 그에게 무엇을 의미했는지 확실하지는 않다. 하지만 여하튼 증거를 살펴보면, 이 시기에 미국이 개선해야 할 것들의 목록이 놀

* 당시 〈코즈모폴리턴〉은 '머크레이커' 성향의 기사로 독자들의 인기를 끈 주요 잡지였다.

라울 정도로 늘어나고 있었다는 점을 알아차린 사람은 그 하나만이 아니었음을 알 수 있다.

미국의 민주주의 옹호자들은 자신들이 아끼던 대의 정치 체제가 개혁을 위한 무한한 가능성을 품고 있다는 사실을 이때 갑자기 깨달은 듯하다. 즉 민주주의는 민주적인 수단을 써서 더 민주화될 수 있었다. 새로운 개선책의 목적을 공언한 바를 살펴보면, 모든 개선 방안의 목적은 결국 시민들로 하여금 대의자들을 통제할 수 있도록 하는 것이었다. 예를 들어 비밀투표를 도입하여 당 보스들의 손을 묶으려고 했다. 비밀투표는 보통 (우리가 앞으로 살펴볼 이유 때문에) '오스트레일리아식 투표'라고 불렸다. 그곳(즉 오스트레일리아의 태즈메이니아)에서 수입된 방식이었기 때문이며 미국에서는 매사추세츠 주에서 처음으로 채택되었다. 구두 투표가 초래하는 부정부패와 유권자에 대한 압력 행사와 뇌물을 주고받는 행위를 근절하는 것이 새로운 투표 방식의 목표였다. 비밀투표는 다음과 같이 진행되었다. 모든 후보자의 이름이 들어간 공식 투표용지를 공공의 비용으로 인쇄한다. 그렇게 만든 투표용지는 선거 관리들이 책임지는 투표장에서 배포된다. 유권자들이 비밀리에 기표하고 용지를 투표함에 넣으면 투표함을 봉인해 일정한 시간이 지난 후 정치적으로 중립적인 관리들이 투표함을 개봉하고 개표한다.

또한 혁신주의자들은 상원의원을 (주에서 지명하는 것이 아니라) 직접 선거로 선출할 것을 주장했다. 이 주장은 오리건 주와 네브래스카 주에서 최초로 인정되었으며 마침내는 (1913년에) 미국 수정 헌법 제17조로 연방 차원에서 채택되기에 이른다. 이 일은 '국민'의 위대한 승리라고 칭송되었다. 과거 1787년 제헌 회의에서는 각 주가 상원의원을 지명하는 방식이 채택되었다. 이런 방식이 채택된 이유는, 주 입법부가 선출하며 임기가 더 긴 공화주의 신사 상원의원들이 각 주의 이기적인 대중들에게서 분리되어 있으므로 더 훌륭한 대표자가 될 것이라는 의견이 힘을 얻었기 때문이었다.

정당 내부에서 직접 예비선거를 치르자는 제안은 혁신주의자들이 줄곧 주장한 것이었다. 최종적으로는 지역에 따라 약간씩 다른 형태의 예비선거 제도가 채택되었다. 어떤 곳에서는 특정 정당에 등록된 당원에게만 투표권이 제한되었고, 또 다른 곳에서는 어느 당이든지 당원으로 등록되어 있기만

하면 투표할 수 있도록 했으며, 또 어떤 곳에서는 아예 당에 등록되지 않은 사람들에게도 투표가 허용되는 경우도 있었다. 이런 실험이 진행된 결과, 웨스트버지니아 주 같은 곳에서는 혼합된 제도가 나오기도 했다. 즉 민주당의 예비선거는 민주당 당원들만 참여하는 폐쇄적 행사였던 반면, 공화당의 예비선거는 무당파인 독립적 유권자에게도 공개된 행사였던 것이다. 여하튼 어떤 경우이든 개혁론자들이 선언한 목표는 정당의 보스들과 대기업의 돈이 지닌 지배력을 부수어버리는 것이었으며, 그 목표를 실현하기 위해서 개혁론자들은 후보자 지명 절차의 규칙을 만들었다. 이 규칙에 따르면, 정당의 정식 후보자가 되고자 하는 사람은 당원 혹은 전체 유권자를 상대로 하여 더 높은 수준의 공개성(openness)과 책임성(accountability)의 책임을 져야 했다.

당시에 제기된 또 다른 흥미로운 개선책은 주민 소환 제도였다. 주민의 대표자들에게 추가적인 압력을 가함으로써 그들을 긴장하게 만드는 방안이었다. 원리는 단순했다. 적절한 절차를 거쳐 당선된 대표자들이 다음 선거가 있기 전에 시민의 관점에서 볼 때 무책임하거나 어리석게 행동한다면, 그런 대표자들은 임기가 만료되기 이전에 소환되어(파면되어) 마땅하다는 것이다. 주민 소환 제도는 어떤 대표자가 만일 자격 미달의 형편없는 사람으로 판명되는 경우 그를 해고하는 절차이며 그를 쫓아내는 방법이었다. '로스앤젤레스 직접 입법 동맹' 같은 단체들이 이 제도를 강력하게 주장했다. 이 단체를 이끈 존 랜돌프 헤인즈(John Randolph Haynes)는 원래 의사였다가 부동산 개발업자가 된 사람이었다. 그는 연설에 연설을 거듭하면서 '비능률, 낭비, 부패'를 맹렬히 비판했고 자신을 "선거 기간이 아닐 때에는 무력"하게 되는 '대부분의 시민들'의 옹호자라고 내세웠다. 그와 그의 지지자들은 1903년 로스앤젤레스 시 헌장에 주민 소환 조항을 넣는 데 성공했다. 주 단위에서, 이 제도를 채택한 것은 오리건이 처음이었다.(1908) 그다음 열일곱 개 주가 주민 소환 제도를 채택했다. 모든 경우에 주민 소환 제도는 '취임 선서 위반', '직무 수행 중 부정 행위와 권한 남용' 혹은 단순히 '부적절'하다거나 '무능력'하다는 식으로 다양하게 묘사되는 부적절한 행태를 겨냥했다. 주민 소환 제도에서는 우선 유권자들 가운데 필요한 정족수에 (보통 전체 유권자의 10퍼센트에서 40퍼센트 이내) 해당하는 서명을 받는 청원 운동을 펼치는 것이 허용된다. 최소한의 지지가 확보된 다음, 이 사안은 투표에 부쳐진다. 투표 결과에 따라 해당 공직자는 직책에서 해임되든가 아니면 마치 집행 유예된 형기를 채우듯 원래 임기의 나머지를 마치게 된다.

한편, 시민들이 투표를 통해 법안이나 수정안을 제안할 수 있는 제도가 사우스다코타 주에서 1898년에 채택되었다. 고대 그리스에 있었던 규칙을 현대 미국식으로 변형한 것 같은 제도였다. 사우스다코타에서 이 제도는 이른바 '국민 입법(people's legislation)'이라 하여 노동조합 내에서 귀중한 운동 수단의 하나로 강력한 지지를 받고 있었다. 사우스다코타 주민들은 알지 못했으나 사실 훗날 '주민 발의 제도'라 불리게 되는 이 제도는 1777년 조지아 주 헌법에 뿌리를 두고 있었다. 조지아 주 헌법에는 유권자의 동의로 수정안을 채택할 수 있다는 조항이 있었다. 혁신주의 운동가들은 이 제안을 연방 수준에서는 결코 입법화하지 못했지만, 미국 전역에 걸쳐 주, 카운티, 그리고 더 하위 지방 단위에서까지 널리 채택되었으며, 20세기에는 대단히 넓은 영역에서 활용되기에 이른다. 주민 발의 제도에는 두 가지 형태가 있다. '간접 주민 발의'는 유권자들이 입법부에 청원을 넣어 입법부가 조치를 취하도록 하는 것이다. 좀 더 일반적인 형태는 '직접 주민 발의'이다. 이 경우에는 모든 유권자가 어떤 사안에 대해서라도 법안을 제안할 권리가 있다. 이때 일반적으로 전체 유권자의 5퍼센트에서 15퍼센트에 해당하는 인원이 최소 제안서에 서명을 하면 이 법안이 정식으로 상정되는 것이다. 이 제안에 대한 투표는 기존에 이미 일정이 잡혀 있던 선거일에 함께 실시되든지, 아니면 따로 날짜를 정하여 실시된다.

오리건 주의 민주주의 실험

혁신주의 운동이 주장한 주민 소환 제도와 주민 발의 제도는 특히 몇몇 지역에서 강력한 영향력을 발휘했다. 특히 오리건 주는 이 사안과 관련해 짧은 기간 안에 여러 기록을 보유하게 된다. 오리건 주는 주 단위의 주민 발의 건수가 가장 많았으며(1904년부터 2000년 사이에 318건이 있었다), 주민 발의권의 활용 건수도 가장 높았다(총선거 때마다 평균 6.6건이었다). 1912년에는 27건의 주민 발의 투표가 있었는데, 이것은 한 해에 주 단위에서 투표에 부친 주민 발의 건수 가운데 가장 높은 기록이다.

오리건 주가 민주주의의 실험실이라는 명성을 얻게 된 데에는 강력한 추진력을 지닌 한 사람의 역할이 컸다. 그는 창백한 얼굴에 허약해 보이는 외모를 가졌으며 조용한 말투가 인상적인 윌리엄 사이먼 유렌(William Simon U'Ren)이었다. 대의를 위해 끈질기게 헌신한 그에게 '레퍼랜덤 유렌(Referendum U'Ren)'이라는 별명이 붙여졌다. 유렌은 위스콘신 주의 랭커스터에서 1859년에 태어났다. 그의 아버지는 대장장이였으며 아내와 함께 영국의 콘월 지역에서 미국으로 이민 온 사람이었다. 어린 유렌은 부모님을 따라 서쪽으로 이주하여 네브래스카 주로 갔다가 다시 더 서쪽으로 이주하여 콜로라도로 갔다. 그 사이 그는 아버지에게 대장장이 기술을 배웠다. 20대 중반에는 덴버에서 법학 학위를 취득했으며 그 이후에 아이오와, 하와이, 캘리포니아로 여러 차례 이주했다가 마침내 오리건 주의 밀워키에서 살게 되었다. 이때가 1889년이었는데 당시 그는 대장장이이자 광산업자이자 신문 편집인이었고, 채식주의를 조용히 옹호하는 사람이었으며 공화당 활동가였다. 이 여러 가지 활동은 그가 법률가로 일하면서 과외로 하던 활동이었다.

1892년에 유렌은 심한 천식을 앓았는데, 병 때문에 법률가 일을 그만두게 되었다. 당시 밀워키에 아무런 연고가 없던 그는 체리 농사를 짓던 레월링(Lewelling) 가족의 간호를 받으면서 건강을 회복했다. 레월링 가족은 개혁가들이었다. 이 가족의 안주인은 "우리에게 좋은 정부란, 대부분의 사람에게 종교가 의미하는 바와 같다."라는 구절을 쓴 적도 있었다. 가족 가운데 다른 한 사람은 유렌에게 제임스 W. 설리번(James W. Sullivan)이라는 사람이 최근에 쓴《주민 발의와 주민 투표를 통한 시민의 직접 입법》이라는 책을 보여주었다. 당시 서른세 살이던 유렌은 드디어 자신의 생을 바칠 목표를 발견했다. 그는 훗날 인터뷰에서 이렇게 말했다. "원래 나의 직업은 대장장이였다. 그 일은 사물을 바라보는 내 관점에 특정한 영향을 끼쳐 왔다. 나는 삶의 환경에서 악한 것들을 고치고 싶었다. 하지만 그럴 수 없었다. 도구가 없었기 때문이다. 대장장이의 작업실에는 거의 모든 일을 할 수 있는 도구들이 있었다. 훌륭한 도구들이었다." 그가 덧붙여 말했다. "정부의 일은, 모든 사람이 다 참여하는 일이며 또한 사회 생활의 기반인데, 사람들은 여전히 낡은 도구로 일하고 있다. 낡은 법률과 제도와 헌장은 진보를 돕는다기보다 오히려 진보를 방해하고 있다. 이런 현실 때문에 사람들은 고통을 받는다. 우리에게는 법률가가 충분하다. 우리들 중에 가장 능력 있는 자들의 대다수는 법률가이다. 어째서 그 법률가들은 사람들이 스스로를 통치할 수 있도록 도와주는 입법 도구들을 발명해주지 않는가? 어째서 우리에게는 민주주의를 위한 도구 제작자들이 없는가?"[51]

유렌은 레월링 가족에게 재정적인 도움을 받아, 민주주의를 위해 필요한 도구들을 만드는 작업을 시작했다. 그는 주의 '농민 동맹'과 노동조합들의 대표들을 모아서 '오리건 직접 입법 동맹'이라는 단체를 결성했으며 이 단체의 서기로 선출되었다. 1894년, 유렌은 오리건 주의 인민당 전당대회 의장으로 뽑혔으며, 자신이 제안한 주민 발의와 주민 소환제를 당 강령에 포함하는 승인을 얻어냈다. 같은 해 '동맹'은 주민 발의 제도와 주민 소환 제도를 설명하는 소책자를 제작하여 영어판 5만 부와 독일어판 1만 8천 부를 배포했다. 1896년 유렌은 인민당원으로서 주 하원의 의석을 차지했으며 다음 해에는 입법부에서 활동하면서 주민 발의 제도와 주민 소환 제도를 승인받기 위해 노력했으나 성공을 거두지는 못했다. 그의 적대자들은 유렌을 향해 그가 목적을 달성하기 위해 수단과 방법을 가리지 않고 활동한다고 비난하면서 그 때문에 연옥에 떨어질 것이라고 경고했다. 유렌은 유명한 답변을 남겼다. 그는 특유의 차분하면서 낮고 쉰 듯한 목소리로 말했다. "오리건 사람들을 위해서라면 지옥에 가겠소!"

유렌은 '동맹'을 재편성하여 지지 기반을 넓힘으로써 입법부를 측면에서 공격하기 시작했다. 새롭게 구성된 17인 집행위원회에는 농민과 노동조합원 이외에 은행가들이 있었으며, 포틀랜드 시의 신문 〈오리거니언(Oregonian)〉의 편집자 하비 W. 스콧(Harvey W. Scott)과 오리건 주 변호사 협회 회장이 포함되어 있었다.(이는 특이한 일이었다. 왜냐하면 혁신주의 시대에 변호사 단체는 주민 발의 제도와 주민 소환 제도를 반대하는 것으로 악명이 높았기 때문이다.) 1898년에 유렌은 오리건 주 상원의원에 출마했으나 낙선했다. 하지만 다음

해에 주민 발의 제도와 주민 소환 제도는 마침내 주 입법부의 승인을 받는다. 그런데 오리건 주의 헌법에 따르면, 주 헌법 수정안은 연속된 두 임기의 주 입법부의 승인을 받아야 했다. 유렌이 승리의 순간을 맛보려면 1901년까지 기다려야 했다. 최종적으로 이 제안이 오리건 주 입법부의 승인을 받을 때에는 오직 단 한 표의 반대가 있었을 뿐이다. 다음 해에 실시된 주 유권자의 인준 투표에서는 11 대 1이라는 압도적인 비율로 수정안이 비준되었다.

유렌은 주민 발의와 주민 소환 제도로 인해 다른 개혁안들에도 문이 열릴 것이라고 확신했다. 그는 1949년 포틀랜드 시에서 아흔 살의 나이로 세상을 떠날 때까지 많은 주민 발의 법안의 발기인들과 힘을 합쳐 노력했다. 1906년 유렌이 지지했던 주민 발의안은 무료 열차표를 금지하는 것이었다. 철도 회사는 무료 열차표를 정치인들에게 정기적으로 선물했는데, 유렌이 스스로 고백한 바와 같이 그도 공짜 표를 한 번 선물로 받은 적이 있었다. 1908년에 유렌은 주들 가운데 최초로 오리건 주에서 연방 상원의원을 주민 투표로 직접 선출하는 법안과 선거법을 개혁하는 법안을 발의했다. 두 제안 모두 압도적인 표차로 통과되었다. 그의 손길이 닿은 초기의 다른 주민 발의 제안으로는 주민 발의와 주민 소환의 권한을 하위 지방 사법 행정에까지 확대하는 주 헌법 개정안 발의가 있었다. 이는 찬반 비율 3 대 1로 승인되었다. 1908년에도 수정안을 발의했는데, 이는 선출된 공직자들을 소환할 권한을 유권자들에게 부여하는 내용이었다. 그가 관여한 다른 사안에는 1912년 공공사업 계획에 투입되는 노동자들의 노동 시간을 8시간으로 규정하는 발의안과 사적 고용주들이 주나 지방의 감옥에 수감된 죄수를 낮은 임금을 주고 고용하는 것을 금지하는 발의안이 있었다.

1910년 유렌의 강력한 공개적 지지를 받으면서, 오리건 주민들은 미국에서 최초로 대통령 예비선거 제도를 구축하는 주민 발의안을 통과시켰다. 이때 표차는 근소했다.(찬성 43,353표 대 반대 41,624표였다.) 그러나 6년 내에 20여 개의 다른 주가 오리건 주의 선례를 따랐다. 1910년의 근소한 표차가 보여주듯이 유권자들이 항상 유렌만큼 개혁에 적극적인 것은 아니었다. 그가 1912년에 발의한 주민 발의안은 주에 단원제 의회를 세우자는 내용이었는데 이 안건은 2 대 1 이상의 비율로 부결되었다. 1914년에는 사회당(the

Socialist Party)이 주도하고 유렌이 지지한 완전고용 주민 발의안이 나왔는데 이 역시 실패했다. 그 당시 상황으로 보면 이 제안은 매우 앞선 것이었다. 왜냐하면 (당시로서는 엄청난 금액인) 5만 달러를 초과하는 부동산에 상속세를 매기고 그 세금을 기반으로 하여 일자리 창출 기금을 마련하는 내용이었기 때문이다. 시민 누구든지 일자리를 원할 경우, 주의 노동국장은 그를 '산업 및 공공사업국'에 고용할 권한과 의무가 있다고 이 발의안에 규정되어 있었다. 발의안은 부결되었다. 57,859표 찬성에 126,201표 반대였다. 이 밖에 다른 주민 발의도 있었는데 그 가운데에는 여성 참정권 제안도 있었다. 이 제안은 끈질긴 투쟁 끝에야 성공하게 된다. 여성의 투표권이 주민 발의 제도를 통해 확보된 주는 오직 오리건과 애리조나 둘뿐이었다. 오리건 주에서는 1906년 첫 번째 시도에서 패배를 맛보았으며 1908년에도 역시 패배했는데 이때는 첫 번째보다 더 큰 표차로 패배했다. 1910년 여성 참정권 운동가들은 다른 접근 방식을 택했다. 세금을 내는 여성들에게만 투표권을 주자는 것이었는데, 이 타협안도 1908년의 경우와 같은 표차로 패배했다. 결국 1912년 오리건 주의 여성 참정권 운동가들은 유렌의 지인이었던 애비게일 스콧 더니웨이(Abigail Scott Duniway)의 지도 아래 오랜 투쟁 끝에 달콤한 승리를 맛볼 수 있었다. 이들의 제안은 아주 근소한 차이로 승리를 거두었다. 여성 참정권에 반대하는 투쟁을 이끈 것은 주류계와 술집의 이해관계 세력이었다. 이들은 (이 경우 정확하게) 여성들이 금주령에 찬성표를 던질 것이라고 우려했다. 1914년은 오리건의 여성들이 처음으로 투표권을 행사한 때인데, 금주령 발의안은 큰 표차로 통과된다. 사형 제도 폐지안은 처음에는 실패했지만 1914년 (20만 표 이상의 표 가운데) 단 157표 차이로 통과되는데, 이때의 승리에도 여성들의 공이 컸다.

위스콘신 아이디어

입법부가 대표의 기능을 하지만 언제나 적절하게 활동하지는 못하기 때문에 주민들이 자기가 원하는 법률을 추진할 수 있어야 하고 자기가 반대하는 법률을 없앨 수 있어야 한다는 것이 주민 발의제와 주민 소환제의 전제이다. 오리건 주에서 주민 발의제를 옹호하며 활동했던 한 사람은 훗날 이렇게 질문을 던졌다. "평소에는 유권자들이 너무나 어리석어서 스스로 결정을 내릴 수 없다고 하다가, 선거 때가 되어 우리를 통치할 정치인들을 뽑을 때면 갑자기 현명한 판단을 내릴 수 있다고 하니, 이 마법과 같은 변신은 도대체 무엇인가?"[52] 이 질문을 어떻게 생각하는지, 이 질문이 주민 소환제와 주민 발의제의 초기에 강력한 에너지를 공급했다는 점을 어떻게 생각하는지와 상관없이, 이 제도들이 대단히 독창적이었다는 점과 이 제도들이 유발한 효과가 급진적이면서 동시에 종종 모순적이었다는 점에는 의심의 여지가 없다. 이는 훗날 오리건에서 벌어진 사건들이 잘 보여준다.* 유렌과 같은 혁신주의 인물들은 자신을 시민 사회의 가장 좋은 친구이며, 정부를 상대로 싸우는 소수의 주민이나 유동적인 다수의 주민 편에 확고하게 서 있다고 자부했다. 이와 대조적으로 20세기 초의 혁신주의 대의를 지지한 많은 사람들은 이런저런 조건과 평계를 대면서 자신의 입장을 확실히 밝히지 않았다. 그들이 '국민'을 말할 때 과연 정확하게 누구를 머릿속에 그리고 있는지가 분명하지 않았다. 다수파를 의미했나? 모든 사람을 의미했는가? 아니면 그 자신들을 지칭했는가?

진실을 말하자면, 대부분의 혁신주의자들은 국민을 하나의 편리한 환영(幻影)으로 취급했다. 그들은 '보통 미국인' 즉 흑인, 벽지에서 궁핍하게 사는 백인 농부, 작업 중지의 호각 소리만을 기다리면서 힘들게 일하는 철도 노동자와 삼림 노동자, 도시에 몰려 들어와 사는 새로운 빈민층 사람들에게 입 발린 말을 많이 했다. 그러나 그들이 '미국 국민'이라고 할 때 보통은 자신과 같은 사람들을 지칭했다. 정직하고 능력 있고 신앙심 깊은 교사, 편집자, 전문직 종사자, 기업가, 미국 태생의 중간 계급 시민으로서 합리적인 견해와 건전한 생활 습관, 미국적 가치와 생활 양식을 보호하고 육성하기 위해 무엇을 해야 하는지 강하게 확신하는 사람들, 이들이 바로 혁신주의가 염두에 둔 사람들이었다. 미국 혁신주의 운동이 일반 국민에게 관심을 주었던 것은 분명한 사실이지만 이들의 말투는 분명히 중간 계급의 어조였다. 이 중간 계급은, 알렉산더 해밀턴을 비롯한 인물들이 주창한 적이 있는데, 재능 있고 좋은 교육을 받은 사람들이 운영하는, 번영하는 대륙 공화국이라는 원래 연방주의 비전을 잘 학습한 사람들이었다. 미국 혁신주의는 공화주의적 엘리트주의의 일종이었다고 말할 수 있다. 바로 그렇기 때문에 제1차 세계대전에 이르는 동안 혁신주의자들의 '인민주의'가 정부와 동맹을 맺고 거래를 하기도 하며, 종종 '국민'과 대의 민주주의 자체에 의문을 제기하기도 하는 상황이 발생했던 것이다.

많은 혁신주의 인물들은 '정부 주도 원칙'을 따르고 있었다. 이는 유능한

---

* 오리건의 성공적인 주민 발의의 예로는 다음과 같은 것들이 있다. 물과 전력을 유통하기 위해 각 지역이 소유하는 독립적인 형태의 '주민 공익 사업체' 설립을 위한 절차(1930), 펄프 공장과 제지 공장, 하수에 의해 심하게 오염된 윌래밋 강에 대한 청소 명령 승인(1937년과 1938년), 분배금 전액을 매달 사용하겠다고 약속하는 노령의 시민들에게 매달 돈을 지불하여 경제 활성화에 자극을 줄 수 있도록 하는 노령 연금 제도 '타운젠드 플랜(Townsend Plan)'. 그리고 50년 동안 재획정하지 않았던 주 입법부와 연방 입법부 선거 지역구의 경계를 일정한 시간이 지나면 주기적으로 다시 획정한다는 원칙이 1952년 2 대 1에 가까운 압도적 비율로 승인되었다.(이는 유진Eugene 시의 오리건 대학에 다니던 학생 클레이 마이어스가 주창한 것으로서 그는 당시 캠퍼스의 '영 리퍼블리컨스Young Republicans'의 지도자였다.) 그리고 1978년에는 '틀니' 주민 입법이 있었다. 이는 틀니 기공사들도 낮은 가격에 틀니를 판매하고 수선할 수 있도록 허용함으로써 치과 의사들의 독점을 깬 것이었다. 1990년대에는 빌 사이즈모어(Bill Sizemore)라는 발의자가 등장한다. 그는 곧 '미스터 주민 발의'라는 별명을 얻었으며 혁신주의자들(즉 자유주의적 성향의 사람들)의 분노를 샀는데, 이는 그가 그들을 공격 대상으로 삼은, 문자 그대로 수십 가지의 주민 발의를 지지했기 때문이었다. 그 가운데에는 세금 삭감, 노동 개혁, 임기 제한이 포함되어 있었다. 그의 적대자들 가운데 노동조합이 가장 주요한 적대자였는데, 이들은 주민 발의에 호소하는 것 자체를 제한하고자 하는 발의안을 추진했다. 그 가운데에는 발의안 상정에 필요한 서명을 수집하는 사람들에게 수당을 지불하는 것을 금지하라는 내용으로 2002년에 발의된 법안도 있었다. 유권자들은 이 주민 발의에 찬성했지만 이 사안은 법정 소송으로 이어졌다. 이 논란이 보여주는 것은, 주민 발의 제도와 오리건 주 최고법원 사이의 다툼이 증가하고 있다는 사실이다. 2000년도에 오리건 주 최고법원이 다룬 사건 가운데 3분의 1이 넘는 수가 '밸럿 타이틀'(ballot title)〔해당 밸럿, 즉 투표가 다루는 쟁점이 무엇인지 짧게 설명하는 글귀. 투표용지에 인쇄되는 것이기에 매우 중요하다.〕에 관한 것이었다. 이는 유렌이 전혀 예상하지 못했던 상황인데, 주민 발의의 '오리건 시스템'은 사법부에 대한 의존도를 높이는 아이러니한 상황을 만들고 있다. 게다가 주민 발의의 단순화, 양극화 효과에 대한 불만이 만연해 있다는 사실 때문에 상황은 더욱 어려워지고 있다. 복잡다단한 쟁점이 흑백으로 명확하게 나뉘는 대립된 주장으로 단순화된다거나, '더 좋은 정부' 따위의 운동 구호로 단순화되거나, 또 유권자들이 자기 이익만을 생각하면서, 즉 머리를 사용하는 것이 아니라 자신의 주머니 사정을 고려하여 투표하는 경향을 보이고 있는 것이다. 비용에 대해 말하자면, 1970년대만 하더라도 한 가지 주민 발의를 추진하는 데 약 86만 달러가 들던 것이 1990년대에는 두 배로 뛰어 약 170만 달러가 소요되었다. 여기에 추가로 서명 수집인들('용병'이라는 별명이 붙었다)에게 서명 하나를 받을 때마다 약 2~3달러를 지불하는 관행을 고려하면 ─ 이 관행은 1988년 미 연방대법원에서 이 수당의 지불을 금지하는 것이 연방 수정 헌법 제1조〔연방 의회는 국교를 정하거나 또는 자유로운 신앙 행위를 금지하는 법률을 제정할 수 없다. 또한 언론, 출판의 자유나 국민이 평화로이 집회할 수 있는 권리 및 불만 사항의 구제를 위하여 정부에게 청원할 수 있는 권리를 제한하는 법률을 제정할 수 없다.〕에 위배된다고 판시했다 ─ 이런 상황이 초래하는 바는 주민 발의 과정을 대자본의 품속에 확고하게 밀어 넣는 것이다.(원주)

관리들을 권력의 자리에 올려놓음으로써 미국 민주주의의 병폐가 치료될 수 있다는 그들의 강한 확신에 명백하게 드러났다.(그들은 관리 자리에 주로 남성을 앉힐 생각이었고 어쩌다 여성도 포함했다.) 혁신주의 인물들은 세제 개혁과 공공 서비스 개선과 효율적인 보건 관리를 중시했으며, 탐욕스러운 특정 이익 집단과 부패한 기업인, 정당 보스들을 시 정부에서 배제할 것을 주장했다. 그들은 유능한 전문가들이 통치하는 체제가 확보되면 '좋은 정부'가 달성될 것이라고 믿었다. 이때 '좋은 정부'란 시어도어 루스벨트 대통령이 말한 '능률성의 복음(gospel of efficiency)'에 기반을 두는 것이었다. 혁신주의 인물들은 국민의 권익 신장 도구로써 정부를 활용할 수 있을 것이라고 생각했다. 좋은 정부란, 낭비가 심하고 사적 이해관계에 휘둘리는 정부가 아니라, 검소하고 전문가가 주도하는 '국민을 위한' 정부를 의미했다. 일부 혁신주의 인물들은 '국민에 의한' 정부라는 말은 한물 간 이야기라고 단호하게 주장했다. 그들은 시민이란 종종 얼빠진 존재들이라고 믿었다. 그들이 보기에 시민들은 행정 권력에 관한 시대에 뒤떨어진 의혹, 1776년까지 거슬러 올라가는 의혹에 혼란스러워하는 얼간이들이었다. 곧 윌리엄 태프트(William Taft, 1857~1930) 대통령 아래에서 전쟁부 장관을 맡고 있던 헨리 L. 스팀슨(Henry L. Stimson)은 이렇게 말했다. "잘못 가고 있는 현재의 미국 정부를 치유할 진정한 방법은 직접 민주주의 옹호자들이 주장하는 방향과 정확히 정반대 방향으로 가는 것이다. 선출된 공직자들의 권력은 더 작아져야 하는 것이 아니라 더 커져야 한다."[53]

이런 주장은 사실상 민주주의를 다시 규정하는 중대한 의미가 있는 시도였다. 왜냐하면 이 주장에 따르면, 민주주의가 스스로를 다스릴 능력이 없는 시민을 대신하는 대표자들에 의한 통치를 의미하는 것으로 확장되기 때문이다. 하지만 이런 시도를 모든 사람이 받아들인 것은 아니다. 그때까지 인민주의 지지자로 남아 있던 사람들은 교육받은 엘리트의 지배에 강력하게 저항했는데, 이는 충분히 이해할 수 있는 일이었다. 이들은 정부의 모든 사안에 도덕적 쟁점이 포함되어 있다고 생각했으며, '국민'이 모든 사안에 관하여 자기 자신을 위해 발언하고 결정할 자격이 충분하다고 생각했다. 만일 정부 업무가 덜 복잡한 방향으로 단순화된다면 모든 시민이 공적 사안에 대해 전문가가 될 수 있으므로 이때 특출한 능력을 지닌 사람에 의한 통치가 필요하지 않게 된다고 생각했다.

단순함에 대한 신념이 매력적이긴 했지만 정책 사안에서 최종적으로 뜻을 관철한 것은 엘리트 성향의 혁신주의 인물들이었다. 이러한 민주적 엘리트주의(democratic elitism)의 경향은 '위스콘신 아이디어'*가 등장하면서 뚜렷한 모습으로 정착되었다. 위스콘신 아이디어를 주창한 사람은 '싸우는 밥(Battling Bob)'이라는 별명으로 불리던 로버트 매리언 라폴레트(Robert Marion La Follette)였다. 목재 회사, 철도 회사와 밀접하게 연결되면서 확실하게 부패한 공화당에서 뛰쳐나온 라폴레트는 위스콘신 주지사로 세 번의 임기(1900~1906)를 보냈다. 그는 경제학자, 교육자, 정치학자들에게 전문가의 조언을 구하면서 그동안 이야기만 무성했던 일련의 개혁 작업을 강력하게 추진했다. 그 가운데에는 공정한 운임을 정하기 위한 주(州) 철도 규제 위원회, 공공 서비스 개선, 식품 규제법이 있었다. 또 다른 개혁으로 부자에게 더 높은 세율을 매기는 누진적 소득세, 자연 보호 조례, 은행에 대한 주 정부의 통제, 물 사용 권한에 관한 조례, 노동 보호법도 있었다. 위스콘신 아이디어는 다른 주로도 확산되었다. 우드로 윌슨(Woodrow Wilson)이 뉴저지 주지사가 되었을 때 그는 라폴레트의 개혁 가운데 많은 것을 실행에 옮겼으며, 캘리포니아의 하이럼 존슨(Hiram Johnson)도 그렇게 했다. (1901년 윌리엄 매킨리 대통령이 암살범의 총탄에 죽은 뒤 부통령이었던) 시어도어 루스벨트가 대통령직에 오른 이후, 혁신주의라는 단어는 기업과, 그 밖의 시민 사회의 제도들에 대한 연방 정부의 활발한 간섭과 동의어가 되었다.

모든 사적 악덕 — 즉 거대 정당과 대기업 — 은 하나도 빠짐없이 공적 미덕에 의해 세심한 감시를 받았다. 혁신주의는 부당 이익, 부정직, 보스(boss), '강도 기업가(robber baron)'를 적대시했다. 일반적으로 말해서 혁신주의

위스콘신 아이디어(Wisconsin idea) 20세기 초에 위스콘신 대학의 전문가들과 위스콘신 주의 행정 관료들 사이에 이루어진 협력 관계, 또는 위스콘신 주에서 대학의 공적 기여를 촉진한 정책을 가리킨다. 로버트 M. 라폴레트 주지사의 도움을 받으며 위스콘신의 혁신주의자들은 세금, 철도, 보험, 공공 서비스, 생태계 보존, 고속도로 같은 문제를 다루는 조사 위원회들을 만들었다. 위스콘신 대학의 교수와 학생들은 "교육은 강의실을 넘어 시민의 삶을 개선하는 데 영향을 끼쳐야 한다."라는 철학을 바탕으로 하여 각종 위원회에 전문 지식을 제공했다.

는 '이권'을 적대시했다. '이권'은 하나의 키워드로서 '남태평양 철도(South Pacific Railroad)' 같은 문어발식 확장 기업이나 '스탠더드 오일(Standard Oil)' 같은 '트러스트'의 물질만능주의를 지칭할 뿐 아니라, 좀 더 깊은 차원에서 자유 시장 경제의 유해한 가치관, 소유적 개인주의(possessive individualism), 증가하는 사회적 불평등을 가리키기도 했다. 혁신주의는 '공평무사(公平無私)', 희망과 성실과 양심적 행정과 직업적 전문성과 사회적 이타주의와 공공의 행복과 공공선을 추구하는 좋은 정부에 기반을 둔 사회를 추구했다. 진보의 바퀴를 돌려야 할 필요가 있다는 것을 확신한 혁신주의는 건축 관리법, 공정한 조세 제도, 노동 시간 단축, 노동자의 안전과 산업 재해 보상법을 추진했다. 또 혁신주의는 상해 보험, 농민 구제, 정부 부처의 체계적인 관리, 새로운 건강 관리 제도, 의무 교육, 육류 위생 감독, 철도 시스템의 개선, 운송 안전 조치를 옹호했다. 심지어 '가스와 수도의 사회주의'*에 관한 논의도 있었으며 이를 실천에 옮기기 위해 행동하기도 했다.

월터 리프먼의 '유령 민주주의'

1920년대까지 혁신주의는 많은 것을 성취했다. 남북전쟁으로 상처를 입고 아직 한 세대가 채 지나지 않은 미국 사회에, 혁신주의 운동은 근대적 민주주의 제도, 즉 공개적 정당 경쟁, 주기적 선거, 공직 연임 횟수 제한, 집회와 표현의 자유 같은 시민적 자유권이 지닌 호소력을 더 강력하게 해주었다. 또한 혁신주의 운동은 정당 정치 내에 부패한 보스들의 권한에 의문을 제기했으며, 대기업이 몰고 오는 악영향을 널리 알렸으며, 훗날 뉴딜 버전의 복지 국가로 정부를 재구성하는 데 필요한 기반을 다졌다. 혁신주의 인물들은 중요한 조세 개혁과 사회 개혁 작업도 자신들이 실행했다고 주장했는데, 이는 정당한 주장이다. 그리고 1912년에 창설된 혁신당(Progressive Party)은

가스와 수도의 사회주의(gas and water socialism) 영국에서 19세기 말에 산업의 공유화, 특히 시유화(市有化)를 주장하고, 자본주의 체제 안에서 기업의 시영(市營) 실현을 주장한 '도시 사회주의(Municipal Socialism)'라는 운동이 일어났다. 페이비언파에 의해 가스와 수도 공급이 공공 사업으로 실현되었기 때문에 '가스와 수도의 사회주의'라고도 불렸다. 미국에서는 1890년대 말, 1900년대 초에 혁신주의자들이 이를 받아들여 주장했다.

비록 5년 뒤에 내분이 일어나 와해되고 말았지만, 그렇더라도 네 가지 중대한 헌법 수정 조항을 만드는 데 공헌했다. 소득세 부과와 징수의 권리를 연방 의회에 부여한 것(수정 제16조, 1913년), 상원의원 직접 선거(수정 제17조, 1913년), 주류 제조와 운반에 관한 통제(수정 제18조, 1919년), 여성의 선거권(수정 제19조, 1920년) 조항이 바로 그것이다. 또한 혁신주의는 정당 정치를 심각하게 부패시키는 돈의 영향력을 폭로하는 힘겨운 싸움을 시작했다. 이 싸움은 오늘날에도 아직 승리를 거두지 못하고 있다. 혁신주의가 '틸먼 법'(Tillman Act, 1907)을 확고하게 지지한 덕분에 얼마 지나지 않아 대기업이 정당에 기부금을 주는 행위가 금지되었고, 연방 하원 선거에서 선거 운동 비용의 상한선이 책정되었으며, 각 정당의 전국 위원회가 자신들이 받은 기부금과 비용 지출 내역을 제출하도록 강제하는 조치가 이루어졌다.

이 새로운 공개의 규칙들은 대의 민주주의 시대에 들어와 최초로 이루어진 것이긴 했지만, 무력한 상태로 태어났다. 이 규칙들을 집행할 독립 기관도 설립되지 않았으며, 시민들은 제출된 보고서에 접근할 기회가 없었다. 또 규칙을 따르지 않을 경우에 부과되는 벌칙도 규정되지 않은 상태였으며, 이 법률을 준수하지 않았다 하여 기소된 사람은 한 사람도 없었다. 혁신주의가 많은 성공을 거둔 것은 사실이지만 부정적인 면도 있었다. 민주 정치가 지닌 특이한 활력을 제거하는 결과를 초래했던 것이다. 특히 정부 업무와 관련해 전문가의 역할을 공개적으로 눈에 띄게 확대함으로써 그리했다. 횃불 대회, 횃불 시위, 퍼레이드 따위를 화려하게 선보이던 날은 이제 완전히 과거의 일이 되어버렸다. 물론 상원의 직접 선거라든가 주민 소환 제도, 주민 발의 제도는 분명히 대의 민주주의의 맥박을 계속 뛰게 했다. 하지만 1920년대 초가 되면 날카로운 안목을 지닌 관찰자들이 공화국의 정치 분위기에 심각한 변화가 있음을 지적하기 시작한다. 정당과 정부 활동에 주민의 참여가 감소한 것으로 드러났다. 일반인이 참여하는 대대적인 집회나 운동은 점차 사라지고 그 대신에 행정부가 '광고'하는 것이 많아졌으며 점차 '정책'에 초점이 맞춰지기 시작했다. 일부 사람들은 민주주의의 환상에 불과한 이상이 이제 영원히 퇴조하고 만 것을 긍정적으로 평가했다. 하지만 더 많은 사람은 이렇게 변화된 정치 환경을 보며 슬픈 한숨을 깊게 내쉬었다.

행정 관리적 민주주의로 향하는 추세를 누구보다 정확하게 포착한 사람은, 미국 전역에 배포되는 주요 신문에 글을 썼으며 가장 유명한 칼럼니스트이자 정치 평론가였던 월터 리프먼(Walter Lippman, 1889~1974)이었다. 〈더 뉴 리퍼블릭(The New Republic)〉의 초대 편집인이었으며 제1차 세계대전 때 우드로 윌슨 대통령의 보좌관 역할을 했던 그는, 공적 사안에 관하여 스스로 합리적인 생각을 할 능력이 있는 시민들로 구성된 양식 있는 공중이라는 이상에 우울하게 작별을 고함으로써, 중간 계급의 편안함을 즐기던 많은 사람들의 대변자 역할을 했다. 그의 베스트셀러 저술 《환상의 대중》(1925년)은 엄청난 반향을 불러일으켰다. 이 책에서 그는 인민주의와 혁신주의가 품었던 대의 민주주의에 대한 믿음, 그리고 '주권자이며 전권을 가진 시민'이라는 대의 민주주의의 신화에 강력한 의문을 제기했다. 리프먼은 미국의 현실은 그렇지 않다고 주장했다. 그는 마치 고대 그리스의 플라톤이 20세기 초에 저널리스트로 일한다면 했을 법한 방식으로 말을 하고 글을 썼다.

리프먼은 대다수 시민이 공적 사안에 신경 쓸 시간이 거의 없다고 말했다. 시민은 "사실 관계에 지극히 제한적으로 관심"이 있을 뿐이며 "이론을 접하면 입맛을 잃는" 사람들이라는 것이다. 그들은 자신들의 머릿속에 들어 있는 단순화된 그림을 따라 행동하는데, 그들이 길잡이로 삼는 것은 '스테레오타입(stereotypes)'이다. 이 단어는 리프먼이 인쇄업계에서 빌려와 새로운 의미를 부여한 것이었다. 설사 어떤 사람이 공적 사안에 관심을 두고 노력한다 하더라도 결국 그는 자신이 큰 혼란에 빠졌음을 발견하게 된다. 민주주의자들과 민주주의 이론이 그토록 사랑하는 근면하고 끈질긴 시민은, 힘이 넘치고 공공심이 있고 지적인 호기심을 지닌 사람이라고 추정된다. 하지만 실상을 보면 그런 시민은 무한한 복잡성을 특징으로 하는 변화무쌍한 세계에 대해 아는 것이 거의 없다. 이렇게 되면 결국 '민주주의라는 신비한 오류'는 붕괴하고 만다. '국민'은 신과 같이 보이지 않는 곳에서 모든 것을 관장하는 존재라는 이야기는 어리석은 환상이다. 아마추어에 불과한 시민들은 이리저리 끌려다니다가 어떤 구체적인 상황에 들어가게 되면 결국 자신이 "모든 것에 대해서 항상 모든 것을 알 수 없음"을 발견한다. 그들은 스테레오타입의 지배를 받는 희생자들이기 때문에 "다른 천 가지 것이 엄청난 변화를 겪고 있는데도 오직 한 가지 것만 쳐다보고 있다"는 것이다. 시민은 뒤죽박죽 혼란을 겪는 존재이며 "마치 세 개의 뼈다귀를 동시에 핥으려고 애쓰는 강아지처럼 어리둥절한 상태"라는 것이다.[54] "주변 사람들의 의견이 혼돈" 속에 허우적거리는 평균적인 시민은 마치 연극이 상연되는 극장에 제3막의 중간쯤 입장했다가 연극이 완전히 끝나기 전에 객석을 떠나버리는, 그래서 뭐가 뭔지 전혀 모르는 채로 떠나버리는 관객과 같다.

그러면 도대체 앞으로 어떻게 해야 하는가? 과거에는 이 정치 공동체가 국민에 의한 정부에 기반을 두고 있으며, 국민이 서로 동등한 존재로서 전문성이 있다고 전제하고 있었다. 이러한 과거의 전제가 무너진 지금, 어떤 긍정적인 대안이 있기는 한 것일까? 리프먼은 대안이 있다고 주장한다. 경제적, 지정학적 불확실성으로 가득한 위험한 세계에 대해 대중이 너무도 무지한 이런 위험한 상황에서, 미국의 정치는 앞으로 양식 있는 '국민'이라는 허구적 개념 없이 살아가는 법을 반드시 배워야 할 것이라고 전망했다. 대의 민주주의는 자신의 오만한 설립 근거를 스스로 무너뜨렸다. 이는 (마르크스와 당대의 미국 사회주의자들이 주장했던 것처럼) 대의 민주주의가 부르주아에 의존했기 때문이 아니었다. 그것은 대의 민주주의가 무지한 사람들에게 그릇되게 집착했기 때문이었다. 리프먼의 동시대인이며 볼티모어의 풍자 작가인 H. L. 멩켄(H. L. Mencken)은 이런 무지한 사람들에게 익살스럽게 '부봐지'*라는 별명을 붙였다.

앞으로 미국을 통치하는 사람들이 힘을 빌려야 하는 대상은 '소피스트(sophists)'가 아니라 '소피스티케이트(sophisticates)', 즉 세련된 사람들이다. 즉 국내외의 복잡다단한 사안들을 다루는 데에는 지식이 풍부한 전문가의 존재가 필수적임을 알아야 한다. 리프먼은 통치 엘리트들이 '모든 것을 다 아는' 전문가가 되기를 바랄 수는 없다고 인정했다. 그러기에는 세상이 너무 복잡하기 때문이다. 따라서 공공의 토론, 여론 조사, 주기적으로 치러지는 잘 조직된 선거가 통치 엘리트들에게 유용한 참고 의견을 제공해줄 수 있다.* 하지만 리프먼은 그런 공공의 토론이 있고 그다음에 '국민'이 내리는

부봐지(booboisie) 얼간이, 바보를 뜻하는 영어 단어 'boob'과 중간 계급을 뜻하는 'bourgeoisie'를 합성하여 만든 조어. 즉 무식한 중간 계급이라는 뜻.

판정이 있다 하더라도 그것이 주권이 지니는 권위의 원천으로 여겨질 수는 없다고 결론지었다. 대의 민주주의는 더는 앤드루 잭슨, 에이브러햄 링컨, 그로버 클리블랜드, 윌리엄 유렌 같은 인물들에게 그랬던 것처럼 고상한 비전이 아니었다. 대의와 민주주의는 이제 서로 분리된 다른 길을 가야 했다. 이제 통치는 다른 사람들을 위해 '잘 계발된 공공 정책'을 만듦으로써 지도자들이 '누가, 무엇을, 언제, 어떻게 가질 것인가'를 결정하는 까다로운 업무를 할 수 있도록 해주는 단순히 실용적인 방법에 불과했다.

결백한 제국?

리프먼이 작성한 이 민주주의의 묘비명은, 세계의 나머지 부분과 확실하

---

* 여론 조사의 뿌리는 1820년대로 거슬러 올라간다. 그 예로, 1824년 대통령 선거에서 앤드루 잭슨이 존 퀸시 애덤스를 앞서고 있음을 보여주었던 신문 〈해리스버그 펜실베이니아〉처럼 신문사가 주최하며 통계학적인 수치 조정 없이 한 지역에 국한한(보통 시 하나를 범위로 했다) '비공식 시험 투표'를 들 수 있다. 미국 전체를 대상으로 시도된 사상 최초의 여론 조사는, 당시 큰 영향력을 지닌 일반인 대상 잡지 〈리터러리 다이제스트〉(〈타임〉의 전신이다)가 실시한 여론 조사였다. 수백만 통의 엽서를 독자들에게 보내고 답신을 받아 당시 우드로 윌슨이 대통령에 당선될 것을 정확하게 예측했다. 이 조사는 잡지의 배포 부수를 늘리기 위한 방법으로도 두루 쓰였다. 이때 정확한 예측을 내놓음으로써 홍보(public relations, PR) 창시자들의 관심을 모았다. 그런 사람들 가운데 에드워드 루이스 버네이스(Edward Louis Bernays)도 있었는데 그는 지크문트 프로이트의 조카였다. 그는 자기 자신에게 '홍보 고문'이라는 직함을 부여했으며, 활동 초기에는 표본 추출 방법[frontier]과 여론 설득 기술이 단순히 광고 수단의 영역에 머물고 있던 것을 더 넓게 확대해 스스로 '동의의 공학(engineering of consent)'이라고 이름 붙인 영역으로 넓히는 데 집중했다. 버네이스는 시끌벅적한 공개 행사(public spectacles)를 좋아했으며 언론의 관심을 끌 만한 새로운 행사를 가공하는 실험을 진행했다. 최초의 실험은 1924년 존 캘빈 쿨리지 대통령 후보의 예비 선거 운동 중에 춤과 노래를 섞은 단막극[vaudeville]을 함께 진행한 '팬케이크 아침 식사'라는 행사였다. 버네이스는 자신을 고용할 돈이 있는 사람이라면 누구에게나 자신이 가진 홍보라는 무기를 대여해줄 준비가 되어 있었다. 그는 오랜 기간 정부와 시민 사회 모두를 고객으로 두었으며 대기업도 그의 고객이었다. 버네이스는 개인을 위험할 정도로 성적 욕구로 가득 찬 힘에 휘둘리고 암시에 잘 걸려드는 존재로 보았으며, 그렇기 때문에 그들은 지도자들의 연출에 따라 지능적으로 교묘하게 만들어진 홍보 공세로 순화되고 통제되고 정리될 필요가 있다고 주장했다. 민주주의 아래에서 사람들의 생활이 실제로 어떤 것인지, 또한 어떤 것이 되어야 하는지에 대해 버네이스가 말한 것을 들어보라. "대중의 관행과 의견을 의식과 지성을 발휘해 조작하는 것은 민주주의 사회에서 중요한 요소이다. 사회의 이 보이지 않는 메커니즘을 조작하는 사람들이야말로 국가의 권력을 진정으로 지배하는 '보이지 않는 정부(invisible government)'를 이룬다. …… 우리는 한 번도 들어본 적이 없는 사람들의 통치를 받으며 우리의 생각을 주조하고, 취향을 형성하고, 아이디어를 떠올린다. …… 대중의 생각을 지배하는 끈을 잡아당기는 것은 바로 그들이다." (*Propaganda*, New York, 1928, pp. 9-10).(원주)

게 미국을 구분 지은 민주주의 발명품들로 이루어진 놀라운 역사의 우울하고도 지극히 슬픈 종말이었다.

1776년 이후에 이곳에는 새로운 대륙 규모의 연방체가 창설되었다. 이는 현지에서 직접 만들어낸 정치적 고치였고 이 고치를 부수고 그 안에서 나온 민주주의는 고대의 회의체 민주주의 세계에서는 전혀 알 수 없는 유형의 민주주의였다. 19세기와 20세기 초의 세계를 살펴볼 때 미국은 다른 어떤 나라보다 훨씬 더 희망적인 대의 민주주의 체제였다. 여기에서 세계 최초의 정당 제도가 나타났고, 한 정당에서 다른 정당으로 평화적 정권 교체가 이루어졌으며, 스스로를 민주적이라고 부르는 최초의 풀뿌리 정당이 나타났다. 종종 사람들이 오해하듯, 미국이 세계 최초로 모든 남성과 여성에게 참정권을 부여한 것은 아니었지만, 선거 운동을 하면서 조직적으로 서로에게 비난을 퍼붓고 소란을 피우기도 하며, 그로버 클리블랜드 대통령이 '정당 간 갈등의 시끄러운 소음'이라고 부른 것이 처음으로 발생한 곳이었다. 미국은 대통령 두 사람이 암살당하면서 발생한 충격파를 이겨내고 살아남았다. 미국은 서로 적대적이고 반대되는 민주주의의 두 개념 사이에서 일어난 잔인한 내전의 폭풍을 견뎌냈으며, 노예제에 기반을 둔 고대 민주주의 세계의 부활에 대한 모든 환상을 잠재우는 데 성공했다. 그런 의미에서, 미국은 민주주의를 노예제의 적으로 변화시킨 첫 번째 국가였으며, 또한 피부색이 흰색보다 어두운 사람들에게 시민권을 확대하는 길고 고통스럽고 투쟁으로 가득 찬 과정을 스스로 과감하게 실천에 옮긴 국가였다. 미국은 정당이, 보스들과 상근 활동가들에 의해 운영되고 기업 자본가들이 자금을 대는 '머신'으로 타락하는 과정을 목격한 최초의 대의 민주주의 국가였다. 미국은 공공 서비스 개혁에서 자유로운 실험을 허락한 최초의 대의 민주주의 체제이기도 했다. 실험의 목적은 '국민'의 이름으로 국가의 통치 구조에 더 높은 '능률성'과 '전문성'을 도입하는 것이었다. 또한 미국은 민주주의의 이름으로 시민 사회와 시민 반대 세력을 육성하기 위해 의식적으로 노력한 최초의 국가였다. 이를 위해 미국은 당내의 예비선거, 주민 발의 제도와 주민 소환 제도, 그리고 민주적 대의의 여러 형태들을 실험했다. 한편에서는 저널리즘의 새로운 투쟁 형태인 '머크레이킹(muckraking, 추문 폭로)'이 등장해 부정부패를 대중에게 알리고 병든 대의 정치 체제에 새로운 생명을 불어넣기 위한 공공의 노력에 힘을 더했다.

이 모든 것은 대단히 인상 깊은 일이다. 그러나 미국 민주주의의 발전에는 좀 더 어두운 측면이 있었는데, 특히 열등하다고 생각되는 다른 정부나 민족들에 대해 국내에서나 국외에서 힘을 휘두르려는 유혹에 넘어갔다는 것이다. 에드먼드 버크(Edmund Burke)는 18세기에 인도를 두고 영국이 세운 계획을 언급하면서 "혁명은 제국 건설의 첫걸음"이라는 유명한 말을 남겼다.[55] 물론 버크의 발언은 미국에 민주주의가 도래하기 전에 나온 것이었다. 그러나 앞으로 살펴보겠지만, 버크의 이 경구는 근대의 가장 강력한 대의 민주주의를 세우는 이 나라의 초기부터 적용되며, 그리하여 유감스러운 결과를 불러오게 된다.

미국 민주주의 역사가들은 대부분 제국과 민주주의의 연결 고리를 무시하는 편을 선호해 왔다. 그들은 최소한 19세기 말이 되기 전까지는 미국 민주주의가 제국주의적 지배의 유혹에 영향을 받지 않았다는 것을 당연시한다. 그들의 논리는 다음과 같이 전개된다. 미국에는 어떠한 포괄적인 외교 정책이 없었다. 오직 한 가지가 있었다면 그것은 강대국들 사이에 벌어지는 대립에 말려드는 것을 피하겠다는 조지 워싱턴의 강한 결심이었다. 젊은 공화국은 자국의 이익을 내세우지 않는 공평무사한 강대국이었다. 이 국가는 아마추어적 태도를 지니고 있었으며 동시에 반(反)제국주의적이었다. 나폴레옹이 군사적으로 무너진 이후, 1812년 영미전쟁에서 거의 패배할 뻔했으나 미국의 평화 사절단이 미국을 구해냈다. 이후 미국인들은 지리적 고립 상태를 활용하여 자신의 정치적 운명을 실현해 나갔고, 그러는 사이에 멀리 있는 영국 전함의 보호를 받았다. 이따금씩 허황된 제국의 꿈이 표면 위로 올라온 적도 있었다. 예를 들면 (해양 지도 제작자이며 해군 장교였던 매슈 폰테인 모리Matthew Fontaine Maury와 관련되어) 카리브해를 미국이 소유하는 호수처럼 만들 수 있다는 꿈을 꾸었으며, 미시시피 강 유역을 중심으로 하여 중국 해안에서 아일랜드 해안에 이르는 엄청난 지역을 차지해 큰 이익이 나오는 '제국(imperium)'을 만들어보자는 제안도 있었다. 하지만 그런 몽상은 그저 몽상으로 남았다. 그러다가 결국 미국의 고귀한 순진무구함과 명예로운 고립은 영국, 프랑스, 독일, 러시아를 비롯한 다른 유럽 국가들이 주도하는 식민지 쟁탈과 이익 다툼의 거친 소동 탓에 흐트러지고 말았다. 미국 민주주의 역사가들은 대부분 이런 식으로 논리를 전개한다.

시인 바이런(George Byron)이 "세상에 대한 그리고 이 세상이 돌아가는 방식에 대한/ 천상의 무지(無知)"[56]라고 표현한 적이 있는, 누구한테도 당당한 이런 순진무구한 태도는 민주주의 국가들에게는 저주이다. 마치 무성하게 자라오른 잡초처럼 이런 태도는 자신의 환상에 대한 비판의 목소리를 막아버린다. 이런 태도를 취하게 되면 어떤 것도 부끄러워하지 않고, 자기만의 정의감에 충만해 행동하며, 아무것도 두려워하지 않는다. 그러다가 결국에는 자신이 발가벗고 있으며, 아무런 보호도 받고 있지 않고, 세상이 돌아가는 방식에 대해 너무나도 취약하다는 것을 발견하게 된다. 19세기 내내 미국에는 이런 태도가 주류를 이루었으나, 1914년부터 1918년 사이에 일어난 파국적 사건들이 내뿜는 열기를 접하면서 결국 그 태도는 고통스럽게 무너져버렸다. 1917년 1월이 끝나가던 무렵, 더 정확하게는 독일 잠수함이 네 척의 비무장 미국 상선을 침몰시켜 미국이 역사상 최초로 세계 전쟁에 휘말려 들어가기 일 주일 전에, 우드로 윌슨 대통령은 미국이 순진무구한 국가이지만 동시에 도덕적으로 세계 평화의 충실한 옹호자라고 선언했다. 그는 '미국의 원칙들'이 곧 '인류의 원칙들'이라고 상원의원들 앞에서 말했다. 그에 따르면, 이제까지 항상 미국은 '얽혀들면 빠져 나오기 힘든 동맹 관계', '힘의 경쟁', '이기심에 근거한 경쟁'에 반대했다. 또한 "어떤 국가도 그 국가의 정치 제도를 다른 국가 혹은 민족에게 확대하려고 시도해서는 안 되며, 작은 민족이건 크고 강력한 민족이건 모든 민족은 자신의 정치 제도와 발전의 방법을 결정하는 데 아무런 방해와 위협도 받지 않고 아무런 두려움도 없어야 한다는 원칙"을 늘 지지해 왔다. 윌슨은 지금 시급한 과제는 '조직화된 경쟁 관계'를 피해 '조직화된 평화'를 촉진하는 일이라고 말했다. 힘의 균형을 원칙으로 하는 정치는 반드시 국제 사회의 여론에 의해 대체되어야 하며, 그 여론이 뿌리를 두는 곳은 민주적 민족 국가들이며, 이 국가들의 정부와 지도자와 시민은 새로운 연맹 안에서 일치단결하여 세계 평화와 민주적 정의라고 하는 커다란 목표를 향해 나아가야 한다는 것이다.[57]

감동적인 이야기다. 하지만 더러운 세상에서 자기만 순진무구하다고 주장하는 미국의 오래된 전통과 일치하는 발언이다. 이런 태도는 1885년 3월 그로버 클리블랜드 대통령의 취임 연설에도 여실히 드러난다. 그는 연방 의회 의사당의 동쪽 포르티코 바깥에 모인 대규모 청중에게 미국의 민주적 제도들이 지닌 특수성 때문에 "우리 공화국의 역사, 전통, 번영을 통해 인정받은 외교 정책에서 벗어나는 어떠한 이탈도 신중하게 회피"할 필요가 있다고 말했다. 공화국이 전통적으로 표방하는 것은 무엇인가? 그는 "우리 입장에서 바람직한 것은 독립이라는 방침"이라고 답했다. "그것은 우리의 이해관계에 알맞은 평화 정책이다. 또한 중립적 정책으로서 외국의 분쟁과 다른 대륙에 대한 야심에 관여하기를 거절하며, 그들이 이곳을 침범한다면 격퇴하는 것이다." 이런 식의 중립은 이미 조지 워싱턴, 토머스 제퍼슨, 제임스 먼로(James Monroe, 1758~1831)가 옹호했던 것이며 그 원칙은 분명하다. 즉 "모든 나라와 평화, 교역, 정직한 우애 관계를 유지하며, 어떤 나라와도 '얽혀 들면 빠져 나오기 힘든 동맹 관계'를 맺지 않는다."[58]라는 것이다.

젊은 미국 공화국이 세계를 평화로운 민주주의를 향해 이끌어 가고 있다는 이 오래된 믿음은 뿌리가 너무도 깊은 나머지, 알렉시 드 토크빌은 '얽혀 들면 빠져 나오기 힘든 동맹 관계' 회피를 민주적 삶의 일반 원칙으로까지 끌어올려놓았다. 단, 그는 한 가지 조건을 달았다. "운명은 미국 주민에게 그렇게도 많은 혜택을 내려주었는데, 이 운명은 이들을 아무도 없는 황야의 중간에 자리 잡게 하여 이웃을 얻지 못하게 했다. 이들의 필요를 충족하기 위해서는 불과 수천 명의 병사만 있으면 된다." 한편 토크빌은 민주주의 국가들이 항상 군대에 주의를 기울여야 한다고 경고했다. 군대를 구성하는 장교들과 다른 계급의 병사들이 (귀족이 지휘하던 과거의 군대와 달리) 물질적 야심에 사로잡혀 자신들의 처지에 불만을 품기 쉽다. 또 전쟁이나 혹은 전쟁이 곧 일어날지 모른다는 소문은 마치 산(酸)처럼 민주주의의 몸체를 부식시키지만 군인들은 전쟁이 자신들의 이익이라고 보게 된다는 것이다. 다행스럽게도 미국의 대다수 민간인들은, 전쟁이 다른 이들에 대한 적개심을 불러일으키며 행정의 수단을 소수의 손에 집중시키고 물질적 풍요를 파괴해 버린다는 점을 잘 이해하고 있다고 토크빌은 서술했다. 그는 지리적 여건 덕분에 큰 혜택을 받았으며, 평등 원칙에 철저한 미국의 민주주의는 평화주의를 지향하는 경향이 있다고 말했다. "재산을 보유하게 되면서 평화 애호가가 되는 점점 더 많은 사람들, 전쟁이 일어나면 곧 파괴되고 마는 개인적 부의 증가, 온화한 예의범절, 부드러운 심성, 평등한 환경이 조성하는 자비로운 마음, 이 모든 것이 합쳐져 군사적 정신을 약화시키고 있다."[59]

원주민 학살

미국 대통령들이 줄줄이 이렇게 자국의 순진무구함을 주장했지만 그런 자기 평가는 너무나 부정확한 것이었다. 두 개의 충돌하는 민주주의 정의(定義)가 몰고 왔던 남북전쟁은 일단 제쳐놓는다 해도, 19세기 미국 민주주의의 영혼을 이루는 한 부분이 되어버린 이 순진무구함은, 아메리카 원주민을 지배하기 위한 미국 민주주의의 의지에 대해서는 눈을 감아버렸다. 독수리로 상징되는 아메리카 원주민의 자유는 1776년 혁명으로 의도치 않게 시동이 걸린 민주화로 말미암아 사실상 완전히 파괴되어버린다.

처음부터 미국 의회는 '이로쿼이 여섯 부족 연합(Six Nations of the Iroquois Confederacy)'이 자신들의 문화적 긍지와 물리적 생존을 위해 한 백인 집단을 다른 백인 집단과 경쟁시키면서 균형을 맞추는 기술을 오래전부터 사용해 온 것을 불쾌하게 생각했다. 그들은 프랑스인에게는 영국인을 활용하여 균형을 잡았으며, 영국인에게는 미국인을, 미국인에게는 프랑스인을 활용했다. 신사들로 구성된 혁명가들을 꾸준하게 지지한 아메리카 원주민 집단은 사실 그리 많지 않았다. 그들의 땅에 메뚜기 떼처럼 침입하여 온 식민 개척자들에게서 보호해주겠다는 영국의 약속 때문에, 아메리카 원주민의 다수는 미국의 적대자인 영국을 지지했다. 그 때문에 대부분의 저명한 미국 혁명가들은 불쾌감을 느꼈고 이들은 곧바로 후일 보편적인 자유를 획득할 자격을 지닌 집단들의 명단에서 이 '야만인들'의 이름을 지워버렸다. '독립 선언서'를 보면 원주민들을 '무자비한 야만인'이라고 비난하고 있으며, 존 애덤스는 이들을 '냉혹한 사냥개'라고 불렀다. 토머스 제퍼슨은 미국 백인은 이들의 땅을 차지할 운명을 타고났으며 당연히 그래야 한다는 '기대감'을 품고 있다고 말했다. 조지 워싱턴은 원주민을 늑대에 비유하면서 "원주민과 늑대가 비록 그 외형은 다르지만 둘 다 다른 동물을 잡아먹는 맹수임에는 틀림없다."라고 말했다.[60]

이런 말들은 집단 학살을 암시한다. 공화주의 신사들에 의해 지배되고 있던 시기에 미국을 여행하고 돌아온 한 영국인 여행가는 이렇게 보고했다. "백인 미국인들은 인디언 종족 전체를 향해 증오에 가득 찬 적개심을 품고 있다." 그는 다음과 같이 덧붙였다. "백인 미국인들이 하는 말 가운데 인디언들을 지구상에서 완전히 박멸해버려야 한다는 말보다 더 자주 들리는 말은 없다."[61] 다른 관찰자들은 이런 경향과 반대되는 경향을 발견했다. 즉, 머스킷 총으로 무장한 백인의 적개심을 마주하고 있는 원주민들이 굴하지 않고 원기 왕성한 모습을 보인다는 것이다. 원주민들은 그 땅에서 본래 물질적 풍요를 누리며 살았다. '유럽의 빈자와 비교하면 인디언의 삶은 끊임없는 휴일'이라고 토머스 페인은 말했다.[62] 그리고 그들은 '위대한 정령(Great Spirit)'이 그들에게 준 자유에 대해 말하기를 좋아했다. 그들은 왕에 관한 이야기를 들으면 웃어버리고 말았으며, 그들의 몇몇 독립 선언에서 볼 수 있는 바와 같이 어떠한 지상의 권력에 대해서도 자치권을 포기하지 않을 것임을 완강하게 선언했다.

다음 세기 내내, 이런 자질 덕분에 아메리카 원주민들은 토지를 요구하는 정부 관리들에게, 피를 요구하는 개척민들에게, 그리고 영혼을 요구하는 선교사들에게 순순히 굴복해 희생자가 되기를 거부했다. 멕시코와 안데스 지역의 원주민과 달리, 이 최초의 미국인들은 종속된 계층으로 밀려나지 않았다. 그들 가운데 일부는 영국의 초청에 응하여 캐나다로 이주했다. 대부분은 미국 식민지의 경계선에서 요령 있게 살아갔다. 이른바 '선언선(宣言線, Proclamation Line)'은 1763년 영국이 유럽인들을 원주민에게서 분리하기 위해 설정한 것인데, 이 선이 공식적으로 양측의 경계선으로 인정되었다. 플로리다와 조지아 사이 경계에서 시작하여 동부 산지를 올라가서 세인트로렌스 만의 샬뢰르 만(Chaleur Bay)에 이르는 이 경계선은 안전 울타리 역할을 했으며, 토지에 대한 백인들의 갈망에 한계를 그었다. 원주민들은 유럽의 개척자들이 침입해 들어오는 것을 용감하게 밀어붙여 그들이 원래 있어야 할 지역으로 격퇴하려고 애썼다. 원주민 부족들의 이름만 들어도 많은 백인 미국인의 가슴에 공포가 서리는 일도 있었지만, 아메리카 원주민들은 상대방에 비해 수가 엄청나게 적었고 화력도 부족했으며 취약했다.

아메리카 대륙에서 살던 백인들의 입장에서 볼 때는 서쪽으로 민주적 삶의 방식이 확산되던 흐름이 19세기에 결실을 맺었다고 분명하게 말할 수 있다. 고대의 아테네가 시민권 확산 전략으로 타지 사람들의 생태 환경 자체를 식민화하는 방식을 택했듯이, 백인의 서부 이주는 토지, 일자리, 농업 수출과 광물의 새로운 원천은 물론이고 새로운 이익의 원천까지 제공했다. 이는 '상류 계급을 위한 거대한 원외 구호* 시스템'이 아니었다.(대영 제국에 대한 제임스 밀의 유명한 정의[63]) 부자가 되기 위한 투쟁에서 스스로 동등한 자격이 있다고 생각하는 사람들, 남성과 여성들 앞에 거대한 기회의 장이 열린 것이었다. 정복은 평등 비슷한 것을 만들어냈다. 토크빌은 이 상황에 매우 '민주적'인 어떤 요소가 있다고 했는데 이는 올바른 지적이었다. 그는 서쪽을 향한 식민 과정이 '상블라블'*의 이름 아래 진행되고 있다고 했다. 약탈품, 새로운 생활, 꿈의 실현에서 모두가 평등하다는 뜻이었다. 이 서쪽을 향한 돌격 뒤에는 사기, 강제, 협박, 총격, 수용소 같은 엄청난 비극과 눈물이 있었지만 그들은 개의치 않았다. 많은 개척자들에게 중요한 것은 오직 하나, 자신들이 위대한 민주주의 실험에 기여하고 있다는 점이었다. 콜로라도에 있는 산 하나는 심지어 그들에게 경의를 표하는 의미에서 '민주주의자'라는 이름이 붙여졌다. 당시 새롭게 정복된 영토 중 한 곳—이곳은 와이오밍 준주(Territory of Wyoming)였는데 훗날 '평등 주(Equality State)'라는 이름이 붙여진다.—에서는 적대적인 환경에 있으면서 공동의 적을 상대하던 모든 백인 정착민이 토지 확보와 가족 번성이라는 공동의 목표를 추구해야 했기 때문에, 백인 여성에게 정치적 힘을 부여하는 조치까지 취했다. 에스터

원외 구호(outdoor relief) 영국의 빈민 구호 제도에서 '구빈원'과 같은 시설에 입소한 빈민에게 도움을 주는 것을 원내 구호(indoor relief)라 했고 그렇지 않고 시설 밖에 있는 빈민에게 도움을 주는 것을 원외 구호라고 했다. 여기서는 대영 제국이 실상은 영국 상층 계급에 부당한 이득을 주기 위한 것임을 비판적으로 지적한 말로 쓰였다.

상블라블(sȧblabl) 프랑스어에서 이 단어는 '나와 닮은 사람'이란 뜻인데, 여기에서는 민주주의 국가의 시민들이 다른 시민들을 자신과 닮은 존재로 인식한다는 의미로 쓰였다.

1888년 11월에 와이오밍 준주의 샤이엔에서 여성들이 투표하는 장면을 그린 신문 삽화.

호바트 모리스(Esther Hobart Morris) 같은 지역 정착민 활동가들의 추진력에 힘입어, 땅과 섹스에 대한 열정은 성평등을 촉진하기에 이른다.(모리스는 곧 치안판사가 되는데 이는 아마도 여성이 대의 민주주의 시대에 사법 직책에 오른 첫 번째 사례일 것이다.) 남성들이 섹스를 박탈당할까 봐 두려워했던 것과 여성이 다른 인종과 결혼하겠다고 위협한 것이 민주주의를 발전시키는 에너지가 되었다는 이야기는 다소 어처구니없게 들리지만, 근대 세계의 외딴 개척지에서는 실상이 그러했다. 처음으로 와이오밍 준주 전역에서 시행된 선거가 끝난 직후 1869년 12월에, 토지에 대한 욕구와 성욕이 힘을 합친 덕분에 준주의 총독 존 캠벨은 미국 역사상 처음으로 백인 여성에게 투표권을 주는 법안에 서명을 하게 되었다.(하지만 여전히 선거에 입후보할 수 있는 권한은 없었다.) 3개월 뒤 와이오밍 준주의 수도인 라라미에서는 여성들이 최초로 배심원으로 소집되었는데 이 사건은 많은 공공의 관심을 끌었으며 국제적으로도 관심을 받았다. 시간이 얼마 지나지 않아, 결혼한 여성에게 자기 재산에 대한 통제권을 부여하는 법률도 채택되었다. 1890년 와이오밍이 미합중국에 편입되는 준비 과정의 일환으로 와이오밍의 유권자들은 여성의 투표권을 다시 한 번 확인하는 내용의 주 헌법을 승인했다. 그리고 1923년에는 넬리 테일러 로스(Nellie Taylor Ross)가 미국 최초로 여성 주지사가 되었다.

위험한 장소에 살던 백인 개척자들의 공포와 환상을 바탕으로 하여 이루어진 이런 변화 덕분에 백인 여성들은 혜택을 받았다. 하지만 아메리카 원주민의 입장에서 보았을 때 이 활기는 결국 제국의 정복으로 느껴질 뿐이었다. 유럽에서 온 백인들은 미겔 데 세르반테스(Miguel de Cervantes)의 작품에 나오는 산초 판사와 비슷하게 보였다. 산초 판사는 섬의 통치자가 되어 이득을 보려 했는데, 섬의 주민을 노예로 팔아넘기고 자기 주머니에 돈을 챙기려 했던 것이다.* 아메리카 원주민의 운명은 노예보다 더 열악할 수도 있었다. 유럽인과 최초의 접촉은 질병과 죽음이라는 험악한 운명의 파도를 일으켰으며 이는 곧 아메리카 원주민이 소멸될 수 있음을 예고했다. '이로쿼이 부족 연합'만 하더라도 18세기 첫 25년 동안 그들의 원래 인구 8천 내지 1만 명 가운데 약 절반을 잃었다. 1776년 혁명 직후 시기에 아메리카 원주민들은 적대자들 중 여러 다른 집단을 서로 경쟁 붙이는 데 대단한 기술을 발휘했으며, 자신들이 결국에는 백인 미국 시민들의 존중을 받게 될 것이라고 믿었다. 하지만 이들이 혼자 행동했든 아니면 프랑스인, 영국인, 에스파냐인, 미국 민주주의자들의 지지를 받아 행동했든 상관없이, 결국 아메리카 원주민들은 신생 민주주의 국가로부터 불행한 운명을 건네받았다. 바로 그 민주주의의 이름으로 아메리카 원주민들은 물리적 소멸을 맞을 것인가, 아니면 문화적 동화와 그로버 클리블랜드가 언급한 유명한 표현인 '최종적 시민권'[64]의 약속을 받아들일 것인가 하는 선택의 경계선 위를 비틀거리면서 걸어갈 수밖에 없었던 것이다.

영토 늘리기

이 젊은 대의 민주주의 국가는 제국을 획득하는 또 다른 방법을 알고 있

산초 판사(Sancho Panza) 에스파냐의 소설가 세르반테스의 《돈키호테》의 등장인물. 주인공 돈키호테의 시종이 되는 조건으로 훗날 섬의 통치자 직위를 약속받는다.

었다. 돈이라고 불리는 점잖은 군인을 통해 정복하는 것이다. 벤저민 프랭클린이 종종 말했듯, 돈을 소유하고 있을 때 유일한 장점은 그 돈을 사용할 수 있다는 점이다. 이 원리가 확실한 효과를 내면서 처음으로 적용된 것은 '루이지애나 구입'이었다. 1803년 4월 30일, 미국의 특명전권대사 로버트 리빙스턴(Robert Livingston)과 제임스 먼로는 파리에서 프랑스 정부에 6천만 프랑을 주고 프랑스 측으로부터 받을 돈이 있는 미국인에게 2천만 프랑을 지불한다는 조약에 서명했다. 금액도 컸지만 취득한 토지 역시 거대했다. 당시 루이지애나 준주는 87만 5천 평방마일로서 오늘날 미국 전체 영토의 23퍼센트 달하는 크기였다. 현재는 남쪽의 루이지애나 주에서 북쪽의 미네소타 주, 서쪽의 몬태나 주에 이르는 거대한 역삼각형 모양의 영토로 열세 개 주가 포함된다. 이 영토의 정식 인도는 1803년 12월 20일 뉴올리언스에서 거행되었다. 그날, 과거 에스파냐 식민지 정부 청사로 쓰였던 카빌도(Cabildo) 건물 앞에 성조기가 게양되었을 때 소수의 미국인은 박수를 쳤고, 곁에서 지켜보던 프랑스인, 에스파냐인, 아메리카 원주민들은 돌처럼 굳은 모습으로 침묵을 지켰다. 몇 개월 뒤 하얀 실크 깃발이 뉴욕 시 거리에 나부꼈다. 이 깃발에는 다음과 같은 칭송의 말이 큼직하게 쓰여 있었다. "광대하고 비옥한 루이지애나의 땅을 평화롭고 명예로우며 영광스럽게 구입하여 자유의 제국이 확장되었다."

이 문구는 당시 새롭게 등장한 순진무구한 민주주의자 세대에게는 당연한 내용이었다. '루이지애나 구입'은 무엇과도 비교할 수 없는 훌륭한 외교적 결실이었으며, (19세기 미국 역사가 헨리 애덤스Henry Adams의 표현대로) '독립 선언과 헌법 제정에 버금가는'[65] 업적이었다. 이 영토 획득—'정복'이라는 단어는 전혀 사용되지 않았다.—은 피비린내 나는 유럽 강대국과 대결 상황에서 공화국을 구원했으며, 혁명으로 놓인 기반을 안정시켰다. 그리하여 전 세계를 자유와 평등을 위해 안전한 곳으로 만드는 것이 미국의 운명임을 규정해준 것으로 여겨졌다. 당시 대통령이었던 토머스 제퍼슨은 한때 이 대륙의 자유를 확보하기 위해 미합중국을 일원으로 하며 예컨대 루이지애나라고 하는 '크리오요'* 공화국을 추가하는 '자매 공화국(sister republics)'의 가능성을 고려했던 적이 있었다. 나폴레옹은 자신이 유럽 대륙에서 벌이는 담대한 계획을 위해 현금이 필요했으며 미국이 강해지면 영국이 약해질 것이라고 생각했다. 제퍼슨은 나폴레옹과 협상하던 중에 태도를 바꾸어 만일 프랑스가 루이지애나 판매를 거부하면 미국과 영국의 동맹이 이루어질 것이라고 위협했다. 매디슨은 장차 '충돌'이 일어날지도 모른다고 경고했다. 하지만 이 두 가지 전략 모두 결국은 필요 없었던 것으로 밝혀졌다. 당시는 은행에서 발행하는 지폐가 경제를 좌우하는 세계가 형성되고 있었으며, 이 세계에서 훌륭한 무장 군인의 역할을 하는 것은 결국 돈이었던 것이다. 총 한 발 쏘지 않고 '자유의 제국(empire of liberty)'(이 말은 제퍼슨이 종종 쓰던 것인데 그 자체로 모순되는 표현이다)은 크기가 거의 두 배로 늘었다. 게다가 땅 1에이커에 당시 돈으로 3센트도 채 들지 않았다.

당시 루이지애나에 살던 사람들은 이러한 달러 지폐에 의한 팽창 전술에 어떤 형식으로든 동의한 적이 없었다. 그 땅에 살고 있던 아메리카 원주민은 이 매매에 대해 전혀 알지 못했다. 만일 그들에게 물어보았다면, 그들은 분명 자신들의 땅과 그 땅에 사는 생명에 가격표가 붙는다는 사실에 어리둥절해했을 것이다. 또 '자유의 제국'이 도대체 어떤 의미인지, 그리고 그 자유의 제국이라는 개념이 어떻게 국민의 동의에 기반을 둔 통치라는 원칙과 양립할 수 있는 것인지에 대해서도 의문을 불러일으켰을 것이다.

그 당시에는 그런 의문이 전혀 제기되지 않았기 때문에 그다음 이어지는 백 년 동안 역대 미국 대통령들은 약간씩 다른 달러 지폐 전술을 사용할 수 있었다. 1867년에 국무장관 윌리엄 H. 수어드(William H. Seward)는 러시아로부터 알래스카를 720만 달러라는 낮은 가격으로 구입하는 협상을 타결했다. 덴마크의 영토인 버진아일랜드를 구입하려는 시도는 남북전쟁을 치르던 중에 있었는데 상원에서 거부되어 (2500만 달러에 합의된) 영토의 매입이 1916년까지 미루어졌다. 어떤 영토에 대한 통제권을 확보하는 데 교역의 힘을 활용한 경우도 있었다. 특히 1875년 이후가 되면 때때로 민주주의의 명분을 내세우면서 미국의 사업가, 은행가, 산업가, 운송업자들이 세계 시장

크리오요(criollo) 신대륙 발견 후 아메리카 대륙에서 태어난 에스파냐 혈통의 백인 주민을 가리킨다. 이들은 '페닌술라르(peninsular)', 즉 에스파냐 본토인보다 정치적·사회적으로 하층에 속했으며, 에스파냐의 식민 지배에 맞선 이스파노아메리카의 독립 과정에서 본토 출신들과 대립하게 된다.

에 좀 더 편리하게 접근할 수 있는 권리를 달라고 공공연하게 요구했다. 이런 요구는 이따금 현지의 지지를 받아 직접 개입하는 방식을 암시하기도 했다. 바로 하와이에서 그런 일이 있었다. 하와이 왕국의 여왕 리디아 카메케하 릴리우오칼라니(Lydia Kamekeha Liliuokalani)를 미국의 사탕수수 농장 경영자들이 타도함으로써 하와이 섬들의 병합(1898년)이 촉진되었다. 파나마 운하 건설 계획에 대한 통제권은 좀 더 우회적인 방법으로 획득했다. 미국은 1903년 '헤이-에란(Hay-Herrán) 조약'에 따라 계약금 1천 만 달러와 매년 25만 달러를 지불하는 조건으로 운하 지역의 통제권을 얻으려 했다. 하지만 이 조약은 콜롬비아 상원의 반대에 부딪혔고 미국은 전술을 변경할 수밖에 없었다. 시어도어 루스벨트 대통령은 콜롬비아의 반대자들을 서반구 전체의 진보에 반대하는 '경멸해야 마땅한 왜소한 존재들'이라고 공격했다. 미국 정부의 축복과 미국 해군의 도움을 받아, 현지의 운하 건설 추진자들과 '인수렉토스(insurrectos, 반란자들)'는 콜롬비아에서 파나마 지역이 독립을 쟁취해야 한다고 주장하는 소규모 혁명을 일으켰다. 훗날 많은 미국 대통령이 활용하게 되는 논리를 펼치면서, 루스벨트는 민주주의 정치 제도가 계략과 현금과 무력을 합쳐서 활용하는 것에 대해 이렇게 말했다. "만일 내가 전통적이며 보수적인 방식을 따랐다면, 나는 대략 200쪽쯤 되는 위엄 있는 정식 문건을 의회에 제출했을 것이며 그 문건에 대한 토의는 지금 이 순간까지도 계속되고 있었을 것이다. 그러나 나는 운하 건설 지역을 탈취해버렸으며 그 다음 의회로 하여금 토론하도록 했다. 이렇게 했기 때문에 현재 토론이 계속 진행 중인 한편으로 운하 건설 공사가 계속 진행되고 있는 것이다."[66]

'위대한 국가'를 향하여

무력을 이용한 이러한 병합은 이미 '라 인테르벤숀 노르테아메리카나(La intervención norteamericana)'* 전쟁을 통해 예행 연습을 확실하게 했다. 이 전쟁은 오늘날 미국에서 미국-멕시코 전쟁(1846~1848)이라는 이름으로 불린

---

* 'La intervención norteamericana'는 영어로 옮기면 'The Intervention by North America'로서 '북아메리카의 간섭'이라고 번역할 수 있다.

다. 1846년 5월 중순 미국은 멕시코에 선전 포고를 했는데 그때 미국이 밝힌 개전의 공식적인 이유를 두고 양측이 뜨거운 논쟁을 벌였다. 이 영토 분쟁은 광범위한 파괴와 4만 명이 넘는 병사들의 부상과 사망을 야기했다. 하지만 당시 야심에 차 있던 신생 미국 민주주의 정치 체제에 이 전쟁은 대단한 이익을 가져다주었다. 영국의 구식 머스킷 총으로 무장한 멕시코 군대는 우수한 장비를 갖춘 미국 군대와 '텍사스 레인저(Texas Ranger)' 부대에 비해 화력도 약했고 기동력도 떨어졌다. 결국 멕시코는 영토의 절반을 잃었다. 미국은 텍사스에 대해 이제 전혀 논란의 여지가 없는 영유권을 얻게 되었다. 멕시코와 새로운 국경은 리오그란데 강으로 정해졌으며 이로써 미국은 현재의 네바다, 유타, 와이오밍, 뉴멕시코, 애리조나, 콜로라도의 일부를 양도받았다. 물론 이 전쟁은 미국 국내에서 반대 여론을 불러일으켰다. 헨리 데이비드 소로(Henry David Thoreau)는 이 기간에 그의 유명한 에세이 《시민 불복종》을 집필했으며, 민주주의적 이상과 양립 불가능한 이런 전쟁에 드는 군비를 대기 위한 세금을 납부하지 않겠다고 하여 투옥되었다. 존 퀸시 애덤스는 미국 역사상 처음으로 아버지에 이어서 대통령을 지냈는데(재임 기간 1824~1828년) — 이 기록은 21세기 초에 조지 W. 부시가 아슬아슬하게 대통령에 당선됨으로써 깨진다. — 이 전쟁이 정의롭지 않다고 강력하게 비판했다. 그는 이 전쟁을 수행한 장군들에게 '명예의 검'을 수여하는 데 반대하는 연설을 한 뒤 연방 의회 석상에서 심장마비가 일어나 결국 죽음에 이른다.

이 밖에도 양심을 지킨 많은 정직한 민주주의자들이 있었지만, 미국 언론은 멕시코에 승전하자 전쟁을 자랑스럽게 합리화하는 많은 글을 생산해냈다. 민주당 지지자들이 특히 목소리를 높였는데, 이들은 언론을 선전 무기로 활용하는 데 확실히 탁월했다. 공개적으로 전쟁을 찬성하며 나선 사람들 가운데 네이험 케이펀(Nahum Capen, 1804~1886)이 있었다. 그는 맹렬하게 전쟁을 찬성하는 글을 썼다. 보스턴의 출판업자이자 서적 판매업자였던 그는 연줄이 좋았으며 당시 대통령이던 제임스 K. 포크(James K. Polk, 1795~1849)와도 가까운 친구 사이였다. 포크 대통령은 그에게 미국 최초로 민주주의 역사서를 쓸 것을 설득하기도 했다. 케이펀은 미국 군대가 멕시코에서 이루어낸 '뛰어난 업적들'에 칭찬을 아끼지 않았다. 이 승리는 '민주주의'의 영광스러운 승리라고 썼다. 그는 미국의 승리를 고대 아테네인이 페르시아인을 상대로 벌였던 위대한 투쟁에 비유하면서 미국의 승리가 그와 비슷한 보편적인 의미를 지니게 될 것이라고 평가했다. "민주주의의 대의는 평등한 권리와 자유의 보편적인 대의이다. 그리고 그것은 보호하고 보존하며 발전시키도록 다른 어느 국민도 아니고 바로 우리에게 맡겨졌다. 이 대의는 오늘 하루의 대의가 아니라 미래의 대의이다. 한 국민을 위한 대의가 아니라 전 세계를 위한 대의이다." 혹시라도 이런 화려한 언어가 무자비한 힘을 덮기 위한 위장이라고 평가될 것을 우려한 케이편은 미국 국민과 미국 정부가 평화 애호가임을 강조했다. 하지만 그는 '국가의 실책과 오만과 편견으로 만들어져 도저히 뚫을 수 없는 장벽'으로 둘러싸인 멕시코 스타일의 정부를 대면하게 되면, 미국 민주주의로서는 무력을 써서 그들의 방어벽을 무너뜨리는 수밖에 다른 선택이 없다고 덧붙였다. 반항적인 나라를 상대로 민주주의 국가가 무력을 사용하는 것은 정당하다는 말이었다. 케이편은 결론을 내리면서 다음과 같이 이탤릭체로 사용하여 자신의 논점을 강조했다. "국가는 경찰을 보내서 연행해 올 수 없다. 국가는 또한 안전을 위해 감옥에 가두어 둘 수도 없다. 배심 재판을 받게 할 수도 없으며 법정이 형을 선고하게 할 수도 없고 법률에 따른 처벌을 내릴 수도 없다. *국가는 그가 저지른 악행에 책임지도록 강요할 수 없으며 처벌의 대상이 되게 할 수도 없다. 오직 전쟁이라는 수단이 있을 뿐이다.*"[67]

　이 말은 제국이라는 건축물을 구성하는 벽돌 사이를 붙여주는 회반죽 같은 역할을 했다. 19세기를 지나면서 영토와 민족을 합병하기 위해 실제 무력 사용이나 무력 사용의 위협의 뒷받침을 받는, 민주주의 국가의 권리에 대한 이야기는 흔한 것이 되었다. 과거에는 히브리스를 덮기 위해 순진무구함의 가면을 썼지만 이제는 그런 가면도 필요하지 않았다. 고대 아테네의 모습이 그대로 다시 한 번 반복된 것이다. 야심에 찬 미국 민주주의가 조용히 점령한 뒤 영유권을 주장한 섬들은 다음과 같다. 베이커 섬과 하울런드 섬, 구아노*가 풍부한 자르비스 섬(1857년), 존스턴 섬과 킹먼 암초, 미드웨이 섬(1867

구아노(guano) 바닷새의 배설물이 바위 위에 쌓여 굳은 덩어리. 질소분이나 인산분이 많아 비료로 쓰며, 남아메리카의 칠레 연안이나 남태평양 제도에 많이 생긴다.

년), 사모아 섬(1889년), 괌 섬과 팔미라 환초(1889년). 웨이크 섬은 에스파냐 에게서 탈취했다(1899년). 이렇게 태평양의 서쪽을 향해 팽창이 진행되었음을 고려한다면, 1900년경에 일부 진지한 미국의 관찰자들이 미국을 제국으로 공공연히 묘사하면서 이 제국을 이루는 사람들과 정치 체제가 '우월'하기 때문에 팽창이 자연스러운 일이라고 주장했다는 것은 그리 놀랍지 않다.

병합의 일부 사례에서 무력이 사용되었다는 것은 '자연스럽다'는 말이 사실은 '정치적이었다'는 의미였음을 암시한다. 초기의 군사 활동은 그리 대단한 규모가 아니었다. 예를 들어, 1890년 부에노스아이레스로 미국 군대가 조용히 파견되어 (당시 세계에서 가장 부유한 열 개의 국가에 포함된 아르헨티나에서) 미국의 사업상 이해관계를 보호했던 사례나, 1891년에 미 해군이 칠레에서 민족주의적 반란군과 충돌했던 사례가 그렇다. 얼마 지나지 않아 개입의 규모와 정치적 범위가 크게 확대되었다. 1898년 미국 군대와 포함들은 보도진과 외국의 저명인사, 일반인 지지자들까지 대동하고 쿠바에 가서는 현지 주민의 저항을 진압하는 에스파냐 군대를 격파했다. 처음에는 '자유 쿠바'를 약속했지만 이는 곧 미국의 보호령으로 바뀌었으며, 이웃한 푸에르토리코 역시 그렇게 되었다. 그다음에는 서쪽으로 1만 5천 킬로미터 떨어진 곳에서 필리핀 정복이 진행되었다. 우선은 듀이(George Dewey) 제독이 에스파냐 해군을 격파했으며, 다시 치열한 전투가 벌어져 4천 명의 미군 병사가 희생된 뒤 필리핀의 독립 운동 지도자 에밀리오 아기날도(Emilio Aguinaldo, 1869~1964)가 이끄는 게릴라를 격파했다.

미국 국내에서는 스스로 '반제국주의자'라 칭하는 사람들이 나서서 초기의 영광스러운 공화국이 이렇게 타락하는 데 대해 경고하고 나섰다. 이들의 용감한 입장 표명은 어쩌면 반대편에 있던 사람들과 똑같은 순진무구함의 냄새를 풍기고 있었다고 말할 수도 있다. 여하튼 이들의 목소리는 제국의 야심이 내는 시끄러운 소음에 귀가 먹먹해진 사람들에게 잘 들리지 않았다. "필요하다면 조국을 위해 봉사하다가 죽을 각오가 된 용감한 사람들에게 불만의 씨앗을 뿌리면서 정부를 당혹스럽게 만드는 자는 도대체 누구입니까?" 매킨리 대통령은 필리핀 침공 당시 깃발을 흔들면서 환호하는 청중 앞에서 이렇게 질문했다. 그의 후임자는 시어도어 루스벨트 대통령이었는데, 그는 미국 대통령으로서는 처음으로 비행기를 타고 군용 잠수함에 올랐던 사람이며, 처음으로 노벨 평화상을 수상한 미국인이었다. 노벨상 수상이듬해(1907년)에 그는 미국이 큰 몽둥이를 휘두를 수 있다는 것을 증명하려는 듯 '위대한 백색 함대(Great White Fleet)'의 세계 일주 항해를 명령했다.* 그는 좀 더 강한 확신을 갖고 '레알 폴리티크(Realpolitik)'의 언어를 구사했다. 루스벨트는 시카고의 해밀턴 클럽에서 초청된 청중을 향해 이렇게 경고했다. "만약 우리가 아무 일도 안 하고 그저 가만히 있거나, 오만하고 게으른 안락함이나 비열한 평화를 추구하는 행동만 한다면, 만약 우리가 생명이나 그 밖에 우리에게 소중한 것을 모두 걸고 꼭 승리해야 하는 힘겨운 투쟁에서 겁을 먹고 뒷걸음질 친다면, 더 과감하고 더 강한 다른 국민이 우리를 앞지를 것이며, 그리하여 세계의 지배권을 자기 것으로 쟁취할 것입니다." 루스벨트는 가차없이 단호하게 결론을 내렸다. "따라서 우리는 투쟁의 삶을 용감하게 직면합시다. 우리가 국가의 진정한 위대함이라는 목표를 최종적으로 달성하기 위해서는 이 투쟁에 나서는 수밖에 없으며, 힘겹고 위험한 시도를 할 수밖에 없습니다."[68]

이 연설을 통해 루스벨트는 순진무구를 표방하는 미국의 태도에 종언을 고했으며, 미국의 민주주의 정치 체제가 공식적으로 세계 무대에 입장한다고 선언했다. 이 세계 무대는 얼마 지나지 않아 힘을 추구하는 필사적 투쟁으로 아수라장이 된다. 루스벨트는 대단한 쇼맨십을 발휘하는 사람이었으며 그의 날카로운 정치 감각은 표를 불러오는 무기였다. 그는 전쟁에 두려움을 느끼지 않았으며, 다른 나라의 정부가 부패하여 미국의 개입이 필요하게 된 경우에 미국은 그 나라에 간섭할 권한이 있다는 독트린을 세웠다. 하지만 마르벨 교수와 달리 루스벨트에게는 어두운 미래를 깊이 들여다 볼 수 있는 수정 구슬이 없었다. 마르벨 교수는 미국에서 가장 사랑받은 영화 〈오즈의 마법사〉(1939년)에 나오는 인물인데 미래를 예언하는 능력이 있었다. 이제 곧 닥쳐올 세계의 미래는 정말로 위험한 어둠에 덮여 있었다. 여러 차

* 미국의 국력을 과시하고 우호 국가들의 사기를 높이기 위해, 미국의 해군 함정 수십 척이 14개월에 걸쳐 세계를 일주하는 항해를 했다. 승선한 해군 인원만 해도 1만 4천 명에 이른, 초대형 무력 시위였다. 배를 흰색으로 칠했다고 해서 '위대한 백색 함대'라고 불렀다.

례의 혁명, 죽음의 수용소, 두 차례의 세계 전쟁, 경제 붕괴, 독재, 전체주의의 지배, 태양보다 더 밝은 빛을 내는 폭탄의 폭발을 앞으로 경험하게 될 것이었다. 루스벨트가 투쟁을 언급했을 때 그가 반드시 이런 종류의 세력을 염두에 둔 것은 아니었다. 하지만 이런 세력이 지닌 힘은 다른 힘을 파괴해버릴 정도로 엄청난 것이었으며 곧 비틀거릴 정도로 미국을 강하게 밀친다. 유일하게 남은 질문은, 과연 미국의 과감성이 파괴의 차가운 발톱으로부터 민주주의를 보호할 수 있는가이다. 곧 20세기의 투쟁으로 인해 다시 한 번 민주주의의 정신과 제도가 옛 사전 속의 죽은 단어가 되는 것을 막을 정도로 미국이 강력한지를 묻는 것이다.

5장

라틴아메리카의 카우디요 민주주의

우리는 선거를 통해 왕을 뽑아놓고는 그를 대통령이라 부른다.

_ 시몬 볼리바르

총구를 겨누어 민주주의의 깃발을 올리게 하는 작업에는 위험이 따른다. 특히 세계를 무대로 할 때는 더욱 그렇다. 생(生)의 투쟁에 대해서라면 고대 아테네인들도 이것저것 배웠지만, 이제 좀 더 까다로운 근대라는 상황에서 시어도어 루스벨트의 도전을 받은 생(生)은 그 도전에 기꺼이 응수했을 뿐 아니라 심지어 그가 자랑스럽게 제시한 이상적 정치 모델을 세계 차원에서 시험에 들게 했다. 장차 미국은 세계의 다른 부분도 침공하게 되는데 그때 미국은 인류에게 알려진 가장 무서운 무기—즉 탱크, 제트 전투기, 화학탄, 원자폭탄—에 의존하게 된다. 하지만 그런 미래의 일은 일단 차치하고라도 이때 루스벨트가 생(生)의 혼돈과 맞서 싸우겠다고 선언한 것은, 미국 국내뿐 아니라 그 밖의 나라들의 대의 민주주의의 제도와 정신에 심각한 영향을 끼친다. 20세기에 들어서서 미국은 점차 순진무구라는 잠에서 깨어나 세계의 중심에 가까이 다가서게 된다. 그러면서 제국의 지배 욕구와 권력을 아래쪽으로 나누어주는 성향이 있는 민주주의 사이에 존재하는 모순에 점점 더 심각하게 직면하게 된다.

제국이 감행하는 사업은 비용이 몹시 많이 든다. 게다가 제국의 사업을 민주주의의 이름으로 추진할 경우, 위선이라는 비난과 반발에 부딪힐 위험이 크다. 이런 예로는 쿠바 합병을 위한 준비의 일환으로 미국 군대가 쿠바 섬을 점령한 직후에 시행된 1900년 6월 중순 선거에서 쿠바인의 다수가 '양키' 권력에 타격을 주었던 사례가 있다. 또한 제국의 사업은 미국 내의 대의 민주주의를 위험에 빠뜨렸다. 군사 개입은 공화국 시민의 시민적·정치적 자유권을 포함한 공화국의 권력 공유 질서에 긴장을 초래할 뿐 아니라, 일반적으로 대통령과 대통령이 통솔하는 군대에 특수한 권한이 넘어가는 일이 필연적으로 발생한다. 우드로 윌슨 대통령은 멕시코의 베라크루스를 점령하도록 미군에게 명령을 내린 일이 있으며 그로부터 3년 뒤 미국은 제1차 세계대전에 참전하기에 이르는데, 바로 참전 전날 윌슨 대통령은 〈뉴욕 월드〉의 편집자 프랭크 코브(Frank Cobb)에게 다음과 같이 말했다고 한다. "싸우려면 반드시 무자비해져야 합니다. 그런 무자비하고 폭력적인 정신은 우리 국민의 생활 구석구석까지 파고들 것이며, 그 영향은 연방 의회, 각급 법원, 순찰을 도는 경찰관, 거리를 걸어가는 보통 사람들에게까지 미칠 것입니다."[1] 몇 시간 뒤 윌슨은 국가 원수로서 처음으로 대의 민주주의를 보호하고 확산하기 위한 무력 사용을 옹호하는 연설을 감행한다. 1917년 4월 2일, 연방 양원 특별 합동 회의에서 윌슨 대통령은 이즈음의 국제 정세에서 무장 중립 입장은 이제 더는 미국에게 유효한 선택지가 아니라고 분명히 밝혔다. 경험이 보여주는 바는, 언론과 집회의 자유에 의해 통제되지 않는 독일 같은 국가들이 '그 이웃 국가들을 스파이로 가득 차게' 하고 '음모 공작을 시도'하고 있다는 사실이다. 이 국가들은 '권력 핵심 집단이 꾸미는 은밀한 계획'에 따라 통치되고 있어서, 국민들에게는 아무것도 말해주지 않으며 국민과 한 약속을 어기고 무엇이든지 마음대로 하고 있다. 이렇게 '소수의 특권 계급'에 기반을 두는 정부는 호전성을 띠는 경향이 있다. 윌슨의 생각에 따르면, 앞선 사실에서 추출되는 결론은 명확하며, 그것은 "평화를 위한 굳건한 협조 상태를 유지하는 유일한 길은 민주주의 국가들 사이의 협력 관계밖에 없다."라는 것이다. 이 논점은 윌슨 대통령의 다음 주장으로 이어졌다. 세계는 이제 새로운 시대의 출발점에 서 있다. 이 새로운 시대는 '인간과 정의에 대한 모든 고려 사항'을 저버린 무책임한 정부들에 의해 규정되든지, 아니면 '자신의 정부 내에서 발언권을 얻기 위해 권위에 복종하는 사람들의 권리'를 존중하는 민주주의 국가들에 의해 규정되든지 둘 중에 하나가 될 것이다. 윌슨은 미국이 어느 쪽을 선택할지 분명하게 말했다. "반드시 이 세계는 민주주의를 위해 안전한 곳이 되어야 합니다." 윌슨은 미국의 이해관계는 이제 인류의 이해관계와 같다고 말했다. "우리는 이기적 목적을 추구하려는 것이 아닙니다. 우리는 정복도, 지배도 원하지 않습니다. 우리는 배상을 원하는 것이 아니며 우리가 우리 의지로 행하는 희생에 따른 물질적 보상을 원하는 것도 아닙니다. 우리는 인류의 권리를 보호하는 옹호자일 뿐입니다."[2]

이 연설은 의기양양한 어투였던 것으로 종종 기억되지만 사실은 큰 논란을 불러일으켰다. 유럽 문제에 군사적 개입을 선호하는 친(親)영국파가 있긴 했지만 소수였다. 미국인 가운데 상당수는 속았다고 느꼈다. 그들 중 많은 수가 불과 1년 전 윌슨이 미국을 전쟁에 휩쓸려 들어가지 않게 할 인물이라고 생각해 그에게 표를 던졌기 때문이었다. 연방 의회에서도 분노에 찬 반대의 물결이 크게 일었다. 고함과 분노의 박수 소리가 의회 내의 여러 회의장에서 몇 번이나 크게 울려 퍼졌다. 몇몇 하원의원은 윌슨의 이러한 결정이, 달러를 그려 넣은 성조기를 들고 찬송가 〈전진하라, 기독교 전사들이여〉 가락에 맞추어 행진하는 무장한 금권 정치의 승리라고 비난했다. 미국인들이 너무 겁을 먹어서 자신들의 대통령에게 맞서지 못하고 있다고 지적한 사람들도 있었다. 당시 로버트 라폴레트는 상원의원으로 활동하고 있었는데, 그는 네 시간 동안 연설하면서 윌슨 대통령은 위선자이며 월스트리트의 은행가들을 지지한다는 점과 영국이 독일을 봉쇄하고 있기 때문에 수천 명의 독일 어린이와 노인이 굶주리고 있을지도 모른다는 가능성에 대해 윌슨 대통령이 침묵하고 있다고 맹렬하게 비난했다.

이처럼 국내의 반전 여론이 심했기 때문에 윌슨 대통령은 회의적인 미국인들에게 자신의 군사 전략을 홍보하기 위해 순회 연설에 나섰다. 이 연설 여행의 종반에 이르러 그는 뇌혈전증 증세가 나타나 정신과 육체 모두 무력한 상태에 빠지게 된다. 군사적 개입으로 인해 발생한 이러한 광범위한 공공의 긴장은 국가주의적인 수사로 종종 포장되었다. 그것은 곧 국익이라든가 나라에 대한 충성심이라든가 싸우려는 의지에 대한 이야기를 풍성하게 늘어놓는 식이었으며, 이 모든 이야기는 결국 여러 제국과 국가들이 지배하는 이 세계에서 경쟁자들을 밀치고 이겨내는 미국 정부의 힘이야말로 시민들에게 가장 중요한 의지처라는 것을 암시했다. 또 어떤 때에는 미국의 오래된 열광적 순진무구함이 재발했다. 이를테면 좀 더 불행하고 고통받는 민족들에 대한 미국의 의무라든가, (필리핀 정복 뒤의 상황을 매킨리 대통령이 묘사했듯) "우리의 공화국 제도 아래에서 최고의 발전을 이룬 기독교 문명의 혜택"을 세계에 제공함으로써 세상을 좀 더 나은 곳으로 만드는 것이 신이 주신 책무라는 식의 반쯤은 정신 나간 소리를 해댔다. 이런 멋진 이데올로기는 사실 특정한 권력 이해관계에 가면을 씌운 것이었다. 하지만 이런 이데올로기는 이따금 유권자들을 설득했으며 선거에서 승리를 가져다주었다. 한편 이런 이데올로기가 해외에서 반(反)민주적인 결과를 초래한 것은 명확한 사실이었다. 이런 이데올로기의 희생자들은 현대의 대의 민주주의에 관해 새로운 것을 배웠다. 즉, 민주주의의 선(善)을 중심으로 한 여러 정치적 추상 개념들에 대해 이렇게 왈가왈부하며 떠드는 것은, 결국 다른 사람들의 자기 결정권을 박탈하는 노골적인 폭력과 탐욕에 가면을 씌워주는 역할을 할 수 있다는 것이다. 이제 민주주의의 논리와 제도가 세계 전체로 확산해 감에 따라, 민주주의의 역사에서 전혀 새로운 난관이 등장한 것인데 그 난관의 핵심은 나라 안의 대의 민주주의와 나라 밖의 대의 민주주의를 어떻게 결합할 것인가 하는 지정학적 문제였다.

미국의 개입

다른 사람들이 민주적인 방식으로 살도록 해준다는 원칙을 민주적인 방법으로 실행에 옮기려면 과연 어떻게 해야 하는가? 이 문제는 얼마 지나지 않아 모든 대의 민주주의 국가가 직면할 문제였다. 처음에는 미국과 에스파냐어를 사용하는 중남미 지역의 긴장 관계에서 촉발된, 미국만의 특징적인 문제였다.

에스파냐가 지배하던 관타나모 만에 미국이 침입한 1898년경부터 많은 미국의 정치인과 외교관 그리고 심지어 일부 시민들까지 미국의 남쪽에 있는 세상을 재정적 부패, 억제할 수 없는 열정, 극심한 가난, 정치적 무질서, 지적 혼란에 사로잡힌 지역으로 묘사하곤 했다. 그리고 이 모든 이야기는 결국 '양키 스타일' 민주주의의 우월함을 보여주는 증거로 쓰였다. 에스파냐 군대는 '레콘센트라도스'* 정책을 펴 도시 수용소로 쿠바 사람들을 몰았는데, 수용소로 이동하는 도중이나 수용소에 도착하여 죽은 사람의 수가 20만 명에 이르렀다. 에스파냐의 군대의 잔인한 행동은 라틴아메리카에 대한 미국인들의 생각을 확인해주는 듯했다. 여기에서 도출된 결론은, 민주주의의 기술을 아직 습득하지 못한 민족들을 더 높은 상태로 끌어올리기 위해서라도, 지속적인 경계와 주기적인 개입이 반드시 필요하다는 것이었다. 시어도어 루스벨트 대통령은 "지옥 불에 타고 있는 조그만 쿠바 공화국" 안에서 반복되는 문제들 때문에 어쩌면 미국이 "그 국민들을 지구 표면에서 쓸어없애버려야" 할지 모른다는 생각이 종종 솟아오른다고 개탄한 적이 있다. 이런 발언은 당시 분위기를 이끌었다. 한편 그는 미국의 목적은 선량하다고 주장했다. "우리가 그들에게 원하는 것은 그들이 올바르게 행동하고 번영하고 행복해서 우리가 간섭하지 않아도 되는 것이 전부다." 만일 쿠바인들이 혁명이라는 게임을 계속한다면 그들은 "혼란을 일으킬 것이고 그러면 우리에게는 개입하는 것 외에 다른 선택지가 없다. 그렇게 되면 당장 남미의 의심 많은 바보들은 필시 우리가 애초부터 개입하려고 했으며 아마도 영토를 확장하려는 욕구를 품고 있을 것이라고 확신할 것이다."[3]

이런 거친 발언이 단지 쿠바만을 겨냥한 것은 아니었다. 이 발언의 핵심이 미국의 대(對) 라틴아메리카 정책으로 구체화되었으며, 이 정책의 기반에는 '먼로 독트린(Monroe Doctrine)'이 있었다. 먼로 독트린은 1823년에 제임스 먼로 대통령이 선언하여 미국의 전통적 외교 정책이 된 방침인데, 루스벨트는 이를 확대 해석하여 라틴아메리카가 미국의 '세력권' 안에 있다고 주장했다. 후일 이런 정책은 '루스벨트 후속 정책'*이라고 불리게 된다. 좀 더 쉽게 말하자면, 열대성 기후인 멕시코 만에서부터 남아메리카 남쪽 끝에 있

레콘센트라도스(reconcentrados) '집중하다, 집결하다'라는 뜻을 지닌 에스파냐어 동사 'reconcentrar'에서 나온 말로, 여기서는 에스파냐의 식민 지배에서 독립하기 위해 1895년 쿠바인들이 봉기했을 때 에스파냐 점령군이 쓴 진압 정책을 가리킨다. 당시 에스파냐의 발레리아노 웨일러(Valeriano Weyler y Nicolau) 장군은 농촌 지역에 흩어져 살고 있던 쿠바 주민들을 강제로 한곳에 수용하여 저항 세력의 물자 보급과 인력 충원을 막으려 했다.

루스벨트 후속 정책(Roosevelt Corollary) 루스벨트 대통령은 자신의 정책이 '먼로 독트린'의 논리적 연장선상에 있다는 의미에서 다소 난해한 논리학 용어인 'corollary'를 사용했다. 이 용어를 그대로 살려 '루스벨트 계론(系論)' 혹은 '루스벨트 연쇄론(連鎖論)'이라고 번역하기도 하지만, 이 책에서는 이 정책이 먼로 독트린의 후속 정책이었다는 점을 강조하여 '루스벨트 후속 정책'으로 옮겼다.

는 티에라델푸에고 군도까지 거의 9천 킬로미터나 되는 이 거대한 지역을 배타적으로 관할하는 경찰관의 권한을 미국 자신에게 부여한 것이었다. 유럽의 강대국은 이제 이 지역에서 환영받지 못한다는 것, 남과 북의 아메리카 대륙은 유럽의 미래 식민지 사업에서 제외된다는 뜻이었다. 당시 이미 존재하던 식민지나 보호령은 (먼로는 브라질에 대한 포르투갈의 통제 권한을 염두에 두었다) 미국이 반대하는 대상이 아니었다. 하지만 러시아, 프랑스, 영국, 에스파냐가 만일 신대륙에서 정치적 영향력을 확대하려고 시도한다면, (먼로가 1823년 12월 2일 미 연방 의회에서 말한 바에 따르면) 그런 행동은 '미합중국에 대한 비우호적인 태도의 표명'이며 "우리의 평화와 안전에 위험을 끼치는" 것이다. 먼로는 여기에 매우 큰 이해관계가 걸려 있다고 말했다. 미국의 정치 제도는 구세계와 "근본적으로 다르다."(먼로는 '더 낫다'는 의미로 이 표현을 썼다.) 미국의 정치 제도는 다른 나라에 대해 불간섭 원칙을 존중하며, 불간섭 원칙의 논리적 연장선에 있는 방침으로, '솔직하고 확고하며 당당한 정책'의 적용을 통한 '우호적 관계'의 발전을 존중한다. 미국은 다른 모든 국가가 이와 같은 방식으로 행동할 것을 기대하며, 그런 행동에 호응하여 미국도 유럽 국가들 간의 충돌이나 개별 국가의 내부 문제, 그리고 '우리의 남쪽 형제들'의 문제에 간섭하기를 자제할 것이다.[4] 이렇게 하여 남북 아메리카 대륙이 안정되면 그 안정은 평화를 불러오고 좋은 정부가 들어설 것이며, 미국 기업들의 이해관계에 도움이 될 것이었다. 단순히 교역뿐 아니라 천연자원이나 은행업, 산업 투자 같은 핵심 분야에도 마찬가지로 도움이 될 것이었다.

루스벨트 후속 정책의 옹호자들은 말로만 떠든 것이 아니었다. 일찍이 부에노스아이레스와 칠레에 해군 부대를 파견했던 일(1890~1891), 쿠바에 대한 전면적 개입, 미군의 푸에르토리코 점령으로 주사위는 이미 던져진 상태였다. 이 조치들로 인해, 미국 정부 또는 미국의 '매판'* 조직이 자신들의 투

매판(comprador) 'comprador'는 포르투갈어로 '구매자(buyer)'를 뜻한다. 원래는 1770년 무렵부터 중국에 있었던 외국 상관(商館)과 영사관 등에서 중국 상인과 거래 중개를 맡기기 위해 고용했던 중국인을 뜻했으나, 훗날 자신의 이익을 위하여 외국 자본과 결탁하여 자국의 이익을 해치는 일, 또는 그런 일을 하는 사람을 가리키는 말로 변했다.

자 혹은 정치적 주도권 유지를 위해 응원군이 필요하다고 판단할 때면 언제나 이웃 국가의 내정에 간섭하는 습관이 확고하게 자리 잡았던 것이다. 사실상 중앙아메리카와 남아메리카 대륙 전체가 '양키' 제국주의 정신이 실현되는 시험장이 되었다. 양키 제국주의 정신은 일찍이 미국에서 서부로 영토 확장이 진행되던 시기에 원주민들을 정복한 일, 그리고 멕시코를 무력으로 침공한 일에서 그 뿌리가 형성되었다. 1890년에서 1910년까지 20년 동안 미군은 이 지역을 20회나 침공한다. 1910년에서 1945년 사이에는 19회, 그리고 이후 2004년까지 20회 더 침공한다.

불과 한 세기 남짓한 기간 동안 총 59회의 군사 개입이 있었다. 먼로 독트린과 루스벨트 후속 정책이라는 명목으로 라틴아메리카 지역 전체는 끊임없이 간섭의 대상이 되었다. 이때 육군이나 해군을 직접 파견하는 방법부터 작전 지휘 수단을 제공해주는 방법, (쿠데타 실행을 위해서) 정보를 제공하는 방법 등이 쓰였다. 극소수의 나라들만 이런 운명을 피할 수 있었다.(파라과이가 그런 운 좋은 사례의 하나였다.) 점령 기간은 며칠부터 몇 년까지 다양했으며, 미국인들이 자신의 이해관계라고 인식한 범위는 정말 넓었다. 1891년 아이티의 나배사 섬에 대한 미국의 영유권 주장에 맞서 흑인 노동자들이 폭동을 일으켰을 때에도 무력 행사로 대응했다. 이따금씩은 노동조합원들이 점령군의 공격 목표가 되었다.(1920년 과테말라, 1925년 파나마). 멕시코의 민족주의자들이 미국의 이해관계에 가하는 위협을 격퇴하기 위해 병력과 군함을 동원한 일도 여러 번 있었다(1914~1916). 그 외에도 많은 나라에 선거 결과 혹은 선거 뒤의 상황에 영향을 끼치기 위해, 혹은 이미 확립된 상황을 바꾸기 위해 미군이 파견되었다. 그런 일은 쿠바(1906~1909), 파나마(1908, 1912, 1918~1920), 온두라스에서 일어났다(1919, 1924~1925). 투자를 보호하거나 자원을 확보하기 위해서 간섭하는 경우도 흔했다. 그런 예로는, 도미니카공화국(1903~1904)이 있었고, 니카라과에 '달러 외교'* 보호령을 세운 것(1907), 온두라스에 대한 두 차례의 간섭(1911, 1912), 쿠바 장기 점령(1917~1933) 등이 있다.

'해방자' 시몬 볼리바르

미국의 정치인들과 관리들은 연설이나 성명을 통해서, 앞서 이야기한 모든 간섭 행위를 여러 방식으로 정당화했다. 시어도어 루스벨트 대통령은 미국인들에게 그들의 집 문 앞에서 벌어지는 '요란한 무질서 상태'를 종식할 수 있는 '합리적이고 현명한 외교 정책'이 필요하다고 말했다. 달러 외교를 옹호하는 사람들은, 윌리엄 하워드 태프트(William Howard Taft) 대통령 시기(1909~1913)와 마찬가지로, 자본을 수출해 얻는 혜택에 대해 솔직하게 말했다. 또 다른 사람들은 인도주의적인 정서를 언급하기도 했으며, 심지어 '민주주의'라는 단어를 이용하기도 했다. 간섭 행위에 민주주의라는 말을 갖다 붙인 것은, 지금 돌이켜보면 너무나도 뻔뻔하고 기만적으로 보인다. 그 지역들에서 대의 민주주의의 싹이 튼 것은 사실 미국보다 더 '이른' 시기인 1810년대였기 때문이다. 이는 앤드루 잭슨 대통령이 민주주의를 향한 미국 특유의 발전을 촉진한 시기보다 10년이나 '앞선' 것이었다.

여기서 잠시 멈추어, 어떻게 '이스파노아메리카'*가 민주주의의 영역에서 새로운 길을 개척했는지 살펴보는 것도 가치 있는 일이다. 19세기 초에 이 지역을 휩쓸고 지나간 활발한 입헌 혁명들을 살펴보면 우리는 대의 민주주의의 뿌리가 얼마나 놀랍도록 서로 엉켜 있는지를 다시 한 번 확인할 수 있다. 이스파노아메리카에서 일어난 혁명들은 대의 정치의 기본 제도들이 레몬나무와 오렌지나무처럼 낯선 땅에 어느 정도 성공적으로 이식될 수 있다는 것을 보여주었다. 흥미로운 사실은 전체 이식 작업이 미리 계획되지 않았다는 점이다. 여기서 우리는 다시 한 번, 대의 민주주의의 역사에서 천국

달러 외교(dollar diplomacy) 아시아와 라틴아메리카 지역에서 미국의 경제적, 정치적 영향력을 강화하기 위해 펼친 팽창주의 외교 정책을 가리킨다. 미국의 27대 대통령 태프트는 아시아, 라틴아메리카 지역에 대한 미국 자본의 투자를 장려함으로써 미국 상품의 해외 진출을 촉진하고 동시에 그 나라에서 미국의 정치적 영향력을 강화하고자 했다.

이스파노아메리카(Hispanoamerica) 오늘날 중앙아메리카와 남아메리카에서 에스파냐어를 쓰는 나라를 통틀어 부르는 명칭(포르투갈어를 쓰는 브라질을 제외)으로서, 약 300년간 에스파냐의 식민 지배를 받으면서 언어, 인종, 문화적으로 영향을 받았음을 강조하는 의미가 담겨 있다. 한편, 중남미 지역을 흔히 '라틴아메리카'라고도 부르는데, 이 명칭은 미국과 캐나다를 포함하는 '앵글로아메리카'에 대응하는 것으로서 공식적으로는 중앙아메리카, 남아메리카, 카리브해 일대를 가리킨다. 과거 에스파냐와 포르투갈의 식민지였던 지역과 프랑스의 식민지였던 지역을 포함한다.

으로 가는 길이 지독히 기분 나쁜 의도들로 포장되어 있을 때가 있다는 것을 확인할 수 있다.

이스파노아메리카에서 19세기 초에 발생한 혁명적 봉기는 결코 단순하지 않았다. 따라서 우리는 그 봉기들이 전개된 흥미로운 변증법적 과정을 주의 깊게 봐야 한다. 먼저 1807년 나폴레옹 보나파르트의 군대가 에스파냐 본토를 침공함으로써 벌어진 몇 차례의 특이한 혁명적 사건에서 그 파열의 실마리를 찾을 수 있다. 1808년 봄에 카를로스 4세(Carlos IV de Borbón)와 그의 아들 페르난도 7세(Fernando VII)―그는 나폴레옹에게 붙잡혀서 투옥되었다.―가 나폴레옹 세력의 강압을 이기지 못하고 연속해서 왕위에서 쫓겨나자 에스파냐 왕국은 일종의 정치적 진공 상태가 되었다. 처음에 이 진공은 군주정을 지지하는 현지의 거센 감정으로 채워졌지만 이 흐름은 곧 사라졌다. 곧이어 나폴레옹이 자신의 형인 조제프 보나파르트(Joseph Bonaparte)에게 에스파냐의 왕위를 주자 모욕을 당했다는 감정이 광범위하게 촉발되었기 때문이다. 마드리드에서 폭동이 일어났고 프랑스군에게 점령되지 않은 에스파냐의 여러 지역에서 게릴라전이 벌어졌다. 감히 프랑스 편을 들었던 궁정 관리들은 군중들에게 쫓겨나거나 붙잡혀 교수형을 당했다. 한편 이런 상황을 어떤 식으로든 통제하려는 노력의 일환으로, 에스파냐 각지의 유력 인사들은 수십 개의 지역 '훈타(junta, 위원회)'를 설립했다. 명망 있는 교회 성직자, 귀족, 정부 관리들로 구성된 자치 조직 훈타는 젊은 페르난도 7세를 여전히 에스파냐의 합법적인 왕으로 인정했다. '훈타'들은 각지에서 병력을 모으는 한편, 1808년 여름까지 각 지역의 상황을 통제했다. 그러면서 또 한편으로는 나폴레옹에 대한 저항을 조직화할 수 있는 중앙 정부를 어떤 형태로든지 다시 수립하는 방안을 모색했다.

1808년 9월 말, 드디어 한 가지 정치적 해결책이 나왔다. 프랑스 점령자들을 몰아내기 위해, 마드리드에서 가까운 아란후에스에 대항 정권을 세우는 것이었다. 자신을 '최고중앙통치훈타'*라고 명명한 이 조직은 페르난도 7세를 에스파냐의 주권을 보유한 왕이라고 선언했다. 중앙훈타는 페르난도

최고중앙통치훈타 이 기관의 원래 명칭은 'Junta Suprema Central Gobernativa(Supreme Central Junta for Government)'이다. 이후로는 '중앙훈타'라고 줄여서 표기한다.

7세가 왕위에 복귀할 때까지 그의 대리인 역할을 할 것이라고 했다. 흥미로운 일이었다. 왜냐하면 중앙훈타가 스스로를 부재하는 왕이 지닌 권위의 혁명적 원천으로 세웠기 때문이다. 이 사건은 1776년 미국 독립 선언을 거꾸로 뒤집어놓은 형태였다. 이로 인해 아메리카의 에스파냐 식민지들은 갑자기 중요한 선택의 기로에 놓였다. 에스파냐에서 벌어지는 상황에 관한 놀라운 소식들이 수개월의 시차를 두고 이스파노아메리카에 하나둘 전해졌다. 이 소식에 처음으로 나타난 반응은 왕당파의 분노였다. 이스파노아메리카의 모든 사람이 프랑스 침입자에 반대하며 국왕, 교회, 전통을 지지하는 듯 보였다. 그러나 중앙훈타가 설립되었다는 소식이 전해지자 그들은 놀라워했으며, 그 놀라움에는 당혹감도 섞여 있었다. 앞으로 제국의 미래에 대해 그들에게 발언권이 주어졌다는 소식이 함께 날아들었기 때문이다. 군사적 패배와 낮은 호응으로 곤란을 겪던 아란후에스의 대항 정부가 역사상 전례가 없는 조치를 취했던 것이다. 즉 '경애하는 왕'인 페르난도 7세의 이름으로 중앙훈타는 이스파노아메리카의 각 지역에서 대표자를 선출할 것과 "그 대표자들을 통해 국왕의 정부인 중앙훈타에 참여"할 것을 요청했던 것이다.[5]

군주정을 지지하기 위해 두 대륙에 걸쳐 치러질 투표 과정에 제국의 여러 국민들을 참여시키기로 한 이 특별한 조치는, 이 상황에 관련된 모든 당사자에게 짓궂은 농간을 부렸다. 이 조치로 인해 제국의 종언과 제국이 다수의 자치 공화국으로 대체되는 과정이 더 빠르게 진행되었기 때문이다. 1809년 봄부터 1810년 겨울에 이르는 동안, 멕시코 소노라 지역의 사막 지형 산지와 넓은 해안부터 비와 반쯤 녹아서 질척거리는 눈과 빙하와 영구적으로 녹지 않는 눈으로 뒤덮인 칠레 남쪽 끝까지, 이스파노아메리카 전 지역이 첫 번째 선거 실시로 바쁘게 돌아갔다. 이는 대의 자치정 역사에서 가장 큰 규모의 실험이었으므로 당연히 특이한 일이 곳곳에서 많이 발생했다. 각 지역에서 만들어진 공적 훈타 여러 곳에서 선거 규칙을 두고 불만이 쏟아져 나왔다. 참여를 요청했던 원래의 1809년 1월 포고문에는 이 지역을 '에스파냐가 보유한 광대하고 귀중한 영역'이라고 묘사했는데, 많은 아메리카 현지 주민들은 이 표현에 반발했다. 그들은 '식민지'에 대한 어떤 이야기도 싫어했으며, '에스파냐들' 혹은 '두 반구에 걸쳐 있는 에스파냐'라고 부르는 두 지역이 근본적으로 '평등'하다고 주장했다.

그러던 중 이스파노아메리카의 애국자들의 상처에 소금을 뿌리는 사건이 벌어졌다. 마드리드의 중앙훈타가 네 개의 부왕령*과 다섯 개의 총독령*에만 대표자 선출 권한을 부여하겠다는 결정을 내린 것이다.(부왕령에는 누에바에스파냐, 누에바그라나다, 페루, 라플라타가 있었고, 총독령에는 쿠바, 푸에르토리코, 과테말라, 베네수엘라, 칠레가 있었다.) 에스파냐 본국의 모델을 본떠서 각 지역에는 엘리트가 주도하는 훈타가 세워졌는데, 이 현지의 훈타들은 본국 결정을 따를 수밖에 없었다. 이렇게 되면 그 밖의 광대한 영역에서 사는 사람들은 투표 과정에서 제외되는 것이었다. 게다가 마드리드의 중앙훈타는 자신을 유리한 위치에 올려놓는 또 다른 결정을 내렸다. 에스파냐 본국에는 열세 개의 훈타가 있었으며 각각 두 명의 대표자를 선출하기로 했던 반면, 이스파노아메리카에서는 위와 같이 선택의 행운을 받은 지역에서조차 단한 명씩만 대표자를 선출하도록 했던 것이다. 인구로 보면 이스파노아메리카 쪽이 훨씬 많았는데 이스파노아메리카의 대표자 수는 아홉 명밖에 되지 않고, 에스파냐 본토는 스물여섯 명이나 되었다. 두 반구에 걸쳐 있는 왕국에서 이것을 동등한 처우라고 할 수 있는가? 많은 이스파노아메리카 주민들이 질문을 던지기 시작했다.

이스파노아메리카에서는 백 개 넘는 도시가 선거에 참여했는데, 이는 에스파냐 본토보다도 더 높은 참여도였다. 그러나 대표자 선출 방식은 난해

부왕령(副王領, virreinato) 식민지에서 에스파냐 국왕의 권한을 대리해 해당 지역을 통치하는 행정 책임자를 '부왕(副王, virrey)'이라 불렀다. 부왕이 관할한 지역을 '부왕령'이라 한다. 부왕의 임기는 6년에서 7년 정도였으며, 대부분 에스파냐 본토에서 파견된 귀족이 맡았다. 아메리카 대륙에 설치된 부왕령은 누에바에스파냐 부왕령(1535~1821), 페루 부왕령(1542~1824), 누에바그라나다 부왕령(1717~1821), 라플라타(리오데라플라타) 부왕령(1776~1814)이 있었다. 누에바에스파냐 부왕령은 오늘날 멕시코에서 파나마에 이르는 지역이었다. 페루 부왕령은 설치 당시 파나마 이남 지역을 관장했는데, 나중에 페루 부왕령의 일부를 분리해 누에바그라나다 부왕령을 신설했다. 누에바그라나다는 오늘날 콜롬비아, 베네수엘라, 에콰도르, 파나마 지역을 포함했는데, 베네수엘라에는 1777년에 별도로 총독령이 설치되었다. 라플라타 부왕령은 오늘날 아르헨티나, 우루과이, 파라과이, 볼리비아 일부를 관장했다.

총독령(總督領, Capitanía General) 이스파노아메리카에서 부왕령의 하부 단위로, 외세의 침공이나 토착민의 공격으로 위험에 처한 지역에 설치되었다. 총독령을 통치하는 총독(Capitán General)은 기본적으로 육군 사령관이었으며 전권위원으로서 권한이 있었다.

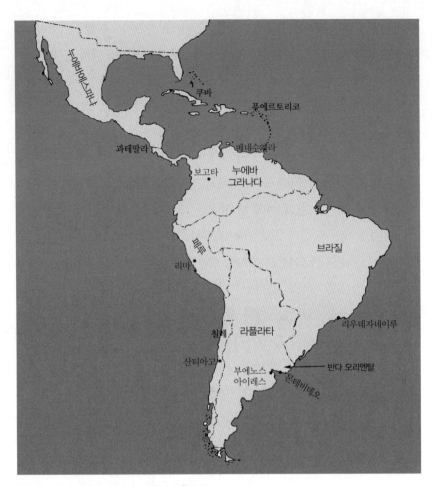

1800년경 라틴아메리카의 에스파냐 부왕령과 총독령.

하고 조악해서 사람들의 불만을 불러일으켰다. 전체적으로 볼 때 이 선출 방식은 소수의 '훌륭한 도시'에서 부유한 저명 인사들이 과두 지배를 하기에 유리하도록 조작되어 있었다. 우선 선거가 치러지는 각 구역의 시의회 의원들이 잠재적 후보자 세 명(이들을 '테르나'*라고 했다)을 선발한다. 최종 일인은 추첨으로 결정되었다. 사람들은 선택은 인간이 하지만 결정은 신(神)이 내리는 것이라고 말했다.(고대 그리스에서 했던 추첨과 유사하다는 점에 주목하라. 이러한 추첨 절차는 한편으로는 정파 다툼을 피하게 하며, 다른 한편으로는 자연율을 궁극적으로 보장하는 신의 섭리가 개입할 수 있게 하는 장점이 있다고 칭

테르나(terna) 세 명으로 이루어진 한 조, 한 패를 가리키는 말. 영어의 'three(3)', 'triangle(삼각형)'과 어원적으로 뿌리가 같다.

송받았다.) 그런 다음에 이 후보자들을 두 번째로 거르는 과정이 있었다. 이 과정은 광대한 지역을 포괄하는 부왕령이나 총독령의 수도에서 진행되었는데, 부왕이나 총독은 유력 인사들로 구성된 현지의 '아우디엔시아'*의 조언을 들으면서, 각 도시에서 보내온 후보자 명단에서 다시 한 번 '테르나', 즉 세 명을 선택한다. 마지막으로 추첨을 거쳐 셋 가운데 한 명을 본국의 중앙훈타에 보내는 대표자로 정했다.

이런 엘리트 중심 방식은 과거의 제국 질서에나 어울리는 것이었으며, 이 선거의 결과 역시 그랬다. 이렇게 선출된 대표자들은 장기간 현지를 떠나 있어야 했기 때문에 이때 대표자(이 대표자를 '프로쿠라도르procurador'라고 불렀는데 이는 레온과 카스티야의 코르테스에서 처음으로 쓰였던 명칭과 같다)로 선출된 사람은 일반적으로 현지에서 가문의 책무에 묶이지 않은 사람, 예를 들어 높은 교육을 받은 성직자나 학위가 있는 젊은 관료 같은 사람들이었다. 이들은 각 시의 행정 기관과 가문을 지배하는 명망 높은 인사들이 운영하던 정실 제도의 지원을 받았다. 이들은 제국에 맹렬한 충성심을 보이던 과두제 지배층의 대표자들이었다. 이러한 이유 때문에 중앙훈타에 '대표성이 없다'는 인식이 커졌으며, 그것이 논란을 일으켜 결국 에스파냐 제국은 치명적인 타격을 받았던 것이다.

이렇게 선출된 아메리카 측 대표자들 중 아무도 실제로 중앙훈타의 의석을 차지하지 못했다는 점도 문제가 되었다. 에스파냐에 너무 늦게 도착했던 것이다. 에스파냐 본국의 중앙훈타는 1810년 1월까지 겨우 일 년 남짓 통치 기관 역할을 했는데 그때까지 이스파노아메리카 대표들이 도착하지 못했던 것이다. 이런 희극적인 상황은 식민지의 도시와 농촌 지역에 만연한 분파 싸움 때문에 더욱 악화되었다. 큰 가문들은 혈연, 재산 관계, 친분 관계로 서로 얽혀 있었으며 종종 서로 뒤를 봐주는 폭력 조직과 닮아 있었다. 이들은 (별로 놀랄 일도 아니지만) 실권을 포기하려 하지 않았으며, 그래서 종종 경쟁자를 상대로 적대적인 태도를 취하기도 했다. 이런 대립은 상대방이 부당한 영향력을 행사한다는 비난에서 비롯되곤 했으며, 중앙훈타

___

아우디엔시아(audiencia) 이스파노아메리카의 각 부왕이나 총독 같은 현지 행정 책임자에게 입법, 사법의 주요 사안에 관해 자문하는 고등법원이었다. 부왕을 견제하는 역할도 했다.

를 어느 정도까지 신뢰할 수 있는가를 두고 논란이 벌어지기도 했다. 이런 대립의 또 다른 원인—이것은 식민지에서는 새로운 현상이었는데—은 대의(represenation)에 관한 전통적 원칙이 타당한지를 둘러싼 논쟁이었다. 대표자는 전통에 기반을 둔 왕국에 최종적으로 구속된다는 것이 원칙으로 여겨졌는데, 당시 이 왕국에는 왕이 없었던 것이다. 대의 기관을 갖춘 왕국(대의 군주제)이라는 것이 잠시 동안은 실현 가능한 것처럼 보였다. 하지만 여기에는 우선 대의제와 (신이 내린) 왕권을 조화시켜야 한다는 어려움이 있었을 뿐 아니라—이 문제는 레온 왕국에서 젊은 알폰소 9세가 직면했던 문제다.—매우 심각한 전술적 문제가 있었다. 간략하게 표현한다면, 여기서 관건은 과연 군주정의 낡은 운영 방식을 그대로 써서 군주정을 재건할 수 있겠는가 하는 문제였다.

분열이 더욱 악화된 이유는 에스파냐 본토에서 전해지는 신호들이 서로 모순되는 경우가 많았기 때문이다. 게다가 이런 신호들은 범선을 타고 천천히 하나씩 전달되었다. 첫 번째로 전달된 소식은 중앙훈타가 즉시 새로운 '코르테스'를 소집하려고 계획하고 있다는 소식이었다. 그다음에 전달된 소식은, 중앙훈타가 이스파노아메리카의 사안을 다룰 권한을 지닌 대리 대표자들을 이미 지명했다는 소식이었다. 본토에선 나폴레옹과 전쟁을 치러야 했고, 이스파노아메리카의 각 속령(屬領)에서 자율적으로 훈타를 구성하고 독립적인 선거를 진행할 시간이 부족하다는 것이 이유였다. 당시 이스파노아메리카 지역에서 중앙훈타에 대한 충성심이 강했던 것을 감안하면, 중앙훈타가 의도했든 의도하지 않았든 이런 식으로 이스파노아메리카를 배제한 것은 결국 군주제를 옹호할 명분을 약화시키는 결과를 초래했다. 그다음에 전달된 놀라운 소식은 당시 프랑스군에 포위되어 고립된 상태에 있던 도시, 카디스에서 날아왔다. 그곳에서 1810년에 입헌 혁명이 일어났으며 시민들이 혁명을 지지한다는 소식이었다. 혁명을 이끈 사람들 가운데는 법학을 전공했으며 존경받는 시인이던 마드리드 출신의 마누엘 호세 킨타나(Manuel José Quintana, 1772~1857)가 있었다. 그는 속령들의 독립을 지지한다고 단호하게 선언했다. "이스파노아메리카인들이여, 이제 그대들은 자유인이 되었다. 최근까지 그대들은 권력의 중심에서 너무 멀리 떨어져 있었기에 그만큼 더 무거운 멍에를 져야 했으며, 무관심의 대상이었고 탐욕에 상처받고 무지에 의해 파괴되었다. 이제는 그렇지 않다. 기억하라. …… 이제 그대들의 운명은 대신이나 부왕이나 총독에게 달려 있지 않다. 그대들의 운명은 그대들의 손에 달려 있다."[6]

급변하는 상황에 이렇게 시인들의 자극적인 조언이 더해지면서, 제국에 대한 저항이 시작된 에스파냐 본토와 허상뿐인 군주정을 향한 충성심이 남아 있던 이스파노아메리카 사이에 균열이 생겼다. 대영 제국에 대항했던 필라델피아의 혁명적 신사들과 정반대로, 한동안 이스파노아메리카인들은 스스로 왕국의 확고한 충성파라고 인식했다. 그러나 본토와 이스파노아메리카의 복잡하고 긴장된 관계에서 나타난 가장 특이한 변증법적 변화는 이스파노아메리카인들이 지그재그로 방향을 바꾸며 결국 반란을 향해 나아갔다는 것이다. 이들이 처음에 취한 입장은 요약하자면 "나는 왕을 반대하지도, 왕을 세우지도 않는다."라는 에스파냐 속담을 글자 그대로 충실하게 따르는 것이었다. 그러나 이런 입장에 서는 것이 불가능하다는 사실을 깨달은 후에는 그대로 지속할 수 없었다.

베네수엘라에서 일어난 놀라운 사건이 앞으로 일어날 일들을 극적인 형태로 미리 보여주었다. 1810년 4월, 베네수엘라 북부 고원의 카라카스에서 백인 크리오요(criollo) 엘리트들이 야외에서 열린 주민 회의에서 현지의 총독을 쫓아내기로 투표로 결정했다. 이들은 스스로 훈타를 구성했고 퇴위당한 페르난도 7세의 이름으로 이 훈타가 통치할 것이라고 선언했다. 이런 결정은 즉시 싸움을 불러일으켰으며 1811년 7월 5일에는 시 참사회, 즉 '카빌도'*에 의해 소집된 의회가 독립을 선언했다. 선언문의 표현은 과격했다. 1776년 미국 독립 선언과 1581년 네덜란드 독립 선언의 가톨릭 형태라 할 수 있겠다. "전능하신 신의 이름으로 우리는, 즉 카라카스, 쿠마나, 바리나스, 마르가리타, 바르셀로나, 메리다, 트루히요의 대표들은 …… 우리를 에스파냐 정부에 연결해 왔던 끈을 유지할 수 없으며 유지해서도 안 된다고

카빌도(cabildo) 에스파냐 식민지에서 도시의 정치, 행정, 사법을 담당한 기관. 구성원은 현지의 유력 인사들이 선출하는 경우도 있었으나 대다수는 상급 통치자(에스파냐 국왕)가 임명한 사람들이었다.

1811년 7월 5일, 베네수엘라 의회가 독립 선언에 서명하는 장면을 담은 그림.

믿는다. 또한 세계의 다른 모든 민족들과 마찬가지로 우리는 자유로우며 우리 자신의 권위 이외에 그 어떤 권위에도 의존할 의무가 없다."[7] 이후 1811년 말 크리스마스를 며칠 앞두고 독립 국가 베네수엘라의 새로운 헌법이 채택되었다. 이리하여 일부 베네수엘라 역사가들이 아직도 '바보 같은 공화국 (Silly Republic)'이라고 부르는 공화국이 시작되었다. 바보 같다고 하는 이유는, 즉시 세 주요 도시—코로, 마라카이보, 과야나—의 시 의회가 조제프 보나파르트의 지속적 통치를 찬성한다고 선언했기 때문이다. 평민들 사이에도 이와 유사한 충성파(왕당파)의 소동이 일어났다. 이들은 각 지역의 백인 공화주의 엘리트들을 불신했던 것이다. 그런데 이 복잡한 상황을 깔끔하게 정리하는 기적 같은 일이 벌어졌다. 큰 지진이 일어났는데 독립을 지지하는 세력의 근거지는 큰 피해를 입은 반면 충성파 세력이 지배하는 모든 지역은 피해를 입지 않았던 것이다.

많은 충성파들이 보기에 마치 자연과 신이 힘을 합쳐, 현지에서 결성하는 대의제 정부를 반대하는 것 같았다. 그러나 왕조, 신, 자연이라는 새로운 삼위일체가 이스파노아메리카 영토를 지배하리라는 희망은 1812년 말에 완전히 사라지게 된다. 혁명가 시몬 볼리바르(Simon Bolivar, 1783~1830)가 이끄는 군대가 베네수엘라에 입성한 것이다. '해방자(Libertador)'라고 불린 볼리바르는 조지 워싱턴과 비슷한 점이 많았다. 부유한 카카오 농장의 주인이었고, 여행으로 견문을 넓힌 귀족이었으며, 스스로 지휘 능력을 학습한 막강한 전투 지휘관이었고, 미국 혁명과 프랑스 혁명의 역사적 의미를 잘 이해하고 있었다. 볼리바르는 이스파노아메리카인들로 이루어진 독립 연방 국가를 원했다. 훗날 그는 이 대담한 이상을 실현하고자 하는 자신의 노력을, 바다에서 쟁기질을 하는 것에 비유했다. 그는 베네수엘라의 식민 지배자들을 상대로 '죽음까지의 전쟁*을 선언하고 안데스 산맥을 관통하며 맹렬한 전투를 벌여 카라카스를 점령했다. 이후 카라카스는 얼마 동안 제2공화국(1813년 8월 7일~1814년 7월 16일)의 수도가 되며, 새로운 베네수엘라 연방의 중심지가 되었다. 이 승리로 인해 볼리바르는 이스파노아메리카의 독립에서 가장 뛰어난 인물로 확실하게 이름을 알리게 되었다. 또한 이 일을 계기로 하여 민중의 공화주의적 정서가 세차게 표출되었다. 따라서 1814년 페르난도 7세가 왕위에 복귀했을 때 냉담한 반응이 나온 것은 당연한 일이었다. 이베리아 반도에 군주정이 다시 회복되자, 많은 사람들이 이를 과거로 퇴행하는 현상으로 인식했다. 이런 인식은 본토에서 물리적으로 멀리 떨어져 있다는 공통된 정서 때문에 더욱 강화되었다. 이리하여 대의 정체를 향한 완전히 역설적인 혁명이 시작된다. 이 투쟁은 미국 혁명가들의 공화주의적 이상과 상당히 유사한 제국의 군주정과 맞선 투쟁이었다.

자생적 민주주의

1807년 나폴레옹의 에스파냐 침공에서 시작된 일련의 복잡한 사건들이 베네수엘라뿐 아니라 이스파노아메리카 지역 전체에 반(反)제국 저항 운동을 촉발했다. 브라질이라는 중요한 예외를 빼고—당시 놀라운 상황 변화 덕분에 1822년부터 브라질은 포르투갈에 긴밀하게 의존하면서 노예제를 보유하는 입헌 군주국을 유지하다가 1889년이 되어서야 공화국이 된다.*—이

죽음까지의 전쟁(War to the Death) 시몬 볼리바르는 1813년 에스파냐 군대의 잔인한 보복 행위에 맞서 '죽음까지의 전쟁 법령(Decree of War to the Death)'을 발표했다. 에스파냐 본토인과 그들을 지지하는 사람들에게 죽음에 이르는 잔혹 행위를 해도 좋다는 내용이었다.

스파노아메리카 전체는 자신만의 독특한 방식으로 대의제 자치의 새로운 형태를 찾아 앞으로 나아갔으며, 그렇게 찾은 정치 체제는 훗날 다시 자생적 대의 민주주의 형태로 변형된다.

이 놀라운 모험은 1810년부터 대략 1830년까지 계속되었으며, 덕분에 이스파노아메리카는 세계에서 가장 자유로운 곳이 된다. 최소한 문서상으로는 그랬다. 이곳에서 일어난 입헌 혁명의 얼굴에는 미합중국과 유럽의 모습이 가득 그려져 있었지만, 그렇더라도 이 혁명들은 자생적인 현상이었다. 헌정 질서에 관한 논쟁을 살펴보면 이스파노아메리카가 대서양 영향권의 한 부분이었음을 확인할 수 있으며, 심지어 대서양권의 최첨단에 있었다고 말할 수 있다. 이곳의 입헌주의 독립 투쟁은, 프랑스 혁명이 낳은 새로운 시대의 개막을 노래한 시(詩)뿐만 아니라(이는 상당히 역설적인 일이다. 왜냐하면 프랑스 공화주의에 맞서 에스파냐 군주정을 지지하는 맥락에서 처음으로 동요가 일어났기 때문이다), 대영 제국에 맞선 미국의 저항을 노래한 스탠자* 시구에도 강력하게 영향을 받았다. 대륙 전체에서 독립, 연방, 연합, 자치, 권력 분립의 원칙을 칭송하는 소리가 터져 나왔다. 또한 출판의 자유와 독립적인 공공 생활에 기반을 둔 영국의 불문헌법(不文憲法)에 대한 깊은 찬탄과 공감의 표현도 호세 마리아 블랑코 화이트(Jose Maria Blanco White)의 〈엘 에스파뇰〉과 같은 신문을 통해서 널리 전파되었다. 이 혁명들은 각 지역의 자치를 지지하는 강력한 정서를 연료로 삼았는데, 이런 정서는 에스파냐 왕국의 옛 질서에서 전해 내려온 것이며, 궁극적으로는 양치기와 목동으로 이루어진 농촌 지역의 회의체, 레온과 카스티야에서 처음 생겨난 의회에서 전해진

---

* 1807년에 프랑스 군대가 포르투갈을 침공할 당시, 포르투갈 왕족 일행은 이미 리스본을 출발해 리우데자네이루로 가는 배에 타고 있었다. 그곳에 도착한 포르투갈의 섭정 왕자 동 주앙(Dom João)은 아직 프랑스에 점령되지 않은 아프리카와 아시아의 식민지를 비롯해 포르투갈 전 영토를 통치했다. 브라질의 항구들은 중립국과 우호국(주로 영국)의 선박에 대해 문호를 개방했으며, 이에 따라 당시 브라질이라고 불리던 영토는 총 한 발 쏘지 않고 독립의 모든 요소를 얻어낼 수 있었다. 동 주앙이 유럽으로 복귀한 뒤에야 비로소 포르투갈에서 정식으로 독립하려는 본격적인 노력이 시작되었다. 동 주앙은 본국으로 돌아가면서 일부러 장남 동 페드루(Dom Pedro)를 브라질에 남겨 두었다. 동 페드루는 짧지만 치열한 무력 충돌을 거친 뒤에, 독립 국가 브라질의 황제 페드루 1세(Pedro I)로 등극한다. 그 후 한동안 그는 브라질의 주요 권력 집단들 간에 벌어지는 충돌을 잘 요리하고 타협을 이끌어내는 데 수완을 발휘했다.(원주)

스탠자(stanza) 일정한 운율적 구성을 지닌 시의 기초 단위. 4행 이상의 각운이 있는 시구를 이르는데, 미국 독립 운동과 혁명을 칭송하는 시의 형식으로 많이 사용되었다.

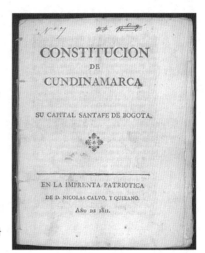

이스파노아메리카 최초의 헌법으로 추정되는 쿤디나마르카 헌법의 첫 장. 1811년 보고타에서 작성되고 승인되었다.

것이었다.

　에스파냐 국왕 카를로스 3세가 1767년에 시행한 지방 행정 개혁은 특히 더 중요하다. 새로운 환경에서 의도치 않은 혁명적인 효과를 불러왔기 때문이다. 이 개혁을 통해 '베시노'*라고 알려진 시민들로 하여금 각 지역에서 심의 회의체를 조직하고 그 회의체에서 행정관과 시 의원을 뽑는 간접 선거 제도가 도입되었는데, 이것이 훗날 이스파노아메리카 시민들이 스스로 조직한, 훨씬 대담한 공공 활동의 선례가 되었던 것이다. 콜롬비아의 여러 도시에서 1810년에서 1812년 사이에 일어난 일이 그런 경우였다. 시작은 보고타였는데, 이곳에서 1810년 7월 20일 훈타가 에스파냐 권력으로부터 독립한다는 과감한 독립 선언을 발표했다. 곧 보고타는 새로 수립된 독립 국가 '쿤디나마르카'*의 수도가 된다. 회의체 정부에 대한 관심이 크게 일어난 덕분에, 각 지역의 시민들, 즉 지역에서 확고하게 자리 잡고 큰 재산을 보유한 가문의 가장인 신사들은 자신들의 대표자를 선출할 권한이 자신들 모두에게 동등하게 있다고 생각했다. 이렇게 선출된 대표자들의 책무는 새로운 헌법을 입안하고 옹호하는 것이었다.

베시노(vecino) 중세 이후에 에스파냐의 도시에서 재산과 지위를 갖춘 유력한 시민을 가리킨 말. 현대 에스파냐어에서는 '이웃(neighbor)'이라는 뜻으로 주로 쓰인다.
쿤디나마르카(Cundinamarca) 지금의 콜롬비아 수도 보고타 시를 중심으로 한 지역으로, 여기에 1810년부터 1815년 사이에 독립 공화국이 수립되었다. '콘도르(condor)의 둥지'라는 뜻의 원주민어에서 비롯한 이름이다. 지금도 콜롬비아의 지방 행정 구역 명칭으로 사용되고 있다.

이렇게 놀랍도록 다종다양한 힘들이 모인 결과, 이스파노아메리카 현지에서 성장한 혁명가들은 혁명적 전환기에 중앙 집권적 국가 권력이 지니는 위험성에 특이할 정도로 민감해졌다. 프랑스가 그랬기 때문이다. 프랑스 혁명은 공포정치와 나폴레옹의 폭정으로 얼룩졌으며, 결국 나폴레옹의 폭정이 이스파노아메리카의 혁명을 촉발했다. 대의 민주주의를 향한 이스파노아메리카의 첫걸음은 흥미로우며 또 역사적으로도 중요하다. 초기에 일어난 일들을 살펴보면, 이 지역이 유럽의 발전이나 영향력과 무관하다는 의미에서 '이국적'이라고 할 수 있는 곳이 아니었으며, 그렇다고 그보다 앞선 시기 유럽 역사의 흐릿한 복사본이나 모방작도 아니었음을 알게 된다. 새로운 무엇인가가 이스파노아메리카에서 탄생했다. 이스파노아메리카의 혁명들이 프랑스 혁명에 '반발한' 것이었다고 규정한다면 이는 분명히 과장된 평가이다. 하지만 그런 평가에도 눈여겨볼 만한 점이 있다. 급진적인 성격의 헌법들이 왜 그렇게 빨리 대륙 전체의 국가들에서 제정되었는지(파라과이는 예외적으로 1840년대에 들어서 제정된다), 또 왜 그런 헌법들이 항상 헌법 제정의 목적을 밝히면서 갑자기 새롭게 획득한 '자유'와 '국가 독립'을 규정하고 미래에 폭정으로 퇴보할 것에 대비하여 이 '자유'와 '국가 독립'을 보호하는 것이 목적이라고 명시했는지 좀 더 잘 이해할 수 있을 것이다. 당시 미국이라는 놀라운 예외가 있긴 했지만 서방 세계의 대부분이 군주제를 받아들이고 있었던 것을 생각하면 이스파노아메리카에서 이때 발생한 혁명 가운데 단 하나도 군주제나 권위주의 체제 혹은 이 두 체제가 적당히 조합된 체제를 채택하지 않았다는 사실은 매우 의미심장하다. 이곳 어디에서나 혁명가들은 '자유 정부'와 '국가 독립'이 목표임을 분명하게 선언했다. 이들은 잘 구성된 헌법이 그 구조를 규정하는 독립 국가를 세우고자 했다. 또한 이들은 성문헌법을 제정함으로써 자의적인 정부가 들어설 수 있는 여지를 없애버렸다고 생각했다. 그 헌법들은 엄격한 권력 분립을 규정하고 있었으며—연방 구조가 자주 선호된 이유이기도 했다.—대의 제도와 주기적으로 치르는 선거를 통해 국민이 행정 권력을 통제할 수 있도록 했다.

우리는 이미 미국의 사례에서 민주적 대의가 아주 모호한 개념이라는 것을 살펴보았다. 하나의 원칙으로서 이 개념은 미국 혁명의 공화주의 신사들이 통치하던 시기에 작용했던 것과 거의 같은 방식으로 이스파노아메리카 지역에서도 작용했다. 이스파노아메리카에 세워진 새로운 국가들을 옹호한 인물들은 종종 이 국가들이 '국민'이나 '국가'를 구성하는 계약에 참여하는 개인들의 자유로운 의사 표현에 근거하여 창설되었음을 자랑스럽게 이야기했다. 분명 이런 이야기는 허구였다. 많은 시간이 흐른 뒤에도 대륙의 주민들(독립 당시 약 2천 만 명의 주민이 있었다)은 자신이 '콜롬비아인'이나 '코스타리카인' 혹은 멕시코 '시민'이라고(당시 멕시코 영토는 지금의 파나마에서 오리건까지였다) 느끼지 않았다. 그러나 이 허구는 힘이 있었다. 이 허구 덕분에, '민중', '국민' 혹은 '시민', '자유인'이라는 다양한 명칭으로 불린 새로운 국가의 주민들이 이제 지상에서 자신의 운명을 마음대로 할 수 있는 것처럼 보여졌다. 1810년 이후 작성된 헌법들은 모두 이 새로운 국가 창설 계약이 이스파노아메리카의 신세계를 근본적으로 변형시켰다는 관점을 확인해주는 듯했다. 1822년 멕시코에서는 아구스틴 데 이투르비데(Agustín de Iturbide, 1783~1824)가 소집한 제헌 의회를 위해 선거가 치러졌다. 이때 사실상 모든 남성의 투표권이 인정되었으며 미국식 연방 제도가 갖추어졌다. 한편 도시, 신분, 계급, 직종의 대표자 선출도 진행되었고 또한 스스로 지명하는 '헤네랄리시모(generalísimo, 총사령관)'라는 직책도 있었는데, 이는 분명 예외적인 조항이었다. 하지만 이런 예외는 일반적인 상황의 존재를 증명해주었다. 또 다른 예외는 헌법 제정자들이 여성에 대해서는 완전히 침묵했다는 사실이다. 여성은 눈에 보이지 않고 목소리도 들리지 않는 존재이며 대표자 선출 권한을 부여할 가치가 없다고 여겨졌다. 이런 예외적 사항을 빼면, 이스파노아메리카 전 지역에 걸쳐 계급과 신분의 법적 구별이 폐지되었다. 노예제도 불법이 되었다. 가톨릭 신자와 비신자의 구별도 법적으로 폐기되었다. 1811년 베네수엘라 첫 번째 헌법을 발표할 때 열성적인 신앙심의 표출이 있었지만 이는 다시 한 번, 더 보편적인 상황을 증명해주는 예외일 뿐이었다. 가톨릭 종교 재판의 시대는 지나갔다. 서로 원수처럼 반목하는 귀족, 황금에 굶주린 통치자, 무자비한 식민지 총독의 세계와도 이제는 영원한 작별을 고했다. 모든 남성은, 그리고 때로는 원주민 혈통인 사람조차 법 앞에 평등하다고 선언되었다. 그들은 이제 자유로운 시민이었다. 군주제라는 침몰하는 배에 달라붙어 사는 작은 따개비 같은 신민의 처지가 아니었다. 이들에게는 이제 투표권이 있었으며 '주권을 가진' 입헌 공화국에서 살아갈 권리가 있었고, 주기적인 선거와 집회·출판의 기본적 자유에 의해 인도되는 대의 정부라는 참신한 형태의 정부 아래 살 권리가 있었다.

1811년 베네수엘라의 첫 번째 헌법이 모범을 보였다. 이 헌법은 삼두제(三頭制) 행정부와 '국민'이 선출한 대표자로 구성된 양원제 입법 기관을 갖춘 연방제 국가를 계획했다. 모든 남성 시민에게 투표권이 주어졌다. 투표권자는 '자유' 크리오요와 '자유' 유색 인종이며, 20세 이상 연령에(결혼한 경우에는 그보다 적은 나이도 투표할 수 있었다) 현금이나 재산이 정해진 최저액을 넘는 자여야 했다(미혼 남성은 600페소, 기혼 남성은 400페소). 칠레의 첫 번째 헌법(1812년)은 "국민은 그들의 대표자를 통해 헌법을 제정"한다고 제2조에서 규정했고, 그다음 "각 개인은 오직 성취와 능력을 통하여 조국을 위해 일하는 영광을 차지하는 가치 있는 사람이 되기" 때문에 국가의 모든 '자유' 주민은 평등한 정치적 권리를 누린다고 했다. 페루의 첫 번째 헌법(1823년)은 양원제 민주 정부를 계획했는데 이 역시 똑같은 원칙을 제시했다. "주권은 기본적으로 국민에게 있으며 국민이 권한을 위임한 관리들에 의해 주권이 행사된다."(제3조).

국민 혹은 민중은 정확히 어떻게 규정되었는가? 이스파노아메리카 전 지역에서 가장 신중하게 규정된 사례가 페루다. 국민에는 오직 '시민'만이 들어가도록 규정되었는데 시민은 페루에서 출생하거나 페루에 귀화한 사람이어야 하며, 결혼을 했거나 25세 이상이어야 하고, 글을 읽을 줄 알아야 하며, 일정한 재산을 보유했거나 아니면 전문직이나 어떤 유용한 산업 분야에서 일을 해야 했다. 페루의 참정권은 두 번째 묶음의 전제 조건들에 의해 다시 제한되었다. 그 전제 조건들은 "진정한 시민적 자유의 굳건한 기반인 근면과 노동"을 장려하기 위해 제정되었다. 시민에서 제외되는 사람은 하인, 채무자, 파산자, 범죄인, 무직자, 신체적·정신적 장애 때문에 고용에서 제외된 자, 도박꾼, 알코올 중독자, 아내를 버리거나 가정 생활의 책무를 수행하지 않은 자, '방탕한 생활'을 하는 자와 투표권을 매매하다가 적발된 자였다. 그리고 페루의 원주민도 제외되었다. 그들이 새로운 공화국을 배신할 가능성이 있다는 백인들의 두려움이 주된 이유였다. 1780년에서 1781년 사이에 투팍 아마루(Túpac Amaru)가 이끈 대규모 원주민 반란의 기억이 남아 있었으며, 독립 투쟁 당시 국왕 지지파 세력은 페루에 견고한 장악력이 있어서 원주민을 병사로 동원할 수 있었으므로 원주민의 압도적 다수가 국왕파 쪽에서 싸웠다는 기록이 있었다. 결국 최종적으로 페루에서 투표권은, 최소한 300페소의 가치가 되는 재산을 가졌거나 '이성(理性)에 대한 신념을 표명하는 자'라는 자격 조건을 충족하는 백인 남성 시민으로 한정했는데, 이는 전체 인구의 약 5퍼센트였다.

다른 장소, 이를테면 아르헨티나, 특히 몇몇 주에서는 페루보다 헌정에 대한 이상이 훨씬 더 대담했으며 심지어 시민권이나 참정권은 당시 세계의 어느 곳보다도 진보적이었다. "이 나라에서 태어났거나 단순 거주자이거나 자유민 남성은 20세 이상이거나 20세 이하라도 결혼을 했으면 투표할 권한이 있다." 1821년 8월의 '부에노스아이레스 법률(Ley de Buenos Aires)'은 이렇게 선포하였다. 선거인에는 에스파냐 시민만 포함되는 것이 아니라, 하인과 일용 노동자도 투표권이 인정되었다. 몇몇 지역의 헌법 제정자들은 좀 더 앞으로 나아갔다. 예를 들어 산타페 주의 경우에는 1819년 (에스타니슬라오 로페스Estanislao López 같은 지도자들의 영향을 받아 만들어진 '임시 법률'의 내용을 보면) 계급과 교육 수준에 상관없이 모든 성인 남성에게 시민권이 부여되었다. 명시적으로 투표권이 거부된 사람은 공적 채무자와 '아메리카의 일반적 대의 혹은 주의 특수한 대의에 반대하는 적대자들'뿐이었다.[8] 아르헨티나 북쪽 끝에 있는 살타 주에서 1823년 9월에 제정된 선거법이 그 뒤를 따랐다. 이 법에 따르면 '과거 이스파노아메리카의 모든 남성'에게 투표권이 주어졌다. 서부의 멘도사 주에도 같은 조항이 있는데(1827년 5월의 선거법) 예외가 있었다. 헌법 제정자들은 명시적으로 '악명 높은 부랑자와 파산자' 두 부류를 모두 제외했으며 노예도 제외했다. 이러한 사실은, 이 기간 동안 '모든 성인 남성'이라고 언급될 때에도 피부가 검은 신분 종속적 계약 노동자들은 제대로 된 성인 남성이 아니라 미성숙한 존재로 여겨졌다는 사실을 상기시켜준다.

'카우디요 민주주의' 등장

이스파노아메리카가 19세기의 첫 사반세기 동안 자치라는 개념을 이렇게 건드렸다는 것은 놀라운 일이지만, 여기에는 기이한 모순이 있었다. 헌법적인 변화는 세계 기준으로 보아도 인상적이었다. 하지만 그 변화는 이상하게도 민주주의에 반대되는 방향으로 흘러갔으며 권력에 굶주린 부유한 사람들에게 유리하게 작동했다. 이들은 정치적 야심이 강했으며 이들에게 선출된 대표자들을 기반으로 하는 정부라는 것은 피대의자(被代議者)들의 '종속(subordinación)'을 확고히 하는 방법이었다. 이는 정치적 지배자들에게 조용히 복종하고 엄청나게 불평등한 부의 분배도 두말없이 받아들이도록 하는 것이다.

도대체 어떻게 '국민'의 시대에 대의 정체가 오히려 '국민'의 예속 상태를 유지하는 데 도움을 주었단 말인가? 어째서 이 지역에서는 성문헌법과 주기적 선거라는 제도가 대의 민주주의 자체보다 훨씬 먼저 생겼을까? 이 반구(半球)가 빈약한 시장과 광범위하게 퍼져 있는 빈곤 때문에 망가져 있었기 때문일까? 아니면 도시에 사는 사람을 제외하고 이스파노아메리카인 대부분이 대의 정체를 경험한 적이 없었기 때문일까? 어쩌면 이 사람들은 애초에 민주주의를 좋아하지 않았던 것은 아닐까? 예를 들면 (종종 주장되는 것처럼) 이 사람들이 성직자와 교황권에 의문을 제기하는 데 익숙하지 않은 가톨릭 신자였기 때문일까?

민주주의 씨앗이 이스파노아메리카에서 싹을 틔운 것은 분명하다. 하지만 우리가 앞으로 보게 되는 광경은 이곳에서 민주주의가 복잡하면서도 지루하게 오래 끄는 방식으로 발전하는 모습이다. 시작부터 아주 눈에 띄는 사실이 있다. 즉 19세기의 많은 기간 동안, 주권재민의 명분 아래 군주제를 타파한 담대한 실험의 결과로 현지에서 성장한 엘리트들에게 권력이 넘어갔으며, 이들은 뼈대만 남긴 대의 정치 체제를 활용해 자신들이 하고 싶은 대로 행동했다는 사실이다. 1811년 쿤디나마르카와 베네수엘라의 선구적인 헌법에서부터 시작해, 이 엘리트들은 대의 정치의 편에 섰지만, 그 이유는 권력 공유나 공적인 책임을 지는 정부, 정치적 평등 같은 원칙들에 대한 진심 어린 교과서적 믿음 때문이 아니었다. 이 과두 지배자들이 군주제 회복에 적대적이었던 것은 (또 멕시코에서 그랬던 것처럼 이들의 군주제 회복 시도가 결국 실패로 돌아가고 말았던 것은) 사실이다. 또한 엘리트들이 '자코뱅(Jacobin)' 이라는 단어를 욕설로 취급했던 것도 사실이다. 이론적으로 그들은 부도덕한 권력 장악을 거부했다. 그런 짓을 하면 내전이 일어날 것이며, 대대로 내려온 증오에 사로잡힌 크고 힘 있는 가문들 사이의 해묵은 적대 관계가 연료가 되어 내전이 불타오르리라는 것을 그들은 알고 있었다. 또 한 가지 염두에 두어야 할 것은, 이들이 중앙 집중적 권력을 두려워했으며 에스파냐 왕국의 옛 질서에서 전해진 지방 자치의 전통을 강하게 원했다는 점이다. 이들은 영토의 규모를 고려할 때 선출된 대표자들로 이루어지는 정부 외에는 다른 방법이 없다는 것을 알았고, 또 그 주장을 가끔 내세우기는 했으나, 이들의 속내는 그것이 아니었다.

그렇다면 그들은 왜 대의 정체를 선택했는가? 그들이 헌법을 제정하고 선거 실시를 받아들인 가장 큰 이유는 놀랄 만큼 단순했다. 그들은 경험을 통해 이 사회의 부와 권력의 불평등 상황을 가장 확고히 할 수 있는 방안이 대의 제도에 기반을 둔 정부라는 분명한 정치적 결론에 다다랐기 때문이었다. 국민의 이름으로 대의제 정부를 유지하는 것, '카우디요 민주주의'라고 불릴 수 있는 통치 방식, 바로 그것이 그들에게 최선의 정부 형태였다. 왜냐하면 그런 정부에서라면, 상류 계층 사람들이 계속 통치할 수 있을뿐더러 성문헌법과 공공 선거가 그들의 정치 권력을 뒷받침할 것이고, 무력으로 지지할 수 있기 때문이었다.

이런 맥락에서 '카우디요 민주주의'란 정확하게 무엇을 의미하는가? 이것은 이스파노아메리카에서만 볼 수 있는, 대의 민주주의의 지역적 변형이었다. 카우디요 민주주의는 국민에 뿌리를 둔 공화주의적 과두제의 뒤틀린 형태였으며, 부유하고 힘 있는 카우디요들을 기반으로 하는 혼합적 통치 방식이었다. 카우디요는 국민이라는 거울에 비친 자신의 모습을 보는 것을 좋아했는데, 그 국민이 바로 카우디요가 지배하는 대상이었다. 카우디요 민주주의는 오직 외형만 민주적이었다. 사실상 카우디요 민주주의는 자신을 가장 훌륭한 사람이라고 생각하는 사람들의 통치였다. 대륙 전체의 모든 사람이 '가장 훌륭한 사람'이란 표현이 결국 부자와 권력자, 재산과 인맥을 보유한 백인들, 다른 사람들에게서 존경과 두려움을 받는 그런 사람들을 가리키는 조금 멋진 표현에 불과하다는 것을 알았다. 칠레에서 가장 훌륭한 사람들이란 지주 가문 출신의 과두 지배자들이었다. 대륙의 다른 부분, 예를 들어 부에노스아이레스에서는 주요한 도시와 읍과 고장의 저명한 사람들을 지칭했다. 즉 대토지를 소유하거나 금융, 산업, 상업에 이해관계가 있거나 이 전 분야에 걸쳐 이해관계가 있는 부유한 사람들을 가리켰다. 이 부유한 사람들을 '파르테 사나(parte sana)' 혹은 '페르소나스 프린키팔레스(personas principales)'라고 불렀다. 또 이들은 명예 높은 남성이 '명문가'의 사람들이었다. 이들은 자신이 다른 사람들보다 한 단계 위에 있다고 생각했으며, 그들의 도시 혹은 지역에서 가장 역사가 길고 가장 뛰어난 구성원이라고 생각했다. 이들은 지주, 상인, 성직자, 군인이었으며 자신의 가문을 자랑스럽게 여겼다. 이들은 자신이 축적한 부와 자신의 아들과 딸, 가문에서 정한 격식, 그리고 자신의 개인적 명예와 긍지를 소중하게 지켰다. 그들 가운데 어떤 사람들은 '팍티스모'*라는 것에 대해 자신들의 조부모가 지녔던 믿음을 쉽게, 자부심을 느끼며 떠올렸다. '팍티스모'는 여러 의무와 권리를 서로 충실하게 준수함으로써 왕과 왕국이 단단하게 묶인다는 원칙이었다. 새로운 상황에서 이들은 자신들이 새로운 '팍티스모'의 수호자이며, 이제 귀족으로서 사명은 신생 공화국을 저급한 가치관과 이해관계에서 비롯되는 부패와 퇴보로부터 보호하는 것이라고 생각했다.

이런 오래된 가문들 뒤에는―그리고 종종 이들을 압도하듯 그 위에―강력한 지도자가 있었는데, 그를 '카우디요'라고 불렀다. 이 단어는 라틴어 '카피텔룸(capitellum)'에서 비롯했으며 '머리'를 뜻하는 '카푸트(caput)'라는 명사의 지소형(指小形)이다. 카우디요라는 단어는 대륙 여기저기에서 등장한 정치 지도자들을 가리켰으며, 지금은 이 대륙의 격동의 역사에서 우리에게 익숙한 인물들이다. 안토니오 로페스 산타안나(Antonio López de Santa Anna, 1794~1876)는 왼쪽 다리 절반을 잃었고, 1840년대에 미국에 조

팍티스모(pactismo) 에스파냐어로 협정, 약속, 타협 등을 뜻하며 사람들 사이에 생긴 문제를 해결하는 태도를 이른다. 중세 에스파냐의 정치 질서를 논할 때 종종 사용되는 표현이다.

국 멕시코의 절반을 잃은 것으로 유명하다. 아르헨티나의 후안 파쿤도 키로가(Juan Facundo Quiroga, 1788~1835)는 거친 성미와 폭력 위협으로 카드놀이에서 언제나 이길 수 있었다고 한다. 또 아르헨티나의 후안 마누엘 데 로사스(Juan Manuel de Rosas, 1793~1877)는 '피투성이 로사스'라는 별명이 있었는데 이 별명은 (그가 죽은 뒤 나온 사망 기사를 보면) 그가 영국에 망명해 있을 때 "그의 가장 큰 기쁨은 말 위에 앉아서 다른 사람들에게 명령을 내릴 때였던 것으로 보였다."[9]라는 언급과 관련이 전혀 없지는 않았다. 그리고 안드레스 산타크루스(Andrés de Santa Cruz, 1792~1865) 같은 카우디요도 있었다. 그는 1830년대에 '메스티소(mestizo, 인디오와 유럽계 백인의 혼혈)'가 '페루–볼리비아 연합'을 통치할 수 있음을 그 나라의 크리오요들에게 보여주었다. 윌리엄 워커(William Walker, 1824~1860)도 있었다. 그는 미국 내슈빌 출신의 100파운드(약 45킬로그램)밖에 안 나가는 노예제 지지론자였는데, 1850년대에 자신을 니카라과공화국의 대통령이라 선언했다가 결국 몇 년 뒤에 온두라스 정부에 의해 처형된다. 그리고 파라과이의 프란시스코 솔라노 로페스(Francisco Solano López, 1827~1870)도 있었다. 그는 자신이 새로운 나폴레옹이라고 생각했으며 아일랜드 출신의 애인 엘리자 린치를 얻었다. 그는 파라과이 전쟁* 중에 목숨을 잃었고 린치가 그의 시신을 직접 땅에 묻었다. 한편 이 전쟁의 엄청난 폭력성 때문에 파라과이 전체 주민의 절반이 넘는 수가 죽었다.

이 인물들에 대해 오늘날 사람들이 어떻게 평가하든 간에, 그들이 이스파노아메리카 지역의 정치적, 사회적 풍경에 오랫동안 영향을 끼쳐 왔다는 것을 부정하는 사람은 없다. 이스파노아메리카가 대의 민주주의를 향한 길을 모색했던 19세기와 20세기에 카우디요들은 강력한 정치적 존재감을 과시했다. 별명이 붙은 카우디요가 많았는데 이따금씩은 그들이 선택한 것이 아닌 경우도 있었다. 베네수엘라의 후안 비센테 고메스(Juan Vicente Gómez, 1864~1935)는 '메기(El Bagre)'라는 별명이 있었고, 아르헨티나의 후안 도밍고 페론(Juan Domingo Perón, 1895~1974)은 '지휘자(El Conductor)'라고 불

파라과이 전쟁 1865년부터 1870년까지 파라과이와 삼국 동맹(우루과이 · 브라질 · 아르헨티나)이 영토 확장을 위해 벌인 전쟁. 파라과이가 패했다.

렸다. 도미니카공화국의 라파엘 트루히요(Rafael Trujillo, 1891~1961)는 진짜 의미가 불분명한 '자선가(El Benefactor)'라는 이름으로 불렸다. 공포의 대상 이었던 파라과이의 알프레도 스트로에스네르(Alfredo Stroessner, 1912~2006) 에게는 '티라노사우루스'라는 별명이 붙여졌다. 이들 그리고 여기에 언급 되지 않은 다른 카우디요들의 얼굴은 20세기 후반부가 되면 전 세계의 신 문과 라디오와 텔레비전의 독자, 청취자, 시청자들에게 알려진다. 여기에는 도전적인 태도를 지닌 파나마의 마누엘 안토니오 노리에가(Manuel Antonio Noriega, 1934~)도 포함되었다. 그는 텔레비전 카메라를 향해, 그리고 미 국을 향해 주먹 쥔 손을 머리 위로 흔들면서 험상궂은 얼굴로 노려보았지 만, 1989년 '대의명분 작전(Operation Just Cause)' 중에 미군에 체포된다. 쿠 바의 피델 카스트로(Fidel Castro, 1926~2016)도 카우디요였다. 그는 '과히로 (guajiro)', 즉 농민으로 이루어진 엄청난 청중 앞에서 마라톤같이 긴 연설을 하면서, 시가 연기를 이따금 내뿜는가 하면 회색빛 턱수염을 쓰다듬었다. 그리고 베네수엘라의 우고 차베스(Hugo Chavez, 1954~2013)를 빼놓을 수 없 다. 그는 매주 일요일이면 베네수엘라 북부 카라카스에 있는 스튜디오에서 방송되는 텔레비전 프로그램에 출연해 노래도 하고, 시를 읊기도 하고, 그 가 표방하는 '볼리바르 사회주의'와 '참여 민주주의'의 장점에 대해 거침없 이 이야기했다.

이 카우디요들이 이스파노아메리카에서 진행된 헌정 실험에서 독특한 존 재였다는 사실은 일반적으로 합의된 내용이다. 하지만 그들의 기원을 두고 는 그런 합의된 내용이 없다. 때때로 카우디요들은 마치 그 나라 특유의 국 민성이 낳은 산물인 것처럼 자신들의 나라와 연결된다. 카스트로와 쿠바, 포르피리오 디아스(José de la Cruz Porfirio Díaz)와 멕시코, 페론과 아르헨티 나가 그러하다. 또 다른 경우에 이 권력자들은—이들의 정치 경력은 보통 지방에서 시작되고 나중에야 전국 무대에서 활발하게 전개되는데—이스파 노아메리카의 문화적 가치 혹은 각 지방의 기질의 산물인 것처럼 해석된다.

이런 설명은 약간의 진실을 담고 있지만 궁극적으로는 잘못된 것이다. 한 가지 중요한 사실을 무시하고 있기 때문이다. 그것은 최초의 카우디요들이 등장한 시기가 바로 제국 통치에서 민주적 대의 정치로 넘어가는 전환기였다는 사실이다. 카우디요들은 제각기 다른 모습이었다. 이들은 여러 가지 명칭으로 알려졌다.(예를 들어 멕시코의 각 지방 카우디요들은 '카시케cacique'라고 불렸는데, 이 단어는 아라와크 부족 언어에서 '우두머리'라는 뜻을 지닌 단어에서 유래했다.) 19세기가 지나는 동안, 이들은 자신들의 목장과 판초*를 정부의 웅장한 건물과 제복으로 바꾸고 싶은 욕구를 포함한 다양한 야망에 이끌려 여러 차례 변신한다. 이들은 군주제가 붕괴하면서 생긴 권력 공백을 메우려고 했지만, 그러한 시도가 성공한다는 보장은 없었다. 권력의 산에 오르려는 시도는 종종 실패했다. 하지만 성공한 사람들을 보면 그들은 영리하고 임기응변에 능하고 카리스마 있는 인물이었으며, 선거와 국민 투표(plebiscite)를 활용해 '국민'에게 지지를 호소하는 솜씨가 뛰어난 사람들이었다. 카우디요들은 추종자들을 기반으로 하는 권력의 기술을 실천한 사람들이었다. 세계의 어디에서도 이런 현상이 이 정도 큰 규모로, 이처럼 치열하게 전개된 곳은 없었다. 바로 이런 이유로 카우디요라는 인물과 그들의 '카우디요 민주주의'가 한층 더 흥미진진하게 느껴지는 것이다.

카우디요는 국민을 강압적으로 지배했지만 동시에 왜곡되고 이상한 방식으로 국민의 대표자이기도 했다. 그는(이들은 예외 없이 모두 남성이었다) 마치 자유롭고 공정한 선거를 통해 선출된 것처럼 행동했다. 물론 이는 완전히 허구였다. 하지만 카우디요들은 자신들이 '국민'의 도구로 쓰이고 있다고 상상했다. 이들이 염두에 두었던 것은 진짜 국민이었다. 즉 말을 타고 칼과 밧줄을 쓰며 살아가는 거친 무리, 목장의 일꾼이나 '가우초'*, 요란한 색깔의 장화나 샌들을 신고 펑퍼짐한 바지와 조끼를 입은 거친 피부의 남자들을 생각한 것이었다. 이들은 들판의 비바람과 추위를 막기 위해 양털 판초와 모자를 착용했는데 판초나 모자에 '신과 조국'이라는 글자를 큼직하게 써놓기도 했다. 어떤 경우에는 대담하게 자신들의 지도자 이름을 써놓기도

판초(poncho) 천 중앙에 구멍을 뚫고 그곳으로 머리를 내어 입는 옷을 통틀어 이르는 말. 라틴아메리카의 인디오가 착용하던 직물의 이름에서 유래했다.
가우초(gaucho) 오늘날의 아르헨티나와 우루과이, 페루 남부 지역에 이르는 드넓은 목축 지대인 팜파스의 주민 또는 목동을 가리킨다. 이들은 에스파냐·포르투갈 등에서 온 사람들과 원주민의 혼혈이었다. 19세기에 전쟁이 벌어지면 기병으로 활동하여 정치적 역할이 크게 부각되었다. '가우초' 스타일의 목동이 훗날 멕시코에 전파되고, 다시 미국 서부로 전파되어 '카우보이'의 모습이 되었다.

아르헨티나 연방파를 지지한 가우초의 모습. 부에노스아이레스에 거주하던 프랑스 화가 레몽 몽보이쟁의 유화(1845년).

했는데, 이런 모습 덕분에 카우디요는 자신이 어떤 숨어 있는 사회적 이해 관계의 산물도 아니며, 어떤 '정당'의 편협한 지지자도 아니라는 믿음을 더욱 강하게 품을 수 있었다.(미국과 달리 이스파노아메리카에는 19세기 말이 되어서야 정당과 같은 개념이 깊이 뿌리내리게 된다.) 카우디요는 자신이 조화를 이루어내는 대단한 인물이며, 분열 없는 사회를 옹호하는 정치적 수호자라고 생각했다. 이 사회에는 제국과 군주정이 정치체에 남긴 상처들을 치유하기 위해 완전히 새로운 통치 제도들이 절실히 필요했다.

아르헨티나의 작가 도밍고 파우스티노 사르미엔토(Domingo Faustino Sarmiento, 1811~1888)는 전체적으로 이런 관점에서 카우디요들을 평가했다. 망명 작가였던 그는 훗날 아르헨티나의 대통령이 된다. 젊은 시절에 사르미엔토는 민주주의자라고 할 수 없었으며(그는 자신이 '교육 통치'를 지지한다고 말한 적이 있다) 카우디요의 팬도 아니었다. 그러나 에스파냐어로 된 가장 위대한 작품 가운데 하나인 《파쿤도 – 문명과 야만》(1845년)에서 그는 자신이 재능 있는 문필가이며, 자신의 훌륭한 문장으로 카우디요에 대해 흥미로운 것들을 묘사할 수 있음을 증명해 보였다.[10] 사르미엔토는 거친 모습을 보이는 카우디요들을 독립 투쟁으로 생긴 힘의 공백에서 태어난 새로운 종류의 정치 동물로 묘사했다. 검은 턱수염을 기른 후안 파쿤도 키로가가 전형적인 인물이었다. 작은 키에 단단한 몸집, 고약한 성질, 넓은 어깨와 짧은 목의 키로가는 험상궂게 생긴 싸움꾼이었으며, 그가 무시무시한 눈썹 아래로 눈을 잔뜩 찌푸리고 상대방을 쳐다볼 때면 마치 총알이 튀어나올 듯했다. 어린 시절 그는 아르헨티나 서부 라리오하 주에 있는 아버지의 목장에서 정치적 기량을 닦았다. 사르미엔토가 이야기한 바에 따르면, 바로 그곳에서 키로가가 통치술을 배웠다고 한다. 키로가는 하층 계급 사람들과 어울려서 마테차를 마시는 기술을 터득했다. 그는 그들의 가슴 속에 있는 어떤 줄을 건드려야 자신이 원하는 음악 소리가 나는지 알았다. 그들이 만일 감히 불만을 속삭인다든가 눈살을 찌푸리거나 얼굴에 의심을 드러내는 경우, 그들에게 겁을 주어 꼼짝 못하게 하는 기술도 터득했다.

당시의 다른 카우디요들과 마찬가지로, 키로가 역시 팜파스 들판의 거친 남자들이라는 거울을 통해 자신을 보았다. 그들은 일거리를 얻거나 물리적으로 보호받기 위해 키로가에게 의지했고 이런 사실 때문에 키로가의 자신감은 더욱 부풀어올랐다. 키로가가 어린 나이에 지방 민병대에 가담한 것도 그런 자신감 덕분이었다. 키로가는 빠른 속도로 승진해 지휘관의 자리에 올랐다. 얼마 지나지 않아 그는 부대를 이끌고 자신의 반대자들을 격파함으로써 이 지방을 통치하는 데 군대를 개인적 무기로 사용했다. 특히 그는 당시 아르헨티나를 단일 국가(unitary state)로 건설하고자 했던 '통합파'* 군대에 대적하곤 했다. '국민'에 대한 자신의 신념에 충실한 키로가는 항상 자신이 분권적인 권력을 지지한다고 말했다. 그는 지방의 통제, 지방의 산업, 지방의 목장주에 대한 지지를 공언했다. 1832년 그는 목장주들의 땅에서 원주민을 '소탕'하는 사막 작전을 펴 철저하게 목장주들을 지원했다. 키로가는 유효한 수단이라면 어떤 것도 거리끼지 않았다. 속임수, 도박, 살인은 그의 특기였다. 그의 특기에는 여성에 대한 공격도 있었으며, 반란을 조직하거나,

---

통합파(Unitarios) 아르헨티나를 연방제 국가로 만들자고 주장한 연방파(Federales)에 반대하여, 중앙 집권적이고 단일한 국가로 만들자고 주장한 사람들을 가리킨다.

'종교 아니면 죽음'이라는 깃발을 흔드는 행동도 있었다. 그가 취한 가장 특이한 정치적 조치는 리오하 시의 주민들을 총으로 위협해 이주를 강행한 일인데, 공포에 질린 주민들은 집을 빼앗기고 시골로 가서 새로운 삶을 찾아야 했다. 키로가가 이런 정복 행위를 통해 그의 '국민'에게 증명해 보이려 했던 것은, 에스파냐에서 정치적 독립을 함으로써 범죄와 혼란이 만연해졌으며, 따라서 '노골적인 힘의 지배, 최강자의 최고 권한'이 반드시 필요해졌다는 것이었다. 사르미엔토는 이렇게 기술했다. "그가 등장하면서 이제 테러가 행정의 자리뿐 아니라 열정과 전략과 그 밖의 모든 것의 자리를 차지해 버렸다." 그다음 그는 카우디요 지배의 위험성에 대해 으스스한 경고를 남겼다. "우리는 테러가 애국심이나 열정보다 더 큰 결과를 낳는 통치 수단이라고 자기 자신을 기만해서는 안 된다."

'민주주의자' 왕

키로가는 결국 암살당하고 만다. 하지만 사르미엔토에 따르면 그렇다고 해서 카우디요의 문제가 끝난 것은 아니었다. 사르미엔토의 판단이 옳았다. 19세기 내내, 권력의 관점에서 보았을 때, 종종 카우디요들은 자신들이 마치 공화국의 새로운 왕인 것처럼 행동했다. 그들은 마치 눈에 보이지 않는 왕관을 머리에 쓰고 있는 것 같았다. 이 왕관은 국민의 박수 소리에 의해, 뛰어난 군사 기술에 의해, 그들이 나누어주는 전리품에 의해, 그리고 선거에 의해 그들의 머리 위에 씌워진 것이었다. 그들은 이제 선거에 참여하여 경쟁하는 방법을 터득했으며 선거를 조작하는 방법도 터득했다.

사르미엔토는 카우디요의 등장을 미개했던 시대 농촌의 야만적인 풍습이 '전근대적'으로 재현된 것이라고 보는 나쁜 버릇이 있었다. 그의 관점에 따르면, 이스파노아메리카는 도시로 대변되는 '문명의 작은 오아시스'와 '폭정으로 가는 길을 준비'하는 '팜파스의 정신' 사이에 벌어지는 어마어마한 투쟁에 사로잡혀 있었다. 그러나 진실을 말하자면, 카우디요 민주주의—즉 '국민'의 지지를 받고 있다고 주장하는 카우디요들의 지배—는 오랫동안 계속된 '문명'과 '야만'의 투쟁의 표현이 아니었다. 이는 철저하게 근대적인 헌정 질서와 국가 건설을 둘러싼 투쟁, 정치적 술수, (일부는 폭력을 수반한) 사회적 갈등이 낳은 근대의 산물이며, 이런 상황은 다양한 맥락에서 진행되지만 그 맥락 속에 발견되는 많은 원인 속에는 일찍이 토크빌이 '위대한 민주주의 혁명'이라고 명명하고 분석했던 정신이 깃들어 있음을 알 수 있다.

이렇게 이스파노아메리카의 카우디요들을 제국 붕괴 후 발흥한 민주적-평등주의적 감성의 정치적 표현이라고 파악하는 것은, 그들의 등장 이유에 대한 다른 몇몇 설명을 거부하는 것이다. 카우디요는 (19세기 토머스 칼라일Thomas Carlyle을 비롯한 여러 사람이 주장했던 것처럼) 역사에서 '위대한 인물(Great Man)' 이론의 증거가 아니다. 카우디요들은 분명 '봉건적' 영주 시대를 재현하는 현상도 아니며, 대중의 광기를 연출해내는 정치적 미치광이도 아니다. 또한 (가장 흔하게 학술적으로 제시되는 해석에 따라) 이른바 '후견-피후견(patron-client)' 관계에 기반을 둔 어떤 일반적인 통치 유형도 아니다. 카우디요들은 민주주의자는 아니었지만, 대의 민주주의 여명의 시대에 속한 사람들이었다는 점은 의심의 여지가 없다. 이들이 권력을 얻는 상황이 충돌과 지저분한 일들로 가득 차고 대단히 복잡한 상황이었던 것은 사실이다. 여기에서 악취가 나는 것은 사실이지만 잠시 코를 막고 초기 사례 하나를 살펴보자. 베네수엘라의 사례이다.

베네수엘라의 독립 혁명 지도자 시몬 볼리바르가 이끌었던 제2공화국은 동료 카우디요였던 호세 토마스 보베스(José Tomás Boves, 1782~1814)의 손에 파괴되어 짧은 생을 마감했다. 보베스는 말 타는 솜씨가 좋은 평원의 소몰이꾼들(야네로스llaneros)에게 사회적 평등이라는 이름으로 지지를 호소하여, 백인 크리오요 엘리트들을 반대하는 군주제 지지 정서를 잠시 동안 크게 일으키는 데 성공했다. 이들은 결국 볼리바르와 그의 카우디요 군대를 카라카스에서 물러나게 했다. 초라한 모습으로 도망친 볼리바르는 자메이카로 갔다. 그곳에서 그는 훗날 널리 인용되는 편지들을 통해 군주제를 담대하게 비판하는 한편, 자유, 평등, 국민 주권에 근거한 이스파노아메리카의 독립을 확립하기 위한 실제적인 방도를 찾자고 공개적으로 호소한다.

당시는 몹시 혼란스러운 시대였기 때문에 모든 카우디요들은 국민의 우두머리로서 사랑받는 대상이 되려고 노력했으며 동시에 두려움의 대상이 되려고도 했다. 베네수엘라의 또 다른 라이벌 카우디요로 호세 안토니오 파에스(José Antonio Páez, 1790~1873)라는 인물을 들 수 있다. 그는 사실상 문맹이었으며 독립 운동이 시작될 당시에는 자신이 저지른 범법 행위 때문에 곤란한 상황에 빠져 있었다. 그는 아푸레 강 유역의 목동들에게 보베스(그는 1814년 후반에 전사한다)가 잘못하고 있으며 현지의 백인 엘리트들이 아니라 에스파냐 사람들이 진정한 적이라고 설득하는 데 성공했다. 파에스와 그에게 충성하는 기병대 병사들은 나중에는 볼리바르와 손을 잡게 되는데, 이들은 힘을 합쳐 1816년에서 1820년 사이에 군주제 지지 세력을 정치 무대에서 쫓아내는 데 성공한다. 볼리바르는 또 다른 라이벌 카우디요인 마누엘 피아르(Manuel Piar, 1774~1817)를 공격해 체포한 다음 재판에 넘겨 처형했다. 오리노코 강 어귀에 진영을 차린 볼리바르는 베네수엘라의 동쪽에서 군주제 지지 세력을 궤멸했고, 그다음에는 1819년 앙고스투라(지금은 볼리바르 시로 불린다)에서 열린 의회에서 충분한 지지를 결집하여 제3공화국 대통령으로 당선되기에 이른다. 카라카스는 여전히 군주제 지지 세력의 손에 들어가 있었지만, 볼리바르는 무장한 지지자들을 이끌고 평원을 건너고 안데스 산맥 속으로 들어가 '누에바그라나다'를 식민 지배에서 해방시킨다. 다시 약 2년 뒤에 볼리바르가 지휘하는 군대는 결정적인 카라보보 전투를 치른 뒤 카라카스를 점령한다. 이로써 베네수엘라와 콜롬비아의 대표가 볼리바르와 그의 부대의 지원을 받으며 국경 도시인 쿠쿠타에서 의회를 열어 '그란콜롬비아공화국(Republic of Gran Colombia)'의 새로운 헌법에 조인하는 것이 가능해졌다. 새로운 공화국은 수도를 보고타에 두고 초대 대통령으로 볼리바르를 추대했다. 이스파노아메리카를 미합중국 스타일의 공화주의 연방제 아래에 두고자 했던 볼리바르는 꿈을 이루기 위해 다시 에콰도르, 볼리비아, 페루에 있던 군주제 지지 세력을 향해 진격했다. 하지만 정작 본거지인 베네수엘라에 있던 카우디요 호세 안토니오 파에스 장군은 다른 계획을 세우고 있었다. 개별 국가의 주권을 중시하는 유럽식 정치를 실험하면서, 그와 그의 지지자들은 다시 한 번 베네수엘라 '국민'의 지지를 호소했다. 1829년 파에스는 베네수엘라를 '그란콜롬비아공화국'에서 분리하는 계획에 성공한다. 베네수엘라는 자유를 획득한 것이었다. 파에스는 새로운 1830년의 헌법 아래서 두 차례 대통령을 지냈다. 그러나 그 대가는 엄청났다. 프랑스와 에스파냐의 지배에 대항하는 투쟁, 그리고 국민의 지지를 얻기 위해 여러 카우디요들 간에 벌어진 투쟁이 20년이 걸렸고, 이 투쟁 때문에 코코아를 기반으로 하던 수출 경제는 파탄에 이르렀다. 또한 베네수엘라 주민의 4분의 1에서 3분의 1이 목숨을 잃었다. 베네수엘라 주민의 수는 1830년이 되면 약 80만 명으로 줄어든다.

이렇게 베네수엘라의 카우디요들은 저마다 '국민'을 앞세우면서 투쟁했고 그 투쟁의 양상은 갈피를 잡기 힘들 정도로 복잡했는데, 사실 이런 베네수엘라의 상황은 대륙 전체의 전형적인 사례였다. 에스파냐 제국의 붕괴로 발생한 권력의 공백 상태에서 카우디요들은 언제나 부유하고 영향력 있는 정치적 라이벌들의 반대에 부딪혔다. 이 라이벌들은 평화와 정상적인 정부를 회복하기 위해 서둘렀으며 그 수단으로 당시 무너져 가던 식민 행정 체제 가운데 무엇이라도 남은 것을 활용하려 했다. 멕시코, 아르헨티나, 베네수엘라처럼 서로 무척 다른 상황에서 이런 복잡한 다툼은 계속되었으며, 야심에 찬 카우디요들은 목장이나 농장이 그들의 중요한 권력 기반이라는 사실을 깨달았다. 토지는 단순히 토지가 아니었다. 토지는 개인적 부의 원천이자, 일꾼과 병사를 모을 수 있는 곳이었으며, 민주 정치의 기술을 시험해 볼 수 있는 실험장이었다. 또 외부에서 패배했을 경우에는 후퇴할 수 있는 곳이자 요새가 되는 곳이었다. 각 지역의 모든 카우디요는 자신들이 경쟁 관계에 있는 현지의 다른 카우디요들에게나 상명하복식 행정적 해법을 선호하는 도시 출신의 부유한 사람들에게 섬멸될 수 있음을 예상해야 했다. 따라서 야심에 찬 카우디요들은 토지와 무력 이외에 다른 무기를 모색해 두어야 했다. 영리하고 운이 좋은 카우디요는 그런 무기를 충성스럽고 존경심에 가득 찬 추종자들 속에서 찾았다.

카우디요들 사이에서 벌어진 권력 기반을 넓히려는 투쟁에서 추종자들은 아주 중요한 핵심 자산이었다. 이 사실로, 이스파노아메리카에서 19세기 대부분 동안에 카우디요 정치와 대의 정부 사이에 분명한 구분선이 없었다는 점의 많은 부분이 설명된다. 마치 이 지역 전체가 두 역사적 시기를 동시에 살고 있는 듯했다. 한편으로는 알폰소 9세 같은 인물에서 시작하여 영국 혁명, 네덜란드 혁명, 미국 혁명까지 뻗치는 역사적 시기로부터, 상상된 '국민' 에 기반을 둔 대의 자치정의 관행을 이어받았다. 다른 한편으로는 탈식민 시대의 이스파노아메리카에서 시작하여 더 옛날로 거슬러 올라가 옛 유럽에 이르는 토지에 기반한 부를 중심으로 하는 역사적 시기로부터, 채찍의 도움을 받으면서 정부에 대한 엄격한 통제를 유지하려는 부유한 과두 지배자들의 정서를 이어받았다. 이렇게 두 얼굴을 한 정치 상황 때문에 19세기 전반기 동안에 '민주주의'는 앞으로 나아가기가 무척 어려웠다. 이곳에서 민주주의는 시민 사회 안에서 서로 평등하게 살며 일하는 사람들이 선출한 대표자들에 의해 이루어지는 통치라고 근대적으로 규정되었지만, 실제로 민주주의는 강력한 카우디요들에 의해 목이 졸려 거의 죽음에 이르는 지경이었다.

외양은 기만적이었다. 교과서적인 헌법들도 있었고 자유와 평등을 칭송하는 멋진 선언들도 있었다. 선거에서 실제 투표자의 수는 성인 남성 인구의 5퍼센트에서 10퍼센트 사이였는데 이는 당시 프랑스 같은 유럽 국가들보다도 높은 비율이었다. 정치적 분파도 생겼으며 자유당이니 보수당이니 하는 이름의 정당도 태어났다. 강력한 개혁 충동도 있었으며 새로운 공화국의 땅을 뚫고 시민 사회의 첫 번째 푸른 싹도 돋아 나왔다. 예를 들어, 영국의 영향을 받아 부에노스아이레스는 투우를 1819년이라는 이른 시기에 처음 불법화했다. 그 대신 크리켓 클럽이 생겼는데 이 클럽의 멤버들은 자신들이 최소한 영국인만큼 기량이 좋다고 자랑했다. 식민 시대의 무역 장벽이 철폐된 상황을 이용하려는 국내외 상인과 제조업자의 수가 급격하게 늘어났다. 노예 제도를 폐지하려는 노력도 있었으며, 완전한 종교적 관용에 대한 요구도 있었고, 교회의 엄청난 부와 도덕적 권력을 반대하는 목소리도 점점 더 커졌다. 심지어 일부 카우디요는 민주주의의 언어로 말하는 방법을 배웠다. 당시 민주주의를 반대하는 공화주의적 편견이 만연했던 것을 고려하면 이는 결코 작은 성취가 아니었다. 1819년 2월, 세계적으로 유명한 '비터스'*의 산지인 앙고스투라에서 열린 의회에서 대의원들에게 제시한 보고서에서 시몬 볼리바르는 다음과 같이 말했다. "역사를 우리의 안내자로 합시다. 아테

비터스(bitters) 나무껍질과 뿌리에서 얻은 액체를 재료로 만든 쓴 맛이 나는 향료. 주로 칵테일이나 음료에 향을 가하는 데 쓰인다.

네는 우리에게 절대적 민주주의의 가장 뛰어난 사례를 제공합니다. 하지만 동시에 아테네는 이런 유형의 정부가 지닌 극도의 취약함을 보여주는 가장 처량한 사례이기도 합니다."[11] 볼리바르는 민주주의가 오직 '잠깐 번쩍이는 자유의 불빛'만을 제공할 수 있기 때문에 결함이 있다고 주장했다. 계속해서 그는 이 대륙에 필요한 것은 '국민 주권, 권력 분립, 시민의 자유, 노예제 폐지, 군주제와 특권 폐지'라는 원칙들에 기반을 둔 '공화주의 정부'라고 이야기했다.

볼리바르가 표현한 민주주의에 대한 불만은, 대중의 평등으로 인해 자유가 파괴되고 말 것이라는 공화주의의 오래된 논점을 다시 한 번 활용해 가볍게 논리를 구사한 것에 불과했지만, 시간이 얼마 지나지 않아 초기의 카우디요들 역시 이런 방식으로 말하기 시작했다. 이는 놀라운 일이 아니었다. 1830년대부터 이 반구(半球) 전역에서는 민주주의의 언어가 쓰이기 시작했다. 민주주의라는 말은 미국에서 출발해 프랑스를 거쳐 수입되었다. 민주주의라는 단어가 바르톨로메 미트레(Bartolomé Mitre, 1821~1906) 같은 지도자들의 입에서 나올 때, 그 단어는 긍정적인 의미를 띠었다. 미트레는 통일 아르헨티나의 초대 대통령이었으며 널리 존경받는 부에노스아이레스의 신문 〈라 나시온(La Nacion)〉의 설립자였다. 민주주의라는 단어는 특별한 유형의 공화주의적 정부를 묘사하는 단어가 아니었다.(대륙 전체에 걸쳐 당시의 정치적·헌법적 언어는 여전히 압도적으로 공화주의적이었다.) 민주주의라는 단어는 특별한 '사회 질서'를 가리켰는데, 예를 들자면 옛 유럽과 비교할 때 이 지역에 있다고 추정되는 평등주의적 사회 환경의 이점을 강조하기 위해 쓰였다. 바로 이런 의미에서 미트레는 (눈을 반짝이면서) 조지 워싱턴을 수천 킬로미터 북쪽에 있는 미합중국의 '특별한 민주주의'의 '가장 높은 권위'라고 칭송했다. 미트레는 신사이자 장군이었던 이 인물을 볼리바르, 산 마르틴과 같은 "국민 주권, 권력 분립, 자유로운 제도들 간의 조화로운 상호작용, 사회적 인간의 양도할 수 없는 권리"라는 '민주주의 원칙들'의 남쪽의 수호자들에 비유했다. 하지만 사르미엔토와는 다르게 미트레는 이스파노아메리카의 크리오요 주민들을 군주제와 제국에 대항한 사회 혁명의 전위대라고 칭송했다. 유럽 개척자의 후손인 이들—미트레는 이들을 '이 땅의 진정한 자식들'이라 불렀다. ─은 "아메리카 대륙의 민주화를 완수할 사명과, 반드시 생존하며 진보할 것으로 운명 지워진 새로운 만물의 질서를 세운다는 사명"에 철저하게 헌신했으며, 아메리카 대륙의 이 남쪽 부분이 다른 이들을 위하여 더 나은 미래로 가는 길을 열어 나갈 수 있다는 것을 증명해 보였다. 그는 다음과 같이 썼다. "1810년에 혁명이 일어났을 때 사람들은 남아메리카 대륙이 영국이나 프랑스처럼 될 것이라고 말했다. 또 어떤 사람들은 혁명이 성공하면 이 대륙은 미개 상태로 퇴보해버릴 것이라고도 했다. 하지만 크리오요들의 의지와 노력 덕분에 이 대륙은 미국처럼 되었으며 공화주의가 되었고 문명화되었다."[12]

분명 이는 과장된 표현이지만, 특히 19세기 중반부터 이스파노아메리카의 여러 지역에서 '민주주의'에 관한 논의가 진전을 보인 것은 사실이다. 사르미엔토는 1840년대 말에 미국에 가서 2개월 동안 사실 관계를 확인하는 여행을 했다. 그 이후 그는 예전에 토크빌이 그랬던 것처럼 민주주의라는 신앙을 믿기 시작한 개종자가 된다. 미트레는 다음과 같이 썼다. "북쪽의 빛을 남쪽이 받아들인다면 언젠가 우리에게 정의와 평등과 법이 찾아올 것이다. 이 세상은 변화하고 있으며 도덕 역시 변화하고 있다. 놀라지 마라! 기관차에 증기를 이용하듯이, 목소리를 전달하는 데 전기를 이용하듯이, 미국은 인간의 도덕에 민주주의라는 원칙을 하나 추가하는 데 전 세계의 앞장을 서고 있다." 사르미엔토는 이때 품게 된 확신을 남은 삶 동안 내내 바꾸지 않았다. 사르미엔토가 통일 아르헨티나의 두 번째 대통령으로 취임하기 전에 미국을 두 번째로 방문하고 아르헨티나에 돌아오기 직전, 부에노스아이레스의 한 주요 신문은 거칠게 질문을 던졌다. "사르미엔토가 대통령에 당선된다면 그는 미국으로부터 우리에게 무엇을 가져다주려고 하는가?" 사르미엔토는 대답했다. "학교다! 학교밖에 다른 것은 없다. 우리는 공화국 전체를 학교로 만들어야 한다. …… 학교가 바로 민주주의다."[13]

이 반구의 다른 지역에서는 이미 민주주의라는 단어가 일상 용어가 되었다. 예를 들어 콜롬비아에서는 1840년대 말이 되면 보고타 같은 대도시에서 성난 장인(匠人)들이 자신들의 직업을 보호하기 위해 좀 더 높은 관세를 부과하라고 요구하면서 '민주 협회'라고 불린 정치 집단에 에너지를 쏟아부었다. 하층 계급 사람들에게 지지를 호소하면서 그들은 '각하(Excelencia)'나 '님(Honorable)' 같은 귀족풍 호칭을 거부했으며, 현지의 '자유주의' 정치 분파와 손을 잡았다. '자유주의'는 1853년에 새로운 헌법의 한 부분으로 남성 보통선거를 도입했다. 모든 성인 남성이 투표권을 갖게 되었으며 각종 정부 직책—최고법원의 판사와 각 주의 지사를 포함하여—은 직접 선거의 대상이 되었다. 한편 벨레스 주에서는 서반구 최초로 여성이 투표권을 부여받았다. 북쪽으로 5천 킬로미터 떨어진 와이오밍에서 같은 일이 벌어진 것은 10년도 더 지난 후의 일이었다.

벨레스의 훌륭한 여성들은 미처 선거권을 행사하기도 전에 박탈당했다. 국가의 최고법원이 내린 고약한 결정 때문이었다.(헌법이 현재 지정한 것 이상의 권한을 주州가 부여할 수 없다고 법원은 판시했다.) 새롭게 선거권을 부여받은 남성 투표자들 역시 표수를 계산할 때 일정 부분을 비례적으로 깎아버렸다. 그러나 19세기 중반이 되자 이스파노아메리카 곳곳에서 민주주의적 움직임의 조짐이 충분히 보이기 시작했다. 심지어 정치적 카우디요들 가운데에도 그런 모습이 보였다. '국민'에게 입에 발린 칭송을 하던 그들은 이제 선거권 확대를 비롯한 헌법적 개혁 작업에 힘을 보태기 시작했다. 1853년 아르헨티나 헌법은 6년 임기의 대통령과 부통령 제도를 갖춘 연방 정치체를 규정했다. 또한 헌법은 상원, 하원, 대법원을 설치했는데 이 모든 기관은 남성 보통선거에 기반을 두었다. 1856년 페루 헌법도 그 뒤를 따랐다. 한편 멕시코에서는 1856년에서 1857년 사이에 열린 제헌 의회가 제헌 위원회의 결정을 배척한 다음, 종래의 모든 제한을 철폐하는 선거권 규칙을 채택했다. 이때 철폐된 제한에는 고용 하인의 투표 금지 조항도 포함되었다. 1858년 베네수엘라 헌법은 문자 해독 능력과 조세 납부의 제한을 철폐했으며 투표 연령을 20세로 낮추었다. 대의 민주주의적인 새로운 발명품들이 전 세계로 이동하기 시작했음을 증명하듯, 베네수엘라 헌법은 앞으로 모든 선거는 '오스트레일리아식' 비밀투표 방식으로 치러질 것이라고 명기했다. 미합중국의 켄터키 주 루이빌에서 같은 조항이 채택되기 30년 전에 일어난 일이었다.

이런 흐름을 고려할 때, 이 지역을 처음으로 방문한 사람이 혹시 세계의 그 어느 곳보다 이 지역이—특히 이스파노아메리카에는 미합중국의 규모

만큼 심각한 노예제 문제가 없다는 점 때문에 ― 대의 민주주의를 향해서 더 많은 진보를 이룩했다고 착각하더라도 양해해줄 만했다. 하지만 좀 더 자세하게 검토하면 다른 그림이 떠오른다. 이곳은 여전히 각 공화국 위에 파워 엘리트들이 군림하는 세계였으며, 깊은 정치적·사회적 불평등으로 일그러져 있었다.

새로이 성장하던 카우디요 민주주의는 다양한 방식으로 지탱되고 있었다. 그중 하나가 바로 '협약(pact)' 정치의 기술적 추구라는 방식이었다. 이른바 '팍티스모'는 거칠게 말해서 미국에서 포크 배럴 방식을 쓰는 정당들에 의해 작동되는 보스 체제와 비슷했다. 정부는 각종 사안을 결정할 때 종종 헌법을 무시하고 일을 처리했고, 카우디요와 그의 지지자들은 중요한 사회적 권력 집단의 '대표들'과 타결한 협상에 따라 행동했다. 이따금 법률에 따라 정당성을 부여받는 경우도 있었지만 그것은 이런 협상이 타결된 이후의 일이었다. 유력한 사람들과 좋은 관계를 유지하는 것은 카우디요들에게 매우 중요했으며 19세기 내내 '팍티스모'는 번창했다. 이는 전혀 놀라운 일이 아니었다. 왜냐하면 '팍티스모'는 성문헌법의 성장, 개방 사회, '국민'에게 자신의 뿌리가 있음을 인정하는 영토 국가들과 서로 단단하게 묶여 있었기 때문이다. 협약 정치는 '전통 시대'나 '전근대 시대'가 남긴 찌꺼기가 결코 아니었다. 이는 대의 민주주의 시대에 등장한 새로운 통치 방식이었다. 분명 민주주의적이지 않았다. 하지만 카우디요들은 자신이 다른 사람들에게 행사하는 권력이 결코 단순히 위력에서 나오는 것이 아니며 또한 위력으로 위협하는 것에서 나오지도 않는다는 사실을 잘 알았다. 위력만큼이나 중요한 것은 혼맥, 재산과 법률, 신용과 전통이라는 윤활유를 사용해 수단과 방법을 가리지 않고 어떻게 해서든 일을 성사시키는 능력이었다. 이런 의미에서 볼 때 카우디요의 통치는 중요한 인물들 사이의 거래를 성사시키는 예술이었다고 말할 수 있다. 이 때문에 각 분야의 실력자들과 거래가 성사되는 모습이 종종 보였다. 원주민 집단의 '카시케(cacique, 추장)', '아시엔다(hacienda, 대농장)'의 소유주, 도시의 레히도르(regidores, 시 참사회 의원), 코프라디아(cofradía, 종교적 신도회) 같은, 이런저런 집단의 대표자들이 그런 실력자들이었다. 이 대표자들은 공개적으로 선출된 것도 아니며 미리 임기가 정해진 것도 아니었다. 당시의 표현으로 이들은 '대리인'이었다. 이들의 힘은 누군가를 대리한 것이었다. 이들은 (1814년 멕시코 헌법의 표현대로[14]) '보완적인 대표자'로서 다른 사람들을 대신해 발언하고 행동했다.

카우디요 체제가 대리인들에게만 의지했던 것은 아니다. 카우디요 체제는 만일 평민들이 정부를 마음대로 할 수 있는 상황이 되면 모든 것이 파멸하리라는 카우디요들의 깊은 공포에 의해서도 유지되었다. 민중의 소요 같은 이야기에 대해 카우디요들은 엄청난 피해망상에 시달렸다. 그들은 겉으로는 '국민'에 대한 믿음이 있다고 말했지만, 내적으로는 박해의 망상과 부풀려진 자만심, 현실의 국민들에 대한 뿌리 깊은 불안에 시달리고 있었다. 카우디요들은 실제 국민들에게 '카나야', '불고', '포풀라초', '플레베'* 따위의 모욕적인 명칭을 붙이면서, 감동한 광신자 무리가 성직자의 품에 달려드는 모습을 상상하곤 했다. 카우디요들은 무지한 농민과 이야기할 때, 특히 그들이 원주민인 경우에 혐오감을 느꼈으며, 도시 빈민을 비롯한 하층민들과 함께 있을 때면 불편한 기색을 감추지 못했다. 카우디요들은 일반 국민의 힘에 의해 자신들의 세계가 전복될 것을 우려했다. 그런 일이 실제로 벌어진 적이 있었다. 바로 18세기 산토도밍고에서 노예 반란이 일어났을 때, 그리고 안데스 지방에서 투팍 아마루의 지휘 아래 원주민 무장 저항 운동이 일어났을 때였다. (사람들의 말에 따르면) 1822년에서 1823년 사이에 멕시코에서 민중 봉기가 일어났을 때에도 비슷한 일이 있었다고 한다. 이 봉기는 '라 인데센테 플레베'와 '라 카나야 무이 아브헥타'*가 일으킨 것인데, 이 일로 인해 군사 지휘관 이투르비데가 갑작스럽게 권좌에 오르게 되었으며, 그는 곧 자신을 멕시코의 나폴레옹으로 선포했다. 많은 카우디요가 이런 민중

---

* '카나야(canalla)'는 '개'를 뜻하는 라틴어 'canis'에서 유래했으며, 원래는 '개 떼'를 지칭하다가 우에는 천박한 사람들의 무리를 가리키는 데 사용되었다. '불고(vulgo)'는 '거칠다, 저열하다'라는 뜻의 라틴어 'vulgus'에서 온 단어이며 영어 단어 'vulgar'와 동일한 어근을 가진다. '포풀라초 (populacho)'는 사람들(pueblo) 가운데 가장 저열한 무리라는 뜻이다. '플레베(plebe)' 역시 최하층민을 가리키는 단어다.

* '라 인데센테 플레베(la indecente plebe)'에서 '인데센테(indecente)'는 영어의 'indecent'와 같은 뜻으로, 이 구절은 '상스러운 무리'라는 뜻이다. '라 카나야 무이 아브헥타(la canalla muy abjecta)'에서 '무이 아브헥타(muy abjecta)'는 영어로 'very abject', 즉 '매우 천박하다'는 뜻이다. 즉 이 구절은 '매우 천박한 개 같은 사람들'이란 뜻이다.

봉기의 사례들에서 다음과 같은 교훈을 끌어냈다. 즉 국민에게 봉사하는 지도자는 자칫하면 아무것도 아닌 것보다도 더 나쁜 대상에게 봉사하는 지경에 빠질 위험이 있다는 교훈이었다.

상황을 더 복잡하게 만든 것은, 공화국들이 법이 보장하는 시민의 자유를 기초로 하여 건설되었기 때문에 마땅히 '국민'이 지배하는 때가 언제 올지 상상할 수 있다고 카우디요들이 말하고 있었다는 점이다. 국민에게 권력을 부여하는 것은 고결한 목적이며, 그렇기 때문에 교육, 시민적 평등의 점진적 확대, 오래된 법인(法人)들이 지니고 있는 낡은 특권의 폐지까지, 이 모든 것이 필요했다. 그러나 카우디요들의 논리에 따르자면 여기에서 어려운 점은 바로 '진정한' 국민이 아직 탄생하지 않았다는 것이었다. 그렇기 때문에 결국 지금 여기에서 해결해야 할 정치적 과제는, 한편으로는 압박을 가하는 지배 세력이라는 암초를 피하면서, 다른 한편으로는 민중의 무정부 상태라는 또 다른 암초를 피해 국가라는 배를 잘 조종하는 것이었다. 초강경 보수주의자이자 가톨릭교도인 마리아노 파레데스 아리야가(Mariano Paredes y Arrillaga, 1797~1849) 멕시코 대통령은 미국이 멕시코를 침공하기 직전인 1846년에 "우리는 사회를 보호할 수 있는 강력하고 안정된 권력을 추구한다."라고 말했다. 그리고 바로 다음 말을 덧붙였다. "그러나 바로 그 사회를 보호한다 하여, 폭군적인 독재나 웅변가들이 지우는 굴욕적인 멍에를 원하는 것은 아니다."[15]

많은 카우디요들은 어떻게 하면 원래부터 의지가 약한 하층민들을 자기 편으로 끌어들일 수 있을지가 문제였다.('바호 푸에블로bajo pueblo', 즉 '고분고분한 사람들'이라는 표현은 19세기 멕시코의 역사가 루카스 알라만Lucas Alamán이 평민들에게 적용했던 표현이다.[16]) 이스파노아메리카의 많은 권력자, 즉 베네수엘라의 호세 안토니오 파에스, 멕시코의 안토니오 로페스 산타안나, 과테말라의 라파엘 카레라(Rafael Carrera, 1814~1865) 같은 카우디요들은 하층민들을 잘 꼬드기면 그들이 자발적으로 복종할 것이라고 확신했다. 바로 이런 이유 때문에 그들은 자신의 카우디요 권력이 당시 민주주의라고 불리기 시작한 것과 결합할 수 있다고 생각했던 것이다. 당시 민주주의라고 하면 대부분의 현지인들에게는 그저 남성의 보통선거권을 의미했다. 어째서 카우디요들은 그렇게 확신할 수 있었을까? 이 질문에 간단히 답하자면, 지배자와 피지배자들 사이에 신이 부여한 계약이 있다고 생각했던 것처럼, 카우디요들은 하층민들이 경건하게, 심지어 애정 어린 태도로 복종하리라는 믿음을 갖고 있었다는 것이다. 카우디요들이 늘 마음에 새긴 금언은 이것이었다. 우리는 지배하고, 그대들은 계속 고개를 숙이고 있어야 한다. 그대들은 가슴은 활짝 열지만 입은 다물라.

카우디요들은 힘없는 자들이 힘 있는 자들에게 본능적으로 깊은 애정을 품고 있다고 가정하기를 좋아했다. 이런 속박의 쇠사슬을 훗날 이스파노아메리카의 위대한 작가들이 풍부한 상상력으로 잘 분해해 보여주었다. 그런 예로는 가브리엘 가르시아 마르케스의《족장의 가을》,《대령에게는 편지가 오지 않는다》, 마리오 바르가스요사의《염소의 향연》이 있다. 카우디요는 자신이 게릴라 지도자, 부유한 지주, 각종 이권의 너그러운 분배자, 사회 질서의 수호자, 폭력을 쓰는 거친 남자의 역할을 모두 결합한 사람이며, 가난하고 힘없는 사람들의 삶에 반드시 필요한 존재임을 강조했다. 그들은 자신들이 온갖 어려운 결정을 내릴 능력이 있는 영웅이자, 희생자를 잘 달래어 꼬드길 수 있는 독재자라고 생각했다. 카우디요가 이러한 자기 과신과 제한 없는 권력의 향연에 확신을 지녔다는 사실은, 어째서 정치적 카우디요들이 (북해 연안 네덜란드 지역의 선구자들과 똑같이) 종종 민주주의와 귀족정이 서로에게 꼭 필요한 전제 조건이라고 생각했는지를 설명해준다. 처음 이런 생각을 한 사람은 멕시코의 산루이스포토시 주의 선각자들이었다. 이들은 1813년 7월 4일, "만일 우리가 진정한 의미의 귀족적 '훈타' 안에서 단결할 수 있다면, 이는 민주주의 덕분"이라고 그들은 선언했다.[17]

이 무제한적 권력이 자신의 귀족적 특질에 애정을 품고 있었다는 사실은, 어째서 19세기 이스파노아메리카의 선거 운동이 그토록 자주 축제와 비슷했는지를 이해할 수 있게 해준다. 선거 운동은 온갖 종류의 선언, 격식을 갖춘 만찬, 청원서 제출, 약속, 공공 집회가 벌어지는 축제와 흡사했다. 이런 축제 분위기 때문에 마지막 투표 행위가 오히려 용두사미처럼 김빠진 느낌이 종종 들었다. 선거에서 정말로 중요한 것은, 유명한 후보자가 자신이 공개적으로 동원할 수 있는 풍부한 재력을 활용해 사람들을 현혹하고 방탕하게 놀게 만드는 능력인 것 같았다. 선거 당일은 마치 간밤의 숙취가 덜 깬 날 같았으며 투표율이 낮았다. 19세기 중반 대부분의 사례에서 투표율은 전체 인구의 5퍼센트를 밑돌았다. 2퍼센트 아래로 내려가는 일도 매우 잦았다. 투표권을 얻은 소수자 집단의 경우에도 투표율이 50퍼센트에 이르는 경우는 드물었다. 결국 이상하게도 남성 보통선거권이 공식적으로 주어졌든 아니었든 간에 낮은 투표율에는 변동이 없었던 것으로 보인다. 1885년 칠레에서는 문자 해독이 가능한 남성만 투표할 수 있었는데 그리하여 선거인의 수는 성인 남성 인구의 약 4분의 1이 되었지만, 결국 실제 투표한 사람은 약 5퍼센트였다. 아르헨티나에는 1853년부터 남성 보통선거가 실시되었지만 실제 투표한 사람이 20퍼센트가 되는 경우는 드물었다. 이런 전반적인 경향에도 아주 드물게 예외는 있었다. 1851년 남성 보통선거로 치러진 멕시코 총선거에서는 거의 40퍼센트에 가까운 투표율을 보였는데, 이는 전체 성인 인구의 5분의 1에 해당하는 수치였다.

이름뿐인 선거

19세기 이스파노아메리카의 과두 지배자들에게 '카우디요 민주주의'는 결코 서로 모순되는 두 단어로 만들어진 말이 아니었다. 그렇기 때문에 이들은 조금도 수치심을 느끼지 않았으며 두려움도 거의 없이 국민에게 한 손으로 무엇인가를 내주면서 동시에 다른 손으로는 그것을 빼앗았다. 게다가 이런 일은 종종 국민의 이름으로 진행되었다. 이런 이상한 움직임은 투표 규칙이라는 사안에서 뚜렷이 나타났다. 투표 규칙은 위로부터의 간섭에 항상 취약했다. 미합중국보다 수십 년 앞서서 이미 이스파노아메리카의 카우디요들은 투표권 쟁취를 위해 투쟁하는 사람들이 결국은 역사에 의해 보상을 받는다는 '선거권의 진화적 확대 법칙' 같은 것은 없음을 보여주었다. 이스파노아메리카의 경우는 정반대 경향을 보여주었다. 투표권의 '축소'로 민주적 권력 공유의 불길이 꺼질 수도 있음을 보여주었던 것이다. 카우디요 민주주의는 처음에는 누가 시민이 될 자격이 있는가에 대해 대단히 너그럽게 규정했다. 하지만 카우디요 과두 지배자들이 점차 정치 불안과 사회적 소요가 일어날 가능성을 우려하게 되면서 카우디요 민주주의의 얼굴은 험상궂게 변했으며 많은 상황에서 일부 시민이 시민적 권리를 박탈당했다.

대의 민주주의가 결코 역사적으로 보장된 것이 아니라는 사실—시간을 제자리에 멈추어 서게 하여 역사적 진보가 종언을 고하게 할 수 있으며 심지어 뒤로 후퇴하게 만들 수도 있다는 사실—은 콜롬비아 연방에서 남성 보통선거권이 단계적으로 허물어졌다는 사실에서 분명해진다. 처음에는 선거법의 내용을 결정하는 권한이 연방을 구성하는 각 주로 이양되었으며, 그 다음에는 새로운 중앙집권제 국가(콜롬비아공화국)의 헌법(1886년)에서 보통선거권 자체가 폐기되어버렸다. 이런 파괴적 경향이 가장 강했던 곳은 아마도 안데스 지역의 국가인 페루, 에콰도르, 볼리비아였을 것이다. 이 나라들의 과두 지배자들은 수많은 원주민들이 그들의 표를 자신들의 궁전 창문에 돌팔매질하듯 던지지 않을까 하는 우려에 시달렸다. 그 결과 보통선거권은 그저 일시적인 현상에 그치게 되었다. 이 사례로는 1860년 페루의 헌법에서 '수프라히오 카파시타리오(sufragio capacitario)'*라고 불리는 제도가 부활한 것을 들 수 있다. 이는 간단하게 말하면 문자 해독 능력이 있으며 세금을 납부하는 남성들에게만 제한적으로 투표권을 부여하겠다는 것이었다. 이와 비슷한 일이 멕시코에서도 일어났다. 이곳에서는 주민의 3분의 2가 원주민 '페온'*으로 살고 있었는데, 이들은 토지를 보유한 과두 지배 세력 아래에서 형편없는 임금과 대우를 받는 처지였다. 포르피리오 디아스의 독재 체제가 과두 지배 세력을 뒷받침해주었다. 그는 멕시코가 신(神)에게서는 너무 멀리 떨어져 있고 미합중국과는 너무 가깝다고 불평한 것으로 유명하며, 1876년부터 1911년까지 35년 동안 (중간에 짧은 공백기가 있었지만) 멕시코를 지배한 카우디요였다. 결과적으로 모든 국가에서 이른바 '시민'이라고 불리는 주민의 수는 전체 인구에서 소수였으며 경우에 따라서는 극소수에 불과

---

* 이는 능력과 자격이 있는 사람에게 투표권을 한정한다는 뜻이다. 영어로는 'suffrage by capacity'라고 번역할 수 있다.

페온(peon) 비자발적인 고용 노동자로서 라틴아메리카 식민 시대에 원주민에게 노동을 강요하던 것에서 유래했다. 이들은 남아메리카의 여러 국가가 독립한 이후에도 오랫동안 농장이나 목장에서 일용 노동자로 일했다. 라틴어에서 '발'을 의미하는 'pedis'에 어원이 있으며 원래는 '보병(步兵)'이란 의미로 쓰였다.

했다.

　이스파노아메리카 전역의 많은 과두 지배자들은 국민의 지배가 훌륭한 지배임을 원칙적으로는 인정했다. 하지만 실제로 국민의 지배는 일시적으로만 작동해야 했다. 이는 마치 로마 시대의 축제일이었던 '사투르날리아(Saturnalia)'와 같은 것으로, 이날은 군중 무리가 기성 과두 지배 체제를 상징적으로 타도하는 날이었으며, 군중 무리는 이날이 지나면 한 해 동안 지배 계급에 순종해야 했다. 카우디요들은 권리를 박탈하는 데 세련되고 복잡한 무기를 쓰기도 했다. 예를 들면 간접 선거에 의존하는 방법이 있었는데, 이는 바람직하지 않은 주민을 걸러내는 장치였다. 누에바그라나다와 베네수엘라의 1821년 헌법 제10조는 앞으로 일어날 일을 보여주는 하나의 암시였다. 이 조항은 직설적이었다. "국민은 제1차 투표에 참가하는 것 이외에는 다른 어떤 방식으로도 주권을 행사하지 않는다."[18] 다른 곳에서는, 이와 다른 방식으로 간접 선거를 이용해 위험한 집단을 통제했다. 유력 가문들은 그들 도시의 총 투표자 수를 다른 도시보다 더 많게 조정해놓는다. 최종 투표가 진행될 때면 재산, 교육, 문자 해독 능력을 기준으로 적용하여 실제 투표자 수를 줄인다. 혹시라도 여전히 투표 결과가 불안할 때면, 유력 가문들은 부하들에게 투표를 직접 감독하도록 했으며 심지어 투표용지를 세는 일을 맡기기도 했다.

　선거를 조작하면서 이런저런 수법을 쓰는 것은 그들의 조악한 즐거움이었다. 대의 민주주의는 권력을 다루는 절차를 공적으로 소유하고 운영하는 시스템이라고 볼 수 있다. 그러면 19세기 카우디요와 동맹자들이 선거를 조작한 것은, 의사 결정의 수단을 '사유화'하여 소수의 손에 넣으려 했던 노력이었다고 말할 수 있겠다. 이 과정에서 이 사기꾼들은 자신들의 작업을 진행하면서 그때그때 상황에 맞게 규칙을 바꾸었다. 선거구 내에서 멀리 떨어진 곳에 거주하던 유권자들은 제각기 그룹으로 묶여서 투표장으로 보내졌다.(이렇게 함으로써 '집단 투표*에 전혀 새로운 의미가 부여된다.) 필요한 표를 사기 위해 식사, 술, 선물을 제공했으며 은화도 조금씩 뿌렸다. 해가 뜨는 시

집단 투표(block voting) 한 무리의 사람들이 특정한 이슈나 인물에 극도로 충실한 나머지 선거 때 다른 이슈는 전혀 고려하지 않고 집단적으로 일관되게 투표하는 것을 말한다.

각부터 해가 지는 시각 사이에 던져지는 표의 수보다 해가 진 뒤 밤중에 던져지는 표의 수가 훨씬 많았다. 한 사람이 여러 표를 던질 수 있도록 적절한 조치가 강구되었다. 때로는 기표소 한 군데에 가서 여러 표를 찍기도 했고 때로는 이곳저곳 기표소를 돌아다니면서 여러 표를 찍기도 했다. 미리 등록되지 않은 사람도 투표할 수 있도록 선거 규칙을 변경하는가 하면, 법적으로 자격이 없는 사람 — 즉 미성년자, 외국인, 군인, 일시적 통행자 — 이 귀중한 한 표를 행사하는 경우도 있었다. 투표용지를 사용하지 않고 말로 투표하는 경우에는 한 사람이 여러 번 앞으로 나와 목소리를 내어 의사를 표시했기에 마치 도플갱어가 몰려온 것이 아닌가 하고 착각할 정도였다. 다른 고장으로 이주한 것으로 알려진 사람이 갑자기 나타나서 투표하는 경우도 있었다. 물론 죽은 사람이 부활하여 그의 마지막 투표를 하는 경우도 있었다.

이스파노아메리카에서 이루어진 부정 선거는 매우 자주 모든 사람이 보는 앞에서 부정한 수단이 쓰였다는 점에서 특이했다. 이것만큼이나 또 이상한 점은, 멕시코에서 포르피리오 디아스가 장기 집권을 하던 중에 매우 뚜렷하게 나타난 현상으로서 공공의 항의가 거의 없었다는 점이다. '빵인가 아니면 몽둥이인가(pan o palo)'라는 구호는 당시 사람들이 그의 통치를 묘사하는 말이었다. 이는 통치자들이 주는 것을 거절했을 때는 가혹한 결과에 맞닥뜨리게 될 것이라는 이야기였다. 이런 사기극은 널리 공공연하게 행해짐으로써 더욱 더 활기를 띠었던 것 같다. 힘없는 사람들은 마치 강력한 지도자 없이는 살아갈 수 없는 것처럼 보였다. 이 점에 대해서 디아스는 아주 솔직하게 말했다. 사람들은 개와 닮은 점이 있는데, 뼈를 물고 있으면 짖지도 못하고 물지도 못한다는 것이다. 그는 종종 다른 사람들에게 이런 논점을 강조했다. 다음은 그가 1908년 미국의 신문 기자인 제임스 크릴먼(James Creelman)에게 말한 것이다. "승리한 군대의 손에서 내가 정부를 넘겨받았던 때는, 국민이 분열되어 있었고 민주 정부의 극단적인 원칙들을 시행할 준비가 되어 있지 않았다." 그가 언급한 그때는 1876년 11월 그가 스스로 자신을 대통령에 임명한 때를 가리켰다. "통치의 모든 책임을 군중에게 던져버리면 그 즉시 자유로운 정부의 대의명분을 망가뜨리는 결과가 초래될 것이다."[19]

카우디요의 이런 발언은, 국민의 힘을 억누르기 위해 거친 방식이 사용될 수밖에 없다는 것을 의미했다. 예를 들어, 뜻을 같이하는 어느 주의 지사가 득표수를 확보할 수 있다면 그를 구하기 위해 잘 무장된 도시와 농촌의 경찰력을 투입했다. 사기극에 대한 의혹은 도리어 상대방을 향하도록 했다. 직책의 임기가 자의적으로 연장되는 경우도 있었다. 남자 하인과 일용 노동자의 선거권을 박탈하는 법안이 입법부에서 승인되었는데, 입법부의 구성원은 미리 상부에서 선택한 고분고분한 사람들이었다. 투표하려는 사람을 투표장에 가지 못하게 하는 경우도 있었으며 심지어 감옥에 가두어 두는 경우도 있었다. 이런 경우는 그들이 다른 후보자 혹은 다른 정당에 투표할 것처럼 보일 때였다. 선거 결과가 특별한 사유 없이 무효로 선언되는 경우도 있었다. 투표소로 가는 길목을 장악하기 위해서 혹은 유권자들이 투표소에 입장하는 것을 저지하기 위해 본격적으로 전투가 벌어지는 경우도 있었다. 또는 경찰이 폭도처럼 위장하고 나와서 투표함을 탈취하여 파괴해버린 다음, 기존 정부가 헌법적 권한을 발동하여 비어 있는 의석을 자신들이 선택한 후보자들로 채우는 경우도 있었다.

'붉은 로사스'

온갖 술수가 다 실패하고 분위기가 정말로 험악해지면 그때는 무력이 투입되었다. 카우디요 민주주의는 원주민을 상대로 종종 폭력을 휘둘렀다. 원주민들은 하찮은 존재로 무시당하기를 거부했으며 그 결과 양측에서 많은 피를 흘렸다. 20세기 아르헨티나의 위대한 작가인 호르헤 루이스 보르헤스(Jorge Luis Borges)는 자신의 조국이 19세기에 에스파냐로부터 독립했지만 에스파냐의 정복은 아직 끝나지 않은 상태라는 유명한 말을 했다. 이 재치 있는 표현은 잔혹하게도 사실 대륙 전체에 해당했다. 독립 운동이 진행되던 때나 독립 이후에도 수십 년에 걸쳐 이스파노아메리카의 카우디요 과두 지배자들은 원주민 반대자들을 진압하거나 완전히 제거하기 위해 치열한 싸움을 계속했다. 원주민들 쪽을 보자면, 이들은 1492년 이후 유럽의 식민지 개척자들이 남북 아메리카 전체에 걸쳐 자행한 엄청난 폭력의 기억에서 벗어날 수 없었다. 그때 원주민의 90퍼센트가 사망했는데―당시 남북 아메리카 원주민의 수는 전 세계 인구의 약 5분의 1에 해당하는 숫자였다.―이는 주민 수 대비 사망자 수로 따져보았을 때 인류 역사상 가장 높은 사망률이었다. 이런 이유로 원주민은 더욱 강하게 반발했던 것이고, 카우디요 측은 나중에 보복당할까 두려워 더욱 강력하게 폭력을 행사했던 것이다. 또한 식민지의 엘리트 집단이 (예를 들어 베네수엘라에서) 에스파냐 제국의 '그라시아스 알 사카르'* 정책에 거세게 저항했던 사실을 모든 사람이 생생하게 기억하고 있었다. 이 정책은 비(非)백인 주민들이 국왕에게 법인(法人)의 특권―그리고 백인의 법적 지위―을 구입할 수 있도록 허용한 정책이었다. 그런 과거의 유령에 사로잡혀 있었기 때문에 카우디요들은 자신들의 입장을 완강하게 고수했다. 카우디요들은 원주민에게 참정권을 부여하자는 이야기나 원주민의 재산과 자유에 대한 요구를 법적으로 인정해주자는 이야기에 대체로 반대했다. 카우디요들은 언제라도 대화를 중단할 준비가 되어 있었다. 이것은 현지 주민들을 모두 죽이고 그 자리를 떠나는 것을 의미했다.

카우디요 민주주의가 폭력성을 품은 방식에는 또 다른 요소가 있었다. 대의 민주주의의 변종인 카우디요 민주주의에는 특이한 요소가 많았지만 그중에서도 가장 이상한 것은 이것이었다. 지배자들은 국민을 지배하기 위해 폭력을 동원하는 과정에 국민을 연루시킴으로써 국민의 호응을 얻어낼 수 있었다는 점이다. 바로 이 점이 세계 최초의 내구성 있는 카우디요 민주주의 체제가 보여준 참신함이었다. 바로 아르헨티나의 후안 마누엘 데 로사스가 솜씨 좋게 만들어낸 정치적 독재 체제가 그러했다.

1829년에서 1852년 사이에 로사스와 그의 지지자들이 시행한 폭정은 어떤 멋진 정치 철학에서 출발한 것이 아니었다. 로사스는 시대를 초월하는 정치 천재가 아니었다. 그는 시대 상황에 충실한 사람이었다. 그는 민주주

---

* '그라시아스 알 사카르(gracias al sacar)'를 영어로 옮기면 'thanks for the exclusion'으로 '제외해주어서 감사하다'라는 뜻이다. 에스파냐 식민 시대에 현지 원주민이나 혼혈인이 일정한 조건을 충족하거나 돈을 지불하면 백인 지위를 획득할 수 있게 해주었으며, 그럼으로써 식민지 시대의 엄격한 인종별 신분 차별에서 벗어날 수 있게 해주던 제도이다.

의적 대의제라는 새로운 시대가 제공하는 지도와 나침반을 이용해 현실적인 태도로 미래로 가는 새로운 길을 내는 탐험가를 닮았다. 로사스는 '민주적 제왕 정치'*가 가능하다는 것을 증명했다. 그는 주기적인 선거와 투표라는 도구와 '국민'에 대한 공화주의적인 논리를 결합하면 '국민'을 동원하여 강력한 카우디요 지지자 집단을 만들 수 있음을 보여주었다. 그러고 나서 이 카우디요는 말을 타고 머스킷 총과 대포와 칼로 무장하고 그 국민을 짓밟았다. 그러면서도 한편으로는 국민들에게 표를 던져 달라고 지속적으로 호소했다.

로사스는 어떻게 이런 일을 할 수 있었는가? 우선 그는 교과서적인 카우디요로 출발했다. 그는 엘리트 크리오요 지주와 고위직 보유자들이 다수이고, 확고하게 자리 잡은 오래된 가문에 태어났다. 그는 부에노스아이레스의 상류 계급 집안의 딸과 결혼하여 혼맥을 구축했다. 그는 젊은 시절부터 아버지의 대목장(estancia)을 경영하는 기술을 배웠으며 곧 자신의 경력을 만들기 위해 독립했다. 독립하고 처음으로 손을 댄 분야는 염장육을 생산하

* '민주적 제왕 정치(democratic caesarism)'라는 말은 바르셀로나에서 태어나 베네수엘라에서 외교관, 세관 관료, 학자, 언론인, 출판인, 국가 문서 보관소 소장을 역임한 라우레아노 바예니야 란츠(Laureano Vallenilla Lanz)의 흥미롭지만 아직 영어로는 번역되지 않은 책《민주적 제왕 정치: 베네수엘라의 효율적 헌정 질서의 사회학적 기반에 관한 연구(Cesarismo democrático. Estudios sobre las bases sociológicas de la constitución efectiva de Venezuela)》(Caracas, 1919[1991])의 제목이었다. 그는 이 책을 카우디요 후안 빈센테 고메스의 독재 시대에 썼다. 란츠는 고메스와 가까운 사이였다. 바예니야 란츠는 '가만히 놔두면 무정부 상태로 가고 마는' 인간의 성향에 경각심을 촉구했다. 효율적인 정부와 안정적인 사회 관계를 약속하는 정치 질서를 건설할 때, 강력한 카우디요 지도자—다른 표현으로 '필수 불가결한 헌병'—가 필요하다고 주장했다. 바예니야 란츠는 식민지에서 벗어난 베네수엘라의 엄청난 혼란 덕분에, '사회 질서의 유일한 힘은 오직 카우디요뿐이다'라는 것을 학습했다고 한다. 또한 그는 이러한 교훈은 미래를 위해 대단히 폭넓은 함의를 지니고 있다고 주장했다. 공화주의적 민주주의가 도래함에 따라 '일반 군중의 무지와 열광'을 제한하고 세련되게 만들 수 있는 수단은 오로지 강력한 힘을 지닌 지도자뿐이라는 것이다. 강력한 힘을 지닌 지도자만이 사람들에게 스스로 노력하게끔 동기를 부여하며, 타인과의 평등권을 누리려면 반드시 필요한 자긍심을 개개인이 갖추도록 동기를 부여한다는 것이다. 바예니야 란츠는 '민주적 제왕 정치'가 군중으로 하여금 자신의 권리를 찾도록 하는 데 필수적이라고 주장했으며 또한 그런 상황이 전개될 것이라고 예언했다. 위대한 지도자는 '국민 주권의 대표자이며 조정자'로 행동하며, 그의 존재는 진정한 대의 민주주의를 부정하는 것이 아니라 오히려 진실되게 표출하는 것이라고 주장했다. 그는 토머스 홉스의 주장과 '인민 주권' 이론을 차용하여, 민주적 제왕 정치가 한때는 서로 화해할 수 없는 반대 개념이라고 생각했던 것들—즉 민주주의와 독재 정치, 지도력과 평등, 개인적 위대함과 집단적 자율, 국민의 힘과 단일한 대표자의 지배—을 서로 결합해 새롭고 더 차원 높은 조화를 이룰 것이라고 주장했다.(ibid., pp. 96, 94, 79, 145).(원주)

는 일이었다. 이후 그는 큰 부를 쌓았으며, 토지 매매, 투자 기회와 재산 관리에서 누구보다 앞선 수완을 발휘했다. 다른 카우디요들과 마찬가지로 로사스는 토지를 사업적으로 운용하는 데 방해가 되는 가축 도둑과 '게으름뱅이들', 부랑자 무리를 강력하게 비난했다. 그는 자신의 목장—여기서 수출용 소가죽과 염장 고기를 생산했다.—을 일종의 축소판 국가이며, 사업과 정치를 결합한 실험실이라고 생각하게 되었다. 이 실험실에서 그는 드넓은 팜파스 평원을 떼 지어 몰려다니는 부랑자들을 모아서 하나의 질서 잡힌 사회를 만들어낼 수 있다고 생각했다. 로사스는 거칠게 행동하는 가우초들과 '페온', 방랑하는 '몬토네로'*, 야만적인 원주민을 다룰 때는 설득과 폭력을 적절히 섞어 사용해야 한다고 종종 말했다. 이 대목에서 그는 항상 옛 추억 하나를 꺼내곤 했다. 하루는 그가 목장에 있는데 저 멀리 지평선에서 흙먼지가 자욱하게 피어오르는 것이 보였다. 그는 즉시 목장의 가축을 훔쳐 몰고 달아나는 도둑이라는 것을 알아차리고는 말에 뛰어올라 그자를 추격하기 시작했다. 그는 도둑을 잡아 총을 겨누고 끌고 와서는 채찍질 백 번의 형벌을 내렸다. 형벌이 끝나자 로사스는 그 사람에게 점심을 같이하자고 청하고는 식사를 하면서 일자리를 제안했다. 목장에서 십장으로 일해 달라는 이야기였다. 깜짝 놀란 가우초는 즉시 그 제안을 받아들였으며 그 뒤로는 당연히 로사스를 평생 추종하는 헌신적인 부하가 되었다고 한다.

그가 일생 동안 말한 수많은 이야기와 마찬가지로, 이 이야기는 아마도 절반은 사실이고 절반은 허구일 것이다. 하지만 확실한 것은 이런 정치적이고 사업적인 실험을 행한 덕분에 당시 혼란스럽게 진행되던 정치 투쟁의 싸움터에서 그가 확고한 위치를 차지할 수 있었다는 것이다. 당시 정치 투쟁은 이른바 '우니타리오스(Unitarios, 통합파)'와 '페데랄레스(Federales, 연방파)' 사이에서 벌어지고 있었다. 전자는 통합된 아르헨티나를 추구했고 후자는 덜 중앙 집권적인 국가 형태를 추구했다. 로사스는 부에노스아이레스

몬토네로(montonero) 19세기 아르헨티나 내전 당시 카우디요의 지휘에 따라 말을 타고 무리를 지어 비정규적인 전투를 벌이던 사람들을 가리키는 말이다. 이 표현은 산(monte)에 진을 치고 있었던 데서 유래했다는 설, 무리(monton)를 이루고 있었던 데서 나왔다는 설, 말을 타고(montados) 있었기 때문이라는 설 등이 있다.

에 있는 자신의 이익을 지키는 일이라면 무슨 일이라도 할 수 있는 지방 카우디요였다. 당시 부에노스아이레스는 이제 곧 '아르헨티나'라는 이름으로 불리게 되는 이 나라에서 가장 중요한 주(州)였다. 로사스는 우선은 연방당의 편을 들었으나 곧 힘 있는 친구들과 사업상 고객들, 군인들과의 관계를 잘 활용해 연방당 자체를 흡수한 다음, 아예 당을 없애버렸다. 1827년 8월 연방파인 마누엘 도레고(Manuel Dorrego)가 부에노스아이레스의 지사로 선출되었는데 이는 로사스에게 대단히 유리한 상황이었으며 그는 이 지역의 '농촌 민병대 총사령관' 직위를 받는다. 얼마 뒤 통합파들의 쿠데타가 일어나 도레고는 타도되고 처형된다. 그러자 로사스가 최고 지휘권을 잡았다. 그는 연방파에서 누구도 감히 경쟁할 수 없는 정치 지도자이자 최고 군사 전략가가 되었으며, 결국 연방파는 1829년에 통합파를 격파한다.

이 승리 덕분에 서른다섯 살의 로사스는 말에 올라탄 채로 자신의 민병대에 둘러싸여 부에노스아이레스로 들어와 이 주의 통제권을 장악했다. 수탉처럼 의기양양하게 치장하고 자신감 넘치는 마초의 모습을 보인 로사스는 도시의 노동자부터 영국 상인, 지역의 창고 소유주들까지 다양한 이해관계에 있는 사람들에게서 환호를 받았다. 몇 주일 뒤인 1829년 12월 6일, 그는 주의 대표자 회의에서 만장일치의 지지를 받으며 지사로 선출되었으며 비상 권한을 부여받았는데, 이는 전혀 놀라운 일이 아니었다.

민주적 제왕 정치의 주사위는 던져졌다. 이후 20년 동안 로사스는 대의 정치라는 수단과 목장에서나 어울릴 법한 거친 수단을 결합해 정치적으로 통일된 아르헨티나를 건설해 나갔다. 훗날 그는 자신이 '지옥의 축소판인 나라'에 질서를 찾아주는 과제를 떠맡았던 것이라고 술회한다. 당시 아르헨티나는 정치적 무정부 상태, 재정적 불안정과 더불어 사기마저 저하되어 형편없는 모습이었다. 그는 자신을 달갑지 않은 해충을 없애는 위대한 박멸자라고 생각했다. 그는 "나에게 훌륭한 정부란, 지혜롭고 공정하며 지칠 줄 모르고 일하는 가부장적인 일인 통치 체제"라고 말했다. 그는 모자와 판초를 걸치고, 신발 뒤축에는 큼직한 은제 박차를 달고, 손에는 채찍을 들고, 언제라도 말 위에 올라탈 준비가 된 복장을 좋아했다. 어느 아늑한 가을 저녁, 그는 부에노스아이레스 근처의 팔레르모에서, 넓게 땅 위로 퍼져 나가는 뿌리와 속이 텅 빈 나무줄기로 유명한 옴부 나무의 무성한 가지 아래에 자리를 잡고 그의 지지자들에게 원초적 민주주의에 어울리는 언어를 사용하여 열정적으로 연설했다. 그는 자신이 언제나 말하던 것을 또 말했다. 즉 그의 이상은 "국민의 첫 번째 하인으로 일해 온 사람이 일인 통치 체제의 독재자가 되어" 있다는 정부라는 이야기였다.[20]

이 정도가 그의 정치적 사고를 가장 세련되게 표현한 것이라고 볼 수 있다. 로사스가 진정으로 관심을 둔 것은 권력의 획득과 유지였다. 그는 대중의 지지와 전체주의적 통치술을 결합함으로써 이 목적을 대단히 성공적으로 이룰 수 있었다. 그 결과는 훗날 유럽, 아시아, 그리고 그 밖의 지역에 앞으로 벌어질 일들을 미리 맛보여주었다. 로사스는 입법부를 자기 마음대로 주무르며 야당을 금지하는 조치를 내렸다. 정부 내에서나 사회에서나 그에게 대항하는 대상에 대한 충성심은 탄압당했다. 반대자들은 재산을 몰수당했다. 부에노스아이레스 대학은 사실상 폐교되었다. 행정부, 경찰, 군대에서 로사스에 적대적 인물은 숙청되었다. 기회가 있을 때마다 로사스는 협약 정치(즉 팍티스모)를 실행에 옮겼다. 자신을 추종하는 꼬마 '로시스타'*들에게 특별한 혜택과 권한을 부여했던 것이다. 각 지역의 치안판사부터 군 장교, 행정 관리, 대목장 소유주(estanciero), 대상인에 이르기까지, 누구든 그들의 지도자인 로사스 자신에게 충성을 보이는 자들이 대상이었다. 새로운 보병 부대와 포병 부대가 창설되었다. 일 년 정부 예산의 절반에 가까운 금액이 결국에는 군대를 위해 쓰였다. 한편, 피해망상 때문에 그가 개인적으로 유지하고 있던 가우초와 '몬토네로' 민병대는 해체되었으며, 그들은 새로운 군대에 흡수되거나 퇴역하여 그들의 목장으로 돌려보내졌다.

로사스는 종종 자신의 적들을 두려워했다. 하지만 한편으로 그는 두려움을 통치의 무기로 교묘하게 이용하는 데 능숙했다. 특히 사회적 혼란에 대한 대중의 공포를 활용하는 데 뛰어났다. '국민 회복 협회(Sociedad Popular Restaurador)'라는 이름의 전투적인 정치 클럽의 지원을 받으면서, 로사스는

로시스타(Rosista) 로사스(Rosas)의 뜻을 받들고 그에게 복종하는 사람들을 '로사스의 사람들'이라는 뜻으로 '로시스타스(rosistas)'라고 불렸다. 20세기에 레닌이나 마오쩌둥을 따르는 사람들을 '레닌이스트(Leninist)' 혹은 '마오이스트(Maoist)'라고 불렀던 것과 같은 경우이다.

반대자들을 탄압했다. 반대자들 가운데는 아르헨티나의 시인이자 산문 작가인 에스테반 에체베리아(Esteban Echeverría, 1805~1851)도 있었다. 그는 탄압을 받아 결국 몬테비데오로 망명했는데, 그가 탄압받은 이유는 그의 작품《도살장》때문이었다. 정치적 풍자물인 이 작품은 발간 즉시 금지되었지만 곧 유명해졌다. 이 작품에서는 아르헨티나 주민들이 마치 로사스의 도살장에 끌려와 있는 짐승 같은 신세로 표현된다. 에체베리아가 운 좋게 살아남은 것이었다. 왜냐하면 로사스와 그의 지지자들은 벌써 경찰과 각 지역의 깡패와 결탁하여 새로운 비밀 조직을 만들었기 때문이다. 조직의 이름은 '마소르카'*였다. 이 조직은 사실상 살인 특공대였다. 마소르카의 목적은 선택적 암살(이 조직에 암살된 사람은 2천 명으로 추산된다)과 '적대적 집단'을 색출하여 제거하는 일이었다. 이런 적대 집단의 예로 '예수회(Jesuits)'가 있었는데, 이들은 테러를 견디다 못해 결국 이 나라를 떠나게 된다.

새로운 군대가 만들어졌다. 1830년대 말, 농촌 생산물의 수출 부진으로 말미암아 부에노스아이레스 남부 지역에서 폭동이 일어났고, 로사스는 자신에게 반대하는 자들을 철저히 진압하기 위해 붉은 모자를 쓴 자기 부대원들을 활용했다. 반대자들은 가혹하게 다루어졌다. 이들은 새롭게 정비된 사법 제도를 통해 처리되었으며 급기야 로사스가 직접 이 정권의 최고 재판관 역할을 도맡기까지 했다. 종종 밤늦은 시각에 로사스는 책상에 홀로 앉아 조용히 증거물을 검토하고 경찰 보고서를 읽은 다음, 문건의 표지에 판결을 기록했다. '벌금형에 처할 것', '투옥할 것', '군대에 보낼 것', '총살할 것', '목을 칼로 그어버릴 것'이 그가 즐겨 쓴 판결이다. 가축과 마찬가지로 사람을 죽일 때는 칼을 사용해야 한다는 목장 사람 로사스의 확신이 드러나는 대목이다.

한편, 언론과 교회는 강력하고 용맹한 지도자이며, 사실상 혼자 힘으로 정부를 이끌어 가는 사람이며, 국민의 구원자이며, 사랑스러운 선동가이면서 동시에 두려움의 대상이 되는 인물이라는 로사스의 공적 이미지를 계속

마소르카(Mazorca) 마소르카는 옥수수처럼 촘촘하게 알이 달린 열매를 가리키는 단어인데, 농촌을 상징하며 또 사람들이 굳게 단결하는 것을 상징하여 쓰였다고 한다. 'mas horca(더 많은 교수형)'라는 표현과 발음이 비슷해 쓰이게 되었다는 설도 있다.

선전하도록 압력을 받았다. 로사스는 '법의 재건자'로 여겨졌으며 수많은 업적을 이루었다고 칭송받았다. 그의 치적이라고 주장되던 목록은 길었다. 주민 정착이 가능한 토지를 넓힌 것, 염장한 소고기와 가죽의 수출을 늘린 것, 여러 주들 사이에서 끊임없이 반복되던 내전을 멈춘 것 따위가 목록에 포함되어 있었다. 또 부에노스아이레스 주가 압도적 위치를 차지하는 느슨하게 규정된 연방 체제를 구축한 것, 대외 부채를 줄인 것, 이웃 우루과이와 전쟁을 시작해 (1843년부터) 9년에 걸친 봉쇄 작전을 실시한 것, 1840년 부에노스아이레스에 봉쇄 작전을 실시했던 프랑스 해군을 비롯한 외국의 적대 세력에 맞서 나라를 보호한 것도 목록에 포함되었다.

이 모든 연극적인 분위기를 만들어 가는 과정에서 로사스는 엄격한 선동가 역할을 맡아 연기했으며 종종 그의 연기는 완벽에 가까울 정도였다. 그는 팔레르모의 거주지에서 300명에 달하는 보좌진의 도움을 받아 일 주일에 7일을 일했으며, 그의 곁에는 끊임없이 그의 말을 받아 적는 서기들이 있었다. 이런 모습을 보이면서 그는 무대 연출에 대한 세심한 감각을 과시했다. 그 덕분에 영국 대사 헨리 서던(Henry Southern)은 당시 왕좌에 있던 어느 국왕보다 로사스가 더 절대적인 방식으로 권력을 휘두르고 있음을 로사스 자신이 알고 있다고 보고했다.[21] 특히 로사스는 중요한 사람들로 하여금 공개적으로 자신을 지지하도록 만드는 데 뛰어난 솜씨를 보였다. 그는 1835년 7월에 일종의 인기 경연 대회를 꾸몄다. 가장 널리 알려지고 가장 힘 있는 대목장주들이 자신의 목장 일꾼들을 대동하고 부에노스아이레스 주의 구석구석에서 몰려와서는 지사의 관저 밖에서 호위병 역할을 하면서, 자신들의 '복종심'과 '존경심'을 보여주었던 것이다.[22] 같은 달, 탈파케에서는 로사스를 칭송하는 '피에스타(fiesta, 축제)'가 열렸는데 여기에서 한 원주민 지도자가 로사스를 칭송하는 열변을 토했다. 그는 마치 자신의 형제에 대해 말하는 것처럼 다음과 같이 말했다. "만일 후안 마누엘 [로사스]이 없었더라면 우리는 기독교인들과 이런 형제애 속에 살 수 없었을 것입니다. 후안 마누엘이 살아 있는 한 우리는 모두 행복할 것이며 우리의 배우자와 아이들과 함께 평온한 삶을 살아갈 수 있을 것입니다. 후안의 말은 신의 말과 같습니다. 여기에 모인 모든 사람이 증언할 수 있듯이 후안이 우리에게 말하고 조언했던 모든 사항은 결국 진실로 판명되었습니다."[23]

마치 신을 찬양하는 듯하다. 이런 시위나 '피에스타'는 가능하기만 하면 언제나 언론에 대대적으로 보도되는 행사로 변화했다. 이는 로사스가 〈가세타 메르칸틸(Gaceta Mercantil)〉과 같은 신문을 통제하고 있기에 가능했다. 이 신문은 부에노스아이레스 주에서 광범위하게 구독되었으며 종종 이 신문의 내용을 한 사람이 낭독하여 다른 사람들이 듣도록 하는 경우도 있었다.[24] (로사스를 찬미한 원주민이 알고 있었듯이) 로사스는 신을 자기 편에 두는 것과, 사람들로 하여금 그에게 반항하는 것은 곧 죄를 짓는 일이라고 생각하게 만드는 것이 중요하다는 것을 알고 있었다. 1835년 4월, 그는 두 번째 지사직 수락 연설을 하면서 다음과 같이 회고했다. 그는 전혀 겸손을 보이지 않았다. "통치자의 자리에 오르는 엄청난 희생을 결심했을 때, 나는 무제한적 권력에 임명되는 것을 받아들였습니다. 이런 권력은 혐오감을 주지만, 대업을 위해서라면 절대적으로 필요하다고 생각했습니다. 내가 나의 제한된 능력과 약점을 간과했다고 생각하지 마십시오. 도시와 농촌에서 거의 만장일치였던 투표 결과에 근거해 법이 내게 부여한 광범위한 권한을 내가 가벼이 여겼다고 생각하지 마십시오. 그렇지 않습니다. 나는 오로지 하늘의 특별한 가호와 여러분의 덕성과 애국심에 희망을 걸고 있습니다."[25] 신의 사람이기도 하고 또 국민의 사람이기도 했던 이 남자는 당연하게도 성직자들 옆에 바짝 다가갔다. 많은 성직자가 그에게 호응했다. 붉은색 리본을 가슴에 달기도 하고, 로사스에게 호의적으로 설교하기도 했으며, 로사스의 초상화를 높이 치켜들고 거리를 행진하는 행사를 조직하기도 했다. 거리 행진이 끝나면 초상화는 그 지역 교회의 로즈마리 향기가 그윽한 제단 위에 잘 보이도록 진열되었다.[26]

이것은 조직화된 종교의 모습이기도 했지만, 대의 민주주의 여명기에 등장한 새로운 방식의 정치이기도 했다. 로사스는 자신이 통치하는 사람들을 철저히 경멸했지만 그렇더라도 그는 국민의 사람이었다. 그의 공식 포스터는 인기가 많았다. 가장 인기 있었던 포스터는 '무질서의 종결자'라는 제목의 포스터였다. 포스터에는 완벽한 군인 복장을 한 '붉은 독재자' 로사스가 머리가 일곱 개 달린 뱀을 죽이려는 모습이 그려져 있다. 이 뱀은 혼돈을 상

아르헨티나의 카우디요 '붉은 로사스'를
선전하는 포스터(1830년대). '무질서의 종
결자'라는 제목이 쓰여 있다.

징했으며 1820년대 '통합파'가 바로 그런 무질서한 상태를 야기하려 했다고
주장했던 것이다. 당연히 그의 지지자들에게는 붉은색을 당당하게 드러내
는 '로시스타' 제복을 항상 착용하라는 지시가 내려왔다. 붉은색은 '연방파'
군대의 색깔이었다. 여성들에게는 붉은 옷을 입고 붉은 꽃을 손에 들고(장미
가 더 좋다고 했다) 머리에는 붉은 리본을 달라는 요청이 전달되었다. 남자들
은 마초 스타일로 다녔다. 당시 크게 유행했던 스타일은 가슴에 털을 수북
히 기르고, 머리에 붉은색 모자를 쓰거나 머릿수건을 동여매고, 붉은색 휘
장을 달고, 험상궂은 표정을 지은 채 다니는 모습이었다. 휘장에는 살벌한
구호가 쓰여 있었다. "연방 만세! 연방파 만세! 통합파에게 죽음을!"

　　로사스 체제의 가장 교활한 특징은 대의 정치의 '부드러운' 무기들을 영
리하게 활용했다는 점이다. 선거, 국민 투표, 청원이 그런 것들이었다. 로사

스는 자신을 거친 파도 속에 표류하는 배의 선장에 비유하기를 좋아했다. 그는 자신에게 비상(非常) 통치권이 필요하며, 이 배의 선원, 즉 '국민'의 직접적인 지원이 있어야만 비로소 국가라는 배를 제대로 운항할 수 있다고 거듭 말했다. 그리하여 그는 일상적인 위기 상태를 일부러 만들어냈을 뿐 아니라 자신이 국가와 국민의 구원자임을 드러내기 위해 할 수 있는 모든 노력을 쏟았다. 이런 이유로 그는 의회를 제치고 '그의 국민'과 지속적으로 '대화'를 하는 데 우선권을 부여했던 것이다.

각종 선거를 충분히 활용했다. 목표는 만장일치에 가까운 결과를 얻는 것이었으며 그 목표를 달성하기 위해 이 '위대한 박멸자'는 입후보자들의 면면을 직접 검토하는가 하면 다루기 쉬운 선거 관리인과 치안판사를 임명하여 선거 과정을 관리하게 했다. 선거 운동은 온통 요란한 선전에 둘러싸였다. 종이 한 페이지에 로사스를 칭송하는 시를 인쇄했는데, 그를 아르헨티나의 카이사르, 또 이 나라의 아킬레우스 그리고 현대판 신시나투스*에 비유했다. 쉬운 말로 쓰인 이런 시들은 엄청난 양이 인쇄되어 거리에서 사람들에게 일일이 배포되었다. '로시스타'들이 조직하는 집회는 마치 축제 같았으며 이따금 불꽃이 하늘을 수놓았다. 투표자들이 자신들이 진짜 국민 투표에 참여하고 있다고 착각하더라도 이해할 만한 상황이었다. 1835년 3월에 요란하게 치러진 투표 행사가 전형적인 예다. 투표 직전에 의회는 로사스에게 무제한의 행정 권한을 부여했고, 로사스는 등록된 유권자들에게 '가부(可否)'를 표하도록 함으로써 의회의 결정을 최종 확정하기로 했다. 유권자들이 투표할 수 있는 넉넉한 기회를 주기 위해서 투표는 3일에 걸쳐 (3월 26일부터 28일까지) 시행되었다. 투표 지역은 부에노스아이레스에 한정되었다. 〈가세타 메르칸틸〉에 따르면, "도시가 아닌 지역의 주민 의견은 묻지 않는다. 왜냐하면 전 지역 주민의 의견을 들을 경우 시간이 많이 걸리는 문제가 있으며, 여러 차례에 걸쳐 나타난 의심할 바 없는 증거를 보면 부에노스아이레스의 모든 주민들을 움직이는 감정이 보편적인 것임이 증명되었기 때

신시나투스(Cincinnatus) 고대 로마의 정치인으로 활동하다가 은퇴하여 시골에서 농사를 짓던 중, 나라에 외적이 침입하자 로마로 돌아와 정치가로 복귀하고 외적을 물리친 것으로 유명하다. 로사스가 원래 지방에서 목장을 경영하다가 부에노스아이레스의 정계로 들어온 것을 비유한 것이다.

문이다." 이 기사는 계속해서 선거 마지막 날에 부에노스아이레스의 한 지역구에 엄청난 인파가 모였던 것을 보도한다. 최종 투표가 실시되는 장소인 어느 교회 앞에 "남녀, 계급을 불문하고" 모든 사람은 서로 밀치며 섞여 있었고, 손에는 저마다 올리브 가지와 버들가지와 붉은 깃발을 들고 있었다. '위대한 시민(Gran Ciudadano)'의 거대한 초상화가 투표 장소로 들어가는 문 앞에 세워져 있었다. 음악이 요란하게 울려 퍼지는 가운데, 모두 남성인 유권자들은 군중 앞에 서서 로사스에게 충성의 맹세를 했다. 이런 방식으로 투표가 종료된 다음, 투표 관리 책임자는 투표인 명부를 꽉 움켜쥐고 선두에 서서 사람들의 거리 행진을 이끌었다. 이때 악단과 '위대한 시민'의 거대한 초상화도 거리 행진에 동참했다. 잠시 뒤 이 '위대한 시민'이 투표의 공식적 승자라는 발표가 나왔다. 찬성은 9316표였으며 반대는 오직 4표뿐이었다.[27]

　이런 국민 투표를 두고서 자칫 '사기극'이라는 말이 나올 위험이 있었다. 그래서 로사스는 청원이라는 방식에 종종 의지했다. 청원은 그가 직접 민주주의의 모양새를 내기 위해 애호하던 방식이었다. 로사스는 만물의 자연적 질서는 만장일치로 향하는 경향이 있다고 측근에게 말한 적이 있었다. 좋은 정치 체제 안에서는 여러 의견이 조화를 이루는 것이 정상적 상태라는 뜻이었다.[28] 여기에 따르는 결론은 (그가 상상력의 놀라운 도약을 보이면서 표현한 바와 같이) '여론의 자유로운 표출'은 항상 그를 지지하리라는 것이었다. 그렇게 되면 이제 유일하게 남은 정치적 문제는 여론을 확인하는 데 적절한 수단이 무엇인가 하는 것이었다. 로사스는 국민의 '자발적' 탄원과 청원 활동을 장려했다. 그런 국민들 가운데는 어머니들과 과부들도 있었는데 이들은 팔레르모에 있는 로사스의 '킨타(quinta, 별장)' 안뜰에서 몇 시간씩, 때로는 며칠씩 줄을 서서 기다리곤 했다. 상부에서 청원 운동을 설계하는 경우도 자주 있었다. 한 예로 1840년에 벌어진 청원 운동을 들 수 있는데, 이때 로사스는 혹시 만일 자신이 대중의 굳은 지지를 받지 못할 경우 사임하겠다고 위협했다. 이는 로사스가 자신의 절대적 권력을 더욱 강화하기 위해서 또 한 번의—교활하고 성공적인—술수를 쓴 것이었다. 부에노스아이레스 주 전역에서 각지의 관리들은 '위대한 시민'을 지원하기 위해 힘을 모았다.

관리들은 각지의 유력 인사들에게 로사스가 무제한의 행정 권한을 쥐고 복귀할 것을 요청하는 청원서를 작성하고 서명하도록 촉구했다. 콘셉시온 시의 청원자에는 치안판사, 경찰관, 중령, 성직자, 그리고 로사스 '복귀 협회'라고 스스로 이름 지은 단체의 회원들이 포함되어 있었다. 이렇게 해서 나온 청원은 대의(representaion)의 의미에 놀라운 왜곡을 가했다. 이때 로사스를 지지한다고 청원한 청원자가 1,163명이었는데 그 가운데 본인이 직접 서명한 사람은 318명뿐이었다.

정권 유지 전쟁

아르헨티나 국민에게는 다행스럽게도, 로사스는 국내의 반대자들과 브라질 군대의 연합 세력에게 군사적으로 패배했다. 1852년 2월, 그는 영국 배를 타고 아르헨티나를 떠나 나머지 인생을 그가 이전에 적대하던 유럽인들 틈에서 살았고 결국 영국의 남쪽 해안가인 사우스햄프턴에 묻혔다. 이스파노아메리카의 다른 나라들은 아르헨티나만큼 운이 좋지 못했다. 카우디요 공화국들은 무력을 앞세운 폭정으로 타락했으며 이런 폭정이 위협한 대상은 자국민들만이 아니었다. 독립 후 초기에 볼리바르 같은 사람들은 자유 공화국들로 이루어지는 탈(脫)제국주의적 연방을 건설하려고 했다. 이를테면 '이스파노아메리카 합중국' 같은 것이었다. 하지만 그러한 초기의 시도들은 모두 실패했고, 이후 카우디요 정부들과 그 나라의 피치자들은 이제 자신들이 험악한 국제 관계 속에 들어와 있음을 깨달았다. 이 공화국들이 직면한 문제는, 비록 국민을 향한 칭송이 입에 발린 말이었다고 해도 선거를 통해 구성된 정부가, 마치 '주권'을 지닌 권력자인 양 행동하는 무장한 영토 국가들의 시스템과 결합될 수 있는가 하는 것이었다.

이스파노아메리카의 카우디요 독재 체제를 운영하던 군사적 거물들은 이 질문에 쉽게 답을 내놓았다. 마치 자연은 진공을 싫어한다는 말처럼, 국가 정치도 빈 공간이 생기면 즉시 이를 채우면서 주어진 기회를 활용하는 것이 당연하다고 그들은 확신했다. 카우디요들은 대의 정치의 메커니즘에 '내부적' 차원과 '외부적' 차원이 있음을 본능적으로 알아차렸다. 즉 나라 밖에서 장난과 소동을 피우면 그만큼 국내에서 정치적 공작을 좀 더 효과적으로 진행할 수 있다는 것을 알아차린 것이다. 훗날 이스파노아메리카의 포퓰리즘 독재는 전 세계적으로 유명해지는데, 이 체제는 국가 간 전쟁과 정치적 술책이 만연했던 19세기에 뿌리를 두고 있었다. 이 독재 체제들은 단순히 카우디요가 국내에서 무장한 권력으로 '국민'을 지배한다는 내적 요인에만 기반을 두고 성장한 것이 아니었다.(카우디요들에게 '국민'은 아첨의 대상이자 두려움의 대상이었다.) 이 독재 체제들이 만들어지는 데는 전쟁 혹은 전쟁이 일어날 것이라는 루머도 역할을 했다. 독재는 '국민'과 '국민 주권'을 향해 계속 경의를 표했던 카우디요 정치술의 산물이었지만, 동시에 이웃 국가의 군사적 실책과 취약성을 이용해 국내에서 정권의 인기를 계속 떠받치려고 했던 정치술의 산물이기도 했다. 그렇기 때문에 독재자들이 종종 사적으로는 '카나야'와 '불고'를 저주하고 멸시했지만, 공적인 자리에서는 그들에게 아첨과 칭찬의 말을 하려고 최선을 다했던 것이다. 이들은 국제적 긴장과 외국과의 전쟁을 활용했으며 이런 '비상 상황'에 대처하는 데 국민의 지지가 필요하다고 호소했다.

당시 이스파노아메리카에 있던 공화국들의 헌법을 단순하게 읽으면 이 나라들이 평화를 사랑하는 체제였으며 아열대 기후의 고요함을 지닌 채 드넓은 바다에 고립된 섬이었던 것처럼 보인다. 그러나 현실은 그렇지 않았다. 카우디요 공화국들은 이웃 국가들에게 끊임없이 시달렸으며, 또한 좀 더 약한 국가에게 군사적 이득을 취할 수 있지 않을까 하는 강한 유혹을 느꼈다. 국경 분쟁이 끊임없이 발생했다. 한 나라가 다른 나라를 침공하겠다는 위협적인 선포가 자주 들려왔으며, 실제로 군사 충돌이 벌어지는 일도 흔했다. 또한 쿠데타와 ('프로눈시아멘토pronunciamento'라고 불리는) 비상 사태 선포도 흔한 일이 되어, 이 공화국들에서 일상생활의 일부가 되었다. 이 지역에 대한 미국의 끊임없는 개입 역시 상황을 개선하는 데 전혀 도움이 되지 않았다. 결과적으로 이 지역의 정치 생활은 전반적으로 군사화되었는데, 이는 예정된 필연적인 결과도 아니었으며 대의 민주주의나 민주화 자체가 지닌 태생적인 결함 때문에 발생한 결과도 아니었다. 원인은 이스파노아메리카의 상황에 특수하게 존재하는 것이었다. 이 정치체들에서는 대체로 시민 사회가 취약했기 때문에 카우디요 정부는 민간의 삶에서 조직적 폭력을 거의 배제하지 못했고 군대와 경찰력을 헌법적 통제와 공적 감시 아래에 두지 못했다. 19세기 이스파노아메리카의 공화국들은 그들이 지닌 폭력적 수단을 '민주화'하는 데 전혀 성공하지 못했던 것이다.[29] 그리하여 카우디요들은 대가문들이 강한 영향력을 과시하는 지역에서 병사들을 모집해 결성한 군대의 지지를 받으면서 우월한 위치를 확보하기 위해 서로 경쟁했으며, 법의 지배와 같은 세세한 고려 사항에 방해받는 일이 없었다. 카우디요들은 힘의 공백 상태와 정치적 기회를 포착하는 데 재주가 있었다. 그들은 무력을 사용하여 그 공백을 창조적으로 채워 갔으며 특히 헌법 질서가 흔들리고 사회적 약속이 무너지는 경우에 더 그러했다.

멕시코의 초창기 공화국의 피부를 칼날처럼 파고든 폭력 사태는 이 광범위한 현상의 초기 사례였다. 1824년에 새로운 공화주의적 연방 헌법이 제정되었으며, 1857년에는 또 하나의 새로운 헌법이 제정되어 이 헌법에 따라 노예제가 폐지되고 권리 장전이 수립되었으며 성직자와 군대의 특권과 재산권이 제한되었다. 이 두 해 즉 1824년에서 1857년 사이에 자신의 임기를 끝까지 채우고 후임으로 선출된 사람에게 정권을 넘겨준 대통령은 오직 초대 대통령(1824~1829년 재임)이었던 과달루페 빅토리아(Guadalupe Victoria) 한 사람뿐이었다. 이 기간에 보수파 카우디요 대통령 안토니오 로페즈 산타안나에 의한 헌정 중단의 사태가 있었다(1833년). 그는 무자비한 잔인성, 절단된 자신의 다리를 엄청난 공적 자금을 써서 매장한 일,* 그리고 이른바 '일곱 개의 법률'이라고 불린 새로운 헌장을 강요한 것으로 유명하다. 이 헌장에 따라 투표권을 부여하는 재산 자격 요건이 상향 조정되었으며 대통령의 권한이 강화되었고 연방 정부가 군사화되었다.

이와 유사한 경향이 이스파노아메리카 전역에 분명하게 나타났다. 페루와 볼리비아의 국내 정치는 1879년부터 1884년까지 칠레와 벌인 '태평양 전쟁'*으로 혼란에 빠졌다. 우루과이공화국이라는 신생 국가는 아르헨티나와 브라질의 지속적인 라이벌 관계 때문에 존재 자체가 거듭 의문시되었다.

---

* 그는 1838년에 전투 중에 입은 부상 때문에 왼쪽 다리를 절단했다. 그 절단된 부분을 매장하는 데 성대한 군사 의례를 진행했다는 일화가 있다.

우루과이 현지의 연방주의 세력은 아르헨티나와 공모하여 1838년부터 1851년까지 몬테비데오를 포위하고 공격했고, 이 충돌은 다시 서로 투쟁 중인 두 정치 분파 '블랑코당'과 '콜로라도당'*을 더 심각한 긴장 상태로 밀어넣었다. 이들의 분쟁 때문에 우루과이는 정치적 음모와 내전, 독재 속으로 빠져들었다. 우루과이는 다음과 같이 브라질에 잇달아 세 차례 침공을 당했다. 1851년 우루과이에서 아르헨티나의 영향력을 물리친다는 명분으로 보수파 대통령 마누엘 오리베(Manuel Oribe)를 적대하는 브라질의 침공이 있었다. 1855년에는 우루과이 정부와 콜로라도당의 지도자였던 베난시오 플로레스(Venancio Flores)의 요청에 따른 침공이 있었다. 플로레스는 전통적으로 브라질 제국(1822년부터 1889년까지 존재했고 황제가 통치하는 입헌 군주국이었다)의 지지를 받던 인물이었다. 그리고 1864년에는 블랑코당의 아타나시오 크루스 아기레(Atanasio Cruz Aguirre) 정부에 반대하는 브라질의 침공이 있었다. 아르헨티나는 이웃한 브라질, 우루과이와 지정학적으로 경쟁 관계에 있었다. 이런 상황이 각 주(州)의 연방주의 지지자들과, 상업 중심지 부에노스아이레스에 기반을 둔 중앙 집권주의자들(통합파) 사이의 충돌을 부채질했다. 양측의 폭력은 1890년대까지 지속되었고, 동의에 의해 구성된 정부의 얼굴에 상처를 남겼다.

다른 나라에서도 그러했지만, 아르헨티나의 정치 지도자들도 전쟁으로 인해 '개입(intervencíon)'이라는 이름의 헌법 절차를 발동하자는 유혹을 받았다. 이는 정치적 위기 상황에서 정부가 붕괴 직전에 몰렸을 때, 의회의 작동을 중지하든지 아니면 대통령의 정당이 입법부에서 다수파가 될 수 있도록 때로는 총구를 들이대고 위협하는 방식을 쓰면서 신뢰할 수 있는 사람을 의회에 채워 넣는 것을 말한다. 이런 공작은 아르헨티나의 특기가 아니

태평양 전쟁(War of the Pacific) 1879년부터 1884년까지, 남아메리카 서부 아타카마 사막에 풍부한 광물 자원인 '초석'을 둘러싸고 칠레, 볼리비아, 페루가 벌인 전쟁. 흔히 '태평양 전쟁'이라고 불리지만 제2차 세계대전 시기에 일본과 연합국 사이에서 벌어진 '태평양 전쟁(1941~1945)'과 구분하기 위해 '남미 태평양 전쟁' 혹은 '초석 전쟁'이라고도 부른다. 이 전쟁으로 아타카마 사막 일대는 칠레 소유가 되었으며 볼리비아는 해안 지대 영토를 잃고 내륙국이 되었다.

* 에스파냐어로 '블랑코(blanco)'는 흰색, '콜로라도(colorado)'는 붉은색을 의미한다. '블랑코당'은 대지주, 대상인, 고위 성직자가 중심이었으며 보수주의 정파였다. 이에 비해 '콜로라도당'은 자유주의 정파였으며 중소 상공업자와 유럽 이민자들, 자유 직업인들로 구성되었다.

었다. 이스파노아메리카 대륙의 여러 곳에서 대통령 권한이 점차 커졌는데 이는 국가 간의 경쟁이 불러오는 폭력(혹은 폭력의 위협) 덕분이었다. 전쟁은 대의 민주주의에 나쁜 영향을 끼쳤다. 과거에 회의체 민주주의에 전쟁이 나쁜 영향을 끼쳤던 것과 마찬가지 현상이었다. 의회와 시민의 권리를 희생하면서 행정부에 상당한 권한을 부여하는 방향으로 헌법을 개정하는 일이 흔하게 벌어졌다. 개정안에는 카우디요들이 종종 '국민의 방종'이라고 부르던 것에 대한 깊은 공포심이 배어 있었지만, 사실상 이런 개정안은 행정부에 상당한 권한을 맡기는 나쁜 관행의 '방종'을 허용했다. 행정부는 이 권한을 등에 업은 채로 '국민'을 규정하고 규제했으며 필요한 경우에는 그들에게 총구를 들이댔다.

그 결과로 어떤 일이 벌어질지는, 커피 생산 업계의 이익을 대변하는 과테말라의 카우디요 후스토 루피노 바리오스(Justo Rufino Barrios)가 이끌던 '자유주의적' 자유 무역과 강력한 국가 체제가 몰락하는 모습에서 살펴볼 수 있다. 대농장주들과 중개인들의 지지를 받아, 바리오스의 정권은 교회 재산을 해체했으며 시장의 자유를 촉진했다. '케크치족(Q'eqchi', 과테말라의 마야족)'의 광대한 땅을 강탈하여 독일을 비롯한 다른 나라에서 온 이민자들에게 나누어주었다. 커피 수출이 몇 년 사이에 3배로 늘었는데, 이 수출 증대에 1878년에 제정된 부랑자 단속법이 크게 공헌했다. 이 법 때문에 원주민들은 수확 철이면 강제로 각지의 커피 농장에서 노동을 해야 했다. 바리오스가 '중앙아메리카 연방'을 세우겠다는 꿈을 위해 미제 최신 무기로 군대를 무장하고 전쟁을 준비하면서 많은 국민들은 경제적 압박을 받기 시작했다. 이 전쟁으로 국민은 엄청난 대가를 치렀다. 문서상으로 보면, 이 전쟁은 대의제 정부를 지지하는 것처럼 보였다. 하지만 실제로 전쟁은 공포와 비굴함으로 지배하는 정부를 만들어냈다. 쇠창살로 만든 우리 안에 억류자들을 가두고 이곳저곳으로 호송하는 조치로 얻은 평판이 이 정부를 상징적으로 보여주었다. 모든 '국민'이 직접 그 장면을 볼 수 있었으므로, 그들은 자신들이 국민의 이름으로 움직이는 이 정부에 포획된 먹잇감에 불과하다는 것을 가슴 깊이 느꼈다.

지정학적·군사적 폭력의 규모와 강도는 때때로 충격적이었다. 파라과이가 우루과이, 아르헨티나, 브라질 세 나라를 상대로 싸운 긴 전쟁을 예로 들 수 있다. 당시 파라과이의 카우디요 프란시스코 솔라노 로페스는 가축에 낙인을 찍을 때 쓰는 인두와 채찍을 가지고 나라를 다스렸다. 이 나라는 마치 죽음이라는 업종에 종사하는 거대한 목장 같았다. 이른바 '삼국 동맹 전쟁(War of the Triple Alliance)'으로 알려진 이 전쟁은 1864년부터 1870년까지 6년 동안 이어졌는데, 같은 시기에 미국에서 벌어진 남북전쟁이 그랬던 것처럼 물질적으로나 정신적으로나 파멸적인 양상으로 전개되었다. 하지만 이 전쟁은 노예제 폐지 같은 숭고한 목적으로 치러진 것이 아니었다. 이 전쟁은 앞으로 있을 제1차 세계대전의 공포를 미리 보여주는 끔찍한 예행 연습이었다.

파라과이와 세 이웃 국가 사이에서 벌어진 전쟁에는 많은 원인이 있었지만, 그 원인들은 모두 네 나라가 영토, 자원, 힘을 차지하려고 거칠게 경쟁한 데서 유래한 것이었다. 그리고 이런 상황의 배후에는 전리품을 주워 담으려고 탐욕스러운 눈빛으로 기다리는 영국인들이 있었다. 영국인들이 가장 원했던 것은 광물 자원이었다. 이 전쟁에 기폭제가 된 사건은 1864년 10월 브라질 군대가 우루과이 영토로 침입한 일이었다. 아타나시오 크루스 아기레 정부를 축출하기 위한 조치였다. 몇 개월 뒤, 이스파노아메리카에서 가장 큰 규모의 상비군을 갖춘 파라과이가 브라질과 아르헨티나 두 나라를 상대로 선전 포고를 했다. 우루과이 괴뢰 정부가 브라질과 아르헨티나 편을 들면서 '삼국 동맹 조약'이 체결되었고 그리하여 파라과이를 상대로 한 지루한 군사 작전이 시작되었다. 이어진 전쟁은 기묘한 양상을 보였고, 피해가 엄청났다. 고정 진지를 향해 정면 공격을 하는가 하면, 목제 외륜선을 철갑함이 포격하기도 했다. 긴 창과 자루가 짧은 단창이 등장하고 백병전이 벌어지는가 하면, 한편에서는 고성능 폭약과 후장식 소총, 관측용 기구(氣球)가 활용되었다. 심지어 전쟁 중에 파라과이 군대는 세계 최초로 오늘날 탱크와 닮은 기묘한 무기를 시험하기도 했다. 그것은 철갑을 씌운 기관차였는데, 이 기관차를 이끌고 파라과이 수도 아순시온 외곽에 자리를 잡고 있던 브라질 군대를 공격했다. 결국 이 전쟁은 라틴아메리카 역사에서 가장 처참한 전쟁이 되었다. 아일랜드 동남부의 킬케니에는 고양이 두 마리가 서

'삼국 동맹 전쟁' 기간 중 쿠루파이티 전투(1866년 9월 22일)가 끝난 뒤 상황을 묘사한 그림 일부. 전투에서 승리한 파라과이 병사들이 적군의 옷을 챙기고 있다.

로 너무 악착같이 싸운 나머지 두 마리 모두 꼬리만 남았다는 옛 이야기가 있는데, 바로 이 전쟁이 그 정도로 참혹했다. 브라질은 이 전쟁에 12만 3천 명의 병사가 참전했는데 이 가운데 5만 명이 목숨을 잃었다. 아르헨티나는 3만 명의 전투원 가운데 절반 이상을 잃었고, 우루과이는 5600명이던(일부 는 용병이었다) 군대의 규모가 절반 이하로 줄어들었다.

나라를 구하기 위해, 파라과이의 프란시스코 솔라노 로페스는 국민의 전 쟁을 시행했다. 그는 신체 건강한 모든 남성을 징집했다. 여기에는 심지어 열 살밖에 안 된 남자아이도 포함되었다. 그리고 여성들에게는 모든 비(非) 군사적 노동을 강제했다. 적대 국가들도 뒤를 따랐다. 1867년까지 파라과이 는 전투와 질병, 그리고 포로로 적국에 잡힌 경우까지 포함해 모두 6만 명 의 남성 인구를 잃었다. 노예도 징집 대상이었다. 아이들로만 구성된 보병 부대가 전투에 투입되기도 했는데, 이들은 때때로 가짜 턱수염을 달았으며 무기라고는 몽둥이뿐이었다.

여성들은 전선의 후방에서 강제로 일해야 했다. 장비와 물자가 심각하게 부족해서 결국 파라과이 병사들은 맨발로, 그리고 절반쯤 옷을 입지 않은 채로 전투에 투입되었다. 상황을 더 어처구니없는 지경으로 몰아간 것은 자기 자신을 거대한 음모의 희생자라고 여긴 솔라노 로페스의 어리석은 확신이었다. 그는 음모에 대한 보복으로 남아 있던 병사 수천 명과 수백 명의 외국인과 수십 명의 정부 고위 관료를 처형하라는 명령을 내렸다. 그는 심지어 자신의 어머니와 여자 형제들의 사형 선고에도 서명했다. 결국 그는 파라과이 북쪽 정글 지역으로 숨어들었는데 그곳에서 14개월 동안 머물면서 파라과이 영토의 많은 부분이 브라질과 아르헨티나에 넘어가는 것을 고통스럽게 지켜보아야 했다. 그의 조국은 그가 통치하는 동안에 모든 것을 완전히 잃고 사실상 사망에 이르렀다. 사상자의 수는 아직까지도 열띤 논쟁의 대상이 되지만, 오늘날 대략 30만 명의 파라과이 사람들 ─ 대부분 민간인이었다. ─ 이 죽은 것으로 추정한다. 남성 인구의 최고 90퍼센트가 사망한 것으로 추정된다. 전쟁 이전 파라과이 인구는 52만 5천 명으로 추산되는데 그 가운데 22만 1천 명만이 살아남았으며 이 중에 2만 8천 명만이 남자였다. 1870년 3월 초, 솔라노 로페스는 브라질 병사의 창에 찔려 치명적인 부상을 입는다. 정글 속의 강물을 따라 내려가며 헤엄치며 탈출을 시도하던 중에 입은 부상이었다. 그는 마지막으로 이런 말을 남겼다고 한다. "나는 나의 조국과 함께 죽는다." 다음과 같이 솔직하게 몇 마디 더 했더라면 좋았을 것이다. "나 때문에 국민이 희생되었다. 국민은 좋은 정부와 마을, 산업재와 사랑하는 사람들을 가질 권리를 강탈당했으며 끝내는 목숨마저 빼앗겼다."

민주주의를 향한 투쟁

공화주의적 민주 헌법과, 카우디요 권력이라는 잔인한 현실 사이에 놓인 심연 때문에 당시 상황을 살펴보던 일부 관찰자들은 가혹한 결론에 이르렀다. 그들 가운데는 민주주의의 역사에 흥미를 느낀 영국의 저술가들도 있었다. 비교법학자이며 역사가인 헨리 제임스 섬너 메인 경(Sir Henry James Sumner Maine, 1822~1888)이 1885년에 펴낸 《민중의 정부》는 널리 읽힌 책이었는데, 저자는 라틴아메리카의 공화주의적 권력 공유 실험을 예로 들면서, 대의 민주주의라는 것이 실제로는 작동 불가능한 이상에 불과하다는 결론을 이끌어냈으며, 군주제를 타도하려는 노력은 결국에는 폭도의 손에 의해 참혹한 결과를 낳을 수밖에 없다고 주장했다.

제임스 브라이스는 아일랜드의 벨파스트에서 출생했으며 정치인이자 역사가였고, 또한 미국 대통령 시어도어 루스벨트와는 속을 터놓고 이야기하는 절친한 친구 사이였다. 브라이스의 평가는 조금 더 부드러웠지만 그다지 관대하지는 않았다. 그의 전반적인 논조는 회의와 무시 사이 어디쯤이었다. 브라이스가 제시한 이유들을 살펴보면, 대의 민주주의의 의미와 전제 조건에 대한 (1921년 당시의) 그의 견해를 드러내 보인다는 점에서 흥미롭다. 그는 에스파냐어를 쓰는 공화국들의 불안정성을 주로 강조했다. 이 공화국들은 "온갖 파란만장한 변동과 경험을 보여주었다는 점, 국가의 수가 많다는 점, 그리고 정치와 관련해 인간 본성의 어떤 측면에 빛을 비추어주었다는 점에서 오직 고대 그리스와 중세 이탈리아의 공화국들만이 비교의 대상이 될 수 있다." 그의 견해에 따르면 이스파노아메리카의 공화국 가운데 절대다수는 "참주정 형태로서 법에 의존하지 않고 군사력에 의존하는 폭정"이었다. 대의 민주주의가 실패로 끝난 것에 대해서 그는 여러 이유를 들었다. 원주민인 인디오와 '메스티소'의 상당수가 무관심했고 '교육받지 못해 무지했던' 것도 그 이유에 들어갔다. 그는 이에 상응하는 현상으로 특히 '칼에 의한 지배' 경향을 지닌 '한 무리의 음모가와 모험가'가 정치를 독점했던 것을 언급했다. 또한 그는 무지와 무법 상태, (국제적 분쟁을 양분 삼아 성장한) 군사적 습관에서 촉발된 '장기간에 걸친 혁명과 독재의 소용돌이'도 언급했다.

한편, 브라이스는 몇몇 장래성 있는 사례를 들기도 했다. 칠레, 우루과이, 아르헨티나가 그 사례였는데, 그의 견해에 따르면 이 국가들은 (그의 유럽 중심적 사고방식에 주목하라) "유럽과 미국이 지닌 사상과 정신적 습관을 이스파노아메리카 주민들에게" 전파할 가능성을 품고 있었다. 첫째, 이 예외적인 세 나라에는 '순수한 유럽의 피'가 충분히 있기 때문에 "공적 사안에서 다른 사람들을 이끄는 능력과 …… 국가 지도자로서 걸맞은 기량과 …… 지위와 명성을 갖춘 사람들"의 샘을 가득 채울 수 있다는 것이었다. 둘째, 이 세 나라는 번영을 누렸으며 안정된 정부가 존재했는데 이는 유럽 자본의 도움을 받은 산업 부르주아의 성장 덕분이라는 것이었다. 셋째, "보호와 안정을 돕는 미국의 영향력"이 있다고 했다. 브라이스에 따르면, 이스파노아메리카 전역은 이 세 가지 전제 조건 가운데 하나 이상이 취약하거나 셋 다 결여되어 있었다. 이러한 이유에서, 도저히 피할 수 없는 결론이 내려졌다. 즉 자유롭고 자치적인 제도들은 그것을 이해하거나 사용할 수 없는 국민을 상대로는 전혀 작동할 수 없다는 것이었다. 몇몇 예외적 사례가 있을 수 있지만, 대의 민주주의의 이상은 이스파노아메리카 지역에서 쓸모없는 것이 되고 말았다. "이 공화국들에서 국민은 통치하지 않았다. 왜냐하면 그들은 통치를 할 수 없었기 때문이다." 이런 논의 끝에 브라이스는 서반구의 남쪽 절반 지역에 나타난 민주주의를 향한 추구라는 "전체 이야기가 주는 교훈"을 제시한다. "좋은 도구를 작업자의 손에 쥐어주면 그에게 기술이 생길 것이라는 소박한 믿음에 따라 어떤 제도에 걸맞게 성숙하지 못한 국민에게 그 제도를 주어서는 안 된다. 사실을 존중하라. 각 나라의 인간은 우리가 희망하는 모습을 갖춘 인간이 아니라, 자연과 역사가 만들어놓은 대로의 인간이다."[30]

오만함이 느껴지는 글귀다. 브라이스는 과거, 현재, 미래에 대해서 잘못 생각했다. 그는 유럽의 편협한 믿음에 매몰된 사람이었다. 이런 편협함은 지금 와서 돌이켜보면 이상하게 느껴질 뿐만 아니라 완전히 잘못된 것임을 알 수 있다. 19세기 초에 만들어진 여러 헌법은 당시로서는 가장 선진적인 문건이었으며 역사상 매우 중요한 의미가 있었지만, 그는 그 헌법들을 전혀 언급하지 않았다. 또한 브라이스는 카우디요 현상과 카우디요가 탄생한 배경을 제대로 이해하지 못했다. 그렇기 때문에 그는 대의 정치의 메커니즘과 정신이 어떻게 카우디요들이 '국민'의 이름으로 휘두르는 권력을 보호하는 장갑이 될 수 있었는지 이해할 수 없었다. 간단히 말해서, 브라이스는 이중의 실수를 저질렀다. 그는 한편으로는 대의 민주주의의 제도와 정신이 모든 면에서 완벽하게 긍정적이라고 간주했고, 다른 한편으로는 그러한 대의 민주주의의 제도와 정신이 이스파노아메리카의 역사적 후진성과 천박함 때문에 추하게 변형되고 말았다고 평가했던 것이다. 그러나 진실은 달랐다. 국민의 이름으로 실시되는 대의 정치는 절대로 유토피아가 아니었다. 대의 민주주의라고 하는 달(月)에는 어두운 뒷면이 있었다. 이 어두운 뒷면이 보여준 것은, 로사스 장군처럼 권력에 굶주린 카우디요의 거친 손에 들어가면 대의 민주주의는 스스로 타락해버리는 취약성을 보인다는 사실이다.

유럽적 편견 때문에 브라이스가 보지 못한 또 다른 사실은, 타락한 대의 민주주의를 되돌릴 수 있다는 것, 즉 카우디요 정부가 해체되고 민주화될 수 있다는 것이다. 꽤 흥미로운 사실은 브라이스가 이 책을 집필하던 바로 그 시기에 이스파노아메리카 지역의 정치 시스템을 좀 더 효율적이고 평등한 대의 민주주의 형태로 만들려는 중요하고도 새로운 시도가 나타났다는 점이다. 칠레의 경우를 보자. 칠레에서는 대통령 호세 마누엘 발마세다(José Manuel Balmaceda, 1840~1891)의 독재적 권한을 두고 논쟁이 일어났으며 그로 인해 1891년에 격렬한 무장 충돌이 발생했다. 발마세다 측이 패배하고 그가 자살함에 따라 칠레의 민주당은 진정한 보통선거권을 지지하는 데 상당수 주민을 동원할 수 있었으며, 그리하여 결국 의회 정치가 굳게 뿌리를 내렸던 것이다.

이제 같은 시기에 멕시코에서 벌어진 일을 살펴보자. 포르피리오 디아스의 지지자들로 이루어진 '자유연맹당(Partido Unión Liberal)'은 참정권 행사를 제한하기 위해 강력한 캠페인을 벌였으나 실패로 끝났다. 1910년에 실시된 부정 선거로 인해 대규모 소요 사태가 발생했으며 그 직후 35년 동안 지속되어 온 포르피리오 디아스 독재 정권이 무너졌다. 산루이스포토시에서 발표된 문건*이 큰 영향을 끼쳤는데, 이 문건은 헌법 위반이 바로 일종의 폭정이라고 고발했다. 또한 이 문건은 "입법권과 사법권이 완전히 행정부에 종속"되어 있다고 비난했다. 문건은 "권력 분립, 각 주의 주권, 시 의회의 자유, 시민의 권리는 우리의 위대한 헌장 속에 그저 글자로만 남아 있을 뿐"이라고 덧붙였다. 계속해서 "이 민주 공화국에서 공권력은 국민의 의지 외

* 멕시코의 정치 지도자 프란시스코 마데로가 망명 중에 발표한 〈산루이스포토시 계획(Plan de San Luis Potosi)〉을 말한다. 이 선언은 멕시코의 독재자 포르피리오 디아스를 물러나게 만든 '멕시코 혁명'의 기폭제가 된 것으로 평가받는다. 1876년부터 장기 집권을 해온 포르피리오 디아스는 1910년 대통령 선거를 앞두고 가장 강력한 경쟁자였던 마데로를 6월 초 무장 봉기 혐의로 투옥했다. 곧이어 디아스는 6월 21일 부정 선거를 통해 대통령에 재선되었다. 마데로는 7월 22일에 석방되어 산루이포토시에서 연금 상태에 놓였다가 10월 7일 멕시코를 탈출해 미국으로 갔다. 그리고 텍사스의 샌안토니오에서 〈산루이스포토시 계획〉을 발표했다.

에 다른 데에 그 원천과 기반을 둘 수 없으며, 국민의 의지는 기만적 방식으로 집행되는 관행 따위에 종속될 수 없다."라고 멕시코인들에게 상기시켰다. 좀 더 실제적인 정치적 대의 과정을 마련하기 위한 운동이 벌어져 큰 성과를 거두었다. 특기할 만한 성과로는 자유 노동조합이 창설된 것, 그 밖의 단체들이 결사의 자유를 얻은 것, 이제까지 소외되었던 여러 사회 집단이 정부의 정책 결정에 참여할 수 있게 된 것을 들 수 있다.

카우디요 민주주의를 개편하려는 이런 움직임 뒤에는, 영감에 충만한 한 민주주의 옹호자가 있었다. 바로 반대파 지도자 (그리고 훗날 멕시코 대통령을 지낸) 프란시스코 인달레시오 마데로(Francisco Indalècio Madero, 1873~1913)였다. 몸집이 작고 허약했던 그는 절대 권력을 휘두른 카우디요들이 끌어들인 질병을 이전에 한 번도 시도되지 않았던 새로운 방법을 써서 치료하지 않고는 대의 민주주의가 생존할 가능성이 없다는 것을 이해한 사람이었다. 마데로는 대의 민주주의가 마치 하나의 상품처럼 멕시코에 수입할 수 있는 것이 아니라고 확신했다. 또한 대의 민주주의는 숨어서 비밀리에 꾸밀 수 있는 음모도 아니며, 병사들의 배낭에 넣었다가 총에 넣어 발사할 수 있는 무기 같은 것도 아니었다. 민주주의는 마음가짐이며 느낌이며 성향이다. 민주주의는 시민들 속에서 나와야 한다. 그는 이렇게 생각했기 때문에 사람들이 권력에 대해 지닌 인식을 변화시키는 데 많은 힘을 쏟았다. 예를 들면 그는 포르피리오 디아스의 재선에 반대하는 '재선 반대' 운동을 이끌면서 자유롭고 공정한 선거를 촉구했으며 디아스의 즉각적인 정계 은퇴를 촉구했다. 그는 또한 자신의 짧은 생애의 많은 부분을 정신 세계를 탐구하는 실험에 할애했다. 그에게 민주주의란 교활함, 무법 상태, 냉담함에 정반대되는 것이었다. 그렇기 때문에 민주주의를 위해선 머리와 가슴에 근본적인 변화가 필요하다고 다른 사람들에게 말하곤 했다. 그는 자신이 '글을 쓰는 영매'의 특별한 소명을 지닌 사람으로서, 어떤 영적 존재들이 그를 마치 펜처럼 잡고 움직여 사람들과 의사소통을 한다고 믿기에 이르렀다. 이 '민주주의의 사도'는 담배를 끊었으며 자신의 개인 와인 저장고를 파괴했고 시에스타를 즐기는 습관을 고치고 육식을 그만두었다. 그는 한때 40일 밤낮을 사막에 나아가 은하수 아래 머물렀는데, 그 이유의 하나는 그

멕시코의 카우디요 포르피리오 디아스에 맞서 민주주의를 옹호했던 프란시스코 마데로(가운데)와 그의 아내. 사진은 1911년에 찍은 것이다.

가 어디를 가든지 따라다니며 그에게 환호를 지르는 군중을 피하기 위해서였다. 그는 자신의 글에 서명할 때 여러 가지 이름을 사용했는데 그중 '아르주나(Arjuna)'라는 이름이 있었다. '아르주나'는 힌두교의 고전인 《바가바드 기타》에 등장하는 인물인데, 그가 전쟁을 앞두고 망설이고 있을 때 '크리슈나'가 나타나 그에게 과감한 행동의 철학을 가르쳐준다.* 마데로에게 개인적인 것은 곧 정치적인 것이었다. 이런 확신 덕분에 그는 (훗날 마하트마 간디도 그랬던 것처럼) 관대한 지도력이 발휘하는 힘을 굳게 믿게 되었다. 그는 "나는 섭리에 의해 선택되었다."라고 썼다. "가난도 감옥도 죽음도 나를 겁먹게 하지 못한다."[31] 이런 말은 그에게 커다란 내적 힘을 주었다. 그것은 다행스러운 일이었다. 왜냐하면 그가 1911년 멕시코의 독재 체제를 굴복시키는 데 성공한 후에 그가 받은 첫 번째 보상은 대통령직에 당선된 것이었으며, 두 번째 보상은 한밤중에 그의 목을 뚫고 들어온 총알이었기 때문이다.

---

* 아르주나는 왕자로 등장하는데 전쟁을 앞두고 크게 번민한다. 자신의 친척과 과거의 스승을 상대로 하는 전쟁이었기 때문이다. 이때 크리슈나 신이 마부로 변신하여 그에게 다가가 이 전쟁의 정당성과 과감한 행동의 철학에 대해 이야기한다. 이것을 듣고 아르주나는 마음을 안정시키고 전투에 나아가 큰 공을 세운다.

이 암살 음모에는 당시 미국 대사 헨리 레인 윌슨(Henry Lane Wilson)도 가담했다.

　한편 아르헨티나에서는 조직화된 폭력이 점차 사라지기 시작했으며, 1912년에는 남성에게 투표가 의무 사항이 되었다. 같은 해, 유력한 상원의원 훌리오 곤살레스(Julio González)는 "우리 역사를 상세하게 연구한 끝에 나는 이 나라는 아직까지 한 번도 투표를 하지 못했다는 것을 확신하게 되었다."라는 유명한 말을 했다.[32] 곤살레스는 대의 민주주의를 더 확대하고 개선하자고 호소했으며 이런 그의 호소에 여성 참정권을 옹호하는 운동가들과 아직 선거권을 얻지 못한 남성들은 용기를 얻었다. 엘리트들이 정부 구성을 조작하던 옛 시스템은 '합의'라는 이름으로 불렸는데 이 옛 시스템이 무너진 것은 제1차 세계대전 직전의 일이었다. 비폭력 저항 운동이 광범위하게 일어났으며, 이 운동에는 '혁명적 기권'이라고 불린 선거 보이콧 전략도 포함되어 있었다. 이런 상황에 직면한 아르헨티나의 로케 사엔스 페냐(Roque Sáenz Peña) 대통령은 1912년에 비밀 선거, 의무 선거, (남성의) 보통선거를 확립하는 입법안을 통과시키는 데 동의했다. 이 조치는 카우디요 정치에 커다란 타격을 주었다. 큰 관심이 쏟아졌던 또 다른 사안은 아르헨티나 국민을 대표하는 하원과 각 주 입법부가 선출하는(즉, 각 주를 대표하는) 상원으로 이루어진 양원제 의회 운영을 개선하는 방안이었다. 대통령의 역할에 대한 관심도 커졌다. 대통령의 권한이 세심하게 규정되어야 하며 상당히 축소되어야 한다는 데 광범위한 합의가 이루어졌다. 대통령은 미국 모델에 따라 선거인단이 선출했으며 6년 임기에 연임이 불가능한 단임제였다. 또한 임기 동안에 대통령은 여러 권한을 행사할 수 있으며, 그 권한 가운데에는 장관 임명권이 포함되어 있었다. 한편 장관은 여전히 입법부에 대하여 책임을 져야했다.

　1916년 이후 이폴리토 이리고옌(Hipólito Yrigoyen) 대통령 — 그는 교사에서 정치인으로 변신한 사람이며 '급진시민연합(Unión Cívica Radical)'의 지도자였다. — 임기 중에 아르헨티나는 권력 공유와 완전하게 작동하는 대의 민주주의를 향해, 이론에서 실천으로 빠른 속도로 나아갔다. 의무 투표가 실질적으로 도입되었다. 우리는 이 제도의 근원을 아테네에서 '에클레시아(ekklesia, 민회)'가 시작되기 전에 밧줄에 붉은색을 물들여 사람들을 모은 관습에서 찾을 수 있다는 것을 안다. 하지만 아르헨티나에서 이 제도는 새로운 모습을 갖추었으며 강력한 실행력까지 겸비했다. 등록 카드를 발행했는데(이 카드는 '리브레타 데 엔롤라미엔토libreta de enrolamiento'라고 불렸다) 이는 기존의 군대 징집 명단에서 뽑은 것이며 물론 행정 편의의 측면에서도 의미가 있었다. 하지만 이 등록 카드 제도가 유권자에게 적용되었을 때는 좀 더 고상한 목적을 지니게 되었다. 이 제도의 목표는 힘없는 유권자에게 파렴치하게 뇌물을 준다거나 위협하는 카우디요식 사기극에 종지부를 찍기 위한 것이었다. 한편, 의무 투표 제도를 옹호했던 근거는, 낮은 투표율을 개선해야 한다는 것과 (당시 투표율은 유권자의 20퍼센트에서 30퍼센트 사이였다) 미국에서처럼 정당 '머신(machine)'에 의해 정부가 운영되는 것을 방지해야 한다는 것이었다. 또 정치인들과 정부 관료들이 성인 남성 주민—이 가운데 3분의 1에 가까운 수가 아르헨티나 밖에서 태어났다.—으로 훨씬 더 긴밀하게 통합된 국가를 만드는 작업의 중요성을 강력하게 주장하기도 했다.

여성은 (후안 페론 정부가 마침내 국민 선거 법률을 제정하는) 1947년까지 기다려야 투표권을 얻게 된다. 그러는 사이, 투표권을 비롯한 다른 시민적 권리는 최근 귀화한 유럽 이민자들에게까지 확대되었다. 이들의 상당수는 당시 급속하게 수가 늘어나던 도시 노동 계급에 속했으며, 아르헨티나의 경제는 곧 세계에서 네 번째 규모로 커졌다. 투표는 오스트레일리아식 비밀투표 방식을 따랐으며, 아마도 세계에서 최초로 투표자의 지문을 활용했을 것이다. 이는 투표자들이 다른 이름을 제시하고 두 번 혹은 더 많이 투표하게 하는 카우디요식의 낡은 속임수를 끝내기 위한 방도였다.*

지문을 찍는 이 단순한 방식은 크로아티아 태생의 아르헨티나 시민 후안 부세티치(Juan Vucetich, 1858~1925)의 발명품이었다. 전하는 바에 따르면, 이 방식을 적용함으로써 유권자들은 선거가 공정하게 치러진다는 인상을 강하게 받았다고 한다. 이 사례는 민주주의의 역사에 또 하나의 흥미로운 역설을 추가한다. 이 사례는 노동조합 운동가, 이민자, 이른바 '무정부주의자'들이 기성 사회 질서에 반대하여 저지르는 범죄를 색출하기 위해 국가가 지원한 기술이 상반된 효과를 낼 수 있음을 증명했다. 원래는 감시를 위한 기술이었지만 이 기술이 다른 목적, 즉 대의 민주주의를 지원하기 위해 새롭게 쓰일 수 있었던 것이다. 지문의 활용은 더 넓은 의미가 있었다. 브라이스를 비롯한 회의론자들의 의견과는 반대로, 대의 민주주의의 발전이 그저 세계의 중심에서 주변부로 확산되는 것이 아니며, 유럽이 세계에 주는 선물도 아니라는 것을 이 사례가 보여준 것이다. 부세티치의 발명품을 통해 유럽과 미국은 이런 개혁에서 독점적인 위치에 있지 않으며 민주주의의 핵심적인 발명품은 세계 어느 곳에서나 쉽게, 그리고 그다지 알려지지 않은 곳에서 나타날 수 있다는 점이 증명되었다.

---

* 투표자의 지문 확인은 오늘날 부정을 방지하고 사람들의 신원을 확인하는 데 쓰이고 있다. 이 발명품은 후안 부세티치가 만든 것인데, 그는 달마티아의 흐바르 섬에서 이반 부체티치(Ivan Vučetić)라는 이름으로 태어났다. 당시 달마티아는 합스부르크 제국의 일부였으며 지금은 크로아티아공화국에 속해 있다. 부세티치는 1882년 아르헨티나로 이주한다. 그는 다방면에 천재성을 보인 영국의 유전학자 프랜시스 골턴(Francis Galton)이 지문 채취에 관하여 진행한 연구를 기반으로 하여 새로운 방법을 개발하고 '이크노팔랑고메트리카(icnofalangometrica)'라고 이름 붙였다.('손가락 추적 방식'이라는 그리스어 표현에서 따온 이름이다.) 훗날 그는 좀 더 쉬운 표현으로 이름을 새로 짓는다. 그것은 '닥틸로스코피(dactiloscopy)'였다.('손가락 묘사'라는 뜻의 라틴어 표현에서 따온 것이다.) 그가 이 용어로 지칭하고자 했던 기술은 인간의 손가락 끝 피부에 있는 진피 능선(dermal ridges) 혹은 유두선(papillar lines)이 나타내 보이는 패턴을 비교하고 분류하는 기술이었다. 부세티치는 그 사람의 진피 능선은 저마다 모두 다르며, 개인의 진피 능선 패턴은 그 사람 고유의 것이며 일생 동안 변하지 않는다고 믿었다. 그는 이런 이론적 기반 위에서 19세기 말 아르헨티나에서 가장 유명한 사건 중 하나를 해결하는 성과를 올림으로써 국제적인 명성을 얻었다. 부에노스아이레스 주에 있는 네코체아라는 마을에서 두 어린이가 각자의 침대에서 칼에 찔려 사망한 사건이었다. 당국은 사건을 해결하는 데 애를 먹었다. 범행을 목격한 사람도 없었으며 관련자들을 신문해도 상반되는 증언만 나올 뿐이었다. 그러던 중, 부세티치의 도움을 받아 검찰 측은 문틀에 남아 있는 피 묻은 지문과 아이들의 어머니 프란세스카 로하스의 지문이 완벽하게 일치한다고 주장할 수 있었다. 어머니는 곧 자신이 저지른 범행을 자백했다. 부세티치는 이렇게 공헌을 한 덕분에 아르헨티나에서 그리고 국제적으로 칭송을 받았다. 그의 이 작업은 런던과 파리에서 이와 같은 증거물을 형사 사건에 활용한 사례보다 무려 10년이나 앞선 일이었다. 그는 새로 창립된 '라플라타 시 신분 등록 사무소'의 소장으로 임명되었으며, 훗날 《비교 지문 감정학: 아르헨티나의 새로운 시스템》(La Plata, 1904)이라는 책을 출판했다. 부세티치는 지문의 관료적 보관 시스템을 신뢰성 있고 관리하기 쉽게 개발하면 형사 사건을 해결하는 것 이상으로 많은 분야, 예를 들면 이민자 추적 시스템, 창녀 등록, 선거 부정 행위 척결 같은 분야에 활용할 수 있으리라고 확신했다. 자신의 연구 성과와 획기적인 적용 방식을 전파하기 위해서 그는 세계 곳곳을 여행했다. 그는 북아메리카 지역, 유럽, 중국 등을 방문했고, 중국의 베이징 시 경찰국은 부세티치 시스템을 공식적으로 채택했다.(원주)

민주주의 실험실, 우루과이

다른 사례와 비교할 때 월등하게 강한 인상을 주는 민주적 권력 공유 실험이 우루과이라는 조그만 나라에서 진행되었다. 이 나라는 아르헨티나와 브라질 사이에 끼어 있으며 플라테 강이 바다로 흘러들어 가는 길목에 자리 잡고 있다. 우여곡절 끝에 1828년 브라질과 아르헨티나 양국이 우루과이의 독립을 보장하는 조약을 맺으면서 비로소 우루과이는 독립국이 되었다. 당시 우루과이의 인구는 고작 7만 5천 명이었으며 이들은 널리 흩어져 살고 있었다. 우루과이의 국토는 우아한 아름다움을 지녔다. 부드럽게 파도치듯 울창한 초원이 펼쳐져 있고, 많은 '아로요(arroyo)' 즉 작은 개천이 흐르고, 이상하게도 '쿠치야(cuchilla, 칼)'라고 불리는 둥그스름한 모래 언덕들이 있었으며, 해변에는 야자수와 석호와 하얀 모래밭이 있었다.

우루과이는 1807년 나폴레옹이 이베리아 반도를 침공하면서 벌어진 몇 가지 사태로 촉발된 반(反)제국주의 저항을 배경으로 하여 탄생했는데, 근대 세계에서 매우 앞서서 성공적인 대의 민주주의를 갖춘 국가였다. 우루과이 실험은, 카우디요들이 모두 같은 부류는 아니었다는 점과 볼리비아의 작가 알시데스 아르게다스(Alcides Arguedas)가 '야만적 카우디요'와 '교양 있는 카우디요'를 구분했던 것에 약간의 진실이 있었다는 점을 보여주었다.[33] 우루과이의 실험은 마르크스주의의 명제인 시장의 힘으로 움직이며 활기차고 독립적인 도시 거주자의 존재가 의회 민주주의의 성장에 필수적이라는 주장도 부정한다. '부르주아 없이 민주주의도 없다'[34]는 공식은 이곳에 적용되지 않았다. 우루과이는 오랫동안 에스파냐 제국과 포르투갈 제국이 탐내고 소유권을 다투던 개척 지대였다. 1811년 이곳에서 식민 지배에 맞서 일어난 반란은 현지에서 태어난 에스파냐인의 자손 크리오요 지주들이 주도했다. 이들은 에스파냐군이 사수하던 요새이며 항구 도시인 몬테비데오에 맞서 일어섰다. 몬테비데오에 사는 상인과 군 장교와 도시 거주자 가운데 많은 수가 에스파냐 국왕인 페르난도 7세를 향한 명목상의 충성이라도 유지하기를 원했다. 따라서 이 투쟁은 시골이 도시에 맞서 일으킨 것이었으며, 카우디요들과 가우초 목동들이 부르주아 대가문들과 '아우센티스타스'*라고 불린 도시 사람들—이들의 이해관계는 시골 지역과 묶여 있었다.—에 맞서 일으킨 것이었다.

분쟁의 불꽃에 기름을 부은 것은 여러 사상이 하나로 혼합된 일종의 사상 칵테일이었다. 에스파냐어로 번역된 토머스 페인의 저술과 미국 헌법에 관련된 여러 문건들에서 끌어낸 사상들이 재료였다. 이 모든 사상을 분명하게 설명하면서 지지한 사람이 있었는데, 그는 호세 헤르바시오 아르티가스(José Gervasio Artigas, 1764~1850)라는 카우디요였다. 원래 아르티가스는 몬테비데오에 주둔한 에스파냐 군대의 장군이었는데 군복을 벗고 민간인 신분이 된 그는 그의 추종자들의 총구를 에스파냐와 포르투갈로, 그다음은 아르헨티나와 브라질로 향하도록 했다. 아르티가스는 중앙 집권적 권력을 비판했으며 선거를 통한 대의 제도에 기반을 두는 연방제를 지지했다. 그의 사촌인 미겔 바레이로(Miguel Barreiro)는 성직자이면서 그의 비서이자 대필자로 일했는데, 아르티가스는 바레이로의 펜을 빌려 '인간과 시민의 권리'의 공적 인정을 촉구하는 호소문을 발표했다. 무기 소지, 폭정에 대한 저항, 종교의 자유, 토지 보유와 이용에 관한 권리를 옹호했으며 원주민과 메스티소에게도 권리가 확산되기를 원했다. 이후 그는 연이어 몇 가지 지침을 발표하는데, 이는 훗날 '13년의 지침'으로 불리게 된다. 여기에 포함된 내용은 다음과 같다. 에스파냐 본토로부터 독립 선언, 선출된 자들로 구성되는 의회, 성문헌법, 과거 '리우데라플라타 부왕령'을 구성하던 전 지역이 모여 미국식 연방을 수립할 것, '반다 오리엔탈'* 지역의 정치적·경제적 자치 요구에 이르는 지침들이었는데, 이 마지막 요구에는 부에노스아이레스의 속박에서 벗어나는 것도 포함되어 있었다.[35) 아르티가스가 이끄는 부대는 이러한 공화주의적 원칙들을 주장하며 필사적으로 싸웠다. 이들은 중요한 전술적 가치가 있는 전투에서 몇 차례 승리를 거두었지만 결국 1820년 포르투갈 군대에 패하고 말았다. 이어서 몬테비데오는 포르투갈에 점령당했고 '반다 오리엔탈'은 1821년 7월에 '시스플라티나 주'가 되어 포르투갈령 브라질에 합병되었

아우센티스타스(ausentistas) 시골에 토지를 보유하고 있으나 거주는 도시에서 하는 사람들, 즉 부재지주(不在地主)라는 뜻이다.
반다 오리엔탈(Banda Oriental) 라플라타 강의 동쪽 해안(shore)이라는 뜻이다.

다. 아르티가스는 즉시 이웃 나라인 파라과이로 망명해 그곳에서 독재 체제의 손님으로 안락하게 살다가 1850년에 죽었다.

훗날 그를 숭배한 사람들에게도 아르티가스는 수수께끼 같은 인물이었으며 다양한 가치관과 감정을 대변하는 유연한 상징적 존재가 되었다. 그는 우루과이가 주권국으로 독립하는 것을 바라지 않았기 때문에 나중에 그의 추종자들이 우루과이로 귀국하라고 초청했지만 거절했다. 많은 우루과이인들이 아르티가스를 위대한 '자유인의 보호자'(이 명예로운 표현은 몬테비디오 시에 있는 그의 묘지 석판에 새겨져 있다)라고 여겼다. 그는 패배했지만 용감했으며, 온갖 곤경을 겪지만 결국에는 국민 영웅이 되는 그런 인물이었다. 아르티가스가 공표한 생각들은 완전히 독창적인 것은 아니었다. 그의 생각은, 이스파노아메리카 전역에서 독립과 헌법 제정에 관한 선언과 성명서들이 분출하던 시기에 그 대폭발에 포함된 폭죽 하나와 같았다. 하지만 이런 생각들을 표현하는 그만의 방식 덕분에, 우루과이의 힘겨운 독립 투쟁은 생명력을 얻었으며 투쟁 형태를 분명히 할 수 있었다. 우루과이는 1828년 마침내 독립을 쟁취한다. 이때 영국의 중재가 있었는데 영국은 자국의 상업적 이익을 보호하기 위해 아르헨티나와 브라질 사이에서 완충 작용을 해줄 나라를 원했던 것이다.

이 새로운 국가의 성문헌법이 공식 승인된 것은, 아르헨티나와 브라질이 우루과이 헌법을 비준한 뒤인 1830년 7월 18일이었다. 이는 헌법 제정이 개별 국가의 범위를 초월하여 이루어진 사례인데, 대의 민주주의 초기 사례에 해당한다. 새 헌법에 따라 대의제 공화국이 수립되었다. 이 국가에는 '우루과이동방공화국(Oriental Republic of Uruguay)'이라는 이름이 붙었는데 이는 이 지역이 과거에 '반다 오리엔탈'이라고 불렸던 데서 유래한다. 헌법은 "주권은 근본적으로 온전히 국민에게 있다."(제4조)라고 선언했으며, 20세 이상이고 알코올의 사악한 유혹에 빠지지 않았으며 세금을 납부하고 글을 읽고 쓸 줄 아는 모든 남성 주민에게 투표권을 부여했다. 헌법은 로마 가톨릭을 국가의 공식 종교로 지정했으나 스위스와 독일계의 복음파(Evangelicals), 발도파(Waldensians), 영국 국교회 같은 소수의 신앙의 자유도 보장했다. 헌법에 따라 전 국토를 아홉 개의 주(州, departamento)로 나누었으며 대통령이 각 주의 지사를 임명했고 각 주에는 시민 의회(Consejo de Vecinos)라는 자문 기관이 설치되었다. 정부는 행정부, 입법부, 사법부로 나뉘었다. 양원제 의회에는 최고재판소 판사의 임명권과 대통령 선출권이 부여되었다. 대통령은 행정부를 지휘하며 임기는 4년이고 단임제였다. 대통령(초대 대통령은 프룩투오소 리베라Fructuoso Rivera라는 인물이었다)에게는 많은 권한이 주어졌는데, 1834년에 대통령이 임명한 장관이 '용납할 수 없는 행위'를 저지르면 탄핵할 수 있다는 내용으로 헌법이 개정되면서 대통령의 권한은 다소 줄었다. '하원'은 3년 임기였으며 국민이 선출했다. 간접 선거로 선출되는 '상원'의 구성원은 모두 아홉 명이었는데 이들의 임기는 6년이었으며 아홉 개 주의 선거인단이 선출했다. 상원의원들은 (때로는 하원과 공동으로) 몬테비데오의 옛 시청 건물의 1층에 있는, 나무 패널로 장식되고 흰색으로 칠해져 영국 하원 회의실 스타일로 만들어진, 우아한 회의실에서 모임을 열었다.

충분히 이해할 만한 일이지만, 당시 많은 사람들은 1830년의 헌법이 완벽하다고 생각했다. 어떤 관찰자들은 이 헌법이 세계 최상급이며 (심지어 어떤 이는) 신의 손이 닿았다고 확신했다. 그러나 곧 어려운 시기가 닥쳐왔다. 권력 쟁취에 열중한 사람들은 헌법의 세세한 규정 따위는 아랑곳하지 않았으며, 19세기의 나머지 기간 동안 이스파노아메리카의 다른 지역과 마찬가지로 헌법의 기준에 따라 정부를 운영하려는 정치적 노력은 여러 지역의 카우디요들 사이에 벌어진 무장 충돌로 번번이 좌절되었다. 항구 도시인 몬테비데오의 상업적 이해관계를 한편으로 하고, 카우디요가 이끄는 무장 병력이 장악한 그 밖의 지역을 다른 한편으로 하는 두 세력 간에 긴장이 계속되었으며 이는 결국 대의 민주주의 세계에서 가장 오래된 양당 체제를 낳았다. 지지자들이 착용하는 휘장의 색깔에서 당의 이름이 나왔는데, 하얀색을 뜻하는 '블랑코당(Blancos)'은 지주 출신 카우디요 집단을 기반으로 삼아 만들어졌으며 훗날 '국민당(National Party)'이라는 이름으로 알려지게 된다. 붉은색으로 상징되는 '콜로라도당(Colorados)'은 주로 도시 상업계 거물들의 지지를 받았다. 양측은 권력 공유의 합의(이 합의는 '공동 참여copartipación'라 불렸다)를 통해 투쟁 중인 두 집단 사이에 협약을 성사시키려고 노력했지만, 이 정당들 사이에 발생한 긴장으로 인해 19세기에 여러 차례, 그리고

1904년에는 9개월간 격심한 전투가 벌어져 우루과이는 내전 직전의 상황까지 갔다. 어느 쪽도 확실한 우위를 차지하지 못한 상황에서, 1904년 '콜로라도 당' 출신의 대통령 호세 바트예 이 오르도녜스(José Batlle y Ordóñez, 1856~1929)가 '국민당' 반대파에 군대의 힘을 확실하게 보여주면서 마침내 폭력이 멈추었고 명목상 양당 체제에 기반을 두며 의도적으로 '모호하게' 만들어진 타협안이 새로 만들어졌다. 이렇게 하여 정부의 실제적인 권력이 견고해졌는데, 이는 장기적으로 민주화의 효과로 이어졌고 이 효과가 사회질서 전반에 걸쳐 확실하게 감지되기에 이른다.

바트예가 추진한 개혁들은 이스파노아메리카 지역의 정치에서 가장 앞선 것이었다. 이 개혁으로 인해, 좀 더 평등한 사회를 만들기 위해 대의 정치의 제도들을 활용하는 것이 가능하다는 것, 다시 말해 좀 더 민주적인 사회에 기반을 두는 대의 민주주의 형태를 만들어낼 수 있다는 것이 이스파노아메리카에서 최초로 증명되었다. 그는 훌륭한 정치적 혈통을 타고 났다. 그의 아버지 로렌소 바트예(Lorenzo Batlle) 장군은 콜로라도당의 유력 인사였으며 공화국 대통령을 지냈다. 바트예는 학교에 다니면서 유럽(특히 프랑스)의 급진 사상에 깊은 영향을 받았다. 젊은 시절 그는 군국주의에 비판적이었으며, 막시모 산토스(Máximo Santos) 장군이 이끄는 카우디요 정부에 반대하여 일어난 1886년의 케브라초(Quebracho) 봉기에 가담했다. 언론의 자유를 옹호했던 그는 1886년에는 진보 성향의 일간지 〈엘 디아(El Dia)〉를 창간해 여론을 주도했다. 이 신문은 1993년까지 발행되었다. 종종 그는 자신이 인간의 천부적 존엄을 확신하는 사람이라고 말했다. 바트예는 인본주의적 목표를 추구하면서 그리고 대단히 의외인 인물(이탈리아 칼라브리아 주 출신 이민자인 무정부주의자 도밍고 아레나Domingo Arena)의 도움을 받으면서, 콜로라도 당을 강화하고 개혁하고 또 개인적으로 통제하기 위해 열심히 일했다. 또한 그는 대통령을 두 차례 지내면서(1903~1907, 1911~1915) 국가의 여러 제도를 활용하여 지방 카우디요들의 정치적 지배를 끝내려고 노력했다. 그는 이런 노력이 우루과이의 민주화를 위해 꼭 필요한 조치라고 생각했다.

자신의 인본주의적 실용주의 노선과 일관되게, 바트예는 광범위한 개혁을 추진해 우루과이를 라틴아메리카 최초의 복지 국가로 만들었다. 민주주의의 이름으로 대중의 지지를 받으면서 그는 사회 생활에 대한 새로운 형태의 국가 규제를 변호했다. '싸우는 밥(Battling Bob)'이라는 별명의 로버트 라폴레트를 비롯한 미국의 혁신주의자들과 비슷하게, 그는 대의 민주주의라는 수단을 활용하여 사회의 요구에 응할 뿐 아니라 우루과이의 경우에는 농업을 근대화하고 그 결실을 공유함으로써 더 평등한 사회를 만드는 것이 정부가 할 일이라고 생각했다. 당시 우루과이의 시장 경제는 새로운 설비를 갖춘 세계적 수준의 항구 몬테비데오를 통한 양모와 냉동육 수출을 토대로 하여 급속히 발전하고 있었다. 그는 이처럼 번창하는 시장 경제를 통해 더 큰 사회 정의를 이끌어낼 수 있다고 확신했다. 바트예의 정책은 우루과이의 사회 생활에 일어난 중대한 변화가 정치적으로 표출된 것이었다. 바트예의 정책 덕분에 도시의 과두 지배자들과 시골의 카우디요들 간의 격심한 충돌에 좌우되던, 엘리트주의적이며 분열된 사회 구조가 종식되었다. 바트예의 정책은 덜 완고하고 더 다양한 시민 사회가 탄생했음을 알렸다. 상인, 교사, 사무직원, 노동자 조직 같은 새로운 사회 집단이 놀랍게 증가하면서 시민 사회는 활기를 띠었다. 이 사회에 활기를 불어넣은 또 다른 원천은 엄청나게 많은 외국 출신 이민자들이었다. 이민자의 유입 덕분에 우루과이 인구는 1870년대부터 1910년대 사이에 두 배로 증가하여 1백만 명을 초과하게 되었으며 그 가운데 거의 3분의 1이 몬테비데오에 거주했다.

이러한 극적인 사회 변화는 지역마다 차이는 있어도 훗날 이스파노아메리카 대륙 전체에서 일어난다. 하지만 우루과이는 다른 어느 곳보다 빨리 정치 실험실의 명성을 쌓았다. 바트예의 선견지명 덕분에 전반적인 입법 계획이 좀 더 큰 사회적 평등성을 지향하는 방향으로 짜였다. 바트예는 '라우라(Laura)'라는 필명으로 쓴 시리즈 기사에서 여성의 법적 권리를 주장했다. 1907년과 1910년에 이혼법이 통과되었으며(사유 있는 이혼과 합의 이혼) 1912년에는 여성이 특정한 사유 없이 이혼 소송을 제기할 수 있는 권리가 확보되었다. 이는 막 성장하기 시작한 우루과이 여성 운동의 승리였다.

이혼법 관련 개혁은 교회에 충격적인 일이었다. 교회는 이 기간 중 상당히 많은 다른 분야의 권한을 양도할 수밖에 없었다. 신과 정부를 분리하는 조치는 인간사에서 신을 없애려는 시도가 아니었다. 이는 신의 권위에 기대어 판단을 내리는 사람들의 능력에 대해 불신임 투표를 한 것이었다. 가톨릭교회를 배경으로 하여 새로 결성된 정당 '우루과이시민연합(Unión Cívica del Uruguay)'의 격렬한 반대가 있었지만, 1909년에는 공립 학교에서 종교 교육이 폐지되었다. 그뿐이 아니었다. 바트예 정부는 민주주의를 내걸고 사형제를 폐지했으며 일반 사회 문제에 군대가 지나치게 정치적 영향력을 행사하지 못하도록 제한하는 데 힘을 쏟았다. 전반적으로 바트예와 그 지지자들은 좀 더 문명화된 사회를 만들려 했으며 이를 위해 탐욕스러운 고용주와 극단적인 노동조합 양측을 모두 억제하고 특히 노동 시장을 개혁하려 했다. 하루 8시간 노동(마침내 1915년에 그의 후임 대통령에 의해 제정되었다), 실업에 대한 보상(1914년), 야간 작업 제한(1918년), 퇴직연금(1919년), 강제 가능한 직업 안전 기준 설정(1920년) 같은 정책을 세우기 위해 바트예는 치열하게 싸웠다. 미국의 경제학자 헨리 조지의 원칙을 농업 분야에 적용하려던 시도는 '농촌연맹(Federación Rural)'이라는 이름의 새로운 압력 단체의 조직적 저항에 부딪쳐 좌절되었다. 이 압력 단체는 사실상 대토지 소유자들을 위해서 일하는 조직이었다. 바트예는 토지 이용에 따른 누진세와, 상속세에 대한 추가 세금을 도입하여 그들의 힘을 제한하려고 시도했다. 하지만 결국에는 정부의 소극적인 개입, 이를테면 낙농, 축산, 원예, 임업 같은 분야에서 연구와 개발을 목적으로 하는 공공 기관들을 설립하는 것으로 만족해야 했다.

바트예가 시도한 개혁 가운데 상당수는 민주주의적 평등을 위해 시장 메커니즘의 범위를 축소한다는, 의도했던 효과를 냈다. 그의 논리에 따르면, 대의 민주주의는 선거로 구성된 정부가 주요 공공 서비스 부문을 장악할 것을 요구한다. 더 큰 사회적 평등을 추구하고, 국내의 자본 축적을 자극하고, 나라의 지출 균형을 악화하는 해외 송금을 억제하는 것, 이런 목표를 추구하는 데 기업보다 정부가 더 나은 위치에 있다는 이야기였다. 바트예의 지휘로 정부는 교육 분야에 깊숙이 관여했다. 그는 가장 가난한 사람들이 가장 좋은 것을 받아야 마땅하며, 교육은 '사회 계급의 구별 없이 모든 사람의' 권리라는 것을 거듭 말했다. 그는 재능 있는 빈자에게는 학자가 될 수 있는 기회가 주어져야 하며, 반면 재능 없는 부자는 감자를 재배해야 한다고 말해 일부 시민을 깜짝 놀라게 한 적도 있었다.[36] 바로 이런 정신이 바탕이 되어 전국에 고등학교를 설립하고(1912년), 고등학교 무상 교육을 실시하고(1916년), 모든 여성이 '공화국 대학'에 갈 수 있도록 하는 정책을 정부가 강력하게 추진할 수 있었던 것이다. 저축과 대출을 하면서 화폐를 제작하던 '우루과이동방공화국은행(BROU)'은 1911년에 국영화되었다. 그 이듬해에 정부는 '국가전력회사'를 통해 전력의 생산과 배급을 통제했다. '우루과이저당대출은행'도 국영화되었으며 1914년에는 대규모 사영 철도 회사를 매입했고 이는 장래에 들어서게 되는 '국가철도관리회사'의 기초가 되었다.

홍미로운 사실은 바트예가 우루과이를 민주주의 실험실로 생각했다는 것이다. 그는 우루과이를 복지 국가로 만들기 위해서 새로운 대의 민주주의 제도들을 창안해내야 한다고 생각했다. 그는 대의 정치의 변증법적 과정을 잘 이해하고 있었다. 에스파냐 왕국을 상대로 독립 투쟁을 벌이던 시기에 볼리바르나 아르티가스 같은 카우디요들이 대의 정치를 단호히 옹호했다는 사실을 바트예는 알고 있었다. 그러나 바트예는 대부분의 카우디요들이 대의 정치의 메커니즘을 '국민' 위에 올라서는 데 필요한 편리한 사다리로 사용한 다음에는 이 메커니즘을 악용하기 시작했으며, '국민'을 방해물이나 오물로 생각했고, 자신이 반대자들에게 승리했음을 확인한 순간 곧바로 국민을 걷어차버렸다는 것도 알았다. 사르미엔토 같은 저술가들의 작품을 읽고 용기를 얻은 바트예는 과거 카우디요들이 행한 정치 방식에 깃든 오만을 제거해야 한다고 확신했다. 우루과이가 건국되고 75년 동안 선거를 통해 임명된 네 명의 대통령이 계엄령을 선포했다는 사실을 바트예는 받아들일 수 없었다. 하지만 그는 그런 사실 때문에 결국 혁명이 필요하다는 식의 결론은 내리지 않았다. 그 대신 대의 민주주의의 메커니즘이 더 강화되어야 한다고 생각했으며, 그리하여 강화된 메커니즘을 통해 그가 경멸적으로 '카우디이스모(caudillismo)'라고 부른 것을 민주주의로부터 제거할 수 있으리라고 생각했다.

이런 여러 상황과 역사적 사명에 대한 강력한 신념이 있었기에, 바트예는 1907년 대통령 임기가 끝나자 정치를 떠나 휴식기를 보냈다. 그는 토크빌과 마찬가지로, 그러나 토크빌과는 반대 방향으로, 즉 신세계에서 구세계로 배를 타고 건너가서 4년 동안 영국과 유럽 대륙을 여행했다. 팔레스타인, 시리아, 이집트에도 다녀왔다. 구겨진 양복을 걸치고 대충 아무렇게나 넥타이를 맨, 이 거친 목소리의 덩치 큰 남자는 국가 지도자들뿐 아니라(그는 우선 1907년 제2차 헤이그 평화 회의에 우루과이 대표단을 이끌고 참석했다) 언론인, 사업가, 전문직 종사자, 그리고 시민들을 만났다. 다양한 분야의 글을 읽었으며, 끊임없이 글을 썼고, 다양한 정치 체제와 법률 제도를 연구했다. 유럽에 머무는 동안 습득한 통찰력은 곧 훌륭하게 쓰일 터였다. 그는 두 번째로 대통령에 당선되었고(1911~1915) 정치 게임의 규칙을 바꾸기 위해 노력했다. 그는 우선 제헌 회의를 소집했다.

유럽에서 발견한 것에서 영감을 얻어, 바트예는 '콜레히아도(colegiado)'라는 이름의 9인으로 구성된 집단 지도식 행정부를 만들어 이것으로 대통령직을 대신하자는 내용의 개혁을 추진했다. 그는 로사스 같은 인물을 혐오했기 때문에 우루과이에 행정부의 의사 결정을 위한 내각 형태의 기구가 반드시 필요하다고 생각했다. 이것은 의견 교환을 통한 합의의 새로운 수단을 최고위급에 설치하는 구상이었으며, 이로써 건전한 타협이 이루어지고 의견 차이를 공개적으로 표출할 수 있는 장이 마련될 것이었다. 바트예의 말에 따르면, "어느 시대든 가장 선진적인 국민은 한 사람이 지배하는 것은 불편한 일이라는 것을 언젠가는 깨닫고 여러 사람이 행정부를 운영하게끔 하려고 했다." 그것은 집중된 행정 권력은 언제나 '힘, 행동, 공격 속도'를 강조하는 '호전적인 권력'이 되고 말기 때문이었다.[37] 바트예의 개혁안이 반발을 불러온 것은 이해할 만한 일이었다. 그가 1913년에 제안한 집단 지도의 원칙은 결국에는 승인을 얻지만(1917년 헌법), 더 겸손한 정부에 대한 그의 비전은 단기적으로는 심지어 그가 속한 콜로라도당 내부에서도 심각한 분열을 일으켰다. 그 때문에 루이스 알베르토 데 에레라(Luis Alberto de Herrera)가 이끄는 '국민당'은 이 제안이 공식적으로 나오고 얼마 지나지 않아 마치 물속에서 어뢰로 공격하듯 그 제안을 격침해버릴 수 있었다.

한편 바트예는 '이중 동시 투표(doble voto simultáneo)'라는 새로운 투표 방식을 도입하는 데 힘을 쏟았다. 이 투표 방식은 훗날 우루과이 특유의 것

우루과이에 민주적 개혁을 도입해 라틴아메리카 최초의 복지 국가로 만든 호세 바트예 이 오르도녜스. 사진은 1910년 파리에서 찍은 것이다.

으로 자리 잡게 된다. 이 재치 있는 투표 방식의 핵심은 비례대표의 원칙을 정당 내부에 적용했다는 것이다. 대의 민주주의라는 것이 원래 의견의 불일치를 공적으로 관리하는 방식이라는 점을 증명하듯이, 이중 동시 투표 방식은 시민이 표를 던질 때 한 정당에 지지를 표하면서 동시에 그 정당에 자신이 선호하는 분파에 대한 지지도 표할 수 있도록 한다. 이 방식은 1870년 프랑스 파리에서 출간된 보렐리(J. Borély)의 책에 언급된 것이었다. 이 방식의 세부 사항은 빠른 속도로 대서양을 건너 우루과이로 전해졌으며 몇 년이 지나지 않아 곧 이 방식을 시험적으로 적용한 투표가 시행되었다. 몬테비데오의 '공화국대학교' 법학부에서 이 투표 방식의 기본 원리를 가르쳤다.[38]

이중 동시 투표의 작동 방식은 다음과 같다. 작은 규모의 시 선거이거나 대통령 선거이거나 상관없이 선거 운동 기간 중에 각 정당('레마lema')은 복수의 후보를 낼 수 있다. 각 후보는 정당 내부에 있는 특정한 분파('수블레마 sublema')를 대표한다. '수블레마'의 실제 구성은 구체적인 맥락에 따라 달라진다. 예를 들어, 한 도시의 시장과 부시장 직책을 얻기 위해 한 팀이 되어 선거 운동을 하는 한 쌍의 후보자일 경우도 있다. 또는 입법부의 의석 한 자리를 놓고 동일한 정당의 여러 분파가 각각 후보자를 내는 경우도 있다. 혹은 국가의 최고 직책을 놓고 같은 정당의 둘 이상의 후보들 사이에 벌어지는 완전한 의미의 선거 운동이 벌어지는 경우도 있다. 선거 날 유권자는 한 후보에게만 표를 줄 수 있으며, 가장 많은 표를 얻은 정당이 승리하게 된다.(그 정당 내의 다양한 '수블레마들'에게 던져진 표를 모두 합산한다.) 그러나 승리한 정당 내부를 보았을 때는, 가장 많은 표를 얻은 '수블레마'가 승리한 것이다. 다르게 표현하면, 각 후보자의 목표는 각자 가장 많은 표를 얻어 경쟁자들을 제치는 것이지만, 그와 동시에 같은 정당 내의 후보들은 정당의 표를 최대한으로 얻는 데 공동의 이해관계가 있는 것이다.

이중 동시 투표 제도는 많은 사람에게 다양한 의미가 있다는 점에서 정당과 개인에게 모두 매력적이었다. 그렇기 때문에 우루과이에서 이 제도는 바트예와 그의 지지자들의 호감을 불러일으켰으며, 1910년의 선거법에 처음으로 포함되었다. 이중 동시 투표는 '분할 투표'를 방지하고 총선거와 미국식 예비선거를 하나로 통합함으로써, 제3당의 출현을 저지하고 우루과이에서 양당제가 확고하게 자리 잡게 하기 위해 고안되었다. 바트예를 비롯한 사람들은, 이렇게 한 정당 안에 여러 분파들이 경쟁적으로 후보자 명단을 제시하여 특정 직책을 얻기 위해 충분한 표를 구하는 행동을 한다 해도, 미국식으로 요란하게 타락하지는 않을 것이라고 생각했다. 정당 내부의 경쟁을 공개하는 방식으로 후보 명단을 제시하는 것은, 소수자 그룹과 이제 막 성장하기 시작한 노동조합 운동과 농촌의 빈곤층 사람들로 하여금 두 주요 정당 가운데 한 정당에 투표하도록 이끄는 중요한 유인책이 될 것이었다. 사회적으로 불리한 위치에 있는 유권자들은 이 투표 제도를 활용함으로써 그들의 표를 덜 허비하고, 정부를 구성하거나 해체하는 사안에서 집단적 발언권을 얻을 수 있었다. 달리 말하면, 이중 동시 투표 제도는 사회적 긴장을 완화하고 내전의 위험을 연기하는 방법이었다. 원래부터 특정 정당을 선호하는 유권자들이 굳이 입을 다물고는 자신의 견해를 대변하지 않는 후보자에게 싫지만 억지로 표를 던져야 하는 일이 없어진 것이다. 바트예는 개인적으로 이중 동시 투표 제도의 도입으로 또 다른 좋은 효과가 나타나기를 기대했다. 즉 정당 내부의 의견 차이를 정당화하여 무시무시한 음모와 보복이 설치는 어두운 뒷방의 거래를 만천하에 공개하고 또 그렇게 함으로써 정당 내에 '과두제의 철칙' 같은 것이 있을 수 없음을 증명하려 했던 것이다. 핵심은 다음과 같은 것이었다. 우루과이는 한 정당 내에서 복수의 후보자들이 경쟁하도록 격려하며 그리하여 최종 결정 권한을 당내의 보스들이 아니라 시민들이 스스로 보유하도록 함으로써, 정치 개혁에 당당하게 앞장서며 이를 다른 나라들이 따라오게 될 것이라는 이야기다.

바트예는 이중 동시 투표 제도를 더 널리 활용하려 했으며, 집권당의 다수파에 대통령이 의존하게 만듦으로써 야심찬 카우디요들이 자신의 야망을 포기하게끔 하려고 노력했다. 하지만 그 시도는 1916년 우루과이 역사상 처음으로 비밀투표 원칙이 적용되고 모든 남성에게 투표권이 부여된 선거에서 좌절되고 말았다.[39] 그렇지만 그가 그전까지 성공적으로 추진했던 개혁 작업들은 1917년의 새로운 헌법에 흔적을 남겼다. 국민 투표로 승인된 새 헌법은 공식적으로 교회와 국가를 분리했으며 비례대표제와 비밀투표 제도를 채택했고 사형 제도를 폐지했다. 입법부는 '총회(Asamblea General)'라 불렸으며 양원제로 구성되었다. '하원'은 성인 남성 주민 수에 따라 정해지는 선거구에서 선출된 구성원들로 이루어졌다. '상원'의 구성원은 나라 전체를 하나의 선거구로 간주하는 전국구 투표를 통해 선출되었다. 또한 헌법은 집단 지도식 행정부에 대한 바트예의 열망을 조금 변경된 형태로 수용했다. '국가 행정 위원회'라는 새로운 기구를 만든 것이다. 이 기구는 아홉 명의 대표자로 이루어지는데(여섯 명은 다수당에서, 세 명은 소수당에서 선출한다), 직접 국민 투표를 통해 6년 임기로 선출되며 2년마다 구성원의 3분의 1이 퇴임하도록 규정되었다. 국가 행정 위원회는 장관을 임명함으로써 새로운 복지 국가를 감독하며, 대통령에게 명시적으로 부여되지 않은 모든 권한을 행사할 수 있었다. 또 새 헌법은 남성 보통선거권의 원칙을 채택했다. 이 원칙은 한 해 전인 1916년 총선거에서 처음으로 도입되었다. 의회 민주주의의 고향이라고 여겨지는 영국에서 이 원칙이 시행되기 2년 전의 일이었다.

우루과이 실험실이 내놓은 발명품 중에서 시대를 앞선 것이 또 하나 있다. 1925년부터 우루과이의 여러 선거는 새로 만들어진 '선거 법원'의 불편부당한 통제를 받게 되는데 이 조직은 처음부터 강력한 제재 수단을 갖추고 있었다. 한편 선거 법원은 한 가지 역설을 품고 있었다. 선거를 통하여 구성되는 조직이 아니라 독립적 사법 조직이라는 점이었다. 선거로 구성되지 않은 조직이 대의 민주주의의 게임 규칙을 강제하는 데 결정적인 의미를 지닌다는 점이 역설인 것이다. 바트예는 아마도 자신이 오랫동안 주장하던 정치적 비전이 이렇게 뒤늦은 성공을 거두는 것을 보고 미소를 지었을 것이다. 선거 법원의 창설은 우루과이의 대의 민주주의를 공고히 하는 데 중요한 계기였다는 점에서만 의미가 있는 것이 아니었다. 이 조직에서 우리는, 돈거래에 물들어 있으며 공공연하게 부패한 정치인들이 자신들의 혼란스러운 무한경쟁을 엄격하게 단속할 수 있는 '깨끗한' 조직이 필요하다는 사실에 기꺼운 마음으로 동의하는 흥미로운 광경을 볼 수 있다.

정치에 냉소적인 태도를 지닌 사람들은 선거 법원을 통해, 심지어 도둑들조차 정기적으로 모임을 열고 도둑질의 공통 규칙에 대해 합의를 보아야 한다는 오래된 격언이 확인된다고 말했다. 하지만 이 새로운 개혁은 효과가 있었다. 선거 법원은 종래에 중앙에서 일괄적으로 실행하던 개표 작업 과정을 변화시켜 수천 곳의 개표소에서 실행하도록 했다. 또한 선거 법원은 유권자 등록과 투표 과정, 정당과 후보자 등록 과정 전체를 감독하는 한편, 그와는 별도로 모든 선거 분쟁에서 최종 판정권을 부여받았다. 심각한 문제가 벌어진 경우 선거 법원은 해당 선거 결과를 무효로 선언할 수 있는 권한이 있었다. 선거 법원은 각 주에 있는 다양한 종류의 선거 위원회들과 몬테비데오에 있는 '국가 선거국'을 감독했다. '국가 선거국'은 이 나라의 모든 자격 있는 유권자의 '시민 등록부'를 만들고 유지하는 책임을 맡는다. 선거가 시행되기 전, 국가의 입법부인 '총회'가 결정하는 금액에 기반하여 선거 법원은 각 정당에 선거 운동 비용을 분배해주었다. 이때 금액은 각 정당이 직전에 실시한 선거에서 얻은 득표수에 비례해 책정했다.

공직 순환 보유와 민주적 타협의 원칙은 다양한 권력 공유 절차의 실험을 거치며 강화되었다. 사법부의 고위 공직자와 경찰과 군인은 투표 행위 이외의 정당 정치 활동이 금지되었다. 공화국 대통령과 선거 재판소의 구성원들은 정당의 간부로 봉사하거나 정치적 선거 운동에 관여하는 것이 금지되었다. 주 단위에 설치된 선거 위원회의 구성원 전원은 공개적으로 선거를 통해 임명되었다. 입법부의 상하 양원 각각 3분의 2의 찬성 투표가 있어야 선거법을 폐지하든지 아니면 새로운 선거법을 제정할 수 있도록 규정되어 있었다. 집권 정부의 조작을 방지하고 선거 주기를 안정화하기 위해 국가 차원과 지방 차원의 모든 선거를 11월 마지막 일요일에 실시하도록 하는 조치가 취해졌다. 선거 법원은 선거 승리로 발생하는 전리품이 승자에게서 패자로 재분배될 수 있도록 감독했는데, 그 가운데 가장 두드러진 방법은 '공동 참여'의 규칙이었다. 이 규칙은 국가의 각 부처와 공기업 이사회 임명을 포함한 모든 정부의 영역에서 소수당의 대표권이 보장되도록 했다. 선거 법원은 남성 투표권자들에게 그들의 사진과 지문이 담긴 등록 카드를 발행함으로써 선거 부정을 방지하려 했다. 이 개선 방안은 후안 부세티치 덕분에 가능했다. 이 등록 카드 시스템의 시험 대상이 된 것은 성매매 여성들이었다. 우루과이 사회에서 강제로 신원 카드가 발행된 최초의 집단이 바로 이들이 되었다. 우루과이에서는 남성보다 여성이 사실상 더 먼저 투표권을 획득했다는 농담이 생겨나기도 했다.[40]

카우디요의 복귀

바트예와 관련된 이러한 개혁들은 세계 기준에서 볼 때도 대단한 것들이었다. 다른 몇몇 이스파노아메리카 나라들이 보여준 정치적·사회적 발전 역시 마찬가지로 고무적이었다. 이 나라들은 대의 정치의 실험이 진행된, 이 지극히 흥미로운 1세기 중에서도 최정점에 있는 듯했다. 제국을 지배하던 왕조와 관계 단절은 전혀 예상치 못한 사건이었으며, 이 사건은 기나긴 정치적 여정의 출발점이 되었다. 처음에는 공화주의적 헌법을 세심하게 수립하는 과정이 시작되었으나, 이와 동시에 여러 현상이 이어졌다. 권력에 굶주린 카우디요들이 성장하는가 하면, 영토 분쟁과 전쟁이 있었고, 국민의 이름을 내걸고 작동하는 공포 독재도 있었으며, 정당 간의 경쟁이 등장했고, 선거를 둘러싼 어처구니없는 장난과 부정도 있었으며, 마지막으로는 정치 현실을 교과서적인 대의 민주주의의 원칙 쪽으로 밀어붙임으로써 폭력과 '카우디이스모'의 전횡을 끝내려는 노력이 있었다.

이스파노아메리카 전역에서, 특히 우루과이에서 권력 공유 제도를 향한 노력이 19세기 말부터 대략 1930년까지의 시기에 나타난 것은 우연이 아니었다. 이 시기는 다른 어떤 무엇보다도 세계화의 압력이 갑자기 크게 증가한 시기였다. 특히 자본과 무역과 주민의 이동에서 그러했으며 노동조합, 기업, 정당, 종교 단체 같은 시민 사회의 제도들이 전반적으로 성장했다. 또한 이 시기는 보통선거권이라는 실천적 이상이 성숙한 단계에 오른 시기였다. 전 세계 모든 나라의 정부와 그 나라에서 지배적인 영향력을 행사하던 사회 계급들은 이제 더는 국민의 압력에 저항할 수 없었다. '국민'은 이제 절대로 무시할 수 없는 세력이 되었으며, 따라서 정치 개혁은 점차 그 속도가 빨라지기 시작했고, 주요한 몇몇 관찰자들은 제임스 브라이스를 비롯한 오만한 대가들의 의견에 반하여 이스파노아메리카에서 이제 대의 민주주의의 새로운 시대가 여명을 맞고 있다는 결론을 내렸다.

바로 그때 마치 큰 망치로 내려치는 듯한 삼중의 충격이 가해졌다. 세계대전 발발, 시장 경제 붕괴, 열강들 간의 정치적 투쟁, 이 세 가지 사건으로 인해 이스파노아메리카의 젊은 대의 민주주의 체제들은 결정적인 손상을 입는다. 이 민주화 붕괴 과정에는 완전히 근대적인 요소가 들어 있었다. 고대 그리스 시대의 저술가들과 연설문 작성자들이 제시했던 단순한 설명으로는 이해할 수 없다. 왜 민주정이 무너졌는지 탐구했던 고대인들은 '히브리스'를 주요 원인으로 지목했다. 이는 권력에 대한 무한정한 욕구로서 탐욕으로 가득 찬 통치자들과 피치자들 모두에게 불행을 가져왔다. 페리클레스, 플라톤, 투키디데스 같은 사람들은 이 권력에 대한 탐욕이 인간 본성에 잠재한 질병이라고 말했다. 따라서 그들은 민주정이 반드시 이러한 탐욕의 유혹에 굴복하고 만다는 결론을 내렸다. 하지만 이런 설명은 지나치게 일반론적이며 민주주의에 대한 혐오감에 근거한 치우친 설명이었다. 20세기의 처음 수십 년간 이스파노아메리카에서는 이것과는 다른, 좀 더 세분화된 힘이 작용했다. 제1차 세계대전의 발발과 함께, 지난 수십 년 동안 세계화 과정을 떠받쳐주던 핵심 제도들이 붕괴하면서 이스파노아메리카 지역의 민주주의 체제들과 민주주의로 향하던 체제들이 특히 파괴적인 타격을 입었던 것이다. 비유적으로 말하자면, 악의에 찬 유럽이 이스파노아메리카가 지난 시절에 보인 불복종에 복수하기로 결심한 듯했다. 복수의 구체적 형태는 무역 장벽, 자본 철수, 통신망 붕괴, 사회적 연결 단절, 역사상 최초의 전 세계적 군사 충돌이었다. 이 군사 충돌은 나중에 1939년부터 1945년 사이에 일어나는 전 세계적 폭력 사태라는 한층 파괴적인 사건으로 가는 길을 준비했다.

제1차 세계대전의 파괴성과 1929년 월스트리트 붕괴로 발생한 장기적 불황은 이스파노아메리카와 브라질의 젊은 민주주의 체제에 큰 타격을 주었다. 마치 어떤 괴상하며 새로운 반(反)민주주의적 무기가 폭발해 전 세계에 독성 있는 낙진을 퍼뜨린 듯했다. 그 독성 물질은 이 지역 전체에 걸쳐 강력한 영향력을 행사했다. 젊은 대의 민주주의 체제들은 급속하게 허약해지면서 몰락하고 말았다. 민주주의에 대한 조롱은 일종의 오락이 되었다. 선거의 메커니즘, 정당 간 경쟁, 권력 공유 같은 것들이 갑자기 많은 사람들의 눈에 불공정하고 비효율적이며 제대로 된 효과를 내지 못하는 것들로 보이기 시작했다. 새롭게 투표권을 획득한 사람들만이 아니라, 특히 토지 재산 소유자들과 그들과 손잡은 군 내부 세력들도 그렇게 느꼈다. 이 보수주의자들은 민주주의가 더 얌전하게 처신하기를 바랐으며 그들이 생각하는 게임의 규칙을 지키기를 바랐다. 민주주의가 자신들의 목적에 부합하지 않다고 판단될 때면 그들은 강경한 입장을 취했다. 정부는 지배적인 사회경제적 질서를 반영해야 마땅하며, (바트예가 생각했던 것처럼) 그런 지배적 질서를 바꾸려고 일종의 균형추 역할을 해서는 안 된다고 그들은 주장했다.

그 결과 대의 민주주의 체제는 갑작스러운 추위에 노출된 새싹처럼 맥을 못 추고 무너지고 말았다. 칠레에서는 부를 늘리는 데 능력을 발휘하던 카를로스 이바녜스 델 캄포(Carlos Ibáñez del Campo, 1877~1960)의 일인 독재 정부가 붕괴했다. 칠레는 구리와 질산염 같은 일차 생산품 수출 의존도가 너무 높았고, 공공사업의 운영 자금을 외국의 융자와 투자에 지나치게 의존하고 있었기 때문에, 수출 시장과 자본 수입이 사실상 막혀버리자 곧바로 파멸적 상황에 놓이고 말았다. 투자와 부채 상환이 서서히 중단되었으며 1930년이 되자 칠레는 악화되는 실업률과 공공사업 붕괴, 임금과 급료의 대폭 삭감이라는 고통에 사로잡힌 상태가 되었다. 정부의 위기 관리 능력을 비판하는 파업과 시위가 급증했다. 이바녜스는 언론 통제와 무력 진압으로 대응했다. 그러던 중 1931년 7월 산티아고의 젊은 의대생 하이메 핀토 리에

스코(Jaime Pinto Riesco)가 경찰이 쏜 총에 맞아 목숨을 잃었다. 그는 당시 친구들과 함께 신문을 읽고 있었는데 경찰이 그 신문을 빼앗으려 하다가 벌어진 일이었다. 여론이 들끓었다. 이바녜스는 위기를 모면하기 위해 사임했다. 공개적으로 환희를 표출하는 요란스러운 광경이 벌어졌다. 산티아고의 한 신문은 다음과 같이 평했다. "혁명으로 독재가 타도된 것이 아니다. 오히려 그 반대다. 독재를 타도한 것은 도저히 막을 수 없는 여론의 힘이며, 이 여론은 혁명적 상황에 종지부를 찍고 헌법적·법적으로 정상 상태를 회복하려는 것이다."[41] 그런 행복한 결과가 도출되던 시대는 유감스럽게도 이미 죽은 지 오래였다. 이바녜스가 타도된 이후 18개월 동안 칠레는 시장 경제가 거의 완전히 붕괴된 상태였으며 두 차례의 총파업, 여러 차례의 쿠데타, 해군의 폭동, 그리고 아홉 차례의 정권 교체를 경험했다.

아르헨티나도 이와 유사한 사악한 힘에 붙잡혔다. 1929년 12월 말 이폴리토 이리고옌 대통령은 암살될 뻔했으나 기적적으로 아슬아슬하게 살아남았다. 하지만 몇 달 뒤 그는 몸이 아파 병상에 꼼짝 못 하고 누워 있었으며 결국 치밀하게 준비된 군사 쿠데타에 의해 실각하고 만다. 이 쿠데타를 주도한 인물은 호세 펠릭스 우리부루(José Félix Uriburu)였으며 그를 지지한 세력은 지주 계급, 군대 내의 파시스트 그룹, 보수주의 그룹 등이었다. 밀과 소고기 수출에 의존하던 아르헨티나 경제는―아르헨티나는 세계에서 손꼽히는 밀과 소고기 수출국이었다.―실업과 악성 인플레이션을 겪었으며 이에 고통받던 주민 일부도 쿠데타를 지지했다. 쿠데타 소식이 전해지자 부에노스아이레스 중심가에서는 요란스러운 축하의 물결이 일어났다. 이웃 나라인 우루과이 역시 무역 수지 악화와 부채 상환 부담 급증, 페소화 평가절하에 따른 타격을 받고 있었다. 대통령 가브리엘 테라(Gabriel Terra)는 집단지도식 행정부 조직을 폐지하고 의회를 해산했으며 선거를 조작하고 (1933년부터) 독재자의 옷으로 갈아입었다. 1920년대 말부터 1930년대 초 사이의 여러 가지 불안한 정세는 브라질에도 타격을 주었다. 카우디요 전통에 어울리는 부자이면서 강력한 힘을 과시하던 제툴리우 바르가스(Getúlio Vargas)가 군부에 의해 '임시 대통령' 직에 오른다. 그는 1930년부터 1945년까지 15년 동안 그 직책에 있으면서 포퓰리즘 독재 체제를 꾸렸다. 군부, 수백만 명의 농촌 빈민층, 도시 노동자, 중간 계급이 이 체제를 지지했다.

이러한 독재 체제를 비롯하여 그 밖의 독재 체제의 사례를 살펴보면, 원래 유럽의 발명품인 이스파노아메리카의 대의 민주주의는 사실상 또 다른 유럽의 발명품에 크게 의존하고 있었다는 점이 증명된다. 그것은 바로 시장경제이다. 시장 경제의 탐욕스러운 무절제성 때문에 자본과 노동에 대한 수요가 갑자기 축소했으며 이는 엄청나게 파괴적인 사회적 피해를 몰고 왔다. 또한 독재 정체의 확산 현상은 근대 민주주의가 또 다른 유럽의 법칙에 지배받는다는 것을 증명했다. 즉 어느 나라의 대의 민주주의 체제도 홀로 유지될 수 없으며, 같은 신념을 지닌 여러 정부로 이루어진 광범위한 정치적 공동체 안에서 각 국가의 대의 민주주의 체제가 유지될 수 있다는 것이다. 역경이 다가오면 공동체 안의 정부들이 서로 구조해줄 태세를 갖추고, 민주적 정치인과 시민들이 서로 평등한 존재로서 굳건하게 서서 견고하게 단결해 있을 때만이 대의 민주주의는 가능하다.

민주주의자들에게는 불행한 사실이지만 그런 상황은 이스파노아메리카에서는 펼쳐지지 않았다.(훗날 이런 상황이 유럽에서 발생한 것은 '유럽연합EU'이 생겨났을 때다.) 다양한 모습과 역량을 갖춘 카우디요 독재자들은 마데로, 이리고옌, 바트예 같은 민주주의자들의 희망과 꿈과 계획을 교수형에 처한 다음, 자신의 권총을 집어 들고는 다시 권좌에 올랐으며, 이후 50년간 이 지역의 대부분을 지배하게 된다.

6장

유럽의 민주주의

최고의 시대였고, 최악의 시대였다. 지혜의 시대였고,
어리석음의 시대였다. 빛의 계절이었고,
어둠의 계절이었다. 희망의 봄이었고, 절망의 겨울이었다.
우리 앞에 모든 것이 있었는가 하면 아무것도 없었다.
우리 모두 천국으로 가고 있었지만,
또한 우리 모두는 그 반대 방향으로 가고 있었다.
_ 찰스 디킨스, 《두 도시 이야기》(1859년)

이제 유럽으로 돌아올 시간이다. 여기에서 우리는 의회와 민중과 강대국들에 관한 달콤하면서 쏩쓸한 진실을 마주하게 된다.

18세기의 마지막 사반세기부터 1930년에 이르는 기간 동안, 유라시아 대륙 서쪽 끝에 있는 작은 반도는 물리적 크기에 비해 엄청나게 큰 영향을 세계에 끼친다. 유럽이라는 단어는 역동적 사고, 실용적 개혁, 멀리 떨어진 곳의 여러 민족과 영토 정복과 동의어가 된다. 증기 기관, 탈곡기, 기관차, 자동차, 탱크라는 다양한 발명품을 수단으로 하여 유럽은 전 세계를 뒤흔든다. 유럽은 산업 자본주의의 막강한 힘을 전 세계에 풀어놓았으며 대규모 군대를 동원했다. 또한 노예제 반대 운동, 민족주의 운동, 사회주의 운동, 평화 운동 같은, 많은 사람의 세계관을 근본적으로 바꾼 여러 운동의 물결을 일으켰다. 한편, 이 시기의 유럽을 돌이켜 보면 유럽의 들판, 거리, 건물들에는 온통 민주주의를 지지하는 큰 목소리로 가득 찼다. '민주주의자(democrats)'와 '민주주의론(democratism)'이라는 새로운 단어가 생겨났으며, 정치적·사회적 평등을 향해 사회 전체가 움직여 나가는 모습을 묘사하는 체제 전복적 동사 'democratise'도 탄생했다.('민주화하다'라는 뜻의 이 영어 단어는 프랑스어 'démocratiser'에서 온 것이며 아마도 네덜란드어를 거쳤을 것이다.) 많은 유럽인은 이제 드디어 '민중'이 역사의 무대 위에 올라섰다고 확신했다. 유럽이 대의 민주주의의 탄생지였던 만큼 유럽이 대의 민주주의의 심장부가 될 운명을 지고 있으며, 어쩌면 여기서 민주주의가 참신한 형태를 새로 갖춤으로써 세계의 나머지 지역에 빛을 가져다줄 수 있다고 일부는 확신했고 또 일부는 그렇게 되기를 바랐다. 이탈리아 통일의 위대한 주창자였던 주세페 마치니(Giuseppe Mazzini, 1805~1872)는 1846년 유럽 여러 정부의 체포를 피해 런던에 머물 때 희망을 담아 이렇게 말했다. "우리 시대의 민주적 경향과 민중 계급의 상승세는 이제부터 유토피아적 꿈도 아니고, 한편으로는 의심하면서도 한편으로는 기대하는 그런 것도 아니다. 이것은 하나의 사실, 다시 말해 위대한 유럽적 사실이다. 이것은 모든 사람의 정신을 장악했으며 정부의 작동에 영향을 끼치고 어떤 반대에도 굴하지 않는다."[1]

마치니 같은 민주주의자들이 꾸었던 꿈은 이후 전개되는 역사적 사건들의 압도적 힘에 의해 산산이 부서지게 되며, 이런 흐름은 결국 1939년부터 1945년 사이의 참혹한 세계대전으로 이어진다. 시장 침체와 유럽 강대국들의 대립 때문에 이스파노아메리카와 브라질 같은 세계의 다른 지역에 존재하던 대의 민주주의는 숨이 끊어졌다. 그뿐이 아니었다. 전 세계에 준 충격이라는 측면에서 볼 때 더 중요한 사실은, 유럽 자체가 영양실조 상태가 되었으며 19세기와 20세기 초반에 있었던 거의 모든 대의 민주주의 실험이 전부 '실패'로 끝나버렸고, 유럽은 결국 지옥 같은 곳이 되어버렸다는 사실이다.

만일 알렉시 드 토크빌이 미국인이었다면, 그리고 그가 1930년대에 증기선을 타고 대서양을 건너 동쪽으로 가보기로 작정했더라면, 분명 그는 유럽이 경험하고 있던 기묘한 불행을 어느 소설의 주인공이 겪은 비참한 운명과 비교하고 싶은 충동을 느꼈을 것이다. 독일의 소설가 하인리히 폰 클라이스트(Heinrich von Kleist)는 유럽의 어두운 면을 묘사하는 데 뛰어난 재능을 보인 젊은 작가였다. 그가 쓴 소설 《미하엘 콜하스의 민란》(1810년)은 당시 유럽의 반민주적 정서를 잘 포착한 작품이다. 클라이스트는 반민주 정서가 실제로 승리를 거두기 한 세기 전에 이 소설을 썼다. 유럽의 대의 민주주의는 대의 민주주의의 이상을 경멸하던 강력한 국가 기관들에 쫓기고 희생당했으며 모든 출구를 봉쇄당했다. 폭정에 항거하여 자유와 정의를 외치고 평등을 요구했지만 그 답으로 돌아온 것은 체포였으며 그 다음에 주어진 보상은 권력자에게 처형당하는 것이었다. 끔찍한 상황이 펼쳐졌다. 유럽이라는 반도는 암흑 속으로 곤두박질쳤으며 전 세계를 쥐가 우글거리는 뒷골목으로 끌고 들어갔다. 그곳은 사회적 갈등과 정치적 폭정이 횡행하는 지옥이었다. 그곳에서 대의 민주주의는 멸종한 정치적 생물이 남긴 뼛조각 신세가 되기 일보 직전까지 갔다.

민중의 봉기

어째서 유럽이 대의 민주주의의 묘지 신세가 되었는지를 이해하려면 대의 민주주의의 정신과 제도들이 처음에 어떻게 자라났으며 왜 제대로 성숙하지 못했는지, 그로 인해 어떻게 지구와 인류에 긴 그림자가 드리워졌는지, 그 과정에서 일어났던 사건들의 큰 그림을 우선 파악해야 한다.

유럽이 어떻게 대의 민주주의가 뿌리를 내리는 곳이 되었는지, 게다가 서로 다른 여러 형태로 뿌리내릴 수 있었는지는 앞에서 살펴보았다. 이때 생겨난 의회들로 인해 협의를 통한 통치라는 관행이 만들어졌으며 이 관행은—어떤 특정한 맥락에서—성문헌법에 대한 의존으로 연결되었고, 그 성문헌법에 근거하여, 정부는 시민들의 적극적인 동의가 있을 때만 그것을 기반으로 하여 정당성을 얻을 수 있다는 원칙과도 연결되었다. 피치자의 동의에 기반을 두는 통치 체제라는 원칙을 옹호한 주요 그룹은 바로 공화주의자들이었다. 고대 그리스와 로마 시대가 제시한 이상에서 영감을 얻은 공화주의자들은 중세 이탈리아의 시민 국가(citizen-states)에서 권력을 잡았다. 공화주의자들은 '국민'에 대해 이야기하기를 좋아했다. 하지만 '국민'이 정확하게 어떤 사람들을 지칭하는지는 불분명했다. 공화주의는 결국 교묘한 불평등 이데올로기인 것으로 드러났다. "그렇다면 국민이라는 것은 결국 혼란에 빠진 무리, 잡다한 폭도들, 저속한 것들을 칭송하는 사람들이 아니겠는가?" 존 밀턴은 그렇게 물었다.[2] 평민에 대한 공화주의자들의 이런 편견에 극히 드물게 예외가 되는 경우가 있기도 했다. 그중 하나가 바로 스위스의 산간 지역 칸톤*인 그라우뷘덴이었다. 그곳은 자치에 대한 자긍심이 매우

칸톤(canton) 스위스의 지방 자치 구역 단위를 가리키는 말이다.

높았다.[3] 하지만 이는 결코 전형적인 사례가 아니었다. 공화주의자들은 '국민'이라는 이름으로 최선의 사람들이 거친 짐승들을 다스린다고 생각했으며, 독서와 지식으로 세련되게 다듬어진 시민들이 평민들을 속박하여 양순하게 만듦으로써 정부를 운용하는 것이라고 생각했다. 또 시민들은 재산과 예의와 인쇄기를 갖추고 있어야 한다고 생각했다.

이 무대에 거친 짐승 무리가 올라온다고 생각해보라. 이들은 다 떨어진 옷을 걸친 말투가 거친 여성들과 남성들이었는데, 새벽부터 해질녘까지 힘들게 일해서 마련한 간소한 음식을 먹으며 살아가는 보통 사람들이었다. 이들을 경멸하거나 낭만적으로 묘사하기는 쉽다. 하지만 한 가지는 분명하다. 민주주의를 말할 때, 더 부유하고 더 힘 있는 사람들과 평등한 관계를 이루기 위해 보통 사람들이 쏟은 노력을 반드시 포함해야 한다고 조금이라도 생각한다면, 유럽 대의 민주주의의 여러 이질적인 출발점을 이야기하면서 이런 거친 사람들을 제외할 수는 없다.

근대 초기 유럽 곳곳에서 발생했던 광범위한 소요와 어느 정도 조직화된 폭동에서 사회적으로 억압받은 이들이 결정적인 공헌을 했다는 사실이 증거이다. 다음 사례를 보라. 1652년 봄 에스파냐의 코르도바에서 전해진 소식은, 대부분의 주민이 힘 있는 자에게 억눌려 살다가 이따금씩 평화와 안정을 해치는 자를 향해 마치 한 마리 뱀처럼 쉿 소리를 내며 위협하고 공격하는 그런 시대의 모습을 전형적으로 보여주었다. 20세기의 어떤 역사가는 그때 상황을 다음과 같이 재현한다. "슬픔을 도저히 억누를 수 없는 어느 가난한 갈리시아 여인은 굶주림에 방금 숨이 끊긴 아들의 시체를 안고 산로렌초의 빈민가를 이리저리 다니면서 사람들에게 보여주고 통곡하며 정의를 요구했다. 갑자기 강력한 반란이 일어났다. 여인들은 분노하면서 겁쟁이 남편들을 거세게 꾸짖었다. 여인들은 남자들에게 불의와 악에 맞서 일어나라고 촉구했다. 남자들은 칼, 창, 도끼를 모아 들고는 한 무리를 이루어 시장의 집을 향해 행진했다.(시장은 봉기 소식을 듣자마자 트리니티 수도원으로 도망쳐 숨었다.) 사람들은 대문을 부수고 들어가 집 안을 뒤집어엎고 물건을 모조리 부수어버렸다. 점점 더 많은 사람이 몰려들었고 여인들의 외침에 응하여 군중은 거리를 몰려다니면서 귀족, 관리, 성직자, 심지어 돈 페드로 데 타피아의 주교를 향해 모욕과 항의의 고함을 쳤다. 그들은 여러 가옥과 곡식 창고를 공격했으며 산로렌초 교회에 보관되어 있던 밀을 가져가버렸으며 저택을 습격하여 물건을 약탈했다."[4]

이러한 군중 행동을 어떻게 보아야 할까? 코르도바 여인들이 일으킨 이 봉기는 유럽에 대의 민주주의 시대가 오기 전, 힘없는 자들이 선호하던 행동 양식을 보여준다. 증거를 살펴보면 — 역사가도 기자도 신문도 없던 시대부터 전해 오는 얼마 되지 않는 목격자 증언 — 이런 폭동들이 아무 생각 없이 일어난 것이 아님을 알 수 있다. 군중은 우왕좌왕하는 바보가 아니었으며 광란의 희생자도 아니었다. 그들의 행동은 감정의 폭발이 아니라 '도덕 경제(moral economy)'(영국의 사회사학자 톰프슨E. P. Thompson이 쓴 표현이다)의 일부로서, 그들은 도저히 더는 참을 수 없는 지경에 이르러 이제 힘 있는 자들에게 그자들이 옹호하고 있는 불의에 관하여 한두 가지 교훈을 가르쳐 주기로 결심했다는 것이다. 유럽 전역에서 이렇게 힘없는 평민들은 큼직한 신발로 힘 있는 자들의 살찐 엉덩이를 힘껏 걷어찼던 것이다. 힘없는 자들은 힘 있는 자들에게 이런 거친 행동으로 도전했다. 보통 그런 행동은 규모가 작고 한 지역에 한정되었으며 짧은 기간 안에 끝났다. 18세기가 끝날 무렵까지 평민들은 민주주의의 언어에 대해서 전혀 알지 못했다. 하지만 그들은 집단적인 폭동을 통한 협상에 관해서는 잘 알았다. 이는 풍자와 야유를 퍼붓는 것이며, 사람에게는 폭력을 행사하고 물건에는 계획적으로 손상을 입히는 것이었다.

지금까지 남아 있는 얼마 안 되는 자료들에 따르면, 이런 폭동을 감행했던 사람들은(상당수가 여성이었다) 언제나 목적 의식이 있었으며, 어떤 경우에는 마치 축제의 장난같이 일부러 야단법석을 떠는 모습을 보였다. 요란한 집회, 행진, 청원, 약탈, 방화, 종종 종교적 주제가 혼합된 도덕적 훈계, 이 모든 것은 힘 있는 자들의 머리 위로 날리는 경고성 화살이었다. 도를 넘지 말라는 경고이거나 현 상황을 유지하라는 경고인 경우도 있었다. 또 때로는 과거로 돌아가야 한다고 경고하려는 것이었다. 해당 지역의 세속 권력자 혹은 종교 권력자들에게 자신들의 의사를 전달하기 위해 평민 반란자들은 종종 상대의 정치적 상징물을 풍자하고 조롱하는 방법을 사용했다. 이들이 그저 어떤 불의를 느끼고 충동적으로 반발하거나 아무 생각 없이 덤비는 경우는 드물었다. 평민의 저항에 기름을 붓는 것은 반복되는 정신적 좌절인 경우가 많았으며, 이는 마음과 귀를 닫고 있는 권력자들과 벌이는 협상의 종착점이었다. 반란자들은 이따금 상상의 존재인 '좋은 왕'에게 호소했으며, 자주 자신들을 적대자들과 정신적으로 평등한 존재라고 생각했고, 보통은 자신들이 거주하는 지역 공동체의 지지를 활용했다. 그것이 바로 그들이 종교적 축일이나 공식적으로 허가받은 집회와 때를 맞추어 항의 행동을 실행에 옮긴 이유이다.

평민을 무력한 사람들이라고 생각하는 것은 잘못이다. 그들에게는 시민적 자유도 없었고 투표권도 없었지만 강력한 무기가 있었다. 일반적으로 그들의 저항은 빵집이나 술집 혹은 시장에서 누가 시키지도 않았는데 자연스럽게 터져 나오는 불평에서 시작되었다. 권력자들에 대한 불평은 쉽게 저주와 신랄한 말로 이어진다. 이런 거친 말들은 자신들이 신의 지지를 받고 있다는 보편적인 믿음에서 힘을 얻어 나온 것이었다. 저주를 퍼붓는 행동이 "사흘 굶어 도둑질 안 할 놈 없다."라든가 좀 더 과감한 전술을 택하자는 이야기로 넘어가는 데는 많은 시간이 필요하지 않았다. 특정 인물에게 도움을 요청하는 글을 쓰거나 불만을 공식적으로 제기하거나 청원서에 서명을 받는 일을 할 수도 있었다. 혹은 잘못을 저지른 현지의 권력자들에게 공개적으로 망신을 주기도 했다. 이때 현지 권력자들이 저지른 잘못으로 종종 언급된 것은, 맥주에 새로운 세금을 부과했다든지, 가축에게 풀을 뜯길 목초지를 개방하는 문제와 땔감을 모을 수 있도록 하는 문제에서 권력자가 새로운 조치를 취한 경우였다. 만일 모든 노력이 실패하면 그때는 직접 행동으로 나서서 실제로 결판을 짓는 것이었다. 직접 행동에는 시장에 내는 식품을 강제로 탈취하거나 그 판매자를 공격하는 행동, 공공의 윤리를 침해했다고 판단되는 사람들의 허수아비를 만들어 화형시키는 행동, 또는 악행을 저지른 것으로 지목된 사람의 주거지나 그 악행이 자행된 곳으로 지목된 장소를 공격함으로써 그 장소가 불의의 장소임을 명확하게 지정해 두는 행동이 있었다.

영토 국가와 국민의 탄생

보복의 의미를 지닌 이런 초기 반란들은 방어적 성격이었으며 지리적으로 분산되어 있었다는 점에서 훗날 발생하는 혁명적 소요와 확연히 달랐다. 머리가 여럿인 이 괴물들과 거친 짐승들은 이제 곧 종래와는 다른 방식, 다른 목적으로 스스로를 조직할 것이었다. 그러나 어느 한순간에 갑자기 상황이 바뀌는 일은 없으며, 과거의 이런 떠들썩한 항의 행동은 오랜 세월 동안 살아남아 심지어 우리 시대까지 이어졌다. 하지만 18세기 중엽이 되면 유럽 반도와 부속 도서 전반에 걸쳐, 공개적으로 자신들의 입장을 밝히기 위한 평민들의 투쟁은 형태와 방향이 달라지기 시작했다. 불평을 늘어놓는다든가 누구에게 창피를 준다든가 하는 복수와 위협의 방식으로 과거에 매달리는 옛 정치술은 쇠퇴했다. 미래를 내다보면서 다른 사람들과 연합하는 새로운 정치술이 등장했다. 각 지역의 항의 행동은 다른 지역의 항의 행동과 연결되었다. 도로 상황이 개선되고 인쇄 기술이 발달함에 따라 항의 행동은 아주 먼 지역들 사이에서도 조직되고 조정될 수 있었다. 항의자들은 때로는 시민(burgher) 민병대에게 지원을 받았으며 새롭게 상상된 주체인 '국민(the people)'의 이름으로 발언하기 시작했다. 또한 새로운 타격 목표도 있었는데 바로 '정부'였다. 정치 권력자들이 비난의 대상이 되는 경우가 점점 늘어났으며, 해임의 대상이나 심지어 선출의 대상이 될 수 있다고 여겨졌다. 게다가 이런 비난과 해임과 선출의 주체는 국민으로 상정되었는데, '국민'은 이 기적 목적을 지닌 헌법 제정자나 정치적 문건 작성자의 펜 끝에서 나온 수사적 발명품이 아니라 조직되고 무장한 현실의 존재였다. 또한 권력을 상대로 자신들의 요청을 분명하게 말할 수 있는, 의사 표현 능력이 있는 세력이었다. 이 변화는 실로 중대했으며 매우 깊은 의미가 있었기 때문에 이때 영토 국가의 발명과 확산으로 인해 대의 민주주의 역사의 모든 것이 변화했다고 말해도 지나치지 않을 것이다.

영토 국가가 근대 초기 유럽의 발명품이었다는 사실은 잘 알려져 있다. 베네치아와 피렌체 같은 르네상스 시대의 도시 공화국에서 처음 등장했으며 이후 유럽으로, 그리고 전 세계로 확산되었다. 영토 국가 개념은 정부의 자원이 소수의 손에 집중되는 결과를 낳았다. 정치의 구조가 변했다. 영토로 규정된 정부들은 이제 징세와 법률적 전문성, 행정력, 폭력을 사용하여 국민을 상대로 엄청난 권한을 휘두르기 시작했다. 이런 정부는 보통 '국가(state)'라고 불렸다. 학자들은 국가의 개념에 대해 일치된 의견을 보이지 않았다. 헤겔은 국가를 '윤리적 이념의 현실태(現實態)'라고 했으며, 엥겔스는 국가를 '이 사회가 스스로 해결할 수 없는 자기 모순에 빠졌다는 것을 인정한 것'이라고 했고, 베버는 '일정한 영토 내에서 합법적 폭력을 독점'한 강력한 제도들의 집합이라고 좀 더 정확하게 이해했다. 한편 학자들이 의견을 같이한 부분도 있는데 그것은 국가란 사람들이 모여 이루어진 새로운 종류의 결합체이며, 맹목적인 복종에 근거한 것이 아니라 부분적으로 법을 통해 행사되는 새로운 형태의 권력이기 때문에 특정한 경우에 헌법에 의해 제한된다는 점이었다. 또 한 가지 학자들이 의견을 같이했던 점은 국가가 일정한 영토에 뿌리를 내리고 있으며 그 영토가 국가의 관할권을 규정한다는 점, 그리고 행위 능력에서 국가는 일정한 정도의 인격성을 누린다는 점이었다. 국가는 국제법상의 법적 인격체, 즉 법인(法人)이다. 사람들은 국가를 준-인간(quasi-person)이자 규칙과 직책과 권력의 집합체로 여겼다. 그 집합체는 자신이 보호하고 또 지배하는 대상의 정체성과 뚜렷이 구분되는 정체성을 지니고 있었다.

영국 혁명을 냉정하게 분석한 정치 사상가 토머스 홉스(Thomas Hobbes, 1588~1679)가 국가를 '세속의 신들(mortal gods)'이라고 표현한 것은 유명한 이야기이다. 이 표현은 국민의 삶을 좌우하는 국가의 엄청난 힘을 훌륭하게 포착했다. 국가는 사람들을 세금 납부자로 만들기도 하며, 법률과 행정의 대상으로 만들기도 하고, 경찰이나 군인으로도 만들기도 하며 또한 국가 간 전쟁의 희생물로 만들기도 한다. 유럽의 정치 사상가들은 일반적으로 (막스 베버 같은 학자들의 연구가 보여주듯이) 국민들이 이 새로운 국가에 지는, 앞서 언급한 의무와 그 밖의 '의무들'을 강조했다. 그러나 이것은 전체 이야기의 절반만 보는 것이다. 중앙 집권적이며 강압적인 유럽의 국가 건설 과정에는 또 다른 측면이 있었다. 즉, 이 과정에 반발하는 저항 세력이 등장하여 다양한 요구를 내놓았으며, 점차 그 요구 사항들은 핵심적인 몇몇 사항으로 정리되고 집중되어 결국에는 잠재적으로 '민주주의적' 성격을 띤 요구로 재편되었던 것이다. 그런 사례로는 주기적인 선거 요구가 있었다.

유럽에서 대의 민주주의는 마치 영토 국가라는 온실 안에서 자라는 식물과 같았다. 이 식물에는 많은 영양분이 주어졌는데 그 가운데에는 15세기에 유럽에서 로마 정치에 대한 관심이 되살아나면서 생긴 것도 있었다. 15세기에 논의된 공화주의에서는, 스스로 주권의 원천이라고 생각하는 '시민'을 국가가 양성하지 못한다면 정당성 있는 국가로 간주할 수 없다는 점이 강조되었다. 이른바 공화주의는 '국민 주권'의 원칙을 옹호했다. 하지만 17세기와 18세기를 지나는 동안 공화주의가 지니고 있던 '국민'에 대한 강한 엘리트주의적 이해는 국가가 조직하는 정치 과정에 평민들이 입장하면서 결정적으로 수정된다. 평민들은 인정받기 위해 고통스러운 투쟁을 벌였다. 평민들의 반란이, '국민'의 이름으로 정치적 대의(代議)를 요구하는 쪽으로 세련되게 변화한 것은 대단한 일이었으며 그렇게 변화하기까지 오랜 시간이 걸렸다. 이러한 변화는 하루아침에 일어난 것이 아니었다. 계속해서 패배를 겪었고, 성공하리라는 보장도 없었다. 하지만 끝내 성공을 거두었고, 이는 보통 사람들의 끈질긴 노력이 이루어낸 위업이었다. 그들은 각 지역의 권력을 조금씩 쪼아 부수었다. 그것은 마치 지하 갱도에 갇힌 광부들이 위쪽 말고는 달리 갈 곳이 없어 결연한 마음으로 바위를 조금씩 깨면서 끈질기게 위로 올라온 것과도 같았다.

유럽의 절대주의

의심할 바 없이, 이 엄청난 굴착 작업이 가능했던 것은 마음의 변화가 있었기 때문이다. 즉 정치적 평등이 가능하다고 믿어야 했으며, 또 이 원기 왕성한 평민들—수공업자, 농민, 노동자, 어민—이 스스로 자신들에게 자치 능력이 있다고 믿어야 했다. 자치를 위해서는 필요하다면 귀족정의 태도를 지닌 시민(burgher)과도 힘을 합쳐야 했으며, 노동조합을 결성할 권리 같은 권력을 다루는 전혀 새로운 방식을 만드는 과정에서는 그 도시민들을 거칠게 밀어낼 필요도 있었다. 또 남성 보통선거를 추진해야 했고, 힘 있는 자의 착취로부터 하층민들을 보호하기 위한 정부 입법을 추진해야 했다.

평민이 자치 능력을 갖춘 시민이 될 수 있는지 여부는 그들이 국가(state)의 틀 안에 살고 있는지 아닌지에 크게 좌우되었다. 국가의 틀 안에 살고 있지 않다면 그들의 처지는 쟁기날 아래 놓인 흙과 같았다. 또한 시민권 획득은 그 국가가 어떤 종류의 국가인지에 따라 사정이 달라졌다. 특히 그 나라가 아래로부터 가해지는 압력에 영향을 받는지 받지 않는지, 만일 받는다면 어느 정도로 영향을 받는지가 관건이었다. 통치의 수단이 소수에게 집중되어 있고 그 꼭대기에 왕이나 여왕이 있는 절대주의 국가의 경우에는 모두 대의 민주주의의 원칙과 실행에 적대적이었다. 보통 사람들의 운명은 그들이 어디에서 태어났으며 어디에서 살아가는지에 따라 결정되었다고 말할 수도 있겠다. 그들이 시민이 될 기회는 영토에 의해 미리 결정되어 있었던 것이다.

여기서 잠시 서부, 중동부, 동부 유럽의 뚜렷한 차이점에 대해 생각해보자.[5] 길고도 치열한 다툼이 있었던, 중세에서 근대로 이동하는 전환기를 거치면서 세 지역은 절대주의 국가 치하의 삶을 경험하게 된다. 방식은 서로 달랐지만 유럽의 절대주의 국가들은 중세의 유산 가운데 일정 부분을 보존하려 했으며, 시장에 의한 생산과 교환이 성장하도록 지지했고, 자체적인 통치 제도를 구축하려고 노력했다. 하지만 유사점은 여기까지다. 절대주의 국가들은 방식과 목표와 견고성의 정도에서, 그리고 권력에 맞서는 평민들의 저항의 정도에서 지역마다 큰 차이를 보였다. 이런 차이는 각 지역 경제의 활성화 정도, 지정학적 상황, 중세로부터 물려받은 권력과 대의 과정의 하부 구조가 지닌 힘에 따른 것이었다.

예를 들어 서유럽 지역에서는 중세 생활 방식에서 탄생한 대의의 메커니즘이 국가 건설자들에 대한 저항을 포기할 때 그 과정이 단계적이었으며 고분고분하지 않았다. 귀족, 도시 부르주아, 농민을 비롯한 평민들의 반란이 빈번하게 발생했으며 그 결과 서유럽에서는 17세기가 돼서야 비로소 절대주의 국가가 등장했다. 유럽의 모든 절대주의 국가는 위로부터 통제하기 위해 다양한 기술을 활용하여 국민을 종속시키고 국민을 상대로 '경찰 활동'을 하려고 모든 노력을 다했지만, 실제 상황을 보면, 다양한 각 지역의 자율성, 대의 메커니즘, 시민적 자유는 어디에서도 완전히 제거되지 않았다. 시민 사회의 독립성은 집요하게 때가 되면 언제나 다시 모습을 드러냈다. 예를 들어 통상과 교환 분야에서 서구 중상주의의 전형적인 형태는 국가의 보호 아래 조직된 독립적인 자본주의 기업이었다. 또 눈에 띄는 것은 의회 제도의 강인함이었으며 다양한 각 지역의 대의제 메커니즘도 살아남았다. 관직 매매를 거쳐 귀족층이 관료화되기도 했다.(이렇게 함으로써 부르주아와 전문가 집단이 국가 기관에 침투할 수 있는 길을 여는 효과가 있었다.) 서유럽에서 절대주의 국가들의 수명이 비교적 짧았던 것은 그리 놀랄 만한 일이 아니었다. 이 절대주의 국가들은 때로는 평민들의 도움으로 비교적 쉽게 타도되었다. 네덜란드와 영국에서 발생한 (우리가 앞서 살펴본) 사건이 바로 그런 경우였다. 18세기가 되어서까지 절대주의 국가가 생존했던 곳은 '준주변적(準周邊的)' 영토로서, 세계 정치 · 경제의 중심이 대서양 쪽으로 이동함에 따라 불리한 입장에 놓인 에스파냐, 포르투갈, 남부 이탈리아였다.

동유럽은 사정이 달랐다. 이곳에서 절대주의는 좀 더 이른 시기부터 발전했으며 훨씬 더 오래 지속되었고 정치와 사회 생활에서 위대한 창조자의 역할을 했다. 이반 3세(Ivan III)와 이반 4세(Ivan IV)의 통치기(1462~1584)에 러시아에서 절대주의 국가가 등장한 것은 평민을 포함한 러시아 전 주민에게 심각한 영향을 끼쳤다. 러시아 국가는 독립적인 '자유'와 각 지역의 자율성을 사실상 완전히 말살했다. 서방의 절대주의가 사회를 국가에 종속시켰던 것과 달리, 동방의 절대주의는 사회를 국가의 일부분으로 만들어버렸다. 러시아 절대주의는 이반 4세가 적극 활용한 '오프리치니나(oprichnina)' 같은 조직을 앞세워 발전했다. 오프리치니나는 국가 내부에 따로 존재하는 또 하나의 테러 국가로서 모든 잠재적 반대자를 감시했다. 전통적인 봉건 대귀족 '보야르(boyar)'를 억압하고 그들의 땅을 압수했으며 어떤 종류든 독립적 부르주아 계층이 형성되는 것도 막았다. 오래가지 못하고 곧 무너진 허약한 신분제 의회 '젬스키 소보르(zemsky sobor)'는 국가 건설 과정을 막을 수 없었다. 이 회의체를 '의회'라고 부르는 것은 적절하지 않다. 왜냐하면 이는 이반 4세의 칙령에 따라 위로부터 만들어졌기 때문이다. 또 국가는 '봉사 귀족제'*를 만들어 귀족들을 관료나 군대의 일부로 편입했으며 차르의 최고 권력에 종속되도록 했다. 국가는 농노 제도를 존속시켰으며, 모든 주요 산업 분야(특히 선철, 강철, 조선 산업)에서 압도적 위치를 차지했으며 외국과의 교역에서는 거의 완전한 독점을 유지했다. 국가는 태평양에 이르는 광대한 영역을 정복하는 데서 결정적인 요인으로 작동했으며, 이 식민화 과정을 통해 러시아는 서방 강대국이 16세기와 17세기에 걸쳐 구축한 제국에 비견할 만한 제국을 보유하게 되었다. 에스파냐의 '콩키스타도르'*들이 서방 세계의 경제를 서인도 제도까지 확장하는 동안, 카자크*들은 시베리아에 처음 정벌을 나갔던 이래(1581~1584) 캄차카까지 진출했는데, 그리하여 또 다른 대안적 세계 경제의 가능성을 열어놓았다. 한편 러시아의 교회는 처음부터 국가에 종속되어 있었는데, 이는 비잔틴 제국이 만든 좀 더 엄격한 틀에 따른 것이었다. 이 모든 이유 때문에 러시아 땅에서는 대의 민주주의가 전혀 발생할 수 없었다. 러시아 절대주의는 국가로부터 독립된 모습을 보이는 사회의 권력 집단이나 대의제 메커니즘은 결코 성장할 수 없도록 했다. 1605년부터 1613년까지 계속된 '동란 시대(Time of Troubles)'와 이따금 더는 상황을 견디지 못한 농민들이 일으킨 봉기가 러시아 절대주의의 기반에 충격을 주긴 했지만, 러시아 절대주의는 4세기 동안 놀라운 수준의 안정성을 과시했다.

중부 유럽의 절대주의 국가들은 서유럽과 동유럽이라는 팽창주의 성향의 두 지역에서 일어난 사건들과, 소아시아에서 시작되어 이 지역을 강타한 역사적 사건들의 영향을 받아 건설되었다. 동쪽과 서쪽에서 오는 압력에 눌렸을 뿐 아니라 남동 유럽에서 오는 오스만 제국의 반복되는 침입에 맞서 수백 년 동안 스스로를 보호하면서 중동부 유럽의 국가들(폴란드-리투아니아

봉사 귀족(service nobility) 1480년대에 모스크바 공국의 이반 3세가 국가에 군사적으로 봉사하는 대가로 소귀족들에게 토지를 지급하는 '포메스티예(pomestie)' 제도를 도입했다. 이렇게 봉사의 대가로 토지를 받은 귀족을 '봉사 귀족'(또는 '봉직 귀족')이라 부른다. '포메스티예'는 전통적인 봉건 대귀족('보야르')이 소유한 세습 영지 '보트치나(votchina)'와 달리 세습할 수 없었다. 조건부 토지 소유 제도였던 것이다. 이후 16세기 중반에 이반 4세는 포메스티예 제도를 더 확대하고 체계화했다. 17세기 중반에는 보트치나와 포메스티예 모두 세습할 수 있게 되었으나, 귀족이 소유한 모든 영지에는 군사적 봉사의 의무가 따랐다.

콩키스타도르(conquistador) 에스파냐어로 '정복자'라는 뜻이며, 16세기에 중남미를 침입한 에스파냐인을 이르는 말. 잉카와 아스테카 문명을 파괴하고 원주민을 대량으로 학살했다.

카자크(Kazak) 15세기 후반에서 16세기 전반에 걸쳐 러시아 중앙부에서 남방 변경 지대로 이주하여 자치적인 군사 공동체를 형성한 농민 집단. 18세기에 이르러 광대한 토지와 교환하는 조건으로 제정 러시아의 비정규군으로 전투 집단에 재편성되었다.

연합 왕국, 브란덴부르크-프로이센, 합스부르크 왕조)은 서방과 동방의 특성이 독특하고 불규칙하게 혼재된 모습을 보였다. 이 지역에서 대의 제도나 민주 제도가 뿌리내릴 수 있는지, 그리하여 평민들이 시민의 자격으로 참여할 수 있는 공간이 마련될 수 있는지 여부는, 이 중동부 유럽 국가들이 각각 얼마나 '동방적'인가 혹은 얼마나 '서방적'인가에 달려 있었다.

서유럽식 제도의 흔적은 충분히 많았지만 그 뿌리가 얕았고 손상되어 있었다. 도시들이 발달하긴 했지만 서방의 도시와 비교해 수도 적었고 자율성도 낮았다. 귀족이 무시할 수 없는 세력이 되어 힘을 과시하는 경우도 있었다. 활발하게 작동하는 의회도 있었지만 통상적으로 서방에 비해 훨씬 대표성이 낮았으며 평민들이 가하는 압력에는 훨씬 더 단호하게 저항했다. 또 유럽 중부 지역의 국가 건설자들은 기존의 사회적 권력 관계망을 어느 정도 감안하면서 행동해야 했지만, 그 요소도 서유럽 사회보다는 덜 역동적이었으며 덜 활발했다.

이런 특수한 요인들이 있었기 때문에 국가 건설 전략은 다양할 수밖에 없었으며, 그에 따라 중부 유럽 국가들의 국가 구조는 혼합적인 성격을 띠게 되었다. 서방의 영향을 가장 많이 받은 폴란드-리투아니아 연합 왕국은 이미 살펴보았듯이 중부 유럽에서 17세기의 마지막 십 년간 압도적 우위를 누린 정치 세력이었다. 이 왕국은 귀족들이 운영하는 자치 공화국이라는 특이한 형태를 취했다. 왕국의 통치자는 선출 방식으로 지정되었으며 그의 행동은 지속적으로 의회, 즉 '세임'의 제한을 받았다. 의회는 폴란드 도시들의 이해관계와 도시의 대표자들, 그리고 평민들이 '세임'에 간여하지 못하도록 여러 조치를 취했다. 의회의 귀족들의 힘, 즉 '귀족 민주주의'의 힘은 다른 지역의 절대주의 국가들에서 이루어진 군사 무기와 군사 전략의 혁명적인 발전이 이 왕국에서는 진행되지 못하도록 막는 데도 발휘되었다. 이는 고통스러운 역설이었다. 이 때문에 귀족들은 결국 엄청난 대가를 치른다. 폴란드는 군사적 패배로 고통받다가 18세기 유럽 지도에서 사라져버리고 만다.

브란덴부르크-프로이센은 폴란드와 정반대 성격이라고 말할 수 있다. 군대와 관료 조직은 동방의 절대주의 체제와 매우 유사했지만 대의제 메커니즘은 비교적 발달하지 않은 상태였고 국가는 귀족 계급을 체계적으로 삼켜버렸다.(이리하여 융커는 동방의 '봉사 귀족제'를 충실하게 본뜬 서방의 변종이 되었다.) 또한 프로이센은 중상주의 정책을 추진하고 군사 역량을 크게 강화했다. 프로이센은 대단히 유연한 절대주의 국가임이 입증된다. 1806년 나폴레옹의 압력을 받아 프로이센의 통치자들은 '위로부터의 혁명'이라는 개념을 실천에 옮기는 데 성공한 것이다.

합스부르크 왕조는 폴란드와 프로이센 사이에서 '준서방(準西方)적' 위치를 차지하고 있었다. 거의 4세기 동안 합스부르크 왕조는 중동부 유럽의 남쪽 부분 전체를 러시아식의 제국적 집합체로 몰아넣는 데 성공했다. 18세기에 합스부르크는 동방 스타일의 위로부터의 '계몽적' 개혁 프로그램을 발전시켰다. 하지만 합스부르크는 결코 동방의 제국처럼 완전히 중앙 집권화된 체제가 되지 못했다. 귀족, 도시의 시민, 심지어 농민에게까지 (비록 불평등하게 분배된 것이었지만) 상당한 자유가 있었다. 보헤미아에서 1620년에 점점 강화되는 절대주의 국가에 대항하여 서구식 저항이 일어났을 때('빌라호라 전투') 진짜로 '동방식' 잔인함을 과시하면서 이 저항을 분쇄한 적이 있었지만(이때 체코의 귀족은 사실상 모두 살해당했다) 그 뒤에 일어나는 사회적 저항은, 이를테면 1670년 헝가리의 경우와 같이, 국가와 사회 사이에 어색하긴하지만 그래도 타협이라고 부를 수 있는 상태로 매듭지어졌다. 이런 종류의 타협은 동유럽에서는 실현 불가능한 것이었다.

스피노자의 민주주의

지금까지 살펴본 것처럼, 각 국가가 지닌 절대주의적 특질의 정도가 달랐기 때문에, 민주주의에 대한 긍정적인 논의와, 아래로부터 가해지는 민중의 압력에 개방적인 대의적 형태의 정부의 성장이 처음으로 시작된 장소가 서유럽 저지대 지역이었다는 사실은 전혀 놀랍지 않을 것이다. 1581년 네덜란드는 에스파냐의 펠리페 2세로부터 독립을 선언했는데, 그 독립은 1648년 베스트팔렌 조약에 의해 정식으로 확인되었다. 독립 선언 이후 저지대 지역은 자치를 하는 북쪽의 연합주와 여전히 합스부르크 왕가의 지배를 받는 남쪽의 '에스파냐령 네덜란드'로 나뉘었으며, 그 밖에 룩셈부르크와 몇몇 다른 도시는 반(半)자치적인 일종의 도시국가로 떨어져 나왔다. 이 지역은 이제 극소 국가들로 이루어진 국제 시스템 같았다. 당시 스타드하우더*이던 빌럼 2세(Willem II)가 북쪽 지역 전체를 장악하려다가 실패한 사건과, 빌럼 3세(Willem III)의 영국 왕위 즉위(1689년) 이후 네덜란드 공화국이 이전까지 숙적이었던 북해 건너 영국과 긴밀한 연합을 형성한 정세 변화가 중요한 계기가 되어, 1650년이 되면 이러한 유형이 더 굳어졌다. 이 국가 체제의 틀 안에서 경제는 크게 번영했으며─당시 유럽에서 가장 활기찼다.─그 덕분에 주민의 일부는 전례 없이 큰 부를 얻게 되었다. 특히 도시의 상인 계층 과두 지배자들이 부자가 되었는데 이들은 스칸디나비아, 영국, 독일 북부 지역, 그리고 더 멀리 떨어진 세계의 다른 지역들과 교역을 하여 부를 축적했다.

한편, 네덜란드의 이 같은 국가 체제는 아무런 책임을 지지 않는 정치 권력에 반대하는 대중의 저항을 불러일으켰다. '헤트 폴크(het Volk)'*에 관한 놀랍고도 새로운 논의가 활발히 일어나, 근대 유럽 최초로 민주주의라는 단어가 철학자와 논평가의 머리와 가슴을 울리기 시작했다. 바뤼흐 스피노자(Baruch Spinoza, 1632~1677)는 포르투갈에서 쫓겨나 암스테르담에 정착한 유대인 부모에게서 태어났다. 가난한 렌즈 가공사이면서 동시에 철학자였던 그는 '민주주의'를 긍정적으로 말한 최초의 유럽 사상가 중 하나였다. "우리는 여러 종류의 민주주의를 구상할 수 있다. 하지만 나의 의도는 모든 종류의 민주주의를 다 다루려는 것이 아니다. 내가 다루려는 민주주의는 오직 한 종류의 민주주의다. '그 민주주의 내에서는, 만일 어떤 사람이 오직 그 나라만의 법률에 충성을 맹세하며, 자립적이고 존경할 만한 생활을 한다면 그런 사람은 예외 없이 그 나라의 최고 회의에서 투표할 권리와 관직에 임명될 수 있는 권한을 지닌다.'"[6] 스피노자는 '민주정'을 열렬히 옹호하고 '과두정'을 반대했지만, 여성, 어린이, 방탕한 자, 그리고 '다른 사람이나 주인의 권위 아래 있는 노예'에 대해서는 아무런 고려를 하지 않은 것이 사실이다. 그러나 민주주의를 향한 스피노자의 칭송은 중요한 의미를 지닌다.

스타드하우더(stadhouder) 16세기에서 18세기까지 네덜란드 각 주의 통치와 행정을 맡았던 최고 책임자.
* 네덜란드어 'het Volk'는 'the People'을 의미한다.

바로 1650년 이후 1세기가 넘는 동안에 진퇴를 거듭하면서 '국민' — 귀족정의 성향이 강한 중간 계급의 시민(burgher)뿐 아니라 (스피노자와 같은) 수공업자, 급속히 부자가 된 평민 출신 사람들도 — 이 정치 무대 위로 올라오기 시작했음을 보여주는 하나의 지표였다는 점에서 그렇다.

담뱃잎을 가득 채운 파이프를 피우며 신문 읽기를 좋아했던 시민들과 빵과 감자를 주식으로 하고 진*, 커피, 홍차* 같은 음료를 마시며 좀 더 소박하게 살던 사람들이 네덜란드에서 서로 힘을 합치는 동맹 관계가 되었다는 것은 주목할 만한 새로운 현상이었다. 18세기를 거치면서 형성된 이 동맹체가 성인 남성 인구 가운데 확실한 과반수를 차지한 적은 한 번도 없었다. 구성원으로는 개신교 신자, 가톨릭 신자, 소작농, 제빵사, 여관 주인, 재봉사, 철물상, 요리사, 식료품 잡화상이 있었고, 드물게 소수의 세금 징수인이 포함되기도 했다. 그러나 이 동맹체는, 더 다수인 빈민들, 로테르담과 암스테르담의 조선공들, 부두 노동자들, 선원들로 이루어진 오라녀 가문 충성파의 핵심 대열에 본격적으로 침투하는 데는 실패했다.

하지만 실제 상황에서 이런 실패는 그다지 중요하지 않았다. 왜냐하면 네덜란드 민주주의자들의 영향력은 그들의 수에 비해 놀라울 정도로 컸기 때문이다. 1780년대 초에 이들의 전술적 역량이 증명되었다. 즉 스스로 '애국파'라 부르는 사람들이 등장했는데, 이들은 미합중국을 공식적으로 인정했으며 자치적인 연방 구조의 공화국을 세우기 일보 직전까지 갔다. 이들은 각 지방의 도시와 농촌 공동체를 모두 아우르고 교회의 설교대와 출판물의 지지를 받으면서 무기를 들었다. 또 이들은 공공 집회를 소집하고 청원서를 돌리면서 동료 (남성) 시민들에게 세금 납부를 중지할 것과 오라녀 공*과 그에게 붙어 있는 무리들에 대한 동의를 철회할 것을 촉구했다. 그 무리에는 영국이 포함되었는데 영국은 1780년에 네덜란드에 선전 포고를 함으로써

진(gin) 알코올 도수가 40도 정도 되는 증류주. 옥수수, 보리, 밀을 원료로 하여 만들며 노간주나무 열매로 향기를 낸 무색투명한 술이다. 지금은 전 세계에 확산되어 있지만 원래는 네덜란드의 전통 음료였다.

홍차 중동 지역이 원산지인 커피와 중국이 원산지인 홍차는 당시 세계 교역의 중심지인 네덜란드에서 제일 먼저 유행한 다음, 유럽의 다른 지역으로 전파되었다.

오라녀 공(Prince of Oranje) 오라녀 가문의 정통 가장(家長)을 가리키는 말. 1780년대 당시에는 빌럼 5세였다.

'귀족'에 반대하는 각지의 증오심에 거세게 불을 지폈다. '귀족'이라는 말이 욕설이 될 정도로 당시 사람들의 증오심은 극에 달했다.

1785년 중반에 '애국파'는 주목할 만한 행동을 했다. 그들은 이른바 '입헌 정부'라는 선출된 대항 정부를 만들었다. 이들은 '네덜란드 연합국'의 대담하고 새로운 성문헌법을 지지했다. 현지에서 '레이던 초안(Leiden draft)'이라 불린 성문헌법의 주요 작성자는 피터르 브레이더(Pieter Vreede)와 비보 피녀(Wybo Fijnje)라는 두 정치 평론가였다. 이 헌법 초안은 대의에 의한 국민의 정부를 요구하는 감동적인 구절로 시작된다. "자유는 누구도 빼앗을 수 없는 권리로서, 네덜란드 공화국의 모든 시민은 자유의 권리가 있다. 지상의 어떤 권력도, 더군다나 진정 국민으로부터 비롯된 권력이라면 …… 자유를 누리고 싶어 하는 사람을 반대할 수도 없고 방해할 수도 없다." 이 문건은 비생산적인 불로 소득자, 과도한 징세, 무능력한 군인들을 비난했다. 또 조상에게서 물려받은 모든 역사적 권리와 직책에 대하여 당연히 자연권이 우선한다는 것을 모든 네덜란드 사람이 인정해야 한다고 촉구했다. 그리고 국민 주권의 원칙을 단언했으며, 선출된 관리들은 유권자에 대해 책임을 져야 한다는 내용과 종교적 관용, 의사 표현의 자유를 명기했다.(이는 '자유 헌법의 기초'라고 기술되었다.) '애국파'는 큰 희망을 품게 되었다. 이들은 자신들의 진지함을 입증하려고 마음먹었다. 특정 종파에 구애받지 않는 무장 단체 '자유 여단'을 구성하고 모든 시민이 여기에 참여할 것을 촉구했다. 자유 여단을 지휘하는 장교들은 선출직이었으며 이들에게는 항상 네덜란드 국민의 이름으로 행동해야 할 의무가 지워졌다. "오, 동포들이여! 스스로 무장하라. 그리고 함께 모여, 다름 아닌 바로 그대들의 일인 조국의 일에 관심을 갖고 책임을 지라!" 존경받는 애국파 지도자였던 J. D. 판 데르 카펠런(J. D. van der Capellen)이 당시 상황에 대해 한 말이다. 그는 귀족이었지만 네덜란드의 현실에 실망해 개혁을 주장했고 미국 독립 혁명에 호감을 지닌 사람이었다. "이 땅은 그대들, 즉 모든 네덜란드 사람의 것이다. 왕이나 고관들의 것이 아니라 자유로운 '바타비아족'*의 후예인 그대들의 것이다."[7]

바타비아족(Batavians) 네덜란드가 있던 지역에 고대부터 살던 종족.

1780년대 네덜란드의 '애국파' 민병대. 그림은 1786년 프리슬란트 주의 스네이크에서 광장에 모인 민병대를 그린 것이다.

이 순간은 대의 민주주의 역사에서 결정적 순간이었다. 판 데르 카펠런 같은 애국파 혁명가들은 정부는 제복을 입은 귀족들의 영역이 아니며 또한 부유한 시민들의 사적 소유물도 아니라고 주장했다. 그들은 자신들이 기독교 정신의 인도를 받고 있다고 생각했으며, 특히 기독교에서 말하는 형제애의 교리에 매력을 느꼈다. 이 교리에 따르면 모든 사람이 정부 운영에 어느 정도 이해관계가 있다고 생각할 수 있었기 때문이다. 그들은, 반드시 대의 과정의 평등성을 확보한 정부만이 정당하다고 판단했다. 바로 이 생각이 영감을 주어 1780년대 중반에 혁명 세력이 많은 도시를 피 한 방울 흘리지 않고 장악하는 놀라운 일이 일어났다. 그들은 굳은 의지를 지닌 민주주의자들로서 머스킷 총과 하얀 백합을 손에 움켜쥐고 모자에 'V' 자('V'는 네덜란드어로 '브레이헤이트Vrijheid', 즉 '자유'를 뜻했다)로 묶은 검은 휘장과 리본을 달았다. 1786년 가을에 위트레흐트는 선거를 통해 임명된 애국파 위원회의 통치를 받았으며 수천 명의 '자유 여단'이 도시를 방어했다. 자유 여단 역시 선거를 통해 구성된 통제 위원회의 지휘를 받았다. 이런 새로운 통치 기구들은 그때까지 오라녀 가문이 지배하던 국가 안에 대의 민주주의 체제를 건설하려는 시도였다. 이런 상황의 중대함을 충분히 인식한 애국파 인사들은 서둘러 근처 도시에 있는 동료들과 힘을 합치기 위한 조치를 취했으며, '위트레흐트 의회'라는 권위를 지닌 지역 회의체를 결성하기 위해 노력했다.

애국파가 피 한 방울 흘리지 않고 암스테르담을 접수하자 흥분은 더욱 고조되었다. 암스테르담은 네덜란드에서 가장 크고 부유한 도시였다. 새롭게 구성된 '암스테르담 위원회'는 도시 외곽의 다리들을 불태우라고 명령했다. 오라녀 가문이 군대를 동원해 간섭하는 것을 막으려는 조치였다. 오라녀 가문에 대해 공개적으로 지지나 연민을 드러내는 일은 금지되었다. 오렌지 색('오라녀Oranje'를 영어로 표기하면 '오렌지orange'이다)을 쓰는 것도 금지되었고 시장에서 당근을 팔려면 반드시 녹색 줄기가 보이도록 진열해야 한다는 명령이 내려졌다. 어떤 요리사는 케이크를 만들면서 아무 생각 없이 노란색 향신료인 사프란 가루를 너무 많이 뿌려서 체포되었고 폭동을 선동했다는 혐의로 기소되었다. 나라 곳곳에서 애국파와 오라녀 가문 지지자들 사이에 전투가 벌어졌다. 그러나 국민에 기반을 두는 대의 민주주의 체제로 가는 실험—유럽 최초의 시도였다.—은 결국 실패했다. 실험은 눈물과 낙담과 피와 함께 끝났다.

애국파는 군사적 경험이 풍부하지 않다는 약점이 있었다. 2백만 명이 채 안 되는 작은 국가의 주민들은 이 나라 땅에서 벌어지는 전투를 다른 사람들에게 맡기는 데 익숙해져 있었다. 이 취약점은, 이들이 저항 운동을 (충분히 이해할 만한 이유가 있었지만) 전국 규모로 조직화하는 데 그다지 열성적이지 않았다는 점 때문에 더 악화되었다. 각각의 마을과 도시, 지역에서는 저마다 자신들의 전통과 새롭게 획득한 자기 고장의 자유를 지키려 했는데, 그런 사람들을 불쾌하게 할 수 없었던 것이다. 또한 애국파는 지정학적 상황도 잘 다루지 못했다. 그들은 1580년대 초 왕정을 성공적으로 타도했던 일을 너무도 자랑스러워했으며 어떤 일이 닥쳐도 자신들의 소중한 민주적 자유를 굳게 지킬 수 있도록 신이 도울 것이라고 믿었기에, 자신들의 조국이 강대국들의 격전지 안에 있는 2등급 국가에 불과하다는 사실을 과소평가했던 것이다.

네덜란드의 애국파는 이웃 국가인 프로이센을 불쾌하게 만들었다. 프랑스에서 돈과 대포, 그리고 모호한 방식이긴 하지만 외교적 지지를 받았기 때문이다.(모호하다고 말하는 이유는 프랑스의 한 장관이 공식적으로 "민주주의 자들과 무엇인가를 도모하거나 협조하는 것은 불가능하다."라고 말했기 때문이다.)

하지만 애국파의 가장 큰 실책은 실권을 잃은 빌럼 5세의 아내 빌헬미나가 남편의 권력을 되찾기 위해 헤이그를 재탈환하려고 시도했을 때 그녀를 체포한 일이다. 빌헬미나는 호엔촐레른가*의 일원이었다. 프로이센 왕은 몹시 화를 냈으며 곧 대규모의 프로이센 군대에 네덜란드 침공을 명하여 1787년 10월에 침공이 시작되었다.

갓 태어난 송아지가 황소들이 싸우는 판에 잘못 끼어든 것처럼, 네덜란드의 대의 민주주의 실험은 강대국의 발에 차여 거의 죽을 지경에 이르렀다. 이런 고통은 유럽 전역에 걸쳐 앞으로 다가올 일들을 미리 보여준 것이었다. 이 불행한 결과가 증명하는 것은, 서로 다투는 국가들 사이에 국경 분쟁과 얽혀 있는 복잡한 사안에서 자유로울 때 비로소 민주주의 국가가 살아남을 수 있다는 사실이다. 프로이센의 침공 뒤 많은 애국파 인사들이 체포되었다. 그들의 재산은 불태워지고 약탈당하고 압수당했다. 4만 명이 넘는 사람들이 공포에 질려 다른 나라로 쫓겨 갔다. 8년 뒤 네덜란드는 다시 외국의 침공을 받는데 이번에는 프랑스 군대였다. '바타비아공화국'* 수립을 반드시 성공시키기 위해 파견된 군대였다. 바타비아공화국은 얼마 지나지 않아 프랑스의 위성 국가인 '네덜란드왕국'(1806년)이 되었으며, 다시 조금 뒤 프랑스에 합병되어 몇 년(1810~1813년)을 보냈으며, 마지막으로는 명목상 이 나라의 남과 북에 있는 지역들을 모두 포괄하는 두 개의 왕국으로 분할되었다. 이로써 '네덜란드 공화국'의 역사는 막을 내렸다.

프랑스 혁명과 공포정치

네덜란드 민주주의자들의 참패는 대의 민주주의의 대의 측면에서는 심각한 후퇴였다. 하지만 그 패배는 승리를 품고 있었다. 그 일로 인해 당시에는 도저히 막을 수 없을 것처럼 보였던 강력한 조류가 발생했기 때문이다.

호엔촐레른가(Hohenzollern家) 1415년부터 1918년까지 존속한 독일의 왕가. 1701년에는 프로이센 왕이 되어 합스부르크가에 견줄 만한 세력을 누렸으며, 19세기에는 독일 통일의 중심이 되어 1871년에 독일 제국이 성립되자 황제의 칭호를 얻었다.
바타비아공화국(Batavian Republic) 1795년에 프랑스 혁명군이 네덜란드에 세운 공화국. 1806년에 나폴레옹 1세의 동생 루이가 네덜란드 왕으로 임명되면서 공화국은 해체되었다.

그것은 군대의 힘보다 더 강력한 것으로 드러난 마음의 새로운 습관이었다. 즉 가장 낮은 계층까지 포함하는 '국민'에게 스스로를 통치할 권리가 있다는 굳은 믿음이었다.

변화는 분명해 보였다. 유럽 전역으로 '민주주의자(democrat)'라는 명사가 확실하게 전파되어 나갔기 때문이다. 이것은 1780년대에 네덜란드 사람들이 만들어낸 단어였다. 그리 놀랄 일은 아니었다. 왜냐하면 '민주주의'라는 단어를 긍정적으로 사용한 최초의 기록이 바로 2세기 전 네덜란드 반란 중에 있었기 때문이다. 우리가 이미 살펴본 바와 같이 그 당시에 '민주주의'라는 단어는 '귀족정(aristocracy)'이라는 단어의 배우자였다. 1784년에서 1787년 사이 네덜란드 혁명이 완전히 좌절되는 새로운 맥락에서 이 결혼은 파탄에 이른다. 새로운 단어 '민주주의자(democrat)'는 또 다른 새 단어 '귀족(aristocrat)'과 갑자기 정반대 편에 자리 잡게 되었다. 로테르담 출신의 귀족 G. K. 반 호헨도르프(G. K. van Hogendorp, 1762~1834)는 널리 여행을 다니면서 자신이 관찰한 바를 글로 썼다. 본래 그는 민주주의나 민주주의자의 친구라고는 할 수 없는 사람이었다. "모든 나라에서 두 개의 거대한 정파가 형성되고 있다. 그중 한쪽은 한 사람 혹은 여러 사람이 다수 대중을 통치할 권리가 있다고 본다. 그 권리는 교회에 의해 지지받고 보호받으며 신성한 기원을 가진 것으로 여겨진다. 이 원칙은 '국가와 교회'라는 공식으로 표현된다." 이어서 반 호헨도르프는 이렇게 썼다. "이와 반대되는 쪽에 새로운 체제가 있다. 이 경우에는, 오로지 이 새로운 체제를 따르는 사람들의 자유로운 동의가 기반이 되는 경우에만 통치의 권리가 인정된다. 이 체제는 통치에 참여하는 모든 사람이 자신들의 행동에 책임을 짐으로써 유지된다. 이 원칙은 '국민 주권, 혹은 민주주의'라는 공식으로 표현된다."[8]

반 호헨도르프는 훗날 1814년 '네덜란드 왕국'의 첫 번째 헌법 초안을 작성하는 데 도움을 주었는데, 이 헌법에 의해 오라녀 가문이 군주정을 세우게 된다. 한편, 반 호헨도르프는 자신이 언급한 공식이 혁명적 성격을 지니고 있다고 우려했다. 그가 옳았다. 이 공식은 소요 사태 속에서 마치 불을 붙이는 듯한 효과를 불러일으켰는데 이는 저지대 지역뿐만 아니라 스위스나 아일랜드 같은 유럽의 분쟁 지역에서도 마찬가지였다. 하지만 이 공식이 초반에 그 거대한 승리를 맛보는 계기는 의심할 나위 없이 바로 프랑스 혁명이었다. 프랑스 혁명이라는 지진에서 발생한 충격파는 파리에서부터 포르투갈의 해안, 러시아의 스텝 평원, 스칸디나비아의 도시와 마을, 그리고 저 멀리 오스만 제국의 심장부까지 전달되었으며, 1789년의 극적인 사건은 정부가 '국민을 위한' 것이 될 수 있다는 생각을 수백만 유럽인에게 알렸다. 당시의 정치인, 시인, 철학자, 언론인 그리고 다른 목격자들은 할 말을 잊을 정도로 깜짝 놀랐다. 이들은 모두 어떤 강력하고도 새로운 표현이 필요하다는 데 동의했다. 다양한 비유가 쏟아져 나왔다. "이 새벽에 살아 있다는 것은 축복이나, 젊다는 것은 천국과 같다." 이것은 영국의 시인 윌리엄 워즈워스(William Wordsworth)가 《서곡》(1805년)에서 쓴 표현이다. 독일의 시인 프리드리히 클롭슈토크(Friedrich Klopstock)는 "광활한 하늘에 푸른 평온" 같은 미소가 프랑스의 얼굴에 드러났다고 표현했다. 영국의 시인 콜리지(Samuel Taylor Coleridge)는 "노여움에 찬 프랑스가 자신의 양손을 높이 들었다."라고 표현했다. 에드먼드 버크는 이 사건들의 연극적 특질에 가장 큰 인상을 받았다. 버크가 처음에 프랑스 혁명을 어떻게 생각했는지는 그가 1789년 8월 9일 자신의 아일랜드 친구인 차를몬트 경(Lord Charlemont)에게 보낸 편지에서 알 수 있다. "대단한 관객이며 대단한 배우들이다! 영국은 자유를 향한 프랑스의 투쟁을 놀라운 눈으로 주시하고 있으나, 그들을 비난해야 할지 아니면 그들에게 찬사를 보내야 할지 모르고 있다!"

버크의 비유는 적절했다. 실제로 프랑스 혁명은 대단한 공연이었다. 이 공연에는 각양각색의 수많은 배우들이 몰려들어 연기를 했으며, 저마다 각기 다른 방향으로 움직였지만 한 가지 생각을 공통으로 하고 있었다. 이제 모든 것이 변하리라는 생각이었다. 혁명이 시작되고 4년이 되던 시기에 공포정치는 최고조에 달했고, 막시밀리앙 로베스피에르(Maximilien Robespierre, 1758~1794)는 자신의 죽음을 고작 몇 달 앞둔 1794년 2월 5일 '국민공회'에서 민주주의와 덕성과 공포정치를 주제로 격정적인 연설을 했다. 그는 이 연설을 통해 당시 상황에 대한 자신의 생각을 확실히 했다. 그가 원래 좋아하는 자리는 의석의 상층부, 즉 당시 사람들이 '산'이라고 부르는 곳이었는데 이날 그는 그곳에서 내려와 연단에 섰다. 이 격렬한 성격의 지도자는 대의원들 앞에서 혁명의 의미와 진전에 관한 보고를 단 5분 만에 끝냈다.

"용기와 이성이 끌어내는 놀라운 힘으로 국민 전체가 폭정의 족쇄를 부수며 그 부서진 조각들로 자유에 바치는 트로피를 만들 때, 그리고 그들이 자기 본래의 활력으로, 비유하여 말하자면, 죽음의 품에서 일어나 젊음이 지닌 모든 힘을 회복할 때 …… 난공불락의 성벽도, 폭군이 끌어모은 수많은 군대도 이들을 막을 수 없다." 그렇기 때문에, 만일 어떤 국민이 "운명이 정해놓은 정점에 이르지 못한다면 그것은 오직 통치하는 자들의 책임이다." 국민(로베스피에르는 자기 자신이 바로 국민이라는 의미였다)은 어떠한 오류도 범할 수 없는 존재였다. "정의와 평등을 사랑하는 데 국민은 덕성을 발휘하며 노력할 필요가 전혀 없다. 국민은 그저 자신을 사랑하기만 하면 그것으로 충분하다." 결국 모든 것은 국민이 어떤 통치를 받는가에 달려 있다는 말이 된다. 로베스피에르는 '군주정의 온갖 해악과 부조리'에 대해 경멸적 평가를 내뱉은 다음, 계속해서 프랑스 정도의 면적을 지닌 나라에서 평등이라는 최고의 덕성이 꽃필 수 있으려면 오로지 국민의 대표자들이 통치하는 '민주적 혹은 공화적' 정부가 들어서야 한다고 말했다. 고대 그리스의 민주주의 모델은 이제는 쓸 수 없는 낡은 것이었다. "민주주의라는 것은, 국민이 끊임없이 집회를 열어 모든 공공 사안을 스스로 처리하는 국가"가 아니라고 그는 대의원들에게 말했다. 좀 더 정확하게 말한다면, 이 혁명을 통해 확립되는 민주주의는 완전히 새로운 종류이며, 자랑스럽게도 이 프랑스에서 만들어진다는 이야기였다. "민주주의라는 것은, 주권을 보유한 국민이 그들 스스로 제정한 법률의 안내를 받으면서, 그들이 스스로 잘해낼 수 있는 사안은 모두 스스로 행하는 한편, 그들이 스스로 할 수 없는 사안은 그들의 대표자들이 행하도록 하는 그런 국가이며 …… 민주주의는 국가를 구성하는 모든 개인들이 진정으로 그 국가를 조국이라고 부를 수 있는 유일한 국가 형태이다."

이날 연설은 로베스피에르의 기량이 한껏 발휘된 명연설이었다. 급진 성향 대의원들은 이 연설의 엄정하고 직설적인 면에 상당히 안도했다고 전해진다. 로베스피에르가 자신이 이전에 표현한 대로 '혁명의 폭풍우'를 4년 동안 겪은 뒤 육체적으로 쇠약해지고 정신적으로 침체되어 있다는 것이 누구에게나 뚜렷이 보였기 때문이다. 그의 말 한 마디 한 마디에 마치 줄 달린 꼭두각시처럼 매달리거나, 혹은 그가 걸어간 땅의 한 뼘 한 뼘 모두를 숭배하는 사람들도 있었다. 하지만 대의원 대부분은 혁명을 상징하는 이 인물의 입술에서 흘러나오는 멋진 말이 사실은 상당히 까다로운 과제를 제시하고 있음을 알았다. 로베스피에르는 이 연설을 통해 대의 민주주의, 공포정치, 공화주의적 혁명이라는 세 가지 주제를 하나로 묶는 엄청나게 힘겨운 작업을 완수했으며, 이 연설의 힘은 바로 여기에서 나온 것이었다. 이 세 단어는 구체제에 맞서 싸우는 격렬한 투쟁 속에서 서로 같은 의미를 지닌 동의어가 되어버렸다. 바로 그렇기 때문에 로베스피에르는 정치적 퇴보의 위험에 대해 다음과 같이 경고했던 것이다. "한 나라가 진정으로 부패하는 것은 …… 민주정이던 나라가 귀족정이나 군주정으로 추락할 때이다. 이는 정치체가 노쇠하여 죽음에 이르는 것이다." 또한 로베스피에르는 한 가지 예언을 했는데 그 예언은 대단히 거창했지만 결국에는 부정확한 것으로 드러났다. "프랑스인은 모든 사람이 평등과 완전한 시민적 권리를 누릴 것을 촉구함으로써, 세계에서 첫 번째로 진정한 민주주의를 수립했다. 내 생각에는 이것이 바로, 공화국에 대항해 힘을 합치고 있는 모든 폭군들이 결국에는 패배하고 말 진정한 이유이다."[9]

로베스피에르의 이런 호언장담은 당시 벌어지고 있던 놀라운 드라마와 잘 어울렸다. 프랑스 혁명은 공포정치를 실시하면서 비판을 받고 있었다. 하지만 프랑스 혁명으로 말미암아 '민주주의'는 좋은 사회를 향한 희망의 중심에 놓이게 되었다. 좋은 사회의 비전에는 유럽의 과거로부터 전해진 많은 목소리가 담겨 있었다. 그런 목소리로는, 그리스 도시국가에서 시행된 회의체에 의한 '데모크라티아', 대의적 성격을 지닌 평의회와 의회를 위한 투쟁, '수평파'*가 추구했던 이상, 식민 지배를 거부한 미국의 독립 선언, 힘

수평파(水平派, Levellers) 영국의 청교도 혁명 때에 소상인, 수공업자, 자영 농민들을 중심으로 하여 결성된 급진적인 당파. 릴번(Lilburne, J.)의 지도 아래 토지 분배, 신앙의 자유, 보통선거의 실시 따위를 주장했으며, 1649년에 반란을 일으켰으나 크롬웰에게 탄압을 당했다. '수평파'라는 이름은 이 조직의 비판자들이 붙인 이름인데, 마치 물의 표면처럼 완전히 평등한 사회를 지향하는 급진 단체라는 점을 지목한 명칭이다.

있는 자들에 대한 평민들의 항의, 네덜란드 '민주주의자들'의 혁명적 이야기 등이 있었다. 프랑스 혁명은 이런 목소리들을 묶어 새로운 찬가를 만들었으며 '귀족', '군주정'과 투표를 거치지 않은 특권을 비난하는 분노한 목소리의 합창단에게 이 찬가를 부르도록 했던 것이다. 근대 유럽 역사에서 프랑스 혁명이 (후대 사람들이 종종 주장하는 것처럼) 민주주의를 긍정적으로 이야기하거나 민주주의라는 말을 문학적 장치에서 정치적 무기로 변형한 최초의 사례는 아니었다. 이미 한 세기 전에 네덜란드의 시민들이 그런 행동을 했던 것이다. 한편 1789년 이후 프랑스에 벌어진 사건들은 민주주의의 뜻을 수정함으로써 민주주의의 언어에 엄청난 에너지를 불어넣었다. 과거에 민주주의가 평등한 대의 제도에 근거한 자치의 한 유형을 의미했다면, 프랑스 혁명 이후 민주주의는 타인을 지배하는 세습적 권한이 폐지되고 평등주의적 덕성이 꽃피는 사회 질서의 한 유형을 의미하게 되었다. 프랑스 혁명은 전면적(全面的)인 성격을 띠어야 한다고 주장되었다. 로베스피에르는 자신의 논점을 분명하게 강조했다. 즉 프랑스 국민은 향후 그들을 묶고 있는 사슬 '전부'를 부수어버릴 것이라고.

혁명 옹호자들은 혁명에 관한 무미건조하고 학술적인 견해를 거부했다. 예를 든다면《백과전서》의 민주주의 항목에서 조쿠르는 민주주의가 "기본적인 통치 형태 가운데 하나이며, 국민이 하나의 집합체로서 주권을 향유하는 것"이라고 규정했다. 또한 이러한 통치 형태는 고대 세계의 아주 작은 도시국가에서 번성했으며 여러 퇴폐적인 경향이 복합적으로 작용한 결과 영구히 몰락했다고 설명했다.[10] 프랑스 혁명가들은 미국 혁명가들의 신사 계급 중심의 공화주의를 싫어했지만, 그렇더라도 미국 혁명가들이 나아간 방향을 열심히 따라갔으며 넓은 영토와 많은 시민, 대단히 복잡한 사회관계로 얽힌 프랑스에서도 민주주의가 작동할 수 있다는 것을 증명하려고 노력했다. 혁명가들은 마치 중력을 거부하며 행동하는 듯 보였으며, 거리로부터 오는 위를 향한 압력에 의해 공중에 떠 있는 것처럼 보였다. 이들은 '국민공회'를 통해 군주제를 폐지했으며, 기요틴이라는 새로운 발명품을 사용하여 군중 앞에서 '루이 카페(Louis Capet)'의 머리를 잘라버렸다.* 하지만 그것으로는 충분하지 않았다. 국왕은 죽었지만 여전히 국왕에 대한 충성심과 '귀족' 정신이 나라의 여러 제도와 사람들의 마음속에 남아 있다고 확신했기 때문에 혁명가들은 혁명에 더욱 박차를 가했다. 그러면서 그들은 자신들이 '지롱드', 투기꾼, 관료주의자, 매점매석꾼, 독점자라고 이름 붙인 사람들을 상대로 하여 모든 상황에서 투쟁을 벌였다. "혁명을 절반만 행하는 사람들은 스스로 무덤을 파는 것"이라고 말한 생쥐스트(Louis Antoine Saint-Just)는 로베스피에르의 절친한 정치적 동지였다. 여전히 의심을 품고 있는 자들에게 강한 인상을 주기 위해, 그리고 적대자들을 격파하기 위해 혁명은 신속히 행동하지 않으면 안 되었다. 공화주의적 민주주의를 통해 인류가 새롭게 태어나려면 희생이 필요했다. 승리의 산파인 폭력은 모든 이에게 자유를 보장하는 정의의 실현을 위해 필수적인 요소였다. 구원은 가차 없는 탄압을 필요로 했다. 새로운 민주주의적 남성 ─ 여성들은 혁명가 집단에서 신속히 축출되었다. ─ 은 심지어 건축과 조각 분야에서도 과감함을 요구했다. 국민은 새로이 만들어져야 했으며, 그들이 마땅히 보여야 할 모습을 갖추어야 했다.

혁명가들은 처음부터 국민 전체가 통치에 직접 참여할 수 있는가, 그리고 참여한다면 그 행동의 의미는 무엇인가를 두고 의견이 갈렸다. 미국에서 남북전쟁이 일어나기 한 세대 전에 이미 상상 속에 존재하는 두 가지 목표, 즉 회의체 민주주의와 대의 민주주의를 둘러싼 다툼이 폭발적으로 일어났던 것이다. 1789년에서 1791년 사이에 개최된 '제헌 의회'의 대의원 다수는 신체와 재산의 안전에 찬성했으며 대의제를 받아들였다. 왜냐하면 이들에게 자유란, 가설에 근거한 '국민에 의한 정부'에 직접 참여하는 것이라기보다 정부로부터 개인이 얻는 자율성을 의미했기 때문이다. 《제3신분이란 무엇인가》라는 정치 팸플릿의 저자로 유명한 시에예스(Emmanuel-Joseph Sieyés)는 1789년 9월 7일 연설에서 다음과 같이 말했다. 토지 소유에 기반을 둔 귀족제와 군주제는 대의 제도로서 이제 그 효용을 다하였다. 민주적 근대 시민 사회는 분업과 상업과 교환으로 인해 지금까지와 다른 새로운 대의제, 더 참된 대의 정치 체제를 요구한다. 그리고 그것을 통해 민주주의의 의미가

---

* 프랑스의 국왕 루이 16세는 1793년 1월 21일 단두대에서 처형당했는데, 그 직전 국왕 신분을 박탈당한 그는 '시민 루이 카페'라고 불렸다.

6 장 유럽의 민주주의 · 625

'왕을 잡아먹는 국민'이라는 이름의 거대한 조각상. 프랑스 혁명기에 발행된 신문 〈파리의 혁명〉에서 이 조각상을 세우자고 제안했다(1793년).

바뀔 것이다. "국민은 이제 오직 그 대표자들을 통해서만 말하고 행동할 수 있다."[11] 유명한 '인간과 시민의 권리 선언'은 민주주의와 대의제 사이에 나타난 이 새로운 근대적 타협 정신을 포착한 것이었다. 이는 사실 이미 수십 년 전에 다르장송 후작이 개요를 밝힌 바 있다. "법률은 일반 의지의 표현이다. 모든 시민은 이 법률의 형성 과정에 본인이 직접 혹은 대의자를 통해 참여할 권리가 있다."

'국민공회'에서는 대의제의 원칙을 지지하는 사람들(지롱드파)과 '주권자 국민'의 직접적인 목소리에 기반을 둔 새로운 사회를 선호하는 사람들(로베스피에르를 비롯한 '산악파', 즉 공포정치 시기에 정국을 장악했던 급진 공화파)이 격렬한 논쟁을 벌였지만, 이 논쟁은 마지막까지 해결되지 못했다. 생쥐스트는 각 지방의 초급 의회가 아니라 중앙 정부에 국민의 의지가 집중되어야 한다는 것과 모든 대의원이 전 국민에 의해 선출되어야 한다는 것을 내용으로 하는 제안을 내놓았지만, 이 제안은 거부되었다. 거부의 이유는 오직 기술적 이유 때문이었다. 광대한 영토에서 그런 선거를 조직하는 데 따르는 어려움이 거론되었다. 결국 논쟁의 양측 모두 프랑스에서 민주주의가 살아남으려면 반드시 '국민'이 새롭게 탄생해야 한다는 결론에 이르렀다. 이 대목에서 로베스피에르가 등장한다. 그는 1793년 5월 31일부터 6월 2일 사이에 발생한 반(反)의회 폭동으로 권력을 잡게 된 새로운 유형의 정치 지도자였다.

로베스피에르는 호기심을 불러일으키는 정치적 동물이었다. 체구는 작았지만 자신만만한 태도와 냉혹한 본능을 지닌 18세기판 마사니엘로였다. 1758년 아라스에서 태어난 그는 가난한 이들을 위해 일한 변호사였다. 그는 머리가 예리하고 똑똑한 사람이었으며 언제나 이익, 우정, 인간애보다 원칙을 중시하는 사람이었다. 그는 무자비한 정치적 동물이었으며 그의 머릿속에는 항상 민주주의의 삶과 죽음에 관한 생각이 자리 잡고 있었다. 한 발은 '국민공회'에 놓고 다른 발은 파리의 혁명적 클럽과 정치 소모임들 속에 확실하게 놓은 채, 로베스피에르는 자신을 직접 민주주의와 대의 민주주의를 중재하는 위대한 조정자로 제시하면서 권력의 정상을 향해 나아갔다. 그는 자신이 '국민'이라고 생각했다. 아르헨티나에서 로사스 장군이 등장하기 한 세대 전에 로베스피에르는 대의 민주주의 시대에 무수히 등장하는 민주적 독재자의 첫 번째 인물이 되는 경주에서 일등을 차지했다. 행운이 작용한 부분도 있고 또 그의 전술적 역량 덕분이기도 했다. 여하튼 그는 일종의 정치적 진공 상태에서 스스로 안내자 역할을 맡으면서 자신의 위치를 잡을 수 있었으며, 타락한 귀족정에 대항하는 민주적 진보의 위대한 옹호자 자리에 올랐다. 로베스피에르는 민중적인 '상퀼로트' 세력과 중간 계급 가운데 전투적인 그룹 사이에 동맹 관계를 구축했으며 그다음은 의견을 달리하는 모든 사람을 몰아내는 조치를 신속하게 진행했다. 그는 만장일치를 최고의 혁명적 덕성이라고 여기며 만장일치의 정신에 완전히 사로잡혀 마치 광인처럼 사고하고 행동했다. 그는 '국민'과 '일반 의지'가 주도적인 역할을 해야 한다고 믿었기에 공공 교육, 빈민 구제, 보통선거 같은 근본적으로 새로운 정책을 시행해야 할 뿐 아니라 그보다 더 큰 무언가를 해야 한다는 생각에 사로잡혔다. 그것은 바로 '분파'와 '개별적 이해관계' 같은 악덕을 뿌리 뽑아야 하며 필요하다면 무력을 써서라도 그렇게 해야 한다는 집착이었다. 혁명은 덕성, 공포, 민주주의를 마치 세쌍둥이처럼 다루어야 한다고 로베스피에르는 강력하게 주장했다. "평온한 시기에 민중의 정부가 덕성에 의존한다면, 혁명기 민중 정부는 덕성과 공포에 동시에 의존해야 한다. 덕성이 없는 공포는 치명적이며, 공포가 없는 덕성은 무력하다. 공포는 즉각적이며 가혹하고 융통성 없는 정의일 뿐이다. 공포는 덕성의 발현이다. 공포는 특수한 원칙이라기보다는 민주주의의 일반 원리가 이 나라의 가장 절박한 필요에 따라 자연스럽게 적용되어 나타난 결과이다."

민주주의 수출 전쟁

프랑스 혁명이 불러일으킨 민주주의에 관한 엄청난 흥분은 마치 화산 대폭발 뒤 분출하는 용암과 화산재처럼 유럽의 여러 지역으로 흘러들어 갔다. 이러한 낙진이 외국의 땅에 점화한 지지의 불길이 어느 정도였는지는 종종 과장되었다. 프랑스에서 벌어진 사건들에 의해 탄생한 민주주의의 이상과 제도들이 끼친 영향력을 평가할 때는 매우 신중해야 한다. 혁명에 공감을 표시한 동시대인들, 특히 지식인들은 이 혁명이 한 시대를 구분하는 중요한 사건이라고 생각했고, 부패한 과거와 확실하게 결별하는 지점이며, 더 높은 역사 단계로 가는 거대한 도약이라고 생각했다. 이런 반응은 특히 독일 땅에서 강하게 나타났는데, 예를 들어 이마누엘 칸트(Immanuel Kant) 같은 철학자는 프랑스 혁명을 세계 전체와 관련 있는 형이상학적 사실로 인식했다. 혁명가들이 폭정을 비난한 말들은 이렇게 흥분한 자들의 술잔에 더 많은 술을 채워주었다. 1792년 11월 19일 라레벨리에르-레포(Larévellière-Lépeaux)는 칙령을 공포하여 다음과 같이 말했다. "국민공회는 자신의 자유를 회복하고자 하는 모든 이들에게 우애를 베풀고 도움을 줄 것을 프랑스 국민의 이름으로 선언한다." 이 말은 사실상, 유럽 혹은 세계 어디서라도 억압적인 정권 아래 살고 있는 사람들에게 자기 손으로 권력을 쟁취하라고 권하는 것 같았다. 또 왕과 성직자와 지주들에게 경종을 울린 것이기도 했다. 이제 민주적 자유를 위한 봉기는 범죄가 아니었다. 자기 자신을 민주주의자로 새로이 만들 권리는 이제 모든 사람에게 보편적으로 존재하는 권리였다.

지금 돌이켜 생각해보면 과연 이런 권리를 누가 누려야 하는지, 혹은 실제로 당시 누가 그 권리를 누렸는지 분명하지 않다. 밀라노, 바르샤바, 브뤼셀, 위트레흐트 같은 도시들에서 이런 권리를 옹호하는 거침없는 말들이 터져 나왔다. 하지만 1789년 당시 유럽은 문맹인 농민들을 포함한 평민들이 여전히 인구의 대다수를 차지하고 있었다. 유럽 대륙의 4분의 1을 차지하는 중동부 지역에는 도시도 거의 없었고 교역이나 상업도 제한되어 있었으며 신문을 읽는 중간 계급도 소수였다. 더 중요한 사실은, 당시 절대주의 국가나 제국을 통해 유럽의 주민들을 통치하던 사람들은, 예를 들어 프리드리히 대왕 같은 '계몽 전제 군주들'은 프랑스와 영국, 저지대 지역에서 인쇄기나 독서회, 클럽, 프랑스식 '독서방(salles de lecture)'의 은밀한 발전을 통해 이런 민주적 자유 정신이 확산되도록 허용할 생각이 없었다. 러시아, 프로이센, 작센, 스웨덴, 에스파냐의 통치자들은 하나같이 적극적인 군사 개입으로 이 혁명의 숨통을 끊어버리는 방안을 선호했다. 적당히 기회를 보아 타격을 가하는 일은 자주 있었다. 예를 들면 러시아의 예카테리나 2세(Ekaterina Ⅱ, 1729~1796)는 이전에 이미 '프랑스의 일은 모든 국왕의 관심사'라고 경고하기도 했다. 그녀는 자신을 적대하는 민주주의자들을 은밀하게 감시하고 체포하고 투옥함으로써 진정한 반동 본능을 드러냈다. 민주주의자들을 다룰 때 어떤 원칙을 따를지는 요제프 2세(Joseph Ⅱ, 1741~1790)가 제시했다. 그는 1780년부터 1790년까지 합스부르크 왕가의 땅을 지배한 신성로마제국 황제였다. "국민을 위해 모든 것을 한다. 그러나 그 어떤 것도 국민에 의해 행해지지 않도록 한다."

이런 반발과 군사적 개입에 직면한 프랑스 혁명가들은 군사력을 사용해야 한다는 생각을 하게 되었으며 결국 1792년 4월 그 생각을 실행에 옮겼다. 프로이센과 오스트리아를 상대로 하여 민주주의를 위한 전쟁을 선포한 것이다. 이리하여 역사는 다시 반복되었다. 과거에 아테네와 밀로스라는 두 도시국가 사이에서 벌어졌던 전쟁이 이제는 한 대륙을 무대로 하여 벌어지게 된 것이다. 파리의 거리에서부터 확산된 민주주의는 타협을 몰랐다. 군국주의적 생각과, '적국'과 '피정복국'에 대한 논의가 활발하게 일어났다. 밝은 색깔 군복을 입고 머리에 붉은색, 흰색, 청색의 표식을 달고 민주주의는 진격해 나갔다. 진군의 굉음이 유럽 전역에 울려 퍼졌다. 민주 아테네가 전쟁 수행 방식을 근본적으로 변화시켰듯이 혁명 프랑스 역시 군국주의의 면모를 완전히 바꾸어버렸다. 귀족 스타일의 제한적인 전투 방식은 이제 사라졌다. 귀족 스타일의 전투가 어떠했는지는, 과거 영국의 컴벌랜드 공작이 전쟁에 나서면서 145톤에 달하는 개인 짐을 끌고 갔다는 사실에서 엿볼 수 있다. 전쟁은 이제 전면적인 것이 되었다. 전쟁 수행에 전면적으로 봉사하는 국가 경제와 무장한 시민들의 무한한 열정이 뒷받침하는 대중 징집 군대는 과거에는 상상조차 할 수 없었던 엄청난 결과를 얻으려고 했다. 이렇게 진행된 혁명 전쟁으로 중세 이후 가장 큰 제국이 건설되었으며 샤를마뉴 대제 이후 가장 위대한 정복자가 탄생했다. 그러나 프랑스는 곧 정복과 점령에 따르는 현실적 과제라는 덫에 걸려들었다. 프랑스 국내에서 혁명은 '귀족'과 '반혁명'의 성격이 보이는 모든 것을 가차 없이 공격했다. 엄청난 살육이 벌어진 방데에서는 1793년과 1794년 사이에 적어도 25만 명이 학살되었다. 학살된 사람들 중에는 여자와 아이들도 있었다. 국외에서 민주주의의 이름으로 진행된 병합은 조약 체결을 거쳐 이루어지거나(라인란트의 경우가 그랬다), 아니면 1795년의 벨기에와 1802년의 피에몬테의 경우처럼 외국 영토를 점령한 다음 아무런 논의 과정도 없이 프랑스식의 '도(道, département)'로 제멋대로 구획을 나누었다.

한편, 바타비아공화국과 헬베티아공화국*의 경우처럼 이런 '자매 공화국'*의 탄생이 그곳의 가장 '진보적인' 애국자들의 성취였다고 나폴레옹의 군대가 주장한 사례도 있었다. 또 폴란드에서는 개성이 뚜렷하고 매력적인 인물인 조아생 뮈라가 지휘하는 프랑스 군대가 요란하게 환영을 받기도 했다.(오늘날에도 폴란드 국가에는 나폴레옹이 언급된다.) 그러나 프랑스가 가장 관심을 둔 사항은 영토, 자원, 주민에 대한 지배였다는 것이 진실이다. 시민들이 영토를 자율적으로 결정한다는 방안도 사실상 프랑스의 결정에 따라 정해졌다. 각 나라의 공화주의적 헌법은 질서를 확립하고 기본적 자유를 보장한다는 명목으로 제정되었지만 ─ 이런 자유는 프랑스의 경우와 마찬가지로 강력한 행정 권력과 재산 보유에 따른 제한된 투표권으로 통제되

헬베티아공화국(Helvetic Republic) 1798년 나폴레옹이 스위스에 수립한 공화국. 프랑스군이 철수하자 기존의 군주정 옹호자와 혁명파 사이에 무력 분쟁이 일어나 결국 1803년 쇠퇴했다.
자매 공화국(sister republic) 프랑스의 혁명 전쟁에 의해 유럽 각 지역에 세워진 공화주의 정부. 보통 프랑스의 강력한 영향력 아래에 있었다.

었다.—강요된 것이었다. 도(départment)와 지구(district), 주(canton), 코뮌(commune) 등으로 구성된 행정 체제가 들어섰으며 각지에 지역 언론도 생겼다. 지역 언론은 물론 프랑스가 제시하는 논지를 충실하게 따랐다. 자신의 관할 아래 있는 농민에게 공납을 받아 챙기던 토지 소유 영주의 권력에 기초한 재산 제도는 해체되었다. 가톨릭 교회의 권력을 해체하려는 온갖 시도가 있었다. 인간의 누구나 자유와 권리를 누리는 데 평등하게 태어났으며, 계속 평등한 상태로 존재한다는 식의 이야기가 활발하게 논의되었다.

이러한 프랑스의 혁신을 현지인들이 어떻게 생각했는지는 별로 중요하지 않다. 왜냐하면 기본적으로 이런 개혁들이 정복에 의해 강요된 것이지, 공개적인 협상을 거쳐 동의에 의해 이루어진 것이 아니었기 때문이다. 민주주의를 수출하는 과정에서 정작 민주주의가 맡은 역할은 거의 없었다. 특히 프랑스 공화국이 군사 작전의 규모를 확대하고 유럽의 거의 모든 왕조 국가와 전쟁을 하게 되는 1793년 이후에는 강압적인 정복 논리가 단연코 중시되었다. 혁명가들은 "성(城)에는 전쟁을, 농가(農家)에는 평화를"이라는 구호를 내걸었다. 하지만 실제로 이 구호가 의미했던 것은, 1793년 9월 18일 '공안위원회'가 프랑스 군대가 적국 영토에 들어가면 그곳의 땅과 주민들로부터 식량, 보급품, 무기, 의복, 장비, 운송 수단을 최대한 탈취하여 그것으로 군대를 운영하라고 프랑스 지휘관들에게 지시했던 것과 같은 의미였다. '군사 전권위원'들이 임명되었는데 이들에게는 현지에서 세금을 거두고 물자를 탈취하는 임무가 주어졌다. 거둬들일 세금과 물자 모두 엄청난 규모로 책정되었다. 1798년 헬베티아공화국의 프리부르, 솔뢰르, 취리히, 베른의 경우에는 이 네 개의 주(canton)를 한꺼번에 평가하여 모두 1600만 리브르(livre)를 납부하라는 명령이 내려졌다. 이 금액의 5분의 1을 5일 안에 납부해야 했으며 그렇게 하지 않을 경우 인질을 구류하거나 민가에 군인들이 들이닥쳐 마음대로 숙소로 정하는 등 처벌을 받게 될 것이라고 위협했다. 프랑스 군대가 처음으로 병합을 진행한 지역은 아비뇽과 콩타*였는데, 이때 프랑스는 주저하는 듯한 소심한 태도로 일을 진행했다. 하지만 얼마 지나지 않아 군

---

*콩타(Comtat) 남프랑스 지역에 존재했던 교황령. 다른 교황령들이 대부분 이탈리아 본토에 존재했던 것과 달리 콩타는 프랑스에 따로 떨어져서 존재했다. 아비뇽 역시 교황령이었다.

수 물자 획득이 점령의 일차 목적이 되었다. 혁명군이 북부 이탈리아로 진격할 때 그들의 목적은 프랑스 군대를 위한 새로운 곡창과 전쟁 비용을 조달할 새로운 재원을 확보하는 것이었다. 민간인들은 정당한 공격 목표로 여겨졌으며, 장교들은 식량 보급이 불안정하다는 것을 잘 알았기 때문에 군대 규율에 중대한 악영향을 끼칠 것을 알면서도 사병들의 나쁜 행동을 눈감아주었다. 민중의 군대는 자신들이 점령한 민중의 살점을 뜯어먹었던 것이다. 투표권을 부여한다는 명분으로 병사들은 주민들을 총으로 위협해 민가를 숙소로 삼았다. 말과 소도 모두 끌어갔다. 논밭의 곡식은 굶주리는 병사들을 먹인다며 모조리 쓸어갔다. 병사들은 민가로 들이닥쳐서는 돈, 이부자리, 옷, 포도주, 식품, 주방 기구를 집어들고 나갔다. 술을 마시고 행패를 부리는가 하면 마구잡이로 기물을 파손했으며 방해가 되는 사람은 누구라도 두들겨 패거나 여자를 강간했다.

법적인 처벌을 받은 병사는 거의 없었다. 피점령국 주민들로부터 흘러나오는 감사의 마음도 거의 없었다. 수많은 이탈리아인, 벨기에인, 에스파냐인, 라인란트 주민들이 이 정복을 피점령 주민의 눈으로 본 것은 당연한 일이었다. 그들은 참상으로 얼룩진 평등을 보았으며 궁핍과 함께 공포를 체험했다. 자유라든가 우애 같은 것은 발견할 수 없었다. 훗날 영국의 시인 바이런 경이 던진 돌에는 진정한 힘이 담겨 있었다. 그는 민주주의를 '불한당들의 귀족정'이라고 비난했다.[12] 프랑스 군대는 우선 그 엄청난 규모와 병사들이 젊고 굶주렸다는 점, 그리고 군사적으로 미숙했다는 점 때문에 그들이 통과하는 지역의 주민들 사이에 공포를 퍼뜨렸으며 민족적 분노를 불러일으켰다. 민주주의 혁명의 씨앗을 뿌리려는 프랑스의 노력은 우리가 앞서 살펴본 바와 같이 이스파노아메리카에서 식민 제국이 붕괴하는, 의도하지 않았던 결과를 몰고 왔다. 그러나 유럽에서는 그런 일이 벌어지지 않았다. 프랑스의 노력은 분명히 국경선을 바꾸었고 개혁을 촉발했고 또한 여러 제도를 변화시켰다. 하지만 프랑스는 사람들의 동의를 얻는 데 실패했으며 마음을 얻는 데는 더더욱 실패했다. 프랑스의 노력은 오히려 분노와 저항을 불러일으켰고, 그 결과 대의 민주주의로 향하던 흐름 전체가 중단되고 말았다. 이것은 마치 역사 그 자체가 프랑스 혁명의 원칙에 강한 반감을 품게 된 것 같았다. 민주주의의 이름을 내걸고 치러진 전쟁 때문에 오히려 편협한 폭정과 권위주의가 번성하게 되었으며, 출판의 자유, 집회의 자유를 비롯한 다른 시민적 자유를 탄압하는 계기가 되었다. 혁명 전쟁과 나폴레옹 전쟁이 모두 종료된 1815년의 유럽을 보면, 대의 민주주의 국가라고 — 공개적 경쟁 선거와 성인 남성 투표에 기반을 둔 민간인 정부가 대의 민주주의 정부라는 당시의 인식을 적용한다면 — 표현할 수 있는 정부는 하나도 없었다.

나폴레옹과 교황

유럽 역사상 가장 큰 규모의 민주주의 혁명은 그 자신이 세운 목표를 달성하는 데 명백하게 실패했다. 최소한 혁명이 내세운 시간의 틀 내에서는 그랬다. 그러나 그렇다고 하더라도 이 혁명은 그 안에 대단한 놀라운 것을 품고 있었다. 항상 그렇듯이 전쟁은 세계의 목덜미를 움켜쥐고 전혀 예상치 못한 방향으로 끌고 갔던 것이다.

군사 정복과 민주주의 이상을 뒤섞어 만든 칵테일을 마신 유럽의 여러 정치 단위는 술에 취해 눈에 띄게 비틀거렸으며 때로는 희극적 상황도 벌어졌다. 예를 들어 이탈리아 북부 지역에서는 민중의 이름을 걸고 프랑스가 군주제를 공격하자 기존 정치 권력에 대한 주민의 신뢰가 한순간에 무너졌다. 오래된 충성심은 약해졌고, 상급자에게 존경심을 보이는 행동은 굴욕으로 느껴졌다. '민주주의'라는 단어가 갑자기 숭배의 대상이 되어, 심지어 신을 모시는 경건한 사람들의 입에까지 오르내리게 되었다. 루이지 바르나바 키아라몬티(Luigi Barnaba Chiaramonti, 1742~1823)는 그런 민주주의 옹호자 가운데 한 명이었다. 그가 교황 피우스 7세(Pius VII)로 즉위하기 2년 전 일이었다. 이탈리아 체세나에서 태어난 키아라몬티는 라벤나에 있는 귀족 학교에서 공부한 다음 고향 근처에 있는 베네딕트 수도원에 들어갔다. 그는 성직 수임을 받은 뒤 조르조 수사라는 이름을 받았고 이후 처음에는 파르마에서, 그다음은 로마에서 학생들을 가르쳤다. 그러던 중 1765년 9월에 사제로 임명되었으며, 1782년에 티볼리 주교, 1785년에 이몰라 주교에 임명되었다. 1799년에 교황 피우스 6세가 사망하면서 후임 교황을 선출하기 위한 콘클

라베가 베네치아의 산조르조 수도원에서 열렸는데, 1800년 3월 14일에 키아라몬티가 새 교황으로 선출되었다. 이제 그는 피우스 7세로 불렸다. 피우스 7세는 로마 교회를 혁명 제국의 신하로 만들려고 작정한 군사 독재자 나폴레옹과 대립하기 시작했다.

피우스 7세는 모든 방법을 다해 저항했다. 나폴레옹은 프랑스와 교전 중인 나라의 모든 국민을 파문할 것과 영국을 봉쇄하는 데 참여할 것을 교황에게 요구했지만 교황은 거절했다. 하지만 그는 건강이 좋지 않았으며 프랑스 측에 체포되어 1809년부터 1814년까지 5년을 보내야 했고, 감금되어 있으면서 결국은 황제의 요구에 굴복했다. 하지만 굴복하기 전까지 그는 나폴레옹과 모든 협상을 거부하는 것을 비롯해 끈질기게 저항했다. 피우스 7세는 다른 교황과는 전혀 다른 교황이었다. 그를 최초의 기독교 민주주의자이자, 대의 정체와 남성 보통선거권을 포함한 시민적·정치적 권리를 강하게 옹호한 가톨릭 신자였다고 표현해도 무리는 아닐 것이다. 그가 대의 민주주의에 애정을 보이기 시작한 것은 1785년부터 1800년까지 이몰라에서 주교직을 지내던 때로 거슬러 올라간다. 이 도시는 교황령 북쪽 볼로냐 근처에 있었다. 1797년 크리스마스 이브에 그는, 나폴레옹 군대가 전해에 롬바르디아를 공격했던 때 갑자기 발생했던 혁명적 소요에 영감을 얻어 신도들에게 다음과 같이 설교했다. "사랑하는 형제 여러분, 우리들 사이에서 채택된 민주주의 정부 형태는 신의 말씀에 위배되지 않습니다." 그는 성 아우구스티누스, 예수, 성 바울로의 말을 다수 인용하면서 신도들에게 '시민적 평등'은 모든 사람으로 하여금 자신의 동료 주민들과 협조하도록 북돋우며, 그리하여 이는 다시 정치 공동체에 조화를 가져온다고 설파했다. 그가 내린 다음과 같은 결론 때문에 프랑스 당국은 이 성직자에게 의심을 품게 되었다. "좋은 기독교인이 되십시오. 그리하면 당신은 뛰어난 민주주의자가 될 것입니다."[13]

이 예배가 끝난 뒤 바로 그 저녁에 이몰라의 많은 시민들에게 크리스마스는 특별한 의미를 지니게 되었다. 그들은 훌륭한 주교가 옳은 말을 했다고 믿었으며, 대의 민주주의가 가톨릭 교회와 손을 맞잡을 수 있다는 것을 확신하게 된 일부 시민들은 '배반자들'과 믿지 않는 자들을 비난했다. 어떤 사람들은 이몰라의 중심가에서 연설을 했다. 연설자들은, 크리스마스 혹은 봄이 오는 것을 공개적으로 축하하는 행사 같은 축제들은, 오로지 사람들의 행복만을 목적으로 하는 훌륭한 창조주에 대한 생각을 발전시킨다는 점에서 중요하다고 말했다. 또한 어떤 사람들은 성서가 성직자들에게 민주주의자가 될 것을 요구하고 있으며, 성직자들이 "민중을 민주화시키는 …… 민주주의의 기지"를 건설하는 데 핵심 역할을 할 수 있다고 말했다. 민주주의를 위한 교육이라는 주제를 두고 많은 논의가 오갔고, 시민의 정치 교육을 부모가 자식을 교육하는 것과 밀접하게 비교하는 사람도 있었으며, 시민들을 헌신적인 민주주의자로 개종시키는 일도 이야기되었다. 그날 밤 이몰라에서는 민주주의라는 단어가 마치 어떤 마술적인 힘을 지니고 있는 것처럼 보였다. 민주주의는 자유, 평등, 법에 대한 존중, 행복, 보편적 합의, 조국에 대한 사랑을 의미했으며, 주인이나 폭군의 개념과는 대립되는 것으로 보였다. 어떤 사람들은 최근 발행된 민주주의 용어 사전에 대해 말했다. 이 사전은 독자들에게 '가면을 쓴 민주주의자들'을 주의하라고 촉구함으로써 작은 논란을 불러일으켰다. 이런 사람들은 야심이 있고 위선적인 부자들로서 자기 자신을 평민의 친구라고 부르지만 사실은 평민들을 더 감쪽같이 속이려고 그리한다는 것이었다.

주교의 설교에 감동을 받은 이몰라의 한 시민은 토스카나와 나폴리가 '민주주의'를 채택할 것이라고 예언했다고 한다. 또한 활자로 인쇄된 선언문이 나무 문에 못으로 부착되었는데, 그 내용은 이탈리아에 공화국이 들어선다면 그 공화국은 "민주주의 국가로서 단일하며 분할되지 않을 것"을 목표로 삼아야 할 것이라고 확실하게 선언하는 것이었다. 또 다른 이들은 곧 다가올 마을 행사를 광고하는 종이를 나누어주었는데, 행사에는 '천국의 민주화'라는 제목의 연극도 있었다. 나폴레옹 군대에 존경심을 표하는 성대한 무도회가 열릴 예정이었는데, '이 파티가 민주주의적인 것'이기 때문에 '로마의 숙녀들이나 신사들'은 환영받지 못할 것이라고 그 광고지에 적혀 있었다. 그날 더 늦은 저녁 시간에는 행진이 벌어졌는데 그곳에 한 쌍의 남녀가 있었다. 이들은 최근에 약혼했으며 곧 결혼할 사이였는데, 이들이 미소를 지으며 들고 있던 플래카드에는 '민주주의적인 다산(多産)'이라고 쓰여 있었다. 이런 광경은 아마도 민주주의 역사상 이때가 처음이었을 것이다. 그리고 근처의 커피 하우스에서는 어떤 사람이 하인들에게 모든 것을 잃을 각오를 하고 주인어른과 주인마님을 프랑스에서 그러는 것처럼 '시민'이라고 부를 것을 촉구하기도 했다. 마을의 한 클럽에서는 누군가 "민주 정부를 세우자!"라고 소리치기도 했다. 그 자리에 함께 있던 사람들은 입을 모아 답했다. "민주주의가 아니면 죽음을!(La democrazia o la morte!)" 옛 단어들이 새로운 힘과 새로운 소리를 얻는 순간이었다. 민주주의는 잊혀진 지 오래된 고대 세계의 작은 도시를 표현하는 단어가 아니었으며, 몽테스키외 같은 철학자들의 저술에나 등장하는 생명력을 잃은 개념이 아니었다. 몽테스키외는 민주주의를 "기본적인 통치 형태 가운데 하나이며 국민이 하나의 집합체로서 주권을 향유하"는 체제라고 규정한 적이 있었다. 이몰라의 거리와 카페에서 민주주의는 생명력 충만한 원칙이 되었다. 이 새로운 정치 체제는 정치적 대의 제도와 남성의 보통선거권을, 세습에 대한 엉터리 이야기와 귀족에게만 한정된 특권으로부터 해방된, 평등의 가치가 꽃피는 생활 방식과 이상적으로 결합한 정치 체제였다.

사회민주주의의 등장

대의제를 추진했던 프랑스의 노력은 비록 의도한 것은 아니었지만 확실한 성과를 거두었다. 프랑스에서 벌어진 사건들 덕분에 '민주주의'에 대한 열띤 논의가 펼쳐졌으며, 심지어 좀 더 공개된 선거에 기반을 둔 의회제 통치를 향해 처음으로 현실적인 움직임이 나타나게 되었다. 독일 지역에 있던 여러 국가들에서, 1808년 프로이센을 선두로 하여, 각급 의회를 위한 선거가 재산 보유 조건이 붙는 남성 보통선거에 준하는 일정한 형식을 띠기 시작했다. 이러한 실험들은 1848년 초에 이른바 '3월의 요구'라는 형태로 정점에 이르렀다. 이때 요구된 것은 출판의 자유, 배심 재판, 국가적 규모의 독일 의회였으며, 선출된 장교들의 지휘 아래 '국민'을 무장하라는 요구(각 지역의 세습 군주와 황제에게 가장 위험한 요구였다)도 있었다. 같은 해에 독일이 잠시 동안이나마 통일을 이루었던 시기에는, '독일연방 의회'가 자립적 성인 남성 보통선거에 바탕을 둔 선거를 실시할 것을 결의하기도 했다. 이때 '자립'과 '성인'의 의미를 규정할 권한은 독일 지역에 있던 개별 국가에 있었다. 1871년 독일 통일 이후에는 비록 비스마르크가 민주주의를 말살하려고 애를 썼지만 그런 와중에도 독일은 한 세대의 절반에 이르는 동안 의회 정치를 중단 없이 유지했다.

하지만 이것이 전부가 아니었다. 프랑스에서 일어난 사건들에 담긴 정신이 독일의 여러 국가들 내에서 정말 놀라운 일을 일으켰다. 바로 민주주의의 언어와 정치가 사회 생활의 심장부에 주입되었던 것이다. '사회' 민주주의는 극심하게 어려운 시대를 배경으로 하여 탄생했다. 1840년대를 이따금 '굶주린 40년대'라고 표현하는데 이 시기 유럽의 여러 지역에서는 흉작으로 사람들이 기아에 시달렸으며 게다가 인플레이션과 실업 사태가 겹쳐 일어났다. 고통이 가장 심했던 곳은 아일랜드였지만 독일의 여러 지역에도 기아 현상이 나타났다. 게다가 당시 독일에서는 갑작스럽게 산업화가 진행되고 농촌과 도시 생활의 심장부까지 시장 경제가 급속하게 밀려 들어옴에 따라 전통적인 수공업에 위기가 닥치면서 상황이 더욱 악화되었다. 궁핍의 끝자락까지 몰린 평민들은 독일의 이곳저곳에서 비명을 질렀다. 1848년 봄이 되자 마을 주민들이 군주가 살고 있는 성까지 집단으로 행진하는 일이 일어났고, 공장이나 철도 건설 현장에서 파업이 줄지어 일어나 큰 반향을 일으켰다. 노동자 협회들이 과감한 행동에 나서기 시작했다. 그들이 조직한 집회에서는 각종 플래카드가 내걸리고 전단이 배포되었으며 풍자 만화가 등장하는가 하면 청원서 서명이 진행되기도 했다. 소도시와 대도시에서는 숙련공, 노동자, 도제, 소상인 등이 거리로 나서서 때로는 바리케이드를 세우기도 했다.

평민들은 이제 성숙한 단계에 이르렀다. 이는 슈테판 보른(Stephan Born, 1824~1898) 같은 사람들이 보여준 지치지 않는 용기 덕분이었다. 리사(오늘날의 폴란드 포즈난)에서 가난한 유대인 부모의 넷째 아들로 태어난 보른은 1840년에 새로운 삶을 찾아 베를린으로 갔다. 독일 사회에 동화된 유대인으로서 그는 독일로 귀화했으며 편견을 이겨내기 위해 원래 이름인 시몬 부테르밀히를 버렸다. 그는 식자공 도제로 일을 시작했다. 이 직업을 택함으로써 생활을 유지할 수 있고 독서에 대한 갈증도 해소할 수 있다고 생각했다. 보른은 베를린의 수공업자들로 구성된 문학 협회에서 활동했다. 이 단체는 노동자를 위한 강연을 조직하기도 하고 노동자에게 공공 연설의 기술 훈련을 제공하기도 했다. 1846년 12월 보른은 도제 생활을 마치고 그 기념으로 노동자의 눈으로 유럽을 보겠다고 마음 먹고 유럽 여행을 떠났다. 이때 그는 라이프치히, 마그데부르크, 함부르크를 거쳐 파리와 브뤼셀까지 가서 카를 마르크스와 프리드리히 엥겔스를 만났다. 보른은 그들의 '공산주의'를 잠시 동안 받아들였지만 1848년 봄에 독일에서 갑작스러운 소요가 발생하자 견해를 바꾸었다.

베를린으로 급히 돌아온 보른은 조금도 지체하지 않고 곧바로 베를린 최초로 노동자 단체를 만들었다. 노동자 의식을 일깨우고 노동자들에게 독립적이고 공적인 목소리를 부여하기 위해 '노동자 중앙 위원회'는 의회 체계와는 별도로 각 지역에 노동자와 수공업자 모임의 네트워크, 즉 '노동자 우애회'를 조직하는 데 앞장선다. 1848년 8월에 열린 이 단체(어떤 사람들은 이 단체를 '노동자 의회'라고 불렀다)의 창립 총회에서 보른은 부의장으로 선출되었다. 자신의 식자공 기술을 잘 활용하기를 원했던 그는 두 개의 신문을 발행하기 시작한다. 하나는 3주에 한 번씩 발행되는 〈인민(Das Volk)〉이라는 신문이었다. 이는 베를린에서 노동자를 위해 발간된 첫 번째 간행물이었다. 다른 하나는 라이프치히에 본부를 두고 한 달에 한 번씩 발행되는 〈형제애(Die Vebrüderung)〉라는 신문이었다. 두 신문 모두 시대를 앞선 생각과 제안을 실었는데, 보른은 자신이 쓴 글을 싣기도 했다. 그 기고문 가운데 몇 편은 무기명으로 실렸다. 보른의 글은 많은 논란을 불러일으켰는데 거기에는 확실한 이유가 있었다. 그는 자신이 '정치적 민주주의'라고 부르는 것에 애착이 있음을 분명히 했다. 그에 따르면, 정치적 민주주의란 국민이 선출한 대표자들이 작성한 성문헌법, 종교의 자유, 보통 교육, 24세에 이른 모든 성인 남자에게 주어지는 평등한 투표권 등을 의미했다. 보른의 의견에서 특이한 점은, 그가 이러한 정치적 요구들을 자신이 '사회민주주의'라고 부르는 것으로 가는 길에 필요한 디딤돌로 여겼다는 것이다. 보른은 철학자가 아니었으며, 어떤 '주의(ism)'를 위해서 낼 시간이 전혀 없다고 분명하게 말했다.

인쇄 노동자 출신으로 '사회민주주의'를 주창했던 슈테판 보른과 그가 발행한 신문 〈인민〉.

그는 "분노에 차서 입가에 거품을 무는 몽상가들"과 "사회주의를 생각하면서 눈물을 흘리고 사회주의를 향한 사랑에 몸부림치는" 환상 속의 유토피아 같은 데에는 관심이 없다고 말했다. 왜냐하면 노동자들(보른은 여성 노동자를 포함해 말했다)은 대부분 즉각 행동에 나서는 것을 선호했기 때문이었다. 그들은 즉각적인 행동을 통해 비참한 현재에 맞서 노동자로서 자신들의 권리를 보호하고, 선거를 거치지 않고 스스로 노동자의 대표 자리에 앉은 사람들 때문에 노예가 될지 모르는 미래에 맞서려 했다.

보른을 프티부르주아 기회주의자라고 비난한 사람들 중에는 마르크스와 엥겔스도 있었다. 하지만 보른은 다르게 생각했다. 아마도 그는 미래의 세계를 더 뚜렷하게 전망했는지 모른다. 그가 바라본 미래 세계는 노동조합의 이상과, 노동조합의 지원을 받는 정당들로 이루어지며, 또한 '직능 대표제', '노동 분쟁 심판소', '노동자 대표 회의'의 시대였다. 이런 제도들은 제1차 세계대전 이후 잠시 동안 독일, 체코슬로바키아 같은 중부 유럽 국가들에서 활발하게 등장했다. 보른이 제시한 주장 가운데 가장 근본적인 주장은 계급 불평등 현상이 자치의 원칙과 양립할 수 없다는 것이었다. 유권자들의 사회적 상황이 대강이라도 평등하지 않다면 대의 민주주의는 작동할 수 없다는 이야기다. 또한 대의 민주주의는 규제되지 않는 시장과도 결합할 수 없다고 주장했다. 그 이유는 간단하다. 자본가와 노동자 사이의 노골적이며 불평등한 힘의 분배는 항상 서민이 손해 보는 쪽으로 작동한다는 것이다. 시장 경쟁의 문제는 항상 누군가는 패하게 마련이라는 것이다. 사정이 이러하기 때문에 노동자들은 스스로 조직할 필요가 있으며 사회 정의를 위해 시장을 제한하고 규제하도록 정부에 압박을 가하려면 단결해야 한다고 보른은 주장했다.

시장의 힘을 순화하기 위한 계획이 〈인민〉 여름 호에 실렸다. 이 제안은 보른이 훗날 '실제적 사회 정책'이라고 명명한 수단을 통해 대의 민주주의를 지지하는 것이었는데 적용 범위가 무척 넓었다. 보른은 모든 독일 내 국가들에게 정부 조직 안에 노동자 부(部)나 국(局)을 세우라고 촉구했다. 이 조직은 노동자들이 직접 선출한 대표자들이 운영할 것이라고 했다. 또 이 조직은 유산 계급에게 부과하는 직접세로 재정을 충당할 것이며 노동 시간 조정, 최소 임금제 시행, 부상당하거나 실직한 노동자와 그 밖에 곤경에 빠진 사람들을 지원하는 업무를 수행할 것이었다. 보른은, 사회민주주의를 위해 각 정부는 힘없는 자들을 보호해야 하고, 그들이 동등한 인간으로서 자립할 수 있도록 격려해야 할 것이라고 결론을 내렸다. 또한 모든 사람에게 무상 교육을 실시해야 하며, 노동자들의 상호 부조 단체, 노동자들의 여행과 거주의 자유, 공공 도서관의 네트워크 구축도 바람직하다고 했다.[14] 여기에 더해 보른은 각 정부가 노동자에게 무료로 법률적 도움을 주어야 한다고 촉구했다. 몇 달 뒤 보른은 그러한 법률적 도움을 받아야 하는 입장에 놓였다. 독일 당국의 압박으로 그는 스위스로 망명을 떠나 그곳에서 남은 생애를 보내야 했다.

러시아 인민주의 운동

19세기 유럽 지도에 점점이 박혀 있던 수십 개의 국가들 가운데 이탈리아와 독일은 프랑스 혁명과 1848년 2월혁명이 유럽 지역에 끼친 장기적 영향을 잘 보여주었다. 군주, 지주, 장군, 성직자는 잠시 동안 수세에 몰렸다. 그들이 어떤 불안감을 느꼈는지는 당시 널리 알려진 일화에 잘 드러나 있다. 오스트리아 황제 페르디난트 1세(Ferdinand I)는 어느 날 궁정 주치의에게 정기 진단을 받았다. (당시 황제는 하루에 많게는 스무 차례 정도 발작을 일으켜 그로 인해 통치 업무가 어려웠는데도) 주치의는 황제에게 아주 훌륭한 '체질(konstitution)'(이 단어에는 '헌법'이라는 뜻도 있었다)이라고 말했다. 황제는 퉁명스럽게 말했다. "왜 하필 그런 말을 쓰는 건가? '나투어(natur, 타고난 체질)'라고 말하게!"

당시 상황을 보면, 절대주의 국가의 장악력이 어느 곳에서든 그리고 어떤 수단에 의해서든 조금이라도 느슨해지면, 의회 대의제에 기반을 둔 다양한 유형의 정부가 나타나곤 했다. 물론 이때 선거는 매우 엄격하게 제한된 선거권에 의해 치러졌으며, 또한 이스파노아메리카의 경우가 그랬듯이 선거과정이 다양한 수법으로 조작되는 일이 흔했다.* 그렇더라도 선거가 노동자의 사회민주주의적 요구 사항을 전하는 작은 교두보 역할을 했던 것은 사실이다. 이들은 보통 (영국의 차티스트 운동 같은) 협회나 운동을 조직하여 목적을 이루려 했다. 하지만 19세기에 유럽 어느 곳에서도 국가 차원에서 여성에게 투표권을 부여한 곳은 없었다.(지방 차원에서는 가끔 그 두터운 벽을 뚫는 일이 벌어지기도 했다. 1881년에 '맨 섬Isle of Man'이라는, 이름도 우연하게 적절한 곳에서 일정한 재산을 보유한 독신 여성과 과부에게 1881년에 투표권을 부여했다.) 여성에게 투표권이 부여되기 시작한 것은 20세기 초였다. 제일 처음 핀란드(1906년), 그다음 노르웨이, 덴마크, 아이슬란드, 오스트리아, 독일, 룩셈부르크, 영국 순이었으며, 보유 재산, 결혼 여부, 연령, 교육 정도의 제한을 두

---

* 시칠리아의 소설 가운데 가장 잘 알려진 주세페 토마시 디 람페두사(Giuseppe Tomasi di Lampedusa)의 《표범》(1958년)은 19세기 중반의 상황을 훌륭하게 그려냈다. 이탈리아의 통일을 결정하는 국민 투표가 다가오고 있었는데, 돈 파브리지오 공작은 시대의 흐름이 자기에게 불리하다고 확신했다. 그래서 그는 이제까지 그에게 적대적이었던 현지 주민들에게 '찬성표'를 던지라고 조용히 설득 작업을 하고 있었다. 어느 쪽으로 투표할지 조언을 듣고자 마치 순례하듯 그의 서재에 들른 사람들은 무엇이 무엇인지 알 수가 없었다. 어떤 사람들은 공작이 반어적으로 말하고 있다고 생각했다. 왜냐하면 그들이 혁명이라고 부르던 이 사안에 공작이 찬성한다는 것은 도저히 불가능한 일이었기 때문이다. 공작의 의견을 들으러 왔던 다른 사람들도 공작의 진심 어린 조언을 듣고는, 공작이 배신자이거나 혹은 어쩌면 시험해보지 않은 선(善)보다 잘 알려진 악(惡)을 택하라는 오래된 속담을 알지 못하는 멍청한 사람이라는 결론을 내렸다. 드디어 국민 투표의 날이 밝았다. 개표가 진행되었고 그날 저녁 많은 군중은 시청 건물로 모여들었다. 이윽고 공작의 측근이 건물 발코니로 나와서 투표 결과를 발표했다. 군중들은 조용히 듣고 있었다. 투표권자 수: 515명, 투표자 수: 512명, 찬성: 512명, 반대: 0명.(원주)

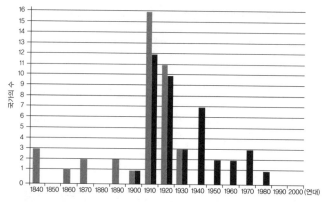

1840년대부터 2000년대까지 10년을 주기로 하여 유럽에서 남성과 여성의 선거권 확보 상황을 표시한 도표. 남성은 옅은 색, 여성은 짙은 색 기둥으로 나타냈다.

는 것이 보통이었다. 유럽 전역으로 넓혀 보았을 때, 남성 보통선거는 (법률과 헌법의 규정에 따르면) 여성의 경우보다 훨씬 먼저 이루어지는 것이 보통이었다. 그러나 의회 통치 제도를 처음 도입하고 나서 많은 시간이 흐른 뒤 그리되었다. 의회 통치 제도의 도입과 실질적인 남성 보통선거권의 도입에 걸리는 시간을 비교해보면 보통 반비례 관계로 나타난다. 의회 통치 제도를 확립하는 데 시간이 오래 걸릴수록 남성 보통선거권의 도입에 걸리는 시간이 짧았다.

이런 현상은, '국민'의 참여를 촉구하는 압력이 오랫동안 존재했다는 것, 그리고 정치 권력의 옛 구조들, 특히 토지 보유를 기반으로 하는 왕정, 제국, 군사 독재가 힘을 잃는 과정은 느리게 진행되었다는 것을 의미한다. 그렇더라도 대의 민주주의를 위한 투쟁은 종종 산비탈에서 아래에서 위를 향해 공격하는 것처럼 힘겨운 싸움이었다. 그리스의 경우가 그랬다. 독립을 추구하던 혁명가들이 오스만 제국으로부터 정식으로 독립을 쟁취한 것은 1832년이었다. 그러나 기대와 달리, 독립 운동은 민주주의가 아니라 상상된 존재인 그리스 '국민'의 이름으로 진행되었다. "플라톤, 아리스토텔레스 그리고 모든 고대 철학자들이 그랬던 것처럼 나는 민주주의를 싫어한다. 그리고 더 신중한 미국인들 역시 민주주의를 싫어한다."라고 말한 사람은 아다만티오스 코라이스(Adamantios Koraïs)였다. 그는 그리스 독립의 대의를 지지한 대표적인 인물이었다. 그는 또 1825년에는 과두정이 '악한 자들의 체제'가 되는 경우가 이따금 있을지 모르지만, 민주정이 '바보들의 체제'라는 것은 너무나도 명백한 사실이라고 말했다.[15] 이런 말들은 돈 많고 힘 있는 그리스 사람들이 대의 민주주의에 보인 불확실한 태도를 잘 드러낸다. 유럽의 다른 나라들과 비교해보면, 그리스가 남성 보통선거를 실시한 것은 비교적 이른 시기인 1843년이었다. 그러나 그 보통선거권은 제한된 형태로 도입되었으며 엘리트 유권자들로 구성된 중간 단계의 선거인단의 존재로 인해 그 의미가 희석되었다. 그다음 19세기의 나머지 기간에는 권위주의 체제의 옹호자들과 의회 통치 체제의 지지자들 사이에 치열한 투쟁이 벌어졌고 그 과정에서 쿠데타와 폭동이 촉발되었으며, 이 때문에 의회 민주주의를 정착시키려는 노력은 좌절되고 말았다. 결국 1919년에서 1922년에 걸친 험악한 그리스-터키 전쟁에서 그리스가 패하고 게오르기오스 2세(Georgios II)가 무력으로 제거된 다음, 그리스 군주제를 폐지하는 국민 투표가 치러진 뒤 1923년에 비로소 국민 전체 투표에 기반을 둔 의회 통치 체제로 가는 길이 열렸다.

대의 민주주의로 향하는 그리스의 험난한 여정은, 국민 투표권을 향한 유럽의 흐름이 사실은 서로 경쟁하는 여러 흐름 가운데 하나에 불과했다는 것과 대의 민주주의로 가는 길이 험난하다는 것을 보여주었다. 이스파노아메리카와 미국에서 그랬던 것처럼 유럽에서도 대의 민주주의의 등장이 이렇게 험난한 과정을 거쳤다는 것은 대의 민주주의의 성장을 좌우하는 어떠한 '철칙'도 없다는 것을 보여준다. 19세기 유럽은 대의 민주주의가 어떠한 역사적 보증이라든가 혹은 역사를 초월하는 어떤 구세주적 존재를 등에 업지 않았음을 보여준다. 하지만 19세기 유럽은 훨씬 더 부정적인 사실을 또 보여준다. 그것은 민주주의에 너무나도 겁을 집어먹은 나머지, 민주주의의 정신과 제도의 목을 졸라 숨통을 끊어버리려고 자신이 할 수 있는 모든 것을 시도하는 돈 많고 힘 있는 사람들이 유럽의 몇몇 지역에 존재했다는 사실이다.

러시아의 경우를 살펴보자. 러시아에서 민주주의라는 단어는 19세기 내내 경멸의 의미를 지니고 있었다.(그러다가 20세기 첫 10년 동안 공산주의 계열의 정치가들이 '민주 집중제'와 '사회주의적 민주주의'라는 표현을 정당화하기 위해 민주주의라는 단어를 엉뚱하게 사용했는데 그런 잘못된 사용이 오히려 이 단어의 가치를 새롭게 인식하는 계기가 되었다.) 흔히 다음과 같은 설명들이 그 이유로 언급되어 왔다. 유럽의 변방에 위치한 러시아의 지리적 상황 때문이라든지, 러시아에 부르주아 계급이 없었기 때문이라든지, 러시아 지식인들의 만성적인 신비주의 성향 때문이라든지, 러시아 인구의 대다수를 차지하는 농민들의 정신 세계가 어찌된 영문인지는 모르겠으나 러시아의 비옥한 대지에 담겨 있는 어두운 풍요에 대한 깊은 애정에 의해 제한되고 있기 때문이라는 것이었다. 하지만 이런 설명들은 모두 잘못된 것이다.

이 상투적인 설명들에 진실이 일부 들어 있다고 해도 그것은 러시아의 폭군적 통치가 수행한 명백하게 탄압적인 역할과 비교할 때 매우 미미한 요소였다. 사상가이자 소설가인 알렉산드르 라디셰프(Alexandr Radishchev, 1749~1802)가 겪은 일은 러시아 땅에서 민주주의자로 살려 했던 모든 이들에게 하나의 교훈이 되었다. 그는 러시아 최초의 근대 민주주의자였으며 〈자유〉라는 송가와 《페테르부르크에서 모스크바로의 여행》이라는 책을 집필한 저자였다.(이 책은 1790년 초여름에 출판되었다.)[16] 라디셰프는 사라토프 주에 영지가 있는 중류층 귀족 가문에서 태어났다. 그는 국비 유학생으로 라이프치히 대학에서 법과 철학을 공부했다. 귀국 후에는 행정 관료가 되었으며 나중에 상트페테르부르크 세관장이 되었다. 유학 시절에 프랑스 계몽 사상의 영향을 받은 그는 절대주의 통치 체제에 적대적인 입장을 취하게 되었다. 라디셰프는 자신을 소수의 계몽된 귀족이라고 생각했다. 자유를 사랑하고, 바로 그렇기 때문에 정치적 압제자들에 맞서 싸우는 농민 다수의 편에 서는 귀족이었던 것이다. 알렉산드르 게르첸(Aleksandr Gertsen), 미하일 바쿠닌(Mikhail Bakunin), 표트르 스트루베(Pyotr Struve), 알렉산드르 솔제니친(Aleksandr Solzhenitsyn) 같은 다양한 인물이 포함된 지식인 순교자 그룹의 전통이 라디셰프에서 시작되었다. 그는 인민의 이름으로 자유를 격정적으로 찬미했기 때문에 고난을 겪게 된다. 프랑스 혁명의 과격함에 경계심이 커진 예카테리나 여제는 라디셰프가 공개적으로 농노제를 비난하자 이를 국가에 대한 위협으로 여겼다. 그녀는 라디셰프를 "푸가초프보다 더 나쁜 반역자"라고 선포했다.(이바노비치 푸가초프는 자신을 표트르 3세라 칭하고 카자크와 농민을 이

끌고 반란을 일으켜 예카테리나 여제에 대항했으나 결국 체포되어 쇠로 만든 함거에 갇힌 채 모스크바로 이송되어 처형된 인물이다.) 라디셰프는 즉각 체포되어 재판에 넘겨졌으며 사형 선고를 받았다. 에카테리나 여제는 나중에 그의 형량을 시베리아 10년 유배로 감형해주었다. 라디셰프는 파벨 1세(Pavel I) 치세 때 석방되고 1801년에는 귀족의 특권도 회복되었지만 다음 해에 스스로 목숨을 끊었다.

라디셰프 같은 사람들을 이렇게 힘든 지경으로 몰아간 러시아 차르 체제의 공세는 그 뿌리를 근대 초기 러시아 특유의 국가 건설 과정에서 찾을 수 있다. 이미 살펴본 것처럼 러시아의 관료제, 상비군, 경제적 보호주의, 조세 및 법적 권한의 중앙 집권화 과정은 유럽 다른 곳에서 진행된 영토 국가의 발전과 동시에 진행되었다. 즉 영토 국가 건설이라는 점에서 볼 때 러시아에는 예외적인 요소가 전혀 없었다는 이야기다. 네덜란드, 프랑스, 영국과 비교했을 때 차이점은 다만 그런 과정을 거쳐 만들어진 국가가 어떤 종류였는지에 있었다. 러시아 땅에서 이런 국가 구조를 이용하여 권력을 휘두르던 사람들 주변에는 경쟁자가 없었다. 이반 3세(Ivan III, 1440~1505) 시대에 러시아 절대주의 체제가 시행한 최초의 조치는 영토와 자원의 통합이었다. 한 예로 당시 독립적이고 자치적인 도시였던 노브고로드 점령을 들 수 있다.(1478년) 노브고로드의 지도층이었던 상인들과 보야르(전통적인 봉건 대귀족)들은 재산을 몰수당하고 추방되었다. 현지의 보야르 자치 정부(guba, 구바)는 해체되고 그 자리에 차르의 직접 통치 체제가 들어섰다.

노브고로드의 개편은 모스크바 공국을 그대로 본떠서 진행되었다. 보야르, 관료, 상인, 군인, 수공업자, 농민 같은 노브고로드 권력 구조의 모든 하부 요소들을 중앙의 행정 및 군사 조직에 종속시켰던 것이다. 자율성을 누리고 세습 영지(이런 세습 영지를 '보치나votchina'라고 했다)를 소유할 권리를 누려 왔던 옛 귀족들은 자율성을 잃고 '봉사 귀족'으로 지위가 변경되었다. 이리하여 그들은 차르의 변덕과 온정에 완전히 의지하는 신세가 되었다. 심지어 가장 부유한 상인들조차 사실상 차르의 명령을 따르는 부하 신세가 되었다. 노브고로드 사태 이후 수백 년에 걸쳐 이런 식의 점령이 여러 곳에서 종종 반복되었다. 차리친에서 아르한겔스크까지, 그리고 우파에서 더 동쪽으로, 러시아에 새롭게 식민지로 편입되는 여러 지역의 모든 도시와 사회 계층은 중앙 집권화의 방향으로 구성되고 있던 국가의 권력 구조에 통합되었다. 암스테르담, 바르셀로나, 혹은 런던과 유사한 도시는 없었다. 귀족들은 관료가 되거나 군 장교가 되었으며, 사회적 계급과 관료적 위계 질서는 서로 합쳐져 하나가 되어버렸다. 표트르 대제(Pyotr I, 1672~1725) 그리고 그의 후손의 치세에서 국가는 교역을 비롯한 모든 주요 산업 분야에서, 특히 전쟁과 관련 있는 (조선, 철광석 채취, 강철 생산과 같은) 산업 분야에서 압도적인 통제권을 쥐고 있었다. 경제 성장이 국가 권력을 먹여 살렸으나, 서유럽에서처럼 국가가 경제 성장을 촉진하는 일은 없었다.

중앙이 모든 것을 지배하는 이런 방식은 교회와 국가의 관계에서도 그대로 반복되었다. 1480년경 수도사들은 이반 3세를 위해 이런저런 문서를 뒤져보기 시작했다. 통치의 새로운 공식을 찾고 있었던 것이다. 그 결과 모스크바를 '제3의 로마'로 여기는 원칙을 중심으로 하고, 전제 군주의 신비한 힘에 휩싸인 비잔틴 양식의 국가가 탄생했다. 이때부터 러시아 사람들의 운명은, 지상에 보내진 신의 대리인이며 '모든 러시아인의 차르'이며 인민의 '진정한' 통일을 가능케 하는 '진정한' 권력의 보유자와 하나가 되었다. 절대 깨뜨릴 수 없는 계약이 존재한다는 이야기가 만들어졌다. 즉 차르는 러시아 정교회를 존중하며 지지할 의무를 지고 있으며 러시아 정교회의 주된 의무 역시, 그 반대 방향으로, 국가를 경배하며 러시아 국민을 올바르고 정통성 있는 신앙에 기반한 경건한 생활로 이끄는 것으로 정해졌다. 실제로 이런 계약이 완성된 것은 표트르 대제가 주교회의(Holy Synod)를 설치한 때였다. 주교회의는 교회의 재산을 대부분 압수했으며 종교적 정통론과 정치적 권력의 영속적인 통합을 강화했다. 이 통합된 권력을 관리하는 것은 차르의 개인적 권력이었다.

러시아 근대 역사에서 권력 공유와 대의적 회의체가 없었던 것은 바로 이러한 전제 군주의 존재 때문이었다. 허약하고 오래 가지 못한 신분제 의회(젬스키 소보르)는 이반 4세가 전략적 이유로 만든 것이다. 폴란드와 리투아니아의 영향을 받은 것이며 귀족들의 지지를 얻으려는 목적이었다. 그렇기 때문에 이 신분제 의회는 (1649년에) 농노를 토지에 영구히 묶어 두는 법안을 승인한 다음에는 서서히 사라져버렸다. 의회에 의한 권력 공유가 없어서 나타난 결과 중 하나는, 표트르 대제가 (그리고 이후 예카테리나 여제, 파벨 1세, 알렉산드르 1세도 그러했다) 서유럽으로부터 오는 정치적·경제적 도전, 특히 프랑스식 민주주의를 추진하는 군사적 압박에 대응하기 위한 하향식 개혁을 자유롭게 추진할 수 있었다는 사실이다.

러시아 군주들은 갖가지 수법을 동원했다. 파벨 1세(그는 1796년부터 1801년 까지 통치했다)는 충성을 다하지 않는 관료와 귀족들에 대한 체벌을 다시 도입했으며 모든 반대자를 탄압하는 정책을 취했는데 결국에는 술 취한 장교들의 손에 살해당했다. 그의 아들 알렉산드르 1세는 권위주의적 수단이지만 좀 더 부드러운 방식을 썼다. 그의 통치는 나폴레옹 군대가 모스크바를 점령했는데도 살아남았다. 당시 모스크바는 완전히 불타버렸으며 그 때문에 굶주리던 프랑스 군대는 퇴각하지 않을 수 없었다. 또한 그는 발트해 지역의 토지 없는 농노들을 해방했다. 또 국가 교육 제도를 수립했으며 국무회의라는 자문 기구를 만들었다. 하지만 이런 과정을 거쳐 완성된 전제정을 완전히 비(非)유럽적인 현상이라고 말하는 것은 옳지 않다.(20세기의 체코 작가 밀란 쿤데라가 그렇게 말했던 것은 유명한 일이다.) 그렇게 규정하면 마치 시민 사회, 의회, 대의 정치 체제가 있어야만 확실하게 유럽의 특질을 갖춘 것으로 인정한다는 이야기가 된다. 프랑스 혁명 이전에 이미, 그리고 그 이후 한 세기가 흐르는 동안에도, 러시아의 정치 체제는 완전히 유럽적 방식을 활용했으며 대의제라는 설비가 없어도 살아갈 수 있었다. 러시아의 정치 체제는 근대 세계로 가는 동유럽적 경로—즉 대의 민주주의 제도 없이—가 가능하다는 것을 입증했다. 19세기 말이 되면 차르 체제의 러시아는 사실상 프랑스를 제치고 세계에서 네 번째 강철 생산국의 위치를 차지하며 전체 산업 생산량에서도 다섯 번째 자리를 차지하게 된다. 이는 민주주의자들이나 민주적 이상의 도움을 전혀 받지 않고 이룬 성과였다. 그러나 이런 제도가 없었기 때문에 러시아는 대가를 치렀다. 전제정의 집게발에 단단히 잡혀 있던 러시아는 주기적으로 농민 반란으로 인해 흔들렸으며, 또한 '인민'을 자신들의 대의로 끌어들이려고 결심한 인텔리겐치아들에게 주기적으로 타격을 입었던 것이다.

이러한 여러 원인 때문에 19세기 러시아에는 '인민주의' 이념의 아주 독특한 지역적 변형이 등장했다. 러시아어로 '나로드니체스트보(narodnichestvo)'라고 불린 이 사상은 의회제 대의 민주주의를 대신해 러시아에 등장했으며, 다소 조악하게 변형된 민주주의였다. 이 사상이 품고 있던 '인민'에 대한 맹목적 숭배는 19세기 이스파노아메리카에서 등장한 카우디요 민주주의와 상당히 유사했다. 인텔리겐치아는 스스로를 러시아의 노예적 정치 질서 안에서 유일하게 자유로운 존재라고 생각했다. 이들이 지지한 러시아 인민주의는 러시아의 단결과 통치는 러시아 인민에 의해 이루어져야 한다고 주장했다. 이 사상은 차르, 교회, 토지 보유 귀족이 결합하여 이룬 권력에 반대했다. 인민주의는 단순히 '민주주의'에 관한 프랑스의 혁명적 이상을 접하고 그 반응으로 태어난 것이 아니었다. 러시아의 인민주의는, 평민들이 더는 쓰레기 취급을 당해서는 안 된다는 인식에 따라 프랑스 혁명의 민주주의 이상을 수용하고 흡수한 것이었다. 인민주의는 그 이상을 높이 평가했으며 끊임없이 '인민의 의지'를 말했다.

하지만 러시아 인민주의가 추구하는 정치 속에는 형이상학적인, 그리고 거의 종말론적인 생각이 숨어 있었다. 즉 과거와 말끔한 혁명적 단절이 꼭 필요하며 가능하다는 점, 그런 단절 이후 벌어지는 대혼란은 결국 계시(啓示, revelation)로 이어진다는 것이었다. 그에 따르면, 왜곡되고 비인간적인 권력 구조가 사라지며 그 이후에는 사물의 진정한 본성이 밝혀지고 마침내 인간 해방이 올 것이었다. 러시아 인민주의 사상가들은 인간이 결국 대지 위에서 살아야 하는 존재라는 점을 강조했다. 이들은 대체로 산업화를 싫어했다. 기술 발전에 우호적이지 않았으며 시장과 과학의 힘을 활용하여 자연을 정복함으로써 인간을 해방시킨다는 근대적 견해 전체를 오류로 보고 부정했다. 이들은 대의 제도가 필요없다고 생각했다. 러시아 인민이 지닌 변치 않는 본질을 바로 자신들이 맡아 전달한다고 생각했기 때문이다. 한편, 인민주의자들이 보기에 의회 민주주의가 이끌고 국가가 조직하는 자본주의는 비참한 키메라(그리스 신화에 등장하는, 사자의 머리와 양의 몸통에 뱀의 꼬리를 한 괴물)이자, 노예제를 기반으로 하는 것이며 실제로는 망상과 불행만 낳는 쓸모없는 것일 뿐이었다.

그렇다면 대안은 무엇인가? 인민주의자들은 종종 서로를 맹공격했으며, 그들 모두가 전반적으로 동의할 수 있는 목표는 없었다. 인민주의자들은 19세기의 후반, 특히 1870년대 이후 차리즘*을 반대하는 진영에서 지배적인 위치를 차지했지만 그들은 결코 제대로 조직된 정당을 만들지 않았으며 논리적인 정책을 만드는 것도 거부했다. 인민주의는 다양한 조직과 분파를 포함하는 일종의 운동이었다. 그 안에는 아나키스트, 니힐리스트, 사회주의자-혁명가(Socialist Revolutionaries) 등이 있었다. 차르 암살을 일차 목표로 삼는 그룹도 있었으며, 반(反)자본주의 운동가들도 있었고, 또 표트르 트카초프(Pyotr Tkachëv, 1844~1886) 같은 별난 인물도 있었다. 트카초프는 러시아의 새로운 탄생을 위해서 25세가 넘는 사람은 모조리 없애버려야 한다고 주장했던 것으로 알려졌다. 인민주의자들은 자주 실패했다. 한 예로 1874년 여름을 들 수 있다. 이때 농민들은 농부 차림이었던 대학생 인민주의 활동가들을 차르 경찰에게 넘겨줌으로써 농민 자신에게 부여된 '인민'이라는 역할을 거부했다. 그러나 차르 체제의 참혹한 현실 덕분에 인민주의자들은 계속 활동할 수 있었으며 때로는 어느 정도 단결한 모습을 보이기도 했다. 특히 모두 대의 민주주의를 확실하게 거부하는 데서 그랬다.

인민주의자들은 보통 자신들은 '정치와 무관하다'고 말했다. '금권 정치'라든가 '프티부르주아적' 혹은 '부르주아적' 선거 정치에 전혀 관심이 없으며, 따라서 의회에 의석을 차지하고자 하는 환상 따위는 품고 있지 않다는 것이었다. 그들은 새로운 혁명 주체, 즉 농민과 소생산자에게 희망을 걸었으며 러시아가 산업 자본주의와 대의 정치의 시대를 건너뛸 수 있다고 믿었다. 레닌(Vladimir Il'ich Lenin, 1870~1924)이 묘사한 바에 따르면, 전형적인 인민주의자는 '야누스'로서 "얼굴 하나는 과거를 향해 있고 다른 얼굴은 미래를 향해 있다."[17] 인민주의자들 대부분은 알렉산드르 게르첸이 제시한 전망을 약간 변형해서 받아들였다. 게르첸은 '미르'가 지닌 자연적 조화를 대안적 전망으로 제시했다. 농민들의 자유로운 결사체인 '미르'는 경작지를 주

차리즘(tsarism) 차르를 중심으로 한 제정 러시아의 전제적인 정치 체제. 16세기 중반에 시작된 것으로서 농노제를 기반으로 하며 방대한 관료제를 펴고 황제가 강력한 권력을 장악했으나, 1917년 러시아 혁명으로 붕괴했다.

기적으로 재분배하는 권한을 갖고 있었다. 그 과정에서 농민들은 각자 모두 평등하게 발언권을 행사해 자신들이 서로 평등한 존재로서 어떻게 삶을 살아갈지를 결정했다. 인민주의는 '미르' 안의 인민을 '미르'를 통해 보호할 것을 주장했다. 인민주의는 새로운 러시아를 여러 자치 단위로 구성된 비중앙집권적 연방으로 상상했으며, 농노제와 산업화와 자본주의라는 악(惡)과 영토 국가의 폭력으로부터 해방된 새로운 유형의 '포스트-데모크라시(post-democracy)' 체제로 상정했다.

인민주의의 주장은 요컨대 낡은 러시아를 뒤엎어버림으로써 세상을 바꾸자는 이야기였다. 수많은 젊은 인민주의자들이 '인민 속으로' 들어가라는 호소에 감동했다.(이런 호소는 미하일 바쿠닌이 망명지에서 발행하던 잡지 〈인민의 대의〉에 1868년에 실은 유명한 글에서 처음으로 소개되었다.) '자코뱅'이라고 알려진 인민주의자들도 있었다. 이들은 '인민'이 스스로 자신을 해방할 능력이 없다고 판단했으며, 인민은 오로지 부정적이고 파괴적인 세력이 될 수 있을 뿐이므로 마치 사자에게 조련사가 필요하듯 인민에게는 단단하게 조직된 전위가 제공하는 강력한 지도력이 필요하다고 결론지었다. 그 전위는 인민의 폭동으로 야기되는 대혼란을 혁명으로 바꿀 것이었다. 러시아 국가체제는 (표트르 트카초프가 설명했듯이) "희박한 대기 중에 둥둥 떠 있으며", "절대적으로 어리석고 또 어리석을 정도로 절대적이기 때문에" 국가의 지배자들을 암살하여 마땅하다고 생각하는 인민주의자들도 있었다.[18] 차르를 살해함으로써 차르 체제를 죽여버리려는 두 번의 시도는 실패로 끝났다. 첫번째 시도는 차르가 탄 기차를 폭파하려는 계획이었고 두 번째 시도는 스테판 할투린(Stepan Khalturin)이 주도한 것으로 겨울궁전을 폭파하려는 계획이었다. 세 번째 시도는 성공했다. 1881년 3월 1일 이그나치 흐리니에비에츠키(Ignacy Hryniewiecki)가 던진 폭탄으로 알렉산드르 2세가 죽었다. 흐리니에비에츠키는 러시아화된 폴란드인이었으며 '인민의 의지'라는 지하 단체의 구성원이었다. 많은 인민주의자들은 기뻐서 어쩔 줄 몰랐다. 하지만 기쁨은 잠시뿐이었다. 알렉산드르 3세 정부는 다섯 명의 공범을 체포하여 처형해버렸으며(흐리니에비에츠키는 자신이 던진 폭탄에 이미 죽었다), 자유롭게 선출하여 의회를 구성하자는 요청을 단호하게 거절하고 탄압의 고삐를 조였다. 폭력은 결국 폭정을 더 키운 것이다. 러시아 사람들은 의회 민주주의가 그들에게 찾아올 때까지 또 기다려야 했다.

영국식 민주주의

프랑스 혁명과 관련된 여러 역설적 사실 가운데 하나는, 프랑스 군대의 공격이나 점령을 맛보지 않은 나라의 국민들이 오히려 혁명이 제시하는 가장 훌륭하고 담대한 목표를 적극 수용했다는 것이다. 상황에 무지했기에 공감했다는 뜻이 아니다. 이 현상은 학습 과정이었다고 말하는 것이 더 적절하다. 프랑스 군대가 건드리지 않았거나 점령하지 않은 지역에서 벌어진 일은,—이스파노아메리카나 알렉산드르 1세 치하의 러시아같이 서로 너무나다른 사례가 보여주듯이—시대의 흐름이 이제 완전한 정치적 평등으로 향하고 있으며 동시에 자코뱅 방식의 정치를 반대하는 쪽으로 향하고 있음을인식한 것이었다. 교통이 열악한 때였던 만큼, 나폴레옹 군대에서 지리적으로 먼 거리에 있던 나라들은 생존할 가능성이 분명히 더 컸으며 이 나라들은 때로는 자체 개혁을 통해서 생존하기도 했다. 마치 고대 그리스에서 그랬던 것처럼 19세기 유럽에서도 '아르카디아 법칙'이 적용되었다. 즉 어떤영토에서 민주주의가 성공할 가능성은 그 국경 지대에 가해지는 군사적 압력에 반비례한다는 것이다. 이것이 바로 영국이—프랑스 군대의 침입에서영국을 보호해주었으며 그리하여 영국이 세계의 압도적인 해상 강국이 되는 것을 보장해준 트라팔가르 해전의 승리(1805년 10월 21일)를 이제 막 거둔시점에서 시작해—가장 성공적인 의회 민주주의 국가가 되었고 그리하여조지 오웰이 '해양 민주주의'라고 명명한 가장 중대한 사례가 될 수 있었던배경이다.

프랑스에서 연이어 벌어진 사태로 인해 영국의 정치 제도는 뿌리까지 흔들렸고 놀라운 결과가 이어졌다. 영국과 프랑스는 1793년 이후 서로 전쟁중이었기 때문에 영국, 스코틀랜드, 아일랜드의 급진파 인물들은 프랑스가보여준 선례에 공개적으로 지지를 표할 수 없었다. 그랬다가는 반정부적인선동죄로 처벌받을 위험이 있었기 때문이다. 하지만 그런 상황에서도 지지의 움직임은 있었다. 프랑스가 보여준 실험에 찬사를 아끼지 않은 인물로는 찰스 제임스 폭스(Charles James Fox) 같은 정치 지도자, 조지프 프리스틀리(Joseph Priestley) 같은 영향력 있는 과학자, 토머스 페인 같은 저술가들이 있었다. 토머스 페인이 쓴 《인간의 권리》(1791~1792)는 성경을 포함해 그전까지 출판된 어떤 책보다 많이 팔렸으며, 이 책 덕분에 그는 프랑스의 명예시민이 되었고 프랑스 국민의회의 의석을 받았다. 이러한 새로운 새벽을 가까운 곳에서 경험할 수 있는 것이 그지없는 행복이라고 시인 윌리엄 워즈워스가 말했는데 그만이 그런 감정을 느낀 것은 아니었다. 급진파 활동가들은 도시와 농촌의 대지에 민주주의적 자유라는 나무를 심었으며 때로는 놀라운 성공을 거두었다. 그 예로 1797년 와이트 섬 부근에서 정박 중이던 해군 병사들이 새로운 프랑스가 제시한 목적에 연대를 선언하며 폭동을 일으켰다. 이들은 장교들에게 배에서 내리라고 명령했으며 위원회를 선출하여 군함을 지휘하도록 했고 급료와 근무 조건을 개선해 달라고 요구했다.(이 요구는 받아들여졌다.)

1640년대의 내전 이후 처음으로, 그리고 그때보다 훨씬 더 큰 규모로, 세필드통신협회(1791년 12월 창립)와 런던통신협회(1791년 1월 창립)는 남성 보통선거권을 지지했다. 이듬해 찰스 그레이(Charles Grey, 1764~1845)와 제임스 메이틀랜드(James Maitland)가 주도적 역할을 하고 28명의 의원이 지지하는 가운데 '인민의 친구 협회(Society of the Friends of the People)'라는 개혁 조직이 결성되었다. 가장 놀라운 사건은 1793년 스코틀랜드의 에든버러에서 '영국 국민공회'가 소집된 일이었다. 이는 피트* 정부에 대한 공공연한 도전이었다. 첩자 활용, 브랙스필드 경*과 스코틀랜드 법원의 활약을 통해 급진

윌리엄 피트(William Pitt, 1759~1806) 영국 정치가. 유명한 정치가였던 아버지와 이름이 같아서 '소(小)피트'라고도 불렸다. 1783년 24세에 총리가 되어 17년간 중단 없이 집권했다. 미국 독립전쟁 후 영국의 경제를 재건하는 데 힘썼으며 자유 무역주의를 존중하여 시민 계급의 지지를 받았다. 1789년 프랑스 혁명이 일어나자 혁명의 확산을 막기 위한 '대프랑스 동맹'의 중심이 되었으며 영국 내에서도 혁명적 움직임을 억제했다. 1801년에 사임했다가 1804년에 다시 총리가 되었으나 아우스터리츠 전투에서 영국군이 나폴레옹 군대에 크게 패배했다는 소식에 병세가 악화되어 얼마 후 사망했다.
브랙스필드 경(Lord Braxfield, 1722~1799) 스코틀랜드 사법부의 최고위 직책에 있던 인물로서 극단적으로 보수적인 견해를 지녔으며, 개혁을 요구하는 여러 단체에 무거운 법률적 제재를 가했던 것으로 유명하다.

파 지도자들에게 가혹한 형벌이 내려졌다. '런던통신협회' 같은 단체는 활동이 봉쇄되었으며 이 단체가 이어주던 잉글랜드 중부와 북부의 도시들 사이의 연결은 약화되었다. 피트 정부는 형식과 내용 면에서 승리자처럼 보였지만, 이는 잠시뿐이었다.

이처럼 여러 지역에서 공화주의적 주장이 급격히 늘어났지만 영국은 군주제를 유지했다. 하지만 군주제도 대가를 치렀다. 영국의 정치 체제는 과거와 완전히 달라졌으며 과거로 다시 돌아가는 것은 불가능했다. 왜냐하면 급진파 민주주의자들이 주장하는 방식과 그 내용이 일상생활과 통치 제도에, 표면 아래서지만, 강력한 영향을 끼치게 되었기 때문이다. 가장 뚜렷하게 그 영향이 드러난 것으로는 노예 무역에 대한 시민 반대 운동이 있었으며, 선거권 확대를 통해 도시의 중간 계급과 전문직 종사자들이 정치 체제에 편입될 수 있도록 압력을 가했던 일을 들 수 있다. 또 수공업자와 노동자, 그리고 그들의 가족들 사이에서 협동조합과 자조(自助) 운동이 탄생했던 것을 들 수 있다. 독일의 경우와 마찬가지로 영국에서도 사회민주주의의 논의가 있었다.

프랑스 혁명을 통해 급진주의가 고양되면서, 정치인과 의회를 향해 대중이 무례한 언행을 하는 경우가 급격히 늘었다. 영국은 오랜 세월 동안 특유의 정치적 위트로 유럽 전역에서 유명했다. 사람들의 기억에 가장 뚜렷하게 남아 있는 것은 정치인들의 날카로운 유머였다. 그런 정치인들 중 한 사람인 존 윌크스(John Wilkes, 1725~1797)는 의회에서 진행된 토론을 토씨 하나까지 그대로 출판물에 실었으며, 유권자들의 대표자를 결정하는 권한이 하원이 아니라 유권자 자신에게 있다는 원칙을 지지하며 의회 선거에 출마했던 것으로 기억된다. 어느 날, 그가 공개 연설을 하고 있는데 유권자 한 사람이 윌크스에게 표를 던지느니 차라리 악마에게 표를 던지겠다고 소리쳤다. 그러자 윌크스는 유명한 답을 한다. "당연하죠." 그러고는 한마디를 덧붙였다. "그런데 혹시라도 만일 당신의 그 친구가 출마하지 않기로 결정한다면, 그때는 제가 당신의 표를 기대해도 좋을까요?" 전투적인 느낌을 주는 이런 위트 넘치는 대화는 사실 매우 민주적인 성격을 띠었으며, 거의 스포츠에 가까웠다. 혹은 싸움에 참가하는 전투원들 간에 미리 모의된 음모라고 할 수 있었다. 싸움은 상대방에 대한 적개심에서 시작되었지만, 그 적개심

1819년 8월 16일의 '피털루 학살'. 당시 맨체스터의 피털루에서 의회 개혁을 요구하는 시민들을 군대가 잔인하게 진압했다.

은 산뜻한 유머에 의해, 그리고 시의 적절하게 기지를 발휘하는 사람이 이기는 게임이라는 인식에 의해 완화되었다. 프랑스 혁명이 일어난 뒤에는 정치인에게 심한 말을 던져서 곤란하게 만드는 공공의 예술이 평민들에게 확산되었다. 이 게임은 가끔 공동체 전체가 습득하기도 했다. 예를 들면 영국의 동북부 던디(Dundee) 지역의 급진적인 아마포 직조공들은 이런 게임에 '헥클링'*이라는 완전히 새로운 이름을 붙였다. 헥클링은 아마포 직조공들이 아마 섬유를 실로 잣기 이전에 낮 동안 하는 준비 작업인데 아마 줄기를 더 가늘게 가르거나 늘이는 작업을 가리켰다. 다른 사람들은 총리의 인형을 화형에 처하는 옛 풍습을 계속해서 실행하곤 했다. 그들은 또한 '평등한 대의 제도가 아니면 죽음을 달라'는 글귀를 쓴 플래카드를 들고 다니기도 했다. 1819년 여름, 맨체스터에서 병사들이 칼을 휘둘러 수백 명의 시위대에게 부상을 입히고 십여 명을 짓밟고 칼로 찔러 죽이는 사건이 발생했다. 병사들은 당시 의회 체제 개혁을 요구하는 집회에 모인 수만 명의 군중을 해산시키라는 명령을 받고 이런 일을 저질렀던 것이다. 이 사건은 오늘날 '피

헥클링(heckling) 연설하는 사람에게 청중이 야유를 보내 방해하는 행동을 말한다.

털루 학살'로 불린다. 이렇게 급진 정신은 피털루 학살에서 가격당했지만 차티스트 운동에서 다시 등장했다. 차티스트 운동은 남성 노동자들의 권리를 정치적으로 인정받으려는 운동이었다. 그리고 시대적으로 중요했던 또 다른 움직임으로 여성들이 공적 사안에 점점 더 활발히 참여했다는 사실을 들 수 있다. 여성들은 반(反)노예제 운동뿐 아니라 알코올 중독과 매춘에 반대하는 사회 운동에 참여했다. 이 운동들은 여성들이 시민으로서 완전한 정치적 편입을 요구하는—그리하여 결국 성공을 거두는—운동을 준비하는 의미가 있었다.

1832년 찰스 그레이 정부가 논란이 많던 '개혁법'*을 통과시킨 것은 영국 정치에서 앞으로 일어날 중요한 일들을 예견하는 전조였다. 동시에 하나의 분수령이기도 했는데 이것은 많은 사람들이 보기에 그 무시무시한 프랑스의 질병이 영국의 유서 깊은 정치체 속으로 분명히 파고들어 온 순간이었다. 1832년 개혁법은 옛 과두 지배 질서를 끝장냈다. 프랑스 혁명 직전에 잉글랜드와 웨일스의 유권자 수는 약 21만 4천 명이었다. 이는 당시 전체 주민 8백만 명의 3퍼센트도 안 되는 수였다. 1831년에 실시한 인구 조사를 보아도 상황은 조금도 좋아지지 않았다. 이때 스코틀랜드에서는 전체 주민 수가 260만 명인데 그 가운데 약 4500명의 남자만 유권자로 등록되어 있었다. 맨체스터, 버밍엄, 리즈같이 새롭게 번성하는 공업 도시들은 하원 의석을 단하나도 갖지 못한 반면, 오래된 선거구의 주민들은 엄청난 비율로 과잉된 수의 하원의원을 갖고 있었다. 극단적인 예로 윌트셔의 올드새럼 선거구를 들 수 있다. 1800년 이 선거구의 유권자는 11명이었으며 모두 대지주였는데, 아무도 현지에 거주하지 않았다. 사실상 이 선거구는 아무도 살지 않는 곳이었는데도 1832년 개혁법 이전까지 매번 2명의 하원의원을 선출했다. 어느 곳에서나 투표권은 21세 이상 남성에게 한정되어 있었으며 재산 보유 조항을 충족하는 사람이어야 했다. 여러 곳의 선거구에 재산을 분산하여 소유한 사람은 복수의 투표권을 부여받았다. 도시 자치체(town corporation)에 의해 간접 선거가 시행되는 경우도 있었다. 지주들은 자신의 정치적 목적을 이루

---

* 영국의 1832년 개혁법(1832 Reform Act)은 기득권층에게만 유리했던 선거 제도를 개혁해 중간 계급에게 참정권이 확대되도록 했다. 그러나 이때도 노동자와 여성은 제외되었다.

는 데 노련했다. 그들이 즐겨 쓴 방법은 '지명 선거구(nomination borough)' 혹은 '포켓 선거구(pocket borough)'라고 불리는 선거구 안에서 자신의 힘과 영향력을 발휘하는 것이었다. '포켓 선거구'라는 이름이 붙은 이유는 이 선거구들이 힘 있고 부유한 사람들의 오스트레일리아머니 속에 들어 있는 것과 같았기 때문이다. 심지어 다음과 같은 기록도 남아 있다. 1770년대 뉴쇼어햄에서는 현지의 유력자들이 조직 하나를 결성했다. 이른바 '기독교인 클럽'이라는 것이었는데 여기서 유력자들은 해당 선거구의 의원 직책을 경매에 붙여 가장 많은 돈을 제시하는 사람에게 파는 일을 정기적으로 시행했다.

옛 의회 제도는 때에 따라서는 좋은 돈벌이 수단이 되었으며, 이 제도가 스스로 민주주의적이라고 주장한 적도 없었다. 바로 이런 상황 때문에 '1832년 개혁법'* 논의가 시작되었다. 혁명적 소요가 일어날지 모른다는 이야기와 그 공포심을 배경으로 하여, 특히 귀족원 즉 상원에 있는 토리당원들이 맹렬히 반대했지만, 개혁법은 귀족들이 새로운 중간 계급과 권력을 공유하도록 강제했다. 개혁법에 따라, 수백 년에 걸쳐 쇠락하여 인구가 감소한 도시(이른바 '썩은 선거구rotten borough'라고 불렸던 곳들)가 의석을 박탈당했다. 그렇게 생겨난 의석은 대규모 신흥 공업 도시에 돌아갔다. 투표권은 모든 남성에게 부여되었는데, 단 이들은 부동산 소유자이거나 임차인, 혹은 매년 50파운드의 임대료를 지불하는 '임의 부동산권자'*여야 했다. 유권자의 수는 두 배 이상 증가했다. 유권자 등록 제도가 도입되었고, 각 도시 구역과 교구의 빈민 감독관*이 이를 감독했다. 유권자 자격 조건과 관련한 분쟁을 해결하기 위한 특별 법정이 설립되었다. 한 선거구 안에 여러 개의 투표소를

1832년 개혁법(the Reform Act of 1832) 영국은 이 선거법 개정으로 50개 이상의 불합리한 선거구를 없애고 그 의석을 신흥 공업 도시에 배정하였으며, 선거 자격을 완화하여 거의 모든 중간 계급이 선거권을 갖도록 하였다. 그 결과 잉글랜드와 웨일스의 유권자는 36만여 명에서 65만여 명으로 78퍼센트가량 늘었고, 전체 인구 30명 중 1명, 성인 남성 7명 중 1명이 선거권을 획득하게 되었다.

임의 부동산권자(tenant-at-will) 어떤 사람이 토지 소유자의 허락을 얻어 해당 토지를 점유하고 있으나 언제라도 토지 소유자가 점유를 중단시킬 수 있는 경우에 현재 토지를 점유하고 있는 사람을 임의 부동산권자라 부른다.

빈민 감독관(overseer of the poor) 해당 구역의 빈민에게 돈, 음식, 옷 따위를 제공하는 책임을 맡은 관리.

설치하는 일도 이때부터 허용되었다. 투표를 5주나 6주까지 질질 끌면서 실시하던 옛 관행이 폐지되었으며 이제부터는 최대 이틀간 투표를 실시할 수 있게 되었다. 개혁법 이전에는, 당시의 한 관찰자에 따르면, 오직 180명밖에 안 되는 부유한 대토지 소유자들이 잉글랜드와 웨일스를 대표하는 514명의 의원 가운데 대략 370명을 직접 선택하여 결정했다고 한다.[19] 1832년의 개혁법이 시행되면서 이제 의회 선거를 둘러싼 부정한 돈벌이는 영원히 종언을 고했다.

식민주의의 역설

1832년 개혁법 전문(前文)에 따르면 이 법은 "의회 하원에서 봉사할 구성원의 선출 과정에 오랫동안 만연해 온 여러 가지 잘못된 점을 바로잡기 위한 효과적인 조치를 취하려는 목적으로" 제정되었다. 이 법은 인상적인 성과를 냈다. 하지만 이 입법을 기반으로 하여 세워진 체제는 곧 심각한 결함들을 드러냈다. 그러자 많은 사람들은 이 결함들을 바로잡으려면 새로운 정치적 의제를 만들어 아직 완결되지 않은 과업을 계속 추진해야 한다고 생각했다. 개혁법은 여성의 선거권 박탈을 분명하게 명기함으로써 과거의 편견을 그대로 유지했다. 여전히 엄청나게 많은 사람이 투표할 권리를 누리지 못하고 있었다. 투표 장소도 부족했으며 유권자에게 뇌물을 주는 일 역시 횡행했다. 선거는 여전히 오래 질질 끌면서 많은 부정부패를 낳는 행사였던 것이다.

여러 결점과 좌절과 실망에 직면하자 민주주의적 급진주의를 지지하던 영국 정신의 일부가 나라 밖으로 나가버리는 일이 발생한다. 어떻게 이런 일이 벌어졌는지를 이해하려면 대의 민주주의 역사가 때때로 이상한 법칙에 따라 형성된다는 것을 알아야 한다. 그 법칙은, 급진적인 혁신은 사회·정치 생활의 강력한 중심지가 아니라 기존 질서의 영향을 비교적 덜 받는 주변부에서 일어난다는 것이다. 이를테면 '주변부에서 일어나는 혁신의 법칙'이라고 부를 수 있는 이 법칙은 분명히 대영 제국에 적용되었다. 바로 대영 제국의 식민지를 무대로 하여, '책임 정부'*와 '대의 정치'의 진보적인 형태를 위

'여성의 권리'라는 제목의 풍자 만화(1853년). *

한 강력한 추진력이 발생했던 것이다.

　여러 가지 원소를 결합하여 새로운 민주주의적 화합물을 만들어내는 정치적 실험실 역할을 제국이 할 수 있다는 것은 정말 믿기 어려운 이야기이다. 우리는 앞서 아테네의 민주주의에 대해 제국이 어떤 문제를 제시했는지 살펴보았다. 여기서 잠시 '제국'과 '민주주의'라는 두 단어의 의미 사이에 존재하는 긴장에 대해 생각해보자. 이 두 단어는 결코 행복한 가족이 될 수 없으며 친한 이웃도 될 수 없다. 두 단어는 마치 서로 강하게 밀어내는 자석의

책임 정부(responsible government) 일반적으로 책임 정부란 행정부가 의회에 대해 책임을 지고, 의회의 신임 여부에 따라 진퇴를 결정하는 정치 방식을 말한다. 하지만 여기에서는 그 의미가 한정되어 있다. 즉, 대영제국 내의 특정한 식민지가 자율적으로 의회를 구성하고 그 의회의 신임을 기반으로 내각이 구성되며, 이 내각이 영국 본토 정부의 직접적인 통제에서 벗어나 오로지 그 식민지의 의회에만 책임지는 형태의 정부를 말한다. 결국 자치 정부를 의미한다.

* 그림의 위쪽을 보면, 왼쪽에는 '숙녀들이 지지하는 후보자(the ladies' candidate)'라고 써 있고 오른쪽에는 '신사들이 지지하는 후보자(the gentlemen's candidate)'라고 써 있다. 무대의 오른쪽에는 '스크루 드라이버'라는 투박한 이름의 후보자가 자신이 '정치경제학자'라는 표지를 들고 서 있다. 그 곁에는 '어리석은 강아지들에게 투표하지 말라'는 표지도 보인다. 이쪽에는 관중이 별로 없다. 한편 왼쪽의 후보자는 '다링'이라는 세련된 이름의 날씬한 남자가 후보자로 나서고 있으며 아름다운 치장을 한 여성들에게 둘러싸여 있다. 자신이 선출되면 일 주일에 한 번씩 무도회를 열겠다는 것을 구호로 내세우고 있으며, 게다가 이 무대의 앞에 서 있는 광고판에 따르면 이 후보를 지지하는 모임이 개최될 예정이고 다과가 제공될 것이라고 한다. 결국, 이 만화는 여성 측의 후보자들이 듣기 좋은 말로 사람들을 유혹하는 저급한 인기몰이를 하는 집단이라고 비난하고 있는 것이다.

양극처럼 서로 아주 깊은 반감을 지니고 있는 것처럼 보인다. 민주주의는 권력 관계를 임시적이고 변형 가능한 것으로 보고 따라서 주기적 선거, 언론의 자유, 의회 정치라는 방법을 통하여 공공의 견제와 제한이 항상 필요한 정치체의 한 형태이며 삶의 방식이다. 그럼 제국은 무엇인가? 이는 지리적으로 확장된 정치체이다. 이 정치체는 다양한 종류의 영토와 민족으로 구성되어 있으며, 이 구성 요소들은 중앙에 존재하는 통치자, 즉 한 사람의 황제(황제를 뜻하는 영어 단어 '엠퍼러emperor'는 '명령을 내리는 사람'이라는 뜻의 라틴어 '임페라토르imperator'에서 유래했다) 혹은 황제를 중심으로 하는 한 무리의 사람들에 의해 하나로 통합되고 통제된다. 제국의 통치자들은 자신이 무언가 더 높은 차원의 보편적 지배권의 대리자라고 주장한다. 그들은 종교 혹은 법, 종족, 역사, 세련된 예의범절 같은 것에 기반을 둔 우수성을 자신들이 갖추었다고 관념적으로 주장한 다음, 이것을 제국의 신민들에게 강요함으로써 자신들의 특권을 고집스럽게 수호한다. 최종적으로 그들은 무력을 동원할 수 있는 독점적 권리를 활용해 이런 주장을 뒷받침한다. 그리고 제국의 통치자들은 자신의 힘을 측정할 때면 모든 경쟁자들의 힘을 전부 합친 것을 기준으로 하여 비교한다. 일찍이 페리클레스는 이렇게 표현했다. 펠로폰네소스 전쟁이 시작될 무렵 아테네 민주정이 지닌 힘의 원천은 아테네가 보유한 해군력이며 이는 아테네를 제외한 헬라스 전체의 해군력보다 더 크고 더 효율적이라고 했다.[20]

이런 우월 콤플렉스 때문에 제국은 나쁜 평판을 얻게 된다. 특히 근대의 민주적 사회에서 그러한데, 여기서 제국이라는 단어는 군주제, 폭력을 통한 정복이라는 의미를 지닌다. 또 한계를 모르고 제국 내 약한 구성 요소의 주권이나 독립에는 전혀 무관심하며 독점적인 힘을 동원해 여러 민족을 종속시킨다는 인식이 있다. 실제로 제국들은 이런 성격을 띠는 것이 보통이며 따라서 제국이 반(反)민주주의적이라는 나쁜 평판을 듣는 데는 타당성이 있는 것이다. 하지만—이 단서 조항은 매우 중요하다.—제국들이 모두 한결같이 똑같은 것은 아니다. 대의 민주주의의 관점에서 볼 때 제국은 다음 세 종류로 구분되어야 한다.

첫째, 20세기 소련처럼 어떤 제국들은 처음부터 입장을 분명히 하여 피치자들에 대한 중앙 집권적 통제를 시행한다. 정당, 선거, 의회 구성은 모두 제국의 지배 권력에 우호적인 방향으로 조작된다. 둘째, 이런 제국과 대조적인 오스만 제국 같은 유형도 있다. 이는 중앙 집권화된 통제가 어느 정도 있으면서 동시에 상당한 정도로 제국의 피치자들과 권력을 공유하는 형태였다. 예를 들어 '메시웨레트'라는 이름의 대의적 회의체를 소집해 권력을 공유했다. 인도 서부 해안의 고아를 중심으로 작동한 포르투갈 제국도 이와 유사하게 지역적으로 통제되는 마을 회의체(코무니다데스communidades) 시스템을 통해 운영되었다. 선거나 의회적 제도들을 활용하여 상당한 정도로 중앙의 권력을 아래쪽으로 이양하는 방식은 유럽에서 다양한 민족을 아우르던 오스트리아-합스부르크 제국의 중요한 특징이기도 했다. 셋째로, 제국 중에는 매우 역설적인 모습을 보이면서—정복 행위의 폭력성과 중앙 집권화된 행정 조직, 탐욕과 허영심에도 불구하고—새로운 민주적 제도들을 탄생시키는 산파 역할을 하는 유형이 있다.

특정한 시기로 한정한다면, 대영 제국은 분명히 마지막 범주에 속한다. 어째서 그런지를 이해하려면 우선 영국이 제국으로 올라서면서 거친 두 단계를 알아야 한다. 첫 번째 단계는 프랑스의 루이 14세를 격퇴한 때부터 미국 독립까지의 시기이다. 영국의 힘은 7년전쟁(1756~1763)을 통해 정점에 이르렀다. 이 전쟁에서 이겨 캐나다와 인도를 얻었다. 그러나 영국의 압도적인 해군력과 상업력은 외국의 적대감뿐 아니라 식민지의 반란을 불러온다. 미국 독립전쟁(1775~1783) 중에 영국은 미국, 프랑스, 네덜란드, 에스파냐를 포괄하는 막강한 힘의 연합을 상대로 싸워야 했으며, 다른 한편으로는 스웨덴, 러시아, 프로이센, 덴마크, 오스트리아가 무장 중립이라는 깃발 아래 힘을 합치는 상황에 대처해야 했다. 영국은 고립되었으며 이리하여 영국의 첫 번째 제국은 흔들렸다. 그러나 곧 제국은 재건되기 시작했다. 이것이 두 번째 단계이다. 나폴레옹의 '민주적' 군대와 맞서 싸우면서 영국은 뛰어난 전술과 해군력을 쌓았고 제국으로서 확신을 품게 되었다. 1802년 윌리엄 피트는 흡족한 말투로 이렇게 말했다. "프랑스가 아무리 거대하다 해도, 영국은 유럽 전체와 맞먹는 소득 수준을 가진 나라이다. …… 유럽 전체와 비교해도 영국 해군이 우월하며, 교역 규모 역시 유럽 전체의 규모만큼 크다."[21]

일부 영국인들에게는 나폴레옹에 대항하는 전쟁이 민주주의의 폭정에서 유럽 전체를 구하는, 삶과 죽음을 가르는 투쟁으로 여겨졌다. 사실 이 싸움은 전 세계를 아우르는 제국의 건설을 둘러싼 거대한 투쟁이었다. 1807년 토머스 제퍼슨은 다음과 같이 말했다. "거대한 힘을 지닌 두 나라가 세계 지배를 확립하기 위해 분투하고 있다. 한 나라는 바다를 통해, 다른 한 나라는 육지를 통해."[22] 영국이 프랑스의 민주주의자들에게 승리를 거둔다면 그 결과가 전 세계에 영향을 끼칠 것이라는 제퍼슨의 예견은 옳았다. 진정으로 19세기는 영국이 해군력과 경제력의 우위를 뽐내는 황금 시대가 되었다. 영국의 제조업과 자본, 문화적·정치적 제도들이 전 세계에 확산되었으며, 영국 해군은 유럽 대륙을 제외한 거의 전 세계에서 초보적인 수준의 세계 질서를 유지했다.

이전에 존재했던 모든 유럽 제국과 마찬가지로, '팍스 브리타니카'*도 영국의 우위를 기반으로 하는 세계 단결을 요란하게 호소하면서 노골적으로 지위 확대에 나섰다. 위대한 제국은 소심한 마음과는 어울리지 않는 법이다. 과거를 돌이켜보면, 신성로마제국의 황제 하인리히 5세(Heinrich V, 1081~1125)는 투르크인들을 상대로 한 십자군 전쟁을 통해 기독교 세계 전체의 단결을 꿈꾸었다. 합스부르크 왕가 아래 모여들었던 국가 연합(오스트리아, 에스파냐, 네덜란드, 나폴리, 밀라노, 보헤미아, 포르투갈, 헝가리)은 국제적 가톨릭 정신을 열렬히 옹호했다. 스웨덴의 왕 구스타브 아돌프(Gustav Adolf, 1594~1632)는 프로테스탄티즘의 대의를 내세우고 여러 전투를 치렀으며 영토를 수호했다. 나폴레옹은 프랑스 혁명에서 벌어진 여러 사건 덕분에 유럽 전역으로 활동 범위를 넓히게 되었고 또 유럽 이외의 지역까지 영향력을 행사하게 되었다. 한편으로는 황제라고 하는 고대의 칭호를 스스로 자신에게 부여하고, 한편으로는 민주주의라고 하는 옛 단어에 새로운 생명을 불어넣고 이 민주주의를 널리 확산시켰다.

이처럼 여러 지배적 강대국들이 내세운 이야기와 비교할 때, 대영 제국이 전 세계의 바다를 누비고 각 지역에서 확고하게 자리를 잡는 동안 그들의

팍스 브리타니카(Pax Britanica) 19세기 영국의 식민 통치를 일컫는 말. 영국이 세계 무대를 주름잡던 19세기 대영 제국 당시의 황금기를 말한다.

머리 위에 휘날린 깃발에는 좀 더 웅대해 보이고 좀 더 오만해 보이는 이상들이 적혀 있었다. 거기에는 18세기의 중상주의자들이 떠들던 이야기가 담겨 있었다. 그들은 인구와 부(富)의 긴밀한 관계, 영국에 장차 닥칠 인구 감소에 미리 대비할 필요성에 대해 목소리를 높였다. 정치경제학자들의 논리도 있었다. 그들은 시장에 의한 교역과 지식의 진보가 일상생활에 주는 혜택을 말했다. 영국의 지배에 깃든 기독교적 특질에 관한 언급도 있었다. 미신에 비교하여 세속주의가 지니는 이점과 영국이 보호하는 '하등 종족들'의 생물학적 결점에 관한 이론들도 있었다.

이런 주장은 자기 모순적이었다. 하지만 그뿐이 아니었다. 이런 주장은 의회 정치의 원칙과도 충돌했다. 이는 영국 내부와 대영 제국 곳곳의 영향력 있는 인사들도 지적하던 내용이다. 에드먼드 버크는 그가 '지리적 도덕'이라고 명명한 것의 위험에 관해 영국 의회에서 유명한 연설을 했다. '지리적 도덕'이란, 이중 잣대에 따라 통치하는 관행을 지적한 것이었는데, 이 관행은 "한 자유 국가가 다른 나라를 노예 상태로 잡아 둘 수 있다."라는 잘못된 가정에 따른 것이었다.[23] 버크의 이 연설은, 영국 안에서 권력이 더 평등하게 공유되어야 한다고 주장하던 사람들에게뿐 아니라, 국외의 대의 민주주의를 육성하는 것이 영국 내에서 대의 민주주의의 대의에 도움이 될 것이라고 생각한 사람들에게도 확고한 기준을 마련해주었다. 이들은 마치 새로운 법칙 하나를 주장하는 것 같았다. 즉, 통치의 범위가 점점 더 넓어짐에 따라, 모든 장소에서 통치의 기능 및 형태의 집중화 정도가 점점 감소하며 따라서 이 정치 권력 아래에 있는 사람들은 자신의 운명에 대해 일정 정도의 자율성을 획득하게 된다는 이야기다. 제러미 벤담 같은 인물은 제국의 곳곳에서 폭압적 정치 제도를 구축하느라 분주한 식민지 건설자들의 행태를 공공연하게 비난했다. 또 다른 사람들은 이 제국이 심각한 계급 문제를 지니고 있는 정치 체제이며 제임스 밀(James Mill)의 유명한 표현처럼 제국이 '상류 계급을 위한 원외 구호의 거대한 시스템'이라고 비난하면서 제국의 거대한 몸체에 상처를 내려고 시도했다. 또 다른 사람들은 제국 안에 거주하는 식민지 원주민의 편을 들었다.[24] 또 일부는 앞서 언급한 이러한 생각들을 행동으로 옮겼다. 이들은 가능성 있는 곳이면 어디에서나 제국의 정치체

속으로 대의 정치라는 예방 주사를 찔러 넣으려고 노력했던 것이다.

19세기가 흐르는 사이 영국 정부의 관리들은 제국의 하위 정부를 세 부류로 나누었다. '식민지' 가운데 한 부류는 '왕령 식민지'였다. 영국 국왕이 이곳에 대한 입법 지휘권을 보유하고 있었으며 관리들이 집행하는 일상의 행정 업무는 영국 정부에 의해 통제되었다. 두 번째 부류는 대의 제도를 갖추었으나 '책임 정부'는 아니었다. 영국 국왕은 입법에 대해 거부권만 행사할 수 있었지만, 영국 정부는 여전히 식민지의 공적 사안에 대한 통제권을 행사할 수 있었다. 마지막으로 세 번째 부류의 식민지는 대의 제도를 갖추었을 뿐 아니라 책임 정부도 갖추었다. 영국 국왕은 입법에 대해 거부권만 행사할 수 있었으며 영국 정부는 식민지 총독에 대해서만 통제권을 행사할 수 있었다.

영국령 북아메리카의 개혁

바로 이 마지막 부류의 식민지를 무대로 하여 대의 민주주의 체제의—당시 기준으로 보아—인상적인 혁신이 일어났다. 영국 본토에서는 도저히 일어날 수 없었던 일이, 정치나 돈 문제 때문에 혹은 우연이나 변덕이라는 요소 덕분에 이런 식민지에서 일어날 수 있었던 것이다. 멀리 떨어진 식민지를 통치하는 문제에서는 행정의 효율성을 위해서라도 어느 정도 자치를 허용해야 한다는 것이 일종의 법칙이었는데 바로 이 법칙이 여기에서 강력한 힘을 발휘했다.

나중에 통합되어 캐나다가 되는 북아메리카 지역의 여러 영국령 식민지에 대해 알아보자. 7년전쟁에서 프랑스에게 영국이 군사적 승리를 거둔 이후, 조지 3세(George III)는 '1763년 국왕 선언'을 통해 '퀘벡 주(Province of Quebec)'를 설립했으며 초대 총독을 임명하면서 상황이 허락하는 때에 의회를 소집할 것을 명했다. 이것은 간단치 않은 문제였다. 왜냐하면 이 지역 주민의 대다수(약 95퍼센트)가 이른바 '원주민'이거나 프랑스계 캐나다인들이었기 때문이다. 이들에게 어떤 법적 지위를 부여하느냐 하는 문제는 현지에서 갑자기 큰 논란거리가 되었다. 식민지 당국은 런던 정부에 의견을 물었다. 런던 정부는 프랑스어를 쓰는 주민들에게 호의적인 결정을 내렸다. 즉 이 피정복민들은 영국 본토에서 가톨릭교도들에게 내려진 '무자격 처분, 무능력 판정, 벌칙 부과'의 대상이 아니라는 결정이었다.

1774년의 '퀘벡법'이 제정된 이후, 프랑스어를 쓰는 캐나다인은 '파리 관습법(Coutume de Paris)'이라는 민법의 적용을 받으며 살 수 있도록 허용되었다. 파리 관습법은 영국의 '관습법'을 대체했고, 토지 보유와 관련해서는 영주 제도가 복원되었다. 퀘벡법으로 인해, 전반적으로 볼 때, "각자는 자기 자신을 위해 발언한다. 모든 사람을 대신해 발언할 수 있는 사람은 아무도 없다."라는 프랑스 식민지에서 오랫동안 통용되던 원칙에 대한 캐나다인들의 굳은 애정이 더욱 강화되었다. 식민지 질서의 이러한 조정 작업—두 언어를 사용하며, 가톨릭교도가 지배하는 공동체가 자신들의 법적 전통을 유지하도록 허용하는 일—은 매우 특이한 사례였다.

이러한 변화는 (훗날 캐나다의 특징이 되는) '다문화' 민주주의를 지향하는 것이었으며, 1791년의 '입헌법'에 의해 확고하게 자리 잡게 된다. 이 법은 퀘벡이라는 지명을 '로어캐나다(Lower Canada)'라고 바꾸었으며 이 지역의 특성을 인정했다. (영어를 쓰는 정착민들의 압력 때문에) 이 법은 영국식 토지 보유 제도도 프랑스식 제도와 병존하는 것을 인정했으며—많은 관찰자들을 크게 놀라게 한—현지 의회의 설립을 허용했다. 그리하여 1792년에 자유 선거가 실시되었다. 이 선거에서 선거권은 부동산 보유라는 제한이 붙었으며, 21세에 도달한 사람은 누구나 남자이거나 여자이거나, 프랑스어를 하거나 영어를 하거나 상관없이 투표할 수 있었다. 다만 일정 규모 이상의 부동산을 보유하고 있거나 매년 부동산 임대료로 일정액 이상을 지불하는 사람이어야 했으며, 국가 반역죄나 심각한 범죄로 유죄 판결을 받은 적이 없는 사람이어야 했다. 이런 규정에 따라, 부동산이 없는 임차인이더라도 일 년에 10파운드—당시로서는 그리 큰돈이 아니었다.—이상의 임대료를 지불하는 사람은 투표할 수 있었으며, 여성들도 똑같은 임대료 조건이나 부동산 소유 조건을 갖추었다면 투표할 수 있었다. 이런 정착민들의 사회에서는 부동산 보유 혹은 임대가 흔한 일이었고 또 영국의 관습법도 적용되지 않았기 때문에, 이때 많은 여성에게 투표권이 생겼다. 이는 대영 제국에서 처음 있는 일이었다. 트루아리비에르라는 도시에서는 이런 일도 있었다. 현지의 어느 재판관의 말에 따르면 이곳은 "여성도 아무런 차별을 받지 않고 남성과 똑같이 투표하는 곳"이었다. 1820년에 이곳에서 실시된 선거 도중에 다음과 같은 일이 있었다. 한 남자가 투표소로 들어와 투표를 하려는데 투표 자격이 없다는 말을 들었다. 그의 재산이 아내의 이름으로 되어 있었기 때문이다. 얼굴이 붉어진 그는 투표소로 아내를 데리고 오라는 명령을 받았다. 그의 가족 중에서 아내가 투표 자격이 있는 사람이었기 때문이다.[25]

19세기가 지나는 동안 영국령 북아메리카의 다른 지역에서도 참신한 실험들이 대영 제국의 지원을 받아 다양하게 진행되었다. '밴쿠버 섬 식민지'에는 지정학적 요인과 교역이라는 요인 덕분에 영국령 북아메리카 지역에서 가장 작은 규모의 입법 회의체가 설립되었다. 이곳은 '허드슨 만 회사'*의 직원들이 거주하는 모피 교역의 전진 기지였는데, 20에이커(약 8만 제곱미터) 이상의 땅을 소유한 '자유 보유농'* 남성 40여 명이 선거권을 행사했으며 이들은 1856년 8월에 실시된 최초의 선거를 통해 일곱 명으로 구성된 입법 기관을 세웠다. 한편 대륙의 반대편에서는 선거권 자격에서 재산 요건이 삭제되는 일이 벌어졌다. 이미 2년 전 '노바스코샤'는 영국령 북아메리카 식민지들 가운데 최초로 거의 완전한 남성 보통선거제를 도입했다. 이런 큰 변화가 일어나는 과정에서 혁명에 대한 어떤 속삭임도 움직임도 없었다. 노바스코샤 의회는 21세가 넘고 또한 이 식민지에서 최소 5년 이상 거주한 모든 영국 국민에게 투표권을 주는 법을 채택했다. 이 법의 특징은, 매년 40실링 이상의 수익을 내는 부동산을 보유한 자유 보유농들에게도 투표권을 주었던 과거의 법률을 이 법에 통합했다는 점이다. 이런 조치를 통해 최근에 식민지령으로 이주한 영국계 사람들에게도 그들이 부동산을 소유하고 있다면 정치적 권리를 행사하도록 보장해줄 수 있었다. 제국의 변경에서는 이렇게 숫자가 중요했다. 그리고 그들은 반드시 올바른 민족에 속한 사람이어야 했

허드슨 만 회사(Hudson Bay Company) 1670년 설립된 회사로 허드슨 만 지역의 정치와 경제 상황에 큰 영향을 끼쳤으며 19세기 말까지 북아메리카 전역의 모피 교역에 중심적 역할을 했다.
자유 보유농(freeholder) 세습적 혹은 종신적 토지 보유권을 지녔으며, 약간의 화폐 지대를 부담하는 대가로 신분이 자유로웠던 농민.

다. (다음의 사실을 기억해 두는 것도 가치 있는 일일 것이다. 1755년, 영국과 프랑스가 서로 전쟁 중이던 때에 노바스코샤를 통치하던 식민지 당국은 대영 제국에 대한 충성심이라는 문제를 어떻게 해결할 것인지 걱정한 끝에, 프랑스어를 쓰는 1만 명의 아카디아인*의 집을 불태우고 땅을 몰수한 다음, 그들을 배에 태워 뉴잉글랜드 지역의 식민지 열세 곳과 서인도 제도의 섬에 마치 나쁜 씨앗을 버리듯 뿔뿔이 이주시켰다.) 하지만 노바스코샤의 작은 식민지 정부는 진정한 남성 보통선거에서 뒤로 한 발 물러났다. '원주민'과 정부로부터 재정 지원을 받는 사람에게는 투표권을 주지 않았던 것이다.

당시 세계 다른 지역의 상황을 고려하면 그 정도의 제한은 사소한 것이었다. 특히 영국령 북아메리카 지역에서 이루어진 또 다른 정치적 성취의 맥락에서 볼 때 그러하다. 그것은 바로 새로운 연방의 결성(1864년, 캐나다 연방)이었다. 이는 식민지 거주자들이 직접 협상을 벌여 이루었으며 혁명적 폭력 따위는 전혀 없었다. 식민지들의 결합을 이끈 정치적 동기는 다양했다. 군사적 방어력 향상에서부터 자치에 대한 식민지 현지의 (그리고 영국 정부의) 믿음, 그리고 비용이 절감되는 대륙 횡단 철도 건설에 이르기까지 다양한 요인이 있었다. 또 한 가지 중요한 요인은 더럼 경*의 확고한 신념이었다. 그는 캐나다의 여러 부분이 서로 뭉쳐 하나가 되면 캐나다가 품고 있던 프랑스적 성질이 희석될 것이며, 또한 대영 제국의 범위 안에서 캐나다가 미합중국과는 다르다는 것을 증명해줄 것이라고 확신했다. 서로 다르며 또한 서로 충돌하는 다양한 요인이 결합한 결과, 격렬한 정치적 위협과 소란이 일어났다. 이런 정치적 혼란은 9년이나 계속되었다. 1873년 프린스에드워드 섬의 유권자들이 연방에 가입하기로 결정함으로써 이 혼란은 끝이 났다. 당시 핵심적 합의 문서는 '영국령 북아메리카 법'이었는데 이 법은 모두 인정하듯이 폐쇄적인 정치 협상의 산물이었다. 이 법에 따라 노바스코샤 주, 뉴브런즈

아카디아인(Acadian) 16세기부터 퀘벡, 노바스코샤 같은 지역이 식민지로 개척되면서 이 지역에는 아카디아(Acadia)라는 이름이 붙었으며, 이곳의 주민을 아카디아인(Acadians)이라고 부르게 되었다. 프랑스가 개척의 주도권을 잡게 되면서 결국 아카디아인이란 초기 프랑스 개척자들의 후예를 가리키는 말이 되었다.
더럼 경(Lord Durham, 1792~1840) 영국의 정치인. 영국령 북아메리카 식민지의 최고 행정장관을 지냈고, 캐나다의 통일과 자치권 획득을 지지했던 것으로 유명하다.

윅 주, 캐나다 주가 하나로 합쳐졌지만, 협상은 비밀리에 진행되었다. 이 법은 중요한 런던의 은행가와 관료들의 지지를 받는 식민지 현지 정치인들과 사업가들이 만들어낸 작품이었으며, 1867년 3월 31일에 영국 국왕의 승인을 받았다. 이전부터 존 알렉산더 맥도널드(John Alexander Macdonald)를 비롯한 이른바 '연방의 아버지들'은, 첫째, 이 새로운 헌법의 제정이 영국 정부가 아니라 자신들의 노력만으로 가능할 것이며, 둘째, 제국의 백성들에게 의견을 묻지 않아도 가능할 것이라고 호언장담했다. 이 법이 완성되면서 이들의 호언장담이 들어맞는 듯했다.

이들의 첫 번째 호언장담은 들어맞았지만 두 번째는 틀렸다. 시대는 빠르게 변하고 있었으며 협상자들은 서둘러 이런 상황에 적응해야 했다. 1867년의 헌법은 특별한 논의 없이 쉽게 채택되었던 반면, 이후 실제로 연방을 구성하는 과정은 민주화 효과를 확연하게 드러내 보였다. 종종 어떤 민주주의 체제도 민주적으로 건설된 적이 없다고 일컬어지지만, 이번만은 그렇지 않았다. 뉴브런즈윅에서는 심각한 고비가 있었다.(이 쟁점으로 두 차례 선거를 통한 투쟁이 있었다.) 노바스코샤에서도 마찬가지였다. 이 지역은 영국 본토 당국이 교역, 조세, 어업권 같은 사안에서 호의적 조치를 취하겠다는 약속을 한 뒤에야 연방에 가입하기로 동의했다. 연방 가입에 소극적인 태도를 보이던 뉴펀들랜드 섬(이곳에서는 유권자의 압도적 다수가 연방 가입을 반대했다), 브리티시컬럼비아 주, 프린스에드워드 섬에서는 유권자의 의견을 묻는 절차를 거쳐야 했다. 프린스에드워드 섬의 시민들이 마지막으로 새로운 연방을 승인하였다. 이로써 대영 제국 내에서 최초의 연방 결성 계획이 완결되었다.

오스트레일리아의 선거 혁신

제국의 다른 곳에서도 놀라운 일들이 벌어졌다. 오늘날 오스트레일리아라고 불리는 곳은 그 당시에는 장차 대의 민주주의에 중요한 선물을 준 곳으로 기억될 것처럼 보이지 않았다. 오스트레일리아에는 영국의 군사 지배를 바탕으로 하는 독재 체제가 들어서 있었으며, 게다가 이 독재 체제에서 살아가던 백인들은 원주민의 삶을 폭력적으로 훼손한 사람들이었다. 그뿐이 아니었다. 이곳의 생태 환경은 백인들이 보기에 낯설고 뒤죽박죽이었다. 찰스 다윈이 이곳을 방문했을 때 "자신의 이성 이외에는 어떤 것도 믿지 않는 불신자조차 '분명하게 구별되는 두 창조주가 일을 한 것이 틀림없다.'고 생각할 것이다."라고 말했을 정도로 특이한 곳이었다.[26] 캥거루같이 배에 주머니를 달고 있는 유대류, 검은 백조, 나뭇잎은 그대로 있으면서 계절에 따라 줄기의 껍질이 벗겨지는 유칼립투스 같은 생물들은 참으로 신기한 느낌을 주었다. 이런 특이한 환경 때문인지, 처음 식민지로 개척될 때부터 사람들은 이 대륙이 품고 있을 것 같은, 만물을 소생시키는 힘에 대한 환상을 이야기했다. "나는 무법자들 무리 가운데에서 다시 일어나는 제2의 로마를 바라보고 있었다." 이 말을 기록한 사람은 영국 해군의 제임스 터키(James Tuckey) 중위였다. 그는 1803년부터 1804년에 걸쳐 죄수들을 가득 실은 배를 타고 포트필립 만과 호바트로 향하는 긴 여행 중이었다. 그는 이런 말도 했다. "나는 이 제2의 로마가 세상을 위해 법률을 내주는 것을 보았으며, 최고의 무기와 기술을 갖고 있어 북반구의 야만 종족들을 자랑스러운 우월감을 느끼면서 내려다보는 것도 보았다."[27]

이런 견해는 종종 극단적으로 여겨졌지만, 19세기가 지나는 동안 이 대륙이 다른 곳과 다르다는 생각과 민주주의적 자유에 대한 현실적인 감각이 점차 뿌리를 내리기 시작했다. 오스트레일리아에서 태어난 퍼시 올드리지 그레인저(Percy Aldridge Grainger, 1882~1961)가 1901년에 실험적으로 작곡한 노래, 〈민주주의 행진곡〉에는 그러한 강한 희망적 태도가 잘 표현되어 있다. 이 노래는 원래 남성, 여성, 어린이가 야외에서 발걸음을 맞추어 행진하면서 그 발걸음에 맞추어 휘파람을 불며 노래하게끔 만들어진 곡이었다. '테라 아우스트랄리스'*라고 불리던, 햇볕에 뜨겁게 달구어진 이 대륙이 세계에 중요한 공헌을 할 수 있으리라는 대담한 신념을 표현하고 있었다. 훗날 실제로 오스트레일리아가 이런 공헌을 하게 된 데에는 당시 이와 정반대되는 경향이 등장했다는 사실과 관계가 깊다. 특히 이런 정반대 경향은 오스트레

***테라 아우스트랄리스(Terra Australis)** '남쪽의 땅'이라는 뜻의 라틴어 표현으로서 오스트레일리아 (Australia)라는 현재 명칭이 바로 이 라틴어 표현에서 유래했다.

일리아에서 초기에 설치된 식민지였던 뉴사우스웨일스*와 반디멘스랜드*에서 1850년 이전에 지배적인 흐름으로 자리 잡고 있었다. 그곳에서 대토지를 보유한 젠트리들이 등장했는데, 그들은 귀족주의적 편견에 사로잡혀 프랑스 혁명을 경멸의 눈으로 바라보았다. 또 그들은 자신들이 상상하는 영국 귀족의 생활 방식과 권력을 그곳에서 다시 세우려고 단단히 마음먹고 노력했다.

맥아더, 웬트워스, 프랭클린, 매쿼리 같은 그럴듯한 성(姓)을 가진 가문들이 이곳에서 지주 정치(squirarchy)의 주역을 담당했다. 그들은 치안판사 역할을 하면서 법률을 통과시키고, 그 법률을 수호했다. 그들은 자신들만을 위한 사립학교를 설립했고 교회의 재정을 확보해주었다. 지역 사회의 후원자이자 통치자로서 행동했던 것이다. 그들은 토리당 출신의 식민지 총독들과 친밀하게 지냈으며, 호바트에 있는 '유니온(Union)'이라든가 시드니에 있는 '더 오스트레일리언(The Australian)' 같은 클럽에서 생각이 같은 신사들과 함께 식사하는 것을 좋아했다. 사실 이 '버닙 귀족(bunyip aristocracy)'은 일종의 사기꾼 무리였다. 이 표현을 만들어낸 사람은 시드니 태생의 언론인이자 정치인이었던 대니얼 헨리 데니히(Daniel Henry Deniehy, 1828~1865)였다.* '버닙 귀족'은 신도 포기한 듯한 이 남쪽의 식민지에서 살기에 자신들이 너무나도 훌륭한 사람이라고 생각하는 것처럼 보였다. 그들은 훌륭한 영국 혈통을 지닌 사람들이, 아일랜드, 카리브해 지역, 인도 같은 지역에서 그러는 것처럼, 이곳을 통치할 자연스러운 권리가 있다고 생각했다. '버닙 귀족'은 나쁜 혈통을 증오했다. 그들은 죄수들을 혐오했지만 원주민도 혐오했으며, 죄수로 있다가 가석방으로 사회에 나와서 말썽만 부리는 사람들, 거칠게 행동하는 일용 노동자들도 증오했다. 또한 그들은 오스트레일리아의 항구에 도착한 많은 이민자들에게도 의심을 품었다. 그들의 눈에 마치 썩은 사과처럼 보이던 이민자들은 차티스트 운동에 동조하던 자들, 비국교도

뉴사우스웨일스(New South Wales) 오스트레일리아 동남부에 있는 주이며 주도는 시드니이다. 18세기 오스트레일리아 대륙에 세워진 최초의 식민지였으며 당시에는 주변에 있는 영토와 섬을 더 많이 포함하고 있었다.

반디멘스랜드(Van Diemen's Land) 현재 태즈메이니아(Tasmania) 섬의 옛 이름. 16세기 초에 이 섬으로 탐험대를 보낸 당시 네덜란드령 동인도 제도의 총독 이름을 딴 것으로, 19세기 초 뉴사우스웨일스의 일부로 영국 식민지가 되었다. 주도는 호바트이다.

들, 아일랜드의 애국자들, 그리고 그 밖에 영국 본토의 계급 지배와 참기 힘든 부당한 대우의 나쁜 기억 때문에 머릿속에 자유주의가 아로새겨진 사람들이었다. 당시 요란스러운 모습을 보이던 금 채굴업자 그룹에 품위 없는 벼락부자들이 등장했을 뿐 아니라 정치적 반항자들도 출현했는데, 버닙 귀족들이 이들에게도 의심을 품었던 것은 당연히 예상할 수 있는 일이었다. 이 때문에 귀족의 역할을 자임하던 버닙 귀족들은 교회 성직자와 일부 상인, 법률가, 의사들의 지지를 받아 1850년대 동안에 재산 보유에 기반을 두는 새로운 헌법을 제정함으로써 하층민들을 배척하고 자신들의 권한을 완전하게 확보하려 했다. 그들의 시도는 아슬아슬하게 실패했다. 이 실패 덕분

---

* 대니얼 헨리 데니히는 다른 것은 제쳐 두더라도 '버닙 귀족'에 대한 독창적인 논지 때문에라도 대의 민주주의 시대의 망각된 영웅들 사이에 한 자리를 차지할 만한 자격이 있다. 그는 작은 체구에 일생 동안 거의 내내 건강 상태가 나빴다. 그의 부모는 아이랜드 출신의 죄수였으며 복역을 마친 뒤, 풍성한 삶을 일군 사람들이었다. 그의 부모는 초등 교육을 마친 그가 유럽으로 가서 계속 중등 교육을 받을 수 있게 해주었다. 유럽에서 그는 '젊은 아일랜드당(Young Irland Party)' 지도자들과 교류했으며 차티스트 운동의 주장에 끌리기도 했다. 1844년 고향인 시드니로 돌아온 그는 법학을 공부했고 곧 재능 있는 연설가, 능력 있는 변호사, 1853년의 '뉴사우스웨일스' 헌법안을 적극적으로 비판한 인물로 이름을 날리게 된다. 이 헌법안의 목적은 선거를 거치지 않는 강력한 상원을 구성하며 상당한 정도의 재산을 가진 사람에게만 선거권을 주어 그들의 선거로 하원을 구성한다는 것이었다. 그는 '뉴사우스웨일스 선거 개혁 연맹'에서 적극적으로 활동했으며, 성인 남성 보통선거제를 지지했고, 뉴사우스웨일스의 광대한 목초지에서 부유한 가문들이 통제권을 확대하는 데 맹렬하게 반대했다. 그는 무단으로 목초지를 점거하고 그 소유권을 주장하는 사람들, 즉 '보터니 만의 거물들(Botany Bay magnificos)'이 중국인 이민자들을 학대하고 '자신들 이외의 보통 사람들을 시장에서 사고파는 가축처럼 취급하는 …… 정치적 과두 지배자들처럼' 행동한다고 비난했다. 그는 1853년 8월 15일 시드니에 있는 '빅토리아 극장'에서 대중 연설을 하면서 '버닙(bunyp)'을 처음 언급했다. 버닙은 원주민 전설에 나오는 동물인데, 습지와 강의 범람으로 생긴 호수인 빌라봉(billabong)에 살면서 무시무시한 소리를 지르고 사람을 산 채로 잡아먹는다고 한다. 많은 백인들에게 버닙은 공포를 일으키는 상상의 동물이었는데, 바로 이 점이 데니히가 '버닙 귀족'이라는 표현을 통해 전달하려는 것이었다. 즉, 뉴사우스웨일스 지역의 대지주 과두 지배자들은 상상으로 만들어낸 괴물들로서 이들의 존재에 관한 이야기를 믿지 않겠다고 거부하기만 하면 바로 그 순간 이미 그들은 존재하지 않게 된다는 이야기였다. 이런 통렬한 비판 덕분에 여론의 흐름이 바뀌었으며 결국 그 헌법 제안은 좌절되었다. 이런 활약 덕분에 그는 뉴사우스웨일스 의회에 1857년 의원으로 선출된다. 그 이듬해에 성인 남성 보통선거가 도입되었는데 그 승리를 기점으로 하여 데니히는 언론과 문학, 술에 관심을 돌리게 된다. 1859년 그는 급진적 성향의 신문 〈서던 크로스(Southern Cross)〉를 창립하고 편집자로 일하기 시작했으며 그다음에는 멜버른에 본부를 둔 〈더 빅토리언(The Victorian)〉을 편집했다. 그는 한때 오스트레일리아의 첫 번째 대학인 시드니 대학에서 근대 문학을 강의하기도 했으며, 아일랜드 출신 오스트레일리아인들이 주도하는 〈자유민 저널(Freeman's Journal)〉에 정기적으로 기고문을 쓰기도 했다. 1865년 10월 그는 법률가로 개업하고 활동하던 도시 배서스트(Bathurst, 감비아의 수도 반줄의 옛 이름)에서 알코올 중독으로 인한 합병증으로 사망했다. 당시 그는 37세였다.(원주)

에 오스트레일리아에서는 아르헨티나와 우루과이 같은 다른 개척자 사회와 달리, 남반구식 카우디요 민주주의가 성장하지 않았던 것이다.

괴물 버넙을 꼼짝 못하게 잡아버리는 방법은 여러 가지가 있었다. '사우스오스트레일리아(South Australia)' 식민지에는 1836년에 처음으로 정착민이 들어왔다. 훗날 많은 사람들은 이곳을 '반대파의 낙원(Paradise of Dissent)'이라고 불렀는데, 이곳의 정착민들은 귀족주의적 태도를 완전히 물리쳤다. 그들은 스스로를 공정한 정신의 소유자이고 신을 공경하며, 점차 개선되어 가는 계층의 남성과 여성이라고 생각했다. 지구 반대편에서 출발해 여기까지 온 이 사람들은 광대한 황무지에 진격하여 들어온 자들이었다. 이 황무지 주변의 해안은 지중해식 기후의 축복을 받은 곳이었다. 이들은 스스로 본토 영국인들보다 더 영국적이라고 생각했으며, 모국과 옛 유럽에 실망이 컸던 만큼 그 큰 실망감을 활용하여 새로운 사회와 새로운 정부를 건설할 수 있을 것이라고 생각했다. 또한 자신들이 세울 더 나은 질서로 말미암아 자신들의 영국적 특질은 완벽에 가까워질 것이라고 여겼다. 중간 계급 출신이던 이들은 과거는 부패했다고 믿었으며 열정을 품고 미래를 바라보았다. 이들은 시민적 자유, 사회적 기회, 모든 기독교 종파의 평등을 열렬히 믿었다. 그리하여 이들은 독일어를 쓰는 루터파 신도들이 대양을 건너 이곳으로 오는 것을 돕기도 했다. 이 영국 중간 계급 사람들은 그들이 스스로 부과한 법률의 테두리 안에서 자유롭다고 믿었으며, 인신 보호령*에 의해 보호받고 있다고 믿었다. 또 선거를 통해 구성되는 의회, 배심원 재판, 여론의 자유로운 순환을 보장하는 언론을 가질 권리가 있다고 믿었다. 따라서 그들 가운데 많은 이들이 자신들이 정복지의 원주민에게 했던 강도 행위와 파괴 행위를 부끄럽게 생각했다.

이 영국 출신의 남성들과 여성들—상인, 은행가, 소규모 기업가, 광산 소유주, 의사, 농민과 자유 보유농, 점포 운영자, 급여를 받는 사무원, 숙련된 독립적 수공업자, 소매상—은 좋은 혈통에 관한 이야기를 싫어했다. 왜냐하면 이들은 근면함과 자기 훈련과 능력을 통한 자기 개선을 믿었기 때문이

인신 보호령 1679년 영국 의회가 찰스 2세의 전제 정치에 맞서, 불법적인 체포와 재판을 금하고 인권 보장의 확립을 위해 규정한 법률.

었다. 이들은 자연사(natural history)의 새로운 발견에, 기계를 활용하여 거두는 성과에, 그리고 윤작(輪作)과 의학과 증기력의 새로운 기술에 감탄했다. 이 중간 계급은 기민하게 부를 추구했다. 그중 일부는 자신감으로 가장한 한심한 오만에 빠지기도 했지만, 대부분의 사람은 타고한 자선가로서 성매매업자와 술주정뱅이와 거지와 부랑자를 만들어내는 사회 환경을 증오했다. 이 영국 출신 시민들은 오랫동안 유지되던 죄수 활용 제도를 싫어했으므로 사우스오스트레일리아 지역에서는 그런 제도가 의도적으로 배제되었다.* 이들은 폭력으로 얼룩진 옛 유럽의 국가 간 경쟁을 싫어했으며, 이 지역이 지리적으로 고립되어 있다는 사실과 거대한 남태평양, 광활한 내륙의 사막으로 인해 세계의 다른 부분으로부터 보호되고 있다는 사실이 정치적 축복이라고 생각했다. 이들은 재산에 대한 권리가 반드시 사람에 대한 권리보다 중요하다고 믿지 않았으며, 상류 사회의 가문 이야기나 상류층에게는 전체 사회의 이익을 가장 잘 판단할 수 있는 '타고난' 능력이 있다는 식의 이야기를 강력하게 거부했다. 이들 중 많은 수가 열정적인 평등주의자였으며, 헨리 브로엄 경(Lord Henry Brougham, 1778~1868)의 유명한 말들을 한 구절 한 구절 그대로 외우거나 혹은 그 의미를 잘 알고 있었다. 훗날 브로엄 경의 이름을 이 식민지의 수도인 애들레이드의 주요 도로 이름에 붙이기도 했다. 그는 거침없이 자기 생각을 말하는 사람이었으며 지배 계급을 경멸했고 자신의 친구로 윌리엄 해즐릿(William Hazlitt)이라든가 바이런(Lord Byron) 같은 주요 급진파 인물을 손꼽았다. 또한 '로드 챈슬러'*의 자격으로 '1832년 개혁법'과 이듬해의 '노예제 폐지법'을 통과시키는 데 핵심 역할을 했다. 브로엄 경은 다음과 같이 말했다. "만일 귀족이 소유하고 있는 성과 장원과 …… 넓은 토지를 50년의 수입에 해당하는 가격으로 경매에 붙이면서 …… 중간 계급이 보유한 광대하고 견실한 재부의 가치와 세심하게 비교하여 평가한다면 …… 그 경매 낙찰가는 엄청나게 올라가버릴 것입니다. 이 중간

---

* 18세기 말부터 오스트레일리아의 개발을 위해 영국의 죄수들이 이곳으로 보내져 유형 생활을 하면서 여러 가지 경제 활동에 활용되었으나, 사우스오스트레일리아 지역은 1834년에 죄수의 유형지에서 정식으로 해제되었다.

로드 챈슬러(Lord Chancellor) 영국 내각의 고위직으로서 '대법관' 혹은 '법무장관'으로 번역할 수 있다. 원래 영국 귀족원 즉 상원의 의장직을 겸했는데 2005년 이후 상원 의장직과 분리되었다.

계급은 건전하고 이성적이고 현명하며 정직한 영국적 정신을 지니고 있습니다."*²⁸⁾

이 같은 견해들 덕분에 사우스오스트레일리아의 정착민들은 새로운 통치 방식을 실험함으로써 세상을 자신들이 원하는 방향으로 변화시킬 수 있다고 확신하게 되었다. 그들이 이른 시기에 선거에 비례성(proportionality)을 더 많이 반영할 방법을 모색한 것, 즉 득표수와 선출된 대표자들 사이의 수학적 관계를 탐구한 것은 오스트레일리아가 대의 민주주의 세계에 준 몇 가지 선물 가운데 첫 번째 선물이었다.

새로운 식민지가 설립된 직후, 개척자들 사이에는 산술과 민주주의라는 주제에 관하여, 즉 어떻게 하면 개인과 집단을 의회적 회의체 구성에서 가장 적절하게 대변할 수 있는지를 두고 진지한 토론이 있었다. 이 토론에서 가장 큰 주목을 받았던 것은 대의 민주주의의 핵심 원칙 중 하나인 '일인 일표' 원칙이었으며 많은 정착민들은 이 원칙이 크게 훼손되었다고 확신했다. 그 이유를 알아보기 위해서, 잠시 사우스오스트레일리아 지역을 떠나 19세기 유럽에서 처음 나왔던 오래된 비판을 살펴보자. 그것은, 우리 인간이 오랜 세월을 거치는 동안 계산하는 동물로 우리 자신을 변형해 왔으며, 그렇기 때문에 결국 우리가 생각하고 행동할 때 마치 기계처럼 생각하고 행동하는 것 외에는 다른 방법이 없게 되었다는 이야기였다. "아마도 인류의 모든 도덕률은, 원시인들이 자(尺)를 사용하여 길이를 측정하는 법을 발견하고, 또 저울을 이용하여 무게를 재는 법을 발견했을 때 느꼈던 엄청난 내적 흥분에 기원을 두고 있을 것이다." 독일의 철학자 프리드리히 니체(Friedrich Nietzsche, 1844~1900)가 한 말이다. 그가 이 말을 한 시기는 사우스오스트레일리아의 정착민들이 선거 제도를 논의하던 때와 같은 시대였다. 인간이 계산이라는 것을 활용하면서 생겨난 나쁜 영향에 관한 우려는, 니체뿐 아니라 20세기의 가장 논쟁적인 철학자 마르틴 하이데거(Martin Heidegger,

---

* 브로엄 경이 1831년 영국 상원에서 행한 유명한 연설의 한 구절이다. 중간 계급이 귀족에 비하여 훨씬 더 생산적이라는 점을 강조하는 내용이다. 귀족이 보유한 토지를 만일 중간 계급이 제대로 활용한다면 국가의 재부가 엄청나게 늘어날 것이라는 뜻이다. 이런 연설 등을 통해 브로엄은 영국 중간 계급에게 투표권을 확대해야 한다는 주장을 굳게 지켰고, 결국 '1832년 개혁법'을 통해 그런 주장이 실현되었던 것이다.

1889~1976)의 저술에도 등장한다. 대의 민주주의의 친구라고 할 수 없는 하이데거는 다음과 같이 지적했다. 다른 사람과 말을 할 수 있는 능력이야말로 인간의 가장 기본적인 특징이라고 생각한 고대 그리스인이 있었다. 그리고 이 언어 능력 덕분에 인간은 계산하는 동물, 즉 그리스어로 '아리스메인(arithmein)' 할 수 있는 동물이 되었으며, 이로써 사물과 사람과 상황을 계산하고 구상(構想)할 수 있고, 그 구상한 것을 다시 수정할 수 있는 능력을 갖추게 되었다. 하이데거에 따르면, 인간은 복합적인 현상을 숫자의 문제로 축약해버리고자 하는 의지를 지니고 있는데, 이런 인간의 의지는 무엇인가 근본적으로 잘못된 것이다. 하이데거는 독일 낭만파 시인 프리드리히 휠덜린(Friedrich Hölderlin)의 시 한 구절을 즐겨 인용했다. "이 지상에 척도라는 것이 있는가? 없다." 척도가 실제로 있다고 생각하는 사람은 이 세계와 이 세계 안에 존재하는 모든 것이 사실은 그것을 측정하려는 의지를 거부하고 있다는 진실과 마주하게 된다고 하이데거는 말했다. 그는 척도가 존재한다고 믿는 사람들은 개인과 집단과 조직, 심지어 사회 전체가 서로 동일한 것이거나 설사 지금은 동일하지 않다 하더라도 동일하게 만들어질 수 있다는 잘못된 생각을 하고 있다고 말했다. 이러한 표준화를 향한 추구(하이데거의 결론이다)는 숨겨진 정치적 의제에 의해 규정된다. 즉, 표준화를 향한 의지는 서로 동일하지 않은 사람과 사물을 마치 서로 합산되고 비교되고 평가될 수 있을 정도로 충분히 유사한 것처럼 규정함으로써 생(生)을 계산과 통제 상태로, 그리고 차이점의 강제적 제거 상태로 축소해버린다는 것이다.

하이데거는 천사가 아니었다. 표준화에 대한 그의 거부는 결국 정치의 의미를 완전히 부정하는 환멸적 태도로 타락하고 말았다. 게다가 일시적이긴 했지만 나치에 동조하기도 했다. 하이데거는 (어리석게도) 나치가 표준화의 틀을 깨부수어줄 것이라고 기대했다. 하지만 오늘날에도 민주주의가 산수에 열광하는 현상을 우려하는 사람들이 있다. 이들의 주장에도 일리가 있지 않을까? 민주주의가 맹목적으로 수를 숭배하는 것은 아닌가? 옛 그리스의 금언을 상기해보자. 그리스인들은 과두정에서는 기하학을 가르쳐야 한다고 했다. 기하학을 통해 불평등 속에 조화와 균형이 있음을 알 수 있기 때문이라는 것이었다. 한편 민주정에서는 산수 교육을 장려해야 한다고 말했다.

산수는 평등의 관계를 가르치기 때문이라는 것이다. 또한 대의 민주주의 시대에 매우 중요한 작동 원칙 한 가지에 대해서도 잠시 생각해보자. 바로 일인 일표의 원칙이다. 측정을 인간의 핵심적 기능으로 상정할 때만 이런 판단이 가능하지 않을까? 우리가 소중하게 여기는 이 원칙은 어쩌면 양(量)에 대한 물신 숭배가 아닐까? 숫자 세기, 계산하기, 번호 붙이기, 회계, 의심과 불확실성이 이 세상에서 영구히 추방될 수 있다는 믿음(여론 조사와 선거 결과 예측에서 이런 믿음이 동원된다)이 이런 물신 숭배가 아닐까? 어쩌면 민주주의는 계산 활동의 이런 형이상학적 정신을 받아들였던 것이 아닐까? 그리고 그에 따라 민주주의자들이 원래 그렇게도 혐오하던, 평준화와 정복과 통제의 의지 때문에 민주주의가 오염된 것은 아닐까?

하지만 사우스오스트레일리아 식민지의 중간 계급 정착민들은 이런 결론을 거부했다. 그들은 1840년 이 식민지의 수도인 애들레이드에서 세계 최초로, 일부 사람이 다른 사람들을 강압적으로 밀어붙이려는 목적 이외에 다른 목적을 위해, 인간의 계산 본능을 대의 민주주의가 활용할 수 있다는 원칙에 기반한 새로운 투표 제도를 도입했다. 애들레이드 실험은 단순 다수결의 원칙이 프랑켄슈타인의 괴물을 만들어냈다는 인식과, 이 실험에 일정 부분 참여했던 존 스튜어트 밀의 표현대로, "국왕이나 영주가 없는데도 보통선거 제도라는 수단을 활용하여 과반수의 인간 집단을 주권자의 자리에 앉힘"으로써[29] 폭압적인 정부가 세워질 위험이 있다는 인식에 기반을 둔 것이었다. 애들레이드의 새로운 선거 제도(일종의 비례대표제)는 프랑켄슈타인의 괴물을 멈추고, 소수가 좀 더 자유롭게 자신의 생각과 이해관계를 표명할 수 있게 하기 위해 고안되었던 것이다. 또 이 새로운 투표 제도는 산술적 정확성에 대한 정착민들의 애정, 그리고 그들이 지니고 있던 민주주의적 공정성에 대한 강한 애착과 잘 맞아떨어졌다.

이 계획을 지지한 주요 인물 가운데 영국의 사회 개혁가 롤런드 힐 (Rowland Hill, 1795~1879)이 있었다는 사실은 전혀 우연이 아니었다. 그는 훗날 1페니짜리 우표가 붙어 있는 모든 편지를 동등하게 취급하는 새로운 우편 제도의 창안자로 유명해진다. 편지 한 통에 우표 한 장이라는 시스템은, 일인 일표라는 원칙 그리고 그 원칙의 연장선에 있는, 각 개인의 권리는 각각 성격이 다를 수 있다는 생각에 기반을 둔 정치 제도의 개념과 겹치는 부분이 있다. 당시 사우스오스트레일리아 식민 위원회 서기였던 롤런드 힐은, 대의는 서로 다른 구성원들의 의견에 비례해야 한다는 원칙에 대단히 익숙했다. 이 원칙은 일찍이 1821년 그와 그의 부친 토머스 힐이 주요 멤버로 있던, 버밍엄에 근거를 둔 '문예와 과학적 개량을 위한 협회'에 적용되고 있었다.[30]

롤런드 힐의 지지를 받으면서, 여성을 포함해 2천여 명에 달하는 애들레이드의 성인 주민들은 그들 자신의 정부를 세우겠다는 청원을 식민 당국에 제출해 성공을 거두었다. 그리하여 1840년 10월 31일, 오스트레일리아 최초의 지방 정부가 수립되었다. 첫 번째 시장으로는 제임스 허틀 피셔가 선출되었고, 부시장 3명, 시 의원 15명이 선출되어 새로운 '애들레이드 시 자치체'가 구성되었다. 단순한 형태의 비례대표제를 활용하여 이렇게 세금 납부자들이 지방 정부를 선출하고 구성한 것은 오스트레일리아에서 최초였을 뿐 아니라 전 세계에서도 처음 있는 일이었다. 이 실험은 옛 유럽 지역에 널리 퍼져 있는 믿음에 공개적으로 이의를 제기한 것이었다. 그것은, 대의 민주주의는 전체 주민의 단결을 축복하는 제도가 되어야 하며, 만약 그러지 못한다면 이 제도는 성직자나 선동가와 같은 정치적 늑대들에게 농락당하는 길 잃은 양 떼 같은 유권자들이 아무 생각 없이 치르는 관행으로 타락할 것이라는 믿음이었다.* '국민'이라는 가상의 획일적인 단일체에 기반을 둔, 단조롭게 산정된 대의 민주주의 제도 안에 포로처럼 잡혀 있던 다양한 의견과 삶의 방식을 해방시키겠다는 욕구에서부터 사우스오스트레일리아의 실험은 추진되었다. 애들레이드의 유권자들은(여성이 포함되어 있었는지는 알 수 없다) '선출 집단' 혹은 '추대인단'을 구성할 것을 권유받았다. 이 '추대인단'의 숫자는 선출 예정 의석의 수만큼 허용되었지만, 결국 등록을 마친 '추대인단'은 두 개였다. 한 무리의 세금 납부자들은 윌리엄 셴든(William Senden)이라는 사람을 시 의원으로 추대했고 노동자 집단은 만장일치로 그들의 작업반장을 시 의원으로 추대했다. 두 사람 모두 합당하게 선출되었다고 발표되었다. 나머지 의석은 연기 투표* 방식으로 채워졌다. '추대인단' 방식으로 시 의원을 선출하는 과정에 참여하지 않은 모든 유권자는 자신이 원하는 아무 후보에게나 표를 던지도록 요청받았다. 한 사람이 복수의 표를 던지는 것이 허용되었으며 그렇게 하여 가장 많은 표를 얻은 순서대로 후보자들이 당선되었다.

유리카 봉기

사우스오스트레일리아의 식민 개척자들은 그 후 또 다른 선물들을 대의 민주주의의 새로운 세계에 주었다. 그 선물들 가운데 하나는, 획기적인 비밀투표 방식을 활용한 총선거를 통해 비준된 헌법이었다. 그리고 여성에 대한 완전한 참정권 부여, 원주민 투표권 지지, 보통선거권에 기반한 새로운 연방 체제에 대한 적극적인 지지 표명이 있었다. 이 마지막 행동은 마침내 (1904년) 세계 최초로 중앙 정부 차원의 노동당 내각이 들어서게 했다. 이때 노동당 내각의 지도자는 칠레 태생의 존 크리스천 왓슨(John Christian Watson, 1867~1941)이었다.

---

* 알렉시 드 토크빌 사후에 출판된 그의 회고록에 다음과 같은 흥미로운 이야기가 있었다. 그것은 1848년 4월 프랑스에서 남성 보통선거의 원칙에 기반한 첫 번째 선거가 실시되던 때, 그의 고향 선거구에서 새로 투표권을 얻은 유권자들이 보인 순박한 태도에 관한 것이었다. "우리는 투표하기 위해서 모두 함께 무리 지어 가야 했다. 우리 마을에서 한 시간쯤 걸어가야 하는 생피에르로 가는 것이었다. 선거 날 아침 모든 유권자, 즉 20세가 넘는 모든 남성 주민은 교회 앞에 모였다. 그들은 이름의 알파벳 순서에 따라 두 줄로 서 있었다. 나는 내 이름에 따라 정해진 위치에 자리 잡았다. 민주적 국가에서 민주적 시대에 우리는 사람들의 선두에 서는 것을 흔쾌히 받아들여야 하지만 그렇다고 하여 자기가 스스로 일부러 그런 자리에 서서는 안 된다고 생각했기 때문이다. 신체 장애가 있거나 병든 자 가운데 우리를 따라오려고 하는 자는 긴 행렬의 맨 끝에서 짐말을 타거나 수레를 타고 뒤를 따랐다. 마을에 남은 사람은 여성과 어린아이뿐이었다. 우리는 모두 170명이었다. 우리는 토크빌 성(城)—토크빌은 프랑스의 대귀족 가운데 한 사람이었으며 그의 가문은 성을 보유하고 있었다. 이 성은 지금도 존재한다.—이 내려다보이는 언덕 꼭대기에 이르렀고 이때 잠시 행렬이 멈추었다. 나는 내가 말을 한마디 해야 한다는 것을 깨달았다. 나는 배수로 건너편으로 올라갔다. 나를 둘러싸고 사람들이 원형으로 모여들었고 나는 이 상황에 적당한 몇 마디 말을 했다. 나는 이 선량한 사람들에게 그들이 오늘 하려는 행동의 심각성과 중요성을 상기시켰다. 나는 그들에게 우리가 투표할 읍에 도착하게 되면 어쩌면 사람들이 그들을 속이기 위해 접근하거나 주의를 끌려고 할지도 모르는데, 거기에 넘어가서는 안 되며 각자 자리를 지키면서 하나의 단결된 대오로 행진하고 투표를 끝마칠 때까지 자기 자리를 지켜야 한다고 조언했다. 나는 말했다. '그 누구도 자신의 의무를 완수하기 전에는 음식을 먹거나 몸을 닦기 위해(이 날은 비가 오고 있었다) 집 안에 들어가는 일이 없어야 한다.' 그들은 그렇게 하겠다고 큰 소리로 답했으며 실제로 그렇게 행동했다. 모든 사람이 한번에 투표를 마쳤으며 나는 거의 모든 사람이 같은 후보자에게 표를 던졌을 것이라고 추정한다." (Recollections (New York, 1971 [1896]), pp. 119-120).(원주)

연기 투표(連記投票) 단일한 선거구 내에서 복수의 후보에게 투표할 수 있게 하는 방식.

오스트레일리아 식민지의 다른 지역에서는 민중의 저항으로 버넵 귀족들의 우월 의식이 산산이 부서지고 말았다. 그 가운데 한 곳이 빅토리아 주의 금 채굴 정착민 지역인 밸러랫이었다. 1850년대 초가 되자 덥수룩한 머리와 거친 손을 가진 밸러랫의 궁핍한 금 채굴자들은 의무적으로 납부해야 하는 높은 채굴 면허세를 더는 참지 못할 지경이 되었다.(채굴 면허세는 금을 찾든 못 찾든 납부해야 했다.) 일찍이 네덜란드와 미국 식민지의 반란자들이 그랬듯이 밸러랫의 채굴자들은 정치적으로 자신들을 대표할 사람을 선출할 권한이 없다는 데 분노했다. 일부 채굴자는 (스코틀랜드 출신의 불같은 성격의 톰 케네디Tom Kennedy가 표현했듯) 자신들이 상대하는 사람들이 사실은 '영국 정부의 찌꺼기와 쓰레기 같은 부분'이며, 이자들은 '악랄한 면허세'와 면허가 없는 채굴자를 유칼립투스 나무에 쇠사슬로 묶는 형벌을 주는 현지 경찰의 관행 같은 폭력적인 수법을 사용하여 권력을 지키고 있다고 비난했다.[31]

1854년 11월 11일, '바커리힐(Barkery Hill)'이라는 곳에서 1만 명의 채굴자가 모여 소란스러운 집회를 열었다. 집회에서 그들은 '밸러랫 개혁 동맹'을 결성하기로 만장일치로 결의했다. 동맹은 '정직한 정부'와 '건전한 법'을 촉구하는 헌장을 내걸었다. 이들의 요구 사항 중에는 본국인 영국에서 일어났던 노동 계급의 차티스트 운동이 요구한 내용과 똑같은 부분이 있었는데 이는 조금도 놀라운 일이 아니었다. '밸러랫 개혁 동맹'의 서기였던 존 B. 험프레이(John B. Humffray, 1824~1891)가 웨일스에서 이곳으로 이민 오기 전에 차티스트 운동가였기 때문이다. 동맹의 헌장은 계속하여 '인민이야말로 모든 정치 권력의 원천'이라고 명시했다. 또 "대표 없는 과세는 폭정"이라고 주장했다. 왜냐하면 "법에 복종할 것을 요구받을 때 법률 제정에 대해 발언권을 갖는 것은 모든 시민이 지닌 양도할 수 없는 권리"이기 때문이었다. 이 헌장에는 다음의 다섯 가지 정치 개혁 요구가 담겨 있었다. 성인 남성의 투표권, 식민지 입법 기관 구성원에 대한 재산 요건 폐기, 의회 구성원에게 금전적 보상 지급, 의회의 단기간 개회, '완전하고 공정한 대의 제도'.

채굴자들은 곧 식민지 당국과 충돌하는 길로 접어들었다. 식민지 당국은 '여우 사냥'을 준비했다. 영국 신사들다운 선택이었다. 여름을 맞이한 대

1854년 11월 30일, 빅토리아 주 유리카에 모인 반란자들이 남십자성 깃발 아래서 자신들의 권리와 자유를 위해 싸울 것을 맹세했다.

지가 곧 사람들의 피로 흠뻑 적셔질 것이었다. 당국이 군대를 동원해 사태를 다스린다는 방침을 비밀리에 정했던 것이다. 1854년 11월 30일, 자신들이 곧 학살당할 것을 감지한 채굴업자들은 바커리힐 언덕에 나무 널빤지로 방책을 세우는 것으로 화답했다. 이 장소는 유리카(Eureka)라는 이름이 붙은 금광 채굴 지역이었다. 채굴자들은 새로운 깃발을 만들어 세웠다. 짙은 청색 바탕에 남십자성을 상징하는 사각형의 십자가 모양을 그려 넣었으며, 그 십자가에는 다섯 개의 별을 그려 넣었다. 다음 날 해질녘이 되자, 채굴자들은 맹세를 하기 위해 무릎을 꿇었다. 그들은 마치 온 세상의 모든 문제를 짊어진 수도사들 같았다. "남십자성에 맹세합니다. 우리는 서로에게 진실하게 행동할 것이며 우리의 권리와 자유를 지키기 위해 싸울 것입니다." 식민지 당국이 보낸 병력은 기병과 보병을 합하여 300명 가까이 되었다. 진홍색 군복과 흰색 군모를 착용한 이들은 무자비했다. 다음 날 해가 뜨기 직전 병사들은 방책을 기습했으며 이 공격 작전은 고작 10분 만에 끝이 났다. 남십자성 깃발은 찢기고 불태워졌다. 죽은 병사는 다섯 명이었다. 민주주의자였던 채굴자들은 스물네 명이 죽었고 스무 명이 부상당했으며, 그 밖에 많은 사람이 크게 낙담한 상태로 체포되었다.

이런 폭력 사태는 유럽 기준으로 보면 경미한 것이었으므로 빅토리아 주의 부총독 찰스 호섬(Charles Hotham)은 '외부의 폭도들이 침투하여' 발생한 사태를 종식시킨 여왕 폐하의 군대에 감사의 마음을 표하고 사건을 서류철에 재빨리 집어넣어 사람들의 기억에서 지워버리려고 나름대로 최선을 다했다. 채굴자들과 그 지지자들의 목에는 이제 '반역적·선동적 발언'과 "우리의 주권자이신 여왕 폐하에 맞서 전쟁을 할 목적으로 무기를 들도록 사람들을 선동"했다는 죄목이 걸렸으며, 이로써 그들에게는 모든 희망이 사라진 듯이 보였다. 하지만 누구도 예상하지 못한 일이 벌어졌다. 즉, 유리카 방책사건이 런던과 멜버른의 식민지 통치자들을 몹시 겁먹게 했으며, 그 결과 그들이 양보적 조치를 취했던 것이다. 그 조치는 긍정적이며 장기적인 영향을 끼쳤다.

이 사건이 있고 일 년이 채 되기 전에 멜버른의 배심원단은 반역죄 혐의로 재판받던 열세 명의 채굴자를 모두 풀어주었다. 또 국왕의 이름으로 소집된 위원회는 증오의 대상이던 면허세 제도를 폐지할 것을 권고했다. 그러는 한편, 일 년에 1파운드만 납부하면 되는(과거에는 한 달에 1파운드를 납부했다) 새로운 '채굴 권리증' 제도를 도입함으로써, 실질적으로 이 식민 지역의 모든 성인 남성이 선거권을 부여받았다. 밸러랫 선거구는 빅토리아 주 의회에 두 명의 대표자를 선출해 보낼 수 있는 권한을 획득했다. 놀랍게도 반란에 가담했던 두 명의 채굴자, 즉 피터 랠러(Peter Lalor, 1827~1889)와 존 B. 험프레이가 경쟁 후보자 없이 당선되었다.

오스트레일리아의 비밀투표

예상하지 못했던 성과는 여기서 그치지 않았다. 남십자성 깃발 아래 흘린 피의 대가로, 작지만 세계적으로 중요한 의미가 있는 발명품이 만들어졌다. 곧 이 발명품은 런던 식민부의 승인을 받는다. 이는 새로운 비밀선거 방식이었는데, 이후 미국을 비롯한 전 세계에서 '빅토리아식 투표' 혹은 '오스트레일리아식 투표'라고 불리게 된다.[32]

불릿(bullet, 총알)에서 밸럿(ballot, 투표용지)으로 변화가 어떻게 일어났는지를 대강 설명하면 다음과 같다. 자치를 가능하게 하는 새로운 헌법이 본토 영국에서 비준되기 바로 직전인 1856년 초, 빅토리아 주 의회는 새로운 투표 제도를 채택했다. 이 방식은 필시, 이웃하는 태즈메이니아와 사우스오스트레일리아 지역에 있던 유사한 제도에서 영향을 받았을 것이다. 이 방식은 완전히 새로운 유형의 비밀투표로서 남반구의 대의 민주주의 환경에 맞게 변형된 것이었다. 다른 장소와 마찬가지로 본국인 영국에서도 사실 비밀투표의 원칙은 신사들의 클럽이나 학술 단체, 구빈원을 포함한 다른 자발적 조직에서 오래전부터 활용되고 있었다. 비밀투표 제도는 차티스트 운동의 핵심 요구 사항 가운데 하나였으며, 아테네 민주정의 열렬한 옹호자였던 역사가 조지 그로트 역시 하원에서 이 제도의 도입을 옹호했다. 비밀투표는 이미 여러 형태로 시행되고 있었다. 예를 들어, 투표자가 자신의 투표 의사를 적은 종이를 들고 투표소로 들어가는 것으로서, 이때 그 종이쪽지는 보통 후보자 가운데 한 사람이 투표자에게 준 것이며 때에 따라서는 종이쪽지를 접어서 봉투 속에 넣어주기도 했다. 캐나다의 뉴브런즈윅 식민지라든가 아메리카의 뉴욕 주와 매사추세츠 주에서 이런 방식의 비밀투표가 시행되었다.[33] 그뿐이 아니다. 다른 사람이 나의 의도를 모르게 하면서 표를 던지는 방식은 회의체 민주주의의 옛 시대에서도 흔적을 찾아볼 수 있다. 예를 들어 그리스에서는 투표용 동전이나 진흙 덩어리를 손으로 꼭 감싸 쥐는 방식으로 자신의 투표 의사를 감추던 관행이 있었으며, 로마 공화정 후기였던 기원전 2세기에는 모든 회의에서 투표를 진행할 때 그것을 비밀로 하기 위한 투표 방식을 규정한 법률들이 있었다.

오스트레일리아의 남부 지역에 뿌리를 내린 비밀투표 방식은 사뭇 달랐다. 또 이 제도를 지지한 사람들은 다종다양했다. 혁명을 일으킬 듯한 거친 말투의 노동자가 있었는가 하면 부드러운 말투의 자유주의적 지식인이 있었으며, 헨리 새뮤얼 채프먼(Henry Samuel Chapman, 1803~1881)처럼 급진 성향의 법률가도 있었다. 채프먼은 태즈메이니아에서 식민지 장관을 지낸 뒤 멜버른으로 이주했으며, 유리카 사건 때 변호사 자격으로 반란자들을 변호하고 이들의 석방을 요구해 관철했다. 1856년 초에는 빅토리아 주에 비밀투표 제도를 도입하는 법안을 입안했다. 새롭게 선거권을 얻게 되는 채굴자들은 채프먼의 제안을 전면적으로 지지했으며, 노동자와 장인들 역시 그랬

19세기 초 영국의 투표함. 몽고메리셔 포든의 웰시 교구에 있
던 한 구빈원에서 운영위원회 선거에 사용되었다.

다. 이들은 고용주가 자신들을 매수하거나 협박해서 특정한 방향으로 투표
하도록 강제할까 봐 두려워하고 있었다. 흥미로운 사실은 버닙 귀족과 중간
계급의 일부도 채프먼의 제안을 지지했다는 것이다. 이들도 나름대로 두려
움이 있었다. 성인 남성 보통선거 제도가 도입되면서 그들은 아래에서 가해
지는 압력, 즉 그들의 사적인 삶까지 캐려고 하는 이른바 '인민'에 의한 위협
과 그들이 어떻게 투표했는지 알려 달라고 요구하고 괴롭히는 일이 벌어질
수 있다고 우려했던 것이다. 비밀투표 도입을 강력하게 지지한 사람들 중
에는 절대 금주주의를 실천하는 기독교인들도 있었다. 이들은 이른바 '공개
선거' 제도에서 조작이 횡행하고 시끄러운 경쟁이 펼쳐지는 것을 싫어했다.
이들은 투표 행위가 신 앞에 홀로 서서 오로지 자신의 양심에 따라 행하는
기도와 좀 더 비슷해져야 마땅하다고 생각했다.

　이러한 절대 금주주의자들의 주장에도 일리가 있었다. 오스트레일리아식
투표 제도가 도입되기 전을 보면, 이제 막 대의 민주주의가 떠오르던 곳에
서는 어디서나 선거 경쟁이란 대낮부터 친한 사람들끼리 술에 잔뜩 취한 상
태에서 벌이는 치열한 권력 다툼이었다. 선거 운동은 공공 장소에서 상대방
을 위협한다든지, 고개를 끄덕이거나 한쪽 눈을 찡긋거리며 의사를 전달한
다든지, 혹은 귀엣말로 소식을 주고받는 식의 행동으로 진행되었기 때문에,
후보자들은 투표 전에 이미 투표의 전체적인 흐름을 알 수 있었다. 이미 살

퍼본 바와 같이, 이스파노아메리카 지역에서는 며칠 전 혹은 심지어 몇 주일 전에 미리 선거 결과를 알 수 있었다. 만일 선거 경쟁이 아슬아슬한 모양새를 띠게 되면, 후보자와 그의 지지자들은 마치 물고기나 짐승을 잡는 것처럼 유권자들을 상대로 온갖 작전을 폈다. 후보자들은 마차를 동원하여 자신을 지지하는 유권자들을 투표장까지 옮겼다. 유권자들에게 술과 음식을 제공하는 것은 즐겨 쓰던 수법이다. "개인적으로 집에서 집으로 찾아다니던 오래된 관습은 이제 도시에서는 술집이나 '길모퉁이의 식품점'을 방문하는 행위로 타락했다." 미국의 정치경제학자 헨리 조지의 말이다. "후보자는 통상적으로 자신의 선거구 안에 있는 모든 술집을 방문했다. 술집에 가서는 자신의 명함을 보여주고 10달러나 20달러 지폐를 카운터에 올려놓는다. 거스름돈을 받을 생각은 없다. 그 술집에서 어슬렁거리고 있던 모든 사람에게 한 잔씩 사는 것이다. 어떤 술집에서는 그가 들르면 맥주 한 통을 사는 것이 일종의 관습이 되어 있었다."[34] 또 관습적으로 행해지는 일이 있었는데 바로 유권자에게 투표용지(voting paper)를 공급하고—낡은 종이 한 장이면 충분했다.—유권자를 대신해 후보자의 이름을 써주는 행동이었다. 자신이 선호하는 후보자의 이름 옆에 서명을 해야 했는데, 글을 모르거나 술에 취해 서명조차 하지 못하는 이들을 대상으로 이런 일이 벌어지곤 했다. 유권자의 손에 투표용지를 꼭 쥐어주고는 선거 관리관(Returning Office)에게 직접 데려다주는 일도—이때 그 관리도 술 한 잔으로 매수할 대상이었다.—널리 행해졌다. 유권자는 이성적 동물이라기보다 포획의 표적이 되는 희생물이었다.

오스트레일리아식 투표는 이러한 어리석은 행위들을 대부분 그만 멈추게 했으며, 이 사실은 당시의 보도 기사 혹은 관련 삽화를 보면 확실하게 알수 있다.(이로써 오스트레일리아의 식민지가 미개한 황무지라는 이미지를 자랑스럽게 뒤집을 수 있었다.)[35] 이 방식은 구조와 목적이 모두 단순했기 때문에 세계의 다른 지역 어디에나 쉽게 전파할 수 있었으며, 오늘날에는 수십 억의 사람들에게 익숙한 것이 되었다. 선거가 공표되면 정부와 정부 관리들은 공식 투표용지와 투표함을 제작한 다음, 걸어서 옮기거나 당나귀, 낙타, 말, 마차를 동원해 옮긴다. '유권자가 접근하기 쉽게, 조직적인 뇌물 수수는 어렵게'라는 두 가지 목적을 위해, 각 선거구에 여러 개의 투표소로 구성된 네트워크를 세운다. 투표소의 구체적인 개수는 선거구 크기에 비례한다. 1856년부터 사우스오스트레일리아에서는 법률이 정한 대로 술집에서부터 최소한 얼마간 떨어진 곳에 투표소를 설치해야 했다.(추정컨대, 뇌물을 받고 술에 잔뜩 취해 정치적 악마의 품에 비틀거리며 안기는 것을 방지하려는 것이었던 듯하다.) 투표소를 개방하는 날짜, 그리고 여는 시간과 닫는 시간은 사전에 확실하게 결정되며 보통 오전 8시부터 오후 6시까지였다.(사우스오스트레일리아에서는 투표일이 결국 토요일로 정해지는데, 이는 풀타임으로 일하는 유권자들의 권리를 최대한 보장하기 위한 조치였다.)

투표일이 되면 지역마다 투표 장소를 알리는 표지를 곳곳에 설치해 유권자들을 안내한다. 미리 정해진 시각이 되면, 현지의 경찰은 투표소의 문을 개방하며, 이때 투표소 주변에는 한두 명의 경찰이 더 배치되어 천천히 왔다 갔다 걸어 다녔다. 그들은 항상 경찰봉과 수갑을 휴대하고 있었다. 유권자들은 도착하는 대로 한 사람씩 탁자로 안내되는데, 탁자 위에는 선거인 명부가 놓여 있고 이 명부에 유권자들의 이름이 적혀 있었다. 이 명부는 선거 관리들이 우편 배달부, 도보 경찰, 승마 경찰의 도움을 받아 작성한 것이며, 승마 경찰의 경우는 때로 광막한 황무지를 말을 타고 수백 킬로미터나 이동하는 일도 있었다. 이주가 잦은 주민들에 대하여 한 집 한 집 방문해 신뢰성 있는 선거인 명부를 작성하는 일은 새로운 오스트레일리아식 투표의 성공 여부를 가르는 핵심 조건이었다. 이 방면의 주요한 실험은 빅토리아 주가 아니라 그 이웃인 사우스오스트레일리아 주에서 시행되었다. 사우스오스트레일리아는 세계 최초로 유급 선거 관리를 (1858년부터) 두었으며, (일 년에 한 번 혹은 선거 직전에 작성하는 것이 아니라) 상시 유권자 등록 시스템도 있었고, 대의 민주주의의 새벽에 해당하는 시기에 당시 정식 명칭은 그렇지 않았지만 사실상 최초의 '선거 관리장(Chief Electoral Officer)'을 임명했다. 그의 이름은 윌리엄 로빈슨 부스비(William Robinson Boothby)였다.*

오스트레일리아식 투표에는 또 다른 중요한 특징들이 있었다. 투표자(거의 40년 동안 항상 남성이었다)는 자신의 완전한 이름을 확실하게 발음하여 말하라는 요청을 받았다. 이름을 말하면 그에게는 인쇄된 투표용지가 조심스럽게 건네졌다. 한쪽 면에는 후보자들의 이름이 위에서 아래로 알파벳 순으로 적혀 있었다. 여백의 공간이 있지만 여기에 글자를 써서 메시지를 전달하거나 욕설을 써서는 안 되었다. 만일 그런 것이 발견되면 이 투표용지는 무효로 처리될 것이었다. 빅토리아 주에서는 원래 투표용지에 번호를 적었는데 그 번호는 유권자가 알파벳 순서로 유권자 등록부에 기재될 때 각 사람에게 붙은 일련번호였다.(태즈메이니아와 사우스오스트레일리아에서는 이렇게 번호를 붙이는 것이 비밀 유지 원칙에 어긋나는 것으로 판단되어 폐지되었다.) 투표소 입구에서 가까운 곳에는 각 개인별로 구분된 기표소가 설치되어 있었

---

* 지문 채취 방식을 발명한 후안 부세티치(Juan Vucetich)와 마찬가지로, 윌리엄 로빈슨 부스비는 어쩌면 재미없는 인물로 보일지 모른다. 하지만 대의 민주주의의 성공은 그들과 같은 사람들의 창조적 노력에 큰 도움을 받았다. 1829년 영국에서 태어난 부스비는 가족과 함께 1853년에 사우스오스트레일리아의 애들레이드로 이주했다. 런던 대학을 졸업한 직후였다. 식민지에 도착하고 1년 뒤 그는 공무원이 되었으며 1856년에 주 사법 장관으로 승진해 1903년까지 그 자리에 있었다. 이곳에서 그는 자기 세대의 가장 뛰어난 공무원이었으며, 가장 발전된 종류의 오스트레일리아식 투표 방식을 오스트레일리아 땅에 심는 데 주요한 역할을 했다. 그는 1856년의 선거법을 시행하는 데 중심적인 역할을 했다. 이 법에는 새로운 투표 방식을 규정하는 조항들이 들어 있었다.(태즈메이니아는 1856년 2월 4일에 이와 유사한 법을 통과시켰으며, 빅토리아는 6주 뒤인 3월 19일, 사우스오스트레일리아는 다시 한 달 뒤인 4월 18일에 그 뒤를 따랐다.) 또한 좀 더 혁신적인 1858년 선거법 시행에도 중요한 역할을 했다. 이 법은 각 투표자로 하여금 그가 지지하는 후보자의 이름 옆에 '엑스(X)'자를 표기하도록 규정했다. 이전에는 원하지 않는 후보자의 이름을 줄로 그어 반대 표시를 하는 방식이었다. 또 1858년의 법률은 투표용지 앞면에 후보자의 이름과 투표용지 뒷면에 선거 관리 공무원의 이름의 머리글자를 인쇄하는 것 이외에는, '어떠한 사항이나 어떠한 것도' 보이게 해서는 안 된다는 세부 규정을 정함으로써 진정한 비밀투표를 보장했다. 1858년의 법률은 새로운 입법을 (1859년) 촉발했다. 새로운 입법에는 유권자가 주거 지역을 옮길 경우 한 선거구에서 다른 선거구로 그의 이름을 이동하는 조치가 포함되었으며, 각지의 등기 담당관은 사망자가 있을 경우 이를 선거 사무소에 통보해야 한다는 조치도 포함되어 있었다. 이 두 가지 개선 사항은 모두 선거인 명부에 빠진 사람이 없도록 하여 명부를 정확하게 하기 위한 조치였다. 또 한 가지 언급해둘 가치가 있는 사항은, 이 절차적 개선 사항은―순조롭고 효율적인 선거의 시행을 위한 필요 조건으로―의무 유권자 등록과 시민의 의무적 투표의 도입을 암시했다.(의무적 유권자 등록은 1911년에 오스트레일리아 연방 차원에서 도입되었으며, 의무적 투표는 퀸즐랜드에서 1915년에 처음으로 도입되었고 연방 차원에는 1924년에 도입되었다. 하지만 원주민의 경우에는 1984년이 되어서야 유권자 등록과 투표가 의무 사항이 되었다.) 1856년부터 1903년까지 부스비는 사우스오스트레일리아에서 실시된 모든 의회 선거를 감독했다. 이 가운데 1896년 선거는 성인 여성(원주민 여성도 일부 포함되었다)이 최초로 투표한 선거였다. 그는 선거 시행에 관련된 모든 공적 의문 사항에 대해 전문적인 조언을 해주었으며, 1890년에는 우편 투표의 도입을 지지했다. 이는 선원, 병자와 노약자에게 투표권을 부여한 조치였으며 훗날에는 여성 유권자들에게 큰 도움이 된 조치였다. 남성에 비해 여성이 우편 투표 제도를 활용하는 비중이 높았기 때문이다. 부스비가 오스트레일리아식 투표 제도의 구조를 개선하는 데 보인 조용한 열정의 근원을 살펴보면, 이는 그가 대의 민주주의에 대해 어떤 원칙적 신념을 지녔기 때문이라기보다는 19세기 영국의 실용주의 원칙에 애착이 있었기 때문이었다. 19세기 영국의 실용주의는 정부의 적절한 통제가 사회적 단결과 행복을 만들어낼 수 있다고 주장했다. 부스비는 정당 정치가 등장하면서 발생한 요란스러운 소동―즉 관악대 연주, 후보

다. 때로는 커튼을 칠 수 있는 곳도 있었는데 유권자는 이런 사적인 공간에 들어가 가장 공적인 행동을 수행하는 것이었다. 기표소에서 홀로 서서 연필을 이용하여 투표용지에 표시를 했다. 글을 읽을 수는 있지만 쓰지 못하는 사람의 입장에서 볼 때, 이런 투표용지의 활용은 실수를 방지해주는 장치였다. 아예 문맹이거나 시각 장애가 있는 사람은 투표소 관리들에게 도움을 요청할 수 있었다. 빅토리아 주의 경우, 유권자는 자신이 지지하지 않는 후보자들의 이름을 가로줄로 그어버리도록 되어 있었다. 하지만 곧 이 방식이 유권자가 착각하게 만들 위험이 있다고 판단되었다. 그래서 사우스오스트레일리아에서는 1858년에 세계 최초로 유권자들이 지지하는 후보의 이름 옆에 인쇄된 작은 네모 상자 안에 간단한 표시를 하거나 훗날 미국인들이 하는 것처럼 펀치로 구멍 뚫도록 했다.

기표를 하고 나면 이제 가장 결정적인 순간이 온다. 선거 관리관과 그의 부관, 그 밖에 투표 사무원과 경쟁 후보자들이 지명한 몇 명의 감시관이 주의 깊게 지켜보는 가운데, 유권자는 자신이 표시를 하고 접은 투표용지를 자물쇠로 잠긴 큼직하고 길쭉한 직사각형 모양의 상자에 집어넣었다. 오스트레일리아식 투표는 일인 일표를 보장하도록 설계되었다. 표수를 세는 사

자에 대한 비방과 그들에게 돌맹이, 썩은 계란, 죽은 동물을 던지는 행위 따위—을 싫어했다. 그가 큰 관심을 기울이고 추진했던 사안은, 공공 지명 절차의 폐지(1856년)와 같은 해에 발의된 '논쟁 금지 규정'이었다. 이 규정에 따라 사우스오스트레일리아 지역의 정치인들은 선거 운동 기간에 공적 발언을 하는 것이 금지되었다. 부스비는 시민의 일상의 복지에 대해, 즉 시민의 '폴리싱(policing, 치안 유지)'에 대해 정부가 포괄적인 책임을 져야 한다고 굳게 믿었다. '폴리싱'이란 애덤 스미스를 비롯한 18세기 인물들이 즐겨 사용했지만 이후 안 쓰게 된 말이다. 사우스오스트레일리아 지역을 위해 공명정대하게 행동한 부스비는 통계에 기반을 두고 질서를 유지하는 것을 명백하게 선호했다.(이 방면에서 그는 자신의 남동생인 조사이어 부스비Josiah Boothby의 지지를 받았다. 조사이어는 사우스오스트레일리아 정부의 통계 담당자였으며 인구 조사 업무를 지휘하는 감독관이었다.) 좀 더 효율적인 주민 '폴리싱'을 통해 '훌륭한 정부'를 운영하겠다는 윌리엄 부스비의 신념은 다른 분야에서도 뚜렷하게 드러났다. 예를 들어 그가 1869년 이후로 내내 애들레이드 노동 형무소의 감독관으로 있을 때 그러했다. 부스비의 개혁은 완전히 벤담적인 성격을 띠었다. 죄수들에 대한 잔혹한 처사를 없애고 그들의 '복지'를 증진한다는 명분으로 그는 다수의 인원을 한꺼번에 수용하는 '바라크(barrack)' 시스템을 폐지하고 죄수 수용 방식을 개선했으며, 죄수들을 공공 사업장에 활용했고, 1869년에서 1870년 사이에는 새로운 '형무소법'을 입안했다. 그는 1876년에서 1877년 사이에 유럽의 형무소를 돌아보는 조사 여행을 했고, 그 후 형무소에 올리브 나무를 심도록 조치했다. 죄수들에게 올리브 오일을 생산하게 하여 그들의 재활을 도우려 한 것이다. 그는 이런 책을 펴냈다. *The Olive: Its Culture and Products in the South of France and Italy* (Adelaide, 1878). 부스비는 1903년 7월 12일 '노스애들레이드'에 있는 자택에서 숨졌다. 이후 연방 선거구 한 곳에 그의 이름이 붙여졌다.(원주)

오스트레일리아식 투표가 시행된 투표소의 질서 있는 모습. 1889년 빅토리아 주.

람이 결국 당선인을 결정하기 때문에, 이 새로운 투표 제도는 개표 과정에 대단히 엄격한 절차를 마련했다. 투표가 다 끝나면 해당 선거구 안에 있는 모든 투표소의 문이 닫히고, 선거 관리관은 (다른 투표소에서 이송되어 온 투표함들을 포함한 모든) 투표함의 자물쇠를 열고 표를 집계하는 작업을 시작했다. 이때 그는 부관의 도움을 받았으며, 또한 감시관들이 입회한 가운데 집계 작업을 시행했다. 선거구 내의 모든 투표소를 합산하여 가장 많은 표를 얻은 후보자를 당선자로 선포했다. 집계 결과가 선포된 직후 선거 관리관은 모든 투표용지를 한데 모아 다시 상자에 넣어 밀봉한 다음 중앙의 정해진 장소로 보냈다. 입법부 서기는 선거 결과를 두고 분쟁이 벌어질 경우에 대비해 다툼에 필요하여 규정된 기간만큼 투표용지들을 보관한 다음 폐기했다. 보통은 불에 태워 없앴다.

당시는 아직 시간과 공간의 장벽을 극복하는 통신 기술이 발전하지 못했기 때문에, 전체 투표 과정 곳곳에서 일이 지연되거나 실수가 있었다. 결코 완벽하다고는 할 수 없는 상태였던 것이다. 오스트레일리아식 투표는 문맹자와 시각 장애인에게 차별적이었다.[36] 선거 관리관과 그의 보조들이 표수를 집계하는 과정이 공적으로 감시받았기 때문에, 때로 너무 순진하게도 선거 관리들이 부패하지 않을 것이라고 믿는 사람이 많았다. 하지만 그런 일이 완전히 없어지지는 않았다. 또한 유권자들 사이에서도 속임수는 계속 있었으며, 그중에는 교묘한 수법에 탄성을 내뱉게 되는 경우도 있었다. 그런 교묘한 속임수로 '태즈메이니아 수법'이라는 것이 있었다. 어떤 유권자에게 뇌물을 주어 그를 매수한다. 그는 투표용지를 교부받지만 투표함에는 교부받은 투표용지가 아니라 다른 종이 한 장을 넣는다. 그는 아무런 표시도 되어 있지 않은 투표용지를 주머니에 넣고 투표소 밖으로 나와서 대기하고 있는 매수자에게 투표용지를 건네준다. 매수자는 그 투표용지의 특정 후보에게 기표한다. 기표한 투표용지를 또 다른 매수된 유권자에게 준다. 그는 이미 기표된 그 투표용지를 투표함에 넣고, 자신이 받은 투표용지는 밖으로 들고 나온다. 이런 식으로 부정직한 투표가 계속되는 것이었다.

　이런 문제가 있긴 했지만 태즈메이니아와 빅토리아에서 시작된 오스트레일리아식 투표는 많은 더러운 속임수를 없애는 데 도움이 되었다. 현지인들은 자신들의 발명품에 자부심을 느꼈으며 이런 자부심은 충분히 이유가 있는 것이었다. 이 투표 방식은 많은 사람들에게 '훌륭한 성공작'으로 환영받았으며, 유권자의 힘을 키워주는 수단으로 평가받았다. 그리고 '신분 차별, 일시적 유행, 자신보다 사회적으로 위에 있는 사람을 불쾌하게 만들지도 모른다는 공포심'에 대한 개선책이라는 평가도 받았다.[37] 또한 이 투표 방식이 등장함에 따라, 표를 얻는 데 전념하면서 기계처럼 작동하는 조직화된 정당의 성장이 촉진되었다. 한편으로 여성의 참정권 획득을 위한 움직임에도 도움이 되었다. 이 투표 방식 덕분에 공개된 장소에서 술에 취한 사람들이 거칠게 경쟁하는 모습이 과거의 일이 되었기 때문에, 여성들은 이제 질서 있는 실내 집회에 아무 걱정 없이 마음 놓고 참여할 수 있었다.[38] 이 새로운 투표 방식이 곧 오스트레일리아 내 다른 식민지들에서 채택된 것은 전혀 놀라운 일이 아니었다. 이 방식을 처음 채택한 사우스오스트레일리아는 자신들의 헌법을 결정하는 데 주민 투표를 실시한 유일한 식민지였다. 오스트레일리아식 투표는 베네수엘라(1858년), 뉴질랜드(1870년), 영국(1872년)에도 그대로 복제되어 실시되었으며, 다시 대서양을 건너 미국의 여러 도시와 주로 확산되었다. 미국에서는 1888년에 켄터키 주의 루이빌과 매사추세츠 주에서 처음 시행되었다.

최초의 여성 참정권

여기서 잠시 멈추어, 작은 유럽 반도와 그 부속 도서에서 이제까지 성취한 것이 무엇인가를 살펴보자. 19세기 중반에 이르면 유럽 전역에서 대의 민주주의의 이상과 제도에 확실한 미래가 있다는 신호가 보였다. 유럽뿐 아니라 세계적으로 중요한 의미가 있는 일들이 많이 일어났다. 시작은 '민주주의자'와 '민주화'라는 위험한 구호가 발명되고 대중화되었으며, 이런 표현들이 '귀족'이라든가 '귀족정'이라는 용어와 극명하게 비교되는 상황이 되었다는 것이었다. 귀족 또는 귀족정이라는 말은 이제 불쾌감을 주는 은유적 표현이 되고 말았다. 스피노자 같은 인물들의 선구적인 연구 덕분에 민주주의와 관련된 말들은 이제 과거보다 훨씬 더 긍정적인 뉘앙스를 띠기 시작했다. 특히 이 단어가 대의나 대의 정치 체제, 그리고 확연히 유럽적인 신조어인 대의 민주주의라는 표현과 함께 쓰일 때 그러했다. 19세기 중반이 되자 대의 민주주의는, 유럽이 세계에 준 선물인 영토 국가와 시장이라는 틀에 확실히 자리를 잡았다. 네덜란드와 프랑스에서 일어났던 혁명적 사건들은 마치 미래의 리듬을 치는 북소리처럼 '국민'이 공공의 무대 위에 올라가고 있다는 것을 알려주었다. 노동자들은 돈과 사유 재산과 시장이라는 물신(物神)에 의문을 제기함으로써 민주주의를 '사회화'하려고 했다. 심지어 교황은 대의 민주주의에 대해 호의적으로 말했고, 대의 민주주의의 가장 내구성 있는 형태라 불리는 웨스트민스터 모델은 대영 제국의 드넓은 영토 안에서 놀라운 발명품들이 쏟아지게 했다. 웨스트민스터 체제는 실질적 자치 영토에서 (캐나다에서 그랬던 것처럼) 다양한 언어와 신앙, 법률 체계를 포용하도록 장려했으며 새로운 제도, 이른바 오스트레일리아식 투표라고 불리는 비밀투표의 시행을 지지했다. 뉴질랜드의 유럽인들에게는 원주민은 신뢰할 수 없는 사람들이며, 무지하고, 마치 양 떼처럼 사기꾼 정치인의 꼬임에 쉽게 넘어간다는 편견이 있었다. 그런 상황이었지만 마오리(Maori)족의 성인 남성은 1867년에 보통선거권을 획득했다. 이 조치는 런던 정부의 지지를 받았으며, 뉴질랜드 지역의 백인 식민 정착자들보다 12년이나 먼저 선거권을 획득한 것이었다.

바로 이 대영 제국의 변방에서 세계 인구의 과반수에 해당하는 사람들에게 영향을 끼치는 가장 근본적인 개혁이 일어났다. 법을 보유한 정부가 규정한 지리적 영토 안에 살고 있는 모든 여성에게 투표권이 부여되었던 것이다.

마치 기적처럼 여성 투표권 문제에서 최초의 돌파구가 열린 곳은 정말 특이한 장소였다. 칠레와 뉴질랜드 중간쯤의 남태평양에 위치한 조그만 화산섬이었다. 필립 카터릿(Philip Carteret)이 함장으로 있던 영국 군함 '스왈로(Swallow)'호의 한 수병이 이 섬의 높다란 절벽을 (1767년 7월에) 처음으로 목격했다. 그 섬을 처음 목격한 수병의 이름을 따서 핏케언(Pitcairn)이라고 이름 붙여졌다. 이 섬은 북쪽으로는 열대 지역의 군도가 늘어서 있고 남쪽으로는 아득히 넓은 바다가 남극까지 펼쳐져 있었다. 인간 세계로부터 아주 멀리 떨어진 곳이었다. 카터릿 함장은 해변의 거친 파도 때문에 섬에 상륙할 수 없었다. 이 이야기가 제임스 쿡(James Cook)의 귀에까지 전해졌다. 쿡 선장은 지구의 이 부분에 자신의 흔적을 남기려는 유럽인들의 혼란스러운 탐험 사업에서 중심에 있던 영국인이었다. 그도 대양에 떠 있다는 이 작은 보석을 찾아보았지만 실패했다.

이 섬을 '발견'한 유럽인이라는 영광은 결의에 찬 반란자 무리에게 돌아갔다. 기록에 따르면, 1789년 4월 28일 중앙 태평양에 떠 있던, 무장한 영국 전함 '바운티(Bounty)'호에서 폭정에 저항하는 프랑스식 혁명이 일어났다. "폭군 같은 행동, 잔혹하고 저급한 말씨, 통제할 수 없는 집념, 사람을 피로하게 하고 괴롭히는 급한 성격"[39]을 지녔다는 비난을 받던 윌리엄 블라이(William Bligh) 중위와 그에게 충성하는 수병들은 함선을 떠나도록 강요당했다. 블라이 일행을 작은 보트에 태워 보낸 뒤, 바운티호의 혁명가들은 타히티 섬을 향해 나아갔다. 그곳에서 지지자들을 모으고 보급품을 실은 다음, 영국 해군의 손아귀에서 멀리 떨어진 안전한 새 정착지를 찾아 중앙 태평양의 온화한 물길을 따라 이곳저곳으로 떠나녔다.

플레처 크리스천(Fletcher Christian) 중위와 그를 따르는 여덟 명의 반란자, 일곱 명의 타히티 남성과 열두 명의 타히티 여성은 높은 파도를 뚫고 아열대의 핏케언 섬에 상륙하는 데 성공했다. 1790년 1월 23일의 일이었다. 그들은 폴리네시아 원주민들이 정착했다가 떠난 흔적을 살펴보다가 돌로 만든 작은 손도끼와 홈을 파는 데 쓰는 끌, 절벽에 그려진 동물과 인간의 모습, 성스러운 장소와 무덤을 수호하기 위해 거칠게 돌을 깎아 만든 신상(神像)을 발견했다. 반란자들은 이곳에서 새로운 삶을 개척했다. 이후 핏케언 섬에서 진행된 실험에는 다가올 다음 세기에 수많은 사람들이 상상력과 에너지를 쏟아 그려내는 유토피아의 모든 요소가 들어 있었다. 빅토리아 시대(1837~1901)에 행해진 수많은 설교에는 이들이 보여준 덕성을 칭찬하는 내용이 담겨 있었다. 크리스천의 지휘 아래 개척자들은 '에지(Edge)'라는 작은 언덕 주변을 둘러싸는 형태로 목조 주택을 지어 영국식 마을을 건설했다. '에지'는 풀이 무성하게 자란 평평하고 작은 언덕인데, 여기에서 바다 쪽을 내려다보면 만(灣)이 보였다. 그들은 '바운티'호에서 쓸 만한 물건을 모두 끄집어낸 다음, 불을 질러 바다 속으로 배를 가라앉혔다. 자신들의 출신과 관련된 모든 흔적을 지워버리려는 조치였다. 새로운 정착민들은 풍요롭게 살았으며 아이들도 많이 태어났다. 섬의 붉은 흙은 코코넛, 바나나, 뽕나무, 빵나무를 무성하게 키워냈다. 정착민들이 섬에 들여온 닭, 돼지, 감자, 얌은 그들과 그들의 자식들이 식량으로 삼기에 넉넉했다. 아이들이 많이 태어난 덕분에 반 세대가 지나는 동안 인구가 두 배로 늘어났다.

유럽 출신 정착자들의 입장에서 볼 때는 자신들에게 편리한 대로 다른 인종의 여성을 두 명 이상 아내로 두고 살아가는 즐거운 실험이었다. 하지만 일부 타히티 출신 여성은 섬에서 도망치려고 했으며, 심지어 "백인 남자들이 침대에서 잠을 자는 동안 그들을 모두 죽여버리자는 여자들의 음모"가 있었고,[40] 두 성별 사이에 복수를 위한 살인이 일어났다는 기록도 남아 있다. 하지만 어느 정도 시간이 지난 뒤에는, 런던에서 고아로 자랐으며 독학하여 교사와 목사로서 활동했던 존 애덤스의 노력에 힘입어, 기독교적 도덕관이 공동체를 지배하게 되었다. 사실이야 어찌되었건 최소한 빅토리아 시대의 목사들은 그렇게 주장했다. 이 목사들은 핏케언 섬의 정착민들이 '바운티'호에서 구출해낸 단 한 권의 성경과 단 한 권의 성공회 기도서*를 활용한 것을 칭송했다. 어쩌면 핏케언 주민들이 기독교적 공동체였다는 것이 사

<hr>

성공회 기도서(Book of Common Prayer) 영국 성공회와 그 계통의 교파에서 사용하는 기본 전례와 기도문이 수록된 책.

실이었는지도 모른다. 그것을 인정하면, 왜 이들이 유럽 본국 사람들과 마찬가지로 일요일이면 교회에 나가고 식사 때마다 감사의 기도를 올렸는지를 설명할 수 있을 뿐 아니라, 왜 그들이 서로 다투고 서로 박해하고 총을 집어 들었는지도 설명할 수 있기 때문이다. 1829년에는 세 명의 장로가 관리하는 형사 사법 제도가 도입되었다. 그러나 2년이 흐른 뒤, 상황이 악화되었다. 핏케언 공동체 사람들은 점점 줄어드는 생활 자원과 점점 늘어나는 주민 수, 그리고 섬에서 나는 '티'*라는 식물에서 추출한 알코올 때문에 발생하는 충돌로 인해 공동체가 분열되는 것을 우려하여, 모두 타히티 섬으로 돌아가기로 결정했다. 하지만 타히티 섬으로 돌아가보니 그곳 사회는 뿌리부터 완전히 타락해 있었다고 한다. 5개월 뒤, 크게 낙담한 사람들은 마치 유목민 집단처럼, 기독교 정신이 전혀 없는 타히티 섬을 떠나 핏케언 섬으로 되돌아왔다.

타히티 섬에서 옮겨 온 접촉성 전염병과 이상한 '고열병'으로 많은 사람이 죽었으며, 그다음에는 가장 큰 재난이 닥쳐왔다. 바로 폭정이었다. 1832년 10월, 배 한 척이 도착했고 거기에는 조슈아 힐(Joshua Hill)이라는 과대망상 환자가 타고 있었다. 그는 자신이 새로운 영국 정부가 파견한 사람이라고 주장했다. '클리퍼(clipper, 쾌속 범선)'를 탄다 해도 런던까지는 20주가 걸리는 시대였고, 핏케언 섬의 주민들은 그의 뜻을 존중하는 쪽으로 마음이 끌렸다. 조슈아 힐은 막강한 권력을 지닌 '핏케언 총독'의 자리에 자신을 임명했다. 술을 제조하거나 소비하는 것이 금지되었고, '질이 안 좋은' 외부인은 섬에서 추방되었다. 사람들은 조슈아 힐에게 '네이세이(naysey)'라는 별명을 붙였으며('네이세이'는 이 섬의 방언으로 성질이 나쁜 사람을 뜻했다), 그에게 거만하게 굴지 말라고 경고했다. 이런 경고에 조슈아 힐이 보인 반응은 모든 사람에게서 등을 돌리는 것이었다. 자신의 힘에 도취한 그는 섬주민들과 섬을 방문하는 선박들 간에 접촉을 완전히 금지했다. 일요일이면 그는 설교를 했는데 설교대 곁에는 총알을 장전한 머스킷 총을 대기해놓았다. 그는 감옥을 만들었고 반역죄라는 것도 만들었으며 증인도 없이 재판을 진행하는가

티(ti) 코르들리네(Cordelyne)라는 학명으로 불리는 식물종으로서 '티'는 폴리네시아 원주민이 부르는 이름이다.

하면 어떤 과실을 범한 사람이든지 매질을 가하고 자의적으로 투옥시켰다. 우연히 이 섬에 들른 방문자에게서 자신들이 완전히 사기를 당했다는 사실을 알게 된 섬 주민들은 그 폭군에게 머스킷 총을 들이대 그를 섬에서 추방해버렸다.

핏케언 주민들의 정치적 고난이 해소되기 시작한 계기는 1838년 11월 29일 러셀 엘리엇(Russell Elliot)이 함장으로 있던 군함 '플라이(Fly)'호가 예상치 못하게 섬에 도착하면서부터였다. 엘리엇이 어떤 사람이었는지, 그리고 그가 어떤 정치적 성향을 지녔는지는 별로 알려진 바가 없다. 분명한 것은 그가 대의 민주주의를 진정으로 지지하던 19세기 판 데모낙스였다는 사실이다. 아흔아홉 명의 섬 주민은 대표단을 선발하여 그에게 보냈고, 대표단은 그에게 이 섬을 찾아오는 배의 수가 증가함에 따라 그에 대응하여 영토적 독립을 유지해야겠다는 강렬한 소망을 그에게 설명했다. 당시 섬 주변으로는 물개를 잡는 배, 고래잡이 배, 동인도회사의 상선, 영국 해군의 무장 함선이 중앙 태평양 지역을 샅샅이 훑으며 돌아다니고 있었다. 대표단은 섬 주민들이 침공당할지 모른다는 공포에 늘 시달리고 있다고 설명했다. 엘리엇의 보고는 다음과 같다. "최근에도 여러 사건이 있었다고 한다. 포경선의 거친 선원 무리가 이 섬에 2주일 동안 정박해 있으면서 주민들에게 온갖 모욕을 퍼붓고 여성들에게 성폭행을 하겠다고 위협했다고 한다. 그들은 여성들의 보호자를 무력으로 제압할 수 있다고 했다. 이런 상황이 되자, 섬의 남자들이 여자들을 물리적으로 보호하기 위해 힘을 모아야 했고 따라서 지속적으로 돌봐야 하는 재배 작물에 큰 피해가 있었다고 한다. 그 외부인들은 오히려 그런 주민들의 상황과, 섬 주민들이 법도 없고 나라도 없으며 섬에 자신들이 존중할 만한 어떤 정치적 권력체도 없다는 점을 비웃었다고 한다."[41] 대표단은 과거에 있었던 고통스러운 일들은 물론이고 최근 겪은 폭정까지 모두 토로했다.

이때 엘리엇의 눈에 비친 것은 토머스 홉스가 《리바이어던》(1651년)에서 그린 자연 상태와 비슷했다. 이 섬은 치명적인 권력 투쟁을 경험하고 있었다. 하지만 이때 엘리엇이 제안한 것은, 전능한 통치자인 리바이어던의 필요성을 역설했던 홉스의 주장과 반대되는 것이었다. 엘리엇은 노예 제도에 강한 반감을 품고 있었다. 그는 몇 년 동안이나 공해상에서 노예선을 추적했으며, 중간 계급 남성에게까지 투표권을 확대한 1832년의 개혁법에도 깊이 공감했던 것으로 보인다. 그가 차티스트 운동을 지지했는지는 알 수 없다. 왜 그가 이렇게 완전하게 민주주의적인 헌법을 제안했는지는 분명하지 않다. 하지만 여하튼 그는 그렇게 했다.

'플라이'호에서 그는 훗날 '코덱스 핏케어넨시스(Codex Pitcairnensis)'라는 거창한 이름이 붙여지는 문건을 작성했다. 그리고 이 문건이 서명되어 정식 법률로 확정되는 것을 증인으로서 지켜보았다. 1838년 11월 30일 날짜로 성립된 이 법률은 여러 측면에서 특이했다. 헌법적 측면에서 말하자면, 이 섬의 주민들은 섬이 영국령이며 영국령에 사는 자신들은 영국 국왕의 신민이라고 인정하면서도 완전한 자치를 행하는 공화국의 시민이라고 공표했던 것이다! 런던 정부의 승인도 받지 않은 상태에서, 엘리엇은 섬 주민이 영국 국기인 유니언 잭을 사용하도록 승인했으며, 영국의 보호를 받는다는 표식으로 이 깃발을 게양하도록 했다. 이리하여 핏케언 섬은 이제 "여왕 폐하의 정부에 대하여 …… 책임을 지는" 영국의 식민지가 되었다.

이와 동시에 엘리엇은 성문헌법을 갖고자 하는 섬 주민들의 바람을 충족시켜주었다. 이 새로운 헌법은—본국인 영국의 불문헌법과 대조적으로—자치의 기본 규칙을 구체적으로 명기했다. 매년 1월 1일 자유롭고 공정한 선거를 실시해 행정장관—행정장관은 사실상 핏케언 섬 공화국의 대통령이었다.—직책을 맡길 인물을 결정하도록 규정했다. 행정장관은 이 섬에서 태어난 사람이어야 했으며 섬 주민이 모두 모인 앞에서 선서를 해야 하고 두 명의 대표자로 구성된 의회를 통해서 통치해야 한다고 정해졌다. 한 사람은 국가 최고 수반이 지명하고, 다른 한 사람은 유권자인 섬 주민들이 단순다수제 선거로 선출했다. 유권자들은 새해 첫날 치러지는 선거를 위해 이 섬의 학교 건물이자 동시에 의회 건물로 쓰이는 장소에 모여야 했다. 행정장관은 성문화된 법률과 매달 선출되는 교회 의원*과 시민 일곱 명으로 구성된 배심원단의 도움을 받아 재판을 실시하도록 되어 있었으며, 그는 (헌법

교회 의원(churchwarden) 영국 국교회 내부의 직책. 교구를 대표하여 목사를 도와 교회당의 유지와 회계, 사무를 맡았다.

1871년, 핏케언의 여성 시민들.

제1조에 따르면) "그 자신의 권한으로, 혹은 주민 과반수의 동의 없이 어떤 권력이나 권한도 취득할 수 없다." 그렇다면 투표권은 누구에게 부여되었는 가? 외부인들이 옮기는 치명적인 질병에 자신들이 취약하다는 점을 고려했 던 것였는지, 아니면 여섯 살 때부터 의무 교육을 받는 2세들에게 강렬한 확 신이 있어서인지, '코덱스 핏케어넨시스'는 정치적 성숙의 나이를 (법률에 따 라 결혼을 한 경우에는) 15세와 (미혼인 경우에는) 18세로 정했다. 이 섬에 5년 동안 거주한 사람에게는 자동적으로 시민권이 부여되었다. 이런 기준들은 당시에는 특별한 것이었다. 하지만 이 헌법의 진정한 독창성은 전문(前文)의 세 번째 줄에 있었다. 마치 너무도 당연한 것을 이야기하는 듯한 어조로, 정 부 직책에 대한 선거는 "이 섬에서 태어난 모든 남성과 여성의 자유로운 투 표에 의해" 실시된다고 규정하고 있었다.

투표권을 획득한 핏케언의 여성들은 곧 외부인들에게 주목을 받았다. "타히티의 여성 후예들은 남성과 거의 동등하게 근육질이며 다른 곳의 여성 보다 키가 크다." 이는 당시 어느 보고서의 일부이다. 또 이 보고서는 그 새 로운 시민들이 '잘생겼고' 귀에 꽃을 꽂고 있으며 글을 읽고 쓰는 것이 가능하다고 전했다.[42] 핏케언의 시민들은 외부인들이 자신들을 보고 크게 감탄하기도 하고 갖가지 환상적인 이야기를 하는 것을 흡족한 마음으로 받아들였으며, 자신들이 얼마나 특별한 존재인지 이해하고 있었다. 그들은 자랑스럽게 자신들의 새로운 통치 제도를 바깥세상에 설명했다. 그리고 내부적으로는 자신들의 성취를 기념하기 위한 의식을 고안해냈다. "매일 정오가 되면 머스킷 총병 한 무리가 깃발 게양대 아래에 집합하여 그날 하루를 축복하기 위해 일제 사격을 실시했다." 이 섬의 방문자가 보고한 말이다. 이때는 유럽에서 온 첫 번째 개척자가 이 섬에 도착한 지 꼭 60년 되는 날이었다. "저녁 식사 뒤 남성과 여성은 교회 앞에 모였다.(교회에는 영국 깃발이 나부끼고 있었다.) 이들은 빅토리아 여왕을 위해 만세 삼창, 이곳의 행정장관을 위해 만세 삼창, 섬을 잠시 떠나 있는 친구들을 위해 만세 삼창, 여성들을 위해 만세 삼창, 이 지역 공동체 전체를 위해 만세 삼창을 했으며 그러는 사이 머스킷 총의 일제 사격 소리와 교회의 종소리가 울려 퍼졌다. 해가 지는 순간에는 '바운티'호에서 가져온 대포를 발사하는 의식을 진행했으며, 이로써 신과 인간 모두에게 조화와 평화가 깃드는 가운데 그날 하루가 마무리되었다. 또한 주민들은 투표를 통해 매년 기념 행사를 진행하기로 결정했다."[43]

하지만 이런 기념 행사를 어떻게 진행하든, 핏케언 섬의 개혁에는 한계가 있었다. 행정장관에 도전하는 여성은 한 명도 없었으며 이 섬에서 벌어진 헌법적 혁신은 아무런 파급 효과도 낳지 못했다. 결국 이 자치 실험(오스트레일리아 뉴사우스웨일스 주의 총독 윌리엄 데니슨 경 같은 비판자들은 이 자치 실험을 '페티코트 정부'*라고 불렀다)은 불행하게 막을 내렸다. 1896년 핏케언의 한 여성 시민이 자신이 낳은 사생아를 우물에 던져버린 뒤 재판을 받았는데 그에게 지나치게 관대한 처벌이 내려지자, 이것이 계기가 되어 영국 정부가 뉴사우스웨일스 총독의 청원을 받아 '직접 통치'를 명령한 것이다. 국가 차원에서 여성에게 투표권을 부여한 최초의 실험은 이렇게 붕괴했다.

여기서 우리는 당연한 의문을 제기할 필요가 있다. 어째서 여성은 이렇게

페티코트 정부(petticoat government) '페티코트'는 여성이 스커트 밑에 받쳐 입는 속치마인데, 통상적으로 남성이 주도권을 잡는 기관이나 상황에서 여성이 주도권을 잡을 때 그것을 비난하거나 조롱하는 표현으로 사용된다.

근대 유럽의 부와 권력의 중심지로부터 멀리 떨어진 장소에서 훨씬 더 먼저 투표권을 획득했을까? 여성들이 자신들이 미개하고 거친 싸움이 난무하는 개척 지대에 꼭 필요한 여성적 감각을 가져다줄 수 있다고, 그런 곳에서 여성의 표가 노동 계급이나 비백인 남성들의 표를 상쇄할 수 있다고 남성들을 설득하는 데 성공했기 때문인가? 아니면 여성의 공급이 부족했기 때문에 집 바깥에서, 예를 들어 농경 노동을 하는 데 필요한 도움을 남성들에게 줄 수 있었기 때문에 여성이 우위에 서서 거래를 할 수 있었던 것일까? 아니면, 인구 밀도가 낮은 개척 지대에서는 개척민이 원주민에게 수적으로 밀리는 경우가 종종 있었기 때문에 개척민 남성들이 여성의 출산에 의지해야 했다는 단순한 사실 때문이었던가?

이 모든 요소가 영향을 끼쳤다는 것은 의심할 여지가 없다. 그러나 이런 요소들이 실제로 어느 정도까지 역할을 했는지는 각 지역의 상황에 따라 크게 달랐으며, 특히 해당 지역의 여성들이 여성 혐오적 편견으로 무장한 남성들에게 굴복하는 것을 어느 정도 강력하게 거부했는가에 따라 달랐다. 선거권 문제에서 돌파구를 마련한 최초의 사례들로 핏케언 섬(1838년), 벨레즈(1853년), 와이오밍(1869년), 유타(1870년), 태평양의 뉴헤브리디스에 있는 프랑스빌(1889년), 뉴질랜드와 라로통가(1893년)를 들 수 있다. 이 사례들에서 공통적으로 발견되는 것은, 이들이 세상의 끝자락에 살고 있다고 생각했고, 자신들의 성취를 자랑스럽게 여기면서도 동시에 지리적 고립과 험악한 환경의 도전을 이겨 나갈 수 있을지 우려했으며, 남성과 여성 사이에 특별하게 강력한 상호 의존의 감정이 있었다는 점이다. 이런 자부심과 우려가 하나로 합쳐 형성된 연대 의식이, 몇 차례의 행운과 겹쳐지면서, 핵심적인 역할을 한 곳이 바로 주류 사회에 동의하지 못하는 반대자들의 천국이라고 알려진 사우스오스트레일리아 지역이었다. 19세기 말 이곳의 백인 여성들은 투쟁 끝에 세계 최초로 투표권과 피선거권을 모두 획득하는 성공, 나아가 원주민 여성의 투표권과 모든 여성에게 유리한 우편 투표 제도까지 덤으로 넉넉하게 확보하는 성공을 거두었다.

이들의 승리에 자양분이 된 것은 그곳 사람들이 지니고 있던 영국적인 정신이었다. 특히 자유주의적 사고방식을 지니고 있으며 신을 두려워하는 중간 계급 여성들이 이런 영국적 정신을 강하게 지니고 있었다. 반대자들은 이 여성들에게 '쉬리크(shriek)'라는 별명을 붙였다. '쉬리크'는 여성들이 내는 높고 날카로운 목소리를 뜻했다. 여성 참정권 운동가들은 시민 사회에서 태어났다. 캐서린 헬렌 스펜스(Catherine Helen Spence) 같은 현지의 지식인들이 있었다. 그녀는 시인이자 소설가였으며 존 스튜어트 밀과 서신을 교환한 친구이자 지인이었다. 스펜스는 맹렬한 투쟁가였으며 글과 연설을 통해 민주주의적 공정성에 헌신하는 자유로운 여성에 대해 말했다. 또한 사우스 오스트레일리아 해변에 위치하여 지중해성 기후 조건을 갖춘 자신의 고향 도시를 고대 아테네에 비유하기도 하면서 적대적인 현지 언론과 치열한 논쟁을 벌였다. 한편 여성 참정권 운동가들은 '여성 기독교인 금주 동맹'의 지지를 받았다. 이 단체는 음주의 악폐에 맞서 싸우기 위한 목적으로 1886년에 창설되었다. 먼저 결성된 '절대 금주 협회'와 마찬가지로 '여성 기독교인 금주 동맹'은 활동적인 여성들로 구성되었으며, 이 여성들은 재빨리 각지의 '동맹' 지부와 감리교를 비롯한 비국교도* 그룹으로 이루어진 느슨한 지지자 네트워크를 만들었다. 온갖 시행착오를 거치면서 이 여성들은 성직자와 정치인과 각지의 유력 인사들에게 지나친 음주로 인해 가정의 파탄과 빈곤이 발생한다는 것, 그리고 훌륭한 도덕관을 지닌 여성들이 이 사회를 술에서 깨우려면 반드시 투표권이 필요하다는 것을 납득시키려고 노력했다.

'사회 순결 협회'라는 단체도 이들을 꾸준히 지원했다. 1883년 3월에 창립된 이 협회는 남녀 구분 없이 회원이 될 수 있었으며, (협회 헌장에서 밝혔듯이) "남성과 여성 모두의 순결을 보호하며, 도덕의 기준을 높이고, 여러 가지 악습에서 비롯하는 도덕적·신체적 해악과 싸우는 것을 목적"으로 하는 단체였다.[44] 이 협회의 회원들은 부드러운 말로 에둘러 말하지 않고 '사악한 영향'에 대해 노골적으로 말했으며, '타락한 자를 구원'하고 '건전한 공공 여론을 형성'하여 사악한 영향들과 싸울 것을 역설했다. 이 지점에서부터 여성 참정권 운동의 대의를 스스로 맹세하기까지는 단 한 걸음이면 충분했고, 그 일은 1888년 6월에 일어났다. 이때 이 단체는 당시 새롭게 태어난

비국교도(非國敎徒) 16~17세기에 영국 국교회의 신조를 따르지 않고 감독 제도에 반대한 개신교 집단.

'통합노동당' 활동가들의 지원을 받았는데, 이 정당은 노동하는 여성들의 상황에 특히 주목했다. 이 정당이 발행한 한 장짜리 운동 전단에는 다음과 같은 호소문이 실렸다. "사우스오스트레일리아의 여성들이여! 자매들이여! 부인들이여! 어머니들이여! …… 투표권을 여성에게 확대하는 사안은 줄곧 노동당 강령의 주요 항목 가운데 하나였으며 강력한 반대에도 불구하고 이를 지켜 왔습니다. …… 우리 당과 우리 당의 지지자들은 '양성 간 평등'을 인정받기 위해 과거부터 꾸준히 노력하고 있습니다."[45]

이제 남은 작은 문제는 남성들로 이루어진 현지의 입법 기관이 과연 여성에게 투표권을 부여함으로써 권력을 공유하려 할 것인가 하는 점이었다. 1885년 한겨울에 열린 하원 회기 중에 일부 남성이 그런 행동을 취할지도 모른다는 징조가 처음 나타났다. 하원 건물은 단순하지만 위엄이 있었다. 붉은 벽돌과 흰색 사암으로 된 2층짜리 건물에는 아치 모양의 지붕이 씌어진 베란다가 건물 외벽을 둘러 가며 설치되어 있었으며 창문마다 덧문을 달아놓았고 건물의 정면은 네덜란드 양식으로 꾸며놓았다. 건물 내부는 비국교도의 예배당 같은 느낌이 들었다. 나무 들보를 댄 높은 천장에는 가스로 불을 밝히는 샹들리에가 매달려 있었고, 벽면에는 큼직한 창문과 벽난로가 있었다. 이곳은 평소에는 조용하고 엄숙한 분위기로 명성에 걸맞은 장소였지만, 1885년 7월 22일 수요일은 예외였다.

의석에서 커다란 함성이 터져 나오는 가운데, 노스애들레이드 선거구의 의원이며 외과의사이자 대학 강사인 에드워드 찰스 스털링(Edward Charles Stirling)이 결의안을 제출했다. 그는 경력이 화려한 정치인이었다. 앞서 1870년대에 애들레이드 대학에서 진행되었던 여학생 입학 운동이 성공을 거두는 과정에서 큰 역할을 했다. 이 일을 통해 그는 많은 여성 참정권 운동가들의 신뢰를 얻었으며, 이렇게 끈질기게 투표권 투쟁을 벌이는 미래의 유권자들을 적대자로 만드는 것은 매우 근시안적인 행동이고 끝이 좋지 않으리라는 것을 잘 알게 되었다. 정장을 세련되게 갖추어 입고 상의 옷깃에는 꽃을 단 스털링 박사는 의장을 마주하고 서서 발언하기 시작했다. 그의 목표는 우선 하원에서 자신이 제안한 결의문에 동의를 얻은 다음, 존 콜턴(John Colton)이 수반으로 있던 사우스오스트레일리아 정부에 이 결의문이 제시하는 과감한 조항을 실제로 집행에 옮길 수 있도록 법안을 입안하여 통과시키라고 촉구하는 일이었다. 조용해진 의석을 향해 스털링 박사는 다음 내용이 담긴 결의안을 읽어 내려갔다. "본 하원의 의견으로는, 여성이 남편의 '관할권'* 아래에 있는 동안을 제외한 상황에서는, 남성에게 상원의 선거권이 부여되는 조건과 같은 조건을 충족하여 자격 요건을 갖춘 경우에는 상하 양원에 대한 선거권을 남성과 마찬가지로 부여받아야 한다."

스털링 박사가 이 구절을 읽을 때 의석에서는 더 큰 박수갈채가 터져 나왔으며 2층 방청석에서는 웅성거리는 소리가 희미하게 흘러 내려왔다. 방청석은 '쉬리크'들로 가득 차 있었는데, 이들은 이미 의사당을 경호하는 경위에게서 큰소리를 내지 말라고 경고를 받은 상태였다. 이날은 시작에 불과했다. 이 일이 끝을 보기까지는 오랜 시간이 걸렸다. 지지 세력이 미약했고 의원들에게 표결하라고 압박하는 의지와 지휘 능력이 부족했기 때문에—한 의원은 잠자리에 일찍 드는 나쁜 습관이 있었기 때문에 의사당에서 진행되는 중요한 결정적 표결에 종종 결석했다.—하원에서 여섯 차례에 걸쳐 입법을 추진했지만 모두 무산되었다. 상원에서도 이와 유사한 시도가 두 차례 있었지만 아무런 성과를 내지 못했다. 9년이라는 시간이 흘렀다. 새로운 하원 의사당이 건축되었으며 이 의사당에서 업무를 개시한 것은 1889년 6월이었다.

여성 참정권을 지지하는 사회 운동의 규모는 점점 더 커졌으며 운동가들은 초조해하면서도 굳건히 단결을 유지했다. 식민지 곳곳에서 청원서가 쏟아져 들어왔다. 그중에는 온카파링가, 왈라루, 구메라차, 우루라와처럼 원주민 언어로 된 이름을 가진, 멀리 외따로 고립된 장소에서 날아온 청원서들도 있었다. 애들레이드의 앨버트 홀에서 개최된 공공 집회에서 캐서린 스펜스는 '여성 참정권 동맹', '여성 기독교인 금주 동맹', '여성 노동조합'의 지지자들 앞에서 결의안을 제시하고 이것의 필요성을 역설했다. "한 나라의 반수에 해당하는 사람들에게 참정권이 없다면 그 나라는 절대로 자유 국가

관할권(couverture) 결혼한 여성의 남편이 여성의 재산권을 비롯한 다른 권리를 대리하여 관할한다는 영국의 관습법. 'coverture'라는 철자를 쓰기도 하는데, 이는 'cover', 즉 '덮는다'라는 뜻에서 나온 것으로 남편이 아내의 권리를 포괄하여 시행한다는 의미가 들어 있다.

라 불릴 수 없습니다. …… 이 집회 참석자들은 이제 사우스오스트레일리아의 여성들에게 참정권을 부여해야 마땅한 때가 왔다고 보고 있습니다."[46] 이 결의문은 만장일치로 채택되었다. 영국의 다른 식민지에서도 여성들은 공공 집회에 나가 연설을 하면서 여성 참정권 투쟁의 기본 사항을 반복해서 주장했다. 이는 수단을 얻기 위한 싸움인 동시에 목적을 달성하기 위한 싸움이었다. 여성들은 여성으로서 자기 존엄성을 위해 투표권을 요구하고 있었다. 이것은 사회와 정부의 영역에서 여성의 적절한 위치가 어디인가를 두고서 낡은 견해와 싸우는 투쟁이었다. 이것은 여성의 교육과 발전을 위한 싸움이었다. 여성은 단순히 생물학적 의미의 성(性)으로 규정되는 존재가 아니라, 사회적으로 성별화된(gendered) 존재였다. 여성은 가정이라는 사적 공간에 '태생적으로' 혹은 '알맞게' 맞추어진 존재가 아니다. 여성이 있을 곳은 가정이기도 하고 사회와 정치이기도 했다. 여성은 공공 영역에서 동등한 몫을 가질 권리가 있었다. 왜냐하면 오직 그 길을 통해서 여성이 지닌 출산과 육아에 대한, 혹은 예를 들어 매춘의 정당성과 부당성에 대한, 여성의 다른 고려 사항을 남성들에게 인식시킬 수 있기 때문이었다. 이렇게 함으로써 '공공' 사안에서 우월한 지위를 누리는 남성들 또한 앞으로는 '사적' 사안에 관심을 기울이도록 유도할 수 있을 것이었다. 따라서 여성에게 투표권을 부여한다는 것은 단순히 여성에게 권력을 주는 것이 아니었다. 여성의 투표권에는 다른 종류의 사회, 좀 더 문명적이고 좀 더 민주주의적인 사회라는 의미가 담겨 있었다.

여성 참정권 운동가들의 전술과 비전에는 약점이 있었다. 여성이 정확하게 어떻게 해야 남성으로부터 사회적·경제적 권력—특히 직업, 수입, 부—을 빼앗을 수 있는지를 명확하게 제시하지 못했다. 한편 여성 노동조합 옹호자들은 노동조합이라는 통로를 제시했는데, 그 통로를 통해 다른 세계에 도달할 수 있으며—그들은 이 세계를 '사회주의'라 불렀다.—이 세계에서는 단순히 한 여성이 남성과의 관계에서 더 평등해지는 것이 아니라, 모든 남성과 모든 여성이 더 평등해진다고 주장했다. 또 한 가지 문제는 여성 참정권 운동가들이 한목소리로 발언하지 못했다는 점이다. 그러나 이런 약점들에도 불구하고 다양한 층위의 여성 참정권 운동가들은 많은 정치인들을 겁먹게 할 만큼 충분히 굳건하게 단결해 있었다. 한편 의회 내부의 반대자들은 더욱더 견고하게 반대 입장을 분명히 했다. 특히 1893년 '성인참정권법'의 여섯 번째이자 마지막 형태의 법안이 7월 첫째 주에 하원에 상정되었을 때 반대자들은 더욱 강경한 입장을 고수했다. 이 법안은 모든 성인의 참정권 보장을 제안하고 있었으나, 주민 투표라는 단서 조항이 달려 있었다. 이는 이 법안이 중도에 좌절되게 하기 위해 붙여진 장치였다. 이 식민지의 남성과 여성 유권자에게는 다음 두 가지 질문이 주어질 것이었다. "당신은 입법 의회[상원]에 대한 선거권이 여성에게 확대되는 것을 원합니까?" 그리고 "당신은 하원에 대한 선거권이 여성에게 확대되는 것을 원합니까?" 이 법안이 성립되려면 남성과 여성 투표자, 즉 두 그룹에서 모두 과반수를 달성해야 했다.

의회의 이러한 정치 공작을 보면, 버지니아 울프(Virginia Wolf)의 유명한 발언이 정확했다는 것이 증명된다. 울프는 여성 해방의 이야기 자체보다 흥미로운 것은 남성이 여성 해방을 반대한 역사라고 말했다. 이 법안은 의회 밖에서 치열한 논쟁을 불러일으켰다. 〈더 컨트리(The Country)〉는 '쉬리크'들을 원주민과 '니그로(negro)'에 비유했다. "여성이 남성과 동등하다는 주장은 어리석다." 신문 기사는 단정적인 제목을 달았다. 하지만 곧바로 한 가지 예외가 있음을 인정했다. "일찍 성숙한다는 특징은 여성과 니그로의 공통점이다. 열두 살이 될 때까지 니그로 소년은 백인 소년보다 앞서는 경우가 많다. 열두 살부터 열다섯 살까지는 비슷하다. 열다섯 살이 되면 니그로 소년은 성장을 멈춘다. 흑인 소년이 열두 살 때까지 백인 소년을 앞서기 때문에 그가 평등하다고는 주장할 수 없다. 열다섯 살 이후에는 도저히 아무런 희망도 없을 정도로 뒤처지기 때문이다."[47] 의회 안에서도 긴장이 계속 높아졌으며 3개월 동안 작은 싸움이 반복되었다. 법안은 제3독회*까지 진행되었지만 마지막 표결에서 — 찬성 24표, 반대 23표 — 절대적 과반수*를

독회(讀會) 의회에서 중요한 법률안을 신중하게 다루기 위하여 세 번으로 나누어 심의하는 일. 또는 그런 모임. 제1독회에서는 제출된 법률안에 대한 설명·질의·응답이 이루어지고, 제2독회에서는 축조심의(한 조목씩 모두 차례로 심의함)를 하고, 제3독회에서는 의안에 대한 가부(可否)를 결정한다.

얻지 못했다. 여성 참정권 운동가들의 싸움은 다시 원점으로 돌아갔다.

그리고 1894년 7월 4일이 되었다. 정치인들은 이 날짜가 지니는 상징성을 놓치지 않았다. "일관성 있는 자유주의자이며 그 성향은 …… 왼쪽으로 기울어져 있다."라고[48] 평가되던 법무장관 존 해나 고든(John Hannah Gordon)은 '1894년 성인 참정권법'의 새로운 안을 상원에 제출했다. 이 법안에는 두 개의 조항밖에 없었다. 여성에게 상하원 선거권을 남성과 동등하게 부여한다는 조항과 (미국 와이오밍의 경우와 마찬가지로) 여성은 상하원의원으로 선임될 수 없다는 조항이었다. 고든은 뛰어난 연설 기술로 유명했던 사람이며 이 법안의 지지자들은 온건한 성격의 두 번째 조항 덕분에 법안의 통과 가능성이 커졌다고 생각했다. 하지만 바로 그랬기 때문에, 에버네저 워드(Ebernezer Ward)라는 의원이 두 번째 조항을 삭제하자는 놀라운 제안을 했고 결국 이 제안이 받아들여졌다. 여성이 의회 의원에 입후보하는 것을 금지하는 조항이 삭제된 것이다. 이렇게 되면 사우스오스트레일리아는 미국 와이오밍이나 뉴질랜드보다 앞서 나가게 된 것이었다. 그 두 곳에서는 일 년 전에 여성에게 투표권이 부여되었지만 입후보 권한은 제한되었다.

이는 사실 워드 의원의 교활한 술수였다. 그는 침례교 목사의 아들로서 정치적 술수가 뛰어나기로 이름이 나 있었지만 동시에 개인적 파산 상태와 무절제, 쇼맨십으로도 유명한 인물이었다. 그는 절대로 여성의 친구가 아니었다. 그의 전처 머틸다는 그의 잔인한 행동과 외도를 이유로 들어 4년에 걸쳐 볼썽 사나운 이혼 소송을 용감하게 진행했는데, 이 일 역시 많은 사람이 기억하고 있었다. 많은 하원의원들은 워드가 완전히 기만적인 술수를 쓰고 있다는 것을 알아차렸다. 워드의 목적은 입장을 정하지 못하고 망설이는 의원들에게 겁을 주어 여성을 지지하는 입장에서 멀리 떨어지도록 하는 것이었다. 그가 노린 것은 여성의 투표권을 합법화하려는 시도를 아주 깊은 좌절의 구덩이 속에 완전히 묻어버리는 것이었다.

민주주의와 관련해서는, 의지와 계획의 힘보다 의도하지 않은 결과의 힘

절대적 과반수(absolute majority) 실제 투표자의 과반수가 아니라 투표 권한이 있는 자의 과반수를 '절대적 과반수'라 한다. 이 표결에서 비록 투표자들 사이에서는 24 대 23으로 과반수가 달성되었지만 투표하지 않은 의원까지 포함하면 과반수가 안 된다는 이야기다.

이 더 크다는 것을 우리는 지금까지 여러 차례 보았다. 잇따른 희극적인 사건들을 통해 에버네저 워드 의원은 곧 그러한 법칙의 힘을 확인하게 된다. 의회 안에서도 그랬고 의회 밖에서도 그랬다. 의회 밖을 보면, 활발한 시민 사회 안에서 투쟁적이면서도 동시에 지극히 평화로운 온갖 일들이 진행되고 있었다. 1894년 8월 23일 상원은 1894년 성인 참정권 법안의 제3독회를 진행하고 최종적으로 법안을 승인했으며 하원으로 법안을 넘기도록 결정했다. 이날 정치인들은 한 시대가 막을 내리고 있음을 느낄 수밖에 없었다. 이 날의 분위기를 더욱 고조시킨 것은 의회 건물 앞의 입구 계단에 엄청난 길이의 청원서가 도착한 것이었다. 이 청원서에는 이곳의 여성 참정권 운동가들을 상징하는 색깔인 황금색으로 된 나비 모양 매듭이 묶여 있었다. 회색 종잇장을 깔끔하게 접착제로 서로 이어서 붙인 두루마리 모양의 청원서는 길이가 약 120미터에 달했으며, 여기에는 11600명의 특출한 개인들(그리고 일부 단체들)의 이름이 적혀 있었다. 남성과 평등한 조건으로 여성에게 투표권과 공직 입후보권을 부여하자는 '여성 참정권 동맹'의 운동을 지지한다는 의사 표시를 한 것이었다.

이 엄청난 길이의 청원서는 그날 오후 하원에 전달되었다.[49] 그 후 16주 동안 하원은 이 법안의 조항들을 두고 열띤 토의를 벌였다. 그러는 사이 8건이나 되는 다른 공적인 청원서가 도착했는데 모두 여성 참정권을 반대하는 청원서였다. 찬반의 논지가 다시 한 번 반복되면서 논쟁이 이어졌다. 일부 남성들은 모든 것이 위태로워졌다고 생각해서 모든 수단을 동원했다. 원래 가장 오랜 시간 동안 말을 하는 사람은 사실 할 말이 가장 적은 사람이다. 의원들은 피로에 지친 상태가 되었다. 한번은, 아직 의견을 확정하지 못한 제임스 하우(James Howe)라는 의원이 회의장을 살짝 빠져나가 잠을 자려고 했다. 하지만 그는 곧 발각되어 다시 회의장으로 불려 왔다. 투표를 알리는 종이 울리고 문이 잠긴 다음 제2독회에 대한 표결이 진행되었다. 매우 근소한 차이로 통과되었다. 1894년 12월 17일 월요일은 이 법안의 최종 심의가 있는 날이었다. 여성 참정권 운동가들은 승리의 냄새를 맡았다. 방청석은 몰려든 여성들로 가득 찼다. 하지만 그날 자정이 다가올 즈음에 치열한 논쟁이 시작되었다. 우편 투표 권한을 여성에게 부여하자는 수정 제안에 관한

오스트레일리아의 여성 참정권 운동가 마틸다 후퍼 차르릭 (Matilda Hooper Charlick, 1853~1929)과 어린 아들. 차르릭과 그녀의 남편은 1894년 8월 사우스오스트레일리아 주에서 여성 의 완전한 참정권을 요구하는 청원서에 서명했다.(차르릭은 이 책의 저자 존 킨의 증조모이기도 하다.)

논쟁이었다. 피로에 지친 레슬링 선수처럼 정치인들은 완전히 정신이 몽롱 해진 상태가 되어버렸다. 자정이 훨씬 넘어가자 토론은 정지되고 휴회가 선 언되었다.

의장인 젠킨 콜스 경(Sir Jenkin Coles)은 다음 날 오전 10시 30분에 의장석 에 앉아 토론 속개를 선언했다. 곧바로 치열한 말다툼이 또 시작되었다. 어 떤 의원은 이 법안에 너무도 경멸적인 태도를 보인 나머지, 바로 당신 같은 사람이 있기에 여성 참정권이 꼭 필요하다는 비난을 들었다. 또 다른 한 의 원은 법안 지지자들이 한두 명씩 회의장에 입장할 시간을 벌려고 일부러 의 사 진행을 방해하고 있다는 비난을 받았다. 법안에 대한 반대 의견과 또 그 반대 의견에 대한 반론이 다시 한 번 제기되었지만, 결국 이 토론이 마지막 토론이 되었다. 한 의원은, 만일 여성이 투표권을 갖게 되면 가정에서 다툼 이 끝없이 일어날 것이며, 손쉬운 이혼과 자유 연애로 인해 가정의 신성함이 파괴되고 말 것이라고 주장했다. 그러자 만일 그렇다면 어째서 제국 전체에

대해 투표권을 행사하는 빅토리아 여왕의 가정에는 그런 일이 벌어지지 않는가라는 반론이 나왔다. 다른 의원이 또 반대 의견을 냈다. "여성의 대부분은 정치적으로 무지하지 않은가?" 이 의견에 대해서도 곧 반론이 나왔다. 교육의 확산 덕분에 여성들은 이제 남성이 자신들보다 우월하지 않다는 사실을 깨닫고 있으며, 여성이 정치적 권리를 행사하게 되면 그들 내면에서 강한 정치적 의무감이 깨어나게 될 것이라는 반론이었다. 최소한 한 명의 의원은 자신이 감히 다른 의원들의 의견을 대변한다고 하면서 다음과 같이 말했다. 여성 참정권 운동가들 ─ '바지를 입는 그룹'* ─ 은 주로 "좌절한 사람들이며, 아이가 없는 여성들이고 어머니로서 자신의 소명을 다하지 못한 사람들이며, 불운하게도 그런 소명을 이룰 기회를 전혀 얻지 못해서 …… 쓰라린 심정이며 …… 엉뚱한 행동을 하거나 일시적 유행을 부추기는 사람들이고 절대 금주를 실행하는 목사를 추종하는 사람들입니다." 이 의원은 여성 참정권 운동가들이 자신들만 선한 일을 하고 있다고 생각하는 오만한 독선가이며 "빈민가 뒷골목을 돌아다니면서 더러워진 영혼을 물고기 잡듯 낚아채는" 사람들이라고 했다. 이 주장도 금세 반박되었다. 이는 앞뒤가 바뀐 허튼소리이다. 수천 년 동안 여성이 농노처럼 취급받았기 때문에 오늘날에도 여전히 여성은 남편의 음식을 요리하고 그의 아이를 낳고 그의 옷을 빨고 그의 양말을 깁는 일에 적합한 존재인 양 여겨지는 것이라는 반박이었다. 그러자 이제 서로 상관도 없는 거친 말들이 회의장 여기저기서 마구 쏟아지기 시작했다. "아들이 최고의 자질을 이어받은 것은 다분히 그의 어머니로부터일 것인데 그 아들이 어머니보다 많은 권리를 갖는다는 것은 대체 어떤 세상에서 벌어지는 일인가?" 누군가 이렇게 물었다. 다른 사람들이 끼어들었다. "'대표자 없이 과세 없다'라는 구호에서 도대체 무슨 좋은 것이 나오는가?" "우리는 정말로 결혼과 가족이라는 제도를 고생대의 희미한 기억으로 생각해야 하나?" 이 질문에 여기저기서 "옳소, 옳소." 하는 고함소리가 튀어나왔다. "전쟁과 전쟁의 여파에서 우리를 보호하려면 여성에게 완전한 정치적 권리가 주어져서는 안 되는 것 아닌가?" 또 다른 사람이 물었다. "어

---

* 당시 여성 참정권 운동가들은 여성들이 치마 대신에 바지를 착용하는 것을 여성 권리의 하나로 주장했으며, 이는 뜨거운 논란의 주제였다.

째서 '민주주의적 혁신'이라는 대의가 압살되어야 하는가? 특히나 철저하게 반동적인 남자들 손에? 게다가 이들에게 온갖 편의를 제공하며 온갖 마음의 위안을 주는 것은 사실 '그들이 거느리고 사는 여성들'이 아닌가?" 그런가 하면 또 한편에서는 질투심과 외국인 혐오라는 칵테일을 입술에 적신 듯한 발언을 하는 의원도 있었다. 그는 이렇게 말했다. "우리의 여성들이 와이오밍의 니그로 여자들과 비교할 때 참정권을 행사할 능력이 더 없는가?"

한 시간이 넘게 지난 뒤, 드디어 최종 표결을 했다. 방청석의 여성들은 숨을 죽이고 결과 발표를 듣고 있었다. 찬성 31표, 반대 14표. 17표 차이라는 압도적인 승리였다.[50] 6주일 뒤 런던에서 빅토리아 여왕이 이 법안을 승인했다. 유권자 등록 운동이 시작되었으며, 1896년 4월 25일 여성들은 처음으로 하원의원 총선거에 투표했다. "참정권 운동이 낳은 자식들이 토요일 드디어 전투에 참가하기 위해 길을 나섰다는 것은 누가 보아도 확실했다." 애들레이드의 주간지 〈옵서버〉에 실린 어느 남성 기자의 보도 기사다. "사륜마차, 이륜마차, 짐마차 등 온갖 마차가 사방팔방으로 달려갔다. 성실한 말들은 오늘이 경주일은 아닌데 도대체 무슨 일 때문에 이러는지 의아해하면서도 힘차게 땅을 박차면서 여성과 남성 유권자들을 각지의 투표소로 운반했다. …… 어디를 가나 여성들이 있었다. 이들이 거리에 이렇게 나와 있다는 것, 그리고 복잡한 투표소의 사람들 무리에 활기를 불어넣고 있다는 것이 좋은 영향을 주고 있다는 점은 의심의 여지가 없었다."

〈옵서버〉는 사우스오스트레일리아의 새로운 유권자들이 '차분하고 침착한 모습'을 보였다고 언급했으며, '강렬한 흥분'이 느껴졌고 이 상황이 흥겨운 분위기를 자아냈다고 지적했다. 애들레이드의 시청 건물에는 나무 문짝으로 만든 임시 기표소가 세워졌다. 나무 문짝 세 개로 삼면을 막은 뒤, 나머지 한쪽 면은 무명천으로 커튼을 만들어 달았다. 이 구조물은 새로운 유권자들을 약간 당황스럽게 만들었다. "한 여성이 그곳에 들어가서는 너무 오랜 시간 동안 투표용지에 기표를 하고 있었다. 결국 선거 관리관의 부관이 그곳으로 가서 무슨 문제가 있는지 물었다. 여성은 뒤로 돌아서더니 화가 잔뜩 나서 이렇게 말했다. '저는 벌써 한참 동안 저 문에 노크를 하고 있는데 어째서 답이 없는 거죠?'" 새로이 자격을 얻은 이 시민은 뒤쪽의 문짝이 열릴 것이고 거기에서 사람이 나와 자신의 투표용지를 받아 갈 것이라고 생각했던 것이다. 또 어떤 숙녀들은 한 기표소 안에 둘이 짝을 지어 들어가겠다고 했고, 그런 행동은 오스트레일리아식 투표가 시행되는 이 시대에는 올바른 행동이 아니라는 지적을 받고는 깜짝 놀랐다고 한다. "어느 노부인은 눈이 잘 보이지 않는다며 다른 사람을 데려와 도움을 받았다. 또 다른 부인은 이런 말을 했다고 한다. '내 남편이 나에게 패디 글린이라는 사람에게 투표하라고 했어요. 그 사람의 기표소는 어느 것이죠?' 부인은 아마도 후보자마다 각각 다른 기표소를 두고 있다고 생각한 모양이다. 또 무척이나 솔직하고 유머 감각까지 겸비한 유권자도 있었는데, 그는 한쪽 후보자에게 '맥주 두 잔'을 얻어 마시긴 했지만 투표는 다른 후보자에게 했다고 이야기했다. 또 한 여성은 분명히 특정 후보자를 좋아하며 그의 남자다운 연설과 합당한 의견도 다 좋아하지만, 머리 한 가운데에 가르마를 탄 남자에게는 도저히 표를 줄 수가 없다고 말했다."[51] 이런 말을 한 여성이나 또 다른 여성들이나 온갖 종류의 헛소리를 다 겪은 뒤이기 때문에, 어쩌면 이 여성의 말에 일리가 있었는지도 모르겠다.

여성 참정권 운동가, 뮤리엘 매터스

영국에서 진행된 책임 정부와 민주주의적 혁신의 실험들을 살펴보면, 제국이 때로는 대의 민주주의의 씨앗을 뿌릴 수도 있다는 희한한 사실을 발견하게 된다. 이것만큼 이상한 또 다른 사실은 이 씨앗에서 생겨난 묘목이 때로는 쾌속선으로 운반되어 다시 영국 땅에 이식되고 그것이 놀라운 효과를 불러오는 경우도 있다는 것이다.

사우스오스트레일리아 출신의 여성 참정권 운동가 뮤리엘 매터스(Muriel Matters, 1877~1969)의 생애는 이러한 부메랑 효과를 상징적으로 보여준다. 통치자들을 선택하고 그들의 잘못을 비판할 수 있는 권리가 여성에게도 있다는 주장은 한때 군중의 조롱을 받았으며 경찰과 정치인들도 완전히 공상적인 생각이라고 여겨 무시했다. 하지만 뮤리엘 매터스 같은 잘 알려지지 않은 여성 영웅들의 노력으로 훗날 영국에서 바로 그런 일이 이루어지게 된다. 매터스는 애들레이드에서 태어나 자랐다. 이 도시에서 그녀는 대학에 다니며 음악을 공부했고 나중에는 배우 겸 발성법 교사가 되었다. 그녀는 훗날 자신이 열네 살 때 헨리크 입센(Henrik Ibsen)의 희곡《인형의 집》(1879년)을 읽으면서 여성 참정권에 관심을 갖게 되었다고 회고했다. 이 희곡은 곧 멜버른에서 공연되었는데 이는 런던과 같은 시기였으며(런던에서는 처음에 공연이 금지되었다) 이 연극이 프랑스 파리에서 상연된 것은 5년 후의 일이었다. 하지만 매터스가 항상 말한 바에 따르면, 그녀의 사상이 형성되는 데는 1894년 사우스오스트레일리아에서 투표권과 공직 입후보권을 원주민 여성을 포함한 모든 여성에게 부여하는 놀라운 법률이 통과된 사건에 크게 영향을 받았다고 한다. 따라서 그녀가 1905년에 비록 음악인으로서 경력을 더욱 발전시키기 위해서 영국으로 떠났지만, 결국 전혀 다른 길을 가게 된 것은 사실 그렇게 놀랄 만한 일이 아니었다.

런던에 자리를 잡으면서 매터스는 런던의 주요한 사회 개혁가들과 알고 지내게 되었다. 그중에는 평판이 좋지 않기로 유명한 러시아의 아나키스트 크로폿킨(Pyotr Alekseevich Kropotkin, 1842~1921)도 있었다. 매터스는 곧 '여성 자유 연맹(Women's Freedom League)'에 참여했다. 이 단체를 위해 그녀가 초기에 실행에 옮긴 가장 대담한 행동은 1908년 10월 28일에 영국 하원 회의장의 방청석에 있는 격자 모양 철제 칸막이 구조물에 자신을 묶고 자물쇠를 채운 것이었다. 매터스는 자물쇠를 열쇠로 잠근 다음 열쇠를 자신의 속옷 속에 넣어버렸다. 그러고 나서 연설을 시작해 하원의 의사 진행을 방해했다. 여성이 영국 하원에서 연설한 것은 이때가 역사상 최초였다. 여성의 용기가 최후의 승리를 거둔 것은 남성들의 이중 잣대 덕분이었다. 여성의 속옷에 손을 넣어 열쇠를 끄집어내기가 곤란했던 하원 관리들은 어쩔 수 없이 철제 칸막이 자체를 떼어냈다. 그녀는 자신의 몸에 '도난 방지용 쇠사슬'로 연결되어 있는 '추악한 격자 모양의 칸막이'와 함께 승리자처럼 당당하게 끌려 나갔다. 결국 대장장이가 와서 쇠사슬을 절단했다. 그런 다음 매터스는 건물 밖으로 추방되었으며 건물 밖으로 나오자마자 즉시 질서를 교란한 죄목으로 기소되어 한 달간 투옥되었다.

석방 후에도 이 대담한 식민지 출신 여성은 몇 년 동안이나 잉글랜드 곳

죄수복을 입고 있는 뮤리엘 매터스. 1908년 런던의
홀러웨이 여성 형무소.

곳을 순회하며 활동했다. 무료 유치원, 어린이를 위한 법정 설치, 동일노동
동일임금 원칙, 여성 참정권 획득 같은 개혁을 위해 연설과 각종 캠페인을
계속했다. 매터스는 이렇게 회고했다. "우리가 그런 행동을 했던 것은 어떤
방법을 써서라도 사람들의 주목을 끌어야 했기 때문이었다."[52] 그래서 그녀
는 1909년 2월 중순의 어느 날 의회가 개회하는 날에 맞추어, 비행선이 전쟁
무기로 동원될 뿐 아니라 대의 민주주의를 위한 싸움에도 쓰일 수 있다는
것을 증명해 보였다. 운동의 사기를 올리기 위해서 매터스는 조종사가 딸린
체펠린 비행선*을 임대하여 타고 공중으로 올라갔다. 이 비행선에는 '여성에
게 투표권을(Votes for Women)'이라는 글자가 크게 쓰여 있었다. 매터스는
여성 참정권 운동 전단을 한 뭉치씩 계속 공중에서 뿌려 웨스트민스터 주
민*들의 머리 위로 떨어지게 했다. 같은 시각 땅 위에서는 '여성 자유 연맹'의

체펠린 비행선(Zeppelin 飛行船) 독일의 체펠린이 발명한 경식 비행선. 부양용 가스주머니와 선체를
분리하여 고속화·대형화를 가능하게 한 비행선이다.
웨스트 민스터 주민 웨스트민스터는 영국 의회를 비롯한 정치 기관이 밀집해 있는 곳이므로, 이곳의
주민이란 즉 정관계 인사들을 지칭한다.

활동가들이 체포되었다. 하지만 체포되기 전 그들은 다우닝 가와 하원 의사당에서 장관들에게 면담을 시도해볼 수 있었다.

비록 여성들이 정치적 권리를 획득하려면 아직 20여 년을 더 기다려야 했지만, 그들이 한 일은 정말 용감한 행동이었으며, 훗날 '웨스트민스터 모델'이라고 불리게 되는 통치 체제가 지닌 호소력을 강화하는 데 도움을 주었다. 웨스트민스터 모델은 분명 기존과는 다른 의회 통치 형태였다. 이 체제는 아래에서 가해지는 대중의 압력을 받으면서 19세기에 구체적인 형태가 잡혔으며—어떤 사람들은 이 체제를 '의회 제도의 어머니'라고 불렀다.—영연방 내부는 물론이고 외부에 있는 수많은 나라와 다른 환경에 수출되었다. 이 체제는 유럽 내에서도 높은 평가를 받았다. 웨스트민스터 체제에서 의회는 세 단위로 구성된다. 국왕, 귀족원(상원), 평민원(하원)이다. 집행부는 이중으로 구성된다. 하나는 의례적 의미의 집행부인 국왕이다. 국왕은 상징적 기능을 수행할 뿐 아니라 약간의 헌법적 '유보 권한'*을 지닌다. 다른 하나는 정치적 집행부이다. 이 집행부의 수반을 '총리'라 하며 총리는 의회에서 선발된 장관들로 구성된 내각의 도움을 받아 기본적인 통치 기능을 수행한다.

웨스트민스터 모델은 몇 가지 중요한 원칙에 기반을 둔다. 권력 공유의 원칙, 책임 정부의 원칙, 대의제의 원칙, 의회 주권의 원칙이 그것이다. 권력 공유란, 선출된 입법 기관(하원의원만 선출직이고 상원의원은 지명된다)만 유일한 의회 주체가 아니라는 의미이다. 국왕과 상원 역시 의회의 일부이므로, 국왕, 상원, 하원까지 셋 모두의 승인이 있어야 비로소 입법 사안이 최종적으로 승인되는 것이다. 이것이 바로 '책임 정부'라는 표현의 의미였다. 19세기 내내, 이 표현은 정치 권력의 융합을 가리키는 것으로 여겨졌다. 이는 이스파노아메리카나 미국식 대통령제에 있는 권력 분립과 구별되는 개념이다. 책임 정부란 표현은, 선거를 통해 구성되는 입법부 안에 행정부가 존재한다는 것, 그리고 정치적 집행부(여기에 국왕은 해당되지 않는다)를 그 직위에서 해임하거나 그 직위에 임명하는 권한이 입법부에 있다는 것을 의미한다. 만

유보 권한(reserved powers) 영국 국왕은 구체적으로 적시되지 않은 헌법적 권한을 보유하는데 이를 '유보 권한'이라고 부른다.

6장 유럽의 민주주의

•

711

일 입법부가 정식 투표를 통해 정치적 집행부에 불신임을 표시한다면 그것은 집행부를 그 지위에서 축출함을 의미하거나 새로운 선거를 치러야 함을 의미한다. 이렇게 되는 근거는, 정부의 행위에 대해 집행부가 집단으로 책임을 지기 때문이다.

웨스트민스터 모델에서 정부를 직위에서 해임하거나 새로운 선거를 선포하는 권한은 국왕에게 있다. 국왕은 이와 같이 몇몇 제한된 '대권(prerogative powers)'을 보유한다. 하지만 실제로는 국왕이 하원의 상황에 맞추어 행동하는 경향이 점점 더 커지고 있다. 이는 또 다른 주요한 웨스트민스터 체제의 원칙들인 대의제의 원칙, 의회 주권의 원칙과 서로 호응하는 현상이다. 19세기 영국에서 대의제는, 정부에서 봉사하는 사람들이 선거의 결과로서 그 직책을 얻는다는 개념에 기반을 두고 있었다. 정당을 통하여 조직된 유권자들은 의회에서 자신을 대표할 사람을 선택했다. 19세기 내내 대의(representation, 대표)의 의미가 무엇인지를 두고 치열한 논쟁이 벌어졌다. 여기에 '있지 않은(not present)' 어떤 것을 '있는(present)' 것으로 만들어주는 것이 'represent'라는 단어의 뜻이라는 데는 대부분의 사람들이 동의했다. 대의자(representative, 대표자)는 입법 과정에 유권자가 간접적으로 참여할 수 있게 해주는 역할을 했는데 여기에는 세 가지 방식이 있었다. 첫째, 집단의 대리자(delegate)로서 자신의 선거구민(의 과반수)의 견해를 반영하여 투표한다. 이때 그는 자신의 개인적 견해를 고려하지 않는다. 둘째, 수탁자(trustee)로서 행동한다. 즉 무엇이 가장 적절한 것인가에 대한 그 자신의 인식을 바탕으로 하여 최선의 판단력을 행사하도록 그(1928년 이전에는 항상 남성이었다)가 선출되었다는 것이다. 셋째, 정당의 대표자로서 행동한다. 즉 특정 정당의 충실한 당원으로서 투표하는 것이다.

실제로는 대의제에 관한 이 세 가지 이해가 뒤죽박죽 섞여서 웨스트민스터 모델과 이 모델이 궁극적으로 의지하는 의회 주권의 원칙이 성장하는 데 자양분이 되었다. 구체적인 법률로 규정되지 않았지만 그래도 반복적으로 널리 적용되어 온 이 원칙에 따르면, 단일 국가*에서는 의회의 권한에 아무런

단일 국가(unitary state) 국가의 권력이 중앙 정부에 집중되어 있는 형태의 국가를 말한다. 연방제 혹은 연합제 국가와 대비되는 개념이다. '단방제 국가'라고 표현하기도 한다.

제한이 없다. 훗날 영국의 불문헌법에 관해 19세기의 고전으로 여겨지는 책을 쓴 월터 배젓(Walter Bagehot)은 이 이론을 간략하게 잘 표현했다. 헌법이 성문화되지 않았으며 단일 국가이기 때문에, 의회가 주권 기관이라고 그는 지적했다. 의회는 법률을 제정할 수도 있고 폐지할 수도 있으며 정부 형태를 변경할 수도 있다. 만일 의회가 그렇게 하기로 마음먹는다면, 의회는 사법 절차에도 개입할 수 있으며 심지어는 가장 신성한 시민적 권리까지도 없앨 수 있다. (가설로 말하는 것이지만) 만일 남자들 가운데 붉은 머리털을 가진 사람에게서 투표권을 박탈하겠다고 의회가 마음먹는다면, 원칙적으로 그런 행동 역시 의회의 권한에 들어 있다는 것이다. '헌법 재판소'에 해당하는 기관이 따로 존재한다면 의회의 그런 행동을 중지시킬 수 있겠지만, 영국에는 그런 기관이 없다. 계속하여 배젓은 실제로는 의회의 주권이 하원에 집중되어 있다고 이야기한다. 민주주의가 마침내 강한 영향력을 발휘하기 시작했다는 뜻이다. "궁극적인 정치 권력은 가장 최근의 선거를 통해 새롭게 구성된 하원이다. 하원이 결정을 내려야 할 사안이 행정적인 것이든 입법적인 것이든 상관없다. 핵심적인 헌법 사안이든 아니면 일상적인 작은 사안이든, 전쟁을 시작하는 사안이든 현재 전쟁을 계속 진행하자는 사안이든 상관없다. 세금을 부과하는 사안이든 지폐를 발행하는 사안이든 상관이 없다. 인도에 관한 사안이든 아일랜드 혹은 런던에 관한 사안이든 상관없이 …… 새롭게 선출된 하원은 아무런 제한을 받지 않는 절대 권력자처럼 최종 결정을 내릴 수 있다."[53]

영국 하원은 19세기 내내 중요한 개혁들을 앞장서서 실행했다. 그것은 마치 웨스트민스터 모델이 프랑스의 독을 자신의 정치체 안에 일정량 투여함으로써 프랑스 질병에 맞서는 면역을 기르는 것 같았다. 그 질병이 영국 제도로 퍼지는 것을 중단시키기 위해서였다. 정부와 시민 사회의 영역 양쪽 모두에서 느리지만 착실하게 진행된 권력의 민주화 과정은 이따금 시민권의 점증적 성장이라는 측면에서 다음과 같이 설명되었다. 시민권 성장의 시작은 인신 보호령, 재산의 사적 소유권, 출판의 자유와 같은 '시민적' 권리였고, 그다음 '정치적' 권리로 확장되었는데 특히 투표권과 배심원 봉사권을 들 수 있다. 그다음은 '사회적' 권리이며, 이 권리는 실업 보험, 의무 교육, 미성년자 수당 같은 사회 정책을 통해 보장되었다.[54] 이런 식의 설명은 너무 단순하다. 시민권을 확보하는 과정의 일부인 처절한 투쟁과 좌절, 탄압적 정책들―예를 마치 가난한 사람들을 무시무시한 '구빈법 바스티유 감옥'*의 죄수가 될 운명에 처한 범죄자들인 양 취급한 것―의 역사적 의미를 과소평가하기 때문이다. 그렇다고 하더라도 이런 설명은 획기적인 개혁과 선구적 입법 조치의 긴 여정을 잘 포착한 것이다. 바로 이런 개혁과 입법 조치 덕분에 19세기의 영국은 유럽에서 원형적 의회 민주주의의 가장 중요한 모델로 자리 잡게 되었다.

19세기에는 많은 개혁 조치가 시행되었으며 이는 정치적 대표자들을 선출할 기회가 극적으로 확대되는 결과로 이어졌다. '심사법'(1673년)과 '도시 자치체법'(1661년)이 폐지되면서 영국 국교회에 소속되지 않은 개신교 신자들에게 17세기에 내려진 정치적 무능력자 판정이 철폐되었다(1828년). 이들은 이제 의회에 의원으로 진출할 수 있게 되었으며 지방 정부에 참여할 수 있게 되었다. 엄청난 반대가 있었지만 새로운 의회 입법에 따라 가톨릭교도들도 하원의 의석을 차지할 수 있게 되었다(1829년). 1832년의 '개혁법'은 영국을 혁명 직전 상황까지 몰고 갔다. 이 개혁 조치가 실제 법률로 구체화되기까지는 다시 2년이 걸렸는데, 토지 재산을 소유하지 않은 사람들에게까지 투표권을 확대했다. 지방 정부가 유권자들에 대해 책임을 지는 정도는 더욱 확대되었다(1835년). 노예 제도는 최종적으로 폐지되었으며 영국 식민지 전역에 걸쳐 노예와 도제가 해방되었다(1839년). (차티스트 운동가들이 요구했던 대로) 하원의원의 재산 자격 요건도 폐지되었다(1858년).

유대인들은 의회의 의석을 획득하기 위해 오랫동안 투쟁했는데, 이 일은 1847년 런던의 하원의원 라이어널 네이선 드 로스차일드(Lionel Nathan de Rothschild)로부터 시작되었다. 그는 선서를 거부했는데 선서문의 내용에 '기독교인의 진실한 신앙 위에'라는 구절이 있었기 때문이었다. 긴 시간에 걸친 그의 노력은 열한 차례의 시도 끝에 결국 하원이 선서문 내용을 변경하기로

---

* 가난한 사람들을 도울 목적으로 만들어진 구빈법(Poor Law)과 그에 따라 운영된 구빈원(poorhouse)이 오히려 프랑스 혁명 이전 시기의 바스티유 감옥처럼 가난한 이들을 압박하고 구속하는 수단이 되어버렸다는 의미에서 당시에 이런 표현이 쓰였다.

결정함으로써 성공을 거두었다. 공무원 직책을 얻는 데 ('적절한' 인맥에 의해서가 아니라) 시험을 치르는 방식이 (외무부는 예외로 하여) 도입되었다(1871년). 지주와 고용주들이 강하게 반대했지만 '오스트레일리아식', 즉 비밀투표 방식이 모든 선거에 도입되었다(1872년). 투표권이 도시 남성 노동자에게로 확대되었으며(1867년), 그다음에는 대다수의 성인 남성에게까지 확대되었다(1884년). 주민 수가 1만 5천 명이 안 되는 선거구는 하원의원 선출권을 완전히 상실했으며, 주민 수가 5만 명 미만인 선거구는 한 명의 하원의원 선출권을 상실했다. 1885년, 선거구가 재조정된 결과, 한 명의 의원을 선출하는 선거구의 수가 (670개의 전체 선거구 가운데) 647개가 되었다. 지방 정부 조직도 개편되었다. 종래에는 각 지역에 지방 정부 위원회가 있었지만(그 수는 2만 7천여 개였다) 이제 선거를 통해 구성되는 '주 의회(county council)'로 대체되었다. 이 조직은 경찰 업무, 다리 건설, 도로 관리 같은 문제를 포함하는 광범위한 권한을 행사했다. 하지만 이러한 사업에 대한 요구가 증가함에 따라 '주 의회'의 규모가 지나치게 커진다고 판단되어, 좀 더 작은 규모의 '구 의회(district council)'와 '교구 의회(parish council)가 선거를 통해 구성되었다. 이 선거에는 미혼 여성도 투표권을 행사할 수 있게 되었다(1888년). 이후 여성들은 이런 지방 정부 의원직에 입후보할 수 있는 권한을 획득했다(1894년).

한편, 여러 개혁 조치가 당시의 시민 사회에 도입되어 참여를 확대했으며 또한 당시 시민 사회가 지니고 있던 많은 비(非)시민적 요소를 줄이거나 그중 일부를 제거했다. 사회민주주의적인 압력—토크빌이 '위대한 민주주의 혁명'이라고 불렀던 것—이 한때 성역으로 여겨지던 시장에까지 파고 들어갔다. 1831년에는 '홉하우스 공장법(Hobhous Factory Act)'이 제정되어 21세 미만의 노동자들이 야간에 작업하는 일이 금지되었다. 10세 미만의 소년이나 소녀를 광산에서 고용하는 것도 불법이 되었다(1842년). 철도에 관련한 최초의 입법 사례인 '철도법'은 승객과 직원의 안전을 도모하는 것이 목적이었다(1842년). 1844년에 제정된 후속 철도법은 철도 회사로 하여금 반드시 모든 역에 정차하는 상하행 열차를 최소한 하루에 한 번씩 운행할 것, 3등 객실의 승객에게는 1마일에 1페니 미만의 요금을 부과할 것을 요구했으며,

평균 속도가 시속 19킬로미터 이상은 되어야 한다고 규정했다. 또 법률에서 '무모한 투기'라고 표현한 현상을 막기 위해 철도 회사들은 의무적으로 등록해야 했고 사업 계획서를 반드시 발행해야 했으며 정기적으로 회사의 회계 상태를 공개해야 했다(1844년). 영국 국교회는 결혼 예식에 대한 독점권을 상실했으며, 비국교도들은 자신의 교회 혹은 등록 사무소에서 결혼할 수 있는 시민적 권리를 획득했다(1836년).

1848년의 '공중위생법'에 따라 각지에 '보건국'이 설립되었는데, 이 기관은 주민의 10퍼센트 이상이 설립을 청원하거나, 1천 명당 23명 이상의 사망자가 있는 도시에는 의무적으로 세워야 했다. 지방 행정 당국은 '인구 과밀' 현상을 방지할 책임과 상하수도 정비와 도로 청소의 책임을 지게 되었다(1866년). 신문에 부과되던 인지세가 감액되고 그다음에는 폐지되었으며(1855년), 종이에 붙던 소비세도 사라졌다(1861년). 이로써 인지가 붙지 않은 신문을 거리에서 완전히 치워버리려는 정부의 노력에 맞서 진행된 '무인지(無印紙) 전쟁'은 끝이 났다. 1857년에는 이혼 법정이 설립되었다. 여전히 여성의 이혼 신청에는 제약이 있었지만, 법적 별거가 성립되거나 남편의 유기로 인해 보호 명령이 나온 경우에는 (여성이 재산을 원래 소유하고 있었다는 것을 전제로 하고) 자신의 재산을 다시 소유할 수 있게 되었다. 그 뒤 여성은 결혼 후에도 자기 재산의 개별적인 소유자이며 관리자로 인정받게 되었다(1882년). 노동조합은 재산과 기금을 소유할 권리를 갖춘 법적 인격체(legal body)로 인정되었다(1871년). 노동조합은 평화적인 '피케팅'*에 참여할 경우에 공모죄 혐의를 받지 않게 되었다(1875년). 계약 파기 소송이 있을 경우, 노동자는 이전에는 형법의 적용을 받았는데 이제는 민사 소송 절차에 따라 고용자와 동등한 법적 기반 위에 서게 되었다(1875년). 50명 이상의 노동자를 고용하는 모든 작업장과 공장에는 정부 감독관이 정기적으로 방문해 감찰하게 되었다(1878년). 이른바 '위험 직종'의 경우, 고용주는 부상당한 노동자 혹은 노동 중 사망한 노동자의 피부양 가족에게 보상을 해주는 것이 법적으로 의무화되었다(1897년).

피케팅(picketing) 작업장이나 사업장 주변에 노동자들이 모여 노동 쟁의에 대한 지지와 참여를 유도하거나 홍보 활동을 하는 것.

민족과 민족주의

이러한 많은 변화가 작용한 결과, 의회 중심 웨스트민스터 모델은 개방성, 유연성, 공정성, 법에 대한 존중으로 명성이 높아졌다. 물론 이런 평판을 전부 진실이라고 생각하는 사람은 과대평가를 하는 것이다. 웨스트민스터는 '의회 제도의 어머니'가 아니다.(그 명예는 레온 왕국의 코르테스cortes에 돌아가야 한다.) 다른 나라들(예를 들어 1907년 핀란드, 1913년 노르웨이, 1920년 미국)이 완전한 의회 민주주의에 더 먼저 도착했다. 또한 아메리카의 식민지에서 크게 교훈을 얻었으면서도 웨스트민스터 모델을 옹호하는 영국인들은 마치 이른바 '백인이 져야 할 짐(white man's burden)'이라는 것이 존재하기 때문에 인도, 로디지아(짐바브웨의 예전 이름), 나이지리아와 같이 서로 매우 다른 여러 왕령 식민지인들에게 거만하고 잔인한 행동, 살인과 차별 행동을 해도 괜찮다는 듯이 통치하는 나쁜 버릇이 있었다.[55] 하지만 19세기 말까지 많은 유럽인들에게 영국이 ─ 어떤 기준으로 또 어떤 나라와 비교하는가에 달린 문제이기는 하지만 ─ 시민 사회에 기반을 둔 대의 정치 체제가 어떻게 양성될 수 있는지를 보여주는 빛나는 모델이었다는 것은 분명한 사실이다. 문제는 유럽의 불길한 세력들 ─ 그 가운데 단연 위험한 것은 민족주의(nationalism)였다. ─ 이 그 길을 막으려고 한다는 점이었다. 유럽이 대의 민주주의의 묘지로 바뀌는 순간이 다가오고 있었다.

유럽에서 대의 민주주의가 겪은 실패들을 이해하려면 먼저 과거의 회의체 민주정 옹호자들에게는 전혀 제기되지 않았던 질문들이 처음 던져진 곳이 바로 유럽이었다는 사실을 알아야 한다. 민족(nation)이란 무엇인가? 민족은 자결권을 지니는가? 만일 그렇다면, 권력이 공개적인 토론과 (세심하게 규정된 영토 안에 거주하는) 피치자들의 동의의 대상이 되는 대의 민주주의가 시민들의 민족 정체성(national identity)을 가장 잘 보장해줄 수 있는 체제인가? 민족주의란 무엇인가? 이것은 민족 정체성과 다른가? 민족주의는 민주주의와 공존할 수 있는가?

이런 질문들과 그에 대한 답변이 처음 등장한 것은 9세기였다. 당시는 유럽의 절반을 차지하던 '카롤링거 제국'*이 막을 내리던 때였다. 888년 카를

3세(Karl III)의 사망 이후, 유럽 전역에 걸쳐 민족(nation)에 대한 자각이라고 할 수 있는 새로운 집단적 정체성이 하나의 강력한 힘으로 천천히 등장하기 시작했다. 처음 이 개념을 옹호했던 것은 일부 귀족과 성직자 무리였다. 이들은 옛 라틴어 단어인 '나티오(natio)'—고향을 떠나 다른 곳에서 거주하거나 공부하는 사람들을 가리키는 말이었다.—를 어근으로 하는 새로운 파생어를 써서, 자신들의 공통 언어와 공통된 역사적 경험을 강조했다. 이때 'nation'이란 단순히 한 지역의 주민 전체를 가리키는 것이 아니었다. 언어와 역사에 기반을 둔 자기 정체감을 지니고 있으며 그런 정체감에 바탕을 두고 행동하는 사람들의 집단을 가리켰다. 이런 의미에서 'nation'은 그들만의 고유한 역사가 낳은 특별한 산물로 여겨졌다.

15세기부터 '민족'은 점차 정치적 목적으로 쓰이기 시작했다. 17세기의 프랑스 저술가 드니 디드로(Denis Diderot)가 내린 고전적 개념 정의에 따르면, 민족이란 "경계선으로 제한된 일정한 영토 안에 거주하며 동일한 정부에 복종하는 많은 수의 사람들"이었다.[56] 여기서 '민족'은 특정한 영토 안에서 공통의 법과 정치 제도를 공유하는 사람들을 가리키는 말이다. 즉 민족이란 국가를 보유한 일군의 사람들이었다. 이는 '민족'을 정치적으로 파악한 것으로서, 정치 참여의 권리가 있으며 주권 행사에 공동으로 참여하는 시민들이 민족에 포함되는 것으로 이해되었으며, 민족이라는 개념은 국가 건설 과정에서 매우 중요한 의미가 있었다. 국가 권력의 통제를 둘러싼 투쟁이 종종 의회 내에서 국왕과 특권 계급 사이에 벌어지는 조직적 대립의 형태를 띠게 되면서 일부 특권 계급 사람들이 스스로 '민족'의 옹호자라고 묘사하기 시작했다. 이때 민족은 정치적 개념이었다. 그들은 국왕과 대립하면서, 자신들이 '민족의 자유'와 '민족의 권리'의 대리인이자 옹호자라고 주장했다. 만일 국왕이 다른 민족 출신인 경우에는—네덜란드에서 에스파냐 합스부르크 왕조에 대항하는 전쟁이 진행되는 동안 그랬다.—그런 주장은 또 다른 요소에 의해 더욱 격렬한 성격을 띠었다. 즉 자유를 향한 투쟁이, 그들이 외

카롤링거 제국(Carolinger Empire) 800년부터 888년까지 카롤링거 왕조, 즉 프랑크족이 지배하던 제국. 4세기에 로마 제국이 멸망하고, 카를 대제가 카롤링거 제국을 세웠다. 현대 프랑스와 독일의 시초로 볼 수 있다.

국의 폭정이라고 부른 것으로부터 민족을 해방하기 위한 운동으로 변형된 것이다.

18세기에는 '민족'에 관한 이야기에 좀 더 극적인 변화가 생겼다. 민주화의 과정을 거치게 된 것이다. 민족 정체성을 위한 투쟁은 범위가 더욱 넓어져서 이제는 특권이 더 적은 계층의 사람들과 평민들을 포함하게 되었다. 독학한 중간 계급 사람들, 수공업자, 농촌과 도시의 노동자, 그리고 또 다른 사회적 그룹들이 자신들도 '민족'에 포함되기를 요구하기 시작했으며 이는 당연히 반(反)귀족적이며 반(反)군주제적인 의미를 지녔다. 이로써 원칙적으로 민족에는 특권 계급뿐 아니라 모든 사람이 포함되었다. 이제 '피플(people)'과 '네이션(nation)'은 동일한 것으로 인식되었다. 민족 정체성의 개념을 '민주화'하는 데 가장 큰 영향력을 발휘한 책인 토머스 페인의 《인간의 권리》가 촉발한 흥분 상태는 바로 이런 경향을 잘 보여주는 것이었다. 《인간의 권리》는 군주정과 공화정 각각의 장점을 둘러싼 치열한 논쟁을 불러일으켰다. 이 책은 각 민족이 나름의 대의 정치 체제를 보유할 권리가 있다고 주장했다. 이 주장으로 말미암아 사람들은 민족 정체성과 대의 민주주의의 강력한 연관성에 주목하게 되었다. 페인은 "통치라는 것은 민족의 일을 처리하는 것 이상의 무엇인가?"라고 질문을 던진 후 "아니다."라고 답했다. "주권이란 오직 민족에 속하는 것이지 어떤 개인에 속하는 것이 아니다. 민족은 언제 어느 때라도 적절하지 않다고 판단되는 통치 형태를 폐기하고 민족 자신의 이익, 의향, 행복에 적합한 국가를 새로 수립할 불멸의 생득적 권리를 갖는다."[57]

인민에게 민족의 일을 스스로 결정할 권리가 있다는 주장은 이후로 오랫동안 생명력을 발휘한다. 19세기 동안 유럽에서는 바로 이 민족 자결(national self-determination)의 원칙에 기반을 둔 두 거대한 강국(독일과 이탈리아)이 등장하며, 바로 이 원칙 때문에 다른 한 거대한 강국(1867년의 타협 이후 오스트리아-헝가리)이 사실상 분할된다. 이 원칙은, 폴란드인들이 자신들이 민족 국가로 재구성되어야 한다고 주장하면서 두 차례 반란을 일으켰을 때에도, 그리고 주권을 가진 민족을 대표한다고 주장하는 작은 독립 국가들이 국제적으로 승인을 받는 과정에서도 힘을 발휘했다. 이런 국가들로는 서쪽에는 룩셈부르크와 벨기에가 있었고, 남동 유럽에는 오스만 제국의 후계 국가들(불가리아, 세르비아, 그리스, 루마니아)이 있었다.

20세기, 특히 제1차 세계대전 이후에 민족 자결 원칙은 국제법학자, 정치 철학자, 각국 정부와 그 정부의 반대자들 사이에서 엄청나게 인기를 끌었다. 이들의 의견에 따르면, 만일 한 민족의 구성원들이 원한다면 그들은 다른 민족의 지배에서 해방될 권리가 있고, 그들이 주민의 과반수를 차지하고 거주하고 있는 영토를 포괄하는 주권 국가(sovereign state)를 합법적으로 건설할 수 있다. 이런 관점에서 본다면, 시민이 스스로 자신을 통치해야 마땅하다는 민주주의 원칙은 민족이 자기 운명을 결정해야 마땅하다는 원칙과 동일한 것이 되고 만다. 이렇게 되자 유럽의 여러 언어에서 'state'(제도로서 '국가')와 'nation'의 의미가 합치되기 시작했다. 두 단어는 호환되어 쓰였는데, 이를테면 '국제법(law of nations)'이나 '민족 국가(nation-state)'라는 공식적인 표현이 있으며, '내셔널(national)'은 국가가 운영하거나 관리하는 것이라면 어떤 것이든 통상적으로 지칭하는 단어가 되었다. '국가 봉사'*, '국가 건강 보험(national health insurance)', '국가 채무(national debt)'를 예로 들 수 있다.

이런 사고방식을 지니게 되면, 독일이나 아일랜드나 에스파냐에서뿐만 아니라 헝가리와 러시아에서도 민족 정체성에 대해 공통된 감정을 확보하는 것이 대의 민주주의를 발전시키는 데 기본적인 전제 조건이 된다. 민족 정체성이 무엇을 의미하느냐고 물으면, 이에 대한 답은 보통 다음과 같다. 민족 정체성은 집단적 정체성의 특이한 형태로서, 사람들이 일상적으로 서로 물리적 접촉이 부족한데도 모두 하나로 묶여 있다고 느끼는 것이다. 그렇게 느끼는 이유로는, 같은 언어를 쓰거나 공통 언어의 방언을 쓰기 때문일 수도 있고, 어떤 특정한 영토에 직접 거주하거나 그 영토에 친숙하여 그곳의 식물과 동물, 산과 들에 애착을 품고 있기 때문일 수도 있고, 여러 관습을 공유하기 때문일 수도 있다. 여기에는 과거 역사에 대한 기억도 포함되는데, 이런 기억은 자기 민족이 이룬 성취에 대한 자긍심으로 현재 시제로

국가 봉사(national service) 국민이 국가에 의무적으로 봉사해야 하는 것을 가리키는 표현으로, 병역의 의무가 대표적인 사례이다.

다시 경험되거나, 또는 민족의 과거와 현재의 실패에 대한 수치심으로 경험되기도 한다.

이렇게 규정된 민족 정체성은 근대 유럽의 특이한 발명품이었다. 시간이 지나면서 이것이 강력한 힘을 지녔다는 사실이 드러났다. 민족 정체성은 시민들에게 목적 의식을 불어넣을 수 있었고 '고향에' 있다는 느낌과 함께 어느 정도의 확신과 자긍심도 불어넣었다. 민족 정체성은 사람들에게 일상의 의미를 이해하게 해주었으며, 음식과 노래와 농담부터 다른 사람의 표정에 이르기까지 모든 것을 다른 사람들과 공통으로 이해할 수 있게 해주었다. 그리하여 민족 정체성은 구성원들로 하여금 소속감을 느끼게 해주었으며, 자기 자신에 대하여 그리고 평등한 존재로서 서로에 대하여 안전하다고 느끼게 해주었다. 민족 정체성은 뚜렷한 민주주의적 뉘앙스를 지니고 있었다. 한 민족의 구성원이라는 사실은 곧 자치의 권리가 있다는 의미였다. 또한 민족 정체성은 사람들로 하여금 '우리'나 '여러분'이라는 단어를 말하면서도 자신의 '나'라는 관념, 즉 자의식이 슬그머니 사라져버릴지 모른다는 불안감이 들지 않게 해주었다.

유럽 사람들은 민족과 민족 자결에 대한 이런 새로운 논리를 얼마나 잘 다루었는가? 민족 감정이라는 바람이 불어옴에 따라 사람들은 마치 한 마리의 아름다운 새처럼 날개가 돋아나서 영토적 독립이라는 축복을 받은 대의 민주주의의 땅으로 훨훨 날아갈 수 있었던가? 불행히도 그런 일은 벌어지지 않았다. 그 이유에 대해 우리는 프랑스 혁명으로부터 많은 것을 배울 수 있다. 민주주의의 분위기를 풍기는 민족 자결의 원칙에 잠재된 무시무시한 함의를 보여주었다는 점에서 프랑스 혁명은 매우 중요한 분수령 역할을 했다. 프랑스 혁명은 신성한 것에 대한 믿음을 파괴했으며, 군주가 지닌 도전 불가능한 통치권 역시 파괴했다. 자유로우며 서로 평등한 시민들로 이루어진, 주권을 지니고 있으며 '민주주의'적인 민족의 이름을 내걸고, 혁명은 특권 계급에 맞서는 투쟁을 촉발했다. 이때 발생한 문제는, 이렇게 주권을 가진 민족의 이름 아래 행동했던 사람들이, 점차 '조국(la patrie)'에 대한, 그리고 민족을 보장해주고 그 자체로서 '단 하나이며 나누어질 수 없는' 존재인 국가(state)에 대한 시민들의 충성심을 강조해야 한다는 유혹에 지고 말았다는 사실이다. 무너져 가는 '앙시앵 레짐'은 '한 사람의 왕, 하나의 법, 하나의 신앙'을 모토로 삼았다. 혁명 초기에 이 옛 모토는 '민족, 법률, 왕'이라는 새로운 모토로 대체되었다. 민족이 주체가 되어 법률을 제정하며 이 법률을 국왕이 실행에 옮긴다는 뜻이다. 하지만 1792년 8월 군주정이 폐지됨에 따라, 갑자기 '민족' — 이는 '국민'으로 인식되기도 했다. — 이 명목상 주권의 원천이 되었다. 과거에 국왕에 관련되었던 모든 표현이 민족에 관한 표현이 되었다. '민족'은 심지어 자기 깃발까지 갖게 되었다. 삼색의 국기가 부르봉 왕가의 흰색 깃발을 대체했다. 새로운 민족 정신이 등장했다. 민족 정체성을 향한 투쟁은 이제 근원주의적 성격을 띠게 되었으며, 민족 국가의 힘과 영광을 향한 욕망을 불러일으켰다. 대의 민주주의 시대에 첫 번째로 민족주의적 독재가 탄생한 것이다.

민족주의적 호소라는 수단을 활용하여 서둘러 만들어진 국가들은 유럽이 스스로에게 준 고대 그리스풍 선물이자 전 세계에 준 선물이었다. 유럽이 준 또 다른 선물은, 국가를 갖지 못한 민족들이 더 강한 민족주의자들의 손에 농락당하고 위협당하는 경험을 하게 된 것이었다. 이것은 특히 중부와 동부 유럽 지역의 민족들이 흔히 겪는 일이었다. 민족주의는 있지만 국가는 없었던 민족들이 경험한 것은, 민족 자결 원칙이 사실은 대의 민주주의라는 둥지 속의 뻐꾸기였다는 것이었다. 이런 민족들은 대의 민주주의 원칙을 큰 위기 속으로 던져버렸다. 왜냐하면 오로지 민족만을 생각하는 신앙자들은 민족주의가 제시하는 권력의 환상과 민족주의의 언어에 유혹당할 위험에 항상 노출되어 있기 때문이다. 민족주의는 굶주린 약탈자였다. 기존의 영토 안에 이미 존재하는 민족 의식을 자양분으로 삼은 다음, 공통된 민족 정체성을 괴상한 변형체로 만들어버렸다. 민족주의는 민족 정체성이 편집광적이고 병리적인 형태로 나타난 것이었다. 사람들은 흔히 자신의 민족 정체성에 대해 다양하고 종종 내적으로 서로 모순되는 감각을 지니고 있는데, 민족주의는 소문자 'n'으로 시작하는 수많은 민족들(nations)을 대문자 'N'으로 시작하는 몇몇 대민족(Nations)으로 통폐합해버렸다. 바로 이런 일이 발생했기 때문에, 알베르 카뮈가 말했듯이, 일부 유럽인은 자신이 자신의 민족을 너무 사랑하기 때문에 민족주의자가 될 수 없노라고 마음을 정했던 것이다.

19세기와 20세기 유럽 역사를 보면 민족주의 속에 어떤 광신도적인 알맹이가 들어 있다는 것을 알 수 있다. 민족 정체성의 경우에는 그 경계선이 결코 고정되어 있지 않으며 차이를 용인한다거나 다른 형태의 삶에 대해 개방적인 정도가 큰 것에 비해, 민족주의는 추종자들에게 그들 자신을 믿도록 요구하며, 이 믿음 자체를 또 믿도록 요구하고, 그들이 혼자가 아니고 대민족(Nation)이라는 신앙자들의 공동체 구성원들이라고 믿으라고 요구한다. 대민족 속에 있으므로 대민족을 통해서 그들은 위대한 일들을 성취할 수 있다는 것이다. 또한 민족주의는 신앙자들과 그들의 지도자 겸 대표자에게 (프랑스의 학자 에르네스트 르낭Ernst Renan이 1882년 소르본 대학에서 '민족이란 무엇인가'라는 제목의 강연에서 이야기했듯이) 매일의 국민 투표('un plebiscite de tous les jours')에 참여하도록 요구한다. 이렇게 민족주의는 매우 높은 수준의 이념적 헌신을 요구한다. 이 때문에 민족주의는 사물을 단순화하려는, 미련하지만 강력한 의지의 힘으로 추진된다. 비스마르크가 요구했던 지침이 그런 종류의 의지력이다. "독일인들이여! 그대들은 그대들의 피(血)를 통해 생각하라!"

　다음과 같은 식으로 말할 수 있겠다. 만일 대의 민주주의가 이 세상을 강제로 단순화하려는 시도에 대한 끊임없는 투쟁이라면, 민족주의는 복합적인 것을 해체하려는 지속적인 투쟁이며, 어떤 특정한 것에 대해 무지한 채로 있으려고 하는 욕구라고 할 수 있다. 이는 순진한 자의 무지가 아니라 선택된 무지이다. 민족주의는 언제나 이 세상을 강하게 들이받으려는 경향을 보인다. 자신의 길을 가로막는 모든 것을 부수고 짓밟으며, 영토를 방어하거나 요구하는 경향이 있다. 민족주의는 땅을 힘이라고 생각하며 그 땅의 정당한 주민들을 '외국인'과 '적'에 대항하여 언제든 자신을 방어할 준비가 되어 있는 한 개의 불끈 쥔 주먹으로 간주한다. 민족주의는 민족 정체성이 지닌 겸손함 따위는 지니고 있지 않다. 민족주의는 과거나 현재에 대해 아무런 부끄러운 것이 없다. 그런 죄의식을 느껴야 마땅한 사람들은 오직 외국인과 '민족의 적들'이다. 민족주의는 오만한 자기 도취에 빠지며, 그렇기 때문에 젊은 사람이건 늙은 사람이건 머릿속을 고결한 선조들, 영웅적 행동, 패배 속에도 용감했던 사례들로 가득 채운다. 민족주의는 스스로가 절대 패배하지 않는 존재라고 생각하며 깃발을 높이 흔들어대고, 만일 필요하다면 기꺼이 그 손에 적대자들의 피를 묻힐 각오가 되어 있다.

민족주의의 핵심에는—이것이 민족주의 '논리'가 지닌 가장 특이하면서도 가장 심중하게 반민주주의적인 특질이다.—소문자 'o'로 시작하는 여러 명의 타자(others)를 대문자 'O'로 시작하는 단 한 명의 대타자(the Other)로 취급하는 태도가 숨어 있다. 이 대타자는 모든 것을 포함한 엄청난 존재이기도 하면서 동시에 아무것도 아닌 하찮은 존재이기도 하다. 민족주의는 끊임없는 파도에 밀려 공포와 오만이라는 두 개의 거대한 암초 사이를 왔다 갔다 하는 신세다. 발칸 지역이 되었건 스칸디나비아 지역이 되었건, 또 러시아이건 영국이건, 민족주의자들은 그들의 소중한 삶의 방식을 두고 이방인들이 제기하는 위협에 대해 항상 경고한다. 이 대타자는 우리 대민족(大民族)의 목을 치고 들어오는 칼날이며, 우리 대민족의 사회, 국가, 헌정 체제를 영원히 위협하는 존재이다. 민족주의자들은 항상 공포에 질려 있으며, '적 아니면 친구'라는 이분법적 계산에 언제나 열중해 있기 때문에, 모든 민족이 생존의 동물적 투쟁에 온 힘을 다하고 있으며, 여기서 오직 가장 뛰어난 동물만이 생존할 것이라는 확신에 사로잡혀 있다. 하지만 민족주의는 또 다른 얼굴을 가지고 있다. 민족주의는 이 대타자를 두려워할 뿐 아니라, 이상하게도 오만한 태도로 대한다. 민족주의는 대타자라고 규정한 사람들을 열등한 쓰레기이며 아무 가치 없는 무존재(無存在)로 묘사하기도 한다. 대타자는 미움과 멸시의 대상이며, 존경도 인정도 부여할 가치가 없는 대상이다. 왜냐하면 그들은 입에서 더러운 냄새가 나고, 이상한 음식을 먹으며, 생활 습관이 비위생적이고, 괴상한 종교를 믿으며, 이상하고 알 수 없는 언어를 말하기 때문이다. 타자들은 그들의 습관 때문에 도저히 자신들과 어울릴 수 없는 자임을 증명해 보인다. 여기에서 도출되는 결론은, 설사 타자들이 어떤 특정한 영토 내의 주민 가운데 과반수를 차지하고 있다 하더라도 그들은 어떤 권리도 얻을 수 없다는 것이다. 민족주의자들의 견해에서 본다면, 어떤 장소에 그들 대민족 구성원이 한 사람이라도 있다면 그곳은 곧바로 그들 대민족이 있는 장소라고 말할 수 있다. 따라서 대타자를 농락하고 그들에게 침을 뱉고 싶은 유혹을 느끼는 것이며, 그들을 쓰레기라고 낙인찍고 차별 대우를 하고, 그들의 언어를 공적으로 사용하지 못하게 하고 심지어 극단적인 경우에는 그들의 추방을 주장하게 되는 것이다. 그렇게 해야만 좀 더 동질적인 성격을 띠는 대민족이 스스로를 다스리는 사업에 착수할 수 있다는 것이다.

레닌이 즐겨 말했듯이, 유럽 지역에서 정복을 행하는 민족이 지닌 민족주의는 그 민족에게 정복당하는 사람들이 지닌 민족주의와 같지 않다. 정복하는 민족주의 쪽이 더 추악하고, 따라서 더 큰 죄를 범하는 것이다. 그뿐 아니라 민족주의는 자치와 영토에 대한 욕구를 추구하는 데서 상당히 호전적인 태도를 취하는 경향이 있다는 것도 사실이다. 어떤 언어나 종교에 집착을 보이기도 하고, 국가를 건설하거나 전쟁을 통해서 영토 경계선을 변경하는 것에 집착하기도 하는 것처럼 여러 사항에 유난히 집착하는 태도를 보인다. 이런 집착적인 오만함을 지니고 있는 민족주의는 대의 민주주의에 지속적으로 위협을 가했다. 이것은 아일랜드의 역사학자 윌리엄 렉키(William Lecky)가 지적했던 내용이다. 19세기가 끝나기 몇 해 전, 그는 크게 경각심을 표하면서 민족주의 정신이 '군국주의의 엄청난 성장'이라는 불꽃에 기름을 붓고 있음을 지적했다. 보통선거의 권리와 민족의 자기 보호를 위한 민주주의적 투쟁은 국민개병제와 밀접하게 연결되기 시작했다. "국민 개병제는 국민을 하나로 융합하며, 애국심을 강화하고, 시민적 의무와 자기 희생의 용기에 대한 높은 기준을 형성하며, 민족의 위대함을 드높이는 데 가장 적합한 종류의 열정, 그리고 그런 열정의 강도를 주민에게 부여하는 강력한 경향성을 보인다." 그러나 민족을 하나로 융합하는 것은 곧 국가와 군대의 힘을 강화하는 것이며 이는 대의 민주주의의 원칙이나 관행과 정면으로 충돌한다. 대의 민주주의는 "권위와 종속에 관한 모든 관념이 폐기"됨을 의미한다. 대의 민주주의는 "말솜씨 좋은 이야기꾼이나 선동가가 지배하며, 모든 문제는 다수결 투표로 결정되는" 시스템이다. 이와 대조적으로 국민개병제는 "지극히 엄격한 독재와 종속 관계 …… 토론이나 항의 없는 수동적 복종"을 요구한다.[58]

이런 상황에서는 무슨 일이 벌어질 수밖에 없는 것이며, 실제로 제1차 세계대전이 벌어지는 중에, 그리고 그 이후에 큰일이 벌어지고야 말았다. 수

많은 사람을 짐승처럼 몰고 다니면서 살인을 자행하는 뻔뻔스러운 일이 벌어졌던 것이다. 이 모든 행위는 자결이라고 하는 가짜 민주주의 교리의 이름 아래 자행되었다. 1915년 유럽의 남쪽 끝 지역에서는 수많은 아르메니아인들이 터키에서 쫓겨났으며, 1922년에는 그리스가 아나톨리아 지역에서 약 40만 명의 터키인을 추방했다. 그와 동시에 터키인들은 소아시아 지역에서 약 150만 명의 헐벗고 공포에 질린 그리스인들을 추방했다. 이 지역은 호메로스의 시대 이래로 그리스 사람들이 살던 곳이었다. 사실 그때 이 모든 사건이 앞으로 사람들을 추방하고 살해하는 더 위험한 새로운 시도들의 시초에 불과하다는 것을 안 사람은 거의 없었다. 하지만 이제 한 가지는 분명하게 드러났다. 즉 민족주의는 타협 없는 투쟁의 언어이며, 순수성을 향한 대민족들의 집착이고, 영토를 탈취해 국가를 세우고 유지하고 '청소'할 태세가 되어 있는, 필요하다면 조직적인 살인과 전쟁을 통해서라도 그리하겠다는, 살기등등한 억센 손아귀라는 것이 분명해졌다.

세계대전과 민주주의의 붕괴

제1차 세계대전에 이르는 험난한 길에서 웨스트민스터 모델은 온갖 수단을 동원하여, 프랑스 혁명 이후 유럽 대륙을 괴롭혀 온 민족주의적 다툼과 제국 간 세력 경쟁이라는 추악한 상황에서 그럭저럭 자신을 보호할 수 있었다. 영국은 원래 여러 민족들 사이의 타협으로 성립된 나라였고, 전 세계에 걸쳐 있는 제국을 운영한 덕에, 특히 1815년 나폴레옹의 프랑스를 격파한 이후에는, 영토 확장과 민족 자결을 추구하는 유럽 내의 거친 다툼에 깊이 끌려 들어가는 것을 피할 수 있었다. 물론 그렇다고 해서 다른 위험들로부터 완전히 안전한 것은 아니었다. 공중에서 투하되는 새로운 종류의 무시무시한 파괴와 폭력이 그들을 위협했다. 잉글랜드 남부의 작은 해안 도시인 포크스턴은 바로 그런 폭력을 경험한 최초의 도시 중 하나였다.

1917년 5월 25일, 따뜻하고 햇살이 밝게 비추던 금요일 오후에 웨스트민스터식 삶의 방식은 의회 민주주의에 닥친 새로운 위협을 체험했다. 이런 위협은 19세기 사람들은 상상할 수 없던 것이었다. 아무런 경고도 받지 못한 채, 오순절 주말을 준비하기 위해 장을 보러 나온 사람들은 갑작스러운 폭발음에 깜짝 놀랐다. 당시 현장에 있던 사람들이 전하는 이야기에 따르면, 맨 처음 비명을 지른 것은 어린이들이었다. 부서진 건물에서 폭발음이 나고 화염이 솟아올랐다. 거리는 순식간에 잘게 부서진 유리창 파편으로 뒤덮였다. 마차를 끌던 말은 그 자리에서 그대로 죽었다. 채소 가게 앞에 줄을 서 있던 사람들도 그 자리에 쓰러졌다. 포도주 상인이 자기 가게로 돌아와 보니 고객이 머리가 손상된 채로 쓰러져 있었다. 거리에서 길을 가던 한 사람이 "젭스다! 젭스다!"라고 소리쳤다. 체펠린 비행선이 와서 무고한 영국 민간인들에게 고성능 폭탄을 떨어뜨린 것으로 착각했던 것이다. 2분이 흐른 뒤, 10여 대의 은빛 고타(Gotha) 폭격기가 철수하기 시작했다. 푸른 창공에 은빛 점을 반짝이면서 본국 독일로 돌아가는 것이었다. 95명이 사망했고 195명이 부상당했다. 이렇게 포크스턴 시민들은 민간인을 대상으로 한 전략 폭격을 최초로 경험한 사람들이 되었다. 희생자들은 20세기의 첫 번째 게르니카* 사람들이었다.

폭격을 하는 자와 폭격을 당하는 자의 기계화된 권력 관계는—복면 쓴 공격자가 마치 제우스가 하늘에서 번개를 집어던져 지상의 무력한 희생자들을 처벌하듯이—민주주의를 공격하는 전쟁이라는 새로운 도전을 상징적으로 보여주는 것이었다. 이런 도전은 유럽 대부분 지역에서 이후 20년 동안 지속된다. 포크스턴 공습이 있고 나서 19일 뒤 이번에는 고타 폭격기 편대가 런던 상공으로 날아와 거의 1만 파운드(약 4500킬로그램)에 가까운 폭탄을 투하했다. 이 일로 432명이 부상당하고 162명이 사망했다. 사망자 가운데는 어린이도 16명이나 있었는데 이들은 보육원 지하실에서 서로 붙잡고 웅크리고 있다가 폭탄에 맞아 온몸이 찢어졌다. 런던 주민들은 자기 자신을 방어할 방법이 사실상 아무것도 없다는 사실을 깨달았지만, 군사 지휘관과 정치인들은 이 새로운 전쟁 무기의 역사적 의미를 전혀 인식하지 못했고 특별한 경각심을 불러일으킬 필요성도 느끼지 못했다. 전쟁장관 더비 백

게르니카(Guernica) 에스파냐의 북부 도시. 에스파냐 내전 중인 1937년 독일 폭격기가 이 도시를 폭격하여 민간인이 다수 살해당했다. 그후 전투에 직접 참여하지 않은 민간인을 상대로 한 무차별적이고 비인도적 공격 행위를 가리키는 말이 되었다.

작(Earl of Derby)은 상원에 나아가, 단 한 사람의 군인도 살해당하지 않았으니 이 폭격은 군사적으로 아무런 의미가 없다고 발언했다.

　제1차 세계대전 때 등장한 새로운 살인 무기로 전략 폭격기, 기관총, 대포, 탱크, 박격포가 있었다. 박격포로는 살인 가스를 발사할 수 있었는데 살인 가스 중에는 방금 베어낸 건초 냄새가 나는 것도 있었다. 이런 새로운 살인 무기들은 영국 전쟁장관의 판단이 잘못되었음을 증명해주었다. "전쟁은 노골적으로 기계적이고 비인간적인 성격을 띠게 되었다." 시그프리트 서순(Siegfried Sassoon)이 지은 소설의 등장 인물인 보병 장교가 한 말이다.[59] 이 말이 더 정확했다. 제1차 세계대전은 마치 시체를 생산해내는 전 유럽 규모의 국영 공장 같았기 때문이다. 이 전쟁에서는 대단한 기술적 창의력이 발휘되었으며, 그런 창의력은 징집병들과 민간인 모두에게 끔찍한 영향을 끼쳤다. 살인이라는 업무와 관련하여 유럽의 국가들과 군대들이 보여준 기술적 역량 덕분에 20세기는 인류 역사상 가장 살인적인 세기로 기록되었다. 이런 경향을 확고하게 세운 것이 바로 제1차 세계대전이었다. 이 전쟁은 2900만 명의 사상자를 냈다. 20세기가 끝날 때까지 벌어진 여러 전쟁을 합치면 약 1억 8700만 명의 사상자가 난 것으로 추산된다. 이는 1913년 세계 인구의 10분의 1에 해당하는 수였다. 제1차 세계대전은 또 다른 경향을 만들었는데, 바로 전쟁의 부담이 점점 더 무겁게 민간인에게 몰리게 되었다는 것이다. 이 전쟁은 이제까지 전쟁들 가운데 가장 '민주적'이었을 뿐 아니라—전투에 동원된 사람은 6500만 명이었다.—이 전쟁에서부터 민간인들이 마치 체스판 위에서 가장 약한 폰(pawn)의 신세가 되어 군사 작전의 설계자들이 즐겨 타격 목표로 삼게 되었다. 이로써 과거부터 지속되어 온 '전방'과 '후방'의 구분이 사라지게 되었다. 1914년부터 1918년까지 계속된 이 전쟁에서 민간인은 전체 희생자의 20분의 1을 차지했다. 그러나 1939년부터 1945년까지 지속된 제2차 세계대전에서 이 비율은 3분의 2까지 올라갔다. 20세기 말이 되면 전쟁 희생자의 10분의 9가 민간인인 것으로 추정된다.

　제1차 세계대전이 판 긴 무덤구덩이는 의회 민주주의의 유골을 묻기에 충분한 공간이었다. 전쟁이 불러온 극심한 고통과 파괴는 다양한 정치적 결과를 남겼는데, 그 중 하나가 세계에서 대의 민주주의를 제거하려는 강력하게 조직된 노력이었다. 이 노력은 성공하기 일보 직전까지 갔다.

　제1차 세계대전 직후의 상황은 달랐다. 당시 관찰자들은 이 전쟁의 종말이 곧 대의 민주주의의 영광스러운 새벽이라고 생각했으며, 충분히 그렇게 생각할 만했다. 전쟁이 종종 민주주의의 산파 역할을 하며, 이 전쟁은 확고하게 민주주의 편에 서 있는 것처럼 보였으니까 말이다. 실크 해트를 쓰고 프록코트를 입은 정치인들이 갑자기 과거의 유물처럼 보였다. 한때 막강했던 러시아, 오스만투르크, 오스트리아-헝가리제국, 호엔촐레른 독일이 무너지자, 각 지역의 대공, 황제, 술탄, 파샤* 같은 직책에 있던 사람들은 저마다 제 살길을 찾아 도망쳤다. 1918년 12월 독일에는 혁명의 분위기가 팽배했고 '노동자-병사 평의회 전국 대회'가 열려 새로운 헌정 질서의 기반으로서 의회 제도를 지지한다는 의견이 압도적 다수로 채택되었다. 이듬해에 체결된 파리강화조약은 미국의 지지를 받으면서 의회 민주주의의 새로운 시대를 선포하는 것처럼 보였다. 열 개의 새로운 공화국이 사실상 하룻밤 사이에 탄생했으며, 이 나라들은 모두 제각기 새로운 민주주의적 헌법을 자랑스럽게 발표했다. 핀란드, 그리스, 폴란드, 리투아니아, 아일랜드 자유국의 헌법은 매우 강력한 어휘를 사용하여 나라의 주권이 '국민(nation)'에게 있음을 선언했다. 다른 나라들은 '인민(people)'이 모든 정치 권력의 원천임을 선언했지만 결국 의미는 같았다. "오스트리아는 민주 공화국이다. 주권은 인민에게 있다." 이것이 오스트리아 헌법 제1조였다. 이웃의 바이마르공화국은 주권이 "스스로 조직하는 인민의 국민적 자의식"에 있다는 점을 강조하며, 대의 민주주의의 원칙을 분명히 했다.

　하지만 10년이 채 지나기 전에 이런 정서가 돈키호테식 망상이었으며 유럽의 불안정한 현실과 아무런 관련이 없는 허황된 단어들에 불과했다는 것이 여러 사건을 통해 증명되었다. 유럽의 의회 민주주의 체제들은 대부분 정작 그 내부에 민주주의자가 없었다. 왜 그렇게 되었을까? 당시에 많은 사람들은, 사이코패스 독재자들이 집단적 광기를 촉발해 유럽이 이런 고통을 겪게 되었다고 믿고 싶어 했지만 이는 사실과 달랐다. 이런 일이 벌어진 이

파샤(pasha) 예전에, 오스만 제국의 영향권에서 장군·총독·사령관 같은 지위가 높은 사람에게 주던 영예의 칭호.

유는 다른 곳에 있었다. 헌법에 대한 망상, 즉 좋은 헌법을 마련하기만 하면 나쁜 정치적·사회적 상황을 극복할 수 있다는 정치인, 법률가, 외교관, 정부 관리들의 순진한 믿음이 대의 민주주의의 죽음을 부른 한 가지 원인이었다. 또 다른 원인은, 잘 설계된 의회를 마련하면 그 의회가 매우 강력한 지도력을 제공해주기 때문에 사자와 양이 평화롭게 공존하리라는 잘못된 생각이었다. 기업의 투자 철회, 경제적 붕괴, 대량 실업이 거의 같은 시기에 이스파노아메리카와 브라질에서 그랬던 것처럼 상황을 마비시켰다. 아무런 규제가 없는 시장은 대의 민주주의에 나쁜 영향을 끼쳤다. 자유 시장의 붕괴는 유럽 각국의 시민 사회에 충격을 가했다. 전쟁 직후 기대에 부풀었다가 그 희망이 갑작스럽게 좌절되었는가 하면, 민족주의, 정당 정치의 끊임없는 다툼, 반유대주의, 준군사 조직이 자행하는 폭력을 경험하면서 유럽의 각 사회는 비(非)시민적인 사회로 바뀌어버렸다. 사회의 이러한 분열상은 대의 민주주의의 이론과 실제에 존재하는 기본적인 약점에 주목하는 자들에게 기회를 주었다. 약점이란 일찍이 프랑스의 자코뱅, 아르헨티나의 로사스, 러시아의 인민주의자들이 활용했던 것인데, '인민'에게 강력하게 호소하는 선동가의 전복 시도에 대의 민주주의 체제가 취약하다는 점이었다. 히틀러가 브뤼닝(Heinrich Brüning) 총리에게 했던 말은 다가오는 불길한 사건들을 예언하는 것 같았다. 히틀러는 그때 '국가사회주의독일노동자당'을 총선거에서 거의 승리 단계까지 끌어올린 직후였다. 히틀러는 "국민에게서 모든 권력이 나온다는 것은 민주주의의 가장 중요한 원칙"이라고 말했다. 그런 후 그는 이 원칙에 기대어 행동하기 시작했고, 결국 대의 민주주의를 파괴해버렸다. 이 과정에서 그는 독일 주민의 묵인하는 다수와 유럽 전역에 있던 동조자들, 타협론자들의 도움을 받았다.

지정학적인 압력은 민주주의자들을 더욱 심각한 궁지에 빠뜨렸다. 다른 것들과 비교하여 월등하게 가장 큰 해악을 끼친 것은 민족주의였다. 민족주의는 친구와 적을 나누는 이분법적 도그마를 지니고 있었으며, 제국의 영광을 위한 경쟁에 사로잡힌 국가들 사이에 생사를 건 투쟁을 유발하는 경향도 있었다. 1918년부터 1939년까지의 기간은 유럽 역사에서 영토적 국민 국가의 '순수한' 형태가 지배적 위치를 차지한 유일한 기간이었다고 말할 수 있다. 유럽에 있던 여러 제국이 전부 붕괴하고 국제연맹 같은 국제적 규제 기구들이 처량할 정도로 허약했던 상황에서, 미국의 우드로 윌슨 정부가 유럽이 걸린 질병에 대한 치유책이라면서 제시했던 방안들―각 민족이 스스로 통치할 권리를 지녀야 하며, 대의 민주주의 체제를 갖춘 주권 국가들이 유럽을 통치해야 한다는 주장―은 궤변을 늘어놓는 권력에 굶주린 민족주의자들 손에 농락당했다. 1917년 러시아 혁명 직후 적군과 백군이 내전에 돌입했을 때 군사 개입으로 볼셰비키를 격파하려 했던 서방의 작전이 실패로 끝나자 유럽 국가들 내부의 긴장 그리고 국가들 사이의 긴장은 한계점에 이르렀다. 1918년과 1919년 사이에 유럽을 휩쓸었던 파업과 폭동의 파도는 핀란드에서는 내전을 불러왔고 독일에서는 시가전을 유발했다. 그러나 그뿐이 아니었다. 이 파도는 또한 각 나라의 지배 집단 내에 볼셰비즘에 대한 공포심을 불러일으켰으며 이 지배 집단은 즉시 악마들과 거래를 했다. 헝가리에서 전개된 상황은 미래를 보여주었다. 1919년 미하이 카로이(Mihály Károlyi, 1875~1975)가 이끌던 의회제 공화국은 볼셰비즘에 공감하는 정부에 의해 축출되었다. 새 정부의 지도자는 벨러 쿤(Béla Kun, 1886~1938)이었다. 하지만 새로 들어선 정부는 몇 개월밖에 버티지 못했다. 영국과 미국, 그리고 다른 연합국 국가들이 지켜보는 가운데, 루마니아 군대가 헝가리를 침공했고 공산당원들은 도주했다. 이 침공으로 인해 미클로시 호르티(Miklós Horthy, 1868~1957) 제독이 이끄는 정권이 들어섰다. 이 정권은 지주 귀족의 지지를 받았으며, 권위주의적이었지만 강한 반공산주의 성향을 지녔고, 공포정치의 수단을 사용하여 정부를 운영했으며, 연합국들에게서 외교적으로 완전히 승인받았다. 대의 민주주의는 새로운 친구를 얻었다. 그 친구의 이름은 위선이었다.

여기에 더하여, 민주주의 체제에 질병을 유발하는 자들도 있었다. 민주주의의 무덤을 파는 자들 가운데에는 지식인들이 있었다. 그들은 유럽의 지배적 분위기가 숙명론 쪽으로 흐르도록 거들었다. 숙명론은, 모든 징후들을 살펴보건대 의회 민주주의가 아직 밝혀지지 않은 어떤 대안으로 교체될 것이 분명하다는 믿음이었다. 특히 1920년대 중반 이후가 되면 많은 저술가와 사상가와 언론인들이 '민주주의의 위기'라는 화두에 몰두하면서 괴상한 것들을 말하기 시작했다.[60] 오스트리아의 로베르트 무질(Robert Musil)은 《특성 없는 남자》(1930~1932년)라는 미완성 걸작을 남긴 작가인데, 그는 대의 민주주의의 별이 스러져버렸다고 확신했다. 그는 이렇게 말했다. "나는 파시즘에 맞서 싸우지 않는다. 그러나 민주주의에 대해서라면, 민주주의의 미래를 위해 민주주의에 맞서 싸운다." 글 쓰는 기계라고 불렸던 허버트 조지 웰스(Herbert George Wells)는 옥스퍼드의 여름 학교 학생들에게 다가오는 집단주의 시대에는 대륙의 파시스트들이 지닌 기백 넘치는 용기에 뒤지지 않게 행동할 태세를 갖춘 '계몽된 나치들'이 필요하다고 말했다. 루마니아의 젊은 지식인 에밀 시오랑(Emil Cioran)은 '민주주의적 합리주의'를 공격하는 전체주의의 미래 지향적 에너지를 칭찬했다. 런던의 〈타임스〉도 한몫 거들었다. "최근의 에스파냐 정부들은 공화 민주주의의 의회제 형태에 적응하려고 노력했지만 별다른 성공을 거두지 못했다." 그들은 에스파냐 내전에 영국이 개입하지 않는다는 정책이 웨스트민스터 체제의 명백한 우월성에 의해 합리화되는 것처럼 말했다. 또 그들은 "영국에는 잘 들어맞는 의회 정치 시스템이 어쩌면 영국 이외에는 다른 어떤 나라에도 잘 안 맞을지 모른다."라고 했다.[61]

대의 민주주의에 이런저런 비판을 퍼붓던 유럽의 오랜 전통이 마침내 최고로 무르익은 것 같았다. 많은 비평가들은 야비하게 비난하는 수법을 썼다. (독일 역사가 하인리히 폰 트라이치케Heinrich von Treitschke가 그랬던 것처럼) 원래 자연은 모든 유기체를 불평등하게 만들어놓았으며, 그렇기 때문에 민주주의에는 철저하게 '비자연적'인 면이 있다는 것이었다. 어떤 사람들은 에드먼드 버크가 오래전에 한 이야기를 인용하기도 했다. 버크의 말에 따르면, 민주주의는 어리석은 자들에 의해 타락한 정부로 가는 안성맞춤의 길이며, '민주주의자들(democratists)'은 수치심을 모르는 야망의 동물이다. "민주정은 시민들이 어쩔 수 없이 심각한 분열 상황에 빠지게 되는 정치 체제이며, 그런 상황에서 시민의 다수는 소수에게 가장 잔인한 억압을 가할 수 있다."

자유주의자들(liberals)은 민주주의의 본질은 사적 이익과 공적 이익의 통합이며, 국가가 시민 사회의 자유를 누르고 이기는 것이라고 비난했다.(이는 원래 헤겔이 한 비난이었는데, 그 뒤 토크빌이 반복했다.) 평등보다는 자유를 선호하며 무질서한 군중을 두려워하던 자유주의자들은 자유민주주의라는 표현 자체가 모순이라고 확신했다.(이런 의견은, '자유민주주의'라는 표현이 마치 오래전부터 언제나 통용되던 화폐인 것처럼 정치인과 언론인과 학자의 입에서 쉽게 튀어나오는 현재의 상황과 매우 대조적이다.) 또 다른 부류의 지식인들은 민주주의가 무법적 상황으로 흘러가는 경향이 있다는 것, 그리고 국민이 주권자라는 민주주의의 믿음은 입법, 행정, 사법의 권력 분립 원칙에 위배되므로 '비헌법적(unconstitutional)'이라는 피히테(Johann Gottlieb Fichte)의 주장을 그대로 되풀이했다. 그 밖에 민주주의에 관련된 모든 것이 대의 제도(representation)와 연결되면서 오염되었다는 지적도 있었다. 대의 민주주의라고 하는 것은 정치 권력의 진정한 원천인 '국민'을 저평가하는 것이기에 사기 행위이며, 민주주의는 대의 제도를 허용할 수 없다. 따라서 대의 민주주의는 실제로는 역기능적일 수밖에 없으며 더군다나 규모가 큰 국가에서는 절대로 작동할 수 없다는 것이었다.

한편 일부 사회주의자들과 대부분의 공산주의자들은 대의 민주주의가 부르주아의 장난질이며 계급 착취를 위장하기 위한 가면이라고 주장했다. (조르주 소렐Georges Sorel 같은) 아나키스트들은 민주주의가 노예 근성을 바탕으로 삼아 자라는 환상에 불과하다고 비난했으며, 표트르 크로폿킨은 민주주의가 정당과 선거를 통해 뽑힌 정치인들과 정부에 의해 운영되는, 새로운 종류의 폭정으로 가는 길이라고 경고했다. 대의 메커니즘을 가장 정교하게 공격한 사람은 독일의 학자 막스 베버였다. 그는 관료제로 향하는 보편적인 경향의 탄생지로 유럽을 지목하는 매우 효율적인 설명 방식을 택했다. 베버는 관료제를 향한 흐름이 거스를 수 없는 변화라고 설명했다. 왜냐하면 복합적인 문제들을 규정하고 처리하고 해결하는 일은 대규모 조직에서 일하는 기술적으로 숙련된 전문가들이 가장 잘하기 때문이다. 기술적 능률과 효율성 때문에, 기업가들이 운영하는 관료적 대기업이 '강철 같은 절대적 필요성'으로 확립되었듯이, 선거 정치와 정부 운영과 전쟁 수행 분야에서도 관료적 지휘가 필수적인 것이 되었다는 이야기다. 소수의 손에 권력 수단이 집중되는 거부할 수 없는 경향 때문에, 이제 유럽 각국 정부는 유능하고 헌신적이며 냉철한 정치적 리더십이 필요하다고 베버는 주장했다. 바로 이런 측면에서 볼 때, 선거, 정당, 의회는 새로운 지도자들의 훈련장 역할을 할 수 있다. 하지만 베버는 대의 민주주의의 원칙을 지침으로 하여 국가 건설을 하겠다는 18세기의 전망은 이제 그 힘을 완전히 상실했다고 말했다. "'국민의 의지'라든가 '국민의 진정한 의지'라든가 하는 개념은 나에게는 이미 오래전부터 존재하지 않는다." 그는 한때 자신의 제자였던 어떤 사람에게 이렇게 말했다. "그런 개념은 모두 허구다. 인간에 대한 인간의 지배를 철폐하겠다는 모든 생각은 '공상'이다."[62]

1918년에서 1939년 사이에 벌어진 격렬한 힘의 투쟁 중에, 민주주의에 적대적이거나 냉담한 지식인들의 언어가 갑자기 악마의 뿔을 드러냈다. 이 기간에 민주주의 최대의 적은 '자주색 전제정(purple tyranny)'*의 옹호자들이었다. 자주색 전제정은 군주가 통치하는 강력한 국가로서 보통선거와 의회 민주주의의 흐름을 되돌리려고 노력했다. 많은 사람이 예측하고 희망했지만 제1차 세계대전은 군주제를 철폐하지는 못했다. 유럽 대륙에 전쟁 발발 전에는 19개의 군주제 국가가 있었고 3개의 공화국이 있었다. 전쟁이 끝나 새로운 독립국들이 등장했을 때 공화국의 수는 16개였고 여전히 14개의 군주제 국가가 남아 있었다. 1923년에도 그런 경향은 이어졌다. 예를 들어, 새롭게 독립한 알바니아의 경우를 보자. 알바니아에서는 민주적인 선거를 통해 정부가 구성되고 주교 판 놀리(Fan Noli, 1882~1965)가 정부 수반 자리에 올랐지만, 아메드 조구(Ahmed Zogu, 1895~1961)에 의해 타도되고 만다. 조구는 곧 스스로 국왕(조구 1세)이라고 선포했으며 의회를 두지 않고 통치하기 시작했다. 유고슬라비아의 경우에는 1929년 국왕파의 쿠데타 이후에 헌법이 개정되었다. 이 쿠데타는 국왕인 알렉산다르 1세가 주도했다.(원래 그에게는 형이 있었는데 형이 분노하여 하인을 발로 차서 숨지게 한 사건이 있었고, 그로 인해 형은 왕으로서 적당하지 않다는 여론이 일어나 동생이 왕위에 오른 것이었다.) 새로운 헌법은 왕에게 행정권을 이전했으며 왕은 의회의 상원의원 절반을 직접 임명할 권한이 있었다. 또 왕이 승인하는 경우에는 상하 양원 가운

* 자주색은 황제나 군주를 상징하는 색깔이다.

데 한 곳에서만 통과되어도 법안이 확정되는 것으로 규정되었다. 알렉산다르 1세가 도입한 새로운 선거 제도에 따라 유권자 수가 사실상 절반으로 줄어들었으며, 농촌 선거구에서 공개 선거 방식이 복원되었고, 공무원들은 투표에서 정부 여당을 지지하라고 위협받았다.

제1차 세계대전이 몰고 온 혼란과 대의 민주주의를 위한 투쟁에서 발생한 강렬한 평등주의적 압력의 충격을 견디고 살아남은 순수한 군주제 국가는 사실상 거의 없었다. 그렇기 때문에 민주주의의 친구들에게 군주제보다 더 걱정스러웠던 것은 반(反)민주주의 경향의 두 번째 종류였다. 즉 '국민'의 이름을 내걸고 작동하는 '무장된 독재 체제'였다. "전쟁이 끝난 직후까지는, 국민의 자치라는 의미에서 민주주의는 세계 대부분의 나라에서 상당히 큰 진전을 보였기 때문에 정치 발전의 당연한 목표로 간주되기에 이르렀다. 심지어 이 체제를 불신하는 사람들조차 이런 현상이 불가피하다고 믿었다." 영국의 경제학자 존 앳킨슨 홉슨(John Atkinson Hobson)이 1934년에 한 말이다. 홉슨은 이런 과거의 상황을 당시 상황과 비교했다. "이제 몇몇 국가에서 민주정이 독재정으로 대체되었으며, 모든 곳에서 민주주의는 신뢰를 잃었다." 그러고 나서 그는 불길한 느낌을 주는 질문을 던졌다. "전쟁에서부터 불안정한 평화 상태로 이전된 비상 상황 때문에 통치자의 특별한 자의적 권력 행사를 요구하는 것이라면, 이런 현상은 정상 상태가 회복되면 사라질, 그저 일시적인 퇴행일 뿐일까?"[63]

유럽 지역의 많은 정치인과 관찰자는 군사 독재로 향하는 이러한 변화가 일시적인 현상이라고 생각하지 않았다. 포르투갈의 독재자 안토니우 살라자르(Antonio Salazar, 1889~1970)는 1934년에 이렇게 말했다. "나는 확신한다. 정치 발전에 역행하는 어떤 움직임이 없는 한, 앞으로 20년 이내에 유럽에는 단 하나의 의회도 남지 않을 것이다."[64] 살라자르는 진심을 말한 것이었으며, 국가의 거대한 자의적 힘이 유럽의 운명이라고 생각한 사람은 그만이 아니었다. 이전에는 반대 조짐이 많이 보였다. 제1차 세계대전 이후, 승리를 거둔 연합국이 가하는 압력이 주된 원인이 되어 유럽의 많은 지역에서 의회 민주주의가 성숙한 단계에 오른 것처럼 보였던 것은 사실이다. 1919년에서 1921년 사이에 투표권에 대한 대부분의 제한은 철폐되었으며 — 대부분의 국가에서 여성에게까지 투표권이 확대됨에 따라—역사상 최초로 거의 완전에 가까운 보통선거 제도가 확립되었다. 하지만 과거에 억압당했던 하층 계급 사람들의 참여 압력이 높아짐에 따라, 그리고 다당제 정치 구조 속에서 정치 세력들이 급작스러운 이합집산을 반복적으로 보임에 따라, 과거로부터 승계된 관료제적 정부 구조는 크게 흔들리며 허약해졌다. 위태로운 상황에서, 각 정부는 급속도로 구성되었다 해체되곤 했다. 1918년 이후 유럽 국가들 중에 한 정부가 12개월 이상 지속되는 행운을 누린 나라가 거의 없었다. 어떤 나라들의 의회는 마치 신경쇠약에 걸린 듯했다. 분노에 가득 찬 정당들이 증가하고 행정부의 권위가 지속적으로 무너지면서, 의원들이 마치 미치광이들의 축제에라도 온 듯 욕설을 내뱉고 의자를 집어던지는 통에 의사당이 아수라장이 되는 것은 흔히 볼 수 있는 광경이었다. 시민 사회는 이미 약해졌으며 인종적·민족적 분열 때문에 반으로 나뉜 상태였다. 그 결과 사회적 긴장과 정치적 갈등은 곧 큰 타격을 몰고 왔다. 의회 민주주의는 내부에서 폭발해 붕괴해버렸으며 강력한 지도력에 대한 요구가 커졌다. 계엄령의 시간이 다가왔다.

폴란드를 잠시 살펴보자. 폴란드에서 자유선거는 안정된 정부를 만드는 데 실패했을 뿐 아니라 초인플레이션의 타격과 함께 무질서를 양산했다. 1922년 입법부 선거에서는 19퍼센트의 유권자가 우파 정당을 지지했으며, 30퍼센트는 중도파, 22퍼센트는 좌파, 그리고 그 밖에는 소수 민족 대표자들을 지지했다. 얼마 지나지 않아 공화국 대통령 가브리엘 나루토비치(Gabriel Narutowicz, 1865~1922)는 암살당했다. 나라를 '위생 처리(sanacja)'해야 한다는 이야기가 무성하게 피어났다. 과거에 민주주의자였으며 군 총사령관이었던 폴란드의 애국자 유제프 피우수트스키(Józef Piłsudski, 1867~1935)가 이러한 정치적 진공 상태에 발을 들여놓았다. 그는 1926년에 쿠데타를 일으켰고 곧 선거법을 개정했으며 군대와 국가 행정부를 활용하여 선거 결과를 조작했다.(1930년 선거에서 그는 46.8퍼센트의 득표율을 보였다.) 이제 이 나라는 폴란드인을 위한 폴란드였다. 주요 야당 지도자, 공산주의자, 파시스트는 여기에서 제외되었다. 이들은 모두 체포되어 재판에 회부되었다. 1935년에는 독재적 조치를 합법화하는 새로운 헌법이 채택되었다.

이와 비슷한 일은 다른 곳에서도 일어났다. 루마니아에서는 18년 동안 비밀투표 원칙에 의한 보통선거가 시행되었는데 그러는 사이에 정당 간 갈등이 점차 격화되었다. 결국 1938년에 쿠데타가 일어나 의회 정치가 폐지되었다. 이 지역의 의회 민주주의는 뒤처진 경제 상황 때문에 더욱 위험한 상태가 되었다. 이렇게 되자 기존 정치권의 일부 '개혁론자들'과 '민족주의적 과격파들'은 경제 부문에서 국가 계획과 국가 투자를 실험해보아야 한다는 유혹을 느꼈다. 불가리아의 다미안 벨체프(Damian Velchev), 헝가리의 줄러 굄뵈시(Gyula Gömbös), 폴란드의 아담 코츠(Adam Koc) 대령 같은 유력자들은 자신들의 국가가 민주 선거라는 저주에서 해방된 '현대적' 정치 체제라고 생각했다. 이들은 유산 계급과 거리를 두면서, 전략적으로 중하층·하층 계급 사람들과 동맹을 맺었다. 새로운 형태로 무장된 일당 통치 체제로 나아가기 위함이었다. 이들은 경제에 직접 개입하여 유대인 기업가들과 귀족 지주들로부터 재산을 탈취하는 방식으로 소득 재분배 정책을 추진하려 했다. 하지만 이 개혁론자들은 내적으로 분열되어 있었을 뿐 아니라 더 과격한 우파 정당들—헝가리의 '화살 십자가(Arrow Cross)'와 루마니아의 '철의 근위대(Iron Guard)'—때문에 그들이 원하던 바를 완전히 실행에 옮기는 데는 실패했다. 하지만 이들이 끼친 영향은 매우 강력해서 제2차 세계대전이 일어날 때쯤이면 의회 민주주의의 촛불은 거의 꺼져 가고 있었다.

이 지역에서 주목할 만한 예외적 사례는 체코슬로바키아이다. 당시 체코슬로바키아는 세계에서 일곱 번째로 경제 규모가 컸으며 활발하고 안정적인 의회 민주주의를 운영하고 있었다. 그러나 이 나라는 외부 세력에 의해 파괴되었다. 그 외부 세력은 이제까지 민주주의 역사에서 전혀 경험해보지 못한 제3의 반(反)민주주의적 정치 형태, 즉 전체주의였다. 전체주의는 러시아와 이탈리아에서 처음 등장했으며 곧 바이마르 독일로 확산되었다. 바이마르공화국은 지속적으로 위기를 겪었으며 이는 결국 히틀러의 등장으로 이어졌다. 전체주의의 틀은 러시아에서 일어난 일련의 사건들과 볼셰비키의 전술에 의해 만들어졌다. "민주주의 제도들의 이해관계보다 인민들의 이해관계가 더 중요하다고 우리는 인민들에게 말할 것이다." 레닌이 1917년 12월에 한 말이다. 제헌 의회는 해산되었으며 언론의 자유도 제한되었다. 부르주아를 격파하고 노동자들에게 산업 통제권을 부여한다고 열을 올리는 와중에, 새로운 헌법은 '죽은 부르주아 의회주의'에 작별을 고했으며, 비밀경찰 체카가 활동하기 시작했다. 볼셰비키가 스스로 헌법을 위배하고 있다는 비난이 일자, 레닌은 간략하게 답했다. 1920년의 일이다. 그는 '부르주아 민주주의'를 격파하려면 반드시 '민주적 독재'가 필요하며 이는 "어떤 것에 의해서도 제한되지 않으며, 어떤 법률이나 어떤 절대적인 규칙에도 제한을 받지 않는, 무력에 직접 기반을 두는 무제한적 권력, 그 이상도 그 이하도 아니다."라고 말했다.[65]

소비에트 양식이 되었건 나치 양식이 되었건 전체주의의 새로운 — 또 그만큼 위협적인 — 요소는 무엇이었을까? 가장 단순하게 말하자면 전체주의는 대의 민주주의의 모조품이었다. 전체주의는 운동이 되었건 체제가 되었건 상관없이 항상 그 제도, 방식, 감성을 말할 때 프랑스 혁명에 기원을 둔 인민의 거대한 반란에 경의를 표한다. '착취당하는 노동 인민의 권리에 대한 볼셰비키 선언'(1918년)과 '민족 공동체(Volksgemeinschaft)'에 대한 나치의 거창한 이야기는 모두, '인민'이 더는 무시될 수 없으며 무시되어서도 안 된다는 것, 반대로 인민의 필요와 욕구가 인정되어야 하며 나아가 세계사적 영향을 끼치는 힘으로 재편되어야 한다는 전체주의적 정서를 구체화하고 있다. 이것은 자기 훈련, 조직, 엄격한 정치적 통제의 철권을 통해 달성할 수 있었다. 전체주의는 대중의, 대중을 위한 통치이자 대중의 지도자들에 의한 통치였다.

사람들을 통치하는 수단으로서 전체주의는 모든 것을 아우르는 이데올로기에 대한 믿음을 적극적으로 배양했다. 이는 온갖 견해와 상징들과 이야기들을 그럴듯하게 마구 모아서 집대성한 것으로서, 전체주의를 둘러싼 세계에서 닥쳐오는 다양한 압력에 맞서는 일종의 방패로 작동했다. 정치 연극 같은 형태로 사람들에게 전달된 전체주의 이데올로기는 스스로 생명을 가진 듯했다. 전체주의는 모든 의문에 답을 갖고 있었다. 그것은 위와 아래, 앞과 뒤, 왼쪽과 오른쪽, 그리고 곧장 앞으로 가는 방향이 어디인지를 정해주는 하나의 좌표였다. 사람들은 의무적으로 이 이데올로기를 믿어야 하며, 심지어 그 내용이 바뀔 때에도 그러했다. 이데올로기의 내용은 종종 특별한

'독일 국민을 향하여'. 히틀러는 대중을 사로잡는 연설을 위해 전속 사진사 하인리히 호프만과 함께 효과적인 표정과 자세를 연습하곤 했다.

이유 없이 갑자기 바뀌었으며 지도자의 변덕으로 바뀌기도 했다. 한편, 전체주의가 제시하는 세계관에서 어떤 요소는 비교적 변동 없이 일정했다. 예를 들면, 역사의 무대 위로 대중이 등장하는 것은 막을 수 없는 일이라고 되풀이하여 강조하는 것, 그리고 분명히 이와 정반대되는 주장으로 보이는 것도 있었다. 그것은 '당'이 인민의 생명이고 영혼이며 그들의 안전과 번영과 미래를 보장해준다는 주장이었다.

전체주의는 폴란드나 포르투갈의 일당 독재 체제 이상의 것이었다. 당은 언제나 스스로 옳다고 생각했으며, 심지어 당의 지도자들이 노선을 바꾸거나 지난밤의 결정을 이튿날 아침에 뒤집어버린다 해도 그랬다. 당에 절대적으로 충성한다는 것은 곧 한시도 경계를 풀어서는 안 된다는 뜻이었으며, 사후에 논리를 이리저리 잘 꿰어 맞추는 재주도 필요했다. 당이 지도한다는 것은, 어떠한 반대자도 비밀경찰에 색출되어 처벌받고 제거되어야 한다는 뜻이었다. "규율은 반드시 받아들여져야 한다." 이는 무솔리니가 '파스케스(fasces)'를 가리키면서 자랑스럽게 말한 것이다. 고대 로마의 집정관이 시가 행진 때 느릅나무와 자작나무 가지에 싸인 도끼를 들었는데, 이 도끼를 '파스케스'라고 불렀는데, 이는 죄에 대한 처벌을 상징했다. "규율이 받아들여지지 않을 때는 이를 강제해야 한다."[66] 전체주의는 피해 망상증 환자였다. 그렇기 때문에 철저하게 무장을 갖추고 경호를 게을리 하지 않는다. 비밀경찰은 보통 국가의 그림자 아래 숨어서 움직이는데, 당의 규율과 당을 향한 충성을 확보하는 데 필요한 그 어떤 것이라도 할 수 있는 권한을 지니고 있었다. 한밤중에 사람을 체포하는 것, 노골적인 협박, 사람을 납치하여 흔적 없이 사라지게 하는 것, 살인, 이 모든 것이 비밀경찰에게는 그저 일상적인 업무였다. 또한 당과 당의 경찰이 나서서 끊임없이 적대자들의 명단을 만들어 공급하는 것도 일상 업무였다. 20세기 전체주의의 역설 가운데 하나는, 전체주의 정권은 권력을 장악하고 국내에서 실질적인 적들을 모두 패배시키고 난 이후에 오히려 점점 더 광분하는 모습을 보였다는 점이다. 이것은 당이 규정한 '객관적인 적'이 있었기 때문이었다. 현실의 개인이나 집단의 주관적 정체성은 당이 규정한 그들의 객관적 위치(예를 들어, 히틀러의 제3제국에서 '유대인'이라는 위치)에 비하면 부차적인 문제였다. 전체주의 체제는 언제나 적이 필요했다. 그들이 자신의 무죄를 항변해도 달라지는 것은 없었다. '객관적인 적'의 범주는 다양했고 유동적이었으며 시간에 따라 변했다. 이 범주에는 경찰 정보원, 제국주의 첩자, 트로츠키파 반역자, 유대인, 동성애자, 티토주의자, 집시, 부르주아 민족주의 요원이 포함되었다. 이런 사람들이 강제로 적으로 규정되고 제거된 것은, 전체주의 체제가 필연적으로 자국의 국민을 대상으로 계속해서 사냥을 함으로써 유지되는 체제였음을 보여준다. 법은 아무런 의미가 없었다. 다른 대상을 향한 충성이나, 집단을 조직하는 행위는 모두 반드시 분쇄되어야 했으며, 끊임없이 감시와 제거의 바람이 부는 가운데 낱낱이 색출되어야 했다.

전체주의는 테러리즘의 성격을 띠었으며 이 성격이 가장 잘 드러난 곳은 체제가 권력의 실험실로 사용한 곳, 즉 강제수용소(concentration camp)였다. 바로 이곳에서 이 체제의 진정한 성격이 드러났다. 강제수용소는 교정을 위한 장소가 아니었고 노동을 위한 수용소도 아니었다. 강제수용소는 전체주의 권력이 희생자들의 신체와 정신을 대상으로 삼아 광기 어린 실험을 진행하는 장소였다. 여기에 수용된 희생자들은 모든 권리를 박탈당했으며, 심지어 자살로써 여기에서 탈출할 수 있는 권리마저 없었다. 한편 체제는 무엇이든 할 수 있었다. 금지된 것은 없었다. 그 결과 괴상하게 뒤집힌 상황이 연출되었다. 즉 상상도 못할 어떤 것이 현실이 되었으며, 현실은 누구도 상상할 수 없는 어떤 것이 되었다. 목적은—이것을 목적이라고 부를 수 있다면—항상 같았다. 즉 수감자들의 존재를 무(無)로 환원하고 비활성 분자들의 집합체로 변형함으로써, 체제의 친구에게나 적대자에게나 이 체제가 무적임을 증명해 보이는 것이었다.

새로운 민주주의를 향하여

바로 이런 정신 구조 때문에 전체주의는 검은색(이탈리아 무솔리니 정권)이든 갈색(독일 제3제국)이든 붉은색(소련)이든 상관없이, 유럽의 대의 민주주의가 지니고 있던 권력 공유의 발상과 본질에 지극히 위험한 것이었다. 평범한 남성들과 여성들을 역사의 무대 위로 올려준다는 명분을 내걸고, 그리고 그들을 자유와 연대의 유토피아로 나아갈 수 있게 밀어주겠다는 약속을 내걸고, 전체주의 운동과 체제는 대의 민주주의의 구조와 기반을 빠른 속도로 파괴했다. 전체주의 권력은 곧 시민 사회의 파괴를 의미했다. 전체주의 권력은 어떤 개별적인 차이도 인정하지 않았으며 폭력을 숭배했고 냉소를 조장했으며 무법적 행동을 실천에 옮겼다. 전체주의는 시장에서 이루어지는 생산과 교환을 비논리적이라고 거부했으며, 당이자 국가인 이 권력체가 모든 것을 의미하며, 개인과 그룹은 아무런 의미도 없다고 주장한다. 인신 보호령과 공공 집회, 언론의 자유, 비밀투표를 포함한 다른 자유권에 대해서, 전체주의 권력은 이런 모든 것이 전부 '부르주아'의 쓰레기이며 지나버린 과거의 유물이고, 오로지 이 무적의 권력이라는 불을 더 활활 타오르게 하기 위해 불쏘시개로 쓰는 것 말고는 달리 쓸모가 없는 것들이라고 주장했다. 전체주의는 공격적인 성향을 띠었으며, 이 권력에 적대하는 사람들의 가슴에,

그들이 국내에 있건 국외에 있건 상관없이, 공포심을 불어넣는 것을 즐기는 난폭한 정권이었다. 이 모든 것은 결국 전쟁을 의미했다. 그러므로 전체주의 권력에 맞서는 적대자들의 입장에서는 만일 필요하다면 '해변에서 …… 비행장에서 …… 들판과 거리에서 …… 그리고 언덕에서' 최후까지 저항해야 함을 의미했다. 이 구절은 영국의 총리 윈스턴 처칠이 한 유명한 말이다. 1940년 6월 4일 처칠은 하원에서 행한 간절한 연설에서 그렇게 말했다. 하원 건물은 얼마 뒤 나치의 폭격을 받아 파괴되었다.

총력전의 경험, '자주색 폭정'과 무장한 독재정 체제, 그리고 특히 전체주의가 제기하는 실질적인 위협을 접한 윈스턴 처칠은 곧 의회 민주주의의 가치를 심사숙고하게 되었다. 그는 타고난 민주주의자는 아니었다. 사실 그는 일찍부터 '문명화되지 않은 종족들'을 비난하는 오만한 발언으로 명성을 얻었으며, 보통선거 제도가 점차 현실화되는 것에 불쾌한 반응을 보였으며, 독수리가 조용하면 앵무새가 지저귄다는 언급을 즐겨 했던 사람이며, 또 훗날에는 민주주의에 대한 반론의 근거를 찾으려면 평균적 유권자와 5분만 이야기를 나누어보면 된다는 말을 했던 것으로 알려진 정치인이다. 그러나 히틀러와 직접 대결하면서 처칠은 생각이 달라졌다. 하원 회의장에서 처칠은 만일 히틀러가 지옥을 침공하는 일이 발생한다면 그는 차라리 악마 편에 서서 히틀러와 싸우겠다고 말했다. 유럽 전승 기념일인 1945년 5월 8일, 처칠은 런던의 군중 앞에서 다음과 같이 말했다. "앞으로 다가올 많은 시간 동안, 이 섬에 사는 사람들뿐 아니라 자유라는 새가 인간의 가슴속에서 노래하는 이 세상의 그 어떤 장소에 사는 사람들도, 우리가 이제까지 한 일을 돌아보면서 이렇게 말할 것입니다. '절망하지 말라. 폭력과 폭정에 굴복하지 말라. 계속 앞으로 행진하라. 만일 필요하다면 죽으라. 단, 정복당하지는 말라.'"

이 연설과 거의 동일한 정신이 훗날 처칠이 하원에서 민주주의에 대해 행한 연설의 밑바탕에 깔려 있었다. 이날 하원의 토론은 상원이 장차 어떤 권한을 보유해야 할 것인가를 주제로 한 것이었으며, 이때 처칠이 한 말은 자주 인용되기는 하지만 맥락이 제대로 이해되지 못하는 경우가 많다. 처칠은 당시 야당(보수당)의 새로운 당수가 되었으며 몸이 아팠기 때문에 애틀리

(Clement Richard Atlee) 총리가 이끄는 노동당 정부가 상원의 권한을 제한하기 위해 새롭게 제안한 법안을 두고 진행된 그 사이의 토론에 참석하지 못한 상태였다. 처칠이 결석한 상황을 이용하여 하원 의장이자 추밀원 의장인 허버트 모리슨(Herbert Morrison)은 하원 회의장에서 "그 신사분[처칠]은 심지어 자유당에 있었던 1910년에도 그다지 진정한 민주주의자로 보이지 않았다."라고 주장했다.[67] 다음 날 오후 처칠은 비록 피곤하고 창백한 얼굴이었지만 평소의 명쾌한 언변으로 언어의 채찍을 휘둘러 사회민주주의 정부를 공격하는 데 성공했다. "자유인으로 태어난 영국인으로서 나는 누군가의 자비심의 대상이 되는 것도 싫지만 누군가의 권력에 휘둘리는 것 역시 싫습니다. 그 사람이 히틀러가 되었건 애틀리가 되었건 말입니다." 의석에서 야유의 소리가 터져 나오는 와중에 처칠은 계속 말을 이어 갔다. "이 나라에서 우리는 지금 독재에 매우 가깝게 접근하고 있습니다. 게다가 이 독재정은, 의원 여러분에게 솔직하게 말씀드립니다만, 독재정이 갖게 마련인 범죄성도 없지만 한편으로 독재정이 갖게 마련인 효율성도 없습니다."

처칠은, 만일 적절하게 견제하지 않는다면 복지 국가 건설 과정에 독재가 뒤따라 등장할 것이라고 예언했다. 이 발언으로 의석에서 엄청난 함성이 터져 나왔기 때문에 처칠의 연설은 한참 동안 중단되었다. 그는 조금도 굴하지 않고 말을 이어 갔다. 처칠은 노동당 정부가 반민주주의적인 행태를 보인다고 비난했다. "한줌밖에 되지 않는 사람들이 국가의 조직을 장악하며, 자신들의 당과 개인적 이해관계 그리고 신조에 맞는 것을 국민이 행하도록 만들 권한을 지닌다는 것은, 지금껏 생존해 있는 서방 민주주의의 모든 구상에 완전히 어긋납니다." 의석에서 야유가 터져 나오는가 하면 찬동의 함성도 나왔는데, 처칠은 야유와 찬동의 파도를 능숙하게 타고 넘으면서 현 정부가 '국민의 명령' 운운하는 것은 단지 '정당의 반복적이고 유치한 선전문구'에 불과하다고 주장했다. 현 정부는 민주주의가 "갖가지 약속을 수단 삼아 일정한 직무 수행 기간을 획득한 다음, 그들이 원하는 무엇이든지 국민을 대상으로 하여 실행에 옮기는 …… 과반의 지배"라고 착각하고 있다고 처칠은 말했다. "국민의 소망에는 전혀 주목하지 않고, 국민이 의견을 표출할 기회도 전혀 주지 않은 채로" 현 정부는 겉으로는 말하지 않지만 내심

단원제 정부를 열망하고 있다고 말했다.

　처칠의 논지는 정치 권력의 궁극적인 원천으로서 '국민'이라는 추상화된 이미지에 기댄 것이었다. 민주주의는 '여론'으로 표출되는 국민의 견해들이 대의자들에게 진지하게 받아들여지며, 대의자들은 정부를 견제하면서 정부로 하여금 어리석은 입법을 재고하고 포기하도록 강제하는 여러 제도들을 통해서 일하는 체제라고 말했다. 민주주의는 '국민의, 국민에 의한, 국민을 위한 통치'이다. 하지만 민주주의는 그 이상의 것이라고 처칠은 덧붙였다. 민주주의는 "서로 균형을 이루는 여러 권리와 분할된 권위의 시스템으로서, 현재의 정부와 그 정부가 고용한 관리들 이외에, 수많은 사람과 조직체가 고려의 대상이 되어야 하는 시스템"이라고 말했다. 병 때문에 허약해진 상태였지만 처칠은 자신의 결론을 향해 나아갔다. "역사상 많은 통치 형태가 시도되었습니다. 죄악과 비통이 가득한 이 세상에는 또 앞으로도 수많은 통치 형태가 시도될 것입니다." 낮고 거친 목소리였다. "민주주의가 완벽하다거나 모든 것을 다 아는 현명함을 갖추고 있다고 생각하는 사람은 없습니다." 그는 잠시 말을 멈추었다. "실제로 민주주의는 가장 열악한 통치 형태라고 많은 사람이 말해 왔습니다. 하지만 이는 이제까지 시도되어 온 모든 다른 통치 형태를 제외했을 때 하는 말입니다. 우리나라에 널리 퍼져 있는 감정은 이렇습니다. 국민이 지배해야 한다는 것, 그것도 단절 없이 지속적으로 지배해야 한다는 것, 또한 모든 입헌적 수단에 의해 표현되는 여론이 장관들의 행동을 바로잡아주고, 인도해주며, 통제해야 한다는 것입니다. 장관들은 국민의 주인이 아니라 심부름꾼입니다."

　처칠의 이런 발언은 곧 세계적으로 유명해졌다. 당연한 일이었다. 왜냐하면 이 발언은 민주주의가 위기에 처했지만 여전히 강인한 반격의 정신을 지니고 있다는 점을 부각했기 때문이다. 하지만 그뿐이 아니었다. 이 발언은 민주주의의 이상과 제도가 새로운 민주주의를 향해 재도약하는 모습을 자랑스럽게 선포하고 있었다. 이 새로운 민주주의는 오늘날에도 여전히 적절한 이름을 찾지 못하고 있다.

3부

파수꾼 민주주의

The Life and Death of Democracy

> 유럽의 작은 원정 부대들은 근대적 무기를 가진 덕분에 세계에서 가장 인구가
> 많은 제국들의 군대를 격파할 수 있었으며 그리하여 식민 체제가 태어났다.
> 그리고 그 식민 체제가 죽은 때는 이 제국들이 스스로 무기를 발견했을 때이며,
> 그런 무기에 총만 있었던 것은 아니다.
> _ 자와할랄 네루가 앙드레 말로에게 한 말(1958년)

　민주주의의 역사에는 매우 놀라운 사건들이 많지만, 그 가운데 가장 멋진 사건은 민주주의의 이상과 제도가 두 번의 세계대전과 독재 그리고 전체주의의 폐허로부터 탈출했다는 사실이다. 탈출이 처음 일어난 곳은 1940년대 말 인도 아대륙(亞大陸)이었다. 그곳에서는 어려운 조건 속에서 엄청난 수의 사람들이 맨손으로 고난의 숙명을 극복하고 새로운 운명을 열어 나갔다. 시민들의 용기와 법적 양보 조치 덕분에 조금은 부드러워진 폭력 분출, 그리고 행운의 축복을 받은 강인한 리더십 덕분에, 세계에서 가장 규모가 크고 흥미롭고 최첨단인 민주주의가 여기서 탄생했다. 세계는 이런 일을 본 적이 없다. 이 탄생은 마치 민간에 전해 오는 환상적인 이야기를 닮았으며, 또한 어떤 이국적인 이야기 속의 에피소드와도 닮았다. 큰 좌절을 겪은 민주주의 정신이 이 지상으로부터 하늘로 쫓겨났는데, 그 정신이 갑자기 흰 구름을 하나 불러내어 그 구름을 말로 삼아서 안장을 얹은 다음, 동쪽을 향해 달리다가 다시 지상으로 내려와, 흰 눈이 덮인 히말라야 산맥 남쪽의 한 지점으로 간다. 그 정신이 그곳의 햇살 가득한 풍경과 사랑에 빠져 그 사랑을 완성했다는 이야기이다. 그 장소가 바로 오늘날의 인도이다.

　민주주의의 도래는 이 지역 사람들의 삶을 변화시켰지만, 그것이 전부가 아니었다. 인도는 대의 민주주의 자체의 성격을 근본적으로 변화시켰다. 새로운 '포스트-웨스트민스터(post-Westminster)' 양식의 민주주의가 나타났으며 그 과정에서 상당히 많은 편견들이 격퇴되었다. 민주주의의 전제 조건에

관한 표준적인 가설 가운데 어느 것도 살아남지 못했다. 표준적인 가설에 따르면 경제 발전이 민주주의의 근본적인 전제 조건이었다. 즉 충분히 많은 사람들이 자동차, 냉장고, 무선기기 따위의 상품을 소유하거나 향유할 때 비로소 대의 민주주의가 실행될 수 있다고 여겼다. 보는 이의 가슴을 아프게 할 정도로 가난한 이 지역은, 경제 발전과 정치적 민주주의 사이에 인과관계가 있으며 심지어 수학적으로 연결되어 있다는, 자칭 과학적이라 자부하는 숙명론적인 주장을 정면에서 비웃어줄 수 있었다. 가난하고 문맹인 엄청난 수의 사람들은, 우선 그 나라가 적절한 수준에 올라서야 비로소 민주주의가 가능하다는 지배자들의 견해를 거부했다. 그들은 민주주의를 '통해서' 발전을 이룩해야겠다고 결정했던 것이다.

이는 새로운 시대를 여는 획기적인 변화였다. 중국을 비롯한 다른 많은 나라들과 대조적으로, 인도는 이른바 제3세계에서 독재정이 꼭 필요하지는 않다는 것을 보여주었다. 그뿐이 아니었다. 인도의 민주주의자들은 무척 다양한 성격을 지닌 나라가 그런 다양성을 존중함으로써 통일성을 만들어낼 수 있음을 보여주었다. 이들이 또 증명해 보인 것은, 많은 어려움이 있더라도 민주주의는 널리 뻗어 갈 수 있으며, 역사와 관습이 엄청나게 다양하고, 공통된 특성은 오직 하나 그들이 유럽인이 아니라는 점뿐인 수십억 명에 이르는 사람들까지 이 민주주의 안에 포함시킬 수 있다는 것이었다. 이런 방식으로 인도는, 공통의 문화로 묶인 '데모스(dēmos)'가 존재하는 곳에서만 민주주의가 뿌리를 내릴 수 있다는 상식적인 법칙을 거부했다. 인도는 정반대였다. 이 사회는 인도인은 누구인지, 정부가 그들을 위해 무엇을 해야 하는지에 대해 각기 다른 희망과 기대가 넘쳐흘렀다. 이런 이유로 인도는, 세속주의(secularism)의 확립, 즉 종교적 신화가 사적 영역으로 후퇴하든지 혹은 완전히 사라지는 것이, 현실적인 민주주의 체제가 이 세상을 장악하기 위한 필요조건이라고 주장한 사람들의 어리석은 예언이 맞지 않음을 폭로했다. 이 지역에서 일부 사람들은 (부처의 가르침을 반복하자면) 세속의 야망과 개인주의에 대한 의심을 실천하고 있었으며, 자아는 실재하지 않는다고 여겼으며, 만물의 무상(無常)함을 말했으며, 집단이 아니라 개인의 구원이 필요하다고 강조했다. 이 나라는 이슬람교 지도자 '이맘'이 방금 새로운 달을 보았다고 선언하면 30일간 새벽부터 일몰까지 금식이 시작되는 나라이 며, 맨발의 참배객이 손에 손을 잡고 사원에 들어가 금잔화를 손에 들고 음 악을 듣고 그 뒤에 '다알(콩 스튜)'과 '차파티(둥글고 얇은 밀가루 빵)'로 된 사 원의 식사를 즐기는 그런 나라이다. 또한 과반수를 차지하는 힌두교인들이 봄 축제를 열면 그 기간에는 힌두교도이든 아니든 상관없이 사람들이 노란 옷을 입고 '만트라(기도나 명상 때 읊는 주문)'를 노래하며 물감으로 색을 들 인 물과 가루를 서로에게 뿌리고, 힌두교의 신 '라마'의 탄생 이야기를 읽기 도 하고 그 장면을 공연하기도 하는 그런 나라이다.

인도에서 민주주의는 불가능하다?

이런 관습 때문에 대영 제국의 지배자들은 인도에서 의회 민주주의 형태 로 자치를 실시하는 것은 전혀 불가능하다고 확신했다. 말하자면 오스트레 일리아나 캐나다의 식민지와 달리, 인도는 백인이 계속 짊어지고 갈 수밖에 없는 짐이며, 혼란스러운 다양성과 골치 아픈 관습이 넘치는 별스러운 곳 이었다. 인도는 하나의 나라라고 부를 수 없는 곳이었다. 이곳에 대한 가 장 훌륭한 묘사는 러디어드 키플링(Rudyard Kipling)이 그의 작품 《킴》(1901 년)에서 사용한 '행복한 아시아적 무질서(happy Asiatic disorder)'라는 표현 이었다. 이곳은 서구의 방식을 따르는 의도적인 변화가 아무런 의미가 없 는 장소이며, 따라서 이렇게 법과 질서가 결여된 철저하게 혼란스러운 고대 문화를 보살피는 감독관의 역할이라는 저주받은 운명을 영국 사람들이 짊 어질 수밖에 없다는 결론이었다. "야만, 폭정, 내전으로부터 인도를 구출해 낸 일, 그리하여 문명을 향해서 느리지만 중단 없는 전진을 계속하게 만든 일은 …… 우리 역사에서 가장 훌륭한 성취다."라고 처칠은 자랑스럽게 말 했다. 그다음 그는 우울한 어조로 덧붙였다. "인도는 추상적 개념이며 지리 적 용어이다. 인도가 통일 국가가 아닌 것은 적도와 마찬가지다." 이 사실 은 특별한 어려움을 불러왔다. "인도에는 수십 개의 민족과 인종이 있으며, 수백 개의 종교와 종파가 있다. 인도 주민 3억 5천만 가운데 오직 수백만 명 만 글을 읽거나 쓸 수 있으며, 그들 가운데에서도 오직 아주 극소수의 사람들만이 정치와 서구 사상에 관심을 가지고 있다. 나머지는 삶의 힘겨운 투쟁에 완전히 매몰되어 있다." 결론적으로 인도에는 민주주의의 미래가 없었다. "거의 그 수를 알 수 없는 많은 인도인들이, 영국, 캐나다, 오스트레일리아의 민주정과 똑같은 정치 체제 속에서 평화롭고 행복하고 존엄하게 살아갈 수 있을 것이라고 가정하는 것은 어불성설이다." 이것이 처칠의 결론이었다. "이 가정이 어불성설인 까닭은 인도의 원주민들이 본래 근대 민주주의 제도를 작동할 능력이 없기 때문이 아니라, 인도인들이 살고 있는 이 나라의 정치적·사회적·인종적·종교적 상황이 그렇기 때문이다."[1]

이런 논리는 이 지역의 유색 인종 위에 군림하는 것이 영국 백인들의 운명이라는 결론으로 나아갔다. 조지프 콘래드(Joseph Conrad)의 소설 《어둠의 심연》에 등장하는 쿠르츠처럼, 영국의 백인들은 자기 자신들이 무지한 이교도들이 사는 거친 땅을 통치하는 영주들이라고 생각했으며, 현지 사람들은 점점 더 지배자들의 이 엄청난 자기 확신이, 쿠르츠의 경우와 마찬가지로, 거의 정신병 수준에까지 접근했다는 결론을 내렸다. 하지만 일단은 이런 현지 사람들의 의사는 고려의 대상이 되지 않았다. 영국의 인도 지배는 영원히 지속될 것같이 보였다. 좋은 정부는 위에서 아래로 향하는 지배를 뜻했다. 이 정부는 부왕(副王)*이 지휘하면서 식민지 관료와 사법부의 도움을 받았는데, 관리들은 이 지역의 유일한 공통 언어인 영국식 영어로 의사소통을 했다. 좋은 정부란 이러한 식민지 지배자들이 기꺼이 주도권을 잡는 것을 의미했으며, 그 과정에서 그들 자신이 피치자들의 진정한 '대표자(representatives)'임을 실제로 증명해 보여주는 것을 의미했다. 이는 대의(representation) 개념을 이상하게 이해한 것으로, 마치 국가를 모든 선한 것의 보유자로서 신이 지정한 것으로 보는, 공상에 빠진 어느 정치학 교수의 저술에서 발췌한 듯한 생각이었다. 통치자들은 자신들이 '정치 위에' 서 있는 것처럼 살아가는 듯했다. 그들은 자신들이 '정책'의 진정하고 올바른 담당자라고 생각했으며, 따라서 정부 운영에 현지인의 참여가 필요하다면 그들의 역할은 단지 조언 정도를 최대 한도로 삼아야 한다고 생각했다.

---

* 인도는 영국 국왕의 대리인인 부왕(viceroy)의 통치를 받고 있었다.

1857년에서 1858년 사이 영국 지배에 대항한 13개월의 소요 사태 이후에 '입법참사회'가 설치되어 식민 시대의 나머지 기간 동안 기본적인 대의 기관으로 운용되었다. 입법참사회는 각 지역의 유력 인사들을 초청하여, 통치 기구인 '인도문관부(Indian Civil Service)'에 '현지의 의견'에 대한 조언을 제공하도록 설계된 기구였다. 한편 영국 정부는 정체성이 불분명한 주민들에게 좀 더 나은 행정을 제공한다는 목적으로, 이들을 '힌두교도', '이슬람교도', '시크교도', '토지 보유자' 따위의 변치 않는 확고한 정치적 범주로 분할하는 노력을 계속했다. 이런 노력에도 역시 기존의 대의 기관이 결국 과두 지배의 일환이라는, 즉 서로 비슷한 생각을 지닌 개인적 친구들끼리 운영하는 도전 불가능한 통치 형태라는 인식이 뚜렷하게 드러나 있었다. 이 친구들이 지역의 원주민과 '접촉을 유지'하고 있다는 점이 다를 뿐이었다. 오리엔탈리즘적인 이런 편견은 1880년대 초에 일정한 수준의 분권화적인 요소를 가진 정부 체제를 도입하려 한 리폰 경(Lord Ripon)의 노력에도 드러났다. 이 개혁은 정부가 지닌 많은 소소한 역할들을 선택된 사람들이나 혹은 현지의 선거를 통해 구성된 '원주민 위원회'에 넘겨주려고 계획된 것이었다. 이 위원회는 위생 관리, 도로, 학교 같은 사안을 다루며 그 비용을 충당하라는 요구를 받았다.

이런 조치는 주로 상업 종사자나 전문직 종사자들로 이루어진 주택 보유자 계층이라는 아주 적은 소수의 주민들로부터 선택된 유명 인사들로 무보수 그룹을 만들어 그들의 도움을 받아 좀 더 값싸게 정부를 운용해보자는 시도였다. 리폰 경은 이런 사람들이 "공공 정신을 가진 사람들이며 이들을 활용하지 않는 것은 나쁜 정책일 뿐 아니라 너무도 한심한 능력 낭비"라고 말했다.[2] 하지만 그뿐이 아니었다. 이 조치는 분할 통치의 한 방식으로서, 인도인들을 좁은 우리에 가두어놓고 눈가리개를 씌우고 시야를 좁혀서 정부 권력의 중심으로부터 멀리 떨어져 있게 하려는 시도였다. 위에서 아래로 향하는 이런 대의 모델이 진정으로 의도했던 것은 기존 지배자들이 계속 지배할 수 있도록 보장하는 것, 그리고 자신들이 만든 규칙에 따라 분열되었을 뿐 아니라 무엇이 무엇인지 모르는 혼란에 빠져 있던 이른바 '정책' 대상자들의 간섭을 최소한으로 유지하면서, 제대로 지배하는 것이었다. 이런 편견이 공공연하게 드러난 것은 '1919년 인도 통치법'이었다. 당시 점점 증가하던 저항 덕분에, 처음으로 직접 선거의 원칙이 행정의 모든 수준에서 바람직한 것으로 인정되었으며, 지방 정부 차원에서는 입법 의원 가운데 선택된 인도인 장관들이 '이관(移管)된' 일부 정책들을 책임지는 것이 허용되었다.

하지만 흔히 그러하듯이 좀 더 세부적으로 들어가보면 그렇게 단순한 문제가 아니었다. 지방 정부의 차원에서 보면, 21세가 넘는 인도 주민 남성 10명 가운데 단 1명, 그리고 여성은 200명 가운데 단 1명만이 투표권이 있었다. 이는 전체 주민의 3퍼센트가 채 되지 않았다. 이렇게 선출된 운 좋은 대표자들은 사실상 아무런 힘도 없었다. 이 대표자들은 이른바 '이관된' 정책에 대해서만 권한이 있었는데 이는 교육, 산업, 농업, 지방 자치 같은 분야에 한정된 권한이었다. 강제성과 징수력(徵收力)이 있는 권한은—경찰, 법원, 형무소, 토지세에 대한 통제 권한—예전과 마찬가지로 선거로 선출되지 않은 주의 지사와 그가 지명한 행정 참사원들이 그대로 보유하고 있었다. 한편 중앙 정부 차원에서 보면, 인도를 통치하는 정부 기관은 다른 어떤 기관에도 공식적인 책임을 지지 않는 상태로 남아 있었다. 부왕에 대해서는 사실상 이 지역에서 누구도 그 권위에 도전할 수 없었으며, 국가참사회에 의해서 통제될 수 있는 직책이 아니었다. 이런 상황을 더욱 심각하게 만든 한 가지 요인은 이 국가참사회라는 기관의 성격이었다. 참사회 선거에 투표권이 있는 사람의 수는 1930년 당시 영국령 인도의 전체 주민 2억 5700만 명 가운데 4만 515명에 불과했다.

비서구 민주주의

이런 이름뿐인 유사 대의 제도를 인도 주민들의 코앞에 매달아놓았을 때 인도 사람들이 엄청난 저항을 하리라는 가능성에 대해 이 제도의 설계자들은 전혀 생각해보지 않았던 것으로 보인다. 인도 사람들은 머지않아 바로 이 제도들을 활용하여 제국의 무덤을 팠으며 그들 자신의 존엄성을 주장하게 된다. 몰리 경(Lord Morley)은 런던의 상원 회의장에서 '인도에서 의회 제도의 확립'으로 이어질 수 있는 어떤 종류의 식민지 제도의 창설도 단호히 저지할 것이라는 유명한 말을 했다.[3] 이런 발언은 인도의 모든 역대 식민 통치자들이 인도에 영원히 머물면서 계속 지배할 것을 확신했음을 전형적으로 보여준다.

이토록 강하게 확신했기에 그들은 1920년대 초에 인도의 수도 뉴델리에 새로운 국회 의사당을 건립하겠다는 결정을 내렸다. 새 건물은 근처 라자스탄의 산지에서 채취한 붉은 빛과 우윳빛이 도는 사암(砂巖)으로 조성된 거대한 석재로 지어질 예정이었으며 세월이 흘러도 절대로 변색되지 않는 보석과 같은 건축물로 자리 잡을 예정이었다. 뉴델리의 전체 계획과 건설을 책임진 제국의 탁월한 건축가 에드윈 루티엔스(Edwin Lutyens) 경과 허버트 베이커(Herbert Baker) 경이 설계한 이 건물의 주춧돌을 놓는 행사가 1921년 2월 21일에 거행되었으며 빅토리아 여왕의 아들 코노트(Connaught) 공작이 집전했다. 얼마 전에 열린 자신의 이름을 건 폴로 시합 결승전 경기의 열기가 남아 있었고 전날 저녁에 열린 화려한 무도회의 분위기에 취해 있던 그는 결코 겸손한 어조로 말할 수 없었다. "모든 위대한 통치자들과 모든 위대한 민족, 모든 위대한 문명은 자신에 대한 기록을 역사책 속에 남길 뿐 아니라 돌과 청동과 대리석에 남겼습니다." 이 자리에 참석하는 행운을 얻은 청중에게 그는 이렇게 말하며 아테네의 아크로폴리스와 로마라는 선례를 상기하라고 촉구했다. 그는 당연히 '로크샤히(lokshahi)'라는 단어를 언급하는 것은 피했다. 이 단어는 당시에 현지 주민들 사이에 널리 쓰이기 시작한, 인도-페르시아 어원을 지닌 민주주의를 뜻하는 새로운 정치적 단어였다. 공작은 이 '새로운 대의 기관'이 '인도와 대영 제국의 정치 발전에서 거대한 전진의 한 걸음을 의미'하게 될 것이라고 예언했으며, "다시 한 번 더 높은 운명을 향해서 재탄생하는 인도"의 강력한 상징물로 우뚝 서게 될 것이라고 말했다.[4]

이런 거창하고 아름다운 말과 함께 전국에서 동원된 인도의 노동자들이 의사당 건설 작업을 맡아 영국 국기인 유니언잭 깃발 아래서 일했다. 건설에는 모두 6년이 걸렸다. 비용 절감 노력은 없었다. 건설 비용은 계속 늘어나 803만 루피가 넘어섰지만 이 비용은 건축가들에게 별다른 의미가 없었다. 건축가들은 건축물과 권력이 쌍둥이 같은 것임을 잘 알았으며, 이들은 이 건물을 아테네에서 출발하여 런던의 웨스트민스터 의사당을 거쳐 영국령 인도에까지 이르는 장구한 시간의 차원에서 보았기 때문이다. 이미 남아프리카연방의 국회 의사당을 건축한 경험이 있는 허버트 베이커 경은 자신의 목적이 "이미 고전이 된 그리스와 로마 건축의 위대한 근본적 특성과 전통에 따라 건설하는 것, 그리고 그 위에 인도의 신화와 상징물과 역사를 표현하면서 인도 건축의 구조적 특성을 접목하는 것"이라고 말했다.[5] 이 건물의 공식 낙성식에서 낭독된 영국 국왕 겸 황제*의 메시지에는 이 새로운 건물이 "인도의 제후들*과 주민들에게 형제애와 봉사의 이상을 심어줄 것이며, 바로 그 형제애와 봉사를 통해서만 나의 신민들의 평화와 번영이 확보될 것"이라는 동일한 맥락의 희망이 담겨 있었다.[6]

이 거대한 원형 구조물은 훗날 현지인들에게 심하게 조롱받는다. 델리의 주민들은 이 건물이 소싸움 경기장 혹은 가스 저장 탱크 같다고 농담을 했다. 그러나 설계자들은 만일 사각형 모양으로 짓게 되면 어떤 종류의 사각형이든 상관없이 양당 체제의 정부 구조로 이어지게 될 것이며 이는 엄격한 종교적 구분선에 따른 분열을 초래할 것이라 확신하고 있었다. 이 원형 건물의 둘레는 약 530미터이며 면적은 거의 2400제곱미터에 달했다. 이 건물은 부드럽게 물결치는 풀밭 언덕 가운데 서 있었는데 이 풀밭에는 종려나무와, 장식용 붉은 사암 담장으로 둘러싸인 장미꽃 정원이 군데군데 있었다. 이 거대한 건축물에는 회의장이 두 곳 있었다. 하원인 '중앙입법의회'는 회색빛 대리석 기둥들이 말발굽 모양으로 둘러싸고 있었다. 다른 하나는 상원인 '국가참사회'였다. 두 회의장 모두 영국식으로 내부를 설계했다. 의장석을 둘러싸고 반원 모양으로 의원들의 편안한 좌석이 배치되었고, 의회 사무원들의 책상이 있었으며, 상자 모양의 좌석과 관람석 모양의 좌석에는 특별한 방문객, 정부 관리, 그리고 입장 허가를 받은 일반 시민들이 앉게 되어

---

* 당시 영국 국왕인 조지 5세(George V)는 빅토리아 여왕 때 세워진 격식에 따라 영국 국왕인 동시에 인도 황제라는 지위를 보유하고 있었다.
제후(諸侯, prince) 당시 영국 정부는 인도 내에 존재하던 전통적 지배 세력인 제후들의 권한을 일정 영역 내에서 인정하고 있었다. 이런 제후국의 수는 최대 600여 개에 이르렀으며 이 제후국들이 차지하는 면적은 인도 전체 면적의 약 절반, 이 제후국들의 통치 아래에 있던 주민의 수는 인도 전체 주민의 약 4분의 1에 이르렀다. 이는 전형적인 분할 통치의 사례로 종종 언급된다.

있었다. 두 회의장에 인접한 곳에 제3의 공간이 있었는데 바로 '제후의 방'이었다. 당시에는 거대한 인도 지역 내에 갖가지 종류의 개별 통치 단위들이 있었는데, 이런 단위의 통치자들이 이 방에서 담화를 나누며 한적한 시간을 보내고 또 꾸벅꾸벅 선잠에 들기도 했다. 이 세 회의실은 '중앙홀'로 긴밀하게 연결되어 있었다. 중앙홀에는 녹색 카펫이 깔려 있었고 돔 양식의 둥근 천장이 멋졌다. 제후들과 양원의 의원들은 공식 업무 전후에 어울려 차를 마시기도 하고 대화를 나누기도 했다. 이 건축물의 내부에는 모두 세 개의 야외 정원이 있었다. 여기에는 아름다운 색깔을 띤 물고기로 가득한 연못이 있고, 흰색 대리석을 깎아서 만든 '잘리'*, 나무판으로 멋지게 짜 맞춘 벽면, 그리고 미얀마산 티크(teak)로 만든 가구들이 배치되어 있었다. '중앙입법의회'는 웨스트민스터의 모델을 그대로 본떠서 (영국 하원처럼) 녹색 가죽과 카펫으로 장식했으며, '국가참사회'는 역시 영국 상원을 흉내 내어 붉은 색 가죽과 카펫으로 화려하게 장식했다. 구리로 만든 전기 선풍기가 토론의 열기를 식히기 위해서 설치되었으며, 벽면과 창문에는 각지의 상징물이 그려진 햇빛 가리개가 설치되었다. 또한 여러 가지 언어로 글귀가 적혀 있었는데 이 글귀는 이 권력의 전당에서 제정되는 법률에 대한 복종심과 존중심을 불러일으키기 위한 것이다. 웅장한 '제후의 방'에 있는 돔 천장에는 두 줄의 페르시아어 문장이 황금색으로 새겨졌다. 그 구절의 뜻은 이랬다. "에메랄드 같은, 높이 솟아오른 이 건물에는 황금으로 이런 글귀가 적혀 있다. 자비로운 자들의 선한 행동 이외에는 어떤 것도 오랫동안 지속되지 않는다."

이 글귀에는 나쁜 행동은 시간의 엄중한 판결을 거치면서 살아남지 못하리라는 뜻이 담겨 있다. 하지만 이 나라를 점령하고 있던 사람들은 이런 의미를 알아차리지 못했거나 개의치 않은 것 같다. 당시 부왕이던 어윈 경(Lord Irwin)—그는 훗날 히틀러에 대한 유화 정책의 설계자 역할을 한다.—은 이 웅장한 건축물의 아름다움이 오랫동안 지속될 것이며 정치적 의미 또한 영원히 지속될 것이라고 열변을 토했다. 이날 부왕이 미리 알 수 없었던 것은, 20년 뒤인 1947년 8월 14일 일몰 직전에 이날의 의식보다 훨

잘리(jali) 돌을 깎아 기하학적 문양을 새겨 넣은, 병풍이나 바람벽과 같은 구조물.

씬 더 인상적인 의식이 이 장소에서 열릴 것이며, 여기 의회 의사당 위에 인도의 삼색기가 게양되어 마침 무지개가 피어 오른, 늦은 몬순 계절의 하늘에서 펄럭일 것이라는 사실이었다. 그날 다시 자정이 되기 직전에는 마치 소년처럼 여윈 몸매에 흰색 아즈칸*을 입고 옷깃에 붉은 장미를 꽂은 자와할랄 네루(Jawaharlal Nehru, 1889~1964)가, 감격에 찬 제헌 의회 의원들 앞에 서서, 이제 영국의 오만과 잔인함으로부터 완전한 독립을 쟁취하기 위한 투쟁이 종결되었다고 선언한다.

이날 네루의 4분 30초짜리 연설은 이제까지 인도인이 한 연설 가운데 가장 유명한 연설이 되었다. 그때 이 연설을 직접 들었거나 혹은 라디오로 들었던 사람들은 이 연설의 꿈과 같은 분위기를 기억한다. 겸손과 야망과 열망이 결합된 이 연설에서 네루는 상류 계층의 산뜻한 영어로 전쟁과 잔인한 행위와 억압으로 파괴되고 폐허가 된 이 세계에서 무엇인가 새로운 것을 시작하겠다고 밝혔다. "이 엄숙한 순간에 우리는 인도와 그 국민에 대한 봉사에, 그리고 인류라고 하는 더 큰 대의명분에 헌신하겠다는 서약을 하는 것이 합당하다고 생각합니다." 세계는 이제 '하나의 세계'가 되었다고 네루는 언급했다. 이제 평화와 자유는 나눌 수 없을 뿐 아니라 각종 재난조차 전 세계에 그 영향을 끼친다는 것이 입증되었다고 말했다. 그러므로 지금 네루 자신이 행하는 서약은 역사적 계약으로서, 모든 인간의 눈물을 닦아주고 권력과 자유를 책임성 있게 하는 데 인도가 앞장설 것을 약속하는 것이었다. "오랜 옛날 우리는 운명과 은밀한 약속을 했습니다. 이제 우리의 약속을 실행에 옮길 때가 왔습니다. 완전하거나 충분하지 않더라도 어느 정도는 그 서약을 실행에 옮겨야겠습니다. 이제 12시 자정에 시계가 울리면, 세계는 여전히 잠들어 있지만 인도는 생명과 자유를 향해 깨어날 것입니다." 네루는 또 덧붙였다. "지금은 다른 사람에게 악의를 품거나 누군가를 비난하는 시간이 아닙니다. 우리는 자유로운 인도라고 하는 고결한 집을 건설해야 합니다. 그 집에는 인도의 모든 어린이들이 살게 될 것입니다."

이후 15년 동안 네루와 국민회의당은 (네루가 프랑스의 작가이자 정치인인

아즈칸(achkan) 인도 남부 남성들이 입는 프록코트 모양의 긴 상의.

앙드레 말로에게 말한 대로) 정의로운 수단으로 정의로운 국가를 만든다는 목표를 달성하기 위해 열심히 일했다. 이것은 정확히 무엇을 의미했던가? 네루가 구상한 아시아의 민주주의 국가는 서구의 복제품이 아니었다. 그 나라는 돌멩이 하나로 세 마리의 새를 잡는 새로운 종류의 자치 공화국이었다. 첫째, 이 공화국은 식민 지배자들이 강요했던 쇠사슬을 끊어버려야 했다. 둘째, 새로운 식민지를 해외에 만들고자 하는 유혹에 저항해야 했다. 셋째, 평등한 시민들로 이루어진 새로운 국가를 창조함으로써 국가 안에 존재하는 '내부 식민지주의'의 실밥을 풀어버려야 했다. 인도 민주주의는 광대하고 복합적인 사회 현실을 바탕으로 하여 국가적 통일, 경제적 성장, 종교적 관용, 사회적 평등을 창출하는 최초의 실험이 되어야 했다. 인도의 사회 현실에는 카스트 제도, 언어, 계급, 축적된 부에 기반을 두고 계승된 권력 관계가 자리 잡고 있었는데, 이런 권력 관계를 공적 토론, 정당 간의 경쟁, 그리고 주기적 선거라는 힘 아래에 종속시켜야 했다.

간디와 네루의 민주주의

국민회의당의 전망을 가로막는 현실적인 장애물은 많았다. 일단 영국과의 어려운 관계는 새로운 인도 공화국이 영연방 내에 잔류하는 쪽으로, 즉 우호적인 방향으로 풀렸다. 하지만 새로운 공화국은 아직도 국가라고 말하기 어려웠다. 영국인들이 이미 이 아대륙에 정치 질서의 기초를 닦아놓기는 했지만 이 정치 질서가 과연 하나의 국가로서 정체성을 갖고 있는가 하는 '국가성(stateness)'의 문제(이에 대해서는 많은 학자들이 대의 민주주의 체제의 필수적인 조건이라고 말했다)는 여전히 모호한 상태였다. 포르투갈과 프랑스는 여전히 인도 땅에 자국 영토를 보유하고 있었다. 여러 토후국의 군주인 '마하라자'와 '나왑'*은 다루기가 까다로웠으며 이들을 새로운 인도 연방에 편입시키기도 힘들었다. 또한 인도는 여러 해 동안 벌어진 조직적인 살육으로

---

* '마하라자(maharaja)'는 힌두교 지배자를 지칭하며, '나왑(nawab)'은 이슬람교 지배자를 가리킨다.

황폐한 상태였으며 이는 결국 이른바 '1947년 분할'*로 이어진다. 이 분할 사태의 원인에 대해서는 여전히 논의가 분분하지만 여하튼 이 사태는 역사상 최대 규모의 주민 이동을 초래했으며 그 과정은 추악했다. 여자들과 아이들이 강간당하고 납치당했다. 불운한 피난민들이 기관총의 세례를 받았다. 어떤 경우에는 피난민을 실은 기차가 목적지에 도착했지만 조용했다. 기차에는 오직 시체만 가득했다. 1000만 명이 훨씬 넘는, 어쩌면 1500만 명에 이르는 사람들이 국경을 넘어서 이주했으며 공격을 받아 살해된 사람은 100만 명이 넘었다. 이런 대규모 살육 때문에 인도는 어쩔 수 없이 파키스탄과 힘겨운 협상을 벌여야 했다. 그 협상은 영토, 군대, 재정 분할 같은 매우 까다로운 안건들을 처리해야 했다. 영토 분쟁이 있던 카슈미르 지역에서는 곧 파키스탄과 전쟁이 시작되었다. 힌두교도가 다수였던 '하이데라바드'와 '주나가드' 제후국의 지배자들이 반란을 일으키자 인도 군대는 잔혹하게 진압했다. 그 후 발생한 사건은, 부정의한 권력에 대한 자유 정신의 저항이라는 오래된 파도가 결국에는 추악한 현실의 바위에 매섭게 부딪쳐 부서진 사건이었다. 1948년 1월 30일 마하트마 간디가 암살당한 것이다.

간디는 어느 기도 모임에서 총에 맞아 사망했다. 그를 살해한 사람은 힌두교 극단주의자인 나투람 고드세(Nathuram Godse)였는데 간디가 이슬람교도에 공감하는 데 분노했던 것이다. 간디의 죽음으로 인해, 인도 민주주의의 앞날은 절망으로 빠지는 듯했다. 인도의 운명은 자유와 평등이 아니라 복수, 증오, 살인인가? 모한다스 카람찬드 간디(Mohandas Karamchand Gandhi, 1869~1948)는 사망할 당시는 물론 오늘날까지도 20세기의 가장 위대한 민주주의 투사로 숭배받고 있다. 그는 대영 제국이 생산한 반항아였다고 말할 수 있다. 상업과 대부업에 종사하는 중간 카스트 계급 출신인 간디는 영국으로 가서 법을 공부했다. 잠시 동안(1893년) 인도에 돌아와 변호사 개업을 했다가 다시 남아프리카의 나탈로 이주했다. 그곳에서 간디는 인도인 이주자들이 백인 식민 정착자들의 손에 학대받는 것을 목격하고 그에 자극을 받아 1894년 '나탈인도회의(Natal Indian Congress)'를 창설하게 된다.

---

* 인도와 파키스탄의 분할을 가리킨다.

인도 독립을 이끈 두 명의 투사, 마하트마 간디와 자와할랄 네루.

더반 교외의 공동체 농장에 은둔하면서, 헨리 데이비드 소로의 글을 읽었고 톨스토이와 존 러스킨(John Ruskin) 같은 인물들과 서신을 교환했다. 바로 이곳 남아프리카에서 간디는 자신의 이론을 실제 상황에 적용했다. 식민 정부에 대항하여 비폭력과 비협조 원칙으로 '사탸그라하(진리에 헌신)' 운동을 실험했던 것이다.

깡마른 체구에 안경을 낀 이 변호사는 1915년 인도의 혼란스러운 정치 무대에 등장했다. 간디는 네루를 비롯한 이들과 함께 '무정부적·혁명적 범죄 단속법'(1919년 3월의 '롤래트법Rowlatt Act')에 복종하지 않겠다는 서약문을 작성하고 서명했다. 이 서약을 지원하는 위원회도 결성되어 '사탸그라하'를 최대한 널리 실천하는 데 헌신했다. 1919년 암리스타에서 400명에 가까운 '사탸그라하' 참여자들이 냉혹하게 살해당했다. 훗날 돌이켜보면 이 사건으로 인해 인도에 대한 영국 지배가 종식되었다고 말할 수 있다. 간디를 도덕적 지도자로 삼은 이 운동은 정치적 독립이 바람직하며 또 반드시 필요하다는 확신으로 뭉쳐 있었다. 간디는 이보다 한 걸음 더 나아가 인도 아대륙에 살고 있는 투표권 없는 수많은 사람들 앞에 자신을 낮추었다. 인도 엘리트들은 아무런 선거 과정도 거치지 않았으며 자만심에 가득 차 있었고 영어를 자유자재로 사용했다. 이들은 만찬 파티의 대화나 대표단, 진정서 같은 것을 통해 도적적인 호소를 하면 영국인들이 귀를 기울일 것이라고 믿고 있었다. 이런 사람들의 노력으로는 도저히 자치를 획득할 수 없다고 생각한 간디는 인도의 소도시와 마을과 농촌에 살고 있는 힘없는 수백만의 사람들이 스스로 힘을 쟁취하도록 노력했다.

이웃 나라 중국의 마오쩌둥은 제국의 압제에 대항하여 투쟁할 때는 반드시 국가의 최고 권력에 총구를 겨누어야 한다고 생각했지만, 간디는 시민 사회를 우선 생각하는 사람이었다. 폭력적인 수단은 영혼을 파괴하는 목적을 위해 쉽게 사용될 수 있으며, 따라서 그런 수단은 자유를 위한 운동에 위험하다고 확신했다. 그래서 간디는 '제후와 실력자'—이는 간디의 표현이다.—의 방식을 멀리하고 비폭력적인 '아래로부터'의 적극적인 저항을 강조했다. 이런 저항의 자양분이 되는 것은 이슬람교와 힌두교의 결속과 '스와데시(swadeshi, 현지의 생산물과 용역에 의지하는 자립 행동)' 같은 오랜 전통이었다. 이러한 간디의 노력과 극심한 개인적 고통에는 중상모략이 따랐다. 식민 행정가들은 종종 간디에 대해, 인도를 후진적인 상태로 붙잡아 두려고 안간힘을 쓰는, 말썽꾼이며 채식주의자이면서 사치를 일삼는 구자라트 사람이라고 평가했다. 간디의 편협한 적들은 공공연하게 그를 '모함메드 간디(Mohammed Gandhi)'라는 별명으로 불렀다.* 하지만 그런 식의 비난은 별로 주목을 받지 못했다. 간디는 불굴의 용기 덕분에 '마하트마(Mahatma, 위대한 영혼)'라는 이름을 얻었다. 이런 이름을 내걸고 그는 수많은 투옥과 단식과 질병을 거치면서, 신분에 묶인 강제 노동, 아동 결혼 제도, 불가촉천민, 종교적 오만, 그리고 불결한 위생 시설이라는 사회악을 극복하는 인도의 건설을 추구했다.

한편 민주적 자치에 대한 간디의 견해는 다소 분명하지 않은 점이 있었

---

* '모함메드'는 전형적인 이슬람교도의 이름이므로, 이런 별명을 붙인 것은 간디가 스스로는 힌두교도임에도 불구하고 이슬람교도와 화해를 추구하는 태도를 취했기 때문이다.

다. 진실성, 참여, 사회적 평등, 차이에 대한 관용 같은 민주적 덕목에 대한 그의 헌신은 대담하고 확고했다. 하지만 인도가 자치를 하게 되면 어떤 정치 제도로 운영해야 할지에 대한 간디의 전망은 훨씬 더 불명확했다. 간디는 종종 인도가 독립한 후에 '람 라지'*의 황금시대로 돌아가리라고 언급했다. 이에 대해 공공연하게 반대 의사를 표시한 사람은 네루만이 아니었다. 이상한 일이지만 간디의 정치적 사고방식은 반정치적 성격을 강하게 띠고 있었다. 간디는 독립 지지자들은 반드시 '마을로 가라!'는 구호에 귀를 기울여야 한다는 것, 인도는 가장 먼저 소규모이며 자립적이고 자치적인 '마을 공화국(village republic)'들이 상호 연결된 시스템을 구축해야 한다고 확신했다. 매년 선출되는 '판차야트'가 지도하는 각 마을 공화국은 입법, 행정, 사법 권한을 모두 지니도록 되어 있었다. 그러나 간디는 성문헌법, 의회, 정당, 법원, 주기적 선거의 필요성에 대해서는 분명한 언급을 회피하거나 거절했다. 그는 마치 고대의 회의체 민주주의 시대에 속한 사람인 것 같았다. 유일한 저술 《인도의 자치(Hind Swaraj)》(1908년)에서 간디는 심지어 '몇 명의 훌륭한 사람들'에 의한 지배를 선호한다고 분명히 밝히기도 했다. 그의 정신이 '국민회의당' 내에서 지배적이었던 20년 동안(1920년부터 1940년대 초까지) 간디는 자신이 선호하는 이 원칙을 실행에 옮겼다. 당의 최고 의결 기구인 '집행 위원회(Congress Working Committee)'는 '총사령부'라고 불리기도 했다. 간디는 이 집행위원회를 자신이 원하는 방향으로 움직이기 위해서 긴 침묵, 극적인 단식, 고행 같은, 마치 다른 사람들을 유인하려는 것인지 강제하려는 것인지 모호한 기술을 종종 활용했다. 또한 인도가 독립할 때에는 평소에 품었던 엘리트적인 원칙으로 '국민회의당'의 해체를 촉구하기도 했다. 훌륭한 사람들이 나서서 인도를 자치의 길로 인도하면 된다는 것이 간디의 생각이었다.

자치적인 마을 공화국들로 구성되는 탈(脫)식민지 국가라는 간디의 반정치적 비전과 의회제 자치에 기반을 두는 독립적 헌법 국가라는 네루의 모델 사이에 긴장이 존재한다는 것은 당시 사람들의 눈에 명백했다. 간디의 비

람 라지(Ram Raj) 힌두교 신화의 성인인 라마(Rama)의 통치(Raj)라는 의미이다.

전이 주민 과반수의 지지를 얻을 수 있는 상황은 아니었지만, 그래도 간디는 절대로 무시할 수 없는 존재였다. 이 때문에 간디의 죽음은 비극적이기는 했지만, '국민회의당'이 주도하는 독립 운동에서 특출하며 존경받던 두 인물 사이에 벌어질 수밖에 없었던 개인적인 충돌 가능성을 사전에 제거해 인도가 그런 고난을 겪지 않게 해주는 역설적인 결과를 낳았다. 간디의 죽음은 또한 새로운 정부가 헌법을 입안하고 채택하는(1949년 11월 26일) 과정에서 벌어질 수 있는 주요한 권력 다툼으로부터 새로운 인도 정부를 자유롭게 해주었다. 새로운 헌법 제정을 주도한 사람은 간디의 오랜 정치적 적수이며, '불가촉천민' 계급의 정치적 지도자이자 법무장관이던 암베드카르(Bhimrao Ramji Ambedkar, 1891~1956)였다.

헌법은 "우리 인도 국민은"이라는 말로 시작된다. 이 헌법은 훗날 많은 분량과 광범위한 내용 때문에 유명해진다. 의회 민주주의가 과거로부터 물려받은 기준에 따라 평가한다면, 인도 헌법은 대단히 미래 지향적이며 웨스트민스터 모델을 훌쩍 넘어섰다. 엄숙한 어조의 헌법 전문(前文)은 인도를 '주권을 가진 민주 공화국'이라고 표현하고 있다. 인도는 모든 시민의 사회적·경제적·정치적 정의를 수호하며, 생각과 표현과 신념과 믿음과 예배의 자유 그리고 신분과 기회의 평등을 보장하며, '개인의 존엄성'을 존중하고 '국가의 통일성과 통합성'을 확보해주는 동포애를 보장한다. 새 헌법의 한 절(節) 전체는 '국가 정책의 지도 원칙들'로 이루어져 있었다. 이 조항들은 시민의 복지 향상을 위한 목표를 정할 의무가 정부에 있다고 규정했다. 예를 들면 최저 임금(제43조), 불리한 처지에 놓인 '지정 카스트'와 '지정 부족'*에게 일자리를 따로 책정할 것(제46조), 아동 무상 의무 교육(제45조) 따위다. 새 헌법은 임의 체포와 재판을 거치지 않은 구금을 금지했다(제22조). '불가촉천민'을 폐지했으며(제17조), '종교, 인종, 계급, 성별, 출생지에 따른 차별'도 폐지했다(제15조). 헌법은 데바나가리(Devanagari) 문자로 기록하는 힌디어를 공식 언어로 선언했지만 이와 동시에 영어를 비롯한 다른 소수 언

---

* 인도 헌법은 전통적으로 사회적, 경제적 약자인 카스트와 부족들을 '지정 카스트(scheduled castes, SCs)'와 '지정 부족(scheduled tribes, STs)'으로 규정하고 이들에게 교육과 공공 부문 채용 등에서 혜택을 주도록 정하고 있다.

어들 역시 지속적인 사용을 인정했다(제343조, 제350조). 헌법은 또한 시민들이 '어떤 직업이나, 어떤 직종에 종사'할 자유가 있음을 규정했으며(제19조), 14세 미만의 아동 고용을 확고하게 금지했다(제24조). 헌법은 종교의 자유를 보장했지만 이와 동시에, 자율적으로 조직하는 종교 단체에 대한 국가의 개입권도 보장했다. 예를 들면 종교 단체에 입회하는 권리의 평등성이라든가 신자들의 사회 보장을 촉진하기 위해 개입할 수 있는 것이다(제25조). 강력한 권한을 가진 최고법원의 수장 임명에 대한 규정도 있으며(제124조), 양원제도 규정되었다. 상원은 각 주가 지명하는 대표자들로 의석이 채워지고, 하원은 주민의 직접 선거로 선출된다. 또한 선거를 감독하고 지휘하며 통제하는 독립적인 '선거위원회'를 구성하는 조항도 있었다(제324조). 그리고 헌법은 2년에 한 번 실시하는 각 주(州)의 입법회의 선거와 5년에 한 번 치르는 연방 '하원' 선거가, 성인의 완전한 보통선거권이라는 토대 위에서 실시될 것을 명시했다(제83조, 제326조).

네루의 겸손한 카리스마

의회 구성을 위한 첫 번째 자유 총선거 준비가 시작되었다. 수쿠마르 센(Sukumar Sen)은 원래 수학자였다가 공직자가 된 사람인데 그가 초대 선거 관리위원장으로 임명되었다.* 모든 성인 여성과 성인 남성이 동시에 최초로 투표권을 갖게 되었다. 엄청난 국가적 흥분 상태가 발생했으며 그와 동시에 미래에 대한 불확실성 역시 크게 느껴졌다. 바로 이것이 민주주의를 향해 이동하는 과정에서 사람들이 느끼게 마련인 특이한 경험이다. 민주주의로 이행하는 과정은 그것이 성공으로 끝나든 실패로 끝나든 상관없이 항상 매우 높은 수준의 불확실성이 감지된다. 자신이 어떤 힘을 지녔는지 전혀 알지 못하고 정치 과정에서 완전히 배제되어 있던 사회 그룹들이 갑자기 정치 권력의 냄새를 맡게 된다. 그들은 자신들이 이제 세상을 바꿀 수 있다는 것을 감지한다. 힘 있는 자들의 자리를 이제 힘없는 자들이 차지하게 되는 것이다. 이제까지 너무도 견고하고 또 너무나 당연하게 여겨지던 모든 것들이 마치 공기 속으로 녹아버리듯 종적을 감추기 시작한다. 어디에선가는 온갖 소문이 끊임없이 생산된다. 앞으로 무슨 일이 일어날지 혹은 일어나지 않을지에 대해 모든 사람이 이리저리 상상한다. 누구도 앞으로 어떤 일이 생길지 모른다. 바로 그렇기 때문에 모든 사람의 시선은, 새로운 미래를 더듬어 나아가도록 방향을 잡아줄 충분한 힘이 자신들에게 있다고 생각하는, 현재의 지도자들 혹은 잠재적인 지도자들에게 향한다.

이 모든 것들에도 불구하고 인도에 민주주의가 찾아온 것을 이해하려면 네루의 리더십 기술에 대한 이해가 중요하다. 그런 기술은 오늘날 민주주의자들이 경시하는 요인이다. 특히 리더십이 대중 선동술과 같은 것이며 '국민의 지배'와 양립할 수 없는 것이라고 생각하는 사람들이 그러하다. 이와 같이 리더십을 우두머리와 추종자들의 집단과 연결해서 생각하는 데 네루는 반대했다. 네루의 뛰어난 리더십 기술은 인도의 첫 번째 총선거에서 핵심 역

---

* 윌리엄 부스비, 후안 부세티치 등 이름이 잘 알려지지 않은 선거 관리 전문가들의 발자취를 따르듯, 수쿠마르 센은 1950년 3월 자와할랄 네루에 의해 인도의 선거관리위원장으로 지명되었다. 1899년 지방 행정장관의 아들로 태어난 그는 무종교파(無宗敎派) 교육 기관으로 유명한 캘커타의 프레지던시 칼리지와 영국의 런던 대학에서 공부했다. 런던 대학에서 그는 수학 분야의 금메달을 받았다. 그는 1921년 인도 문관부에 들어가 각지의 행정 구역에서 판사로 일했다. 그 후 1947년에 서벵골 주의 주 장관에 임명되었다. 그의 생애의 세부 사항은 잘 알려져 있지 않다. 그는 개인적인 문서나 회고록을 남기지 않았다. 그러나 수학에 대한 애정, 그리고 문제 해결에 대한 지속적인 애정 덕분에 그는 1951년부터 1952년 사이에 실시된 인도의 첫 번째 총선거를 감독하는 데 이상적인 자질을 갖춘 전문가가 되었다. 이 선거의 규모는 엄청났다. 목표는, 21세 이상인 1억 7600만 명의 인도인들에게 공정한 투표권을 부여하고 ─이들 가운데 약 85퍼센트는 글을 읽거나 쓰지 못했다.─이들이 4천 개의 의석에 대한 투표권을 행사하는 새로운 선거 시스템을 만들어내는 것이었다. 방법은, 빠른 시간 안에 22만 4천 개의 기표소를 설치하고, 200만 개의 철제 투표함을 제작하여 투표소에까지 전달하고, 각 선거구의 유권자 명부를 작성하고 검토하기 위해 6개월 계약으로 1만 6천5백 명의 사무원을 고용하며, 감독관 5만 6천 명과 지원 인력 28만 명을 임명하여 선거 과정을 감독해야 하고, 22만 4천 명의 경찰 인력이 투표소 외곽에서 근무하도록 해야 했다. 문맹자가 압도적으로 많았기 때문에 각 투표소에는 복수의 투표함을 마련해야 했다. 각 정당은 그림 상징물로 표시된 투표함을 배정받았다. 코끼리를 상징물로 하는 정당, 도자기로 된 호롱불 램프를 상징으로 삼은 정당도 있었으며, 국민회의당은 한 쌍의 소를 상징물로 삼았다. 또한 수쿠마르 센은 인도 과학자들의 도움을 받아 각 유권자의 지문을 채취할 때 신분 위장을 방지하는 계획을 세웠다. 최소한 일 주일 동안 지워지지 않는 잉크를 사용하여 지문을 채취했던 것이다. 여기에는 40만 병의 잉크가 소요되었다. 또 그는 공정하고 평등한 투표권 행사를 위해 여성의 투표 참여를 막는 가부장제의 장벽과 싸웠다. 많은 여성들은 자신의 이름이 선거권자 명부에 오르는 것을 꺼려했다. 그들은 누구의 아내라든가 누구의 어머니로 기록되기를 원했다. 수쿠마르 센은 이런 태도를 '기묘하고 불합리한 과거의 유산'이라고 비판했다. 그는 자신의 지휘를 받는 관리들에게 여성 유권자 본인의 이름을 기록하도록 지시했지만, 이를 거부하는 여성들도 있었다. 결국 약 280만 명의 여성이 유권자 등록을 거절당했다. 그 결과 엄청난 사회적 소동이 일어났는데 수쿠마르 센은 이런 소동이 '좋은 일'이라고 말했다. 왜냐하면 그가 정확하게 예언한 대로, 이런 소동은 여성에 대한 남성의 편견을 무너뜨리는 데 도움을 주었기 때문이다. (원주)

할을 했다. 총선거는 1951년 10월에 시작되어—세계에서 가장 큰 민주주의 국가의 규모가 보여주듯이—6개월 동안 진행되었다. 위대한 목적을 추구하는 데 허약한 지도자들은 함께할 수 없다고 확신한 네루는 이 위대한 '선택의 날'에 걸맞은 에너지를 발휘하면서 맹렬하게 활동했다. 그는 밤낮을 가리지 않고 약 4만 킬로미터를 여행했다. 여행의 대부분을 DC-3 비행기로 이동하면서 85퍼센트가 문맹인 인도의 유권자들에게 그들의 미래를 위해 한 표를 던지라고 호소했다. 한 대륙을 단위로 하는 공화국 정부를 옹호했던 제임스 매디슨이나 알렉산더 해밀턴이라 하더라도, 인도 총선거를 보고는 깜짝 놀랐을 것이다. 인도에서는 모두 75개의 정당이 나서서 1억 7천6백만 명의 성인 남녀의 표를 획득하려고 다투는 선거가 진행되고 있었다(인도 아대륙 역사상 처음으로 보통선거권이 부여된 상태였다.) 연방 하원의 489석과 각 주 의회의 3375석이 선거의 대상이었다. 국민회의당의 공적인 정당성이 사상 처음으로 수학적 시험대에 올랐다. 시험은 좋은 결과를 가져왔다. 60퍼센트의 투표율을 보인 가운데 네루의 정당은 25개 주 가운데 18개 주에서 승리했으며 연방 하원에서도 압도적인 다수를(489석 가운데 364석) 차지했다. 국민회의당의 전체 득표율은 45퍼센트에 불과했지만 득표수가 가장 많은 단 한 명만 당선되는 웨스트민스터 방식의 선거 제도 덕분에 이런 큰 성과를 거둔 것이다. 여하튼 이런 계산에 따른다면 인도의 정부는 이제 민주주의적으로 선출되었다고 주장할 수 있게 되었다. 사회주의당은 큰 패배를 맛보았다. 공산당은 제2당이 되었다. 신생 정당으로서는 나쁘지 않은 결과였다. 공산당에는 소련보다 더 많은 극렬한 스탈린주의자들이 있었으며, 민주주의 동조자보다 공산주의자 동조자가 더 많았을 것으로 판단된다. 네루의 선거구는 우타르프라데시 주의 풀푸르였다. 그와 대결한 상대 후보는 힌두교 수행자였는데, 그는 네루가 이슬람교도에 '유화 정책'을 쓰고 있다고 비난했다. 네루는 233,571표를 얻어 56,718표를 얻은 상대 후보를 넉넉하게 제치고 승리를 거두었다.

선거에서 승리한 순간부터 인도의 민주주의 실험에서 리더십이 차지하는 역할은 매우 컸다. 네루는 권력 공유에 강한 애착을 품고 있었는데, 이 성향이 결정적인 효과를 냈고 심지어 다른 사람들에게까지 전파되었다. 곁에 있는 사람들이 네루와 같은 역할을 하는 '작은 네루'가 되겠다고 결심하도록 만드는 그의 힘은 대단했다. 국민회의당 내부의 분열 상황에 대해 심사숙고한 새로운 인도 총리는 내각을 구성하면서 인도 내의 다양한 의견이 반영되도록 했다. 네루는 스스로 사회주의 좌파와 힌두교 우파 사이에 다리를 놓는 역할을 하는 사람으로 여겼다. 힌두교 우파는 이슬람교도 관리들을 축출하고, 노동조합을 금지하고, 대다수인 힌두교도들의 이익을 전반적으로 증진해야 한다고 주장했다. 네루의 행동은 단순히 자기 본위의 균형을 잡기 위한 행동이 아니었다. 앞으로 30년 가까이 중앙 정부를 장악하게 되는 국민회의당 내에서, 모든 당파를 다 포용한다는 식의 '빅텐트(big tent)' 정치술로 리더십을 유지하기 위한 것만도 아니었다. 그 이상의 것이었다. 네루에 대한 가장 훌륭한 논평자였으며 인도의 유명한 만화가인 K. 샨카르 필라이(Shankar Pillai)가 묘사한 대로, 네루는 자기 자신을 크리켓 게임의 타석에 들어선 타자로 생각했으며, 까다로운 투수와 견고한 수비진을 상대하고 있다고 생각했다. 네루는 정치 게임의 규칙을 준수하고자 했다. 정치적 개방성을 키우는 것이 그에게는 중요한 목표였다. 다른 중요한 목표는 세속주의의 육성이었다. 프랑스 혹은 미국 헌법에 담겨 있는 세속주의가 아니라, 훨씬 더 혁신적인 것이었다. 그 요점은, 원칙적인 공평성으로 모든 종교의 평등을 보장하며, 이 종교들 사이에 힘의 불균형 상태를 교정하기 위해 정부의 정책이 필요하다는 것이었다.

네루의 종교관에는 역설적인 면이 있었지만, 인도가 웨스트민스터를 넘어서는 새로운 형태의 민주주의로 이행해 가는 과정에 결정적인 도움이 되었다. 주로 총리가 되기 이전이었지만 네루는 이따금 마치 무신론을 신봉하는 합리주의자처럼 말한 적이 있었다. "무분별하고 범죄적이고 편협한 독선이 종교의 이름으로 당당하게 돌아다니며 사람들에게 증오와 폭력을 심어주고 있다." 1923년 10월 네루는 이 글을 썼는데, 그때 몸이 아파서 다른 사람에게 이 연설문을 읽도록 했다. 그로부터 3년 뒤 네루는 어느 이슬람교도 친구에게, 인도가 종교라는 '끔찍한 부담'을 벗어던지기 이전에는 '자유롭게 숨도 쉬지 못할 것이며 어떤 유용한 일도 하지 못할 것'이며, 인도는 장차 버트런드 러셀(Bertrand Russell)이 쓴 책들을 공부하는 과정을 꼭 거쳐야 할

'당당한 승부'. 정치 풍자로 유명한 인도의 만화가 샨카르 필라이의 만평(1950년 1월 26일). 국민회의당의 네루와 파텔*이 크리켓 게임의 타자 역할을 맡고 있으며, 사회당 지도자 자야 프라카시 나라얀이 공을 던지고 있다. 심판은 '민주주의'가 맡고 있다.

것이라고 말했다.[7] 그러나 또 다른 네루가 있었다. 그는 종교에 토대를 둔 문화는 결코 사라지지 않는다는 것, 그리고 앞으로 과제는 인도의 수많은 종교들 사이에 새로운 ─ 민주주의적인 ─ 타협안을 만들어내는 일이라는 것을 잘 아는 지도자의 모습을 보였다. 네루는 인도를 세속적인 민주주의 국가라고 생각했지만, 이 국가는 고대부터 이런저런 수많은 종교와 생활 방식의 흔적이 쓰였다가 지워지고 또 다시 쓰이는 오래된 양피지와 같은 존재였으며 지금도 역시 그러하다고 생각했다. 인도는 수많은 색깔로 칠해진 거대한 캔버스 같은 국가여야 한다고 그는 믿었다. 인도는 수많은 인종이 서로 녹아들어 회색빛 액체가 되어 버리는 용광로처럼 될 수 없으며, 또한 (이 용광로의 반대 이미지를 사용하자면) 서로 느슨하게 연결되어 있거나, 그러지 않으면 서로 죽이지 못해 안달하는 투쟁적인 종교 집단들을 결국 국가가 무력으로 겨우 유지해 나가는 그런 조각 천 같은 형태가 되어서는 절대로 안 된다고 네루는 믿었다. 네루는 종교적 혹은 인종적 근본주의는 그 어떤 형태

사르다르 발라바이 파텔(Sardar Vallabhbhai Patel) 인도 초대 내무장관을 지낸 국민회의당의 주요 인물. 그림에서는 공을 던지는 투수의 오른쪽에서 크리켓 방망이를 손에 들고 있는 인물로 묘사되어 있다. 크리켓 게임에서는 두 명의 타자가 번갈아 타석에 들어선다.

라도 확고하게 배격했다. 네루가 선호한 것은, 아시아적인 민주주의 국가로서 이 국가 안에서는 문화적·종교적 다양성이 넘쳐 나고 그런 다양성은 서로 수평적으로 연결되어야 했다. 집단주의의 해악에 대해 네루는 극단적인 혐오감을 보였다. 분리 분할의 방식은 그가 받아들일 수 없는 길이었다. 그 때문에 네루는 이슬람교와 시크교를 포함한 몇몇 소수 종교 집단 대표자들의 제안을 강력하게 반대했다. 그들의 제안은 스위스 방식의 비례대표제를 도입하고 입법부 내의 모든 정당의 대표자들로 구성되는 정부 부서를 설립하자는 것이었다. 또한 네루는 같은 이유로 이슬람에 대한 편견에 대해서도 전혀 공감하지 않았다. 두 개의 국민 정책은—하나는 이슬람교도, 다른 하나는 힌두교도로 이루어진 국민—네루를 몹시 불편하게 만들었다. 그런 구상은 인도에 대한 그의 이상에 어긋나는 것이었으며, 서로 다른 종교를 가진 사람들 사이에 존중심을 키우는 것이 바로 민주주의라는 그의 생각과 어긋났다. 네루는 자신이 총리직에 있는 한 집단주의가 확산되는 것을 막기 위해 모든 일을 할 것이라고, 1952년 올드델리*에서 그를 지지하는 대중 앞에서 말했다. "만일 어떤 사람이라도 종교적인 이유 때문에 다른 사람을 내려치기 위해 손을 쳐든다면, 나는 정부의 수반 직책에 있든 아니든 상관없이 내 생명의 마지막 숨이 붙어 있는 한 그 사람과 싸울 것입니다." 네루의 말은 진심이었다.

국민회의당의 압도적인 다수의 지원을 받으며 네루는 개방적 정부와 대의 정부의 사안에서도 진심을 다했다. 네루의 이런 민주주의적 본능은 어떻게 설명할 수 있을까? 무력이나 위협을 쓰지 않고 선거를 통해서 정당한 통치 제도를 세우겠다는 그의 선택은 오랜 집념의 산물이었다. 젊은 시절에 벌써 네루는 인도 아대륙에 대한 영국의 지배에 담긴 역설적인 측면을 포착했다. 비록 영국이 인도를 떠나면서 민주주의라는 선물을 주고 가지는 않았지만 최소한 그들은 인도의 전근대적인 질서의 등뼈를 부러뜨려놓았다는 것이다. 전근대적 인도에는 제한적인 왕정 체제가 있었으며, '브라만'* 사회 관습이 있었고, 강력한 사회적 위계 질서의 관념에 사로잡혀 있는 엄청

올드델리(Old Dehli) 인도의 수도 델리의 내부에서 옛 도시 부분을 칭하는 말.
브라만(Brahman) 힌두교 계급의 최상위층인 성직자와 학자 계급.

난 수의 마을이 제각기 외딴 섬처럼 존재하고 있었다. 영국은 인도 사회의 살 속을 파고 들어가는 작업을 시작했다. 예를 들면, '사티(sati)'라는 가부장적 옛 관습을 불법으로 규정했다. 사티는 남편이 죽어서 화장을 할 때 그 불 속에 부인이 스스로 들어가 죽는 잔인한 힌두교 관습이었다. 영국 지배자들은 또한 한정적이고 엉성한 형태이긴 하지만 대의 정치 체제를 세움으로써 장차 세워질 대규모 국가의 기초를 닦았다. 이렇게 함으로써 영국은 모든 인도인들에게 근본적인 질문을 제기했던 것이다. 그 질문은, 미래의 통치 형태가 전제적일 것인가, 아니면 민주적일 것인가였다.

이 질문에 대한 자신의 답이 무엇인지 네루는 너무나 잘 알고 있었다. 네루를 비판하는 사람들은 그를 인도의 마지막 자유주의적 영국인이라고 평가했는데 그 평가에는 상당한 진실이 담겨 있다. 그가 초콜릿 케이크, 파이, 아이스크림 선디*를 무척 좋아했다는 점, 마지막 영국인 총독인 마운트배튼 경부부를 비롯한 다른 영국인 친구들과 어울리는 것을 좋아했다는 점(언젠가 간디는 네루가 영어로 잠꼬대를 한다고 농담처럼 말했다), 그리고 네루가 해로 스쿨과 케임브리지 대학에서 생활 방식을 교육받았다는 점도 자주 지적되었다. 바로 이런 이유들 때문에 (그가 자기 자신에 대해 기록했듯이) 그는 자신이 매우 뚜렷한 귀족적 감성을 지닌 정치인이 되었고, 따라서 정치적 독재의 천박함이나 파시즘의 야만성을 도저히 선택할 수 없다고 말했다. 네루는 (유럽식으로 말하자면) 보수적이면서도 자유민주주의적인 '길드 사회주의자'*로 묘사할 수 있을 것이다. 이런 묘사가 가능한 이유는 다음 그의 언급에서 찾을 수 있다.(버트런드 러셀의 《자유를 향한 길》에 대한 미완성 평론에서 네루는 이렇게 썼다.) "오늘날의 민주주의는 자본, 재산, 군사주의, 그리고 과도하게 커진 관료 집단이 결성한, 별로 성스럽지 않은 연합 세력에 의해 조작되고 있으며, 자본주의적 언론의 도움을 받고 있는, 하나의 환상이며 덫임이 입증되었다." 한편 "정통 사회주의 역시 우리에게 큰 희망을 주지 못한다." 왜냐

아이스크림 선디(ice cream sundae) 과일, 땅콩, 시럽 따위를 얹은 아이스크림.
길드 사회주의(guild socialism) 영국의 전통적 직능 조합인 길드를 계승하여 산업별 전국 길드를 조직하고 그것을 통해 노동자가 주관하는 산업 자치를 확립해야 한다고 주장했다. 노동조합이나 국가의 통제를 최소한으로 한다는 정치 사상으로 홉슨(Hobson), 콜(G. D. H. Cole) 등이 창시한 영국의 온건 사회주의 사상이다.

하면 "전능한 국가는 개인의 자유를 절대로 사랑할 수 없으며 …… 사회주의 치하의 삶은 기쁨도 없고 영혼도 없는 삶이 될 것이며, 규칙과 명령에 의해서 극히 사소한 세부 사항조차 규제당하는 삶이 될 것이다."[8]

네루는 서방의 특질을 지닌 동방의 민주주의자였다. 그는 '페어플레이(fair play)' 정신을 믿었다.(네루를 존경했던 인도의 자본가 G. D. 비를라는 네루가 '전형적인 영국의 민주주의자와 같이 스포츠 감성으로 패배를 받아들이는 사람이다'라는 유명한 말을 했다.) 네루는 날카로운 분석력을 지녔기에(그의 공산당 적수들은 그에게 '교수'라는 별명을 붙여주었다) 영국 정부가 제정한 '1935년 인도 통치법' 속에 담긴 위선을 쉽게 간파해낼 수 있었다. 이 법은 인도의 3억 명의 주민 가운데 단지 3천6백만 명에게만 투표권을 부여했다. 다원주의가 아니라 분할 통치의 원칙에 의해 추동된 이 법은 의석을 배분하면서 종교적·언어적 소수 집단에 그 인구 비중을 훨씬 넘어서는 수의 의석을 배당했다. 그리고 이 법은 빈곤한 대다수 주민을 투표권 부여 대상에서 완전히 제외했다. 네루와 국민회의는 이러한 조치를 위선적인 임시변통으로 규정하고 거부했다. 네루 이전이나 이후에 활동했던 민주주의의 적대자들과 달리, 네루와 국민회의는 오래전부터 보통선거권이 이제 쟁취되어야 마땅하다는 결론을 내려놓고 있었다. 그들은 영국과 인도 식민지에서 점차 증대하던 의회 지배와 보통선거권 쟁취 투쟁에 지지를 표했다. 그들은 인도 현지에서 개최된 제헌 회의가 내놓은 보고서에 실수로 집어넣은 듯한 중요한 한 구절을 발견하고 큰 힘을 얻었다. 보고서에는, 인도에서 비록 유권자의 "판단에 실수가 있을지라도, 또 유권자의 논리가 정확하지 않더라도, 또한 어떤 후보자에 대한 유권자의 지지가 민주주의의 높은 이상에서 동떨어진 사항들에 의해 종종 결정된다 할지라도, 이미 상당 기간 동안 성인 투표권이 확보되어 있는 유럽 여러 지역의 평균적인 유권자와 비교해서, 인도의 유권자는 더 훌륭하지도 더 열등하지도 않다."고 씌어 있었다.[9] 이런 종류의 이야기에 대해 네루는 풍자적인 비판을 도저히 자제할 수 없었다. 일찍이 1934년 6월부터 1935년 2월 사이 감옥에 있던 시기에 네루는 이렇게 썼다. "동방 국가에서 민주주의란 오직 한 가지만을 의미하는 것 같다. 그것은, 제국주의적 지배 강국의 지시 사항을 실행에 옮기는 것이며, 그 강국의 이해를 건드리지 않는 것이다. 이 단서 조항만 잘 지키면, 민주적 자유는 아무런 제한 없이 번성할 수 있다."[10]

영국 지배의 마지막 단계에서 이 지배 체제의 성격을 단적으로 보여준 사건은, 1943년 '벵골 대기근' 때에 군사 독재 지휘부가 오만한 태도로 이 사건을 다루면서 (처칠의 직접적 지시에 따라) 수많은 굶주린 민간인들에게 가던 식량을 운 좋은 영국 군대로 돌린 행동이었다. 이 사건으로 인해 네루는, 통제받지 않는 권력이 얼마나 심하게 타락할 수 있는가를 확인할 수 있었다. 여덟 군데 감옥에서 모두 3,262번의 밤을 보낸 네루는 자유의 상실이 어떤 것인지 직접 체험한 사람이었다. 그렇기 때문에, 법률가로서 훈련받은 그는 '법의 부재(不在)'를 다른 어떤 이름으로도 부르지 않았다. 네루는 위압적인 통제와 무력을 극도로 혐오했으며 시민의 자유에 대해서 강한 신념을 지니고 있었다. 이런 신념은 1916년 네루의 첫 번째 대중 연설에서 이미 확고하게 드러났다. 이 연설은 악명 높은 '신문 검열법'을 공개적으로 거부한, '자치동맹(the Home Rule League)'의 지도자이자 신문 발행업자인 애니 베전트*를 옹호하는 연설이었다.

정치적 의견이 서로 다르기는 했지만 네루는 인도 독립의 성패가 수백만의 빈민을 활성화할 수 있는가에 달려 있다는 간디의 주장에 찬성했다. 세 차례 총리직을 수행하면서 네루는 자신의 정책을 줄곧 '사회주의'라고 표현했다. '사회주의'라는 표현을 통해 그가 말하려던 것은 국가가 주도하는 산업과 수입 대체 정책이었는데, 이 '사회주의' 성향을 다소 누그러뜨린 요소는 네루의 자유민주주의적인 보수성과 그가 지역의 지혜와 관습을 충분히 존중했다는 점이다. 네루는 이따금 인도 땅에 사는 굶주리고 힘겹게 지내는 사람들을 낭만적으로 표현하는 경향이 있었지만 그들에게 권한을 부여해야 한다는 결심은 강렬했으며 꺾이지 않았다. 네루는 (아일랜드를 방문했을 때) 영국 상품을 거부하는 '신페인'*의 전술에 깊은 인상을 받았으며, 물레와

애니 베전트(Annie Besant, 1847~1933) 영국의 여성 사회 개혁가. 인도의 정치 운동에 참여하여 자치 운동을 추진했으나, 간디와 의견이 대립하여 정치 운동에서 물러났다.
신페인(Sinn Fein) 1905년에 결성된 아일랜드의 민족주의적 공화주의 정당. 영국으로부터 완전한 독립 쟁취를 목표로 삼고 정치, 경제, 사회, 문화 등 여러 분야에서 자립 정책을 추구했다.

손으로 짠 옷과 소금으로 상징되는, 마을의 자립에 관한 간디의 신념을 어느 정도 받아들여 자기 것으로 삼고 있었다. 네루의 가슴속에는 식민주의를 향한 증오심이 자리 잡고 있었다. 식민주의는 그의 민주주의적 감성을 침해하는 것이었기에 그의 증오심은 거의 본능적이었다. 사회 권력의 평등화는, 예를 들어 '시장의 힘'같이 자연적으로 이루어지지 못한다고 네루는 확신했다. 사람들이 서로 간에 특별한 손해나 이익을 보지 않는 상태라 해도 모든 사람이 공정한 기회를 누리는 것은 아니라고 생각했다. 그렇기 때문에 네루는 '자유 무역'과 국제 자본주의에 대해 의심을 품었으며, 국영 기업이나 댐, 공장 건설 기획을 근대 인도의 '새로운 신전(神殿)'으로 여겼다. 또한 네루는 같은 이유로, '할당 정책'이라고 불리게 되는 제도를 강력하게 옹호했다. 이 제도는 중등학교나 대학, 공공 부문의 산업체나 공무원 집단, 또 의회든 간에, 일정한 양의 일자리와 기회를, 억압받는 '지정 카스트'와 '지정 부족'에게 보장해주는 것을 목적으로 제정된 새로운 규정이었다.

또 하나 특히 흥미로운 점은, 20세기의 대부분의 탈식민지 지도자들과 달리, 찬양을 퍼붓는 군중에게 '프라사드'*를 던져주는 것처럼 행동하는 막강한 수호자 같은 인물이 있을 때 민주주의를 위한 투쟁이 손실을 입는다는 것을 네루가 잘 알고 있었다는 점이다. 네루는 카우디요도, 버닙 귀족도, 유럽식의 독재자도 아니었다. 권력에 도취한 전제주의의 위험을 우려한 네루는 어떤 특별한 때에—네루가 어쩌면 간디의 뒤를 이어 국민회의당의 지도자가 될 것처럼 보이던 때였다.—심지어 가명으로 자기 자신을 비난하는 글을 쓰기도 했다. 이때 그는 '차나캬'라는 가명을 썼다. 차나캬*는 정치 저작을 남긴 인물로서 무분별하게 행동하는 왕은 언제나 적에게 희생되고 만다는 말을 남긴 것으로 유명하다. 차나캬의 이름으로 네루는 자와할랄 네루가 "독재가가 될 수 있는 모든 요소, 즉 엄청난 인기, 명확한 목적을 향한 강력한 의지, 행동력, 자부심, 조직력, 재능, 강인함, 민중에 대한 애정, 타인에 대한 엄격함 그리고 허약하고 비능률적인 사람들을 약간 경멸하는……

프라사드(prasad) 힌두교 의식에서 사제가 신자들에게 사탕 따위의 음식을 던져주는 행위.
차나캬(Chanakya, 기원전 350~기원전 250) 산스크리트어로는 카우틸랴이다. 인도 마우리아 왕조의 창시자인 찬드라굽타를 도운 재상이다.

사람"이라고 썼다. 네루는 또 자신에게 질문을 던졌다. "그대가 때로는 이 군중을, 때로는 저 군중을 쫓아다니는 것은 혹시 그대의 권력 의지 때문이 아닌가?" 네루는 자기 자신에 대해 "낮은 속도로 움직이는 민주주의의 온갖 설비 일체"를 모두 쓸어버릴 수 있는 사람이라는 가혹한 결론을 내렸다. "북쪽 끝에서 코모린 곶*까지 그는 마치 승리를 거둔 카이사르처럼 의기양양하게 자기 뒤로 영광과 전설의 자취를 남기면서 움직이고 있다. …… 그의 오만은 이미 엄청난 지경에 이르렀다. 그 오만은 반드시 저지되어야 한다. 우리는 황제를 원하지 않는다."[11]

이 원칙이 큰 시험에 든 것은 1957년에 실시된 두 번째 총선거 때였다. 선거 결과는 첫 번째 총선거 때보다 더 좋았다. 국민회의당은 압도적인 승리를 거두었다. 각 주의 입법부에서 65퍼센트의 의석을 차지했으며 연방 하원에서 75퍼센트를 차지한 것이다. 달콤한 승리를 거두었는데도 네루는 '선거라는 전쟁터의 독재자'로 변신하는 유혹에 지고 말았다는 조짐을 거의 보이지 않았다. 20세기의 모든 의회 민주주의 체제는 그런 독재자를 만들어낼 운명에 빠질 것이라고 막스 베버를 비롯한 몇몇 사람들이 예언한 바 있었다.[12] 네루에게는 분명 그런 사람으로 변모할 이유가 충분히 있었다. 인도는 마치 성서에 나오는 바벨탑같이 수많은 언어가 뒤섞인 민주정이었으며, 종교나 지역 감정에 따른 폭력, 문맹, 광범위한 빈곤에 시달리던 곳이었기에 바닥 모를 심연으로 언제 떨어질지 알 수 없는 아대륙 규모의 비틀거리는 공화국이었다. 인도에는 우리가 상상할 수 있는 거의 모든 종류의 인종이 거주하며, 백만 명 이상이 사용하는 언어만 35가지였고, 인류에게 알려진 모든 종교가 자리를 잡고 있는 곳이기도 했다. 이런 복잡하기 그지없는 상황 앞에서도 네루는 막강한 보스처럼 행동하는 지도자가 꼭 필요하다는 '세이렌'의 유혹에 대단한 저항력을 보여주었다. 선거 운동 집회에서 지지자들이 "판디트 네루 만세!"*라고 외치자 네루는 그들에게 "인도 승리!" 혹은 "새로운 인도 만세!" 같은 다른 구호를 외칠 것을 권했다. 또한 네루는 힌두교의

코모린 곶(Cape Comorin) 인도 아대륙의 최남단 지역이다.
* 네루의 정식 이름은 '판디트 자와할랄 네루'이다. '판디트(Pandit)'는 네루 이름의 첫 부분이기도 하며 힌두교의 '성인', '현자'를 뜻하는 말이기도 하다.

지도자로 나서서 민족주의 게임 하기를 거부했다. 남쪽 지방의 텔루구 언어를 사용하는 간디주의자 포티 스리라물루(Potti Sriramulu)가 죽음을 각오하고 극적인 단식 투쟁을 벌여 널리 알려졌을 때 네루는 자신의 이런 입장을 뚜렷이 보여주었다. 네루는 텔루구 언어를 사용하는 안드라프라데시 주(州) 창설과 '주 재편위원회(States' Reorganization Commission)'라는 새로운 기관 설립을 강력하게 공개적으로 지지했다. 1955년 이 위원회는 인도의 국내 경계선을 주로 언어 사용 구분선을 따라 새롭게 획정할 것을 권고했다.

민주주의자 네루는 대중에 대해, 그리고 대중의 기분에 대해 경멸적인 태도를 보이는 뚱하고 우울한 모습의 '정치 지도자'가 되는 데는 전혀 흥미가 없었다. 인도에서 시행되는 선거는 북치는 사람, 거리에서 춤추는 사람, 사람들을 깜짝 놀라게 하는 폭죽 놀이, 시가 행진, 사람들이 승리자를 높이 치켜들고 돌아다니는 등 대단히 요란스러운 모습을 보였다. 네루는 이런 것들을 즐기는 것처럼 보였다. "당신들은 당신들이 흔드는 깃발의 나라에 가서 사는 게 어떻습니까?" 네루는 어느 날 망치와 낫이 그려진 깃발을 흔드는 군중을 향해 이렇게 소리쳤다. 그들의 우스운 대답에 네루는 미소 지었다. "네루 당신은 뉴욕에 가서 월스트리트의 제국주의자들과 함께 사는 게 어떻습니까?" 그의 리더십에는 분명히 겸손함이 있었다. 1955년 1월 국민회의 운영위원회 회의 때 50세의 타밀(Tamil) 여성이 복도로 걸어 들어와서는 네루의 벗겨진 머리 위에 황금색 왕관을 씌워주었다. 그러고는 어안이 벙벙해서 쳐다보고 있는 다른 사람들을 향해 (신화와 군주제의 상징을 뒤섞어서) 네루가 현대의 '크리슈나'라고 선언했다. 네루는 눈에 띄게 당황했다. 그는 곧 왕관을 벗어서 국민회의 의장인 U. N. 데바르(U. N. Dhebar)에게 넘겨주면서 그것을 팔아 수익금은 국민회의 재정으로 써 달라고 부탁했다.

이 사건으로 네루는 많은 인도인들이 자신을 우상화하게 되었고 자신의 이름이 아주 외딴 마을과 접근조차 힘든 부족이 사는 지역에까지 알려졌다는 것을 알고 경각심을 품게 되었다. 수백만의 인도 시민들이 어떤 일에 대해서도 절대로 자신을 비난하지 않으리라는 것과, 자신의 결점조차 칭송할 만한 것, 심지어 사랑스러운 것이라고 받아들이는 나머지 이제는 자신과 자신의 정부에 대한 어떤 비판도 용납하지 않게 되었다는 것을 네루는 알고 있었다. 그리하여 네루는 사람들이 구시대의 체제에 대해서 무조건 아첨했던 것처럼 이제는 국민회의 정부에도 똑같이 아첨하지 않을까 우려했다. 네루가 권력을 한 손에 넣을 위험한 사람이라고 누군가 주장할 때면, 그런 주장은 국가 제도 내에서 헌법을 준수하는 그의 행동에 의해서 반박되었다. 법치주의 신봉자로서 네루는 군의 전문성 혹은 사법부의 절차에 정치적으로 간섭하는 일이 없도록 주의했다.(네루가 어느 판사에게 분통을 터뜨렸던 적이 있었는데 그 사건은 예외적인 일이었으며, 그는 바로 그 판사와 인도 대법원장에게 사과했다.) 네루는 헌법 절차와 비공식적 의전 절차를 준수하는 데에서도 대통령과 부통령 모두에게 예의 바른 태도를 보였다. 나쁜 뉴스에도 개의치 않았다. "샨카르의 공격으로부터 나를 보호하지 말라."는 네루의 말은 유명한데, 이는 인도에서 가장 신랄한 만화가에게 존경심을 표한 말이었다. 네루는 각 주의 총리들에게 국내와 국제적 사안에 대한 조언을 구하기 위해 매달 편지를 쓰는 데 많은 시간을 할애함으로써 이 새로운 정치체의 초보적인 연방제적 성격을 강화하려고 노력했다. 그는 또한 연방 의회 내에서도 좋은 모범을 보이기 위해 노력했다. 예를 들면 그는 '총리에 대한 질문 시간'이 되면 마치 돌고래가 파도를 타듯 자유롭고 능숙하게 처신했다. 그리고 어떤 중대한 정책 사안을 다루면서 상호 간의 격돌이 최고조에 이를 때면, 네루는 사임하겠다고 위협했는데 이 방법은 효과가 좋았다. 이 위협을 실행에 옮긴 적은 단 한 번도 없었지만 그가 자신이 정치적으로 없어서는 안 되는 인물이라고 인식하고 있었음을 확실하게 보여준 사례이다. 하지만 그런 의미만 있던 것은 아니다. 네루의 이런 행동이 증명해주는 또 한 가지 사실은, 그가 민주주의 체제에서는 공직 순환 보유 원칙이 절대적으로 소중하다는 것, 혹은 그렇게 반드시 인식되어야 한다는 것을 확고하게 믿었다는 사실이다.

상처 입은 호랑이

대의 민주주의 신생 국가인 인도가 실제로 때가 되었을 때 공직 순환 보유의 원칙을 어떤 방식으로 적용할 수 있을지는 분명치 않았다. 네루는 건강이 악화되었다. 온갖 추측이 난무하고 약간의 공포심마저 일었다. 이로써 권력 승계라는 사안이 종종 민주주의 체제에 대한 반역자로 작동한다는 사실이 분명해졌다. 극심한 대동맥 파열 뒤 네루는 1964년 5월 27일 사망했다. 이날은 마침 델리가 지진으로 뒤흔들린 날이기도 했다. 네루의 죽음으로 인도 정치의 새로운 모험이 시작되었다. 리더십 다툼과 불안정성은 인도 정치 체제의 구조에 균열을 일으켰다. 인도의 정치인들과 시민들은 새로운 제도를 수선하기도 하고 실험하기도 했는데 이는 장기적으로 인도 정부가 특이한 형태의 민주주의로 새롭게 틀을 잡아 가는 데 도움이 되었다. 이 새로운 형태의 민주주의는 탈(脫)웨스트민스터 민주주의로서, 표준적인 교과서에 씌어 있는 내용과의 유사성은 얼마 되지 않았다.

인도가 어떻게 민주주의 세계의 최첨단에 자리 잡게 되었는지 이해하려면 네루가 남긴 유산을 이해해야 한다. 우선 이해해야 할 점은, 네루의 죽음으로 인해 이 신생 독립 국가의 현실과 권력 공유를 표방하는 대의 민주주의의 이상 사이에 틈이 드러났다는 점이다. 가장 확연하게 드러난 문제는, 외교 정책 분야에서 네루 개인이 지녔던 압도적인 영향력과 개방적 의회제 정부 사이의 긴장이었다. 이런 현실은 사실 독립 이전 시기에 그 뿌리를 두고 있었다. 당시는 네루가 국민회의 안에서 특출한 인물이었다. 네루는 항상 국제 문제 분야를 가장 좋아하는 주제로 꼽았으며, 따라서 그가 총리로 있던 전체 기간 동안 외교부 장관직을 겸임했던 것은 놀라운 사실이 아니었다. 그는 외교 분야를 자기 혼자 관장하는 분야처럼 다루었다. 민주주의는 인도의 국경선에서 멈추었다. 네루 개인의 외교 정책이 곧 인도의 외교 정책이며, 인도의 외교 정책이 곧 네루 개인의 외교 정책이었다. 당 내부에서 이 분야를 민주적인 방식으로 다룬 적이 없었기에 이런 경향은 더욱더 뚜렷해졌으며, 심지어 많은 고위급 인도 외교관들이 네루가 서신 교환을 하는 외국의 장관을 통하거나 인도 의회나 그 밖의 장소에서 네루가 한 즉흥적인 연설을 통해 자국의 최신 외교 정책의 방향을 알았다고 한다. 이런 상황은 역사상 가장 크고 가장 대담한 민주주의 국가의 지정학적 역할을 규정하는 작업이, 그 결과가 아무리 뛰어났다 할지라도, 종종 단 한 사람에 의해 좌우되는 결과를 불러왔다.

특이한 결과가 나올 수밖에 없었다. (아프리카와 라틴아메리카와 같은) 특정 대륙 전체, 그리고 상업과 교역 관계 같은 특정 정책 분야 전체가 완전히 무시되는 일이 벌어졌다. 또 민주주의 국가들이 잘 운영되려면 다자적이며 국경을 초월하는 제도들을 통해서 서로 단결해야 한다는 점도 무시되었다. 네루는 미국이 다음번 제국주의 강국이 될 것이라 의심했으며 강대국 정치에 대해 전반적으로 경멸하는 태도를 보였다. 이런 이유로 네루는 미국이 '인도판 먼로 독트린'*을 발표하자고 제안했을 때 이를 거부했으며, 또한 (만일 지금 남아 있는 문서를 신뢰할 수 있다면) 당시 타이완이 (정당성이 취약한 상태에서) 차지하고 있던 유엔의 안전보장이사회 상임이사국 자리를 인도가 맡지 않겠느냐고 미국이 제안했을 때 이를 거부했다고 한다. 그 대신 네루는 티토(Josip Broz Tito)가 이끌던 신스탈린주의 국가 유고슬라비아와 '비동맹' 독트린이라는 명분으로 손을 잡았다. 네루는 바로 이 '비동맹' 독트린으로 세계적 명성을 얻는다. 네루는 종종 이 독트린을 옹호하면서 다섯 가지 원칙을 들었다. 비동맹, '평화 공존', 국가의 주권 원칙 존중, 타국의 내정 불간섭, 전 세계 국가와 민족 사이의 평등이 다섯 가지 원칙이었다.

지금 돌이켜보면, 이 원칙들에 문제가 있었고 이 원칙들이 서로 공존하기 힘들었다는 것을 쉽게 지적할 수 있다. 이런 원칙을 네루 자신이 적극적으로 위반한 적도 여러 번 있었다. 예를 들면 네루는 타이(태국)의 '코카콜라 경제'*에 신랄한 비판을 가했고 그 때문에 1957년 타이 국왕의 뉴델리 방문이 취소되는 사건이 벌어졌다. 또한 이런 원칙들에 완전히 눈을 감아주는 태도를 취한 적도 있다. 예를 들면 네루는 오랜 기간 소련을 지지하는 태도를 보였으며 중부와 동부 유럽의 '포로 국가들'에 대한 소련의 제국주의적인 ― 철저하게 비민주주의적인 ― 강압적 지배에 지지를 표했다.

이런 결함들이 더욱 커진 것은, 평등한 시민적·정치적 권리 존중과 같은

인도판 먼로 독트린(Indian Monroe Doctrin) 미국이 먼로 독트린을 통해 남아메리카 대륙 전체를 자국의 세력권으로 지정하고 외세의 간섭을 거부했듯이, 인도 역시 인도 아대륙 전체를 자국의 세력권으로 지정하고 파키스탄, 네팔 등에 대한 외세의 간섭을 거부한다는 입장을 밝히는 것이 좋다는 의견이 당시에 있었다.
코카콜라 경제(Coca-Cola economy) 네루는 미국의 압도적인 영향권 아래에 있는 개발 도상국을 '코카콜라 경제'라고 지칭했으며 타이도 여기에 속한다고 발언했다.

민주주의적 덕목에 관한 언급이 다섯 가지 원칙에서 이상하게도 누락되었다는 사실 때문이었다. 그런 요소가 네루가 정책을 시행하는 중에 일시적으로 수면 위로 떠오른 적은 있었다. 예를 들면 네루가 티토로 하여금 밀로반 질라스(Milovan Djilas)를 감옥에서 석방하도록 노력한 경우라든가(성공하지 못했다), 이웃 네팔 왕국에서 투옥된 민주주의자들을 위해 목소리를 높였던 적은 있었다. 하지만 그런 사례들은 예외적인 경우였다. 전반적으로 볼 때 네루의 외교 정책은 평등하며 주권을 지닌 자치적인 국가들로─이런 국가들이 중국이나 소련처럼 전체주의의 형태를 띠는 경우도 있었지만─구성된 세계를 지향했다.

인도는 비동맹 독립 국가의 자격을 옹호했는데 이런 원칙이 공격적으로 활용되기도 했다. 네루는 인도군에게 명령하여 인도 아대륙 내에 있던 포르투갈의 고립 영토인 고아*를 점령하도록 했다. 이런 조치를 통해 네루는 영토를 얻었을 뿐 아니라 1962년 실시된 총선거에서 엄청난 승리를 거두었다. 이런 네루의 행동에 너무 놀라서 어떤 반응을 보여야 좋을지 모르는 관찰자들도 있었다. 미국의 시인 오그덴 나시(Ogden Nash)는 신랄한 풍자시를 지었다. "중립주의의 현인에게는 아무도 대적할 수 없다. …… 국경 밖에서는 돌을 던진다."[13] 네루는 민주주의와 비동맹주의의 관계를 어떤 방식으로 이해하고 있는지 한 번도 명확하게 밝힌 적이 없었다. 우드로 윌슨과 약간 비슷한 방식으로, 네루는 독립과 비동맹을 성취하기만 하면 자동으로 평화와 좋은 정부와 민주주의의 생존이 확보된다고 여겼던 것 같다. 시야가 좁은 이런 정책이 가져온 결과는 반드시 긍정적이었다고 말할 수 없다. 인도는 전체주의 국가인 중화인민공화국과 관계를 개선하는 데 에너지를 쏟아부었다.(그러나 1962년 중국과의 전쟁과 티베트를 둘러싼 적대적인 긴장 관계를 해소하지 못한 것은 네루를 마지막까지 괴롭혔다.) 이집트의 가말 압델 나세르(Gamal Abdel Nasser), 심지어 처칠 같은 정치인들도 네루를 인간 양심의 목소리라고 칭송했다. 미국과는 계속 긴장 관계가 유지되었다.(진위가 분명치 않지만 당시 상황을 잘 보여주는 일화가 하나 있다. 미국의 국무장관 존 포스터

고아(Goa) 16세기부터 포르투갈이 지배하던 영토로서 1947년 인도 독립 이후에도 자치권을 주장했는데 1961년 인도가 침공하여 인도 영토에 통합했다.

덜레스John Foster Dulles가 네루에게 인도가 미국에 우호적인지 아니면 적대적인지 질문했다고 한다. 네루의 대답은 "우호적일 때도 있고 적대적일 때도 있다."였다고 한다.)* 특히 스탈린이 1953년에 사망한 이후, 인도와 소련의 관계는 우호적이 되어 인도는 소련으로부터 상당한 기술적 원조와 자본 협조를 받았다. 예를 들면 국영 철강 플랜트 건설 부문이 그랬다. 한편 나세르가 수에즈 운하를 국유화한 이후, 프랑스와 영국이 연합하여 이집트를 침공한 사건과 이스라엘에 대해 네루는 강경한 비판적 태도를 보였다. 이로 인해 네루는 이슬람 세계에서 인도에 대한 광범위하고 요란한 칭송을 불러일으켰다.

이런 성취에 대해서 어떤 평가를 하든지 상관없이, 지금 와서 돌이켜 생각해보면 네루가 무대를 떠났을 때 인도가 국제 질서 속에서 장기적인 정체성 위기를 경험하리라는 것은 당연한 일이었다. 1989년부터 1991년 사이에 소비에트 제국이 붕괴한 이후 이 아시아의 젊은 민주주의 국가가, 미국이 지배하는 단일 초강대국의 세계, 무서운 무기가 넘쳐 나는 이 세계에서 어떻게 행동할 수 있을지 혹은 어떻게 행동하는 것이 마땅한지는 분명하지 않았다. 인도는 애초에 제시했던 다섯 가지 원칙에 계속 충실해야 할까? 아니면, 서로 충돌하기도 하고 끊임없이 변화하는 우선순위 가운데 실용적인 태도의 '현실주의' 노선을 추구하는 것이 좋을까? 이제 이 민주주의 국가는 무고한 사람들이 강간당하고 자기 집에서 쫓겨나고 또 살해되기까지 하는 그런 상황에 군사적 개입을 해야 할 책임이 있는 것은 아닐까? 인도는 새로운 초강대국이 되는 것을 목표로 노력해야 할까?

이런 질문에 어떤 대답을 해야 하는지는 오랫동안 논란거리가 되었다. 강인하지만 동시에 모순적 요소가 들어 있는 네루의 반(反)제국주의에는 또다른 약점이 있었다. 인도 인민의 위대한 보호자이며 최종적인 해방자로서 국가 체제를 열광적으로 신봉하는 경향이 있었던 것이다. 이런 경향을 더

---

* 실제 어떤 식으로 대화가 오갔는지 알면 이 부분을 이해하는 데 도움이 될 것이다. 덜레스는 "Are you for us or against us?"라고 물었다. 이 질문에 옳은 답은, 나는 당신들에게 우호적이다 혹은 아니다를 선택하는 것이다. 하지만 간디는 그냥 "Yes."라고 답했다고 한다. 즉 "India is for you or against you.(인도는 미국에 우호적이거나 혹은 적대적이다.)"라고 답한 것이다. 덜레스는 인도의 입장을 분명히 하라고 물은 것인데, 네루는 그 질문에 인도가 왜 그런 질문을 받아야 하느냐고, 우호적 태도를 취하든 적대적 태도를 취하든 그때그때 알아서 하겠다는 식으로 답한 것이다.

욱 강화한 것은 네루와 국민회의당이 공유하고 있던, 관료적 국가 투자 계획에 대한 집착이었다. 네루는 외국 자본에 대해서 태생적인 불신이 있었다. 마치 모든 외국 회사가, 교역의 목적이 사실은 지배였던 과거의 '동인도회사'와 유사하다고 보는 듯했다. 또한 네루는 인도 국내 자본이 과도하게 집중되어 있다고 생각했다. 국내외 자본의 이러한 문제점에 대한 그의 대응책은 국가가 나서서 계획하는 것이었다. 새 헌법에는 국가 정책의 '지도 원칙'이 규정되었으며, 이 헌법 규정에 따라 '계획위원회'가 상설 조직으로 설립되었는데, 위원회의 초대 위원장을 네루 자신이 맡았다. 그리하여 5개년 계획이 연속으로 실시되었다. 5개년 계획의 목적은 국가 권력을 활용하여, 사업 허가를 내주거나 면허증을 발행하거나 제철소, 댐, 과학 기술 연구 기관을 설립하는 것이었으며, 이 모든 활동은 외국 자본의 유입을 막고 도시와 농촌의 성장을 도모한다는 명분 아래 진행되었다. 라자고팔라차리(C. Rajagopalachari)는 네루와 결별하고 1959년 기업의 자유를 지지하는 스와탄트라당(Swatantra Party, 자유당)을 설립한 사람인데, 그는 같은 기간에 많은 다른 아시아 국가들이 달성한 경제 성장률의 몇 분의 일밖에 안 되는 3퍼센트라는 인도의 경제 성장률을 '인도식 성장률(Hindi rate of growth)'이라 부르면서 강력하게 비판했다. 이런 생산 증가율은 대다수의 인도인을 궁핍에서 구출하기에 턱없이 부족했다. 1950년대 농업 부문의 생산은 몹시 저하되어 심지어 곡물을 수입해야 하는 지경에 이르렀다. 주민의 5분의 4가 토지에 매달려서 삶을 유지해 가는 이 나라에서 이런 조치가 시행된다는 것은 특이한 일이었다.

'사회주의적' 국가 계획은 지나치게 많은 인력을 고용하고 현실에 제때제대로 반응하지 못해서 여러 가지 실패를 낳게 되는데, 훗날 인도 정부는 규제를 완화하고 국가 예산의 과대 부분을 삭감하고 외국 투자와 수출 주도 경제 성장 따위의 정책을 채택한다. 인도 민주주의에 이런 해악을 끼치던 국가 통제 정책은 인도 정부의 위와 아래를 가리지 않고 만연한 부패와 결합해 더욱 복잡한 양상을 연출했다. 하부를 보면, 부패는 일상생활의 모든 구석에서 마치 버섯처럼 피어났다. 시민들은 벌금과 법적 조치를 피하려고 경찰관에게 '차를 한 잔 대접'해야 했다. 관공서에 서비스를 신청할 때 빠른 진행을 바라고 제출 서류 속에 돈다발을 집어넣는 것을 '서류 무겁게 만들기'라고 불렀는데 이런 행위는 관행이 되었다. 공항에서 제한 중량을 초과하는 짐을 부칠 때 관리에게 뇌물을 주는 일도 흔했다. 또한 각지의 범죄 집단이 총을 들이대면서 '보호' 명목으로 구역을 정해놓고 현금 갈취 범죄를 조직적으로 저지르는 일들이 종종 경찰이나 법원의 비호를 받으며 행해졌다. 또 정치적 부정 행위가 있었는데 이중 일부는 선거 정치와 직접 관련되어 있었다. 이런 행위로는 영리한 정치인과 정당의 간부들이 저지르는 파렴치한 '표밭 만들기' 수법이 있었다. 농촌 지역의 극심하게 가난한 사람들을 도시로 이주시켜 빈민가의 건물에 거주하게 만든 다음, 무료로 전기나 수도 공급을 받게 해주는 대가로 이들이 일정한 방향으로 투표하도록 만드는 것이다.

정부 조직의 상부로 올라가면 그곳에는 이른바 '세련된' 부정부패가 만연했는데, 예를 들어 지방의 경찰서장 자리나 정부 부서의 공무원 직책을 얻을 때 돈을 지불하는 관행이 있었다. 영국 국교회는 성직자의 신에 대한 봉사를 보장하기 위해 급료와 연금을 지급했는데 그런 대가에 '성직록(聖職祿)'이라는 멋진 이름을 붙였다. 인도 민주주의 체제 안에서는 이런 뇌물과 뒷돈에 '신뢰', '협동', '봉사 제공'이라는 그럴듯한 이름이 붙여졌다. 정부의 최고위층을 보면, 부정부패의 일부분은 분명 네루가 '정당한 수단을 사용하는 정당한 국가'를 추구하는 과정에서 선택한 것으로부터 시작되었다. 네루와 국민회의당이 국가 제도를 만들어 가는 과정은 내부 파열적이거나 국내외 적대 세력들의 압박을 받는 상황이었기 때문에, 네루는 과거 영국 지배 체제에서 근무하던 상당수의 공무원과 군인에게 의지하는 수밖에 없었다. 네루와 국민회의당은 이들에게 신뢰를 부여했던 것이다. 당시 인도는 국가가 주체가 되어 각종 규정을 만들고 할당량을 정하고 모든 종류의 사업 거래에 필요한 면허증을 교부했는데, 이 때문에 국가 내에서 신뢰를 받은 공무원들은 재빠르게 부자가 될 수 있는 온갖 기회를 제공받은 셈이었다. 이런 기회는 때로는 마치 접시에 올려 그들에게 바쳐지듯 공공연하게 제공되는가 하면 때로는 책상 아래로 은밀하게 제공되었다. 그다지 놀랍지 않은 사실이지만, 입헌 정부가 시작되고 10년이 지날 무렵, 인도 민주정은 첫 번째 대규모 뇌물 및 부정부패 스캔들로 뒤흔들린다. 네루의 도움을 받아 대규모 해운 사업체를 설립했던 자얀티 다르마 테자(Jayanti Dharma Teja)가 채무 변제를 중단하고 또 다른 민주 국가인 코스타리카로 도피한 것이다. 또한 생명 보험 분야의 의심스러운 거래 때문에 네루의 재무장관 T. T. 크리슈나마차리(T. T. Krishnamachari)가 사임하는 사건이 있었다. 보통 'TTK'라는 약칭으로 불렸던 그는 줄곧 '민주주의의 기둥'으로 자처하면서 의회 내에서 스스로를 변호했다. 특히 의회에서 자신을 신랄하게 비판한 페로제 간디(Feroze Gandhi)와 맞서면서 그 전략을 썼고 비판자를 '짖는 개'라 불렀다. 결국 크리슈나마차리가 곤경에 처하자, 그의 숙적인 페로제 간디는 이 좋은 기회를 충분히 활용했다. 진정한 인도 민주주의자가 말하는 방식으로 그는 이렇게 말했다. "장관 각하, 당신은 나를 개라고 부르고 스스로는 민주주의의 기둥이라 칭했지요. 자, 이제 저는 개가 기둥에 하는 행동을 그대로 당신에게 하겠습니다!" 한편 네루의 오랜 친구로서 오랫동안 네루의 개인 비서를 지낸 M. O. 마타이(M. O. Mathai)가 해임되는 사건이 벌어졌다. 그는 가장 나쁜 종류의 죄목에 연루되었다. 미국 CIA의 스파이 노릇을 하며 사적인 부를 축적했던 것이다.

인디라 간디와 민주주의의 위기

정치인으로서 네루가 내린 판단에는 많은 비판이 따랐지만, 이런 혼란 속에서도 네루는 자신의 손은 깨끗하게 유지했다. 네루는 이따금 자신의 정부에 고용된 공무원 집단을 독립 인도를 지탱해주는 '강철 프레임'에 비유했다. 하지만 이런 공업적 비유 뒤에는 곤란한 진실이 감추어져 있었다. 그것은 이 새로운 국가의 구조가, 비당파적이며 전문가적인 공무원들을 감독할 책임을 지는 정부 각료라는 웨스트민스터적 개념에 도달하지 못했을 뿐 아니라, 공직 윤리도 제대로 체현하지 못했다는 점이었다. 그 대신에 인도의 정부 구조는 중앙 집권화, 뇌물, 오만에 엄청난 식욕을 보였다. 네루가 정치 무대에서 사라지고 나서 오래도록 이런 특징들이 활발하게 드러났다는 것은 그리 놀라운 일이 아니었다. 1970년대에 크게 번성한 석유 산업 부문이 잘 돌아가도록 윤활유 역할을 한 것은 정부 관리, 국가 석유 공사인 ONGC(Oil and Natural Gas Corporation), 외국의 원유 공급자와 그들을 서로 긴밀하게 결합해준 돈이라는 연결 고리였다. 무기 산업 분야에서도 거의 비슷한 일이 벌어졌다. 국방장관 자그지반 람(Jagjivan Ram)은 '돌', 즉 다이아몬드를 받는 버릇이 있었다. 다이아몬드는 무기 공급업자들이 제공했는데, 이들은 회계 장부에 이 물건을 '연장 절삭용 다이아몬드'로 기록하여 정상적인 구매로 위장했다. 또 1971년에는 육군 대위를 지낸 R. S. 나가왈라(R. S. Nagarwala)라는 행운아가 크게 한 방 터뜨리는 일이 벌어졌다. 그는 새로 총리가 된 인디라 간디(Indira Gandhi)의 목소리를 흉내 내어 인도 국영 은행(State Bank of India)의 수석 지배인 V. P. 말호트라(V. P. Malhotra)에게 전화를 걸었고 수석 지배인은 아무 의심 없이 600만 루피를 그에게 내주었던 것이다.

어떻게 이런 일이 벌어질 수 있을까 싶지만, 우리는 이런 사건을 통해 인도라는 국가의 권위주의적 성격을 목격할 수 있으며, 이런 권위주의적 성격은 네루의 딸의 손에 의해 교묘하게 활용되었다. 훗날 사람들은 네루 집안을 '민주주의적 왕조'*라고 부르게 되지만, 원래 이런 것을 만들겠다는 계획은 전혀 없었다. 네루의 계승자인 랄 바하두르 샤스트리(Lal Bahadur Shastri)가 총리직에 오른 지 불과 2년 뒤에 갑작스럽게 사망하자, 이로써 인도 정치에서 의회 민주주의의 두 번째 단계가 시작되었다. 이 단계에서 많은 이들이 민주주의가 독재 체제에 삼켜질 것이라고 우려했다.

인디라 간디는 '신디케이트(Syndicate)'라고 불리던 막강한 지방 당원들의 지지를 받아 국민회의당의 지도자로 선출되었는데, 그 직후부터 이들을 공격하기 시작했다. 인디라 간디는 대의 민주주의 국가의 최고 지도자가 된 두 번째 여성이었다. 첫 번째 여성은 실론의 시리마보 반다라나이케

민주주의적 왕조(democratic dynasty) 인도 초대 총리 네루의 딸인 인디라 간디가 총리가 되고, 다시 그녀의 두 아들과 두 며느리, 그리고 다시 손자들까지 인도 정계의 거물이 되었기 때문에, 인도는 민주주의 국가이지만 마치 하나의 왕조(王朝)가 다스리는 국가처럼 되었다는 뜻에서 이런 말이 생겼다. '네루-간디 왕조(Nehru-Gandhi dynasty)'라고 부르기도 한다. 한편, 인디라 간디는 페로제 간디와 결혼을 해서 그의 성(姓)인 간디를 따른 것이며, 페로제 간디는 마하트마 간디와 아무런 관계가 없다.

(Sirimavo Bandaranaike)였다. 인디라 간디는 즉시 자신이 집에서 파리나 잡고 손가락이나 부비는 것(인도인들은 이렇게 무료한 삶을 보내는 것을 '마키 마르나'라고 부른다) 이상의 일을 실행할 능력이 있음을 증명해 보였다. 놀라운 정확성과 결단력을 과시하면서 그녀는 정부 여당을 변형하는 작업에 착수했다. 특히 1967년 선거에서 여당이 연방 의회에서 과반수는 차지했지만 의석수가 줄고 8개 주의 하원에서 통제권을 상실하는 형편없는 성과를 거둔 뒤, 이 작업은 더 확고하게 실행되었다. 간디의 원대한 계획은, 정치적으로 위험한 깊은 골짜기를 가로지르는 밧줄을 아슬아슬하게 타고 건너가서 '인도의 인민(Indian People)'이라는 땅에 다다르는 것이었다. 이는 인도 유권자들의 입장에서는 새로운 시도였지만, 우리가 이미 살펴본 바와 같이 프랑스의 자코뱅, 아르헨티나의 로사스 장군, 그리고 미국에서는 태머니홀에 대한 비판자들이 오래전에 시도했던 것이었다. 인디라 간디가 선택한 전략은 큰 위험을 안고 있었지만 그 내용은 단순 명료했다. 국민회의당의 기존 조직을 뛰어 넘어서 직접 인도 사회에, 특히 수백만의 가난한 사람들에게 호소하는 방식이었다. 간디가 달성하려 한 목표는 새로운 스타일의 국민회의당 정부와 그 자신을 위한 권력을 획득하는 것이었다. 간디는 이 목표를 이루는 데 이른바 '표밭 만들기' 시스템을 교란하는 방법을 썼다. 기존의 인도 각지의 당 조직 지도자들은 이 시스템을 활용하여 큼직한 표밭을 만들어내서 표를 공급함으로써 국민회의당의 중앙 지도부로부터 이런저런 특별한 보상을 받아냈던 것이다.

문제는 인디라 간디가 마치 코이누르* 다이아몬드를 지닌 것처럼 행동하기 시작했다는 점이다. 간디는 자신의 반대자들을 향해 좌파의 수사(rhetoric)를 퍼부음으로써 정치 시스템 전체를 뒤흔들겠다는 자신의 결심을 과시했다. 간디는 마치 아버지의 카리스마 대신에 카이사르 스타일로 지배하려는 것처럼 보였다. 포스터, 확성기, 텔레비전, 라디오를 동원하여 '가난 박멸'(힌디어로 '가리비 하타오Garibi Hatao')이라는 구호가 인도의 모든 장소에 가득 차게 되었다. 정관 수술 운동도 시작되었다. 각 지역의 전통적 제후

코이누르(Koh-i-noor) 세계 최대의 다이아몬드. 인도에서 채굴된 원석을 가공한 것인데, 이 보석을 가지는 사람이 세계의 지배자가 된다는 속설이 있었다. 현재는 영국 왕실이 소유하고 있다.

들의 특권을 보장하는 헌법적 보호 조치가 폐지되었다. 은행은 국영화되었다. 그리고 간디는 이제까지 지방 선거와 중앙 선거를 동시에 실시하던 전통을 깨고, 중앙 선거를 한 해 먼저 실시하겠다고 발표하여 많은 사람들을 놀라게 했다.

이런 조치는 모든 사람의 시선을 오랫동안 오직 간디의 정부에 집중하도록 만들었다. 다시 말해 인도의 각 지역과 지방 문제에 대한 관심을 감소시킴으로써 인도 정치를 '국가화', 즉 국가 수준으로 단일화했던 것이다. 이런 포퓰리즘 전술 덕분에 인디라 간디는 압도적으로 선거에서 승리했다. 이때 거둔 승리는 인도 역사에서 이전에도 이후에도 없는 큰 승리였다. 그다음에 발생한 사건은 파키스탄과 무력 충돌이었다. 인디라 간디는 이 사태에 신속하고 단호하게 대처함으로써 전쟁에서도 승리하고 또 방글라데시의 분리 독립도 쟁취했으며 이로 인해 또 한 번의 선거, 즉 1972년 지방 선거에서 큰 승리를 보상으로 받았다. 이로써 이제 민주주의는 그저 선거라는 작은 개념으로 축소되고, 국민회의당은 선거 승리를 위한 머신으로 기능이 축소되는 방향으로 길이 활짝 열리게 되었다. 이제 국민회의당은 마치 느리게 걷는 코끼리 같은 존재가 되었다. 그 코끼리 등에 놓인 꽃으로 장식한 안장에 양산으로 햇빛을 가린 인디라 간디가 앉아서, 그녀의 매력에 푹 빠져 자신을 존경하는 군중을 거만하게 내려다보는 그런 양상이었다.

하지만 과연 인도의 유권자들이 정말 그렇게 간디의 매력에 푹 빠져 그녀를 존경했을까? 인도가 인디라이며, 인디라가 인도라는 말을 유권자들이 정말 믿었을까? 옆에서 지켜보던 이들이 인디라 간디가 추진한 개혁 작업들이 민주주의와 무슨 관련이 있느냐고 묻기 시작했다. 다른 사람들도 합류했다. 권력 공유의 민주주의가 인도 땅에 이미 깊은 뿌리를 내리고 있었다는 첫 번째 징조가 나타났다. 즉 민주적 자유를 활용하여 국민회의당과 정부로부터 일정한 독립성을 유지하면서 작동하는, 활발하면서도 시끄러운 시민 사회가 이미 탄생해 있었던 것이다. 정당 정치는 마치 고치처럼 아시아적 민주주의라는 애벌레를 그 속에 품고 있었지만 이제 고치의 껍질이 터져버릴 시간이 된 것이다. 법률의 모든 요소는 결국 복종으로 귀결된다는 영국 지배 때부터 전해 내려오던 믿음이 이런 반대 운동에 의해 파괴되었다. 더 오

인도 최초의 여성 총리를 지낸 인디라 간디. 사진은 1980년 총선 유세에 나선 모습이다.

래된 믿음인 '카르마(karma)'에 대한 믿음 역시 배격되었다. 카르마를 아주 단순하게 정리하자면, 어떤 개인이 자신의 다음 생에서 더 잘살 수 있으려 면 지금 생에서 그에게 주어진 카스트 역할을 제대로 수행해야 한다는 것이 다. 또한 많은 관찰자들은 인도 사회에 민주주의적 윤리가 풍요롭게 꽃피 기 시작했다는 점에 놀랐다. 이는, 지상에서 삶의 패턴이 시간의 흐름에 좌 우되며 이 삶에서 보이는 권력 관계는 철저하게 우연적이므로, 권력 관계는 완전히 바뀔 수 있고 경우에 따라서는 반드시 그렇게 되어야 한다는 사고방 식이었다. 남성이고 여성이고 상관없이 모든 사람은 자신의 숙명을 벗어날 수 없다고 한숨 쉬면서 이야기하기를 좋아하던 사람들은 입을 다물었다. 텔 레비전 화면에 성난 사람들이 가득 나타나기 시작했다. 라즈니 코타리(Rajni Kothari) 같은—인도에 등장한 최초의, 큰 통찰력을 지닌 토크빌 같은 존재 였다.—정치 사상가들은 인도 독립 이후 처음으로 민주주의의 본질에 대해 깊이 숙고하기 시작했다.[14]

　지방 공동체들이 움직이기 시작했다. '의회를 향한 인민의 행진'을 비롯한 대규모 시위가 시작된 것이다. 수백만의 사람들은 의회 민주주의가 빈껍데 기만 남았으며 이제 폭정의 줄을 끊어냄으로써 '영원히 반복되는 윤회라는 거대한 바퀴'에서 해방될 수 있음을 느꼈다. 인도 정치를 개인화한 인디라 간디의 시도는 역효과를 냈다. 민주주의라는 대의 속에서, 이제 인디라 간디와 그의 측근들은 인도에서 무엇인가 잘못되고 있는 모든 것들에 대해서 개인적인 차원에서 비난을 받기 시작했다.

간디의 반응은 독재적인 조치를 취하는 것이었다. 인도 헌법에는 대영 제국에서 영리하게 빌려온 권한들이 있었는데(제352조에서 제360조까지 조항) 이 권한들을 동원하며 간디는 인도 대통령이 '비상사태'를 선언하도록 유도했다. 1975년 6월 26일의 일이었다. 정부는 그날 아침 신문 발행을 중지시키려고 델리 시내의 전기 공급을 중단했다. 〈타임스 오브 인디아〉의 봄베이(지금의 뭄바이)판에는 어떤 가상 인물의 사망 기사가 실렸다. "그의 이름은 '디오크라시'이다. 'D. E. M'이라는 약자로 불리던 이 남성은 'T. Ruth'가 사랑했던 남편이었으며, 'L. I. Bertie'라는 자식에게 사랑을 베풀던 아버지였으며, 'Faith', 'Hope', 'Justice'라는 이름의 형제를 두었는데, 6월 26일 숨을 거두었다."* 많은 독자들은 이 소식에 크게 우려하지 않을 수 없었다. 그리고 그들은 민주주의의 죽음이 갑작스러운 심장 마비 때문이 아니라 조작적 정치 과정이 막다른 지경에 이르렀기 때문에 발생했다고 생각했다. 그리고 이런 정치 과정은 오래전에 이른바 민주주의 신념을 지녔다고 한 사람들에 의해 시작된 것이었다. '비상사태' 조치는 엄밀한 의미의 계엄령은 아니었지만 군인들은 제복을 입고 가슴을 당당하게 펴고 총을 언제든지 발사할 수 있는 위협적인 모습으로 거리를 활보했다. 정상적인 재판 과정과 민주주의적 권리 행사가 일시 중지되었다. 다섯 명 이상의 시민이 공공 집회를 여는 것이 금지되었다. 국회 의원 중 일부는 철창 속에 갇혔다. 인도 남부의 케랄라주에서 E. M. S. 남부드리파드(E. M. S. Namboodripad)가 이끌던 공산당 정부는—자유선거를 통해 선출된 세계 최초의 몇몇 공산당 정부 가운데 하나였다.—축출되었다. 인도의 운명을 더 좋은 방향으로 개선하려고 하는 사람들이 볼 때, 헌법이 족쇄처럼 작동하고 있다는 이야기가 널리 퍼지기 시작했다. 어떤 주에 대해서 중앙 정부가 직접 통치할 수 있도록 해주는 '비상 권한'을 '대통령 통치(President's Rule)'라고 했는데 이 조치는 이제 고통스러울 정도로 자주 시행되었다. 독립 후 20년 동안 이 조치는 20회 시행되었던

---

* 사망한 사람의 이름은 'Democracy' 즉 민주주의이며, 그 부인의 이름은 'Truth' 즉 진실이고, 그 자식은 'Liberty' 즉 자유라는 뜻이다. 형제의 이름은 각각 '신념', '희망', '정의'라고 이해할 수 있다.

반면, 그다음 20년 동안에는 무려 70회나 시행되었다. 이런 양상이 나타난 것은 인디라 간디의 책임이 매우 크다. 연방 정부가 주도권을 쥐고 정책을 시행하는 경우가 급증했다. 의회와 내각이 소외되는 경우가 계속 생겼다. 소외된 또 다른 존재는 국민회의당의 옛 조직과 충성 당원들이었다. 인디라 간디는 새로운 권력 기반을 마련했다. 이른바 '청년회의(Youth Congress)'라는 단체였는데, 그녀가 믿는 둘째 아들 산자이(Sanjay)가 관리했다. 산자이의 주변을 둘러싼 측근은 젊은 남성들로서 말쑥한 양복 차림에 폭이 넓은 넥타이를 맨, 네루가 건설한 인도의 '한밤의 아이들'*이었다. 이들은 모두 정치 권력이 내뿜는 냄새를 맡고 환각 상태에 빠지기를 간절히 원하는 남성들이었다. 한편 정부의 권력은 중심 가운데에서도 더 중심을 향해 집중되었다. 즉 델리 시의 총리 관저에 집중된 것이다. 이제 인디라 간디는 이 도시를 멋지게 꾸미기로 결심했다. 간디 전에 있었던 영국인들이 그랬던 것처럼 간디는 이 수도에 자신의 물질적 표시를 남기고 싶어 했다. 그녀는 델리의 지사인 자그모한(Jagmohan Malhotra)에게 델리를 아름답게 만들라고 지시했다. 총리의 사진이 온갖 장소에 걸렸다. 빈민가의 허름한 집들은 불도저로 밀어 철거해버렸다. 나무를 심었다. '비상사태' 체제는 계속 될 것이며, 심지어 사람들의 기억에 두고두고 남을 것이었다.

'비상사태' 체제는 분명 기억에 남기는 했다. 하지만 이 위대한 지도자의 조언자들이나 아첨꾼들이 예상한 모습으로 기억될 것은 아니었다. 측근들은 어찌나 강하게 확신했던지, 1977년에 인디라 간디에게 선거를 실시하도록 설득하는 데 성공했다. '오만(hubris)'이라는 드레스를 멋지게 입고 선거라는 이름의 식탁에 왔지만, 간디가 먹게 된 것은 굴욕이라는 이름의 파이였다. 이 선거는 사람들의 열정을 불러일으켰으며 이전에는 별로 가치를 평가받지 못했던 집단인 농민, 빈곤 카스트 계급, 불가촉천민이 목소리를 크게 내는 계기가 되었다. 특히 그들이 비난했던 것은 새로운 권위주의와 정

한밤의 아이들(midnight's children) 인도의 독립은 1947년 8월 14일과 15일 사이 자정에 공식적으로 성립되었다. 이즈음에 태어난 인도 사람들을 '한밤의 아이들'이라고 표현한 것이다. 이 표현은 인도 출신 작가인 살만 루슈디(Salman Rushdie)가 쓴 소설의 제목 《한밤의 아이들》에 의해 널리 퍼지게 되었다.

책들이었는데, 이를 상징적으로 보여준 것이 인디라 간디의 아들 산자이가 강력하게 추진했던 정관 수술 장려 정책이었다. 인디라 간디를 반대하는 표는 엄청나게 쌓여 갔고 결국에는 인도 민주주의 역사상 처음으로 국민회의당이 중앙 정부의 통제권을 상실하게 되었다. 여러 세력이 모여 조직한 '자나타당(Janata Party)'이 선거에서 승리하여 의회 다수석을 차지했다. 모라르지 데사이(Morarji Desai)가 최초의 비(非)국민회의당 출신 총리가 되었으며, 국민회의당의 많은 충성 당원들은—곤경에 빠진 어여쁜 아가씨로 민주주의를 표현한 포스터를 상징으로 한 열띤 선거 운동의 힘을 받아—인디라 간디에게 등을 돌렸다. 간디는 자신의 의회 의석마저 잃었다.

새롭게 들어선 비국민회의당 정부는 곧바로 심각한 내분에 빠지며, 2년 뒤 분열되었다. 새로운 선거가 실시되었으며 1980년 여름에는 과거보다 겸손해지고 언뜻 보기에도 더 불안한 모습을 보이는 인디라 간디가 다시 권좌로 힘겹게 복귀했다. 민주주의에 담긴 두 가지 정신이—시민적·정치적 자유를 향한 갈구 그리고 예측 가능한 질서에 대한 희망—짧은 시간 동안 간격을 두고 연속 등장하여 인도 정치 체제에 표식을 남긴 것이다. 인도의 시민들은 세계의 다른 부분에 있는 시민들이 곧 그 뒤를 따르게 될 모범을 보였다. 오만한 자들을 겸손하게 만들 수 있다는 것, 그리고 민주주의적 수단을 써서 독재정을 이길 수 있다는 것을 인도의 시민들은 분명하게 보여주었다.

암베드카르의 질문과 예언

투표에 참여한 가난한 사람들과 그들의 지지자들이 독재정을 거부한 것은, 이 나라 국민들이 애호하는 스포츠가 크리켓이라는 것과 잘 어울린다. 크리켓은 여러 스포츠 가운데 선수들을 동등한 입장에 처하게 하는 성향이 가장 강한 스포츠이다. 이 게임의 특징은 인내심과 손목 기술, 그리고 교활함이다. 승패 결과는 종종 갑작스럽게 변하기도 하며 큰 놀라움을 주기도 한다. 치밀한 계산에 의한 확실성도 신뢰하기 어렵다는 것과 능력이 부족한 사람도 때로는 승리할 수 있다는 것, 그리고 가장 강하며 가장 적절한 능력이 있는 자가 생존하게 마련이라는 원칙도 항상 절대적이라고 말할 수 없다는 것을 선수들은 이 게임을 통해 배우게 된다. 하지만 '비상사태 체제'를 전복할 때 사람들이 염두에 둔 것은 여러 특정 기술을 발휘하는 것이 아니었다. 이 사태는 새로운 움직임을 촉발했다. 즉 민주주의에 내재된, 평등화 경향 덕분에 오랜 옛날부터 인도에서 사회적으로 열등한 사람들을 대하던 태도에 변화가 일어났다. 투표를 통해 즉각 힘을 얻는 경우도 있다는 것, 선거날이 가난한 이들의 날이 되어 그들 위에 군림하던 돈 많고 힘 있는 자들을 쫓아버리는 날이 될 수도 있다는 것을 가난한 사람들은 이번 사태를 통해 분명히 보여주었다.

하지만 이런 대단한 날이 지나고 그 다음 날 아침이 되면 우리는 무엇을 해야 하는가? 인도의 헌법이 채택된 바로 그날(1949년 11월 25일) 암베드카르 박사가 우려했던 핵심 질문이 바로 이것이었다. "정치적 삶에서는 일인 일표의 원칙, 그리고 모든 표가 동등한 가치를 지닌다는 원칙을 인정하게 될 것이다." 원래 불가촉천민으로 태어났던 암베드카르의 말이다. "하지만 사회적·경제적인 삶에서는 우리의 사회적·경제적 구조를 근거로 들면서, 모든 사람이 동등한 가치를 지닌다는 원칙을 여전히 거부할 것이다." 뭔가가 일어날 수밖에 없다고 그는 예언했다. "어떻게 우리의 사회적·경제적인 삶의 평등성을 계속 부정하며 살 수 있을 것인가? 만일 우리가 그것을 오랫동안 부정한다면, 우리는 우리의 정치적 민주주의를 위험에 빠뜨리게 될 것이다."[15]

암베드카르의 질문과 예언은 19세기 사회민주주의의 현장, 예를 들면 슈테판 보른 같은 반항아들의 생각에서 그 뿌리를 찾을 수 있다. 하지만 인도의 당시 상황에서 이런 질문과 예언은 마치 면도칼을 휘두른 것 같은 극적인 효과를 불러왔다. 카스트 제도에 묶여 있던 빈민들 즉 대다수의 인도인은 그들의 삶의 운명이 피할 수 없는 것이라는 인식을 향해 이 면도날을 휘둘렀다. 암베드카르는 인도 사람들의 태도 한 가지를 비판했는데, 그 태도를 그는 '바크티(bhakti)'라고 불렀다. 이는 헌신과 영웅 숭배의 길을 따라감으로써 자기 자신을 비천하게 낮추어버리는 나쁜 습성이었다. 사실상 그는 가난한 자들에게 카스트 제도에 반대표를 던지라고 촉구한 것이었다. 암베드카르는 빈민들에게 민주주의를 통해 힘차게 일어서라고 촉구했다. 고

인도 헌법의 주요 설계자였던 암베드카르. 불가촉천민 출신의 사회 개혁 운동가이자 정치가였던 암베드카르는 가난한 하층민들에게 민주주의를 통해 힘차게 일어서라고 촉구했다.

통을 떨치기 위해 투표권을 사용하라고, 무기력한 시대에 작별을 고하라고, 그리고 자기 자신의 힘을 사용할 때만 비로소 긍지와 자존감 속에 살려는 투쟁에서 승리할 수 있다고 호소했다. 이런 민주주의 정신을 실제로 동원할 수 있다는 증거는 다음에 열거할 몇몇 새로운 상황 전개 속에서 찾아볼 수 있다. 이를 통해 우리들은, 이 아시아의 새로운 민주주의 국가가 단순히 세계에서 가장 큰 규모의 민주주의 국가일 뿐 아니라—너무나 자주 언급되는 상투적인 표현이다.—민주주의의 가장 역동적이며 잠재적으로 아주 혁신적인 형태이기도 하다는 것을 분명히 알 수 있다.

'비상사태 체제'를 격퇴했다는 사실은 '아래로부터' 대중 동원이 상황을 완전히 바꿀 수도 있다는 것, 혹은 최소한 나쁜 상황이 발생하는 것을 방지할 수 있다는 점을 분명하게 보여준다. 눈이 어지러울 정도로 다양한 사회 집단과 네트워크화된 '풀뿌리' 운동에 의해 활력을 얻은 시민 사회의 탄생이 목격된 시기가 바로 인디라 간디의 독재정 시기였다는 사실은 절대로 우연이 아니었다. 이러한 운동들은 모두 공통적으로, 온갖 비호 관계로 얼룩진 국민회의당 시스템을 해체함으로써 정부 정책에 영향을 끼쳐야 한다고 생각했다. 특히 1980년대 초부터 이런 운동들이 활발하게 나타났다. 펀자브 주와 아삼 주처럼 인종 문제에 집중하는 운동이 있었고, 자르칸드 주와 차티스가르 주처럼 부족의 정체성을 다루는 운동이 있었으며, 구자라트 주, 우타르프라데시 주, 비하르 주처럼 이른바 '후진 계급'*이 공적인 인정을 얻

민주주의의 삶과 죽음 · 792

기 위해 투쟁하는 경우도 있었다. 또한 텔랑가나와 낙살바리에서 일어난 농민과 농업 노동자의 봉기, 그리고 북부 인도의 중간 계급 농민들의 '바라티야 키산 동맹' 결성처럼 '쌀과 차파티*'를 요구하는 운동도 있었다.

시민 행동은 재빨리 확산되었으며 그 과정에서 새로운 공적인 제도들이 생겨났다. 한 가지 예로 '로크 아달라트'가 있는데, 이는 새로 만들어진 민법 위원회와 재판소들이다. 특히 이슬람 여성들은 '로크 아달라트'를 통해, 성폭행이나 '트리플 탈라크(triple talaq)', 그 밖의 가정 내 문제를 법률로 제기하고 해결했다.('트리플 탈라크'는 남편이 아내의 세 번의 연속된 생리 기간 동안에 '탈라크*'라는 말을 세 번 하면 이혼이 성립되는 관행이다.) 현지인들로 구성되는 이 재판소가 처음 설립된 것은 1986년 첸나이 시에서였다. 기존의 사법부와 나란히 존재하면서 작동하는 이 제도는 중요한 정치적 혁신이었으며 시민들에게 인기가 높은 것으로 판명되었다. 이 제도의 논리적 기반이 된 것은 헌법 제39-A 조항이었다. 이 조항에는 법률 제도는 반드시 정의를 추구해야 하며 평등한 기회라는 원칙에 기반을 두어야 하고 특히 무료로 법률적 도움을 제공해야 하고, 시민들이 경제 혹은 다른 불리한 이유로 인해 불이익을 받지 않도록 적절한 입법 조치나 제도를 취해야 한다고 규정되어 있다. 이렇게 탄생한 '로크 아달라트'는 누가, 언제, 어떻게, 무엇을 획득할지를 결정하는, 의회 외부의 새로운 수단이었다. 이 제도는 각종 다툼을 신속하게 해결하며 비용이 들지 않고 상호 타협을 추구함으로써 적개심과 시간과 불필요한 비용이 최소한이 되도록 했는데, 이 재판소의 결정은 최종 판결로서 효력을 지녔다. 시간이 흐르면서 '로크 아달라트'가 다루는 영역이 점차 넓어졌는데, 이는 별로 놀라운 일이 아니었다. 처음에는 결혼 생활에 관련된 사항에서 출발하여 점차 교통 위반, 고용 관련 다툼, 은행 부채에 관한 사항, 그리고 형사사건 가운데 당사자 간 합의로 끝날 수 있는 사건으로 그 적용 범위가 넓어졌다.

후진 계급(backward class) 경제, 사회, 교육 등의 기준에 따라 다른 집단에 비해 뒤떨어졌다는 판정을 받아, 법적 우대 조치를 받을 수 있도록 지정된 집단의 사람들.
차파티(chapatti) 인도 등 남아시아 지역의 주식인 둥글고 넓적한 빵.
탈라크(talaq) '나는 당신과 이혼한다'라는 뜻의 아랍어이다.

인도 민주주의의 정치 지형도를 변화시킨 또 다른 요인은 환경 보호라든가 경제 발전의 방향에 변화를 주려는 목적으로 진행된 새로운 시민 행동들이었다. 과거 네루 정부의 성장 모델 아래에서는 계획 입안자와 경제학자와 과학자가 굳게 닫힌 문 뒤에서 여러 가지 사항의 결정권을 독점하고 있었는데, 이제 각 지역에서 결성된 민간 조직이 발언권을 요구하고 나섰던 것이다. 아무런 제한 없이 추진되던 산업화와 경제 성장이 갑작스럽게 논란의 대상이 되기 시작했다. 시민 사회의 민간 조직은 인도 해변에 산재한 새우 양식장이 아무런 규제도 받지 않고 늘어나는 문제, 델리의 엄청난 교통량 증가, 그리고 '타지마할'이 근처 석유 정제 공장에서 나오는 공해 물질로 오염되는 문제 등을 다루었다. 이 새로운 상황의 대표적인 사건은 나르마다 골짜기 지역에서 대규모로 일어난 사르다르 사로바르(Sardar Sarovar) 댐 건설 반대 운동이었다. 댐 건설 계획은 일찍이 네루의 큰 관심을 끌었다. 항의자들이 주로 사용했던 방법은 비폭력적 저항이라는 간디의 방식이었는데, 만일 댐이 건설되면 그 물속에 빠져 죽겠다고 선언하는 이들도 있었다. 항의자들의 용기와 절제된 행동에 대해 구자라트 주 정부가 보인 반응은 탄압과 폭력이었다. 소규모 지역 행동이 전국적으로 유명해지는 경우도 있었다. 예를 들면, 안나사헤브 하자레(Annasaheb Hazare)와 그의 지지자들이 마하라슈트라 주의 랄레가온 신디 마을을 움직인 사건이 있다. 이 마을은 주민이 먹을 식량의 3분의 1도 생산하기 힘든 지경이었으나, 제방과 저수지를 적극적으로 건설해 지하수 수면을 상승하게 만들어 곡물의 생산량을 극적으로 늘렸다. 그보다 덜 알려진 주민의 직접 행동으로 2005년 라자스탄 주의 지하수 관리에 관한 물(水) 협의회 운동도 있다. 이런 운동들은 좀 더 지속 가능하며 좀 더 평등한 성장의 가능성을 제시할 뿐 아니라, 시민 사회를 위한 대의 정치의 새로운 기관이라는 의미도 있으며, 종래의 네루가 주도하던 의회 중심 국민회의당이 상징하는 민주주의 모델을 넘어서는 새로운 메커니즘이라는 의미도 있다.

이런 변화와 동시에 비정부 조직이 극적으로 늘어났다. 2000년에 인도의 비정부 조직은 약 200만 개로 추정되었는데, 이 조직들은 여성들이 일을 하거나 지도하는 경우가 많았다. 그리하여 (농담 삼아 하는 말에 따르면) 만일 어떤 총각의 부모가 좋은 신붓감을 구한다면 옛날같이 땅이나 에어컨이나 자동차를 신부에게 줄 것이 아니라 그 여성이 자기 나름의 NGO, 즉 비정부 조직을 하나 만들어서 시작할 수 있을 정도의 돈을 주어야 한다고 한다. 여성이 공적인 무대에 점점 더 많이 모습을 보이는 것은 단지 중간 계급에 국한된 현상은 아니었다. 역사적으로 차별 대우를 받던 하층 계급, 특히 '달리트(dalit, 불가촉천민)'나 공식적으로 '기타 후진 계급(Other Backward Classes)'라고 명명된 집단의 단체 행동에서도 여성의 역할이 크게 늘었다. 이는 인도 사회의 하부에서 민주주의가 크게 진전하고 있음을 상징한다. 지구상의 다른 어떤 민주주의 국가와 달리, 인도의 빈민들은—의무 투표 제도가 없는데도 불구하고—유복한 중류와 상류 계급 사람들보다 더 많이 투표에 참여하기 시작했다. 인도 건국 후 실시된 두 차례의 총선거에서 전체 투표율은 50퍼센트를 밑돌았다. '비상사태' 체제에서 실시된 첫 번째 총선거인 1977년 선거에서 이 숫자는 60퍼센트 근처까지 올라갔으며 이후에도 이와 비슷한 숫자를 기록했다. 이런 증가세는 대체로 빈민의 정치 참여가 증가한 덕분이다. 우타르프라데시 주를 비롯한 여러 주에서는 '달리트'와 그 밖의 하층 카스트의 투표율이 부유한 계급보다 높다. 부유한 계급에서는 유권자들의 무관심이 상대적으로 증가했다. 이런 수치는 이 나라에 주목할 만한 일이 일어나고 있음을 암시한다. 즉 민주주의 지지도가 사회경제적 척도로 볼 때 하층부에서 점점 더 강해진다는 점, 그리고 인도에서 가장 열악한 처지에 있는 사람들 가운데에서도 가장 열악한 사람들이 자신들의 운명을 바꿀 수 있는 수단이 바로 투표라는 사실을 다른 계층의 사람들에 비해 높은 비율로 확신하게 되었다는 점이다.[16]

약자 할당제와 계급 의식

탈(脫)웨스트민스터 민주주의를 향한 경향은 쿼터제가 도입되고 지역 정당이 발전하면서 더욱 강화되었다. 쿼터제 원칙은 이미 대의 민주주의 시대에 시작되었다. 예를 들면 섬이나 인구가 극히 조밀하거나 혹은 반대로 극히 희소하게 분포한 지역을 대표하는 대의원의 최소 수효를 보장해주는 제도가 있었다. 또한 원주민을 위해 특별히 할당된 의석을 마련하는 (1867년 뉴질랜드의 경우가 그 원형인) 실험들도 있었으며, 인종, 종교, 지역, 혹은 언어적 정체성에서 소수 집단에 특별 대의원을 지정하는 여러 규칙이 제정된 적도 있었다. 하지만 이 쿼터제가 특별한 역할을 한 곳은 '비상조치' 체제가 무너진 이후의 인도였다. 인도에서 쿼터제는 대의 민주주의 시대의 다른 어떤 나라에서 시도되었던 것보다 더 적극적으로, 더 강력하게, 더 광범위하게 실시되었다. 1980년에는 '만달 위원회'* 보고서가 나왔고 보고서의 권유 내용은 10년 뒤에 V. P. 싱(V. P. Singh) 정부가 실행에 옮기기 시작했다. 이에 따라 모든 국가 기관들은 헌법이 '지정 카스트'와 '지정 부족'이라고 명명한 사람들에게 직책과 일거리를 따로 할당하는 것이 의무가 되었다. 또한 정부는 이른바 '후진 계급'을 위한 공간도 마련해야만 했다.('후진 계급'은 주로 수드라* 계급 사람들로서 만달 위원회에 따르면 주민의 52퍼센트에 달했다.)

이런 개혁 작업들은 인도 사회가 더 높은 수준의 평등성과 개방성을 갖추도록 하기 위한 것이었지만, 의도하지 않은 결과도 불러왔다. 즉 계급 의식을 자극했던 것이다. 변화의 바람이 불자 그 바람을 타고 항의의 불길이 타올랐다. 특히 북부 지역 상층 카스트 출신의 중하층 젊은이들의 항의가 심했다. 그들 중 많은 수가 자신의 미래를 정부 일자리에서 찾고 있었던 것이다. 이들은 새로운 쿼터 정책을 '만달리즘(Madalism)'이라고 부르며 강력하게 항의했다. 이들의 행동은 이제 새로운 종류의 민주주의적 계급 투쟁이 시작되었음을 상징적으로 보여주었으며, 이 투쟁으로 인해 식민 시대부터 전해 내려온 범주가 완전히 뒤집히는 결과가 초래되었다. 기존에 불이익을 받던 카스트와 부족은 이제 그들이 인도 사회에서 차지하는 실제 수에 비례해 공직을 차지하게 되었다. 인도에서는 정부 기관이 급여 생활자의 많은 부분을 고용하는 주체였기 때문에 새로운 할당 시스템이 도입되면서 과거에 국민회의당이 구축한 '후견인-피후견인' 관계의 사슬을 끊어버리는 효과

만달 위원회(Mandal Commission) 1979년 모라르지 데사이 총리가 이끄는 자나타당 정부 시기에 인도에서 사회, 교육 면에서 취약한 계층을 확인하고 지정하자는 목적으로 만들어진 위원회. 의회 의원 만달(B. P. Mandal)이 위원장이었다.
수드라(Shudra) 인도의 카스트 제도에서 네 번째 계급으로 노예 계급이다. 굳이 번역하자면 '천민'으로 번역된다.

가 나타났다. 민주주의라는 대의명분으로 이제까지 특정한 시민들이 차지하고 있던 권리에 제한을 가함으로써 다른 시민들에게 더 많은 권리를 주어야 한다고 많은 사람들이 결론을 내린 것이다.

연방 의회와 각 주의 입법 기관 그리고 교육 기관을 포함한 공공 부문의 고용에서도 일정한 할당분을 반드시 마련해야 한다는 법적 요구가 생겨나 모든 기관에 분명하고 명시적인 변화가 일어났다. 각 지역에서 카스트를 기반으로 하는 정당이 등장하여 득표에 대한 열망을 보임에 따라 계급 의식은 더욱 강화되었다. 이 정당들은 화려한 개성을 지닌 인물들이 이끌었는데, 그들 덕분에 인도 민주주의는 요란하고 복잡하여 종잡을 수 없는 마술적인 특성을 띠게 되었다. 그런 특성을 보여주는 정치인 가운데 하나가 마야와티(Mayawati)라는 여성이다. 마야와티는 규모가 큰 주(州)인 우타르프라데시의 첫 여성 총리이다. 마야와티는 이따금 황금관을 쓰고 나타나서는 칼날같이 날카로운 말솜씨를 과시하면서, 카스트 혹은 종교에서 비롯된 어떠한 차별도 없는 '평등 사회' 건설의 중요성을 맹렬하게 강조하는 정치인이다. 화려한 개성을 지닌 또 다른 지도자로 비하르 주의 정치적 거물인 랄루 프라사드 야다브(Laloo Prasad Yadav)가 있다. 야다브는 연설 중간에 인도 영화에 나오는 노래를 종종 끼워 넣는 것으로 유명하다. 또 헬리콥터를 타고 등장해 자기 앵무새를 어깨 위에 얹은 채 연설을 하기도 한다. RJD라든가 SP라든가 BSP와 같은 이름으로 불리는 이 정당들—RJD는 라시트리아 자나타 달(Rashtriya Janata Dal), SP는 사마즈와디당(Samajwadi Party), BSP는 바후잔사마지당(Bahujan Samaj Party)을 가리키는데, BSP는 '달리트'를 지지 기반으로 하는 최대 정당이다.—은 일자리 이상의 것을 요구함으로써, 시민 사회의 논쟁을 불러일으키며 또한 인도 정치에서 각 주와 중앙 무대의 정치적 경쟁을 더욱 격화시키고 있다. 1996년 총선거 결과 놀랍게도 31개 정당이 연방 의회 의석을 차지했는데, 이런 정당의 대부분은 특정 지역을 지지 기반으로 하는 정당이었다. 공연히 다른 정당의 승리에 훼방을 놓기도 하고 여러 정당 사이에서 거래를 하기도 하는 이런 정당 가운데 많은 수는 사실상 단 하나의 정강밖에 갖고 있지 않았다. 그것은 다른 정당을 물리침으로써 정부의 통제권을 잡겠다는 것이다. 단 한 가지 목적만을 집요하게 추구하는 이러한 태도는 결국 성과를 거두었다. 이런 분열 지향적인 정당들은 분열했다가는 다시 '통합 노력'을 하고 또다시 분열하는 양상을 반복했다. 하지만 결국 1990년대 중반에 이르면 이 정당들의 도움 없이는 도저히 델리의 연방 정부를 성립시킬 수 없는 지경에 이른다. 빈곤은 정치 권력을 암시했다. 즉 빈곤한 자들은 잔학 행위를 견디고 할당분을 고수해야 했으며, 더 좋은 조직의 지원을 받는 적대자들을 상대로 싸워서 공직을 획득하고 획득한 공직을 지켜야 했다.

판차야트 개혁

의회 밖에서 벌어지는 여러 정치 현상, 그리고 빈곤층의 권력 획득이 몰고 온 만화경같이 혼란스런 효과에 더하여, 또 다른 놀라운 상황이 펼쳐졌다. 1993년 인도의 연방 의회는 민주주의를 '아래로' 그리고 '옆으로' 확대하기로 결정했다. 그리하여 인도의 60만 개에 이르는 마을과 도시에 지방 자치 제도를 도입했다.

이른바 '판차야트' 개혁이라고 불리는 이 조치는 민주주의 개념에 근거하여 공적으로 정당화되었다. 판차야트 개혁의 설계자들은 인도 사회의 힘없는 구성원들이 지방 정치에 참여함으로써 더 큰 힘을 갖게 될 것이라고 주장했다. 또한 지방의 다양한 문제는 지리적으로 먼 중앙 정부가 아니라 지방에 뿌리를 내린 좀 더 책임성 있고 사회적으로 지속 가능하며 '비중앙집권적 기획'으로 다루는 것이 더 좋다는 논리도 제시되었다. 이런 논리에 힘을 보탠 것은 정부 측 사람들 사이에 확산된 또 하나의 강력한 인식이었다. 빈곤 퇴치를 다루는 옛 국민회의당 모델과 관료들이 조직하는 '트리클다운'* 경제 논리는 이제 완전히 실패로 돌아갔다는 인식과, 특히 물과 공유 초지 같은 자원의 활용과 분배에서 농촌 엘리트들이 쥐고 있는 장악력을 분쇄하려면 새로운 시도가 필요하다는 인식이었다.

소외된 사람들의 이익을 보호한다는 이러한 개혁들이 막상 그런 사람

트리클다운(trickle down) 정부가 투자를 늘려 대기업을 지원하면 이것이 중소 기업과 개인에게까지 영향을 주어 전반적으로 경제가 성장한다는 경제 논리.

들을 옹호하는 목소리가 별로 크지 않은 상황에서, 위로부터 진행되었다는 것은 역설적인 사실임에 분명하다. 하지만 변화의 규모는 엄청났다. 문서상으로만 그랬던 것도 아니다. 농촌 지역에서는 3층 구조의 지방 정부가 만들어졌다. 기층 조직인 '마을평의회(village council)'가 22만 7천 개, 마을평의회에서 선출된 대표자들로 구성되는 그보다 상위 조직인 '블록평의회(block council)'가 5,900개, 그리고 맨 위에 '지역평의회(disctrict council)'가 470개 결성되었다. 도시에도 시 자치체(municipal corporation)와 시 평의회(municipal council) 같은 유사한 조직이 구성되었다. 이로써 인도 전체에서 선거를 통해 자격을 획득한 남성과 여성 대표자들이―연방 의회의 약 500명과 각 주의 입법 기관의 대의원 약 5천 명에 더하여―약 300만 명 추가되었다. 이렇게 하여 엄청난 수의 자리가 만들어졌으며 이 자리를 활용하여 이제까지 억눌리던 사람들, 특히 여성이나 '달리트' 계층이나 '아디바시(adivasi, 원주민)'라고 불리던 부족 사람들이 앞으로 누가, 무엇을, 언제, 어떻게 획득할지에 대한 결정에 적극적으로 참여할 수 있게 되었다. '판차야트' 제도 내의 직책을 맡는 모든 사람은 '마을평의회'의 심의를 받고 감시와 통제를 받는다. 또한 통상 5년에 한 번씩 실시되는 자유롭고 공정한 선거의 제한을 받는다. 자리의 3분의 1은 여성에게 따로 할당되어 있다. 또한 '달리트'와 '아디바시'는 각 지역에 거주하는 실제 그들의 수효에 비례하는 자리 수를 보장받는다. 이따금 이 부류의 사람들이 확고한 과반수를 차지하는 경우도 있다.

'판차야트' 직책을 뽑는 선거의 투표율은 일반적으로 볼 때 각 주나 국가 차원의 선거보다 높다. 하지만 이 새로운 제도의 설계와 작동에 여러 가지 결함이 있는 것도 사실이다. 예를 들면 정치 분권화에 걸맞은 재정 분권화가 부족하다는 점이다. 또한 지방 정부에 입법권이 없다는 점, 그리고 지방 정부가 주 정부나 중앙 정부와 관할권 다툼을 벌일 때 그 사안을 법정으로 끌고 갈 수 없다는 점이 있다. 다른 말로 표현하면, 미국의 연방 제도는 지방 정부 판례법이라는 강력한 법률적 기반이 있는데, 인도의 경우는 그런 장치가 전혀 없다는 이야기다. 이런 상황 때문에 각 지방은 제대로 된 권한을 행사하지 못하고 있다. 한편 강한 자들이 약한 자들에게 온갖 부정 행위를 저지르는 것도 사실이다. 마을평의회가 소집되지 않는 경우가 종종 있으며, 설사 소집된다 해도 제대로 진행되지 않거나, 정족수를 채우지 못해 제 역할을 다하지 못하는 경우, 회의 기록이 조작되는 경우가 종종 있다. 그리하여 각 마을의 몇몇 힘 있는 자들이 어처구니없는 불법을 저지르고도 아무런 제재를 받지 않는 경우가 많다. 여성 후보자와 유권자를 괴롭히는 경우도 종종 있다. 특히 '퍼다'* 관습이 시행되고 있는 지역이 그러하다. 상급 평의회의 여성 대의원 비중을 보면 해당 지역의 하급 평의회의 여성 대의원 비중보다 현격하게 적은 경우가 많은데, 이는 여성 대의원들이 종종 그들의 대리인, 즉 보통 그들의 남편으로 대체되는 경우가 많기 때문이다. '지정 카스트' 출신이 선거를 통해 마을의 지도자로 뽑히더라도(이런 지도자를 '사르판치'*라 한다) 실제로 그 직책에 취임하는 것(이를 '사르판치 자리에 앉는다'라고 표현한다)이 물리적으로 저지되는 경우도 있으며, 상층 카스트 출신의 부의장에게 실제 통제권을 양보하도록 강요당하는 경우도 있다. 선출자들이 전화나 사무실 사용을 거부당하는 경우도 있다. 하층 카스트에게 붙여지는 모욕적인 별명으로 불리거나, 상층 카스트의 주택에 들어가는 것을 거부당하기도 한다. 또 상을 수여하거나 국기를 게양하거나 마을을 방문한 음악 및 연극 공연단을 환영하는 등의 마을 공식 행사에 참가하는 것을 거부당한다. 좀 더 거친 수법도 종종 쓰인다. 즐겨 사용된 수법으로는, 각지의 개발 프로젝트를 방해함으로써 쿼터제가 아무 효용이 없다는 것을 보여주는 수법, 자금에 관련된 실제 혹은 가상의 스캔들을 폭로하여 하층 카스트 출신이나 여성 '사르판치'를 여기에 연루시키는 수법 등이 있다. 이런 모든 수법이 효과를 거두지 못하는 경우, 지배층 카스트들은 무력을 사용하겠다고 위협하거나 혹은 이런 위협을 실행에 옮기는 경우도 있었다. 시민들을 납치하거나, 살해하거나, 농장에 불을 지르거나 여성을 강간하는 일이 자행되었다. 이런 일은 보통 아무런 처벌도 받지 않고 넘어갔다. 현지 경찰이나 폭력

퍼다(purdah) 이슬람 사회에서 여성들을 남성과 격리하고 얼굴을 가려 사회 활동에 제한을 두는 관습.
사르판치(sarpanch) 우두머리라는 뜻의 '사르(sar)'와 각 촌락의 자치 협의회인 '판차야트'가 합쳐진 단어. '촌장'이라고 번역할 수 있다.

배의 도움을 받기 때문이다.

'바니안나무' 민주주의

이런 일들이 많았던데도 '판차야트' 개혁은 살아 남았으며, 많은 지역에서 큰 성과를 거두었다. 이는 주로 변화의 강력한 순환 작용 덕분이었다. 네루가 이끌던 인도는 이런 변화의 힘에 의해 아대륙의 태양 아래 새로운 종류의 민주주의를 향해 나아갈 수 있었다.

인도의 민주주의는 단순히 웨스트민스터 모델을 이 열대 지방에 맞게 적용한 것이 아니었다. 웨스트민스터 모델에서 정부는 정당과 공무원으로 조직되며 선거를 통해 구성된 의회 대표자들의 손에 의해서, 성문헌법의 도움 없이, 시민들이 필요로 하는 바가 보호받을 수 있다고 가정한다. 그러나 이 젊은 아시아 민주주의 국가는 대영 제국과 결별하면서 해도(海圖) 한 장 없이 미지의 바다로 출항하게 되었다. 이 국가는 복합적인 형태의 대의 정체를 향해 항해해 갔다. 이 정부의 형태는 많은 새로운 특질을 갖고 있었다. 민주주의의 역사가 우리에게 주는 교훈 가운데 하나가 바로, 역사는 종종 잘못된 교훈을 우리에게 알려준다는 것임을, 인도의 사례가 증명하고 있다. 인도는 민주주의가 폭력과 학살을 넘어설 수 있음을 보여줄 뿐만 아니라, 민주주의가 어떤 동질적인 '데모스'가 없는 사회, 즉 빈곤과 문맹의 사슬에 묶여 있으며 모든 종류의 문화적·종교적·역사적 다양성으로 가득 찬 곳에서도 번성할 수 있다는 것을 보여준다.

또 인도의 사례는 모든 수준과 모든 분야의 정부 의사 결정에서 좀 더 높은 공적 책임성을 갖추기 위해 설계된 여러 새로운 메커니즘들을 민주주의가 실험적으로 사용할 수 있다는 사실을 보여주었다. 사실상 모든 사례에서 새로운 책임성 메커니즘들은, 주기적 선거만으로는 부족하다는 것과, 총선거와 중앙 정부에서 이루어지는 토론과 결정만이 아니라 다양한 종류의 탈(脫)웨스트민스터적 과정을 통해 시민의 이해관계를 대변해야 한다는 원칙을 증명했다. 인도의 민주주의가 시도한 혁신 작업의 목록은 길고 흥미롭다. 그 가운데에는, 견실한 내용이 담긴 성문헌법, 더 강한 지방 자치 원칙에 기반을 둔 3층 구조의 정부 건설, 그리고 주 정부와 중앙 정부 간의 좀 더 명시적인 권력 분할 따위가 있다. 이와 동등하게 중요한 조치로, 종전까지 정치에서 소외되었던 집단의 이해관계를 대변하는 강제적 쿼터제 실시, 법원을 통한 사법 심사에 좀 더 큰 역할 부여, (자기들이 살고 있는 땅에 대한 원주민의 권리를 보호하는 일명 '제5계획Fifth Schedule' 수정안에서 그러하듯이) 연방 의회 혹은 주 입법 기관이 제정한 법률 적용에서 몇몇 지역을 헌법적으로 제외한 조치, 비폭력 저항 운동인 '사탸그라하'의 실험을 들 수 있다. 이 밖에 핵심적으로 중요한 조치로는 '로크 아달라트'와 물 협의회 같은 새로운 권력 제한형 메커니즘의 작동, 시민 참여 예산 편성 제도 같은 탈(脫)의회적 발명품, 정부의 서비스를 평가해 시민 조직이 발행하는 '옐로 카드(yellow card)' 보고서, 철도 법정을 통해 공공의 다툼을 처리하는 것, 치열하게 경쟁하는 학생 자치회 선거 운동*, '공익' 소송 제도의 발명이 있다. 이 조치들은 공공의 이해관계를 새롭게 규정하는 방식인데, 개인이나 집단으로 하여금—예를 들어 남편에게 학대당하는 여성들, 정신 질환에 시달리는 복역수들—공공 정신을 지닌 개인이나 혹은 법원이 그들 대신 나서서, 개인이나 집단의 애로 사항을 호소하도록 허용하는 제도이다.

'비상사태' 체제 때부터 시작된 이러한 다양한 혁신 작업들에는 어떤 의미가 있을까? 이들이 이루어낸 복합적인 결과를 구체적으로 형상화하는 것, 즉 적절한 언어로 표현하기는 힘들다. 어쩌면 '바니안(banyan) 민주주의'라는 표현이 좋을지 모르겠다. 시민의 이해관계를 대변하는 매우 복잡한 패턴이 이 나무의 모습을 닮았기 때문이다. '바니안나무'는 여러 개의 몸통 줄기가 겹쳐 있고 뿌리가 땅 속이 아닌 공기 중에 노출된 공기뿌리 형태를 띤 인도 아대륙 전역에 분포되어 있는 나무이다. 이 나무의 뿌리와 줄기가 서로 복잡하게 연결되어 있다는 점에서 종종 다양성에 기반을 둔 통일성의 상징으로 사용된다. 이 나무는 지구상에서 가장 큰 수종 가운데 하나인데, 높이가 30미터, 지름이 200미터가 넘는 경우도 있어서 나무 하나가 몇 헥타르나 되는 넓은 땅을 덮어버리기도 한다. 힌두교도와 불교도들은 바니안나무를

---

* 인도의 여러 학생 단체는 기존 정당과 밀접하게 연결되어 있는 경우가 많아서, 학생 자치회 선거는 뚜렷한 정치적 성격을 띠고 매우 치열하게 진행되는 경우가 많다.

알파라비가 저술한 《완전한 정치체에서 시민들이 내는 의견의 원리》의 도입부. 11세기에 제작된 희귀본을 촬영한 것이며, 현재 이 책은 테헤란의 말렉 국립도서관에 보관되어 있다.

특히 신성한 나무로 여긴다. 힌두 신화에서 이 나무는 '소원을 이루어주는 나무'로 귀하게 여겨지며, 산스크리트로는 '발이 많은' 혹은 '많은 발을 가진 자'로 묘사된다. 이는 이 나무의 공기뿌리를 가리킬 뿐 아니라 이 나무에 담긴 성장과 확장과 재생의 이미지로부터 오는 영원한 생명의 신비로운 기운을 가리키기도 한다. 바니안나무는 불교의 '자타카' 설화*에도 언급된다. 예를 들면 '사비트리(Savitri)' 이야기에 등장하는데, 여기서 사비트리는 대담하게도 죽음의 신인 '야마'*와 논쟁을 벌여 결국 자신의 생명을 되찾는다. 인도인 중에는 아직도 바니안나무의 가지에 지위가 낮은 신들이 산다고 믿는 이들이 있어서, 이들은 나무를 훼손하거나 파괴하는 것을 죄악으로 여긴다. 영어식 이름 '바니안'은 힌디어 'banyan' 혹은 'banian'이라는 단어에서 온 것인데, 이는 이 거대한 나무가 제공하는 그늘에서 휴식을 취하거나 업무를 보던 힌두교도 상인들을 가리키는 단어였다. 현대 인도의 많은 마을이나 도

자타카 설화(jātaka tales) 고타마 붓다의 전생 이야기. 팔리어로 쓰인 고대 인도 불교 설화이다. 본생담(本生譚) 혹은 본생경(本生經)이라 번역된다.
야마(Yama) 산스크리트로 사후 세계를 관장하는 죽음의 신. 한국어로는 '염라대왕'이라 한다.

시에는 거대한 바니안나무 한 그루가 있어, 식량이 부족할 때 사람들에게 과일을 공급하며, 뜨거운 태양을 가리는 그늘 쉼터를 제공하고, 잠자거나 쉬거나 이야기를 나누고 모여서 중요한 문제를 토론하며 그것에 대한 결정을 내리는 공간을 제공하기도 한다. 따라서 각 지역의 민주주의를 이해하는 방편으로 바니안나무를 언급하는 것은 인도의 새로운 민주주의 실험에 담긴 역사적 의미를 강조하는 것이며, 동시에 이런 형태의 민주주의가 지닌 대단한 '깊이'와 '범위'를 강조하는 것이다. 특히, 네루의 자치 정부 모델과 비교할 때 그러하다.

결국 여기서 말하고자 하는 핵심은 '비상사태' 체제의 붕괴 이후, 민주주의의 이상과 권력 공유 메커니즘은 옆으로 그리고 아래로 확대되어 인도의 정부와 사회의 온갖 작은 구석과 틈새로까지 퍼지게 되었다는 것이다. 각 가정과 마을, 각 주와 중앙 정부의 여러 부서 전체가 이제 민주주의의 이상과 메커니즘에 영향을 받고 있다. 민간 대기업과 카스트 제도, 시민 사회 역시 마찬가지다. 바니안 민주주의는 깊은 뿌리와 여러 층의 몸통 줄기와 높다란 가지를 갖고 있으며, 이것들은 위를 향해 뻗어 갈 뿐 아니라 바깥쪽을 향해 널리 퍼져 나가고 있다. 이 신성한 바니안나무는 인도에 민주주의가 도래했음을 상징한다. 인도는 이제 좀 더 민주주의적인 나라가 되었다는 느낌뿐 아니라 민주주의 자체가 좀 더 인도에 적합하게 변형되었다는 느낌도 있다.

바니안 민주주의 모델이 제시하는 중요한 의미 중 하나는, 시민의 관심사를 처리하는 데 정당과 정치인에게만 완전히 의지해서는 안 된다는 것이다. 시민의 관심사를 대변하고 애로 사항을 처리하는 데 별개의 공적 통로가 아주 중요하다는 것이다.

선거와 정당과 의회가 전부가 아니라는 점, 그리고 민주주의적 정치 과정이 가장 가난한 자를 포함한 모든 이들에게 중대한 의미가 있다는 점을 인도 국민이 집단적으로 인식하는 데 큰 역할을 한 것은, 인도인의 삶에 놀라울 정도로 치밀하게 침투해 있는 각종 대중 매체들이었다. 인도는 원래 문맹률이 높은 나라였지만 독립을 쟁취한 후 한 세대가 채 지나기도 전에 이미 온 국민이 책과 잡지와 그리고 세계에서 가장 크고 활발한 신문 산업 덕에 활자 중독 상태가 되었다. 라디오, 텔레비전, 극장을 즐기는 인구 규모도 엄청나기에 대중 매체가 구성하는 지형도에는 스타 뮤지션을 위한 공간도 마련되었다. 세계적으로 유명한 '시타르'* 연주자 라비 샹카르(Ravi Shankar)가 있는가 하면, 하이데라바드의 인력거꾼을 노래한 초기 히트곡으로 유명해진 포크 송 가수 가다르(Gaddar)도 있다. '달리트' 출신 음악가인 가다르는 한곳에 오래 머무르지 않고 항상 어딘가로 바쁘게 움직이는 모습을 보여주며 감옥을 들락거리는가 하면 경찰의 잔혹한 행위를 문제 삼고 부자에 맞서는 빈자의 노력을 격려하는 가수로서, 안드라프라데시를 비롯한 여러 주에서 농민들이 숭배하는 대상이다. 또한 탁월한 여성 가수 M. S. 수불락시미(M. S. Subbulakshmi)가 있다. 그녀는 고전적이고 민속적인 곡들로, 그리고 여성 단체나 병원, 요양원, 공공 부문의 직원들을 위한 기억에 남는 훌륭한 자선 공연으로 대중의 사랑을 받았다.

어떻게 인도가 바니안 민주주의를 향해 스스로를 밀고 갈 수 있었는지를 이해하는 데 아주 중요한 요소가 바로 인도의 활발한 영화 산업이다. 영화와 민주주의의 관계는 종종 너무나 경시되는 주제이다. 하지만 재미있는 사실은, 인도가 대영 제국으로부터 독립을 쟁취한 이후부터 이 두 분야가 특별한 관계를 맺기 시작했다는 사실이다. 인도 영화 산업의 규모와 활력, 대중에 대한 진심 어린 호소력은 보는 이의 숨을 멎게 할 정도로 대단하다. 인도에서 처음으로 영화가 제작된 것은 1920년대였지만 그때는 시장이 너무나 작았다. 인도가 독립할 무렵에는 매년 250편의 영화가 제작되었으며 1990년이 되면 인도는 미국을 제치고 세계에서 가장 많은 영화를 제작하는 나라가 되었다. 일 년에 900편이 넘는 새 영화가 나오며 9천 개가 넘는 영화관에서 영화가 상영된다.

인도 영화가 이렇게 갑작스럽게 성장하자 이를 도덕적 관점에서 비난하는 사람들이 나타났다. 인도 영화는 불쾌한 현실로부터 잠시 유쾌하게 도피하는 수단이라는 조롱을 받았으며 삶이 고달픈 대중들을 위한 시각적 아편

시타르(sitar) 인도의 전통 현악기로서 줄을 퉁기는 방식으로 연주한다.

역할을 한다고 비난받았다. 국민회의당의 초기 지도자들 가운데 많은 이들은 영화가 섹스와 폭력, 그리고 비현실적 감정을 접하게 함으로써 인도인들을 타락시킨다고 생각했다. 그런 이유로 이들은 '검열국' 설립을 지지했다. 네루 역시 영화를 별로 보지 않았으며 간디는 일생 동안 단 한 편의 영화만 보았을 뿐이며 그것도 집중하지 않고 건성으로 보았다고 말했다. 1930년대에 제작된 고전적인 인도 영화 〈아추트 카냐(Achhut Kanya)〉 시사회 초청장이 왔을 때, 간디는 그 초청을 완강하게 거절했다. 이 영화는 '브라민' 남성과 '달리트' 여성이 등장하는 러브 스토리였다.

물론 민주주의는 허무맹랑한 동화가 아니다. 하지만 이런 반발은 적절한 반응이 아니며, 좀 더 정확하게 말하자면 다채롭고 화려한 대중 영화가 분출하는 거센 힘을 전혀 이해하지 못한 것이다. 우선 한 가지 경우만 살펴보자. 인도 민주주의가 낳은 위대한 감독인 사티아지트 레이(Satyajit Ray)가 1992년 사망했다는 소식이 들리자 그의 고향인 캘커타(1995년부터 '콜카타'라고 불린다)는 사실상 완전히 기능이 정지되었다. 레이는 구체적 맥락이 생략된 영상을 추구하면서도 인도의 현실을 적나라하게 보여주는 20세기 네오리얼리즘(neo-realism) 영화의 거장이었다. 그의 죽음을 애도하기 위해 그의 집 앞에 수십만 명의 사람이 모였다. 레이 감독은 30편이 넘는 영화를 제작했으며 미국 아카데미 영화상에서 '평생 공로상'을 받은 것을 포함하여 수십 차례 상을 받았다. 그의 작품에는 강하고 현명하며 독립적인 여성이 등장하는 경우가 많았는데, 이런 여인들의 삶은 빈곤과 풍요, 비참과 희망, 질투와 관대함, 충돌과 화해라는 갖가지 모습으로 가득 찬 인도 사회와 긴밀하게 연결되어 있었다. 레이 감독은 탐정 영화, 역사극, 뛰어난 어린이 영화도 만들었다.(어린이 영화는 그의 할아버지가 지은 이야기를 토대로 삼았다.) 때로 민주주의의 생존 자체가 근본적으로 중요함을 작품에서 직접 다루기도 했다. 레이 감독의 작품 〈가나샤트루(Ganashatru)〉(1989년)는 노르웨이의 극작가 헨리크 입센에게서 영감을 얻은 것이다. 상을 받기도 한 이 작품은 협잡꾼들이 음모를 꾸몄는데도 불구하고 시민들이 실용적인 지혜로 재앙을 막았다는 귀감이 될 만한 이야기이다. 벵골의 어느 작은 도시가 생명을 위협하는 의문의 질병이 막 폭발적으로 일어나려는 순간에 놓인다. 도시의 병원에서 근무하는 한 현명한 의사는 이 병의 근원이 바로 근처 사원이라고 확신한다. 그 사원에서 이른바 '성스러운 물'을 순례자들에게 주었고 순례자들은 아무런 의심 없이 그 물을 마셨던 것이다. 의사는 그 문제를 공개적으로 제기하고, 사원을 임시 폐쇄하여 질병의 원인을 제거하자고 제안한다. 바로 그때 뜻하지 않은 장애물이 등장한다. 바로 도시의 행정부 지도자인 의사의 형이 방해하기 시작한다. 또한 사원을 건축한 사람도 훼방을 놓는다. 공장을 운영하는 기업가였던 그는 각종 소문과 위협으로 공작을 펼쳐 결국에는 도시 사람들이 그 의사를 '인민의 적'이라고 확신하게 만든다.

사티아지트 레이의 작품은 종종 '예술 영화(art cinema)'라고 불렸다. 당시 인도 시민들에게는 공연히 부산을 떠는 소동을 보여주는 영화가 인기였기에 이와 대조적으로 쓴 표현이었다. 이런 영화들은 인도인들의 상상력을 사로잡았으며 '바니안 민주주의'가 뿌리를 내리는 데 도움을 주었다. 이런 영화에는 온갖 사랑 이야기, 난투극, 추격전, 눈물, 화려한 색채와 흥겨운 노래와 춤의 요소가 들어갔으며, 카스트, 성별, 종교, 계급, 언어의 장벽을 잘라냈다. 최고 흥행작은 인도의 거의 전 주민이 이해하는 힌디어로 제작된 영화였지만, 타밀어로 제작된 영화도 그만큼 많았으며 마라티어, 벵골어, 텔루구어, 말라얄람어, 칸나다어로 제작된 영화는 더 많았다. 다양한 언어, 종교, 지역을 기반으로 한 시민들은 영화를 통해 공적 대변자를 얻은 것 같은 느낌을 받았다.

의심할 여지 없이, 재능 있는 이슬람교도들에게 영화 산업은 신분 상승의 기회를 주었다. 그들은 시나리오 작가로 활동하거나 인도 영화에 독창적이고 특별한 색깔을 더해주는 퓨전 음악과 감성 어린 시적 언어를 창조하는 예술가가 되어 커다란 영향력을 발휘했다. 또 특별히 중요한 현상은, 이런 대중 영화를 발판으로 하여 '스타'가 탄생했으며 스타들은 선거를 통해 자리를 얻은 정치인들의 잠재적인 라이벌이 되거나 정치인들이 처신을 잘하도록 경고하는 역할을 하기도 했다는 점이다. 스타가 등장하면서 수많은 팬클럽이 생겨났는데 정당보다도 더 잘 조직된(그리고 물론 훨씬 더 재미있는) 팬클럽들이 많았다. 그뿐 아니라, 스타들은 직접 정계에 진출하기도 했다. 이를테면 'MGR'라는 애칭으로 불린 M. G. 라마찬드란(M. G. Ramachandran,

1917~1987)은 가난한 사람들의 자존심을 세워주고 이들을 멋지게 구원해주는 인물을 연기하던 대스타의 명성을 기반으로 하여, 타밀나두 주의 총리가 되었다. 라마찬드란이 시행한 정책은 많은 논란을 불러일으켰다. 예를 들면 정부가 운영하거나 혹은 정부의 지원을 받는 모든 학교의 학생들에게 무상으로 급식을 제공했는데 이런 정책들은 대단히 인기가 높았다. 라마찬드란이 사망하자 격렬한 반응이 일어났다. 그의 고향인 타밀나두 주에서는 수십 명이 스스로 목숨을 끊었으며 한 달 동안 폭동과 약탈이 벌어졌다. 그의 장례식에 참여한 사람이 백만 명이었고 그에 대한 존경과 헌신을 표하기 위해 삭발한 사람이 수십만 명에 이르렀다.

이런 스타들이 대중 앞에서 펼치는 모험 때문에, 선거를 통해 직책에 오른 정치인들이 지저분하고 탐욕스럽거나 시민의 희망과 공포를 대변하지 못하는 것으로 인식되는 경우도 이따금 있었다. 선거를 통해 선출되지 않은 이런 대중의 대표자들이 인도 사회의 큰 존경을 받는 이 새로운 현상을 가장 잘 보여주는 사례로, 알라하바드 시의 유명한 시인의 아들인 아미타브 바찬(Amitabh Bachchan)을 들 수 있다. 바찬은 1970년대에 큰 명성을 얻었는데 이때가 바로 정치인과 의회에 대한 불신이 커지던 시기였던 것은 우연이 아니었다. 바리톤 목소리를 가진 바찬의 장기는 힘 있는 자들의 시스템에 맞서 싸우는 (그래서 승리를 거두는) 반항심으로 가득 찬 영웅 역할이나 부패한 윗사람들 때문에 곤경에 빠진 정직한 경찰관 역할이나 지하 세계의 깡패지만 마음씨가 착한 사람 역할이었다. 바찬은 만모한 데사이(Manmohan Desai) 감독이 만든 〈아마르 악바르 안토니〉(1977년) 같은 크게 인기를 끈 영화에도 출연했다. 이 코미디 영화에는 3형제가 나오는데 어릴 때 서로 헤어져 각각 힌두교, 이슬람교, 기독교 집안에서 성장한다.(물론 영화의 끝부분에 모두 다시 만난다.) 바찬이 영화에서 싸우는 장면을 찍다가 큰 부상을 입자 수백만 명의 인도인들이 그의 회복을 빌러 사원에 가기도 했다. 그들의 기도는 응답을 받았다. 바찬은 국민회의당 소속으로 연방 하원의원에 선출되는데 이때 그의 득표율 68.2퍼센트는 인도 선거 역사상 가장 높은 것이었다. 하지만 바찬에게는 스캔들의 위험이 항상 따라다녔고 곧 그는 정치를 그만두고 영화계로 돌아왔다. 흥행을 노리고 큰 예산을 들여 제작한 영화가 실패하는가 하면, 사업도 잘 안 되었지만 그는 결국에 재기에 성공했다. 영국의 텔레비전 프로그램인 '백만장자가 되고 싶은 사람은 누구인가?'를 인도식으로 재편한 '카운 바네가 크로로파티?'라는 텔레비전 프로그램의 사회자가 되어 엄청난 성공을 거둔 것이다.

민주주의의 혼란

그리하여 인도 사회에는 빛나는 스타들이 즐비하게 늘어섰으며 각종 대중 매체가 전해주는 화려한 이야기가 넘쳤다. 이런 현상 덕분에 '바니안 민주주의'는 뚜렷한 활력을 얻게 되었으며, 모든 카스트, 종교, 문화, 피부색, 음식, 관습, 복식이 다 함께 민주적으로 공존해야 한다는 상식이 더 강화되었다. 정치 부패가 만연한 의회 시스템 내에서 — 몇몇 연구에 따르면 21세기 초의 인도 연방 하원의원 543명 가운데 약 4분의 1이 형사 소추를 당했으며, 그 가운데 절반이 자르칸드, 비하르, 마디야프라데시, 우타르프라데시의 북부 지방 네 개 주(州)에서 선출된 의원이었다고 한다. — 스타 집단이 보여준 활력 있는 정치 문화는 새로운 대안 모델을 제시함으로써 인도 정치인들을 바짝 긴장하게 만들었다. 또한 이런 정치 문화는 국민의 사적인 이해관계를 대변하는, 의회 밖의 통로를 몇 배로 늘렸고, 그 덕분에 인도 민주주의는 두 번째 큰 시험을 무사히 통과할 수 있었다. 이 두 번째 시험은 대중 선동가들로 구성된 정부가 제기했는데, 이 선동가들은 도덕성이 의심스러운 여러 전술을 사용했으며 민주적 공존의 원칙과 관행에 종지부를 찍으려 안간힘을 썼다. 이런 공격이 가장 강했던 때는 2004년 봄이었다. 이때는 인도 역사에서 가장 치열한 다툼이 벌어진 총선거 시기였다. 이 전투의 결과, 국민회의당이 월등한 지위를 차지하는, 네루 시대부터 이어져 내려온 정당 시스템이 약화되는 경향이 확실해졌다. 양당제나 다당제가 민주주의를 위해 좋은 시스템인지, 혹은 국민회의당이 과연 패배에서 회복할 수 있을 것인지에 관한 질문이 매우 중요했지만 그뿐이 아니었다. 선거 과정을 지켜본 많은 관찰자들은 너무도 놀란 나머지, 혹시라도 민주주의가 갑작스럽게 죽어버리는 것은 아닌가 하는 두려움을 느꼈다.

이런 두려움에는 깊은 뿌리가 있었다. 포괄적 저항 운동 조직이었던 국민회의당은 1940년대 말이면 자신의 모습을 변화시켜 인도 정계의 중심을 차지하는 정부 여당이 된다. 네루의 지도 아래 국민회의당은 '빅텐트'로 작동했다. 목표는 가능한 한 많은 유권자를 집결하여 국민회의당의 압도적인 패권을 보유하고 어떤 경쟁자도 허용하지 않는 것이었다. 국민회의당이 절대다수를 차지한 총선거는 한 번도 없었지만, 자유 시장을 지향했으며 1959년부터 1974년까지 존속했던 '스와탄트라당'의 경우가 보여주듯, 국민회의당에 도전했던 정당들은 고전을 면치 못했다. 하지만 1960년대에 서벵골 주와 타밀나두 주에서 다른 정당이 국민회의당을 물리치고 승리를 거둔 사실은 앞으로 있을 변화를 예언했다. 각 지역을 기반으로 하는 정당들이 마치 빽빽한 숲처럼 서서히 형성되기 시작했다. 이 정당들은 공직을 차지하려는 욕구로 가득했으며, 모두를 다 포괄하겠다는 국민회의당의 전략에 의해 의견 제시의 길이 완전히 막히거나 소외당했다고 느낀 유권자들—특정 종교 신자, 소수 언어 사용자, 소수 종족 집단 등—의 심리를 이용하려고 안간힘을 썼다. 이로써 인도의 정당 체제는, 예를 들자면, 우익 정당, 중도 사회민주주의 정당, 공산주의자들이 장악하는 좌파 정당으로 형성되는 3당 시스템이 아니라, 국민회의당이 한쪽 편, 그리고 그 밖의 정당 전체가 다른 편으로 나뉘어 대립하는 형태가 되어 갔다. 정당들은 각자의 카스트, 언어, 종교를 이유로 자기들끼리 서로 본능적으로 적대시하고 분열된 모습을 보였다. 인도인들이 흔히 하는 말대로 이 수없이 많은 정당들은 각자의 '표밭'을 사냥하는 데 전력을 기울였을 뿐이다.

네루는 국민회의당에 대한 지지를 호소할 때 사람들을 통합하는 일반적인 원칙을 바탕으로 삼았지만 이 소수 정당들은 그렇게 하지 않았다. 이 정당들은 자기 중심적인 충성심을 목표로 삼았을 뿐이다. 이런 배타적 정치는 추문을 양산했다. 표를 얻기 위한 이런 다툼과 함께 종종 나타난 현상은, 입법 기관 내에서 볼썽사나운 추태를 보이거나 막후에서 비열한 배신을 저지르는 것이었으며, 심지어 (2005년 초 찬디가르에서 일어난 일처럼) '민주주의가 살해되었음'에 항의하며 팔에 검은 완장을 한 반대파 의원들에게 경찰이 몽둥이와 물대포를 사용했으며, 비하르 주 같은 일부 주에서는 무법 지대가 확산되는 현상까지 벌어졌다. 이런 곳에서 정당들은 마치 폭력 집단처럼 싸웠다. '자위(自衛) 위원회'가 곳곳에 설립되었으며, 자신들의 목적을 달성하기 위해서는 서슴지 않고 사람을 납치하거나 살해하는 무지막지한 현지 폭력배 두목들이 이 위원회를 운영했다.(이런 사람들을 '다방dabang'이라고 한다.)[17]

외부인들은 (과거 식민지 시절의 편견을 되풀이하듯이) 이런 현상을 두고 원시적 풍습이 귀환했다고 말했지만 그것은 분명 아니었다. 이것은 완전히 현대적이며 지극히 새로운 현상이었다. 과거 식민 시대에 영국인들은 인도 사람을 행정적으로 좀 더 잘 통제하기 위해서 여러 범주로 구별 짓는 추악한 배타적인 정치술을 썼는데, 이 현상은 거기에 일부 뿌리를 두었지만 그것뿐이 아니었다. 배타적인 정치는 오직 한 정당에 의해 지배되는 민주주의 체제가 낳은 독이 든 과일이기도 했다. 이 독성 때문에 인도에서는 국민회의당에 대항하는 무수히 많은 분열적 정당들이 서로 밀고 당기는 혼란이 연출되었다. 하지만 그뿐이 아니었다. 이 독성 때문에 인도에는 훨씬 더 위험한 현상이 나타났다. 즉, 압도적인 지배력을 손에 넣을 잠재력이 있는 새로운 정당이 출현했는데 이 정당은 중간 계급을 기반으로 삼았고 민주주의에 불만이 많았다. 더 많은 힘을 갈망하면서도 권력을 상실할까 봐 두려워하고, 민족주의적 열망을 한껏 뿜어내며, 좀 더 자신감 있으며 좀 더 능률적이며 좀 더 행복하고 심지어 좀 더 '빛나는' 인도를 지향하는 정당이었다. 그리고 이 '빛나는' 인도는 '본질적으로' 힌두교 국가로 규정되었다.

1990년대가 지나면서 민족주의 정당인 '바라티야자나타당'이 주도하면서 십여 개의 정당으로 이루어진 강력한 연합 세력이 부상했는데, 이를 지켜본 인도의 많은 시민과 정치인들은 오싹한 오한을 느꼈다. 이들이 이런 공포심을 느낀 데에는 이유가 충분했다. 이 정당은 지성에 지독한 반감을 표출했으며, 인도의 오래된 일당(一黨) 체제라든가 이 체제 때문에 각 지역의 군소 정당이 혼란스럽게 성장해버린 상황에 의문을 제기했다. 그뿐이 아니었다. 지배권을 장악하기 위해 끈질기게 노력한 이 정당은, 인도 민주주의 역사상 가장 현란한 언어를 구사하고 가장 강력한 대중 매체를 동원해, 결국 인도의 정치를 커뮤니케이션 홍수의 세계로 끌어들였다. 국민회의당은 여전히

인도의 힌두 민족주의 단체인 '라슈트리야 스와얌세박 상그(RSS)'의 행진 모습. 이들이 제복을 갖춰 입고 행진을 하거나 군대식 경례를 하는 것은 1920년대 이탈리아의 파시즘 군사 훈련을 본뜬 것이다.

자신의 정치적 우위를 확신했지만 풀뿌리 조직은 사라졌고 공공 집회와 라디오, 신문의 보도가 지배하던 낡은 시대에 갇혀 있었다. 이런 틈을 타서 바라티야자나타당은 핵심 조직을 동원하기 시작했다. 이런 조직들 가운데에는 '비슈와 힌두 파리샤드'*와 사람들이 큰 공포를 느낀 '라슈트리야 스와얌세박 상그(RSS)'*가 있었다. 200만 명이 넘는 힌두교 활동가들로 구성된 의심쩍은 네트워크인 RSS가 행하는 군대식 경례 동작과 카키색 유니폼을 입고 매일 행진하는 의식은 1920년대에 있었던 이탈리아 파시즘 군사 훈련을 본뜬 것이다.

이런 배후 조직의 지원을 받으면서 바라티야 자나타당은 미디어 정치의 대포를 적들에게 겨누었다. 바라티야 자나타당은 선거 운동을 위한 거액의 재정을 마련하고 비밀스러운 작전 계획을 수립하고 현란한 언어로 된 언론 발표문을 내고 멋진 사진을 찍을 수 있는 장면을 일부러 연출했다. 이 당은 또한 유명 인사를 영입하는 작전을 펼쳤으며 역정보를 흘려 상대방을 교란했으며 적대자의 부정적 이미지를 의도적으로 대중에게 흘리기도 했고, 어

비슈와 힌두 파리샤드(Vishwa Hindu Parishad) '세계힌두교도연맹'으로 번역되는 힌두교 근본주의 단체이다. 1964년에 창설되었으며 힌두교 사회, 문화, 정치 운동을 벌인다.
라슈트리야 스와얌세박 상그(Rashtriya Swayamsevak Sangh) '민족의용조직' 혹은 '민족애국조직'으로 번역되는 단체. 1925년에 창설되었으며 힌두교를 중심에 두고 교육, 봉사 운동을 벌이고 있다. 종종 'RSS'라는 이니셜로 불린다.

떤 정책에 대한 정보를 흘려 대중의 반응을 미리 타진하기도 했으며, 유권 자들을 광고의 홍수 속에 완전히 잠기게 하는 방식도 사용했다. 이런 광고 의 홍수에 대해 이 당의 주요 정치인인 아드바니(L. K. Advani)는 인도의 6억 7천5백만 유권자를 향한 '융단 폭격'이라고 말했다. 이 유권자 가운데 거의 절반이 18세에서 35세 사이였으며 1억 명은 생애 처음으로 투표권을 부여받 은 사람이었다. "저는 인도의 총리 아탈 베하리 바지파이입니다. 제가 당신 께 전화를 건 이유는 다음의 말을 하기 위해서입니다." 2004년 초 몇 달 동 안 벌어진 선거 운동 기간에 3천만 명의 이동 전화 가입자 거의 전부에게 전 달된 녹음 메시지는 이런 말로 시작했다. 이메일 주소가 있는 엄청난 수의 사람들에게도 이와 비슷한 메시지가 전달되었다. 건물의 외벽과 간판에도 자나타당을 상징하는 그림이 가득 그려졌다. 바라티야자나타당 정권이 이 룩한 성과를 홍보하는 멋들어진 텔레전 광고가 계속 떠들어댔다. 이 광 고를 만든 곳은 마침 적절하게도 세계적 미디어 회사인 '그레이 월드와이 드(Grey Worldwide)'였다. 수백만 장의 광고 전단이 수십 개 언어로 인쇄되 어 무수한 우편함 속으로 들어갔다. 외국으로 이민한 인도인 집단 거주지에 도 인공위성 통신을 통해 메시지가 전달되었다. '지리정보시스템(GIS)'을 기 반으로 한 지도 제작 방식이 처음으로 동원되어 각 선거구의 정치적 특징이 통계화되었다. 즉 선거구의 면적, 각 마을의 주민수, 남녀 유권자의 수, 과 거 투표 성향이 집계되었던 것이다. 비하르 주와 우타르프라데시 주 같은 곳에서는 이런 정치적 정보 집계와 측정이 폭력적인 느낌까지 주었다. 투표 소 외곽에 수백 명의 감시단원이 배치되어 마치 무기라도 되는 양 비디오카 메라를 들고 감시하고 있었던 것이다.

'브랜드 관리', '스핀', '마우스 클릭'* 등의 개념에 기반을 둔 방법을 통 해 다양한 메시지가 대대적으로 요란하게 전달되었다. 예를 들면, 바지파 이 총리와 바라티야자나타당이 인도의 경제를 밝게 빛나게 만듦으로써 이 웃한 중국과 경쟁할 수 있도록 했다든지, 인도는 수십 년 동안 2류 정치적 리더십 아래 있었는데 이제 인도인들은 자기 나라를 자랑스럽게 여길 수 있 게 되었다든지, 1998년 첫 번째 핵실험 이후 인도는 세계의 초강대국 대열 로 향하게 되었으며, 예술과 과학과 경제 분야에서 '세계의 구루(guru)'의 지위를 얻게 되었다는 메시지였다. 이런 모든 것 때문에 바라티야자나타당 사람들 일부가 정치 게임의 규칙을 바꾸어야 한다고 말하기 시작했다. 많은 사람들은 정부와 정치가 ─ 특히 바지파이라는 인물을 통해 ─ 개인적 차원의 이미지를 띠는 현상을 긍정적이라고 생각했다. 바지파이는 때로는 인도 전통 의상인 '도티(dhoti)'를 입거나 혹은 화려한 티셔츠를 입고서 무대에서 중심 역할을 수행했는데 이런 그의 역할 덕분에 바라티야자나타당은 대통령 중심제로 가야 한다는 주장을 적극적으로 내세우게 되었다. 다른 규칙 변경의 제안도 거론되었다. 최다 득표자 한 사람만 승리하는 소선거구제를 강화할 것, 국회 의원의 당적 이탈 즉 '소속 정당의 빈번한 변경'을 억제하는 법률을 강화할 것 등이 거론되었다. 바라티야자나타당의 지도부는 고의적으로 모호한 태도를 취하는 오래된 정치적 수사를 사용하면서, "거의 50년 전에 영국의 모델을 본떠서 만든 …… 현재의 의회 민주주의 체제가 갖고 있는 병폐"에 대해 말하기 시작했다. 이 체제가 "기대한 성과를 가져다주지 못했다"는 것과 "우리의 정치 체제에 중대한 변경을 가할 때가 되었다"는 이야기가 언급되었다. 특히 바지파이는 의회가 중대한 정책 사안을 처리하는 데 혼란스럽고 무능한 모습을 보인다고 맹비난하였다. 심지어 그는 "인도의 형편없는 경제 상황의 가장 주요한 원인은 바로 우리가 맹목적으로 영국인들에게서 빌려온 현재의 의회 민주주의 체제"라고 말했다.[18]

바라티야자나타당은 정치 과정에서 그 핵심인 정치를 빼버리고 공공 토론의 시끄러운 모습을 삭제하려는 소망을 갖고 있다. 이런 소망의 실현을 뒷받침해주는 근거는, 당내에 민주주의가 결여되어 있다는 사실, 그리고 바라티야자나타당의 핵심 지지층 ─ 고등 교육을 받았으며 전문직에 종사하는

---

* '브랜드 관리(brand management)'는 특정 상품 브랜드의 이미지를 지속적이고 반복적으로 소비자에게 인식시키는 마케팅 전략처럼, 정치인이나 정당의 특정한 이미지를 체계적으로 반복하여 광고하는 것이다. '스핀(spin)'이란 테니스나 탁구 같은 운동 경기에서 공을 타격하는 순간에 특정 방향으로 회전하도록 하여 공의 궤적이 구부러지게 하듯이, 정보를 전달할 때 왜곡을 가하여 대중의 인식을 특정 방향으로 향하게 하는 수법을 말한다. '마우스 클릭(click of the mouse)'이란 컴퓨터를 사용하면서 마우스를 손가락으로 클릭하듯이 현대의 대중이 간편한 방식으로 자기 의사를 표시하려고 한다는 점에 착안하여, 정치 의사 표현이나 여론 조성 등에 대중이 마우스만 클릭하면 모든 것이 가능한 환경을 조성해, 특정 정치인이나 정당에 유리한 정치 환경을 만들어 가는 것을 말한다.

도시의 중간 계급 — 에게 인도가 '민주주의의 과잉' 때문에 피해를 보고 있다고 당 지도부가 교묘한 방법으로 설득하고 있다는 사실이다. 이러한 전술은 무척 대담한 것이다. 왜냐하면 중간 계급이라면 당연히 민주주의를 선호할 것이라는 많은 서방 분석가들의 믿음을 정면으로 거부하면서, 바라티야 자나타당은 정반대되는 사실을 입증하려 하는 것이다. '빛나는 인도'의 경우에는 소기업인, 지방 소재의 전문직 종사자와 상인 그리고 은행업 종사자로 구성된 중간 계급 사람들이 민주주의에 적극적으로 등을 돌리고 있다고 입증하려는 것이다. 당의 전략가들은 자기편에 도움이 되는 증거가 충분하다고 보았다. 인도 중간 계급의 규모는 1984년 전체 인구의 10퍼센트가 채 안 되었는데 2004년에는 약 20퍼센트가 되었으며, 여론 조사에 따르면 중간 계급의 다수가 과거의 '비상사태' 체제가 인도에 좋았다고 생각하는 경향이 있다는 것이다. 그 시기에 관리들은 뇌물을 받지 않고 일했으며, 거리에서는 시위하는 자들이 깨끗이 청소되었으며, 사재기꾼과 암시장 상인과 부정부패를 일삼는 정치인들은 감옥에 들어가 있었기 때문이라는 것이다. 더욱 의미심장한 것은 다음의 사실이다. 중간 계급 가운데 상당한 비중을 차지하는 사람들은 (1990년대 초 뭄바이, 델리, 캘커타, 방갈로르에서 시행한 조사에 따르면) 민주주의라는 것이 단지 마음의 상태에 불과하며 이런 마음의 상태는 미래에 시선을 둔다면 바뀔 수 있다고 생각한다고 한다. 인도의 '진보'를 위해서 '독재자'가 필요하냐는 질문에, 중간 계급 시민 가운데 과반이 훨씬 넘는 사람들이 그렇다고 답했다.[19)]

민주주의라는 것이 분명 어떤 마음의 상태인 것은 분명하다. 민주주의는 희망적 사고이며 작은 꿈이다. 하지만 어떻게 이렇게 비교적 부유하고 또 훌륭한 교육을 받아 지극히 문명화된 남성과 여성이 이런 생각을 할 수 있을까? 이 질문에 대해서는 인도의 모든 카스트와 모든 환경의 사람들이 앞으로 오랫동안 생각해볼 것이지만, 여하튼 21세기 초 바라티야자나타당의 전략가들은 자신들이 무엇인가 확실한 맥을 잡았다는 것을 알았다. 네루가 이끌던 인도는 평가가 불분명한 여러 유산을 후세에 남겼는데, 그 가운데 하나가 편협한 물질주의적 태도를 진보의 개념으로 인식하는 상당한 규모의 중간 계급이었다. 이들이 바로 일찍이 토크빌이 미국 민주주의의 미래를 예언하면서 걱정한 그 계층이다. 인도의 중간 계급 사람들이 볼 때 잘 산다는 것은 돈을 많이 벌고 자산을 많이 쌓아 두는 것을 의미했으며, 그 가운데에는 자신의 자식이 사회적으로 좀 더 높은 계층과 결혼하리라는 예상이 주는 마음의 평화도 포함되어 있었다. 이들에게 진보는, 이타주의를 사전 속의 단어로 간주하며, 빈자에게는 차가운 태도를 보이는 한편, 인도는 원래 불평등한 사회이며 이는 절대 고칠 수 없다는 생각을 받아들이는 태도였다. 이 계급의 일부 사람들의 의견에 따르면, 중간 계급이 된다는 것은 바로 네루 시대의 굴레를 벗어던지는 것을 의미했다. 네루 시대에는 정부가 민주주의라는 대의 아래 독립적이며 돈에 굶주린 부르주아 계급의 부상을 무슨 수를 써서라도 저지하려고 했다.

이런 과정을 거치면서 상류 카스트이며 중간 계급 가운데에는 민주주의에 대한 무관심한 태도가 자리 잡게 되었다. 이들은 강력하고 개인화된 권력에 확고한 매력을 느끼게 되었으며 이는 다시 전문가와 행정가에 의한 지배를 호의적으로 보는 태도와 맞물리게 되었다. 이들은 열심히 일하며 냉철한 효율성을 과시하여 개인적인 이득을 취하는 것이 훌륭한 행동이라는 사고방식을 지니고 있으며, 이런 사고방식은 국회 의원 대부분이 신뢰할 수 없는 자들이거나 국민의 이해관계를 제대로 반영하지 못하며 또한 정치 시스템 전체가 부정부패의 온상이므로 '정화(淨化)' 대상이 되어야 마땅하다는 인식에 의해 뒷받침된다. 좀 더 빨리 부자가 되려면 당연히 좀 더 자유로운 시장이 필요하다. 좀 더 자유로운 시장은 다시 좀 더 강한 국가 체제를 필요로 한다. 강한 국가는 다시 강한 리더십을 필요로 하며, 타협이나 반대는 적을수록 좋고, 좀 더 분명한 방향 제시가 필요하며, 만일 필요하다면 이런 방향 제시는 강력하고 단호한 손에 의해 주어져야 할 것이다.

민주주의의 과잉이라든가 그런 민주주의의 '정화'가 필요하다는 이야기는, 사람마다 조금씩 다른 것을 의미하지만, 일부 중간 계급 사람들에게 이는 인도의 삶에 들어와 있는 '케저리'*와 같은 성향을 단호하게 배격하는 것을 의미했다. '바니안 민주주의'가 인도인의 삶에서 차지하는 장악력을 완

케저리(kedgeree) 쌀, 달걀, 양파, 콩, 향신료 등을 재료로 한 일종의 비빔밥과 같은 인도 전통 요리.

화해야 한다는 주장은 단순히 빈민에 대한 관심을 줄이자는 요구가 아니었다. 이런 주장은 소수 집단 우대의 원칙이라든가 할당 시스템을 강력하게 부정하는 것을 의미한다. 이런 조치는 하급 카스트에 속한 여성과 남성에게 도움을 주기 위해 만들어진 것이었다. 인도를 '정화'한다는 것은 소수 민족에 대한 공식적인 우대 조치의 중단을 요구하는 것이다.(1986년의 샤바노 재판*을 둘러싼 어이없는 실책은 바라티야자나타당이 즐겨 공격한 사례였다.) 인도의 '정화'를 위해서는 특별히 먼저 '달리트'와 부족민들, 그리고 '기타 후진 계급' 그리고 이슬람계 인도인들 같은 새로운 집단이 세력을 확장하는 것을 막아야 하는데, 그러려면 우선 모든 사람들에게 인도가 본질적으로 힌두교 국가임을 상기시켜야 한다는 것이다. 중간 계급이 보인 민주주의에 대한 냉담한 태도는 결국에는 힌두 민족주의로 귀결했으며, 이 힌두 민족주의는 인도의 세속주의에 정면으로 도전하는 것을 목표로 삼았다. 결국 이들이 원한 것은 인도를 이를테면 '터메릭(강황)' 정치 체제로 만들겠다는 것이었다. 즉 인도가 안정되고 질서가 잘 잡혀 더 잘 관리되며, '할디'의 성질이 배어든 정치적 공동체가 되도록 힘쓴다는 것이다. 터메릭의 힌디어인 '할디'는 '힌두다움'의 상징이며 카레 요리에 사용되는 인도의 가장 유명한 향신료 이름이기도 하다.

이 '터메릭' 민족주의라는 요리를 만드는 조리법은 무엇일까? 가장 먼저 필요한 것은 이른바 무능하고 무력한 사람들에 대한 적대적인 태도이다. 이는 곧 인도에서 충분한 수의 정치적 대표자를 내지 못하는 특정 집단을 무시하는 태도를 의미한다. 예를 들면 이슬람교도가 있다. 이들은 전체 주민의 12퍼센트를 차지하지만 연방 하원에서 이슬람교도가 차지하는 비중은 1952년에서 1998년까지 평균치가 불과 6퍼센트에 불과했으며 1980년 이후에 이 수치는 계속 내려가고 있다. 원칙을 분명하게 세우고 그랬든 혹은 분명한 원칙 없이 현실적인 차원에서 그랬든, 이제까지 인도 민주주의는 다양

---

* 1986년 인도 최고법원은 샤바노(Shah Bano)라는 이슬람 여성의 이혼 수당 요구를 인정하는 판결을 내렸는데 이는 이슬람의 관습에 반하는 판결이었다. 보수적 이슬람 여론이 크게 일어나자 선거에 민감한 라지브 총리(네루의 손자)는 이 판결을 파기하는 조치를 취했다. 이 판결 파기 조치로 두 가지가 희생되었다. 첫째는 인도의 이슬람 여성에 대한 평등이라는 대의명분이다. 둘째는 네루의 세속주의다. 네루의 세속주의는 모든 신앙의 존엄성과 평등한 존중을 원칙으로 했다.(원주)

성을 용인해 왔기에 특별한 민주주의라는 자부심이 있었지만, 힌두 민족주의는 이런 자부심을 내동댕이쳤다. 힌두 민족주의는 각자가 알아서 자기 힘으로 자신의 안위를 돌보는 태도를 지지했다. 이때에도 물론 서로 편의를 봐주는 사람들의 도움은 받을 수 있으며, 그런 사람들이 악당이라도 아무 상관이 없다는 태도였다.[20] '힌두다움'을 맹렬하게 추구하는 이 새로운 중간 계급은 수십 개의 조직으로 이루어진 통합 조직 '상그파리바르'*를 통해 결집해 있는데, 정치적으로는 바라티야자나타당이 이들을 이끌고 있다. 이들은 인도 사회의 쓰레기 같은 인간들에 대해 불만을 품고 있는 사람들에게 서로 단결할 것을 촉구하며, 특히 이런 더러운 세력이 크게 증가하고 있으므로 힘의 원천은 단결에 있음을 강조한다. 이러한 전략은 우선 선거에서 승리를 거두기 위해서 만들어진 것이지만 단순히 그것만이 아니다. 일단 선거의 승리는 확실했다. 이는 특히 사업가 집단과 중간 계급, 상류 카스트 출신의 고등 교육 이수자, '힌두 벨트'*와 구자라트 주의 유권자들에게서 지지를 이끌어냄으로써 달성한 성과이다. 극단적인 모습을 띠는 힌두 민족주의는 인도의 소수자 그룹을 조직적으로 차별하고 탄압하겠다고 선언하며 그렇게 위협을 가하기도 한다. 최악의 경우, 힌두 민족주의는 정치 권력이 후원하는 폭력 행사를 공모하기도 한다. 실제로 바로 그런 일이 2002년 구자라트 주에서 발생했다.

종교 갈등과 민주주의

구자라트 주에서 발생한 폭력 사태가 인도 민주주의에 끼친 영향을 독일 바이마르공화국 말기의 의사당 화재 사건에 비유하는 사람들도 있지만, 이런 표현은 지나친 것으로 밝혀졌다. 하지만 민주주의가 다시는 되돌릴 수

상그파리바르(Sangh Parivar) 힌두교 근본주의를 추구하는 여러 '상그(sangh)'의 통합 조직. '상그'는 힌두교 내 여러 집단의 단결과 다른 종교로 개종을 막는 일을 하는 조직을 가리키며, '파리바르(parivar)'는 가족이라는 뜻이다.
힌두 벨트(Hindu Belt) 힌디어를 쓰는 사람들이 사는 지역. 주로 인더스 강과 갠지스 강 유역이다. 인도 전체 지역의 대략 4분의 1, 인도 전체 인구의 대략 3분의 1을 차지하며, 다른 언어를 사용하는 주민에 비해 월등하게 압도적인 경제적·사회적·정치적 영향력을 지니고 있다.

없을 정도로 철저하게 인도인의 정치적 관념 속에 정착했다고 믿었던 일부 학자들에게 큰 혼란을 줄 만큼 강력한 세력이 인도의 바니안 민주주의에 의해서 만들어졌다는 것은 의심할 여지가 없다. 이 야만적인 폭력 사태는 2002년 2월 말 고드라 역 근처에서 힌두교 활동가들이 타고 있던 객차에 불이 나서 그들이 사망한 사건을 계기로 촉발되었다. 이 사건은 단순한 사고일 가능성도 있다. 그러나 사건 후 일어난 폭력 사태로 천 명이 넘게 죽었다. 사망자는 주로 이슬람교도였다. 이 끔찍한 사태와 더불어 사람들 입에 오른 것은, '후진적', '글을 모르는', '무지몽매한', '전근대적', '광신도' 그리고 '테러리스트'적 성격이 있는 이슬람교도에 대한 이야기였다. 이슬람교도들을 '다시 파키스탄으로' 보내버리라고 외치는 목소리들도 있었다. 구자라트의 폭력 사태는 분명히 인도와 파키스탄이 분할되던 시기의 기억을 되살렸다. 하지만 이 살인 사태의 계획과 실행은 21세기 초라는 시대 상황과 깊은 관련이 있었다.

힌두 민족주의의 샘물에서 쏟아져 나온 이러한 폭력에는 네루 시대부터 시작된, 세속주의에 기반한 포용 정책에 대한 전면적인 거부라는 의미가 있다. 세속주의란 단순히 정부와 시민 사회 사이에 벽을 세워, 신앙자들이 다른 사람들의 방해를 받지 않으면서 종교적 자유를 누리도록 해주는 것을 의미하는 것이 결코 아니었다. 세속주의의 진정한 의미는 정부 정책이라는 지붕을 활용하여, 신앙자들에게 공적인 존엄을 부여하며 그들의 종교적 자유를 보호하고 장려하며 또한 가장 중요하게는 '평등'하게 만드는 데에 있었다. 이러한 평등화 정책은 때로는 개입 자제를 의미했다. 신앙 활동, 유산 증여, 혼인, 이혼 같은 문제는 종교 지도자들이 판단하도록 맡기는 것이 그런 사례이다. 하지만 때로는 직접 개입이 필요한 경우도 있었다. '힌두교 법안'*이 바로 그러한 경우였다. 이 법안은 힌두교 신앙과 관련된 민법적 규범에 근본적인 변경을 가했다. 한편 이슬람의 성직자와 모스크에도 정부의 자금이 지원되었으며 매년 메카로 가는 하즈* 순례 행사에도 상당한 액수가 지원되었다. 다른 종교에 속한 문화 시설과 교육 시설에도 상당한 지원금이

힌두교 법안(Hindu Code Bills) 혼인, 입양, 상속 등 민법적 사안을 다루는 힌두교의 규칙을 법제화한 법안. 1950년대에 몇 차례에 걸쳐 채택되었다.

전달되어서 어떤 경우에는 지원금이 너무 많아서 마치 이런 시설이 인도 정부의 기관인 것처럼 보이는 경우도 있었다.

힌두 민족주의는 종교의 평등을 옹호하는 모든 논리를 배격했다. 대중 매체를 통한 광고 선전 그리고 라슈트리야 스와얌세박 상그 같은 지원 단체 덕분에 대담해진 바라티야자나타당의 민족주의자들은 국가 조직들이 오직 한 종교만을 위해 쓰여야 한다고 주장했다. 한편 이때 그 한 종교는 거칠고 유치한 형태로 규정되어 있었다. 이들은 민주주의가 이 세계에 대한 지나치게 단순화된 인식에 맞서는 끊임없는 투쟁인 반면, 민족주의는 복잡성을 제거해버리고자 하는 시도라는 점을 자신들의 말과 행동으로 확인할 수 있게 해주었다. 민족주의는 순박한 자들의 무지가 아니라 특정한 것들을 알려 하지 않으려는 의지, 즉 선택된 무지이다. 그나마 인도에게 다행스러운 점은, 힌두 민족주의가 이런 고집스러운 무지를 과시하면서도 민주주의라든가 민주주의의 미래에 대해서 어떤 통일된 견해를 내놓지는 못했다는 점이다. 이들 중 일부는 일정한 형태의 독재정을 선호했지만, 또 다른 민족주의자들은 민주주의를 '일인 일표' 원칙으로 이해하고 힌두 민족주의의 대의명분에 수학적으로 잘 맞아떨어질 수 있다고 생각했다. '마이너리티즘'이라는 표현은 바라티야자나타당의 대표 아드바니가 처음 사용했는데, 힌두 민족주의자들도 이런 풍조를 강하게 비판했고, 만일 힌두교도들이 힘을 합쳐 투표한다면 다수결 원칙의 민주주의를 인도라는 정치체의 몸통에 마치 한 자루의 칼날처럼 찔러 넣을 수 있으며, 그렇게 한다면 종래 소수자 집단에 주어졌던 부당한 이익을 다시 쟁취해낼 수 있을 것이라고 생각했다.

이런 부류의 민족주의자들은 터메릭의 특질이 있는 민주주의 체제를 만들어 내는 데 바니안 민주주의 체제를 활용할 수 있다고 보았다. 하지만 터메릭 민족주의자들 중에는 이런 전략에 동의하지 않는 사람들도 있었다. 그들은 20세기 초에 활동했던 힌두 사상가들에게 매력을 느꼈다. 이 힌두 사상가들은 영국인들이 도입했던 유치한 형태의 대의제를 폐지하고 인도 고

하즈(Haj) 모든 이슬람교도는 일생에 한 번 이상 메카를 순례하는 것이 의무이다. 이 의무를 가리켜 '하즈'라고 하고, 순례를 마친 자를 '하지'라고 부른다.

유의 회의체 민주주의를 도입할 것을 꿈꾸었다. 바라티야자나타당의 일부 민족주의자들은 스리 아우로빈도(Sri Aurobindo)와 라다 쿠무드 무케르지(Radha Kumud Mookerji) 같은 힌두 부흥론자들의 말을 즐겨 언급했다. 이들은 민주주의가 인도에서 이미 오래전에 창안되었다고 주장했다. 예를 들어 아소카(Asoka) 대왕 시대의 종교적 회의체가 있었다. 아소카 대왕은 마우리아(Maurya) 왕조의 세 번째 황제로서 기원전 232년까지 생존했고 그때까지 제위에 있었다.[21] 이런 주장에서 정치적 의미를 끌어내는 데 어떤 이들은 진화론적인 의미를 끌어내기도 하고 어떤 이들은 혁명적인 의미를 끌어내기도 한다. 진화론 편에 선 사람들은 민주주의가 자신의 탄생지인 인도를 출발하여 서쪽으로 긴 여행을 했다고 본다. 그리스를 거쳐 영국까지 갔다가 다시 고향인 인도로 돌아왔다는 이야기인데, 인도에서 바로 이 민주주의를 이용하여 영국 지배가 남긴 모든 흔적을 털어버릴 수 있다는 것이었다. 힌두 혁명론자들은 좀 더 종말론적인 입장을 취한다. 그들이 항상 즐겨 이야기하는 것은 1950년 헌법의 폐지이다. "현재의 헌법은 우리 땅의 산물이 아니다. 헌법을 좀 더 우리 상황에 알맞게 만들려면 최소한의 추가 요소가 필요하다." 바라티야자나타당의 K. N. 고빈다차리아(K. N. Govindacharya)의 말이다. "다수-소수의 개념이 아니라 컨센서스, 즉 전원 합의의 개념이 인도에 더 잘 맞는다."[22]

이런 말들은, 종교적 관념에 기반을 둔 '조합주의(corporatism)' 국가를 건설하자는 호소 정도로는 이해할 수 있지만 그 이상 구체적으로 무엇을 의미하는지는 분명치 않다. 이 국가는 특정 세력에게 몰표를 주는 선거구, 정당 간의 끊임없는 다툼, '마이너리티즘', 부패한 의원들, 아무 성과도 없이 시간만 낭비하는 의회의 토론 따위를 철폐할 것이라고 한다. 터메릭 민족주의자들은 힌두교의 근본 성전인 〈리그베다〉에 있는 송가(頌歌)를 반복해 부르면서, 바니안 민주주의라는 이름으로 불리는 천 개의 눈과 천 개의 머리를 가진 무시무시한 괴물을 죽여 이를 제물로 바치기를 바라는 사람들처럼 보인다. 그리하여 결국에는 '브라만' 계급이 대중을 다스리는 더 나은 새 세상을 만들겠다는 것이다.[23] 바니안 민주주의에 대한 이러한 거부적 태도에 따르는 감정은, 현재의 인도가 다원적 시민 사회 국가이며, 과거에서 전해진 지위에 기반을 두지 않고 득표수의 많고 적음과 다양한 대의 장치에 기반을 두는 정치 체제의 보호를 받는 나라라는 것에 대한 깊은 의구심이다. 트리니다드에서 태어난 유명한 인도인 소설가 V. S. 나이폴(V. S. Naipaul)은 한 가지 가능한 미래를 지적했다. 그는 1992년 우타르프라데시 주의 아요디아에 있는 '바브리 마스지드', 즉 '바부르의 모스크'*의 파괴로 촉발된 이슬람교도 박해 행위를 두고 이렇게 말했다. "아요디아는 열정이다. 어떤 열정도 장려되어야 마땅하다. 열정은 창조성으로 이어지기 때문이다."[24]

바라티야자나타당의 무장 깡패들이 이슬람교도 집에 불을 질러 그들을 산 채로 불에 태워 죽이거나 길거리에서 칼을 휘두르거나 황산을 뿌려서 화상을 입히는 행위를 모두 창조적 열정으로 여길 수 있는지는 대단히 의심스럽다. 왜냐하면 이런 상황에서 작동하는 감정은, 나중에 구자라트 주에서 좀 더 조직적인 형태로 드러났듯이 자신들과 다르다든가, 열등하다든가, 잠시 쓰고 버릴 수 있는 존재로 여기는 타인에 대한 노골적인 증오의 감정이며, 이 증오는 주류 정당 정치의 외양을 갖춘 속임수에 의해 뒷받침되고 있다. 터메릭 민족주의가 약삭빠른 여론 조성 전술을 사용하여 그럴듯하게 점잖은 외양을 갖추려고 애쓰는 것은 몹시 우려스럽다. 서로 다른 각각의 청중을 향해 서로 모순되는 메시지를 의도적으로 퍼뜨리는 것은 그들이 애용하는 전술이다. 그들이 애용하는 또 다른 전술은 (구자라트 학살 사태가 벌어진 이후에 그랬던 것처럼) 아무런 조치도 취하지 않는다든지 혹은 일부러 늑장 대응을 함으로써, 그들이 지닌 모순을 짐짓 사소한 것처럼 만들면서 은폐하는 전술이다. 또 정책을 처음 발표할 때 일부러 잔뜩 공을 들여서 모호하게 만들어 제시하는 전술도 있다. 예를 들면 1998년 힌두교도 폭도들이 기독교 교회에 불을 지르고, 인도의 소수 민족 거주 지역에 있는 기독교 공동체를 공격하는 일이 벌어지자, 당시 총리이던 바지파이를 비롯한 바라티야자나타당의 유명 인사들이 기독교 개종의 장점에 대해 국가 차원에서 토

바부르의 모스크(Babur's Mosque) 바부르(Babur)는 15세기 무굴 제국의 제왕인데, 당시 힌두교 성지를 파괴하고 그 위에 모스크를 지었던 것으로 전해진다. 1992년 힌두교 근본주의 집단은 이 모스크를 파괴하였으며 이로써 이슬람교도에 대한 대대적인 탄압 행위가 벌어졌다. 힌두어로는 '바브리 마스지드(Babri masjid)라 한다.

론을 하자고 제안했을 때가 그랬다. 이런 술책이 '개 호루라기'*로 신호를 보내는 수법인데, 이런 수법의 달인은 바로 바지파이 총리였다. "나는 다원적이며 자유주의적이며 세속주의적인 인도를 믿습니다." 2004년 선거를 몇 달 앞두고 델리에서 인도의 이슬람교도들이 가득 들어찬 대운동장에서 이 모호한 처신의 달인이 한 말이다. 하지만 힌두 민족주의의 존경할 만하며 문명화된 얼굴로 인식되던 이 인물은 3년 전 뉴욕에서, 외국에 거주하는 '라슈트리아 스와얌세박 상그' 동료들의 호의적인 반응 속에서 완전히 반대되는 말을 했다. "나의 영혼은 '스와얌세박'입니다.(이 단어의 뜻은 '자원자'이며 이 단체의 모든 적극 활동가에게 주어지는 명칭이다.) 인도 총리라는 나의 직책은 이 첫 번째 직책의 다음 자리를 차지할 뿐입니다."[25]

가계 각층의 많은 시민들은 이런 식의 논리를 접하고 당혹스러워했다. 2004년 4월 중순에 일어난 한 사건의 실상과 그 상징성에 불쾌감을 느낀 사람들도 있었다. 바지파이 총리의 선거구인 러크나우에서 벌어진 '사리(sari) 대소동'이다. 바지파이 총리의 선거 운동 담당자였던 랄지 탄돈(Lalji Tandon)이 선거 직전에 있었던 바지파이의 생일을 축하하는 행사로 2만 명의 가난한 여성에게 공짜로 '사리'를 나누어주기로 했다. 선거 때 공약하는 정책의 의미가 이 사건으로 몹시 왜곡되었다. 공짜 '사리'를 얻으려고 몰려드는 사람들을 제대로 통제하지 못해 21명의 가난한 여성이 사망하고 훨씬 더 많은 사람들이 다쳤던 것이다. 2004년 선거 운동은 인도 역사에서 가장 번드르르한 말의 장난이었으며 가장 더러운 선거 운동이었는데 이와 관련하여 가장 놀라운—그리고 전혀 예상하지 못했던—일은 이런 선거 운동이 많은 인도인들에게 강한 불안을 촉발했다는 점이다. 조직적인 기만 조작이 판치는 놀라운 시대가 되었다는 점, 바니안 민주주의가 위험에 빠졌다는 점, 정보원과 대중 매체 전략가와 경찰과 군인의 도움을 받는 지도자와 단일 정당이 지배하는 국가의 강철 같은 권력에 의해, 인도의 시민들이 분쇄되

개 호루라기(dog-whistle) 개에게 신호를 보내는 특수한 호루라기는 인간의 귀에는 잘 들리지 않는 주파수의 음을 낸다. 정치 지도자가 특정한 그룹에게 신호를 보내면서 겉으로 보내는 메시지와 내면의 메시지가 다른 경우, 특히 부정적인 내면의 메시지를 보낼 때 '개 호루라기' 수법을 쓴다고 말한다.

어 건축물의 잔해 같은 신세가 되는 공포스러운 불명예를 뒤집어쓸 운명에 처했다는 우려를 하게 되었던 것이다. 가장 놀라웠던 것은 바라티야자나타당의 선거 전략에 반대하는 사람들이 힘을 모아, 인도인이 즐겨 말하는 대로, '고양이의 목에 방울을 다는' 일을 실천한 점이다. 2004년 총선거는 놀라운 결과를 내며 바지파이가 이끄는 바라티야자나타당 정부에게 큰 충격과 고통을 주었다. 직전 선거와 비교해서 바라티야자나타당은 44석을 잃었으며 전체 득표율은 22퍼센트 넘게 추락했다. 인도 역사에서 정해진 임기를 다 채운 정부는 국민회의당 정부 이외에 바라티야자나타당이 유일했는데 이 정당이 쫓겨난 것이다. 이 선거에는 빈민들이 대거 투표장에 나왔다. 이들이 던진 수백만의 표 덕분에 인도 역사상 최초로 다수의 소규모 지역 정당들이 모여 국민회의당과 연합해 연립 정부를 세웠다. 하지만 이것뿐이 아니다. 좀 더 중요한 것이 투표함의 힘에 의해 성취되었다. 인도 민주주의 역사에서 두 번째로—'비상사태' 시기가 첫 번째였다.—가난한 이들과 이들의 지지자들은 일찍이 빔라오 암베드카르가 '여러 모순으로 가득 찬 삶'이라고 부른 삶을 인도가 살아갈 수 있다는 것을 증명해 보였으며, 죽어 가는 민주주의에 새로운 생명을 선사할 민주주의라는 키스를 해줄 힘이 시민들에게 있다는 것이 그저 철학자의 몽상만은 아니었음을 증명해 보여주었다.

8장

거대한 변화

통제되지 않는 권력의 위험성은 민주주의 사회의 미덕을 끊임없이 상기시켜준다.
그러나 현대 민주주의는 좀 더 현실적인 철학적·종교적 근거가 필요하다.
이는 단지 민주주의가 맞닥뜨릴 가능성이 있는 위험을 예견하고 이해하기 위해서만은 아니다. 민
주주의에 좀 더 설득력 있는 정당성을 제공하기 위함이다.

_ 라인홀드 니부어(1945년)

우리에게 가까운 시대의 역사를 요약하는 것은 언제나 제일 어려운 일이다. 그래서 까다로운 질문들을 던져본다. 인도에서 민주주의가 승리한 일을 미래의 역사가들이 되돌아본다면 인도 민주주의는 어떻게 기억될까? 좀 더 일반적으로, 1945년 이후 수십 년 동안 민주주의 이상과 제도가 전 세계에서 재탄생한 일을 두고 미래의 역사가들은 어떻게 말할까? 인도 민주주의가 통상적인 대의 민주주의였다고 결론지을까, 아니면 좀 더 놀라운 평가를 내놓을까? 즉 인도와 바니안 민주주의가 아시아의 예외적인 현상이 아니라 사실은 세계적 의미가 있는 실험으로서 민주주의의 전 지구적 변환을 지향하는 것이었다는 결론을 내릴까? 한편, 그런 과정을 거쳐 등장한 민주주의 체제들은 과연 미래의 역사가들이 지닌 기준에 따르면 어떻게 평가될까? 최종적으로 볼 때 이 민주주의 체제들의 강점과 약점은 무엇이었으며, 이 체제들은 전체적으로 얼마나 잘 운영되었을까? 이 체제들은 살아남았나?

민주주의의 지구화

이 질문들에 어떻게 답을 할까 궁리하다 보면 한 가지 요소가 뚜렷이 드러난다. 즉 잔혹함과 독재와 전체주의와 전면전의 손아귀에서 민주주의 이상과 제도가 연출한 아슬아슬한 탈출이 세계적인 차원에서 이루어졌다는 점이다. 민주주의 역사에서 처음으로 '민주주의'라는 언어가 인류 대부분에

게 익숙해졌다. 이는 곧 인류 역사에서 처음으로 민주주의가 이 지구 위 모든 구석에서 시험대에 올랐다는 이야기다. 물론 민주주의의 이상과 제도가 새로운 환경 속으로 확산되었던 선례들은 있다. 또 1945년 이후 민주주의가 다양한 후퇴를 경험한 것도 사실이다. 여러 시기에 세계의 여러 지역에서 그랬으며 특히 중동 지역의 산유국과 사하라 이남 아프리카 지역에서 그런 일이 많았다. 그러나 여전히 우리에게 인상적인 사실은 1945년 이후 반세기 동안 모든 대륙에서 민주주의의 기적들이 발생했다는 점이다.

얼음으로 뒤덮인 남극 땅에도 역사상 처음으로 민주주의가 찾아왔다. 인도 아대륙의 더운 땅에 민주주의가 뿌리를 내렸는가 하면, 아시아의 가장 동쪽에서도 일본을 군사 점령한 조치가 마치 연금술사가 손을 댄 것처럼 곧위에서 아래로 놀라운 민주주의 혁명을 촉발했다. 그들은 적잖은 수단을 써서 성공했는데, 인생이 망가지고 영양실조에 시달리던 수많은 일본인이 점차 그들의 패배한 제국의 지배자들을 경멸하게 되었고 전쟁이 지겨워졌고, 잠시 동안이나마 자신들에게 먹을 것을 주면서 가혹하게 통치했던 미국인들의 손을 시민의 자격으로 물어버렸던 것이다. 국가의 주권인 교전권을 포기한 새로운 헌법으로 보호받던 일본인들은 역사상 처음으로 민주주의의 언어를 말하기 시작했다. 동아시아 지역에서는 또 다른 한 곳, 즉 타이완에서 당당하고 활기 넘치는 민주주의가 탄생했다. 잔혹한 독재정에 끈질기게 저항하면서 그 저항의 힘으로 추동된 타이완 민주주의는 '아시아인들'이 천성적으로 공손하며, 이들의 눈에는 '민주주의'라는 것이 도박, 매춘, 가족 해체를 비롯한 서구의 퇴폐적 풍조와 같은 것으로 보인다는 유럽인들의 편견이 잘못되었음을 증명했다. 그 대신 타이완은 '아시아적' 특질을 지닌 민주주의가 가능하다는 것을 보여주었으며, 수백만 사람들이 자유롭고 공정한 한 표를 던질 자신들의 권리를 신성한 것으로 신속하게 받아들였음을 보여주었다. 타이완의 실험에서 더 큰 의미를 찾을 수도 있다. 중국이라는 대국이 마치 한 마리의 용처럼 바로 곁에서 위협하는 데다가 세계 대부분의 국가가 공식적으로 타이완을 인정하지 않는 상황에서 민주주의가 '주권적' 영토 국경선으로 규정된 '나라'에서만 생존할 수 있다는 근대의 교과서적 법칙에 도전한 것이었다.

거대한 아시아 대륙의 반대편 끝에도 적으로 둘러싸인 환경에 자리 잡은 이스라엘이라는 새로운 정착민 국가가 있었다. 유럽에서 벌어진 집단 학살에서 탈출한 유대인들이 1948년 수립한 이 국가의 사례 역시 놀라웠다. 이스라엘은 의회 민주주의 체제를 갖춘 나라였지만 상당히 특이한 점도 있었다. 유대 정신에 투철한 이 나라에는 아랍계 이스라엘 주민도 소수이지만 꽤 있었다. 비례대표제를 기반으로 한 선거 제도를 시행했고 총리는 직선제로 뽑았으며 강력하고 독립적인 사법부와 자유로운 언론과 강인한 시민 사회가 있었다. 타이완과 마찬가지로, 이스라엘도 교과서적인 민주주의 국가라고 말하기는 힘들다. 이스라엘의 특이한 점은, 유대인 이민과 관련된 사안을 다루는 '유대기구(Jewish Agency)'가 있으며 또한 유대 민족 명의로 상당한 분량의 토지를 보유하고 있는 '유대민족재단(Jewish National Fund)'이 있는데 이 기관들은 국가 속에 따로 존재하는 국가처럼 작동한다는 점이다.

이런 사례 못지않게 놀라운 일은 아프리카의 남쪽 끝 지역에 민주주의가 도래했다는 사실이었다. 길고 긴 투쟁 끝에 결국 흑인들이 백인의 인종주의적 편견에서 해방된 것이다. 1990년 2월 중순의 어느 날, 전 세계 수백만의 사람들은 텔레비전에서 눈을 떼지 못하고 만 27년하고도 한 시간이라는 긴 세월을 감옥에서 보낸 넬슨 만델라(Nelson Mandela)가 자유를 찾는 모습을 지켜보았다. 옅은 갈색 양복에 넥타이 차림을 한 만델라는 자신을 환영하는 군중에게 주먹을 불끈 쥐고 허공을 찌르는 승리의 손짓을 보내고 손을 흔들어준 다음, 은색 승용차에 올라탔다. 자동차는 65킬로미터 떨어진 케이프타운으로 빨리 달렸다. 그곳에서는 25만 명쯤 되는 군중이 뜨겁게 타오르는 태양 아래서 만델라를 기다리고 있었다. 어떤 이들은 나무 위로 올라가 가지에 필사적으로 매달려 있었다. 생애 처음으로 자신들의 지도자의 모습을 조금이라도 눈에 담기 위한 행동이었다. 자동차 행렬은 도시 중심에 있는 '그랜드 퍼레이드' 광장을 향해 가다 서다를 반복하면서 천천히 움직였고, 주위의 시민들은 갑자기 노래를 합창하는가 하면 주먹을 불끈 쥐기도 하고 춤을 추기도 하고 또 녹색, 검은색, 황금색 깃발을 흔들기도 했다. 어느 지점에 이르렀을 때는, 뒤로 물러서라는 확성기 소리에도 아랑곳하지 않고, 수십 명의 사람이 순서를 지어서는 서로 번갈아 만델라가 탄 차의 트렁크에 올라가 서거나 앉는 일도 있었다. 너무도 많은 인파가 몰려들어서 진행 요원들이 만델라를 연단에까지 이동시키는 데 무려 두 시간이 걸렸다. 연단에 오른 만델라는 잠시 아무 말도 않고 서 있었다. 군중을 향해 가볍게 고개를 끄덕인 만델라는 군중을 향해 두 손을 들어 이제 조용히 해 달라는 신호를 보냈다. 거대한 군중의 환호성에 중간 중간 끊기면서 그는 20분간 연설을 했고, 연설 중에 그는 자신이 거의 30년 전에 했던 엄숙한 말을 다시 한 번 반복했다. "나는 백인의 압제에 대항하여 투쟁했습니다. 그리고 나는 또한 흑인의 압제에도 대항하여 투쟁했습니다." 그는 힘찬 목소리로 분명히 말했다. "나는 모든 사람들이 조화롭게 그리고 평등한 기회를 누리면서 함께 살아갈 수 있는 민주적이고 자유로운 사회라는 이상을 품고 있습니다. 나는 이 이상을 위해서 살 것이며 이 이상을 성취하기를 희망합니다. 그러나 만일 필요하다면 나는 이 이상을 위해 내 목숨을 바칠 준비가 되어 있습니다."[1]

무엇이 이 모든 변화를 불러왔을까? 민주주의 역사에서 모든 순간에 그랬듯이, 이 민주주의의 확산 현상에도 수많은 원인이 있었다. 제2차 세계대전 이후 반세기 동안에 선거 민주주의(electoral democracy)의 손길은 사실상 지구의 모든 부분을 건드렸다. 일반적인 경로 따위는 없었던 것으로 보인다. 그리고 인과 관계의 분명한 유형도 없었던 것으로 보인다. 민주주의의 변증법은 모든 과학 법칙을 거부했다. 예를 들면 민주주의와 강력한 중간 계급 사이에 인과 관계의 고리가 있다고 가정하는 법칙도 거부했다.(배링턴 무어는 "부르주아 없이 민주주의 없다."라는 간명한 법칙을 주장했다.)[2] 프로테스탄티즘, 즉 개신교와 민주주의 사이에 밀접한 관계가 있다는 주장도 있었으며, 또한 문자 해독률과 높은 교육 수준에 민주주의가 의존하고 있다는 주장도 있었다. 하지만 민주화라는 현상이 실제로 발생한 장소와 시간을 살펴보면 이 현상은 완전히 우연한 상황에서 발생했다. 확률 모델과 컴퓨터 시뮬레이션을 활용하더라도 민주주의가 언제 어디에서 성공할지는 미리 예측할 수 없었다. 그리고 어떤 사례에서도 특정한 한 가지 요인으로 설명할 수는 없었다. 설명―모든 것을 정신적으로 장악하려는 시도―은 별로 설득력이 없어 보인다. 민주주의는 과거에 언제나 그랬듯이 여전히 수수께끼로 남아 있다. 민주주의는 자신의 비밀을 조심스레 간직한 채 각각 다른 시간에 다른 방식으로 등장했으며 항상 다른 그룹의 친구들과 함께 나타났다.

1945년 이후 민주주의 이상과 제도가 세계적인 현상이 되었다는 인식이 더욱 강해진 것은, 민주주의에 포착하기 힘들며 우연적인 이런 특질이 있기 때문이다. 민주주의는 온갖 종류의 요인으로 확산되었는데 그 가운데 가장 강력한 요인은 의심할 바 없이 이른바 '민중의 힘'이라고 불린 것이었다. 즉 한계를 넘어서 권력을 남용하고 자신의 약속을 실천에 옮기지 않는 오만한 정부를 끝내겠다는 시민들의 결심이다. 세계 곳곳의 독재자들은 대중이 무력으로 유지되는 국가 권력에 반감을 품는 이런 현상에 두려움과 위기감을 느끼기 시작했다. 독재자들 중 상당수는 민주주의자를 자처했다. 인도네시아가 한 예이다. 1950년대에 인도네시아의 권력자들은 '교도 민주주의'*를 언급하기 시작했다. 많은 독재자들은 어쩔 수 없이 후퇴를 하거나 수세적인 입장을 취하게 되었으며, 때로 극적인 상황을 연출해서 대중 매체의 구경거리가 되기도 했다. 이런 미디어 이벤트로는 우선 네루의 '운명과의 밀회(Tryst with Destiny)' 연설이 있었다. 이 연설은 민주주의 역사의 새 단계를 여는 위대한 연설의 하나였다. 이 연설의 수사적 힘과 어깨를 나란히 할 수 있는 것은 1963년 6월 마지막 주에 전 세계 수백만 청취자에게 라디오로 중계된 존 F. 케네디 대통령의 '나는 베를린 사람입니다(Ich bin ein Berliner)' 연설이다. 케네디 대통령이 독일어에 서툴러서 "나는 베를린 사람입니다."라고 말하려던 것이 "나는 도넛입니다."가 되었다고 생각하는 독일인들도 있었지만* 독일인들은 미국 대통령의 이런 실수를 용서해주었으며, 미국 대통령은 이 연설을 통해 자유의 불가분성(不可分性), 그리고 전 세계의 민주주의자들에게 베를린 시민이 될 자격이 있음을 강조했다. "자유에는 많은 어려움이 있으며 민주주의도 완벽하지는 않습니다. 그러나 우리는 국민을 그 안에 가두어 두고 우리로부터 떠나지 못하게 하려고 장벽을 세워야 했던 적은 없습니

교도 민주주의(guided democracy) 민주주의를 표방한 일종의 강력한 독재 체제를 일컫는 용어. 인도네시아의 수카르노(Sukarno) 전 대통령은 서구 정치 제도의 모방이 아닌 인도네시아에 적합한 민주주의를 제창했는데, 그것이 바로 일반 대중에 대한 엘리트의 교도적 역할을 강조한 교도 민주주의이다.

* '베를리너'는 베를린 시민 혹은 베를린 사람이라는 뜻이지만, 베를린을 비롯한 독일 북부 지방에서 흔히 먹는 도넛의 이름이기도 하다. 여기서 독일어 정관사 'ein'을 붙인 것이 맞는지 틀린지를 놓고도 논란이 있었다. 정관사가 들어가면 빵을 의미한다는 주장이 있었던 것이다.

2002년 아라칸 주의 집회에 참석한 아웅 산 수 치. 오랫동안 미얀마 민주화 운동의 선봉에 섰던 아웅 산 수 치는 2015년 총선에서 민족민주동맹(NLD)을 승리로 이끌어 군사 독재를 종식시켰다.

다." 케네디 대통령의 연설에 베를린 사람들은 큰 박수를 보냈다.[3] 이런 신념과 동일하다고 할 수 있는 또 하나의 신념은, 장벽과 감옥과 군대로 뒷받침되는 정부의 무력에 대항하는 강력한 무기가 바로 민주주의라는 것이다. 이 신념 덕분에 훗날 수백만의 사람들이 어느 특출한 체코의 극작가를 주목하게 되었다. 그는 국가 권력 기관에 대항하여 용감하게 저항하다가 체포되어 감옥에 갇혔는데, 감방에 있는 동안 심한 병에 걸렸다. 바츨라프 하벨(Václav Havel)은 자신의 석방을 요구하는 국제적 운동의 중심에 자신이 있음을 발견했다. 세계의 언론은 또한 좀 덜 알려진 인물들에게 마이크와 카메라를 들이대기도 했고 이들 중 몇몇은 즉시 전 세계적으로 유명한 인물이 되었다. 톈안먼 학살 사건 다음 날 한 젊은이는 종이 쇼핑백 하나만 달랑 들고는 중국 군대의 탱크 행렬과 대결하는 모습을 보였다. 또 다른 나라에서는 한 여성이 총살 집행 대열 앞에 당당히 서서 그들을 굴복시켰다. 그녀를 죽이라는 명령을 받은 군인들은 방아쇠를 당길 의지가 꺾였다. 그녀의 이름은 아웅 산 수 치(Aung San Suu Kyi)였다. 미얀마어로는 '이상한 승리의 밝은 집합체'라는 뜻이다. 수 치는 병사들 대열 속으로 홀로 우아하게 그리고 두려움 없이 걸어갔다. 그 뒤 수 치는 가택에 연금되어 오랫동안 갇혀 있어야 했지만 전 세계 사람들은 수 치를 잊지 않았다.

물론 1945년 이후 수십 년간 퇴보한 경우도 많았다. 어느 관찰자에 따르면, 1958년에 실제로 민주정으로 작동하던 32개 국가(1945년에는 12개 국가밖에 없었다)의 3분의 1이 1970년대 중반에는 어떤 형태로든 권위주의 체제로 전락하고 말았다고 한다. 또 다른 관찰자에 따르면, 밥 딜런이 〈나의 무덤을 깨끗하게 지켜주오(See That My Grave Is Kept Clean)〉를 녹음했던 1962년도를 보면 전 세계에서 13개의 정부가 쿠데타의 결과물이었다고 한다. 밥 딜런의 〈폭풍우로부터 피난처(Shelter From The Storm)〉가 나온 1970년대 중반이 되면 군사 독재 국가의 수는 거의 세 배로 늘어나 38개국이 된다.[4] 이런 변화는 불쾌한 순간들로 점철되었으며 때로는 극도로 험악한 상황을 연출했다. 1973년 11월 중순의 어느 날 '아테네 공과대학(Athens Polytechnic)' 학생 수백 명이 '데모크라티아'의 오래된 정치 체제에 다시 영혼을 불어넣으려고 시도했다. 교정에 바리케이드를 치고 들어앉은 학생 지도부는 나름의 라디오 방송 송출 시설을 갖추고 파파도풀로스(Papadopoulos) 대령이 이끄는 군사 정부에 반대하는 항의 방송을 시작했다. 학생들이 끊임없이 내보낸 방송 내용은 다음과 같다. "여기는 공과대학입니다! 그리스 국민 여러분! 우리 공과대학은 독재에 항거하고 민주주의를 수호하는 우리의 투쟁, 여러분의 투쟁, 그리고 우리 모두의 투쟁에 선봉에 서 있습니다!" 11월 17일 토요일 새벽이 되자 독재 집단에서 응답이 왔다. 프랑스에서 생산된 AMX-30 전차가 대학 정문을 부수고 밀고 들어왔다. 학생 수십 명과 그들의 지지자들이 총에 맞아 죽었으며, 그들 가운데 일부는 건물 옥상에 배치된 저격병에 의해 사살되었다. 하지만 민주주의 역사에서 종종 그랬던 것처럼, 이러한 폭력 행위는 놀라운 상황 전개의 계기가 되었다. 디미트리오스 이오안니디스(Dimitrios Ioannidis) 준장이 이끄는 강경파가 군대 내부에서 다시 쿠데타를 일으켜 정권을 잡은 후, 키프로스를 둘러싸고 터키와 어리석은 군사 충돌을 일으켰다. 이 충돌은 곧바로 그리스 군사 정부의 몰락을 불러왔다. 학생들은 이 모든 과정을 지켜보면서 한편으로는 고통스러웠지만 또 한편으로는 승리의 쾌감을 맛보았다.

그리스의 이런 놀라운 상황 전개는 반(反)민주주의적인 경향은 오래 지속될 수 없으며, 세계 각지의 권위주의적 정권은 결국 후퇴하거나 확실한 패

1973년 11월 17일 새벽, 그리스군이 전차를 동원해 아테네 공과대학 정문을 부수려 하고 있다. 군사 독재에 맞서 민주주의를 요구한 대학생들과 지지자들이 잔인하게 진압당하자 국제 여론이 들끓었다.

배를 당할 운명이라는 것을 확인해주었다. 갑자기 군인들의 권력이 아주 보잘것없게 느껴졌다. 이제까지 시민들을 짓밟고 군대의 힘에 올라타서 지배권을 쥐고 있던 사람들이 결정적인 상황에 이르자 주춤거리면서 뒤로 물러섰기 때문이다. 고위 군 장교들은 이제 전문 직업 장교의 역할을 하면서 정치라는 더러운 일에는 관여하고 싶지 않은 듯했다. 군인들의 이런 태도 변화를 더욱 부추긴 것은 군인들을 상대로 싸우던 사람들이 확고하게 내보인 평화적인 의사였다. 20세기의 무시무시한 폭력을 경험한 대부분의 민주주의자들은 이제는 철조망과 가축용 꼬챙이, 전차, 최루 가스가 없는 세상을 원했으며, 거리에서 저벅저벅 소리를 내는 무거운 군화의 무서운 발자국 소리에 시달리지 않으면서 살고 싶었다. 폴란드의 철저한 민주주의자인 아담 미흐니크(Adam Michnik)는 이렇게 말했다. "일반적으로 독재정은 거리의 안전과 초인종의 공포를 보장한다. 민주정에서 길거리는 어쩌면 어두워진 이후에는 안전하지 않을지 모르지만 새벽에 당신의 집을 방문하는 사람이 있다면 그 사람은 아마도 우유 배달부일 것이다."[5]

이 발언은 비유적으로 전 세계의 각기 다른 환경에 처해 있던 수많은 사람들에게 진실처럼 들렸다. 예를 들면 포르투갈이 있다. 1974년 4월 25일 자정 직후, '국군운동(MFA)'의 지휘부였던 젊은 장교들은 그들의 상관들에게 맞서는 완벽한 군사 작전을 개시했다. 군부대들은 주요 정부 부서 건물을 장악했다. 우체국, 전화국, 방송국도 점령되었고 공항도 마찬가지였다. 다음 날 늦은 아침이 되자 마르셀루 카에타누(Marcelo Caetano)가 이끄는 독재 정부는 외부 세계와 완벽하게 격리되었다. 리스본의 거리에는 엄청난 인파가 몰려나와서 경계를 서고 있는 군인들에게 박수갈채를 보냈다. 새로운 민주주의 정신을 축복하듯, 이제까지 시민들의 적이었던 군인들의 소총 총구에는 싱싱한 붉은 카네이션이 꽂혔다. 카에타누는 이날 오후 굴복했다. 이리하여 민주주의로 이행이 시작되었다. 이웃 나라인 에스파냐도 포르투갈과 거의 같은 운명을 맞았다. 프란시스코 프랑코(Francisco Franco) 장군이 1975년 11월 사망하면서 군사 정부가 붕괴한 것이다. 프랑코가 권좌에 오른 것은 에스파냐 내전과 밀접한 관련이 있었다. 프랑코 반대자들에게는 강력한 보복으로 '백색 테러'가 자행되었으며, 많은 사람이 처형당하거나 납치되어 행방불명되었고, 집단 수용소에 끌려가기도 했다. 또 수많은 시민들이 국외로 추방되고 현장에서 즉결 처분을 당하기도 했다. 군부가 휘두른 이런 폭력에 대한 공공의 거부감은 이로부터 십 년 뒤 필리핀에서 그 모습을 드러냈다. 이곳에서는 한밤중에 정권이 교체되는 일이 벌어졌는데 다만 이때 행동에 나선 것은 군인이 아니라 선거 과정을 통제하던 민간 관리들이었다. 선거 결과가 페르디난드 마르코스(Ferdinand Marcos) 장군이 이끄는 군사 정부에 유리하게 조작될 것이라고 확신한 관리들은 개표 작업을 중지했다. 미얀마에도 이와 비슷한 감정에 휩싸였던 이들이 있었다. 1988년 9월 미얀마 독재 체제의 수도 랑군(오늘날의 양곤) 거리를 50만의 시위대가 행진했다. 어떤 이들은 미국의 국기를 들고 있었으며 시민 한 무리는 미국 대사관 앞에 모여 에이브러햄 링컨의 '게티즈버그 연설'을 낭독했다. 더듬거렸지만 정확한 영어 발음이었다.[6]

라틴아메리카의 민주 회복

권위주의적 정부가 한계를 넘어섰다고 시민들이 직감적으로 느끼는 일은 특히 카우디요 민주주의의 탄생지인 라틴아메리카에서 강하게 나타났다. 곧 이곳의 군사 독재 체제들은 마치 화재에 휩싸인 건물처럼 연달아 무너졌다. 이런 변화의 선두에 선 나라가 우루과이였다. 제2차 세계대전이라는 가장 암울한 시기에 우루과이는 입헌 민주주의 체제로 복귀하며, 다시한 번 라틴아메리카의 가장 주요한 민주주의 실험실이라는 명성을 확고히 굳혔다. 곧이어 브라질이 선거 민주주의를 향한 힘겨운 발걸음을 내디뎠으며 중앙아메리카의 작은 나라인 코스타리카가 그 뒤를 이었다. 코스타리카 주민의 대부분은 에스파냐의 카탈루냐, 바스크, 갈리시아 지역의 후손이었다. 1948년에서 1949년에 걸쳐 내전을 겪은 후, 호세 피게레스 페레르(José Figueres Ferrer)의 새 정부는 민주주의 역사에서 이전에는 단 한 번도 시도된 적 없는 놀라운 조치를 취했다. 미래의 군사 쿠데타의 가능성을 없애기 위해 군대를 해체한 것이다. 그리고 군대 대신에 경찰로 이루어진 '공공 안전 부대'를 창설해 선거로 뽑힌 사람들이 지휘하도록 했다. 이렇게 하여 코스타리카는 라틴아메리카 지역에서 가장 성공적인 선거 민주주의 체제를 갖추게 되었다.

1945년과 1946년에 아르헨티나, 페루, 콜롬비아, 베네수엘라에서 국민들의 선거를 통해 새 정부가 들어섰다. 그다음에 일시적으로 이른바 '관료적 권위주의' 체제로 전환된 곳이 있었다. 이런 반(反)민주주의적인 주사위가 던져진 곳은 1960년대 초의 페루였다. 군대가 갑자기 선거에 무력으로 개입해서는 선거 결과를 조작해버린 것이다. 1970년대 초에는 이 지역의 열 개 국가 가운데 여덟 국가가 자유롭고 공정한 선거 없이 정부를 운용했다. 그러나 민주주의의 시계추는 다시 한 번 힘차게 앞으로 전진했다. 1980년대 말이 되면 열 개 국가 가운데 아홉 국가의 정부가 국민의 선거를 통해 구성되었다.

민주주의가 회복되도록 충격을 준 곳은 에콰도르였다. 에콰도르의 군사 정권은 정치로부터 물러나겠다는 놀라운 발표를 했다. 새로운 헌법이 신속히 입안되었으며 1979년에 민간인 정부가 들어섰다. 볼리비아에서도 이와 비슷한 일이 벌어졌다. 이 과정이 시작될 때는 불안한 모습을 보였지만 결국 1982년 민간인 대통령이 선출되었다. 페루도 마찬가지였다. 페루 국민은 제헌 의회를 새롭게 선출하여 헌법을 제정한 다음, 2년 임기의 새로운 민간

"민주주의 Yes, 굶주림 No". 1970년대 말, 볼리비아의 어느 공
공 집회에서.

인 대통령을 선출했다. 그 뒤로 이 지역에서 민주화는 빠른 속도로 진행되
었다. 1982년 1월 온두라스에 민간인 대통령이 취임했고, 과테말라는 1984
년 제헌 의회를 선거로 구성한 다음, 이듬해에 새로운 대통령을 선출했다.
엘살바도르에서는 1984년 치열한 선거 끝에 호세 나폴레온 두아르테(José
Napoleón Duarte)가 대통령에 올랐다. 한편 1988년 멕시코에서는 반세기 이
상 집권한 제도혁명당(PRI)이 대통령 선거에서 아슬아슬하게 승리하지만,
다음 해에 이 정당은 역사상 처음으로 한 개 주의 주지사 자리를 잃었다.
(제도혁명당은 60여 년간 멕시코의 주지사 자리 전부를 석권했는데 1988년 야당인
국민행동당의 비센테 폭스가 과나후아토 주지사에 당선되면서 그 기록이 깨졌다.)

같은 시기에 브라질 역시 그 나라 역사에서 가장 폭압적이고 범죄적이었
던 독재 체제를 종식하기 위한 작업을 시작했다. 1974년 8월 충성스러운 지
지자들의 모임에서 당시 대통령이었던 에르네스투 게이젤(Ernesto Geisel) 장
군은 '천천히, 단계적인, 안전한 압력 저하'의 필요성을 이야기했다. 포르투

같어로 '아베르투라(abertura)', 즉 정치적 개방 작업은 처음에는 엘리트 집단에만 해당되었다. 파업권은 허용되지 않았지만 언론의 자유, 인신 보호영장 제도, 정치범 사면, 정당 구성의 자유권, 주지사에 대한 직접 선거권은 회복되었다. 군부에서는 '상대적 민주주의(relative democracy)'에 대한 논의가 오갔으며 언젠가는 민주주의의 '완전한 확립'이 이루어질 것이라는 이야기도 있었다. 브라질의 정치 언어의 중심에는 오랫동안 다음과 같은 낡은 통념의 말이 있었다. "투표가 당신의 위장을 채워주는 것은 아니다.", "정치에서 중요한 것은 사실이 아니라 어떤 식으로 그 사실을 표현하는가이다.", "자신이 핍박받고 있다고 느끼는 사람은 교회의 주교에게 가서 호소하라." 같은 말이었다. 이런 말들이 오가던 자리를 이제는 민주주의의 장점에 대한 진지한 공적 논의가 차지하기 시작했다. 공군 장관 델리우 자르딩(Délio Jardim)은 다음과 같이 말한 것으로 전해진다. "지금 식탁 위에는 뜨거운 수프가 놓여 있다. 흥미로운 사실은 아무도 이 식탁을 뒤엎으려 하지 않는다는 것이다."[7] 이렇게 시작된 변화는 결국 1985년 초 민간인 대통령이 취임하는 결과로 이어졌다. 독재 체제가 시작된 지 20년 만에 일어난 일이었다.

체코의 벨벳 혁명

이런 일이 벌어지는 사이, 라틴아메리카 전체가 아르헨티나에서 벌어지는 놀라운 변화를 지켜보고 있었다. 영국의 총리 마거릿 대처(Margaret Thatcher)는 말비나스 제도(포클랜드 제도의 아르헨티나 명칭)를 상대로 하여 정당성이 의심스러운 전쟁을 추진했다. 이 전쟁에서 패배하면서 아르헨티나의 폭압적인 군사 정부는 수세에 몰렸다. 곧이어 1983년에는 선거를 거쳐 민간인 정부와 대통령이 선출되었다. 선거 민주주의의 회복은 군사 독재가 자행한 '더러운 전쟁'의 끔찍한 세부 내용을 처음으로 드러냈기 때문에 많은 시민이 고통을 겪었지만, 그렇더라도 이러한 변화는 열광적인 환호를 불러일으켰다. 새로 대통령에 선출된 라울 알폰신(Raúl Alfonsín)은 당시의 분위기를 거창한 주장으로 요약했다. "민주주의와 함께 국민은 음식을 먹게 될 것이며 교육을 받을 것이고 더 건강해질 것이다."

군사 독재의 종식은 모든 나라에서 쓰디쓴 눈물과 핏자국을 남겼지만, 이 기간에 민주주의의 회복은 거의 모든 이들에게 대단한 놀라움으로 다가왔다. 이따금 이러한 부활은 대중의 기쁨으로 승화되었다. 아르헨티나의 이웃 국가인 우루과이가 그랬다. 1980년 11월 우루과이에서는 놀라운 '민중의 힘'이 발현되었다. 결의가 굳은 용감한 다수 성인들이(57퍼센트) 군사 정부에 대항한 것이다. 군사 정부는 행정부의 권력을 편향되게 강조한 새 헌법의 찬반을 국민 투표에 부쳤는데, 대체로 공정한 정부 관리들이 이 국민 투표를 감독했다. 그런데 국민 투표를 치른 긴 하루가 끝나 갈 무렵 수천 명의 유권자가 투표가 거의 끝나 가는 투표소로 몰려들면서 사람들의 감정은 한껏 흥분 상태로 고조되었다. 이들은 현재 집권하고 있는 군사 정부가 투표함들을 파괴해서는 안 된다고 소리를 높였다. 긴장된 두 시간이 흐른 뒤 시민들의 민주주의적 요구가 공식적으로 받아들여졌다. 군부가 어리석은 실수를 저질렀다는 것—상급 장교들 중 많은 수가 속으로는 민주주의의 회복을 바라고 있었다.—이 모든 사람의 눈에 명백해 보였다.

국민 투표를 앞둔 몇 주일 동안 군사 정부 당국은 프로파간다의 거대한 물결로 국민들을 완전히 덮어버리려고 했다. 텔레비전, 라디오, 신문은 불길한 경고로 가득 찼다. 제안된 헌법안에 반대표를 던지는 것은 조국에 반대하는 것과 마찬가지라는 말들이었다. 살찐 얼굴의 대통령은 텔레비전 중계 연설에서 이런 질문을 던졌다. "여러분은 어떤 정부를 원하는가?" 그러고 나서 질문에 스스로 답했다. "제정신이 박힌 사람이라면 누구라도 '무책임한 의회제 정부'는 원하지 않을 것이다." 그 이유는, 현재 필요한 것은 "우루과이에 꼭 필요한 법률을 통과시킬 수 있는 행정부 권력"이기 때문이라고 말했다. 대통령의 답에서는 독재의 냄새가 풍겼다. 독재의 냄새가 나는 것은 또 있었다. 바로 대통령의 지지자들이 쏟아낸 경고의 말들이었다. 이 새로운 헌법이 승인되지 않는다면, '질서 파괴'와 '공산주의'와 '무기한 파업', '거리의 테러'라는 길로 조국이 곤두박질치고 말 것이라고 그들은 경고했다. 정부의 선전은 심지어 미국 대통령 로널드 레이건(Ronald Reagan)을 향한 사랑 노래까지 불렀다. 레이건 대통령이 현 상태 유지를 원하고 있으며 국가 헌정 구조 변경에 반대한다는 것이었다. 이러한 조직적 기만 행위는 정반대의 효과를 냈다. 투표율은 세계적으로 보아도 기록적인 수준인 85퍼센트였다. 우루과이의 유권자는 확실하게 '노!(No!)'라고 말했다. 하지만 여전히 계엄령이 해제되지 않았기 때문에 시민들은 거리로 몰려나올 수 없었다. 그래서 그들은 노란색 옷을 차려입었다. 노란색은 민주적인 반대파를 상징하는 색깔이었다. 그리고 그들은 몬테비데오의 민영 라디오 방송국 소유자인 저명한 헤르만 아라우호(German Araujo)의 조언을 따랐다. 시민들은 자신의 입을 사용하여 이른바 '스마일 혁명(smile revolution)'을 널리 퍼뜨린 것이다. 입술 양 끝을 살짝 올리는 단순한 동작으로 친구, 동료, 그리고 길거리에서 마주친 낯선 이들에게 자신들이 이룬 멋진 승리를 보여주었다.[8]

우루과이의 승리는 많은 사람이 각각 자신의 삶에 변화가 필요하다고 느낄 때 놀라운 일이 벌어질 수 있다는 것을 증명했다. 특히 이들이 서로 굳게 단결하여 두려움 없이 이 세상을 더 나은 곳으로 만들겠다고 결심하는 경우에 말이다. 이제 우리는 민주주의의 이상과 '정신'과 제도의 가장 큰 승리라고 말할 수 있는 사건에 맞닥뜨리게 된다. 1989년 여름과 가을에 걸쳐 중부 유럽과 동부 유럽에서 폭발적으로 발생한 '벨벳 혁명'이라는 놀라운 사건이다.

이런 변화에 어떤 요소가 가장 중요한 역할을 했는지를 두고는 의견이 분분하다. 어떤 이는 동독의 여름 여행객들이 오스트리아로, 그리고 서방으로 가도록 허용한 동독 정부의 결정이 티핑포인트였다고 주장한다. 또 동독 당국이 시위대를 향해 무력을 사용하지 않을 것이며, 그리하여 공산 정권에 반대하는 사람들에게 톈안먼 방식의 해결책을 쓰지 않기로 결정한 것이 가장 결정적인 순간이었다고 주장하는 이들도 있다. 또 다른 이들은 이런 현상의 배후에서 벌어진 상황을 강조하기도 한다. 예를 들면 레이건 대통령이 소련에 맞서 강력한 군사적 대결 자세를 취했다든가 미하일 고르바초프(Mikhail Gorbachyo)가 1985년 3월 권좌에 올랐다든가 하는 요인 따위이다.

모든 혁명은 사람들에게 그 마술 같은 시작점이 언제였는지 콕 집어내고 싶은 충동을 느끼게 한다. 중부와 동부 유럽에서 1989년 여름부터 시작된 놀라운 변화는 어떤 기준에서 보더라도 엄청난 규모였으며 또 엄청나게 빠르게 진행되었다. 대표적인 사례는 1989년 11월 중순에 체코슬로바키아에서 일어난 벨벳 혁명이다. 이 이름은 1960년대 뉴욕의 실험적 록 밴드 '벨벳 언더그라운드'에서 살짝 빌려온 것인데, 혁명이 일어난 첫날에 끔찍한 폭력이 있었다는 사실을 고려하면 역설적인 이름이다. 프라하에 있는 '병리학연구소' 앞에서 1만 5천 명이나 되는 학생들이 평화적인 집회를 열고 있었다. 50년 전 나치 점령 시기에 희생된 한 학생을 기념하기 위한 행사였다. 공산당은 이 집회를 공식 승인했으며 이 집회에서 연설한 공식적, 비공식적 연사들의 명단은 '청년공산동맹', 즉 '콤소몰'*의 대학 평의회가 준비했다. 학생들은 프라하 시내의 비셰흐라드 지구에 있는 슬라빈 공동묘지까지 행진하여 19세기 시인 카렐 히네크 마하(Karel Hynek Mácha)의 무덤 곁에서 집회를 열 예정이었다. 관계 당국과 합의한 바에 따르면 매년 하던 대로 여기에서 촛불을 켜고 화환과 꽃을 바치고 국가를 부른 다음 조용히 해산할 예정이었다.

합의 내용의 마지막 조항에서 일이 틀어졌다. 가을 저녁의 어둠 속으로 뿔뿔이 흩어질 예정이던 수천 명의 학생들은 대담해져서 원래 계획에 없던 행동을 했다. 바츨라프 광장으로 행진을 시작한 것이다. '식물원'에 이른 학생 무리는 경찰에 의해 잠시 행진을 멈추었는데 이때 갑자기 긴장이 고조되었다. 멀리서 경찰이 지시 사항을 확성기로 알렸다. 시위대는 국가를 부르기 시작했다. 얼굴이 굳은 경찰들이 경찰봉을 휘두르며 이 나라에서 가장 훌륭한 두뇌를 소유한 젊은이들 사이를 마치 쐐기처럼 빠른 속도로 뚫고 들어왔다. 몸싸움이 시작되었다. 고함과 노랫소리가 터져 나왔다. "우리는 무장하지 않았다." 그리고 "폭력을 멈춰라!"라는 함성이 터져 나왔다. 그 함성은 잠시 동안 저벅거리는 군홧발 소리를 덮어버렸다. 시위대는 힘겹게 경찰 부대를 따돌리고 계속하여 바츨라프 광장을 향해 도전적인 태도로 행진했다. 호기심 어린 행인들이 마치 기도회를 뒤따르는 수도승처럼 행렬에 가담했다. 연극배우들과 극장의 직원들까지 가담했다. 금요일 저녁을 카페에서 보내던 손님들도 얼른 음료를 삼키고는 군중에 합류했다. 이런 모습을 보고 젊은 시위대는 더욱 용기를 얻었다. 그들은 도전적인 말투로 계속 같은 구호를 외쳤다. "함께합시다! 함께합시다! 우리 국민 모두 힘을 합칩시다!"

콤소몰(Komsomol) 소련에서, 사회주의 정치 교육을 위하여 공산당의 지도 아래 조직한 청년 단체. 15~26세의 남녀를 대상으로 1918년에 조직했다.

이 시위 행렬이 프라하 중심부의 복잡하고 좁은 거리를 천천히 지나는 동안, 국영 텔레비전 방송과 라디오 방송에서는 추모의 날을 '반(反)사회적 분자들이 납치했으며, 이들이 어떤 자들인지 경찰은 잘 알고 있다'는 내용을 담은 성명서가 발표되었다. 성명서는 사회주의 국가에 적대적인 구호를 외치는 사람들을 비난했는데, 성명서에 따르면 시위대들은 '대화, 개혁, 민주화'에 무관심한 자들이었다. 성명서에는 결론적으로 '질서 유지 당국은 평화와 질서를 회복하기 위해 필요한 수단을 취할 수밖에 없다'는 주장이 들어 있었다.[9]

경찰은 사람들을 계속 체포했다. 그러나 학생 시위대가 '국립 극장'에 이르렀을 무렵에는 시위 인원이 무려 5만 명으로 늘어 있었다. 오랜 세월 동안 서로 격리되어 살아 온 사람들은 함께하고 싶어 안달이 난 것처럼 보였다. 이제 이 항의 행동은 새로운 차원으로 이동한 것 같았다. 그래서인지, 8시쯤 시위 행렬이 '나로디 티다'라는 이름의 거리에 들어서자 행렬의 앞과 뒤에 흰색 헬멧을 쓴 진압 경찰의 장벽이 세워졌다. 행진하는 사람들이 바츨라프 광장에 못 들어가도록 저지하기 위한 조치였다.

사람들은 탈출로가 막혔음을 불현듯 깨달았다. 진압 경찰에게 꼼짝 못하고 당할 수밖에 없는 상황이 된 것이다. 사람들은 최악의 상황을 각오했다. 곧 아수라장이 될 것이라고 직감했다. 앞뒤가 막혀 공포를 느끼기 시작한 사람들은 다시 한 번 "폭력 반대! 폭력 반대!"라고 소리치기 시작했다. "자유! 자유!"라고 외치면서 포획자들을 조롱하는 사람들도 있었다. 다시 해산을 명령하는 확성기 소리가 울려 퍼졌다. 이제 사람들은 이 해산 명령이 더는 우스갯소리가 아니라는 사실을 깨달았다. 도망가려야 갈 곳이 없었기 때문이다. 부들부들 몸을 떠는 사람들이 많아졌다. 이들은 그냥 제자리에 풀썩 주저앉았다. 국가가 터져 나왔다. 〈우리 승리하리라〉라는 노래도 뒤따라 나왔다. 체포의 시간이 다가왔다. 몇몇 젊은 여성들이 얼굴이 굳은 경찰에게 꽃을 내밀었다. 수백 개의 촛불이 켜졌다. "폭력 반대! 폭력 반대!", "자유! 자유!" 촛불의 힘을 믿는 이들은 이렇게 외쳤다. 촛불이 그들의 얼굴을 노랗게 물들이고 있었다.

장미 혁명과 튤립 혁명

이렇게 벨벳 혁명이 시작되었으며 시대를 가르는 이정표 같은 사건들이 연속해서 일어났고 이 사건들이 모두 합쳐져 결국 거대한 정치적 변동을 이끌어냈다. 그런 사건들로는 다음과 같은 것들이 있었다. 파업 행동이나 경찰 폭력에 대한 공청회를 열어 공산당과 대결하거나 심지어 그들을 물리치는 방안에 대해 공개 토론을 벌였다. 일부러 동상을 훼손하거나 공산당을 상징하는 붉은 별 장식을 뜯어내는 일도 있었다. 사람들이 밤낮으로 함께 모여 철야를 하고, 폭력 사태가 벌어져 피가 흩뿌려진 장소에 추모의 촛불을 켜놓고 마치 기도라도 하듯이 조용히 물러서는 모습을 보였다. '시민포럼(Civic Forum)'이라는 새로운 통합 시민 조직이 결성되어 '라테르나 매지카 극장'의 담배 연기 가득한 방에서 기자 회견을 열었다. '시민포럼'은 선거를 통해 대표자를 선출하였다. 그 대표자들은 기자 회견에서 이제는 다원주의적 민주주의가 들어서서 종래의 권력 장악, 허위, 부패를 몰아내야 한다고 주장했다. 프라하의 새벽 거리를 덜컹거리면서 달리는 첫 번째 전차에 '하벨을 성*으로 보내라'라는 문구가 쓰여 있기도 했다. '시민포럼'은 부시 대통령과 고르바초프 대통령에게 호소문을 보내기도 했다. 전국 곳곳에서 거대한 규모의 집단 항의 행동이 벌어졌는데, 이런 행동의 목적은 정부를 굴복시키는 것이었다. 돌연 공산당 서기장 밀로시 야케시(Miloš Jakeš)가 사임했다. 전국적으로 가장 큰 기쁨의 순간이었다. 주말에는 구시가지 광장을 높은 데서 내려다보는 '레트나 공원'에서 거대한 평화 시위가 있었으며, 백만 명의 사람들은 바츨라프 하벨이 공산주의의 종식을 선언하는 모습을 지켜보면서 전율을 느꼈다. 검은색 옷을 입고 책을 읽을 때 사용하는 안경을 쓰고 왼쪽 다리에 몸의 무게를 싣고 불안한 듯 앞뒤로 몸을 조금씩 흔들면서, 하벨은 자신의 생애에서 가장 의미 있는 행동을 연출하고 있었다. "시민포럼은 전체주의 체제와 진정한 다원주의적 민주주의 체제를 연결하는 교량 역할을 하기를 원하며, 그렇게 들어서는 민주주의의 체제는 자유선거로 승인될 것

---

* 여기서 '성(Castle)'이란 대통령 관저를 말한다.

이다." 마이크에 대고 큰 목소리로 이렇게 외치는 하벨의 모습은 수많은 사람들의 기대에 찬 얼굴로 이루어진 거대한 파도 속에 파묻혀버렸다. 하벨은 또 덧붙였다. "우리는 또한 진실, 인도주의, 자유를 원한다."

"놀라서 입이 그렇게까지 크게 벌어진 적은 일찍이 없었다." '자유유럽방송'은 이렇게 감탄했다.[10] 공산주의의 시간은 이제 끝났다. 프라하 사태가 일어나기 시작했을 때 허풍스럽게 예견했던 일들이 현실로 나타난 것이다. 폴란드의 경우, 공산주의를 없애고 민주주의로 이행을 시작하는 정치적 작업에 10년의 힘든 시간이 필요했다. 헝가리는 10개월이 걸렸다. 이웃한 동독에서는 10주 만에 이런 급격한 변화가 이루어졌다. 체코슬로바키아는 겨우 10일밖에 안 걸렸다. 변화가 너무도 강력하고 광범위해서 당시에는 누구도 이런 변화를 막을 수 없을 것처럼 보였다. 마치 거대한 바위 덩어리가 무한한 가능성의 비탈을 타고 아래로 굴러 내려가면서 점점 더 속도가 빨라지는 듯했다. 바위의 우르릉거리는 소리는 몇 년 동안 이어졌으며, 이 거대한 산사태가 지난 이후에도 충격파는 또렷이 느껴졌다.

1997년 초 새로운 10월혁명의 푸른 새순이 세르비아의 수도 베오그라드에서 탐지되었다. 훗날 전쟁 범죄로 기소당하는 슬로보단 밀로셰비치(Slobodan Milošević) 대통령은 이때 갑자기 입을 다물었다. '공화국 광장'에서는 거대한 시위가 연달아 폭발적으로 일어났다. 꽃, 호루라기, 플래카드, 깃발, 기뻐하는 아이들, 음악가들, 배우들, 춤, 애국 찬가가 함께하는 동안 밀로셰비치 대통령과 그의 부인은 모습을 보이지 않았다. 이어진 며칠 동안 저녁마다 국가가 통제하는 텔레비전 뉴스 시간이 되면 수천 명의 시민들은 힘을 합쳐서 '소음이 유행'이라는 행동에 참여했다. 부엌 창문을 활짝 열고는 냄비와 프라이팬을 마구 두들기거나 동시에 자동차 경적을 울리기도 했고, 거리에 평화적으로 모여서 호루라기를 불거나 트럼펫과 클라리넷을 연주하기도 했다. 뉴스 방송이 끝나면 이런 소동도 즉시 멈추었다. 날씨가 좋은 날이면 소음을 내던 사람들은 삼삼오오 무리를 지어 베오그라드의 꽁꽁 얼어붙은 거리를 거닐었다. 이 산책은 그들에게 중요한 의미가 있었다. 산책은 발칸 지역의 문화이기 때문이기도 했지만, 그뿐이 아니었다. 이 산책은 공공의 공간과 새로운 시민적 자유의 조성, 그리고 법의 보호를 받는 시민 사회를 향한 열망을 상징했다. 산책 경로와 집결지는 보통 휴대 전화를 통해 조정되고 결정되었다. 사람들이 즐겨 걷던 경로는 대학의 정원을 한 바퀴 돌고 교육부 건물까지 간 다음, 폴리티카(Politika) 신문사를 지나 계란 세례를 받은 흔적이 남아 있는 세르비아 텔레비전 방송국 건물 쪽으로 가는 길이었다. 산책자들은 이따금 둥근 원을 그리면서 걸었다. 이는 감옥에서 내부 운동장을 걷는 죄수들을 흉내 낸 것이었다. 산책자들을 응원하는 사람들은 음식과 차와 커피를 가져다주었으며 서로 술은 마시지 말자고 다짐했다. 경찰은 저지선을 만들었지만 이들의 행동을 막는 데는 실패했다. 산책자들이 '저지선에 대항하는 저지선'이라는 것을 만들어 경찰의 저지선을 무용지물로 만들기도 했지만, 더욱 중요했던 것은 산책자의 수가 하룻밤이 지날 때마다 엄청나게 증가했다는 사실이다.

평화적인 풀뿌리 저항 행동을 벌여서 자유 선거를 요구하고 헌법에 근거한 개방적 정부에 대한 지지 의사를 조직하는 이런 전략—이런 행동은 종종 민주주의적 '레폴루션'*이라고 불렸다.—은 외부에서 재정적 후원과 지원을 받는 것이 보통이었다. 특히 시민 사회 조직들과, 유럽 혹은 미국의 재정 지원을 받는 조직과 기금의 도움을 받았다. 이 전술은 종종 큰 효과를 거두었다. 철저하게 비타협적인 '양심 그룹(conscience group)'이 이런 전술을 추진하는 경우에 특히 효과가 컸다. 이런 양심 그룹의 예로 세르비아에는 '오트포르(Otpor)'가 있었고 그루지야에는 '크마라(Kmara)'가 있었다. '오트포르'는 '저항'이라는 뜻이고, '크마라'는 '이제 그만'이라는 뜻이다. 사람들 사이의 협조 관계를 언제 어떻게 형성하면 좋을지 직감적으로 알아차리는 확고한 지도자가 있거나 그런 지도자가 될 가능성이 있는 후보자가 있으면 전술을 추진하는 데 도움이 되었다. '레폴루션' 전략은 다른 곳으로 퍼져 나갔다. 그루지야 국내와 외국의 많은 관찰자들은 2003년 그루지야에서 실시된 의회 선거가 심각하게 조작되었다고 비난했다. 갑자기 대규모 반정부 시위

레폴루션(refolution) 혁명을 뜻하는 레볼루션(revolution)과 개혁을 뜻하는 리폼(reform)을 합성하여 만든 단어. 1989년부터 시작된 동유럽의 급격한 정치 변혁이 혁명적 특성을 지니고 있으면서 동시에 기존의 체제를 어느 정도 유지하면서 개선하는 개혁의 특성을 지니고 있다는 점을 강조한 표현이다. 동유럽 정치 연구가인 티머시 가턴 애시(Timothy Garton Ash)가 처음 사용했다.

가 일어났다. 연설자들이 모두 부패한 정부의 종말을 요구했다. 이 선거로 새로 구성된 의회가 개회하는 첫날, 미하일 사카슈빌리(Mikhail Saakashvili)가 선두에 선 시위대가 국회 의사당을 점령해버렸다. 이들의 손에는 향기로운 장미꽃이 들려 있었다. 예두아르트 셰바르드나제(Eduard Shevardnadze) 대통령은 연설을 중단하고 경호원에 둘러싸여 의사당에서 도망쳤다. 그는 곧 국가 비상사태를 선포했다. 하지만 그가 지휘하는 정예 군부대가 정부의 명령을 따르기를 거부했다. 셰바르드나제는 대통령직에서 사임했다. 트빌리시 거리에는 기쁨이 넘쳤다. 민주주의와 기존 헌법을 지지하는 이른바 '장미혁명(Rose Revolution)' — 러시아 정치인들과 친러시아 정치인들은 이 혁명을 '메이드 인 아메리카' 즉 '미국제' 혁명이라고 불렀다. — 이 시작된 것이다.

몇 개월 뒤에는 그루지야 내의 자치 공화국인 '아자리야'에서 두 번째 '장미혁명'이 일어났다. 또 2004년이 저물어 가던 엄동설한의 시기에 우크라이나의 수도인 키예프의 '독립 광장'에 백만 명에 가까운 시민이 모여들었다. 이들은 오렌지색 옷을 입고 오렌지색 리본을 달고 오렌지색 깃발을 흔들었다. 야당 후보인 빅토르 유셴코(Viktor Yushchenko)를 상징하는 색이었다. 그는 결선 투표에서 패배했는데 사람들은 이 투표 결과를 받아들이지 않고 비난을 퍼붓고 있었다. 유셴코 지지자들은 수많은 텐트를 세우고 24시간 광장에 머물면서 하나의 거대한 텐트 도시를 구축했으며, 몰려 앉아 농성하거나 함께 노래를 부르거나 춤을 추면서 비폭력 저항 운동을 펼쳤다. 이들의 노력은 몇 주일 뒤에 보상받았다. 우크라이나 최고법원이 이들의 손을 들어준 것이다. 결선 투표가 다시 한 번 실시되었는데, 이번에는 자유롭고 공정하게 투표가 진행되었다. 유셴코는 압도적인 승리를 거두었으며 '오렌지 혁명'이라는 이름 아래, 수십만 명의 지지자들이 지켜보는 가운데 '공식적으로 취임'했다.

민주주의 '레볼루션'이 보여준 대담한 방식은 곧 유럽의 경계선을 훌쩍 넘어서 다른 곳으로 전파되었다. 중앙아시아의 '키르기스스탄' 공화국에서는 역사상 처음으로 민주주의와 '민중의 힘'을 위한 커다란 함성이 울려 퍼졌다. 2005년은 '튤립 혁명(Tulip Revolution)'과 함께 시작되었다. 이 용어는 곧 축출당하게 되는 아스카르 아카예프(Askar Akayev) 대통령이 직접 사용했다. 그는 이 나라에 어떤 '색깔로 표시되는' 혁명의 발발을 방지하는 데 무력이 사용될 수 있음을 경고하는 연설에서 이 용어를 사용했다. 하지만 그런 혁명은 기어코 일어나고야 말았다. 키르기스스탄의 남서부에 위치한 도시 잘랄아바트에서 폭력 사태가 일어나고 시위대가 관공서 건물을 점령하는 일이 발생한 뒤 사태는 급속도로 진행되었다. 경찰은 시위대를 적극 진압했지만, 부패하고 권위주의적인 정부를 향한 사람들의 공개적인 항의 행동은 나라 전체로 확산되어 갔다. 오시 시에서는 정부 반대파가 총회를 열어 기존의 의회와는 별도로 '인민 의회(people's council)'를 조직하기로 의결했다. 높은 직급을 포함한 경찰관들이 경찰 제복을 벗고 민간인 복장으로 갈아입은 후, 반대파 대열에 합류했다는 보도도 나왔다. 그다음에는 극적인 뉴스가 전해졌다. 아카예프 대통령이 가족과 함께 헬리콥터를 타고 모든 것을 버리고 나라 밖으로 탈출했다는 뉴스였다. 그는 결국 사직서를 제출했으며 그와 그의 가족은 그때까지 누렸던 많은 특권을 박탈당했다. 새로운 대통령 선거가 2005년 7월에 실시되었다. 그 무렵 이번에는 레바논(Lebanon)에서 '삼나무 혁명(Cedar Revolution)'이 일어났다.

당시의 기준으로 볼 때 삼나무 혁명은 민주주의를 향한 가장 극적인 전진을 보여주었다. 또한 문제투성이의 복잡한 상황을 불러왔다. 이스라엘, 시리아, 이란, 미국의 외부 군사 개입이 있었기 때문이다. 고대 그리스에서 그러했듯이 이곳의 민주화도 암살 사건에서 촉발되었다. 총리 라피크 하리리(Rafik Hariri)가 2005년 2월 중순의 어느 날 끔찍한 자동차 폭탄 공격으로 살해된 것이다. 그의 죽음으로 말미암아 레바논에 들어와 있던 시리아의 군사적·정치적 세력의 철수를 요구하는 거대한 군중의 항의 행동이 촉발되었다. 이 살인에 죄를 묻는 수백만 개의 손가락은 당시 시리아의 독재 체제와 친(親)시리아파 레바논 대통령 에밀 라후드(Emil Lahoud)를 향했다. 레바논 정부는 최악의 사태가 일어날까 봐 두려워했으며, 이 항의 행동이 시드니, 몬트리올, 샌프란시스코, 뒤셀도르프, 파리, 런던과 같이 멀리 떨어진 도시의 항의 행동과 대중 매체를 통해 연결되어 있음을 알았기에 거리의 반(反) 시리아 시위대를 향한 무력 사용을 자제했다. 붉은색과 흰색이 들어간 스카프와 모자, 그리고 죽은 하리리에 대한 지지를 표시하는 청색 리본으로 몸을 장식한 정부 반대파들은 이런 상황에 용기를 얻었으며 서로 긴밀하게 단결된 모습을 보였다. 이들은 자유롭고 공정한 의회 선거 실시를 반복하여 요구했다. 이런 요구는 레바논에서 시리아인들을 축출하라는 뜻이었기에 수도 베이루트에서는 시리아를 지지하는 대규모의 정반대 시위가 일어났다. 시위대의 대다수는 시아파였으며 헤즈볼라* 지지자들이었다. 하지만 하리리가 사망한 후 정확하게 한 달 뒤, 하리리 자신이 재건설을 도왔던 도시 심장부의 '순교자 광장'에 있는 그의 무덤 주변에서 레바논 역사상 가장 큰 시위 집회가 열렸다.

백만 명의 사람들이 서로 어깨를 맞대고 서서 강한 결의를 보이는 이 광경을 목격한 모든 이들은 민주주의가 단지 유럽만의 것이 아니라는 것을 확신하게 되었다. 2005년 3월 14일 월요일은 마치 고대의 시리아-메소포타미아의 회의체 정신이 갑자기 되살아난 듯했다. 도시의 중심 거리로 너무나 많은 사람들이 몰려들어서 그곳으로 들어오지 못한 사람이 수만 명이었다. 검은 베일로 얼굴을 가린 여성들은, 꽉 끼는 청바지를 입고 배꼽에 피어싱을 한 여성들과 펄럭이는 레바논 국기 아래서 팔짱을 꼈다. 시위에 참가한 다양한 나이의 많은 사람들은 자신의 얼굴에 초승달 또는 십자가를 그려 넣었으며, 어떤 이들은 양쪽 뺨에 하나씩 그려 넣었다. 드루즈파, 시아파, 기독교인, 무종교파, 이슬람 수니파를 포함한 다양한 종파의 많은 사람들이, 레바논 시민들과 마음을 함께하면서 도전적인 자세로 당당하게 서 있었다. 이들은 겨울의 햇살을 듬뿍 받고 있었으며 드높은 기대감으로 충만했다. "민주주의는 이 지역에 확산되고 있다. 이는 조지 부시(George Bush) 덕분에 일어나는 현상이 아니라, 조지 부시의 존재에도 불구하고 벌어지는 현상이다." 유명한 칼럼니스트 사미르 카시르(Samir Kassir)가 한 말이다. 카시르는 얼마 안 있어 친시리아 측이 저지른 폭탄 테러로 살해당했다. 기쁨에 넘친 군중들은 자신들이 곧 어떤 처벌을 받게 될 것인지 전혀 알지 못했다. 이들은 외쳤다. "자유, 주권, 독립, 진리, 민주주의, 국민 통합." 이들은 시리아인들의 철수라는 보상을 받았다. 새로운 선거와 새로운 정부라는 선물도

헤즈볼라(Hezbollah) 레바논에 기반을 둔 시아파 이슬람 무장 조직. 시리아와 이란의 지원을 받으며 서방의 여러 나라들에 테러 지원 조직으로 인식되고 있다.

받았다. 하지만 이들은 큰 대가를 치르게 된다. 2006년 7월 민주주의 국가인 이스라엘이 레바논을 침공하여 큰 타격을 입힌 것이다.

역사의 종말?

전 세계적인 차원에서 볼 때 상황이 얼마나 많이 바뀌었는지를 측정할 수 있는 한 가지 방법은 19세기 미국의 소설가 헨리 애덤스가 쓴 고전적 소설 《민주주의》를 다시 한 번 읽어보는 것이다. 소설의 주인공 매들린 리는 워싱턴에서 벌어지는 권력 투쟁, 음모, 모든 사람이 벌이는 복잡한 거래가 사람들을 타락시키는 것을 보고 완전히 질렸다. "민주주의가 나의 모든 신경을 갈기갈기 찢어놓았어." 그녀는 깊이 한숨을 쉬면서 말했다. "이집트로 가고 싶어."[11] 1945년 이후 진행된 거대한 민주주의적 변혁에 따라 이제는 아무리 민주주의가 두렵거나 지겹더라도 이집트가 안전하게 도피할 수 있는 곳이 아니다. 요르단, 튀니지, 세네갈에도 민주주의의 바람이 불었으며, 1989년 알제리에서는 이슬람계 야당인 이슬람구국전선(FIS)이 자유롭고 공정한 선거를 통해 국회 의석의 과반수를 획득했다.(군대가 개입해 재빨리 선거 결과를 무효화했으며, 이 사태 때문에 알제리는 피비린내 나는 내전에 빠져들었다. 알제리 국민은 내전 상황을 극복하려 하고 있지만 많은 어려움이 있다.) 이런 여러 변화는 너무도 중대해 보였기 때문에, 자기도 모르게 이런 질문들이 많은 사람들의 입에서 튀어나왔다. 이런 거대한 변화는 도대체 무엇을 의미하는 것일까? 이런 변화는 이 지구의 표면에 새로운 무언가가 시작됨을 의미할까? 어쩌면 대의 민주주의의 전 지구적인 승리를 의미하는 것일까?

사람들은 앞다투어 이런 질문에 대한 답을 제시했으며, 그 답 가운데는 커다란 반응을 부른 것도 있었다. 미국의 정치학자이자 국제학 전문가인 프랜시스 후쿠야마(Francis Fukuyama)를 필두로 하는 한 무리의 관찰자들은 세계 역사에 진정으로 중대한 어떤 일이 벌어지고 있다고 주장했다. 1989년 여름 후쿠야마는 글 한 편을 발표했다. 이 글에는 정치 현상에서 정말로 중요한 것은 이념이라는 그의 확신이 확실하게 드러나 있었다. 후쿠야마는 '자유 민주주의'에 대한 모든 주요한 반대 논리가 완전히 파멸했다는 대담

한 주장을 펼쳤다.[12]

마치 높은 산에 올라서서 아래를 내려다 보며 현기증을 느끼는 셰르파 텐징*처럼 후쿠야마는 '세계사의 관점에 서서' 말했다. '서방 세계의 승리, 즉 서방 사상의 승리'는 이미 오래전 제국들이 붕괴했을 때, 그리고 파시즘이 패퇴했을 때 예상되었다고. 전체주의 국가들은 국가의 우월함을 바탕으로 삼아 새로운 '인간'을 만들어내려 했으며 그들은 이런 목표 달성이 필연적이라고 주장했다. 하지만 일본과 한국의 성공적인 서구화, 그리고 독일과 이탈리아의 재서구화는 그런 주장에 필연성이 없다는 것을 증명해주었다. 파시즘의 종말은 "법률 제도를 통해 인간의 보편적 자유를 인정하고 보호한다는 의미에서 자유주의적이며, 오로지 피치자의 동의가 있을 때만 존재한다는 의미에서 민주주의적인" 정부의 중요성을 확인해주었다.

그다음에 (후쿠야마의 말에 따르면) 공산주의의 위기가 닥쳤다. 20세기의 마지막 수십 년 동안 벌어진 사건으로 "계급 문제가 서방에서는 성공적으로 해결되었음"이 증명되었다. 시장이 추동하는 소비자 중심주의(consumerism)가 승리를 거두었다는 이야기다. 이를 증명해주는 것은, "이제 중국 전역에서 어디에나 존재하는 농민 시장과 컬러텔레비전, 지난해 모스크바에서 개업한 협동조합 방식의 식당과 의류 상점, 일본의 백화점에서 흘러나오는 베토벤의 음악, 체코슬로바키아의 프라하와 미얀마의 양곤과 이란의 테헤란에서 똑같이 유행하는 록 뮤직"이라고 후쿠야마는 주장했다. 이런 현상과 동등하게 중요한 또 하나의 사실은 서방의 과학과 기술의 힘에 직면했을 때, 그리고 자유 민주주의의 보호를 받는 자유 시장과 밀접하게 연결된 '부르주아 소비자 중심주의'의 발흥에 직면했을 때, 마르크스-레닌주의 이념이 완전히 무력했다는 사실이다. 그리고 후쿠야마는 중국의 예를 들었다. 1978년 덩샤오핑(鄧小平)이 주창하고, 중국 공산당 제11기 중앙위원회가 역사적인 제3차 전체 회의에서 개혁 정책을 승인한 이후 농업 부문의 탈집단화가 진행되었으며 소비재 생산이 증가했다. 소련에서는 고르바초프가 이른바 페레스트로이카(perestroika)라는 개혁 정책을 시작했는데,

---

텐징(Tenzing Norgay, 1914~1984) 네팔의 유명한 셰르파. 1953년 에드먼드 힐러리(Edmond Hilary)와 함께 역사상 최초로 세계 최고봉인 에베레스트 산을 등정했다.

이 개혁 작업은 처음에는 '사회주의'를 개선한다는 명분을 내걸고 시행되었지만 결국에는 마르크스-레닌주의의 관에 마지막 몇 개의 못을 박는 결과를 초래했다.

후쿠야마는 러시아의 상황이 나빠질 우려가 있다고 언급했다. 특히 러시아가 '대(大)러시아 쇼비니즘'의 슬라브족 편애 성향의 그물에 걸려버릴 수 있다고 했다. 후쿠야마가 또 우려한 것은 종족과 민족 간의 폭력 증가와 이슬람교도들의 시장 교환 체제와 자유 민주주의에 대한 반감이었다. 또한 그는 서구 자유 민주주의 국가들이 거둔 엄청난 승리 때문에 바로 그 국가들 내부에서 시민들 사이에 자기 만족에서 비롯되는 막연한 불안감, 즉 이런 상황에 대해서 안일한 피로감을 느낄 수 있다는 특이한 가능성에도 우려를 표했다. 하지만 후쿠야마의 관점에서 볼 때 이런 우려들은 "모든 사회는 [자유 민주주의 체제보다] 더 고차원적인 어떤 다른 사회를 표방하는 정치 이념적 주장을 걷어치운다. 그러나 이 모든 사회가 성공적인 자유 민주주의 체제가 된다는 필연성은 없다."는 것을 증명해주었다. 후쿠야마가 거창한 언어로 구사한 웅대한 시대 묘사는 이렇게 마무리되어 간다. 모든 멋진 정치 이념은 마치 지나간 시대의 권력을 상징하던 낡아 빠진 망토처럼 부스러졌다. 제국주의, 민족주의, 공산주의, 파시즘, 현실주의*, 군사 독재 체제는 모두 옆으로 밀려났다. 과학과 기술의 진보, 시장 생산에 힘입어 자유 민주주의가 승리를 거둔 것이며, 게다가 이번에는 전 지구적 차원에서 승리를 거둔 것이었다. '역사의 종말'이라고 칭할 수 있는 상황이 전 세계인들의 눈앞에 펼쳐졌다. 시계가 그 자리에 멈추어버린 것은 아니다. 어린아이는 성장하여 어른이 될 것이고, 사랑에 빠질 것이고 자녀를 낳을 것이며, 늙어서 죽어갈 것이다. 그러나 최소한 정치 이념의 영역에서 볼 때에 자유주의적 형태를 한 대의 민주주의 체제는 이제 더는 심각한 정치적 경쟁에 직면하지 않게 되었다는 이야기였다. 정부는 시민과 권력을 나누어야 하며, 그들의 시민적 권리를 존중하며 재산의 사적 소유와 자유 시장을 보장해주어야 한다는 자유 민주주의의 여러 원칙이 이제 승리를 거두었다는 것이었다. 이는 평범하

현실주의(realism) 무정부 상태의 국제 관계를 국익과 세력 균형의 관점에서 분석하는 국제 정치학 이론.

고 진부한 느낌을 주는 역사적 순간이 아니다. 잠시 동안의 상황 변화가 아니다. 자유 민주주의는 이제 바로 여기에서 우리 곁에 오랫동안 머물러 있을 것이다. 어쩌면 우리는—후쿠야마 스스로 자신의 이런 결론이 추정적이라고 분명하게 이야기했다.—"인류의 사상적 진화의 종착점"에 서 있는 것일지도 모르며, 만일 그렇다면 "서방의 자유 민주주의가 이제 인류의 보편적인 통치 형태"가 된 시점에 우리가 서 있는지도 모른다는 것이다.

새뮤얼 헌팅턴의 '제3의 물결'

후쿠야마가 쓴 이 글을 실제로 읽은 사람은 많지 않았다. 하지만 놀랍게도 그는 입장이 다른 사람들에게까지 큰 관심을 끄는 데 성공했다. 후쿠야마는 미국의 유명한 싱크탱크인 '프리덤하우스'의 자문 위원회에 소속해 있었다. 프리덤하우스에서 발행한 문건들은 사실상 이 '역사의 종말'이라는 명제를 반복함으로써 시대의 분위기를 요약했다. 이 단체가 발행한 간행물 가운데 가장 잘 알려진 보고서는 20세기를 '민주주의의 세기'라고 명명했다. 이 문건은 우선 1900년을 돌아볼 때 여전히 군주제와 제국 체제가 압도적인 영향력을 행사했으며, 다당제 선거를 위한 보통선거권이라는 기준으로 볼 때 당시에는 아직 어느 국가도 선거 민주주의 체제라고 평가할 수 없다고 서술했다. 다만 소수의 '제한적 민주주의' 국가가 존재하긴 했으나 25개국, 세계 인구의 12.4퍼센트만이 포함되었을 뿐이었다. 1950년이 되면 탈식민 운동이 이미 시작되었고 일본과 유럽의 전후 재건 사업이 시작되었고 전 세계에서 22개 국가가 민주주의 체제를 갖추었고 세계 인구의 31퍼센트가 민주주의 체제에 속하게 되었다. 이에 더하여 21개 국가가 '제한적 민주주의' 형태를 갖추었으며 이 국가들의 주민 수는 세계 인구의 11.9퍼센트를 차지했다. 20세기가 끝날 무렵이 되면 민주주의의 정신과 제도는 라틴아메리카, 탈공산주의 유럽, 그리고 아프리카와 아시아의 일부 지역에까지 도달한다. 최소한 문서상으로 본다면 전 세계 192개국 가운데 119개국을 '선거 민주주의'라고 표현할 수 있으며 이 나라들의 주민 수는 전 세계 인구의 58.2퍼센트에 이른다고 이 보고서는 말한다. 이 가운데 85개 국가는—세계 인구의

38퍼센트를 차지하고 있으며—'기본적인 인권과 법치주의를 존중하는' 여러 형태의 민주주의 체제이다. 따라서 이 보고서는 드디어 민주주의라는 이상이 전 세계 사람들이 손을 내밀면 실제로 닿을 수 있는 곳까지 다가왔다고 평가하고는 결론 부분에서 다음과 같이 말한다. "지극히 현실적인 의미에서 20세기는 '민주주의의 세기'가 되었다. …… 인권과 민주 의식의 전 세계적 신장은, 세계의 모든 지역과 모든 주요한 문명과 종교에까지 민주적 관행이 확대되고 민주적 참정권이 확산되는 현상에 반영되어 있다."[13]

이런 주장을 확고하게 지지해준 책이 《제3의 물결》(1991년)이었다. 이 책은 아마도 당시 대의 민주주의의 진보에 관해 설명하려는 가장 독창적인 시도였을 것이다. 저자는 학자이면서 정책 조언자 역할도 하던 새뮤얼 헌팅턴(Samuel Huntington)이었다.[14] 헌팅턴은 바다를 비유로 사용하면서 과거 두 차례의 '물결'에서 '근대 민주주의'가 탄생했으며, 근대 민주주의는 지금 이례적으로 강력한 '제3의 물결'의 발생을 경험하고 있다고 말했다. 이런 비유가 완전히 정확하다고는 할 수 없지만 그래도 물결의 발생이라는 표현은 매우 흥미롭다. 이 비유를 통해 헌팅턴은 민주주의 실험은 고립된 단일 사건으로 벌어지는 경우가 거의 없다고 지적했다. 헌팅턴은 민주화는 마치 동시성의 줄기에 매달려 있는 포도송이처럼 한꺼번에 발생하는 것이 일반적이라고 말했다. 또한 민주주의에는 그 어떤 역사적 보장도 없다고 지적했다. 시간은 하나의 경로만 있는 것이 아니며, 역사가 한 방향으로만 진행되는 것도 아니다. 따라서 민주화의 물결은 조류가 거꾸로 흐르면 언제든 무력하게 꺾일 수 있는 것이며, 그렇게 되면 민주주의 체제는 다른 비민주적인 통치 형태로 변화해버린다는 것이다.

보수적인 사람들이 보통 그런 것처럼 헌팅턴은 대의 민주주의를 상당히 최소한으로 규정했다. 민주주의를 세우고 유지하는 데 가장 핵심 역할을 수행하는 것이 바로 정치 엘리트라는 식의 논지였다. 헌팅턴의 견해에 따르자면, 경계가 확실한 한 국가 안에서 최고 의사 결정자를 민주적으로 선출한다는 점이 대의 민주주의의 핵심이다. 그는 대의 민주주의의 현대적 형태는 '마을, 부족, 도시국가의 민주주의'와는 확연하게 다르다고 주장했다. 민주주의는 주기적인 선거를 통한 리더십의 순환적 교체로 규정되는 통치 유형이라는 것이다. 헌팅턴의 개념 규정은 1942년 조지프 슘페터(Joseph Schumpeter)가 내린 유명한 개념 규정을 따른 것이었다. 옛 합스부르크 제국의 모라비아(오늘날 체코 공화국에 속한다)에서 태어난 이 경제학자는 "민주주의적 방식이란 국민들의 표를 얻기 위한 경쟁적 수단을 통해 정책 결정권을 획득한 개인들이 정치적 결정을 내리는 제도적 구조"라고 말했다.[15] 헌팅턴은 이렇게 규정된 민주주의가 근대에 들어 탄생하고 또 성숙해지는 과정이 처음에는 느리게 진행되었다고 말했다. "1750년을 보면 서구 사회에서도 국가적 차원에서 민주적 제도가 갖추어진 나라는 하나도 없었다." 하지만 그 이후 얼마 지나지 않아, 민주주의는 "민족 국가의 발전과 밀접한 연관을 맺게" 되었다는 것이다.

그의 설명에 따르면, 민주주의의 '첫 번째 물결'은 미국 혁명과 프랑스 혁명에 뿌리를 두고 있으며 제1차 세계대전 직후에 끝났다. 이 기간에 역사상 최초로 '최소한의' 민주적 통치 절차를 갖춘 나라가 서른 개 정도 출현했다. 상당히 길었던 첫 번째 민주화 기간이 종말로 향하는 과정의 시작점은 1920년대 초, 초보적이며 상당히 부패한 양상을 띠던 이탈리아 민주주의 체제가 무솔리니에 의해 무력하게 폐지되었던 사건이다. 바로 이 사건이 전주곡이 되어, 여러 나라가 민주주의에서 점차 멀어지면서 좀 더 전통적인 형태의 권위주의적 통치 체제로 귀환하거나 대중에 기반을 둔 전체주의 체제를 도입하는 상황이 펼쳐졌다. 민주주의가 다시 부활한 것은 1945년 이후인데 그 과정은 두 단계로 나누어 진행되었다고 헌팅턴은 주장했다. '제2의 물결' 시기는 상당히 짧았다. 이 물결은 1960년대 초가 되면 사라져 가는데, 이러한 후퇴는—모든 사람을 놀라게 하면서—다시 한 번 민주주의의 엄청난 르네상스에 의해 회복되었다. 이 르네상스는 21세기에 깊숙이 들어온 시점까지 끈질기게 계속될 것으로 보였다. 새로운 민주주의의 물결이 처음 감지된 곳은 남부 유럽 지역이었다. "1974년에 포르투갈의 독재 체제가 종언을 고한 뒤 15년 동안 유럽, 아시아, 라틴아메리카에서 민주주의 체제가 권위주의 체제를 대체한 국가는 약 30개이다. …… 물론 1989년 중국의 경우처럼 저항과 후퇴가 있었지만 이제 민주주의는 하나의 성공에서 그다음 성공으로 이동하는, 거의 저항할 수 없는 전 지구적 조류의 성격을 띠기 시작한 것으로 보인다."

　민주주의의 변덕스러운 성격을 감지한 헌팅턴은 후쿠야마와는 달리 미래에 상황이 어떻게 될지에 관해 확고한 예언은 내놓지 않았다. 그렇지만 그는 민주화의 물결이 1보 후퇴, 2보 전진의 유형을 보인다고 주장했다. "이제까지 상황을 보면 종래의 민주화 물결을 타고 민주주의로 이행한 경우, 일부 사례에서 퇴보가 있었지만 전부 퇴보한 것은 아니었다." 헌팅턴은 물결이 멀리까지 전진하고 그다음에 약간 퇴보하더라도 다음 물결이 그 이전보다는 더 전진하게 되는 이러한 축적적 유형을 고무적인 신호라고 해석했다. 아주 많은 국가에서 앞으로 오랜 기간 동안 민주주의 체제가 그저 일시적 현상으로 남지 않으리라는 신호로 본 것이다. 근대 민주주의의 제3의 물결은 그 모습을 계속 유지할 수 있으며 또 끊임없이 전진할 수 있다는 것이다. 특히 '경제적 진보의 상승하는 조류'가 떠받치고 있으며, (처칠이 말했던 것처럼) '사회 전체를 위해서나 그 사회의 엘리트 집단을 위해서 가장 덜 나쁜 통치 형태'가 민주주의라는 점을 이해하는 정치적 엘리트 집단이 지휘하고 있기 때문에, 정치적 민주주의를 향한 이 진보는 인류 역사의 세 번째 천 년에도 가능할 것이라는 이야기다. 그렇다고 해서 역사가 자동적으로 민주주의 편에 설 것이라는 이야기는 아니다. 왜냐하면 역사 그 자체도 직관적인 지혜가 필요하기 때문이다. 역사는 "직선을 따라 똑바로 움직이지 않는다. 능력과 결의를 갖춘 지도자들이 밀어붙일 때에만 앞으로 나아갈 것이다."

민주주의의 돌연변이들

　민주주의의 물결에 관한 헌팅턴의 서술은 찬반이 섞인 반응을 불러일으켰다. 일부 관찰자는 모든 시대를 아우르는 그의 폭넓은 서술을 칭송했으며, 결국에는 역사적 중요성을 지닌 드라마를 만들어내는, 각기 분리된 사건들의 집합체를 하나하나 따져보고 전체 의미를 찾아내려는 그의 담대한 노력에 칭송을 보냈다. 민주주의가 짧은 시간 동안 압축적인 발전을 보인 때도 있었고, 긴 시간에 걸친 물결들이 결국에는 현실이라는 바위에 부딪혀

물방울로 부서져 시간의 거대한 대양 속으로 다시 제자리를 찾아 돌아가버린 적도 있었다는 헌팅턴의 냉엄한 서술에 많은 사람이 공감을 표했다. 《제3의 물결》은 수많은 평론가들을 끌어들였는데, 그 가운데 많은 이들이 20세기 말의 현실에 일정한 질서를 부여하는 뛰어난 솜씨를 칭찬했으며, 그러면서도 너무 부담스러운 이론 구조를 내세우지도 않고 증거로 뒷받침할 수 없는 허황된 주장을 펼치지 않은 점을 칭찬했다. 이 책은 민주주의의 역사에서 처음으로 체계적인 관심을 끌기 시작한 주제인 '민주화'의 역학을 우리가 이해하는 데 시의적절하게 공헌했다.

　의구심을 드러낸 관찰자들도 있었는데 그것들은 결코 사소한 것이 아니었다. 그들은 이른바 민주주의의 첫 번째 물결에 대한 헌팅턴의 전반적인 서술에 의문을 제기했다. 헌팅턴에 의하면 첫 번째 물결은 1828년경에 시작되었다. 앤드루 잭슨이 미국 대통령에 당선된 때다. 이 민주주의의 첫 번째 물결은 두 개의 엔진으로 추동되었는데, 하나는 프로테스탄티즘 즉 개신교였고 다른 하나는 "경제 발전, 산업화, 도시화, 부르주아와 중간 계급의 출현, 노동 계급과 그 초기 조직의 발전, 경제적 불평등의 단계적 감소" 현상이었다.[16] 보수적 성향인 지식인이 근대 민주주의의 기원에 대해서 마르크스주의 사상가 같은 이런 설명을 제시한 것은 분명 놀라운 일이다. 물론 돈과 시장은 민주주의의 역사에서 결코 과소평가되어서는 안 될 요소들이다. 하지만 이 요소들이 현대 민주주의의 첫 번째 성공을 이룬 비결로 작동했다고 말하는 것은 민주주의의 탄생에 얽힌 놀랍고도 모순적인 요소들을 전부 무시하고 지나치는 태도이다. 민주주의가 19세기의 발명품이었다고 하는 헌팅턴의 주장은 명백하게 틀린 주장이다. 이 설명은 중세 시대에 시작된 긴 배양기(培養期)를 완전히 무시한 것이다. 중세는 최소한 500년 동안 지속되었으며, 이 기간에 훗날 대의 민주주의라고 불리게 되는 제도가 발명되는 장기적인 과정에서 비자유주의적 세력과 비민주주의적 세력이 핵심 역할을 수행했던 것이다. 이 비판이 전부가 아니다. 일부 관찰자는 두 번째와 세 번째 민주주의의 물결 사이에 근거가 불명확하며 심지어 자의적인 구분을 두는 것에도 의문을 제기했다. 그들의 문제 제기에는 상당한 근거가 있었다. 그리고 20세기의 후반부에 들어서서 민주주의의 언어와 제도가 역사상 처음으로 전 지구적인 세력이 된 과정을 설명한 것으로 헌팅턴이 칭송받아 마땅하기는 하지만, 제3의 민주주의 물결에 관한 그의 설명은 전반적으로 너무나 가볍다는 비판을 받을 여지가 있다. 여러 측면에서 그러하다.

우선 지적할 사항은, 헌팅턴이 전반적인 추세에 관심을 집중한 나머지 1945년 이후 수십 년 동안 민주주의의 언어와 제도 양측에 모두 발생한 놀라운 돌연변이에 전혀 주목하지 않았다는 점이다. 돌연변이? 유전학에서 따온 이상한 느낌을 주는 이 단어는 도대체 이 맥락에서 어떤 의미를 지닐까? 간략하게 설명하면 다음과 같다. 돌연변이란 지구의 생물권(Biosphere, 생물이 서식하는 범위) 안에 있는 유기체의 세포 안에서 발생하는 현상인데, 그 유기체가 유전하여 받은 속성이 갑자기 혹은 장기간에 걸쳐서 변화하는 현상을 가리킨다. DNA 배열과 염색체에 발생하는 이런 변화는 자연적으로 일어나는 경우도 있으며 엑스선이나 화학 물질 같은 외부 요인에 영향을 받아 일어나는 경우도 있다. 많은 경우 돌연변이는 무해하다. 우세한 다른 유전자에 의해 간단하게 무력화되기 때문이다. 하지만 돌연변이는 치명적인 결과를 초래하기도 한다. 부모의 유전자에 일어난 특수한 돌연변이를 전달받은 사람의 혈액 세포 형상이 변화하여 '겸상적혈구빈혈'*을 일으키는 경우가 그런 사례다. 돌연변이가 발생할 때 이미 존재하고 있던 유기체는 미세하게 균형을 맞추면서 생존할 수 있지만, 돌연변이를 이어받은 유기체는 '동요'를 일으키고 결국에는 현재의 환경에서 생존하지 못하게 된다. 하지만 돌연변이가 항상 부적합성을 보이고 죽음을 불러오는 것은 아니다. 돌연변이가 유익한 경우도 있다. 환경에 훨씬 더 잘 적응하는 유기체를 만들어내기도 하는 것이다. 그런 경우에는 적자생존의 경쟁을 거쳐 그다음 세대에까지 유전자가 성공적으로 전달된다. 진화 혹은 변화하는 환경에 적응하는 과정은 바로 이런 유익한 돌연변이가 기본 재료가 되어 발생하는 것이다. 그런 사례로 자주 거론되는 것이 '큰 엉덩이 양(big-bottomed sheep)'이다. 진화생물학자들은 이 양이 칼리퍼지(callipyge, 그리스어로 '아름다운 엉덩이'를 뜻한다)라는 이름의 희귀한 돌연변이 유전자를 갖고 있다고 말한다. 이 양은 오직 아

민주주의의 삶과 죽음
•
856

겸상적혈구빈혈(sickle-cell anaemia) 혈액 안의 적혈구가 낫(sickle) 모양으로 변형을 일으켜 산소 운반 기능이 저하되는 질병.

버지 양에게서만 이 유전자를 받는데, 체질이 우수하고 지방 성분이 매우 적고 보통 양보다 섭취한 먹이를 30퍼센트나 더 많이 근육 형성에 사용한다고 한다.

이 종류의 양이 어떻게 그렇게 훌륭한 체질을 갖게 되었는지, 그리고 인간 염색체 구조와 관련하여 이 양들이 어떤 놀라운 의미가 있는지에 관한 질문도 흥미롭지만, 지금 우리와 더 관련이 있는 것은 이 양들이 제시하는 다음 수수께끼이다. 몸집이 크고 근육질의 엉덩이를 가진 이 양들과 민주주의 사이에 어떤 연관이 있는가?

이 질문에 다음과 같이 답할 수 있겠다. 양의 유전자에 발생한 돌연변이와 놀랍도록 유사한 변화가 제2차 세계대전 후 민주주의 세계에서 일어났다. 여기서 잠시 인도의 사례를 다시 상기해보기 바란다. 1952년 최초의 보통선거가 실시된 이래, 바니안 민주주의 체제는 수많은 종교와 언어가 공존하며 문자 해독률이 낮고 물질적으로 빈곤한 국민들을 기반으로 하여 단계적으로 형성되었다. 또한 협상을 통해 의회 민주주의로 이행한 남아프리카 공화국의 경우도 떠올려보기 바란다. 두 나라 모두 민주주의의 역사적 돌연변이의 상징이자 구체적 사례이다. 이 사례들로 인해 유럽의 오래된 지혜가 오류였음이 드러났다. 오랫동안 유럽인들은 극심한 가난과 문맹이 만연한 조건에서는 절대로 민주주의가 꽃필 수 없다고 말해 왔다. 인도와 남아프리카공화국은 사회적·정치적 가치와 생활 방식에서 완전한 합의가 없더라도 민주주의가 꽃필 수 있음을 증명했다. 그리고 두 나라 모두 민주주의의 이상에서 인종적 편견이 제거되었음을 상징한다. 인종 편견의 제거는 대의 민주주의 시대의 반(反)노예제 투쟁과 함께 시작된 것이다. 역사상 처음으로 민주주의의 언어와 이상과 제도가 인도와 남아프리카공화국에 사는 사람들뿐 아니라 재산의 정도와 수입, 피부색, 종교, 민족, 문명의 차이에 상관없이 지구상 대부분 지역에 사는 사람들에게 익숙한 것이 되었다. 이런 현실은, 대의 민주주의에 대한 백인, 대서양 중심주의적인 편견을 완전히 무너뜨렸다. 이제 세계의 모든 민주주의자들은 '후진적'인 민족이나 문명화되지 않은 혹은 본래 열등한 민족에 관한 이야기를 듣는다면 당혹스러워하거나 분노를 느낀다. 하지만 민주주의의 '현지화'—과거에 민주주의가 이방인 취급을 당했거나 금지되었던 곳에서 이제는 민주주의가 그곳의 환경과 하나가 되거나 돌연변이를 일으키는 현상―는 더 많은 의미를 담고 있다. 돼지, 모스크, 비(雨)로 상징되는 이 민주주의 현지화 현상은 민주주의의 의미 자체를 변화시키는 여러 종류의 실험을 이끌어냈다.

우선 돼지에 관한 이야기부터 해보자. 1945년 이후 민주주의라고 하는 특이한 관습은 지구의 가장 낯선 곳까지 확산되었는데 그중 한 곳이 파푸아뉴기니였다. 이 나라에서는 5년마다 한 번씩 총선거를 실시하는데 이때의 놀라운 광경은 유럽인 대다수의 추정을 거부한다. 만일 민주주의에 관련된 과거의 모든 역사가들이 이 장관을 보는 영광을 누리게 된다면 그들은 너무 놀라서 아무 말도 못 하는 지경이 될 것이다.

천 개의 지역 그룹으로 구성된 파푸아뉴기니 국민은 서로 다른 언어를 800개 이상 사용하고 있다. 이 나라는 선거 몇 주 전부터 평상시의 생활이 중지된다. 하지만 돼지를 키우는 농민, 꽃을 키우는 원예농, 그리고 대농원에서 일하는 노동자는 평상시와 다름없이 계속 일을 한다. 길목에 숨어서 강도짓을 하는 사람을 '라스콜'*이라고 부르는데 이들 역시 밤일을 계속한다. 다국적 기업들이 이 나라의 석유, 목재, 광물(구리, 금) 자원을 마구 채취해 가는 작업도 멈추지 않는다. 하지만 선거 시기가 되면 이 나라의 모든 사람은 분위기가 바뀐 것을 감지한다. '가브맨(gavman)'이 출현했다는 소식이 여기저기에서 들린다. '가브맨'은 정부 관리를 지칭하는 단어인데, 보통 경찰관이나 순찰 관리 한두 사람이 왔다는 뜻이다. 이제 술은 팔지 못한다. 하지만 지역의 원한 관계나 갈등에서 촉발되는 싸움은 여전히 여기저기서 일어난다. 농촌 지역에 사는 어떤 가족들은 최근에 사망해 못된 짓을 하는 유령이 된 것들을 저세상으로 쫓아내기 위해 밤마다 다 함께 모여 북을 쳐댄다. '마마퀸'에게 존경심을 표하는 의무에 대한 이야기가 대화의 주제가 된다. 어떤 사람들은 여전히 마마퀸이 '절반은 여성이며 절반은 뱀'의 몸을 한 강력한 힘을 지닌 신화적 존재라고 말한다.('마마퀸'은 엘리자베스 2세를 가리킨다. 이 단어는 멜라네시아 군도에서 사용되는, 현지식으로 변형된 영어이자 이 지

라스콜 악당이나 악한을 뜻하는 영어 단어 'rascal'에서 비롯된 단어이다.

1945년 이후 민주주의는 세계 각지에서 현지화되며 더욱 번성하는 모습을 보였다. 그중 한 곳이 파푸아뉴기니였다. 사진은 2001년에 파푸아뉴기니의 국회의원 앨프리드 칼베가 부정부패와 '전통적 가치'의 보존에 관한 토론에 전통 복장을 하고 참석한 모습이다.

역 전체의 공용어인 '토크 피신'* 단어이다.) 그다음 어떤 사람도 빠뜨리지 않기 위해서 선거 운영 팀이 나라의 모든 골짜기와 산등성이와 숲까지 투표함과 투표인 명부를 전달하려고 차를 타거나 걷거나 보트를 타거나 심지어 헬리콥터를 타고 여기저기를 누비고 다닌다.

드디어 '엘렉센(eleksen)'의 날이 온다. 모든 남녀에게 정부를 향해 '한 표를 던지는' 기회가 주어지는 것이다. 사람들의 흥분이 고조된다. 한 표 한 표가 모두 소중하다. 파푸아뉴기니의 선거는 이따금 불과 몇십 표 차이로 승자와 패자가 갈리기도 한다. 그래서 18세가 넘은 유권자들(여성의 경우 결혼했다면 18세가 안 되어도 투표권이 있다)은 다른 유권자들을 투표소로 나오게 하기 위해 모든 노력을 다한다. 이곳의 유권자들은 언제나 큰 무리를 지어 투표소에 나온다. 나무껍질을 손질하여 만든 망토를 입고 오는 사람도 있다. 많은 사람들이 자신이 선호하는 후보의 사진 아래에 엑스(X) 표를 하

토크 피신(Tok Pisin) 태평양의 멜라네시아 군도에서 널리 사용되는, 현지식으로 변형된 영어 표현이다. 원래 영어 표현은 'Talk Pidgin'이다.

는 방법을 잘 아는 부모나 친구와 함께 투표소에 나온다. 대부분의 유권자는 정당 정치에 대해서 전혀 알지 못한다. 하지만 그것은, 투표소에서 약 65미터 이내의 구역에서 선거 운동을 하거나 선거 포스터를 부착하거나 유인물을 배포하는 것을 금지하는 엄격한 선거 규정 때문은 아니다. 이 나라의 정당들은 웨스트민스터의 이상에서 출발한 것은 맞지만 실제로는 그런 원래의 이상과는 거의 닮은 점이 없다. 대부분의 정당은 규모가 매우 작다. 그이유는, 끊임없이 변화하는 연합 정부의 구성 상황에 따라 그런 정당의 '큰인물들'이 그 정당을 넣기도 하고 빼기도 하는 결정을 쉽게 내리게 하기 위함이다. 종이 위에 인쇄된 명칭이 전부인 정당도 있으며, '당적을 자주 바꾸는' 의원들로 구성된 정당도 있는데 그들은 여러 개의 정당에 동시에 가입한 사람들이었다.(이는 정당 경쟁의 논리를 극한까지 추구한 경우이다.) 어쨌든 라디오나 텔레비전을 접할 수 있는 유권자는 매우 적다. 어떤 선거 구역은 열 명의 남성 유권자 가운데 한 명만 (혹은 두세 명의 여성만이) 글을 읽을 줄 알았다. 이 나라에서 신문은 물건을 싸는 데 아주 소중한 재료로 사용되었으며 특히 향기 좋은 담배를 종이로 길게 말아 피우는 사람들에 아주 소중한 물건이었다.

　대부분의 사람들은 마치 후안 부세티치의 정신을 여기서 다시 한 번 되살리듯, 자신의 손가락에 페인트를 칠하는 것을 기꺼이 받아들이며, 투표용지를 꼭 쥐고는 두꺼운 종이판으로 만든 임시 기표소에 들어가 자신이 선택한 후보의 사진 아래에 엑스 표시를 하고, 투표용지를 반으로 접은 다음 철제 투표함에 집어넣고 투표소 밖으로 나오면서 경찰관에게 자신의 손가락에 페인트가 칠해져 있음을 보여준다. 이는 중복 투표를 막기 위한 조치이다. 사람들은 왜 투표에 참여하는 것일까? 오랫동안 이 지역에 건설하기로 약속되었던 소형 비행장 건설이 실현되기를 바라기 때문일까? 혹은 이 지역에 새로운 의사나 간호사가 파견되기를 바라기 때문일까? 혹은 초등학교의 교사를 원하기 때문일까? 혹은 어쩌면 높은 유아 사망률(이 나라의 일부 지역에서는 유아 셋 가운데 한 명은 첫 번째 생일을 맞지 못하고 죽는다)에 종지부를 찍어 그들의 아들과 딸이 성인이 되어 언젠가는 커피나무를 심거나 가게를 열거나 그 밖에 다른 종류의 일을 할 수 있게 되기를 바라는 것일까? 투표라고 하는 귀찮은 행동을 왜 하는가 물으면, 한때 백인들만의 세계였던 이 민주주의의 세계에 새로이 입장한 검은 피부의 신참자들은 현지의 언어로 좀 더 기초적인 감정을 표현한다. 그들은 아주 솔직하게 말한다. 자신들은 '머리를 꼿꼿이 세우고' 있기를 바라는 것이며 그렇게 함으로써 자신들이 마치 '돼지처럼 취급당하던' 식민 시대를 완전히 청산하고자 한다고.

다음은 모스크에 대해 말할 차례다. 서부 아프리카 지역에 있는 세네갈의 선거 민주주의 도입 사례를 보면, 주민의 압도적 다수가 이슬람교도인 농경 사회가 선거 민주주의와 잘 결합할 수 있다는 것, 그리하여 앞의 사례와 마찬가지로 훌륭한 결과를 낼 수 있다는 것을 알 수 있다. 15세기 중반 세네갈에 이슬람 문명을 전해준 것은 사하라 사막 건너편의 베르베르족 상인들이었다. 제한된 형태의 선거 정치가 이 나라에 도입된 것은 1848년이었다. 이때 식민 당국은 이 나라의 주요 도시의 성인 남성들에게 투표권을 부여했다. 이는 프랑스 제국 안에서 매우 드문 사례였다. 식민지라는 조건 속에서 유권자 집단은 분명 전체 주민 가운데 극소수였지만, 투표와 선거 문화는 점차 확산되었으며 결국 1956년에 남녀 보통선거권 쟁취라는 승리를 얻게 된다. 1960년 독립한 뒤, 초대 대통령 레오폴 세다르 상고르(Léopold Sédar Senghor)가 이끌던 정부는 세네갈을 일당 체제로 전환하려고 많은 노력을 기울였다. 그는 반대 정당을 흡수하거나 활동을 금지하고 선거를 조작하려 했지만 그런 시도는 결국 실패로 돌아갔다. 이런 상황 전개에 상당히 큰 역할을 한 것은 이 나라 주민 가운데 다수를 차지하는, 월로프어를 사용하는 이슬람교도들의 '민주주의'에 대한 강한 지지였다.

세네갈에서는 문화적 기준점의 경이로운 전환이 일어났다. 일부 정당 지도자와 언론인 그리고 많은 시민이 정당과 선거를 신앙 생활의 성스러운 장소인 모스크에 비유하는 시각을 습득했던 것이다. 그들이 볼 때 정당과 정당 지도자들은 무엣진과 비슷했다. 무엣진은 미너렛(이슬람 사원 외곽에 설치하는 첨탑) 꼭대기에 올라서서 신자들—즉 유권자들—에게 매일 행해지는 기도에 참여하도록 외치는 일을 했다. 사실상 모든 사람이 이런 무엣진이 될 수 있다.(세네갈의 이슬람교에서는 기도 시간을 알리는 외침을 학습할 수 있는 능력만 증명하면 성직자가 아니라도 무엣진이 될 수 있다.) 마찬가지로 누구라도 정당을 구성하고 그 정당을 이끌 수 있다. 모스크 안에서 행해지는 것과 똑같이, '민주주의(demokaraasi)'는 무엣진의 순환적 직무 수행에 기반을 두고 있다. 무엣진은 '이맘'의 감독을 받는다. 이맘은 모스크에 모여든 신앙자들 앞에서 기도를 인도하는 사람이다. 정부의 수반이 되는 사람은 이 이맘과 유사하다.(아랍어 단어인 '이맘'의 어근에는 '무엇의 앞에'라는 뜻이 있다.) 지도자들은 전체 공동체의 지지를 받는 한편, 멀리 떨어져 있지만 진정한 힘을 지닌 종교 사제단의 감독을 받으면서, 사람들이 삶을 헤쳐 나가는 것을 도우며 이때 정당들의 도움도 받는다. 지도자들은 이 모든 행동을 자신들이 앞에 '놓인' ─ 어떤 의미에서는, 선택된 ─ 사람이라는 인식을 기반으로 삼아 행한다.

모스크와 민주주의를 이렇게 유사성의 사슬로 묶는 사고방식에 대해서는 당연히 까다로운 질문이 제기될 수 있다. 무엣진의 직무를 맡은 사람은 결코 이맘이 될 수 없다. 따라서 이러한 비유는 이맘들과 정부 지도자들이 선출되는 방식에 대해, 그리고 선출된 지도자들이 일정한 기간 동안만 직책을 보유해야 하는 것인지 아닌지에 대해 많은 세네갈 국민들을 혼란스럽게 만들었다.* 하지만 그런 곤란한 문제가 있다는 것을 인정하더라도, 많은 세네갈 국민들에게 이 모스크 민주주의(이것을 돌연변이라고 하자)가 강력한 의미가 있다는 사실을 부정할 수는 없다. 이런 방식으로 '민주주의'에 대해 생각하게 되면, 이 단어는 이제 공동체의 동의에 기반을 둔 정부를 선택하는 세속적인 방식을 뜻하는 단순한 의미보다 더 큰 의미를 지니게 된다. 이 개념

---

* 1988년 대통령 선거 운동 기간 중에 세네갈의 수도 다카르에서 발행되는 잡지 〈르 카파르 리베레 (Le Cafard Libéré)〉(1988년 2월 13일과 20일 자)는 세네갈의 뛰어난 풍자 작가 알퐁스 망디의 시사만화를 한 편 실었다. 작중 주인공인 '구르구클루'는 무직 상태인데 무엇 하나 제대로 하는 일이 없었다. 이 만화는 그가 선거에 대해 지니고 있는 이해할 만한 착각을 주제로 하고 있다. 그와 그의 친구 '타파'는 가족을 부양하기 위해서 매일 안간힘을 쓰고 있었다. 어느 날 두 사람이 텔레비전에 네 명의 대통령 후보가 나와 선거 공약을 내거는 것을 관심 있게 보고 있었다. 타파는 구르구클루에게 어느 쪽으로 투표할지 결정했느냐고 물었다. "물론이지."라고 구르구클루가 답했다. "사바네 씨는 나에게 일자리를 약속했으므로 그에게 투표하고, 음바에 니양 씨는 아이들에게 우리 언어를 잘 교육하겠다고 했으니 그에게도 투표하고, 지금 대통령인 디우프 씨는 나에게 '민주주의'를 보장한다니 그에게도 투표하고, 그리고 아블라예 씨는 나에게 매일 쌀과 생선을 준다고 약속했으니 그에게도 투표할 거야. 나는 이제 마음을 정했어. 네 명 모두에게 투표할 거야." 타파는 네 명 모두에게 표를 던지지는 못한다고 말해주었다. 하지만 구르구클루는 그런 친구의 지적을 듣고도 전혀 동요하지 않았다. "왜 안 되는데? 우리에게는 '민주주의'가 있잖아, 안 그래?"(원주)

은 이제 성스러운 언어에 둘러싸이게 되는 것이다. 삶의 방식 전체를 아우르게 되며 유일한 절대자 아래에 모든 사람을 하나로 묶어주는 신앙과 제도의 전체 집합을 의미하게 된다. 이때의 '민주주의'는 성스러운 것과 세속적인 것을 구분하지 않는다. 그 대신 이 '민주주의'는 엄격한 신이 주의 깊게 살펴보는 가운데 신자들의 공동체가 다당 정부(multiparty government)와 능력 있는 지도자들을 통해 자신들의 차이점을 조화롭게 만드는 노력을 함께하는 것을 의미하게 된다.

이제 민주주의의 돌연변이 현상의 마지막 상징인 비(雨)에 대해 이야기해 보자. 1950년대에 아프리카 동부의 샴바어를 쓰는 지역인 탕가니카—이 지역은 훗날 탄자니아가 된다.—의 농촌에서 '민주주의(demokrasi)'의 적합성에 관해 토론이 활발하게 진행되었다. 우선은 농민 지식층에서 이런 논의가 시작되었다. 농경으로 생계를 꾸려 나가던 농민 지식층 남성들과 여성들은 영국의 제국 지배에 강하게 반대했고 정치에 대해 이야기하기를 좋아했다. 그들은 질문을 던졌다. '민주주의'는 정확하게 무엇을 의미하며 그것을 하면 어떤 점이 좋은가? 모든 남성과 여성은 선거에서 투표권을 부여받아야 마땅한가? 혹시 그 체제는 원로 회의에 의한 지배인가? 아니면 최고 교육을 받은 자들이 구성하는 정부인가? '민주주의' 체제가 되면 노인들의 옛 권리는 그대로 유지되는가? 젊은이들에게 큰 힘을 행사할 권리가 노인의 옛 권리에는 포함되어 있었다. 농민 출신의 왕이 왕좌에 앉게 되는가? '민주주의'는 왕족 같은 것은 완전히 폐지하는가? 그리고 각 지역을 다스리는 전통적인 부족장들의 권한은 어떻게 되나?

민주주의라고 하는 부싯돌이 기존 권력 구조인 쇠를 세게 내려친 덕분에 발생한 불꽃 같은 이런 질문들 가운데 마지막 질문이 가장 답하기 어려웠다. 권력 공유와 경쟁 선거를 지지하는 민주주의자들이 접해본 적이 없는 매우 까다로운 질문이었던 것이다. 식민지 이전 시기 샴바 왕국 때로 거슬러 올라가면, 부족장들에게는 비를 부르는 강한 능력이 있다는 믿음이 널리 퍼져 있었다. 풍요로운 수확에 비는 필수 불가결한 요소였다. 비를 부르는 자의 역할을 겸하는 부족장들은 아랫사람들의 존경을 받을 때에 한하여 그들의 능력을 사용한다는 믿음이 있었다. 권력 다툼이 일어날 때면 비를 만드는 작업을 중지하여 극심한 가뭄이 들었다. 이렇게 함으로써 다른 경쟁자들에 대한 사람들의 지지를 잠식하거나 지역민들이 자신에게 충분한 충성심을 보이지 않은 데 보복하였다. 이 견해에 따르면, 중앙 집권적인 권력을 보유한 부족장은 대지를 치유하고 보호함으로써 '그 대지를 뒤덮어버리는' 능력을 갖추고 있는 것이다. 사람들은 대지를 남성성(男性性)에 비유하기도 하고 태양에 비유하기도 했다. 태양은 (마치 남성이 매일 번식 능력을 발휘할 수 있는 것같이) 그 빛을 하루도 빠짐없이 매일 비추어주며, 곡물을 자라게 할 수 있는 힘이 있는가 하면 땅을 말려서 갈라지게 하고 황무지로 만들어버릴 힘도 있다. 대지를 부드럽게 달래주는 비는 달에 비유되었다. 해와 달리 달은 리듬에 맞추어 커졌다 작아졌다 했다. 마치 여성이 자신의 리듬에 따라(즉, 자신의 '달'에 맞추어) 그 시간이 되었을 때만 생산성을 보이는 것과 같다. 해와 달은 남성성과 여성성을 상징할 뿐만 아니라 배고픔과 만족도 상징했다. 해와 달은 서로 다른 리듬을 따르지만 두 리듬이 조화롭게 합쳐지면 더 높은 차원의, 그리고 더 우아한 리듬을 만들어낼 수 있었다.

권력의 관점에서 보았을 때, 샴바어를 쓰는 사람들이 지닌 세계상(世界像)에는 어떤 정치의 법칙 같은 것이 담겨 있었다. 권력이 부족장들의 손에 집중되고 이 부족장들이 최고 권력자인 왕의 명령에 복종한다면, 태양도 잘 비추고 비도 적절하게 내려 풍작을 거둘 수 있게 된다. 태양이 비와 손을 맞잡는 것은 곧 이는 남성과 여성이 서로 손을 맞잡는 것이다. 그리하여 대지가 치유되고 풍성한 수확을 이루어 굶주림은 사라지고 만족이 찾아온다. 이 모든 일은 시간의 조화로운 리듬에 따라 진행된다. 하지만 백성이 부족장과 다툰다든지 왕에게 대항하는 경우와 같이 논쟁과 권력 투쟁이 발생하게 되면, 태양과 남성성과 가뭄이 거센 힘을 발휘하여 기근을 일으키고 사람들은 큰 고통에 시달리게 된다. 생산성의 리듬—즉 해와 달, 땅과 비, 남성성과 여성성의 풍요로운 결합—이 깨져버리는 것이다. 시간은 길을 잃고 만다. 세상의 조화가 어긋나기 시작한다. 사람들은 이제 보호받지 못하고 버림받은 신세가 되며, 스스로 긍지를 지니고 열심히 일하던 농민들은 권력에 굶주린 '비를 부르는 자들'이 보이는 변덕과 일시적인 호의에 울고 웃는 노리개가 되고 만다. 가뭄, 기아, 그리고 독일과 영국이 식민 정책을 추진하면서 부당한 합의가 진행되고 공공연한 전쟁이 벌어지면서 실제로 이런 상황이 발생했다.

이런 인식은 탄자니아 민주주의자들에게 매우 도전적인 과제를 안겨주었다. 사람들을 가뭄과 기아로 벌준다는 이야기는 정신이 올바른 사람이라면 도저히 믿을 수 없는 것이지만 현지 주민들은 그렇게 인식했던 것이다. 탄자니아의 민주주의자들은 민주주의 이상의 의미와 실용성에 대해 창조적인 생각이 필요했다. 이들은 부족장과 왕에게 있다고 여겨지던 비를 부르는 힘을 완전히 부정하는 방안을 마련해야 했다. 동시에 단결에 기반을 둔 권력이 중요하다는 현지의 강한 감정도 존중해야 했다. 이런 상황에서 이들은 새로운 유형의 정치 체제가 필요하다고 주장했다. 즉 서구식 대의 정치 체제의 분열을 극복해야 한다고 했다. 서구식 대의제에는, 항상 돈과 힘을 가진 사람들 편에 서서 선거라는 전쟁터에 동원되어 투입되는 경쟁적인 정당 머신들이 존재했다. 탄자니아 민주주의자들은 해결책으로 '우자마(ujamaa)'를 내놓았다. '우자마'는 재산을 공유하는 자치 촌락들의 집합인데, 이 촌락들은 대통령제 국가에 의해 하나로 묶인다. 이 국가는 신문을 수단으로 삼아 시민들과 밀접한 관계를 유지하며 라디오의 도움도 받는다. 새로운 대중 매체인 라디오는 나라 곳곳의 날씨를 널리 보도해준다는 장점이 있었다. 이제는 모든 사람이 라디오의 주파수를 맞추기만 하면 기상학은 신화와 전혀 다르다는 사실을 직접 확인할 수 있게 되었다.

줄리어스 캄버라지 니에레레(Julius Kambarage Nyerere, 1922~1999)는 연설과 글을 통해 좀 더 '진정한' 형태의 민주주의를 호소력 있게 표현했다. 그는 식민 시대가 끝나 갈 무렵 영국에 의해 자치 정부 총리에 임명되었으며 공화국이 독립하자 대통령이 되었다. 로마 가톨릭을 믿는 가난한 농부의 아들로 태어난 그는 민중의 한 사람이었으며 언변이 뛰어났다. 영어도 잘했지만 특히 자신의 모국어인 스와힐리어로 말할 때 더 훌륭했다.(그는 셰익스피어의 작품《줄리어스 시저》와《베니스의 상인》을 스와힐리어로 번역했다.) 1959년 발행되어 널리 보급된 '탕가니카아프리카민족연맹(TANU)'의 소책자에서 니에레레는 "고대 그리스인들도 작은 촌락에서 살았다."라고 썼다. "각 촌락은 독자 정부를 지닌 완전한 '국가'이다. 촌락에는 왕도 없으며 '와테미

탄자니아 대통령 줄리어스 니에레레가 1963년 7월 17일 백악관에서 미국의 존 F. 케네디 대통령을 만나고 있다.

(watemi, 부족장)'도 없다. 정부의 사안은 모든 평민들이 함께 모여서 토의하고 결정한다. 권위와 책임은 어떤 개인이나 소규모의 시민 그룹에 있지 않고, 시민 전체에 있다."[17] 니에레레가 '민중들'과의 연대를 강조한 데 주목할 필요가 있다. 또 그는 권력을 '함께' 행사하는 것의 중요성도 강조했다. 그래야만 마치 사람 피부에 돌멩이를 문지르면 아픈 것처럼 '권력'과 '권력'이 서로 마찰을 일으켜 고통과 피해를 주는 것을 막을 수 있다는 것이다. 민주주의는 '평등(usawa, 우사와)'이다. 따라서 민주주의는 모든 형태의 노예제를 타도한다. 타도 대상에는 사람들의 피부색에 기생충처럼 서식하는 식민 체제도 포함되어 있다. 촌락 민주주의는 또한 자유(uhuru, 우후루)를 의미한다. 이 핵심 개념을 니에레레는 "방해받지 않고 살고 행동하고 생각하는 상태"라고 규정했다. "노예는 바로 이 우후루가 없다."라고 그는 덧붙였다. 식민지의 예속 상태를 철폐하려면 반드시 촌락의 연대와 평등과 자유가 필요하다. 이것이 바로 니에레레와 그 지지자들이 말하는 '우자마 사회주의'이다.

이 원리들은 충분히 명료했지만 결국 문제는 촌락 민주주의가 어떻게 영토 국가의 독립성과 결합할 수 있는가 하는 점이었다. 니에레레는 영토가 광대한 국가인 경우, 대의제 메커니즘을 도저히 피해 갈 수 없다는 점을 잘 알았다. 새로운 탕가니카공화국*의 첫 번째 의회에서 그는 취임 연설을 하면서 바로 이 문제를 지적했다. "우리는 멀리 흩어져 살고 있습니다. 따라서 우리의 민주주의는 여전히 결함이 있습니다." 가장 중요한 결함은 서로 거주지가 너무나 멀리 떨어져 있어서 어쩔 수 없이 발생하는 문제점들이었다. "우리는 서로 만나기가 어렵고 우리의 문제들에 대해 결정을 내리기 어렵습니다. 특히 촌락 생활에 관한 문제에서 그러합니다. 그렇기 때문에 우리는 우리가 선출한 대표자들에게 결정권을 맡깁니다. 그러나 종종 너무나 먼 거리 때문에 우리는 대표자들을 만나서 그들이 무엇을 토론하며 우리 대신 어떤 결정을 내리는지 물어볼 수가 없습니다." 그렇다면 어떻게 해야 하는가? 니에레레는 대답했다. "각각의 촌락에 관련된 문제에서는, 촌락의 삶 자체가 진정한 민주주의로 연결될 것입니다."

이 진지한 대답은 또 다른 질문을 불러일으켰다. 아프리카식 민주주의 체제는 과연 어떻게 국가 전체에 관련된 사안을 조정하는가? 니에레레의 답은 이랬다. 촌락에 기반을 둔 민주주의가 "아프리카 사람들에게는 마치 열대의 태양과 마찬가지로 익숙"하기 때문에 다당제는 바람직하지도 않으며 아예 작동이 불가능하다. 다당제는 사회적 분열, 특히 부자와 빈자 사이에 대립이 있는 지역, 즉 평등이 부족한 유럽이나 미국 같은 지역에서 발생했다. 이와 대조적으로 '탕가니카아프리카민족연맹'을 비롯한 아프리카의 정당들은 독립 투쟁 과정에서 형성되었다. 처음부터 "이 정당들은 국민 전체의 이해관계와 열망을 대변했다." 식민주의가 패퇴하면서 통치자와 피치자의 대립은 의미가 없어졌다. 이제 남은 과제는 평등한 존재로 대우받고 싶은 국민의 열망을 표출하는 자치 정부의 형태를 만드는 일 뿐이다. 양당제 민주주의라는 개념 자체가 모순이다. 이해관계와 정당들의 충돌로 인해 나라가 갈기갈기 찢겨져 있을 때면, 이런 정당들은 통치 시스템 전체를 이리저리 비틀고 변형시켜 결국 인공적인 '축구 정치'의 형태로 만들어버린다. 당과 당이 서로 밀치면서 경쟁한다. 경쟁 정당에 승리를 거두기 위해서 각 정당의 지도자들은 일반 당원들이 자유롭게 발언할 수 있는 권리를 박탈한다.

---

* 탄자니아(United Republic of Tanzania)는 아프리카 동부 인도양 연안에 있는 나라이다. 제2차 세계대전 이후 유엔(UN)의 영국 신탁통치령이 된 '탕가니카공화국'과 1890년 이후 영국의 보호령이었던 '잔지바르'가 1960년대 초에 각각 독립한 후 1964년 4월 합병하여 성립되었다. 탕가니카 대통령이던 줄리어스 니에레레가 초대 대통령으로 취임하였다.

정당들은 또한 일반 대중에 대해서도 일부러 문제를 일으킨다. 직책을 얻기 위해 광분하는 지도자들은 지키지 못할 약속을 남발한다. 그들은 '사회 문제를 정의롭게 조정'하는 데 아무런 관심도 없는 협잡꾼이 된다. 이런 모든 이유들 때문에 결국 정당 정치는 '자유로운 토론'이라는 오래된 아프리카의 관습을 위협한다. "장로들이 큰 나무 아래 둘러앉아 합의를 볼 때까지 서로 이야기를 나누던" 촌락에서 발휘되던 '모든 사람'을 위한 배려의 관습이 위태로워진다. 국민을 위해, 그리고 그들의 존엄과 단결을 위해 이러한 소중한 관습은 반드시 보존해야 한다. 더 훌륭한 곳이 되기 위해서, 아프리카는 자신의 뿌리로 되돌아감으로써 남다른 모습을 보여야 한다. "국민 전체와 동일시되는 단 하나의 정당이 있으면, 공동체의 일정 부분만을 대변하는 둘 이상의 정당이 있는 경우보다 민주주의의 기반이 더욱 탄탄해질 것이다."

일당 민주주의에 대한 이런 새로운 관점은 현지의 어려운 과제들을 해결하기 위한 것이었다. 예를 들면 종교적으로 분열되어 있으며(이슬람교도와 기독교도의 분열), 스와힐리어 외에는 공용어가 없는 주민 전체를 어떻게 통합할 것인가 하는 문제가 있었다. 일당 민주주의라는 새로운 관점에 따르면, 정책과 의견의 근본적인 차이는 해소할 수 있으며 설사 반대자들에게 큰 고통을 주는 한이 있더라도 공공선을 향한 노력은 성공할 수 있다고 가정한다.(1964년 니에레레는 자신의 군대가 반란을 일으키자 이를 진압하고 자신의 집권을 어떻게든 유지하기 위해 이전 식민 종주국인 영국의 군대를 끌어들이는 과감한 조치를 취했고 이 조치는 성공했다.) 그리고 마지막으로 매우 까다로운 문제가 있었다. 이 '우자마 민주주의' 체제에서 정치적 리더십이 어떤 역할을 해야 하는가 하는 문제였다. 즉 자유롭고 평등한 토론에 기반을 둔 일당제를 통한 자치 정부가 있는데, 이 자치 정부에 리더십은 어떤 의미가 있으며 또한 어떤 지도자가 이 정부를 보완해야 하는 것일까?

1962년 12월 9일 탕가니카공화국 대통령 취임식 때 니에레레는 철저하게 토착적인 답변을 제시했다.[18] 대통령 취임식은 성대했는데, 어떤 의미에서는 과거의 부족장과 왕의 시대에 어울리는 행사였다. 이 행사가 국민들에게 확인해주고자 의도한 바는, 국가 권력이 분할되어 있지 않다는 것, 분할되지 않은 이 민주주의 체제가 '대지를 뒤덮을' 수 있다는 것, 대통령제가 지닌 통합력 덕분에 이 나라에 산재해 있는 수많은 촌락은 좀 더 높은 차원의 질서에 따라 단결할 수 있다는 것, 그리하여 비를 불러와서 그 비가 땅에 떨어져 번영과 평화의 씨를 자라게 할 수 있다는 것이었다.

항만 도시인 다르에스살람의 국립 경기장에 도착한 니에레레 일행은 둥둥둥 울리는 북소리의 영접을 받았다. 무와비 테레사 나타레 왕가의 북소리였다. 그다음은 페트로 이토시 마레알레라는 이름의 부족장 순서였다. 그는 새로운 대통령에게 인사를 하고는 대통령에게 축복을 내려주시고 '힘과 권력과 지혜와 장수'를 허락해 달라고 신께 기도했다. 이곳의 전통에 따라 마젱고 부족장이 앞으로 나와 니에레레에게 왕의 옷을 선사했다. 이 의상은 "이 긴 옷자락이 당신의 몸을 다 덮듯이 당신의 지도력의 은혜가 온 나라를 덮기를 기원한다"는 표시였다. 그다음 니에레레는 높은 단상에 올라 창과 방패를 받았다. 창은 탕가니카 국민을 보호한다는 의미였으며 방패는 이들을 적에게서 지킨다는 의미였다. 밀가루와 물로 만든 반죽으로 마젱고 부족장이 니에레레의 몸에 축복을 내린 뒤 니에레레 대통령은 높은 단상에서 내려와 왕가의 북소리가 둥둥 울리는 가운데 사열대로 걸어갔다. 이제 새로운 지도자는 탕가니카 소총 부대와 경찰 부대 앞에서 경례를 받았다. 부대원들은 군대식 절차에 따라 새로운 대통령에게 예의를 표했다. 부대원들은 힘찬 함성을 세 번 대통령에게 보냈고 그다음 니에레레는 오픈카에 올라 운동장을 한 바퀴 돈 다음 그곳을 떠났다. 그러는 사이 군중들은 큰 북소리에 맞추어 몸을 좌우로 흔들면서 환호성을 지르고 박수갈채를 보냈다.

파수꾼 민주주의의 등장

니에레레가 1985년에 탄자니아 대통령직을 사임하고 얼마 지나지 않아 '탕가니카아프리카민족연맹'과 그 지지자들이 이 나라를 일당 체제인 '우자마' 민주주의로 통치하려던 시도는 결국 반발을 불러일으켰다. 그리하여 1990년대 초에 헌법이 개정되어 다당제가 허용되었다. 식물학자나 동물학자라면 다음과 같이 결론 내렸을 것이다. 민주주의의 '유전자형'을 탕가니카의 환경 속에서 재규정하려는 노력은 치명적인 돌연변이를 낳았다. '표현형'*은 불안정했고 새로운 환경에 적응하지 못했으며 효율적인 자기 재생산 능력이 없는 것으로 판명되었다. 그렇다고 하더라도 여기에는 무엇인가 더 중요한 것이 있다. 탕가니카, 세네갈, 파푸아뉴기니, 그리고 인도에서 끌어온 이 작은 이야기들 속에는 더 큰 발견이 담겨 있다. 1945년 이후 수십 년 동안의 민주주의는 이제 더는 제임스 브라이스가 《근대 민주정》(1921년)에서 논한 것 같은 백인 중간 계급의 서구적 현상이 아니라는 것이다. 이제 상황은 과거와 다르다. 세계가 민주화됨에 따라 민주주의 역시 세계화된 것이다.

지금 세계의 모든 대륙에는 갖가지 종류의 특수한 민주주의 체제들이 있지만, 그들은 여전히 민주주의라는 이름의 가족 안에 있다. 민주주의라는 이름만 공유한 것이 아니라 정신도 공유하고 있다. 비폭력에 대한 어느 정도의 존경심, '국민'의 동의에 기반을 둔 법치, 중앙 집권화되고 무책임한 권력에 대한 의구심, 그리고 시민들은 서로 평등한 존재라는 원칙에 대한 신뢰와 같은 요소들은 스스로 민주주의자라고 생각하는 정치 지도자들과 시민들을 여전히 서로 묶어주고 있다. 하지만 그렇더라도 초창기의 부모 격인 서유럽, 이스파노아메리카, 미국의 민주주의 체제와는 극히 다른 환경에서 발생한 민주주의의 돌연변이는 어떤 중요한 의미를 지닌다. 민주주의의 길고도 흥미로운 역사의 다른 어떤 순간보다 민주주의의 의미와 실제는 각지의 일상적 감성과 언어와 제도, 그리고 끊임없이 변화하며 서로 경쟁하는 여러 형태의 힘과 깊이 얽혀 있다. 그 결과, 어떤 단일한 요소에 기반을 둔, 민주주의에 대한 선험적 개념 규정은 이제 그 의미를 상실하고 말았다. 마치 민주주의 개념 자체가 민주화된 것 같은 상황이다. 이제는 정치학자보다 인류학자가 민주주의의 모습을 파악하는 데 더 적합한 것 같다. 민주주의는 다양한 가치를 지니게 되었다. 민주주의는 이제 여러 각도에서 권력을 바라보는 방식으로 인식되기 시작했다. 민주주의는 일정한 조건에 지극히 임시적으로 기반을 둔 생활 방식으로서 언제라도 분해될 수 있는 상태에 있

* 어떤 생물 개체가 가지고 있는 특정한 유전자의 조합을 '유전자형(genotype)'이라 하며, 그런 특정한 '유전자형'을 가진 개체가 환경과 상호작용하여 실제로 나타낸 모습을 '표현형(phenotype)'이라 한다.

다고 인식된다. 민주주의는 개방된 경계선을 지닌 통치 방식이며 행동 방식이다. 민주주의는 어떤 민족이나 나라가 보유하고 있거나 보유하고 있지 않은 어떤 단일한 조건에 의해 결정되지 않는다. 이렇게 하여 우리는 우리 시대의 주요한 경향성을 이해하려는 노력에서 첫 번째 결론에 다다르게 된다. 즉 새뮤얼 헌팅턴의 '제3의 물결' 이야기에 무엇인가 미심쩍은 것이 있다는 것이다. 20세기 후반에 민주주의에 대한 관심이 엄청나게 증가한 현상의 성격을 잘 서술한 점은 있지만, 그가 사용한 해양 과학적 비유는 한계가 있다. 지나치게 사물의 표면에만 집착했으며, 물결 자체에만 너무 집중한 나머지 세계의 대양에서 일어나는 조류와 너울 아래 깊은 바닷속에 민주주의라고 불리는 수많은 서로 다른 종류의 물고기들이 자라고 있다는 사실을 간과했다. 그중에는 맹독을 품고 있는 복어도 있으며 다른 물고기나 사람을 습격하여 잡아먹는 상어도 있다.*

이것뿐이 아니다. 정치적으로 이야기하자면 훨씬 더 큰 문제가 있다. '제3의 물결'이라는 은유는 역사적으로 깊은 의미를 지닌 거대한 변화의 양상을 지적하지 못했다. 그 변화는 20세기 후반에 시작되었으며 현재도 바로 우리 코앞에서 진행되고 있다. 즉 새로운 종류의 민주주의가 탄생한 것이다. 바로 '탈대의제(脫代議制)' 민주주의 형태인데, 과거의 회의체에 기반을 둔 민

---

* 현재 21세기 초의 세계에는 대의 민주주의의 원래 모델인 대서양 모델과 거의 닮은 점이 없거나 전혀 닮지 않은 수많은 종류의 체제가 있다. 그렇기 때문에 서로 다른 민주주의 체제가 평화적으로 공존할 수 있는가에 대해 의문이 제기되는 것은 당연한 일이다. 불길한 의미를 지닌 사례 하나를 들어보자. 2006년 1월 팔레스타인에서는 급진적 성향의 이슬람 단체인 '하마스(Hamas)'가 엄중한 감시 아래 치러진 선거에서 승리를 거두었다. 아랍어권 세계에서 유권자들이 자유롭고 공정한 선거를 통해 전제적인 정부를 쫓아낸 최초의 사례였다. 외부 세력이 행사하는 '이중 잣대'와 국민이 끊임없이 희생양이 되는 상황에 실망한 나머지 이 정권이 태어나게 되었는데, 새 정권은 즉시 자유롭고 독립적인 팔레스타인 국가 형성에 착수하였다. 세계가 주목했다. 미국 정부 그리고 이웃 나라인 이스라엘 정부는 즉시 이런 행동의 부당성을 주장했다. 새로 선출된 하마스가 주도하는 정부는 '테러리스트' 정부라는 비난을 받았다. 이 정부에 대한 재정 지원은 중단되었으며 새 정부는 사방에서 공격을 받았다. 마치 민주주의 세계에 있는 누구도 원치 않는 아이처럼 취급받았다. 이 정부의 반대 세력에게 비밀리에 무기가 공급되었다. 심지어 새 정부의 각료 몇몇은 이스라엘 군대에 체포되었다. 이스라엘의 정치 권력자들은, 설사 민주주의 체제라 하더라도 자신들의 입맛에 맞지 않으면 그 체제에 대해서는 별다른 의미를 두지 않는 것처럼 행동했다. 오랜 옛날 예언자들이 걸어 다니던 땅으로 밀려 들어간 이 새로운 팔레스타인 정부는 결국 붕괴했으며, 그 여파로 피비린내 나는 내전이 벌어지고 가자(Gaza) 지구를 하마스가 점령하는 일이 벌어졌다. 이후 이스라엘은 또다시 군사 개입을 시작했으며 더 광범위한 지역까지 전쟁이 확산될 수 있는 공포스러운 상황이 되었다.(원주)

주주의 체제나 대의 민주주의 체제와 분명히 다르다.

　이 새로운 체제에 어울리는 우아한 이름을 지어주는 일은 어려우며, 그 작동 양식과 정치적 함의를 몇 마디 말로 묘사하기는 더더욱 어렵다. 유럽 같은 지역에서, 그리고 미국, 인도, 아르헨티나, 뉴질랜드같이 서로 무척 다른 여러 나라들에서 발생하고 있는 이 큰 변화를 묘사하는 데는 조금 이상하게 들릴 수 있지만 '파수꾼 민주주의(monitory democracy)'가 가장 적합한 이름이다. '파수꾼 민주주의'는 민주주의의 새로운 역사적 형태이며 '탈(脫)의회제' 정치의 한 형태이다. 많은 종류의 의회 밖 권력 감시 조직의 급속한 성장이 특징적 모습이다.* 이런 감시 조직들은 정부와 시민 사회의 '국내' 영역뿐 아니라 과거에 제국과 국가와 무역 조직들이 통제하던 '국경을 초월한' 영역에도 뿌리를 내렸다. 그 결과로—우리가 이제까지 살펴본 유일

---

* 형용사 'monitory'는 중세의 'monitoria'에서 유래한 단어이다.(이 단어는 다시 라틴어 단어 'monere', 즉 '경고하다'에서 유래한 단어이다.) 이 단어가 중세 영어에 처음 들어올 때는 'monitorie'의 형태로 들어왔으며, 15세기 중반 근대 영어에서는 임박한 위험에 대해 다른 사람에게 경고하는 과정, 혹은 어떤 사람이 남에게 불쾌감을 줄 수 있는 특정한 행동을 취하려 할 때 미리 주의를 주어 그런 행동을 하지 않도록 하는 과정을 뜻하게 되었다. 이 단어는 제일 처음 교회 안에서 사용되었다. 주교나 교황 혹은 교회 재판소가 '감시자(monitor)'의 자격으로 작성하여 보내는 서신을 가리켰다.(이 서신을 'monitories'라고 불렀다.) 조금 더 시간이 흐르자, 연관된 단어들인 monitor, monition, monitory가 교회 밖의 맥락에서 사용되기 시작했다. '모니터(monitor)'는 다른 사람의 행동을 나무라는 사람 혹은 사물을 지칭했다. '모니터'는 학교에서도 사용되었다. 질서를 유지하는 의무를 수행하거나 (만일 그 학생이 특별히 영리하고 재능이 있다면) 하급반 학생들에 대하여 교사의 역할을 하는 상급반 학생을 지칭했다. 또한 '모니터'는 조기 경보 장치를 의미하기도 했다. 또 아프리카와 오스트레일리아와 뉴기니 섬에 서식하는 도마뱀 종류를 지칭하는 단어로도 쓰였다. 이 도마뱀은 악어가 근처에 나타나면 경고를 했기 때문에 인간에게 우호적인 동물이었다. 다시 시간이 더 흐르자, '모니터'는 커뮤니케이션 장비와 연결되었다. 전자적 전송의 질과 내용을 체크하기 위한 스피커나 텔레비전 스크린과 같은 수신 장치를 지칭했다. 그리고 컴퓨터 사용과 컴퓨터 과학의 세계에서도 사용되었다. 여기서 '모니터'란 비디오 디스플레이 장치 혹은 어떤 프로그램을 지칭하는 것으로서 이런 '모니터'는 다른 프로그램의 활동 상황을 관찰하고 감독하고 통제하는 데 사용된다. 최근에 들어서는 이 '파수꾼 민주주의'와 일정한 연관이 있는 한 가지 현상으로, '모니터하다(to monitor)'라는 표현이 어떤 것의 내용과 질을 체계적으로 체크하는 과정을 지칭하는 동사로 자주 쓰이게 되었다. 예를 들면 어떤 도시의 행정 당국이 현지의 음용수에 불순물이 없는지 '모니터'하거나, 과학 전문가 집단이 멸종 위기에 있는 생물종의 생존 상황을 '모니터'하는 경우가 있다. 바로 이러한 용법이 '모니토리얼 데모크라시(monitorial democracy)' 이론의 개발에 영감을 제공한 것으로 보인다. 이 이론은 미국의 학자 마이클 슈드슨(Michael Schudson)이 발전시켰다(저자와의 면담, 뉴욕 시, 2006년 12월 4일). 그가 저술한 다음 자료를 보라. 'Changing Concepts of Democracy', *MIT Communications Forum* (8 May 1998). 이 글을 더욱 보충한 그의 다음 책자도 보라. *The Good Citizen: A History of American Public Life* (New York, 1998). '파수꾼 민주주의'에 대한 나의 서술은 이 자료들의 도움을 받았다.(원주)

한 사례는 인도였다. —자치의 구조 전체가 변화하고 있는 것이다. 과거에는 선거와 정당과 의회가 시민들의 삶을 강력하게 장악했지만 이제 그 장악력은 약해지고 있다. 여전히 선거는 민주주의에 없어서는 안 되는 요소이다. 하지만 이제 민주주의는 선거 그 이상의 것을 의미하게 되었다. 국가의 내부와 외부에서 권력을 독립적으로 감시하는 이들은 이제 분명한 성과를 거두기 시작했다. 이 감시 단체들은 정치인과 정당, 그리고 선거를 통해 구성된 정부를 항상 긴장된 상태로 있도록 강제함으로써 정치인들의 삶을 복잡하게 만들며, 그들의 권위에 의문을 제기하고, 그들의 어젠다에 변화를 가하며, 때로는 그들을 치욕스러운 방식으로 파멸시켜버린다.

　이 새로운 종류의 민주주의를 향한 흐름이 지속 가능하며 역사적으로 되돌릴 수 없는 변화인지는 앞으로 두고 봐야 할 것이다. 앞선 두 역사적 사례와 마찬가지로 '파수꾼 민주주의' 역시 불가피한 것은 아니다. 즉 반드시 발생해야 했던 것은 아니다. 그저 발생했던 것뿐이다. 이것이 생존해 나갈지 아닐지는 아직 논의의 대상일 뿐이다. 분명히 말할 수 있는 것은, 그 제도적 모습과 내적 동학으로 판단해볼 때 '파수꾼 민주주의'는 이제까지 등장한 민주주의 형태 가운데 가장 복잡한 모습을 하고 있다는 사실이다. 라틴어에 흥미가 있는 사람이라면 이 형태를 '테르티움 퀴드(tertium quid, 제3의 무엇)'*라고 부를 수 있겠다. 회의체 민주주의와 대의 민주주의라는 역사적 실험을 계승한 제3의 형태이지만 아직 그 모습이 완전히 형성되지 않았기 때문이다. '민중(people)', '공공(public)', '공적 책임성(public accountability)', '시민(citizens)' 등의 이름 아래—파수꾼 민주주의의 시대에 들어와서 이 용어들은 서로 유사한 뜻으로 사용되고 있다.—권력 감시 제도들이 매우 광범위한 장소에서 속속 생겨나고 있다. 그러나 선거라든가 정당, 입법부가 완전히 사라진 것은 아니며 그 중요성이 반드시 감소한 것도 아니다. 하지만 이런 제도들이 과거 정치 분야에서 차지하던 핵심적인 중요성은 이제 사라졌다. 이제 민주주의는 선출된 정부의 권력을 선거, 의회, 헌법적 수단을 통해 통제하는 방

---

* 영어로는 'the third thing'으로 번역할 수 있다. 한 분야에서 분명하게 인정되는 두 개의 물건이 지배적인 모습으로 존재하고 있는 상황에서 제3의 새로운 물건이 등장하는데, 아직 그 물건의 특성이 확실하게 규정되지 않은 경우에 사용하는 표현이다.

식이라고 단순하게 규정할 수 없게 되었으며 또한 영토 국가에 한정된 사안이라고도 말할 수 없게 되었다. 과거에는 민주주의가 "다수의 무제한적 의지에 의한 통치"[19]라고 묘사되었지만(그리고 바로 그러한 이유 때문에 곧바로 비난을 받았지만) 이제 그런 시대는 지나갔다. 민주주의가 오로지 주기적인 선거를 통해 다수결 원칙에 따라 정부를 선출하는 것이라는 억지스러운 고집은 이제 무너지고 있다. 지방적, 국가적, 혹은 초국가적 영역에서뿐 아니라 각종 비정부 조직과 네트워크가 뚜렷하게 권력 행사를 하는 영역에서도—이런 비정부 조직 가운데 일부는 일상생활의 뿌리는 물론이고 전 세계 구석구석까지 그 영향력을 뻗치는 경우도 있다.—권력을 행사하는 사람과 조직은 이제 다양한 종류의 탈(脫)의회적 단체들에게 공적 감시와 공개적 의문 제기라는 통제를 늘 받고 있다.

파수꾼 민주주의 시대에는 대의의 원칙, 민주적 설명 책임성의 원칙, 공공의 참여 원칙이 이전의 어떤 시기보다 더 광범위한 영역에 적용된다. 어째서 이런 일이 벌어지고 있는가를 이해할 수 있는 인상적인 힌트가 여기에 있다. 즉 1945년 이후 시작된 파수꾼 민주주의 시대에는 그 이전의 민주주의자들이 전혀 모르던 권력 감시 제도가 거의 백 가지나 새롭게 탄생한 것이다. 앞으로 우리가 살펴볼 내용이지만, 새롭게 창안된 이 발명품을 옹호하는 이들은 현대의 민주주의 체제가 직면한 한 가지 근본적인 문제를 해결하는 데 새로운 발명품이 중요한 역할을 할 것이라고 종종 말한다. 그 문제란, 거대하고 복합적인 여러 사회에서 살아가는 힘없는 보통 사람들이 어떻게 하면 민주주의적인 삶을 살 수 있는지 그 방법을 모색하는, 현대 민주주의 체제의 아직 완수하지 못한 과제를 추진하는 일이다. 이런 사회에 살고 있는 상당수의 시민은 정치인들을 쉽게 믿어서는 안 된다고 생각하며, 이런 사회의 정부는 종종 권력을 남용하고 시민의 삶과 긴밀한 관계를 상실했거나 시민들이 품고 있는 우려와 문제들을 해결하는 데 아예 관심이 없다. 새로운 권력 감시 제도들은 이런 사안을 직접 다룸으로써 다수결 원칙의 장악력을 분쇄한다. 다수결 원칙은 숫자에 대한 숭배였다고 말할 수 있으며, 종래의 대의 민주주의 체제와 밀접하게 연결되어 있었다. 새롭게 창안된 파수꾼 민주주의의 메커니즘은 정당들의 잘 계산된 조심성과 이중성에서 자유롭기 때문에, 공식적인 정치 과정에서 배제되어 있다고 느끼는 소수자 그룹의 관심사에 공식적인 발언권을 부여했다. 예를 들면 여러 감시 단체, 사법 적극주의를 채택하는 법정, 선거 감시 위원회, 일부 소비자 보호 단체들은 자신들이 중립적이라고 주장하면서 그 '중립성'을 활용하여, 포식자들과 적대자들로부터 민주적 게임의 규칙을 보호하고 있다. 또 다른 감시 단체들이 하는 활동은, 선거가 빈번히 실시됨으로써 발생하는 단기적 쟁점 중심의 분위기 때문에 완전히 무시되거나 허술하게 다루어지는 장기적 과제를 쟁점화하는 활동이다. 또 다른 그룹의 감시 단체들은 재빨리 등장하고 재빨리 사라지는 점이 특이하다. 빠르게 변화하는 세상에서 이 단체들은 마치 유목민처럼 현장에 갑자기 등장하여 요란스럽게 문제를 제기하고는 홀연히 사라져버린다.

사람들이 뚜렷하게 느끼고 있지만 정당과 의회와 정부가 소홀히 여기거나 겉으로 드러내지 못하게 억누르는 의견이나 생활 방식이 있다. 새로운 감시 단체들은 이런 것들이 논의의 대상이 될 수 있도록 함으로써, 영토 국가 제도들의 '아래' 혹은 '너머'에서 작동하는 권력 관계를 포함한 우리 삶의 수많은 영역에서 권력에 대한 공공의 감시 활동의 수준과 질을 높인다.

이러한 권력 감시의 새 발명품들이 현대 정치 언어에 변화를 가져왔다는 사실은 그리 놀라운 일이 아니다. 이 발명품들 덕분에 '권한 이양', '고에너지 민주주의', '주주(株主)', '참여형 국가 경영', '의사 소통 민주주의', '심의 민주주의'에 대한 많은 논의가 촉발되었다. 이 발명품들은 또한 우리 삶의 수많은 영역에, 때로는 역사상 처음으로 '투표 문화'가 확산되는 데 도움을 주었다. 파수꾼 민주주의 시대는 여론 조사, 포커스 그룹(focus group), 심의형 여론 조사, 온라인 청원, 청중과 고객의 투표의 시대이다. 투표 문화는 감시 능력이 있는 새로운 메커니즘의 지원을 받고 있으며, 따라서 이 투표 문화가 확산됨에 따라 의도했건 안 했건 상관없이 종래에 정당과 정치인과 의회가 내던 일방적인 목소리가 이제는 방해를 받거나 아니면 아예 들리지 않게 되어버리는 효과가 나타나고 있다. 권력을 세심하게 감시하는 이러한 새로운 창안물들은 더 많은 시민의 목소리에 힘을 실어주는 역할을 하고 있으며, 때때로 '선출 과정을 거치지 않은 대표자들'이라는 수단을 활용한다.(그 예로 인권 조직을 들 수 있다.) 그런 대표자들은 미국인들이 이따금 '불리 펄핏'*이라고 부르는 것을 활용하는 데 능숙하다. 감시 메커니즘의 수와 범위가 매우 크게 증가하고 있기 때문에, 과거의 규칙인 '1인 1표 1대표자'의 원칙—이 원칙은 대의 민주주의를 확립하기 위한 투쟁에서 핵심적인 요구 사항이었다.—이 파수꾼 민주주의의 새로운 원칙으로 대체되고 있다. 그것은 '1인, 다양한 이해관계, 다양한 목소리, 복수의 표, 복수의 대표자'라는 원칙이다.

　권력에 제한을 가하는 이러한 새로운 방식들을 이해하는 데 유의할 사항이 있다. 이 방식들은 모두 똑같은 재료로 만들어진 것이 아니며 그렇기 때문에 조심스럽게 검토해야 한다는 점이다. 새로운 감시 발명품들은 '미국'이나 '유럽' 혹은 'OECD'나 '서방'의 산물만이 아니다. 이 발명품들의 놀라운 특성 하나는 이들이 빠른 속도로 전 세계에 확산된다는 사실이며, 또 그 확산의 출발점 역시 지구상의 모든 장소라는 점이다. 이들은 매우 다양한 맥락 속에서 급속히 성장하고 있으며 심지어 민주주의 역사상 처음으로 발명 능력이라고 하는 것이 부가 가치를 지니고 있다는 의식이 증가하는 현상을 보이고 있다. 이는 마치 민주적 발명 능력 그 자체가 가장 소중한 발명이라고 인식하는 것과 같다. 이런 경향을 잘 보여주는 것이, 권력을 다루고 길들이는 방식에 관한 통찰력 있는 제안들이 유럽 지역에서 다양하게 등장하고 있는 현상이다. 이러한 예로는 '코펜하겐 기준(Copenhagen criteria)'을 들 수 있다.(1993년 6월 이 도시에서 개최된 '유럽이사회European Council'에서 정해졌다.) 이 기준은 당시의 그리고 미래의 유럽연합 회원국들에게 시장 경제를 보장할 뿐 아니라 '민주주의, 법치주의, 인권, 소수자 존중과 보호'를 위한 안정적인 제도를 지지할 의무를 부과했다. 또 다른 예로는 유럽이사회의 〈녹서(Green Paper)〉가 있다. 여기에는 29개의 개혁이 제안되어 있다. 정식 시민이 아닌 거주민에게도 투표권을 부여하는 방안, '민주주의 판매대'*, 온라인 심의 방식, 입법부에 대한 '옐로 카드(yellow card)' 제도, 시민 멘토(citizen mentor), 후견인 감시 제도가 여기에 포함되어 있다.[20]

불리 펄핏(bully pulpit) 높은 직위나 사회적 명성 덕분에 어떤 메시지를 전달하기에 매우 유리한 위치를 이렇게 표현한다. 여기서 'bully'는 '매우 좋다'는 뜻이며 'pulpit'은 '설교단'을 뜻한다. 미국 대통령 시어도어 루스벨트가 만들어낸 표현이다.

감시 기구들은 각기 다른 전선에서 각기 다른 방식으로 작동한다. 그중 일부는 정부와 시민 사회 조직체를 향한 '시민 인풋(citizens' inputs)'의 수준에서 권력을 감시한다. 다른 기구들은 '정책 스루풋(policy throughputs)'을 감시하고 여기에 대해 의문을 제기하는 데 몰두하고 있다. 또 다른 기구들은 정부와 비정부 조직이 생산하는 '정책 결과'를 검토하는 데 집중하고 있다. 한편 상당수의 새로운 감시 기구들은 이 세 가지 차원 전부에 관심을 집중하고 있다. 감시 기구의 규모와 대상 공간의 범위는 다양하다. 특정 지역에만 자취를 남기는 '바로 가까이에서' 작동하는 기구가 있는가 하면, 지극히 먼 장거리까지 힘을 행사하는 조직들을 감시하기 위한 글로벌 네트워크도 있다.

이런 다양성이 있기 때문에, 훈련받지 않은 눈으로 처음 살펴보았을 때는 1945년 이후 발명품들의 짧은 목록이 마치 까치가 마구잡이로 재료를 물어다가 지은 둥지처럼 보일 수도 있다. 이 목록에는 '시민 배심원', '생물권 회의체', '참여형 예산 편성', '자문 위원회', '포커스 그룹' 등이 있다. 또한 싱크탱크, '합의 회의', '티치인(teach-in)', '공공 기념물', '지역 사회 협의 조직', '오픈 하우스'도 들어 있다. 이런 발명품들은 정보를 제공하거나 자문 활동, 지원 활동 서비스를 제공하며, 자료를 보존하고 조사 시설을 제공하기도 하고, 전문가들 간의 네트워크 구성을 위한 기회를 제공하기도 한다. 또한 이 목록에는, '시민 회의체', '민주적 회계 감사', '인권 조직', '브레인스토밍', '이해 충돌 회의', 부패에 반대하는 의회 의원들의 전 세계적인 조직, (남아프리카공화국의 새 헌법 입안자들이 다른 나라의 가장 훌륭한 사례를 검토하기 위해 활용하여 유명해진) '헌법 사파리'도 있다. 또 이 목록에는 인도의 '바니안 민주주의'가 창안해낸 제도들도 포함되어 있다. 철도 법정, '로크 아달라트', 공익 기소 제도, '사탸그라하' 방식의 시민 저항 등이 그것이다. 그 밖에도 사법 적극주의 재판소, 소비자 시험 기관과 소비자 협의회, 온라인 청

민주주의 판매대(democracy kiosk) 시민의 정치적 정보 접근성을 높이고 시민의 정치 참여를 돕기 위해 거리나 공공시설 내부에 '키오스크(kiosk)' 형태의 구조물을 세우고 각종 정치 관련 자료와 인터넷 등을 설치해놓는 것을 말한다. 키오스크는 본래 신문, 잡지, 음료 등을 파는 상자 형태의 작은 매점을 가리키는데, 은행 업무의 무인화·자동화를 위해 공공장소에 설치한 무인 단말기도 키오스크에 해당한다.

원, '채트룸(chat room)', 민주주의 클럽과 민주주의 카페, 공공 철야 감시, 평화적 점거, 기업을 비롯한 시민 사회 조직체에 더 큰 공적 책임성을 부여하기 위해 조직된 정상 회담과 글로벌 감시 조직체들이 있다. 또 새로운 창안물 목록에는 '심의형 여론 조사', '회계 심의 위원회', '독립 종교 재판소', '전문가 협의회'(예를 들어 독일의 '5인의 현자' 같은 경제 자문 위원회), '옐로 카드'나 '화이트 리스트'와 같은 공공의 '점수표' 제도, 공적 자문, 사회 포럼, 웹로그(weblog), 전자 네트워킹, 시민 불복종, 권력 남용을 감시하기 위한 웹 사이트 등이 있다. 새로운 창안물 중에는 또한 '스스로 선택한 여론 조사(SLOP, self-selected opinion poll)', 비공식 투표(문자 메시지를 통한 실험적 여론 조사를 예로 들 수 있다), 국제 조약과 국제 형법 재판소, 글로벌 사회 포럼이 있으며, 점점 더 많은 비정부 조직체가 선거의 요소와 함께 성문헌법을 채택하는 경향을 보이고 있다.

여기서 잠시 멈추도록 하자. 목록을 더 살펴봐야 서로 연결도 잘 안 되고 혼란만 야기할 수 있기 때문이다. 앞서 살펴본 발명품들이 공통적으로 지니고 있는 특질을 포착하려면 냉철한 사고가 필요하다. 감시 제도들은 다양한 역할을 수행하고 있다. 이들의 목적은 대중에게 다양한 정부 기구와 비정부 기구의 작동과 역할 수행에 관련한 추가적인 관점과 더 좋은 정보를 제공하려는 것이다. 이 감시 제도들은 대중에 호소하고 있다. (혹시 있을지 모르는 오해를 미연에 방지하기 위해 분명하게 말하자면) 이 조직들은 정부 조직이나 시민 사회 조직들이 비밀스런 목적을 위해 비밀리에 운영하는, 위에서 아래로 향하는 사찰 제도와 혼동해서는 안 된다. 또한 감시 제도는 선거를 통해 구성되는 정부뿐 아니라 다양한 비정부 조직의 맥락에서 결정을 내리는 책임 있는 조직들의 부정부패 혹은 부적절한 행동을 예방하기 위한 공적 기준과 윤리적 규칙을 정하고 검토하고 시행한다는 목적도 추구한다. 파수꾼 민주주의의 이 새로운 제도들의 성격을 규정해주는 또 하나의 요소는—선거 결과에 직접적인 관계없이—시민의 삶에 영향을 끼치는 결정들에서 시민이 다양한 목소리를 내고 더 큰 영향력을 행사하는 것에 대한 이 제도들의 확고한 방향 설정이다.

유명한 사례를 하나 들어보자. 남아프리카의 '진실과화해위원회(TRC,

Truth and Reconciliation Commission)'가 그것이다. 이 위원회는 아파르트헤이트 이후 새롭게 들어선 정부가 통과시킨 법률에 근거해 설립되었으며, 데즈먼드 투투(Desmond Tutu) 대주교가 위원장직을 맡은 이 위원회는 1995년부터 1998년까지 3년 동안 색다른 권력 감시 기구로 작동했다. 이 위원회는 이른바 '회복적 사법'*을 위한, 재판정과 유사한 포럼이었다. 대중은 이 포럼에서 과거에 살인, 고문, 강간의 채찍질 아래서 정치인, 관리, 시민들이 느꼈던 죄책감과 수치와 고통을 기억하며 표출했다. 진실과화해위원회는 과거를 과거로 묻지 않았다. 예를 들면 몇몇 정치인을 체포하거나 처형했으며, 그 후에 경제 재건에 관심을 집중했다. 진실과화해위원회는 선거라는 수단, 그리고 그런 선거를 통해 구성된 정부만으로는 아파르트헤이트 정책 속에서 살던 사람들이 서로에게 자행한 끔찍한 불의(不義)의 사건들을 제대로 다룰 수 없다는 인식을 전제로 삼았다. 또 진실과화해위원회는 처벌과 사면이라는 단순한 전략을 거부했다. 즉, 과거 정부 관리들을 강제로 축출하거나 배제한다 해도, 또 그들에게 자격 박탈이나 숙청과 같은 조치를 취한다 해도, 이런 조치는 역사적 기억 상실, 과거 사실의 허구적 재구성, 정치적 조작의 위험에 노출되어 있다고 (정확하게) 판단했다. 그리하여 진실과화해위원회는 남아프리카공화국의 아파르트헤이트에 대해 창의적이면서도 지극히 현실적인 평가를 내렸다. 새롭게 건설된 남아프리카공화국의 시민 그 누구에게도 비난의 첫 번째 돌멩이를 던질 권리가 분명하게 있는 것은 아니며, 원칙적으로 볼 때 '선한 자'와 '악한 자'가 따로 있는 것도 아니며, 모든 시민은 어쨌든 아파르트헤이트가 유지되는 데 관련되어 있다는 점을 지적했던 것이다.

진실과화해위원회의 활동은 어떤 믿음을 전제로 하고 있었는데, 그것은 희생자뿐 아니라 희생을 강요한 사람 역시 심리 분석가들이 말하는 '의식의 분열'에 시달린다는 점이었다. 이는 트라우마를 남긴 아픈 기억의 상처를 스스로 억압하는 고통스러운 행위이며 결국은 자기 자신을 무력하게 만드는 행위이다. 이 때문에 진실과화해위원회는 경찰과 군 장교 그리고 당

회복적 사법(restorative justice) 지역 사회, 피해자와 가해자의 입장을 모두 고려하여 범죄에 따른 피해를 바로잡는 것에 중점을 둔 사법 이론.

시 집권하고 있던 '아프리카국민회의'의 구성원들을 포함한 사회의 모든 사람들을 향해서, 과거의 폭력 행위를 고백하고 증언할 것을 촉구했다. 진실과화해위원회는 과거 기억을 다시 꺼내서 열어보고 이를 민주화하는 과정이 결코 쉽지 않다는 사실을 알고 있었다. 과거의 기억은 항상 재구성된다는 것을 알았으며 그저 간단히 기억을 떠올리기만 하면 되는 문제가 아니라는 것도 알았다. 그래서 과거에 있었던 일을 공개적으로 검토하고 교차 확인하는 과정을 거쳐 자신에게 불리한 기억을 부정하지 못하도록 하고, 거짓 기억을 스스로 심지 못하도록 하는 것이 좋다는 것을 알고 있었다. 이런 원칙으로 무장한 진실과화해위원회는 과거의 인권 유린을 폭로하려고 노력했으며 사면 요청을 심의했다. 또 희생자들의 명예를 회복하는 법을 검토했으며 폭력 행사자들의 사회 복귀를 어떻게 도울 수 있을지를 검토했다. 물론 이 과정에 실수도 있었고 효율성에 의문이 제기되었던 것도 사실이다. 하지만 진실과화해위원회는 아파르트헤이트의 해악을 공개적으로 검토하는 작업을 통해 정치적 긴장이 다소나마 해소되리라는 점, 즉 공적인 '진실 말하기'가 마치 희생자들과 그 희생자들이 사랑했던 사람들의 상처를 상징적으로 치료해주는, 일종의 치유 효과를 보일 것이라 예측했는데, 이 예측은 결국 올바른 것으로 판명되었다. 진실과화해위원회가 전제로 삼았던 것은, 대의 민주주의의 표준적인 기구들로는 정치적 범죄자들이 권력의 자리를 차지하는 것을 막을 수 없을 뿐 아니라 시민 사회와 법치주의를 존중하는 문화를 키우고 정부에 대한 신뢰를 강화할 수 없을 것이라는 생각이었다. 공개적인 사실 확인을 통한 감시와 공개적인 책임 추궁 같은 활동들이야말로 튼튼한 민주주의를 건설하도록 그 사회를 준비시키는 훨씬 더 효과적인 방법이다. 다시 말해 진실과화해위원회의 활동은 미래를 위하여 과거에 투표권을 부여하는 조치였다.

물론 '진실과화해위원회'는 남아프리카공화국의 특수한 상황에 대한 특별한 반응이었다. 하지만 그렇다고 하더라도 이 위원회는 파수꾼 민주주의가 실제로 작동할 때 나타나는 새로운 특징의 대부분을 드러내 보였다. 이 역사적으로 새로운 민주주의 유형이 지닌 특징은, '사회 생활과 정치 생활의 모든 영역'이 면밀한 검토의 대상이 된다는 점이며, 또한 대의 민주주의의 표준적 도구들뿐 아니라 영토 국가의 경계선 안쪽과 그 아래에서, 또 경계선을 넘어서 작동하는 수많은 '비(非)정당적', '의회 외적'인 기구들, 그리고 종종 '선출되지 않은 기구들'에 의해서 그런 검토 작업이 진행된다는 사실이다. 진실과화해위원회의 사례가 보여준 바와 같이, 파수꾼 민주주의의 시대에는 공적 공개성, 시민들 간의 평등, 대표자 선택 같은 대의 민주주의의 여러 원칙이 기존의 대의 민주주의 위에 다시 한 번 덧씌워지는 듯하다. 이는 여러 가지 실제적인 결과를 낳지만 그 가운데에서도 특별히 인상적인 결과는 민주적 제도들 사이의 상호작용의 패턴—정치 지리학—을 변화시킨다는 점이다.

그 옛날 대의 민주주의가 최고조에 달했던 짧은 기간 동안, 민주주의라고 불리던 체제는 상당히 단순한 정치 지리학을 지니고 있었다. 어떤 주어진 국가의 경계선 내에서 민주주의란 (시민의 관점에서 볼 때) 선거 운동에 관심을 기울이고 지켜보다가 심판의 특별한 날이 되었을 때 어떤 정당의 후보자나 무소속 후보자에게 투표하기 위해 투표장으로 나오는 것을 의미했다. 후보자(거의 언제나 남성)는 그 지역 출신으로서 잘 알려진 인물이었다. 예를 들자면 지역의 가게 주인이거나 전문가이거나 사업가이거나 노동조합 쪽 사람이었다. 그다음에는 민주주의의 위대한 의식의 순간이 온다. 잠시 동안 심사숙고한 다음, 후보자에게 체크 표시나 엑스 자 표시를 하는, '카타르시스'의 순간이 지나간다. 그러고는 결과의 폭풍을 기다리게 된다. 19세기의 소설가 조지 엘리엇(George Eliot)은 이렇게 풍자했다. "모든 땅에 평화가 선포되었다. 여우들은 닭들의 삶을 연장하는 데 진지한 관심을 보였다." 이 소설가와 같은 시대를 살았던 미국의 월트 휘트먼은 좀 더 긍정적으로 언급했다. 휘트먼은 중추적인 기능을 하는 투표일을 위대한 "선택의 날"이라고 했으며, 이날은 "지극히 강렬한 광경"이며, 나이아가라 폭포 혹은 미시시피 강 혹은 요세미티의 간헐천 분출보다 더 강력한 "칼 없는 전투"이며 "조용하고 작은 목소리가 진동하는 날"이며 "모든 사람의 평화적 선택"의 시간이고, 바쁜 활동이 잠시 멈추어 서면서 일순간에 지나가버리는 것으로 "심장이 두근거리고 생명이 활활 불타오르는" 때라고 했다.[21] 충분한 표를 얻은 대표자는 입법자의 특권을 누리는 작은 그룹에 들어가게 된다. 입법자의 업무는 정당의 노선에 충실한 자세를 유지하는 일, 입법부 안에서 다수의 지지를 받는 현 정부를 지지하거나 반대하는 일, 그리고 법안을 통과시키고 그 법률의 이행과 시행을 감시하는 일이다. 그들은 이런 활동이 가능한 한 많은 수의 유권자를 만족시킬 수 있기를 희망했다. 입법자로서 한정된 임기가 끝날 때가 되면 이제까지의 책임 전가 행동을 더는 지속할 수 없게 된다. 여우와 닭이 조용해진다. 다시 한 번 위대한 선택의 날을 향한 칼 없는 전투가 시작되는 것이다. 각 대표자는 자리에서 내려와서 은퇴하거나 재선에 도전해 지난 임기 동안 자신의 행동에 대해 책임을 져야 한다.

물론 이는 지나간 시대 선거의 역할을 단순화해서 묘사한 것이다. 대의 민주주의 시대에 정당의 상황은 신문, 노동조합, 교회를 비롯한 의회 외적 기구들 때문에 훨씬 더 복잡한 양상을 띠었다. 하지만 이런 단순화된 묘사는 파수꾼 민주주의의 복합적인 정치 지형도를 돋보이게 해준다. 대의 민주주의 체제가 의회를 보존했듯이 파수꾼 민주주의 체제 또한 입법부, 정당, 선거를 보존한다. 선거에서는 종종 치열한 다툼이 벌어지고 맹렬한 경쟁이 일어난다. 그러나 서로 긴밀하게 연결되어 있는 권력 감시 기구들은 그 수에서나 다양성에서 너무나도 크게 성장했기 때문에, 만일 과거의 민주주의자들이 파수꾼 민주주의의 새로운 세계로 갑자기 시간 이동을 해서 오게 된다면 그들은 도대체 무슨 일이 벌어지고 있는지 이해하는 데 큰 어려움을 겪을 것이다.

새로운 민주주의는 사고의 전환을 요구한다. 이 새로운 민주주의의 정치 지리학을 이해하려면 관습적 사고방식과 결별해야 하며 단어와 의미를 두고 힘겨운 작업을 해야 한다. 그러기 위해서 잠시 우리가 공중에 떠 있는 위성이라고 생각하고 이 새로운 민주주의의 전체 모습을 위에서 살펴보기로 하자. 우리는 새로운 민주주의의 권력 감시 제도들이 선거, 정당, 입법부에 비교적 덜 집중되어 있음을 알 수 있으며 영토 국가에 한정되어 있지 않다는 것도 알 수 있다. 그리고 공간적으로 보았을 때 민주주의를 다룬 교과서에서 보통 묘사하는 것보다 훨씬 더 혼란스러운 모습이라는 것도 알 수 있다. 파수꾼 민주주의는 이제까지 알려진 어떤 민주주의 체제보다 더 깊고

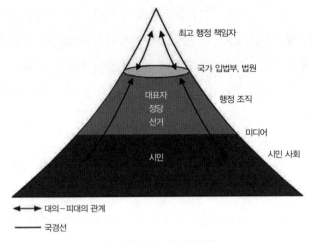

최고 행정 책임자

국가 입법부, 법원

행정 조직

대표자
정당
선거

미디어

시민

시민 사회

◀──▶ 대의-피대의 관계

───── 국경선

영토에 한정되는 대의 민주주의

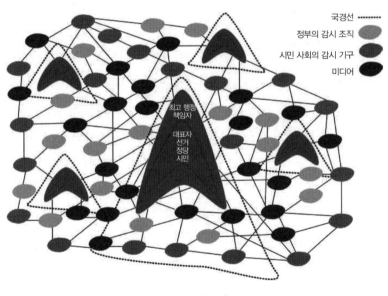

국경선 ··········

정부의 감시 조직

시민 사회의 감시 기구

미디어

최고 행정
책임자

대표자
선거
정당
시민

파수꾼 민주주의

더 넓은 시스템이다. 회계 감사와 부패 방지 위원회, 시민 집회, 지역 의회, 정상 회담, 세계적인 감시 조직은 단순한 방식으로 묘사하기가 무척 힘들다. 기업 혹은 다른 시민 사회 단체에 좀 더 높은 수준의 책임을 묻기 위해 만들어진 인권 네트워크라든가 노동조합, 소비자 협의회 같은 권력 비판적, 권력 억지적 단체들의 정치 지리학 역시 그러하다.

파수꾼 민주주의와 대의 제도

파수꾼 민주주의는 단순 명료한 사안이 아니다. 파수꾼 민주주의가 지닌 참신함과 복잡성 때문에 많은 오해를 받고 있다. 그런 오해들 중 첫 번째가 파수꾼 민주주의는 '민중'의 핵심적 역할을 희미하게 만들기 때문에 아예 민주주의라고 말할 수조차 없다는 비난이다.

'국민의, 국민에 의한, 국민을 위한 통치'라는, 시간을 초월한 원칙에 민주주의가 기반을 두고 있다는 주장 자체가 잘못된 것이다. 그런 주장은 민주주의의 역사를 망각한 주장이며, 우리 시대의 많은 흥미롭고 참신한 현상들을 놓쳐버리는 태도이다. 사람들에게 권력을 행사하는 정부와 비정부 조직에 좀 더 큰 공적 책임을 물으려 하는 이러한 투쟁들은 종종 '풀뿌리 민주주의', '참여 민주주의' 혹은 '민중에 권한 부여'라는 이름으로 불린다. 하지만 이런 표현들은 사실 현재의 다양한 경향을 잘못 이해하여 만들어진 것이다.

파수꾼 민주주의는 과거로 돌아가려는 것이 아니다. 이 시대를 추동하는 힘은, 1960년대 저항 운동 중에 미국의 '민주 사회를 위한 학생 연합(SDS, Students for a Democratic Society)' 같은 조직의 지지자들이 그랬던 것처럼, 회의체에 기반을 둔 민주주의 (상상 속에나 존재하는) 정신—'권력을 민중에게로'라는 구호로 대변되는 태도—을 되찾으려는 노력이 아니다. 오늘날, '심층' 민주주의 혹은 '직접' 민주주의를 옹호하는 사람들 가운데 많은 수가 여전히 자신이 그리스인인 것처럼 말한다. 이들은 민주주의에서 진정으로 중요한 것은 "이치에 맞는 심의를 통해 합리적인 결정을 내리고 행동과 토론을 연계하려고 노력하는 보통 사람들의 헌신과 능력"이라고 주장한다.[22]

이런 식으로 '보통 사람'을 운운하는 것은 막상 '보통 사람'을 전혀 만나보지 못하는 학자들의 전형적인 습관이다. 한편 더 중요한 논점은, 파수꾼 민주주의가 제시하는 현실은 전혀 다르다는 점이다. 즉 '민중' 혹은 시민에게 권력을 부여한다는 명분으로 행해지는 이러한 새로운 권력 감시 실험들은 반드시 '대의(representation)'에 의존한다. 이 실험들이 종종 '민중'으로부터 그 정당성을 끌어내는 것은 사실이다.* 하지만 이 실험들을 대표자와 그 대표자를 선출한 사람들 사이의 간격을 없애려는 노력으로 이해해서는 안 된다. 그렇게 잘못 이해하면, 마치 시민들이 이제는 자신들을 대신해서 행동하는 사람이 없어도 되며, 잘못된 의사소통이나 잘못된 통치 행위로부터 자유로운, 어떤 통일된 정치 공동체 속에 평등한 자로서 자신을 표현하며 스스로를 발견하는 것처럼 오해하게 된다.

파수꾼 민주주의는 대의 제도를 기반으로 삼아 번영한다. '시민 의회(citizens' assembly)'의 예를 살펴보자. 21세기 초에 가장 많이 이야기된 것은 캐나다의 브리티시컬럼비아 주의 '선거개혁시민의회'이다. 이 시민 의회는 주 의의회 지지를 받으며 1년 가까이 활동했고 주의 선거 시스템을 비판적

---

* 이 논점은 다음과 같이 서술할 수 있다. 회의체 민주주의 체제의 '민중(the people)'은 대의 민주주의의 원칙이 도입되면서 자신들의 대표자들로부터 멀리 떨어진 곳에 존재하는 심판관으로 변모했다. 따라서 대표자들이 직무를 얼마나 잘 수행하는지를 심판한다. 한편 파수꾼 민주주의는 통합된 '주권을 가진 국민'이 허구라는 것을 폭로한다. 파수꾼 민주주의의 역동적인 구조는 '국민'에 대한 무제한적인 숭배—이는 '데몰라트리(demolatry)'라 부를 수 있다.('demolatry'는 'demos'와 우상 숭배를 뜻하는 'idolatry'를 합성한 단어이다.)—를 억제하는 장애물로 매일매일 작동한다. 파수꾼 민주주의는 이 세상이 많은 수의 '데모스들(demoi, 'demos'의 복수형)'로 이루어져 있다는 것을 보여주며, 또한 특정한 각각의 사회가 서로 다른 이해관계로 얽힌, 따라서 반드시 서로 의기투합하지 않을 수도 있는, 현실을 살아가는 구체적 인간들로 이루어져 있다는 것을 보여준다. 파수꾼 민주주의는 '주권을 가진 국민'이라고 하는 원칙이 자만심에 사로잡힌 허구적 개념이라는 것을 공개적으로 드러낸다. 굳이 긍정적으로 표현한다면, 파수꾼 민주주의는 이 개념을 대부분의 사람들이 이미 알고 있는 것처럼 어떤 것을 가리키기 위해 사용하는 편리한 도구에 불과하다는 것을 보여준다. 이 개념은 즉 유용한 정치적 허구인 것이다. 실제로 이 '국민'이라는 허구가 감시의 원칙으로 작동하는 때도 있다. 독일의 연방헌법재판소에서 판사를 지낸 디터 그림(Dieter Grimm)은 다음과 같이 설명했다. "어떤 법의 제정자가 그 법의 궁극적 정당성의 원천이 되는 것은 아니라는 점을 상기하기 위해 '데모스'라는 허구가 필요한 경우가 드물게 있다. 민주주의 체제는 공권력을 필요로 한다. 하지만 이 체제는 또한 집합적으로 구속력 있는 권력의 보유자로서 하나의 허구적 주체인 '국민'을 언급함으로써 공권력 행사에 제한을 둘 필요도 있다. '국민'이라는 주체는 스스로 행동할 능력은 없다. 그러나 설명 책임성(accountability)의 개념이 의미를 지니도록 해주기 때문에 민주주의에는 필수적인 요소인 'Zurechnungssubjekt'(스스로 행동에 책임을 질 수 있는 주체)이다."(존 킨과의 대담, 베를린, 2006년 11월 23일)(원주)

으로 검토하는 작업을 진행했다. 79개 선거구에서 무작위로 추출된 남녀 각한 명씩과 원주민 시민 대표 두 명, 주 의회에서 대표자 한 명이 나와 모두161명이 시민 의회를 구성했다.

시민 의회는 선거를 통하지 않고 추첨으로 선발했다. 고대 그리스 시대에는 이렇게 추첨으로 이루어진 결정은 신(神)들이 보장하는 것이라고 생각했다. 그러나 선거개혁시민의의회 구성원은 브리티시컬럼비아 시민들의 연령, 성별, 지리적 구성을 반영한 전체 집합에서 컴퓨터를 이용해 임의로 선택했다. 시민 의회는 자체 예산이 있었으며 정당 시스템 외부에서 작동하도록 설계되었으며, 입법부, 조직된 로비 그룹, 언론과 분리되어 작동했다. 이 의회의 임무는 브리티시컬럼비아 주민 '전체'의 임시 대표자로 구성된, 선거를 통하지 않은 기구로서 활동하는 것이었다.

시민 의회는 처음 몇 개월 동안 다양한 분야의 전문가들에게 도움을 받으면서 전 세계의 선거 시스템을 연구했다. 그런 후 시민 사회 조직과 개별 시민들과 협의하는 시간이 있었다. 이 협의는 공청회의 형식을 취했다. 공개의회가 50번 개최되었으며 1600건이 넘는 의견서가 접수되었다. 그러고 나서 시민 의회는 마치 시민 배심원처럼 스스로 결정을 내리기 위한 내부 토론에 들어갔다. 여기에서 핵심적인 결정 사항은 브리티시컬럼비아 주가 현재의 '최다 득표자 1인 당선' 방식(단순다수대표제)을 유지할 것인가 아니면 다른 새로운 선거 제도를 선택할 것인가 하는 문제였다.

시민 의회는 기존 방식을 지지하는 측의 문건을 꼼꼼하게 검토했다. 최다 득표 1인 당선 시스템의 작동 방식에 관해서는 모든 사람이 동의하고 있었다. 의회 의원이 되려는 후보자는 자신의 선거구에서 다른 후보자들보다 더 많은 표를 얻기만 하면 되었다. 투표수의 과반수를 얻을 필요는 없었다. 시민 의회에서 어떤 사람들은 현재의 시스템 덕분에 과반수 의석을 얻은 당이 끊임없이 타협하지 않고도 정부 운영을 유지할 수 있도록 보장해줌으로써 강력한 정부를 도모한다고 주장했다.(캐나다는 의원내각제 국가이다.) 현 시스템의 비판자들은 바로 그 점을 가장 중요한 단점이라고 보았다. 최다 득표 1인 당선 시스템 때문에 유권자들은 제각기 다른 대표자들 가운데 한 사람을 선출하는 것이 가능하지만, 한편으로는 이 시스템이 의석은 과반수를 차지하지만 전체 득표수에서는 반수에 미치지 못하는 그런 정부의 구성을 촉진한다는 것이다.(그런 상황이 벌어진 예는 2004년 영국의 총선거였다. 당시 '신노동당' 정부는 전체 득표율의 23퍼센트만을 얻었는데도 정권을 재탈환했다. 이는 50년 만에 가장 낮은 득표율이었다. 한편 그 50년 동안 유지된 여러 정부를 보면 총선거 때 전체 득표율이 40퍼센트를 넘은 적이 없었다.) 비판자들의 논지에 따르면, 이 경우 많은 유권자들은 자신이 던진 표가 사표(死票)가 되고 말았다는 느낌을 받게 된다는 것이다.(개별 선거구에서나 선거 전체에서 승리할 가능성이 없는 정당에 투표했기 때문이다.) 더 부정적인 사실은 이러한 최다 득표 1인 당선 시스템에서는 유권자의 과반이 처음부터 전혀 지지하지 않은 정부를 강요받는 상황이 벌어진다는 것이다.

결국 이런 반대 의견이 방향을 결정했다. 몇 달 동안 심의를 벌인 뒤 시민 의회는 제안서를 의결했다.(2004년 12월의 일이었으며 이 제안은 영어, 프랑스어, 펀자브어, 중국어로 작성되었다.) 브리티시컬럼비아 주는 앞으로 'BC-STV'라는 이름의 새로운 선거 시스템을 채택할 것을 제안했다. 이는 비례대표 방식의 제도인데 이미 오스트레일리아를 비롯한 여러 나라에서 사용하던 방식이다.[23] 이 제안 문건은 사용자가 쉽게 이용할 수 있는 웹 사이트에 게재되었으며, 브리티시컬럼비아 주의 모든 가정에는 인쇄된 문건이 배포되었다. 대중 언론 매체의 치열한 보도 속에 이 제안은 (2005년 5월 17일에) 주민 투표에 붙여졌다. 선거개혁시민의회를 구성할 때 이미 동의 과정을 거친 입법안에 따라 주민 투표에서 새롭게 제안된 시스템이 인정을 받으려면 유권자의 60퍼센트가 찬성표를 던져야 했다. 유권자에게 제시된 질문은 단순 명료했다. "브리티시컬럼비아 주는 선거개혁시민의회가 제안한 대로 BC-STV 선거 시스템으로 전환해야 하는가? 찬성인가 반대인가?" 분명 일부 유권자는 이 BC-STV 시스템이 실제로 어떻게 작동하는지를 두고 혼란스러워했으며, 결정하기를 망설였다. 투표 결과, 이 제안은 아슬아슬하게 패했다. 57.7퍼센트의 유권자가 찬성했던 것이다. 이 사실로 증명되는 것은 파수꾼 민주주의 안에서도 대표자들에게 '노'라고 말할 수 있는 권리가 여전히 시민들의 중요한 권리로 남아 있다는 것이다. 이렇게 되자 브리티시컬럼비아 주 정부는 몇 년 뒤에 후속 국민 투표가 다시 실시될 것이라고 발표했다.* 이 사실로 증명되는 것은 파수꾼 민주주의에서는, 이미 내려진 결정을 재고하고 번복할 수 있는 대표자들의 권리 역시 동등하게 근본적인 중요성을 지닌다는 것이다.

선거의 의미 변화에 관련된 또 하나의 오해가 있다. 이 오해 때문에 많은 사람들이 파수꾼 민주주의의 참신함을 포착하지 못하고 있다. 파수꾼 민주주의의 새로운 시대에도 중앙 선거 혹은 지방 선거에서 진행되는 투표에 관련된 여러 사안들이 전혀 사라지지 않고 있다는 사실은 매우 중요한 점이다. 선거를 통하지 않은 감시 조직과 네트워크가 급속하게 발달하고 있지만 아직 우리 시대에는 누구에게, 어떤 조건에서 투표권이 있는가 하는 사안은 한 번도 결정된 적이 없다.(신뢰성이 낮은 전자식 투표 기계의 소프트웨어를 누가 소유하고 있는지를 둘러싼 법적·정치적 논란을 생각해보라.[24]) 투표권을 박탈당한 사람들도 있다. 바로 중범죄자들이다. 또한 집단으로 다른 나라에 거주하는 소수 민족 집단, 소수 언어 사용자, 지체 부자유자, 글 읽는 능력과 셈하는 능력이 낮은 집단은 비밀투표 제도에 의해 불이익을 받고 있다. 여성이나 투표 연령이 안 되는 아이들, 그리고 '생물권(biosphere)'은 대표자가 충분치 않거나 혹은 아예 없다. 선거와 입법부를 통한 대의 제도의 개방과 개선은 아직 완결되지 않았다. 그렇지만 파수꾼 민주주의 시대에 들어서는 과거에 전체 사회를 힘든 분열로 몰고 갔던 투표권 쟁취 투쟁은 이제 중심적 역할을 상실했다. 투표 문화가 확산되고, 선거를 통하지 않은 대표자들의 수가 수많은 맥락 속에서 크게 증가함에 따라 완전히 새로운 쟁점이 표면에 떠오르고 있다. 대의 민주주의 시대를 괴롭혔던 오래된 질문, 즉 누구에게 투표권이 있으며 언제 투표할 수 있는가라는 질문은 이제 다른 질문들이 등장함에 따라 더욱 복합적이고 복잡하게 되었다. 그 다른 질문들은, 사람들이 '어디에서' 투표할 수 있으며, '누구를 위해서', 어떤 종류의 대표자들을 통해서 투표할 수 있는가 하는 것이다.

거대한 변화의 양상은 과거에 민주주의가 '입장 불가' 취급을 받던 생활 영역에까지 투표 문화가 확산되어 가는 현상에서 뚜렷하게 드러났다. 파수

---

* 2009년에 두 번째 주민 투표가 실시되었는데, 선거 시스템 교체에 대해 찬성 39.1퍼센트, 반대 60.9퍼센트의 결과가 나와 이번에도 기존 시스템이 유지되었다.

꾼 민주주의의 뚜렷한 특징 가운데 하나는 심의하고 투표하는 절차가 반관 반민 단체와 시민 사회까지 확산되고 있다는 점이다. 많은 이들이 이제 생활 속에서 직접 마주치는 여러 형태의 선거에 익숙해졌다. 오늘날 사람들은 운동 팀의 주장, 학교의 회장, 남녀 학생들의 사교 클럽에서 선거가 실시되는 것을 당연하게 생각한다. 거수투표를 하거나 투표용지를 사용하여 학부모 단체, 노동조합, 자원봉사 단체, 지역의 활동 단체에서 대표자를 선출하는 관행도 이제는 대부분 사람들에게 익숙하다. 보건 행정, 사회 보장 행정이나 환자의 선택권 같은 공공 서비스 분야에서도 비판할 권리를 행사하거나 표를 던지는 행동의 가능성과 타당성에 대해서 사람들의 의식 수준이 점점 높아지고 있다. 대표자를 투표로 선출하는 관행은 심지어 전 세계적 규모의 조직체에까지 확산되었다. 예를 들면, '국제올림픽위원회(IOC, International Olympic Committee)'가 있다.

IOC에는 흥미진진한 격동의 역사가 있다. 이 조직은 1894년 파리의 소르본에서 개최된 국제 체육인 회의 석상에서 프랑스 귀족인 피에르 드 쿠베르탱(Pierre de Coubertin) 남작이 주도하여 설립되었다. 수십 년 동안 IOC는 배타적이며 비공식적인 신사 클럽과 놀랍도록 유사한 방식으로 운영되었다. 대의 민주주의 시대 속에서도 이 조직은 특정한 도시에 올림픽 개최를 지정해주어 일시적이나마 그 도시의 운명을 만들어주는 신사 집단의 권리를 누렸다. IOC의 영향력이 엄청나게 컸기 때문에 IOC 위원들은 이따금씩(예를 들어 그리스 시민과 기자들에 의해서) '불사신'이라는 별명으로 불렸다. 즉 신과 같은 존재로 여겨졌던 것이다. 이런 별명은 나름대로 이유가 충분했다. 시작부터 IOC는 시간적 여유가 충분하고 부유한 사람들이 자발적으로 만들어 자율적으로 자기들끼리 구성원을 충원한 조직이었기 때문이다. 일단 IOC 위원이 되면 죽을 때까지 그 자리에 있었다. 즉 IOC 위원은 종신직이었다. 위원직에서 어떤 사람을 쫓아내는 것은 거의 불가능했으며, 새로운 인물이 들어오는 때는 기존의 위원이 죽었을 때뿐이었다. 그렇지 않아도 엄격한 IOC의 규율은 이 조직이 업무에 지극히 충실했기에 더욱더 강화되었다. IOC는 4년마다 올림픽 경기를 개최했으며 광고와 이익이라는 덫에서 자유로운 상태로 아마추어 정신에 투철하게 업무를 진행했다.

이런 전통적인 규율은 후안 안토니오 사마란치(Juan Antonio Samaranch)가 1980년에 IOC 의장이 되면서 갑자기 바뀌어버렸다. 몬트리올과 같은 올림픽 개최 도시들은 당시 엄청난 재정 위기를 겪고 있었다.(몬트리올은 1976년 올림픽을 개최한 이후 100만 달러가 넘는 재정 적자에 시달리고 있었다.) 그리하여 에스파냐 정부의 체육장관을 지냈으며 프랑코 장군의 절친한 벗이었던 사마란치 의장은 IOC가 오랫동안 지켜 왔던—다소 오만한 귀족주의적인 태도인—반(反)상업주의 입장을 완전히 폐기했다. 각 종목의 국제 연맹들에게 이제 어떤 선수에게 올림픽 참가 자격을 부여할지 결정할 권한이 부여되었다. 대기업의 후원, 상표권 전속 계약, 직업 운동선수들이 갑자기 올림픽에 등장했다. 여러 도시는 이제 올림픽 경기를 개최하려고 노력하기 시작했다. 그리하여 대중 매체, 광고 계약, 건설 사업, 관광, 운송을 포함한 다른 산업 분야에서 잠재적으로 엄청난 이득을 얻기 위해 뛰기 시작했다.

IOC는 갑자기 성격이 바뀌었다. 비영리 조직이던 IOC는 엄청난 돈을 거래하는 기업체로 변신했으며, 마치 17세기 영국의 '썩은 선거구(rotten borough)'들 중에서도 가장 지독한 악취가 나는 조직처럼 변했다. 자기들끼리 임명한 이 조직의 구성원들은 각 도시와 기업에 큰 이득을 나누어주었으며 그뿐 아니라 방송 중계권 결정권을 행사하여 큰돈을 벌었다. 1956년 멜버른 올림픽 때 IOC는 방송 중계권을 거래하여 80파운드를 받았는데, 2000년도에서 2008년도 사이가 되면 하계 올림픽과 동계 올림픽 중계권을 NBC에 주는 대가로 35억 달러에 달하는 계약을 체결했다. 이런 상황 변화에 따라 뇌물과 부정부패의 기회가 엄청나게 증가했다. IOC 위원들은 갑자기 부유한 사람들이 값비싼 선물을 들고 자신들을 열심히 쫓아다니고 있음을 발견했다. 이들은 화려한 보석과 모피, 희귀한 예술 작품, 일등석 비행기 표, 사치스러운 호텔, 친척들을 위한 일자리, 평범한 갈색 봉투에 두둑하게 담긴 돈뭉치가 자신들의 코앞에 놓여 있음을 발견했다.

뿌리치기 힘든 유혹이었다. 조사하고 폭로하는 언론 덕분에 각종 추문이 폭로되었으며 대중의 비난이 뒤따랐다. 이런 압력을 느낀 나머지, IOC는 부정부패로 가득 찬 자기 조직을 대상으로 감시 제도를 만들어 운영하기 시작했다. 물론 아무리 해도 바뀌지 않는 것은 있다. 2002년에 IOC는 115명의 자체 선임 위원이 있었지만 그 가운데 여성은 12명에 불과했다. 그 한 해만 하더라도 새로 지명된 위원이 66명이나 있었는데 그 가운데 여성은 단 한 명도 포함되지 않았다. 하지만 바뀐 것도 있었다. 올림픽 경기 개최 후보 도시를 IOC 위원이 방문하는 것이 금지된 것이다. 'IOC윤리위원회' 그리고 '세계 반도핑 기구(World Anti-Doping Agency)'가 설립되었다. 최초로 수입과 지출 내역이 담긴 보고서가 공개되었다. IOC의 회담은 이제 대중 언론 매체의 취재에 공개되었다. '지명위원회'를 새로 설립하여 향후 IOC 위원을 좀 더 공정한 방식으로 선출하도록 했으며, 위원의 임기는 8년으로 한정되었고 투표를 통해 재임할 수 있게 되었다. 올림픽 참가 선수들은 자신들의 대표자를 선출하여 IOC에 직접 보낼 수 있게 되었다. IOC 위원의 연령 상한은 기존의 80세에서 70세로 하향 조정되었다. 그리고 대의 정부에 준하는 규칙들이 사상 처음으로 IOC 내부 운영에 적용되었다. 최소한 문서상으로는 그랬다. IOC에 선출된 위원들은 1년에 적어도 한 번 정기 총회를 개최하도록 규정되었다. 유엔 총회의 작동 방식과 달리 IOC 위원들은 각자의 나라에서 IOC를 대표하여 활동하게 되어 있다. IOC에서 각자 나라의 대표로 활동하는 것이 아니다. 탈(脫)국가적 특질을 지닌 이 정기 총회는 8년 임기의 의장을 선출한다. 의장은 4년에 한하여 연임할 수 있다. 강력한 권한을 행사하는 집행위원회도 정기 총회에서 선출한다. 비밀투표로 진행되며 유효 투표의 과반수로 선출되는 4년 임기의 집행위원회는 IOC가 수행하는 모든 업무에 대해 최종 책임을 지는 내부 기관으로서, 이들의 업무 가운데는 새로운 IOC 위원의 추천뿐 아니라 기존 위원의 활동 그리고 IOC 자체의 전체 직무 수행을 감시하는 일이 포함되어 있다.

국제 사회의 선거 감시

IOC의 사례를 통해 우리는 파수꾼 민주주의 시대에 선거의 정신과 대표자들을 강력하게 단련하고 순환시키는 관행이 점차 큰 폭으로 확산되고 있음을 알 수 있다. 하지만 그렇다고 해서 대의 민주주의의 교과서적인 제도들이 위축되어 사라져 가고 있다는 말은 아니다. 1945년 이후 정당을 기반으로 한 민주주의 체제는 사실상 강력한 기세로 복귀했으며, 그렇기 때문에 후쿠야마나 헌팅턴 같은 이들이 변한 것은 아무것도 없으며 오직 대의 민주주의 체제의 숫자가 전 세계적으로 급증한 것이 유일하게 새로운 현상이라는 결론을 내렸다. 그들의 이런 판단은 충분히 이해할 만하다. 20세기의 전반기 동안 민주주의 체제는 광범위하게 붕괴했으며 거의 멸종 위기에 처했다. 하지만 그 이후 전 세계 대부분의 지역은 대의 민주주의의 기본적인 통치 제도와 친숙해졌다. 정당을 중심으로 한 전통적인 대의 제도는 사라지지 않았다. 이제 정당들 사이의 경쟁, 주기적 선거, 정치적 직책의 임기 제한, 그리고 입법부에 있는 대표자들과 행정가들에게 시민의 견해를 알리기 위해서 공개 집회를 여는 시민의 권리 같은 것에 많은 사람들이 매우 익숙해졌다. 그리고 이 모든 것은 법률로 정한 영토 국가라는 틀 안에서 작동하고 있다. 스리랑카, 나이지리아, 트리니다드 토바고, 몰타, 보츠와나 같은 서로 매우 다른 환경 속에 선거 민주주의의 메커니즘이 처음으로 뿌리를 내렸다. 다른 곳, 특히 선거 민주주의가 이미 확립되어 있는 곳에서는 이 제도를 개선하는 실험이 진행되고 있다. 예를 들면, 정당에 예비선거 제도를 도입한다거나 선거 운동 기금 모금과 지출에 관한 제한을 강화한다든가, 선거 게임의 규칙에 변경을 가한다거나 장애가 있는 시민을 위해 투표 시설을 개선한다든가, 소속 정당을 무분별하게 바꾸는 일을 금지(2007년 브라질 최고법원이 이런 결정을 내렸다)하는 실험 따위이다.

이런 모든 이유 때문에, 헌팅턴은 최근 수십 년 동안 벌어진 대의 민주주의의 놀라운 재탄생을 '제3의 물결'이라고 말했는데, 이런 판단은 완벽하게 용인될 수 있는 것처럼 보인다. 하지만 여기에 파수꾼 민주주의라는 요소를 추가해 생각해보자. 파수꾼 민주주의는 지극히 참신한 역사적 형태이며, 아직도 종종 '대의 민주주의', '자유 민주주의' 혹은 '의회 민주주의'라고 명명되는 것들에 대한 교과서적인 묘사와는 매우 다른 형태로 작동한다. 파수꾼 민주주의가 출발하는 이 새로운 시기에 민주주의는 과거와는 다른 방식으로 실행된다. 주기적 선거, 다수 정당의 경쟁, 입법에 대한 승인 혹은 비승인을 말할 수 있는 시민의 권리와 같은 제도들은 여전히 민주주의 국가의 삶에서 익숙한 특징으로 남아 있다. 그러나 느리지만 확실하게 민주주의 체제의 전체 양상이 근본적으로 변화하기 시작했다. 또 민주주의의 의미 역시 마찬가지다. 이제 민주주의라는 단어는 (그리스의 도시국가에서 그랬던 것처럼) 남성 시민들로 이루어진 회의체에 의한 자치와 동의어가 아니며, 또한 다수의 의지에 지휘를 받는 정당 중심의 정부와 같은 의미도 아니다. 오늘날 민주주의는 모든 곳의 권력이 견제를 받고 균형을 유지하며 그에 따라그 누구도 피치자 혹은 그 피치자의 대표자 동의 없이 통치할 권리가 없는삶의 방식과 정부의 형태를 의미하게 되었다.

감시 기구들이 민주주의의 새로운 개념 규정을 강제했다는 점은 선거 감시가 등장하는 과정에 분명하게 드러난다. 1980년대에는 민주주의 역사상 처음으로 새로운 정치 체제 혹은 분쟁으로 얼룩진 정치 체제에 '정초 선거'*가 치러지면서 외부의 참관인 팀이 선거를 체계적으로 감시하는 일이 진행되었다.사실 이런 사례는 이전에도 있었다. 1857년 몰다비아와 왈라키아에서 국민투표가 진행될 때 프로이센, 프랑스, 영국, 러시아, 투르크, 오스트리아의 대표들이 합동으로 투표를 감독했던 사례가 있다. 하지만 이제 새로운 여건에서 선거를 감시하는 방법은 훨씬 더 강력하고 확연히 공개적인 역할을 하게되었으며 전 지구적 규모로 선거 감시가 진행된다.

'세계 인권 선언' 제21조 3항에 기록된 '정기적으로 행해지는 진정한 선거'라는 구절을 실행에 옮기기는 많은 경우 매우 어려운 일이다. 정부, 정당,군부, 선거 관리 기관이 저지르는 선거 부정을 막으려는 것이 이 작업의 목표이다. 이 감시 작업을 주도하는 팀은 다음과 같은 국제기구에서 훈련을받았거나 이런 기구가 제공하는 사람들로 구성된다. 이런 국제기구에는 국제연합(UN), '유럽안전보장협력회의(OSCE)', '영연방사무국(Commonwealth Secretariat)' 등이 있으며, '민주주의와 선거 지원을 위한 국제연구소(International IDEA)', '카터센터(Carter Center)', '국제인권연맹(FIDH)', '장애인지원행동'과 같은 시민 사회 조직들도 포함된다. 이들의 활동은 때로 엄청나게 큰 규모로 진행되는데, 예를 들어 전체주의 체제 때문에 크게 피해를입은 캄보디아에서 1993년 5월에 선거가 실시될 때 이를 감시하기 위해 5만

정초 선거(founding election) 정치의 구조를 바꾸는 선거. 새로운 정치 질서의 기초를 놓는 의미가 있는 중대한 선거.

명이 넘는 캄보디아 관리들을 '유엔임시통치기구(UN Transitional Authority)'가 훈련한 적이 있다.

이런 사업을 시행하는 과정에서 이따금 우스운 순간도 있었다. 예를 들어, 다가오는 선거를 알리기 위해 벽과 나무에 포스터를 붙였는데 자꾸 없어졌다. 알고 보니 그 지역에서 일부 사람들이 포장지로 쓰려고 포스터를 떼어 갔던 것이다. 선거 감시 작업에는 불쾌한 측면도 있다. '유럽안전보장협력회의' 같은 감시 기구는 그 자체가 부정부패의 주범이라고 비판받기도 했고 외부 세력이 주도하는 대리 정부를 세우려 한다는 비난을 받기도 했다. 감시(monitoring)는 정밀하지 못한 과학임에 분명하다. 2002년 짐바브웨 대통령 선거의 경우 수백 명의 참관인들은 이 선거가 대체로 공정하며 자유로운 선거였는지 아니면 조작된 선거였는지를 두고 의견이 갈려 공개적으로 대립하기도 했다. 선거의 '재실시'는 정치적으로 큰 불안정을 초래할 위험이 있기 때문에 공식적인 선거 결과를 그대로 인정하려는 유혹은 언제나 강하다. 현지의 권력자들은 종종 감독 기관의 선거 결과 보고서에 영향을 끼쳐 그 내용을 적당하게 수정하려고 시도한다. 아니면 아예 선거 과정 전체를 조작하려 한다. 이런 조작은 1996년 러시아 대통령 선거 때 보리스 옐친(Boris Yeltsin)의 선거 운동원들이 시도했다. 그들은 국가의 자원을 자신들의 주머니 속으로 집어넣으려 했으며, 국영 텔레비전 방송국 선거 보도에 압력을 행사하고 자신들의 마음에 드는 기사를 쓰는 신문과 잡지 기자들에게 돈을 지불하기도 했다.

참관인들이 서로 다른 갖가지 언어로 말하는 경우도 있다. 1996년 니카라과 선거 때에는 최소 여든 개에 달하는 외국 단체가 제각각 선거 감시에 임했다. 그 가운데는 미국 정부가 자금을 대는 대표단만 다섯 개나 되었다. 미국 정부는 따로 자국 정부의 공식 대표단도 파견했다. 능력 부족을 드러내는 혼란스러운 상황이 너무도 많이 벌어졌는데, 그런 상황을 만들어낸 주요 원인으로는 짧은 시간에 너무나 많은 것을 보려 하는 방문 행사, 선거 과정보다는 선거일에 지나치게 관심을 집중하는 것, 현지인들과 적극적인 협조가 필요한 상황인데도 낯선 환경 속에서 짐짓 독립적인 모습을 유지하려 했던 아마추어적이며 무지한 감시자들을 들 수 있다. 하지만 이런 여러 가지 단점이 있었다 하더라도 선거 감시는 전 세계적으로 선거가 중요하다는 점, 각 상황에 잘 맞추어진 감독관의 자질 기준을 파악하고 적용하는 노력이 배가되어야 한다는 점, 선거 감독관들도 스스로 자신을 감독해야 한다는 점, '공정하고 개방된' 선거 방식 — 폭력, 위협, 선거 조작 같은 여러 정치적 장난질 제거 — 을 모든 나라에 기대한다는 점에 대한 의식을 고양하는 효과를 거두었다. '공정하고 개방된' 선거 방식은 세계에서 가장 강력한 민주주의 국가인 미국에서도 요구되었다. 유럽안전보장협력회의 감독관들은 역사상 처음으로 2004년 미국 대통령 선거에서 자신의 역할을 수행했다.

시민 사회의 민주화

우리는 이제 앤드루 잭슨과 다른 미국 민주주의자들의 무덤 곁을 조용히 돌아서 가도록 하자. 그들이 할지도 모르는 말을 잠시 피하는 것이다. 이는 또 다른 오해를 다루기 위해서이다. 즉 파수꾼 민주주의가 주로 혹은 '핵심적으로' 정부의 권력을 길들이는 방법이라는 오해다.

파수꾼 민주주의의 놀라운 특징은, 이전까지는 민주주의의 손이 닿지 않던 사회 생활의 영역으로 권력 감시의 메커니즘을 점차 확산하는 능력이다. 영토 국가의 제도들 아래쪽으로, 그리고 그런 제도들의 경계를 넘나들면서 민주주의가 이렇게 확산되는 현상은 17세기 유럽의 용어인 '시민 사회 (civil society)'에 큰 관심을 불러일으킨다. 이제 민주주의 역사상 처음으로 이 두 단어가 세계 곳곳에서 민주주의자들에 의해 일상적으로 사용되고 있다. 오늘날 민주주의의 '사회화' 경향은, 종래에는 아무도 도전하지 않았던, 가족 생활에서 고용에 이르는 영역의 규칙에까지 도전하고 있다. 이런 규칙이 실제로 검토되는 경우, 그 검토의 주체는 선거를 통해 구성된 정부가 아니라 새롭게 등장한 수많은 감시 단체들이다. 이런 현상은 수많은 사람들에게 아주 단순한 민주주의의 진실을 상기시킨다. 민주주의는 사람들에게 본질적인 변화를 요구한다. 이제는 자기 자신 속에 민주주의가 필요하다. 사람들은 자신 속에 또 다른 자기들이 있다는 것을 인식해야 한다. 이런 다른 자기들을 정리하고 또 스스로 정한 목적을 달성하기 위해 그 다른 자기들의 힘을 결집함으로써 자신이 더욱 강한 사람이 될 수 있다는 것을 확신해야 만 한다. 사람들은 이제 오만하게 권력을 휘두르면서 다른 사람 위에 군림 하는 것을 그만두어야 한다는 것, 자신이 다른 이들과 평등하다는 것, 그리 고 주위의 상황을 변화시킬 것인가 아니면 그대로 둘 것인가를 정할 힘이 자기 안에 있다는 것을 알아야 한다. 민주주의를 가능하게 하기 위해서, 사 람들은 이제 자신들의 삶을 통제하는 제도가 지닌 권력의 원천이 자기 자 신이고 정부를 비롯한 다른 제도들은 실제로 피치자의 동의에 기반을 두고 있으며, 그렇기 때문에 만일 국민이 일상생활 속에서 이런 제도들에 대한 동의를 철회할 경우에 상황은 진정으로 변화할 수 있으며 때로는 아주 작 은 모습으로 변화하며 어쩌면 더 좋은 방향으로 변화할 수 있다는 것을 확 신해야 한다.

시민 사회에 대한, 그리고 과거에는 정치와 관계없다고 여겨졌던 것을 공 적으로 면밀히 감시하는 문제에 대한 이 강렬한 공공의 관심은 파수꾼 민주 주의 시대에 나타난 특이한 현상이다. 회의체 민주주의 시대에는 엄청나게 넓은 지리적 공간에 펼쳐진 이슬람 시민 사회가 탄생했다. 대의 민주주의의 시대에는 (토크빌이 지적했듯이) 자율적으로 조직된 압력 집단의 성장, 이를 테면 노동자들의 산업 통제 같은 수단을 통해 통치 권력을 '사회화'하려는 시도가 행해졌다. 이 같은 시도들은 20세기 전반에 벌어진 대혼란을 거치면 서 거의 살아남지 못했다. 이 때문에 파수꾼 민주주의가 보이는 대조적인 모습은 더욱 인상적으로 느껴진다. 민주주의의 역사에서 한 번도 없었던 큰 규모로, 공공 감시의 경향성이 모든 정책 영역에서 뚜렷하게 나타나고 있 다. 아동 학대나 아동의 법적 권리, 운동과 식사에 관련된 신체적 습관, 생 물 서식지 보호 계획과 (석탄과 핵을 제외한) 대체 에너지 자원 문제에까지 공 공의 관심이 향하는 것이다. 나노 기술과 유전자 조작 식품 개발이 소수의 이익이 아니라 다수의 이익에 맞게 공적인 통제를 보장하자는 운동—이는 민주주의를 과학 조사와 기술 발전의 작은 지류까지 '역류하여 거꾸로' 올 라가게 하려는 노력이다.—은 위에 언급한 것과 동일한 경향을 띤 또 다른 예이다. 시민 참여와 대표자 선출의 새로운 방식을 만들기 위한 실험은 심 지어 시장에까지 침투해 들어갔다. 이는 사적 재산이라는 신성한 대상에까지 손을 대는 행동이었다.

'공동 결정'—독일어로 미트베슈티뭉(mitbestimmung)이라 한다.—이라는 독일의 제도는 주목할 만한 사례이다. 이는 극한의 상황에서 나온 결과물이었다. 나치 국가가 붕괴하면서 히틀러에게 충성하고 노동조합을 용인하지 않던 기업들은 마치 지진을 만난 광산의 갱도처럼 갑자기 무너지고 말았다. 독일의 석탄과 철의 집산지인 루르 지방의 경우 나치 통치가 종식되면서 외국 민간인 노동자와 동부 유럽에서 끌고온 노예 노동자와 러시아의 전쟁 포로들에게 엄청난 고통과 죽음을 가져왔던 종래의 악랄한 산업 관계도 종식되었다. 하지만 평화는 또 다른 고통을 몰고 왔다. 히틀러는 죽었지만 그가 앞으로 쭉 뻗었던 오른팔은 여전히 수백만 명의 삶을 피폐하게 만들고 있었다. 이 지역의 광부 가운데 절반은 주택이 완전히 파괴되거나 크게 파손되었다. 수많은 이들이 육체적으로 기운이 완전히 소진했으며 정신적으로는 좌절감에 시달렸다. 석탄 생산량은 전쟁이 일어나기 이전 수준과 비교하여 절반 아래로 떨어졌다. 1945년에서 1946년 사이 겨울에는 식량이 부족하여 죽음의 행진이 시작되었다. 사회는 붕괴하고 있었으며 이에 따라 정치 권력의 진공 상태가 발생했다. 이 진공을 메꾸기 위해 여러 광산과 각 지역에서 '노동자 위원회'라는 것이 생겨나기 시작했다. 이 위원회는 경영진과 각 지역의 행정 관리 가운데 나치 부역자를 제거하기 위해 노력했다. 또한 미흡하기는 했지만 당시에 입수 가능했던 물자와 서비스를 배분하는 데서 약간이나마 질서를 유지하기 위해 노력했다. 노동조합을 구성하는 작업은 크게 진전했다. 재탄생한 독일 공산당에 대한 공장 단위의 지지 역시 크게 증가했다. 그리하여 1947년 4월에 루르 지역의 도시들에서 진행된 첫 번째 의회 의원 선거에서 독일 공산당은 20퍼센트가 넘는 표를 얻었다.

영국의 점령 당국은 이런 상황이 그다지 달갑지 않았다. 그들은 잔존해 있는 나치의 영향을 우려하는 것만큼이나 '러시아의 위험' 역시 우려하고 있었다. 그들은 사회 기반 산업의 사회화만이 공산주의와 부패한 사적 자본주의에 대항하는 유일한 진보적 대안이라고 생각했다. 이는 당시 영국의 외무장관 어니스트 베빈(Ernest Bevin)이 1946년 10월 영국 하원에서 한 연설에서 분명하게 말한 내용이었다. 사회 기반 산업은 '독일 국민이 소유하고 운영'해야 한다고 그는 말했다.[25] 이런 표현은 슈테판 보른의 말처럼 들렸는데, 이는 사회민주주의적 용어였다. 하지만 이런 말이 정확하게 무엇을 의미하는지는 분명하지 않았다. 여하튼 여러 세력이 서로 영향을 끼치면서 결국에는 누구도 예상하지 못했던 결과가 나왔다.

냉전과, 1948년 4월의 마셜 플랜(Marshall Plan) 강행 결정으로 이 지역 노동자들의 공산주의 지지가 약화되었으며 산업의 '민주화'가 정치 의제로 제시되었다. 노르트라인베스트팔렌 주의 초대 주 의회는 광산업을 이른바 '조합 체제(cooperative order)'로 변형한다는 담대한 입법안을 통과시켰다. 그 시대의 분위기를 상징적으로 보여주는 조치였다. 이 법안의 목표는 무엇이었는가? 새로 탄생한 파수꾼 민주주의의 정신에 충실하듯, 앞으로 석탄 산업은 '석탄 평의회'의 조력을 받아 민주적으로 운영될 것이며, 당시 몰수되어 신탁 관리를 받던 광산들은 앞으로 '사회 조합(social union)'으로 변형될 것이며, 같은 인원의 광산 노동자와 지주 회사 대표들로 구성되는 '주주 총회(shareholder assembly)'와 '광부들의 대변인'을 최소 한 명 이상 포함하는 '집행부'가 이 '사회 조합'을 운영할 것이라는 이야기였다.[26]

이런 복잡다단한 초기 과정을 거쳐 결국에는 피고용인이 참여하는 지속성 있는 시스템이 등장하게 된다. 이 시스템은 1950년대 초, 세 개의 주요 법안에 의해 법률적 기반을 얻게 된다. 유력한 기업가들이 항의했지만 이를 물리치고 콘라트 아데나워(Konrad Adenauer) 정부는 노동자들이 대표를 낼 권리가 있다고 주장했다. 그러나 실제로는 회사가 여전히 노동자를 배제하고 투자와 자본 배분에 우선권을 쥐고 있었으며 정부와 밀접한 관계를 맺고 있었다. 20년이 지난 뒤, 다시 한 번 고용자 측의 맹렬한 반대를 뚫고 '공동 결정' 과정은 더욱 강화되었다. 고용자들이 1976년의 '공동결정법안'에 대해 연방 헌법 재판소에 이의를 제기했으나, 재판소는 통상적으로 2천 명이 넘는 직원을 고용하는 모든 독일 기업에 대해 대표자 시스템과 다수결 원칙이 적용된다고 판결했다. 법률에 따라 대기업들은 낮은 단계에서는 '작업 협의회(works council)'를 설치해야 하며—이 조직은 건강과 안전, 실적에 따른 급여와 잉여 노동자 같은 문제를 다룬다.—또한 회사 측과 노동자 측이 선출한 같은 인원의 대표자로 구성되는 '감독 위원회(supervisory board)'를 설치해야 했다. 회사 측 대표는 주주들이나 회사 경영진이 소집하는 회의에서 선출되었으며, 노동자 대표는 전체 노동자의 직접 투표로 선출되거나 노동자가 선출한 대의원 회의에서 간접적으로 선출되었다.

이 공동 결정 제도에는 교묘하게 숨겨진 문제점이 하나 있었는데 이 때문에 충돌이 계속 일어났다. 1976년 법안에 따르면, 막강한 힘을 지닌 '감독 위원회'의 의장을 누가 맡을 것인가 하는 사안은 통상적으로 단순 다수결로 결정된다. 하지만 후보자들이 똑같은 표수를 얻은 경우에 의장 지명권은 회사 측이 단독으로 행사하게끔 정해져 있었다. 이 경우 노동자 측은 오직 부의장을 선출할 수 있을 뿐이었다. 이 규칙은 통상적으로 회사 측에 유리하게 작용한다. 즉 회의가 의견 대립으로 안건을 처리하지 못할 경우, 의장은 두 번째 표결권을 얻게 되는데, 이 경우 회사 측이 승리하는 것은 당연하게 된다. 공동 결정 제도에는 이 밖에 다른 결점들도 있다. 하지만 다른 모든 사정을 전부 고려해볼 때 공동 결정 제도는 시장의 비합리적이고 권력에 굶주린 만행을 다루는 문제에서, 대의 민주주의 시대에 사회주의자, 신자유주의자, 그리고 다른 개혁가들 가운데 압도적 다수가 생각했던 것처럼, 국가가 기업과 시장을 위에서 아래로 통제하는 것이 유일한 방법은 아니라는 점을 증명해준다.[27] 그런 사람들이 지니고 있던 '정부 중심주의'와 확실하게 구별을 짓듯이, 공동 결정 제도는 노동 관계를 이제 완전히 새로운 기반 위에 올려놓았다. 자기 자신이 기업의 왕이며, 거느리고 있는 노동자에 대해서 절대적 권력이 있다고 생각하는 전제적 기업가의 구태의연한 '가부장' 같은 태도에 종지부가 찍혔다. '공동 결정' 제도는 파수꾼 민주주의의 집에 들어온 중요한 신참자로서, 기업 권력, 위험 부담, 과욕, 사적 이익 추구 따위가 지배하는 시장 경제 속에 비록 아직 불완전하기는 하지만 지속 가능한 형태의 의회 외적 대의 형식이다.

감시견 조직과 안내견 조직

제임스 매디슨은 일찍이 사회가 자신의 정부를 통제할 능력을 갖출 때 비로소 그 정부를 자유 정부라고 말할 수 있다고 했다.[28] 이를 '자유 정부의 법칙'이라고 말해도 좋을 것이다. 이 법칙의 타당성은 권력 감시 메커니즘 (power-monitoring mechanism)의 발명에 시민 사회가 결정적인 역할을 수행하고 있다는 사실로 증명되는 것처럼 보인다. 하지만 이 법칙 때문에 어떤 사람들은 정부가 스스로 권력을 감시할 능력이 전혀 없다고 (잘못) 결론짓는 경향이 있다. 실제로는 그렇지 않다. 파수꾼 민주주의 시대에 경험한 바에 따르면, 정부는 저녁 식사 자리에 초대한 시민 손님들을 위해 때때로 스스로를 희생하는 쪽을 택한다.

정부의 '감시견' 기관이 적절한 사례이다. 이 기관의 공식적인 목적은, 반(半)독립적인 정부 기관으로서 정부를 공적으로 '감시'하는 데 있다.(여기서 '감시'를 뜻하는 영어 단어 'scrutiny'는 그 어원적 의미가 '쓰레기를 분리하다'이며, '찾다'라는 뜻의 라틴어 'scrutari'와 '쓰레기'라는 뜻의 'scruba'에서 유래했다는 것을 지적할 가치가 있다.) 이런 감시 기관들은 선출되어 임명된 정부 대표자들과 판사들의 권력 감시 역할을 보완하지만 이것이 그 기관들이 항상 공식적으로 내거는 목적은 아니다. 좀 더 자주 발생하는 상황은, 선거를 통해 구성된 정부의 전반적인 권위 아래에 있으면서 예를 들어 각 정부 부처의 책임하에 이런 감시 기관들이 도입되는 상황이다. 하지만 상황은 종종 다른 방향으로 전개된다. 특히 이런 정부 감시 기관들이 법률에 의해 보호받고 재정적 지원을 충분히 받으며 잘 운영될 때면, 이 기관들은 독자적인 생명을 얻게 되는 경향이 있다. 정부 기관들의 재정적 정직성을 감독하던 과거의 왕립 위원회, 공적 조사, 독립 회계 검사관의 사례—이런 발명품들은 대의 민주주의 시대에 그 뿌리를 두고 있다.—를 바탕으로 하여 더욱 발전하는 모습을 보이면서, 새로운 감시 기관들은 선출된 대표자들이 혹시라도 범할지 모르는 권력 남용을 견제하고 균형을 추구한다. 종종 이런 기관들은 정부의 능률을 향상시킨다는 차원에서 정당화된다. 예를 들어 '충분한 정보를 바탕으로 하여' 정부 정책을 결정한다고 이야기할 수 있으며, 추가로 '이해 당사자'로 여겨지는 시민들 사이에 정치 제도에 대한 공적 신뢰의 수준을 높여준다는 장점도 있다. 이런 과정을 살펴보면 여기에는 두 가지 역설이 존재한다. 첫째는 이런 감시 기관을 설립하는 주체는 정부이지만 나중에는 정부가 감시 기관의 활동을 통제하지 못하게 된다는 것이다. 예를 들어 부패의 사안이나 법적 표준을 적용하는 사안의 경우에 그러하다. 둘째는 이런 새로운 기관에서 일하는 사람들이 주기적 선거의 흐름에서 상당히 독립해서 움직이는, 선거를 거치지 않은 관리들인데도 불구하고 결국에는 민주적이며 권력 통제적인 효과를 발휘한다는 점이다.

여기에 관련된 적절한 사례로 1970년대부터 오스트레일리아의 여러 주에서 중요한 공적 존재감을 보였던 독립적인 '부패 방지 시스템'을 들 수 있다. 정치인과 경찰이 때로 기업이나 조직 범죄 집단과 관계를 맺으면서 저지르는 부정부패가 언론에 반복적으로 노출된 후, 공공 부문에 새로운 눈과 귀와 이빨을 두기 위해서 감시 기관들이 설치되었다. 이 기관들의 목적은 선거를 통해 임명된 대표자들과 관리들이 저지르는 의도적인 비행이나 직무 남용을 처벌하는 데 있었다. 경찰의 직무와 관련해 발생한 민원에 대해 경찰이 운영하는 민원 처리 제도 또한 너무나도 허술하며 경찰 자체의 이익만을 추구하는 제도라고 비난받았다. 민주 정부에서 경찰의 의미는 마치 칼(刀)에서 날(刃)이 지니는 의미와 같다. 선거를 통해 임명된 장관들이 공적으로 민감한 성격을 지닌 경찰 활동을 엄격하게 감독하는 것을 꺼려 하는 경향이 있다는 데에도 우려의 목소리가 나왔다. 1970년대에 사우스오스트레일리아 주에 설립되었던 두 개의 왕립 위원회는 결국 첫 번째 '경찰민원처리본부'의 설립으로 이어졌다. 다른 주들도 그 뒤를 따랐으며 퀸즐랜드 주의 '형사사법위원회'(나중에 '범죄부정추방위원회'가 된다)의 설립에서 정점을 이룬다. 부정 방지와 범죄 적발 조직으로 1990년에 설립되어 공공 부문의 부패 적발, 범죄 수사, 조직범죄의 증거 수집, 범죄 수익의 추적과 회수 업무를 담당한다.

매우 다양한 맥락에서 이런 감시 조직들은 인기가 좋았으며 이따금씩 효율적으로 작동했는데, 그런 예로는 인도와 홍콩이 있다. 인도의 '중앙감시위원회'는 부패에 관한 절대 불관용 원칙을 전파하는 임무를 맡았다. 홍콩에서는 중국의 사례를 본떠 '국가청렴위원회(Independent Commission Against Corruption)'가 설립되어 중요한 민주적 선례를 남겼으며 시민들에게 꽤 높은 지지를 받았다.(현지에서는 이 기관의 머리글자인 ICAC가 '나는 현찰은 받을 수 있지만 수표는 받지 못한다. I can accept cash, but I can not accept cheques.'라는 뜻이라는 우스갯소리가 있었다.)

또 다른 곳에서는 정부가 시민 사회, 시민 대표와 권력을 공유하도록 설계된 새로운 발명품들을 통해 파수꾼 민주주의를 추진함으로써 이 발명품들이 안내견 역할을 할 수 있음을 보여주었다. 대부분의 경우 새로 발명된 이 조직들의 공식 목적은 선거, 정당, 입법부의 역할을 보완하는 새로운 대의 과정의 통로를 만드는 것이었다. 이 같은 안내견 조직은 시민 사회와 정부의 끈질긴 다툼의 결과로 발명되었다. 시민이 이런 감시 제도의 설립을 요구하는 이유는 자주 거짓말과 속임수와 위협과 무력을 사용하는 정부에 대한 불쾌한 경험 때문이다. 한편 이런 제도의 설립을 양보하는 정부의 속내에는 상당히 다른 동기가 있다. 결과가 나쁠 것으로 예측되는 위험한 정책을 추진할 때 재정적·정치적 책임 소재를 불분명하게 만들기 위해서거나, 정부가 직접 국가 기관들의 노를 젓는 역할을 하기보다는 키를 잡는 역할을 수행할 때 좀 더 확실한 공공의 개입을 통해 '충분한 정보를 갖춘' 의사 결정과 문제에 대한 더 나은 해결책을 찾을 수 있으리라는 기대 때문이기도 했다.

'시민 참여 예산 제도'—파수꾼 민주주의의 세계에 브라질이 준 선물—라는 새로운 도구는 대의 제도의 '밑바닥에서 위로 향하는' 설계의 대표적인 사례이다. 1980년대 말에 브라질 남부에 있는 '히우그란지두술' 주에서 첫 번째 실험이 시도되었다. 장기간의 군사 독재 경험, 지방 정부 운영에 지역 주민의 참여를 명령한 새로운 헌법, 그리고 높은 수준으로 도시화된 시민 사회 내부의 사회 운동과 사회 조직의 새로운 에너지를 배경으로 하여, 포르투알레그리(히우그란지두술의 주도)와 산투안드레 행정 당국은 '대표 없이 과세 없다'라는 오래된 원칙을 실제로 실험하는 일을 실행에 옮겼다.

'시민 참여 예산 제도'(포르투갈어로 '오르사멘토 파르티시파티보orçamento participativo' 혹은 간단하게 'OP'라고 한다)의 초기 옹호자들은 '직접 민주주의와 대의 민주주의의 결합'이라고 묘사했다.(이 표현은 포르투알레그리 실험의 주요 지지자였던 우비라탄 데 수사Ubiratan de Souza의 표현이다.) 이 실험이 활용하는 참여, 선거, 대의의 방식은 정당 경쟁이나 입법부와 직접적인 연관이 없다. '시민 참여 예산 제도'는 자발적 시민 참여에 토대를 두고 있기 때문에 예산의 우선 순위 조정과 공동 결정은 당연히 참여율에 의존하게 되며 이 참여율은 다시 지역 문제에 대한 지역의 의견이 얼마나 강한가에 달려 있다. 하지만 시민의 목소리는 재정 문제에 최종 발언권을 지니고 있는 시 행정 당국의 권력에 종종 압도된다. 시민의 참여가 이따금 무의미해지는 상황을 만들어내는 또 하나의 요인은 특정 집단의 유권자들에게 노골적으로 특혜를 주는 일이다. 그런 일이 벌어진 것은 리우데자네이루 주의 바라만사에서 진행된 '청년 참여 예산' 사업 과정에서였다. 또 지역의 여러 단체나 교구 회의에서 미리 대표자를 선출하는 일 역시 시민의 참여를 감소시키는 효과를 불러왔다. 지방 예산에 대해서 행사할 수 있는 시민의 권력도 상황에 따라 큰 차이가 있다. 브라질의 몇몇 사례를 보면 연간 예산의 전부가 공적 심의의 대상이 되는 경우도 있지만, 보통은 연간 예산의 2 내지 10퍼센트 사이다. 하지만 100퍼센트인 경우에도 할당 가능한 예산의 수치라든가 최종적인 세부 사항을 결정하는 것은 지방 정부 당국이다. 예산 지출의 규모 역시 주민 투표의 결과에 비례하는 것도 아니며 주민의 심의에 따라 결정되는 것도 아니다. 하지만 이런 결점들이 있다 하더라도 참여 예산 편성 방식이 보여주는 흥미로운 특징 ─ 이 방식의 핵심적인 장점이다. ─은 이 방식을 택하면 일반적으로 세금 납부를 회피하는 사례가 감소하며 그에 따라 세금 납부의 규모가 증가한다는 사실이다. 이런 증거가 의미하는 바는, 조세의 비율과 세율 변동 구간을 정하는 데 참여형 예산 편성 방식을 도입할 만한 영역이 꽤 있다는 것이다. 이렇게 하면 종래의 영토 국가의 형태이던 대의 민주주의 역사에서 종종 나타났던 중앙 집권적인 과세 제도라는 경향을 역전시킬 수 있을 것이다.

감시받는 정상 회담

파수꾼 민주주의 시대에는 '국경 초월적' 혹은 '국제적' 민주주의에 대한 생각 전체가 거대한 편견의 벽에 둘러싸여 있다. 이 편견은 대의 민주주의 시대에 세워졌으며 지금도 민주주의를 연구하는 거의 모든 주요 학자들이 이 편견의 정당성을 옹호하고 있다. 파수꾼 민주주의의 또 하나의 흥미로운 특징은 바로 이 편견의 벽을 부수려고 큰 망치를 들고 맞서기 시작했다는 점이다. 파수꾼 민주주의의 치밀하게 조직된 권력 감시 방식 덕분에 '국내'와 '국외'의 경계, 그리고 '지역'과 '세계'의 경계가 무너지고 있다. 기업이나 대학 같은 다른 종류의 제도들이 다 그런 것처럼, 민주주의도 '글로컬라이제이션'* 과정에 휩싸여 있다. 다른 말로 표현하면 민주주의 체제의 여러 감시 기구들이 극도로 역동적인 양상으로 서로 연결되어 있기 때문에 각 기구는 시스템의 부분이면서 동시에 전체로서 작동하고 있다는 말이다. 조금 추상적으로 표현하자면, 파수꾼 민주주의 체제에서는 부분이라든가 전체라든가 하는 절대적 개념이 존재하지 않는다는 이야기다. 각 부분 하나하나를 '하위 전체(sub-whole)'라고 말하는 편이 좋겠다. 헝가리 태생의 박학다식한 지식인 아서 쾨슬러(Arthur Koestler)는 '홀론(holon)'이라는 용어를 새로 만들어낸 적이 있다. 이 '하위 전체'들은 모든 구성체가 각기 나름대로의 역할을 수행하는 다원적인 시스템 안에서 서로를 밀고 당기면서 자기 존중적이며 자기 주장적인 성격을 띠는 구성체로 작동한다.

좀 더 알기 쉽고 구체적으로 설명하려면 20세기 후반의 주목할 만한 발명품이었던 정상 회담을 예로 드는 것이 도움이 되겠다. 특이한 사실은 이 정상 회담이 강대국들의 정치적 활동으로 시작되었으며, 국가 원수나 정부 수반 혹은 외무장관이 비공식적이며 불규칙적으로 만나는 것을 의미했다는 사실이다. 이런 종류의 회담은 히틀러를 상대하여 싸우던 소련, 미국, 영국이 불안정한 동맹 관계를 지속하던 때에 처음으로 시행되었다. 일부 사람들의 말에 따르면, 제2차 세계대전이 종결된 이후에 각국이 얻게 될 세력권 비율을 두고 처칠과 스탈린이 논의한 1944년 10월의 모스크바 회담에서 성립한 이른바 '퍼센트 합의'를 묘사하기 위해 '정상(summit)'이란 단어가 처음으로 사용되었다고 한다. 이렇게 괴상한 수학적 근원을 따지는 일은 그때 한 번으로 끝나고 말았으며(스탈린은 사실상 전혀 영어를 하지 못했는데 그가 '정상 회담'을 뜻하는 '서밋summit'을 '섬잇sum it', 즉 '모두 합하여 간략하게 계산하자'는 뜻으로 잘못 썼다고 한다), 이후 이 단어는 등산가의 용어로 바뀌었다.

글로컬라이제이션(glocalisation) 글로벌 기업이 현지에서 갈등을 줄이기 위해 글로벌 전략을 취하면서도 현지화를 위한 노력을 병행하는 경영 전략이다.

오랫동안 처칠은 국제 관계에서 격식을 차리지 않는 최고위급 회담 방식을 옹호했다. 그는 '정상 외교(summit diplomacy)'와 '정상에서의 회담(parley at the summit)'이라는 용어를 사용했으며, 이것이 바로 1955년 제네바에서 많은 이들이 주로 사용했던 의미이다. 미국, 소련, 프랑스, 영국의 정치 지도자가 냉전 상황에 대해 논의하는 것을 묘사하는 데 '서밋'이라는 등산 용어가 처음 사용되었던 것이다.

제2차 세계대전이 끝난 후부터 케네디와 흐루쇼프의 유명한 빈 회담(1961년 6월 3~5일)에 이르기까지 100회가 넘는 정상 회담이 열렸으며 각 회담은 대체로 서로 유사한 방식으로 진행되었다. 이런 정상 회담들의 관심은 냉전 상황에 집중되어 있었으므로 논의 범위는 전 세계적이었고 대체로 미소 양극 체제가 특징으로 부각되었다. 동맹 관계를 위해서건 적대적 대립을 위해서건 이런 초기의 정상 회담들은 매우 높은 수준의 예측 가능성이 특징이었다. 어떤 국가 지도자들도 난처한 입장이 되어 창피를 당하는 일은 결단코 피하려 했기 때문이다. 따라서 연극적인 장면을 연출하는 데 많은 관심을 쏟았다. "시작할 때 그랬듯이 끝날 때도 두 사람은 굳은 악수를 나누었다." 1961년 케네디와 흐루쇼프의 정상 회담을 보도하는 〈뉴스위크〉의 기사는 이렇듯 상당히 의례적인 느낌을 주는 구절로 시작되었다.[29] 이런 식의 보도는 보통 의례상 사소한 세부 내용에 큰 관심을 두었다. 이 정상 회담을 준비하는 단계에서 영부인인 재키 케네디에게 은으로 만든 찻잔 세트를 선물로 주는 것이 적합한지가 문제가 되었는데 결국 이 문제는 흐루쇼프가 "전쟁을 시작하기 직전이라도 선물은 주고받을 수 있다."라고 화난 목소리로 결정을 내림으로써 해결되었다고 한다. 이런 장면이 불러일으키는 효과는—유럽의 왕조들이 지키던 오래된 관례가 그랬던 것처럼—보는 이들로 하여금 이런 사안들은 모두 높은 곳에서 결정되어 아래로 전달되는 것이며, 이 세계가 소수의 몇몇 사람 손에서 운영되고 있다는 느낌을 강하게 느끼도록 하는 것이었다.

20세기의 마지막 수십 년 동안 정상 회담과 관련해 일어난 정말 놀라운 일은, 이런 회담이 대표자들의 권력이 공개적으로 도전받는 장소가 되어버렸다는 사실이다. 정상 회담은 감시를 위한 메커니즘으로 변형되었다. 이는 콘스탄츠 공의회에서 발생한 상황과 다소 유사한 점이 있다. 정상 회담은, 다른 사람들에게 눈에 띄게 권력을 행사하는 사람은 그 다른 사람들이 동의를 철회하는 상황에 직면하기 쉽다는 규칙을 확인해주었다. 정상 회담의 의미와 기능이 변화하고 있다는 사실은 레이건과 고르바초프가 열었던 몇 차례의 최고위급 회담에서 명백하게 드러났다. 한 예로 1986년 레이캬비크 회담이 있다. 이 회담에서는 북대서양조약기구(NATO) 같은 다른 기관과 아무런 사전 협의가 없는 상태에서 탄도 미사일과 모든 핵무기의 철폐가 제안되었다. 이후 지도자들은 정상 회담을 자신의 지휘 아래에 있는 관료들을 정책 전환으로 '내모는' 과정에 활용하기 시작했다. 이는 다시 정부를 정치화하는 연쇄 작용을 일으켰으며, 정부의 내부나 바깥에 있으면서 정부를 바라보고 있는 사람들에게 또 다른 정치적 대안이 존재한다는 것을 분명하게 보여주었다. 이런 정치화 효과를 미리 예견한 사람이 미국의 현실주의 외교관 헨리 키신저(Henry Kissinger)였다. 그는 레이캬비크 회담 때 이런 정상 회담 때문에 전통적인 외교 활동이 큰 위협을 받고 있다고 말했다. 왜냐하면 정치 지도자들에게 미리 분명한 한계를 정해 두는 것이 불가능해졌기 때문이다. 하지만 키신저가 예견하지 못했던 점도 있다. 바로 이런 면이 강점으로 작동한 덕분에, 점차 확대되어 가는 지리적 맥락에서 서로 다른 쟁점들의 증가하는 문제들을 다루는 데 이러한 정상 회담의 방식이 활용되었다는 점이다. 예를 들면 1970년대 중반부터 '유럽공동체'의 지도자들은 일 년에 두세 차례씩 회담을 열었으며 이런 움직임은 훗날 '마스트리흐트 조약'에서 성문화되었다(1991년). 또 다른 정상 회담으로는 '미주정상회담(Summit of the Americas)'이 있다. 이는 '미주기구(OAS)'가 소집하는 회의이다. 또 2002년 7월에 설립된 '아프리카연합(AU, African Union)'도 있다. 또한 2년에 한 번씩 열리는 영연방정상회의(CHOGM)가 있고, 2005년 4월에 열린 '아시아-아프리카 정상 회담'이 있다.

정상 회담이라는 틀이 사상 처음으로 특정 정책 분야에 활용되기도 했는데, 이는 전 세계를 아우르는 새로운 대의 제도의 탄생으로 이어졌다. 그 예로 이른바 G7(Group of Seven) 혹은 G8(Group of Eight)에 속하는 국가들이 소집하는 정기적인 모임을 들 수 있다. 이 모임의 기원은 몇몇 국가의 관료와 중앙은행 총재들로 이루어진 엄선된 '서재 그룹(Library Group)'이다. 1973년 4월 이들은 서류도 준비도 없이, 구체적 일정도 정하지 않은 채 백악관 서재에 모여 석유 위기를 비롯하여 다가오는 세계 경제의 불황에 대해 논의했다. 이 그룹의 특징은 우선 소규모여야 한다는 점, 그룹의 기존 구성원들이 새로운 구성원을 선출하는 자기 선택적 구성 원리를 따른다는 점, 개인적인 접촉에 의해 운영된다는 점이었다. 강력한 힘을 지닌 국가만이 이 모임에 참석할 수 있었다. 회의 내용은 비밀에 부쳐졌으며 아무런 기록도 남기지 않았다. 솔직한 대화를 중시했으며 칵테일파티 같은 곳에서 지켜야 하는 외교적 예절에 구애받지 않았다. 이렇게 개인적인 관계를 잘 형성함으로써 인간 관계나 문제 해결에 도움이 된다는 것이 이들이 내세운 설명이었다. 비공식성을 선호하는 이런 태도는 제2차 세계대전 중에 있었던 처칠과 루스벨트의 미리 계획되지 않은 만남의 사례에서 이미 나타났다. 처칠은 욕조에서 물을 뚝뚝 흘리면서 나오고 있었는데 마침 그 방에 루스벨트가 우연히 들어오게 되었다. "영국 총리는 미국 대통령에게 아무것도 숨길 것이 없습니다." 처칠이 한 말이었다. 처칠보다 좀 더 진지한 성격인 서독의 정치가 헬무트 슈미트(Helmut Schmidt)도 이와 똑같은 생각을 표현했다. 그는 "이 세계에서 실질적으로 중요한 사람들끼리 사적으로 그리고 비공식적으로 만나는 것"이 필요하다고 이야기했다.[30]

하지만 현실은 다른 방향으로 흘러갔다. 서재에서 열린 정상 회담은 '5개국 그룹(G5)'을 탄생시켰다.(이는 훗날 G6, G7, G8, G20로 변화하였다.) 하지만 국가 사이의 협력에 관련된 모든 규칙을 무시하고 그저 사적이며 비공식적인 협력을 선호했던 이들의 소망은 결국 이루어지지 않았다. 헌장, 조약, 공식적으로 규정된 역할을 수행하는 독립적 사무국과 의회, 또는 심의회를 피하려는 시도는 성공했다. 하지만 그와 별도로 정상 회담들은 점차 매년 번갈아 가며 의장국이 되는 순환 의장국 제도를 도입한다거나 (경제협력개발기구와 국제통화기금 같은) 다른 세계적 조직들과 협조 관계를 유지한다거나 장기간의 준비 작업을 통해 순조로운 회담 진행을 준비하는 일 등은 도저히 피할 수 없었다. 정상 회담 행정관이라는 새로운 범주의 사람들이 회담 준비 작업을 했으며 이들은 '교섭대표(sherpa)'와 '부교섭대표(sous-sherpa)'라고 불렸다.

　외부에 널리 알려지는 것을 피하고 싶다는 희망 역시 역효과를 불러왔다. G7이나 G8 정상 회담의 경우 막강한 힘을 지닌 이 소수 정예 클럽에서 흘러나오는 이야깃거리와 사진을 확보하기 위해 수천 명의 언론인이 몰려들었다. 그뿐이 아니다. 1985년 5월 독일 본에서 열린 G7 회담(이때 3만 명이 몰려들어 좀 더 확고한 세계 정의 구현을 요구했다)부터 이 그룹의 연례 회담은 시민 사회의 여러 조직과 항의자들이 국제 무역과 테러리즘, 에너지 개발과 국경을 넘나들면서 자행되는 범죄 행위 같은 다양한 사안에 대해 자신들의 요구 사항을 널리 알리는 기회가 되었다. 결국 이런 상황 때문에 각국의 통치자들은 나쁜 짓을 저지르고 다니는 대표자 신세로 전락하고 말았던 것이다. 상명하복 형태의 정상 회담을 이렇게 시민 사회가 아래서부터 위로 향하는 대의제 기관처럼 변형하려는 시도는 G7이나 G8 회담에 국한되지 않았지만, 이 그룹의 회담이 매우 특별한 관심의 대상이 되었던 것은 사실이다. 예를 들면 2005년도 7월에 열린 'G8 글로벌 어웨어니스(Global Awareness)' 콘서트, 정치 지도자들에게 '빈곤을 과거 역사의 일로 만들자(Make Poverty History)'고 촉구하는 현장 항의 행동 등이 있었다. 이런 경향을 볼 수 있는 또 다른 계기는, 1988년 국제통화기금(IMF)과 '세계은행(World Bank)'이 베를린에서 회담을 열 때였다. 이때 충분한 사전 정보를 입수한 잘 조직된 8만 명에 가까운 항의자들이 모여들었다. 그리고 그 이후 유엔이 주관하여 개최한 여러 차례의 정상 회담이 있었는데 이는 수많은 준비 집회, 공개 강습회, 계획적인 동원 활동 등을 촉발했고, 이런 활동을 통해 '어린이를 위한 정상 회담(1990년)', '지구를 위한 정상 회담(1992년)', '인권 회의(1993년)', '여성 회의(1995년)' 등에 많은 사람이 몰려들었다.

흑인 민권 운동과 '짐 크로 법'

　아무리 권력을 감시해도 바뀌는 것은 별로 없으며 여전히 이 세상에서 누가 언제 어디서 어떻게 무엇을 획득할 것인지를 결정하는 데 '진정한' 힘을 발휘하는 것은 국가와 대기업이라고 말하는 사람들이 종종 있다. 하지만 꼭 그렇지만은 않다는 것을 다음의 사실이 증명한다. 여성과 소수자 그룹의 시민적 권리, 미국의 베트남과 이라크 군사 개입, 핵무기, 빈곤 퇴치, 기후 변화와 같은 쟁점을 포함하여, 1945년 이후 세계에서 중요한 공적 쟁점은 정당, 선거, 입법부, 정부에 의해 촉발된 것이 아니라 정당을 중심으로 하는 대의 제도의 정통 메커니즘과 나란히 존재하는ㅡ그리고 종종 대항적 위치를 차지하는ㅡ권력 감시 네트워크에 의해 촉발되었다는 사실이다.

1950년대 미국에서 갑자기 출현한 강력한 민권 운동은 이런 감시 단체들이 기존의 권력 관계에 영향을 끼칠 수 있다는 것과 그 권력 관계가 임시적일 뿐임을 느끼게 하는 긍정적인 증거물이었다. 이런 노력은 종종 치열한 투쟁을 통해 진행되었으며 힘 있는 자들의 오만을 꺾으려고 안간힘을 쓰던 사람들에게 놀라운 승리의 기쁨을 안겨주기도 했다. 아프리카계 미국인들의 사회 운동은 비(非)정당 정치의 대표적인 형태였으며, 또한 '짐 크로(Jim Crow) 법'에 대한 정면 공격이었다. '짐 크로 법'은 1896년 '플레시 대 퍼거슨(Plesey v. Ferguson)' 사건에서 미국 대법원이 인종 분리 원칙을 합법화한 이후, 19세기의 마지막 10년 동안 구체화된 차별 제도를 가리키는 용어다. 이 판결을 계기로 하여 미국 남부의 여러 주와 미국 전역의 각 지방 정부들은 아프리카계 미국인들의 공민권을 박탈하고 사회적·경제적 기회를 거부하기 시작했다. 전반적으로 이 '짐 크로' 시스템은 흑인을 향한 일상적인 폭력 행동이 만연해 있는데도 당국이 그런 상황에 눈감도록 허용했던 것이다.

대부분의 아프리카계 미국인이 증오한 짐 크로 시스템은 1950년대 중반에 거센 타격을 세 번 받았는데, 이에 많은 관찰자들이 크게 놀랐다. 1954년 5월 미국 연방 대법원은 '브라운 대 교육위원회(Brown v. Board of Education)' 사건에서 공립 학교에서 흑인 아동의 교육을 백인 아동의 교육과 분리해 (그리하여 불평등하게) 시행하는 것이 미국 헌법에 어긋난다는 판결을 만장일치로 내렸다. 그로부터 일 년쯤 지난 때에 시카고에 사는 에밋 틸이라는 십 대 소년이 미시시피 주의 머니에 친척을 방문하러 왔다가 동네 가게에서 어느 백인 여성에게 휘파람을 불었다는 확인되지 않은 행동을 한 뒤 실종되는 사건이 벌어졌다. 에밋 틸은 백인 납치자 두 명에게 살해되었으며 소년의 시신은 탤러해차이 강에 마치 쓰레기 자루처럼 던져졌다. 소년의 시신이 시카고로 옮겨진 뒤에 그의 어머니는 심하게 손상된 아들의 몸을 다른 사람들이 볼 수 있도록 장례식 때 관 뚜껑을 열어 두는 놀라운 결정을 내렸다. 5만 명으로 추산되는 많은 조문객이 마지막 경의를 표했다. 살인자들이 체포되어 재판을 받을 때, 백인만으로 구성된 배심원들이 겨우 67분 동안 논의해서 무죄 평결을 내렸기 때문에 이 살인 사건에 대한 공공의 관심은 더욱 증폭되었다. 그 뒤 두 살인자는 자신들이 실은 유죄임을 인정하는 말을 했고 이로 인해 배심원의 무죄 평결은 웃음거리가 되고 말았다. 하지만 '일사부재리'의 원칙에 따라 두 사람은 자유의 몸이었다. 그러고 나서 몇 달 뒤였다. 백화점에서 재봉사로 일하는 어느 흑인 여성이 에밋 틸의 야만스러운 살인 사건을 규탄하는 집회에 참가했다. 바로 며칠 뒤 그녀는 일을 끝내고 공영 버스를 타고 앨라배마 주 몽고메리 시의 중심가를 지나고 있었다. 그때 그녀는 백인 승객에게 좌석을 양보하라는 요구를 거절했다. 백인 운전사는 경찰을 불렀고 그녀는 체포되었다. 1955년 12월 1일이었다. 그녀는 현지 정부의 조례를 위반했으며 공공질서를 어기는 행동을 했다는 이유로 재판에서 유죄 판결을 받았다. 후에 이 여성, 즉 로자 파크스(Rosa Parks)는 이 백인 운전사가 10여 년 전에 자신을 버스에서 내리게 해서 퍼붓는 빗속에 집까지 걸어가야만 했다고 진술했다. 파크스는 이 백인 운전사를 알아보았던 것이다. 그래서 이번에는 마치 한겨울 밤 이불로 몸을 꽁꽁 싸매듯이 자신의 몸을 굳은 결심이 꽁꽁 싸매는 것을 느꼈다고 한다. "나는 피곤해서 자리를 양보하지 않았다. 어떤 사람들은 나를 늙은 여자로 보았지만 사실 나는 그렇게 늙지는 않았다. 그때 나는 마흔두 살이었다. 나는 그저 피곤했을 뿐이고, 게다가 그런 상황에 굴복하는 것도 피곤했다."[31]

'유색 인종' 가운데 인내의 한계에 다다른 사람은 에밋 틸의 어머니와 재봉사 로자 파크스만이 아니었다. 두 사람의 작은 저항은 수많은 아프리카계 미국인들이 세계에서 가장 강력한 민주 국가에서 소수자로 사는 자신들의 무력함을 극복하는 새로운 방법을 모색하도록 촉구했다. 이 두 여성을 서로 연결해준 것은 당시 미국 남부에서 흑인 학생은 스쿨버스를 탈 수 없었다는 단순한 사실뿐이 아니었다. 그들에게 고통스러운 진실은 이 두 사람 모두 백인이 지배하는 권력 구조 안에서 아무런 가치도 없는 사람, 그저 '깜둥이'

앨라배마 주 몽고메리 시에서 백인에게 자리를 양보하지 않았다는 이유로 체포된 로자 파크
스가 지문을 날인하고 있다. 이 사건은 이후 382일간 계속된 '몽고메리 버스 보이콧 운동'을
촉발했다.

로 취급되었다는 사실이었다. 이제 이 두 여성의 입장에서 볼 때, 그리고 이
들을 응원하기 위해 모여든 사람들의 입장에서 볼 때 무엇인가가 반드시 변
화해야만 했다.

변화는 일어났다. 흑인을 아우르는 미국의 미래는 이때 벌어진 몽고메
리 버스에 대한 보이콧 운동에서 엿볼 수 있다. 382일 동안 계속된 이 보이
콧 운동은 이때 결성된 '여성 정치 위원회(Women's Political Council)'와 지역
흑인 교회의 지지를 받았으며, 몽고메리 지역 신문인 〈몽고메리 애드버타이
저〉의 지속적인 1면 보도, 그리고 버스 운임과 똑같이 10센트만 받는 흑인
택시 운전사들의 도움을 받았다. 보이콧은 오래된 전술이었다. 이 단어는
1880년대에 아일랜드 사람들이 만들어낸 용어이다.* 그러나 전혀 다른 환경
에서 보이콧 운동은 많은 시민 사회 실험 운동을 촉발했는데, 그 시초가 된
것이 '몽고메리진보연합(Montgomery Improvement Association)'이라는 이름
의 단체였다. 이 단체는 정당이 아니었으며 단일 쟁점을 추구하는 압력 단
체도 아니었으며 지하 음모 조직도 아니었다. 형식 면에서 이 단체는 새로
웠다. 같은 생각을 지닌 시민의 개방된 모임이었으며, 사람들의 마음에 변
화가 일어나게 하려면 같은 목적을 달성하기 위해 노력하는 사람들에게 서

로 조정하기 어려운 행동들을 효율적으로 선전하고 조정하는 단체가 일시적으로나마 필요하다고 느끼는 사람들로 구성된 느슨한 결사체였다. 이 단체의 설립 집회는 1955년 12월 5일 월요일에 '시온산 교회'에서 열렸다. 스무 명이 채 안 되는 보이콧 동조자들이 출석한 이 자리에서 초대 의장이 선출되었다. 초대 의장은 '덱스터 애비뉴 침례교회'에서 온 젊은 목사 마틴 루서 주니어 킹(Martin Luther Jr. King)이었다.

보이콧 활동을 조정하는 위원회 결성 전략은 다른 도시들로 확산되어 갔

---

* 어떤 관행이나 제도 혹은 사람에 대한 지지를 철회하여 잘못된 인식을 교정하는 방식 — 아테네 사람들은 그런 행동을 '오스트라키스모스(ostrakismos)'라고 불렀다. — 은 물론 민주주의 전체 역사에서 종종 나타나는 현상이다. 미국의 경우를 보더라도 명칭은 같지 않지만 보이콧 운동은 아프리카계 미국인의 민권 운동 이전부터 있었다. 그런 중요한 역사적 순간을 들자면, 우선 아메리카 대륙의 식민지들이 영국에서 생산된 물품을 판매하지 말자는 조직적인 활동을 벌인 것을 들 수 있으며, 또한 1830년 '전국흑인총회(National Negro Convention)'에서 노예 노동으로 생산된 상품을 거부하자고 결의한 것을 들 수 있다. '보이콧'이라는 단어는 그 근원과 전혀 연관이 없다. 어느 자료 — Michael Davitt, *The Fall of Feudalism in Ireland* (London and New York, 1904), pp. 274~278 — 에 따르면 이 용어를 처음 입에 올린 사람은 아일랜드의 작은 마을에 사는 목사 존 오말리(John O'Malley)였다고 한다. 그는 '지주 혹은 관리인을 대상으로 한 오스트라시즘(도편 추방제)'을 가리키는 데 이 용어를 사용했다. 오말리가 염두에 두고 있던 사람은 당시 많은 사람에게 경멸의 대상이던 '메이요 주(County Mayo)'의 찰스 커닝엄 보이콧 대위였다. 영국 태생인 보이콧 대위는 부재지주인 언 백작의 토지 관리인으로 일하고 있었다. 1880년 9월의 일이었다. 불만에 가득 찬 소작인들이 소작료의 대폭 삭감을 요구했다. 토지 관리인 보이콧은 이 요구를 거절했으며 지역 재판소의 도움을 받아 소작인들을 토지에서 내쫓았다. 이 지역의 '아일랜드토지연맹(Irish Land League)'은 오말리 목사의 지도를 받아 모든 소작인과 주민에게 폭력에 호소하는 대신 보이콧에게 어떤 방식으로든 협조하는 것을 적극 거부함으로써 그를 고립시키도록 했다. 그가 나타나면 사람들은 집 안에 들어가서 나오지 않거나 등을 돌려버리고 혹은 그의 면전에서 웃어버렸다. 밭에서는 일꾼들이 연장을 내려놓았으며, 곳간에서는 그의 말에게 먹이를 주지 않았으며, 보이콧의 요리사는 요리를 하지 않았다. 그리고 그 지역의 상점들은 그와 거래를 하지 않았으며 심지어 우편 배달부는 그에게 전해야 할 우편물을 상자 속에 넣고 자물쇠로 잠가버렸다. 수확 철이 다가오자 보이콧은 자신을 배척하는 행위에 대해 분노에 찬 반응을 보였으며 쉰 명의 '오렌지당(Orangemen)' 일꾼을 동원하여 곡식을 수확했다. 이 일꾼들은 2000명이나 되는 군인과 경찰의 보호를 받으며 일했다. 군사 작전처럼 진행된 수확 작업은 곡물의 시장 가격보다 열 배나 비용이 많이 들었다. 그해 12월 초가 되자 보이콧은 어쩔 수 없이 자신의 자리를 내놓고 가족과 함께 불명예스럽게 영국으로 돌아가지 않으면 안 되는 상황이 되었다. 그의 성은 이제 이따금 머리글자를 소문자로 하여 사용되면서 새로운 정치적 의미를 지니게 되었다. 1880년 11월 20일 런던의 〈타임스〉는 보이콧과 그의 가족에 대항하여 조직 활동을 하는 아일랜드 현지의 일꾼과 주민이 "이들을 '보이콧'하기로 결심했으며 이들에게 먹을 것과 마실 것을 공급하기를 거부했다."라고 보도했다. 보이콧이 잉글랜드로 떠난 지 2주가 채 되지 않은 때 〈데일리 뉴스(Daily News)〉는 이제는 땅의 요동이 메이요 주를 훨씬 넘어서까지 확산되고 있다고 보도했다. "가장 대담한 사람들마저 이미 '보이콧을 당할까' 두려워 여기저기에서 양보하고 있다." 이 신문은 계속하여 이 전술이 "폭력 없이, 생명이나 신체의 손상을 위협하지도 않으면서 실천되는 거대한 타격"이며, "기병도 보병도 포병도 불러들여 의지할 필요가 없는 대단한 헌법적 무기"라고 묘사했다.(원주)

다. 성공은 빠르게 다가왔다. '브라우더 대 게일(Browder v. Gayle, 1956)' 사건에서 공용 버스의 인종 차별 정책이 불법으로 판정되었지만, 바로 그런 판정이 났기 때문에 사람들의 기대는 더 높아졌다. 오클라호마시티, 그린즈버러, 내슈빌을 비롯한 여러 도시에서 학생들은 울워스 백화점과 그 밖의 다른 상점, 카페의 구내 식당에서 점포의 소유주가 흑백 분리 차별 정책의 폐지를 거부하는 데 항의하는 연좌 농성을 벌였다. 조직 활동가들은 항의자들에게 다음과 같이 조언했다. 옷을 말끔하게 갖추어 입을 것, 단정한 태도로 조용히 앉아 있을 것, 그리고 충분한 여유 공간을 남겨 두어 다른 백인 동조자들이 여유 있게 점심 시간을 즐길 수 있게 할 것. 하지만 이런 활동은 강력하게 대응하는 경찰에 의해 분쇄되곤 했다. 각 지역에서 이룬 작은 성공들 덕분에 미국의 다른 지역에 있는 시위 참여자들은 이러한 연좌 농성을 본떠 실행에 옮기게 되었다. 이 활동은 본질적으로 볼 때 일상생활의 권력 관계를 '자연스럽지 않은 것으로 만들며' 또한 '평등하게 하는 것', 즉 민주화하는 활동이었다. 원칙은 언제나 같았다. 즉 피부색이 활동의 자유를 결정해서는 안 되며, 모든 사람이 시민 사회의 구석구석에서 자신의 삶을 살아가는 데 평등하게 능력을 발휘할 수 있어야 한다는 것이었다.

시위대는 이제 식당뿐 아니라 여러 종류의 공공장소를 목표로 삼았다. 공원, 박물관, 극장, 도서관, 해변 같은 공공장소를 민주화하려는 이런 노력은 수천 명의 체포로 이어졌다. 이들은 보통 '보석금 지불 거부' 서약을 했는데, 자신들의 고난을 최대한 널리 알릴 수 있을 뿐 아니라 동시에 그들의 체포와 구금으로 발생하는 비용을 당국에 돌릴 수 있었기 때문이었다.

일부 연좌 농성 활동가들은 결합해 '학생비폭력조정위원회(SNCC, Student Nonviolent Coordinating Committee)'를 만들었다. 1961년 이 단체는 흑인의 권리를 지지하는 첫 번째 운동으로 '자유 여행'을 추진했다. 흑인들의 권리 쟁취를 위한 이 전술에는 물리적 위험이 뒤따랐지만 실행 방법은 단순했다. 연방 법률은 주 경계를 넘어 여행하는 자유를 보장해주고 있었으므로 이를 활용하여 활동가들은 버스를 타고 이 도시에서 저 도시로 여행했다. 이런 행동이 경찰과 백인 군중의 위협과 폭력, 심지어는 살인을 불러일으킬 수 있다는 것을 활동가들은 충분히 알고 있었다. 활동가들은 자신들이 여행하는 곳마다 백인 우월주의에 병든 정치체로부터 독물을 끌어내는 듯했다. 활동가들에게 사람들은 욕설을 퍼붓고 침을 뱉는가 하면 화염병을 던지기도 하고 직접 폭력을 휘두르기도 했다. 너무도 극심한 소동이 일어나서 어쩌면 미국의 민주주의가 커다란 발작을 일으킨 것이 아닌가 싶은 순간도 있었다. 연방군의 출동—드와이트 아이젠하워 대통령은 1957년 아칸소 주 학교 위원회가 인종 차별 정책을 폐지하기로 의결한 뒤 리틀록 고등학교를 보호하기 위해 제101 공수 사단을 출동시켰다.—은 운동의 결의를 더욱 굳게 만들었다.

감시 전술 실험이 급격히 증가했다. 현지 활동가들의 지원을 받는 개인들은 정부 당국을 상대로 법률 소송을 시도했으며 때때로 작지만 중요한 승리를 거두었다. 이런 작은 승리는 커다란 반향을 불러일으켰는데, 그 예로 1962년 9월에 일어난 백인들의 폭동을 들 수 있다. 폭동은 제임스 메러디스(James Meredith)라는 이름의 젊은 흑인 학생이 미시시피 대학에 입학하면서 발생했는데 이 젊은이가 강의에 출석할 권리는 정규군 부대에 의해서 보호되었다. 다른 곳의 활동가들은 더 굴복하는 데 지친 나머지 교도소 당국과 충돌을 빚었다. 이들은 교도소 당국이 수감자를 상대로 인종 차별 정책을 취하고 있다고 비난했으며, 부정의한 '모범수' 제도, 무기수에게 소총을 들려주어 다른 수인들—이런 수인들은 대부분 아프리카계 미국인이었다.—을 겁 주고 통제하도록 하는 제도를 공개적으로 비난했다. 앨라배마 주의 버밍햄에서는 '남부기독교지도자회의'가 고등학생들에게 도심에 있는 상점들이 인종 차별 정책을 유지하는 데 항의하는 시위에 참여하기를 촉구했다. 1000명의 학생이 호응했으며 이 가운데 600명은 감옥행이라는 보상을 받았다. 이 운동은 훗날 '어린이들의 십자군(Children's Crusade)'라는 별명을 얻었다. 사우스캐롤라이나 주의 시아일랜즈에서는 최초의 '시민 학교'가 설립되었다. 읽기와 쓰기를 가르치는 이 시민 학교는 오랫동안 흑인들을 선거인 명부에서 지우기 위해 시행하던 엄격한 투표 자격 시험을 흑인들이 통과하도록 교육하는 데 목적이 있었다. 시험 삼아 소규모로 운영해보았는데 큰 성공을 거두었다. '남부기독교지도자회의'처럼 새로 설립된 연합 단체들은 더 크게 일을 진행했다. 이들은 주로 북부에서 자금을 모아 인종 차별에 대항하는 여러 비폭력 투쟁과 훈련 활동을 지원했다. 각 지역의 교회에 가서 항의 예배 시위를 벌이는가 하면, 시내 중심가 상점과 식당을 보이콧하는 운동을 벌이기도 했고, 지방 행정 기관 건물로 행진도 했으며, 흑인 유권자 등록을 위한 '자유의 노래'와 '자유 학교' 운동을 벌이기도 했다. 1963년에 새로 만들어진 '연합조직회의(Council of Federated Organizations)'가 '자유 투표'라는 모의 선거를 실시했는데 이때 9만 명이 넘는 미시피 주의 흑인이 투표를 했고 이들 가운데 다수가 정식으로 등록되지 않은 정당인 '자유당(Freedom Party)'에 표를 주었다. 다음 해에는 '미시시피자유민주당' 창당을 추진함으로써 미시시피 주 민주당의 너무나도 철저한 백인 중심의 당 후보에게 도전장을 냈다.

1963년 여름이 되자 풀뿌리에서부터 올라오는 압력이 전국적으로 공공연하게 느껴지기 시작했다. 기존의 여러 정당과 입법부가 침묵을 지키며 저항했는데도 그렇게 된 것이다. 존 F. 케네디 대통령은 앨라배마 대학에서 흑인 학생들이 등록하는 것을 보호하기 위해서 군 부대를 배치한 뒤, 텔레비전과 라디오를 통해 전국에 중계된 연설에서 아프리카계 미국인을 옹호했고, 곧 연방 의회에 '인권 법안(Civil Rights bill)'을 제출하겠다고 선언했다. 그해 늦은 여름 워싱턴 DC의 링컨 기념관 앞에 20만 명이 넘는 시위대가 모여들었다. 바로 여기에서 마틴 루서 킹이 '나에게는 꿈이 있습니다'라는 제목의 유명한 연설을 했으며, '학생비폭력조정위원회'의 존 루이스(John Lewis)는 연방 정부는 도대체 누구 편인지를 따져 물었다. 몇 달 뒤에 케네디 암살 사건이 발생하고 백인의 폭력 행사와 경찰의 가혹 행위가 대중 매체를 통해 지속적으로 전국에 널리 알려지면서 사태의 흐름은 더욱 빨라졌다.

다음 몇 년간 훨씬 더 많은 일들이 벌어졌다. 미국의 여러 도시에서 폭동이 일어났고, 마틴 루서 킹이 암살당했으며, '아프로아메리칸(Afro-American)'과 '블랙 파워(Black Power)' 같은 '어퍼머티브 토크(affirmative talk)', 즉 흑백 차별을 적극적으로 바로잡으려는 논의가 활발하게 이루어졌다. 총을 소지하고 '아프로(afro)' 헤어스타일에 청색 셔츠를 입은 '블랙 팬서(Black Panthers)'가 등장했는데 이들은 경찰을 '돼지(pig)'라 부르고 백인은 '홍키(honkie)'라 불렀다. 맬컴 엑스, 지미 헨드릭스, 제임스 볼드윈, 앤절

1965년 8월 6일, 린든 존슨 대통령이 마틴 루서 킹을 비롯해 여러 사람이 지켜보는 가운데 '투표권 법'에 서명하고 있다.

라 데이비스의 활동도 있었다. 하지만 1965년 여름이 되면 시민으로서 권리를 쟁취하기 위한 흑인들의 투쟁에서 그 첫 번째 장이 사실상 끝나게 된다. 역사적인 법안 두 개가 통과된 것이다. 린든 존슨 대통령이 1964년 7월 2일 서명한 '시민권 법(Civil Rights Act)'은 공공시설, 교육, 고용에서 인종 차별을 금지했다. 그가 1965년 8월 6일 서명한 '투표권 법(Voting Rights Act)'은 읽고 쓰는 능력 시험, 인두세 같은 선거권 제한 요인을 폐지했으며, 아프리카계 미국인에게 불이익을 주기 위해서 그러한 시험을 계속 활용하는 주나 개별 선거구에 연방 정부가 개입할 수 있는 권한을 주었다.

이 두 번의 입법은 파수꾼 민주주의가 실제로 작동한 결과다. 힘 없는 자에게도 상황을 바꿀 힘이 있다는 것, 그리고 변화는 가정과 직장과 일상생활에서 접하는 공공의 영역에서부터 시작되어야 하며 그런 후에 미국 민주주의의 전체 정치적·사회적 무대에까지 확산되어 간다는 것을 이 입법이 증명해 보여주었다. '투표권 법'에 서명한 직후에 존슨 대통령은 동료들에게 이 입법안 때문에 민주당은 앞으로 상당 기간 미국 남부를 상실하게 될 것이라고 말했다. 존슨의 예언은 완전히 들어맞지는 않았다. 당시를 돌이켜보면 선출직을 맡고 있던 아프리카계 미국인의 수는 미국 전체에서 겨우 100명 정도였다. 그러다 1989년이 되면 그 숫자는 7200명이 되며 남부에서만

4800명이 넘게 된다. 뉴올리언스에는 흑인 시장인 어니스트 모리얼(Ernest Morial)이 있었으며, 미시시피 주의 잭슨 시, 조지아 주의 애틀랜타 시의 시장도 흑인이었다. 남부의 흑인들은 이미 시와 카운티와 주 정부에서 최고의 직위를 차지하고 있었으며, 앨라배마 주의 이른바 '블랙벨트(Black Belt)' 카운티들 가운데 거의 모든 곳에서 선거를 통해 흑인 보안관*을 선출했다. 변화는 연방 정부에서도 느껴지기 시작했다. 바버라 조던(Barbar Jordan)은 미 연방 하원에서 텍사스 주 대표로 활동했으며, 카터 행정부는 앤드루 영(Andrew Young)을 유엔 대사로 임명했다. 그리고 학생비폭력조정위원회 활동으로 유명한 존 루이스는 조지아 주 제5선거구에서 1987년 연방 하원의원으로 선출되었다. 이후 그는 여러 차례 재선되었으며 70퍼센트가 넘는 지지율을 기록하기도 했다. 이는 자유 행진 도중 주 경찰관이 휘두른, 철조망선을 감은 곤봉으로 심하게 맞아 생긴 상처가 분리 정책의 명백한 흔적으로 머리에 영원히 남아 있는, 가난한 앨라배마 소작농의 아들에게 잘 어울리는 개인적 승리였다.

파수꾼 민주주의의 지적 토대

이제까지 우리는 파수꾼 민주주의의 전체 윤곽과 주요한 작동 원리에 관해 논의했다. 여기서 잠시 멈추어 한 가지 짧은 질문을 던져야 할 때가 되었다. 계획되지 않은 파수꾼 민주주의의 탄생은 도대체 어떻게 설명할 수 있을까?

이제까지 묘사된 100개 이상의 발명품 뒤에 숨어 있는 동기는 매우 복잡하게 얽혀 있다. 민주주의의 이전 단계에서도 그랬듯이 일반화 작업은 어렵기도 하고 한편으로는 위험하기도 하다. 하지만 한 가지만은 확실하다. 이 새로운 종류의 민주주 탄생에는 여러 원인이 있다는 사실이다. 파수꾼 민주주의는 단 한 개의 세포에서 발생한 생물, 즉 단일적 발생 요인에 의해 생겨난 개체가 아니다. 이것은 많은 힘이 합쳐져서 생긴 결과물이다. 민주주의

보안관(sheriff) 미국에서, 각 행정 구역 최소 단위 지역의 안전과 질서를 맡아보는 민선 관리. 선거를 통해 선출되며 사법권과 경찰권을 부여받는다.

의 두 번의 이전 단계에서 그랬듯이, 변화가 일어나는 것은 오로지 지배층에 균열이 생겼을 때이며 그리하여 시민들의 용기와 공적 정신을 지닌 지도자들의 결의가 그 나머지 작업을 하는 것이 허락될 때이다. 개인적 야심, 사기와 협잡, 힘겨루기, 그리고 더 효율적이거나 비용이 적게 드는 정부 운영 추구—그리고 정책에 대한 실망이나 실패에 대한 책임을 타인에게 넘기려고 애쓰는 정부—같은 것들이 모두 제 몫을 해냈다. 또한 보수적 본능, 급진적 요구, 지정학적 고려, 시장의 압력도 각각 제 몫을 해냈다. '사회적 자본'—지역 차원에서 사람들 사이를 연결하고 사람들의 재능을 개발하는 것—을 구축할 기회, 그리고 정부 서비스를 아웃소싱할 때 거기에서 나오는 수입의 증가도 특히 비정부 조직과 같은 일부 조직으로 하여금 더 강한 모니터링 제도를 요구하도록 만들었다. 의도하지 않은 결과라든가 정말 순수한 행운 역시 파수꾼 민주주의의 초기 역사에서 각자 몫을 했다. 또 결코 중요성이 떨어지지 않는 한 가지 요인으로 일찍이 토크빌이 언급한 것이 있다. 즉, 특정한 불만 사항을 해소함으로써 그것이 다른 불만 사항까지 처리하며 해소할 수 있는 상황을 가능하게 만들어주는 힘, 곧 시민과 시민 대표자들의 신념이라는 전염성 있는 힘이 바로 그것이다.

이러한 모든 요인이 마치 서로 계획적으로 작업을 하는 것처럼 작동하여 기존의 민주주의 체제들을 파수꾼 민주주의의 방향으로 밀어붙였다. 하지만 이 새로운 시대를 촉발한 가장 주요한 요인으로 다른 어떤 것보다 더 확실한 것이 있다. 바로 전쟁이다. 민주주의의 역사를 보면 무작위적인 폭력과 조직적인 폭력, 전쟁과 그 전쟁으로 인한 비참과 고통 따위가 종종 새로운 민주적 제도의 산파 역할을 했다. 이 법칙은 20세기 전반에도 적용된다. 두 차례의 세계대전과 엄청난 잔혹 행위는 옛 안보 구조를 산산이 부수었으며, 모두가 힘을 추구하고 서로 밀치고 견제하고 다투는 장면을 연출했다. 사람들은 분노했고, 그 분노의 에너지는 대의 민주주의 체제를 반대하는 대규모 격변—보통 '인민'의 이름으로 진행되는 혁명—을 발생시켰다. 러시아의 볼셰비즘과 스탈린주의, 이탈리아의 파시즘, 독일의 나치즘, 일본의 군사적 제국주의는 모두 민주주의의 핵심을 인민 주권으로 이해한 다음, 그 민주주의 체제를 교묘하게 왜곡하고 타락시킨 변종이었다. 이 체제의 지도자들은 종종 인민이 역사의 무대에 올라갈 권리를 획득했다고 주장했지만, 체제가 고용한 하수인들은 사람들의 입을 틀어막고 사람들을 불구로 만들거나 심지어 죽이기까지 했다. 체제의 반대자들만이 아니라 체제의 지지자들도 그 대상이 되었다. 서구의 민주주의는 자유주의의 혼란, 부르주아의 위선, 군대의 비겁함처럼 의회의 망설임과 혼란으로 비난받았다. 20세기가 3분의 1쯤 지났을 때 민주주의는 무릎을 꿇은 상태였다. 민주주의는 방향을 잃고 정신도 상실한 마비 상태였으며 죽음이 가까이 온 듯했다. 1941년 루스벨트 대통령이 "야만의 암흑으로부터 민주주의의 위대한 불꽃을 용감하게 수호하자."라고 촉구했지만[32] 바로 그때 수많은 악당들은 전혀 반대되는 결론을 내리고 있었다. 즉 미래는 독재와 전체주의 체제의 시대라는 것이었다. 이때 이 지구상에 선거 민주주의 체제를 지키고 있던 나라는 오직 열한 곳밖에 없었다.*

전쟁으로 인한 엄청난 파괴와 그런 전쟁이 탄생시킨 독재 체제와 전체주의 체제에 대해서, 사람들이 정신이 번쩍 들면서 반드시 무엇인가 해야 한다고 결심하게 만든 것은 바로 자신들이 전멸할지도 모른다는 공포였다. 당시 민주주의 체제는 마치 이스터 섬의 숲처럼 사라질 확률과 그렇지 않을 확률이 50 대 50인 상황이었다. 거대한 격변이 일어나고 그것이 제2차 세계대전으로 정점에 이르면서 많은 사람들은 통치자가 자신들의 생명과 재산을 보호해주기 때문에 반드시 통치자에게 복종해야 한다는 과거의 공식이 어리석다는 점을 똑똑히 알게 되었다. 이 시대의 궤멸적인 대격변에 의해서 이 '보호-복종'의 공식은 이제 작동하지 않으며 여러 나라에 존재하던 통치자와 피치자 사이의 오래된 계약은 너무도 심하게 농락당했기 때문에 이제 더는 통치자에게 통치를 그냥 맡겨 둘 수는 없다는 점이 증명되었다. 다른 말로 표현하면 고대의 플라톤과 투키디데스부터 19세기 중반까지 민주주의의 비판자들이 주장했던 것처럼 '민중'에 의한 '중우 정치(mobocracy)'가 문제가 아니라는 것이었다. 20세기 전반기의 끔찍한 사건들이 증명해준 것은,

---

* 당시 생존해 있던 의회 민주주의 국가는 오스트레일리아, 캐나다, 칠레, 코스타리카, 뉴질랜드, 스웨덴, 스위스, 영국, 미국, 우루과이였다. 핀란드는 대통령을 뽑을 때 선거인단을 활용했으며 그 선거는 엄격한 보안과 전시 상황에서 진행되었지만 이 범주에 포함될 수 있을 것이다.(원주)

중우 정치의 진정한 원천이 바로 이 '민중'을 교묘하게 조종하는 기술이 뛰어난, 마치 폭력배 같은 지도자들이라는 점이었다. 만일 이것이 사실이라면 이제 문제는 민중이나 민중에 의한 통치가 아니었다. 문제는 통치 그 자체였다.

1945년 직후 몇 년 동안 등장한 민주주의에 관한 중요한—그러나 불행하게도 별로 자세하게 연구되지 않은—몇 가지 정치적 의견을 살펴보면 그 중심에 바로 이 통치의 문제가 자리 잡고 있다.[33] 파수꾼 민주주의의 지적 뿌리를 이 시기에서 찾을 수 있다. 이 뿌리는 알베르 카뮈, 시드니 훅(Sydney Hook), 토마스 만, 자크 마리탱(Jacques Maritain) 같은 서로 다른 성향을 지닌 작가, 철학자, 지식인들의 글에서 찾을 수 있다. 그 가운데에서도 가장 인상적인 글은 얼마 뒤 고전의 반열에 오른 신학자 라인홀드 니부어(Reinhold Niebuhr)의 《빛의 아이들과 어둠의 아이들》이다. 이들은 새로운 시대에는 민주주의에 대한 새로운 이해가 요구된다고 확신했다. 이들은 모두 전쟁과 전체주의의 위협에서 의회 민주주의가 아슬아슬하게 탈출한 것은 어쩌면 잠시 동안의 집행 유예에 불과할지 모른다고 우려했다. 심지어 (카뮈가 표현했듯이) 지금이 '세상의 종말'이라고 말하는 이도 있었다. 이들의 의견이 일치한 바는, 최근의 역사적 경험에서 얻을 수 있는 중대한 교훈은 다수결 원칙의 민주주의 메커니즘이 철저하게 악용되는 경우가 있으며, 심지어는 그 메커니즘을 '주권을 지닌 국민'의 이름으로 민주주의의 적들이 활용하여 민주주의가 표방하는 다원적 자유와 정치적 평등을 파괴한다는 점이었다. 깊은 우려 속에서 이들은 우선 감상적인 낙관주의를 버릴 것을 촉구하는 한편 대의 민주주의가 지닌 병폐에 관한 새로운 치유책을 모색했다. 어떤 치유책을 택할 것인가에 대해서 이들은 의견이 갈렸다. 하지만 이들은 모두, 제한 없이 휘둘러지는 권력의 병폐를 억제하는 강력한 목적 의식이 깃든 정신과 제도를 갖춘 새로운 형태의 민주주의에 거듭 지지를 표명했다. 니부어는 바로 이런 방향으로 민주주의를 새롭게 만들고 또 변화시키는 데 대단히 유력한 논리를 제공했다. 그는 이렇게 썼다. "통제되지 않는 권력의 위험성은 민주주의 사회의 미덕을 끊임없이 상기시켜준다. …… 그러나 현대 민주주의는 좀 더 현실적인 철학적·종교적 근거가 필요하다. 민주주의가 맞닥뜨릴 가능성이 있는 위험을 예견하고 이해하기 위해서만은 아니다. 민주주의에 좀 더 설득력 있는 정당성을 제공하기 위함이다." 그가 결론에서 서술한 말은 훗날 매우 유명해진다. "정의를 행할 수 있는 인간의 능력 덕분에 민주주의가 가능하다. 한편 불의를 저지를 수 있는 인간의 성향 때문에 민주주의가 꼭 필요하다."[34]

'세계 인권 선언'을 만든 사람들

의심의 여지가 없는 분명한 사실은 이러한 정치의 해악에 대한 고민이 영감으로 작용하여 파수꾼 민주주의의 가장 주목할 만한 특징을 만들어냈다는 사실이다. 민주주의와 인권이 긴밀하게 결합하고 인권을 지키기 위해 헌신하는 조직과 네트워크와 캠페인이 전 세계적으로 확산되었다는 점이 그 특징이다.

이 결합의 뿌리는 저 멀리 프랑스 혁명 시기에서 찾아볼 수 있지만 가장 직접적으로 영감을 준 것은 제2차 세계대전의 처참함이 계기가 되어 만들어진 두 가지 중요한 정치적 선언이다. 즉 '유엔 헌장'(1945년)과 '세계 인권 선언'(1948년)이다. '세계 인권 선언'은 4500만 명의 죽음과 끔찍한 물질적 파괴와 정신적 비참함, 그리고 파키스탄과 인도의 피비린내 나는 분리 과정, 베를린 봉쇄 사건, 팔레스타인의 불확실한 미래 같은 정치적 문제로 말미암아 전후에 긴장이 고조되며 생겨난 암울한 상황 속에 한 줄기 빛을 비춰준 놀라운 촛불이었다. 1947년과 1948년에 걸쳐 작성된 '세계 인권 선언'은 당시 사람들의 눈에는 그다지 중요하지 않은 부록 같은 느낌을 주는 문건에 불과했다. 이 선언문의 전문(前文)에는 "인류 사회의 모든 구성원이 지니는 고유한 존엄과 평등하고도 양도할 수 없는 권리"가 언급되어 있다. 하지만 당시 시대 상황은 이런 종류의 정서와는 완전히 반대되는 것처럼 보였다.

이 문건이 탄생하기까지 18개월 동안 100회가 넘는 회의가 열렸고, 지극히 복잡한 철학적, 종교적, 법적, 정치적 문제들에 관한 어려운 타협을 이루어내야 했다. 이 문건이 완성되고 또 채택되기까지 엘리너 루스벨트를 중심으로 한 작지만 놀라운 능력을 지닌 초안 작성 그룹 구성원들의 불굴의 헌

'세계 인권 선언' 초안을 위한 인권위원회 회의(1947년, 뉴욕 주의 레이크석세스). 위원장인 엘리너 루스벨트(오른쪽)가 조사 위원인 레바논의 찰스 말리크(왼쪽), 부위원장인 프랑스의 르네 카생과 논의하고 있다.

신이 큰 역할을 했다. 이 선언의 배경을 설명하는 문건은 400쪽에 달했는데 이 문건 작성의 책임자는 캐나다 맥길 대학의 법학 교수 존 험프리(John Humphrey)였다. 당시 40세였던 그는 어린 시절 사고를 당해 팔 하나를 잃었으며 그 때문에 병역 의무를 면제받았다. 이후 그는 이 세상에 평화와 정의를 가져오기 위해 자신이 할 수 있는 일이라면 무엇이라도 하겠다고 맹세했다. 조금 짧은 길이의 1차 초안을 작성하는 일은 르네 카생(René Cassin)이 맡았다. 그는 제1차 세계대전 때 부상을 당해 불구가 된 유대인이었는데 샤를 드골(Charles de Gaulle)이 런던에서 호소하는 라디오 방송을 듣고는 당시 독일군에 점령당한 프랑스를 아슬아슬하게 탈출하여 드골 곁에서 수석 법률 고문으로 일했다. 이 직책을 맡은 덕분에 카생은 비시 정부*에 의해 결석 재판에서 사형 선고를 받았다. 그 이후 문건을 정돈하고 다듬는 일은 중국인 장펑춘(張彭春)이 맡게 되었다. 그는 극작가이자 문학 비평가이자 외

비시(Vichy) 정부 1940년 6월에 프랑스가 독일에 항복한 후, 프랑스 비시에 세워진 친(親)독일 정권. 페탱을 수반으로 하는 반동적인 파시스트 독재 정부로, 독일에 예속되어 독일군이 점령하지 않은 명목상의 자치 지역인 비점령 지대를 통치했으나 나치 독일의 패망과 함께 무너졌다.

교관이었다. 또 1921년 컬럼비아 대학에서 존 듀이(John Dewey)의 지도로 박사 학위를 받은 유학자였다. 그는 중국 난카이 대학에서 교수로 학생들을 가르치다가 일본의 잔혹 행위가 자행되던 중에 여장을 하고 탈출하여 외국으로 망명했다. 장펑춘은 강인했으며 재기가 뛰어났고 어려운 문제도 곧잘 풀어 나가는 능력의 소유자였다. 하지만 그는 인권 원칙들이 '자연' 혹은 '인간 본성'이라는 보편적 관념에 단단하게 연결되기는 힘들 것이라고 생각했다. 그는 습관처럼 "내 집 앞의 눈을 쓸어라. 하지만 다른 사람 집 기와에 쌓인 서리는 못 본 척하라."라는 말을 했다. 이 말은 인권 선언이 각기 다르고 서로 충돌하는 해석들을 추상적인 언어적 일반론의 덮개로 덮어서 질식시키기보다는 그 모든 해석을 품을 수 있어야 한다는 자신의 신념을 표현한 것이다.

이러한 다원주의적 신념 때문에 장펑춘은 초안 그룹의 또 다른 핵심 구성원인 찰스 말리크(Charles Malik)와 약간의 긴장 관계를 형성했다. 말리크는 그리스 정교를 믿는 마흔 살의 레바논인으로서 토마스주의*를 신봉하는 사상가였다. 곧 그는 인권 원칙의 보편적인 적용 가능성을 옹호하는 강력한 논객으로 명성을 얻는다. 유엔 총회가 '세계 인권 선언'을 정식으로 채택하기 직전인 1948년 8월, 매서운 검은 눈동자와 덥수룩한 검은 눈썹의 이 매부리코 사상가는 미국의 로터리클럽 회원들 앞에서 이 선언이 인류가 이제까지 발표한 문서 가운데 가장 위대한 것이 될 것이라고 말했다.[35] 말리크는 장구한 역사 속에 계속하여 존재했던, 일정한 권리가 법의 보호를 받는다고 천명한 공적 선언에 '세계 인권 선언'이 큰 도움을 받았음을 인정했다. "거의 4000년 전에 바빌론 사람들은 함무라비 법전을 보유하고 있었으며, 이 법전에 의해 법률 안에서 자유권이 확립되었다."라고 그는 말했다. "그 뒤 그리스인과 로마인이 보여준 인간 행동의 유형은 '유스티니아누스 법전'에 표준화되어 남게 되었다. 그리고 다시 수백 년의 세월이 지난 뒤 영국은 '마그나 카르타'를 통해 새로운 자유권을 공표했으며 다시 17세기 말이 되면 '권리 장전'을 통해서 이 권리들을 확장했다. 프랑스는 이 세계에 '나폴레옹 법전'

토마스주의(Thomism) 중세의 스콜라 철학자인 토마스 아퀴나스의 사상을 신봉하는 철학과 신학 체계. 가톨릭 교회의 공인 철학으로 지성의 우위를 주장하며 관념론과 유물론에 반대했다.

을 선물했으며, '미국 독립 선언'에 훌륭하게 표현된 인간의 '양도 불가능한 권리'라는 개념은 전 세계 사람들에게 새로운 희망을 주었다."

말리크는 입헌적 권리의 역사를 한 문단으로 간략하게 요약했는데, 이 요약문이 도입부 역할을 하면서 중요한 논점이 전개된다. 20세기 전반기에 발생한 전례 없는 대격동 때문에 역사상 처음으로 이제 인간의 권리를 '전 지구적' 차원에서 어떻게 확보할 수 있을지 '전 지구적'으로 점검해야 한다는 것이었다. (미국의 우드로 윌슨 대통령이 초안을 잡은) '국제 연맹 헌장'과 (루스벨트와 처칠이 파시즘을 상대로 하여 전쟁을 치르기 위해 작성했던 1941년의 공동 선언문인) '대서양 헌장'이 중요한 출발점 역할을 했다고 말리크는 썼다. 한편 이 새로운 인권 선언은 '인간의 존엄과 가치'라는 구절에 생명과 의미를 불어넣는 가장 앞선 시도라고도 했다. 말리크는 이 선언이 '인간'의 고유한 '본성'을 규정하고 보호하며 고취하는 시도라고 했다. 또 그는 "정부의 통제, 국가 의식과 국권이 점차 커져 가는 이 시대에, 사람들에게 당신 정부의 노예가 될 필요는 없다고 설득하기는 쉽지 않은 일"이라고 했다. 하지만 사람들을 설득하여 인권을 옹호하도록 하는 일은 투쟁의 절반에 불과하다. '사회주의 확산'의 시대에는—말리크는 여기서 소련을 가리키는 동시에 국가 통제에 중점을 두는 다른 정부들도 지칭하고 있다.—건물 지붕에 올라가서 "인간은 사회에 흡수될 수 없다는 것, 인간은 본성에 따라 자유롭게 생각하고 자유롭게 선택하며 만일 잘못되었다면 자신의 사회, 아니 전 세계에 대항하여 자유롭게 반항할 수 있는 존재"라고 소리치는 능력을 습득하기 위해 강력한 도움의 손길이 필요하다. 이런 상황에서 '세계 인권 선언'이 무대에 등장한 것이다. 이는 세계 어디에서라도 국가가 개인에 대하여 우선권이 있다는 오만함에 대항하여 싸우는 데 새로운 무기로 사용될 것이다. 하지만 이런 식으로 신념을 선언한다고 하여 이것으로 국가주의에 대항해 승리를 거둘 수 있을 것인가? 말리크 자신도 그 승리를 확신할 수 없다고 했다. 장차 상황이 어떻게 될지는 불확실하다고 말했다. 하지만 그가 권한 한 가지 제안은 결국 다음 세대에 큰 영감을 주었다. 만일 국가가 인권에 대한 약속을 저버린다면, 인간은 이 사안을 그들 스스로 해결하기 위해 나서는 수밖에 다른 대안은 없을 것이라고 권했던 것이다. 즉 가족이라든가 종교 단체, 친구들의 모임 같은 "개인과 국가 사이에 존재하는 거대한 틈을 메우는 중간자적 제도들"의 도움을 받아 인권을 육성하고 보호하라는 이야기였다.

이 말은 전 세계의 시민 사회에 인권이 실질적인 중요성을 지닌다는 가정위에서 발언하고 행동하라고 촉구하는 호소문과 같았으며, 그 실제적인 효과는 민주주의가 이제 파수꾼 민주주의로 재규정되는 것으로 나타났다. 이후 전 세계에는 수만 개에 달하는 비정부 인권 조직이 생겨났으며 이 조직들은 고문, 소년병, 여성 학대, 종교적·학술적·문학적 자유의 침해를 포함한 매우 넓은 범위의 인권 문제를 다루었다. 이들의 과제는 철저한 조사에 바탕을 둔, 효과적인 계몽 운동을 통해 인권을 옹호하는 일이었다. 이 조직들은 스스로 정부와 시민의 양심을 일깨우는 자극제라고 인식했으며, 대의 민주주의를 끈질기게 괴롭히던 기본적인 문제, 즉 누가 '국민'인지를 누가 결정하는가라는 문제에 해답을 제시했다. 많은 인권 조직과 네트워크는 모든 인간이 자신의 권리를 행사할 자격을 지니고 있다고 답한다. 파수꾼 민주주의 시대의 인권 옹호 조직들은 이런 확신을 품고 있기에 인권 침해의 사례를 발견하면 경고의 호루라기를 부는 것이다. 또 이런 확신이 있기 때문에 인권 단체들은 특정한 사례에 대한 공공의 관심을 불러일으키는 작업뿐 아니라 글로벌라이제이션의 과정에 인권의 중요한 역할에 관하여 의식을 고양하는 작업을 진행함으로써, 인권 침해 상황에서 무엇인가 조치를 취하도록 각국 정부에 압력을 가하고 있다.

조직들 가운데 일부는 비록 인권에 관한 세계 언어에 의존하고 있지만 그 규모가 매우 작을 뿐 아니라 현지 상황에 매우 밀접하게 연결되어 있다. 그러한 예로 터키의 인권 네트워크인 '마즐룸데르(Mazlumder)'를 들 수 있다. 1990년대 초 이슬람교도인 법률가, 언론인, 사업가, 출판인, 작가가 모여 창설한 이 조직은 탄압당하는 사람들을 지지하고 돕는 데 목적을 두었다. 즉 고문과 차별을 비롯한 인권 침해 피해를 입은 사람들을 대변하는 행동이었다. 마즐룸데르의 인권 인식은 종교에 기반을 두고 있다. 코란에 담긴 인간의 도덕, 자유, 선(善), 정의, 올바름과 진실에 관한 계율에서 영감을 얻은 것이다. 이 단체는 최첨단 캠페인 기술을 사용한다. 양심의 자유에 관한 엽서를 대량으로 인쇄한 다음, 조직의 지지자들이 이 엽서를 정부 기관과 국회 의원들에게 발송하는 것 같은 방법이다. 마즐룸데르는 또한 언론 기관을 대상으로 설명회를 여는가 하면, (터키어로 된) 월간 소식지와 〈세계의 인권〉이라는 월간지를 내고 있다. 또한 연수 과정을 운영하기도 하고 기자 회견을 열기도 하는데, 이 기자 회견은 텔레비전, 라디오, 인터넷으로 중계된다. 그리고 터키 전역과 터키 주변 지역을 포함하는 좀 더 넓은 지역에서 인권을 억압당하고 폭력 피해를 본 사람들을 지지하기 위한 자금 모금 캠페인을 주관하기도 한다. 마즐룸데르는 세간의 이목을 끄는 '이중 기준 반대' 캠페인에 집중하고 있다. 여기에는 쿠르드(Kurd) 소수 민족 옹호, 터키 여성들이 히잡을 쓸 권리, 실종자와 고문을 당한 사람들의 가족과 친척을 지원하는 일이 포함되어 있다. 마즐룸데르 사업의 많은 부분은 외부에 독립적으로 존재하는 여러 위원회가 조정하며 이런 위원회들은 자원 봉사자들의 헌신에 크게 의지하고 있다. 이 조직은 비영리 운영 원칙을 엄격하게 준수하며 정부가 조직의 사업에 간섭하는 데 강력하게 반대한다. 마즐룸데르 관계자들은 탄압받는 사람들을 대변하는 자신들의 노력이, 다수결 원칙에 기반하는 정부에 대해서 절대적 우선권을 지니는 인권의 원칙 위에 자리 잡고 있음을 확신에 찬 목소리로 말한다. 이스탄불에서 저자와 만난 마즐룸데르의 간부는 이렇게 말했다. "민주주의의 한 가지 역설은 한 나라의 국민이 투표를 통해 어떤 정부를 선출했다 하더라도 그 정부가 그 나라의 국민 혹은 다른 나라의 국민의 권리를 파괴할 수 있다는 것이다. 자유선거, 다당제, 정보의 자유에 근거한 투표는 좋은 일이다. 하지만 이런 의미의 민주주의보다 더 중요한 것은 인권이며 그런 인권의 보장에서 도출되는 정의이다."[36]

미디어 네트워크의 힘

비슷한 생각들이 세계에서 가장 잘 알려진 인권 조직들 대부분에 광범위하게 스며들어 있다. 예를 들면 '인권감시단(Human Rights Watch)', '아가칸 개발네트워크(Aga Khan Development Network)', '국제사면위원회(Amnesty International)'가 그러하다. '국제사면위원회'는 1961년에 법률가인 피터 베넨슨(Peter Benenson)이 창설한 세계적인 기구로서 처음에는 '양심수'를 돕기 위한 단체였다. 이런 단체들은 민주주의의 의미와 미래에 관해 새롭고 도전적인 질문을 던졌다. 하지만 잠시 우리의 궁금증은 접어 두고, 일단 우리가 맨 처음 물었던 파수꾼 민주주의의 발생 원인으로 돌아가자.

1945년 이후에 인권과 민주주의의 결합이 이루어졌으며 수많은 감시 기구들이 갑자기 태어났다는 사실은, 전쟁이 항상 정치인의 놀이이며 성직자의 기쁨이고 고용된 암살자의 장사인 것은 아니며, 이따금씩은 시민과 제도 건설자들이 상황을 움켜쥘 수 있는 기회이기도 하다는 사실을 다시 한 번 증명해주었다. 그러나 다른 한편으로 주목해야 할 것은, 전면적인 전쟁이 파수꾼 민주주의 탄생의 가장 중요한 촉매제가 되었던 것은 사실이지만, 파수꾼 민주주의가 성장하는 데 가장 중요한 원동력으로 작동했던 것은 의심의 여지 없이 바로 커뮤니케이션 매체의 발달이었다.

새로운 미디어가 어떤 방식으로 이 세상의 힘과 갈등을 구체화하는지를 고려하지 않는다면, 파수꾼 민주주의에 관한 어떠한 설명도 신뢰를 잃을 것이다. 이런 식으로 생각해보라. 회의체에 기반을 두었던 민주주의는 사람들이 입으로 구사하던 언어가 지배하는 체제였으며, 이를 지탱해준 것은 파피루스와 돌에 새겨진 법률과 도보로 혹은 당나귀나 말을 타고 전달한 각종 메시지들이었다. 그다음 대의 민주주의는 인쇄 문화 시대에 크게 성장했다. 즉 책과 팸플릿과 신문, 그리고 전신이나 우편을 통해 전달되는 메시지의 시대였다. 이 체제는 라디오와 영화, (초기의) 텔레비전 같은 대중 매체의 도입에 따라 위기를 맞았다. 이런 사례들과는 대조적으로, 파수꾼 민주주의 체제는 멀티미디어가 넘쳐 나는 사회의 성장과 밀접하게 관련되어 있다. 이런 사회의 권력 구조는, 커뮤니케이션의 풍요라는 기풍의 지배를 받는 새로운 미디어의 은하계 속에서 작동하는 각종 감시 제도에 끊임없이 시달리고 있다.

대의 민주주의 시대에는 인쇄 문화라든가 한정된 범위의 시청각 매체가 정당이나 정부에 밀접하게 연결되어 있었던 것에 비해, 파수꾼 민주주의 시대에는 정부 혹은 사회 생활의 영역 안에 있는 어떤 조직이나 지도자도 정치적 말썽에서 자유롭지 않을 정도로 권력은 끊임없이 공공의 감시와 비판의 대상이 되고 있다. 이런 변화가 일어난 원인은 다양하다. 예를 들어, 사실에 기반한 '객관성' — 이는 대의 민주주의 시대에 탄생한 이상이다. — 에 대한 헌신을 자랑스럽게 여기던 언론이 쇠퇴하고 그 대신 시청률, 판매고, 깜짝 뉴스 등을 기준으로 삼아 작동하고 추문을 파고들어 폭로하는 공격적 형태의 상업 언론이 등장했다는 사실을 들 수 있다. 한편 과학 기술 요인도 중요하다. 전자 메모리, 빽빽한 채널 배분, 새로운 주파수 할당 방식, 인공위성의 직접 중계 방송, 디지털 튜닝, 진보된 정보 압축 기술이 그런 사례이다. 이런 기술적 요인 가운데 가장 중요한 것은 케이블과 인공위성으로 연결되고 전산화된 정보 통신의 도래다. 이런 통신 기술은 1960년대 말부터 갈수록 상업화된 사실상 모든 미디어 분야에서 생산물과 생산 과정에 혁신적인 변화를 촉발했다. 미디어의 이 새로운 은하계는 역사상 그 전례가 없는 현상이다. 이 은하계는 핵심 구성 요소인 인터넷으로 상징되며, 서로 중첩되고 연결되는 미디어 장치의 새로운 전 세계적 시스템이고, 문자 정보와 음성과 이미지를 통합하여 무수한 복수의 사용자 포인트를 통하여 임의의 시간에 — 실시간이든지 아니면 지연된 시간이든지 — '모듈(module)'로 구성되며 궁극적으로 전 지구를 커버하는 네트워크 통신을 가능하게 하여, 이 지구상에 산재하는 수억 명의 사람들이 구입할 수 있을 정도로 저렴하며 손쉽게 접근이 가능하다.

　권력 감시 업무에 종사하는 모든 단체는 이러한 새로운 미디어 기술에 크게 의존하고 있다. 만일 풍요로운 커뮤니케이션을 가능하게 해주는 이 새로운 은하계가 갑자기 붕괴한다면 파수꾼 민주주의는 그다지 오래 지속되지 못할 것이다. 파수꾼 민주주의와 전산화된 미디어는 마치 두 몸통이 하나로 붙은 쌍둥이처럼 움직이고 있다. 이런 말을 한다고 해서 컴퓨터로 연결된 이 새로운 통신망이 전혀 새로운 유토피아 세계라든가 전자 세계의 새로운 개척지에 둥지를 트는 '가상 커뮤니티'의 축제라든가 모든 시민이 모든 미디어에 언제 어디서라도 평등하게 접근할 수 있는 일종의 '사이버 혁명'이 도래할 것이라고 예단하는 덫에 빠져서는 안 될 것이다. 이런 허풍스러운 말은 '가상 공간 독립 선언(Declaration of Independence of Cyberspace, 1996년)'이라는 문건에 분명하게 드러나 있다. 이 문건을 만든 사람은, 과거 '그레이트풀 데드(The Grateful Dead)'라는 록 그룹의 작사가였으며, 그 뒤에는 미국의 악명 높은 부통령 딕 체니(Dick Cheney)의 선거 관리자 역할을 했던 존 페리 발로(John Perry Barlow)이다. 이 선언문은 영토 국가 안의 대의 제도라고 하는 옛 세계가 종언을 고한다고 선언했다. 이 허풍스러운 말을 심오한 것으로 보이게 하려고, 이 선언문은 "모든 사람이 인종, 경제력, 군사력, 출생에 따른 특권이나 편견 없이 입장할 수 있는 세계가 창조"되었다고 주장했다. 발로에 따르면, 커뮤니케이션의 풍요 덕분에 우리는 "어느 곳에서든, 자신이 믿는 바가 어떤 것이라 할지라도 아무런 두려움 없이 인류 모두에게 표현할 수 있는, 전 지구적이며 반(反)주권적인 새로운 사회 공간이라는 표현이 조금도 지나치지 않은 그런 공간을 얻게 되었다." 그는 또한 다음과 같이 결론을 내렸다. "이 새로운 미디어 안에는 지구상의 모든 권위주의적 권력을 해체해버릴 수 있는 지성적이며 경제적인 자유의 전조가 들어 있다."[37]

이런 유토피아적인 미사여구는 정치적 건강에 위험이 왔다는 경고가 울리도록 만든다. 커뮤니케이션의 부자와 빈자 사이의 권력 격차가 계속 벌어지고 있어, 커뮤니케이션 빈자는 미디어 생산물의 전달자 혹은 소비자로서 거의 불필요한 존재가 되고 있기 때문에, 풍요로운 커뮤니케이션의 새로운 시대는 실망과 불안정과 자기 모순을 만들어내고 있다. 세계 인구의 절반 이상이 전화 한 통을 걸 수 없을 정도로 가난하며, 소수의 사람만이 인터넷에 접근이 가능하다. 미디어 부자와 미디어 빈자 사이의 단절은 모든 파수꾼 민주주의 체제를 병들게 하고 있다. 이러한 단절은, 모든 시민에게 자신의 의견을 전달할 권리가 있으며 선거로 선출된 대표자이거나 선거를 통하지 않은 대표자에게 호된 비판을 주기적으로 가할 수 있는 권리가 있다고 하는 파수꾼 민주주의의 기본 원칙을 침해한다. 이러한 모순도 있고 실망도 있지만, 그렇다고 하더라도 풍요로운 커뮤니케이션의 소용돌이치는 은하계 속에서는 여전히 새롭고도 중요한 일들이 계속 벌어지고 있다. 특별히 인상 깊은 현상은 종래에 '사생활' 혹은 '사적 공간' 혹은 '사적인 형태로' 권력을 교묘하게 활용하던 행동이 이제는 공격과 비난의 대상이 되었다는 것이다. 파수꾼 민주주의의 입장에서 보았을 때 이는 결코 부정적인 현상이 아니다.

권력의 모든 구석구석이 이제는 '매스컴의 관심'과 '공개적 폭로'의 잠재적 대상이 된 것이다. 파수꾼 민주주의는 굳게 닫힌 문 뒤에서 그리고 일상의 세계에서 벌어지는 조용한 차별과 불의를 폭로하겠다고 위협하는 것이다. 출생과 죽음, 식사와 섹스, 종교와 인종에 따른 관습 등은 이제까지 별 생각 없이 습관에 의존하여, 또는 세상사를 실행하는 '정상적' 방식에 누구도 의문을 제기하지 않고 당연시하던 태도에 의존해 왔지만 이제는 변화가 시작되었다. 풍요로운 커뮤니케이션의 시대에 들어와, 이제는 감추어진 이야깃거리라고 하여 미디어의 추적에서 무조건 보호되지 않으며 언제든지 정치화될 수 있다. 사적인 것일수록 더더욱 '공개되어야 마땅한 것'으로 인식되고 있는 것이다.

이제는 그 어떤 것도 신성불가침이 아니다. 심지어 자신들이 신성하다고 여기는 것을 보호하거나 재건하려는 자들의 노력조차 신성불가침이 아니다. 과거의 사람들이 만일 지금의 과정을 목격한다면 전 지구적 규모와 민주적 열정에 깜짝 놀라고 말 것이다. 카메라 셔터만 한 번 찰칵 누르거나 스위치를 한 번 톡 하고 켜기만 하면, 사적인 세계가 순식간에 공적인 것으로 변화한다. 침실, 이사진의 회의실, 관료의 집무실, 그리고 전쟁터까지 이제는 미디어가 마음대로 침투할 수 있는 곳이 되었다. 선거를 통하지 않은 공중의 대표인 기자들이 말해주는 이야기 덕분에, 이제는 개인적인 문자 메시지가 공개적으로 떠들썩하게 알려지고 불륜이 드러나서 정부의 각료가 사임하는 일도 벌어진다. 지금은 이른바 '리얼리티 텔레비전'의 시대이다. 오후 어린이 프로그램 방송 중에 (예를 들어) 갑자기 한 사내가 고속도로에서 자신의 자동차를 불태우고 경찰을 향해 총을 쏘아대다가 결국 자기 자신을 쏘는 모습을 실황으로 중계하는 경우도 있다. 방송국의 헬리콥터와 인공위성 접속 덕분에 이런 일이 가능해진 것이다. 또한 수행 기자들이 선거운동 조직을 줄곧 따라다니다가 선거 후보자가 아무런 준비도 하지 못하고 원고도 없는 상태에서 소형 카메라로 이들을 취재하고 영상 자료와 블로그 자료를 그대로 방송해버리는 그런 시대이다. 또한 전쟁 지역에서 군인이 여성을 성폭행했다든지 어린이를 테러의 대상으로 삼았다든지 아무런 죄 없는 민간인을 고문했을 때, 그 사실이 비디오 영상으로 증명되는 시대이다.

이 풍요로운 커뮤니케이션의 시대는 정치인, 선거를 거치지 않았지만 대중의 대표자로 활동하는 사람들, 유명인의 연애담, 파티, 건강, 약물 습관, 개인적 다툼, 이혼 같은 사적인 일들이 수백만 사람들의 관심과 흥미를 끈다. 그리고 토크 쇼, 블로그, 소셜 네트워크 서비스(SNS), 그 밖의 미디어 활동 덕분에 수많은 '보통 사람'이 줄지어 나와 자신들의 개인적인 공포, 환상, 희망, 기대에 대해 공공연하게 발언한다. 때로는 이 사람들이 미디어 스타로 변신하는 운 좋은 상황이 발생하기도 한다. 이는 미디어 회사가 시청자들에게 일종의 '투표'를 하도록 권유하여 사람들이 휴대 전화나 인터넷을 통해 자신들의 선호를 등록하기 때문에 가능한 일이다.

정확성보다는 '속보'라든가 깜짝 뉴스 보도 형태에 의존하는 이런 공격적인 언론이 있어서 커뮤니케이션 풍요 현상은 정부와 시민 사회의 권력 관계 속을 마치 한 자루의 칼처럼 자르고 들어온다. 이 새로운 언론 방식에 대해 불평하기는 쉬운 일이다. 사실 관계에 집착하여 재미있는 이야깃거리를 망치지 않도록 주의하라는 뉴스 편집실의 말에 힘을 얻어, 이들은 떼 지어 다니면서 사냥하고 나쁜 뉴스를 보면 흥분한다. 이들은 사실 전체를 이야기하지 않고 흥미로운 부분만 먼저 말하여 시청자를 유혹하며, 누구인지 밝히지도 않고 취재원을 인용하고, 뉴스의 빈 부분을 자기 마음대로 채워 넣으며—파수꾼 민주주의 시대에 뉴스는 결코 잠자지 않는다.—선정적으로 비틀고, 시간에 묶인 맥락보다는 등장 인물의 성격에 관심의 초점을 맞추어 보도한다. 이 새로운 언론은 뻔한 틀에 따라 움직이며 금방 싫증을 낸다. 이들은 또한 기업의 힘이라든가 정부의 언론 브리핑 앞에 너무나 쉽게 굴복한다. 때때로 어떤 사안에 대한 거짓 정보가 지구를 수천 바퀴 돈 다음에야 진실한 정보가 올라오는데, 이들이 이런 상황을 만들어놓은 경우도 있다. 하지만 이런 비난은 전체 그림의 절반일 뿐이다. 앞서 말한 모든 결점이 있다 하더라도 이런 공격적인 언론 덕분에 권력에 밝은 빛을 비출 수 있으며, '정보의 자유', '항상 밝은 태양 아래 있는 정부', 정책 결정에 더 큰 '투명성'이 확보되는 오래된 유토피아의 꿈이 살아 있을 수 있는 것이다. 아무런 통제도 받지 않는 권력의 힘은 여전히 시민들의 머리를 무겁게 짓누르고 있다. 하지만 이 새로운 언론과 새로운 감시 발명품 덕분에 부정부패에 대한 공공의 반대는 파수꾼 민주주의 시대에 흔히 볼 수 있는 현상이 되었다. 추문이 계속 발생하는 것을 보면 마치 추문에는 끝이 없는 것 같으며, 심지어는 추문이 마치 지진처럼 한 나라의 정부 전체를 완전히 뒤흔들어버리는 경우도 있다.

파수꾼 민주주의 시대의 일부 추문은 전설처럼 전해진다. 예를 들면 미국 워싱턴의 워터게이트 빌딩에 있는 민주당 전국 위원회 본부에 닉슨 재선 위원회의 공작반이 비밀리에 불법 침입한 사실이 우연히 알려지게 되어 비난 여론이 크게 일어났던 경우이다. 그 뒤에 사건은 눈덩이처럼 급속도로 불어나서 결국에는 '워터게이트 사건'이라는 이름이 붙게 되었으며 닉슨 대통령에 대한 탄핵 문제가 제기되었고 이는 (1974년 8월) 닉슨의 사임으로 이어졌다. 대서양 건너에서 일어난 주요한 추문을 살펴보자. 1990년대 초 에스파냐 사회당의 간부들은 '필레사(Filesa)'와 '타임엑스포트(Time Export)'라는 이름의 유령 회사를 만들고 자신들이 그 회사에 자문을 해주었다는 거짓 서류를 꾸며 회사로 하여금 자신들에게 자문료 명목으로 10억 페세타(원화로 대략 100억)를 지불하도록 했다(이른바 '필레사 사건'). 그런데 정부의 회계 검사관이 이를 적발했던 것이다. 그 여파로 이탈리아에서는 경찰과 판사들이 '탄젠토폴리(Tangentopoli)' — 이탈리아어로 '뇌물의 도시'라는 뜻이다. — 라는 이름이 붙게 되는 광범위한 정치 부패 스캔들을 전국적으로 조사했다. 이 사건이 계기가 되어 '마니 풀리테(mani pulite)' — 이탈리아 말로 '깨끗한 손'이란 뜻이라고 한다. — 운동이 시작되었고 이는 결국 많은 정당의 해체와 죄가 폭로된 일부 정치인과 산업계 인사의 자살로 이어졌다. 그다음은 프랑스의 정보 기관인 대외안보총국(DGSE)이 1985년 7월 프랑스 핵실험에 항의하는 시위에 나섰던 환경 보호 단체 그린피스의 '레인보우워리어(Rainbow Warrior)'호를 침몰시켜 배에 타고 있던 포르투갈 사진가를 숨지게 한 사건이 있었다. 이 일로 프랑스 국방장관이 사임했고, 프랑스 대통령이 직접 텔레비전 방송을 통해 책임을 인정했다. 당시 프랑스가 태평양의 '무루로아' 산호초 해역에서 핵실험을 한다는 소식을 듣고 이에 대한 항의의 표시로 수많은 요트가 무리를 지어 무루로아 산호초로 항해했는데, '레인보우워리어'호가 이 요트 무리를 인도할 예정이었다. 또 하나 절대 잊을 수 없는 사건은 21세기 초 몇 년간 이라크를 상대로 한 재앙과 같은 군사 침공을 옹호하는 사람들이 꾸며낸 '대량 살상 무기'의 존재에 관한 놀랍고도 추악한 허위 사실 날조가 있다.

바이러스 정치

이런 추문들, 그리고 또 다른 '게이트'형 권력 비리 추문들은 우리로 하여금 파수꾼 민주주의가 직면한 영원한 문제를 다시 한 번 생각하게 만든다. 즉 힘 있는 자들은 자신보다 아래에 있다고 여기는 사람들을 속여서 마음대로 부리기 위한 조직적인 노력을 언제까지고 계속한다는 사실이며, 따라서 이런 권력자들을 어두운 그늘에서 끌어내 할로겐 조명처럼 환한 세상으로 나오게 하는 이 지저분한 정치 활동은 여전히 매우 근본적으로 중요하다는 사실이다. 하지만 파수꾼 민주주의의 세계가 권력 감시의 많은 기구를 갖추고 있다고 해서 누구든 동등한 입장에서 활동할 수 있는 평평한 운동장이라든가 시민과 그 시민이 선출한 혹은 선출하지 않은 대표자들 사이에 기회의 평등이 완전히 확보된 파라다이스 같은 곳이라고 착각해서는 안 된다. 파수꾼 민주주의와 풍요로운 커뮤니케이션이 합쳐져 만들어지는 것은 영속적인 변화와 불안정성이다. 이런 상황은 제각기 다른 수많은 활동가와 제도 사이의 복합적인 상호작용에 의해 계속 발생한다. 이들은 서로 끊임없이 밀고 당기며, 크게 기세가 오르는가 하면 금방 위축되기도 하고, 때로는 같이 협력하는가 하면 곧 서로 대립하는 모습을 보인다. 선거를 통한 대표자들이나 선거를 거치지 않은 대표자들은 누가, 무엇을, 언제, 어떻게 획득하느냐의 문제를 규정하고 결정하는 데 지속적으로 노력하는 반면, 이런 대표자들로 대표되는 사람들은 다양한 권력 감시 기구를 사용하여 대표자들의 활동을 지속적으로 감시하며 때로는 놀랄 정도로 큰 성공을 거둔다. 따라서 대의 민주주의 시대에서 물려받은 단순한 공간적 비유로 파수꾼 민주주의의 역학을 묘사하는 것은 불가능하다. 의회의 '주권'이라든가 '지방' 정부와 '중앙' 정부의 대립이라든가 '압력 집단'과 정당 또는 정부 사이의 다툼을 이야기하는 것은 지나치게 단순한 접근이다. 파수꾼 민주주의 시스템의 지정학은 좀 다르다. 이 시스템은 서로 제각기 다른 크기이며, 상호 간에 상당한 독립성을 지닌 감시 기구들로 구성되어 있고 이 감시 기구들은 커뮤니케이션 풍요 현상 덕분에 누가 무엇을 언제 어떻게 획득하는가라는 문제를 계속 제기하고 또한 권력을 행사하는 사람들이 그 어디에 위치한다 하더라도 그들을 공적으로 책임지도록 만드는 일을 하고 있다. 파수꾼 민주주의는 풍요로운 갈등 속에 존재한다. 정치는 사라지지 않는다. 그 어떤 것도 완벽하게 좋기만 한 것은 없다.

이런 전체 움직임 속에는 무엇인가 아주 새로운 것이 있다. 민주주의는 시리아-메소포타미아의 고대 회의체에서 시작한 그때부터 줄곧 권력이 지닌 습관과 편견과 위계 질서를 타파하며 전진해 왔다. 민주주의로 인해, 사람들은 평등한 존재로서 자신의 삶을 형성할 수 있으며 한번 형성된 모습을 또 다르게 변경할 수 있다고 생각하게 되었다. 따라서 민주주의로 인해 이 세상에 큰 소동이 벌어지곤 했다는 것은 그리 놀라운 일이 아니었다. 영향력이 큰 것부터 작은 것까지 서로 다른 크기의 감시 기구가 끊임없이 공적 권력 감시 작업을 진행하기에, 파수꾼 민주주의는 이제까지 역사에 등장했던 것 가운데 가장 활발하고 역동적인 민주주의 형태가 되었다. 파수꾼 민주주의는 심지어 기존의 권력 감시 기구들의 질을 평가하며, 이 기구들이 시민의 이해관계를 얼마나 잘 반영하는지를 전문적으로 평가하는 기구도 갖추고 있다. 그런 예로는 '민주주의 감사 연대(Democratic Audit Network)'와 '세계 책임 기획(Global Accountability Project)'이 있다. 또 정부에 질문을 던지는 것이 전문인 기구들도 있다. 질문의 범위는 무척 넓어서, 각 정부의 인권 상황 기록부터 에너지 생산 계획, 각 도시의 음용수 품질에까지 이른다. 사기업들은 자신들이 공급하는 서비스와 생산품, 투자 계획, 직원 처우, 기업이 '생물권'에 영향을 끼치는 정도에 관해서 까다로운 질문 공세를 받고 있다. 에스유브이(SUV) 차량 가운데 어느 것이 가장 전복 사고 위험이 높은가, 어느 회사가 가장 질 나쁜 패스트푸드를 판매하는가, 어느 회사가 환경 오염 물질을 가장 많이 배출하는가 같은 질문도 제기된다. 감시견처럼 감시하는 조직, 안내견처럼 안내하는 조직, 짖는 개처럼 커다란 비판의 소리를 내는 조직까지 다양한 조직이 권력을 휘두르는 자들을 향해 더 높은 수준의 공적 책임성을 요구하고 있다. 이리하여 힘 있는 자들은 힘없는 자들의 끊임없는 비판을 받게 되었다.

감시 기구들이 자신의 일을 잘 해내면 많은 긍정적인 효과를 낼 수 있다. 시장에 더 큰 개방성과 정의를 가져다줄 수 있으며, 정부의 어리석은 결정에 비판의 목소리를 낼 수 있고, 일반 대중에 의한 심의 과정을 더 풍요롭게 만들어주며, 유의미한 참여 기구를 통해 시민과 시민이 선택한 대표자들이 더 강한 힘을 지니도록 만들어준다. 물론 이러한 권력 감시가 비효율적인 경우도 있고 오히려 역효과를 낼 때도 있다. 캠페인이 제대로 촉발되지 못하고 불발로 끝나는 경우도 있으며 목표를 엉뚱하게 잡는 경우도 있다. 또한 권력을 휘두르는 자들이 약삭빠르게 빠져나갈 구멍을 찾아내는 경우도 있으며 혹은 이런 비판자들의 말을 반박하거나 아예 무시해버리기도 한다. 또한 많은 시민이 볼 때 이런 조직들이 행사하는 감시 전략이 지나치게 소심하거나 혼란스럽거나 소비자, 노동자, 부모, 지역 거주자, 젊거나 나이 든 시민으로서 자신의 삶과 너무나 동떨어진 것으로 보이는 경우도 있다.

이런 단점들이 있기는 하지만 파수꾼 민주주의가 지닌 정치적 역동성과 전체적인 '느낌'은 대의 민주주의 시대와 매우 다르다. 파수꾼 민주주의 시대의 정치는 마치 바이러스처럼 순식간에 전파되며 변화무쌍한 특질이 있다. 감시 기구가 자극제가 되어 일어나는 권력에 관한 논쟁은 전혀 예상할 수 없는 발전 경로를 따르는가 하면 놀라운 방향으로 진전되기도 한다. 휴대 전화, 인터넷 게시판, 뉴스그룹*, 블로그, 위키*를 사용하는 이 집단은 때때로 정치인, 정당, 심지어는 정부 전체를 공개적으로 당황하게 만드는 데 성공한다. 이런 성과를 종종 거두는 기구로는 '인권감시단' 혹은 '국제사면위원회' 같은 권력 감시 기구가 있으며, 지지자 네트워크의 도움을 받아 그런 성과를 거두는 것이 보통이다. 현재 광범위한 주목을 받고 있는 공공의 논란 하나를 선택하여 그것에 대해 잠시 생각해보라. 그런 논란의 전체적인 윤곽과 논평, 그리고 그런 논란의 의의에 대한 논쟁을 보면, 크고 작은 수

뉴스그룹(newsgroup) 인터넷에서 관심이 같은 사람들끼리 특정 주제를 가지고 함께 토론하거나 최신 정보를 교환할 수 있는 게시판.
위키(Wiki) 웹 브라우저에서 협업을 통해 직접 내용과 구조를 수정할 수 있게 해주는 웹 사이트.

많은 권력 감시 조직이 이런 내용을 널리 전달하고 유포하는 것이 전형적이다. 파수꾼 민주주의의 세계에서 이런 복잡하게 얽혀 있는—바이러스의 움직임과 같으며 그물망 모습의 네트워크로 조직된—형태는 어떤 예외적인 현상이 아니라 전형적인 현상이다. 이런 형태는 국가를 기본 틀로 하는 과거 대의 민주주의 제도들에 대해 중대한 의미를 지닌다. 기존의 제도들은 권력 감시 단체로 이루어진 '끈적끈적한' 거미줄 망에 점점 더 깊이 끌려 들어가고 있다. 권력 감시 단체들은 종종 아주 먼 거리에서 그들이 노렸던 목표물의 타격에 성공하기도 하며 기존 정부가 취한 어떤 조치로 인해 발생한 부메랑 효과로 성공을 거두기도 한다.

오만한 권력은 파수꾼 민주주의의 시대에 들어 더는 사적인 가면 뒤에 편안하게 숨어 있을 수 없게 되었다. 이제 모든 영역에서 작동하는 권력 관계는 일부 사람들의 조직적인 노력에 의해 노출된다. 각종 미디어를 활용하는 이 사람들은 과거 '사적인 영역'에 숨겨져 있던 사안들을 다른 사람들에게, 즉 다양한 청중에게 알려주고 있다. 이런 권력의 '변성(變性)' 과정은 보통 상당히 혼란스러운 작업이며 종종 지나치게 과장되어 전달된다. 하지만 권력의 가면을 벗기는 작업은 파수꾼 민주주의가 지닌 권력 감시의 정신과 매우 강력하게 서로 공명한다. 이 전체 과정은 (다목적 휴대 전화, 디지털카메라, 캠코더, 인터넷과 같은) 저렴한 커뮤니케이션 도구들을 손에 넣기가 점점 더 쉬워지고 있어서 더욱 강화되고 있다. 또한 커뮤니케이션 풍요 현상 덕분에 시청자와 공중이 입수할 수 있는 프로그램과 정보와 이야기의 종류가 급속도로 다양해지고 있다. 뉴스, 토크 쇼, 정치 연설, 치열한 법정 공방, 코미디, 인포테인먼트*, 드라마, 음악, 광고, 블로그 그리고 또 다른 많은 것들은 대중의 주목을 받기 위해 목소리를 높이고 있으며 서로 치열하게 경쟁하고 있다.

어떤 사람들은 '정보 과잉' 같은 문제를 우려한다. 하지만 파수꾼 민주주의의 관점에서 보았을 때 풍요로운 커뮤니케이션은 전체적으로 보아 긍정적인 효과를 불러온다. 새로운 미디어는 물론 과장도 많고 왜곡도 많지만, 그렇다고 하더라도 이런 새로운 미디어의 은하계는 사람들의 시야를 조

인포테인먼트(infortainment) 정보와 오락을 함께 제공하는 프로그램.

금씩 넓혀준다. 이 은하계는 사람들에게 다원주의 정신을 가르쳐주며 그들이 서로 의사소통할 때 어떻게, 언제, 왜 해야 하는지에 대해 좀 더 책임감을 지니도록 촉구한다. 과거에 어린이들은 자기 전에 꼭 목욕을 해야 했다. 몸 구석구석을 깨끗이 씻은 다음, 잠옷을 입고 침실로 가기 전에 가족과 함께 둘러앉아 라디오를 듣거나 텔레비전 프로그램을 보아야만 했던 적이 있었다. 대의 민주주의와 방송과 대중 엔터테인먼트의 이런 시대는 이제 지나갔다. 또 한편으로 전체주의 권력의 그늘 아래 있던 수많은 사람들은 군중의 이름으로 한데 뭉쳐 앉아서는 선동가들이 나와 그들에게 매혹적인 이야기를 들려주고 또 그들을 안심시켜주는, 아주 기술적으로 꾸며진 라디오 방송을 듣거나 영화 프로그램을 시청해야만 했다. 그런 시대 역시 이제는 지나갔다.

이와 대조적으로, 수많은 메시지로 가득 차 있는 파수꾼 민주주의는 무책임한 권력에 대한 사람들의 의심을 부추긴다. '왕이 부리는 모든 말들과 모든 신하들'도 이 흐름을 되돌릴 수 없다. 파수꾼 민주주의 안의 사람들은 이제 권력에 그리고 자신들의 대표자에게 감시의 눈을 떼어서는 안 된다는 것을 알게 되었으며, 나름대로 결정을 내려야 한다는 것과 스스로 행동 방향을 선택해야 한다는 것을 배웠다. 따라서 시민들은 이제 스스로 자립적으로 생각해야 한다고 여기게 되었으며, 한 세계를 서로 다른 시각으로 보는 법과 다른 각도에서 보는 법을 배우게 되었고, 현재의 권력 관계는 '자연적'인 것이 아니며 임시적이라는 감각을 더욱 날카롭게 만들었다. 풍요로운 커뮤니케이션과 감시 기구의 존재는 권력에 대한 사람들의 인식에 일종의 '게슈탈트 전환(Gestalt switch)'이 일어나도록 만들어주고 있다. 어떤 객관적인 진실이 저기 저 멀리 어딘가에 존재한다는 식의 형이상학적 생각은 이제 약해졌다. 또한 어떤 강고한 '사실에 기반한 진리'가 권력 위에 있다는 생각도 약해졌다. '현실'―힘 있는 자들의 '현실'을 포함하여―은 이제 항상 '만들어진 현실'로, 그리고 해석의 문제로 이해하게 되었으며, 결국은 세계에 대한 특정한 해석을 사람들에게 강요하는 힘이라고 이해하게 되었다.

이런 상황 변화에는 자동적 혹은 마술적 요소가 전혀 없다. 파수꾼 민주주의 시대에 커뮤니케이션은 자신의 진정한 감정을 감추거나 다른 사람과 협상하거나 양보하는 역할 혹은 권력 다툼을 할 때 사용되는 도구의 역할을 계속하고 있다. 한마디로 말해서 커뮤니케이션은 정치 문제이다. 그렇기 때문에 풍요로운 커뮤니케이션은 파수꾼 민주주의 정신이나 제도의 승리를 자동으로 보장해주는 어떤 것이 결코 아니다. 메시지가 넘쳐 나는 사회는 민주주의에 해로운 영향을 끼칠 가능성이 있으며 실제로 그런 해로운 영향을 끼치기도 한다. 예를 들어, 어떤 곳에는 메시지가 지나치게 충분하게 전달된 나머지 시민들이 주변 상황에 무심해지는 경우도 있다. 그들은 훌륭한 시민의 자격에 걸맞게 공적 사안에 지속적으로 관심을 쏟아야 하며 자신의 집과 이웃을 넘어서는 넓은 세계에 관심을 기울여야 한다고 하지만, 실제 상당수의 시민은 미디어가 엄청나게 쏟아내는 것들에 계속 관심을 유지하는 것이 무척 힘들다고 느끼게 된다. 풍요는 혼란을 낳는다. 예를 들어 사람들이 텔레비전을 많이 보는 시간에 선거 방송이 계속 나오게 되면 사람들은 결국 냉담하게 반응한다는 것이다. 지겨워진 사람들은 소파에서 몸을 일으켜 거실을 나가버리기도 하고, 채널을 다른 곳을 돌린다든지 텔레비전 소리를 무음으로 바꾸어버린다. 깊은 한숨을 쉬면서 그들은 차라리 적게 아는 것이 더 나을 것이라고 말한다. 이런 상황에서 더 우려스러운 상황으로 변화되는 것은 불과 몇 걸음이다. 즉 아무것도 생각하지 않는 문화가 확산되는 것이다. 파수꾼 민주주의가 풍요로운 의사소통(커뮤니케이션)을 양식으로 삼아 번성하는 것은 분명한 사실이다. 하지만 풍요로운 의사소통은 개인으로 하여금 이 세계의 거대한 복잡성에서 탈출하도록 부추기는 해로운 영향을 끼치기도 한다. 이 개인들은 마치 타조처럼 고집스러운 무지(無知)의 모래 속에 고개를 처박거나 휘몰아치는 조류와 물결, 바람의 소용돌이 안에서 그저 냉소적으로 떠다니게 된다. 그리하여 이들은 변덕스럽게 자신의 의견을 바꾸기도 하고 경박하게 말하고 행동하는가 하면, 완전히 반대되는 두 견해를 한꺼번에 받아들이거나 심지어 칭송하며, 진리에는 작별의 인사를 고하고 결국 사려 깊은 사람들이 '엉터리 같은 이야기(bullshit)'[38]라고 부르는 엉터리 논리의 품으로 빠져 들어가버린다.

어리석은 환상, 냉소, 진정한 가치에 대한 무관심, 이런 것은 시민과 그 시민이 선거를 통해 대표자로 뽑은 사람들, 그리고 선거를 통하지 않았지만 시민의 대표자로서 행동하는 사람들이 직면하는 가장 큰 유혹 가운데 하나이다. 이런 것들이 지닌 나쁜 영향을 이겨내고 과연 파수꾼 민주주의가 생존할 수 있을 것인지 아닌지에 대해 이제 미래의 용감한 역사가가 우리에게 말해줄 차례다.

9장

미래에서 본 민주주의

베를린 장벽을 무너뜨리는 모습을 담은 사진을 처음 본 순간,
나는 역사가 근본적으로 다른 두 방향을 향해 달려가고 있다고 느꼈다.
하나는 민주주의, 다른 하나는 피로 물든 지배이다.
_ 양롄(楊煉, 2004년)

이제 우리는 미래를 마주할 준비를 해야 한다. 한 가지 불편한 사실에서
출발하자. 즉 21세기의 첫 10년 동안 민주주의의 이상과 제도에 대한 오래
된 만족감이 빠르게 사라지기 시작했다는 사실이다. 세계의 수많은 이들이
이제 민주주의라는 집에 심각한 문제가 발생했음을 느끼게 되었다. 왜 이런
일이 일어났는지 정확하게 짚어내는 것은 대부분의 사람들에게 아직은 어려
운 일이지만, 여하튼 민주주의의 승리에 관한 옛 이야기—'역사의 종말'이
라든가 '제3의 물결'이라든가 하는—는 이제 마치 얼음 위에 피워놓은 모닥
불처럼 느껴진다. 일부 사람들은 이러한 사실에 특히 당황스러워하고 있는
데, 이는 민주주의가 20세기의 잔혹한 전쟁과 전체주의의 파괴에서 아슬아
슬하게 탈출해 예상 외로 성공을 거두었기 때문이다. 그 승리가 너무도 멋
졌기에 민주주의가 적들에게 영원한 승리를 쟁취한 것처럼 보였다. 많은 이
들이 이제 민주주의가 세계에서 유일한 정치 게임이라고 주장했다. 이런 믿
음 덕분에 잠시 동안이었지만 민주주의의 이상에 대한 신념이 광범위한 지
역에서 굳건해졌으며, 이런 신념은 새로운 천 년 시대에 들어와서 처음 몇
년 동안 전 세계에서 드높게 유지되었다.

계속 이어지는 소식들로 인해 민주주의의 승리라는 이야기는 진실처럼
보였다. 파수꾼 민주주의의 중심 지역뿐 아니라 민주주의의 이상과 제도에
대한 실험이 힘겨웠던 남부 아프리카에서도 그런 소식이 들려왔다. 아랍어
사용 지역도 이런 전반적인 흐름에서 예외가 아니었다. 세계의 다른 어떤 지
역보다 이 지역은 독재의 밀도가 높았으며, 이런 독재 체제의 거의 전부가

화석 연료에 굶주린 서방 민주주의 국가들의 지원을 받고 있었다. 일부 민족주의자와 이슬람주의자는 여전히 민주주의와 민주주의의 이중 잣대를 믿지 않았지만 이 지역의 대다수 사람들은 민주주의를 선호했다. 민주주의 정신이 공기 속에 가득 차 있었다. "아랍의 전하들, 폐하들, 각하들이여, 우리는 당신들에게 침을 뱉는다." 2006년 카이로의 시위자들이 높이 들고 있던 깃발에 쓰인 문구이다. 이 지역에서 실시된 선거 결과도 인상적이었다. 이슬람주의자들이 높은 성과를 거둔 곳은 사우디아라비아(지방 선거에서), 모로코, 요르단, 알제리, 이라크, 쿠웨이트, 웨스트뱅크(요르단 강 서안 지구)와 가자 지구였다. 불법화된 '무슬림 형제단'은 이집트의 국회 의원 선거에서 괄목할 만한 승리를 거두었다. 이집트 정부는, 이집트 사람들이 우스갯소리로 '마지막 파라오'라고 부르던 호스니 무바라크(Hosni Mubarak) 대통령이 이끌던 정치 왕조답게 치사한 행동을 했다. 선거가 실시되기 전부터 시작해 선거 실시 중에도 유권자와 활동가를 체포하고 폭행하는 일이 전국적으로 자행되었던 것이다. '무슬림 형제단'은 후보자 수를 국회 의석의 3분의 1로 제한하는 방식으로 대응했다. 그렇게 했는데도 형제단은 전체 의석의 4분의 1에 가까운 의석을 얻었다. 이 정도의 당선 확률이라면 의석의 3분의 2까지도 얻을 수 있었던 상황이었다. 이런 상황은 이 지역에서 민주주의의 장애물은 이슬람주의자도 이슬람 문화도 아니며 오직 외국이 지원하는 독재 체제라는 기초적인 사실을 확인해주었다. 튀니지에서 추방당한 '안나다(An-Nahda)당'의 지도자는 이렇게 말했다. "우리의 가장 큰 과제는 통치자들이 민주주의를 이해하도록 만드는 일이다. 왜냐하면 현재 아랍 세계의 통치자들은 선거에서 승리한 사람을 곧바로 감옥과 교수대로 보내기 때문이다."[1]

이렇게 민주주의에 대해서 거창한 칭송이 쏟아져 나오고 있지만, 놀랍게도 그 반대의 흐름 역시 강력하다. 또한 민주주의 제도에 점점 더 불편과 환멸을 느끼는 사람들이 늘고 있으며 심지어 이 제도들의 미래에 일종의 우울감마저 느낀다. 도대체 민주주의에 어떤 일이 벌어지고 있느냐고 사람들이 묻기 시작했다. 전 지구적으로 급작스럽게 성장한 민주주의의 이상과 제도가 어떻게 이렇게 갑자기 사그라드는가? 민주주의에 새로운 생명력을 불어넣는 참신한 방법을 생각해내야 할 때가 아닐까? 혹시 이미 늦어버린 것은

봉쇄된 투표소에 들어가는 유권자들. 2005년 11월과 12월에 실시된 선거에서 이집트 경찰은 '무슬림 형제단'이 여당 경쟁 후보로 나선 지역에서 온갖 방법으로 투표를 방해했다. 그러나 유권자들은 이 사진에서처럼 자신들의 권리를 행사하기 위해 노력했다.

아닐까? 민주주의 위에 불길한 달이 떠올라 앞으로 어려운 시기가 닥칠 것이라고 미리 경고하고 있는 것일까? 어쩌면 민주주의는 지금 또 한 번의 죽음을 향해—그것도 이번에는 전 지구적 규모로—미끄러져 내려가고 있는 것은 아닐까?

되돌아보는 현재의 역사

이런 한 무더기의 의문에 답을 찾기 위해 상상 속의 역사가에게 도움을 청하기로 한다. 역사가인 그녀에게 지금부터 50년 뒤 미래로 가서 우리 시대의 민주주의에 어떤 일이 있었는지 이야기를 들려 달라고 요청했다. 그녀의 이름이나 나이는 신경을 쓰지 말자. 개인적 혹은 직업적인 정보, 어디에 사는지 어떻게 생겼는지도 묻지 말기 바란다. 오로지 날카로운 지성과 차가운 판단력을 지녔다는 것, 그리고 우리 세계의 미래를 몹시 걱정하는 정직한 영혼을 가졌다는 것만은 믿어주기 바란다. 그녀를 고대 그리스 신화에서 모든 뮤즈의 어머니인 '므네모시네'의 후손이라고 생각하면 되겠다. 미래에서 온 동반자로서 그녀는 우리가 우리 시대를 직시하도록 영감을 주고, 나아갈 방향에 대해 현명하게 판단하도록 도와줄 것이다. 우리를 미래로 데리고 가서 우리 자신을 돌이켜보게 해줄 것이며, 그렇게 함으로써 앞서 제기된 의문들을 해명할 수 있는 다양한 답을 궁리하도록 도와줄 것이다.[2] 그녀는 우리가 미래의 상상 속의 한 시점에서 기억의 강물을 마시도록 하는 방법을 사용할 것이다. 이는 우리의 뒤통수에 눈을 달아주고 우리가 그 눈으로 생각하도록 해주는 것이다. 이런 방법의 장점은 우리가 현재 잘 보지 못하는 것을 제대로 보도록 해준다는 것, 다른 말로 표현하면 지금 우리에게 익숙한 것들을 다른 시각으로 보게 해준다는 것이다. 우리의 뮤즈는 만일 우리가 기억을 상실한다면 모든 것을 잃고 말 것이라는 점을 잘 안다. 그녀는 현재에 대한 오해는 반드시 과거에 대한 무지에서 비롯된다는 원리를 확고히 믿고 있다. 하지만 동시에 우리가 우리 자신으로부터 거리를 두는 일의 어려움도 잘 알고 있다. 우리의 뮤즈는 지금 필요한 것은 우리 자신을 그리 멀지 않은 미래로 투사한 다음, 우리 시대를 돌아봄으로써 우리 시대의 핵심적인 흐름을 파악하는 일이라고 말했다. 이런 이유 때문에 그녀는 '오늘날의 역사'라는 방식을 사용하는데, 이는 우리를 심사숙고하게 만들며, 경외심을 갖게 하고, 심지어 실제 상황이 진행되는 방식을 불편하게 느끼도록 한다. 그녀는 확실성이라는 '신성한 소'를 쿡쿡 찔러 자극을 주려 하며, 역사 이해라는 나무에서 잘라낸 지혜의 지팡이의 뾰족한 끝으로 상식과 몰상식을 모두 툭툭 건드리고 찔러보았다. 그녀는 당신이 그녀의 방법이 훌륭하다고 생각하기를 바라며, 당신이 무엇인가 배우기를 원했다. 그녀는 자신의 접근 방법―미래의 기억을 가꾸는 방법―이 가치 있고 의미 있는 결과를 낼 수 있을 것이라고 믿었다.

우리의 현자는 자신의 가치를 증명하기 위해 지금부터 50년 뒤라는 자신의 유리한 위치를 잘 활용하여 현재 민주주의의 미래를 음울하게 만들고 있는 문제의 원인을 지적했다. 그녀는 지난 수십 년간의 성취를 위협하는 이 민주주의의 병폐는 뿌리가 깊고 넓게 퍼져 있다고 확신했다. 또 그녀는 겉으로 드러난 모습 아래를 살펴보는 것이 중요하다고 말했다. 병폐는 개별 국가 혹은 어떤 특정한 지역에 국한되어 있지 않다. 잘못 입안된 특정 정책들은 상황을 더 나쁘게는 만들지만 그것이 뿌리는 아니다. 그리고 민주주의와 관련해 지금 우리가 느끼는 불쾌감은 공산주의와 세계 곳곳의 군사 정권이 시원스럽게 연달아 쓰러진 데 따른 엄청난 환희의 후유증이 아니다. 즉 유토피아가 곧 올 것 같아서 요란한 환호성을 내지른 뒤에 현실 감각이 돌아오는 것과 같은 그런 종류의 병이 아니었다. 세계의 파수꾼 민주주의를 괴롭히는 난관은 단순히 '머릿속에 있는' 상상 속의 문제들이 아니었다. 마거릿 대처, 베티노 크락시,* 유럽, 세계무역기구, 실비오 베를루스코니, 조지 W. 부시, 뉴욕의 쌍둥이 빌딩, 오사마 빈라덴 같은 고유 명사들로 설명되는 문제도 아니었다. 아테네 민주정 시대부터 지금까지 항상 존재했던 비난의 논리와는 반대로, 민주주의의 미래에 대한 비관주의는 사물의 자연적 질서에서 비롯된 것이 아니다. 즉, 한 세대가 지나면서 한 번쯤은 민주주의의 약점에 대해서 불평을 늘어놓게 만드는 어떤 역사의 '법칙'이 있으며 그 '법칙'이 지금 표출된 것이 아니라는 이야기다. 우리 안내자의 말에 따르면, 지금 모든 민주주의 체제가 느끼는 스트레스와 긴장과 불편과 아픔의 원인은 다른 곳에 있다. 그 원인을 찾으려면 깊은 곳에 자리 잡고 있는 문제들까지 살펴보아야 하는데, 현재의 파수꾼 민주주의 시스템으로는 쉽게 해결할 수 없는 문제들이다. 이런 원인은 파수꾼 민주주의 시스템이 만들어낸 부분도 있고 외부에서 온 것도 있다. 하지만 원인이 무엇이든 간에 이러한 어려움들은 실재하며, 몹시 위험하다. 우리의 안내자는 이런 어려움들이 파수꾼 민주주의의 이상과 실천에 치명적인 영향을 끼친다고 확신했다.

베티노 크락시(Bettino Craxi, 1934~2000) 이탈리아의 정치인. 이탈리아 사회당에서 배출한 첫 총리이며, 1983년부터 1987년까지 이탈리아의 총리를 지냈다. 불법 정치 자금을 받았다는 혐의를 받자 1994년 튀니지로 망명했으며, 결석 재판에서 27년 형을 선고받았다.

정당 정치의 위기

그렇다면 이렇게 모든 곳의 파수꾼 민주주의의 몸통 속으로 날카로운 칼날처럼 찌르고 들어오는, 깊은 곳에 자리 잡고 있는 힘은 무엇인가? 우리의 뮤즈는 가장 확실한 곳에서 출발한다. 즉, 사람들이 정치인, 정당, 의회에 대해 보이는 깊은 우려가 바로 그것이다.

그녀는 정치인, 정당, 의회에 대한 사람들의 불평이 21세기의 처음 몇 년 동안 파수꾼 민주주의 세계 전체에 빠른 속도로 퍼졌다고 말했다. 이런 현상이 민주주의 역사에서 처음 나타난 것은 아니다. 19세기에 가장 큰 규모의 민주주의 국가였던 미국은 19세기 끝 무렵에 이와 유사한 현상을 경험했다. 광범위하게 조직화된 저항—인민주의 운동과 폭로 저널리즘부터 주민 소환과 주민 투표와 시 행정 당국에 대한 정화 운동에 이르렀다.—이 정당들과 정당 정치를 수세로 몰아 그들이 원래 있어야 마땅한 위치로 돌아가게 했던 것이다. 그러나 정당이나 정당 정치가 파수꾼 민주주의 시대에 들어와서 인기가 완전히 떨어진 데에는 과거와는 매우 다른 원인이 있었다. 정당, 의회, 정치인들이 너무 오만해졌다는 느낌 때문이라기보다는 이제 그런 공식적인 '정치'가 별다른 의미가 없어졌다거나 그런 것들이 시민들의 이해관계를 제대로 반영하지 못한다는 데 원인이 있었다. 게다가 시민들은 이제 자신들의 견해를 널리 알리기 위한 다른 수단을 손에 넣었다. 정치인, 정당, 의회는 이제 마치 화석처럼 느껴지게 되었다. 삼엽충 정도는 아닐지라도 분명 과거 어떤 좀 더 좋았던 때의 잔재라고 할 수 있겠다.

지금 벌어지고 있는 일을 우리가 더 잘 파악할 수 있도록 우리의 안내자는 다음의 사실을 상기시켜주었다. 19세기부터 20세기 초 사이에 민중의 자치 투쟁이 일어나자, 돈 있고 힘 있는 자들은—'웨스트민스터 타협', 즉 '의회 내 왕권'* 시스템이 보여주듯이—증오와 공포의 반응을 보였으며, 투쟁

의회 내 왕권(Crown-in-parliament) 입법부의 조언과 건의를 받아들여 입법을 최종 확정하거나 국왕 스스로 입법 행위를 하는 것과 같이, 입법부 안에 존재하고 행동하는 왕의 개념을 가리키는 용어이다. 국왕과 의회의 권력을 이렇게 타협적으로 배분한 것을 '웨스터민스터 타협(Westminster compromise)'이라 표현한 것이다.

의 에너지를 순화하거나 다른 곳을 향하도록 하거나 완전히 파괴해버리겠다고 굳게 결심했다. 모든 술책이 시도되었다. 갖가지 조잡한 속임수가 계속 이어졌다. 의석이 세습되는 상원을 만드는가 하면, 게리맨더링(오스트레일리아인들은 이 수법을 점잖게 '선거 기하학'이라고 부른다)도 자행했다. 돈 있고 교육받은 사람들에게 더 많은 투표권을 부여하는 수법은 흔한 일이었다. 농민과 노동자들은 고용주의 대리인의 감시 속에서 투표지에 자신의 선택을 표시해야만 했다. 도시에 있는 정치 '머신'은 장기간에 걸친 선거 기간의 마지막 날에 자신들에게 필요한 표를 확보했다. (작가 이탈로 칼비노가 소설 속 투표 감시인의 눈을 통해 기록한 내용에 따르면[3]) 총선거가 실시되던 때 토리노에서는 수녀들과 신부들이 정신 질환자와 노쇠해서 치매에 걸린 자와 불구자와 혼수상태에 빠져 있는 자를 투표장으로 데리고 나와 기독교민주당에 투표하도록 했다고 한다.

한편 국민 투표로 선출된 의회의 헌법상 권한이 축소되는 경우도 있었다고 우리의 뮤즈는 회상했다.(이는 민주주의를 어린아이들이 운영하는 유치원에 비유한 독일의 비스마르크가 애호하던 방법이다.) 민주주의라는 병을 고치는 유일한 치유책은 군대라던, 19세기에 유행하던 말에 힘을 더해주는 의미에서 군대가 동원되기도 했다. 어떤 비판자들은 총 대신 날카로운 말을 사용했다. 영국의 토머스 칼라일은 새로 등장한 대의 민주주의를 "기괴하고 시끄럽고 뻔뻔스럽고 모호한, 마치 카오스가 내는 소리 같다."라고 묘사했다. 아일랜드의 오스카 와일드(Oscar Wilde)는 다수의 전횡에 대한 경멸을 단 한 줄로 표현했다. "민주주의는 단순히 국민의, 국민에 의한, 국민을 위한 몽둥이 찜질을 의미한다."[4]

정당을 기반으로 한 민주주의에 대한 불만은 파수꾼 민주주의 시대에 상당히 다른 종류의 언어로 표현되었다고 우리의 뮤즈는 설명했다. '민중'에 반대하여 말하는 사람은 거의 없었다. 그 대신 점점 더 많은 사람이 공식적인 정당 정치에서 등을 돌리고 있었다. 이들은 어깨를 으쓱하면서 무력감을 표시하거나 정당과 정치인과 의회의 '부정직'과 '무책임'에 불만을 표했다. 이런 흐름을 보여주는 조사 결과는 많았다. 인도나 남아프리카공화국 같은 민주주의 국가에서 그런 태도를 보이는 사람들의 숫자가 얼마인지 파악하기는 어렵다고 우리의 안내자는 인정했다. 하지만 2000년에 그 나라 국민 가운데 자신이 정당원이라고 밝힌 사람은 투표권이 있는 열 명 가운데 한 명 정도였으며 이는 다른 지역에 비해 대단히 높은 비율이었다. 1960년에서 2000년 사이 유럽 민주주의 국가들의 정당원의 분포의 변화에 대한 두 개의 조사는 더 믿을 만한 증거를 제공해주었다.[5] 이 자료들은 해당 기간 동안 유권자 가운데 당원의 비율이 계속해서 줄어들었음을 보여주었다. 2000년에는 정당원 비율이 5퍼센트가 채 안 되었다. 이는 1980년대 말 당시 더 적은 수였던 민주주의 국가들이 기록한 10.5퍼센트보다 상당히 낮은 수치이다. 한편 이 결과는 1960년대 초에 수집된 15퍼센트에서 한층 더 하락한 것이다. 조사 대상이 오래전에 민주주의 체제가 확립된 국가인지 아닌지는 별 상관이 없어 보인다. 1990년대 말에는 폴란드, 프랑스, 영국, 헝가리, 네덜란드가 전체 조사국에서 가장 낮은 비율을 기록했다. 이 나라들은 전체 평균의 절반에 못 미치는 결과를 보였다. 이런 결과가 암시하는 바는, 폴란드와 체코 공화국같이 새로 확립된 이른바 '제3의 물결' 민주주의 국가들의 경우가 일시적인 예외가 아니며, 사실상 모든 파수꾼 민주주의 국가의 미래를 가리키는 풍향계였다는 것이다.

이 시기에 당원 수 역시 극적으로 감소했다. 유럽의 오랜 민주주의 국가의 정당들은 당원의 급격한 감소를 경험했다. 1980년에서 2000년 사이에 평균적으로 약 35퍼센트가 감소했던 것이다. 몇몇 국가의 감소 추세는 놀라울 정도다. 프랑스의 경우 각 정당을 합하면 모두 1백만 명 정도의 당원이 감소했다. 이는 전체 당원의 3분의 2에 해당하는 수였다. 한편 노르웨이와 영국에서는 당원 수가 50퍼센트 줄었다. 1950년대 초 영국 노동당은 1백만 명이 넘는 당원을 보유했으며 영국 보수당은 당비를 내는 당원이 250만 명이라는 놀라운 규모를 자랑했다. 이런 당원 규모 덕분에 영국 보수당은 유럽에서도 거대한 정치 조직으로 여겨졌다. 그러나 새로운 천 년이 시작되고 10년이 지나자 영국 노동당의 당원 수는 20만 명으로 줄었으며, 영국 보수당의 당원 수는 윈스턴 처칠의 전성기 때 기록했던 최고 당원 수의 8분의 1로 줄었다.

이러한 흐름에 대한 흔한 오해를 방지하기 위해 우리의 안내자는 다음의 사항을 재빨리 지적했다. 즉 시민이 이기적인 개인주의의 산(酸)에 산 채로 잡아먹히고 있다는 것을 보여주는 증거는 없다는 것이다. 그녀는 인도에서 조사된 결과를 소개했다. 인도인에게 얼마나 정당을 신뢰하는가를 물어보니, '그다지 믿지 않는다'(21퍼센트) 혹은 '전혀 믿지 않는다'(19퍼센트) 혹은 '의견 없다'(19퍼센트)라는 대답을 한 사람이 과반수를 확실하게 넘었다. 그러나 친구나 동료와 함께 '정치를 논하는가'라는 질문에는 거의 절반에 가까운 많은 사람(44퍼센트)이 '종종' 혹은 '이따금' 그렇게 한다고 대답했다. 또한 그들은 개인적으로 투표권이 생긴 이후 '모든 선거에 투표'(69퍼센트)했거나 '대부분의 선거에 투표'(19퍼센트)했거나 '일부 선거에 투표'(7퍼센트)했다고 대답했다. 또한 우리의 안내자는 오스트레일리아에서 1984년에서 1999년 사이에 일곱 번 실시한 전국적 조사 결과를 인용했다. '정치에서 일어나는 일'에 '보통 얼마나 흥미가 있는가'를 오스트레일리아인에게 물었을 때 약 3분의 1(32~38퍼센트)에 해당하는 사람이 정치에 '많은' 관심이 있다고 답했다. 절반에 약간 못 미치는 사람(44~47퍼센트)이 '약간' 흥미가 있다고 답했으며, 5분의 1에 못 미치는 사람들은 '별로' 흥미가 없다고 답했다. 이 전체 기간을 통틀어서 정치에 아무 관심이 없다고 답한 사람은 거의 없었다.[6] 우리의 뮤즈는 인도와 오스트레일리아의 조사 결과가 예외적인 사례가 아니라고 지적했다. 파수꾼 민주주의 시대에 사람들이 급속도로 공적인 문제에 관심을 잃고 있다거나 이제 다른 사람들에게 등을 돌리고는 '나 홀로 볼링'을 치러 간다는 이야기(미국의 학자 로버트 퍼트넘의 유명한 주장)는 근거가 없다. 굳이 따져본다면 실제 흐름은 그 반대 방향이다. 즉 더 높은 수준의 교육을 받은 시민은 다양한 시민 사회 조직에 관여한다거나 공적 사안에 좀 더 강렬한 관심을 보이며, 현재 정당 정치가 보이는 결점과 편견을 더 못 견디게 되었다는 것이다. "그들은 그저 자기 주머니를 채우는 데만 열심이다."라든가 "그들이 무슨 말을 하든 그 말을 실천할 것이라고는 절대 믿지 않는다."라는 말은 많은 잠재적 투표자의 입에서 흔하게 나온다. 이 때문에 과거였다면 정당에 가입했을 법한 수많은 시민이 이제는 공식적인 대의 정치에 참여할 수단을 잃었다고 느끼는 것이다. 이들은 정당 소속이라는 것이 더는 의미가 없다고 결론을 내린 것이다. 이 보통선거의 시대에, 이제 투표에는 과거와 같은 의미는 없다거나 심지어 모든 사람의 투표가 반드시 중요한 것은 아니다. 혹은 어느 누구의 투표도 중요하지 않다는 느낌이 확산되고 있다.

어째서 이런 느낌이 점점 더 강해졌을까요? 우리의 안내자가 질문을 던졌다. 그녀는 그 원인의 일부가 정당 외부에 있다고 생각했다. 다른 요인에 비해 월등하게 중요한 요인은, 파수꾼 민주주의 시대에 정당과 정치인과 입법부는 그들의 삶을 과거보다 훨씬 더 힘들게 만드는 수많은 권력 견제, 권력 감시 제도와 경쟁하지 않으면 안 되는 상황에 처해 있다는 점이다. 입법부는 특히 불리하다. 비유하여 말하자면 입법부는 사실상 내부 구조가 없는 건물이다. 이들은 집합체로서 목소리를 내지 못하며 이 기관이 맡고 있는 공적 역할을 옹호하는 대변자도 거의 없다. 이들은 종종 집권 여당에 압도되는 처지에 있다. 결국 입법부의 명성은 정치인과 정당에 대한 일반적인 혐오감 때문에 더럽혀졌다. 게다가 많은 정치인과 정당은 이런 사태에 대해 전혀 감을 잡지 못하고 있기 때문에 상황은 더 나빠지고 있다. 대부분의 정치인과 정당은 자신들이 무엇을 약속하거나 발표해도 폭넓은 동의를 받지 못한다고 느끼고 수많은 의회 밖 조직과 권력 감시 조직이 쏘아대는 십자포화에 자신들이 공격당하고 있음을 발견한다. 한편 불편한 진실을 파악하는 데는 시민이 더 유리한 위치에 있다고 우리의 뮤즈는 설명했다. 그 진실이란, 파수꾼 민주주의 시대에 핵심적인 문제는 누가 투표하느냐가 아니라 사람들이 어디에서 의미 있는 투표를 할 수 있는가이다. 바꾸어 말해, 정당과 정치인에 의해 오염되지 않은 견해를 지닌 대표자를 통해 의견을 표할 수 있는가이다. 예를 들어, 사람들에게 인권 단체를 지지할 것인가 아니면 정당에 가입할 것인가 하고 물으면 많은 시민이 두 번째 선택지에 대해서는 그저 웃어버리고 만다. 그들은 그런 선택을 '정치의 진흙탕에 발을 담그는 일'이라고 여긴다.

정당과 정치인의 입장이 더욱 어려워진 것은 고용 기관으로서 그들의 역할이 역사적으로 위축되었기 때문이다. 지금 정당과 정치인이 유권자들에게 이런저런 말을 하고 특정한 정책을 약속하지만, 과거에 정당과 정치인이 유권자들에게 현금과 일자리를 제공했던 것에 비한다면 너무나 미약한 의

미라고 우리의 안내자는 지적했다. 19세기 말부터 시작된 정당 정치의 정화 운동은 정치인과 정당에 역효과를 불러왔다. 이제 이들이 바로 오염된 당사자로 여겨지고 있는 것이다. 우리의 뮤즈의 말에 따르면, 정당과 정치인이 선거 운동 자금을 외부에 많이 의존하고 있다는 사실 때문에 그들의 더러운 이름이 더 더러워지고 있다. 많은 정당이 항상 파산 위기에 직면해 있기 때문에 정당들은 은밀하거나 혹은 노골적으로 불법적인 수단을 동원해 자금을 차용하거나 조달하는 유혹에 지속적으로 노출되어 있다. 이렇게 되면 그들은 결국 널리 알려지게 되는 부정부패 추문에 말려들 위험을 안게 되는 것이다. 부자들에게 압력을 가해서 돈을 받는 행태는 정치인이 필요한 비용을 충당하거나 빚을 변제하는 데 자주 애용하는 방법이다. 하지만 이런 방법을 쓰면 정치인과 정당뿐 아니라 정부 전체가 결국에는 돈을 내는 사람에게 복종한다는 비난을 받는 것이 보통이다. 일부 국가에서는 정당에 국가가 자금을 대주는 것이 관행인데, 이 경우에도 상당한 위험성이 있다고 우리의 뮤즈는 지적했다. 시민들이 정당을 '시민'의 대변자가 아니라 국가의 대변인이라고 생각하는 반응을 보이기 때문이다.

일부 정치 지도자가 마치 나폴레옹처럼 오만한 행동을 하는 것 역시 정당과 정치인의 공적인 위치를 유지하는 데 도움이 되지 않았다는 데 우리의 역사가는 동의했다. 영국의 마거릿 대처, 이스라엘의 골다 메이어, 인도의 인디라 간디, 미국의 리처드 닉슨, 프랑스의 자크 시라크, 그리고 조지 W. 부시가 그런 정치인들이다. 이들은 자기 자신을 과신하고 지나치게 큰 행정 권력을 원했다. 또한 어떤 맥락에서는 선거구 경계의 교묘한 조작 때문에—정당의 이익을 위한 선거구 조정이라고 미국인들은 점잖게 표현한다.—투표의 가치가 깎이지 않았는지, 전자 투표 시스템이 조작되거나 결함이 있지 않은지에 관한 우려가 늘면서 정당 정치에 대한 사람들의 환멸이 더욱 심해졌다. 하지만 우리 뮤즈의 말에 따르면, 정치인과 정당이 인기가 없는 가장 중요한 원인은 사회적·정치적 이해관계가 점점 더 다양해지는데도 여전히 이들이 이해관계를 대변하는 과정에서 과도하게 권한을 행사하려는 데 있다. 이는 마치 파수꾼 민주주의는 정당과 함께 살지도 못하지만 또 한편 정당 없이는 살지 못하는 상태와 같다고 우리의 뮤즈는 말했다. 실제로 정당은 파수꾼 민주주의를 확고하게 만드는 데 필수적인 역할을 한다. 원래 정당의 과제는 서로 분리되어 있는 사회적 이해관계를 한데 모으는 것이며 서로 의견이 다른 유권자 그룹을 한데 묶어주는 것이다. 그러나 정당은 무대 뒤에서 로비를 벌여 거래하는 나쁜 습관과 과반수를 얻기 위해 혹은 득표수를 극대화하려고 노력한 나머지 '중도'의 위치를 차지하려고 하는 나쁜 버릇이 있는데, 이 역시 큰 문제를 불러온다. 정당과 정치인―이들은 민주적 대의 제도의 척추 같은 존재라고 할 수 있다.―은 이제 어쩌면 그들 자신과 혹은 그들과 친한 몇몇 친구의 대표자 노릇을 할 뿐이며 더는 다른 그 누구의 대표자 역할을 하지 못하는 것이다.

파수꾼 민주주의 시대에 정당들이 사람들의 이해관계를 결집하기 위해 열심히 일하고 있다는 데 우리의 뮤즈는 동의했다. 그러나 정당은 그런 작업을 하는 과정에서 결국에는, 듣기에만 좋은 맹물 같은 정책, 모호하고 전망이라고는 찾아보기 힘든 목표 제시, 이중 잣대, 책임 회피 따위의 실책을 범하고 말았다. 심지어 어떤 정치인들은 특정 정책에서 자유로운 정치라는 개념을 옹호했다. 즉 '유연성'과 '선택지 열어놓기' 그리고 마치 회화에서 점묘법을 사용하는 것처럼 단계적으로 의제를 구성해 나가는 데 중요한 정치적 장점이 있다고 주장했다. 이런 상황에서 결국 상당수의 유권자들은 자신이 누구를 지지하면서 투표하는 것인지도 모르겠으며, 실제로 지지해서 투표한 정치인은 막상 약속을 실천에 옮기지 않고, 몇 년에 한 번씩 투표한다는 행위 자체가 아무에게도 도움이 되지 않는다는 느낌을 받게 되었다. 심지어 어떤 상황에서는―인도와 파푸아뉴기니가 이런 현상의 선구자이다.―정치인들이 이러한 양다리 걸치기 전술을 극한까지 발전시켜 발 빠르게 소속 정당을 옮기는 '파티-호퍼'*로 변신했다. 이들은 (2006년 인도의 자르칸드 주에서처럼) 정부 권력을 손에 넣기 위해서 과거의 모든 약속과 원칙을 희생했던 것이다.

파티-호퍼(party-hopper) 정당(party)과 정당 사이를 팔짝 팔짝 뛰어 이동하는 사람이라는 뜻. 확고한 원칙 없이 자신의 이해관계에 따라 소속 정당을 쉽게 바꾸는 정치인을 가리킨다. 사람들이 모여서 같이 여흥을 즐기는 '파티(party)'를 이곳저곳 옮겨 다니면서 그저 흥겹게 놀고만 있다는 야유의 뜻도 포함되어 있다.

이 모든 흐름이 합쳐진 결과, 이제 많은 유권자들은 정치인이란 양복을 말쑥하게 차려입고 자신의 일만 챙기는 더러운 사람이라고 생각하게 되었다고 우리의 안내자는 확신했다. 많은 여론 조사 결과에 따르면 정치인은 인구 비례보다 월등하게 남성이 많으며 또한 직업 인기도 순위를 보면 고작해야 자동차 판매상이나 부동산 중개인 정도로 보통 낮은 순위를 차지하는 것으로 나타났다. 정치인을 공공연하게 놀리는 이야기나 우스갯소리가 이제 거의 모든 대화에서 종종 출현하는데 항상 심하게 그들을 꼬집는 내용이다. 우리의 안내자는 아파르트헤이트(인종 격리 정책)를 극복한 이후의 남아프리카공화국에서 유행하는 농담을 들려주었다. 유대인 노인들이 매주 수요일이면 케이프타운 교외의 해변에 모여서 커피도 마시고 담소도 나누었다고 한다. 그들은 커피를 천천히 즐기면서 몇 시간 동안이나 정치를 주제로 삼아 토론하곤 했다. 그들의 어조는 대체로 매우 부정적이었는데, 어느 날 이 모임의 구성원인 모셰라는 사람이 크고 분명한 목소리로 이렇게 말했다. "자네들, 내 이야기 들어봐. 나는 이제 낙관론자가 되었어." 다른 친구들은 깜짝 놀랐다. 갑자기 모든 대화가 중단되었다. 컵과 컵 받침이 딸가닥거리는 소리만 들렸다. 그러다 모임에 항상 참여하는 샘이 무엇인가 이상한 것을 눈치 챘다. 그가 모셰에게 말했다. "잠깐만 있어봐. 자네는 이제 낙관주의자라면서 어째서 그렇게 걱정스러운 표정을 짓고 있는 거지?" 모셰가 답했다. "낙관주의자로 사는 게 그렇게 간단한 일이라고 생각하나?"

오스트레일리아 유권자들에게도 정치인은 인기 있는 농담거리이다. 우리의 안내자는 이전에 총리를 지낸 밥 호크(Bob Hawke, 재임 기간 1983년~1991년)가 특히 좋아했던 농담을 떠올렸다. 시드니와 멜버른을 연결하는 혼잡한 고속도로에서 경찰이 사체 두 구를 발견했다. 모두 매우 심하게 훼손된 상태였지만 증거를 면밀하게 조사한 결과 하나는 주머니쥐이고 다른 하나는 정치인으로 밝혀졌다. 현장 검시관들은 어떻게 두 사체의 차이를 구별해냈을까? 주머니쥐의 사체 앞에는 자동차가 급브레이크를 밟아서 생긴 타이어 자국이 있었다고 한다. 어떤 농담은 너무나 지독해서 무서운 느낌마저 준다. 아프리카 보츠와나의 민주주의 체제에 사는 어느 식인종이 이웃 식인종 마을에 찾아갔다. 그곳에 가보니 보통 인간 하나는 미국 달러로 10달러면 살 수 있는 반면 정치인은 100달러였다. 방문자가 물었다. "어째서 정치인은 그렇게 비싸죠?" 그러자 그곳의 추장은 이렇게 답했다. "정치인의 몸을 깨끗하게 씻으려면 얼마나 힘든지 아시오?" 인도의 농담도 있다. 한 시민이 묘지를 지나는데 묘비에 이런 글귀가 새겨져 있었다. "정직한 인간, 정치인이 여기에 묻혀 있다." 시민이 깜짝 놀라 소리쳤다. "이런 세상에! 어떻게 한 묘지에 두 사람을 묻을 수 있지?" 그리고 미국의 농담도 있다. 정당의 후보자들 사이에서 인기 있는 농담이다. 미국 연방 의회 의원으로서 인기가 떨어지는 것을 피할 수 있는 가장 좋은 법은 낙선이라는 이야기다. 또 다른 농담도 있다. 어느 외과 의사가 동료 의사와 함께 골프를 치면서 말했다. "요즘 어떻게 하면 일을 좀 줄일 수 있을까 그 방법을 생각하고 있네. 나 자신을 위한 시간이 충분하지 않아. 가능하면 엔지니어만 수술할까 하네. 그들의 신체 부위에는 번호가 매겨져 있거든. 아니면 항공 계통의 엔지니어만 수술할까? 그들의 신체 부위는 번호뿐 아니라 색깔별로 구분이 되어 있지." 같이 골프를 치던 동료가 한마디 거들었다. "나도 그런 생각을 하고 있어. 그런데 혹시 정치인만 수술하면 어떨까? 그들의 신체는 수술이 가능한 부분이 훨씬 적어. 사실 두 군데밖에 없지. 바로 입과 항문이야. 그리고 그 둘을 서로 바꿔도 아무 문제가 없지."

이런 농담을 볼 때, 21세기 초에 일어난 정치에 대한 극도의 혐오와 투표 반대 행동은 그리 놀랍지 않다. 항의 투표는 여러 형태이다. 아무것도 표시하지 않은 투표용지를 낸다든가, '위의 어느 것도 아님'이라는 보기를 택하는 것이다.(선거 운영 당국은 이런 보기를 제공하는 데 보통 소극적이다. 불만에 가득 찬 유권자에게 너무나 매력적인 선택이 될 수 있기 때문이다.) 투표용지를 훼손하거나 투표용지에 어떤 물건을 붙여버리기도 한다.(이탈리아의 시칠리아에서 불만이 있는 사람들이 종종 쓰는 방법은 투표용지를 접고 그 사이에 끈적거리는 모르타델라 혹은 살라미 소시지 한두 장을 끼워넣은 다음, 이 '샌드위치'를 투표함에 집어넣는 방법이다.) 투표용지를 갈기갈기 찢어 기표소 주변에 뿌리기도 하고, 투표용지를 먹어버리기도 한다. 인터넷 경매 사이트에 올려 마치 자신의 투표권을 파는 흉내를 내는 경우도 있다. 아예 투표를 거부하는 경우도 있는데 특히 이런 투표 불참이 시민 불복종으로 취급되는 곳에서 종종 그런 일이 일어난다. 그중의 한곳이 벨기에인데, 이곳에서는 유권자가 반복적으로 투표를 하지 않으며 투표권 자체를 박탈당할 수 있다. 그리스도 그렇다. 그리스에서는 투표를 하지 않으면 최대 1년의 징역형을 받거나 공직을 박탈당할 수 있다.(가장 혹독한 처벌을 하는 나라는 볼리비아인데 이곳에서는 투표하지 않은 시민의 은행 계좌를 최대 3개월까지 정지시킬 수 있다.)

정상적인 상황에서는 도저히 당선될 가망이 없는 소수파 후보자에게 투표하는 방법도 있다. 거의 모든 지역에서 정당원의 수가 낮은 수준에 멈춰 있거나 감소하고 있으며, '정치인'과 공식적 '정치'에 대한 경멸이 특히 젊은이들 사이에 만연해 있기 때문에, 풍자적인 선거 운동 그리고 모든 주류 정당과 후보자에게 투표를 거부하는 현상이 파수꾼 민주주의 시대에 들어와 크게 일어나고 있다. 우리의 안내자는 선구적인 풍자 작가인 미셸 콜뤼슈(Michel Coluche)를 생각해냈다. 프랑스의 유명한 코미디언이었던 그는 1981년 프랑스 대통령 선거에 후보로 나서려 했지만 결국 경주에서 물러났다. 그가 기권한 주된 이유는, 그가 꽤 많은 득표를 할지 모른다는 여론 조사 결과가 나오자 언론과 정치권 압력이 거세졌기 때문이다.* 핀란드에서는 도널드 덕(Donald Duck)이 특별한 인기를 끌었다. 그는 이름이 같은 대중 잡지의 도움을 받아 국회 의원 선거와 대통령 선거에서 좋은 성과를 거두었다. 한편, 지배적 정당들에 대항하여 느슨한 네트워크로 이루어진 선거 운동도 있었는데, 20세기 말에 일본 지방 선거에서 분명한 성과를 거두었던 '무지개와 녹색'이라는 녹색 정치 조직이 그 예이다. 네덜란드에서는 2006년 후반에

---

* 콜뤼슈는 이런 농담들을 던졌다. "프랑스에는 세계에서 가장 훌륭한 프랑스 정치인들이 있다." "정치인과 정치의 관계는 마치 치즈에 난 구멍과 치즈의 관계와 같다. 치즈가 더 많아지면 구멍도 당연히 많아진다. 하지만 구멍이 많아지면 치즈의 양은 줄어든다." (정치인에 대해 언급하면서) "장님이라는 표현 대신에 우리는 시각 장애인이라 한다. 귀머거리라는 표현 대신에 우리는 청각 장애인이라 한다. 그럼 바보는 뭐라고 해야 할까? 이해력 장애인이라고 불러야 할까?" "항상 기억하라. 게슈타포는 당신의 입을 열게 할 수단을 갖고 있다. 우리 정치인들은 우리의 입을 다물게 할 수단을 갖고 있다." "폭력배 혹은 정치인 이외에 아무런 자격 없이 할 수 있는 일이 무엇이 있을까? 남아 있는 것은 오직 예술가뿐이다." "우리 정치인들의 절반은 아무것도 할 줄 아는 것이 없다. 그 나머지 절반은 아무거라도 하는 사람들이다." (선거 운동 연설에서) "만일 정치인들이 코미디를 그만둔다면 나는 정치를 그만두겠습니다. 그들이 내 일을 빼앗아 갔습니다. 그래서 내가 잠시 동안 그들의 일을 하고 있는 것입니다." "나는 정치에 찬성하지도 않고 반대하지도 않는다. 그 반대다!" "독재 체제에서 당신은 '입 다물어!'라는 말을 듣는다. 민주주의 체제에서 당신이 듣는 말은 '내 엉덩이에 키스하라.'이다."(원주)

'동물권리당'이 의회에서 의석 두 개를 얻음으로써 새로운 역사를 썼는데 이 역시 이해할 수 있는 현상이었다. 반(反)정치적 정서가 피우는 불길의 힘을 얻어, 항의자들의 명단은 더욱 길어지고 있다. 스크리밍 로드 서치, 랠프 네이더, 폴린 핸슨, 우고 차베스, 장마리 르펜, 핌 포르튀인이 그런 사람들이다.* 이들은 좌파적, 중도적 혹은 우파적 정책을 추진하지만 정치적 노선과 상관없이 모두 한 가지 공통점이 있는 것으로 보인다. 즉 정치인 혹은 주류 정당과 일체감을 느끼지 못하며, 불만이 가득하고, 대변자를 찾지 못한 사람들의 이해관계를 옹호하겠다고 나섰다는 점이다.

미디어 스타 정치인

우리의 뮤즈는 이러한 주류 정당과 정치인에 대한 거부 현상이 어쩌면 성장하는 커뮤니케이션의 풍요에서 촉발된 것은 아닐까 하고 생각했다. 그녀는 우리에게 모든 파수꾼 민주주의가 미디어 포화 상태에서 작동하고 있음을 상기시켰다. 21세기의 모든 정치인, 정당, 입법부, 정부는 이제 싫든 좋든 상관없이, 자신들의 반대자들이 다수의 지점에서 접속할 수 있으며 구입 비용이 저렴한 다양한 종류의 미디어를 통해 대중에게 접근할 수 있는 디지털 미디어 네트워크를 사용하고 있다는 사실을 계산해야만 한다. 존 F. 케네디 같은 정치인들은 불륜이나 약물 복용 같은 사적인 일을 다른 사람이 전혀 모르게 할 수 있었으며, 사람들이 우스갯소리로 '보그사트(BOGSAT, a bunch of guys sitting around a table, '테이블에 둘러앉은 한 무리의 남자들')' 원칙이라고 부르는 것의 도움으로 정부를 운용했다. 하지만 이제 그런 시대는 지나갔다. 파수꾼 민주주의에서 이제 미디어는 '제4계급'에 머물러 있지 않다. 정치는 미디어가 짜놓은 틀 안에서 작동하며, 대의 정치 체제는 무대 옆

---

* 여기에 언급된 인물들을 간략히 소개하면 다음과 같다. 스크리밍 로드 서치(Screaming Lord Sutch)는 영국의 음악가 겸 정치인이며, 랠프 네이더(Ralph Nader)는 미국의 변호사이자 소비자 보호 운동가로서 미국 대통령 선거에 수차례 출마한 인물이다. 폴린 핸슨(Pauline Hanson)은 오스트레일리아의 여성 정치인이며, 우고 차베스(Hugo Chavez)는 볼리바르혁명의 지도자이자 베네수엘라 대통령을 지낸 인물이며, 장마리 르펜(Jean-Marie le Pen)은 프랑스의 극우 민족주의자로 극우파 정당 국민전선의 창립자이며, 핌 포르튀인(Pim Fortuyn)은 네덜란드의 극우 정치인이자 칼럼니스트, 사회학자이다.

으로 밀려났다. 커뮤니케이션 풍요의 시대에는 호기심이 많고 지극히 상업
주의적이며 일 주일에 7일, 하루 24시간 내내 작동하는 '상징적' 대의 제도
가 등장했다고 우리의 안내자는 지적했다. 저널리스트들과 미디어는 자신
들이 모든 것의, 그리고 모든 사람의 '대변자'라고 묘사했다. 정치인들은 서
로 충돌하는 충성심의 고통을 계속 느꼈다. 때로 그들은 소속 정당을 내팽
개치고 분장 팀에 둘러싸여 미디어를 단독으로 상대하려는 모습을 보였다.
또 다른 때에는 이런 정치인들이 과연 자기 지역 유권자를 대변하려는 것인
지 아니면 소속 정당이나 정부 혹은 자기 자신을 대변하려는 것인지 분명치
않은 경우가 있으며, 그들이 상대해야 하는 대상은 저널리스트들뿐 아니라
'보통 사람들'과 유명 인사들―일부 유명 인사들은 정치 쪽으로 관심을 돌
린다.―을 포함하는 광대한 미디어 영역이다. 각 정치인이 전성기를 누리는
시간은 점점 짧아지고 있으며 그들의 정치 생명은 매우 자주 실패로 끝난
다. 파수꾼 민주주의 시대의 정치인들은 커뮤니케이션의 풍요 덕분에 손에
마이크를 쥐게 된, 정당과는 관계없는 유명 인사들이나 역할 모델들로 구성
된 '또 하나의 정부'에 의해서 정치 무대에서 맥없이 밀려나고 만다. 영화배
우 메릴린 먼로, 아르헨티나의 축구 선수 디에고 마라도나, 기업가 빌 게이
츠, 스리랑카의 크리켓 선수 무티아 무랄리타란, 영화배우 제인 폰다, 아일
랜드 뮤지션 보노는 우리의 안내자가 가지고 있는 새로운 대표자 명단에 올
라 있으며 이들 가운데 일부는 전 세계적인 명성을 누리고 있다. 또 가수 카
일리 미노그와 존 레넌, 티나 터너, 축구 선수 데이비드 베컴, 자동차 경주 선
수 미하엘 슈마허, 금융인 조지 소로스, 영국의 왕세자비 다이애나 스펜서,
골프 선수 타이거 우즈, 인도의 영화배우 아미타브 바찬, 미국 드라마 〈섹스
앤 더 시티〉의 등장 배우들, 그리고 영국의 영화배우 사샤 배런 코언이 인기
텔레비전 쇼 〈다 알리 지 쇼(Da Ali G Show)〉에서 연기한 알리 지(Ali G)라는
가상 인물도 그 명단에 있다.

이렇게 시민 사회의 유명 인사들이 정치 대표자들을 무대 옆으로 밀어낸
결과, 당연히 어느 정도의 반작용이 일어났다고 우리의 뮤즈는 기록했다.
일부 정치인은 미디어와 정치인의 "유해하게 파괴적인"(영국의 유명한 '스핀
닥터'* 피터 맨덜슨Peter Mandelson이 사용한 교묘한 표현이다) 관계에 불만을

표시했다. 하지만 입맛을 씁쓸하게 만드는 진실을 말하자면, 정치인들은 곧잘 자신의 적들의 행동을 그대로 모방함으로써 이 문제를 다루었다는 것이다. 미디어 스타로 변신한 이들은 워싱턴 정계에서 '플랙팩'*이라고 불리는 보조 요원들의 힘을 빌려 외부의 집요한 감시에서 자신들을 보호했다. 정치인들의 평소 행동 지침을 뮤즈는 다음과 같이 묘사했다. 기자의 질문에는 답하지 말고 그 대신 그들이 나타나면 당신이 말하고 싶은 것을 말할 수 있는 '큐' 신호가 떨어진 것으로 여겨라. 유권자들은 세세한 내용에는 거의 혹은 전혀 관심이 없으니 포장을 잘하는 데 온 신경을 집중하라. 단단하게 포장하라. 신경 써서 감각적으로 옷을 입어라. 시민의 자세라든가 인권 유린에 관해서 이따금 한 번씩 연설하라. 자신이 어떤 문제에 열정이 있는지를 증명하기 위해서 가끔은 무척 시끄럽게 소동을 피우는 것을 잊지 마라. 몇몇 정책은 완전히 외워서 말할 수 있도록 하라. 그리고 잠시라도 주위에 대한 경계를 늦추지 말라.

어떤 사람들은 민주주의 정치와 정당 경쟁의 시대가 이제 '구호 투쟁(phrase struggle)'의 시대로 변화했다고 말했다.(에스파냐 출신 멕시코 작가인 에울랄리오 페레르Eulalio Ferrer가 이 멋진 말을 만들어냈다.) 그러나 우리 안내자의 말에 따르면, 구호 투쟁의 규칙을 따르는 정치인은 우둔해 보이거나 협잡꾼으로 보이는 것이 보통이며, 따라서 언론의 악평의 대상이 되기 십상이다. 어떤 웹 사이트들은 각종 가십이나 풀뿌리 논평이나 이야깃거리를 이용하여 정당 정치에 대해 '구글'이나 '블로그'에서 논의를 전개하는 위험한 수법을 쓰는데, 이런 웹 사이트들은 특히 조심해야 한다. 정치인이 긴장이 풀린 순간을 포착하여 평소와는 다른 유별난 발언을 하게 만들고, 휴대용 비디오카메라로 그 장면을 녹화하여 블로그와 동영상 사이트에 올려버

스핀닥터(spin doctor) '스핀'은 원래 '돌리거나 비틀어 왜곡한다'는 부정적인 뜻을 지닌 단어인데, 1984년 미국에서 대통령 후보들의 텔레비전 토론에 대하여 논한 〈뉴욕타임스〉의 사설에서 '스핀닥터'라는 말이 처음 등장했다. 이후 스핀닥터는 정치적 목적을 위해 사건을 왜곡하거나 조작하는 사람, 국민의 생각이나 여론을 정책으로 구체화하는 일은 물론 정부 수반의 생각을 국민들에게 납득시키는 역할까지 하는 정치 전문가 또는 홍보 전문가를 뜻하게 되었다.
플랙팩(flackpack) '플랙(flack)'은 '대공포'를 뜻하는 독일어 단어 'Fliegerabwehrkanne'를 줄인 'flak'에서 유래했다. 플랙팩은 마치 대공포와 같이 예고 없이 무차별적으로 날아오는 비판으로부터 정치인을 보호하는 일을 전문으로 하는 사람들을 가리킨다.

린다. 이 시대의 정치인의 삶은 점점 더 힘들어지고 있다. 게다가 루퍼트 머독(Rupert Murdoch)식의 당파성 강한 보도 행태는 끊임없이 큰 소음을 내고 있다. 이런 언론 기관은 일관성이라고는 전혀 없이 공격적으로 보도하며 자신들의 기대에 부응하지 못하거나 사업적 이해관계에 부합하지 않는 정당 혹은 정치 지도자는 한순간에 내팽개쳐버린다. 이처럼 미디어가 강력한 공격 행태를 보이기 때문에, 복화술사의 손에 놀아나면서 그저 다른 사람이 적당히 조작해준 발언만 되풀이하는 인형 노릇을 하는 정치인들은 반드시 호된 시련을 겪거나 쓸데없는 사람으로 취급당하기 십상이다. 그래서 이제 사람들 사이에 정치인과 정당이란 현실감이 전혀 없고 항상 여론보다 몇 발자국 뒤처져 있으며, 한심할 정도로 자발성이 부족할 뿐 아니라 무감각하고 심지어 그저 자기 자신의 이익만 챙기는 쓸모없는 존재라는 인식이 퍼져 있다. 이렇기 때문에 앞서 언급한 콜뤼슈가 다음과 같이 신랄한 말을 했던 것이다. "만일 정치인들이 코미디를 그만둔다면 나는 정치를 그만두겠습니다. 그들이 내 일을 빼앗아 갔습니다. 그래서 내가 잠시 동안 그들의 일을 하고 있는 것입니다."

초인 민주주의 경향

이런 대규모 언어 포화 앞에서 정치인과 정당은 혼비백산하여 몸을 숨기기 바빴지만, 한편으로는 정당 정치에 정치를 회복시켜야 한다는 공공의 제안들이 등장하게 되었다. 새로운 천 년의 처음 몇 년 동안 정당의 자금 동원 방식을 더 엄격하게 감시해야 한다는 목소리가 높아졌다고 우리의 뮤즈는 지적했다. 정당 가운데 일부는 사상 처음으로 예비선거 제도를 도입했다. 국적을 보유하지 않은 주민에게도 선거권을 확대해야 한다는 요구가 나왔으며, (아직 그렇게 되지 않은 곳에서는) 16세까지 투표 연령을 낮추자는 요구도 나왔고, 인터넷을 활용하여 유권자를 동원하거나 선거 자금을 모으는 방안이 시도되었다. 선거 제도 변경, 그리고 정당의 이익을 위해 선거구 경계를 조작하는 일을 불법화하는 운동은 큰 호응을 얻었다. 사람들이 투표를 쉽게 할 수 있도록 하기 위해서 시간과 돈을 투자했다. 이를테면 모든 유권자가 선거 당일에 투표자 등록과 투표를 할 수 있게 해주는 것이다. 인터넷을 비롯한 커뮤니케이션 매체는 유권자들에게 투표 실시 일정, 사전 투표 선택권, 투표소의 위치와 부재자 투표에 대한 더 나은 정보를 제공하고 있다.(이런 개혁을 처음 제안한 단체는 vote411.org라는 웹 사이트를 운영하는 미국의 '여성유권자연맹'이다.) 어떤 도시와 나라에서는, 예컨대 유권자 확인과 서류 증명을 필수 사항으로 만드는 일을 통해, 우편 투표와 전자 투표 제도의 허점을 보완하려는 노력이 진행되고 있다. ('웹 위젯web widget'이라는 이름의) 조기 경보 시스템을 선거 제도에 구축하는 작업도 사상 최초로 실행되었다. voterstory.org와 videothevote.org라는 단체는 투표자가 비정상적인 상황을 발견했을 때 이를 전자 추적해서 증거물을 재빠르게 웹 사이트에 올려 다른 사람이 볼 수 있도록 하는 조기 경보 시스템의 도입을 요구했다.

이 모든 제안의 공식적인 목표는 유권자로서 시민의 권리를 더욱 확대하고, 비록 일생에 몇 번밖에 투표할 수 없지만 그래도 그 투표가 의미 있는 행동이 될 수 있다고 느낄 수 있게 하자는 것이었다. 문제는 권력의 높은 자리에 있는 모든 사람이 이런 목표가 바람직하다고 동의하지 않는 데 있다고 우리의 안내자는 말했다. 특히 우려스러운 일은 일부 정치인과 정당이 자신들을 비판하는 사람들에게 강력한 역공을 가하기 시작했다는 점이다. 이들은 '위에서 아래로 향하는' 정당 정치에 진지한 태도로 접근하기 시작했으며, 결국은 우리의 안내자가 농담조로 '초인 민주주의'라고 명명하는 21세기 세상을 향하도록 나라 전체의 방향을 틀어놓고 있다는 것이다.

그녀는 이탈리아의 실비오 베를루스코니, 타이의 탁신 친나왓(Thaksin Shinawatra), 오스트레일리아의 존 하워드가 이끌었던 집권 여당에 주목할 것을 요청했다. 그녀가 우선 서둘러 지적한 것은 이런 사례들이 별개의 세 대륙의 각 지역에 국한된 비정상적인 현상이 아니라는 점이었다.* 이 정부들이 수백만 명의 불평 없는 사람들에게 표를 얻고 정권을 유지하는 데 사용한 유사한 방식을 살펴보면 거기에 겉으로 드러나지 않은 전 세계적인 차원의 무엇인가가 있을 것이라고 그녀는 주장했다. 그녀는 이들의 통치 수법이 새롭다는 점을 지적하는 사람이 극히 적다고 강조했다. 그녀는 이 정부들이 절대로 통상적인 의미의 독재 체제 혹은 전체주의 체제라고 불릴 수 없다고 확신했다. 민주주의 역사에서 이들은 새로운 무엇이라는 것이다. 이러한 정부들을 가장 잘 이해하는 방법은 이들을 파수꾼 민주주의에 대한 병적인 반응이라고 보는 것이며, 그렇기 때문에 이런 정부들이 큰 성공을 거두고 있는 것이 걱정스럽다는 것이다. 세계 어느 곳에서나 파수꾼 민주주의가 변형될 수 있으며, 집권당에 의해 가짜 민주주의 형태로 개조될 수 있음을 보여주기 때문이다.

이 정부들이 사용하는 방법은 아주 단순하다. 그러나 그런 여러 방법이 서로 조합되었을 때 나타나는 효과는 치명적이다. 그 실천 단계는 다음과 같다. 우선 제일 먼저 할 일은 정부 여당의 선거 전망에 해를 끼칠 수 있는 제도들에 주목하는 일이다. 핵심 위치를 차지하는 기업들과 극히 우호적인 관계를 형성하라. 그 기업들을 정부의 품으로 끌어들여라. 막대한 돈이 오

---

* 실비오 베를루스코니는 아무런 도덕적 원칙이 없어 보이는 기업인이자, 미디어 업계의 거물, 축구 클럽 AC 밀란의 소유주, 정치인, 그리고 이탈리아 총리를 세 차례나 역임한(1994년~1995년, 2001년~2006년, 2008년~2011년) 인물로 전 세계적으로 알려져 있다. 자신의 회사들과 자기 자신을 수사 당국의 형사 소추에서 보호하기 위해 정부를 이용하고 미디어 광고를 이용하는 데 뛰어난 솜씨를 보였던 그는─정부와 자신의 미디어 제국을 운영하는 그의 뻔뻔스러운 방법에서 '비디오크러시(videocracy)'라는 개념이 생겨났다.─진실을 무성의하게 다루는 행동과 미디어를 통한 거듭된 실언으로 명성을 쌓았다. 이탈리아의 헌법이 '소련 사람들에게 영감을 받았다'거나 '과거에 중국 공산당은 어린아이들을 먹어 치웠다', '여성 정치인은 좌파보다 우파가 더 예쁘다'라는 실언이 대표적이다.

탁신 친나왓은 타이에서 가장 부유한 기업인이며, 미디어와 원격 통신에 주력했다. 1998년 그는 '타이락타이(Thai Rak Tai, 타이 사람은 타이를 사랑한다)'라는 이름의 정당을 창설했으며 이 정당은 2001년 총선거에서 압도적인 승리를 거두었다. 이때 돈을 주고 표를 사는 행위가 만연했으며 기업계와 농촌 빈민에게 강력한 지지를 받았다. 2002년 중반 탁신 총리는 자신이 16년 동안 정권을 잡을 것이라고 예언했다. 많은 사람이 참여를 거부한 2006년 선거에서 탁신은 다시 승리를 거두었다. 그러나 탈세, 부정, 언론 자유에 대한 적개심, 특히 타이 남부 지역에 사는 이슬람 소수 주민에 대한 인권 유린 같은 일로 비난을 받았으며, 2006년 9월 중순에 군사 쿠데타가 일어나 권좌에서 쫓겨나 영국으로 망명을 가야 했다. 그는 영국에서 맨체스터 시의 축구 클럽을 샀으며, 그 축구 클럽의 팬들은 그를 미국의 가수 겸 배우인 '프랭크 시내트라(Frank Sinatra)'라고 불렀다.(탁신의 성인 'Shinawatra'와 영어 발음이 같다는 이유 때문이라고 한다.)

존 하워드는 앞선 두 사람만큼 개성이 강하지는 않았지만, 절대 만만하게 볼 수 없는 인물이다. 오스트레일리아의 총리를 지냈으며(1996년~2007년) '자유당-국민당 연합정부'의 지도자 역할을 했다. 이 연합은 1998년, 2001년, 2004년 총선거에서 연속으로 승리를 거두었다. 2007년 총선거에서 하워드 정부의 친(親)기업적 성향, 징벌적 노사 관계법, 원주민을 대하는 오만한 태도, 미국이 주도한 이른바 '테러와의 전쟁'에 대한 철저한 지지 정책에(조지 W. 부시 미국 대통령은 그를 '강철의 사나이'라고 부르기도 했다) 많은 유권자들이 염증을 보였으며, 당시 경제 상황이 호황을 맞이하고 있었는데도 불구하고 하워드 정부는 굴욕적인 패배를 당했다. 하워드 자신도 국회 의원직을 상실했는데, 현직 총리가 그런 일을 겪은 것은 역사상 두 번째였다.(첫 번째는 1929년에 스탠리 부르스Stanley Bruce였다.)(원주)

가는 정치를 만들어라. "정치와 기업은 떨어질 수 없는 관계이다. 마치 지구가 태양에 너무 가까이 가면 너무 뜨거워지고, 너무 멀리 가면 너무 차가워지는 것과 같다."(탁신의 말이다.) 민간 주도의 중요성, 세금 삭감, 규제 완화를 부르짖고, 시민은 시민답게 행동할 권리가 있으며 돈을 벌고 자유롭게 소비할 권리가 있다고 큰소리쳐라. "모든 것을 통제하려는 욕망"에 사로잡힌 사람들을 맹공격하라.(베를루스코니의 말이다.) 독립적인 노동조합이나 전문가 협회는 침투하여 파괴하라. 법원도 주시하라. 만일 그들이 정부를 공격하는 조사를 하겠다고 위협하면, 판사들이 불명예스럽게 행동하고 있으며 선출된 정부 일에 간섭한다고 비난하라. 고위 관리들의 법적 면책권을 요구하라. 의회 밖에 존재하는 반대 활동의 모든 거점에 압력을 가하라. 정부 비판자들은 반드시 무릎을 꿇게 해야 하며, 입을 다물게 하면 더욱 좋다. 싱크탱크, 과학자와 특정 분야의 전문가, 인권 단체, 엔지오(NGO), 대학 같은 권력 감시 집단에 특히 주의를 집중하라.

특히 정부를 곤란하게 만드는 엔지오를 몇 개 선정해 그들에게 위협적인 질문을 던져라. 그들의 자금원, 후원에 의존하는 지위, 그들의 '대표성 없는' 의견에 의심을 제기하라. 이런 대응이 효과를 거두지 못한다면 그들의 자금을 끊어버리든가, 아니면 끊겠다고 위협하라. 이런 모든 조치에서 유의할 점은, 여기서 '문화'라는 단어가 적절한지는 모르겠지만 어쨌든 의심의 문화를 배양하는 것이다. 어디에서든 반대자가 나타나면 곧바로 처벌하라. 특히 정부의 정직성을 의심하는 과학자나 정책 전문가를 처벌하라. 그들의 입을 막아라. 그들을 대신할 만한 전문가를 멋지게 소개해 전면에 등장시켜 정반대 의견을 내도록 하라. 언제나 균형이 중요하다고 호소하라. 내부 고발자를 기소하라. 그것이 안 되면 파산을 가져올 만한 장기적인 법정 싸움에 그들을 붙들어 두라.

핵심적인 우선 순위는 정치적 의사소통에 대한 확고한 통제력을 유지하는 것이다. 원격 통신(telecommunication) 체계에서 큰 역할을 할 수 있다면 도움이 되며, 아예 그 분야를 완전히 소유해버리면 더 좋다. 모든 것을 적당히 왜곡하는 데 능숙한, 성격이 강한 인물들로 이루어진 홍보 팀을 정부 내에 구성하라. 그들로 하여금, 지금의 총리가 헌신적이고 성실하고 자수성가한 인물이며 모든 사람이 각자 이 인물 속에서 자신의 일부를 볼 수 있고 그들이 닮고 싶은 인물상에 들어맞는 지도자라는 이미지를 잘 가꾸도록 하라. 기자들에게 정부 계획에 접근할 수 있는 권한을 내주는 대신에 호의적인 보도를 하게 하라. 고위직 관료들에게는 만일 그들이 기자와 접촉할 경우 반드시 총리실에 그 사실을 보고해야 한다는 사실을 주지시켜라. 현직에 있든 퇴직했든, 관료들에게서 정보가 새어 나가는 것을 막아라. 정보를 누설하는 행동을 '민주적 사보타주'라고 규정하고 ─ 하워드가 그렇게 규정했다. ─ 정치인에 대한 공무원의 솔직하고 담대한 조언은 충실함과 비밀 유지의 전통을 기반으로 하는데, 정보 누설은 그런 전통을 파괴한다고 주장하라. 필요하다면 배신자로 의심되는 사람들 집에 경찰이 출동하여 신문할 수 있도록 하라. 중요한 사안의 보도를 제한한다거나, 가령 용의자와 증인을 재판 없이 구속할 수 있도록 허용하는 법안을 통과시키라. 말썽을 일으키는 기자들, 특히 자신의 취재원을 밝히지 않는 기자들의 행적을 추적하라. 그런 기자들이 명예훼손죄라든가 법정모독죄로 기소되도록 조치하라. 정보 공개 요청에는 귀를 막아라. 정보의 자유에 관한 새로운 법률이나 기존 법률의 개정을 요구하는 변호사 집단, 엔지오, 언론 기관의 요구를 묵살하라. 당신 자신이 '의사소통의 자유'를 지지한다고 자주 말하라. 하지만 정보를 비공개로 할 강력한 근거가 존재함을 분명히 하라. 예를 들면, 안보, 공공질서, 공정한 경쟁, 기업의 권리, 약자 보호나 정부가 필요하다고 판단할 때 등이다. 사회의 패배자들이 누구인가에 대한 세세한 이야기를 대중이 모르게 하라. 책을 금지하라. 예술을 검열하라. 나라의 지적·예술적 영역에 밀고 들어가기 위해 모든 노력을 쏟아라. 신뢰할 수 있는 평론가들을 항상 즉시 투입할 수 있는 상태로 유지하라.

텔레비전 방송에 출연하여 유권자들과의 계약서에 서명하라. 만일 정부가 다음 임기 내에 약속을 제대로 이행하지 못하면 그런 정부는 다시 선출될 가치가 없다고 말하라. 연속된 승리를 계획함으로써 모든 사람이 지닌 선거 정치의 짧은 리듬감을 변화시켜라. 앞으로 여러 번의 선거에서 계속 승리할 것을 목표로 삼아 정치 게임과 공적인 삶의 분위기 전체가 변화할 수 있도록 하라. 견제와 균형의 원칙 같은 것은 이제 아무런 의미가 없는 것처럼 행동하라. 다른 사람들이 아직 성취하지 못한 것을 성취하려면 정치라는 책 속에 있는 모든 (더러운) 수법을 동원하라. 세 번의 임기, 네 번, 다섯 번 그리고 여섯 번도 좋다. 만일 임기 제한이 있다면 그 제한을 철폐하라. 만일 연임의 흐름이 형성된다면, 그런 성공담이 다시 새로운 승리를 계속할 수 있다는 주장의 일부가 되도록 하라. 정당 정치 영역에 있는 적대자들의 무능을 조롱하라. 집권당 안에서 문제를 일으키려는 기미가 보이는 자는 엄격하게 처리하라. 선거 예측이 나쁘게 나오더라도 평온을 유지하라. 그런 예측은 아무런 상관도 없다는 듯이 가볍게 무시하라. 서둘러서 직책에서 사임하는 일은 절대로 해서는 안 된다.

작은 것을 진지하게 여기는 쪽으로 전체 분위기를 몰고 가라. 멋진 미소를 짓되, 삶과 정치는 결코 웃으며 말할 일이 아니라고 말하라. 정부는 결단력 있고 신속해야 하며 허튼소리를 용납해서는 안 된다고 주장하라. 지도자를 조롱하지 않도록 사람들을 설득하라. 각자의 일상생활을 지속하도록 격려하라. '친구들'과 '친구의 친구들'에게 보상하라. 정치를 선심 쓰는 일로 변화시켜라. 정치적 호의를 베푸는 습관을 펼치고, 나에게 충성하는 사람들에게 일거리를 나누어주는 보상 시스템을 구축하라. 계약과 일거리와 다시 돌려받을 수 있는 성격의 호의를 베풀면서 그 대가로 지지를 요구하라. 그러나 동시에 '적들'이 언제 어디서 나타날지 모른다는 느낌을 퍼뜨려라. 주류에서 벗어난 위험한 사람들의 명단을 만들어라. 즉 이슬람 테러리스트, 공산주의자, 불법 이민자, 거리의 범죄자, 포르노 상품 제작자, 아동 성애자, 게이와 레즈비언, 기업을 싫어하는 사람, 동물권을 주장하거나 그 밖에 시끄럽게 말이 많은 소수자 그룹들이 그런 명단에 올라가야 한다. 죄수들의 투표권을 박탈하라. 반면에 평상시에는 너그러운 성격임을 보여줘라. 스포츠에 관심을 보여라. 나만의 운동 팀을 하나 만들어라. 스포츠 클럽의 소유, 광고, 국내와 해외 시장의 연결성을 최대한 활용하라. '현실적'으로 행동하는 것이 중요하다고 항상 이야기하라. 카메라와 마이크를 향하여 말하라. "현실은 우리가 그렇게 하도록 요구하고 있다." 또 다른 표현도 시도하라. "우리에게 필요한 것은 바로 현실적 조치를 취하는 일이다." 혹은 아주 간단하게 그냥 "현실을 직시합시다."라고 말하라.

공개적인 항의에 대한 믿음이 무너지도록 힘쓰라. 그런 방법이 소용없음을 보여주어라. 시위에 참가할 가능성이 있는 사람들을 드러나지 않게 경찰이 위협하고 겁주도록 하라. 교통을 방해하거나 일상적인 영업 행위를 방해한다든지 혹은 일반적으로 다른 사람들에게 불편을 끼치는 행위를 엄격하게 다루어라. 절대로 정부에 잘못이 있다고 인정하지 말라. 설사 대부분의 관찰자가 그렇게 말하고 또 정부도 스스로 잘못이 있는 것을 알아도 절대 인정하지 말라. 어쩔 수 없이 잘못을 인정할 수밖에 없는 상황은 절대로 피하라. 구체적으로 분명한 의미가 없는 상투적인 표현을 써라. 그런 표현은 정치적 술수를 감추는 데 유용하다. 올바른 이야기도 하고 틀린 이야기도 하라. 그렇게 해야 듣는 사람이 자신이 원하는 것만 들을 수 있다. 분석가들은 그런 화법을 '개를 부르는 호각 소리'라고 한다. 이 기술을 두고 한 입으로 동시에 두 말을 하는 놀라운 발화법이라고 비판하는 사람도 있을 것이다. 그런 사람들은 완전히 무시하라. 그들의 신뢰성이 의심받도록 만든다면 더 좋다.

여론 조사를 비난하거나 회피하는 새로운 방식을 찾아라. 가장 유용한 방법은 공적인 가치를 불확실한 무언가에 연결하는 것이다. 예를 들면 '주류(主流)'라든가 '점잖은 사람들' 혹은 '열심히 일하는 사람들', '양식 있는 남성과 여성', '나라', '국민' 따위가 있다. 민주주의에 관해서는 거의 언급하지 말고, 다만 그 단어가 주기적인 선거를 의미하도록 만들라. 이따금씩 '초인 민주주의'적 언어를 구사하여 매우 자세하고 명확하게 이 나라는 당연히 국민의 뜻이 존중되는 나라임을 모든 사람에게 상기시켜라. 국민의 한 사람으로 보이도록 하라. 국민이 든든한 사람의 보호 아래 있다는 것, 당신의 직무는 국민이 진정으로 원하는 것, 즉 가족과 일과 가정과 성공을 추구하도록 돕는 것이라는 점을 반복해서 말하라. 공개적으로 이의를 제기하는 사람, 과거 시대의 민중처럼 행동할 조짐을 보이는 사람에게는 경고를 발하라. 상황을 더는 통제할 수 없게 되면 경찰을 불러들이고 군대를 경계 태세에 돌입시켜야 하는데, 우선 일반인들이 그들의 모습을 보지 못하게 조치해야 한다. '국가 비상사태'를 선포할 준비, 특정 지역 공동체를 장악할 준비, 그리고 계엄령에 해당하는 어떤 형태의 조치를 내릴 준비를 해 두어라. 그런 행동을 취하게 된다면 매우 유감스러운 일이라고 언론에 강조하라. 그런 조치의 필요성에 누군가 의문을 제기하면 입장을 확고하게 표명하라. 상식에 따라 그런 조치가 불가피했다고 말하라. 국민이 바로 그것을 원한다고 말하라.

국경 없는 정치체

'초인 민주주의'가 제기하는 위험은 이것이 마치 기생충처럼 움직인다는 점이라고 우리의 뮤즈는 말했다. 다시 말해, 이것은 사람들이 정치인과 정당과 의회에 품은 깊은 의심을 양식으로 삼아 파수꾼 민주주의 내부의 생명 물질을 빼내고 그 빈 껍질에 엉뚱한 것들을 채워 넣는다. 그녀는 이 주제에 관해서는 더 말을 하지 않고 그 대신에 또 다른 언짢은 소식을 전해주었다. 이번에는 다른 방향에서 온 소식이다. 그녀는 민주주의가 보이는 오늘날의 병폐가 국내 상황에만 해당하는 것이 아니라고 말했다. 이 병폐는 전 지구적 차원에서 일어났으며 자신이 "민주적 제도들에 대한 국경을 초월하는 압박"이라고 부르는 것과 연결되어 있다고 했다.

여기서 그녀는 말을 멈추었다. 잠시 후 다시 말을 이으면서, 그녀는 대의민주주의라는 것이 원래 가정과 지역 공동체와 중앙 정치로 이루어진 원 안에 새겨진 자치의 한 형태였다는 점을 상기시켰다. 그녀는 영국의 예를 들었다. 제1차 세계대전 이후 영국의 유권자들은 보통 가족과 각 지역의 직업 조직 안에 거주했으며, 지방 정부의 보호를 받는 이 조직들은 공동체 정신으로 하나로 뭉쳐 있다고 여겨졌다. 그리고 이러한 각 지역 내부의 작동 과정은 다시 전국 차원의 정치 과정과 단단하게 연결된 것으로 인식되었다. 이런 큰 범위 안에서 각 지역의 대표자들은 각 가정과 나라를 단단하게 연결하는 고정 핀 같은 존재였다. 정치인들은 한 동네에 살았으며 지역 공동체를 잘 알고 있었고 여기에 기득권이 있었다. 대개 이들은 사업을 하거나 노동조합의 일원이었고 자신들의 뿌리를 계속 돌보았으며 각 가정의 현관문을 두드리고는 지역 주민의 목소리와 관심사에 귀를 기울였다. 이들은 또한 주 의회에서 발언을 하기도 했는데 그러면 주민들은 그의 말에 귀를 기울었다. 책임 회피는 불가능했다. 만일 이 대표자들이 지역 주민들을 실망시키면 그들은 쫓겨났다.

지나간 때를 낭만적으로 묘사하기는 쉽다는 점에 우리의 뮤즈는 동의하지만, 파수꾼 민주주의 시대에 들어와 정치 지형은 너무도 크게 변화했다. 그녀는 찰스 디킨스의 소설 《우리 공통의 친구》(1865년)에 등장하는 포드스냅이라는 자기 만족에 가득 찬 인물을 언급했다. 그는 자기 만족과 자기 확신에 차서 이렇게 말한다. "외국인들은 원래 그들이 하던 대로 하게 놔두시죠. 그렇게만 하면 됩니다." 오늘날에도 포드스냅과 비슷하게 생각하는 사람들이 있는데, 우리의 안내자는 이제 그들의 시대는 오래전에 지나가버렸다고 말했다. 20세기의 마지막 수십 년 동안 민주주의 체제이건 아니건, 모든 정부는 전 세계적 정치 단위라고 하는 다층적인 틀 안에서 작동하게 되었다. 세계 역사상 처음 등장한 이 틀은 전 세계 모든 곳의 민주주의 제도를 불안정하게 만들었다.

전 세계적으로 연결된 통치 제도들이 처음 나타난 것은 대의 민주주의 시대였다. 하지만 당시 그런 제도들은 빈약했으며 대체로 무력했고 언제나 대규모 상업 세력과 열강들 사이의 정치 변화에 따라 쉽게 좌우되었다고 우리의 안내자는 지적했다. 그녀는 독일 사회학자인 막스 베버의 말을 인용했다. 베버는 국제 관계에 관하여 언제나 통찰력을 보인 관찰자였다. 베버는 "부르주아가 통제하는 모든 문명국에 의한 교역 확대" 때문에, 세계 자원의 총합에서 각 국가의 몫을 결정하는 요인이 '오직 힘, 즉 노골적인 힘'이 되는 세상이 될 것이라고 (1897년에) 말했다.[7] 베버의 예언은 틀리지 않았다. 우리의 뮤즈는 이 기간에 전 세계의 땅과 바다가 한 줌밖에 되지 않는 제국주의 열강에 의해 역사상 최초로 어떻게 갈기갈기 찢겨졌는지 설명했다. 그 제국주의 국가들은 프랑스, 이탈리아, 독일, 포르투갈, 벨기에, 네덜란드, 일본, 미국, 그리고 당시에 세계에서 가장 강력한 정치 단위였던 영국이었다. 1914년 이전 40년 동안, 각 국가가 새로운 시장과 정치적 패권을 추구하면서 지구 육지의 4분의 1이 공식적인 식민지가 되었다. 이런 분할 경쟁의 승자는 영국이었다. 영국은 자신의 영토에 약 1000만 제곱킬로미터를 보탰으며 프랑스는 약 900만 제곱킬로미터, 독일과 벨기에와 이탈리아는 각각 약

250만 제곱킬로미터를 늘렸다.

지구 전체를 감싼 제국주의―'제국주의'라는 단어는 1890년대에 언론과 정치 분야의 용어로 처음 등장했다.―를 향한 추동은 곧 대의 민주주의를 파괴했다. 제국주의는 공개 의식이라든지(1902년 시작된 영국의 '제국의 날'은 각종 행사에 의무적으로 참가하여 깃발을 흔들어대는 어린아이들을 제국 편으로 끌어들이는 데 주로 활용되었다) 인종 차별적인 언어 사용이라든지 민족주의적 호소, 보호 무역에 대한 요청 등으로 겉면이 포장된 상태로 등장했다. 국가들 사이에 경쟁이 발생했기 때문에, 각 국가가 주선하는 국제 회의를 비롯하여 새로운 정부 간 통제 구조를 구축하기 위한 다양한 시도가 이루어졌다. 나폴레옹 군대의 위협을 받던 유럽 지역의 안정을 보장하기 위해 개최되었던 1815년의 빈 회의 이래 약 100년에 가까운 시간 동안, 유럽의 정치 엘리트 집단은 평화를 유지하며 정부 간 관계를 향상하기 위해 서로 얼굴을 맞대고 논의하는 회의를 열었다. 이는 정상 회담의 선구자 격이었다. 1850년부터 1913년 사이에 100회가 넘는 국제 회의가 열렸는데, 여기서 다룬 문제는 해저 케이블과 어업 구역 문제부터 아편 무역, 실업, '동방 문제'*에 이르렀다. 이런 국제 회의 이외에 국가가 주관하는 국제 박람회와 국제 견본시* 등을 개최하는 데도 크게 힘썼다. 예를 들어 영국이 제국으로서 자신감이 최고조에 달했던 1851년에는 앨버트 왕자가 주관하는 '만국 박람회'가 런던에서 개최되었다. 이 밖에 국제적 통제를 위해 만들어진 기구로는 '국제형무회의', '노예무역 방지를 위한 국제해사국', '상설중재재판소' 등이 있었다.

우리의 안내자가 지적한 바에 따르면, 이 기관들의 설립을 이끈 숭고한 목적은 이 세계에 법률적 화합, 평화, 좋은 통치를 불러오기 위함이었지만 실제로는 대부분 통상, 국가 권력, 커뮤니케이션의 확대에 초점이 맞추어져 있었다. 멕시코와 미국이 설립한 '국제중앙아메리카사무소'는 니카라과, 엘살바도르, 온두라스의 정치적 통합을 목적으로 하여 엄격하게 규정된 권한

동방 문제 19세기부터 20세기 초까지, 오스만 제국이 해체되면서 그 영토의 지배권을 둘러싸고 유럽 강국 사이에 일어난 외교 문제. 그리스 독립전쟁, 크림 전쟁, 발칸 위기, 보스니아 위기, 발칸 전쟁 따위가 일어났다.
국제 견본시(國際見本市) 세계 각국 수출용 상품의 견본을 모아 전시하면서 상담을 진행하여 뒷날 실물의 매매를 기하는 전람회 형태의 시장.

을 보유하고 있었다. 이 밖에도 전 세계를 무대로 활동하는 국제기구들이 급속도로 많이 생겨났다. 그런 기구들 가운데 선도적인 모델 역할을 했던 것은 1856년에 설립된 '만국전신연합'과 모로코의 항구 도시 탕헤르에 위치한 '스파르텔등대국제위원회'*였다. 하지만 이런 기구들은 거의 전부 독립적으로 활동하지 못했다. 각 회원국들은 이런 국제기구를 단단히 통제했으며, 그 역할을 정보 교환과 정책 조정을 위한 논의의 장으로 한정했다. 제1차 세계대전이 시작되는 1914년으로 향하는 길에 새로운 전 세계적 통합 조직 제안이 절대로 빈약하게 제공되었던 것이 아니라고 우리의 뮤즈는 지적했다. 성공도 조금 있었다. '연합국해상운송집행국'은 세계 해운업의 애로 사항을 제거하고 업계의 흐름을 통제할 목적으로 설립되었다. 영국의 역사가이자 정치학자였던 앨프리드 짐머른(Alfred Zimmern)이 거창하게 명명한 '지구 애국심(planetary patriotism)'을 지지하는 호소도 놀라울 정도로 다양한 맥락 속에서 제기되었다. 하지만 우리 안내자의 말에 따르면, 국제기구를 건설하려는 이런 프로젝트들은 애당초 실패할 운명이었다고 한다. 무질서한 금융 시장이라는 준엄한 현실을 제대로 다루지 못했기 때문이다.(이 무질서한 금융 시장을 만든 요인은 '투기'와 영국의 경제학자 라이어널 로빈스Lionel Robbins가 '고급스런 사기'라 명명한 것이었다.) 또한 강대국들 사이에 존재하는 군사적·외교적 경쟁 관계를 적절하게 다루는 데 완전히 실패했으며, 당시 세계 전역에서 힘을 과시하던 많은 나라에서 나타난 국제 협력적 가치관에 대한 대중의 강력한 저항—1890년대에 오스트레일리아와 미국 같은 나라에 나타났던 이민에 대한 대중의 반발에서 미리 그 조짐이 보였다.—을 다루는 데도 실패했다.

쇼비니즘은 대의 민주주의의 황금 시대에 죽음을 고하는 묘비명 역할을 했다. 노먼 에인절(Norman Angell) 같은 학자와 정치인들은 통합의 힘은 막을 수 없기 때문에 고도로 발전한 산업 국가들 사이의 전쟁은 사실상 낡은 개념이 되었다는 믿음을 퍼뜨렸지만, 그런 믿음은 20세기 초에 완전히 붕

스파르텔등대국제위원회(International Commission for the Cape Spartel Lighthouse) 스파르텔 곶은 지브롤터 해협의 아프리카 측 지점인데, 여기에 1846년에 등대가 건축되었고 이것을 관리하기 위한 국제 조직이 만들어졌다.

괴했다. 세계 평화라는 아편과 같은 꿈은 이제 '포함 외교'*에 그 자리를 내주었으며 이윽고 더 비극적인 것에 또다시 자리를 내주게 된다. 즉 인류 최초의 전 지구적 전쟁이 발발한 것이다. 이는 30년에 걸친 폭력의 시대로 이어진다. 제1차 세계대전은 대의 민주주의에 커다란 좌절을 안겼다. 이 시대의 비참상을 곧바로 포착한 것은 영국에 본부를 두고 있던 '민주통제동맹(Union of Democratic Control)'이었다. 1914년 9월 초에 발족한 이 기구는, 아마도 민주주의의 이름을 걸고 국가의 전쟁 추진 작업을 공공 사회와 의회의 감시 아래 두려고 노력한 아마도 인류 최초 사례로 기록될 것이다. 800만 명이 죽고 2100만 명이 부상당한 이 대참사는 1918년에 가서야 겨우 끝났다. 당초에는 평화가 새로운 시작을 약속해주는 듯싶었다. 몇몇 거대한 제국과 수십 개의 왕조가 붕괴된 이후, 체코슬로바키아의 초대 대통령 토마시 마사리크(Tomáš Masaryk)는 제1차 세계대전 이후의 세계를 '거대한 무덤 위에 세워진 실험실'이라고 묘사했다. 우드로 윌슨은 이 실험실에서 시민적 자유와 정치적 민주주의를 위해 안전한 장소를 만드는 모든 작업이 진행될 것이라고 확신했다. 앞서 언급한 영국의 '민주통제동맹'도 이런 정신적 자세를 소리 높여 주창했다. 이 동맹은 1921년 여름이 되면 300개가 넘는 조직(주로 여성 조직, 협동조합, 노동조합이었다)의 지지를 끌어모으며, 소속 회원은 100만 명으로 늘어나고 여러 나라에 자매 조직을 두게 된다. 1924년 영국에 사상 최초의 노동당 정부가 들어섰을 때 각료 가운데 열다섯 명이 민주통제동맹에 회비를 내는 회원이었다. 하지만 이 기간 동안 민주통제동맹이 누린 인기는 예외적인 현상이었다. 유럽의 다른 지역에서는 사회 혼란과 실망과 대의 민주주의에 대한 정치적 저항이 만연했다. 민족주의 선동가와 급진적인 농민, 해고 노동자, 파시즘 준(準)군사 조직, 산적 무리와 볼셰비키들이 가하는 압력을 견디지 못하고 대의 민주주의의 집은 무너졌다.

우리의 안내자에 따르면, 1945년 이후 상황은 처음에는 민주주의에 불리해 보였다고 한다. 가장 큰 이유는 냉전의 시작이었으며, 국경에서 군사적 압력을 제거할 수 있는 그런 나라들에서만 민주주의가 번영할 수 있다는 잔

포함 외교(gunboat diplomacy) 강대국이 해상력을 바탕으로 하는 무력을 앞세워 약소국을 압박하는 외교 방식.

인한 법칙이 앞으로 계속하여 작동할 것으로 예상되었다. 그러나 엄청난 난관을 뚫고 정부 간 제도를 구축하려는 다양한 노력이 시작되었는데, 이는 그 규모에서나 깊이에서나 역사상 선례를 찾기 힘든 현상이었다. 이렇게 하여 세계를 한 단위로 하는 정치 체제가 만들어졌다. 비록 이 세계 정치체의 운영 제도들이 종종 교과서에서 무시되고 세계 지도에 제대로 표시되지 않지만, 지금 21세기의 많은 시민과 모든 정부에는 익숙한 것이 되었다. 이 세계 정치체는 시간과 공간의 장벽을 확 낮추거나 때로는 완전히 제거해버리는 커뮤니케이션 기술 덕분에 가능하게 된, 상호 의존하는 전 세계적인 네트워크에 들어가 있는 통제 제도들의 집합체이다. 그 결과, 다양한 형태와 다양한 규모의 통치 제도들—지방 법원과 지방 정부, 영토 국가의 입법부, 중국처럼 제국과 비슷한 행태를 보이는 강대국, 유럽연합과 동남아시아국가연합과 메르코수르* 같은 세계 지역 기구, 유엔과 헤이그 국제형사재판소 같은 국제기관—이 각자 차이점이 있더라도 양자적이기도 하고 다자적이기도 하며 점점 두터워지고 빠르게 발전하는 연결망에 자신이 연결되어 있음을 발견하게 되었다.

우리의 안내자는 '연계 통치(joined-up government)'의 흐름을 보여주는 사례 몇 가지를 지적했다. 그녀는 어느 지방 법원의 판결을 언급했다. 미국의 맨해튼 연방지방법원이 전쟁 범죄 용의자이자 세르비아 민주당 공동 창당인인 라도반 카라지치(Radovan Karadžić)에게 그를 살인, 강간, 유괴, 고문 등의 잔혹 행위로 민사 고발한 보스니아 여성 12명으로 이루어진 단체에 7억 4500만 달러를 배상하라는 내용의 명령을 (2000년 8월 초에) 내렸다. 우리의 안내자는 또한 유럽의 통합 과정이 유럽연합의 각 회원 국가 내부의 정치에 끼친 영향도 언급했다. 이에 관해서는 많은 논의가 있었다. 그녀는 또한 이민 관련 법률과 범죄자 인도 관련 법률을 조화시키며, 중국, 일본, 베트남, 인도네시아, 오스트레일리아, 뉴질랜드 같은 아시아 국가들의 환경 보호 조치와 경제 정책을 조화시키려는 움직임이 세계 곳곳에서 나타나고 있다고 지적했다. 그리고 그녀는 상세한 사례를 또 하나 제시했다. 바

메르코수르(Mercosur) 브라질, 아르헨티나, 우루과이, 파라과이 등 남미 국가 간 무역 장벽을 없애기 위해 1991년에 출범한 남미 공동 시장이자 경제 공동체.

로 1999년에 발효된 '국제 상거래상 외국 공무원에 대한 뇌물 제공 방지를 위한 OECD 협약(줄여서 'OECD 뇌물방지협약')이다. 이 협약은 일본, 브라질, 터키 그리고 세계의 주요 수출국들을 포함한 약 40개국이 곧 인준할 예정인데, 이 협약에 참여한 국가들은 외국 공무원에게 뇌물을 주는 행위를 형사 범죄로 간주하는 법률을 제정할 의무를 지게 된다.

이런 '연계 통치'가 세계적 규모로 성장함에 따라 지구상 어느 곳에서든 권력을 행사하는 사람들은 피드백 효과의 중요성에 대해 점점 더 진지하게 생각하게 되었다고 우리의 안내자는 확신했다. 광범위한 시스템 내부 어디에선가 발생한 단일한 사건이나 거래 혹은 결정─중국이 세계무역기구(WTO)에 가입한 사건과 2001년 9월에 워싱턴과 뉴욕이 공격받은 사건을 예로 들 수 있다.─이 세계의 다른 장소에 여러 가지 후속 결과와 반작용, 부메랑 효과, 나비 효과를 불러오는 것이 통상적인 일이 되었다. 우리의 안내자가 말하고 싶었던 것은, 모든 정부의 결정은 그것이 크든 작든 상관없이 잠재적으로 혹은 실제로 '무제한적' 파급 효과를 불러오며 그 영역 또한 '무제한적'이라는 이야기다. 세계의 각국 정부는 이제 더는 고립된 섬이 아니다. 이 정부들의 말과 행동은 (혹은 말하지 않는 것과 행동하지 않는 것 역시) 지구상 다른 장소에 사는 사람들의 삶에 영향을 끼치는 것이 당연해진 것이다. 국제 관계 분야의 전문가들은 이런 현상을 '파급 효과(spillover effects)'라 하는데 여기에는 충분한 이유가 있다. 자립적 정부라든가 자급자족 시대는 이미 끝났다. 지리적으로 먼 거리에 떨어져 있거나 서로 다른 이해관계 때문에 각국 정부는 다양한 형태와 규모를 띠며 서로 분리되어 있지만, 이 정부들은 서로 점점 더 깊어만 가는 상호 의존의 현실을 매일같이 직면하고 있다.

우리의 안내자는 여기에서 오해가 생길 수 있다고 우려했다. 20세기 후반기에 이렇게 국경을 초월하는 통치 제도들이 급속하게 성장했지만 그렇다고 해서 이것이 어떤 단순한 의미의 '세계 정부'의 등장을 약속하는 것은 아니라고 그녀는 말한다. '연계 통치'의 형태는 그것과는 다르며 훨씬 더 복잡하다는 것이다.

전 지구적 정치체는, 서로 의존하면서 서로 겹치는 통치 제도들의 집합체라고 표현하는 것이 더 좋겠다. 그림에서 이 정치체의 내핵인 (A)는 파수꾼 민주주의의 심장부에 해당한다. 여기에는 북아메리카 지역, 일본, 한국, '유럽평의회'*의 회원국들, 오스트랄라시아* 지역이 포함된다. 이 구역의 정부 간 상호 의존의 망은 가장 길고 두터우며, 효율적인 원격 통신의 밀도가 가장 높다. 따라서 사람과 상품과 결정 사항과 정보의 이동을 막는 육지와 바다의 장벽이 가장 약하다. 이 내핵에서부터 상호 의존의 두텁고 긴 망이 펼쳐지면서 확산되는데, 이 내핵은 다른 영역으로 둘러싸여 있다. 이 (B) 영역은 인구가 많고 영토가 넓은 국가들로 이루어져 있다. 인도와 브라질, 그리고 제국과 같은 행태를 보이는 중국, 인도네시아, 러시아연방이다. 브라질과 인도를 제외하고 말하자면(또 새로운 천 년 시대에 들어와서 민주주의로 이행을 시도하고 있는 인도네시아도 제외될 가능성이 있다), 이 영역의 국가들은 권력 공유형 민주주의 체제가 아니다.(우리의 안내자는 중국과 러시아는 실제로 '후기 전체주의 체제'임을 우리에게 상기시켰다.) 이 국가들은 자국의 영토 '주권'을 지나칠 정도로 수호하는 나라들이지만, 그렇다고 하더라도 세계의 다른 부분과 밀접하게 연결되어 있다. 그렇기 때문에, 예를 들어 인도의 경우는 정보화 산업 기술의 생산과 배분에서 매우 중요한 세계적 역할을 수행하고 있으며, 세계에서 두 번째로 큰 무기 판매상인 러시아는 인도, 중국, 이란과 매우 발전된 공급자-구매자 관계를 맺고 있다.

그리고 세 번째 영역 (C)가 있다. 이 영역은 정부 간 상호 의존의 망이 가장 옅으며 그 망의 끝부분이 혼란스럽게 흐트러져 있다. 이 영역에는 힘이 약한 작은 국가들 그리고 국가 형성의 초기 단계에 있는 정치 단위들이 포함된다. 나이지리아, 바레인, 볼리비아, 필리핀, 타이를 비롯한 국가들이다. 이 국가들 중 몇몇은 서로 결합하는 징조를 보이고 있다. '동남아시아국가연합(ASEAN)'이라든가 '카리브공동시장'* 같은 기구를 만들거나 '미주자유무

유럽평의회(Council of Europe) 민주주의와 인권 수호, 경제 발전을 목적으로 활동하는 유럽의 국제기관. 의회 민주주의를 지향하는 유럽 대부분의 국가들이 참여하고 있다. 2016년 현재 47개 회원국이 있다.

오스트랄라시아(Australasia) 오스트레일리아, 태즈메이니아, 뉴질랜드 및 그 부근의 남태평양 제도를 통틀어 이르는 말. 오세아니아의 서남부를 이른다.

카리브공동시장(The Caribbean Community and Common Market) 1973년에 창설된 관세 동맹 형태의 카리브해 연안 국가들의 연합. 15개 국가로 구성되어 있다.

A

B

전 지구적 차원에서 작동하는, 서로 밀접하게 연관된 통치 제도의 영역들.

역협정' 같은 조약을 맺어 그렇게 하고 있다. 이런 정부들 가운데 몇몇은, 예를 들어 파키스탄, 짐바브웨, 수단은 현재 형성되고 있는 세계 정치체의 가장 바깥에서 불안정한 상태로 존재하는 '실패 국가(failing state)'이다. 이곳은 통치 제도의 세계적 연결망이 들어갈 수 없는 출입 금지 구역이며 유엔 같은 국제기관들이 전혀 환영받지 못하거나 활동 효과를 낼 수 없는 지역이다. 이런 외곽 지역에 존재하는 정권, 예를 들어 미얀마는 자국의 영토 보전에 관해 극도로 민감한 반응을 보인다. 이 국가들의 권력자들은 비록 석유, 마약, 무기와 같은 사안에서는 외부 세계와 중요한 연결 고리를 갖고 있지만, 세계적인 상호 의존 효과에 대해서는 공공연하게 적대적인 태도를 보이고 있다. 전 지구적 정치체의 영향권 밖에 있는 이 외곽 지역에는 비참한 내전이 진행 중인 나라들도 있다. 체첸, 수단의 서부와 남부 지역, 그리고 콩고민주공화국이라는 부적당한 국호가 붙어 있는 국가는 피에 물들어 있으며 지뢰가 곳곳에 묻혀 있고 폐허와 파괴로 뒤덮인 지옥 같은 곳이다. 여기에는 실질적인 정부 기구가 거의 존재하지 않는다.

우리의 안내자는 불균등하게 분포된 전 지구적 통치 네트워크가 결국에는 몹시 불안정한 것으로 판명되었으며 그 주된 이유는 이 네트워크가 각종 모순으로 가득 차 있기 때문이라고 지적했다. 여러 개 존재하는 단층선들이 전체 체제에 주기적으로 충격을 주고 있고, 그렇기 때문에 이 네트워크는 전 세계에 평화 유지와 적절한 통치 기능을 제공하지 못하며 세계적 차원의 민주적 제도를 양성하는 일은 더더욱 하지 못한다는 것이다. 물론 이따금씩 전 지구적으로 큰 재앙이 닥치면 지구 정치체 전체가 우려에 휩싸여 각 부분들이 일시적으로나마 한목소리를 내는 경우도 있다고 그녀는 인정했다. 또 이렇게 다층적이며 복잡하게 얽혀 있는 체제 덕분에 서로 필요한 것을 즉각 주고받는 유연성이라든가, 제도의 다양함 때문에 변화하는 상황에 대한 적응력 같은 이점이 있다는 점도 인정했다. 그러나 그녀는 자신의 판단을 확고하게 밝혔으며 좀 더 날카로운 표현을 사용했다. 즉 21세기 초의 세계 정치체는 파수꾼 민주주의 국가들을 포함한 각 정부 단위를 '불안정하게' 만들고 있다는 것이다. 이 정치체는 서로 중첩되는 엉성한 구조를 지니고 있으며 그런 구조 때문에 어떤 장점이 있는 것도 사실이다. 하지만 결국 이 정치체는 물리학자들이 말하는 '엔트로피' 현상을 경험하고 있다는 것이다.

우리의 안내자는 몇몇 사례를 제시했다. 이미 전 세계의 시민들은 한 세기가 넘는 동안 전 지구적 제도의 구축 과정이 진행된 행성에 거주하고 있다. 그런 제도로는 만국 표준시, 국제사법재판소, '세계 인권 선언'에서부터 해양법에 이르는 유엔이 주관한 조약들이 있다. 그러나 여전히 세계 각 지역 혹은 전 세계를 아우르는 통치 기능이 존재하지 않는다는 점은 세계 곳곳의 파수꾼 민주주의에 근본적인 문제점으로 남아 있다. 18세기와 19세기에 대의 민주주의를 표방한 민주주의자들은 권력의 독점 현상에 맞서 투쟁했다. 그러나 파수꾼 민주주의를 옹호하는 사람들은 이제 여러 상황에서 정반대 문제에 직면해 있다. 즉 '권력 집중 부족'에 직면해 있는 것이다. 우리의 안내자는 파수꾼 민주주의가 전 지구적 차원에서 상황을 주도하는 운전사와 조종 장치의 결여, 그리고 미미한 모습으로나마 존재하는 그런 장치들이 보이는 비효율성 때문에 약해졌다고 설명했다. 21세기의 초기 수십 년간 존재한 이 세계 정치체는 투자 조약이라든가 중앙은행이라든가 증권 위원회, 투자 위원회 같은 것을 만들어내지 못했다. 이런 것들이 있었더라면, '핫 머니'*의 파괴적인 흐름, '리스크세탁',* '레버리징 투자',* 시장 거품을 유발하는 급작스러운 가격 인상 따위에 제동을 걸 수 있었을 것이다. 이렇게 발생한 시장 거품은 세계의 많은 정부를 위협했으며 민주주의 국가들도 예외가 아니었다. 세계 정치체는 세계의 주민들이 제기하는 요구를 평화적으로 처리할 수 있도록 적절하게 작동하는 의회를 갖추지 못했다. 행정부도 없다. 예를 들어 정해진 임기가 있고 선거를 통해 임명된 탄핵 소추가 가능한 대통령이나 세계 통치 회의 같은 기구도 없다. 전 세계를 대상으로 정기적으로 캠페인을 벌여 새로운 정책이나 제도에 관한 사람들의 지지를 불러모을 수 있는 정당도 없다. 세계적으로 (전쟁) 범죄 산업이 크게 번창하고 있지만 이것을 다룰 만한 국제적인 ― 그리고 실제로 강력한 집행 수단이 있는 ― 형사 사법 제도나 경찰 제도도 없다. 그리고 세계를 계속 괴롭히는 전쟁과 폭력에 단호하게 대응할 수 있는 세계 군대나 세계 전략이 존재하지 않는다.

우리 안내자의 지적에 따르면, 재정 부족, 인원 부족, 관료적 경직성, 각국 정부 사이에서 발생하는 관할권 다툼으로 인해 기존의 민주 국가들은 서로 힘을 겨루는 게임을 벌이는데 이런 모습은 놀라울 정도로 '희비극'과 닮았다. 그녀는 '구유고슬로비아 국제형사재판소(ICTY)' 설립이라는 어려운 사업을 예로 들었다. 역사상 최초의 국제 전쟁 범죄 법정 설립(1993년 5월)은 네덜란드의 법학자 코르넬리스 판 폴렌호번(Cornelis van Vollenhoven, 1874~1933)의 꿈을 마침내 실현한 것이었다. 그는 대의 민주주의 체제가 사망에 이르던 시기에 국제 전범 법정의 설립 필요성을 강력하게 주장했으나 그 주장은 결실을 보지 못했다.[8] 우리의 안내자는 이 전범 법정(ICTY)의 탄생은 힘든 과정이었다고 말했다. 유엔 안전보장이사회에서 사소한 사안을 둘러싸고 지루하게 다툼이 이어졌기 때문에 이 기구의 탄생은 15개월이나 지연되었다. 마침내 수석 검사가 임명되었지만 처음으로 뉴욕과 헤이그로 갈 때 비행기 요금을 자비로 부담할 수밖에 없었다. 아직 예산이 배정되지 않았고 지출 사항은 유엔의 '행정예산자문위원회(ACABQ)'의 승인을 얻어야 한다는 것이 수석 검사가 들은 답변이었다. 최소한 한 건의 기소 사안이 제출되어야 비로소 예산이 승인될 것이라고 위원회 측은 말했다. 이 때문에

핫 머니(hot money) 국제 금융 시장에서, 유리한 시장을 찾아 투기적으로 이동하는 단기 자금.
리스크세탁(risk-laundering) 특정 투자가 지닌 위험 요소를 외부인의 눈에 띄지 않게 감추는 수법.
레버리징 투자(leveraging investment) 작은 금액으로 큰 수익을 기대하는 투자로서, 잘못되는 경우 큰 손실을 초래할 수도 있는 고위험 투자를 지칭하는 용어다.

어쩔 수 없이 신생 법정은 그다지 중요하지 않고 기소 과정이 안전하게 진행될 수 있는 전쟁 범죄를 찾아내, 드라간 니콜리치(Dragan Nikolić)라는 인물을 법정에 세울 수밖에 없었다. 또한 조직 차원의 문제, 즉 예산과 증거 처리에 관해서는 유엔의 직원, 사무총장 부트로스갈리와 짜증나고 시간이 오래 걸리는 회의를 숱하게 해야 했다. 한편 부트로스갈리는 수석 검사실을 독립 부서로 설립한다는 당초의 안전보장이사회의 결정에 심각한 의문을 제기하기도 했다. 라도반 카라지치라든가 라트코 플라디치(Ratko Mladić) 같은 인간쓰레기를 체포하는 절차도 제때에 마련되지 않았다. 게다가 당시 유엔 평화이행군(IFOR)의 지휘관이던 레이턴 스미스(Leighton Smith) 제독은 기소된 전쟁 범죄자를 잡기 위해 부대원을 파견하는 데 완강하게 반대했다. 심지어는 이미 확인되거나 확인되지는 않았지만 그런 것으로 의심되는 대량 살상 매장 장소를 수색하거나 야간 경비를 서는 업무도 거부했다. 결국 전범 법정은 노르웨이 엔지오 조직의 자발적 봉사에 의존해야 했으며 그들이 제공한 수색견의 도움을 받아 힘든 작업을 수행해야 했다.

시급히 필요한 이런 국경 초월적 제도를 설립하는 데 큰 어려움이 있지만, 제도들이 공적 책임성을 보유하지 못한 것 역시 큰 어려움이다. 우리 안내자의 말에 따르면, 이 신생 세계 정치체를 절대주의의 한 종류라고는 말할 수 없다. 왜냐하면 이 정치체의 핵심 영역에 있는 국가(외곽 영역에 있는 인도와 브라질 같은 국가들도 추가하여)에는 정치 권력의 오만함을 폭로하고 반대하기 위한 감시 제도들의 네트워크가 풍부하게 갖추어져 있기 때문이다. 그렇더라도 국경을 초월하는 이 정치의 영역에서 파수꾼 민주주의는 여전히 희귀한 생물이다. 삶과 죽음을 좌우하는 문제들이 수많은 눈을 피해 결정되는 경우가 다반사다. 국경 초월적 통치 체제의 불확실하고 비밀스러운 구조는 파수꾼 민주주의의 핵심 원칙들을 예사롭게 침해하고 있다. 즉 정치 권력은 자유롭고 공정한 선거에 기반을 두며 임기의 제한이 있어야 한다는 원칙, 권력을 행사하는 사람들은 다양한 의견을 구하며 자신의 행동을 공개적으로 설명하고 정당한 이유를 제시할 책무가 있다는 원칙, 심각한 관리 실패나 직무 남용이 있는 경우에 사퇴해야 할 의무가 있다는 원칙 등이 침해되고 있다.

'연계 통치' 시대에 힘 있는 자들은 자신의 동기나 행동에는 침묵하면서 다양한 변명을 늘어놓았다. 그들은 국제 세력이 자신에게 정책을 강요했다고 말하기를 좋아했다.(비판자들은 이런 변명을 '정책 세탁'이라고 한다.) 또한 그들은 반대자들과 적들에게 자신이 가진 패를 보이는 것은 바보들이나 하는 짓이라고 말했다.(우리의 뮤즈는 이런 변명을 럼즈펠드 방식이라고 불렀다. "어려운 상황에서 정부는 긴박한 문제에 관해서는 공개적으로 논의하지 않는다."[9]) 국경을 넘나들면서 활동하는 막후 실력자의 경우, 이런 사안을 잘 알지 못하는 대중에게 통치의 문제를 설명하는 것은 너무 어렵다는 플라톤의 주장을 약간 변형하여 변명을 늘어놓는다. 다음으로 우리의 안내자가 지적한 것은 현실이 지극히 복잡하다는 주장이다. 즉, 정치 권력의 파편화는, 관리들 사이에 퍼진 기술주의적 사고방식과 대중 친화력 부족과 잘 훈련된 행정 직원들의 부족이 함께 작용하여, 세계 정치체의 많은 부분들에서 어떤 종류의 공적 감시도 불가능하게 차단하는 결과를 낳고 말았다는 것이다. 이런 상황을 더욱 악화시킨 것은 시장이 강요하는 조건들과 또 우리의 안내자가 '거리의 오만(hubris of distance)'이라고 부르는 현상이다. 숭고한 공적 동기를 지닌 지도자와 관리자라도 이들은 지구의 한 지점에서 정책이 채택되거나 거절되는 일이, 그들이 한 번도 만날 일이 없는 다른 지역 주민들에게, 장기간 영향을 끼칠 것이라는 점에는 관심이 없어 보인다.

이런 모든 반민주주의적인 변명이 하나로 합쳐져 시민과 그 시민의 대표자들에게 잔혹한 영향을 끼치는 경우도 이따금 있다고 우리의 안내자는 지적했다. 북미자유무역협정(NAFTA)에 설치된 비공개 심판위원회와 세계무역기구가 운영하는 '그린룸(Green Romm)' 제도는 이름만 그렇지 않을 뿐 사실상 '캥거루 재판'*이다. 공개 조사를 의도적으로 피하고, 조작된 투표권, 돈, 사실 왜곡, 조직적 은폐, 법적 강제 같은 기술에 의존하는 이러한 국경 초월적 제도들은 어떤 때는 세계 최강의 정부들을 위해, 어떤 때는 세계

캥거루 재판(Kangaroo court) 일반적인 법률적 원칙과 과정을 무시하고 특정 당사자의 이해관계에 따라 일방적으로 진행되는 재판. 어원을 살펴보면 캥거루처럼 껑충껑충 뛰면서 법적 절차를 생략하여 진행된다는 설도 있고, 캥거루가 새끼를 배 주머니에 넣고 있는 것처럼 특정 세력이 재판을 좌지우지한다는 뜻에서 이런 표현이 나왔다는 설도 있다.

최강 기업들의 이익을 위해, 그리고 이따금 이 둘 다의 이익을 위해 작동한다.* 바로 이런 제도들에 의해, 광범위한 사회적 이해관계가 전혀 반영되지 못하는 결정이 내려지는 것이라고 우리의 안내자는 지적했다. 국경 초월적 정치가 점점 더 부유하고 힘 있는 엘리트 사이에서만 진행되는 게임과 같은 모습을 띠고 있다는 것이다. 사회 정의는 그들의 관심사가 아니며, 따라서 새로운 천 년이 시작될 무렵 모든 민주 국가가 1920년대 후반기 이래 볼 수 없었던 빈부 격차의 증폭을 경험하게 된 것도 전혀 놀랄 일은 아니라고 그녀는 말했다. 그녀는 미국의 사례가 보여주는 믿을 만한 증거를 인용했다. 2005년 미국 연간 국민 소득의 5분의 1(21.2퍼센트)을 전체 소득 창출 인구의 1퍼센트가 차지했다고 한다. 미국의 거대 기업인 월마트의 최고 경영자 한 사람이 급료와 수당으로 집에 가져가는 돈의 액수는 직원 평균 임금의 900배였다. 미국은 그런 나라가 되었다. 또한 월마트의 창업자 가족이 보유한 것으로 추정되는 재산(900억 달러)은 미국의 하위 40퍼센트가 보유한 재산의 합과 맞먹는다. 이렇게 사회적 불평등이 심화되는 추세 때문에 글로벌 거버넌스*가 나쁜 평판을 얻게 되었다고 우리의 안내자는 말한다. 점차 더 많은 시민들이 자국 정부나 외국 정부나 모두 각자 사업 계획을 꾸미고 있으며, 국제통화기금(IMF)이나 경제협력개발기구(OECD), 세계은행 같은 기구들이 거

* 이런 기묘한 기구들 안의 정치를 보면 18세기의 느낌이 확실하게 든다. 북미자유무역협정 아래 설치된 심판위원회의 경우를 보자. 이 법정은 기업들로 하여금 각 정부가 기업의 권한을 제한할 경우, 비공개로 진행되는 심판위원회에 그 사안을 회부함으로써 정부의 제한 조치를 거부할 수 있도록 했다. 만일 어떤 기업이 자신의 상업적 권리가 침해되었다고 판단해 심판위원회에 이의를 제기하고 심판위원회가 그 회사와 원고 측에 유리하게 판정을 내리면, 해당 국가의 정부는 그 기업에 보상금을 지불해야 한다고 규정되어 있는 것이다. 2001년 바로 이런 목적으로 캐나다 기업 '메타넥스(Methanex)'가 북미자유무역협정 심판위원회에 소송을 제기했다. 메타넥스는 휘발류 첨가제인 'MTBE'라는 제품을 생산했는데 그 물질이 사고로 캘리포니아 주 산타모니카 지역 상수도원으로 흘러들어 갔다. 이 지역의 우물 대부분은 폐쇄되었다. 캘리포니아 주는 이 첨가제의 사용과 판매를 금지하는 것으로 대응했다. 이러한 조치에 메타넥스사는 이 사안을 북미자유무역협정으로 끌고 갔다. 메타넥스는 미국 정부에 10억 달러에 가까운 보상금을 요구했다. 이 '메타넥스 대 미국 정부' 사건이 결말을 보는 데는 4년 가까운 시간이 걸렸다. 2005년에 내려진 '최종 판정'에서 다행스럽게도 심판위원회는 메타넥스 측의 모든 요구 사항을 기각했으며, 메타넥스는 미국 정부에 법정 비용과 미국 측 중재인 비용을 지불하라는 명령을 받았다.(원주)

글로벌 거버넌스(global governance) 빈곤, 기아, 환경 문제, 난민 문제 등 세계적 규모의 문제에 국가가 충분히 대응하지 않을 때 국제 사회가 해결에 나서는 것을 말한다. '세계적 규모의 협동 관리 또는 공동 통치'라고 한다.

대 기업, 투기꾼, 금융업자의 주머니 속에 들어 있고, 각 나라에서 힘겹게 쟁취한 시민들의 권리가 국경 초월적 통치 제도들이 취하는 행동 또는 취하지 않는 행동에 의해서, 그리고 아무런 제한 없이 활동하는 전 세계적 '시장 세력'에 의해서 침해되고 있다고 확신하게 되었다. 이런 결론은 곧 큰 실망감을 낳았다고 캐나다의 작가 존 랠스턴 솔(John Ralston Saul)이 지적했다. 그는 많은 사람들이 막연하게 느끼고 있던 것을 글로 표현해주었다. 각국 정부는 국제 세력들 앞에서 너무나 불성실한 존재, 너무나 무력한 존재가 되었기 때문에 세계는 이제 점점 더 민주주의와 멀어졌다고 느껴지며, 마치 전 세계가 해적 같은 세력의 손아귀에 잡혀 있는데, 이 세력은 민주주의적 견제와 균형 따위는 전혀 중요하게 여기지 않는 것으로 보인다는 것이다.

타오르는 민족주의

전 지구적 차원의 '연계 통치'와 시장 세력 앞에서 느끼는 무력감을 연료로 하여, 과거 유럽에서 일었던 민족주의의 불길이 다시 타오르게 되었다고 우리의 안내자는 지적했다. 이미 그런 일이 벌어진 다음 시점에 서 있는 우리의 안내자는 그런 시간적 위치의 장점을 활용하여, 민족주의의 불꽃이 전 세계 곳곳에서 타올랐으며 다른 면에서는 서로 너무도 다른 러시아, 인도, 베네수엘라, 중국, 이란 같은 나라들에 어떻게 확산되어 갔는지 설명했다. 새로운 천 년의 첫 10년 동안 모든 파수꾼 민주주의 국가에는 민족주의 정당이 만들어지거나 민족주의 이념을 공공연하게 대변하는 사람들이 나타났다고 그녀는 말한다. 이런 사람들 가운데 가장 명백하게 자신의 입장을 밝힌 인물은 이른바 '세르비아 민족의 아버지'라 불리는 도브리차 초시치(Dobrica Ćosić, 1921~2014)였다. 초시치는 저명한 작가 이상의 의미가 있는 인물이다. 그가 쓴 소설 가운데 가장 유명한 작품은 《죽음의 시간》(1972~1975년)인데, 이 소설은 제1차 세계대전의 첫해에 세르비아 사람들이 겪은 고난을 묘사하고 있다. 우리 안내자의 말에 따르면 초시치의 생각은 충분히 기억에 담아 둘 만한 가치가 있다고 한다. 왜냐하면 그의 생각은 민족주의가 지닌 온갖 추악한 매력을 잘 드러내고 있기 때문이다.[10]

"인격이니 개인이니 하는 것이 존중받는 것은 오로지 큰 민족 안에서나 있는 일"이라고 초시치는 말했다. "작은 민족 안에서 가장 중요한 도덕적 의무는 공동체와 민족과 국가 아래 개인을 종속시키는 일이다. 세르비아에 사는 사람들은 자기 민족을 분명하게 의식하는 세르비아인이 되기 전에는 인간이라고 말할 수 없다." 그렇기 때문에 한 민족을 건설하고 국가 조직의 힘을 빌려 영토를 보호하는 과제가 민주주의보다 중요하다는 것이다. 언어와 땅, 종교적·애국적 관습—노래, 기도, 설화, 성인과 영웅의 전기—에 존경심을 표하는 것이 투표, 정당 간 경쟁, 선거보다 훨씬 더 중요하다는 이야기다. 다른 말로 표현하자면, 선거 민주주의라고 하는 것은 오직 민족의 운명을 결정하는 데 도움이 되는 한도 내에서만 의미가 있다는 것이다. 선거 민주주의는 (그가 자신의 가까운 친구인 슬로보단 밀로셰비치에게 말한 바에 따르면) 우리를 비민주적인 나라라고 비난하는 민족의 적들을 교묘하게 반박함으로써 그들을 침묵시키고, 민족을 보호하고 통일된 국가를 건설하는 데 정당하게 활용할 수 있다. 달리 말하자면, 민주주의는 없어도 되는 것이다.

초시치는 말살 위험에 빠진 민족에게는 이런 논리가 무조건 적용된다고 확신했으며 세르비아 민족이 바로 여기에 해당한다고 보았다. "크로아티아와 보스니아와 헤르체고비나에 살고 있는 크로아티아인과 이슬람교도에게 부여되는 권리를 그곳에 살고 있는 세르비아인이 누려서는 안 된다고 민주주의자가 주장할 수 있는가?" 그는 이어서 물었다. "세르비아인이 자기 나라에 거주하는 정당한 권리를 옹호하는 것이 민족주의이며 '대(大)세르비아주의'인가? 이는 근본적인 민주적 권리 아니던가?" 이 질문에 대한 대답은 자명하다고 초시치는 주장했다. 세르비아인이 거주하는 곳이라면 그곳이 어디든지 상관없이 그곳에는 세르비아가 존재하는 것이며, 그 세르비아인은 세르비아 국가(정부)의 보호를 받을 필요가 있다는 것이다. 그러나 이 원칙은 모든 세르비아인이 민족의 개념에 동의한다는 잘못된 전제에서 출발했으며, 또한 현실에서 사람들의 삶을 잔인하게 파괴하고 각자가 살던 곳에서 추방되고 영토 경계선이 무력으로 바뀌는 것을 의미했다. 그러나 그런 것들에 대해 초시치는 개의치 않았다고 우리의 안내자는 설명해주었다. 오래전부터 세르비아인은 악의적인 언론 보도의 피해를 받아 왔다고 말하면서, 초시치는 앞서 언급된 반대 의견을 모두 가볍게 묵살해버렸다. "세르비아는 전 세계적으로 중상모략을 받고 있다. 모든 사람에게!"

적대적인 이웃 나라들이 가하는 박해 역시 동일한 파워 게임의 일부라고 초시치는 생각했다. 유럽 통합이라는 것도 사실상 세르비아를 해체하려는 음모라고 보았다. "유럽은 세르비아인과 세르비아에 적대적"이라고 썼다. "유럽은 스스로 민주주의의 역할 모델이라고 생각한다. 하지만 동시에 유럽은 전쟁과 노예화와 집단 수용소, 사체 소각장, 거짓말을 자라게 한 토양이기도 하다." 유럽과 유럽의 이중 잣대 뒤에 서 있는 것은 미국이 주도하는 새로운 세계 질서이며, 이 새로운 지배 질서를 주도하는 사람은 '인간의 권리를 인간의 기만으로' 바꾸어놓은 인물들이다. 이 질서의 지도자들은 역사의 종언과 민주주의의 세계적 승리를 이야기하지만 너무나도 명백한 사실은 이 질서가 "거짓말쟁이, 도둑놈, 변태, 악당의 민주주의"라는 사실이다. 유고슬라비아의 미래를 주제로 삼아 개최되었던 1992년 런던 정상 회담은, 초시치의 말에 따르면, 서방의 민주주의가 고작 부와 돈과 권력의 가면에 불과하다는 것을 보여주었다. "그 회담은 '새로운 세계 질서'에 봉사하는, 능력은 없으면서 권한은 막강한 관료들과 세계적 폭군들이 만난 정상 회담이었다. 즉 전체주의적 민주주의 체제와 그 체제의 유럽 위성 국가들의 만남"이라고 그는 잘라 말했다. "회담은 서방 실용주의의 승리를 보여주는 그럴듯한 광경이었다. 즉 어떤 대가를 치르더라도 부정의와 힘이 승리를 쟁취하도록 하는 모습이었다." 그리고 그는 이렇게 결론 내렸다. "공산당 지도자들은 최소한 원칙적이며 보편적인 것처럼 가장하는 논리는 있었다. 하지만 이른바 '민주주의자'라고 하는 이들은 나치의 언어를 구사한다. 즉 이들은 거짓말하고 위협하고 명령하고 판결을 내릴 뿐이다. 세르비아인들은 판결을 받았다. 판결을 받고 박해를 받았던 것이다."

자기 연민과 멜로드라마에 흠뻑 빠진 초시치의 논리는 정치적 과제를 하나 함축하고 있었다. 그것은 세르비아인들이 자신의 국기를 높이 들어올릴 권리를 옹호하는 것이었으며, 자신을 불끈 움켜쥔 주먹으로 생각하며 필요하다면 총을 사용해서라도 '외국인'과 '적'으로부터 민족을 방어해야 한다는 것이었다. 이런 정신 상태가 잔혹한 결과를 초래했다고 우리의 뮤즈는 기록했다. 슬로보단 밀로셰비치의 민족주의 지지자들이 주도한 이른바 '요구르트 혁명' — 이 별명은 1988년 10월 성난 군중이 보이보디나에 있는 의회를 향해 수천 개의 요구르트 팩을 던진 것에서 유래한다. — 으로 말미암아, 해체되고 있던 유고슬라비아 연방의 남은 부분을 장악한 세르비아인들에 의해 이 유럽의 남동 지역은 10년을 끈 전쟁(유고슬라비아 내전)에 돌입하게 된다. 이 전쟁으로 수십만 명이 목숨을 잃고 수백만 명이 자신의 집에서 쫓겨났다. 파수꾼 민주주의 시대에 이런 국가 또는 준(準)국가 조직이 저지른 폭력은 이곳 발칸 반도 서부 지역에만 국한된 것이 아니었다고 우리의 안내자는 말한다. 민족주의에서 동력을 얻는 이러한 무장 국가들의 도래는 세계 곳곳의 파수꾼 민주주의에는 좋은 소식이 아니었다. 비무장한 시민 위에서 마음껏 힘을 쓰게 된 무장 국가들은 개인과 집단에 엄청난 피해를 끼쳤을 뿐 아니라, 권력을 견제하고 균형을 추구하며 잘못된 행동을 막기 위해 설계된 감시 제도의 네트워크에도 엄청난 피해를 끼쳤다. 미얀마, 짐바브웨, 체첸 같은 나라에서 이런 폭력적인 국가 조직과 이 조직이 고용한 하수인들은 기자와 인권 운동가와 작가들을 체포하고 고문하고 성폭행하고 살해하는 일을 수행했다. 우리 안내자는 이런 폭력배들이 이따금 무고한 민간인들을 공격했으며 최고 수준의 방법으로 그들에게 겁을 주어 국민을 철저한 복종 상태로 만들어버리기도 했다고 회상했다. 그리하여 그들은 어떤 형태의 민주주의라도 죽음에 이르게 할 수 있음을 다른 사람들에게 증명해 보이는 것 같았다.

우리의 안내자는 몸이 오싹해질 만큼 무시무시한 사례를 하나 들었다. 1970년대에 아르헨티나의 군사 정권이 운영했던 비밀 집단 수용소다. 가장 규모가 큰 수용소는 '해군기술학교(ESMA)'였다. 이 학교는 부에노스아이레스의 세련된 구역에 자리 잡고 있었는데, 1978년 월드컵에서 아르헨티나가 우승을 차지할 때 그 경기가 열린 운동장의 함성이 직접 들릴 만한 거리였다. 이때는 아르헨티나 정부가 국민을 완전한 공포 상태에 몰아넣고 있던 때였다. 해군기술학교는 마치 공포로 가득한 호텔 같았다. 해군 장교들이 관리했던 해군기술학교에는 나이가 십 대에 불과한 해군 병사들과 '220'이니 '카와사키'니 '뱀'이니 하는 별명을 가진 심문관들이 일하고 있었다.

공포스러운 광경이 펼쳐지던 이 3층 건물은 잘 다듬어진 잔디밭과 가냘 픈 유칼립투스와 자줏빛 꽃을 피우는 자카란다 나무로 위장되어 있었다. 해 군기술학교는 24시간 손님을 받았는데, 손님들은 도시의 여러 장소에서 빠른 속도로 실려왔다. 민간인 복장을 한 해군 장교들이 자동차로 손님들을 실어 날랐다. 접수된 사람들은 곧장 지하실로 옮겨졌다. 지하실에는 응급 치료 센터도 있고 휴게실도 있었는데, 휴게실은 이 학교에서 열심히 일하는 직원들이 잡담을 나누거나 커피와 위스키를 마시고 카드놀이를 하면서 시 간을 보내는 곳이었다. 손님들은 해당 서류를 작성하고 사진을 찍고 눈가리 개를 한 다음, 지시에 따라 친척에게 전화를 걸어 자신들이 무사하다고 전 해야만 했다. 그다음에는 신문과 고문이 시작되었는데 멈춤 없이 그리고 자 비심도 없이 보통 사흘에서 나흘 정도 계속되었다.

예외는 없었다. 심지어 아기와 아이들조차 이 지하실에서 진행되는 범죄 의 희생자가 되었다. 지하의 큰 방에는 고압 전기가 흐르는 집게들이 있었 으며, 커다란 물통도 있었는데 말을 잘 안 듣는 손님들은 젊은 사람이건 나 이 든 사람이건 가릴 것 없이 그 속에 들어가 잠수함 신세가 되어야 했다. 계속 음악 소리가 이어졌다. 노래 한 곡을 밤낮으로 멈추지 않고 귀가 멍멍 해질 정도로 크게 틀어놓았다. 이 노랫소리는 고문자들의 고함과 고문당하 는 자들의 신음과 비명을 가렸다. 이 첫 번째 시련을 견디고 살아남은 자들 은—많은 사람들이 이 최초의 신문 중에 죽었다.—여전히 눈가리개를 한 채로 호텔의 3층으로 옮겨졌다. 이들은 '개집'이라고 불리는 작은 우리 속에 마치 주인 없는 개처럼 쇠사슬로 묶였다.

3층은 이 세상을 떠나 죽음으로 가는 통로였다. 거의 5000명 가까이 여기 서 사라졌다. 겨우 200명 정도가 살아남았고 그들을 통해 이곳의 이야기가 알려졌다. 수감자들은 매주 수요일 저녁이면 안정제 주사를 맞고 호텔에서 공군 기지로 이송되었으며 그곳에서 비행기에 태워져 태평양의 차가운 물속 으로 던져졌다. 그들의 몸은 마치 돌멩이처럼 빨리 물속으로 떨어지게 하기 위해 배를 칼로 갈라놓은 상태였다. 이 기관을 굴러가게 만드는 데 필요한 기술을 보유한 다소 운 좋은 사람들은 제 몫을 해낸다는 조건으로 잠시 동 안 생명을 더 부지할 수 있었다. 작가, 기자, 그리고 대학 졸업장이 있는 사람들은 밤이면 개집에 들어가 결박당하고 두건으로 얼굴이 완전히 가려진 채로 누워, 큰 음악 소리와 발길질 소리와 주먹질 소리에 시달리면서 잠을 청해야 했다. 날이 밝으면 이들은 유리 벽으로 둘러싸인 방에서 사무 업무를 보았다. 이 방은 어항이라고 불렸다. 이들은 경비원이 지켜보는 가운데 일을 했으며 경비원들은 조금이라도 문제가 있으면 가차 없이 잔혹 행위를 했다. 도서관 직원으로 일했던 한 사람은 연설문을 작성하고 언론 보도문을 준비했으며 심지어 유명한 작가들의 책을 요약하는 일도 했다. 여기서 인기 있던 작가들에는 사르트르와 카뮈가 포함되어 있었다. 자신의 무지함에 대해 무엇인가를 해야 한다고 생각하는 해군 장교들을 위한 작업이었다. 한편 배관공, 전기공을 비롯한 다른 기술을 보유한 수용자들은 이 호텔을 유지하고 보수하는 일을 도왔다. 이들은 수용소 밖에까지 나가서 일을 하기도 했다. 예를 들면 과거 자신들의 소유물이었다가 몰수당한 건물을 정비한다든지, 혹은 다른 사람들의 아파트와 주택을 수리하는 일을 했다. 이렇게 수선된 부동산은 고문자들이 암시장에 내다 팔았다. 고문자들은 돈을 끌어모으는 일반 범죄 집단의 역할도 동시에 수행하고 있었던 것이다.

이 잔인한 인간들은 자신의 팔에 매달리는 여성들이 부상을 입었거나 반쯤 죽어 가고 있는데도 여전히 자신이 플레이보이라고 우쭐해했다. 이런 야만적인 살인자들에게도 세련된 외양은 중요했던 모양이다. 그들 가운데 한 명은, 오물 속에 빠지더라도 어깨까지 빠지는 것보다는 팔꿈치까지 빠지는 편이 낫다고 말했다고 한다. 여성 수감자들은 밤이 되면 차에 실려 도시의 술집과 클럽에 끌려갔다. 거기에 가서 몸을 움직여 봉사를 하라는 지시였다. 다른 여성 수감자들은 교외에 있는 휴양소까지 가기도 했다. 그들의 체포자들은 여성들에게 포도주를 주기도 했으며 수영을 하거나 배구를 하라고 강요했다. 이 여성들도 호텔로 돌아오면 노예보다 못한 대우를 받았다. 한 여성은 화장실에 가려면 그때마다 성폭행을 당해야 했다고 고백했다. 임신한 여성에게는 샌드위치와 차를 더 많이 주어 살을 찌웠으며 때가 되면 같은 층에 있는 분만실에서 출산을 하도록 했다. 그녀들은 새 생명이라는 선물을 받은 다음에는 정말로 참을 수 없는 일을 견뎌야 했다. 누군지도 모르는 군인 가정으로 자신의 아기가 사라지는 것을 참아내야 했던 것이다.

폭력의 삼각형

시신을 찾는다거나 실종된 아이를 찾는 끔찍한 과제, 그리고 장기간 실종되었던 사람들의 증언은 아르헨티나, 중국, 칠레, 캄보디아 같은 나라들을 지속적으로 괴롭혀 왔다고 우리의 안내자는 말해주었다. 죽은 이를 기억하는 일을 둘러싼 정치가 등장한 것은 민주주의의 역사에서 전례가 없는 일이었다고 안내자는 지적했다. 이런 일은 파수꾼 민주주의 시대에 잘 어울리는 현상이었다. 시민과 여러 감시 그룹이 '기억의 정치'라는 이 새로운 운동을 추진했다. 시민들이 보기에 각종 무기로 무장한 국가들은 기억 상실증 환자이며, 따라서 이루 말할 수 없는 범죄의 희생자와 생존자들에게 정의를 찾아주는 일을 국가에 맡길 수 없었던 것이다. 기억의 정치는, 죽음보다 더 나쁜 운명—즉 망각되는 운명—이 있다는 것과 조직적인 실종 사건은 위험한 선례를 만든다는 것을 전제로 한다. 피해는 반드시 복구되어야 한다. 쥐새끼들은 그 소굴에서 반드시 쫓겨나야 하며, 폭력에 의해 실종된 사람들은 살아 있는 자들을 통해 영구히 자신들의 투표권을 행사해야 마땅하다. 반드시 정의의 실현을 목격해야 한다. 과거의 범죄가 미래에 다시 반복될 가능성에 대해 공개적으로 경고하는 일 역시 꼭 필요하다. 그리고 과거에 일어난 사건에 대한 개인적 책임—심지어 겁을 먹은 나머지 침묵 속에 입을 다물고 수수방관했던 사람들의 책임까지—도 공개적으로 확인해야 하는 것이다. 실종자들과 그들이 사랑했던 사람들은 공적인 방식으로 기억되어야 한다. 침묵 속에 철야 집회를 연다든지 시끄럽게 시위를 한다든지, 웹 사이트와 공공 기념물을 구축한다든지 혹은 기억을 위한 위원회를 설립하는 것이 바로 그런 공적 방식이었다. 낙서하기, 철조망 설치, 붉은 페인트 뿌리기 같은 행동을 통해 살인자, 성폭행범, 고문자로 의심되는 자들을 공개적으로 '폭로'하는 대담한 방법이 종종 쓰이기도 했다. 중남미 여러 지역에서는 이런 폭로 전술을 보통 '에스크라차르(escrachar)'라는 오래된 단어를 써서 표현한다. 이 단어는 원래 '부수다', '파괴하다'라는 뜻의 동사인데, 활동가들은 이 단어에 "어떤 사람에게 창피를 주기 위해, 그리고 그 사람이 몰래 숨어서 자행한 끔찍한 짓들을 다른 사람들에게 알리기 위해 공개적으로 그 사람의 평판을 공격하는 행위"라는 전혀 새로운 의미를 부여했다.

이 새로운 '기억의 정치'는 국가 폭력의 효과적인 치유 방법이 내부에 존재함을 증명해 보여주었다. 하지만―여기서 우리의 뮤즈는 자신의 지평을 더 넓히고 대조점을 확실히 강조하기 위해 잠시 말을 멈추었다.―전 지구적 차원의 폭력 문제에 대한 21세기의 해결책은 극히 부족한 상태라고 지적했다.

우리의 안내자는 히로시마와 나가사키에 원자폭탄이 투하된 직후 조지 오웰이 쓴 글을 떠올렸다. "민주주의와 민족 자결 원칙의 위대한 시대는 머스킷과 라이플 소총의 시대였다." 계속해서 오웰은 현재의 핵무기 시대는 다른―더 우울한―차원의 시대라고 했다. "만일 원자폭탄이 자전거나 자명종처럼 싸고 쉽게 제조할 수 있는 물건이라면, 그것이 우리를 야만 시대로 되돌려놓을지도 모른다. 하지만 다른 한편으로 그것은 어쩌면 국권(國權)의 종말과 고도로 중앙 집권화된 경찰국가의 종말을 가져올지도 모른다." 하지만 현실에서 핵무기라는 첨단 기술은 다른 결과를 불러왔다. 핵폭탄은 종교적 예언이었던 세상의 종말을 현실적 가능성으로 전환시켰다. 핵폭탄은 현재 남아 있는 모든 민주 국가와 문명 사회를 모조리 폭력적으로 파괴하는 일을 가능하게 만들었다. 머스킷과 라이플은 정확성은 떨어졌지만 통제 가능한 무기였다. 조지 오웰의 말에 따르면, 지금 인류는 이 괴상한 무기로 자신을 파괴해버릴 위험을 한쪽에 두고 있으며 다른 한쪽에는 '냉전'이라는 포장지에 싸인 새로운 형태의 굴종으로 민주주의를 파괴해버릴 위험을 맞이하고 있다. 오웰은 다음과 같이 결론을 내렸다. "세계 전체를 볼 때 수십 년간의 혼란은 무정부 상태를 향한 움직임이 아니라 노예 상태로의 복귀를 향한 움직임이었다."[11]

이때 오웰은 민주주의의 정신과 여러 제도가 곧 부활하리라는 것을―그리하여 파수꾼 민주주의의 새로운 시대가 열릴 것이라는 것을―알 도리가 없었지만, 여하튼 우리의 안내자의 말에 따르면, 태양보다 천 배나 밝고 위력이 센 무기의 위협에 관한 그의 지적은 정확했던 것으로 훗날 평가되었다. 오웰은 민주주의 정신과 여러 제도에 폭력이 가장 큰 위협이 되리라는 점을 올바르게 판단했던 것이다. 우리의 뮤즈는 파수꾼 민주주의 국가들에서 국내적으로 크게 우려할 만한 많은 폭력이 일어났다는 사실을 상기시켰다. 강간, 강도, 암흑가의 범죄, 콜럼바인 고등학교에서 일어난 사건*과 같은 기이한 살인 사건들이 있었다. 그녀는 또한 과거의 아테네라든가 미국 건국 초기를 보면 민주주의 국가가 종종 전쟁을 선호하는 경향을 보였으며, 그런 국가들이 다른 나라를 상대로 수행한 전쟁이 본국에서 오만과 혼란을 조장했다는 사실을 상기시켰다. 하지만 민주주의 국가들은 다른 민주주의 국가를 상대로 하는 전쟁을 삼가는 측면에서도 좋은 기록을 남기고 있다. 최근 민주주의 국가들은 전산화되고 '아군이 다칠 위험이 없는' 공중 폭격 전술에 점점 더 의존하고 있기 때문에—전사자의 수를 최소화하면서—폭력의 위협을 표면화하고 또 최소화하고 있는 것으로 보인다. 똑같은 효과를 내고 있는 또 하나의 요인은, 전쟁 수행에서 공연히 영웅주의적 태도를 과시할 필요가 없다는—즉 국기를 흔들어대고 군복을 입고 전쟁 수행을 위해 떠나는 것은 직업 군인의 몫이라는—시민의 확신이 점점 강해지고 있다는 사실이다.

유감스럽게도 이런 상황이라고 해서 전쟁이 파수꾼 민주주의 국가들의 시야 너머로 완전히 사라졌다거나 폭력과 폭력의 파괴적 영향에 종지부가 찍혔음을 뜻하는 것은 아니라고 우리의 안내자는 말한다. 오히려 냉전이 종식되었는데도 새로운 천 년에 들어와 민주주의 국가들이 '폭력의 삼각형'이라고 부를 수 있는 상황에 놓이기 시작했다는 증거가 점점 더 늘어나고 있다.

이 삼각형의 한 변은 냉전 이후 세계 정치체 안에서 핵무장 국가들이 만들어내는 불안정성이라고 우리의 안내자는 설명했다. 미국은 핵 공격이라는 무기 덕분에 세계의 자경단원으로서 행동할 수 있었고 실제로도 그렇게 행동했지만, 파수꾼 민주주의 시대에 들어와서는 핵무장을 하고 있는 다른 네 개의 세력 연합과 공존하지 않을 수 없는 상황에 빠졌다. 여기서 네 세력은 유럽, 인도, 중국, 러시아다. 이런 합의의 구조는 냉전이 강요했던 장기적 동결 상태와는 뚜렷이 다르다. 냉전 시기에 적용되었던 규칙은, 미국과 소

---

* 1999년 4월 미국 콜로라도 주의 콜럼바인 고등학교에서 두 명의 고등학생이 수십 명을 살상하는 사건이 벌어졌다.

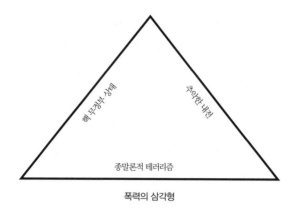

폭력의 삼각형

런 사이에 평화는 불가능하다는 것, 두 나라 사이의 공개적인 핵전쟁이 반드시 불가능하지는 않지만 그 개연성은 낮다는 것으로 이루어져 있었다.

1980년대 말에 양극 대결 체제가 붕괴하면서 이 규칙에 변화가 생겼다고 우리의 안내자는 말했다. '핵무기 이후' 시대가 밝아 온다는 증거는 없었으며, 핵무기 사고 혹은 공격의 공포에서 자유로울 수 있다는 증거 역시 아직은 없었다. 평화는 가능해졌지만 전쟁이 발발할 가능성은 훨씬 더 높아졌다. 가장 큰 이유는 전 세계적으로 이제 추악한 형태의 '핵 무정부 상태(nuclear anarchy)'가 자리 잡았기 때문이라고 우리의 뮤즈는 말했다. 핵무기 덕분에 군부대를 대량 동원할 필요가 크게 줄어들었고, 이에 따라 많은 파수꾼 민주주의 국가에서 일상생활의 상시적인 '문민화'가 가능해진 것은 부인할 수 없는 사실이다. 또한 지구와 지구의 전 주민이 우연한 사고로 혹은 의도적인 계획에 따라 완전히 파괴될 확률, 즉 핵전쟁으로 인해 종말을 맞을 확률이 줄어든 것도 사실이다. 하지만 영속적인 평화는 아직 요원해 보인다고 우리의 뮤즈는 민주주의의 친구들에게 경고했다.

왜 그럴까? 우리의 뮤즈는 현재 주요한 핵 강대국들이 이른바 군사 기술의 새로운 혁명이라는 것을 강력하게 추진하는 데 온 힘을 다하고 있음을 지적했다. 이 혁명은 전자 정보 수집, 전산화된 통신망, 보호 장벽, 세계 어느 지점을 대상으로도 활용할 수 있는 파괴력이 크고 정밀 유도 장치가 장착된 이른바 '스마트'한 무기 개발에 초점이 맞추어져 있다. 우리 안내자의 지적에 따르면, 이런 무기들이 있다고 해서 19세기 초 프로이센의 전략가인 클라우제비츠가 말한 '마찰'*을 전투 상황에서 완전히 배제할 수는 없다. 또한 이 무기들이 갖추고 있다고 하는 정확성의 수준을 과연 적당한 비용과 적당한 신뢰성으로 담보할 수 있는 것인지에 대해 의문점도 아직 많다. 또 군사적 영웅주의에 흥미를 잃은 시민이라고 해서 과연 원격 조종 비행기, 나노 무기, 고수준 정보 시스템을 활용하여 다른 사람들을 살해하는 광경을 감사의 마음으로 묵묵히 바라보고만 있을 것인지도 의심스럽다. 여하튼 이런 새로운 무기들과 좀 더 전통적인 무기들을 사용하는 주요한 대규모 전쟁이 발발할 가능성은 여전히 남아 있으며, 심지어 국지적인 혼란과 국지전에서 비롯한 충돌 상황에 핵탄두가 장착된 무기가 사용될 가능성도 남아 있다.

핵무기를 사용하는 충돌을 피할 수 있을지 의심스럽다고 우리의 안내자는 말했다. 또 다른 시나리오도 얼마든지 개연성이 있다는 것이다. 21세기 초의 몇십 년 동안 파수꾼 민주주의 국가들은 자신들이 핵 물질을 도난당하거나 핵 물질이 유출될 가능성, 원자로 사고가 일어난다든지, 혹은 핵무기가 공공연하게 사용될 수 있는 실제적 가능성에 직면해 있음을 알았다. 앞으로 벌어질 상황을 미리 맛보여주는 것으로 우리의 안내자는 여러 국가의 정부가 방사능 무기와 '더러운 폭탄'*에 관해 논의하고 있다는 사실과 '고아가 된 핵 물질'* 암거래, 전쟁 희생자들에게 '열화우라늄'* 폭탄 세례를 퍼붓는 상황을 이야기해주었다. 한편 전통적인 핵무기 역시 수가 증가했다. 핵무기는 풍요롭게 존재한다. 미국과 러시아연방의 무기고만 하더라도 각각 7000개 정도의 핵탄두를 보관하고 있다. 다른 나라의 핵무기 생산 능력도 계속 확산되었다. 이는 북한과 이란이 핵무기 보유 국가 그룹에 합류했다는

---

* 클라우제비츠가 말한 '마찰(friction)'이란, 위험과 육체적 노고, 불확실한 정보, 단순한 어려움의 누적 등으로 말미암아 형성된다. 이 '마찰' 때문에 전쟁 계획을 정확히 수행하지 못하게 된다고 했다.

더러운 폭탄(dirty bomb) 포탄 속에 방사능 물질을 집어넣어 터뜨림으로써 그 물질이 대상 지역에 퍼져 그 지역에 적군의 배치와 활용을 배제하는 효과를 거두는 폭탄이다.

고아가 된 핵 물질(orphaned nuclear material) 제조 주체가 되는 국가나 조직이 소멸해 마치 고아와 같은 상황에 놓인 핵물질. 밀거래나 불법적 사용의 대상이 되기 쉽다.

열화우라늄(depleted uranium) 핵연료의 유효 성분인 우라늄 235의 함유량이 사용 전의 천연 우라늄보다 감소한 우라늄. 우라늄의 동위 원소 분리 과정 또는 사용 후 핵연료를 재처리하는 과정에서 생긴다. 이를 포탄에 집어넣어 사용하면 파괴력이 매우 높아 탱크와 같은 장갑 보호 장치를 파괴할 수 있지만, 폭발 뒤 방사능 오염의 위험이 존재한다.

사실, 그리고 파키스탄과 이란 그리고 이스라엘, 이란, 아랍 국가들 사이에 핵무장 경쟁이 벌어지고 있다는 사실에서 확인할 수 있다.

핵 대립의 규칙에 관한 많은 협정이 이전에 존재했고 (새 천 년 초에 미국 정부가 계획한 '국가미사일방어' 체제에 드러난 바와 같이) 핵무기 관련 사안이 이제는 이른바 무기 체제 전반의 '현대화'와 밀접하게 연결되어 있는데도, 앞서 언급한 모든 일은 발생하고 말았다. 미국의 관리들은 과거의 냉전이 끝났음을 분명하게 의식하면서 앞으로 있을 '포괄적' 위협을 언급하기 시작했다. 이는 세계 어디에서든지 언제 어느 때든지 발생할 수 있는 잠재적 위험을 총체적으로 지칭하는 것이다. 이런 논리에 따라, 핵으로 무장한 '부랑자(rogue)' 국가들을 타격 목표로 하는 '국가미사일방어(NMD)' 프로그램이 개발되기 시작했으며 이 개발에 1980년대 초부터 약 600억 달러가 투자되었다. 우리 안내자의 말에 따르면, 이런 계획의 큰 문제는 바로 그런 부랑자 국가로 지목될 가능성이 있는 국가들이 대단히 많다는 점이다. 미 국무부는 핵무기 개발 능력이 있는 국가로 44개 국가를 명단에 올려놓았으며, 이 사실은 어째서 지금 세계적 규모의 통치 제도들이 새롭게 핵무기를 갖춘 국가들에게 점차 잠식당하고 있는지를 설명해준다.

냉전과는 전혀 관련이 없는 세계 최초의 핵무기 대립 사건—1998년 5월 민주 국가인 인도가 다섯 번의 핵 실험을 했으며 그 뒤를 이어 파키스탄이 일곱 번의 핵 실험을 강행했다.—은 이 사건과 마찬가지의 위험성을 지닌 수많은 다른 상황으로 이어졌다고 우리의 뮤즈는 지적했다. 이 가운데에는 북한의 핵무기 개발 계획이 있으며 또한 도저히 탐지해낼 수 없는 '지하실의 핵 확산'이 있다. 이는 가스 원심 분리 방식과 레이저 농축 방식으로 핵무기 원료를 제조하는 방식을 말한다. 이에 추가하여 (넌-루가 법안*에 따라 미국 정부가 매년 20억 달러가 넘는 돈을 제공했지만) 러시아가 과연 자국의 핵무기와 핵무기 원료를 안전하게 보관할 수 있는지에 대해서도 지속적으로 의문이 제기되고 있다. 이런 불길한 추세로는, 견고하게 구축되었거나 땅속 깊이 들어가 있는 대상물에 사용할 수 있는 '저위력' 핵무기 개발에 미국 정

넌-루가 법안(Nunn-Lugar legislation) 1991년에 구소련 구성 공화국의 핵무기와 핵무기 제조 원료를 통제하고 처리하기 위해 미국 상원의원 두 명이 주도하여 만든 입법안.

부가 관심을 보이고 있다는 사실도 있다. 이런 상황에 전혀 도움이 되지 않는 또 하나의 사실은, 중국이 보유 핵무기를 늘릴 계획을 추진하고 있으며 그렇게 되면 '포괄적핵실험금지조약'에 규정되어 있는 전 세계적 핵 실험 중지가 사실상 종말을 맞게 되는데도, 미국 정부가 중국의 계획에 반대하지 않겠다는 보장을 해주었다는 사실이다. 핵무기에도 그레셤의 법칙*이 적용된다. 즉 핵무장은 또 다른 핵무장을 낳는다. 정부 건물의 복도에서 옛날과 같이 '투사 중량의 차이', '취약성의 창', '미사일 격차' 같은 논의가 더는 울려 퍼지지 않는 것은 사실이다. 하지만 불길한 징조는 이미 확실하게 나타나고 있다. 그 징조가 말해주는 한 가지 사실, 즉 자국의 사악한 무기를 없앨 의사가 전혀 없는 이기적인 핵보유국 무리를 생산한 이 세계 정치체 때문에 모든 파수꾼 민주주의 국가가 위험에 빠져 있다는 사실은 도저히 피할 수 없다.

우리의 안내자는 더 나쁜 소식을 들고 왔다. 추악한 내전으로 말미암은 폭력이 파수꾼 민주주의 국가들을 물리적으로 위협하고 도덕적으로 곤란한 상황에 몰아 넣고 있다는 소식이다. 이 무력 충돌은 정치 제도를 파괴하고 시민 사회의 제도들을 독성에 감염시키고 폭력 행사에 가담한 사람들이 끔찍할 정도로 생존에 집착하게 만들었다. 사례를 찾는 것은 그리 힘들지 않다. 아프리카의 수단은 거의 30년 가까이 내전이 계속되고 있다. 계속해서 무기가 수단 내부로 반입되어 정부와 비정부 무장 세력의 손에 들어가고 있으며 이들은 토지, 가축, (석유를 포함한) 부를 획득하고 권력을 쟁취한다는 명목으로 최소한 250만 명을 살해했고 나라 안에서만 600만 명의 피난민이 발생했다. 원조 기관에서 사용하는 전문 용어로 이들을 '국내 피난민(internally displaced people)'이라고 하는데, 구호 기관들은 이 지역 사람들에게 닥친 재난의 심각성과 규모에 전혀 대처하지 못하고 있다.

수단 내전과 같은 종류의 내전에는 엄청난 폭력과 고통이 뒤따르는 것이

그레셤의 법칙(Gresham's law) 실질 가치가 서로 다른 화폐가 동일한 화폐 가치로 유통되는 경우에, 가치가 낮은 화폐가 큰 세력을 지녀서 가치가 높은 화폐를 유통되지 못하게 한다는 법칙. 16세기 영국의 금융가 토머스 그레셤이 제창한 것으로, '악화(惡貨)가 양화(良貨)를 구축한다.'라는 말로 대표된다.

특징이다. 이런 내전은 종종 집단 학살에 가깝다. 이런 폭력의 소용돌이에 휩쓸려 들어간 사람들의 삶의 지평은 이루 말로 다할 수 없는 잔혹함 때문에 축소되었다고 우리의 안내자는 말했다. 정규군과 민병대, 소규모의 범죄 집단이 사람들을 강간하고 약탈하고 살해했으며, 조금이라도 문명이 남아 있던 구석구석까지 찾아내 모조리 찢어버려 도저히 회복할 길이 없는 상태로 만들었다. 이런 고통의 불길은 흔히 '국민'에 관련된 이야기를 연료로 삼아 타올랐다. 추악한 내전에는 종종 사이비 민주주의적인 측면이 있기 때문이다. 그러나 다른 무엇보다도 무기와 돈과 폭력배의 세계적 흐름이 전쟁의 고통을 더욱 부채질했다. 이 폭력배들은 현지의 무너져 가는 정치 제도와 영토와 자원을 서로 차지하려고 다투는 현지의 권력 집단 사이의 경쟁을 악용하여 이득을 취하고 있다. 이런 상황 때문에 나라의 국민 전체는 잔혹성의 소용돌이 속으로 빨려 들어갔다. 우리의 안내자는 이런 상황을 통상적인 의미의 '내전'이라 부를 수 없다고 확신했다. 이 용어는, 전투원들이 상대방 전투원들과 일정한 규율이 있는 전투를 치르면서 영토 국가의 권력이 보유하고 있는 주요한 자원의 통제권을 차지하려고 노력하는 것을 상정한다. 르완다, 수단, 시에라리온, 카슈미르, 콩고민주공화국 그리고 그 밖의 많은 지역에서 진행되고 있는 무력 충돌은 다르다. 전투에 임하는 사람들이나 고통을 받는 사람들 모두 지옥을 향한 끔찍한 추락을 경험할 뿐이다. 그 지옥에서 폭력은 어떤 목적을 위한 수단이 아니라 목적 그 자체로 여겨진다.

야만적인 전쟁은 21세기를 살아가는 민주주의자들에게 도덕적인 고통을 안겨주었다. 우리의 뮤즈에 따르면, 이런 상황 때문에 군사적 혹은 '인도적' 개입의 요구가 생겨났다. 파수꾼 민주주의 국가들은 이러지도 저러지도 못하는 난처한 입장에 빠졌다. 삶이 지옥같이 변해버린 지구의 어느 장소로 군함을 보내고 수천 명의 군인을 비행기로 파견할 것인가 말 것인가 하는 문제였다. 커뮤니케이션 풍요의 시대이기 때문에 이런 잔학한 일들을 사람들의 눈에 띄지 않게 차단하는 일이 매우 어려워졌다는 점을 우리의 안내자는 특히 강조했다. 만일 민주 국가들이 이른바 '인도적 개입'에 착수한다면 — 인도가 동파키스탄(오늘날 방글라데시)에 진입했을 때와 마찬가지로—다른 국가의 내정에 간섭하는 것으로, 즉 다른 사람들의 삶에 무력을 행사함으로써 '비민주주의적'으로 행동했다는 규탄을 받기 십상이었다. 그러나 만일 민주주의 국가들이 아무런 행동도 취하지 않고 그저 방관만 하고 있으면—인도네시아 군대가 동티모르 주민들을 무차별 학살할 때 모든 민주주의 국가가 그랬던 것처럼—이번에는 이중 잣대와 냉담한 무관심으로 비난받기 쉽다. 이런 추악한 내전에서 많은 이들이 고문당하고 불구가 되고 살해당하고 부상을 당하는데 그들이 그런 일을 당하는 이유는 명백하다. 고문하고 불구로 만들고 살해하고 부상을 입히는 사람들에 맞설 아무런 방어 수단이 없다는 단순한 사실 때문이다. 경쟁과 질투 어린 다툼은 결국 바깥으로 투사되며, 다른 제3의 집단을 대상으로 하여 자신이 살아 있음을 확인하는 방법으로 엉뚱한 사람들에게 잔학 행위를 가한다. 전쟁 수행의 가장 기본적인 규칙은 가볍게 무시된다. 적은 강력한 위협으로 간주되며, 폭력적인 악마로 여겨진다. 따라서 그 적을 향한 폭력 의식은 끝없이 부끄러움 없이 반복된다. 폭력의 이유가 사라진다. 살인자들의 얼굴은 이제 아무런 표정도 없으며 때로는 웃기도 한다. 자신의 행동을 설명하는 그들의 말은 냉소적이거나 자신들의 개인적 혹은 집단적 환상을 기계적으로 반복하는 형태를 띤다.

이 추악한 내전의 주인공들은 가장 원초적인 교전 법칙을 따른다. 우리의 안내자가 그 목록을 만들었다. 사람을 살해하고 그 살해에 대한 복수로 다시 살해한다. 이때 무고한 사람들이 희생된다. 적의 손과 성기를 자른다. 혀를 자른다. 그들의 입에 돌을 쑤셔 넣는다. 그리고는 그 돌을 강제로 삼키게 한다. 묘지를 파헤친다. 여자들을 강간한다. 양식은 독을 뿌리거나 태운다. 땅에 독을 뿌린다. 땅에 희생자들의 피를 부어 붉게 물들게 한다. 목격자를 남기지 않는다. 진정하라고 호소하는 사람들을 잔혹하게 다룬다. 그들을 벌할 때는 후투족 출신 존경받던 지도자 아가테 우윌링기이마나가 살해당한 것처럼 해라. 르완다 총리였던 우윌링기이마나는 온건한 태도를 취했다는 이유로 같은 후투족의 폭력단에 살해되었는데, 그녀의 시체는 반쯤 옷이 벗겨지고 심하게 손상된 채로 사람들의 눈에 띄게 전시되었다. 폭력을 행사하는 사람이나 폭력을 당하는 사람이나 모두 더러운 사람이 되도록 하며, 피로 세례를 받도록 하고, 잔혹한 범죄의 공범이 되도록 하라. 모든 사람이 지켜보는 데서 강간, 고문, 살인을 저질러라. 그들은 자신들이 본 것을 잊지 않을 것이며 그들이나 다른 사람이 어떤 짓을 했는지도 잊지 않을 것이다. 고통스러운 질문으로 민주주의 세계를 곤란하게 만들라. 예를 들어 르완다의 한 목사는 왜 사람들이 피난해 들어와 있는 자신의 교회에 불을 질렀을까와 같은 의문을 민주주의자들이 품게 하라. 혹은 도대체 어떤 종류의 비이성이 존재하기에 보스니아에서 고문하던 세르비아인은 이슬람교도를 잡아 다른 이슬람교도의 고환을 강제로 물어뜯게 했을까? 그리고 최종 결론으로, 추악한 내전에 가담한 이런 사람들은 (슬로보단 밀로셰비치가 심장 마비로 죽기 전에 헤이그 국제형사재판소에서 했던 것과 같이) 기자들을 향해서나 재판정 안에서 당신들이 도살자라고 부르는 이들이 사실은 영웅이며 희생자에 관한 이야기는 모두 허구이거나 그들은 당연히 자신들이 받아야 할 처벌을 받았을 뿐이므로 인류에 대한 범죄가 아니라고 당당하게 말할 준비를 갖추고 있다는 사실을 민주주의자들의 머릿속에 분명하게 새겨 넣어라.

마지막으로 — 우리의 안내자는 너무 끔찍한 세부 사항까지 언급한 데 대해 사과했다. — 파수꾼 민주주의 국가들은 폭력의 세 번째 유형과 마주하고 있다. 그것은 새로운 종류의 종말론적 테러리즘이며, 세계적 차원에서 작동한다. 테러리즘이란 추악한 현상은 상당히 오래된 현상임을 우리의 안내자는 상기시켰다. 이 단어는 '프랑스의 공포정치', 즉 1793년 3월부터 1794년 7월까지 시행되었던 혁명적 테러리즘에서 유래한다. 테러의 '고전적' 형태는, 특정한 정치적 목표를 달성하고자 다른 사람에게 공포를 심어주기 위해 폭력을 사용하는 것이었다. 물론 국가가 테러리즘을 사용하기도 쉽다.(프랑스의 자코뱅과 20세기 아르헨티나와 칠레의 군사 정권이 그랬다.) 이런 정부는 국민들을 겁주어 복종하게 만들기 위해 암살자나 일반인을 가장한 요원을 활용했다. 한편 전형적인 테러리스트란, 우리 안내자의 말에 따르면, 어떤 정부에도 속하지 않은 전사로서 군복을 입은 군인도 아니고 정교한 지휘 체계에 속한 조직원도 아니다. 이런 테러리스트는 폭발물이나 소형 총기를 다루는 죽음의 기술을 습득하는 훈련을 주로 도시 지역에서 받는다. 케냐의 마우마우단, 알제리의 알제리민족해방전선, 콜롬비아의 콜롬비아무장혁명군 같은 게릴라 집단과 달리, 전형적인 테러리스트들은 적의 영토를 점령하는 것을 목표로 삼지 않는다. 하수도 속의 쥐새끼들처럼 이들은 지역 사회의 작은 틈새에 숨어서 아주 작고 자율적인 단위 안에서 행동한다. 그들의 목표는 자신들의 적대자인 정부를 피곤에 지치게 하고 사기가 완전히 땅에 떨어지도록 하는 것이다. 불리한 상황에 있을지라도 테러리스트들은 자신들의 적인 정부가 결국에는 협상에 나설 것이며 양보하고 또 퇴각하리라고 믿는다. 폭력적인 행동을 하여 자신들의 대의를 널리 선전하는 것, 사람들의 의식에 폭탄을 심는 것, 공포라는 수단을 사용하여 승리를 향해 투쟁하는 것, 이런 것들이 그들의 전문 영역이다.

우리의 안내자는 다음의 테러 사건에 테러리즘의 '고전적' 요소가 분명히 존재한다는 점에 동의했다. 1980년대 초 베이루트에 있는 미국과 프랑스의 군사 시설에 대한 자살 공격, 일본 도쿄의 지하철에서 자행된 독가스 사린 공격, 1995년 초 오클라호마시티에 있는 미국 연방 정부 건물 폭탄 공격, 1998년 8월 탄자니아의 다르에스살람과 나이로비의 미국 대사관 동시 공격, 그리고 2001년 미국 국방부와 세계무역센터 공격이 그런 사례들이다. 우리의 안내자는 이런 계획적인 공격이 파수꾼 민주주의가 제공하는 시민적 자유를 교묘하게 활용했다는 점, 각각의 공격이 정치 질서의 근본적인 변화를 목표로 삼았다는 점, 그리고 각 공격이 도시 안에서 무력을 과시했으나 영토를 점령하려는 시도는 아니었다는 점을 설명했다. 하지만 그녀는 이런 사례들이 바스크, 아일랜드, 콜롬비아의 총잡이, 납치범, 폭탄 공격자의 전술과 분명한 차이점을 보인다고 말했다. 종말론적인 사고방식을 지닌 21세기의 테러리스트들은 자신들이 협상할 가치도 없으며 타협안을 만들어낼 능력도 없는 적과 전면전을 벌인다고 생각한다. 적은 철저하게 타락한 존재로 전제되므로, 기술적 단순함 때문에 더욱 오싹한 느낌을 주는 무제한적 폭력을 사용하여 수백만 명이 지켜보는 가운데 말살해야 마땅한 존재로 여긴다.

우리 뮤즈의 말에 따르면, 그들의 목적은 복잡하게 구성된 시스템에서 특히 취약한 목표물, 예를 들어 미국의 힘을 상징하는 대상을 정한 다음 무차별적으로 그리고 대량으로 사람을 죽이는 것이다. 이때 마비되는 것은 대사관이나 공항, 교통 시스템, 혼잡한 시장이나 나이트클럽, 호텔만이 아니다.

도시 전체가 마비된다. 인도 민주주의가 경험한 일(21세기 초 몇 년간 인도에서는 이라크에서 발생한 사망자 수와 엇비슷한 수의 사람들이 테러리즘으로 살해되었다)은 자전거에 매달아놓은 점심 도시락 속에 숨긴 폭발물처럼 단순한 무기에 의해서 일상이 얼마나 쉽게 공포로 물들고 마비될 수 있는지를 보여주었다. 이런 행동의 목적은 공공의 지지를 얻는 것도 아니며 정치적 거래에서 협상하기 위한 것도 아니다. 죽음에 이르는 제로섬 게임이다. 자신의 소행이라고 굳이 밝힐 필요도 없다. 신(神)과 마찬가지로 테러리스트는 어디에나 있고 어디에도 없는 존재다. 테러를 사람들이 확실하게 이해하도록 해서도 안 되며 또한 사람들이 통제할 수 있도록 해서도 안 된다. 테러는 잠재적인 희생자의 머릿속을 휙 스쳐 지나가는 소리처럼 작동해야 한다. 적의 심신을 철저히 뒤흔들어버려야 한다. 테러의 희생자와 증인은 산 채로 땅속에 묻혀야 하며, 각자 고립된 채 고통당해야 하며, 그렇게 자기 존재를 의심하다가 결국에는 망각 속에 빠져야 하는 듯하다. 테러의 목적은 지금 이 세계의 지독한 부패를 폭로하는 것이다. 어떤 사람도 어떤 물건도—민주적인 제도는 당연히—무사하게 남아 있을 수 없다. 결국 남는 것은 오직 재앙뿐이다.

민주적 평화의 법칙?

이제 우리의 안내자는 이런 대학살에 대해서는 더 말하지 않기로 했다. 만일 다른 사람들이 새로운 천 년의 초기 몇십 년을 되돌아본다면, 그들은 이렇게 극심한 폭력의 흐름 앞에서 전쟁과 평화의 구분이 무너졌음을 목격하게 될 것이라고 그녀는 예언했다. 그리고 다양한 유형의 폭력들이 서로 밀접하게 연결되어 있음을 목격한 사람들은 걱정스러운 마음으로 다음과 같은 곤혹스러운 질문을 떠올리게 될 것이다. 새로운 천 년에 발생한 이 폭력적인 혼란이 혹시라도 끝없는 권력 투쟁과 보편적인 공포를 특징으로 하는 세계 질서를 예고하는 서곡이며, 그런 폭력적 질서 속에서 민주주의 체제가 생존할 가능성은 거의 없거나 혹시라도 전혀 없는 것은 아닐까? 우리의 안내자는 이 질문에 답하지 않았다. 그녀는 지금은 아무도 그 답을 알지 못할 것이라고 언급할 뿐이었다. 점점 더 많은 사람이 이제는 새로운 출발점을 찾아야 하며 폭력에 대한 장기적인 치유책을 발명해야 하고, 그리하여 민주주의의 운명이 완전히 끝장나지 않았다는 것을, 즉 아직 민주주의에 미래가 있다는 것을 증명해야 한다고 생각하게 되었다. 하지만 이것이 곧 문제의 해결을 의미하는 것은 아니다.

어떤 명백한 문제의 존재 자체를 애써 부정하려고 억지를 쓰는 것처럼, 일부 사람들은 민주주의가 평화로운 정치 체제이며 민주주의 국가들은 서로 전쟁을 하지 않는다는 안이한 믿음에서 평온을 찾고 있었다고 우리의 안내자는 말했다. 고대 그리스의 민주정 옹호자들이 이런 이론을 접했다면 아마 깜짝 놀랐을 것이다. 여하튼 이런 생각은 제2차 세계대전 중에 미국의 루스벨트 대통령이 처음 내세웠는데, 민주주의 국가는 '민주적 평화(democratic peace)'의 옹호자라는 주장이었다. 이 주장의 요점은 다음과 같다. 민주주의 국가라면 시민들은 상당히 많은 자유를 누리는데, 여기에는 더러운 속임수를 지적하고 지배자를 비판할 자유도 포함된다. 정치 문제에서 시민들은 몹시 눈치가 빠르다. 이들은 언론인, 전문가, 시민 사회 조직이 제공하는 독립된 의견을 풍부하게 접하며, 전쟁을 부추기는 자들이 내세우는 변명의 모순점을 지적하고 의문을 제기한다. 이들은 동료 시민들에게 전쟁이 파워 게임이며, 다른 사람들을 희생해 몇몇 사람에게 혜택을 주는 악마의 스포츠라고 경고한다. 이들은 또한 전쟁의 끔찍한 결과를 예측하는 데 신속하게 움직인다. 명예나 영웅주의나 우리나라가 옳다거나 그르다거나 하는 이야기에 큰 영향을 받지 않는 이 시민들은 자신의 자유를 활용하여 국경 너머에 있는 다른 사람들에게 전쟁은 결코 멋진 일이 될 수 없으며 민주 국가들끼리 서로 사생결단의 투쟁을 벌이게 되면 결국에는 많은 사람이 ─ 그리고 어쩌면 그들 자신의 민주주의 체제마저 ─ 엄청난 파괴를 경험할 것이라고 이야기한다.

여기까지가 '민주적 평화' 이론의 내용이다. 우리의 안내자는 민주적 평화라는 이 매혹적인 논리가 고위층 친구를 얻게 되었음을 지적했다. 소련이 붕괴하고 얼마 지나지 않아 빌 클린턴 미국 대통령은 이렇게 말했다. "냉전 시기 동안 우리는 자유 제도들을 위협하는 것들을 봉쇄하기 위해 싸워 왔다. 이제 우리는 그러한 자유로운 제도 아래 살아가는 나라의 수를 더욱 늘리기 위해 노력할 것이다. 우리의 꿈은, 언젠가는 서로 협력하고 평화롭게 살아가며 번영하는 민주 국가들의 세계 속에서 세계의 모든 사람의 의견과 에너지가 완전하게 표출되는 것이다."[12]

이런 꿈은 학계에 의해서 재빨리 '민주적 평화의 법칙'으로 전환되었다. "민주 국가는 평화적이므로 절대로 다른 민주 국가에 전쟁을 걸지 않는다." 라는 말은 가장 대담한 표현이다. "민주 국가가 다른 민주 국가와 전쟁을 하는 경우는 거의 없다."는 좀 더 온건한 표현이다. 이 두 표현 모두 민주 국가가 기본적으로 평화를 사랑한다는 인상을 주는데 이는 잘못된 것이라고 우리의 안내자는 지적했다. 이런 판단에는 몇 가지 근거가 있다. 그녀는 우선 민주 국가가 때에 따라서는 호전적으로 변하며 더군다나 이웃 나라가 민주 국가인 경우에도 그렇다는 불편한 사실을 제시했다. 그녀는 2006년 이스라엘이 레바논을 잔인하게 공격했던 이른바 '7월 전쟁'을 예로 들면서 지역 혹은 세계의 긴장이 고조된 상황에서 민주주의 국가는 두려움을 느낄 수 있으며, 따라서 그런 자신의 공포를 이웃 국가에 투사하여 무력을 사용하고 시민과 사회 기반 시설과 생태계에 엄청나게 파괴적인 영향을 끼치는 경우가 있다고 했다. 우리의 안내자는 민주 국가가 '본래' 혹은 '근본적으로' 평화를 사랑하는 것이 아니며, 모든 것은 선출된 그 나라의 지도자가 다른 나라의 지도자들과 영토, 재산, 돈, 무기 혹은 민주주의 자체와는 거의 관계가 없는 다른 어떤 근본적인 사안에서 의견 일치를 볼 수 있느냐 없느냐에 달려 있다고 말했다.

또한 호전적인 정당이나 지도자들이 있을 때 시민들이 이들을 통제하는 데 성공하는가 실패하는가도 대단히 중요한 요인이다. 만일 실패한다면―우리의 뮤즈는 여기에서 허먼 멜빌의 소설 《모비 딕》의 등장인물을 언급했다.―파수꾼 민주주의 국가는 '에이허브 선장'같이 행동하는 정부 때문에 피해를 입을 위험에 처한다는 것이다. 편집광인 에이허브 선장은 자신이 공포와 증오의 대상으로 여기는 대상을 쫓아 지구 끝까지라도 가겠다면서 대혼란을 가져왔다. 21세기의 기록을 보면 민주주의 국가들은 상당수의 희생자를 냈는데, 그 원인은 이 국가들이 선출한 지도자―아리엘 샤론, 조지 W. 부시, 토니 블레어―들이 싸움을 걸고 전쟁을 일으킨 사람들이었기 때문이다. 이들은 종종 논란의 여지가 많은 상황 속에서 조작된 증거를 이용했으며, 비록 일시적이었지만 많은 유권자가 이들의 주장을 사실로 받아들였다.

역사 기록은 또한 호전적인 정부가 선거 민주주의를 이용하여 민주주의를 약화시키는 경우도 있음을 보여준다. 예를 들어 이런 정부는 비상 통치권을 발동하며 독재 체제에서 종종 보여지는 대중의 공포심을 크게 선동함으로써 민주주의를 약화시킨다. 새로운 천 년에 접어들어 병영 국가로 나아가는 이러한 흐름은 이른바 '테러와의 전쟁' 기간에 뚜렷하게 나타났다고 우리의 뮤즈는 보고했다. 민주주의를 고취한다는 명분으로 군대가 동원되었고 민주적 절차는 무시되었으며 선출된 지도자들은 전쟁 개시라는 자신들의 결정을 뒷받침하기 위해 엄청난 거짓말을 했다. 민주주의를 수호한다는 명분 아래 적에 대한 이야기와 '선제공격'의 필요성에 대한 이야기가 흘러넘쳤다. 대중 시위는 철저하게 통제되거나 아예 금지되었다. 시민들은 모의 훈련을 해야 했으며 새로운 감시 시스템(surveillance system)에 노출되었고 일상적으로 '보안' 체크를 당했다. 공항의 검색대와 공공 건물에는 '농담 금지'라는 팻말이 내걸렸으며 이로써 시민들은 당국이 농담하는 것이 아니라는 것을 다시 한 번 상기할 수 있었다. 경찰의 권한은 확대되었다. 사찰 활동에 관련된 음침한 기술들이 크게 발달했다. 정보 기관들—이런 조직의 하나인 미국의 '국가안전보장국(NSA)'은 너무나 비밀스러운 나머지 '노서치에이전시(No Such Agency, 그런 기관은 없다)'라고 불렸다.—은 적을 색출한다는 명분을 내세워 엄청난 양의 데이터베이스를 구축했다. 자기 탐지기, '바이오워치' 대기 탐지기, 철조망, CCTV 카메라, 콘크리트 방호 구조물은 수백만 명의 시민에게 일상적인 것이 되어버렸다. 인신보호법 역시 약화되었다. 많은 민주주의자에게 수치스럽게도, 고문이 가능한 범주의 사람과 불가능한 범주의 사람이 따로 있다고 하는 오래된 구분선이 다시 부활하는 무서운 일도 있었다.

'민주적 평화의 법칙'을 옹호하던 사람들은 이런 군사화된 상황에서 자신들의 과학적 '명제'가 그들의 소망과는 반대로 활용되는 것을 보고 당황스러워했다. 민주적 평화 원칙을 주장하던 일부 미국인들은 자신들이 '부시웰

트당했다(Bushwhacked)'*고 표현했다. 미국이 아프가니스탄과 이라크 침공을 준비하는 과정에서 전쟁을 용인하는 데 자신들이 주장해 온 원칙이 이용되었다는 것을 이렇게 표현한 것이다. 당시 일부 정치 지도자의 논리에 따르면, 만일 민주 국가가 평화를 사랑한다면 민주적 평화 원칙은 특정한 적국을 상대로 전쟁을 개시할 너무나도 충분한 정당화 근거가 된다. 전쟁을 함으로써 그 적국을 민주 국가로 변화시킬 수 있고, 그리하여 그 나라의 이웃 국가들 사이에 민주적 평화를 강화할 수 있다는 논리였다.

'민주적 평화의 법칙'은 갑자기 모든 것이 뒤죽박죽된 세상 속에 있게 되었다. 지금 일부 정부는 민주주의의 장점에 대해 장광설을 늘어놓는데 그들이 말하는 민주주의란 선거 제도만 갖추어지면 되는 편협한 개념이다. 그들은 전쟁이라는 붓으로 민주주의를 더럽히고 있다. 이런 맹목적인 '민주주의 예찬'—우리의 안내자는 그렇게 표현했다.—은 파수꾼 민주주의에는 반가운 소식이 아니었다. 민주적 평화 원칙을 신봉하는 일부는 이 원칙을 거꾸로 뒤집어서 수정을 가하려고 했다. '민주주의 국가가 전쟁에서 승리한다'고 주장한 것이다. 하지만 이는 오히려 상황을 더 악화시켰다고 우리의 뮤즈는 평했다. 그녀는 이런 견해를 내세운 것으로 가장 잘 알려진 두 옹호자의 말을 인용했다. "1815년 이후 민주주의 국가들은 그들이 참가한 전쟁 가운데 4분의 3이 넘는 전쟁에서 승리를 거두었다." 또 다른 한 사람은 이렇게 말했다. "이는 민주주의자들이 환영할 만한 사실이다. 민주주의 국가들은 평화와 번영과 자유가 넘치는 훌륭한 삶을 누릴 뿐 아니라 폭군과 전제 군주의 외부 위협에서 스스로를 보호할 수 있다는 것을 보여주기 때문이다."[13]

이런 계산을 따른다 하더라도, 민주 국가는 적어도 네 번에 한 번 꼴로 전쟁에 패배한 것이라고 우리의 안내자는 지적했다. 이는 결코 기분 좋은 상황은 아니다. 특히 군사 점령이 어처구니없이 실패로 끝난 경우—그녀는 베트남과 이라크를 사례로 들었다.—에는 세계를 이끄는 민주주의 국가인 미국의 세계적 명성이 심판대 위에 올라갔을 뿐 아니라, 민주주의 자체도

---

* 원래 'bushwhack'라는 단어는 잡목(bush)을 후려치며(whack) 길을 내면서 전진하는 것을 의미하는 동사인데, 'Bush'라고 두문자를 대문자로 표기함으로써 당시 조지 W. 부시 미국 대통령이 자신들의 주장을 거칠게 다루면서 파괴했다고 언어 유희를 한 것이다.

어느 정도는 불명예를 겪을 수밖에 없었다. 또한 파수꾼 민주주의 국가들이 사업 거래라든가 지정학적 계산에 따라 우간다의 이디 아민(Idi Amin)이나 이라크의 사담 후세인(Saddam Hussein), 자이르의 세세 세코 모부투(Sese Seko Mobutu), 이란의 샤(Shah, 왕)와 같은 인물과 친밀한 관계를 유지했던일, 그리고 최신 전투 기술을 적용하여 이른바 '비대칭' 전쟁을 미국의 주도에 따라 수행했던 사실도 그 명성에 금이 가게 했다.

우리의 역사가는 있는 그대로 말했다. 지역 주민의 강력한 지지를 받으며 엄격하게 훈련받고 게릴라 전술을 쓰는 헤즈볼라식 군대와 상대했을 때, 정밀 유도 장치가 붙은 폭탄은 전혀 그 군대의 상대가 되지 못했다는 것이다. 파수꾼 민주주의 국가들은 사상자가 발생하는 데 지극히 민감하기 때문에 이런 비대칭적 충돌에서 '승리'를 거두기가 점점 더 어려워졌다. 물론 민주주의 국가가 군사 전략을 선택하는 데서 우월한 모습을 보이는 경우가 많고, 민주 국가의 병사들이 더 숙련된 지도부의 지휘를 받으며 더 뚜렷한 자발성을 보이는 것은 분명하다고 우리의 안내자도 인정했다. 그러나 한 가지 분명한 사실은 민주주의 국가의 경우에는 전쟁을 단기간에 끝내야 한다는 압력을 지속적으로 받는다는 것이라고 우리의 안내자는 지적했다. 임기가 짧은 직책에 선출된 지도자 입장에서 볼 때, 특히 그들이 그 직책을 연임할 수 있는 재선거를 앞둔 경우, 이 지저분한 일을 빠른 시간 안에 완수하는 것은 꼭 지켜야 하는 원칙처럼 여겨진다. 일반 국민은 사상자가 나는 일을 당연히 인내하지 못한다. 파수꾼 민주주의 체제는 조바심을 보이고, 결국 도저히 승리할 수 없는 어리석은 전쟁에 빠져버린 정부는 선거 패배를 맛보게 마련이다. 시민은 바보들을 기꺼이 용서하지 않으며 선거로 뽑은 이 대표자들에게 처벌을 내린다. 이 때문에 종종 민주 국가들은 적당한 선에서 전쟁을 중지하고 무승부를 기록하기도 하며, 혹은 치욕적인 손실을 보고서도 마치 승리한 것처럼 애써 가장하는 모습을 보인다.

미국의 착각

민주 국가가 반드시 평화적이지는 않다는 점, 그리고 이따금 패전이라는 쓰라린 경험을 맛보며 살아가는 법도 배워야 한다는 점, 이 두 가지 규칙은 현재 전 지구적 정치체 속에서 압도적인 위치를 차지하고 있는 민주 국가, 즉 제국적 권력을 보유하고 있는 미국에 뚜렷하게 적용된다.

미국은 자부심 강한 파수꾼 민주주의 국가이자 제국이기도 한데, 두 가지 근본적인 측면에서 이전 역사의 압도적 제국들과 다르다고 우리의 안내자는 지적했다. 첫째, 미국은 어느 정도 역사적 행운의 덕을 보기도 했지만 여하튼 전 세계에 대한 패권을 주장할 수 있는 인류 역사상 최초의 강국이다. 둘째, 미국은 혁명적 세계관을 국가 이념으로 삼은 강국이다. 미국이 지닌 민주주의의 비전은 1776년 독립 선언으로 촉발된 정치 체제에 그 뿌리를 두고 있다. 이 두 측면에서 미국은 이전 역사의 근대적 제국들과 다르다고 우리의 안내자는 말했다. 예를 들어 합스부르크 제국의 경우는 유럽의 가톨릭 신앙이라는 제단에 모여든 국가들의 연합체였다.(포르투갈과 네덜란드에서부터 나폴리와 밀라노, 보헤미아와 헝가리까지 연결되었다.) 미국이라는 제국은 민주주의의 언어와 제도에 헌신했으며 그 점에서 19세기에 전성기를 누렸던 대영 제국과 다르다. 영국의 제국주의자들은 기독교와 문명에 관하여 이야기하는 것을 좋아했다.(19세기 영국은 민주주의 국가가 아니었으며 따라서 영국의 지도자들은 이 용어에 호감을 느끼지 않았고 기껏해야 '책임' 정부라든가 '대의제' 정도의 이야기를 했을 뿐이다.) 그리고 대영 제국의 통치자들은 자신들의 힘이 세계적으로 절정에 달했을 때에도 스스로 자제하는 경향을 보였다. 예를 들어 유럽 대륙이나 남아메리카 지역에서 영국이 무력을 사용해도 성공적인 결과를 얻지 못한다는 전망이 나오면 영국은 보통 무력 사용을 자제했다. 영국의 통치자들은 전 세계를 정복하기 위해 자신들의 해군을 포함한 모든 것을 위험에 빠뜨리는 일이 어리석다고 생각했던 것이다.

미국은 자제하는 모습을 거의 보이지 않는다. 과거의 모든 압도적 강국이 지정학적 불안정을 초래했다는 역사적 증거가 있고 전 지구적 정치체는 이제 미국과 같은 단 하나의 강국이 지배하기에는 지나치게 커졌고 복잡하게 변했다는 사실이 명백한데도, 미국은 오만한 태도로―비민주주의적인 태도로―행동하는 경향을 보인다. 이 때문에 세계 무대에서 미국은 종종 서투르게 행동한다. 이전에 존재했던 혁명 프랑스 그리고 소련과 마찬가지로 미국은 전 세계를 자신이 선호하는 방향으로 변화시키는 것을 목적으로 하는 영토 국가이다. 이 작업을 추진하려면 미국의 민주주의적 이념이 극도로 싫어하는 정치적 속임수, 경제적 압박, 위협, 무력과 같은 방법을 사용하는 것이 불가피한데도 그런 목적에 따라 행동한다.

전 세계를 장악하려는 이런 행동의 뿌리는 19세기까지 뻗쳐 있다. 최소한 1840년대의 멕시코 군사 침공까지 올라갈 수 있다. 이런 연원이 있는 까닭에 아마도 미국의 정치인들과 정부는 자신들이 전 세계의 꼭대기에 올라가는 것이 자연스러운 일이라고 혹은 신이 부여한 권리라고 그렇게 쉽게 생각하는 것인지도 모른다. 미국 국무장관을 지낸 매들린 올브라이트(Madeleine Albright)는 미국을 "없어서는 안 되는 국가"라고 했는데 미국은 이런 개념에 따라 행동하는 듯하다. 우리 안내자의 말에 따르면, 파수꾼 민주주의 시대가 열리던 수십 년 동안 미국의 지도자들은 인류 역사상 처음으로 누구도 도전할 수 없는 전 세계적 제국주의 강국이라는 자신의 모습을 인지하는 순간이 많았다. 그들의 시각은 정확했다. 전 지구적 통치 시스템을 차바퀴의 테와 바큇살로 구성된 것으로 본다면 1989년 이후 미국은 이 시스템에서 가장 중요한 요소—혹자는 이 차바퀴의 바퀴통이라고 했다.—가 되었기 때문이다. 미국은 강력한 자본주의 경제의 심장부였으며, 세계 원격 통신과 오락 산업의 추동력이었으며, 유럽의 보수적 금욕주의에 맞서 점차 승리를 거둔 소비 지향 생활 방식에서 세계 챔피언이었다.

미국은 또한 세계 역사상 가장 강력한 군대를 가진 나라이다. 우리의 안내자의 말에 따르면, 1991년 '걸프전', 1995년 보스니아 평화 유지 작전, 그리고 코소보 전쟁 이후 슬로보단 밀로셰비치 타도와 체포 같은 작전을 비롯한 여러 군사 개입 사례를 통해 전 지구적 차원의 단호한 군사 행동은 미국의 손에 달려 있다는 것이 증명되었다. 비록 일시적이었지만, 아프가니스탄 정부를 상대로 한 전쟁에서도 똑같은 효과를 거두었다. 이제까지 인류가 알고 있는 가장 고도로 발전한 군사 기술의 충격 아래, 아프가니스탄 정부는 마치 헝겊 조각으로 만든 텐트처럼 힘없이 무너져내렸다. 거의 예술의 경지에 다다른 고난도 폭격 기술, 헬파이어 미사일을 탑재한 무인 정찰기 '프레데터', 적의 전화와 무선 교신을 감청하는 기술, 땅속 깊은 곳에 있는 적의 벙커를 파괴하는 특수 폭탄. 이런 모든 것은 기술적인 측면에서 깊은 인상을 남겼다. 우리의 뮤즈가 기록한 내용에 따르면, 1999년 미국의 전쟁 관련 예산은 1989년의 3분의 2에 불과했다고 한다. 하지만 새로운 천 년의 초기를 보면 전 세계 군사 비용을 모두 합한 것의 35퍼센트를 미국이 차지하고 있었다고 한다.(러시아는 미국의 10분의 1이었다.) 한편 미국은 세계 최대 무기상으로서 역할도 더욱 공고히 했다. 2000년도 판매액은 186억 달러였는데 이는 전 세계 무기 판매액인 369억 달러의 절반이 넘는 액수다. 그리고 클린턴 정부 시기에 미국은 과거의 세계적 봉쇄 전략을 변화시켜 세계의 두 지역에서 벌어지는 주요한 전쟁을 (미 국방부 문건에 따르면) '거의 동시에' 치를 수 있는 능력을 갖추게 되었다.

미국은 백만 명이 넘는 군 병력을 보유하고 있으며 지구의 다섯 대륙 곳곳에, 백 개가 넘는 나라에 병력을 주둔시키고 있다. 우리 안내자의 보고에 따르면, 새로운 천 년의 초기에 미 국방부는 미국 이외의 지역에 725개나 되는 군사 기지가 있으며 미국 내에 969개의 군사 기지가 있다고 공식적으로 확인해주었다.(비밀 기지가 몇 개 있는지는 아무도 알 수 없다고 그녀는 덧붙였다.) 이 최강국은 자신의 영향력을 과시할 수 있으며 실제로도 그렇게 했다. 이라크, 세르비아, 아프가니스탄을 상대로 힘을 과시했으며 이른바 '테러와의 전쟁'에서 그렇게 했는데, 이 '테러와의 전쟁'은 세계 곳곳의 수백만 명의 사람에게는 '테러를 가하는 전쟁'으로 느껴졌다. 미국은 자경단처럼 행동하는 국가이며 깡패 국가처럼 행동하는 능력이 있음을 이미 증명했다. 미국은 또한 철강 수입, 환경 규제, 세계은행에 대한 기부금같이 극도로 다양한 사안에서 강경한 입장을 유지했다.(우리의 안내자가 지적한 바에 따르면, 미국은 세계은행의 주식을 가장 많이 보유한 나라이지만 다른 나라를 원조하는 데는 미국 국내 총생산의 0.1퍼센트밖에 쓰지 않았다. 이는 부유한 국가들 가운데 가장 낮은 비율이다.) 미국의 지도자들은 돈, 정보, 석유, 피, 강철, 고성능 컴퓨터가 세계의 여러 사안에서 중요한 역할을 한다는 것을 잘 알고 있다. 따라서 그들은 이전 역사에서 압도적 힘을 발휘했던 모든 국가가 그러했듯이, 자경단처럼 행동해야 한다는 충동을 느끼며 특히 상황이 극단으로 치달을 때는 경쟁 국가의 힘을 모두 합한 것과 비교했을 때 미국의 힘이 어느 정도인가를 평가해야 한다는 충동을 느끼게 되었다. 미국은 이렇게 행동하면서 한편으로는 노골적으로 자신들의 힘을 증강할 계획을 세우고 다른 한편으로는 민주적 자유와 연대를 추구하는 통치 구조를 전 지구적 차원에서 지킬 것을 호소하고 있다.

우리의 뮤즈의 말에 따르면, 지난 천 년의 마지막 10년 동안 미국은 말과 행동을 통해 민주주의의 이상과 제도가 세계적 차원에서 시련을 겪게 만들었다. 그녀는 클린턴 행정부가 '민주주의 확대'라고 부르는 정책을 내세운 것, 그리고 코소보 개입 때 그랬던 것처럼 미국 의회와 유엔 안전보장이사회가 미국 정부의 작전을 승인해주어야 했는데도 이 절차를 회피해버린 일을 우리에게 상기시켜주었다. 그녀는 또한 조지 W. 부시 대통령의 두 차례 임기 동안 미국 정부의 행태를 돌이켜 떠올리게 했다. 부시는 민주주의가 전 세계에서 차지하는 중요성에 대해서, 그리고 만일 필요하다면 무력을 사용해서라도 민주주의를 달성하는 방식에 대해서 지극히 호전적인 견해를 발전시켰다. 부시의 이러한 집착을 엿보게 해준 계기는 2003년 4월 23일 오하이오 주의 리마 시에 있는 '리마 전차 공장'에서 그가 했던 연설이다. 연설의 내용과 연설의 장소가 잘 어울린다. 그는 공장의 경영진과 노동자를 청중으로 하여 이렇게 말했다. "자유로 향하는 길은 반드시 말끔하고 질서 정연한 모습이라고 할 수 없습니다. 하지만 그 길을 가는 것은 모든 개인과 모든 국가의 권리입니다." 여기서 그는 한 가지 약속을 해서 박수갈채를 받았다. "이라크는 반드시 민주화되어야 합니다. …… 한 가지 사실은 분명합니다. 우리는 이라크에 어떤 정부도 강요하지 않을 것입니다. 우리는 이라크라는 이 국가가 이라크 국민의, 이라크 국민에 의한, 이라크 국민을 위한 정부를 건설하는 것을 도울 것입니다." 6개월 후 똑같은 주장이 감미로운 언어로 다시 반복되었다고 우리의 안내자는 말했다. 훗날 널리 인용되는 것처럼 부시는 '전국민주주의기금(NED)' 창립 20주년 기념식에서 연설을 했는데(2003년 11월 6일), 여기서 그가 펼친 즉흥적인 논리 전개는 이제 민주주의 이행에 관한 완전한 형태의 이데올로기와 같은 것으로 잘 정리되어 표현되었다. 그는 민주주의가 "인간을 위해 만들어진 하늘의 계획인 동시에 여기 이 지상에서 진보를 향한 최선의 희망"이라고 말했다. 그는 '세계 민주주

미국의 히트 상품 '민주주의'가 곧 도착할 것을 알리는 풍자적 포스터.

의 운동'을 언급했으며 민주주의를 평가하는 점검 목록을 제시하는 데 약간의 시간을 할애했다. 여기에서 그가 긍정적인 점수를 준 나라는 아프가니스탄, 사우디아라비아, 카타르, 모로코였으며 부정적인 점수를 준 나라는 중국, 쿠바, 팔레스타인이었다. 그의 연설은 중동 지역으로 이동했으며 "민주주의의 전 지구적 물결이 …… 아랍 국가에는 거의 도달하지 않았습니다."라고 말했다. 그다음 대통령의 입에서 한 가지 약속이 튀어나왔는데, 이는 커다란 박수갈채를 불러일으켰다. 그는 "중동 지역의 심장부에 자유 이라크를 건설하는 일은 전 지구적 민주주의 혁명에서 하나의 분수령과 같은 사건이 될 것"이라고 말했다. "이라크 민주주의는 승리할 것이며 그 승리는 다마스쿠스에서 테헤란까지 한 가지 소식을 전달할 것입니다. 바로 자유는 모든 나라의 미래가 될 것이라는 소식입니다."

부시 대통령의 이 연설들은 미국의 중동 정책에 수사적인 변화가 있음을 보여주는 중요한 단서가 되었다. 즉 이 지역의 독재 정권들에 대한 공개적인 지지로부터 멀어진다는 의미였다. 이런 연설은 또한 파수꾼 민주주의가 이제 불행한 상황을 맞게 되었다는 점도 보여주었다. 즉 세계는 이제 최초로 진정 지구적 차원에서 압도적인 위세를 자랑하는 강국의 그늘 아래에 놓인 것이다. 이 강국은 지구의 모든 장소에서 활동할 능력을 지닌 나라이며, 스스로 민주주의에 자부심을 느끼면서 자국의 행동을 민주주의의 언어로 합리화하는 제국적인 강대국이다. 우리의 뮤즈는 미국이 민주주의 제도를 수호하고 창출했다는, 분명하게 증명된 기록이 있음을 인정했다. 제2차 세계대전에서 유럽을 구해낸 사실과 필리핀, 일본, 독일에서 민주주의를 키우는 온실을 운영했던 사실 등이다. 그렇다면 대체 무엇이 문제였을까? 우리의 안내자가 물었다. 세계인들은 그저 미국의 제국적 힘이 민주주의에 도움이 되며, 미국은 민주주의를 보장하는 존재이고 민주주의의 최선의 희망이며 어쩌면 민주주의의 구원자라고 믿고 그 속에서 편안하게 지내면 되지 않았을까?

우리의 안내자는 답했다. 미국은 민주주의와 관련하여 전 지구적인 차원에서 공헌하겠다고 공개적으로 말하지만 그런 약속의 실현 가능성을 의심할 강력한 이유들이 있다는 것이다. 우선, 대의 민주주의로 이행하는 과정을 군사적으로 강제한 사례의 대부분이 실패로 끝났음을 역사가 보여준다는 점이다. 그리고 민주주의의 실현이라는 명분을 내세워 수행하는 전쟁은 파수꾼 민주주의의 평판에 도움이 되지 않는다는 것이다. 노련한—재능 있고 교활한—미국의 외교관 헨리 A. 키신저의 말은 요점을 잘 포착하고 있다. "민주주의를 위해서 싸움을 한다는 선택은 종종 잘못된 것이다. 하지만 민주주의를 내세우는 것은 불가피한 일이다."[14] 결국 곤란한 점은 "그들과 싸우고 그들을 이겨서 그들에게 덜 독재적으로 혹은 심지어 더 민주주의적으로 행동할 것을 가르치려는" 그런 전쟁은 대부분의 경우 지극히 곤란을 겪거나 완전히 실패로 끝난 것으로 밝혀졌다. 우리의 뮤즈의 말에 따르면 약 85퍼센트가 그렇다. 그녀가 인용한 자료는 1898년부터 1992년까지 미국이 했던 90차례의 군사 개입을 검토하고 분석한 유명한 연구물이었다. 그녀는 또 다른 연구를 거론했다. 그 연구는 200건이 넘는 미국의 군사 작전을 조사했는데 여기에는 강제적 개입, 평화 유지, 국경 통제, 군사 훈련 사례가 포함되어 있었다. 분석 결과 민주주의적 효과가 관찰된 것은 전체 사례의 28퍼센트에 불과했다.[15] '총검으로 위협하면서' 민주주의를 촉진할 때 그 성공의 확률이 이렇게 낮다고 하여 — 우리의 안내자는 미국 제29대 대통령 워런 하딩(Warren Harding, 1865~1923)의 유명한 말을 인용했다.[16] — 민주주의가 소수의 운 좋은 나라의 국민들에게만 적절한 체제라는 것이 증명되는 것은 아니다. 이제 민주주의의 건설은 더비 경(Lord Derby)이 1860년 대에 벤저민 디즈레일리(Benjamin Disraeli)에게 한 유명한 말처럼 전혀 가망이 없는데 무턱대고 감행하고 보는 '어둠 속의 도약'이 아니다. 우리의 안내자에 따르면, 민주주의 촉진이 성공하는 경우는 그것이 언제 어디서건 가장 엄격한 다음과 같은 여러 조건이 갖추어진 때였다는 것을 실제 사례들이 보여주고 있다. 자치(自治)는 정부 조직이 잘 만들어지고 보존되어 제대로 작동할 때 가능하다. 정부 조직은 여러 정치 제도들의 구성물이다. 이 제도들은 정책을 만들고 집행할 능력이 있어야 하며 수입을 거두고 분배하고 공공재를 생산하며 물론 폭력 수단의 효율적인 독점권을 행사하면서 시민을 보호할 능력이 있어야 한다. 자치권을 부여하겠다는 약속과 스스로 자신을 민주 국가라 칭하는 강대국의 강제적 점령 사이에 존재하는 모순은 민감하게 다루어져야 한다. 이를테면, 다수의 나라와 기구가 운영하는 '신탁 통치' 혹은 '공유 주권'의 틀로 다루어져야 하며, 이런 틀은 해당 국가를 포함한 좀 더 광범위한 지역에 걸쳐 생존력 있는 해결책을 만들어낼 수 있어야 한다. 점령 세력은 철수를 위한 명확한 시간표를 따라야 한다. 점령 세력은 어디든지 가능한 곳이면 시민 사회의 여러 제도를 육성해야 한다. 여기에는 제대로 작동할 수 있는 시장 구조도 포함된다. 조건이 너무 많은 것 아닌가 하고 생각할지 모르지만, 외부의 간섭자들이 지역의 신뢰를 얻기 위해서는 단지 지역의 전통과 정치적 소망에 대한 존중만 필요한 것은 아니다. 피점령 주민들에게 그들 스스로 조직하고 점령 세력에 반대 의견을 낼 수 있는 권한과, 그리고 점령 세력으로 하여금 파수꾼 민주주의 메커니즘의 통제를 받게 할 수 있는 권한이 주어져야 한다.

전 지구적 차원의 민주주의 이행이라는 미국의 논리가 의심을 받는 또 다른 이유가 있다. 우리의 뮤즈는 미국의 논리에 교묘한 속임수가 들어 있는 것 같다고 말한다. 제2차 세계대전 이후 민주주의 세계에서 권력 감시에 관한 중요한 개선책들이 발전했음을 완전히 무시하는 미국의 공식적인 민주주의 개념 규정은 극도로 축소되었으며 환원주의적 요소를 지니고 있다는 것이다. 즉 민주주의란, 그저 선거를 통해 득표수 혹은 의석의 과반수를 차지해 얻은 승리를 기반으로 구성되는 정부 유형으로만 규정되어 있는 것이다. 환원주의를 더욱 강화하는 태도는 이런 의회 제도를 어떤 나라에 비행기로 운반해서 하룻밤 만에 그 제도를 세우고 나면 바로 그다음 날 결과가 나올 것이라고 가정하는 어처구니없는 태도이다. 비판자들은 이런 태도를 '공기 주입식 의회'라고 정확하게 풍자했다. 뮤즈의 말에 따르면, 이때 심각한 문제는 그런 선거를 이란, 러시아, 싱가포르처럼 의회가 있는 나라에서 정기적으로 착실하게 시행하고 있다는 사실이었다. 그러나 아무리 조심스럽게 말한다 해도, 그 나라들이 교과서에서 말하는 파수꾼 민주주의의 정신과 제도에 조금이라도 가까이 가고 있다고 평가하기는 참으로 어렵다.

　미국이 지원하는 민주주의 이행 사례의 반복되는 실패, 민주주의 규범의 형편없는 위축, 민주주의를 건설하는 과정에서 발생하는 인적 희생에 대한 우려와 같은 모든 요소는 또 다른 의심을 불러일으킨다. 즉 파수꾼 민주주의 시대에 들어 민주주의에 관련된 정치 언어가 '이념적으로' 사용되고 있다는 의심이다. 민주주의의 정치 언어가 구원에 관한 대단한 거짓말 혹은 '거대 담론(grand narrative)'으로 오용되고 있다는 것이다. 이 거대 담론은 그것을 믿는 자들에게 어느 쪽이 위이고 어느 쪽이 아래인지, 또 최선의 목적지로 곧장 가려면 어디로 가야 하는지 확실하게 알려주는 척한다. 미국이 말하는 민주주의가 민주주의와는 거의 혹은 전혀 관계가 없고, 석유 자원이나 지정학적 이득 같은 미국이 인지하고 있는 물질적 이해관계와 밀접한 혹은 전적으로 관계가 있는 무력적 힘을 과시하기 위한 가면이라고 생각하는 사람들이 전 세계에 얼마나 많을지 궁금하다고 우리의 뮤즈는 말했다. 만일 그렇게 민주주의를 가면으로 사용하는 행위가 크건 작건 어떤 규모에서든 이루어지면, 파수꾼 민주주의의 이상과 반(反)민주적인 현실 사이에 극명한 모순이 발생하게 되며 이 모순 때문에 민주주의의 명성은 진흙 속에 처박히게 될 것이라고 그녀는 지적했다. 21세기의 불길한 경고는 미국이 자행한 고문, 가치 평가의 이중 잣대, '전 지구적 가치'를 침해한 사례를 기록한 몇몇 영향력 있는 감시견 단체의 보고에 드러나 있다.[17] 이 보고서는 민주주의의 집에서 조금씩 풍겨 나오는 위선의 냄새 때문에 장차 있을 수도 있는 손님들이 방문하지 않을지도 모르며, 더 나쁘게는 민주주의에 대한 적극적이고 급진적인 거부 반응이 일어날 수도 있고, 심지어 세계 어디에서든 민주주의의 집을 건설하거나 보존하려는 시도가 있을 때마다 그 집을 폭파하려는 사람이 나오게 될지도 모른다고 경고했다. 우리의 뮤즈는 이 위선이라고 하는 것이 민주주의의 세계에서 언제나 불길하게 작동해 왔다는 점을 우리에게 상기시켰다. 위선은 대의 민주주의 역사, 특히 19세기 마지막 사반세기의 역사에 자주 등장했다. 우려스러운 일은 이 위선이 이제 파수꾼 민주주의에, 그것도 전 세계를 아우르는 차원에서 큰 문제를 일으키기 시작했다는 점이다.

이제 그녀는 미국이라는 제국에 대해 자신이 가장 우려하는 점을 이야기했다. 과거의 모든 제국은 오만(hubris)으로 타락하는 경향을 보였다. 따라서 미국 제국은 아테네와 프랑스의 과거 시도와 마찬가지로 오만의 축제를 벌이고 그 속에서 국내와 국외의 민주주의에 지속적인 타격을 입히거나 혹은 완전히 파멸시켜버리지는 않을까?

우리의 뮤즈는 이러한 경향을 걱정했다. 미국이 세계 무대에서 군사적 위력을 숭배하는 종류의 정부로 점차 나아가고 있음을 보여주는 신호는 매우 많다. 이런 국가를 다른 말로 표현하면 군사력이 나라의 위대함을 결정하는 근본적인 기준으로 여겨지며 전쟁 수행 혹은 전쟁 준비가 나라의 가장 모범적인 공공사업이 되는 제국이다. "이 나라는 계속 공격해야 하며 공격을 지속해야 한다." 이는 조지 W. 부시 대통령이 어느 기자 회견에서 한 말이다.[18] 그리고 미국은 실제로 그렇게 행동했다.

우리의 뮤즈는 실례를 들었다. 1989년에서 2001년 사이에 미국은 평균적으로 18개월에 한 번씩 대규모 군사 침공을 감행했다. 이는 미국 역사상 가장 높은 기록이다. 이른바 '테러와의 전쟁' 기간에 미국 의회는 침묵의 순종에 빠진 때가 있었고, 판사들은 미군에 잡혀 있는 사람들의 처우 문제에 관하여 기계적으로 미국 행정부에 유리한 판결을 내리기도 했다. 미국 이외의 지역에서 미군에 억류된 사람의 수는 7만 명에 이르렀던 것으로 추정된다. 또 미군은 검거 목표가 된 용의자들을 꾸준하게 제3국에 '송치'해(즉 납치하고 인도해) 미국의 법률이 미치지 않는 장소에서 그리고 미국 언론 기관의 눈과 귀가 미치지 않는 장소에서 신문하고 고문했다. 전문 자격을 갖춘 조사관들이 비밀리에 수입된 적도 있었다.(2002년 9월 위구르인 구류자들을 '신문'하기 위해 중국의 '대표단'이 관타나모에 있는 집단 수용소를 방문했다.) 뮤즈의 말에 따르면 '정상적'인 것으로 인정된 신문 방법 가운데는 잠 재우지 않기('항공사 단골 고객'이라는 별명이 붙었다), 물고문, 전기 충격, 성적 모욕, 그리고 수갑이나 족쇄를 채우고 그 수갑이나 족쇄에 줄을 달아 사람을 공중에 매달아놓는 수법 등이 있었다. 이 모든 것이 민주주의의 이름으로 행해졌다! 또한 지극히 특이한 성격의 노먼 포드호레츠(Norman Podhoretz) 같은 부류의 지식인들은 미국에는 국제적 사명이 있기 때문에 '고향으로 완전히 귀환'하는 일 따위는 절대 없어야 한다고 주장했다. 정책의 세부 사항에만 집착하는 전문가들은 '선제공격', '보호 전쟁', '예방 전쟁', '외과 수술적 전쟁', '영구적 전쟁' 따위의 개념을 논했다. 이는 전쟁이라는 이름의 여우가 파수꾼 민주주의라는 이름의 닭장 속에 이미 들어와 있음을 뜻하는 분명한 신호였다.

이런 흐름을 살펴보면서 우리의 뮤즈는 깊이 한숨을 쉬었다. 그녀는 아리스토파네스의 작품 가운데 한 구절을 떠올렸다. "민주주의여! 당신은 도대체 우리를 어디로 인도하는가?/ 신들이 이 같은 사람들을 지명하는 때에?" 그리고 프랑스 혁명의 철저한 반동적 비판자였던 조제프 드메스트르(Joseph de Maistre)의 말도 한마디 기억해냈다. "민주주의의 수호자들이 하는 말을 들으면 어떤 사람들은 마치 현자들이 모여서 국사를 논하고 있다고 생각할지 모른다. 하지만 이런 형태의 정부는 반드시 사법 살인, 위험천만한 사업, 돈이 엄청나게 들어가는 선택, 특히 어리석고 비참한 전쟁 따위를 몰고 온다."[19] 민주주의의 과거 두 시대를 두고 한 말이지만 21세기에도 큰 울림을 준다. 우리 안내자의 말에 따르면, 파수꾼 민주주의 시대의 미국은 전쟁에 대한, 그리고 전쟁의 소문에 대한 나르시시즘적인 집착에 굴복할 수 있으며 심지어 끝을 모르는 전쟁의 투사가 될 수 있다는 것을 보여주었다.

마치 이런 상황을 적극적으로 돕는 것처럼 많은 언론인이 제국의 심장부에서 신성한 의식을 집전하는 사제처럼 행동했다. 용인될 수 있는 의견의 범위가 축소되었다. 일부 집단에서는 '최고 사령관'에 대한 공개적인 비판이 마치 '불경죄'라든가 국권 침해 혹은 국가를 배신한 것으로 인식되었다. 군사 조직과 보안 조직은 마치 모든 곳에 존재하는 듯했다. 미국의 많은 일반 시민조차 제1기갑전투여단에서 쓸 법한 큼직하고 값비싼 자동차를 몰고 돌아다니면서 이런 움직임에 동참했다. 우리의 뮤즈가 지적하는 바에 따르면, 파수꾼 민주주의 국가들 가운데 이렇게 제복을 입은 사병과 장교들이 계속해서 기자회견, 정치 집회, 정부 행사, 정치적 사진 촬영 기회, 그리고 대중 영화에 등장하는 것은 미국이 유일하다. 제국의 '최고 사령관'의 지휘 아래 일상생활이 이렇게 군사화되는 것은 마치 미국 민주주의라는 세포를 잡아먹으면서 항체가 증식하는 것 같은 모습이다. 심지어 2005년 1월에 진행된 대통령 취임식은 군사 작전과 유사했다.

    마치 미국이 전 세계에서 비교 우위를 차지하는 유일한 영역이 전쟁인 것처럼 보였다. 우리의 뮤즈는 이런 경향에 반대 의견을 내는 사람도 있다고 인정했다. 그 가운데에는 평소에는 정치에 전혀 더럽혀지지 않았던 사회적 인물들도 있었다. 가수 마이클 재거(Michael Jagger)는 신랄한 풍자의 목소리로 미국이 모두를 위해 자유를 위해 싸운다고 말했다. 민주주의가 그 나라의 스타일인데 단 재판 없이 감옥에 갇힌 사람들은 예외라고 비꼬았다. 그리고 분명한 것은 (텍사스에 본거지를 두고 있는 석유 회사) '핼리버튼'의 사업이 크게 번창하고 있다는 것, 만일 조금이라도 눈치가 있는 사람이라면 군수 업체인 '브라운앤드루트'의 주식을 빨리 사 두어야 한다고 비꼬았다.[20] 제왕적 대통령과 미국의 전쟁 수행을 두고 이렇게 공공의 비난이 쏟아졌지만, 이런 비난의 목소리는 공식적인 '현실주의'의 스펀지에 모두 흡수되어버리고 말았다. 이것이 당시의 시대 상황이었다. 부끄러움을 모르는 목소리들이 당당하게 들렸다. 즉 그들은 미국이 만반의 준비를 갖추어야 하는 현실적 정당성이 있다고 말했다. 어쩌면 미국이 민주주의를 추진한다는 말조차 중단해야 할지도 모른다고 덧붙였다. 민주주의는 분명 훌륭한 이상이지만 희생해도 되는 요소라는 점은 명백하다는 것이었다. 결국 핵심은 미국의 이해관계가 반드시 수호되어야 한다는 점이었다. 특히 미국의 연료 공급 통제권을 확보하기 위해 절체절명의 투쟁을 반드시 수행해야 한다는 이야기였다. 냉엄한 현실은, 미국이 매년 전 세계에서 생산되는 석유의 25퍼센트를 소비하고 있지만 미국 땅에 매장되어 있는 것으로 확인된 양은 전 세계 석유 매장량의 2퍼센트가 채 안 된다는 사실이다. 따라서 에너지 자원이 풍부하게 매장된 중동이나 중앙아시아 지역에서 전략적으로 군사적·외교적 패권을 차지해야 한다는 이야기다.

여기서 우리의 뮤즈는 마지막 질문을 던졌다. 미국은 이제 오만의 순간에 도달한 것인가? 미국이라는 제국은 이제 세계 정세에 불안정을 초래하는 세력으로 활동하며 미국 자신을 포함해 전 세계 민주주의를 공공연하게 위험에 빠뜨리는 행동을 하는 지경에 이르렀는가? 그런 상황이 실제로 도래했다는 것이 새로운 천 년의 초기 어느 해 시리아의 수도 다마스쿠스의 한 카페의 조용한 구석 자리에 둘러앉아 대화를 나누던 낙담한 민주주의자들이 내린 결론이었다. 이들은 사람들의 눈을 피해 〈워싱턴포스트〉 기자와 대화를 나누었으며 대화 주제는 미국의 이라크 점령이 중동 지역에 끼칠 장기적인 영향이었다. 우리의 뮤즈는 후세를 위해 그들이 한 말을 기록해 두었다.

회의체 민주주의 탄생지인 이곳의 민주주의자들은 미국의 외교 정책 덕분에 일단은 시리아의 대통령 바샤르 알아사드가 원하던 바를 성취했다는 데 모두 의견을 같이했다. 민주 개혁을 바라는 시민의 요구를 침묵시켰다는 뜻이다. "민주주의 옹호자는 이제 미국 지지자, 심지어 '배신자'와 동일시된다."라고 마안 압둘 살람이 말했다. 다마스쿠스에 살며 서른여섯 살 먹은 그는 출판인 겸 회의 조직가로 활동한다. "민주주의와 자유를 말하는 것은 아주 힘들고 민감한 일이 되었다. 사람들은 이제 그런 개념들을 믿지 않는다. 미국은 민주주의와 자유를 내세우고 이라크에 왔다. 그러나 우리가 보는 것은 오직 시체, 시체, 또 시체뿐이다." 그의 말에 다른 친구들이 동의했다. 그 가운데 오마르 아미랄레라는 인물이 있었다. 그는 시리아에서 유명한 영화 제작자이며, 그의 작품 가운데 알아사드 일가의 통치를 은근하게 비판하는 기록 영화가 잘 알려져 있다. "만일 민주주의라는 것이 이라크와 레바논에서처럼 혼란과 사회 파괴를 불러온다면, 내 생각에는 사람들이 시리아에서도 그렇지 않을까 하고 두려움을 느끼는 것은 너무나도 당연하며 또 절대적으로 지혜로운 태도라고 본다." 아미랄레이가 이어서 말했다. "사람들은 결국 이렇게 말할 것이다. '글쎄, 이 정부를 유지하는 게 차라리 더 나은 것 같다. 우리는 그들을 알고 있으며, 내전이 벌어지는 건 원하지 않는다. 그런 종말론적 분위기의 변화라든가 내전, 분파 간의 다툼, 유혈 사태는 경험하고 싶지 않다.'" 시리아 국민은 자기 의견이 있어도 말할 수 없고 그 의견을 행동에 옮길 수도 없지만, 외부의 간섭은 받고 싶지 않고 일단 정부가 하는 짓을 잠자코 바라보고 있다는 데 이 민주주의자들은 의견을 같이했다. 부동산업자인 모하마드 유시프는 많은 시리아 국민들은 미국 스타일의 민주주의 대신에 작은 생활의 기쁨을 원할 것이라고 말했다. "우리는 이렇게 서로 이야기를 나누며 좋은 시간을 보내고 있다."라고 그는 결론을 내렸다. 그는 가향 담배를 피우는 데 쓰는 전통 방식의 물파이프 주둥이를 들고 흔들었다. "이것이 우리의 민주주의며, 이것이 우리의 자유다."[21]

민주주의의 새로운 적들

세계 최강국 미국과 그 미국의 민주주의에 대해서 커지는 불안감, 화석화된 정당과 정치인에 대해서 급격하게 떨어지는 열의, 공공의 감시를 벗어난 국경 초월적 제도와 탐욕으로 물든 시장에 대해서 커지는 항의, 세계가 점점 더 폭력적으로 변하고 있다는 불만, 되살아나는 민족주의, 초인 민주주의의 탄생, 민주주의가 무엇인지, 무엇이 될 수 있는지, 파멸의 새로운 증상을 치유하고 그리하여 제2차 세계대전 이후에 이룩한 성취를 보존하고 발전하려면 도대체 무엇을 해야 하는지에 대해 모든 사람이 느끼는 혼란. 우리의 뮤즈는 이러한 흐름들의 합치점에서 파수꾼 민주주의의 파멸을 예견한다. 이런 결론을 내리는 사람은 그녀뿐이 아니다. 이런 퇴폐적인 경향 때문에 많은 사람들 가운데 한 가지 느낌이 희미하지만 빠른 속도로 형성되고 있다고 그녀는 지적했다. 그 느낌은 민주주의의 새로운 적들이 지금 부상하고 있다는 것, 심지어는 민주주의가 이제 완전히 엉망이 되고 있다는 체념적 태도라고 할 수 있다.

파수꾼 민주주의는 이제 천천히 몰락하는 것일까? 부분적으로 파수꾼 민주주의가 스스로 만들어냈지만 이제는 도저히 통제할 수 없는 세력에 의해서 파수꾼 민주주의는 익사하고 마는 것인가? 우리의 안내자는 이런 질문에 답하지 않았다. 민주주의는 원래 비밀을 약간 간직하고 있는 것을 좋아하며 바로 그런 민주주의의 특성을 존중하기에 우리의 뮤즈는 21세기의 상황이 몰고 올 최후의 결과에 관해서는 입을 다물었다. 그러나 그녀는 뿌리 깊은 오래된 한 가지 문제에 대해서는 언급할 준비가 되어 있었다. 그 문제는 바로 민주주의의 제도와 이상에 대한 환멸이다.

우리의 안내자는 21세기 민주주의에 대한 냉담함을 정확하게 측정하기는 어렵다는 것을 인정했다. 이 냉담함의 분포가 불규칙할 뿐 아니라 이제까지 그녀가 언급한 여러 힘에 의해서 추동되고 있기 때문이다. 이를테면 제대로 작동하지 못하는 정부에 사람들의 실망이 증가했고, 전쟁이라는 수단을 통해 민주주의를 촉진하려는 시도가 실패했으며, 종종 의심스러운 법률과 경찰 대응 방식을 사용했고, '테러리즘'과 싸우는 국가 권력이 새롭게 등장했다는 점이 그 요인들이다. 민주주의를 비판하는 새로운 목소리는 이제 베네수엘라의 카라카스, 세르비아의 베오그라드, 짐바브웨의 하라레, 중국의 상하이, 러시아의 모스크바에서 들을 수 있는데, 이 비판자들은 선거 민주주의의 핵심 제도인 정당, 정치인, 의회에 대한 사람들의 신뢰가 현저하게 감소하고 있다고 말한다. 그들은 조직화된 로비 활동과 큰돈이 오가는 정치 현장의 악영향을 지적했으며 민주주의 제도에서 완전히 소외되었다고 느끼는 빈민과 이민자의 수가 점점 더 증가하고 있다는 점을 강조했다. 또 러시아, 케냐, 파키스탄, 미얀마에서 민주주의자들이 심각한 후퇴를 경험했다는 점도 지적했다. 그들은 미국이 취한 오만한 역할과 이른바 민주주의 촉진 사업이 이라크, 아프가니스탄, 파키스탄에서 너무도 확실하게 실패로 끝났음을 조롱하면서 지적했다. 새로운 비판자들은 또한 서방의 파수꾼 민주주의 국가들이 종종 편의를 추구하면서 불공정한 선거를 묵인했다는 점, 민주화에 대한 희망을 포기하고 경우에 따라 중요한 동맹국 역할을 할 수 있는 권위주의 정권의 편을 드는 쪽으로, 비록 공개적으로 정책 전환을 선언하지는 않았지만, 사실상 변해버렸다는 점을 지적했다. 그런 권위주의 정권들은 석유나 천연가스를 보유하고 있거나 중국과 러시아와 전략적 차원에서 가까운 관계에 있어서, 또는 군사 장비나 마약 거래 같은 문제를 해결할 때 동맹이 될 수 있었다.

민주주의에 대한 이 새로운 비판자들의 눈으로 볼 때 이러한 모든 추세는 '역사의 종언'이라든가 민주주의의 '제3의 물결'에 대한 논의가 모두 속임수였음을 증명해주는 것이라고 우리의 안내자는 말했다. 하지만 그녀는 비판자들의 공통점은 여기까지라고 말한다. 민주주의에 대한 이 새로운 불만에서 과거 1920년대에 그랬던 것처럼 민주주의에 반대하는 여러 세력이 힘을 합쳐 일관성 있고 강력한 공격을 할 조짐은 아직까지는 보이지 않는다. 한편에서는 사람들이 정치인을 저주하면서 그들에게 투표하지 않거나 민족주의 선동가들이 반미 연설을 하는 일이 일어나고 있다. 그러나 사람들이 칼라시니코프 총을 들고 거리로 나와 죄 없는 사람을 마구 죽이거나 폭발물로 가득 찬 배낭을 메고 지하철을 타는 것은 그런 현상보다 훨씬 더 심각한 별개의 현상이다. 이런 현상이 양쪽 끝에 있으며, 이 양극단 사이의 공간에 다양한 모습과 규모의 비판자들이 존재하고 있다.

책상머리에 앉아서 연구에 종사하는 철학자가 있는가 하면, 총을 들고 일을 벌이는 사람도 있으며, 글을 써서 공개적으로 선동하는 사람도 있고, 강경한 태도의 군사 활동가도 있다. 하지만 과연 무엇을 어떻게 해야 하는가에 대해서 그들 사이에 합의된 것은 그리 많지 않다. (논쟁을 자주 불러일으키는 프랑스의 철학자 장-클로드 밀네(Jean-Claude Milner 같은) 일부 비판자들은 민주주의가 다원주의 무시를 기반으로 삼고 있으며 궁극적으로 '제노사이드'에 입각한다고 비난했다. 종교성으로 돌아가자고 주장하는 사람이 있는가 하면, 냉철한 정치적 '현실주의'로 혹은 마르크스의 저술로 돌아가야 한다는 사람도 있다. 비판자들은 이따금 민주주의가 단지 미국 제국주의의 도구라고 주장하거나, 민주주의는 '쇼크 자본주의'* 또는 그 외에 '지구화' 현상이 불러온 지극히 해로운 다른 세력에 의해 곧 멸망할 것이라고 결론 내린다. 또 다른 사람들은 중국 정부가 '화해 사회'라고 이름 붙인 비전을 목표로 삼아 새로운 탈(脫)민주주의 제국 건설을 꿈꾸고 있다. 우리의 안내자는 이러한 민주주의의 적대자 대부분이 스스로 민중의 진정한 친구라고 주

쇼크 자본주의(shock capitalism) 전쟁이나 재앙과 같은 큰 사건이 일어났을 때 혹은 그런 사건을 일부러 일으켜 그때 발생하는 충격, 즉 쇼크 상태를 활용해 국가가 자본주의 구조를 심화한다고 본다.

장한다는 점이 걱정스럽다고 지적했다. 이런 주장은 좀 더 우려스러운 점을 포함하고 있는데, 그것은 만일 미래에 그들이 자신들의 주장을 관철할 수 있게 된다면 파수꾼 민주주의는 바로 그 민주주의의 이름으로 파괴되고 말 것이라는 점이다.

위선자, 몽유병자, 운명론자

민주주의의 새로운 적들은 서로 연합하지는 않았지만 그래도 우리의 뮤즈는 그들의 주장과 동기에 관심을 기울여야 한다고 경고한다. 다른 이유 때문이 아니라도 "적은 바로 우리 자신"이라는 오래된 금언이 품고 있는 진실 때문이다. 그들은 나름대로 할 말이 있는 것이다. 그들은 민주주의의 집에 있는 문제에 주목하도록 해주며, 파수꾼 민주주의 이상과 이른바 현실 사이에 점점 더 커지는 간극에 주목하게 해주며, 그에 따른 실망과 위선의 문제 그리고 예상치 못한 방식으로 민주주의를 파괴할 수 있는 그들의 힘에 주목하게 해준다.

우리 안내자의 말에 따르면, 위선은 언제나 민주주의에 대한 적개심이 자라나는 토양 역할을 해 왔다. 역사적으로 볼 때, 민주주의 제도와 생활양식은 매우 다양한 요인에 취약성을 드러냈다. 아리스토텔레스 이후 학자들이 언급한 요인으로는 전쟁 패배, 도저히 화해할 수 없는 계급 간의 적개심, 정부 마비, 파괴적인 자연 재해가 있다. 그러나 이런 요인들이 아무리 설명력이 뛰어나다 하더라고 절대 자동적인 변화의 촉매제로 작동하지는 않았다고 우리의 안내자는 지적했다. 이 요인들이 어떤 마술적인 반(反)민주적 힘을 지닌 것은 아니라는 이야기다. 이런 요인이 민주주의를 향한 지지를 무너뜨리는 경우는 오직 이런 요인들 때문에 사람들이 민주주의적 존재 방식에 지니고 있던 신념이 약화되거나 불신감이 강화되는 경우뿐이다. 이런 일이 일어나려면 사람들이 민주주의에 실망하거나 마음이 상하는 상황이 있어야만 한다. 즉 민주주의의 약속과 실제로 작동하는 민주주의 사이의 틈이 너무나 큰 나머지, 민주주의 자체가 완전히 사기 놀음이라고 사람들이 절실하게 느껴야 한다는 이야기다. 다른 말로 표현하면, 반민주적 정서는 언제나 이상과 이른바 현실 사이의 틈새에서 솟아오르며, 특히 민주주의자들이 그 틈새를 보지 못하고 있다든지 혹은 거짓말을 하거나 말도 안 되는 이야기를 하거나 다른 형태의 속임수를 써서 그 틈새를 은폐하려 하는 경우에 솟아오른다는 이야기다.

그런 틈새를 묘사하기 위해 우리의 뮤즈가 사용한 단어는 '위선(hypocrisy)'이었다. 그녀가 생각한 것은 도대체 무엇일까? 위선이란 어떤 사람들이 반드시 해야 하는 일이라고 떠드는 것과 실제 그들의 행동이 다를 때 그들에게 퍼붓는 경멸의 표현이다. 보통 대화에서 이 단어를 쓸 때 사람들은 이 단어가 고대 그리스 연극에서 어떤 의미였는지 그 기원은 전혀 알지 못한다. 고대 그리스 연극에서 이 단어의 기원인 '히포크리시스(hypokrisis)'는 '흉내 내다', '가장하다', '몸동작으로 표현하다', '연기하다'라는 뜻이었다. 무대에서 연기를 통해 대화를 하고 배역을 연출하는 기예를 뜻했던 것이다. 회의체 민주주의 시대에 '히포크리테스(hypokrites)'는 무대에서 배우를 뜻하는 단어였다. 배우가 자신이 마치 다른 인물인 것처럼 그 사람을 흉내 내는 것은 오직 무대 위에서만은 합법적인 행위였다. 이런 연유로 기원전 4세기에 데모스테네스는 자신의 강력한 경쟁자 아이스키네스에게 경멸적인 말을 퍼부으면서, 그가 저열한 품성을 지닌 사람이고 그를 불신할 수밖에 없는 이유는 그가 정치에 입문하기 전에 성공한 연극 배우였기 때문이며, 그는 이제 민회에서도 거짓으로 가장하여 타인을 흉내 내는 기술을 발휘하지 않고는 못 배긴다고 했다.

여기에, 즉 아이스키네스를 향한 데모스테네스의 공격 속에 '위선'이라는 단어에 강한 부정적 의미가 담겨 있음을 볼 수 있으며, 이 단어는 유럽 대륙에서 곧 기독교적 의미를 띠게 되었다고 우리의 뮤즈는 말했다. 〈마태복음〉은 위선과 위선자를 꾸짖는데 그 방식은 고대 그리스의 민주주의자들에게는 완전히 낯선 방식이었다. 우리의 뮤즈는 유명한 성경 구절을 인용했다. "율법학자들과 바리새파 사람들아! 위선자들아! 너희에게 화가 있다. 너희는 잔과 접시의 겉은 깨끗이 하지만, 그 안은 탐욕과 방종으로 가득 채우기 때문이다."(〈마태복음〉 23장 25절) 그 이후로 '위선'이란 단어는 나쁜 사람을 비난하는 가시 돋친 말이 되었다. 기독교가 표방하는 덕과 이 위선에 대한 경멸은 마치 두 몸이 서로 붙은 접착 쌍둥이와 같았다. 따라서 시간이 얼마 흐르지 않아 기독교 회의론자들과 기독교에 적대적인 사람들이 기독교의 이중성을 공격할 때 이 단어를 사용하여 큰 효과를 거둔 것은 당연한 일이었다. 이탈리아의 체사레 리파(Cesare Ripa)가 펴낸 여러 덕성과 그 상징물에 관한 주목할 만한 책《이코놀로기아(Iconologia)》(이 책은 1593년 로마에서 처음 출간되었다)에서는 이 단어를 묘사하면서, 손에는 기도용 묵주와 전례서를 들고 양털로 짠 망토를 걸치고 베일을 쓰고 있으나 다리와 발은 늑대의 모습인 한 여인이 광장에서 구걸하는 거지에게 내키지 않지만 마지못해 돈을 내어주는 모습을 그렸다.

기독교와 기독교인을 위선적이라고 공격하던 행태는 결국 공적 생활의 이중 잣대를 공적으로 공격하는 세속적 기술을 위한 길을 터주었다. 우리 안내자의 설명에 따르면, 기독교는 사실상 근대 민주주의에 선물을 준 셈인데 그 선물은 높은 자리를 차지하고 있는 힘 있는 자들을 그 자리에서 쫓아내기 위해 풍자하고 조롱하고 날카롭게 비꼬는 행동이었다. 공적인 인물—정당의 후보자 혹은 정부의 수반—을 위선자라고 비난하는 것은 그들이 공개적으로 추구한다고 천명한 원칙들을 스스로 위반할 때 그 사실을 사람들로 하여금 주목하도록 하는 행동이다. "그들의 입이 아니라 발을 보라." 이것이 보통 사람들이 이런 주장을 표현하는 방식이다. 우리의 뮤즈는, 이중 잣대를 조롱하고 비난하는 이런 행동이 건전한 파수꾼 민주주의에서 핵심적인 공적 역할을 한다는 점을 상기시켰다. 그리고 그녀는 이런 위선자라는 공격이 기독교를 향해 쏟아졌던 때보다 파수꾼 민주주의의 정치체에 쏟아질 때 더욱 큰 고통을 불러일으켰다는 점을 지적했다. 기독교인의 경우는 설사 그들이 위선이라는 악덕에 빠졌다 하더라도 안전망이 있었다. 즉 세세하게 규정된 속죄의 전례를 통해서, 이를테면 신부에게 고해 성사를 하든지 아니면 기도하여 용서를 구함으로써 속죄를 약속받을 수 있는 것이다. 그러나 파수꾼 민주주의의 경우는 다르다. 공개 비난, 부정적인 언론 보도, 치욕적인 선거 패배 등이 있을 뿐, 어떤 더 높은 존재에 대한 신앙에 근거한 속죄 의식에 해당하는 것이 없다. 파수꾼 민주주의에는 자비로운 신이라는 존재가 없으므로, 이 체제의 지도자나 주요 제도 그리고 시민은 위선이라는 공격에 특히나 취약한 것이다.

그녀는 계속 말했다. 민주주의는, 언제까지나 계속 더 나은 민주주의를 향해 옮겨 가는 속성을 지닌 정치 형태다. 민주주의는 결코 완전하게 실현되지 않으며 언제까지고 어느 정도 미완성 부분과 결함이 있다는 것이다. 민주주의는, 완벽함이란 있을 수 없으며 자기 교정, 개혁, 개선을 향한 발걸음이 언제까지나 가능하다는 전제에 기초한다. 민주주의는 지금보다 나아지기를 원한다. 프랑스의 철학자 자크 데리다(Jacques Derrida)가 즐겨 말했던 대로 민주주의는 항상 앞으로 곧 다가올 민주주의를 상정하고 있다. 우리의 안내자는 민주주의가 이렇게 스스로 내부에 부족함이 있다고 분명하게 규정하고 있기 때문에 어떤 실패를 경험한다든지 위선자라는 비난을 받을 때 유난히도 취약한 모습을 보이는 것이라고 지적했다.

우리의 안내자는 라틴아메리카의 예를 들었다. 새 천 년 초기에 실시된 주요한 조사 결과를 토대로 살펴보면, 라틴아메리카 성인 인구의 절반이 조금 넘는 사람들(53퍼센트)이 "민주주의를 다른 통치 형태보다 좋아"한다고 답했으며 3분의 1이 안 되는 사람들(29퍼센트)이 각자의 나라에서 민주주의가 작동하는 상태에 만족하고 있었다. 쉽게 이해할 수 있는 일이지만, 많은 시민들은 경제 성장을 추진하지 못하는 것, 혹은 증가하는 불평등, 범죄, 폭력, 마약 거래에 대처하지 못하는 것을 재정적으로 취약하고 부패한 자신의 국가 조직 탓이라고 비난했다. 그리하여 그들에게 각자 나라를 통치하는 사람이 어떤 이들이냐고 물으면, 4분의 3에 가까운 사람들(71퍼센트)이 자기 나라가 "자기 이익만을 챙기는 강력한 이해 당사자들에 의해 통치되고 있다."라고 답했다. 이는 맞는 말이다. 멕시코의 통계가 그렇게 말해준다. 멕시코에서는 전체 주민 가운데 가장 부유한 10퍼센트가 국민 총소득의 40퍼센트를 차지하고 있다. 전체 주민의 절반을 차지하는 사람들의 부를 전부 합쳐도 국민 총소득의 18퍼센트밖에 되지 않는다. 그리고 이 나라의 유권자 가운데 압도적 다수(81퍼센트)가 자신의 이익과 견해를 어떤 정당도 대변하지 못하고 있다고 생각하며, 절반이 넘는 사람들(51퍼센트)은 정치인보다 시민이 통치하는 편이 나을 것이라고 생각한다. 우리의 안내자에 따르면, 이 연구가 말해주는 한 가지 불편한 사실은 위선이 민주주의를 서서히 부식시키는 산(酸)과 같은 것임을 확인해준다. 그 한 가지 불편한 사실이란, 바로 라틴아메리카의 절반이 조금 넘는 사람들만이 '민주주의'를 선호하는 반면에, 이보다 더 많은 사람들(55퍼센트)이 만일 "나라의 경제 문제를 해결"할 수 있다면 권위주의 정권이라도 지지하겠다고 밝혔다는 사실이다.[22]

민주주의에 대한 라틴아메리카의 이중적인 태도는 극단적인 모습을 보이지만, 그렇다고 해서 이것이 예외적인 경우는 아니라고 우리의 안내자는 지적했다. 파수꾼 민주주의 시대에 들어와 사실상 현존하는 모든 민주주의 국가는 이따금 한 번씩 시민들을 크게 실망시켰다. 권력 행사를 공적으로 감시한다는 목표 자체가 이미 실망이라는 요소를 포함하고 있음을 우리의 안내자는 상기시켰다. 파수꾼 민주주의는 빈약한 정치 기능의 수행 능력에 대한 책임을 적절하게 분배하는 효율적인 방법이라고 볼 수 있다. 즉 능력과 겸손함을 기준으로 하여 지도자 집단을 순환적으로 교체하는 방법인 것이다. 파수꾼 민주주의는 (이상적으로 볼 때) 겸손한 통치 형태이며, 반대 의사를 표시하는 소수 집단에게 공간을 마련하고 권력을 향한 공정한 경쟁을 보장하는 방식이며, 그럼으로써 선거를 통한 대표자와 선거를 통하지 않은 대표자 모두에게 자신의 정치적 능력과 지도력을 시험해볼 수 있게 해준다. 게다가 이때 만일 그들이 실패하면—그들은 실제로 종종 실패한다.—그들의 다리를 걸어 넘어뜨리고 직책에서 쫓아낼 수단을 지닌 타인들이 그들을 지켜보고 있는 상태인 것이다.

권력을 행사하는 자들에게 지속해서 공개적으로 창피를 준다고 하는 파수꾼 민주주의의 기본 원칙은 매우 단순하지만 설득력이 있다. 우리의 안내자는 주기적인 선거 제도를 예로 들었다. 선거 때가 되면 사람들은 자신들의 대표자의 성과를 평가—때로는 가혹하게 평가한다.—할 권한을 행사한다. 선거 제도가 지닌 궁극적인 의미는 유권자를 실망시킨 대표자들을 처벌하는 수단이라는 점이다. 유권자는 그들을 향해 가혹한 말과 종이로 만든 돌멩이를 던질 권한이 있다. 만일 대표자들이 언제나 도덕적이고 공정하고 유능하고 반응을 잘하는 사람이라면 선거 제도는 그 의미를 상실하고 말 것이라고 우리의 뮤즈는 지적했다.

파수꾼 민주주의 체제가 권력자를 순환시키며 권력을 감시하고 견제하고 균형 잡는 여러 수단과 방법을 지니고 있다는 것과 이것들이 잘 작동하면 이 체제가 갖춘 감시 기구들이 위선자와 위선적 행태를 수월하게 처리할 것이라는 데 우리의 안내자는 동의했다. 악당들은 조롱을 받으면서 직책에서 쫓겨날 것이다. 하지만 약속과 실제 수행의 거리가 너무나도 크게 느껴져 도저히 참기 힘든 경우들도 있다. 그래서 일부 사람들은 민주주의가 썩은 과일이며, 민주주의자들이나 민주주의 국가들이 해결책을 거의 혹은 전혀 내놓지 못하는 전 지구적 차원의 문제가 급증하고 있는데, 이런 문제를 다루기는커녕 사기꾼과 악당조차 제대로 다룰 수 없는 체제라는 결론을 내렸다. 바로 이런 때에 민주주의 반대자들이 발언권을 얻으며 자신의 세력을 과시하기 시작했다. 21세기 초가 그런 시기였다.

파수꾼 민주주의가 직면한 위험한 상황을 더욱 심각하게 만드는 것은, 일부 민주주의자들이 무슨 일이 일어나는지 전혀 알아차리지 못하고 있다는 이상한 사실이다. 위선은 우리가 신중하게 다루어야 하는 상대이며, 무지(無知) 역시 그러하다. 민주주의를 상대로 한 조직적인 공세가 벌어졌던 최근의 상황, 즉 1920년대의 유럽에서도 역시 그러했다고 우리의 안내자는 말한다. 민주주의자로 자처한 많은 이들이 당시 민주주의가 파괴되고 있다는 사실을 무시함으로써 민주주의에 불성실했다. 여러 번 반복하여 그들은 어떤 상황을 잘못된 명칭으로 불렀고 못 본 척했으며, 변명을 둘러댔고, 침묵을 지키거나 전반적인 경향을 서로 연결되지 않은 예외적인 상황인 것처럼 오해했다. 무지는 행복도 순진함도 아니다. 상황에 따라서 무지는 절벽 위를 걸어가는 몽유병 환자처럼 사람들에게 놀라운 자만심을 심어주어 결국은 민주주의의 생명을 단축했다.

새 천 년의 처음 몇십 년 동안 '역사의 종말'이니 민주주의의 '제3의 물결'이니 하는 논의 역시 똑같은 수면 유도 효과를 몰고 왔다. 그런 논의에 영향을 받아 일부 지식인, 언론인, 정책 입안자, 이런저런 분야에서 힘을 과시하는 사람들은 민주주의의 이상과 제도가 유례없는 폭발적 성장세를 보이고 있다는—어쩌면 전 지구적 차원의 승리를 이미 거두었다는—행복한 결론을 내리고 그 속에 빠져들었다. 나머지 일은 약삭빠른 정치인들이 처리하면 되는 것이었고, 정치인들은 잘 꾸민 연설을 통해 그 일을 해냈다. 이들의 연설은 이제 유명한 초인 민주주의자들의 문서 보관소에 자리 잡고 있다. "크네세트(의회)의 휴일은 나라 전체의 휴일"이라고 이스라엘의 총리 아리엘 샤론은 당당하게 외쳤다. 의회 창설 50주년을 기념하는 (2002년 1월) 특별 회의에서 샤론은 다음과 같이 연설했다. "오늘은 이 나라에서 유대인의 역사적 권리를 실현하기 위한 굳건한 자세와 투쟁, 그리고 중동 지역에서 유일하게 진정한 민주 국가로서 시민적 권리와 기회의 평등을 실현하기 위한 투쟁을 특징으로 하는, 분투하는 민주주의 국가 이스라엘의 승리의 날이다." 조지 W. 부시 대통령은 아리엘 샤론의 요란스러운 두 차례의 임기 동안 민주주의의 승리에 관해 똑같은 주장을 자주 강조했는데, 더군다나 그는 세계사적인 관점에서 그렇게 했다. 인심 좋은 박수갈채 앞에서 부시는 이렇게 말했다. "20세기가 끝나 가는 시점에 이 세계에는 약 120개의 민주 국가가 있었습니다. 나는 여러분에게 장담할 수 있습니다. 더 많은 민주 국가가 생길 것이라고." 그는 또 이렇게 덧붙였다. "우리는 한 세대가 조금 넘는 동안에 민주주의의 2500년 역사에서 가장 빠른 자유의 진전을 목격했습니다. 미래의 역사가들은 어떻게 이런 일이 일어났는지 설명을 내놓을 것입니다. 그러나 우리는 이미 그들이 무슨 이유를 댈지 그 일부는 알고 있습니다. 이렇게 많은 민주 국가가 생겨나는 동안 이 세계에서 가장 큰 영향력을 발휘했던 국가의 정치 체제가 민주주의였다는 사실은 결코 우연이 아닙니다."[23]

바로 이러한 논리 때문에 기존의 민주 국가들은 깊은 곤경 속으로 걸어 들어가는 몽유병 증세를 보였다. 그러는 와중에 새로운 형태의 민주주의가 보이는 뻔뻔스러운 위선을 적들은 알아차렸다. 하지만 우리 안내자의 말에 따르면, 새 천 년에 위선과 몽유병자의 무지만 나타난 것이 아니었다. 똑같은 정도로 유해한 현상이 시민들 속에서 일어났다. 그것은 바로 운명론이었다.

우리의 안내자는 새 천 년에 들어와서 운명론이 증가하고 있으며 이는 파수꾼 민주주의에 좋지 않은 현상이라고 확신했다. 이 세상에 압도당했거나 사로잡혔다고 느끼는 게 운명론자인데 여기에는 두 가지 유형이 있다고 그녀는 말했다. 첫째는 '무지한' 유형이다. 이 유형은 자신의 무지와 자신이 내리는 결론에 자신감이 넘치고 솔직하다. 이들은 민주주의가 어째서 성공 가능성이 없는지 그리고 이 세상을 지배하는 자가 누구인지 알고 있다. 돈 많고 힘 있는 자들, 은행이나 거대 다국적 기업, 혹은 예를 들어 미국 같은 나라이다. 그것으로 다였다. 더 따질 것도 없고 더 행동할 수 있는 것도 없다. 최소한 당분간은 그렇다는 이야기다. 두 번째는 '심드렁한' 유형이다. 심드렁한 운명론자들은 민주주의가 좋은 것인지 아닌지 잘 모르며 자신들의 무지에도 별로 신경 쓰지 않는다. 그들은 그런 것에 대해서는 아예 생각을 하지 않는다. 그들에게 질문을 던지면 그들은 즉시 자신의 무지를 인정하지만 한숨을 쉬면서 재빠르게 자신들은 별로 신경 쓰지 않는다고 한마디 덧붙인다. 그들이 자신들의 무지를 기반으로 해서 내리는 결론은, 이 세상에서 누가 혹은 무엇이 권력의 고삐를 잡고 있는가를 걱정하는 것은 시간 낭비라는 것이다. 왜냐하면 — 여기에서 두 유형의 운명론자는 입장이 같다. — 민주주의라는 주제에 대해 공연히 떠들 필요가 없기 때문이다. 세상을 지배하는 자들은 언제나 그들 마음대로 한다. 현재는 그냥 존재하며, 일어날 일은 일어나고야 만다.

여기에서 이 두 유형의 운명론자들은 돛을 펴고 함께 고대 그리스 신화라는 바다를 항해한다. 고대 그리스 신화에서 운명론은 늙은 여인의 모습으로 등장하는데 그녀는 이 세상에서 반드시 일어나게 예정되어 있는 일들을 상징하는 실과 밧줄을 꾸준히 자아내고 있다. 회의체 민주주의 시대에 운명은 개인에게 외적인 것인 동시에 내적인 것이었다고 우리의 뮤즈는 말했다. 한 사람의 운명은 누군가가 '자아낸 것'이며 그렇게 외부에서 주어진 것인데, 동시에 이 운명은 강렬하게 개인적인 것이며 내적으로 경험하는 것이다. 개인의 입장에서는 이렇게 외부와 내부에서 감지되는 것에 복종하는 수밖에는 다른 선택이 없었던 것이다. 로마인은 이러한 내적, 외적 필연성의 체험을 '파툼(fatum)'이라 불렀다. 파툼의 문자 그대로의 뜻은 '말해진 것'이다. 즉 어떤 일이 실제로 발생하기 전에 이미 그 일은 말해졌다는 뜻이다. 운명은 일어날 수밖에 없는 하나 혹은 여러 사건들에 대한 경고다. '파툼'은 변경할 수 없다. 단 1밀리미터도, 단 1그램도 변경될 수 없는 것이다. 운명론자란 이런 것을 믿는 사람이다. 그들은 자신의 운명을 받아들이면서 — 즉 자신의 부자유 — 그것이 애당초 자신의 것이라는 태도를 취한다. 운명은 곧 '자신의' 운명이었다.

우리의 뮤즈는 운명이 사람들의 삶을 장악하는 힘을 지녔다는 느낌이 21세기 초에 점점 커진 현상을 온전히 이해할 수 있다고 말했다. 파수꾼 민주주의에 대한 위협이 증가하고 있다는 사실을 잠시만 생각해보면, 우리는 인간이 자신의 삶에서 일어나는 모든 일을 완전히 통제할 수 있었던 적은 단 한 번도 없었다는 점을—확인이 꼭 필요하다면—확인할 수 있다. 인간은 종종 상황이 변하는 대로 따라가야 하며, 자신이 모르는 사이에 일어난 일을 받아들여야 하며, 자신의 의지에 반하는 일을 실행에 옮겨야 한다. 파수꾼 민주주의 시대에 만연한 실망, 모순, 좌절은 모두 이런 느낌을 더욱 강하게 만들었다. 파수꾼 민주주의 체제가 지상 낙원이 아니라는 결론—즉 이 체제가 사람들에게 자신의 삶에 더 큰 통제력을 지니도록 해주겠다고 약속했지만 결국에는 훨씬 더 작은 것만을 실현해준다는 결론—을 내리는 것은 충분히 이해할 만하다. 때로는 파수꾼 민주주의가 전혀 약속을 지키지 않는 경우도 있는 것처럼 보였다. 가장 나쁜 상황은, 이 체제가 이따금 극심한 실망감을 안겨준다는 사실이다. 사람들이 실직하거나 경찰 혹은 어리석은 정부에 의해 큰 고난을 겪는 경우도 있다. 이런 일은 도저히 견딜 수 없는 큰 좌절감을 겪게 한다.

그리하여 우리의 뮤즈는 단호하게 말한다. 운명에 대한 순응이 도그마의 형태로 고착되면 운명론은 개인이나 집단, 아니면 사회 전체를 잔인하게 사정없이 조종한다는 것이다. 운명론은 사람들의 시각을 비틀어놓는다. 운명론은 행동을 마비시킨다. 운명론은 우연한 현상을 필연으로 가장한다. 운명론은 그 어떤 것도 새로이 만들어낼 수 없으며 모든 것이 미리 정해져 있는 것처럼 보이게 함으로써 민주주의의 가장 소중한 정신을 부식시킨다. 그렇기 때문에 바로 이 운명론이야말로 파수꾼 민주주의를 수호하고 양성하려는 노력에 대한 가장 큰 저주이다. 운명론은 무력감을 낳는다. 운명론은 이 세상에 대해 아무 생각 없이 무감각하게 살도록 시민들을 유혹한다. 운명론은 시민들이 말도 안 되는 엉터리 논리에 먹잇감이 되도록 한다. 운명론은 시민들이 정치에 등을 돌려도 된다고 믿도록 부추긴다. 즉 시민들이 권력을 공적으로 감시하고 통제함으로써 평등과 자유를 확보하도록 해주는 메커니즘이 없어도 상관없다고 생각하게끔 하는 것이다.

'작은 걸음'의 원칙

우리의 역사가는 거창한 규모의 운명론이 민주주의 세계에서 인기를 끈 마지막 시기가 1세기 전이었다는 점을 상기시켰다. 즉 20세기 초 몇십 년 동안이 바로 그 시기였으며 이는 대의 민주주의가 첫 번째 승리를 기록한 직후였다. 1930년대가 되면 칠레, 폴란드, 에스파냐 같은 신생 민주 국가의 젊은 민주주의자들은 위선과 경제 위기와 전쟁 부채, 배상금에 관련된 정치를 포함하여 장기간에 걸친 정치적 좌절감에 기력을 완전히 상실하고 만다. 우리의 뮤즈는 민주적 제도와 가치에 반대하는 1920년대식 반란의 핵심 요소들이 새 천 년의 처음 수십 년 동안에는 다행스럽게도 없는 것으로 보인다고 지적했다. 소련이라든가 독일의 제3제국 같은 것이 등장할 조짐은 안 보인다. 러시아 혹은 세르비아의 민족주의, 영토 국가에 대한 공격적인 지지(프랑스 민족주의자들이 가끔 사용하는 용어는 '주권주의souverainisme'이다), 혹은 탈레반 민병대, 살인에 기반을 두고 있는 미얀마의 장군들 혹은 로버트 무가베(Robert Mugage) 정부 따위가 있지만, 이런 것들이 민주주의를 대체할 모델로 쓰일 수 있을지 모른다는 생각은 터무니없는 생각이라고 우리의 안내자는 지적했다. 그러나 운명론은 그렇게 웃어넘길 일이 아니다. 이는 바보들이 아주 좋아하는 음료다. 그렇기 때문에, 운명론적 사고방식을 끊는 것은—'자유 프랑스'의 전차에 '바보들에게 죽음을!'이라는 글이 휘갈겨 써진 것을 발견한 샤를 드골이 말했다고 전해지는 대로—엄청나게 힘든 과제다. 그렇다면 이 운명론을 물리치려면 어떻게 해야 할까? 무엇을 해야 할까? 하나의 꿈으로 탄생하여 여러 차례 이 세계에서 한정된 삶을 경험해 온 민주주의가 다시 한 번 꿈으로 돌아가는 것을 방지할 수 있을까?

파수꾼 민주주의가 제대로 작동하지 못하고 있다는 사실을 정직하게 공개적으로 인정하는 태도가 꼭 필요하다는 데 우리의 뮤즈는 동의했다. 몽유병 환자를 잠에서 깨우기 위해서나 파수꾼 민주주의의 이중성에 경멸을 퍼붓는 사람들의 허를 찌르기 위해서라도, 이런 태도는 꼭 필요하다. 또한 새로운 시각, 더 큰 상상력, 그리고 대담하면서도 실제적인 치유책도 필요하다. 그는 우리가 고대 그리스인이 아니라는 점을 상기시켰다. 민주주의 약점을 어떤 선한 의도를 지닌 혹은 화가 잔뜩 난 신들이 해결해주기를 기대해서는 안 된다. 인간적인, 너무나 인간적인 치유책―시민, 싱크탱크, 대학, 정책 연구소, 내부 고발자, 의회, 정당, 용기 있는 정치 지도자의 노력―이 있어야만 한다. 특정 개별 국가 안에서 다루어져야 할 문제와 지역 또는 전 세계적인 해결책이 필요한 문제를 구분해야 한다. 또한 정부의 과제가 되어야 할 것과 일반 국민, 시민 사회 조직의 행동과 헌신이 요구되는 것을 구별해야 한다. 반드시 해결책을 고안해낼 수 있다고 우리의 뮤즈는 말했다. 실제로 개혁을 진행할 때에는 유럽 통합 운동의 가장 중요한 설계자 가운데 한 사람이었던 장 모네(Jean Monnet)가 제시한 현명한 금언을 진지하게 고려해야 한다. 장 모네는 비전과 개선의 정치 투쟁 속에서 그 투쟁의 절반은, '작은 걸음'으로 큰 진전을 만드는 최선의 지점을 어떻게 발견할 것인가에 있다고 즐겨 말했다.

모네가 권유하는 이 담대한 작은 걸음의 원칙은 대의 민주주의의 부패 현상을 다루는 데에도 의미가 있다고 우리의 뮤즈는 지적했다. 효율적인 치유책은 충분하게 있으며, 이들은 기본적으로 정당을 활성화하는 동시에 정당의 한계를 인정하는 효과를 불러온다. 정당의 한계를 인정하게 하려면 1945년 경부터 등장하기 시작한 많은 권력 감시 발명품을 활용해야 한다. 물론, 구체적인 맥락에 따라 많은 것이 달라진다. 정당원의 수준을 재구축하는 것이 과연 우선 과제인가 아닌가 하는 점은 여전히 의문으로 남아 있다. 하지만 우리 뮤즈의 생각에 따르면, 일반적으로 말해서 정당이 유권자의 지지를 획득하기 위해 훨씬 더 열심히 일해야 한다는 데는 의문의 여지가 없다. 선거는 훨씬 더 공정하고 흥미롭고 경쟁력 있는 것이 될 수 있으며, 정당과 정치인과 선거 관리 당국은 더 존중하는 마음으로 시민들을 더 잘 대우할 수 있다. 선거 관리 당국의 일은 선거와 절차와 전자 개표기의 공적 소유 원칙을 분명히 하는 것이다. 정치는 공적 차원의 정치로 되돌아올 수 있다. 여러 다양한 방법이 있는데, 예를 들면 의회의 감시 권한을 강화하고, 정당의 재정 충당에 관한 한층 강화된 입법을 발의하고 공적으로 통제하며, 예비선거 실시 의무화, 원칙 없는 당적 변경 금지, 당내 민주주의를 강화하는 방법 등이 있겠다. 한편 정치적 시민권의 영역에서 진정으로 보편적인 규칙을 실행하는 방법도 있다. 이를테면, 중죄인의 투표권을 보장하는 것, 국내 거주 외국인의 투표권을 확대하는 것, 투표권 연령을 낮추는 것, 선거와 선거 시스템의 기본적 정직성과 공정성을 높여 투표자들 사이의 평등, 그리고 각 표와 표 사이의 평등을 더 고취하는 것이 있겠다.

언제 어디에서나 핵심은, 한편으로는 어떤 정당에 속해 있든 어떤 신념을 지닌 사람이든 소문자 d로 시작하는 '데모크라트(democrat, 민주주의자)'임을 격려하고, 다른 한편으로는 개인 혹은 집단의 이득을 위해서 속임수나 거짓말, 갖가지 부정한 수법을 써서 공직에 밀고 들어와 정당 조직과 선거 시스템을 의도적으로 조작하는 사람들에게 벌을 주는 것이라고 우리의 안내자는 강조했다. 한편으로는 격려하고 다른 한편으로는 처벌한다는 이 원칙은 제2차 세계대전 이후 파수꾼 민주주의 세계의 일부가 된 수많은 비(非) 정당 감시 기구에도 당연히 적용되어야 한다. 파수꾼 민주주의 시대에는 누가 투표하느냐가 아니라 어디서 투표하느냐가 관건이 된다. 따라서 투표권과 시민의 발언권, 그리고 대표자를 가질 권한을 최대한 다양한 상황과 제도에까지 확대하는 것이 절실한 필요조건이라고 우리의 안내자는 지적했다. 그녀는 현재 진행되고 있는 흥미로운 실험이 상당히 많다고 말했다. 미국의 사례를 살펴보자. '레드-블루 프로젝트(Red-Blue Project)'는 전국 차원의 운동으로서 인터넷 웹 사이트를 활용하여 종래에 시민을 갈라놓았던 이슈들에 대해 시민들이 참여하고 상호 작용하도록 돕고 있다. 주 차원에서는 예를 들어 '미네소타는 함께 일한다'라는 운동이 있는데, 이 운동은 시민과 정치인 사이에 '나에서 우리로' 쪽으로 태도를 바꾸는 것을 목적으로 삼았다. 그 방법으로는 문제를 규정하고 정책 해법을 모색하는 과정에서 시민과 정치인이 서로 상호 작용하고 협조하는 것을 장려한다. 미시시피 주에서는 1990년대에 '남부의 메아리(Southern Echo)'라는 운동이 등장했는데 이 운동은 주 입법부에 아프리카계 미국인의 당선자 수를 두 배로 늘리는 성과를 거두었다. 또한 지역 공동체의 대표자들에게 각 지역의 학교와 카운티 운영 위원회의 대표 또는 시장, 보안관, 판사, 조세 사정인 자리에 출마할 것을 촉구하는 운동을 벌였으며 그러는 동안에도 그들이 자신의 지역 공동체 조직에 공적인 책임을 다하도록 했다. 시 차원에서도 이와 비슷한 노력이 있었다. 이들은 비정당 조직에 더 큰 책임성을 부여했으며 정당 조직과 비정당 조직을 서로 연결하고 서로의 업무를 조정했다. 로스앤젤레스의 '스코프(SCOPE)'와 '아폴로 연합(Apollo Alliance)'을 예로 들 수 있는데, 이들은 빈민 지역과 비주류 공동체 사람들에게 투표에 참여할 것을 촉구했으며 시내 중심지의 재활성화와 '녹색 개발' 같은 계획에 저소득 소외 계층 사람들이 참여하도록 촉구했다.

이런 기구들의 목표는 오만한 권력에 대항하여 제한과 견제와 균형을 부여하는 것이며, 좀 더 적극적으로 보자면, 사회적·정치적 평등을 증진하고 시민이 평생에 몇 차례뿐인, 그것도 별로 애착도 없는 후보자나 정당이나 정부에 투표를 하는 것 외에 다른 선택을 실행에 옮김으로써 자신들의 시민권이 더 충실하게 실현될 수 있다는 강력한 정서를 시민들에게 불어넣는 데 있다. 파수꾼 민주주의를 그토록 특별하고 유망한 것으로 만들어준 것은 직간접적 참여와 권력 감시를 위한 다양한 기구의 존재인데, 이 기구들을 보호하고 강화하고 결합하고 또 잘 조정하는 것이 중요하다고 우리의 뮤즈는 말했다. 이 기구들은 선거 민주주의의 폐해를 바로잡는 데 중요한 역할을 한다. 선거 민주주의의 폐해 가운데는 오만한 초인 민주주의자들이 제기하는 위험이 있고, 50.01퍼센트의 투표 결과에 따라 주요 정책이 폐기되거나 추진되어 수백만 명의 사람들에게 긍정적 혹은 부정적인 영향을 끼치게 되는 초박빙의 아슬아슬한 선거 때문에 생기는 곤란한 문제가 있다.

전통적 승자 독식 형태의 정당 정치에서는 종종 몹시 불공평한 일이 벌어진다고 우리의 뮤즈는 주장했다. 그렇기 때문에 현명한 자세는 파수꾼 민주주의에 속하는 '다른' 제도들을 개발하는 것, 더 구체적으로 말하면 권력이 긴장을 늦추지 않도록 견제하는 기술이 뛰어난 단체와 네트워크의 밀도를 높이는 것이다. 커뮤니케이션 풍요 현상이 제공하는 여러 도구의 도움을 받으면서 영토 국가 내·외부의 모든 차원에 존재하는 감시견, 안내견 역할을 하는 기구들을 강화하는 것이 목표가 되어야 할 것이다. 가능성은 무궁무진하다고 우리의 뮤즈는 말했다. 시, 지방(local), 지역(regional) 차원에 있는 대의 기관에 서로 '옐로 카드'를 줄 수 있는 권한을 부여하는 방법도 있다. 이 방법의 목적은 서로가 최선을 다해 실천하도록 만드는 것이다. 또 다른 방법은 시민 사회 안에 독립적이고 다양한 목소리를 내는 공적 그룹이 성장할 수 있도록 재정을 지원하고 보호하는 일이다. 이는 가장 힘 있고 가장 부유한 사람들의 목소리만 들리는 상황을 개선하기 위해서다. 정부의 작동 구조 안에서 시민의 대변 기구와 시민 배심원, 시민 회의체의 활용도를 높이는 방법도 있다. 이 경우 단순히 재판 과정에 대한 책무뿐 아니라 보건, 교육, 운송과 같은 다양한 분야에서 이런 일이 가능해야 할 것이다. 지방 정부의 활성화와 시·읍·면 행정 기관의 구조 조정 역시 가능한 방법이다. 그렇게 함으로써 이런 영역이 훨씬 더 공개된 공적 영역이라는 느낌이 생길 것이다. 참여형 예산 편성, 온라인 토의, '민주주의 판매대', 덴마크에서 출현했던 것과 같은 종류의 공적 테크놀로지 평가 기구를 도입하는 방안도 있으며, 또한 대중 매체 분야에 부패방지위원회를 설치하고 전 가정에 광대역 인터넷을 제공하는 공적 서비스 멀티미디어 시설을 개선하는 방안도 있다.

한편 전 지구적 정치체는 근본적인 대개혁이 필요하다. 우리 안내자는 보호주의적 정치로는 이 세계가 암담한 막다른 골목으로 갈 뿐이라고 확신한다. 전 세계의 상호 의존성을 고려할 때 유일한 대안은 모든 분야에 걸친 집단 행동이다. 모든 상황에 파수꾼 민주주의의 핵심 원칙이 적용되어야 할 것이다. 즉 다른 사람에게 악영향을 끼치는 사람은 모든 사람의 안녕을 위해 반드시 공개적으로 설명을 하는 책임을 져야 한다는 원칙이다. 국제 정치의 많은 기관이 적용하는 투표 규칙을 변경함으로써 힘이 약한 나라와 시민 사회 대표자가 진정으로 하고 싶은 말을 할 수 있는 발언권을 주어야 한다고 그녀는 지적했다. 새로운 감시 제도를 만드는 것은 분명히 생각해볼 만한 방안이다. 예를 들면, 지역 의회가 있고(세계 최초의 사례인 '유럽의회'가 있다) 시민이 선거를 통해 뽑은 대표자들로 국제 의회를 구성하는—어쩌면 유엔이 주관하는—방안도 있다. 국경을 초월하여 실시할 수 있는 개혁 방안에는, 잘못을 바로잡는 성격의 조세 기구도 포함되어 있다. 예를 들어 이 기구는 공해 물질 생산, 무기 판매, 불안정한 시장 거품을 유발하는 투기성 투자에 세금을 부과할 수 있다. 범죄와 환경 파괴에 엄격한 공적 기준을 마련하는 특별 법정을 설치하는 것도 한 가지 가능한 방법이다. 또 세계은행과 국제통화기금 같은 기관 안에 상근직 전문가로 구성된 단위를 설치해 독립적인 평가 작업을 맡기는 방안도 가능하다.

이 세계가 자신의 둘레를 감싸도록 그려놓은 위험스러운 폭력의 삼각형에 대처하기 위한 새로운 국제기구가 필요하다. 이 삼각형은 종말론적 테러리즘, 야만적인 내전, 모든 민주 국가의 힘을 다 합한 것보다 더 큰 살상력을 지닌 새로운 무기 시스템의 우려스러운 성장 현상이다. 정치적 폭력, 민족주의적 마찰을 줄이고 파수꾼 민주주의를 장려하기 위해서 이웃 국가에 조심스럽게 개입하는 방안 역시 가치 있다. 이는 긍정적이며 실질적인 효과를 거두기도 한다. 예를 들어 유럽연합에 가입하려면 준수해야 하는 민주주의, 인권, 시장 등에 관련된 엄격한 규정, 이른바 '코펜하겐 기준'이 그런 실질적 효과를 거두었다. 한편 핵무기와 생화학 무기 산업과 전반적인 폭력에 반대하는 시민들의 운동에서도 긍정적인 효과를 거둘 수 있다고 우리의 뮤즈는 확신한다. 공공 철야 감시 집회, 요란스러운 시위, 웹 사이트를 통한 상호 교류, 공공 기념물 건설, 그리고 기억 보존 위원회의 활동은 폭력을 물리치고 고문과 재판 없는 구금을 불법화하는 데 큰 역할을 할 수 있다. 또한 정치 탄압, 국경을 넘나드는 무기 이동, 고문에 반대하는 운동을 하는 조직에 시민이 보내는 지지 역시 큰 역할을 한다. 그런 조직의 하나인 '국제사면위원회'는 162개국에 1백만 명이 넘는 회원을 두고 있다. 또한 런던에 근거지를 두고, 폭력과 분쟁을 방지하기 위해 조사하고 분석하고 교섭하는 '세이퍼월드(Saferworld)' 같은 단체는 세계적 무기 거래가 불러올 무서운 효과를 널리 알렸으며 지역 공동체 협의 원칙을 주장하고 유럽연합 같은 기구에 압력을 가해 인권을 침해하는 독재 국가나 그 군대에 무기를 판매하지 못하도록 했다.

미국과 중국의 미래

그러면 이제 미국에 관해서는 무슨 말을 할 수 있을까? 미국의 해안가로 군대를 파견하는 것은 현명하지 않다고 우리의 안내자는 조언했다. 이 최강국을 겸손하게 행동하도록 만드는 것―이 나라의 힘을 민주화하는 것―은 파수꾼 민주주의의 미래를 위해 지극히 중요한 일이라는 점에 그녀는 동의했다. 이런 시도를 하려는 사람들은 우선 그 나라를 겸손하게 만들 수 있는 다양한 전략을 다량으로 개발해놓는 것이 현명한 행동일 것이며, 민주주의 역사상 전례 없는 문제를 그들이 직면하고 있다는 점을 잘 알고 있어야 할 것이다. 한편으로는 17세기 네덜란드의 위대한 정치인이자 정치 평론가였던 얀 더빗(Jan de Witt, 1625~1672)이 절대주의 왕정과 공화정의 차이점을 지적한 말을 가슴에 잘 새겨 두어야 할 것이다. 절대주의 체제의 국왕은 마키아벨리의 조언에 따라 사자의 위협적인 힘과 여우의 교활함으로 행동한다고 더빗은 주장했다. 반면 공개적인 방식을 통해 선출되어 공화국을 통치하는 사람들은 '오만(hubris)'을 범하지 않도록 조심하면서 마치 은밀하게 움직이는 고양이처럼 '민첩하고 조심스럽게' 행동해야 한다고 말했다. 장차 미국이 사자와 여우처럼 행동하여 '오만'의 광란 속에 자신을 세계에 널리 확대하겠다는 유혹에 져서 쓰러지고 말지, 그렇지 않을지에 대해서 우리의 뮤즈는 말하지 않았다. 하지만 미국이 과연 자신의 힘을 제한하면서 좀 더 효율적으로 사용할지, 고양이처럼 행동하면서 전 지구를 아우르는 국제 통치 제도들을 좀 더 역동적이고, 공개적으로 책임지며, 평등주의적이고 효율적인 제도로 만들 수 있는 하나의 촉매제로 작동할 수 있을지 여부는 무척 위험스럽긴 하지만 우리 시대의 중차대한 의문 가운데 하나다. 최소한 우리의 뮤즈는 그렇게 생각했다.

어떤 민주 국가의 외교 정책을 민주화하는 문제는 고대 그리스 땅에 있던 작은 회의체 민주주의 체제들이 직면했던 문제와 유사하다. 다만 21세기의 민주주의의 친구들은 전 지구적 차원의 해결책을 내놓아야 한다는 점이 다르다. 이것은 심각한 도전이며, 과연 미국이 여기에 호응할지 전혀 장담할 수 없다. 또한 미국이 파수꾼 민주주의의 세계에서 책임 있는 지도력을 발휘할 능력이 있는지도 우려스러운 점이 있다. 21세기 초의 관찰자 대부분은 미국의 압도적 지위가 얼마나 짧은 기간 동안만 존재했는지 지적하지 않았다. 경쟁자 없이 세계적으로 우위를 차지했던 기간은 (1980년대 말 소련이 붕괴한 이후) 겨우 20년이었으며 그다음에는 중국이라는 주요 경쟁자의 압력을 받기 시작했다. 이 경쟁 관계가 언제 시작되었는지 정확하게 말하기는 어렵다고 우리의 안내자는 말했다. 이 경쟁 관계가 장차 어떤 방식으로, 어떤 고통스러운 상황에서 끝날지는 더더욱 알 수 없다. 하지만 한 가지 사실만은 분명하다. 즉 이제 민주주의의 운명은 베이징과 워싱턴을 중심으로 하는 양극 체제 안에서 두 나라가 공동으로 결정할 것이라는 점이다.

두 나라의 관계는 처음에는 매우 불평등했다고 우리의 안내자는 지적했다. 미국의 힘이 더 컸지만, 중국이 발전한 모습은 놀라웠다. 중국은 세계 최강국의 위치로 가는 길을 매우 빨리 지나왔으며 그리하여 이제는 세계의 정부, 기업, 시민에게 하나의 의미 있는 선택지가 되었다. 다시 말해 미국의 강대국 모델과 중화인민공화국의 강대국 모델이라는 두 개의 선택지가 생긴 것이다. 이는 마치 아테네인가 아니면 알렉산드로스 대왕인가 하는 질문이 전 세계적 차원에서 던져진 것과 같다. 두 국가 사이의 긴장과 경쟁 관계를 측정하는 한 가지 척도는 중국 정부가 이제 세계 무역과 투자 방향의 많은 부분이 중국을 향하고 있다는 점을 크게 강조한다는 사실이다. 시장 경제의 커다란 번영을 이룩한 중국의 약진은 매우 떠들썩하게 언급되고 평가되고 있다. 중국의 지도자와 중간 관리들은 계속해서 중국의 경제 발전을 칭찬하는 연설을 거듭하고 있다. 마치 큰 유행처럼 이런저런 통계 숫자가 인용되고 그 숫자는 사람들에게 큰 인상을 줄 뿐 아니라 심지어는 사람들을 깜짝 놀라게 하기도 한다. 중국의 외국 자본 유치액은 이미 미국을 뛰어넘었다고 한다. 정보 기술 관련 생산 분야에서도 중국은 이제 세계 최대의 수출국이다. 또 중국은 세계 최대의 시멘트와 철강 소비국이다. 무역 규모에서 중국은 세계 3위이며, 1조 달러를 넘는 외환을 보유한 세계 최대 외환 보유국이다.* 이 밖에도 많이 있다.

우리의 뮤즈는 후진타오 주석(2003년 3월 15일~2013년 3월 14일 재임)의 유명한 연설 몇 개를 검토했다. 후진타오는 경제적 사실과 숫자에 매우 밝은 사람이었다. 그는 종종 1978년부터 2005년 사이에 중국의 국내 총생산은 1473억 달러에서 2조 2350억 달러로 증가했으며 9.6퍼센트라는 놀라운 연평균 성장률을 기록했다고 말했다. 중국은 전 세계 상품과 서비스 생산의 약 6

---

* 중국은 2012년부터 2015년까지 세계 무역 규모 1위를 차지했고 2016년에 다시 미국이 1위를 차지하면서 2위로 밀렸다. 중국의 외환 보유고는 2006년 말에 1조 달러를 넘었고 이후 계속해서 외환 보유고 1위를 지키고 있다.

분의 1을 차지하고 있으며 앞으로 더 많은 혜택을 세계에 줄 것이다. 중국은 이러한 도전에 만반의 준비가 되어 있다. 후진타오는 이렇게 말했다. "우리는 대외 관련 경제 부문의 개혁을 더욱 심화할 것이며 교역 증가 유형의 변화를 가속할 것이고 수입과 수출의 균형 있는 성장을 보장하기 위해 교역 구조를 개선할 것이다. 우리는 적극적으로 외국의 투자를 유치하고 있으며 서비스 부문을 더 개방하고 지적 재산권 보호를 강화하는 등 전반적으로 개방성의 수준을 높이고 있다."[24]

어떤 종류의 개방성을 말하는지는 명확하지 않았다. 최소한 우리의 뮤즈의 판단에는 그랬다. 세부 사항을 봐야 비로소 그 의미가 확실해지는 경우가 종종 있다. 여하튼 외형적으로 보아 미국과 대립을 의도하는 요소는 전혀 들어 있지 않다. 어쨌거나 미국은 중국 시장의 최고 투자국으로서 다른 외국과 비교할 때 월등하게 많은 돈을 투자하고 있었다. 미국은 중국의 최대 수출 시장이며(미국은 중국의 총수출액에서 약 20퍼센트를 차지한다) 중국은 교역으로 벌어들인 달러 자산의 대부분을 미국 정부에 빌려주고 있다. 미국 정부는 이 돈을 활용하여 미국 정부가 안고 있는 엄청난 부채를 충당한다. 세계 경제는 상호 의존하는 시장과 정부의 형태를 향해 움직이고 있으며 이런 상황에서 두 나라의 부(富) 시스템은 밀접하게 연결되어 있는 것이다. 이 때문에 과거 냉전 스타일의 제국 대 제국의 적대 관계는 나타나지 않고 있다. 하지만 여기서 우리의 안내자는 한 가지 차이점을 지적한다. 즉 중국의 지도자들은 자신들이 경제 개방을 추구하는 데 '아무런 조건이 없다'고 천명했다는 것이다. 이 말을 분석해보면 결국 중국의 기업들이 미국식의 '윤리적 투자'라든가 일반적인 시장 활동을 인권이나 민주주의와 연계하지 않겠다는 뜻이다. 중국은 그 누구와도 거래를 하겠다는 이야기인데, 그 거래 대상에는 병든 전체주의 국가인 북한, 미얀마의 잔인한 군사 독재 체제, 그리고 로버트 무가베가 이끄는 '클렙토크라시', 즉 '도둑 정치'도 포함되어 있다. 따라서 우리의 뮤즈는 이런 질문을 던진다. 이러한 교역과 투자에 대한 '아무 조건 없는' 개방은 그저 정치적으로 순진한 것인가, 아니면 분명하지는 않지만 좀 더 심각한 어떤 태도의 표출인가?

그녀는 더 많은 위험이 있다고 확신했다. 그 위험은 파수꾼 민주주의 출현에 대한 중국의 저항과 관계가 있었다. 우리의 뮤즈는 중국에도 민주주의에 대한 애정을 표현하는 오랜 전통이 있다는 것을 인정했다. 중국식 표현으로 '민주(民主)'와 '민권(民權)'이 있는데 이 표현들은 유럽에서 생겨나 일본을 거쳐 19세기 말에 중국에서 만들어진 새로운 표현이다. 그 이후에 '신(新)중국'에 관한 대부분의 논의에도 민주주의가 포함되어 있었다. 량치차오(梁啓超, 1873~1929)는 농민의 자식으로 태어나 세기의 전환기에 중국에서 가장 영향력 있는 학자이자 언론인이 되었는데 그는 중국이 훗날 번영하는 의회 민주주의를 융성시킬 것이라고 예언했다. 그는 자금을 모으고 사실 관계를 조사하기 위해 오스트레일리아를 6개월간 여행했는데 그 여행 직후 《신중국미래기》(1902년)를 출간했다. 이 책에서 그는 20세기에 들어서 60년이 지나면 중국은 세계 평화, 시민의 애국심과 자기 희생, 훌륭한 정부와 헌법 존중의 정신에 충실한 다당제 민주주의 국가를 특징으로 하는 유토피아와 같은 나라가 될 것이라고 썼다. 다시 20년 뒤, 광저우에서 쑨원(孫文)은 중국에 민주주의가 도래할 것이라는 주제로 ─ '민권의 시대'에 관해 ─ 매주 한 번씩 공개 강연회를 열었다. 이 강연회는 큰 논란을 불러일으켰는데, 그 이유는 중국이 세계를 공자, 맹자의 중국에서 시작된 '역사의 4단계'의 정점에까지 이끌어 갈 것이라고 주장했기 때문이다. 또 마오쩌둥이 1940년에 항일 무장 투쟁을 호소할 때도 민주주의는 중심적 위치를 차지하고 있었다. 그는 "두 손을 높이 들라. 새로운 중국은 우리의 것이다!"라고 썼으며, 첫 번째 핵심 과제는 "중국식 민주주의, 새롭고 특별한 민주주의, 이름하여 신민주주의"를 채택하는 것이라고 덧붙여 말했다. 쑨원과 과거 그의 추종자들이 옹호했던 "부르주아-민주 혁명의 시대는 부르주아 독재 아래에 있던 낡은 유럽-미국식의 자본주의 공화국의 낡은 민주주의 형태이며 이미 시대에 뒤떨어진 것"이라고 주장했다. 중국은 이제 "성별, 종교, 재산, 교육 정도와 관계없이 진정으로 보편적이며 평등한 참정권"을 옹호할 것이라고 밝히며 이렇게 덧붙였다. "이런 것이 바로 민주 집중제*이다. 오직 민주 집중제에 기반을 둔 정부만이 혁명적 인민의 의지를 완전하게 표현하고 혁명의 적들과 가장 효율적으로 싸울 수 있다."

새 천 년의 초기에 중국 공산당 지도부는 과거와 똑같은 주장을 끈질기게 내세우면서 중국이 지닌 민주적 잠재력을 반복하여 제시했다. 그 예가 이 주제에 관해 펴낸 〈백서〉인데 이 보고서의 구성은 비록 어설프지만 널리 보도되었다.[25] 당시 미국 백악관의 재임자가 중국을 방문하기 직전에 출판된 최초의 백서로서, 외국 비판자들의 논리를 공격하여 무력화하는 것이 목적이었다. 우리 뮤즈의 평가에 따르면, 이 보고서는 서로 다르고 서로 충돌하는 원칙들이 마구 섞여 있는 마치 볶음밥 같은 상태였다고 한다. 이 보고서는 중국이 '사회주의적 민주 정치'의 분주한 실험장임을 내세웠다. 이제까지 달성한 것도 많지만 앞으로 더 많은 것을 이루어내야 한다고 보고서는 말했다. 그러나 보고서는 이미 이 실험이 놀라운 성과를 내고 있다고 주장했다. 이 보고서에 따르면, 이 실험을 통해 이제까지 중국이 너무 크고 너무 가난하고 너무 복잡한 데다가 역사가 장대하고 국민들이 폭력과 혼란을 지나치게 두려워하기 때문에 민주주의가 이 나라에서 작동하지 못할 것이라는 서양인들의 예견이 틀린 것으로 판명되었다. 민주주의는 "중국의 여건에 알맞으며 사회 진보의 요구 조건에 부합하는 적절한 선택"이었다. 또 사회주의적 민주 정치는 이 책자가 전 세계 인구의 5분의 1이라고 자랑스럽게 묘사한 중국 인민을 "그들의 나라와 사회의 주인이 되도록 했으며 광범위한 민주적 권리를 향유"하게 만들어주었다.

주인? 그들의 나라의? 우리의 뮤즈는 이런 표현이 무슨 뜻일까 궁금해했다. 〈백서〉의 설명에 따르면, 중국의 민주주의 체제는 '마르크스주의적 민주주의 이론'이 '중국의 현실'과 결합되어야 한다는 기본 원칙에 충실하기 때문에 '사회주의적'이라고 했다. 이 과정을 거치면서 중국은 서양 민주주의의 유용한 요소를 약간 빌려와 그것을 중국의 전통 문화와 문명에 결합시켰다고 이 보고서는 설명했다. 이 보고서는 이따금 5000년 된 정치 체제인 중국이라는 존재가 마치 단 하나의 정신을 지녔으며 단 하나의 언어를 단 하나의 어조로 말하는 것 같은 민족주의적 가정에 의존하는 모습을 보인다고 우

민주 집중제(democratic centralism) 인민 민주주의에 기초하여 노동자 계급의 전위 정당이 국가 권력을 전담하는 제도. 사회주의 국가 운용의 기본적인 원리로서, 마르크스와 엥겔스가 처음 제기했고 레닌이 계승, 발전시켰다. 마오쩌둥이 밝힌 민주 집중제의 네 가지 원칙은 다음과 같다. 소수의 다수에 대한 복종, 개인의 집단에 대한 복종, 하부의 상부에 대한 복종, 전당(全黨)의 중앙에 대한 복종.

리의 뮤즈는 강조했다. 결론은 뻔한 것이었다. "따라서 중국의 사회주의적 민주 정치는 확연한 중국의 개성을 드러내고 있다."

이 책자의 후반부에 제시된 기준에 따라 평가해보면, 이 책자는 정치적 비논리 혹은 어쩌면 이중적 사고의 걸작이라고 말할 수 있겠다. 우리의 뮤즈가 지적하는 바에 따르면, 중국 당국은 중국을 "압도적 다수의 인민이 '국정(國政)'의 주인공으로 행동하는" 우수한 형태의 민주주의 국가로 상정하고 있다. 중국 민주주의는 "인민 민주주의 독재에 의해 보장"되었다고 했다. 그것은 무엇인가? "기본적 조직 원리와 운용 방식으로서 민주 집중제"에 의해 정의된 민주주의라는 이야기다. 다른 말로 표현하면 ─ 다수의 사람이 주인공이라는 논리는 여기에서 끝난다. ─ 중국 민주주의는 "중국 공산당의 지도 아래에 있는 인민 민주주의"로서, 당이 이렇게 우월한 지위에 오른 것은 "국가의 독립, 번영, 행복한 삶을 추구한" 중국 인민의 불굴의 영웅적 투쟁 덕분이라는 것이다.

조심스러운 표현은 어디에서도 찾을 수 없다. "이는 역사의 선택이며 인민의 선택이다."라고 보고서는 결론짓고 있으나, 분명히 사회주의적 민주 정치라는 개념에는 '대체주의(substitutionalism)'라고도 알려진 일종의 속임수가 포함되어 있다. 새 한 마리가 부리에 돌멩이 하나를 물고 날아가는데 그렇게 계속 반복하여 결국 산 하나를 옮겼다고 하는 옛이야기가 있다. 마치 그 새처럼 중국의 인민은 도대체 그들이 누구인지, 역사가 무엇을 말하는지 잘 알 수 없지만, 그들의 영웅적인 손 안에 역사를 단단히 쥐여준 것이다. 그들은 자신의 대체물인 중국 공산당에 자기 자신을, 아무런 반대도 용인되지 않는 상태에서 통치할 권한을 주었다. 한목소리를 내면서 인민은 이렇게 자유를 강요당하는 것을 선택했다는 말이다. 하지만 대약진운동으로 적어도 3000만 명이 굶어 죽고, 강제로 이주당하고 가혹한 처벌을 받았는데 과연 중국 인민이 이런 일도 스스로 선택한 것일까? 자오쯔양(趙紫陽)과 그의 지지자들이 제시했던 '사회 민주'의 급진적 제안에 대해 1987년 중국 공산당 제13기 전국 대표 대회가 끝난 뒤 공개된 장소에서 토론할 기회를 중국 인민에게 주어졌던가? 1989년 여름 학생들이 세운 '민주주의의 여신상'을 쓰러뜨린 일, 그리고 그 여름에 중국 전역에서 일어난 약 400건에 달하는 톈안먼 방식의 항의 행동을 무자비하게 진압한 일을 중국 인민은 찬성했던가? 그리고 지금 마치 머리 하나에 입은 여러 개이고 대단히 긴 팔을 가진 괴물 같은 정부가 관리하는 까다로운 통제 시스템이 멀티미디어 커뮤니케이션의 개방 구조를 폐쇄하는 것에 과연 중국 인민은 찬성할까? 한 가지 문제가 있으면 그것을 엄청난 문제인 것처럼 말하며, 반응이 굼뜨고 주먹은 큰 일당(一黨) 정부 밑에서 살기를 중국 인민은 여전히 선호할까? 〈백서〉는 이런 질문을 제기하지도 않았고 답하지도 않았다. 이 책자에서는 그저 '소수 민족의 지역 자치'뿐 아니라 '인민 대표 회의'와 '복수 정당에 의한 협조와 정치적 협의'로 이루어진, 지속적으로 개선되는 시스템이 있다고 말할 뿐이다. '사회주의 시장 경제'는 번영하고 있다고 했다. 중국의 삶은 '아직 완전하지는 않지만' 그래도 괜찮은 정도이며 계속 더 나아지고 있다고 했다. '도시와 농촌의 풀뿌리 단계에서 인민의 민주적 권리는' 확대되고 있으며 '법치주의' 역시 강화되고 있고 시민의 기본적 권리는 '존중과 보장'을 받고 있다고 했다. '관료주의와 부정부패'와 같은 문제가 있는 것은 사실이지만 당 지도부는 그런 문제를 잘 알고 있으며 '진보의 객관적 법칙'에 맞추어 한 걸음 한 걸음씩 그리고 '질서 있는 방식으로' 처리하고 있다고 했다.

중국의 성공이라는 요리를 만드는 레시피는 다음과 같다. 마르크스주의를 손가락 끝으로 잡아 아주 조금 넣고, 점진적 진보와 과학에 대한 19세기 유럽의 전통적 신념이라는 양념을 두세 번 탁탁 털어서 살짝 뿌려주고, 그다음에는 전위 정당에 대한 볼셰비키 원칙을 넉넉하게 한 컵 듬뿍 쏟아붓는 것이다.(이것이 바로 '민주 집중제'의 의미다.) 이렇게 만든 재료를 휙휙 섞은 다음 시장이 제공하는 우유와 꿀을 추가하고 그다음에는 중국 문명이라는 효모를 섞어 최종적으로 발효시키는 것이다. 일정 시간 뒤에 이 반죽에 화력을 가해서 구워내면 그것이 바로 중국 정부가 말하는 '화해 사회'인 것이다. 이것은 혼돈과 무질서의 반대이다. 혼돈과 무질서는 어마어마한 공포의 대상으로서 중국의 옛이야기나 문학에 자주 등장했으며, 1989년 톈안먼 사건 때 다시 돌아올 뻔했고, 지금은 인민을 위해 중국 공산당이 펴는 자비로운 지배에 대한 고집스러운 저항과 확고한 반대 운동 속에 그 모습을 드러내고 있다. '화해 사회'는 중국의 운명이다.

여기에서 우리 뮤즈는 최강국으로서 중국의 역할이라는 까다로운 문제로 우리의 관심을 다시 돌려놓았다. 왜냐하면 중국 정부의 말에 따르자면, '중국 인민'은 똑같은 원칙을 '전 세계적 차원에서' 실현하기 위해 그들이 할 수 있는 모든 것을 하고 있기 때문이다. 그동안의 경험을 보면 이 원칙은 중국 내에서 좋은 결과만 불러왔다고 한다. 이는 중국중앙텔레비전(CCTV)의 프로그램들에서 모두 자랑스럽게 전 세계를 향해 공언한 내용이다. 따라서 이 '화해 사회'의 비전은 다른 지역에 사는 인류에게도 좋은 결과를 불러올 수밖에 없다는 것이다. 즉 사회 안정, 지속 가능한 경제 개발, 좋은 정부, 사람들이 자신의 삶을 통제하는 수준의 지속적인 향상 같은 결과를 불러온다는 것이다. 후진타오 주석은 중국이 '원-원(win-win) 협력'을 지지하는 세력이라고 즐겨 말했다. 세계는 '하나의 큰 가족'이며, (그가 아시아-태평양 지역의 기업가들에게 말한 것에 따르면) 이제 '함께 일하는 것' 이외의 대안은 없다는 것이다. "화해(和諧)는 중국 문명을 정의하는 가치"이며, 그렇기 때문에 세계적 사안에서 중국의 역할이 점차 커지는 것은 전적으로 긍정적인 현상이라는 것이다. 중국이 짊어진 가장 커다란 운명은 '항구 평화와 공존공영의 조화로운 세계'를 건설하는 것이다. 아시아-태평양 지역과 아프리카 지역에서 중국은 자국의 평화로운 발전을 통해 전 아시아-태평양 지역의 평화로운 발전을 지지한다는 것이 중국 정부가 펴는 논리이다. 후진타오 주석은 "중국의 발전이 다른 어떤 나라에도 방해가 되지 않으며 또한 다른 어떤 나라에도 위험이 되지 않는다는 것은 이제까지의 경험으로 사실임이 입증되었다."라고 말한다.

시간을 자기편으로 두고 있어 실제 상황을 아는 우리의 뮤즈는 이런 말들이 전부 터무니없는 엉터리라고 지적했다. 중국은 '좋은 통치(good governance)' 따위에는 전혀 무관심하며 만일 이런 중국의 무관심을 파수꾼 민주주의가 방해하는 일이 생기면 언제라도 파수꾼 민주주의에 반대하는 태도를 보일 준비가 되어 있다는 것이다. 미래에 있을 폭발을 미리 시험해볼 수 있는 장소는 아프리카인 것으로 판명되었다. 여기에서 G8 국가들이 아프리카 원조와 투자를 '부정부패에 대한 절대 무관용', '민주주의'와 연계하려고 시도하자 중국은 간단하게 그 국가들을 무시해버렸다. 중국 정부는 스스로 인권, 법치주의, 언론의 자유 같은 사안에 아무런 관심도 없다는 것을 명백하게 보여주었다. 중국은 성장이 대부분의 문제를 해결해줄 것이라고, 또 빈민화가 되었건 빈약한 행정 능력이 되었건 그 어떤 단 하나의 문제도 성장 없이는 해결될 수 없다고 주장했다. 따라서 각 국가가 그 나라의 국민을 어떻게 통치하는가는—중국의 경우가 그렇듯이—전적으로 그 국가 지도자의 일이라는 것이다. 우선 중요한 일은, '정치적 평등과 상호 신뢰, 경제적 윈-윈 협조, 문화 교류'를 증진하는 '새로운 종류의 전략적 동반자 관계'를 통해 교역과 투자가 계속 흘러가도록 하는 일이라는 것이었다.(이는 2006년 11월 중국 정부가 개최한 역사상 최대 규모의 중국-아프리카 외교 행사에서 후진타오 주석이 한 말이다.[26]) 하지만 만일 이런 동반자 가운데 하나 혹은 그 이상의 나라가 중국 내부의 음울한 정치적 기록에 대해 이의를 제기한다면 어떤 일이 벌어질까? 중국 정부는 그저 입술을 꽉 깨물고 침착한 태도를 유지하면서 별다른 반응을 보이지 않을까? '화해'와 '사회주의적 인민 민주주의'의 원칙은 과연 어떤 반응을 보일까?

만성적인 부조화가 특징인 이 세계에 만일 최강대국이면서 동시에 소극적인 태도를 보이는 나라가 존재한다면 그것은 어불성설이라고 우리의 뮤즈는 확고하게 말했다. 그녀는 자신의 확신을 뒷받침하기 위해 잠비아의 중요한 선거에 중국이 강압적인 태도로 간섭했던 흥미로운 이야기를 들려주었다. 중국은 잠비아의 구리 산업에 대규모 투자 사업을 진행하고 있었을 뿐 아니라 직조, 소매, 도로 건설에도 투자하고 있었다. 잠비아의 2006년 선거는 이 나라에서 이제까지 있었던 선거 가운데 가장 활발하고 흥미로운 선거였는데 주요한 야당 후보인 마이클 사타(Michael Sata)는 중국 정부가 잠비아의 노동자를 학대하고 있다고 공공연히 비판했으며 또 잠비아에 대한 중국의 투자를 부당한 폭리를 취하는 행위라고 비난했다. "외교 관계는 반드시 모든 당사자에게 혜택이 돌아가는 방향으로 진행되어야 한다. 일방통행이어서는 안 된다." 줄담배를 피우고 걸걸한 목소리를 가진 사타는 민영 방송사인 '라디오 피닉스(Radio Phoenix)'에서 이렇게 말했다. "중국의 투자는 잠비아 국민의 삶에 어떤 가치도 만들어내지 못했다." 사타는 중국의 투자자를 비난했다. "그들은 우리 국민을 학대하고 있으며 이는 용납할 수 없는 일이다. 우리는 착취하는 투자자를 용서하지 않을 것이다. 이 나라는 잠비아 사람들의 것이다."

사타 후보는 'NFC아프리카광산'이라는 업체를 지적했다. 잠비아 북부 지방의 도시 참비시(Chambishi)에 있는 이 광산에서는 수천 미터 지하에서 이루어지는 교대 근무를 시작하기 위해, 형편없는 급료에 보호 장구도 제대로 갖추지 못한 구리 광부들이 중국어로 '회사의 번영을 위해 열심히 일하자'라고 쓰인 커다란 플래카드 아래를 터벅터벅 힘겹게 걸어가야 했다. 사타 후보는 중국이 운영하는 기업을 맹공격했다. 그는 그 기업들이 잠비아 노동자의 안전을 소홀하게 관리하고 있다고 비난했다. 그해 초에 중국이 경영하는 어느 광산에서 참담한 노동 조건에 항의하는 노동자들이 총에 맞아 죽었다는 사실을 청중에게 상기시켰다. 그는 이런 '엉터리' 중국 투자자들을 나라 밖으로 쫓아버리겠다고 위협했다. 또 그는 대담하게도 중국의 이른바 '하나의 중국' 정책을 비난했으며 '중국의 평화 통일' 이야기 역시 조롱했다. 그것은 신생 민주주의 국가인 타이완에 직접적인 개입을 요구하는 정책이었다고 그는 지적했다.

사타 후보의 말은 신랄했으며 대중에게 상당히 인기를 끌었다고 우리의 안내자는 전해주었다. 많은 전문가와 몇몇 여론 조사는 그가 다음번 잠비아의 대통령이 될 것이라고 예언했다. 그를 정치적 천사라고 생각하는 사람은 아무도 없었다고 우리의 안내자는 말했다. 그의 별명은 '킹코브라'였다. 그의 지지자들과 반대자들은 그가 항상 누군가를 공격할 준비가 되어 있는가 하면 도망쳐버리는, 발걸음도 재빠른 위험한 사람이라고 판단하고 있었다. 카리스마 넘치는 사타 후보는 정부 각료를 지냈던 경험과 용의주도하게 처신하면서 맡은 일을 반드시 완수하는 능력까지 갖추었으며 잠비아 정계의 여러 단계를 거쳐 거기까지 올라온 사람이었다. '다당제 민주주의 운동(MMD)'의 공동 창설자였던 그가 진정으로 행동하는 사람이었다는 점에는 많은 사람이 동의한다. 그러나 일부 사람들은 그가 거친 성격의 외국인 혐오증 환자이며, (어느 기자가 표현한 것에 따르면) "술에 취한 무기력한 잠비아를 채찍으로 때리고 위협해서 행동하게 만들 것"이기 때문에 "민주주의를 위해 바람직한 사람은 아니다"라고 평가했다. 이것이 정확한 평가일지도 몰랐다. 여하튼 그의 반(反)중국 논리는, 인구의 4분의 3이 빈곤 속에 살고 있으며(이들이 하루에 버는 돈은 1달러가 채 안 되었다) 노동 가능 인구의 적어도 절반에 해당하는 사람들이 실직 상태에 있었던 잠비아에서 큰 호응을 얻었다. 잠비아의 '자유노동조합연맹'이 사타 후보를 지지한다고 선언했다. 선거 운동이 막바지에 이르자 신문의 머리기사와 라디오 프로그램과 정치 토론은 이제 중국의 투자라는 주제로 온통 뒤덮였다. 사타 후보의 이름만 언급해도 택시 운전사, 점포 근로자, 안전 요원과 같은 하급직 종사자들에게서 환호가 터져 나왔다. 특히 구리 광산 분야의 노동자들이 그를 강하게 지지했다. 그는 '배에 뛰어 올라타라'라는 논지를 펴며 열렬하게 연설했는데 이런 그의 연설이 보도되면 심지어 그를 비난하던 중산층 사이에서도 열띤 토론이 벌어졌다.

이런 요란한 모습이 점차 심각할 정도가 되자 잠비아 주재 중국 대사 리바오둥(李保東)은 외교 예절 따위는 던져버리고 이 논쟁에 직접 개입해야겠다고 결심했다. 그는 사타 후보를 비난했고 한마디로 '악질분자'라고 했다. '화해'와는 전혀 다른 언어를 구사하면서 그는 만일 사타 후보가 대통령이 되어 그가 자신의 공약대로 타이완을 인정하는 조치를 취한다면 중국은 잠비아와 외교 관계를 단절해야 하는 입장이 될지 모른다고 분명하게 말했다. 대사는 또한 잠비아에 대한 중국의 투자 중지라는 무시무시한 가능성도 제기했다. 그것으로 끝이었다. 며칠 뒤 세계 정치의 양극 구조는 그 표식을 확실하게 드러냈다. 높은 투표율을 보이면서 투표가 진행되었지만 잠비아의 수도 루사카는 폭동이 일어나 일상적인 삶이 중단되었으며, 잠비아의 선거 관리 위원회는 마이클 사타 후보가 정부 여당의 현직 대통령인 레비 패트릭 무아나와사(Levy Patrick Mwanawasa)에게 패했다고 공식적으로 발표했다.* 그는 중국 정부의 절친한 친구였다.

* 마이클 사타는 2011년 대통령 선거에 애국전선당(PF) 후보로 출마해 43퍼센트의 득표율로 당선되었다. 임기 중인 2014년 10월에 병으로 사망했다.

10장

민주주의의 민주화

우리가 시작이라고 부르는 것이 사실 끝인 경우가 종종 있다.
그리고 우리가 끝낸다고 하는 것이 사실 시작하고 있는 경우도 종종 있다.
끝은 우리가 시작하는 장소다.
_ T. S. 엘리엇, 〈리틀 기딩(Little Gidding)〉,
《네 개의 사중주》(1942년)

우리의 민주주의가 끔찍한 고통에 시달리며 천천히 죽어 간다고 한번 상상해보라. 그런 죽음을 초래하는 원인으로는 정당, 정치인, 의회에 대한 경멸과 민족주의, 가짜 민주주의자 같은 요인이 있을 것이다. 이 밖에 어쩌면 공포와 폭력, (고발하고 싶어도 고발할 수 없는) 국경을 초월하는 제도들, 시장의 실패, 심화되는 사회 불평등, 운명론, 그나마 조금 남아 있는 민주주의의 이상과 제도에 관련된 위선에 대한 혐오감 같은 요인도 있을 수 있다. 우리의 안내자는 이런 요인들 때문에 결국 파수꾼 민주주의가 파멸할 수도 있다고 예언한다. 혹시 그 예언이 맞아떨어진다면, 우리가 잃는 것은 과연 무엇인가? 그것이 우리가 정말 걱정해야 할 일인가? 더 단순하게 말해보자. 민주주의가 고통스러운 죽음을 맞는다고 해서 그것이 뭐 큰 문제인가?

민주주의라는 것

흥미로운 사실은, 2003년 여름 아프가니스탄 남부 칸다하르 지방에 있는 햇볕이 강하게 내리쬐는 포도 농장에서 개최된 천여 명의 족장들 모임에서 바로 이런 질문들이 던져졌다는 사실이다. 이 집회는 현지어로 '슈라(shura)'라고 하는 모임이었으며 미국이 주도한 침공으로 탈레반 독재정이 무너진 이후 선거 민주주의로 향하는 첫 번째 어색한 발걸음에 대해 논의하기 위해 소집되었다. 여기에 모인 대표자들은 꼬치에 끼워 구운 양고기와 과일을 대접받았으며 후식 대신으로 받은 것은 선거 실시 요령이었다. 그 내용을 조금 보자. 텐트, 테이블, 지워지지 않는 잉크와 문방구류를 각 투표소에 전달해야 한다는 내용이 있으며, 투표소 가운데에는 '조이나우 개천 옆'이라든가 '공동 급수 펌프에서 가까운 곳'이라는 주소가 붙은 곳도 있었다. 트랙터, 택시, 당나귀 따위를 이용하여 유권자들을 투표소로 이동시킨다는 내용도 있었다. 남편과 부인 모두가 유권자이므로 부부 모두 투표용지에 있는 대통령의 사진을 보고 그를 알아볼 수 있도록 하라는 내용도 있었다. "우리는 그들에게 보여주었다. 이것이 투표용지다. 이 사람이 카르자이(Karzai)다. 그의 머리에 표시를 하거나 그의 상징 표식에 선을 그어서는 안 된다. 네모칸 안에 체크 표시를 하라." 아흐메드 왈리 카르자이가 말했다. 그는 칸다하르의 사업가로서 현직 대통령이자 선거에서 선두 주자였던 자신의 형 하미드 카르자이(Hamid Karzai)에게 표를 던질 것을 이 집회 참석자들에게 호소한 연설자 중 한 사람이다. "그들은 도대체 무슨 일이 진행되고 있는지 갈피를 잡지 못했다." 집회가 끝난 뒤, 아흐메드 왈리 카르자이가 이렇게 말했다. "그들은 우리에게 와서 말했다. '왜 선거를 하는 것인가? 모든 것이 잘 되고 있는데.' 또는 '우리는 정부라고 하는 게 필요 없다. 그것이 우리에게 해주는 것은 아무것도 없다. 나는 텐트에서 산다. 내가 정치에 신경을 써야 할 이유가 무엇인가?' 나는 이것이 바로 민주주의라고 말한다. 그들은 종종 눈살을 찌푸린다."[1]

이 민주주의라는 것이 앞으로 올 세상에서 시들어버린다 해서 그것이 큰 문제일까? 권력을 다루는 수단은 비밀스러운 밀실 거래부터 잔혹한 힘을 가진 주먹과 폭탄까지 매우 다양하다. 이런 세상에서 파수꾼 민주주의란 여러 가지 많은 생각 가운데 하나에 불과한—그리고 없어져도 상관없는—그런 개념이 아닐까? 민주주의를 그렇게 수호할 필요가 있을까? 민주주의는 진실로 누구에게나 적용되는 보편 규범일까? 칸다하르에서 포도를 경작하는 사람들, 레바논의 베카 계곡 주민들, 프랑크푸르트와 도쿄와 모스크바의 노동자들, 타이베이와 케이프타운의 사업가들, 인도의 불가촉천민 여성들, 중국의 농민들, 터키의 쿠르드인, 심지어 국경을 넘어서 작동하는 세계무역기구와 유엔과 세계은행 같은 강력한 기관들, 이 모든 사람들과 기관들에다 적용되는 규범일까? 아니면, 결국 민주주의는 어쩌면 보편적 규범인 것처럼 가장한 가짜 규범인가? 니체의 생각처럼, 사람들의 주의를 끌고 약속으로 사람들을 흥분시키고는, 비록 일정한 시간 동안이지만, 이것이 권력을 감추기 위한 가면이며 일부 사람이 다른 사람들을 지배하기 위해 벌이는 투쟁에 유용한 도구일 뿐이라는 사실을 숨기는, 그런 종류의 거창한 서구 가치 가운데 하나일 뿐인가?

이런 질문들에 대답은 매우 중요하다. 민주주의 반대자들의 마음을 돌리기 위해서라도 그렇다. 하지만 이런 대답을 제공하려는 시도는 매우 기묘한 현상에 의해 저지되고 있다. 즉 파수꾼 민주주의가 탄생하고 반세기 이상이 지났지만 여전히 세계 각지에서 정치를 논평하는 사람들은 민주주의가 어째서 바람직한 것인가라는 질문을 피하고 있는 것이다. 바로 지금, 역설적이게도 민주주의가 새로운 창조의 폭발적인 증가세를 보이고 있는 이때에 이 주제에 대해서는 오만한 도덕적 침묵이 만연해 있다. 언론인, 시민 활동가, 정치인, 정치 사상가들은 모두 민주주의가 역사상 최초로 전 세계적인 정치 언어가 되었다는 점을 언급하고 있다. 또한 이들은 민주주의의 방언(方言)들이 모든 대륙에서 사용되고 있으며 인도, 타이완, 이집트, 우크라이나, 아르헨티나, 케냐 같은 서로 너무나도 다른 나라에서 쓰이고 있다는 사실도 언급하고 있다. 민주주의를 지지하는 친구들은 민주주의의 진전을 막을 수 있는 것은 아무것도 없다는 것을 보여주는 증거를 활용하여 민주주의 찬가를 부르는 여러 싱크탱크들의 보고서를 읽으면서 크게 안도하고 있다. 많은 이들이 만족스럽게 긴 숨을 내쉬면서 이제 민주주의가 전 세계적인 가치가 되었다는 확신을 표명하고 있다. 좀 더 자세한 사정을 아는 사람들은 민주주의가 고대의 시리아-메소포타미아 지역과 고대 그리스 시민 국가들 사이의 특정한 지역에서 뿌리를 내린 특정한 관념이라는 것을 인정하면서도, 이제 민주주의가 다른 모든 정치적 가치관에 승리를 거두었다는 결론을 내리고 있다. 이제 민주주의는 따로 증명이 필요하지 않은 자명한 진실로 인식되고 있다. 마치 전 세계적으로 타당성 있는 생활 양식인 것처럼, 그리고 노벨상을 수상한 경제학자 아마르티아 센(Amartya Sen)이 한 유명한 말처럼 "어디에 사는 사람이든지 귀중하게 생각할 이유가 있는 보편적인 가치"로[2]

민주주의는 세계 모든 곳에서 환영받고 있다.

　이런 견해에 담긴 첫 번째 문제는 민주주의가 자명하게 귀중한 것이라고 모든 사람이 동의하지 않는다는 점이다. 민주주의를 적대하는 세력은 점차 늘고 있으며, 민주주의에 어느 정도 공감하는 저명한 연구자들조차 민주주의가 지구상의 모든 사람에게 바람직하다는 주장에 대해서는 공공연하게 냉소적인 태도를 보인다. "민주주의 혹은 우리가 그 이름을 걸고 스스로 머릿속으로 상상하는 어떤 것이 인류 대부분에게 자연스러운 상태라는 주장에 대한 증거를 나는 전혀 알지 못한다." 이는 조지 F. 케넌(George F. Kennan)이 한 말이다. 그는 미국의 외교관이었으며 정치 고문이었고 냉전의 등장에 핵심적인 역할을 한 연구자였다. 케넌이 보기에 민주주의란 "18세기와 19세기에 북서부 유럽에서 발전했으며 …… 그다음, 북서부 유럽에서 살던 사람들이 개척자로 그 모습을 드러낸 북아메리카를 포함한 세계의 다른 지역에 전달된 통치 형태(이며 많은 단점이 있는 어려운 통치 형태)"이다. 이런 식으로 생각하면 민주주의란 특정한 시기에 특정한 지역에서 일부 사람들에 의해 가치 있는 것으로 인정받았던 이상이다. 따라서 민주주의 주장이나 민주주의가 전 세계적인 축복이라는 생각은 허풍이며 바람직하지 않다고 보게 된다. 조지 케넌의 결론은 다음과 같다. "악정(惡政), 즉 가장 끈질기고 대담하며 그리고 종종 잔인한 자가 권력의 자리에 오르는 것이 지난 수백 년, 수천 년 동안 인류 역사에서 가장 흔하게 볼 수 있는 현상이었다. 미국인들이 아무리 용감하게 풍차를 향해 달려가기를 고집한다 해도 미래의 오랜 시간 동안 세상은 그런 상태로 남아 있을 것이다."[3]

　민주주의가 이렇게 시간과 공간의 제한을 받는―애당초 그리스 혹은 서구의―생활양식이라는 이런 생각은 물론 매우 다양한 방식으로 쓰일 수 있다. 예를 들어 이 세상은 절반 정도만 민주적인 상태일 운명에 처해 있으니 행운을 얻은 일부 사람들은 민주주의의 풍요를 누리는 반면 그만큼의 행운이 없는 사람들은 민주주의가 전혀 없거나 혹은 아주 조금밖에 없는 곳에서 사는 불행을 감수해야 한다는 쏜쏠한 결론을 내릴 수 있다. 민주주의는 전 세계적인 도덕률이 아니고 지역적으로 한정된 도덕률이기 때문에 어쩔 수 없다는 이야기가 된다. 한편 이런 식의 논리는 스스로를 축복하는 근거로 활용될 수도 있다. 두바이(Dubai)와 도하(Doha) 같은 석유 벼락부자 나라이며 소비자의 천국에 사는 부유한 고관대작들은 다소 경멸감을 드러내며 민주주의가 이제는 쓸모없는 관념이라고 말하는 것이 보통이다. 좋은 향수 냄새를 풍기며 부유한 생활을 하고 샴페인을 즐겨 마시는 서구화된 러시아의 부르주아도 이런 의견에 동의하는 경우가 많다. 민주주의에 대해 어떻게 생각하느냐고 그들에게 물어보면 그들은 이렇게 답한다. "민주주의라고요? 어째서 민주주의죠? 독일이 과연 자유로운가요? 미국은요?" 만약 당신이 그런 나라들에는 최소한 자유롭고 공정한 선거, 활기에 찬 시민 사회, 강력한 사법부가 있다는 점을 지적하면, 그들은 이렇게 대답할 것이다. "우리는 그런 종류의 민주주의를 좋아하지 않아요. 우리나라 사람들은 민주주의를 전혀 좋아하지 않습니다." 그것으로 끝이다. 만일 독재정 아래에서 자유가 가능하냐고 계속 물어본다면, 그런 질문은 무례한 것으로 간주되거나 혹은 조롱 섞인 답을 듣게 될 것이며 그런 쓸데없는 질문을 왜 자꾸 하는지 궁금해하면서 상대방은 당신을 못마땅한 눈초리로 볼 것이다. 그들은 이렇게 말할 것이다. "여기서는 아무도 그런 데 관심이 없습니다. 이런 상황은 우리 삶의 당연한 일부예요. 우리는 독재정입니다. 하지만 누구나 선택을 할 수 있기 때문에 우리는 자유가 있는 것입니다."[4]

여기서 더 흥미로운 상황이 벌어진다. 즉 민주주의가 단지 특수한 지리적 이상에 불과하다는 믿음이 그 반대 정서에 불을 붙이는 상황이다. 독재정은 반드시 타도해야 한다는 태도가 생길 수 있는 것이다. 이 논리에 따르면, 만약 민주주의가 역사적으로 특수한 것이라면—다양한 가치 가운데 하나에 불과하다면—민주주의가 전 세계적으로 강력한 위치를 차지하는 길을 가로막고 있는 장애물은 오직 힘뿐이라는 이야기다. 교활함과 무력은 정당할 수 있다. 영향력 있는 미국 학자 리처드 로티(Richard Rorty, 1931~2007)가 발언한 민주주의에 우호적인 언급을 생각해보자. 조지 케넌과 마찬가지로 로티 역시 말을 직설적으로 했다. 로티는 근대적 대의 민주주의가 '북대서양 문화'의 '특수한 현상'이라는 점을 인정했다. 이 민주주의에 궁극적인 정당성이 있는 것은 아니다. 철학적으로 말해서 절대적인 진실이라거나 옳다거나 보편적인 것은 아니다. 하지만 어째서 '북대서양' 민주주의 실험이 바람직하다고 생각하는지 그 이유를 설명해 달라는 요구를 받을 때면, 로티는 이렇게 단숨에 답변하기를 좋아했다. 즉 모든 형태의 보편적인 추론은 폐기해야 하며, 민주주의는 아무런 철학적 정당화도 필요 없다는 것이다. 윤리적인 관점에서 보았을 때 민주주의자들은 짐을 가볍게 하여 여행하는 편이 좋을 것이라는 이야기도 했다. 복잡한 이론 따위는 모두 버리고, 그저 자신들의 투철한 확신과 그저 '철학적으로 피상적이며 마음 가벼운' 분위기로 세계 곳곳을 휘휘 돌아다니면 그만이라는 이야기였다. 로티는 민주주의가 신학이나 형이상학을 대체하는 것이 아니라고 믿었다. 민주주의의 이상은 오히려 자신의 두 발로 서야 하는 것이다. 민주주의의 이상이 바람직한 이유는, 그것이 논리적으로 앞서며 우리에게 주어진 근원적 '현실'에 들어맞거나 그것과 공명하기 때문이 아니다. 우리가 인정하거나 복종하기만 하면 그냥 그대로 효능을 발휘하는 명제, 그리고 우리가 절대 피할 수 없는 명제가 아니라는 이야기다. 로티는 민주주의는 이제 별로 신뢰가 가지 않는 철학적 친구들과 헤어져야 한다고 주장한다. 그런 친구는 필요 없다는 것이다. 낡은 윤리에 대한 무관심이야말로 민주주의적 지혜의 출발점이며, 민주주의가 '도덕적으로 더 우월하다'는 것을 깨닫기 위한 시발점이다. 왜 민주주의가 더 우월하냐면, 민주주의는 "사회적·정치적 노력을 통해 지금 여기에서 획득할 수 있는 더 나은 세상에 대한 희망, 바로 그 '희망의 문화'의 일부를 이루기 때문이다. 그 희망의 문화는 동양의 특색인 체념의 문화와 정확히 반대된다." 따라서 민주주의가 여러 규범 가운데 하나에 불과하다는 것은 사실이지만 그렇다 해도 이 규범이 실천에 옮겨지게 되면 다른 규범들에 비해 우월한 것은 자명하다는 이야기다. 조지 W. 부시 대통령이 '테러와의 전쟁'을 개시하고 얼마 지나지 않은 시점에, 로티는 이렇게 말했다. "여전히 미흡한 점이 많이 있지만 그래도 기본적으로 서양 세계는 올바른 길로 가고 있다. 나는 서구가 다른 문화에서 배울 것이 그리 많지 않다고 생각한다. 우리는 팽창해 갈 것을, 그리고 지구를 서구화할 것을 목표로 삼아야 한다."[5]

세계를 민주화함으로써 서구화한다는 이야기다. 필자는 민주주의의 역사에 관한 이 책을 준비하는 초기 단계에 리처드 로티와 아침 식사를 하면서 민주주의의 잠재적인 장점에 대해 대화를 나눈 적이 있다. 로티는 우선 자신의 양 어깨를 약간 으쓱 올렸다가 내렸다. 이는 로티 특유의 몸짓인데, 이 몸짓 뒤에 그가 반드시 하는 이야기는, 민주주의가 이로운 결과를 낸다는 것을 근거로 삼아 민주주의를 옹호하는 여러 주장이 있지만 이런 주장들은 지극히 신뢰할 수 없다는 것이다. 이른바 결과론을 근거로 삼아 민주주의를 옹호하는 사람들은 보통 민주주의가 다른 경쟁 이념들보다 더 효과적으로 여러 목적을 달성한다고 주장하면서 다른 이들을 설득하려 한다는 점에 우리 두 사람은 동의했다. 그들은 민주주의의 정당성이 유용성, 기능성, 실용성에 있다고 말하는 것이다. 예를 들면, 어떤 사람들은 민주주의가 집단적인 결정을 내리는 과정에 시민들이 참여할 수 있는 기회를 극대화시키므로 민주주의가 우월한 통치 형태라고 주장한다. 또 어떤 사람들은 정의(正義)를 고려하는 발전 방식을 키워주기 때문에 민주주의가 좋은 것이라고 주장한다.(이는 인도의 학자 라즈니 코타리Rajni Kothari가 애호하던 주장이다.) 어떤 사람들은 경제 성장을 촉진하는 데 다른 체제보다 민주주의 체제가 더 낫다고 주장한다.* 또 어떤 사람들은 민주주의가 전쟁이라는 무서운 동물을 얌전하게 길들인다고 주장한다. 즉 '민주주의적 평화'를 촉진한다는 이야기다. 그리고 민주주의가 '국가 안보'에 대한 이른바 '테러'의 위협을 감소시켜준다고 주장하는 사람도 있다. 또 미국의 민주주의 사상가 로버트 A. 달(Robert A. Dahl)을 포함한 한 무리의 학자들은 민주주의가 다른 실현 가능

---

* 이런 허풍이 어떤 것인지 그 느낌을 조금 전달해보겠다. 1950년에서 1990년까지 존재했던 224개 정권에 대한 대규모 연구가 있었다. 224개 가운데 101개는 민주주의 체제였다. 이때 민주주의 체제의 개념은 좁게 잡은 것으로서 야당 측이 승리할 가능성이 어느 정도 존재하는 그런 종류의 선거를 시행하는 체제를 말하는 것이었다. 분석 결과, 경제 성장과 민주주의는 그다지 밀접한 상관관계가 없다는 결론이 나왔다. Adam Przeworski et al., 'What Makes Democracies Endure?', *Journal of Democracy*, volume 7, 1 (January 1996), pp. 39-55. 이 논문에서는 상당히 다른 결론을 제시되었다. 즉 "어떤 나라가 민주주의 체제를 일단 보유한 다음에는, 그 나라의 경제 발전 수준이 민주주의 체제의 생존 가능성에 매우 강한 영향을 끼친다."(pp. 40-41). "사람들은 민주주의가 수입의 불평등을 줄여주기를 기대하며, 민주주의 체제가 그렇게 해준다면 그 체제의 생존 가능성은 더 커진다."(p. 43). 지나치게 자유로운 상상의 힘을 빌리면서, 이 논문의 저자들은 용감하게 다른 비(非)경제적 요인들을 전부 무시하는 다음과 같은 결론을 내린다. "[1인당 연간 소득이] 6천 달러가 넘어가면 민주주의 체제는 막강한 상태가 되며 영속적인 생존을 기대할 수 있다."(p. 41). 시간과 공간에 분명한 제약을 받는 이러한 결론들의 신빙성은, 아무리 소극적으로 말한다 해도, 매우 불안한 상태다. 한 가지 사실만은 분명하다. 민주주의 체제가 경제 성장의 친구라는—양적인 경제 성장이 바람직하지 않다고 가정한다 하더라도—흔히 언급되는 주장은 이 연구에서 확인되지 않았다.(원주)

한 대안적 체제들과 비교해볼 때 '인간 개발(human development)'을 좀 더 완전하게 이루어준다고 주장한다.

이런 주장 대부분은 마치 개가 자기 꼬리를 물려고 뱅뱅 도는 것과 비슷하다고 우리 두 사람은 동의했다. 예를 들어, 민주주의가 사람들로 하여금 집단적 결정을 내리는 과정에 참여하는 길을 열어주기 때문에 좋다는 논리는 그 요점을 생각해보면 결국 민주주의는 원래 좋은 것이기 때문에 좋은 것이라는 뻔한 이야기가 된다. 민주주의가 다른 실현 가능한 대안들보다 인간 개발을―이것이 무엇을 의미하든 간에―좀 더 완전하게 해준다는 인간 중심적 논리에도 같은 평가를 내릴 수 있다. 이 밖에 또 다른 문제가 있다고 우리는 동의했다. 실제 상황을 고려해본다면, 민주주의의 보편성에 대한 이 모든 주장은 지극히 의심스럽다. 예를 들어, 민주주의 체제가 경제 성장을 이룩하는 데 독재정보다 항상 더 낫다는 증거는 어디에도 없다. 그리고 '인간 개발'의 성격이나 '경제 성장'의 바람직함, '국가 안보'의 의미에 관한 너무도 많은 애매한 질문들에 대해 여전히 답을 찾지 못한 상태이다. 이런 주장들은 신뢰성이 아주 낮기 때문에 민주주의의 이상이 혼란과 위선을 만들어낸다는 비난에 너무나 취약하다. 따라서 이런 주장들은 민주주의의 이상에 도움을 주기보다 오히려 해를 끼칠 위험성이 크다는 데 리처드 로티는 동의했다. 20세기 말 '심의 민주주의(deliberative democracy)' 이론을 향한 움직임이 있었지만 이 역시 앞서 언급된 위험성을 확실하게 방지하지는 못했다고 우리는 동의했다. 여러 대의 제도를 통해 민주적 심의가 최대한으로 잘 이루어질 수 있는지 아닌지 또 과연 어떻게 해서 그렇게 되는지에 관련되는 문제들은 일단 거론하지 말자. '심의 민주주의자'라 자칭하는 사람들의 논지를 보면, 사람들이 투표를 할 때 단순히 모든 사람을 위해 최선의 길이 무엇인지를 즉흥적으로 대충 판단하는 것이 아니라 다른 사람들의 의견을 충분히 고려한 기반 위에서 투표할 것을 민주주의가 요구한다는 이유를 들면서 민주주의를 칭송한다. 그러나 도대체 왜 시민들이 숙고를 한 상태에서, 다른 사람의 의견에 민감하게 반응하면서, 그리고 책임성 있는 방식으로 행동해야만 하는지는 분명치 않다. 또한 이런 요구 사항이 과연 동일한 것을 의미할 수 있는지 만일 그렇다면 어느 정도 그런지, 그리고 이 심의라는 원칙을 보편적 규범으로 간주해야 하는지 등등 모든 것이 아직 분명치 않은 상태다. 마치 심의 민주주의가 심의를 최대화해주기 때문에, 그래서 시민들이 심의라는 업무에 분주하게 계속 관여하도록 해주는 좋은 효과를 거두기 때문에, 심의 민주주의가 바람직한 것이라고 주장하는 듯하다.

이런 논의를 거친 끝에 우리는 어디에 도달했던가? 우리의 조찬 대화의 끝 무렵에 리처드 로티는, 자신이 민주주의를 바람직한 것으로 보는—서구화된 지구의 곳곳에서 소중하다고 인식되는—이유는 민주주의가 인간에게 삶이 폭력과 잔학 행위의 저주로부터 자유로워질 수 있다는 희망을 주기 때문이라고 말했다. 힘보다는 설득, 피로 물든 혁명보다는 타협과 개혁, 위협과 위압보다는 자유롭고 열려 있는 만남, 희망에 차고 실험적인 정신 상태. 이런 이야기는 분명 설득력이 있다. 그러나 우리 두 사람은 잘 알고 있었다. 그가 표명하는 이런 희망에 찬 세계 개선론이 안고 있는 한 가지 심각한 문제는, 이런 입장이 결국은 미국과 그의 군사 동맹국들이 추진하는 '민주주의 촉진' 노력과 어깨를 나란히 했다는 점이다. 로티가 표명하는 종류의 세계 시민주의적 실용주의는 순진한 논리가 아니다. 이런 실용주의는 악마의 놀이터에서 진행되는 폭력적인 파워 게임과 깊은 관계를 맺을 가능성이 있으며 실제로 그렇게 되었다. 이 사실은 이라크와 아프가니스탄에서 진행되는 불운한 민주화 실험에 관하여 매일 전해지는 소식들을 통해 전 세계가 다 알고 있는 바이다. 아프가니스탄의 경우 (2006년 7월) 국회 의원으로 새로 임명된 사람들 대부분이 (앞서 이야기한 아흐메드 왈리 카르자이의 경우와 마찬가지로) 지방 무력 집단의 두목, 마약 거래자, 인권 침해자 등과 긴밀하게 연결되어 있으며, 자신들의 몸에 매일 가해지는 위협과 현상금(생포하면 5만 달러, 죽여서 시체로 가져오면 2만 5천 달러)을 피하고 있으며, 이동할 때면 무장 경호원들을 자동차 행렬 앞뒤에 배치한 채로 다니고 있다.

민주주의의 실용적인 우월성에 대한 주장은 그 우월성이 군사력의 뒷받침을 받게 되면 필연적으로 민주주의에 나쁜 평판을 안겨준다. 이런 주장은 새로운 천 년의 초기 몇 년 사이에 '민주주의 후퇴'라고 불리는 현상이 중동 여러 지역에서 일어나는 결과를 불러왔다. 레바논 드루즈파의 지도자이며 야당 국회 의원인 왈리드 줌블라트(Walid Jumblatt, 1949~)가 미국의 민주주의 촉진 노력에 쏟아낸 신랄한 비판은 앞으로 민주주의가 스스로 보편적으로 타당한 '북대서양' 가치라고 맹목적으로 혹은 오만하게 주장할 경우 그 것이 어느 장소이든 어느 때이든 상관없이 민주주의의 운명에 어떤 일이 벌어질지를 미리 말해주는 징조라고 볼 수 있다. 줌블라트는 부시 대통령을 '미치광이 황제'로 묘사하며 부시가 자기 자신을 '지상에 보내진 신의 대리인'으로 생각하고 있다고 비난했다. 당시 국무장관이던 콘돌리자 라이스를 향해서는 '석유 빛깔'이라고 비난했으며 토니 블레어 영국 총리에게는 '섹스 콤플렉스가 있는 공작새'라고 했다. 줌블라트는 빈정대는 말투로 민주주의를 제국주의적 통치라고 비난하면서 "그들의 하늘은 미국의 비행기요, 그들의 바다는 미국의 함대요, 그들의 기지는 미국의 기지요, 그들의 체제는 미국과 영국의 체제이며, 그들의 강은 미국의 배이고, 그들의 산은 미국의 특공대고, 그들의 평야는 미국의 전차이며 그들의 안보는 미국의 이익에 봉사하고 있다."라고 말했다.[6]

겸손한 민주주의

이런 말은 결코 순진무구한 사람의 비난이 아니다. 분명 그들은 정치적 계산을 따로 하고 있다. 그러나 너무나 거칠고 또 자만심으로 가득 차 있음에도 불구하고 이런 말들은 민주주의에 대한 순진무구한 믿음의 시대는 이제 끝났다는 것을 상기시켜준다. 아마도 더 강력하게는 이런 질책이 목적과 수단의 모순을 드러낸다는 것이다. 즉 '북대서양 문화' 혹은 (어떤 식으로 규정하든) '서구'가 민주주의의 이상에 대한 특허권을 보유하고 있으며, 군사적 수단을 사용해서라도 민주주의를 촉진할 가치가 있다는 믿음은 결국 정치적으로 오만하며 자기 모순적인 도그마로 작동한다. 그렇게 되면 민주주의는 생명력을 부여하는 특별한 약이 되는데, 설사 타인이 그 약을 낯설게 여기고 싫어하며 심지어 구역질을 하더라도 그 사람에게 투약해야 하는 것이다.

민주주의의 이러한 자기 모순은 피할 수 있는 것인가? 민주주의자들은 과연 전 세계적에 적용되는 우월성을 묘사하는 참신한 언어를 개발함으로써 21세기의 반대자와 회의론자의 비난으로부터 민주주의의 윤리를 보호할 수 있을까? 어쩌면 민주주의라는 것은 원래 지역적 이상에 불과하며 힘 있는 정치적 사기꾼들이 자기 이익에 맞춰 위선적으로 활용하는 것인가? 우리는 다시 맨 처음 질문으로 돌아간다. 과연 민주주의는 전 세계적인 이상이 될 수 있을까? 그리하여 모든 사람들에게 적용할 수 있는 것이 되어, 힘세고 오만한 사람이 약한 사람을 괴롭힐 때 변명으로 쓰이지 않도록 할 수 있을까? 민주주의의 이상은 과연 민주화될 수 있을까? 광신적인 전제를 없애고 좀 더 겸허하고 좀 더 소박하고 현실적인 것으로 만들어서 이 지구와 인류에게 좀 더 잘 봉사할 수 있게 만들 수 있을까? 이런 질문에 간단하게 답하자면 그렇다고 생각한다. 하지만 그렇게 되기 위해서 우리에게 지금 필요한 것은 민주주의를 민주주의적으로 이해하는 것이며, 또는 최소한 민주주의를 절대적으로 선하고 바람직한 단 하나의 이상으로 여겼던 과거의 관념보다 훨씬 더 민주적인 방식으로 민주주의를 다시 규정하는 작업이다.

우리 선조들의 입장에서 본다면 민주주의의 이상을 또 민주화한다고 하는 그런 생각은 아예 생각조차 할 수 없었으며 입 밖에 내기도 불가능했다. 제정신을 가진 민주주의자라면 민주주의의 이상이 독선적이라고 비난하지 못했을 것이며, 또한 민주주의가 스스로를 오만한 고차원의 어휘로 변모시켜, 자신의 운명을 이 지상의 '절대적 존재' 혹은 '신(神)'의 대체물이라는 인상을 주는 '원칙들'에 맡김으로써 사실상 '도그마'가 되어버렸다고 비난하지 못했을 것이다. 과거의 민주주의자들은 그들의 고결한 원칙들이, 민주주의의 다양한 정당화 논리들을 포용할 수 있는 민주주의 개념과 공공연하게 충돌하리라고는 꿈에도 생각하지 못했으며, 또한 민주 사회든 아니든 어느 사회에서나 좋은 삶에 대한, 서로 충돌하며 서로 다른 차원에서 작동하는 다양한 관념들에 맞추어 사람들이 살아가고 있다는 사실과 그들의 원칙들이 서로 잘 부합하지 않는다는 점을 조금도 생각하지 못했다.

민주주의의 이상을 민주화하자는 제안은—거짓말을 끝내고 이제 파수꾼 민주주의의 이상과 수준에 맞게 개선하자는 것—처음 보았을 때는 거의 혹은 전혀 말이 되지 않는 것처럼 보인다. 대부분의 사람들은 이런 제안이 무슨 뜻인지 모른다. 민주주의가 스스로 다른 방식으로 말하는 능력을 개발해야 한다는 제안을 내놓으면 사람들은 어리둥절해한다. 이런 상황이 벌어지는 가장 큰 이유는, 전 세계의 수많은 사람들이 지금의 민주주의를 권력에 대한 지속적인 공공의 통제이며, 다수 의견에 반대하는 소수를 위한 공간을 만들어주고 대등한 시민들 사이의 권력 경쟁을 평준화해주는 체제라고 믿게 되었기 때문이다. 따라서 사람들 대부분은 과거에 이 민주주의의 이상 속에 못된 고질적 요소가 숨어 있었다는 사실을 인정하기가 힘들다. 거창한 철학적 명제, 형이상학적 주장, 독선적인 태도가 그런 것들이다.

그리 멀지 않은 과거의 한때까지 민주주의는 세계를 향해 자신을 무척 거만한 모습으로 드러냈으며 기묘하게 오만한 함의를 가진 언어로 말했다. 회의체 민주주의 시대의 예를 보자. 이때는 민주주의라는 단어가 군사적 정복과 통제의 느낌을 강하게 띠고 있었다. 물론 민주정 옹호자들 사이에 민주주의의 이상을 옹호하는 조약 같은 것을 맺은 것은 아니다. 하지만 이 주제에 관해서 우리가 가장 잘 기억하고 있는 아테네의 연설들을 살펴보면 ― 파수꾼 민주주의 시대에도 대부분의 사람들이 아직도 민주주의의 원점(原點)으로 생각하는 바로 그 연설들이다. ― 오늘날의 기준으로 볼 때 무척 거만한 느낌을 준다. 우선 그런 연설에는 아테네의 민주정이 아름답고 조화로운 모습으로 그려져 있다. 이는 사실과 전혀 부합하지 않는 묘사다. 그리고 가장 이상한 점은 '데모크라티아'의 적극적인 친구들이 민주주의를 제국과 연결 지어 민주주의를 합리화하는 것이 통상적인 관행이었다는 점이다. 기원전 5세기 중반이 되면, 힘의 보유와 축적을 위한 노력이 아테네 사람들의 삶과 경험과 기대의 중심에 자리 잡게 된다. 힘에 의한 정치와 제국주의가 아테네의 전형적인 특징으로 인식되었으며, 또한 민주주의의 특징으로 인식되었다. 아테네 사람들은 끊임없이 타국 사람들을 지배하는 힘을 추구하는 데 여념이 없는 사람들이라는 명성을 얻게 되었는데, 이 명성은 곧 민주주의와 동의어가 되었다. 이런 연유 때문에 페리클레스는 죽은 병사를 기리기 위해 모인 사람들에게 다음과 같은 유명한 말을 한 것이다. "잘 기억해 두시기 바랍니다. 세계에서 아테네가 가장 위대한 명성을 갖고 있는 이유는 아테네가 절대로 역경에 굴하지 않으며 다른 어떤 도시국가보다도 많은 생명과 노력을 전쟁에 쏟아부었으며 그리하여 역사상 존재했던 어떤 나라보다 더 큰 힘을 획득했기 때문입니다. 이 위대함의 기억은 …… 영원히 후대까지 남아 있을 것입니다."[7]

오만한 민주주의다. 오늘날에 이런 식으로 말하는 것은 불쾌한 일이다. 따라서 고전 시대의 그리스가 민주주의의 필요성에 대한 혼란스럽고 불쾌한 무지 상태에서 파수꾼 민주주의 시대를 구원할 가능성은 거의 없어 보인다. 오늘날 일부 고전학자들—이들 가운데 빛나는 사례는 21세기의 조지 그로트라 불리는 조시아 오버(Josiah Ober)다.—은 우리 시대에도 공명할 수 있는 민주주의 이해 방식을 고대 그리스인들에게서 끌어내는 데 자신의 재능을 쏟았다. 그들의 주장에 따르면, 공적으로 유용한 지식의 개방적인 순환에 기반을 두고 학습과 혁신을 장려함으로써 여러 문제를 해결하는 능력이 바로 민주주의의 최대 장점이라는 점을 그리스 선조들이 우리에게 가르쳐준다고 한다.[8] 이런 연구자들의 노력에 행운이 있기를 빈다. 파수꾼 민주주의는 그들의 재능을 필요로 하는데, 그 이유의 상당 부분은 대의 민주주의 시대로부터 거의 혹은 전혀 도움을 받을 수 없다는 사실 때문이다. 대의 민주주의에 대한 논의는 매우 풍성하다. 문제는, 그런 논의의 대부분이 어째서 민주주의가 가치 있는 이상인가 그 이유를 논하는 부분에 오면 상당히 오만함을 보인다는 사실이다.

대의 민주주의의 이상 깊은 곳에 묻혀 있는 독단의 사례는 무척 많다. 큰 영향을 끼쳤던 글 〈정부론(Government)〉(1820년)을 살펴보자. 이 글은 스코틀랜드 출신의 설교가, 교사, 공무원이었던 제임스 밀이 어느 백과사전의 항목으로 집필한 글이다. 이 글은 세상을 떠들썩하게 했다. 대의 민주주의가 사유 재산과 소유권 개인주의(possessive individualism)의 보호자라고 주장하고, 또 대의 민주주의가 "만일 정부의 목적이 최대 다수의 최대 행복을 산출하는 것이라면 최대 다수의 노예를 만들어내는 것으로는 그 목적을 달성할 수는 없다"는 논란의 여지 없는 공리주의(功利主義, Utilitarian) 원칙에 부합한다는 점을 논증했기 때문이다.[9] 이번에는 이탈리아 통일의 영웅인 주세페 마치니에 대해 생각해보자. 마치니에 따르면 대의 민주주의는 '인간의 원리(Principle of Man)'에 그 기반을 두고 있다. 이 원리는 근본적인 것이며 이 세상의 모든 사람과 사물이 이 원리의 표현이며 잠재적 수혜자라는 너무나도 단순한 사실 때문에 이 원리의 작동에 대한 믿음은 필수적이며, 그런 점에서 이 원리에는 '종교적' 성질이 있다고 했다. 민주주의자는 '신전(神殿)이 없는 신자들'이며, '지속적 진보의 법칙'을 숭배하는 자들인데, 이 법칙은 인간이 스스로 개선할 수 있도록 해주며 그렇게 되면 인간은 타인을 동등한 존재로 대하는 존재가 된다는 것이다.[10] 이제는 잠시 민주주의를 지지하는 기독교인 설명 방식을 살펴보자. 뉴잉글랜드의 설교자이자 운동가였던 시어도어 파커(Theodore Parker)가 1850년 5월 보스턴에서 열린 대규모 반(反)노예제 집회에서 행했던 유명한 연설에서 몇 마디 들어보자. "민주주의란 모든 국민의, 모든 국민에 의한, 모든 국민을 위한 통치이며, 당연히 영원한 정의 즉 신(神)의 변함 없는 법칙에 따른 통치이다." 파커는 다른 자리에서 이런 말도 했다. "민주주의 이념은 심지어 뉴잉글랜드 지방에서조차 느리고 점진적으로 성장했다." 그러나 이제 민주주의는 아메리카의 이 공화국 전체에 확산되고 있으며 따라서 "정부는 점점 더 모두의, 모두에 의한, 모두를 위한 것이 되고 있다." 이는 민주주의가 "신(神)의 정의를 인간의 법칙으로 형상화한 것"이라는 증거라고 파커는 말했다.[11] 그리고 마지막으로 우리의 19세기 친구 네이험 케이펀이 쓴 글 몇 줄을 살펴보자. 그는 민주주의의 역사를 본격적으로 다룬 마지막 저술가였다. 케이펀은 그 책의 서문에 이렇게 썼다. "이 책《민주주의의 역사》는 인간과 사회의 본성과 연결된 원칙들의 역사이다. 모든 원칙들은 '진실', '지혜', '정의', '사랑'의 영원한 원천인 신(神)에 중심을 두고 있다. 신이 보유한 무한한 속성이 이 우주에 존재, 질서, 방향을 부여하는 것과 마찬가지로, 인간의 여러 능력은, 인간의 한계 내에서 그리고 섭리에 의해 우리에게 알려진 신의 뜻의 집행자로 지명된 것들이다. 인간의 행동과 노력의 높은 기준은 기독교의 숭고한 진실 속에 발견된다."[12]

기독교 신앙에 감동을 받지 않는 사람들은 무척 가엾은 사람들이라는 식의 이야기다. 사람들이 어째서 민주주의를 신뢰해야 마땅한가에 대한 케이펀의 이 설명은 우화에 나오는 어떤 장로교 설교자의 이야기와 닮아 있다. 그 설교자는 유대인과 이슬람교도 등 다른 신앙을 지닌 사람들이 다툼을 그치고 이 세상에서 합리적인 방식으로 같이 살아가기 위한 방법은, 그저 모두 예수 그리스도를 믿는 방법이라고 말했다. 시오도어 파커, 네이험 케이펀, 그리고 위의 우화에 나오는 설교자는 모두 우리의 우주와 다른 우주에 살고 있는 듯하며, 아마도 가장 독단적인 개신교 기독교인을 제외하면 아무도 이런 논리를 받아들이지 못할 것이다. 하지만 대의 민주주의를 기독교의 십자가에 못박으려는 이러한 시도는 20세기 후반까지도 지속되었다. 많은 미국 대통령의 연설로부터 기독교의 샘물이 흘러나왔으며, (가장 최근에는 빌 클린턴과 조지 W. 부시와 같이) 전쟁을 통해 민주주의를 수호하고 확대하자고 시민들에게 호소한 대통령들도 이런 부류에 속한다.

　기독교 사상가들은 파수꾼 민주주의를 옹호하는 논리를 만드는 데도 활발한 모습을 보였다. 이들 가운데 초기에 속하며 또한 치밀한 윤리적 옹호론을 편 사람은 프랑스의 가톨릭 철학자 자크 마리탱이다.[13] 그의 논지는 색다른 주장으로 시작된다. 마리탱은 '인민의 의지'가 민주주의 수립 원칙이 아니라고 주장했다. '인민 주권'이라는 도그마 때문에 무솔리니, 히틀러, 스탈린 같은 지도자들이 마치 선과 악의 유일한 심판관처럼 행동하며 민주주의를 전체주의로 향하게 할 수 있었던 최근의 경험이 바로 그러한 점을 보여준다는 이야기였다. 마리탱은 인민 주권에 제도적 제한을 두어야 한다고 주장했으며 '공통의 민주 헌장(common democratic charter)'이라는 것을 지지했다. 이 헌장은 인간의 진보 가능성에 대한 신념을 북돋우며, 인간의 존엄을 수호할 것을 추구하며, '정치적 작업'을 통해 인간의 고통과 불의가 극복될 수 있다는 확신을 담게 된다고 했다. 마리탱은 어떤 단일한 국가의 인민이 그들 나라의 주권자라는 도그마를 거부해야 한다고 촉구했다. 국경을 초월한 '우애' 육성, 전 인류에게 '시민적 우정'을 확대하는 것이 이제 절대적인 명령이 되었다고 그는 주장했다. 하지만 이런 일이 가능하려면 민주주의에 대한 관습적 이해에 대한 다른 방식의 도전이 있어야 한다고 마리탱은 강조했다. 민주주의에 대한 관습적 이해에 따르면, '인민'은 초월적 가치가 없이도 잘 살아갈 수 있으며, 또한 인간은 그저 동물학적 돌연변이와 적응이라는 우연적 사건에 의해 축복받았지만 영혼은 지니지 않은 원숭이라는 잘못된 믿음에 끌린다고 그는 비판했다. 마리탱은 현재 굳게 자리 잡고 있는 민주주의에 대한 비종교적 관념에 강력하게 반대했다. 마리탱이 보기에 민주주의란 '복음(福音)의 영감이 지상에 현현(顯現)'한 것이다. 그의 견해에 따르면, 민주주의는 '신이 부여한 존재'에 뿌리를 두고 있으며, 지구와 지구에 살고 있는 수많은 사람들을 신이 창조하고 인도한 모든 과정이 승화된 제도라는 것이다. "민주적 감성 혹은 감정은 그 본성을 볼 때 복음적 감성혹은 감정이며, 원동력은 사랑이고, 핵심은 동포애며, '복음의 영감'에 진정한 원천을 두고 있다." 따라서 민주주의는 순전하게 세속적인 형태로는 생존할 수 없다. "사람들은 신이 아니다. 그들에게는 무오류의 이성도 무결점의 덕성도 없다." 권위의 궁극적인 원천은 신(神)에게 있다. 어떤 개인도 집단도 타인을 지배할 권리를 갖고 있다고 주장할 수는 없다. 따라서 마리탱의 결론은, 이 세상의 자발적인 재(再)기독교화, 즉 나사렛 예수의 가르침에 영혼으로 충실하겠다는 개개인의 '내면의 각성'이야말로 이 어지러운 세상에서 민주주의를 다시 살려내고 발전을 촉진할 수 있는 기본적인 조건이라는 것이다.

민주주의의 참신함

기독교 측의 이러한 민주주의 이론 전개는, 기독교인들이 뒤늦게나마 민주주의에 다가왔다는 점만을 고려하더라도 존경받아 마땅하다. 기독교 윤리와 민주주의 이상이 이렇게 강력하게 결합한다는 것 자체가 중요한 역사적 성취이다. 이 결합은 정치적으로 힘든 과정을 거쳐, 그리고 마리탱을 비롯한 기독교인들이 휘두르는 철학적 망치를 수단으로 삼아 단단하게 구축되는 과정을 거쳐야만 할 것이다. 그러나 이들이 주장하는 민주주의론은 비록 현실적인 면에서 뛰어난 논리를 과시하지만 그렇더라도 이슬람교도, 불교도, 이신론자(deists), 강경한 무종교주의자를 비롯한 사람들 사이에서는 불편한 감정을 유발한다. 그들이 반감을 품는 이유는 이런 논리를 따를 경우 민주주의에서 분파적 언어의 냄새가 난다는 것이다. 민주주의 이상에 대해 마치 기독교가 우선적 권리를 주장하는 것처럼 들린다는 것이다. 한편이 반감 뒤에는 더 큰 난관이 기다리고 있다. 형이상학적 '제1원리'(즉, 기독교의 신처럼 논리적으로 선행하며 독립적인 윤리 질서에 인간이 의존하고 있다는 논지)와, 삶의 이상적 형태로서 민주주의의 지극히 독창적인 특성을 이렇게 직접적으로 결합하는 것이 불가능하다는 점이다. 민주주의의 독창성은 무엇인가? 간단하게 표현하자면, 삶의 방식으로서 민주주의는 어떤 종류의 형이상학적인 '제1원리'와 '거대 담론'에 기반을 두는 모든 형태의 절대 권력에 대해 극도의 의심을 품고 있다는 점이다. 이런 특성은 분명한 근본적 의미를 품고 있다. 절대적인 신, 역사, 진리, 인간, 진보, 정당, 시장(市場), 지도자, 민족 같은 원리를 기반으로 하는 논리로 뒷받침되는 오만한 권력으로부터 자유로운 상태로 사람들이 이 지상에서 함께 살려면 민주주의가 기본적인 전제 조건이기 때문에 민주주의를 보편적인 이상으로 여기는 것이다.

여기서 잠시 우리가 이 책에서 지금까지 발견한 것을 다시 한 번 생각해 보자. 예수가 탄생하기 훨씬 이전에 지중해 동부 연안 지역에서 민주주의의 언어와 제도가 발명되었다는 것은 혁명적인 성격의 무언가를 의미한다. 즉 민주주의는 사람들이 자신이 어떤 방식으로 통치될지에 대해 서로 대등한 존재로서 자기들끼리 결정할 수 있음을 전제했던 것이다. 살과 피를 가진 보통 사람들이 서로 동등한 존재로 직접 만나서든 아니면 대표자를 통해서든 자신들을 조직할 수 있으며 그리하여 이런저런 행위의 경로에 대해서 잠시 멈추어 논의하고 결정을 내릴 수 있다는 생각은 훗날에는 많은 사람들에게 너무도 자연스럽게 여겨졌지만 처음에는 큰 돌풍을 일으킨 발명품이었다. 이런 생각 덕분에 사람들은 이제 삶이란 것이 일방적으로 주어진 것이 아니라는 점, 인간의 모든 제도와 관습은 시간과 장소로 이루어진 움직이는 모래 위에 세워져 있다는 점, 그리고 만일 사람들이 타인(他人)들이 날 때부터 원래 우월하다는 어리석은 믿음을 품고 타인의 지배 아래로 들어가는 것을 막으려면, 유연한 정치 제도를 세우고 유지해야 한다는 점, 그리고 누가 무엇을 언제 어떻게 획득할 권리가 있는지에 대한 질문들이 영원히 확정되지 않는 질문으로 남아 있도록 이 정치 제도를 활용해야 하며, 이 질문들이 타인의 동의 아래 진행되는 학습 경험의 주제로 남아 있어야 한다는 점을 깨닫게 되었다.

민주주의가 사람들의 생활을 장악하게 되면 사람들은 사물의 우연성을 살짝 엿보게 된다. 사람들은 이 세상이 현재 모습과 다를 수 있다는 것, 즉 상황이 거꾸로 바뀔 수 있고, 결과가 달라질 수 있으며, 사람들의 삶이 개인과 집단의 행동을 통해 변화할 수 있음을 인식하게 된다. 남아프리카공화국의 소설가 은자불로 은데벨레(Njabulo Ndebele, 1948~)는 나와 대화하면서 이렇게 표현했다. "민주주의는 확실성과 불확실성의 관계를 모호하게 만든다. 민주주의는 사람들로 하여금 아침에 어떤 입장을 세우게 하고, 오후가 되면 그들이 생각을 바꾸게 하고, 분노하게 만든 다음, 잠을 자면서 그것을 떨쳐버리고는, 다음 날이 되면 똑같은 사안에 대해서 다른 느낌을 갖게 해준다. 민주주의는 가능성을 배양한다. 생각할 수 있는 것, 그리고 실행할 수 있는 것에 대한 사람들의 지평을 한껏 넓혀준다. 이런 이유로 사람들을 흥분하게 만들고 분노하게 만들며, 때로는 어려운 순간, 때로는 다툼의 순간, 그리고 추한 순간과 아름다운 순간을 번갈아 경험하게 한다." 그렇게 되면 좋은 것이 무엇이냐고 그에게 물었다. 은데벨레는 답했다. "민주주의는 그 자체로 좋은 것이 아니다. 민주주의는 좋은 것이 가능하게 만들어준다. 민주주의는 신앙의 경험에 가장 근접하는 경험이다. 어떤 종류의 장애물에 부딪히더라도 계속 노력해야 하며 결국에 무엇이 효과가 있을까를 끊임없이 모색해야 하며, 설사 자신들이 어디를 향해 가고 있는지 정확하게 모를 때일지라도 팔짱을 끼고 가만히 있어서는 아무것도 성취되지 않을 것이라는, 그런 느낌이다." 은데벨레는 운명론이 민주주의에 결정적으로 해롭다는 것, 권력 관계를 우연의 결과로 보는 사람들의 생각이 귀중하다는 것, 사람들이 불가능의 맛을 보는 순간이 바로 가능성을 가장 강력하게 느낄 수 있는 순간이라고 말했다. 그가 쓴 소설의 주인공은 이렇게 설명했다. 아파르트헤이트에 대하여. "과거 아파르트헤이트 시절에 여행을 할 때 어떤 공간에서 한 경험, 거리와 시간에 대한 감각이 어땠는지 기억하나요?" 그녀가 대답했다. "A 지점에서 B 지점까지 여행하면서 나는 이동과 기대의 기쁨을 기억하지 못한다. 여행이 끝나 갈 때 내가 왜 여행을 시작했는지 돌이켜 생각해보는 기쁨도 기억하지 못한다. 내가 기억하는 것은 A와 B 사이의 물리적 공간이 그저 인내해야 하는 것이었다는 점이다. 왜냐하면 억압의 대리인들이 나를 멈추게 하고 나의 존재를 의심하며 신문하는 공포가 있었기 때문이다." 민주주의에 대하여. "남아프리카공화국, 나의 새로운 집! 이 집은 방들로 이루어진 건물이 아니다. 사람, 나무, 산, 강, 가옥, 공장, 길, 해안, 학교, 대학, 군사 기지, 박물관, 미술관, 극장, 연구 기관, 관측소, 증권 거래소, 항공사…… 모든 것으로 가득 채워진 나라이다."[14]

은데벨레가 옳다. 민주주의 윤리는 처음부터 '카르마'에 찬물을 끼얹는다. 카르마란 다음 생에 잘살고 싶으면 현생에서 그에게 주어진 (카스트 혹은 계급) 역할에 맞게 행동함으로써 타인에게 경의를 표해야 한다는 논리다. 민주주의는 사람들에게 신이라든가 자연이라든가 혹은 이런저런 우월한 자질을 갖고 있다고 주장하며 특권을 차지하는 통치자들이 제시하는 거짓을 꿰뚫어볼 것을 요구한다. 거대한 거짓 믿음이 뒷받침하는 권력으로 이루어진 왕좌에는 아무도 앉지 못한다고 민주주의는 주장한다. 민주주의는 자치(自治)이며, 인민의 합법적 통치이고, 일을 결정하는 인민의 주권적 힘이 이제 더는 상상의 신들과 전통 혹은 전지전능한 독재자, 혹은 그저 특별한 것을 아는 사람들에게 양도되지 않도록 하며, 또한 별다른 생각 없는 무관심이라는 일상의 습관에 맡겨져서 나에게 중요한 일이 타인에 의해 결정되는 일이 없도록 하는 것이다.

이 논점을 추상적으로 표현해보는 것도 가치 있는 일이겠다. 사람들이 다른 세상 혹은 초월적인 세상을 돌아가게 하는 힘에 매달린 객체(客體)가 아니라, 살과 피를 가진 복합적인 존재로서 이 세계의 주체(主體)로서 행동할 마음을 먹을 때 비로소 민주주의가 탄생하는 것이다. 이 논점이 조금 더 확대되는 경우도 있다. 민주주의는 완전히 '세속적' 혹은 무신론적인 이상이라고 간주되며, 여러 종류의 남신과 여신 그리고 절대적인 유일신의 흔적을 사람들의 손에서 완전히 씻어낼 때 비로소 민주주의가 가능하다고 말하기도 한다. 우리가 이제까지 살펴본 것처럼 완벽하게 '세속적인' 혹은 비종교적인 통치 제도와 관습은 실제로 매우 드물었다. 그 이유는 명백하지만 약간 미묘한 점도 있었다. 민주주의는 현세적 세상과 초현세적 세상 사이의 불연속성을 사람들이 기꺼이 받아들일 것을 전제 조건으로 삼는다. (사람들이 구체적으로 어떻게 명명하든 간에) 민주주의는 더 높은 차원의 초월적 도덕 질서 혹은 형이상학적 질서와, 지상의 다양한 제도들 속에서 함께 살아가는 사람들의 일상의 세계를 분리하는 균열 혹은 긴장을 고려하면서 사람들이 생각하고 행동할 것을 요구하는 것이다. 또한 민주주의는 이 두 세계가 어느 정도 서로 연결되어 있기는 하지만 직접적인 상동 관계는 없다고 상정한다. 따라서 민주주의는 일상 세계의 현실적 사실 관계는 '어느 것도 미리 결정되어 있지 않다'고 가정한다. 즉 인간이 전혀 간섭할 수 없는 '저' 세상이 아니라 '이' 세상에 최소한 얼마간의 시간 동안 시선을 고정하고 있는 인간들이 질서를 잡을 수 있고 또 그 질서를 다시 변경할 수 있다고 보는 것이다.[15] 여기에는 또 하나의 흥미로운 뒷면이 존재한다. 즉, 인간은 천사도 아니고 신도 아니지만, 최소한 어떤 인간들이 자기 자신을 천사나 신이라고 생각하는 것을 방지할 수 있을 만큼은 훌륭한 존재라고 민주주의는 인정하고 있는 것이다.

지배자 없는 지배

그렇다면 이제 여기에 글로벌 이상으로서 민주주의를 이야기하는 새로운 방식을 제기한다. 이는 민주주의가 과연 가치 있는 전망인가 아닌가 하는 크고, 복잡하며, 흥미로운 질문에 대한 간결한 대답이다. 즉, 민주주의는 서로 평등한 존재로서 살아가려고 노력하는 사람들과 거창한 '보편 원칙'과 사소한 편견으로 가장한 권력의 오만함에 저항하는 사람들 편에 섰기 때문에, 그 탄생의 순간부터 보편적인 삶의 방식으로 가는 길을 가리켰던 것이다.

다음과 같이 표현할 수 있다. 민주적 이상은 언제 어디서나 겸손한 자들의, 겸손한 자들에 의한, 겸손한 자들을 위한 통치라는 관점에서 생각한다. 국경을 넘어서 남아프리카, 중국, 러시아, 또는 유럽연합을 가리지 않고 매우 다양한 환경에서 이 이상이 보편성을 가지며 적용 가능성한 이유는 '다원 보편성(pluriversality)'이라고 명명할 수 있는 것에 대하여 민주주의가 적극적으로 충실하기 때문이다. 이는 모든 곳에서 약한 자들을 보호하며 그들에게 힘을 부여하고자 하며 그들이 돈 많고 힘 있는 자들, 폭군들의 오만과 편견으로부터 자유롭게 이 지상의 다양한 삶을 살아갈 수 있도록 하는 것이다.

민주주의는 겸손 위에서 번영한다. 겸손은 얌전하고 순한 성격 혹은 굴종과 절대로 혼동해서는 안 되는, 민주주의의 가장 기본적인 덕이며 오만한 자존심의 해독제이다. 이는 자기 자신과 타인의 한계를 알고 인정하는 능력이다.[16] 겸손한 사람은 환상 없이 살려고 노력하는 사람이다. 그들은 허영과 허위를 싫어하며, 호언장담을 가장한 난센스, 거짓말, 높은 자리에 앉아서 떠드는 엉터리 같은 소리를 싫어한다. 겸손한 인간은 자신이 땅에 발 딛고 사는 거주자라고 느낀다(겸손을 뜻하는 영어 단어 'humility'의 어원은 '땅'을 뜻하는 라틴어 'humus'이다). 이들은 자신이 모든 것을 알지 못한다는 것을 안다. 자신이 절대적 유일신이 아니며, 신도 아니라는 것을 안다. 겸손은 타인을 지배하는 권력을 향한 오만한 허기가 아니다. 따라서 겸손은 타인에게 굴욕감을 주는 것을 꺼린다. 폭력에 물든 이 오만한 세상에서 겸손은 사람을 담대하게 만들어준다. 굴복하지 않으면서 겸손은 개개인에게 행동을 통해 이 세상에 영향을 끼칠 수 있는 내면의 힘을 준다. 겸손은 오만을 싫어한다. 겸손은 좀 더 평등하고 관대한—그리고 덜 폭력적인—세상이 오기를 꿈꾼다.

이렇게 겸손이라는 이상을 민주주의의 특징으로 인식하는 것은, 민주주의가 어떤 '제1원리'에 기반을 둔다는 진부한 생각, 그러니까 민족, 거대한 역사, 유일신, 진리, 유용성, 시장, 무오류의 주권자 인민 또는 그 지도자 같은 '제1원리'에 근거한다고 믿는 과거의 생각을 거부하는 태도도. 세계의 다양한 가치관과 삶의 방식이 나름대로 번성하는 데 하나의 '전제 조건'으로서 민주주의를 인식하는 것은 민주주의 속에 들어 있던 도덕적 오만, 특정 계층의 지배, 위협과 무력의 함의를 제거하는 행동이다. 민주주의를 겸손으로 상징되는 체제라고 규정하는 것은, 19세기와 20세기의 유럽 자유주의자들이 민주주의 체제를 무모하고 위험천만한 이상이라고 거부하였던 상투적인 주장에 작별을 고하는 행동이다. 이탈리아의 자유주의자 베네데토 크로체(Benedetto Croce, 1866~1952)의 말에 따르면, 민주주의는 "선동가와 이른바 '국민' 혹은 '대중'에 대한 무조건적인 믿음의 도움을 받아 폭정과 칼의 지배로 이어지는 체제"이며, 이는 당나귀의 시끄러운 울음소리와 발길질을 수단으로 하여 운영되는 정부, '당나귀 지배 체제'*라고 했다.[17] 민주주의를 오랫동안 괴롭히던 못된 특성들을 제거하는 것, 그리고 겸손을 주제로 삼아

권력에 대한 견제. 선상 반란 이후 표류하다 해변에 다다른 레무엘 걸리버는 정신을 차리자마자 자신이 릴리푸트 소인족에게 사로잡혔음을 발견한다. 조너선 스위프트의 작품 《걸리버 여행기》 1894년 판에 실린 C. E. 블록(C. E. Block)의 삽화.

민주주의를 논하는 것은, 민주주의의 이상을 모든 형태의 속임수와 오만을 견제하는 잠재적으로 보편적인 수단으로 재규정하는 것이다. 시민들과 그 대표자들이 비록 통치를 위한 일정한 제도들을 필요로 하는 것은 사실이지만, '아무도 지배하는 사람이 없는' 겸손한 비전으로 민주주의의 이상을 재규정하는 것이다.

　이상적으로 생각할 때 민주적 제도에는 — 전반적으로 보아 이제까지 가장 발달한 민주적 제도의 사례는 파수꾼 민주주의이다. — '지배'라는 활동이 없어도 된다. 여기서 '지배'란 대항 수단이 거의 없거나 혹은 전혀 없는 사람들에게 위압적으로 행동하는 것을 뜻한다. 민주적 상황에서는 누구도 타인을 지배하지 않는다. 왜냐하면 통치하는 자가 항상 공적인 견제 안에 있기 때문이다. 마치 《걸리버 여행기》에 나오는 릴리푸트 소인족 1천 명이 감시의 밧줄로 통치하는 자를 묶은 것과 같다. 민주주의 체제는 사람들이 정치 권력을 존중하고 칭송할 수 있도록, 또한 사람들이 서로에게 예의와 존경을 표할 수 있는 충분한 공간을 마련해준다. 여기에는 놀라울 정도

당나귀 지배 체제 원래 이탈리아 표현은 'onagrocrazia'로서 이는 길들여지지 않은 야생 당나귀를 뜻하는 'onagro'와 통치와 지배를 뜻하는 'crazia'를 결합된 표현이다. 영어로는 보통 'onagrocracy'라고 표기한다.

로 다양한 방식이 있다. 어떤 민주주의 체제에서는 사람들이 지인에게 인사를 할 때 (우루과이의 경우) 뺨에 가볍게 키스하거나 (영국의 경우) 굳은 악수를 나눈다. 신의 이름으로 친구들에게 인사를 전하는 나라(오스트리아와 독일)도 있으며 하이파이브를 하는 나라(미국)도 있다. 서로 고개를 숙여 서로 평등함을 표현하는 나라(일본)도 있는데 이때 두 발의 뒤꿈치를 가볍게 서로 부딪치게 한다. 그러나 어떤 나라에서건 권력을 행사하는 자가 다른 이에게 겁을 주거나 폭력 사용으로 위협하거나 사람들을 마치 도자기 제작자의 손에 들어가 있는 진흙처럼 혹은 (아리스토텔레스가 종종 말했듯이) 체스판의 보잘것없는 말처럼 함부로 대할 때 가장 선두에 서서 이를 금지해야 한다고 말하는 사람은 바로 이런 민주주의자들이다.

민주주의 체제가 선출된 지도자들을 대하는 방식을 생각해보라. 민주주의가 제대로 작동하는 경우라면, 다른 사람들을 대신해서 결정을 내리는 자들에게 민주주의 체제는 불손하며 엄격하다. 지도자들이 이런 운명에 빠지고 마는 이유를 살펴보면, 그 이유의 상당 부분은 어떤 절대적 지도자로 상징되고 지도자에 의해 단결하는 통일된 정치체라고 하는 것이 있다는, 혹은 있을 수 있다는 허구를 이 민주주의 체제가 갈기갈기 찢고 파괴해버리기 때문이다. 민주적 상황 아래 있는 정치 공동체는 영원히 분열된 상태로 존재하게 된다. 정치 공동체를 하나로 묶어주는 '통치체'나 '국민'은 존재하지 않는다. 이 정치 체제가 보유한 통일성은 언제까지나 의문스러운 것이며 또 언제까지나 변화에 노출되어 있다. 그 이유는 간단하다. 타인에 대한 권력 행사가 언제나 감시받고, 도전받으며, 분열되어 있고 제한되어 있기 때문이다.

18세기의 유럽 군주제 국가와 20세기의 전체주의 국가 같은 반민주적 정부들과 비교해보면 흥미롭다. 강경한 군주제 국가가 신민을 상대로 휘두르던 권력을 그 체제가 어떤 방식으로 표현했는지 잠시 생각해보자. 찰스 1세와 표트르 대제의 신체는 성부(聖父)와 성자(聖子) 둘을 합한 개념으로 인식되었다. 국왕의 신체는 성스러운 것이었으며 따라서 불사불멸(不死不滅)이었다. 국왕이 사망했다는 것은 도저히 인정할 수 없는 사실이었다. 국왕의 신체는 완벽성을 상징했다. 신 그리고 신의 아들과 마찬가지로 국왕은 오류를 범할 수 없었으며, 그렇기 때문에 그의 신체를 훼손하는 것은—신하가 허락 없이 몸을 건드리는 행동부터 국왕 살해에 이르는 불경한 행동까지—엄한 처벌을 받아 마땅했다. 또한 국왕의 신체는 그가 다스리는 '통치체'의 불멸성을 상징했다. 신과 마찬가지로 국왕은 모든 곳에 존재했으며 그의 신체는 정치체 그 자체와 동일시되었다. 국왕은 신이 인정한 법률 부여자였다. 그러나 동시에 국왕은 신의 아들을 닮기도 했다. 인류를 구원하기 위해 신이 지상에 보낸 이 국왕들은 '통치체'를 보유한 동시에 '자연 신체(body natural)'도—이 지상에 보내진 신의 상징물—보유하고 있었다. 삼위일체와 마찬가지로 이 두 신체와 이들이 발산하는 권위라는 세 존재는 하나이며 서로 분리할 수도 분할할 수도 없었다.

기묘한 역사적 사실로 생각되는 것은, 20세기 전체주의 역시 통일된 '정치체'라는 허구적 논리에 기반을 두고 번성했다는 사실이다. 이 통일된 '정치체'는 살인을 일삼았던 '위대한 지도자' 폴 포트(Pol Pot)에 의해《군주정 혹은 민주정(Monarchy or Democracy)》(1949년)이라는 잘 알려지지 않은 소책자에서 "다이아몬드같이 순수하다."고 묘사되었다. '인민'의 이름 아래, 하지만 과거의 군주제와 마찬가지로, 전체주의 체제는 위대한 지도자의 신체를 거창한 제단 위에 올려놓았다. 지혜와 힘과 지식과 권력의 궁극적인 원천으로서 그 위대한 지도자가 확고하게 자리 잡게 한다는 거창한 목적이 있었기 때문이다. 1924년 소련에서 레닌의 유해가 방부 처리 되어 일반에게 공개되어 진열된 사실은 앞으로 행동에 옮겨질 관행이 어떤 것일지에 대한 힌트였다. 이런 관행이 최고조에 오른 것은 중국 인민의 위대한 영도자 마오쩌둥을 기념하여 톈안먼 광장에 세워진 거대한 '마오 주석 기념당' 구조물 내에서였다. 그 광경을 본 사람은 이 구조물이 보통의 유해를 위한 단순한 무덤이 아니라는 점에 동의할 것이다. 이 건축물은 고귀한 신분의 사람이면서 동시에 신성(神性)을 지닌 존재였던 옛 중국의 천자(天子)만 가질 수 있었던 웅장한 영묘(靈廟)와 닮았다. 톈안먼 광장에 자리 잡은 이 건축물은 한 사람의 혁명적 성인(聖人)을 위해 이러한 옛 전통을 보존하고 있다. 이곳에는 대리석으로 만든 동상이 서 있으며 크리스털 장식으로 덮인 석관이 있다. 석관 안에는 방부 처리 된 마오쩌둥의 유해가 있다. 남쪽 벽은 녹색 대리석으로 만들어져 있고 여기에는 한 구절의 글이 새겨져 있다. 이 인상적인 추도 문구는 "우리의 위대한 지도자이며 교사이며 영원불후(永遠不朽)한 마오쩌둥 주석"에게 바쳐진 것이다.

민주주의자와 민주주의는 권력과 지도자에 대한 그러한 신체화된 개념을 제단 아래로 내려오게 했으며, 이런 상황은 중국 사람들이 하는 교묘한 농담 속에 잘 표현되어 있다. 이 농담은 민주적인 감성을 지닌 베이징의 지식인 계층에서 처음 시작되었다. 어느 날 나이 많은 한 시골뜨기가 도시에 사는 사촌을 방문하려고 베이징에 왔다. 사촌은 그를 '마오 주석 기념당'으로 데리고 가서 구경을 시켜주었다. 시골뜨기가 말했다. "와, 정말 대단히 크군. 마오 주석은 항상 우리 같은 처지의 사람이 되고 싶어 했어. 그는 군중으로부터 멀어지고 싶어 하지 않았어. 그런데 왜 사람들은 이렇게 크고 웅장한 기념당을 만들었을까?" 베이징의 사촌이 답했다. "오, 그가 정말로 죽었다는 것을 증명하기 위해서야."

어떤 특정한 '신체'도 지배자로 군림하지 않는 통치 형태와 삶의 방식을 민주주의라고 이해한다면, 이런 민주주의 체제는 지배자라는 물신(物神)이 필요하지 않다. 민주주의 체제도 물론 지도자가 필요하며 지도자를 존경하고 따르며 또 그들로부터 배운다. 하지만 지도자를 형이상학적 권능을 지닌 절대적 지도자로 숭배하지는 않는다. 대표자들과 그 대표자들이 수행하는 역할은 동일시되지 않는다. 조지 W. 부시, 로널드 레이건, 리처드 닉슨 같은 사람들의 '신체'는 미국 대통령이라는 직책과 동일시되지 않는다. 그렇기 때문에 그들의 민주주의 체제가 제대로 작동하는 경우에 사람들은 정치인 개인에게 공공연하게 농담을 퍼부으면서도 처벌에 대한 두려움이 없는 것이다. 어떤 여성이 워싱턴 시로 향하는 고속도로를 자동차를 운전하며 가고 있었는데 갑자기 차가 막히기 시작했고 길옆에서 사람들이 큰 소리를 외쳐대는 것을 보았다. 차창을 내리고 보니, 모금하는 병을 손에 든 사람들이 긴급 뉴스라며 이런 이야기를 했다. "대통령이 조금 전 테러리스트에게 납치되었소. 그들은 거액의 돈을 요구하고 있는데 만일 돈을 안 주면 대통령을 불태워 죽여버리겠다고 합니다. 정부는 시민들이 도움을 주어야 이 사태를 신속하게 해결할 수 있다고 합니다." 차를 운전하던 여성은 깜짝 놀랐다. "시민 한 사람이 평균 어느 정도나 기부하고 있나요?" 대답은 이랬다. "한 사람당 대략 1갤런이오."

권력의 평등, 기회의 평등

선거를 통해 뽑히거나 혹은 선거를 거치지 않고 대표자가 된 사람들에 대하여 민주주의 체제는 이렇게 까다로운 태도를 보이는데, 이런 태도를 더 북돋워주는 것은 민주주의 체제가 여러 형태의 분리와 분열 위에서 번성한다는 사실이다. 예를 들어 파수꾼 민주주의 체제 안에서는 모든 것이 서로 분리되어 있는 듯한 모습을 보인다. 시민 사회는 정부로부터, 대표자들은 그들이 대표하는 사람들로부터, 행정부는 입법부로부터, 다수는 소수로부터, 민간인들의 힘은 군대와 경찰의 힘으로부터, 정당은 유권자로부터, 전문가는 일반인으로부터, 소비자는 생산자로부터, 언론인은 시청자로부터, 젊은이는 늙은이로부터, 노동자는 자본가로부터, 법률가는 의뢰인으로부터, 의사는 환자로부터 분리되어 있는 것처럼 보인다. 정부도 시민 사회도 내적으로 분열되어 있다. 이렇게 다양하고 복잡한 분리는 권력의 집중으로부터 시민들의 평등한 자유를 보장하기 위한 필요 조건이다. 민주주의 체제는 고압적인 태도를 제어하기 위해 무척 노력한다. 민주주의 체제는 사회의 단일화와 정치적 일치 요구에 저항한다. 권력을 휘두르는 자들에게 자신들의 (잠재적인) 무력함을 항상 상기시키는 것이다. 분리와 이탈의 흐름 속에서 끊임없는 밀고 당김이 벌어지기 때문에 권력자들은 항상 긴장의 끈을 늦추지 못하는 것이다.

그렇다고 해서 민주주의가 주로 권력 분립의 개념에 의해 규정되는 것은 아니다. 몽테스키외는 일찍이 이러한 권력 분립을 '자유가 불러오는 효과'라고 말했다.[18] 권력 분립은 예를 들면 오스만 제국, 유럽의 중세 봉건 질서, 중국 청나라의 만성적인 특징이었으며 이 체제들은 집중된 권력의 분리 지점들을 다수 지니고 있었다. 분리 자체가 '평등'을 낳지는 않는다. 분리는 종종 '불평등'을 낳으며 이 점에서 민주주의 체제의 차이점이 있는 것이다. 민주주의 체제가 권력 관계를 비(非)중앙화시키며 권력을 다양한 제도들의 복합적인 구조 속에 분산시키는 것은 분명한 사실이다. 하지만 민주주의의 이상이 세계로 퍼져 나가게 되면, 이 민주주의의 이상은 이것보다 훨씬 더 급진적인 일을 행한다.

민주주의는 권력의 '평등화'를 지향한다. 폭압적인 지배를 불가능하게 만듦으로써, 그리고 통일된 정치체라는 허상을 제거함으로써 민주주의는 승자를 통제하려 한다. 그 방법의 예로 공직 보유에 시간적 제한을 둔다거나 패자에게 진정한 의미의 인센티브를 주는 방법이 있다. 민주주의는 승리와 패배의 패턴에 강한 우연적 요소를 도입했다. 민주주의 체제는 어떤 개인이나 그룹이 승자가 되기도 하고 패자가 되기도 하는 상황이 이상적이라고 생각하기 때문에 그런 상황을 요구한다. 따라서 민주주의 체제는 정부와 시민사회의 중요 사안을 결정할 사람들을 선발하는 과정 위에 번성하는데, 이때 사용되는 수단은 자유롭고 공정하며 빈번하게 시행되는 선거 또는 주민소환이다. 파수꾼 민주주의 체제는 이보다 더 적극적인 작용을 하는데 그것은 시민의 투표를 몇 배로 늘리는 일이다. 대의 민주주의 시대에 비롯된 '일인 일표'의 원칙이 있는데, 파수꾼 민주주의는 이 원칙을 뛰어넘는다. 권력을 감시하고 견제하는 수많은 메커니즘을 보유하고 있는 파수꾼 민주주의는 시민에 대한, 그리고 시민의 수많은 활동과 이해관계에 대한 훨씬 더 복합적인 개념을 옹호한다. 그리하여 '일인 일표'의 원칙은 이제 "한 사람에게 그 사람이 관련된 이해관계의 수만큼 표를 부여하며, 각 이해관계에는 한 표만을 인정한다"는 원칙으로 변경되었다.

분리된 권력들을 상대로 복합적인 견제를 가하는 것은 민주주의에서 평등의 문제를 어떻게 볼 것인가에 대해 중대한 의미를 띤다. 평등의 원칙이 민주주의 이상에서 언제나 근원적인 의미를 차지했다는 사실은 너무나 당연한 것이다. "이방인과 그리스인의 본성을 보면 극히 유사한 기원이 있다. …… 우리 모두는 입과 코로 숨을 쉰다." 이는 아테네의 철학자이자 웅변가였던 안티폰이 말한 것으로 전해지는 기원전 5세기의 파피루스 문건의 단편이다.[19] 평등을 옹호하는 똑같은 감정이 있었기 때문에 월트 휘트먼은 대의 민주주의 체제가 표방하는 정신이 선거에만 한정되어서는 안 된다고 확신했다. "친구여, 너도 역시 민주주의가 오직 선거, 정치, 그리고 정당의 이름만을 위한 것이라고 생각했는가?" 휘트먼은 스스로 답했다. "나는 이렇게 말하겠다. 민주주의가 유용한 경우는 오직 민주주의가 발전하여 사람들 사이에서 이루어지는 상호작용의 최고 형태인 예절 속에, 그리고 종교와 문학과 대학과 학교에 대해 사람들이 품은 믿음 속에, 그리고 모든 공적인 삶과 사적인 삶 속에, 그리고 육군과 해군에, 그 꽃과 열매를 피울 때라고."[20] 평등의 원칙은 파수꾼 민주주의 시대에 절대로 중요하다. 예를 들어 서로를 동등하게 여기는 시민들이 선거 때뿐이 아니라 좀 더 일반적인 사회 생활에서 발생하는 여러 다른 맥락에서 던지는 표가 동등한 가치를 지닌다는 면에서 그러하다. 민주주의의 겸손함이라는 이상의 관점에서 볼 때, 시민들 사이에 공유되는 평등의 감수성은 거의 본능적인 것이 될 필요가 있다. 하나의 표가 하나의 가치를 지닌다는 원칙은 마음에서 느껴지는 것이어야 한다. 이 원칙은 심지어 약간의 자조(自嘲)에 의해서도 뒷받침된다. 네루는 자신의 정치적 허세를 스스로 공격하면서 그런 자조의 모습을 보였다. 그리고 오스트레일리아 총리를 지낸 노년의 정치가는 자신의 창조자를 어떻게 대우할 것인가를 묻는 질문에 이렇게 재치 있는 대답을 했다. "한 가지 사실에 대해서는 안심해도 된다. 나는 그를 평등한 존재로 대우할 것이다."[21]

민주주의적 겸손이라는 이상은 동료 의식 이상을 의미한다. 시민들이 주변 세계를 파악하는 능력을 평등하게 지니려면 적절한 자원에 대한 접근권이 확보되어야 한다. 충분한 교육 기회, 일반 국민에게 적용되는 건강 관리 체계, 기본적 인권에 대한 법적 보호 따위는 필수적인 요소다. 겸손한 민주주의의 이상은 또한 보편적인 권리 부여를 위한 새로운 메커니즘을 창조하는 혁신적인 사고방식과 행동을 요구한다. 그런 새로운 메커니즘으로는 예를 들어 청소년들 그리고 노인들에게 시민의 권리를 부여하는 것, 우리의 생물권(biosphere)에 대표권을 확대해 부여하는 것, 모든 사람들이 사용할 수 있는 사회 기반 시설을 정비하여 한층 원활하게 제공하는 것 등이 포함된다. 공공 운송, 원격 통신 수단, 지속 가능한 생물권 같은 다양한 사안을 다루는 데 '공동 자원(commons)'에 대한 평등한 접근권이 없다면, 겸손한 파수꾼 민주주의는 번영하기는커녕 생존할 수도 없을 것이다.

이런 요구가 의미하는 바는, 민주주의가 모든 시민의 삶의 기회의 평등화를 요청한다는 사실이다. 그러나 우리가 민주주의에 대해서 다르게―좀 더 민주적으로―말하는 태도를 지니게 되면, 흥미로운 효과가 하나 나타난다. 바로 개별 시민에 대한 평등한 대우와 평등한 발전 전망이라고 하는 '단순한 평등(simple equality)' 개념이 작동하지 않을 뿐 아니라 심지어 바람직하지 못한 것으로 인식된다는 사실이다. 어째서 이러한 역설적 상황이 발생하는지 이해하기 위해서, 즉 어째서 민주주의 체제는 평등을 확보하기 위해서 이따금씩 일부 사람에게 손해를 끼치면서 일부 사람에게 이익을 주는지를 이해하기 위해서, 완전히 다른 세상을 잠시 상상해보자. 사회적으로 분화가 되지 않은 동질적인 정치 공동체가 있다고 치자. 여기에서는 평등의 이름 아래 모든 사람들이 항상 동일하게 취급될 것이다. 순수하고 단순한 평등이 확보된 이 낙원 같은 곳에서는 자원이 동등한 양으로 나뉜다. 모든 시민은 정확하게 똑같은 혜택을 받을 것이다. 여기서는 사람들이 모두 그들의 요구와 필요가 같다고 가정하기 때문에 모든 평등한 자들에게 주어지는 동등한 분량의 자원의 의미와 효과를 둘러싸고 일어나는 논쟁은 없을 것이다. 상이한 취향과 서로 다른 목표 사이에 충돌은 없을 것이다. 이런 산술적인 평등 사회에서는 자원의 배분이 완전히 중앙 집권적으로 처리될 것이며 정치라는 현상은 존재하지 않을 것이기 때문에 대의 정치의 어떤 제도도 이제 불필요해질 것이다. 하루가 끝나는 시점이 될 때마다 모든 시민들이 그 자신이 다른 모든 시민들과 평등하다는 사실을 공손하게 받아들인다면 권력 행사를 감시하고 견제할 메커니즘이 왜 필요하겠는가?

단순한 평등이 확보되었을 때 벌어질 상황에 관하여 과거의 민주주의 이론가들은 종종 심각하게 고민했다. "평등의 점진적인 증가는 필연적이다." 토크빌은 대의 민주주의 시대 동안 평등을 향한 진전이 가져올 파괴적인 영향을 우려하는 유명한 구절에서 이렇게 말했다. 단순한 평등을 향한 이러한 "한 세기 한 세기마다 진행되는 도저히 저지할 수 없는 혁명"은 이 세계를 짓눌러 결국에는 평평하고 단순한 형태의 평등만이 남게 될 것이다. 토크빌은 이를 동일성(sameness)을 향한 평준화라고 불렀다. 그 어떤 것도 평등을 지향하는 운동을 멈추게 하지 못할 것이라고 보았다. 모든 사람을 평등하게 만들며 평등하게 대우하려는 민주주의의 노력에 의해 해로운 형태의 국가 예속 상태가 구축되는, 의도하지 않은 결과가 나타날 것이라고 그는 보았다. "봉건 제도를 파괴했으며 국왕들을 멸망시켰던 민주주의가 중산층과 부유층 앞에서 전진을 멈출 것이라고 어느 누가 상상할 수 있을까? 민주주의가 이렇게 강력해지고 민주주의 적대자가 이렇게 허약해졌는데 과연 민주주의가 이 자리에서 멈추고 말까?"[22]

토크빌은 19세기 사회 불평등의 지속성을 심각할 정도로 과소평가했으며, 그뿐 아니라 민주주의가 구체적이고 복합적으로 작동함으로써 평등의 이상과 실제가 대의 민주주의 시대에 그 누가 예견했던 것보다도 훨씬 더 복합적인 양상으로 발전하게 되는 것을 예측하지 못했다. 민주주의가 가져온 효과는 동일성이 아니었다. 오히려 그 반대였다. 파수꾼 민주주의 시대에 들어와서 평등에도 수많은 종류가 있다는 것, 그리고 이들이 다시 서로 수많은 종류의 관계를 맺을 수 있다는 인식이 증가하고 있다. 평등이라는 단순한 한 단어는 이제 평등에 관한 훨씬 더 복잡한 문법 체계로 발전하였다. 사회적·정치적 삶이 대단히 분절적인 특질을 보임에 따라 평등의 실제 의미가 하나뿐이 아니라는 것을 인식해야 한다고 많은 이들이 분명하게 깨닫게 되었다. 그러나 그뿐이 아니었다. 많은 이들이 또한 평등의 원칙만을 선택의 기반으로 삼을 수 없다는 사실을 깨닫게 되었다. 미국의 획기적인 사법 판결인 '풀리러브 대 클루츠니크(Fullilove v. Klutznick)'(1980년)는 이런 방향을 가리키고 있다. 연방 정부가 공공사업 프로그램에서 소수 민족에 속하는 자가 소유한 회사에 우선적 혜택을 줄 권한이 있는가 없는가를 두고 미국 대법원의 아홉 명의 판사는 다섯 개의 각기 다른 의견을 내놓았다. 결국 법원은 이러한 예외적 대우가 정당하다는 판결을 내놓았다. 하지만 이 사건은 분수령과도 같은 충돌을 일으킴으로써 정점에 이르렀다. 결과의 평등이라는 관점에서 이해된 평등과 기회의 평등, 즉 '승자'와 '패자'라는 불평등한 결과를 초래하는 것이 보통인 그런 평등이 충돌했던 것이다.

평등에 대한 이런 서로 다른 이해가 개인들에게나 집단에게 혹은 특정 정책 영역이나 큰 규모의 영토 영역이나 혹은 국경 초월적 권력 관계에 적용될 때 상황은 더욱 복잡해진다. 각 경우에 '평등' 추구는 각기 다른—종종 불평등한—결과를 불러온다. 평등의 범위는 지방에 한정될 수도 있지만 한 국가의 영토 혹은 전 지구적으로 확대될 수 있으며, 이런 서로 다른 영역은 종종 서로 충돌한다. 그리하여 예를 들면 어떤 국가 안에 살고 있는 시민들의 평등에 대한 특별한 강조("이 나라 안의 모든 사람은 평등하다"와 같은 구절이 그런 평등을 강조하는 말이다)가 같은 국가 안에 사는 시민이지만 필요와 관심사가 다른 사람들에게 불리하게 작용할 수 있으며, 또한 다른 나라의 시민들에게 그리고 때로는 전혀 그런 소속 국가를 갖지 못한 사람들에게 불리하게 작용할 수 있는 것이다. 결론은 분명하다. 바닷물에 소금이 들어가 있듯이 평등의 원칙은 민주주의의 심장부에 놓여 있다. 하지만 이는 단순 명료한 어떤 '보편 원칙'은 아니다. 거친 나무에 날카로운 톱처럼 혹은 울퉁불퉁한 땅에 불도저처럼 작동하지 않는 것이다. 월트 휘트먼이 민주주의를 과일과 꽃으로 비유했던 것으로 돌아가보자. 민주주의에 반대하는 자들이 항상 비난하는 것과 반대로, 민주주의는 키가 큰 양귀비꽃을 잘라버리는 것이 아니라 그 겸손한 정치가 지닌 무한한 수단과 방법을 동원하여, 민주주의가 없는 경우라면 기생충과 포식자에게 해를 입고 멸종당할 위험에 처했을, 지구상의 모든 종류의 양귀비꽃이 온갖 식물과 동물이 번성하는 넓은 들판에서 활발하게 자랄 수 있도록 해주는 것이다.

길을 만들며 나아가는 민주주의

이제 우리의 주제에 작별을 고해야 할 때가 다가오고 있다. 하지만 민주주의의 이상이 특이할 정도로 포착하기 어렵다는 점에 대해서 마지막으로 몇 마디 경고의 말을 덧붙이겠다.

민주주의의 역사에서 배울 수 있는 여러 가지 불가피한 교훈 가운데 하나는, 지구상의 수많은 다른 체제와 비교해볼 때 민주주의가 완벽하게 독자적이라는 점이다. 민주주의는, 최소한의 의미에서 볼 때, 동등한 자들의 자치를 의미하기 때문에—즉 위압적 지배, 폭력, 불의, 독단, 형이상학적 주장 따위에서 자유롭기 때문에—인간이 줄 용의가 있는 것보다 더 많은 것을, 혹은 줄 수 있는 것보다 더 많은 것을 요구한다. 제2차 세계대전의 가장 암울한 시기에 아일랜드의 작가인 C. S. 루이스(C. S. Lewis, 1898~1963)는 바로 이 점을 포착했다. "나는 민주주의자이다. 왜냐하면 나는 '인간의 타락'을 믿기 때문이다. 대부분의 사람들은 이것과 정반대의 이유 때문에 민주주의자라고 나는 생각한다. 민주적 열정의 아주 큰 부분은 사람들이 품고 있는 관념에서 비롯된다. …… 사람들은 인류가 지극히 지혜롭고 선하기 때문에 모든 사람이 정부 운영에 제 몫을 가져야 한다고 생각한다. 이런 생각을 근거로 삼아 민주주의를 옹호하는 것은 위험하다. 왜냐하면 사실이 아니기 때문이다." 루이스는 덧붙였다. "민주주의의 진정한 이유는 …… 인류가 너무나 타락했기 때문에 어떤 사람에게도 다른 사람을 지배하는 견제받지 않는 권력을 맡길 수 없다는 데 있다. 아리스토텔레스는 어떤 사람들은 오직 노예로만 적당하다고 말했다. 내가 노예 제도에 반대하는 이유는 주인 자격을 갖춘 사람이 한 사람도 없기 때문이다."[23] 홍콩 입법회 의원이며 유명한 민주주의 옹호자이기도 한 마틴 리(Martin Lee, 1938~)는 악인과 바보를 두고 비슷한 방식으로 말했다. 그는 나에게 이렇게 말했다. "삶에서나 정치에서 우리는 이미 내려진 결정이 올바른지 결코 확신할 수 없다. 이것이 바로 잘못된 결정을 내린 사람들을 그 직책에서 제거해야 하는 이유다." 리는 덧붙였다. "덩샤오핑은 내게 이렇게 말했다. 좋은 정치 체제 내에서는 악한 사람조차 악한 일을 하지 못하게 할 수 있다. 나쁜 체제에서는 상황이 더 나쁘다. 악(惡)이 번성하고 좋은 사람은 좋은 일을 할 수 없게 되며, 오히려 악한 일을 하도록 강요당하는 경우도 있다. 나는 그의 말에 동의한다."[24]

견제받지 않는 권력과 그 권력의 위험성에 대한 민주주의의 의심은 일견 충격적으로 느껴지는 어떤 것을 내포한다. 권력을 마음대로 휘두르는 맹수들을 민주주의가 완전히 통제할 수 없기 때문에, 결국 민주주의는 '순수'하거나 '진정한' 것이 될 수 없다는 것이다. '볼티모어의 현자(Sage of Baltimore)'라 불렸던 미국의 풍자 작가 H. L. 멩켄(H. L. Mencken)은 민주주의를 오르가슴에 의한 정부라고 풍자했다. 하지만 이런 표현은 민주주의가 우리에게 제공하는 만족감을 과대평가한 것이다. 민주주의는 절대로 완전한 행복감을 가져다주지 못한다. 민주주의는, 안정되어 아무런 움직임이 없고 모든 것이 충족된 상태가 절대로 될 수 없다. 민주주의는 완성된 상태를 뜻하지 않는다. 현재 실제로 존재하는 많은 민주주의 국가들이 반드시 민주주의라고는 말할 수 없다. '공고(鞏固)화된' 민주주의와 '이행(移行)적' 민주주의, 그리고 '실패한' 민주주의를 구별하는 것이 요즘 유행하고 있으며, 심지어 '좋은' 민주주의와 '결함 있는' 민주주의 체제를 구별하기도 하지만, 모두 확실한 구분은 아니다. 그런 구분이 도그마로 굳어져서는 안 된다. '좋은' 민주주의 체제라든지 '공고화된' 민주주의 체제라고 해서 내부적 부패와 외부적 훼손에 절대적인 면역성을 가진 것은 결코 아니다. 그런 민주주의 체제 내부에 살고 있는 사람들의 입장에서 볼 때, 이 체제들이 충분히 좋다고는 절대로 말할 수 없으며 충분히 공고화되었다고도 단언할 수 없다. 즉 이 체제들도 개선과 개혁의 부담에서 자유로울 수 없는 것이다.

파수꾼 민주주의 시대 역시, 권력 행사를 공적으로 감시하고 통제하는 많은 새로운 방법들로 많은 실험을 하여 큰 성과를 거두었지만, 이러한 법칙에서 예외는 아니다. 도시의 일터에서나 농장에서나 또 기업의 중역 회의실에서나 전쟁터에서나 민주주의는 약속과 실천 사이에 차이가 있으며, 거창한 가능성과 한심한 현실 사이에 차이가 있으며, 그런 차이 때문에 사람들은 혼란을 경험하게 된다. 이런 간극은 민주주의라는 말이 민주주의 사상가들이 흔히 가정하는 것보다 훨씬 덜 난해한 의미를 띠는 맥락에서 특히 뚜렷하게 느껴진다. 사람들로 북적거리는 남아프리카공화국의 '타운십'*이라든가 인구 밀도가 높은 브라질의 '파벨라'*의 경우, 민주주의는 깨끗한 수돗물, 에이즈(AIDS), 총기 반납자 사면 조치, 의료 제도, 빵, 안정적인 전력 공급 같은 삶과 죽음에 직접 관련된 사안과 밀접하게 연결되어 있다. 이런 상황에서 지금 전 세계 다수의 사람들이 민주주의를 그들이 아직 갖지 못한 어떤 것과 연결 짓는 현실은 조금도 놀랍지 않다. 인도의 시민들은 민주주의가 '비파사(BiPaSa)'를 얻기 위한 끝없는 투쟁이라고 종종 말한다.(인도에서 전기는 '비즐리', 물은 '파니', 도로는 '사다크'이다. 이 단어들의 첫음절을 따서 '비파사'라고 칭한다.) 이 현실적인 표현은 민주주의의 심원한 측면을 잘 포착하고 있다. 민주주의 체제는 항상 민주주의를 붙잡기 위해서 그 뒤를 바짝 쫓

타운십(township) 남아프리카공화국의 흑인 거주지. 이런 거주지는 도시 주변에 위치하고 있어 도시의 하급 노동을 담당하는 흑인이 집단적으로 거주하고 있다.
파벨라(favela) 브라질의 대도시 내 빈민 집단 거주지.

고 거울로 가득 찬 방들을 통과하고 미지의 지형을 가로지르고 결국에는 저 멀리 창공을 향해 솟구쳐 올라간다. 긴 통곡 소리와 잇따른 실패, 개선하여 완벽해질 수 있는 가능성, 이런 것들이 민주주의의 이상 속에 새겨져 있는 것이다. 하지만 믿거나 말거나, 바로 이것이 민주주의의 엄청난 강점이다. 민주주의 체제는 스스로 자신의 불완전성을 깨달을 때가 그 어느 때보다 강하다. 민주주의는 불완전성 위에서 번영한다. 위선과 빈약한 성과를 이유로 들어 민주주의를 비난하는 사람들은 사실 민주주의가 하나의 과정이라는 점을 깨닫지 못하고 있는 것이다. 민주주의는 항상 움직인다. 민주주의는 완료된 동작이 아니고, 여러 행동이 모여서 하나의 세트를 이루면서 리허설을 계속하는 것이다. 민주주의는 결코 완결되지 않는다. 민주주의는 정상 상태에서 작동을 멈추는 기계 장치 같은 것이 아니다. 민주주의는 항상 다시 한 번 민주주의가 되어야 하는 그런 것이다. 민주주의는 행위이다. 금고 속에 금을 집어넣듯이 그리고 창고에 상품을 집어넣듯이 다 완결되어 쌓아 올리고 저장해놓는 그런 것이 아니다.

그렇다면 우리는 왜 민주주의에 신경을 써야 하는가? 민주주의는 사람이 도저히 줄 수 없는 것으로 보이는 것을 요구하기 때문에 결국 민주주의는 사람들을 계속 실망시키지 않는가? 어째서 사람들은 자신들이 지니고 있는 민주주의에 이렇게 매달려 있어야 하는가? 민주주의가 결코 완전하게 얻을 수 있는 어떤 것이 아니라면서도 어째서 사람들은 더 많은 민주주의를 얻기 위해 노력하고 있는가? 지금 세상에 민주주의에 대한 권태가 만연해 있는 것은, 과거에 우리에게 주어졌던 표준적인 대답들이 이제는 아무런 설득력이 없기 때문이다. 위대한 몇몇 '민족'은 자연히 민주주의를 추구하게 되어 있다든가, '역사'가 민주주의 편에 서 있다든가, 혹은 기독교의 유일신이 어떤 민족에게 다른 민족을 지배하는 권능을 부여했다든가 하는 이런저런 상투적인 설명은 이제 설득력을 잃었다. '미래'가 오면 좀 더 고차원적이고 좀 더 순수하고 좀 더 심오한 민주주의 형태가 생겨날 것이라는 도그마 역시 이제 힘을 잃었다.

영국의 소설가 E. M. 포스터(E. M. Forster, 1879~1970)는 자기 주변에서 대의 민주주의 체제가 붕괴하고 있던 시기에 이 민주주의라는 주제를 숙고한 다음, 올바른 방향을 찾았다. 그는 이렇게 썼다. "이리하여 민주주의에 두 번의 갈채를 보낸다. 첫 번째는 민주주의가 다양성을 받아들였기 때문이며, 두 번째는 민주주의가 비판을 받아들였기 때문이다. 두 번의 갈채로 충분하다. 세 번째 갈채를 보낼 이유는 없다."[25] 포스터가 귀족 지배 체제라는 낡은 이상에 대해 신념이 약해진 사실에 관해서는 그냥 넘어가기로 하자. 하지만 우리가 주목할 것은 민주주의에 세 번째 갈채를 보낼 만하다는 점이다. 세 번째 갈채는 시간이 지남에 따라 더욱 더 적절한 것이 되고 있다. 세 번째 갈채를 받을 대상은 민주적 권력 공유라는 것인데, 이는 무책임한 권력의 집중에 따라 언제나 발생하게 되는 어리석음과 오만에 대항하여 인류가 발명한 최선의 무기다.

집중된 권력이 발생시키는 맹목적인 오만과 어리석음에 맞선 투쟁은 궁극적으로 보면 결코 이길 수 없는 싸움이다. 하지만 이를 포기하면 인류는 큰 위험에 봉착하게 된다. 민주주의는 오만을 치료하는 강력한 치료제이다. 민주주의의 목적은 사람들이 더는 기만당하는 일이 없도록 하는 것이다. 민주주의는 부정부패, 오만, 잘못된 믿음, 사각(死角) 지대, 잘못된 결정, 사람들에게 해악을 끼치는 행동을 공적으로 폭로하는 데 유용한 무기다. 민주주의는 복잡한 조직과 네트워크 시스템의 계획 수립 및 작동 과정에 비판적 사고와 현실 존중이라는 귀중한 요소를 제공해준다. 그리고 특히 민주주의는, 현재로서는 합의된 개념 규정도 없으며 유효한 해결책은 더더욱 없는 (예를 들어 기후 변화 같은) 문제들에 대응하는 데 없어서는 안 될 수단이다. 민주주의는 '인민의 지배'라는 개념을 옹호하지 않는다. 민주주의를 이렇게 규정했던 시기는 왕정 시대, 독재자와 전체주의적 권력의 시대였다. 민주주의는 이제 그 누구도 지배하지 않는다는 원칙을 옹호한다. 민주주의는 권력을 휘두르는 자가 자신의 정통성을 신(神)이나 전통이나 관습, 부, 두뇌, 폭력에서 끌어내는 데 반대한다. 바로 이 때문에 민주주의의 역사는 어떤 측면에서 볼 때는 힘센 두목같이 행동하는 자들을 겸손하게 만들 목적으로 설계된 여러 가지 놀라운 발명품의 역사이기도 하다.

과거의 수렵 채취 사회는 만일 어떤 구성원이 자신의 오만과 사랑에 빠진 나머지 정령들의 분노를 사게 되면 그를 파문해버렸다. 수메르의 왕들은 신관(神官)들에게 이따금 뺨을 얻어맞았는데 이는 왕들로 하여금 겸손의 중요성을 잊지 않도록 하기 위함이었다. 중세의 왕들은 이따금 자신들이 권력을 오용하지 않겠다고 하느님 앞에서 맹세를 해야 했다. 이런 것과 비교해볼 때 민주주의자들은 좀 더 현실적인 방법을 선호했으며 이는 좀 더 평등주의적인 효과를 냈다. 고대 그리스 시대의 민주정 옹호자들은 공직 보유자를 임명하기 전에 그들을 평가했으며, 선동가는 도편 추방제로 추방되었다. 직권 남용이나 불법 행위를 저지른 관리와 시민에 대해서 민회는 공개적으로 문제를 제기했다. 또한 고대 그리스의 민주정 옹호자들은 배심원들에 수당 지급, 공적으로 솔직하게 말할 수 있는 자유 보장, 투표를 위한 정교한 기구, 추첨에 의한 투표, 그리고 선출되었거나 추첨으로 선택된 배심원들이 배석한 심판 제도 같은 규칙과 관행이 확고하게 자리를 잡을 수 있도록 했다.

대의 민주주의 시대는 새로운 발명품을 내놓았다. 부정부패에 물들지 않은 선거 관리 위원회가 감독하는 선거가 주기적으로 시행되었으며, 정치인들이 이해관계 충돌 상황에 빠질 때는 반드시 사임해야 하며 그러지 않을 경우 형사 고발의 대상이 되었다. 시민들이 어처구니없는 문제에 대해 공개적으로 의문을 제기하며 불만을 호소하고 또 시민 자신들이 선거를 통해 뽑은 대표자들에 반대하기 위해 조직체를 꾸리는 일을 법률과 독립 언론이 보장하는 관행이 생겨났다. 오랫동안 시행되고 또 실험되어 온 이러한 관행들은 모두, 타인에 대해 권력을 행사하는 과정에서 한계를 넘는 행동을 하는 사람들을 지속적으로 감시하기 위해 고안된 것이었다.

파수꾼 민주주의의 발전에 따라 이제 수많은 사람들은 주기적 선거, 경쟁적 정당 제도, 의회 같은 제도들이 비록 중요한 유산이기는 하지만 무책임한 권력이 발생시키는 고질적인 문제들에 대응하기에 너무나도 부족하다는 것을 확신하게 되었다. 따라서 비록 여전히 많은 좌절과 실망과 해결하지 못한 문제들이 있지만, 혁신적인 방안들을 발전시키는 데 큰 관심이 모이고 있다. 감시견, 안내견, 짖는 개에 비유할 수 있는 조직들이 그런 것들인데 이들은 권력자들을 겸손하게 만든다는 목적을 지니고 있으며 정부와 시민 사회 그리고 둘 사이에 존재하는 여러 영역에서 활동하는 권력 브로커들을 시민들과 그 대표자들이 엄격하게 감시할 수 있도록 해주고 있다. 파수꾼 민주주의 체제가 지닌 이러한 논쟁과 협상의 메커니즘이 과연, 이 세계를 조각조각 부수어버릴 수 있는 장래의 경쟁 관계와 재난과 혼란을 미리 방지할 수 있을 정도로 강력한 것인지 아닌지는 앞으로 두고 봐야 할 일이다. 핵무기를 제거할 방안은 무엇인지, 시장의 비합리적인 활동에 종지부를 찍을 방안은 무엇인지, 좀 더 지속 가능하며 균형 잡히고 평등한 글로벌 공동체를 향해 나아갈 방안은 무엇인지, 과연 누가 말해줄 수 있는가? 지금 세계는 법률과 정부와 무기와 경제 생활과 사회 생활이 국제적인 양상으로 통합되고 있어 다시 한 번 급성장을 경험하고 있는데, 과연 민주적 상상력이 국경을 초월해 존재하는 권력 관계에 대한 확실한 견제 방안을 창출해낼 수 있을까? 앞으로 이 세계에 국경을 초월하는 언론과 공공 토론 문화가 번성할 수 있을까? 혹은 더 나아가서 글로벌한 시민 사회가 확대될 수 있을까? 다시 말해, 각 지역의 잘못된 상황을 폭로하며 시장을 길들이고 여론을 교육하고, 그리고 좀 더 일반적으로 말해, 글로벌한 범위에서 민주적 삶에 대한 감시견으로 활동할 수 있는 언론인, 전문가, 선거를 거쳤거나 거치지 않은 대표자들, 정치적으로 특정한 정파에 속하지 않은 활동가들이 전 세계적으로 네트워크를 만들며 성장해 나가는 그런 일이 가능할까?

이 질문들에 대한 대답을 우리는 아직 내놓을 수 없다. 하지만 분명하게 말할 수 있는 것은 민주주의의 역사가 단순히, 권력 행사를 엄격하게 견제하기 위한 제도, 법률, 절차에 관한 것만은 아니라는 점이다. 민주주의의 역사는 놀라운 등장인물들로 가득 차 있다. 이들은 민주주의의 세속적 이상 창안을 도왔거나, 민주주의에 권력을 탐하는 오만하고 어리석고 잔인한 사람들을 견제할 잠재력이 있음을 지적한 사람들이다. 라르사, 니푸르, 바빌론과 같은 도시에 살았던 평범한 주민들, 그리고 회의체 민주주의의 정신을 멸종에서 구해낸 '코란'의 신앙자들이 그들인데, 그들의 이름은 시간이 지워버렸으며, 그들은 민주주의의 언어에 대해서 아무것도 알지 못했다. 그 이후에는 회의체 민주주의에 관련된 인물들이 처음으로 역사 기록에 등장하게 된다. 예를 들면 '소피스트'가 등장하는데 이들은 오만한 권력을 겸손하게 만들기 위해 농담과 야유의 창을 던졌으며 심지어 공개적으로 방귀를 뀌기까지 했다. 만티네아의 데모낙스도 있었다. 그는 키레네의 농부들이 스스로의 회의체를 통하여 자치할 수 있는 권한을 부여했던 입법자였다. 여신 데모크라티아에게 바치는 기도를 인도했던 아테네의 여사제들도 있었다. '웃는 민주주의자'라고 불렸던 데모크리토스는 사람들의 빈곤에 몹시 분노했다. 아부 나스르 알파라비와 같은 학자도 있었다. 그는 고대 그리스인들이 이해했던 그대로 민주주의에 대해 발언했던 최초의 이슬람교도였다.

민주주의의 역사를 움직인 또 다른 인물들은, 대의 민주주의가 작동하도록 만든 공로로 기억에 남아 있는 사람들이다. 하얀 분칠을 한 가발을 쓴 귀족 다르장송 후작은 대의 민주주의라는 표현을 역사상 거의 최초로 사용했다. 자신들의 '팅'을 수호한 스칸디나비아의 농부들이 있었다. 라우텐바흐의 마네골트는 신분이 낮은 수도사로서 폭군에 맞서는 반란이 곧 신에 복종하는 것이라고 주장했다. 스코틀랜드의 칼뱅파 신도들은 '맹약(covenant)'의 원칙을 널리 퍼뜨렸으며, 허름한 옷을 입은 평민들은 찰스 1세의 처형에 박수갈채를 보냈다. 금주(禁酒) 원칙을 지킨 조지 그로트는 근면한 은행가이면서 동시에 학식을 갖춘 중산층으로서 10여 권에 달하는 《그리스의 역사》를 집필했다. 그다음에는 펜실베이니아에서 정부의 허가를 받지 않고 개인적으로 술을 만들던 사람들이 있었는데 이들은 쇠스랑과 타르(tar)를 칠하는 솔을 들고 나섰으며 연방 정부의 장교들에게 총을 들이대고 그 이후에는 '민주-공화 협회'의 성장을 촉발하는 역할을 했다.

이 밖에 대의 민주주의의 시대가 전진하도록 만들어준 사람들을 살펴보자. 신을 두려워하는 기독교 신자 혹은 공화파로서 노예제에 반대했던 사람들, 임금을 받는 노예 제도에 반대한 노동자들, 형제애와 민주적 자유의 이름으로 거리에 바리케이드를 쌓고 붉은 깃발을 들고 포장석을 뜯어내 유리창을 향해 던졌던 무신론의 반란자들이 그들이다. 좀 더 조용한 사람들도 있었다. 대의 민주주의의 작동 기관에 윤활유를 치는 데 집중했던 인물들이다. 윌리엄 유렌, 후안 부세티치, 윌리엄 로빈슨 부스비, 수쿠마르 센이 그런 사람들이었다. 기계처럼 작동하는 정당 조직을 활용한 정치인들도 있었다. 앤드루 잭슨, 마틴 밴 뷰런이 그런 이들이었다. 노예 제도에 반대하면서 독립 기념일 집회에서 공개적으로 헌법을 불태운 윌리엄 로이드 개리슨 같은 언론인도 있었다. 량치차오는 농민의 아들로 태어나서 훗날 중국에서 가장 많은 사람들에게 읽히는 글을 쓴 사람이 되었다. 존경받는 지도자들도 있었다. J. D. 판데르카펠런이 있었으며, 수도사 조르조는 훗날 교황 피우스 7세가 되어 나폴레옹에 맞섰다. 또한 에이브러햄 링컨이 있었으며, 보이콧 운동의 선구자인 존 오말리 신부, 그리고 프란시스코 마데로와 호세 바트예 이 오르도녜스가 있었다. 시인들도 있었다. 존 밀턴, 마누엘 호세 킨타나가 있었으며 물론 월트 휘트먼이 있었다. 그는 "우렁차게 나아가라! 성큼성큼 나아가라! 민주주의여! 복수의 결심을 담아서 힘차게 가격하라!"라고 읊었다. 그리고 결코 망각해서는 안 되는, 남성의 편견이라는 문짝을 부수어버린 용감한 여성들이 있었다. 앤젤리나 그림케는 여성들에게 '노예 권력'을 거부함으로써 시민이 되라고 호소했다. 에스터 호바트 모리스는 아마도 대의 민주주의 시대에 사법부 공직을 맡은 최초의 여성일 것이다. 그리고 자줏빛과 초록빛 옷을 입고 런던의 트라팔가 광장에서 집회를 열어 언론 자유와 투표권을 옹호한 용감한 여성들도 있었다. 결연한 용기를 보여서 이들의 행동을 촉발한 여성들 가운데 한 사람은 오스트레일리아 출신의 젊은 이민자 뮤리엘 매터스였다. 매터스는 영국 하원 회의장의 방청석에 있는 격자 모양의 철제 칸막이 구조물에 자신을 묶고 자물쇠를 채운 다음 그 열쇠를 속옷에 집어넣은 후 영국 하원을 향해 연설했다. 이는 여성이 영국 하원에서 발언한 최초의 사례였다.

그리고 또 이 시대를 상징하는 인물로 남아 있는 사람들이 있다. 집중된 권력을 비판하고 파수꾼 민주주의에 생명의 숨길을 불어 넣은 사람들이다. 마하트마 간디와 장평춘이 그런 사람들이다. 장평춘은 중국의 극작가이자 문학 평론가로서 인권과 민주주의가 결합하는 데 도움을 주었다. 그리고 모스크바, 바르샤바, 프라하의 반체제 인물들도 있다. 수염을 덥수룩하게 기른 이들은 담배 연기가 가득 찬 아파트에서 소파에 둘러앉아 대화하기도 하고 타자기 위로 허리를 잔뜩 구부리고 타자를 치면서 활동했다. 잊어버릴 수 없는 또 한 명의 여성은 로자 파크스이다. 파크스는 피곤하게 사는 것에도 이제 질렸다고 했다. 앨리스 스튜어트라는 여성도 있었다. 스튜어트는 방사선을 인체에 비추는 데 무해한 양은 없다는 것을 최초로 증명한 용감한 여성으로서 많은 중상모략을 받은 옥스퍼드대학의 질병 전문의였다. 경찰이 철조망을 감은 곤봉으로 마구 내려칠 때 자신들의 머리를 기꺼이 위험스러운 상황에 처하게 한 미국의 젊은 흑인과 백인 학생들도 있었다. 붉은 가사를 걸치고 맨발로 걸어 다니면서 폭압적인 독재 체제에 대항하는 대의를 위하여 신자들에게 쌀을 시주받으면서 '명상' 수행을 했던 스님들도 있었다. 지도자들도 있었다. 윈스턴 처칠, 엘리너 루스벨트, 자와할랄 네루, 넬슨 만델라, 데스몬드 투투 대주교, 아웅 산 수 치가 그들이다. 그리고 또한 절대로 망각해서는 안 되는, 절대 포기를 모르는 그런 종류의 사람들도 있었다. 이들은 자신의 의견을 아주 단순한 방식으로 표현했다. 도리스 해덕은 90세의 나이에 로스앤젤레스에서 워싱턴 시까지 1년이 넘는 시간 동안 걸어서 갔다. 거북이 같은 느린 걸음으로 계속 걸어가면서 해덕은 여러 차례의 연설을 통해 정치 운동에 돈을 대는 백만장자들에게 민주주의가 팔려버렸다고 비난했다. 대문자 D의 거창한 '데모크라트(Democrat)'가 아니라, 소문자 d로 시작하는 '데모크라트(democrat)'인 해덕은 태양빛에 그을고 강한 바람에 휘청거렸다. 여행의 마지막 100마일은 스키를 타고 갔다. 해덕이 미국 연방 의회 의사당 앞의 계단에 도착한 것은 마침 21세기가 시작되는 때였으며 인원수는 적지만 열광적인 청중 앞에서 그녀는 짤막한 연설을 했다. 연설 도중 그녀는 연방 의회 의사당 입구를 손가락으로 가리키면서 이렇게 말하고는 조용히 모습을 감추었다. "이 건물은 매춘굴로 바뀌고 있다."

권력을 길들이는 작업은 이 모든 사람들에게 하나의 삶의 방식으로 여겨졌다. 이들에게 권력이란 그저 소비의 대상이 되는 유산도 아니며, 또한 가격을 붙여서 시장에서 사고파는 물건이나 서비스도 아니었다. 이 인물들은 어리석은 자들을 만났을 때 그저 참고 넘어가지를 못했다. 그렇다고 해서 이들이 자신을 천사로 생각하거나 신(神)으로 생각한 것은 아니다. 이들은 허장성세의 유혹을 뿌리칠 줄 알았으며 거창하지만 틀에 박힌 구호라든가 수상한 냄새가 나는 편협한 정통론을 싫어했다. 사회가 불평등한 것은 불가피한 현상이라는 논리를 이들은 믿지 않았다. 인간은 자치할 수 있으며 또 자치해야만 한다고 이들은 확신했다. 이들은 힘 있는 자들이 가진 약점을 탐지해냈으며, 힘없는 자들에게도 힘이 있다고 믿었다. 그렇기 때문에 파수꾼 민주주의가 시련을 겪은 시기에 그들이 보여주었던 민주주의 정신을 망각한다면—그리하여 그들을 민주주의의 삶과 죽음이 또 한 번 반복되는 역사의 페이지 속으로 집어넣어버린다면—그것은 몹시 부끄러운 일일 것이다.

새로 쓰는 민주주의의 역사

지금 독자 여러분이 보고 있는 민주주의의 역사에 관한 이 책은 자료 조사와 집필에 10년이 걸렸다. 이와 비슷한 작업을 마지막으로 시도했던 사람은 미국의 네이험 케이펀이었다. 역사가이자 출판업자이던 케이펀은 독학으로 공부하여 박학한 사람이었으며 이 주제에 관하여 35년 동안이나 공을 들인 것으로 알려져 있다. 케이펀은 집필하는 동안 여러 장애물을 만났다. 남북전쟁이 일어났으며, 서적 출판과 판매 사업을 해야 했고(그가 출판한 책에는 에드거 앨런 포와 너새니엘 호손의 책이 포함되어 있다) 미국 민주당의 정치적인 일에도 깊이 관여했다. 케이펀은 원래 세 권짜리 민주주의 역사책을 쓰려고 했지만, 이 작업은 미국의 15대 대통령 제임스 뷰캐넌 주니어(James Buchanan, Jr.)가 그에게 준 정치적 선물 탓에 또 한 번 방해를 받았다. 그가 보스턴 시의 우편국장으로 임명되었던 것이다(1857년). 이런 여러 장애물이 있었기 때문에, 비록 여든이라는 고령에도 그는 "언제나처럼 맹렬히 생각하고 예리하게 글을 쓴다."라고 그의 친구가 언급했지만, 이 원고를 완결 짓지 못했다는 것은 그리 놀라운 일이 아니다. 예정된 작업의 일부분만이 700쪽 분량의 책으로 출간되었다. 그것이 바로 《민주주의의 역사: 혹은 최초 시기부터 최근까지 정치적 진보의 역사적 설명》(1874년)이다. 케이펀의 이 민주주의 역사서는 흥미롭고 자세한 내용으로 가득 차 있으며, 특히 미국과 이전의 영국 지배자들을 단단하게 묶고 있던 정치적·법률적 연결성을 다룬다는 데 강점이 있다. 아마도 근대에 들어 최초로 이 주제를 다룬 출판물일 것이다. 후세의 집필자가 그 뒤를 잇기가 무척 어려운 대작이지만, 나는 그 작업을 시도하는 일이 꼭 필요하다고 생각했다. 다른 어떤 이유보다도 그의 책이 당당하게 드러내는 영국과 미국 편향성 때문이었다. 나는 케이펀과 완전히 다른 역사적 환경에 있었으며 제대로 처리하기에는 너무나도 복잡한 성격의 방대하고 새로운 자료들을 마주하고 있었으므로, 나의 목표를 달성하려면 재빨리 움직여야 했다. 내 목표는, 과거에 대서양 양안(兩岸) 지역에 국한된 관심사였다가 지금은 전 세계적인 주제가 된 민주주의에 관하여 케이펀의 역사서를 대체할 수 있는 완전히 신선하고 훨씬 덜 당파적인 성격의 역사서를 내는 것이었다.

케이펀의 저술은 19세기 미국의 눈을 통해 민주주의를 보았다. 그 책에서는 고대 세계의 회의체 민주주의를 제대로 다루지 않았다.(그리고 아테네의 '오만과 허영심', '방탕한 습속'을 경멸하는 태도가 공공연하게 표현되었다.) 유럽 대륙에 있었던 대의 정치 체제의 복잡한 기원에 관해서는 침묵했으며, (당시 시대상의 특성을 반영하여) 에스파냐의 식민지였던 지역과 대영 제국의 일부 지역에서 벌어진 중요한 동시대의 상황에 관해서도 무지함을 드러냈다. 케이펀은 최소한 1846년에서 1848년 사이에 있었던 미국의 멕시코 침략 때부터 민주당을 적극적으로 지지하는 논객이었으며 존경받는 공인이었기 때문에, 이 저술에는 미국의 융성하는 힘, 나라 안팎의 역경에 맞선 미국의 승리, 대의 민주주의의 놀랍고 새로운 세계로 미국이 급속하게 발전한 것을 자랑스러워하는 감정이 듬뿍 담겨 있다. 이 책을 쓸 때 저자가 품은 가장 중요한 동기는 남북전쟁이 남긴 끔찍한 상처를 치유하는 것이었다. 이 책에서 케이펀은 19세기에 세계에서 일어난 민주주의의 진전, 특히 미국이 거둔 민주주의의 승리가 '기독교의 숭고한 진리'에 의해 보장되었다는 점을 미국 독자들에게 설득하려고 시도한다. 민주주의 미래는 확고하게 보장된 것이며, 그 이유는 민주주의가 우리는 이해할 수 없는, 신(神)이 설계한 것이기 때문이다.

당시 이런 방식으로 생각한 사람은 케이펀 혼자가 아니었다. 그와 동시대 사람이었던 프랑스의 알렉시 드 토크빌은 귀족정에서 민주정 옹호자로 입장을 바꾸었는데, 그 역시 미국을 선두로 하여 전개된 근대 민주주의 혁명이 궁극적으로는 신의 손에 의해 보호되고 있다고 여러 차례 언급했다. 스스로 민주주의자임을 인정한 19세기 중반의 다른 많은 사람들도 이런 논지에 동의했다. 나의 출발점은 다르다. 내가 일찌감치 확신하게 된 것은, 민주주의의 새로운 역사를 집필하는 데 꼭 필요한 것이 무엇인지 근본적으로 재검토해야 한다는 점이었다. 이 책《민주주의의 삶과 죽음》은 민주주의가 성스러운 것에 대한 사람들의 믿음과 깊이 관련되어 있다는 점을 인정한다. 하지만 역사를 초월하여 존재하는 어떤 믿음—다른 말로 표현하자면, 현실의 시간에서 영원한 본질의 세계로 탈출하는 것—이 민주주의를 이해하는 열쇠라고 생각하지 않는다. 한편 나는 이 정반대의 견해 역시 단호히 거부한다. 즉 인류의 역사는 거대한 퍼즐 게임 같아서 어떤 의미 있는 해석을 찾아내는 것은 불가능하다거나, 역사는 맹목적인 권력 의지와 분별없는 독단으로 가득 찬 이해할 수 없는 악몽이기 때문에 (W. H. 오든 같은 사람들이 권하는 것처럼) 역사에 대해서는 아무런 해석도 하지 않고 그냥 놔 두는 것이 최선이라는 견해를 거부한다. 내가 확신하는 것은 단 한 가지다. 민주주의에 대해서, 그리고 민주주의의 역사에 대해서 집필하는 데 모든 기존의 규칙들은 폐기되어야 한다는 점이다. 침묵의 단단한 껍질은 깨져야 한다. 습관적인 사고방식은 교정되어야 하며, 교정되지 않으면 폐기해야 한다. 새로운 규칙이 반드시 필요하다.

규칙 1. 과거의 기억을 민주주의의 현재와 미래를 위한 필수 요소로 여겨라.《민주주의의 삶과 죽음》을 시작하고 곧 나는 이 '역사'라는 단어를 모든 민주주의자가 사는 집의 방문과 거울에 붙여야 한다고 확신하게 되었다. 그리하여 오늘과 내일이 어째서 어제에 의존하는지를 매일 떠올려야 한다고 생각했다. 나는 이 책의 집필 작업이 이제까지 발언권이 없던 사람들에게 투표권을 확대해 부여하는 작업이라고 생각하기 시작했다. 즉 죽은 자들에게 말이다. 이는 과거에 투표권을 부여한다는 정신이며, 이로써 이 책은 정치와 역사 사이의 틈을 메우려는 끈질긴 시도라는 의미도 있다. 과거와 미래를 동시에 바라보면서 이 책은 이 세상의 일들이 절대로 영원히 지속하지 않는다는 점을 독자들에게 상기시킨다. 즉 우리가 오늘날 알고 있는 것처럼 민주주의가 확고한 생존을 보장받은 것은 아니라는 이야기다. 한편, 위의 논점만큼 분명하게 서술하지는 않았지만 이 책은 왜, 그리고 어떤 방식으로 민주주의와 역사가 몸이 붙은 접착 쌍둥이인지를 서술한다. 또 이 책은 작동하기 시작한 최초의 시점부터 민주주의는 사람들로 하여금 권력 관계의 역사적 우연성을 깨닫도록 자극했다는 것을 보여준다. 예를 들어, 폭군도 성군도 인간 세상에 반드시 꼭 필요한 존재가 아니라는 점, 기존의 지배적인 견해가 (제헌 회의, 법원의 법률 심사, 언론의 자유와 같은 방법들을 통해) 합법적으로 도전받고 변경될 수 있다는 점, 여성이나 노예나 빈민이 그들의 이전 주인들과 정치적으로나 사회적으로 동등한 존재로 인정받는다고 해서 하늘이 무너지지는 않는다는 점을 보여줌으로써 민주주의는 사람들을 새로운 길로 이끌었던 것이다.

이 책에서는 미래를 위해 우리가 과거에서 많은 것을 배울 수 있을 뿐 아니라 과거에 대한 잘못된 이해를 교정할 수도 있음을 보여준다. 과거 사실을 잘 알게 되면 현재나 미래에 해서는 안 되는 일에 대해 알게 된다. 혹 그렇게까지는 아니더라도, 민주주의를 정치적 질병이라고 비난하는 사람이나 그 반대로 민주주의가 사회적 긴장을 치유하고 경제 성장을 촉발한다고 주장하면서 민주주의에 헛된 칭송의 화관을 씌우려는 사람의 등에 작은 핀을 찔러 그런 행동을 삼가도록 할 수 있을 것이다. 《민주주의의 삶과 죽음》은 또한 민주주의가 탄생하고 성숙하고 죽어 가는 마술 같은 순간들에 독자가 자극받도록 의도하였다. 이 책은 지금은 잊힌 인물들에 대한 기억을 되살려 낸다. 이 인물들의 말과 행동은 오늘날에도 여전히 사람들에게 민주주의에 대한 영감을 불어넣어줄 것이다. 이 책의 바탕에 깔린 또 하나의 생각은, 민주주의의 역사를 붙잡고 힘들게 공부하는 과정 자체가 우리로 하여금 우리 시대의 새로운 측면에 더 민감하게 반응할 수 있게 해줄 것이라는 생각이다. 나의 전제는 단순 명료하다. 즉 과거에 무지한 채로 살아가는 사람들은 불가피하게 현재를 오해할 수밖에 없다는 것이다. 이 책은 책 속의 모든 문장을 통해 민주주의의 미래가 과거에 달려 있다는 것, 그리고 그 과거라는 것이 언제나 현재 속에서 작동하고 있다는 것을 독자들이 느끼도록 하고자 했다. 그리고 이 책은 혹시라도 이 세계가 민주주의를 잃게 된다든지 민주주의가 서서히 사라지도록 놔둔다든지 혹은 점차 증가하는 반대자들이 민주주의를 죽이게끔 허용하는 경우가 생기면, 과연 우리가 총체적으로 잃게 되는 것이 무엇인지를 독자들에게 상기시키고자 했다.

규칙 2. 민주주의에 관련된 언어, 인물, 사건, 제도, 영향을 온전히 역사적인 것으로 여겨라. 민주주의는 자연적으로 존재하는 실체도 아니고 신이 부여한 절대적인 것도 아니다. 민주주의는 특정한 시간과 장소에서 생성된 것이며, 사람들의 삶의 질을 지배하는 시간의 구속력을 분명하게 깨닫게 해주는 강력한 요인이다. 이 책을 읽고 나면, 민주주의가 시간에 구속되어 있으면서도 동시에 사람들이 그들 자신의 역사성을 깨닫게 해주는 이중적 성격을 지닌다는 사실을 명백하게 알게 된다. 그러나 놀라운 사실은 오늘날 대부분의 사람들이 민주주의에 대해 이런 식으로 생각하지 않는다는 점이다. 사람들은 민주주의를 당연하게 여기며 마치 시간을 초월해 있는 것으로 생각한다. 또 어떤 사람은 (결국은 앞서 이야기한 것과 똑같은 의미지만) 마치 민주주의가 앞선 사건들에 따른 필연적 결론인 것처럼 취급한다. 바로 이런 방식으로 민주주의를 다루어 사람들에게 잘못된 인식을 심어준 책이 프랜시스 후쿠야마의 《역사의 종언과 최후의 인간》(1992년)이다.

민주주의가 우리에게 주어진 것이며 사물의 자연적 혹은 진화론적 질서의 일부라는 이런 가정은 현재 존재하는 모든 민주주의 체제에서 흔히 보이며 학자들 사이에도 깊이 뿌리내려 있다. 나 자신이 이 분야에서 활동하면서 살펴본 바로도 민주주의를 역사적 삶의 방식이라고 보는 시각은 원칙이 아니라 예외로 취급받았다. 민주주의의 역사 자체가 거의 모순적인 개념으로 취급받았다. 민주주의의 과거에 대한 학자들의 이러한 무지를 강화한 데는 여러 요인이 있다. 학계 연구자들이 '데이터(data)'를 생산하는 데 초점을 맞춘 경험적 방법론에 의존하면서 기억 상실증 세대가 생겨났다. 민주주의와 관련된 자료 수집 방법론은 최근(1920년대)의 발명품이며, 이런 방법론이 주류 학계의 연구 속으로 들어온 것은 미국의 고전적 저작인 시모어 마틴 립셋(Seymour Martin Lipset)의 《정치적 인간(Political Man)》(1960년)과 가브리엘 앨먼드(Gabriel Almond), 시드니 버바(Sidney Verba)가 집필한 《시민 문화

《Civic Culture》》(1963년)에 이르러서였다. 이 두 저술은 중요한 연구물이었으며 민주주의에 관하여 처음 글을 쓸 때 나는 이 책들을 안내자로 활용했다. 이런 책들이 선두 주자 역할을 하여 학계에 널리 퍼진 실증적 비교 연구 방법은, 민주주의 연구가 주로 우리 시대에 국한되었다는 점과 이런 식의 '데이터' 수집이 가능한 몇 안 되는 소수의 사례에 민주주의의 연구가 제한되었다는 점에서 문제였다. 현재 상황에 내재해 있는 역사성은 이런 방식으로 감춰지거나 '데이터'에 한계가 있다는 식의 쉬운 변명으로 넘어가게 되었다. 학술적 기억 상실증은 대학이 지닌 악습 때문에 더욱 심화되었다. 첫 번째 악습은 민주주의 분야의 '고전적' 저술가와 그들이 쓴 문장을 가르치면서 원래 맥락을 전혀 고려하지 않는 것이다. 두 번째 악습은 유행하는 여러 학술 논쟁에서 각각의 논쟁들이 지니는 시간 요인이 전혀 혹은 거의 고려되지 않는다는 점이다.('참여 민주주의' 그리고 좀 더 최근에는 '심의 민주주의', '투기 민주주의', '민주주의의 질'을 두고 벌어진 소란스러운 논의들이 이런 상황을 잘 보여준다.*) 이상의 여러 행태가 종합적으로 작용한 결과 매우 이상한 현상이 나타났다. 민주주의에 관한 연구들이 이제는 민주주의가 어떻게 권력의 역사성을 깨닫도록 사람들을 자극했는지에 대해 무감각한 증세를 보이는 것이었다. 이 때문에 그렇게 오랜 세월 민주주의의 언어와 제도에 관한 포괄적인 역사서가 나오지 않았으며, 또 민주주의 연구 분야에서 애덤 스미스, 카를 마르크스, 에밀 뒤르켐, 막스 베버와 같은 인물이 생산한 저작에 비교할 만한 연구서가 나오지 않고 있는 것이다.

---

* 참여 민주주의(participatory democracy)는 현재의 대의 민주주의가 가정하는 것보다 한층 더 넓고 직접적이며 실질적 의미를 지니는 형태로 유권자가 정치 과정에 참여해야 한다는 논지의 주장이며, 심의 민주주의(deliberative democracy)는 정치적 결정 과정에서 단순한 표결로 정하는 것보다 진정한 의미의 충분한 논의, 즉 심의(deliberation)를 거쳐야 한다는 논지의 주장인데 이 심의가 가능해지려면 유권자들의 진지하고 세분되고 최대한 전문화된 논의 과정이 반드시 정치 과정에 포함되어야 한다. 투기 민주주의(agonistic democracy)란 고대 그리스어에서 다툼(struggle)을 뜻하는 'agon'이라는 단어를 사용한 용어로서, 현대 민주주의에서 지나치게 합의와 표결을 중시하는 태도를 지양하고 공개적 경합과 투쟁을 중시해야 하며 이를 긍정적인 방향으로 유도해야 하다는 논지의 주장이다. 'agonism', 'agonistic pluralism' 등의 표현을 쓰기도 한다. 민주주의의 질(quality of democracy)에 대한 논쟁은, 민주주의가 전 세계적으로 널리 확산되면서, 단순히 민주화되었는지 아닌지 문제보다 이제는 민주주의의 질을 살펴보아야 하며, 여러 가지 지표를 설정하여 각 나라의 민주주의 체제의 질을 평가하며 질적 개선을 도모해야 한다는 주장을 둘러싼 논쟁이다.

규칙 3. 역사가, 정치가들이 말하는 과거에 대한 이야기는 반드시 역사적 행동이라는 점에 세심한 관심을 기울이라. 그들이 서술하는 민주주의 제도, 이상, 인물, 사건, 언어의 역사는 필연적으로 자의적이고 시간의 구속을 받기에 잠정적이며 임시적인 성격을 띤다는 말이다. 과거에 서술된 민주주의 역사서들은 '사실'이라는 것이 시간의 제한을 받지 않는다는 어리석은 믿음에 취해 있다. "필요한 것은 사실이다. 오직 사실, 사실, 사실뿐이다." 제임스 브라이스는 자신의 책《근대 민주정》에서 그렇게 강조했다. 브라이스가 이렇게 말한 이후에 역사학, 과학, 언어학 분야에서 수많은 변화가 있었지만 여전히 자신이 최후의 역사가라고 생각하는 역사가는 얼마든지 있다. 그들은 자신이 무턱대고 엄중한 형을 선고하는 재판관이 아니라 역사를 기록하는 천사라고 생각한다. 그들은 자신이 오직 사실만을, 즉 실제로 일어난 것만을 다루기 때문에 공정한 관점을 유지할 수 있다고 믿지만 잘못된 생각이다. 나는 다른 글(쿠엔틴 스키너Quentin Skinner의 책에 대한 논평*)에서 '실제 모습 그대로'의 과거에 기반을 둔, 일목요연하게 '객관적'인 역사 같은 것은 불가능하다고 설명한 적이 있다. 그런 것이 가능한 척하는 사람은 죽은 사람들과 아직 태어나지 않은 사람들을 부당하게 대우하면서 산 사람의 눈을 살짝 속여보려는 사기꾼과 비슷하다.

역사는 항상 과거 사실을 새로 설계해 제시하는 것이며 단순한 재생산이 아니라는 점을 나에게 이해시켜준 사람은 나의 두 스승이다. C. B. 맥퍼슨(C. B. Macpherson)은 과거의 민주주의 투사들을 후세 사람들의 우월감으로부터 구원함으로써 민주주의의 미래를 보장하려는 이론적 작업을 진행했으며, 그런 작업 덕분에 존경과 명예를 모두 얻었다. 한스게오르크 가다머(Hans-Georg Gadamer)는 해석학을 대표한 20세기의 위대한 학자였다. 두 스승은 다른 사안에서는 아니었지만 역사 연구의 중요성에 관해서는 뜻이 같았으며, 두 분 덕분에 나는 역사가들이 활용하는 방법론에 관해 역사적으로 생각하게 되었다. 이 책 전체를 통해, 그리고 이전에 펴낸 저술들을 통해, 나는 '죽은 이들과 나누는 대화'라고 스스로 명명한 접근 방식을 채택했다.

---

* John Keane, "On the 'New' History: Quentin Skinner's Proposal for a New History of Political Ideology," *Telos*, March 1981, pp. 174-183.

추상적 언어와 형식적 명제에 기반을 두는 모든 종류의 정치적 저술에 비판적인 이러한 접근 방식은 현재를 이야기하는 강력한 역사이며, 이제까지 잊혔거나 무시된 정치적 언어, 인물, 사건, 제도를 다시 찾아낸다. '죽은 이들과 나누는 대화'는 이미 내가 이전에 작업할 때 바탕으로 삼았던 접근 방식이다. 그런 작업으로는, 시민 사회라는 오래된 이상에 새로운 생명을 불어넣기 위한 작업, 본래는 17세기 기독교의 출판 자유 원칙의 세속적 형태가 어떻게 오늘날까지 활발하게 이어질 수 있었는지를 보여주기 위한 작업, 18세기 정치 저술가 토머스 페인의 생애와 저술이 현대에 얼마나 큰 의미가 있는지를 보여주기 위한 작업이 있었다. 《민주주의의 삶과 죽음》도 '죽은 이들과 나누는 대화'를 추구한다. 이 책은 현재와 미래를 위해 과거가 중요하다고 전제하면서, 과거에 대한 기록 하나하나가 모두 불가피하게 오늘날의 정신적·언어적 지평에 의해 형성되었음을 강조한다. 기억은 공정한 관찰자의 선물이 아니다. 모든 시대, 모든 역사가는 각자의 관점과 관심사에 따라 과거를 본다. 만일 사정이 그러하다면, 결국 민주주의 역사학자는 우연성과 겸손이라는 낯선 존재들을 인정해야 한다. 정치사의 진짜이며 단순한 사실들도 결국에는 전혀 단순하지 않다. 명칭, 날짜, 장소와 같이 겉보기에 너무나도 명확한 것들이 정치사가들 사이에서 일반적으로 동의를 얻고 있지만, 그 동의의 의미는 너무나 제한적이며 결국 여러 해석이 절실하게 요구된다. 브라이스의 주장과 달리 '사실, 사실, 사실'이라는 이름의 램프는 정치, 정치사상, 정치사의 연구가 갈 길을 안내해주지 못한다. 좀 더 일반적인 의미의 삶에서 그러하듯이, 사실은 반드시 해석에 의존하며, 해석은 이야기에 의존한다. 이야기는 콘셉트와 서술 방식의 규칙에 의존한다. 규칙을 형성하는 요소는 또 다른 해석과 이야기와 언어, 인물, 제도이며, 이 요소들은 다시 가장 넓은 범위로 인식되는 권력과 정치에 관한 해석과 서술과 사고방식이라는 원천 자료, 즉 '사실'을 제공해준다.

규칙 4. 민주주의의 과거, 현재, 미래를 기록하는 가장 적합한 방식은 각자의 (그리고 다른 이들의) 해석 규칙의 특징을 명확하게 밝히는 것이다. 민주주의에는 정설도 필요 없으며 기억을 통제하는 경찰도 필요 없다. 만일 민주주의가 오만한 자들을 겸손하게 만드는 끝없는 실천 행동이라면, 민주주의의 역사를 기록하는 작업 역시 똑같은 성격이어야 마땅하다. 따라서 민주주의의 과거, 현재, 미래에 대한 토론은 열려 있어야 할 것이다. 그러기 위해서는 자신의 무지를 인정하고, 각자의 주장이 막연한 추정의 성격을 띤다는 것을 인정하고, 그들이 논하는 것들의 원인과 원인 제공자가 대단히 복잡하게 얽혀 있음을 인정해야 할 것이다.

《민주주의의 삶과 죽음》은 이러한 방법을 활용하려고 노력했다. 독자들이 스스로 생각할 계기를 제공하기 위해, 그리고 이 주제에 관한 생각을 정리할 수 있도록 하기 위해 이따금 서술자의 관점을 변경했으며 사건들의 시간적 전후 관계를 반전시킨 적도 있다. 그리하여 한 사건이 곧바로 그다음에 일어난 다른 사건으로 연결된다는 식의 편안한 안정감이 허구라는 것을 폭로하기도 했다. 또 이 책은 역사 관찰에서 표준이라고 인정되는 단위에 대해서도 의문을 제기한다. 예를 들어, '고대', '중세', '근대' 같은 단순한 시대 구분으로는 민주주의를 이해할 수 없음을 보여준다. 이 책은 또한 민주주의가 지닌 시간의 흐름은 서로 다른 여러 가닥의 시간이 꼬여 형성되었으며 서로 충돌하는 경우도 있다는 것을 보여준다. 끝부분에 이르러 이 책은 현재 상황을 기억하기 위해서는 미래를 상상하는 것이 중요하다는 사실을 상기하기 위한 장치로서 허구로 만들어낸 서술자를 소개하기도 한다. 그리고 책 전체에 걸쳐 민주주의가 원래부터 명확한 질서가 없는 혼란스러운 상태라는 것과 민주주의에는 수많은 원인이 있다는 것, 그리고 민주주의는 많은 비밀을 감추고 있으며 시간과 장소에 따라 놀랍도록 다양한 모습을 드러낸다는 사실을 크게 강조했다. 이따금 이 책은 이 책 스스로가 주장하고 있는 것에도 의문을 제기하며, 민주주의를 조롱하는 최고의 농담들을 소개하고, 민주주의에 대한 반대자들의 주장에도 발언권을 부여한다. 의도치 않은 결과가 발생하여 그것이 종종 민주 제도를 발흥할 수 있게 한다는 것을 지적함으로써 독자들의 모순된 감각을 더욱 날카롭게 만들어주려고 노력했다. 그리고 이 책은 민주주의에 관한 가장 넓은 범위의 다양한 관점들을 의도적으로 채택하고 있다.

민주주의 이해의 정신적 지형도를 늘리고 날카롭게 하는 것은 《민주주의의 삶과 죽음》의 주요한 목적 가운데 하나이다. 이 책을 집필하게 된 계기는 요즈음 민주주의를 다룬 저술들이 보이는 편협성이 몹시 불만스러웠기 때문이었다. 풍부한 통찰을 담고 있지만, 민주주의를 다룬 요즈음의 저술 가운데 상당수는 민주주의의 언어, 제도, 이상이 기본적으로 대서양 연안 지역의 현상인 것처럼 보이도록 한다. 이 저술들은 민주주의가 아테네에 기원을 두고 있다는 틀에 박힌 말을 반복하고 있다. 고대 시리아-메소포타미아의 회의체에 관한 연구가 점차 늘고 있다는 점을 무시하는 것이다. 그러고는 마치 제임스 브라이스, 네이험 케이펀, 알렉시 드 토크빌의 편견에 동조하듯이 초기 이슬람 세계의 공헌에도 침묵한다. 이스파노아메리카와 대영제국의 여러 지역에 대의 민주주의의 이상과 제도가 널리 확산된 놀라운 현상을 완전히 무시할뿐더러, 오늘날 인도, 파푸아뉴기니, 남아프리카공화국, 타이완, 중국과 같이 서로 너무나도 다른 다양한 지역에서 민주주의가 현지화하는 과정에 있다는 사실을 완전히 무시하는 것이 대부분이다. 이 때문에 더욱더 《민주주의의 삶과 죽음》은 우리가 민주주의를 다룰 때 세계적 차원에서 생각하도록 촉구한다. 시간을 공간의 한 차원으로 설명하는 20세기 물리학에서 힌트를 얻어, 이 책은 '민주주의의 세계사'라는 주장이 정당함을 입증한다. 민주주의의 세계사는 이제 더는 국가와 언어의 경계선에 한정되어 있지 않으며, 훗날 보편적이라고 허황하게 주장되지만 원래는 대서양 양안의 정치 생활과 정치 사상이었던 것이 설정하는 경계선에도 한정되지 않는다.

규칙 5. 최근까지 민주주의 역사와 관련된 대부분의 세부 사항은 민주주의 비판자들 혹은 확고한 반대자들이 기록한 것임을 기억하라. 민주주의 체제를 창안해낸 사람들은 처음부터 차가운 침묵과 격렬한 적개심과 마주해야 했다. 아테네의 투키디데스는 역사 분야의 창시자이며 귀족이었는데, 민주주의를 향해 그가 퍼부은 비난의 말은 당시 민주주의가 받은 대접을 전형적으로 보여준다. 그가 쓴 《펠로폰네소스 전쟁사》는 "사내답지 못하고 나약한 체제"인 민주정이 권력의 변함없는 실체인 정치와 전쟁에 얼마나 무력하게 정복당했는지를 거듭하여 강조한다. (기원전 424년) 자신이 지휘하던 함대가 임무를 완수하지 못해서 외국으로 망명해야 했던 그는 민주정 체제에서 패배자였으므로 민주주의에 강한 적개심이 있을 수밖에 없었다. 투키디데스는 사람들의 환심을 사는 데만 급급한 민주정의 선동가들을 증오했으며 민주정이 신중하지 못하고 정치적으로 무능하다고 비난했다. 순환적 시간 개념에 기반을 두어 구축되었으며, 강한 자는 항상 자기 마음대로 행동하며 약한 자는 항상 손해를 볼 수밖에 없다는 법칙에 지배되는 이 세계에서, 투키디데스가 보기에 민주정은 취약하고 무책임하고 근시안적이고 이기적이고 변덕스러운 정치 체제였으며, 그런 특질을 상징적으로 보여주는 것이 아테네의 군중이었다. 이 군중은 당시 다른 도시국가가 아테네 제국의 지배를 거부하자, 선동가들에게 휘둘려 그곳의 모든 남성을 죽여버리고 여성과 어린이는 노예로 팔아버리자는 내용의 표결을 통과시켰다. 하지만 다음 날이 되자 이번에는 좀 더 온건한 지도자들에게 설득되어 그 결의 내용을 취소했다.

20세기에 들어와서도 한참 동안, 투키디데스가 처음 개척해놓은 길을 따라, 민주주의의 삶과 그 시대상을 다루는 대부분의 연구는 민주주의에 깊은 이중적 감정을 품었다. 제임스 브라이스는 《근대 민주정》에서 의회 민주주의 체제에는 비록 도덕적 장점이 있지만 이 체제가 생산해내는 다수파는 결국 마치 과두 지배자처럼 이기적이고 자기 파괴적으로 행동할 것이라고 했다. 이보다 한 세기 전, 프랑스의 프랑수아 기조는 자신의 책 《유럽 대의제 통치 기원의 역사》(1820~1822년)에서 민주적인 '인민 주권 원칙'을 "겁 많은 자가 용감한 자의 뒤를 따르며, 무능한 자가 유능한 자의 뒤를 따르는, 한마디로 태생적으로 열등한 자가 그보다 태생적으로 우월한 자를 인정하고 그에게 복종하는, 그런 이 세상의 경험"에 대한 모욕이라고 공격했다. 이런 판단은 민주 정치의 발흥에 관한 19세기의 고전적 저술에서 영국의 비교법학자인 헨리 제임스 섬너 메인 경이 주장한 내용에 좀 더 강력한 형태로 재등장했다. 메인 경의 결론에 따르면, 만일 영국에서 민주주의가 승리를 거두었더라면 "종교 개혁, 왕조 교체, 비(非)국교파에 대한 관용이 없었을 것이며 심지어 정확한 달력조차 없었을 것"이다. 그는 이렇게 덧붙였다. "탈곡기, 방직 기계, 다축 방적기, 또 어쩌면 증기 기관까지도 금지되었을 것이다."

규칙 6. 민주주의의 역사를 서술한 저술 대부분이 부정적인 어조를 띠고 있다는 사실은 역사가, 정치가 같은 사람들이 기록한 민주주의의 과거에 대한 이야기 속에 힘 있는 자들이 지니는 편견이 상당히 들어 있을 것이라는 점을 확인해준다. 이런 식의 표현은 이상하게 들릴지 모르겠다. 하지만 역사가 우리에게 주는 교훈은, 역사를 입에 올리는 바로 그자들이 우리에게 가르쳐주려는 교훈이 종종 틀린 교훈이라는 점이다. 민주주의 역사가들의 마음속에 민주주의에 대한 반감이 깊게 자리 잡고 있었다는 점을 고려할 때, 진정한 의미의 새로운 민주주의 역사를 쓰기 위해서는 새로운 출발이 필요하다. 우선, 우리는 최초의 민주주의 적대자들이 원래는 최초의 민주주의 친구들이었다고 착각하는 나쁜 버릇이 있는데 이런 버릇에서 벗어나야 한다. 또한 우리는 민주주의자인 것처럼 가장하여 행동하는 사람들, 상황에 따라 일시적으로 민주주의 편을 드는 사람들이 많다는 점도 유념해야 한다. 또 기록으로 남은 역사는 항상 특정한 시간과 장소에서 특정한 목적으로 누군가 남겨 둔 기록이라는 점도 알아야 한다. 그리고 (예를 들어) 대통령 혹은 총리가 민주주의의 역사적 승리에 대해 열변을 토하거나, 평화를 이룩하기 위해 무력을 사용하여 민주주의의 확산을 촉진해야 한다고 열렬하게 주장할 때면, 민주주의에 대한 잘못된 기억과 권력이 상호 작용하여 결국에는 민주주의를 멸망시킬 수도 있다는 점을 명심해야 한다. 바로 이 때문에 이 책《민주주의의 삶과 죽음》은 어려운 질문을 하나 던지는 것이다. 과연 좀 더 민주적으로, 즉 전 세계 곳곳의 많은 경험과 목소리를 포함하는 방식을 사용하여, 민주주의의 과거, 현재, 미래를 기록하는 것이 가능할까? 이 질문에 대한 답변을 대신하여, 이 책은 민주주의의 과거와 현재와 미래에 흥미가 있는 사람들에게 한 가지 경고를 보낸다. 역사라는 것은 종종 살아 있는 자가 죽은 자를 농락하기 위해 온갖 수법을 다 모아서 집어넣은 큰 보따리와 같다. 이 말이 진실이라면, 민주주의를 중요시하고 민주주의의 역사에 관심이 있는 사람이라면 자기 자신의 편견에 도전할 준비가 되어 있어야 하는 것이다. 속임수에 의문을 제기하고, 대담하고 낯선 추측에 마음을 열고, 민주주의 역사에 민주주의를 적용해야 한다는 필요성을 인정해야 한다. 우선 이들이 취해야 할 행동은, 과거의 어떤 사건과 제도와 사람들이 민주주의 발전에 확실한 공헌을 했는데도, 승자의 정의(正義)대로 그 역할이 경시되고 잊히고, 그다음에는 적대자들의 손에 의해 과거라는 깊은 구멍 속에 파묻혀버렸을 경우, 그 사건과 제도와 사람들에게 투표권을 부여하는 행동이다.

마지막 규칙 7. 민주주의의 과거, 현재, 미래를 이해하는 과업은 끝이 없는 여행이다. 새로운 증거, 예상 못한 사건, 그리고 민주주의를 새롭게 생각하는 사람들이 제시하는, 역사에 대한 다른 해석과 다른 방식에 의해 수정 작업이 영원히 계속되는 그런 머나먼 여행길이다. 이런 관점에서 볼 때, 민주주의에 대한 '거대 이론'을 추구하는 것은 바람직하지 않을 뿐 아니라 불가능하며, 민주주의가 지닌 놀라운 유동성과 충돌하는 작업이다. 여러 언어로 된 자료를 널리 읽어 가는 과정에서 나는 견해의 변화를 경험했다. 나의 견해는 또한 수백 명의 사람과 접촉하는 과정을 통해 형성되었고 또 큰 변화를 겪기도 했다. 그들 가운데 일부는, 자신의 안전이나 그들이 사랑하는 사람들의 안전을 위해, 이름을 밝히지 말아 달라고 나에게 요청했다. 그들은 모두 충분히 대화를 나눌 시간을 내게 할애해주었으며, 어떤 이들은 문건을 보여주기도 했고 특정한 장소로 나를 안내하기도 했으며 사진을 보내주기도 했고 내가 흥미를 느낄지 모른다며 어떤 정보나 특정한 의견을 이메일로 보내주기도 했다. 또 어떤 이들은 내가 쓴 원고를 검토해주었으며, 내가 세운 논리에 의문을 제기하기도 했고, 새로운 이야기와 세부 사항과 문제 해결의 실마리를 제공함으로써 자료를 해석하는 독특한 방식을 제안하기도 했다. 어떤 이들의 조언은 너무도 확고해서 내가 이 책 전체의 방향을 다시 한 번 근본적으로 검토해보도록 했다. 그 모든 이들에게 감사를 표하고 싶다.

이 책을 집필하는 데 전체적인 해석의 틀과 관련해 큰 도움을 주신 분들은 다음과 같다.[*] Frank Ankersmit, Wim Blockmans, Robert Dahl, Ralf Dahrendorf, Francis Fukuyama, Paul Ginsborg, John Hirst, Eric Hobsbawm, Jürgen Kocka, Thomas Koelble, Enrique Krauze, Martin C. M. Lee QC,[*] Christine Loh, Wolfgang Merkel, Ashis Nandy, Bhikhu Parekh, Milan Podunavac, 고(故) Richard Rorty, Pierre Rosanvallon, Hilda Sabato, Michael Schudson, Abdolkarim Soroush, 고(故) Charles Tilly, Sheldon Wolin. 다음은 고전 시기 아테네의 회의체 민주주의의 중요성을 어떻게 평가할 것인가와 관련해 자료와 조언을 제공하여 내게 큰 도움을 주신 분들이다. Lesley Beaumont, Rick Benitez, Alastair Blanshard, John McK. Camp, Jan Jordan, Julia Kindt, Christian Meier, Josiah Ober, Chronis Papanikolopoulos, David Pritchard, Alan Shapiro. 그리고 다음 기관에 근무하는 직원들도 이 방면에 큰 도움을 주었다. The American School of Classical Studies at Athens, The British School at Athens, The Benaki Museum. 다음은 아테네 이전과 이후 시기에 있던 고대의 회의체들과 그 밖의 권력 공유 제도들을 이해하는 데 큰 도움을 주신 분들이다. Hossein Aabedi, Abdelwahab el-Affendi, Fariba Afkari, Shmuel Eisenstadt, Sheikh Muhammad Husayn Fadlallah, Aminullah Habibi, Tom Hillard, Benjamin Isakhan, Engin Isin, Mandana Karami, Samir Khalaf, Marc Van De Mieroop, Reza Mostofi, Dariush Poor, Eric W. Robinson, Mohammad Samiei, Kenneth Sheedy. 그리고 다음 기관에 근무하는 직원들도 이 방면에 큰 도움을 주었다. The Australian Centre for Ancient Numismatic Studies at Macquarie University, The Malek Library, The National Museum of the Islamic Republic of Iran, Tehran.

유럽 대의 민주주의의 기원에 대해 색다르게 기록하는 나의 실험에 도움을 주

---

[*] 아래에 거명되는 인물과 기관의 이름은 저본에 나온 영문 표기를 그대로 옮겨놓았다. 단 중국인과 일본인의 경우에는 한자 표기도 병기했다.

[*] QC 'Queen's Counsel'의 머리글자를 딴 것인데, 영국 여왕이 특히 경륜이 있는 인물이라고 공식적으로 인정한 법률가를 가리킨다.

신 분들은 다음과 같다. Renger de Bruin, Ignacio González Casasnovas, Richard Cust, Goyita Cavero Domínguez, Burhanettin Duran, Javier Miguélez García, Dariusz Gawin, Martin van Gelderen, Jan Jerschina, Marcin Król, Ramón Máiz, Laura Miguelez, 고(故) Jaroslav Jan Pelikan, Gerhard Ritter, Michael Saward, Orhan Silier, Quentin Skinner, Max Stackhouse, Will Storrar, Nadia Urbinati, Mark Warren. 이 분야에서 다음 기관들에 근무하는 문서 보관소 직원들과 도서관 직원들께도 감사드린다. The Bibliothèque Royale de Belgique, Biblioteca Nacional in Madrid, Archivo Nacional de Madrid, The Hamburg Staatsarchiv, The Kunstsammlungen der Veste in Coburg, The Musée des Beaux Arts in Brussels, The Museum Boijmans Van Beuningen in Rotterdam, The National Library of the Netherlands, The Palau de la Generalitat in Valencia, The University of Edinburgh Library.

다음은 내가 미국의 대의 민주주의 실험을 이해하는 데 도움이 된 조언과 자료를 제공해준 분들이다. Benjamin Barber, Paul Berman, Michael Edwards, Holly E. Geist, Alexander Keyssar, James Miller, Earl Taylor, Sean Wilentz. 다음 기관의 직원들도 큰 도움을 주었다. The American Philosophical Society Library, The Dorchester Historical Society, The Library of Congress, The New York Public Library, The Oregon Historical Society, The Wyoming State Archives. 특히 이스파노아메리카 지역과 브라질에 관련하여 도움을 준 분들은 다음과 같다. Waldo Ansaldi, Gabriela Cerruti, Inés Cuadro, Carlos Demasi, Ana Frega, Cristina Puga, Cristóbal Rovira Kaltwasser, José Nun, Juan Rial, Ana Ribeiro, Ana Maria Rodríguez, Philippe Schmitter, Alfred Stepan, Milton Tosto. 다음 기관에서도 친절하게 협조해주었다. The Biblioteca Nacional in Madrid and The Biblioteca Nacional de Venezuela.

18세기와 19세기에 유럽과 그 식민지에서 대의 민주주의가 겪었던 행운과 불운에 관하여 세계 곳곳의 많은 분이 전문가적 내용을 소개하고 알려주었다. 큰 도움을 준 분들은 다음과 같다. Peter Brent, David Bridges, Lea Gardam, Geoffrey Hawker, Malcom Lehman, Michael Mann, Jenni Newton-Farrelly, Mandy Paul, David Pegram, Victor Pérez-Díaz, Paul Pickering, Marian Sawer, Gerald Stourzh, Douglas Verney, Charles Vincent, Judith Vincent, Hiroshi Watanabe(渡辺浩). 많은 기관이 나를 난관에서 구해주었는데, 그 가운데에는 다음 기관의 직

원들이 있다. The Australian National Library, The Bibliothèque nationale de France in Paris, The British Library, The Library and Archives of Canada, Old Parliament House in Canberra, The Parliament of South Australia, The South Australian Museum, The Staatliche Graphische Sammlung in Munich, The State Library of New South Wales. 인도 바니안 민주주의의 세계를 통과하는 나의 모험에 도움을 준 분들은 다음과 같다. Vivek K. Agnihotri, Rajeev Bhargava, Kunal Chakrabarti, Neera Chandhoke, Peter Ronald deSouza, Francine R. Frankel, Ramachandra Guha, Niraja G. Jayal, Sudipta Kaviraj, Rajni Kothari, Sateesh Kumar, T. N. Madan, Vandita Mishra, Bishnu N. Mohapatra, Ashis Nandy, Vijay Pratap, Shalini Randeria, Ash Narain Roy, Amartya Sen, Yogendra Yadav. 뉴델리에 있는 여러 기관들의 직원들에게도 감사를 드린다. 특히 감사를 표할 기관은 다음과 같다. The Nehru Memorial Museum and Library, The Parliament Library, The Lok Sabha Secretariat.

파수꾼 민주주의의 역사와 현재의 모습을 이해하려는 나의 노력에 큰 격려를 보내주신 분들은 다음과 같다. Usep Abdulmatin, Azyumardi Azra, Patrick Burke, 고(故) James Carey, Shin Chiba(千葉眞), John Clarke, Robert Cooper, Mario Di Paolantonio, Alpaslan Durmu, Mustafa Ercan, Stephan Feuchtwang, Mark Harrison, Brian Head, H. H. Michael Hsiao, David Huang, Ronald Inglehart, Takashi Inoguchi(猪口孝), Clara Joewono, Elihu Katz. 같은 주제에 관련하여 큰 도움을 주신 분들은 다음과 같다. Joseph Ketan, Hans-Dieter Klingemann, Lin Lihyun(林麗雲), Christine L. Lin, Gavin McCormack, Adam Michnik, Ferenc Miszlivetz, Godfrey Mwampembwa(Gado), Janet Newman, Kenneth Newton, Kaarle Nordenstreng, Wally Olins, Haig Patapan, Vukašin Pavlovi, Ben Reilly, Roland Rich, Felix Schoeber, Atsushi Sugita, David Steward, Lütfi Sunar, Nobuhiko Suto, Georg Thurn, Emílio Rui Vilar, Peter Wagner, Wimar Witoelar, Rwei-Ren Wu(吳叡人), Ryusaku Yamada(山田竜作). 21세기가 제기하는 도전에 대한 나의 생각을 형성하는 데 도움을 주신 분들은 다음과 같다. Abdou Filali-Ansouri, Samanta Casareto, Gloria Davies, Michael Davies, Tony Ehrenreich, Graeme Gill, Marlies Glasius, Paul Graham, Lucas Guagnini, Sa'eed Hajjarian, Paul 't Hart, Christopher Hobson, Shiao Jiang(小江), Wang Juntao(王軍濤), John Kane, Gilles Kepel, Ben Kiernan, I-Chung Lai(賴怡忠), Yang Lian(楊煉),

Claus Offe, Nnanyere Chukwu Ogo, Pablo Palomino, Sven Reichardt, Dieter Rucht, Abdulaziz Sachedina, Peter Sloterdijk, Jusuf Wanandi, Syd Wang, Luo Wen-chia(羅文嘉), Michael Zürn. 민주주의의 장점과 단점을 다시 생각해보아야 하는 급박한 필요성에 대해 나에게 조언과 따뜻한 격려를 해준 분들은 다음과 같다. Derek Butler, John Dryzek, Robert Goodin, Dieter Grimm, Nader Hashemi, Mohsen Kadivar, Patrizia Nanz, Ali Paya, Charles Taylor.

다음 몇몇 기관이 재정적으로 큰 도움을 주지 않았다면 이 책은 완성하지 못했을 것이다. The Calouste Gulbenkian Foundation, The European Science Foundation, The Ford Foundation, The Leverhulme Trust, The University of Sydney, The University of Westminster and The Wissenschaftszentrum Berlin für Sozialforschung(WZB). 연구비 지원 계약을 훌륭하게 처리해준 데 감사를 드려야 할 분들은 다음과 같다. Heinrich Bassler, Cameron Thomson. 다음 분들은 세계적 수준의 편집인이라는 명성에 걸맞은 작업을 해주셨다. Maria Cifuentes de Castro, Andrew Gordon, Mike Jones, Robert Weil. 이들이 인내심 있게 지지해준 것, 원고와 관련하여 여러 차례 유용한 조언을 해준 것, 이 책을 출판하는 과정에서 어려움이 닥쳤을 때도 나를 끝까지 지지해준 데 진심으로 감사한다. 출판 관련 사안에 도움과 조언을 준 데 대해 나는 다음 분들에게 감사를 드리고 싶다. Terence Wong-Lane, Louisa Pritchard, Rory Scarfe, Lucas Wittmann. 그리고 '사이먼 앤드 슈스터' 사의 Katherine Stanton은 뛰어난 평정심과 사려와 전문적 기술을 발휘해 이 책의 디자인과 출간 일정을 관리했다. David Daniels와 Daniel Leighton은 이 책의 초기 원고를 몇 번이나 읽고 수백 번이나 훌륭하고 현명한 논평을 해주었다. 그들에게 특별히 감사를 드린다. Nicholas Dimotakis와 Giovanni Navarria는 이 책에 실린 그림과 사진에 관련하여 매우 큰 도움을 주었다. Sue Phillpott는 매우 세밀하게 교정지를 검토해주었다. Douglas Matthews는 끈기와 기술을 발휘하여 색인 작업을 해주었다. 나의 원고 정리를 담당했던 Richard Collins는 압박을 받는 상황에서도 놀라운 성과를 보여주었고, 내 문장이 지나치게 화려하다는 문제부터 역사적 해석의 문제에 이르는 사안을 다루는 데까지 이 방면에서는 그와 겨룰 사람이 없음을 보여주었다. 지난 10년 동안 많은 연구자들이 내가 전혀 모르는 주제에 관하여 짧지만 매우 중요한 의미가 담긴 보고서들을 나에게 제공해주었다. 다음 분들에게 특별히 감사를 드린다. Agnes Arndt, Javier Arribas-Gómez, Baykal Binay, Ravindra Karnena, Joanna Llorente, David Mervart, Giovanni Navarria,

Tina Olteanu, Brenda Suchi, Djordje Pavicevi. 웨스트민스터 대학 '민주주의 연구 센터(The Center for the Study of Democracy)'의 Maria Fotou는 뛰어난 연구원 이상의 역할을 했다. 이 책을 위한 연구와 집필 과정 중 많은 시간 동안 그녀는 부지런하게 그리고 대단한 지성을 발휘하면서 내가 연구 전략을 수립하는 데 도움을 주었으며, 수십 개의 주제에 관한 논평 자료를 작성해주었다. 여러 언어로 된 출간물을 수집하고 번역했고 그림 자료를 구하기 위해 널리 조사했으며, 대단한 열정과 기술과 외교적 능력을 발휘하여 남극을 제외한 모든 대륙에 있는 수백 명의 사람들과 연락하는 일을 성공적으로 수행했다. 내가 지나친 일을 하면 나를 교정해주었으며, 내가 낙담해 있을 때면 나의 기운을 북돋워주었고 나의 주제에 대해서 재고를 거듭하도록 이끌어준 것에 대해 뜨거운 감사를 보낸다.

이 책을 내 인생에서 가장 사랑하는 두 사람에게 바친다. 이 활기차고 젊은 두 시민은 민주주의에 대해서 그들이 그때 생각했던 것보다 훨씬 더 많은 것을 스스로 직접 본을 보임으로써 나를 가르쳤다. Alice Keane과 George Keane이 그들이다.

프롤로그

1) 당시 리비아 지역의 농업 도시국가 키레네에서 지주 귀족층 내부에 전쟁과 권력 투쟁이 벌어지고 있었다는 점, 바투스 3세의 폭정, 데모낙스가 '중재 재판관' 혹은 '조정자' 역할을 하면서 이 도시국가의 행정 단위를 재조직함으로써 가난한 시민들에게 권리를 부여했다는 점 등에 대해서는 단편적 증거들밖에 없다. 그런 증거 가운데 가장 자세한 묘사는 헤로도토스가 쓴 *The Histories*(George Rawlinson 번역, London, 1958) 제4권에 기록되어 있다. 그 내용을 소개한다. "이런 이유로 키레네 사람들이 요청했고 그 요청을 받은 만티네아 사람들은 데모낙스라는 인물을 키레네 사람들에게 보내주었다. 데모낙스는 만티네아 시민들 사이에서 명성이 높았다. 키레네에 도착한 데모낙스는 우선 모든 상황을 자세히 알아본 다음, 사람들을 세 집단으로 나누어 등록하게 했다. 첫 번째 집단에는 테라 사람들과 그들이 거느리는 봉신들, 두 번째 집단에는 펠로폰네소스 사람들과 크레타 사람들, 세 번째 집단에는 그 밖의 다양한 섬 주민들을 등록했다. 이 밖에 데모낙스는 바투스 왕이 보유하고 있던 여러 특권들을 박탈했으며 왕에게는 약간의 성스러운 토지와 직책만을 남겨 두었다. 데모낙스는 또한 이제까지 왕이 행사하던 모든 권한을 전부 보통 사람들 손에 넘겨주었다."(제4권, pp. 159~162)

2) 정대화, '낙천·낙선 운동의 전개 과정과 정치적 의미', 《4·13 총선 – 캠페인 사례 연구와 쟁점 분석》(서울, 2000).

3) Robert Dahl, *On Democracy* (New Haven and London, 1998), pp. 14~15. 같은 편견이지만 좀 더 극명하게 표현된 것을 보려면 다음 자료를 보라. James Bryce, *Modern Democracies* (New York, 1921), vol. 1, pp. 26~27. "로마 공화정이 무너지면서 '민주정' 제도는 고대 세계에서 종말을 맞았다. 특정 지역에 국한된 자치 정부는 여러 도시에서 수 세대 동안 지속되었지만 그것도 과두정 형태였으며 결국에는 사라지고 말았다. 아우구스투스 때부터 투르크족이 콘스탄티노플을 정복한 때까지 거의 15세기에 가까운 시기 동안 한 번도 …… 자유 정부를 복구하려는 진지한 시도가 없었으며 심지어 국가의 전제적 최고 통치자를 선출하는 규칙적인 헌정 제도를 고안해내려는 시도도 없었다."

4) Marquis d'Argenson, *Considérations sur le gouvernement ancien et présent de la France* (Amsterdam, 1756, pp. 7~8)

5) 다음 자료를 보라. Freedom House report, *Democracy's Century. A Survey of Global Political Change in the 20th Century* (New York, 1999).

6) Tyler Marshall and Norman Kempster, 'Albright Announces "Democracy Club" Plan As One of Her Final Goals', *Los Angeles Times* (18 January 1999).

7) 이런 현상은 오래전부터 존재했다. 1980년에 사다트 대통령의 두 번째 임기 종료가 다가오자, 이집트 헌법이 개정되었다. 횟수 제한 없이 대통령직에 계속 당선되는 것을 허용하는 개정이었다.(이 개정 작업이 따른 원칙은 아마도 독재자의 영원불멸성이라고 이름 붙일 수 있을 것 같다.) 개정 작업에 대한 정부의 공식 설명은 완벽하게 '민주적'이었다. "사다트 대통령의 임기 시작은 헌법이 선포되기 이전이었지만, 헌법 제190조와 제77조에 따르면 대통령의 임기는 1983년 11월에 종료되는 것으로 정해져 있다. 현행 조항을 따르게 되면 발생하게 되는 이러한 결과는, 우리 사회가 수호하려 하고 더욱 강력하게 만들려는 민주주의 원칙에 위배된다. …… 더 중요한 측면을 지적하자면, 이집트의 강건한 국민은 온 마음과 정신과 영혼을 다해 이러한 결과를 거부하고 있다." (United Nations Development Programme, *The Arab Human Development Report 2004. Towards Freedom in the Arab World* (New York, 2005), p. 167에서 인용.) 좀 더 최근 사례는 중국의 후진타오 국가 주석의 발언에서 볼

수 있다. (*The Weekend Australian* (Sydney), 25~26 October 2003, pp. 10~11에 보도됨.) "민주주의는 인류가 공통으로 추구하는 것입니다. 따라서 모든 나라는 반드시 인민의 민주적 권리를 충실하게 보호해야 합니다. 중국이 개혁과 개방의 길로 들어서고 20년이 넘는 지난 시간 동안, 우리는 정치 개혁을 추진하고 사회주의 아래 민주 정치를 강력하게 건설하기 위해 줄기차게 노력해 왔습니다." 그리고 카다피 대령이 보여준 웃지 못할 일화도 있다. 2004년 카다피는 자신이 평소에 즐겨 이용하는 업무용 텐트 안에서 영국 총리 토니 블레어를 만나, 리비아도 민주주의 국가라고 말했다고 한다. 그는 손가락을 들어 공중에 동그라미 하나를 그렸다. "이것은 국민입니다. [그는 그 동그라미의 중심에 가상의 점을 하나 찍었다.] 여기에 내가 있습니다. 나는 국민의 표현입니다. 이것이 리비아 민주주의에 정당이 필요하지 않은 이유입니다."

1장 아테네

1) Christian Meier, *Athen: Ein Neubeginn der Weltgeschichte* (Berlin, 1993), pp. 63, 68~87.

2) Aristotle, *Politics* 1278b 9~14.

3) 페이시스트라토스 타도 이전에 '온건한' 아테네 민주정이 존재했다는 것, 그리고 그 민주정은 테세우스에서 기원한 것이라는 주장이 아테네 민주정이 지속되던 내내 반복해서 제기되었다. Isocrates, *Encomium of Helen*, 32~77, and *Panathenaicus*, 126~129을 보라.(이 저술은 기원전 340년경에 쓰였다.) 여기에는 테세우스의 민주정이 1천 년 동안이나 지속되었으며, 그 민주정의 끝에 솔론의 시대가 열리고 페이시스트라토스의 참주정이 실시되었다고 쓰여 있다.

4) Christian Meier, *Athen: Ein Neubeginn der Weltgeschichte*, p. 217에서 인용.

5) Andocides, *On the Mysteries* (Austin, 1998), 1: 96.

6) Pindar, *The Odes*, Fr. 75; 다음 시구와 비교해서 보라. the ode *Pythian*. VIII.95: "사람의 생은 하루에 불과하다. 사람은 무엇일까?/ 사람은 무엇이 아닐까? 꿈에 보이는 그림자 하나/ 그것이 사람이다. 그렇지만 신이 밝은 빛을 내려줄 때/ 지상의 생명은 밝게 빛나며/ 생은 벌꿀처럼 달콤해진다."

7) Xenophon, *Oeconomicus*, 7.30.

8) 기록으로 남아 있는 한 가지 예를 든다. 기원전 333년과 332년 사이의 어느 때에, '데모스'는 불레의 주민들에게 존경을 표했다. 불레의 주민들은 이에 화답하여 '데모크라티아'에게 바치는 석상을 세웠다. J. Kirchner, *Athenische Mitteilungen*, vol. 29 (1904), p. 250을 보라. 뒤에 이어지는 문단의 내용은 2003년 2월 10일 아테네에서 내가 John McK. Camp 교수와 나눈 대화를 토대로 한 것이다.

9) *Pausinias's Description of Greece*, J. G. Frazer (ed.), vol. 1 (London, 1913), book 1, chapter 17, section 1.

10) Plato, *Republic*, 563b; Pseudo-Xenophon, *Constitution of the Athenians*, 1.10~2.

11) Lysias, *For the Invalid*, 24.20.

12) Eubulus, *Rich Woman*를 인용한 *The Deipnosophists, or Banquet of the Learned of Athenaeus* (London, 1854), vol. 3, book xiv, section 46, p. 1023.

13) Plutarch, *Themistocles*, chapter 19. section 4.

14) Mabel Lang, *The Athenian Citizen* (Princeton, NJ, 1987), p. 12에서 인용.

15) Plato, *Republic*, 557b and 492b~c.

16) Aristophanes, *Knights*, 1063~1086. 이 신랄한 풍자극은 기원전 424년에 상연되었는데, 젊은 귀족들(이들이 '기사들'이다)의 합창이 이 연극의 중심 요소이다. 소시지 상인인 아고라크리토스는 데모스를 마음대로 조종하려고 하는데, 그러려면 데모스의 관리인인 파플라고니아 출신의 노예 클레온과 겨루어 이겨야 했다. 젊은 귀족들은 소시지 상인 편이었다. 데모스를 조종할 힘을 놓고 거칠게 경쟁하던 두 사람은 아첨하기도 하고 그리스식으로 선물 공세를 펼치기도 한다. 두 사람은 데모스를 '참주'이며 '땅 위에서 유일한 통치자'라고 칭찬했고 또 갓 잡은 토끼와 값싼 생선부터 프닉스의 돌 의자를 푹신하게 할 방석까지 온갖 선물을 주었다. 데모스는 이런 두 사람의 술수에 흡족해한다. 아리스토파네스

는 이 연극의 대부분 장면에서 데모스를 어리석으면서 동시에 세상 모든 것을 정확히 알고 있다는 고집에 사로잡힌, 오만한 무뢰한으로 그렸다.

17) Jean-Jacques Rousseau, *Du contrat social ou principes du droit politique* (Paris, 1973 [1762]), book 3, chapter 15, p. 168.

18) 아테네에 존재했던 민주정과 '근대'의 여러 민주정 사이에 이렇게 놀라운 연결점이 있는 반면 표현상의 차이점도 있다는 것을 좀 더 잘 이해하려면, 19세기에 널리 읽혔던 브로엄 경(Lord Brougham)의 대의 제도에 관한 설명을 읽어보는 것이 도움이 될 것이다. "대의 제도의 핵심은 다음과 같다. 시민의 권력이 시민으로부터 분리되어 제한된 시간 동안 시민이 선출한 대리인에게 양도되며, 그 대리인은 만일 이런 양도 행위가 없었더라면 시민이 스스로 수행했을 통치를 수행하는 것이다." (in *Works* (Glasgow, 1860), vol. 2, pp. 35~36).

19) 500인회는 (앞서 언급한 대로) 클레이스테네스 시대에 만들어졌다. 민주정 시대에 들어와, 이 기관은 '시민 평의원'으로 구성되었으며 아고라의 서쪽에 있는 직사각형 모양의 '평의회 회관'에서 모였다.(현재 고고학자들은 이 건물을 새로운 불레우테리온bouleuterion이라고 부른다.) 이 건물은 기원전 415년에서 기원전 406년 사이에 지어졌는데 이 건물이 과거의 평의회 회관을 대체하면서 옛 건물은 시의 문서 보관소로 쓰였다. 500인회는 시의 10개 부족에서 50명씩 선출한 약 500명의 인원으로 구성되었으며 이들은 축제 날을 제외하고 일 년 내내 매일 모였다. 구성원들의 임기는 1년으로 제한되었다. 집회 장소의 주변 벽에는 많은 그림과 조각품이 설치되어 있었는데 그 가운데는 리손(Lyson)이 나무를 새겨 만든 데모스의 형상도 있었다고 한다. 평의회 구성원들은 이런 예술 작품에 둘러싸여, 반원 모양으로 놓인 긴 의자에 앉아서 집회를 열었다고 한다. (*Pausanias's Description of Greece*, translated by J. G. Frazer, book 1, chapter 3, section 5, at p. 5). 이들의 직무는 입법 제안을 구상하고 이에 관하여 합의하는 것이었다. 이 시민 평의원들은 근대적 의미의 의회 대의원이 아니었다. 왜냐하면 이들에게는 법률을 제정하거나 개정하는 권한이 없었기 때문이다. 정부 업무에서 이 평의원들이 하는 일은 오늘날 조정위원회(steering group)나 감독 간부(supervisory executive)가 하는 일과 유사했다. 업무는 24시간 진행되었다. 500인회는 일정 수의 시민들에게 일정한 기간 동안은 자신의 모든 시간을 온전히 정치에 바치는 정치적 동물이 되어주기를 요구했던 것이다. 아테네의 시민들이 즐겨 말했듯이, 아테네 민주정의 특별한 성격은 그 누구도 개인적으로 아테네 민주정의 여러 제도를 소유하지 않는다는 점이었다. 정치에 사용되는 모든 수단은 공적으로 소유되고 관리되었다. 한편, 이런 원칙이 있었기에 상시적인 감시 체제가 필요하게 되었다. "민주정이 전복된 이후 이 도시에서 공직을 맡는 사람은 죽임을 당할 것이며 이때 그를 죽인 사람에게는 죄를 묻지 않는다."라는 문구가 새겨진 비석이 이 500인회 건물 앞에 세워져 있었다. 이렇듯 감시를 위해 밤과 낮을 가리지 않고 일 년 내내 한 무리의 평의원들이 정부의 업무를 감시했다. 프리타네이스(prytaneis)라고 불렸던 이 상근 평의원들은 500인의 평의원 가운데 돌아가면서 선출되었다. 이 소그룹은 50명이었으며 나이는 30세 이상이었고 한 부족에서 모두 선출되었다. 이들은 직무 수행에 대한 보상을 받았다. 상근 평의원들은 매일 정부 운영을 감독할 책무가 있었으며 또한 시의 내부나 바깥에서 어떤 특이한 사안이 벌어지면 이를 처리할 책무가 있었다. 이 평의원들은 1년의 10분의 1에 해당하는 기간 동안 일했다.(1년의 10분의 1의 기간을 그리스어로 '프리타니prytany'라고 했다) 그러니까 이들은 35일이나 36일을 근무했는데 이들의 3분의 1은 밤새워 일했다. 즉 아테네가 잠자는 동안, 이들은 자지 않고 감시했던 것이다.

20) Plutarch, *Solon*, 18.2.

21) 다몬의 아버지 다모니데스(Damonides)는 오아 데메(Oa deme)의 아테네인이었다.('데메'에 관해서는 28번 주석을 보라.) 다몬은 아가토클레스(Agathocles)에게 음악 훈련을 받았다. 다몬은 페리클레스에게 상당한 영향력을 끼쳤는데, 배심원들에게 공적 자금으로 수당을 지급해야 한다고 그를 설득했다고 한다. 특히 기원전 460년 이후 다몬은 공적인 일에서 많은 요구를 했다. 다몬은, 음악과 정치는 밀접한 관련이 있으며, 음악은 훌륭한 시민을 양성하는 데 필수적이라고 주장한 것으로 유명하다. 그는 음악을 경험함으로써, 예를 들어 하프 연주나 노래 부르기를 통해 갖가지 감정을 가라앉히거나 불러일으

킬 수 있다고 주장했다. 또한 그는 음악을 통해 정의감, 용기, 자제력 같은 정치에 필요한 핵심적 덕목을 사람들에게 심어줄 수 있다고 믿었다. 이런 논리에 따라, 다몬은 배심원 봉사에 대한 보상 지급을 시민들 사이에 분위기 변화를 가져오기 위한 새로운 화음이나 악보를 연주하는 것에 비유했다. 다몬은 페리클레스와 친밀한 사이라는 점과 민회에서 큰 인기를 누렸다는 점 때문에 기원전 445년경에 도편 추방을 당했다. 자세한 내용은 다음 자료를 참고하라. Diels, *Die Fragmente der Vorsokratiker*, 6th edn, edited by W. Kranz (Berlin, 1951-1952), 37 B4, 6, 10; and Aristotle, *The Constitution of Athens*, 27.4.

22) Aristotle, *Nichomachean Ethics*, 1130b~1132b. 이 책에서 아리스토텔레스는 '수량적 평등'을 '비례적 평등'과 비교하였다. '비례적 평등'이란 어떤 중요한 점에서는 평등하지만 또 다른 점에서는 평등하지 않은 사람들 사이에 존재하는 평등한 대우를 가리킨다. 그는 또한 *Politics* 1301a 26~39에서 평등, 민주정, 과두정을 다루었다. "이제까지 발생했던 여러 정부 형태에는 언제나 ─ 비록 인류가 아직 달성하지는 못했지만 ─ 정의와 비례적 평등을 인정하는 신념이 존재했다. …… 예를 들면, 민주정은 어떤 면에서 평등한 사람들은 모든 면에서 평등하며, 사람은 모두 평등하게 자유로우므로 절대적인 평등을 주장할 수 있다는 생각에서 출발했다. 한편 과두정은 한 가지 면에서 우월한 사람은 모든 면에서 우월하므로, 재산 소유에서 우월한 위치에 있는 사람들은 자신들이 절대적으로 우월하다고 생각하는 데서 출발했다. 민주정 옹호자들은 자신들은 평등하므로 모든 면에서 평등해야 한다고 생각한다. 반면 과두정 지지자들은 자신들이 우월하다고 생각하기 때문에 너무나 많은 것을 요구하며, 그런 요구는 다시 또 다른 형태의 불평등이 된다. 이 모든 정부 형태는 나름대로 정의를 지니고 있다. 하지만 절대적인 기준에 따라 평가한다면 모두 결함이 있다. 그렇기 때문에 양측 모두 만일 그들이 현 정부에서 차지하는 몫이 그들의 기존 관념에 맞지 않는다고 여겨질 때면 혁명을 촉구한다." 아리스토텔레스는 이 같은 보편적 두 형태에 반대하여, 최선의 정치 체제는 두 유형의 평등이 모두 중시되는 혼합형 정치 체제라고 주장했다. (ibid., 1302a 3~15) "국가가 둘[즉 수량적 평등과 비례적 평등] 중에 한 종류의 평등에 단순하게 전적으로 기반을 두고 질서를 잡는 것은 좋지 않다. 그런 종류의 정부 형태가 절대로 오래 지속될 수 없다는 사실이 그 증거이다. 그런 국가들은 처음부터 실수 위에 자리 잡은 것이며 이렇게 처음부터 잘못되었기 때문에 마지막 역시 나쁜 모습이 될 수밖에 없다. 결국 두 종류의 평등이 모두 적용되어야 한다. 경우에 따라 수량적 평등과 비례적 평등이 적용되어야 하는 것이다. 하지만 과두정에 비한다면 그래도 민주정이 더 안전하고, 혁명에 쉽게 무너질 가능성이 적어 보인다. 과두정 내부에는 이중의 위험이 존재한다. 과두정 지배자들이 자기들끼리 충돌할 위험이 있으며, 과두정 지배자들과 시민들이 서로 충돌할 위험도 있다. 하지만 민주정의 경우에는 오로지 과두정 지배자들과 격돌할 위험만이 있을 뿐이다. 시민들 사이에는 특별하게 언급할 만한 불화가 발생하지 않는다. 또한 우리는 다음 사항을 지적할 수 있다. 즉, 중간 계급으로 구성된 정부는 과두정보다 민주정에 더 가까우며, 이런 정부가 불완전한 여러 정부 형태들 중에서 그나마 가장 안전한 정부 형태라는 점이다."

23) Sophocles, *Ajax* (c. 450 BC): "그 무엇도 예측에서 벗어날 수 없다. 이 세상의 법칙은 변화 그 자체이다. 항상 새로운 승자가 있다. 겨울은 여름에게 자리를 양보하며, 밤은 낮에게 그 자리를 양보하고, 신음하는 바다에 폭풍이 분다 해도 결국에는 평화가 돌아온다. 아무리 강력한 잠이라 해도 결국에는 잠이 묶어 두었던 것을 풀어주게 마련이다. 잠이 끝없이 지배할 수는 없기 때문이다."

24) 이 언급은 다음 자료에 복원되어 있다. Plato, *Theaetetus*, section 152a; and Sextus Empiricus, *Adversus Mathematicus*, 7.60.

25) Euripides, *Ion*, 855~857.

26) 좀 더 전통적인 해석들은 다음 자료들을 보라. Christian Meier, *Entstehung des Begriff 'Demokratia'* (Frankfurt, 1970), pp. 44ff; Jochen Bleicken, *Die athenische Demokratie* (Paderborn, 1985), p. 48; Peter J. Rhodes, *A Commentary on the Aristotelian Athenian Politeia* (Oxford, 1981), p. 261; Richard Sealey, 'The Origins of Demokratia', *California Studies in Classical Antiquity* (1974), pp. 253~295; and Kurt Raaflaub, 'Zum Freiheitsbegriffe im alten Griechenland',

in *Soziale Typenbegriffe im alten Griechenland* (Berlin, 1981), pp. 266~267, note 694.

27) '데모크라테스'에 관한 더 자세한 내용은 다음 자료를 보라. John Davies, *Athenian Propertied Families, 600-300 BC* (Oxford, 1971), pp. 359~360; and Mogens Herman Hansen, 'The origin of the term démokratia', *Liverpool Classical Monthly* (1986), pp. 35~36.

28) 민주정 시대에 재정비된 아테네의 데메(deme) 시스템은 복잡해서 요약하기가 쉽지 않다. 기원전 508년과 기원전 507년에 걸쳐 민주정으로 이행이 시작되었을 때, 클레이스테네스는 기존에 아티카 지역에 존재하던 옛 이오니아 부족들을 해체하라고 지시했다.(다음을 보라. Herodotus, 5.69 and Aristotles, *Constitution of Athens*, 21.2~6). 클레이스테네스와 그의 동료들은 민주정이 새로 자리를 잡으려면 종래의 지연, 혈연, 토지 소유에 뿌리박혀 있는 족벌을 기반으로 한 후견-피후견 관계를 타파해야 한다고 생각했던 것이다. 부족 체제를 강제로 재정비하는 사업이 시작되었다. 예를 들어, 과거에는 어떤 아테네 사람을 지칭할 때 '데모스테네스의 아들, 데모카레스'라고 했다면, 이제 '마라톤 데메의 데모카레스'라고 부르는 식으로 데메 명칭을 사용하도록 권장했다. 이런 식으로 강제로 부족 체제를 변화시킴으로써 해당 지역의 전통적 귀족 가문의 장악력을 약화하려 했다. 이러한 귀족 가문들은 아티카 반도의 각 지역에 대한 통제력을 기반으로 하고 있었기 때문에 개혁자들은 각 개인의 신분을 규정하는 방식을 새롭게 만들었던 것이다. 아테네와 그 영향권 안에 있던 주변 지역은 아티카 반도에 자리 잡고 있었는데, 우선 아티카 반도 전체를 크게 3개의 지리적 영역으로 나누었다. 도시 영역, 해안 영역, 내륙 농촌 영역으로 나눈 것이다. 다시 각 영역은 10개의 '행정 구역'으로 나누었고 각 '행정 구역'은 다시 3개의 데메로 나누었다.(예를 들면, 아테네 도시 영역 내의 데메 하나, 해안 영역에서 데메 하나, 내륙 영역에서 데메 하나가 모여서 '행정 구역' 하나를 형성하는 것이며 이때 이 세 데메를 각각 '3분의 1'이라고 부르기도 했다.) 따라서 데메는 가장 작은 행정 단위가 되었으며, 공동 재산 관리, 출생과 결혼과 사망을 공적으로 기념하는 업무, 종교 의식과 축제 조직, 민회 참가권 보유자의 명부 관리 등을 맡았다. '행정 구역'은 전부 30개였고, 이 30개의 '행정 구역'을 구성한 데메는 대략 139개였다. 클레이스테네스는 아티카 전체의 행정 구조를 이 구성 단위들로 이루어진 피라미드식 구조로 만들었던 것이다. 어떤 면에서 데메 체제는 현재 미국의 선거구 혹은 교육구(school district)와 지역구와 유사하다. 이 데메라는 구성 단위는 자연적으로 형성된 지리적 장소이기도 했다. 예를 들어 아테네 시내의 한 구역이 한 개의 데메였으며(아테네는 아티카 반도에서 유일한 대도시였다) 항구 하나를 끼고 있는 해안 구역 하나가 한 개의 데메였으며, 산비탈의 경작 토지 한 구역이 한 개의 데메였다. 또는 마을 하나와 그 주변 지역이 한 개의 데메였다. 데메는 정치적 공간이기도 했다. 각 데메에는 사제들이 있었고 그 지역의 민회가 있었으며 '데마르코스(demarchos)'—이는 시장(市長)과 유사한 인물이다.—가 있었다. 데메의 주민들은 이런 지역 정체성을 지니도록 권장되었다. 클레이스테네스는 소속된 특정 데메가 계승된다고 판결했다. 그는 미래 세대가 같은 장소에 그대로 영원히 머물러 거주할 것이라고 (다분히 잘못된) 가정을 했던 것이다. 만일 후대 사람이 그렇게 한 장소에 머물며 살지 않고, 예를 들어 내륙의 어떤 마을에서 아테네로 이주한다 해도 그들은 여전히 출신 데메와 관계를 그대로 유지했다. 이것은 지역적 균열 구조가 정치 체제 안에 침투해 들어오지 못하도록 했던 (원래 의도한) 효과를 냈는지도 모른다. 한편, 위에 언급한 대로 원래 '부칭(父稱)'을 붙여 사람의 이름을 부르던 옛 관습을 타파하고 데메의 이름을 붙이는 새로운 관습을 세웠지만, 새로운 데메 체제에서도 여전히 혈연은 중요한 요소였다. 결국 아테네의 민주정은 자기 나름의 방식으로 친족 관계를 중시했다. 아테네 시민을 공식적으로 칭할 때 그들은 이를테면 "페리클레스, 크산티포스의 아들, 콜라르고스 데메 출신"이라고 친족 관계와 데메 관계를 둘 다 언급했다. 하지만 클레이스테네스의 개혁은 결국 근본적인 변화를 가져왔다. 그의 목표는 개혁 조치를 통해 시민의 힘과 애정을 길러줄 작은 정치 공동체를 가장 지역적인 단위에서 만들어내는 것이었다. 하지만 그뿐이 아니었다. 시민 전체를 하나의 정치체로 묶기 위한 방법으로, 앞서 언급한 3개의 영역, 30개의 '행정 구역', 130여 개의 데메는 새로운 '부족(phyle)' 소속감에 의해 종횡으로 나뉘게 되었다. 정치적 충성 구조를 좀 더 복잡하게 만듦으로써 과거의 체제를 깨버리려 했던 클레이스테네스는 아티카의 전체 시민을 좀 더 큰 정치 단위로 새로 구성하는 작업을 개시했

다. 클레이스테네스는 민주정이 민주적인 방식으로 건설되는 일은 결코 없다는 법칙을 확인해준다. 클레이스테네스는 아티카 전체를 10개의 부족으로 나눌 것이라고 선언했고, 위에 언급한 3개의 영역 안에 있는 각 '행정 구역', 그리고 각 데메를 적절히 분배하여 10개 부족의 주민 수가 거의 같아지게 하겠다는 지침을 발표했다. 어떤 '행정 구역'이 어떤 부족에 속하게 될지는 추첨을 해서 무작위로 결정했다.(Aristotles's *Constitution of Athens*, 21.4) 어느 지역 단위도 이 새로운 부족 체제 바깥에 남아 있을 수 없었다. 이 개혁 조치의 핵심은 가장 높은 단계에 새로운 정치 단위를 만드는 것이었다. 가장 높은 단계의 정치 단위 안에서는 여러 이해관계가 종횡으로 섞이게 되고, 옛 후견-피후견 관계에 뿌리를 두지 않게 되어 결국 귀족 권력을 약화시키는 효과를 거두려는 것이었다. 부족에 소속되는 것은 강제 조치였으며 그렇게 한 부족에 속하게 되면 그에 따른 의무와 특권이 따라왔다. 한 부족의 구성원이 됨으로써 18세 이상의 남성 시민은 몇몇 권리를 획득했다. 배심원 봉사에 참여할 권리나 다른 많은 상황에서 표결할 수 있는 권리가 그것이었다. 권리 가운데는 '500인회'라고 하는 새롭게 형성된 기관에 선출될 권한도 포함되어 있었다. 부족의 구성원으로서 각종 의무도 지게 되었다. 예를 들면 특정한 의식을 치를 때, 부족과 부족의 가상의 선조에게 경의를 표해야 할 의무가 있었고, 부족 사람들과 어깨를 나란히 하고 군부대를 조직해 아테네의 적에 맞서 전투에 임해야 할 의무가 있었다.

29) Leonard R. Palmer, 'The Micenaean Palace and the Damos', in *Aux origines de l'Hellenisme. La Crete et la Grece. Hommage a Henri van Effenterre presente par le Centre G. Glotz* (Paris, 1984), pp. 151~159; and his Mycenaeans and Minoans (New York, 1962), pp. 97ff. Anna Ramou-Hapsiadi, Άννα Ραμού-Χαψιάδη, Από τη φιλετιχή χοινία σιην πολιτιχή, Αθήνα (*From Racial to Political Society*) (Athens, 1982). 이 책의 저자는 미케네의 상업과 전문화(specialization)가 발전함에 따라 '다모스'의 의미가 변화했다고 지적한다. 즉 과거에 '다모스'는 긴밀한 가족 관계가 있는 사람들이 거주하는 지역을 의미했는데, 나중에는 공동의 이해를 지닌 사람들이 거주하는 지역으로 의미가 바뀌었다는 것이다. (pp. 25~33)

30) Michael Ventris and John Chadwick, *Documents in Mycenaean Greek, 2nd edn* (Cambridge and New York, 1973), pp. 232~235, 254~255, 264~265 and 538을 보라.

31) 이 논란의 자세한 내용은 다음 자료에 기록되어 있다. Palmer, 'The Mycenaean Palace and the Damos', p. 155 and p. 151: "미케네 세계에서 가장 눈에 띄는 것은 자유롭고 독립적인 '다모스'의 존재다."

32) *Statesman*, 291 D 1~29 A 4.

33) Pseudo-Xenophon, *The Polity of the Athenians*, 2.19~20을 보라.

34) M. I. Finley, *Democracy Ancient and Modern* (London, 1985), p. 28.

35) Thucydides, *History of Peloponnesian War*, 2.37~45; cf. Kurt A. Raaflaub, 'Democracy, Power, Imperialism', in J. Peter Euben et al. (eds), *Athenian Political Thought and the Reconstruction of American Democracy* (Ithaca, NY, and London, 1994), pp. 103~146.

36) Pseudo-Xenophon, *The Constitution of the Athenians*, vol. 2, 1.2. 팽창주의적 해군력과 민주정 사이에 이러한 관계가 있었다는 사실은, 해양과 민주주의 사이에 긍정적인 친연성을 가정하는 단순한 '법칙'이 틀렸음을 보여준다. 예를 들어 다음과 같은 주장이 종종 나왔다. 로마는 육지에 근거를 둔 강국으로서 훗날 제국 통치의 여러 형태를 발전시켰는데, 그 형태들은 로마인들이 지녔던 강렬한 영토 감각, 영역 지배 감각과 일맥상통했고, 반면 민주정 옹호자로서 아테네 사람들은 특히 넓은 바다의 차원에서 사고했는데, 그들이 이렇게 넓은 바다를 존경한 까닭은 바다를 완전히 정복하는 것이 도저히 불가능함을 알았기 때문이라는 주장이다. 민주주의의 연구 과정에서 우리는 이러한 종류의 공식화를—비록 지난 세기 중에 Sir Halford J. Mackinder, *Democratic Ideals and Reality. A Study in the Politics of Reconstruction* (London, 1919) 같은 연구의 등장처럼 이런 공식화에 대한 새로운 관심이 나타나기도 했다.—신뢰하기에는 너무 단순하다는 것을 알게 될 것이다.

37) Aristophanes, *Acharnians*, 540~554.

38) 기원전 338년 필리포스 2세가 엘라테이아(Elateia)를 점령한 이후, 아테네에서 개최된 민회의 광경을 데모스테네스가 묘사한 것이 있다. 이 묘사는 당시 상황을 잘 전해준다. "다음 날 새벽 프리타네이스(Prytaneis)는 500인회 의원들을 회의실에 소집했고, 다른 시민들은 민회 장소로 갔다. 시민 모두가 언덕 위에 자리를 잡았지만 아직 500인회는 자신들의 일을 끝내지 못했고 500인회 제안서 역시 아직 완성되지 않은 상태였다. 이윽고 500인회가 자신들의 일을 마치고 민회 장소에 도착했다. 프리타네이스는 전령이 도착했다는 소식을 알렸다. 전령은 앞에 나와 발언을 마쳤다. 그다음 의사 진행자가 요청했다. '발언하고 싶은 사람이 있습니까?' 아무도 앞으로 나서지 않았다. 같은 요청이 여러 번 반복되었지만 여전히 앞으로 나오는 사람은 없었다." (*On the Crown*, 18.169~170)

2장 오리엔트 민주주의

1) Niccolò Machiavelli, 'Of the Kinds of Republic there are, and of which was the Roman Republic', in *Discourses on the First Ten Books of Titus Livius* (1531), translated by Henry Neville, book 1, chapter 2.

2) Jean Bodin, *Six Livres de la République*, translated as *The Six Bookes of a Commonwealth* (London, 1606), p. 702.

3) M. le chevalier de Jaucourt가 작성한 다음의 'Démocratie' 항목을 참고하라. *Encyclopédie ou Dictionnaire raisonné des sciences, des arts et des métiers. Tome 4ème.* (Paris, 1751–1765), p. 818.

4) Samuel Johnson, *A Dictionary of the English Language: in which the words are deduced from their originals, and illustrated in their different significations by examples from the best writers* (London, 1755), vol 1; Sir Thomas Browne, *Pseudodoxia Epidemica* (London, 1646; 6th edn, 1672), book I, chapter 3, pp. 8~12.

5) Francis Fukuyama, *The End of History and the Last Man* (New York and Oxford, 1992), pp. 64, 42, and p. 134. '미국 건국의 아버지들'이 '독립을 선언하고 영국에 맞서 싸우기로 결정한 것'이 근대에 일어난 '주요한 민주주의 혁명들'의 시작을 알리는 방아쇠 역할을 했다고 서술하고 있다.

6) *Notes of Debates in the Federal Convention of 1787 Reported by James Madison* (Athens, Ohio, 1966), pp. 38~45.

7) Jean Victor Duruy, *Histoire de la Grèce ancienne*, 3 vols (Paris, 1886–1891); Ernst Curtius, *Griechische Geschichte*, 3 vols (Berlin, 1857–1867); translated into English as *The History of Greece*, 5 vols (London, 1868–1873).

8) George Grote, *History of Greece*, 12 vols (London, 1846–1856); 또한 다음의 저술도 흥미롭다. William Mitford의 *History of Greece*에 대한 Grote의 논평인 *Westminster Review* (April 1826)와 Harriet Grote, *The Personal Life of George Grote* (London, 1873).

9) Karl R. Popper, *The Open Society and Its Enemies* (London, 1952), p. 297.

10) Aristotle, *Politics*, 1304a 31~33; ibid., 1303a 22~24 and 1311a 39.

11) Isocrates, *Areopagiticus*, 7: 15~16.

12) Herodotus, *The Histories* (London and New York, 1890), Book 3, 142 (번역을 다소 수정하였다).

13) George Orwell, *The Lion and the Unicorn: Socialism and the English Genius* (London, 1941 [1981]), p. 563: "비밀경찰과 문학 검열과 징집 노동이라는 특징이 있는 군사화된 대륙 국가라는 것은, 빈민가와 실직자들과 파업과 정당 정치 제도라는 특징이 있는 느슨한 해양 민주주의 체제와 완전히 다르다. 두 체제는 육지의 힘과 바다의 힘의 차이이며, 잔인함과 비능률의 차이이며, 거짓말과 자기기만의 차이이며, 나치 친위대원과 집세 수금원의 차이이다."

14) T. J. Dunbabin, *The Western Greeks, The History of Sicily and South Italy from the Foundation of the Greek Colonies to 480 B.C.* (Oxford, 1948), p. 81.

15) Aristotle, *Politics*, 1291b 20~25.

16) M. I. Finley, 'Politics', in M. I. Finley (ed), *The Legacy of Greece: A New Appraisal* (Oxford, 1981), pp. 22~36.

17) James Bryce, *Modern Democracies* (New York, 1921), pp. 24~25.

18) Wen-Amon에 관한 서명은 다음 자료에 번역되어 있다. James Henry Breasted, *Ancient Records of Egypt*, vol. iv, pp. 557ff.

19) Karl Marx, 'The British Rule in India', *New-York Daily Tribune* (25 June 1853), reprinted in Karl Marx and Frederick Engels, *Collected Works* (London and New York, 1979), vol. 12, p. 125.

20) Thorkild Jacobsen, 'Mesopotamia: The Cosmos as a State', in H. and H. A. Frankfort et al., *Before Philosophy. The Intellectual Adventure of Ancient Man* (Harmondsworth, 1949), pp. 158~159.

21) Aristotle, *Politics*, 1252b.

22) Jean-Marie Durand, 'Le rihsum des Hanéens', *Archives épistolaires de Mari* I/1, pp. 181~192; and Daniel E. Fleming, *Democracy's Ancient Ancestors. Mari and Early Collective Governance* (Cambridge and New York, 2004), pp. 208~210.

23) Thorkild Jacobsen, 'An Ancient Mesopotamian Trial for Homicide', *Analecta Biblica*, 12 (1959), pp. 134~136. 번역은 다음 자료에 따랐다. J. N. Postgate, *Early Mesopotamia* (London and New York, 1992), p. 278.

24) 이 서신은 다음에 정리되어 번역되어 있다. Robert H. Pfeiffer, *State Letters of Assyria* (New Haven, Conn., 1935), number 62, II.9 and 11.

25) 이 구절의 번역은 다음 자료에 있다. W. G. Lambert, *Babylonian Wisdom Literature* (Oxford, 1960), pp. 112~115.

26) Tikva Frymer-Kensky, *In the Wake of the Goddesses: Women, Culture and the Biblical Transformation of Pagan Myth* (New York, 1929), pp. 2~3.

27) 다음 자료에 번역되어 있다. Alasdair Livingstone, *Court Poetry and Literary Miscellanea* (Helsinki, 1989), pp. 30~32.

28) Francis Joannès, 'Haradum et le pays de Suhum', *Archéologie*, 205 (1985), p. 58: "하바사누가 마을 대표로 재임하는 동안 마을 주민들이 납부해야 했던 은(銀)에 관하여 전체 주민이 회의를 열었으며 하바사누에게 다음과 같이 말했다. '당신이 우리에게 납부하라고 했던 은의 많은 양이 당신 집에 그대로 남아 있다. 게다가 우리가 자발적으로 선물했던 양(羊)도 마찬가지다.'"

29) 참신한 해석을 제시한 다음 자료를 참고하라. Marc Van De Mieroop, *The Ancient Mesopotamian City* (Oxford, 1999), 특히 chapter 6.

30) Mogens Trolle Larsen, *The Old Assyrian City-State* (Copenhagen, 1976), p. 163.

31) 이 공화국들은 가나 디나(gana dhina)라고 불렸으며, 이 공화국들에 있던 회의체는 전사(戰士) 귀족(크샤트리아Kshatriya)이 장악했으나 사제 계급(브라만brahman)과 상인(바이샤vaisya)도 참여했던 것으로 보인다. 하지만 노동자(수드라shudra)는 참여하지 못했던 것 같다. 이 공화국들에 관한 자세한 내용은 다음을 보라. Jonathan Mark Kenoyer, 'Early City-States in South Asia. Comparing the Harappan Phase and Early Historic Period', in Deborah L. Nichols and Thomas H. Charlton (eds), *The Archaeology of City-States. Cross-Cultural Approaches* (Washington, DC, and London, 1997), pp. 51~70; Ananat S. Altekar, *State and Government in Ancient India* (Delhi, 1958); Grigory M. Bongard-Levin, *A Complex Study of Ancient India: A Multi-Disciplinary Approach* (Delhi, 1986); Jagdish Sharma, *Republics in Ancient India: c. 1500 B.C.-500 B.C.* (Leiden, 1968); and Romila Thapar, 'State and Cities of the Indo-Gangetic Plain c. 600-300 B.C.', in *Early India. From the Origins to AD 1300* (Berkeley and Los Angeles, 2002), pp. 137~173.

32) 다음에 이어지는 내용은 헤로도토스가 남긴 기록이다. *The History of Herodotus* (London and New York, 1890), books 6.43~44, and 3.80~84. 후대의 해설가들, 특히 도저히 바로잡을 수 없는 '오리엔탈리즘'적 편견에 사로잡힌 사람들의 해석도 참고하라. 그런 사람들 중 하나인 조지 롤린슨(George Rawlinson)의 다음 언급을 참고하라. *History of Herodotus* (London, 1880), vol. 2, p. 476, note 3. "헤로도토스가 이런 이야기를 기록할 때 그는 분명 페르시아 쪽 자료에 의존한 것이 틀림 없다. 그러나 이 이야기는 (우리가 아는) 동방에 대한 지식과 완전히 상충하기 때문에 도저히 믿을 수 없다. 누가 왕이 되어야 하는지를 두고 토론을 했을 것으로 생각되지 않는다. 그런 문제는 왕위 찬탈 자에 대한 공격이 시작되기 전에 이미 해결되었을 것이다. 다리우스(Darius)가 왕위를 계승한 것은 그에게 태생적으로 그런 권리가 있었기 때문이었으리라고 짐작된다."

33) Robert A. Dahl, *On Democracy* (New Haven and London, 1998), p. 15.

34) Fergus Millar, *The Roman Republic and the Augustan Revolution* (Chapel Hill, NC, and London, 2002); 또한 다음도 보라. Lily R. Taylor, *Roman Voting Assemblies from the Hannibalic War to the Dictatorship of Caesar* (Ann Arbor, Mich., 1966).

35) Sir Thomas Erskine May, *Democracy in Europe: A History* (London, 1877), vol. 1, pp. 27, 6. May는 영국 하원 의사당의 도서관장이었으며 훗날 하원 의장이 된다.

36) 다음을 참고하라. The letter to Gobineau in Alexis de Tocqueville, *Oeuvres complètes*, edited by J. P. Mayer (Paris, 1951-), vol. 9, p. 69; and the unpublished letter to Lamoriciere (5 April 1846), cited in Andre Jardin, *Tocqueville: A Biography* (New York, 1988), p. 318.

37) 이 책을 집필하기 위한 초기 조사 단계에서, 나는 2002년 5월 파리에서 리처드 로티(Richard Rorty)와 인터뷰를 했다. 로티는 나에게 다음과 같은 해석 원칙을 적용하라고 권했다. "민주주의라는 음소(phoneme)를 항상 따르십시오." 이 말은 민주주의의 역사를 서술하는 데 어떤 것을 포함할 것인지 판정할 때, 과거의 사람들이나 제도들이 '민주주의'라는 기표(signifier)를 사용함으로써 다른 존재들과 구별 지으려 했는지를 기준으로 삼으라는 이야기였다. 달리 말하자면, 그의 충고는 만일 어떤 것의 이름이 민주주의가 아니면 그것을 민주주의로 부르지 말라는 충고였다. 그러나 나는 그 원칙을 엄밀하게 지키지는 않았다. 그 이유에 대해서는 이 책의 마지막 부분의 방법론에 관한 서술에서 좀 더 자세하게 설명했다. 여하튼 내가 그렇게 하지 않은 데에는 나름의 이유가 있었다. 일반적으로 세상일이 그렇듯이 민주주의 문제에서도 동일한 것들이 종종 다른 깃발 아래에서 행진하고, 종종 최초의 주창자들이 의도했던 것과 다른 방식으로 진행된다.(사람들이 스스로 자신을 묘사할 때 사용하는 용어와, 다른 사람들이 그를 묘사할 때 사용하는 용어에 분명한 차이가 있음을 명심하라.) 이런 상황은 윌리엄 모리스(William Morris)의 간결한 서술에 잘 묘사되어 있다. "사람들은 전투를 시작하기도 하고 그 전투에서 패배하기도 한다. 패배했음에도 불구하고 그들이 실현하고자 했던 것들이 실현되는 경우가 있다. 그리고 그런 것들이 실현될 때에는 그들이 최초에 원했던 모습과 다르다. 그들이 최초에 원했던 것을 획득하기 위해 다른 사람들이 투쟁하게 되는데, 그때는 또 다른 명칭이 사용된다." (*A Dream of John Bull and a King's Lesson* (London and New York, 1896)).

38) *The Animals' Lawsuit Against Humanity* (Louisville, Ky., 2005). 이 글의 원작자는 '순수의 형제단(Brethren of Purity)'이라는 이름의 수피(Sufi) 수도사들이다. 이들은 생명의 신비와 의미를 다룬 백과사전적인 글들을 51편의 '편지' 혹은 논문에 담았는데, 그 51편의 글 가운데 25번째 글이 본문의 글이다. 이 글은 1316년에 히브리어로 각색되고 번역되었으며 다시 라틴어로 번역되었는데, 이 작업은 앙주 가문의 샤를 1세(Charles I, 1226~1285)의 요청에 따라 랍비 칼로니무스(Kalonymus)가 맡아 했다. 그 후 이 이야기는 다시 독일어와 에스파냐어와 이디시어로 번역되었으며, 20세기 초까지 특히 유럽의 유대인들 사이에서 널리 읽혔다.

39) 다음을 보라. Abu Nasr al-Farabi, *Mabadi' ara' ahl al-madina al-fadila* (Principles of the Opinions of the Citizens of the Perfect Polity), first published around 950 CE, translated in Richard Walzer (ed.), *Al-Farabi on the Perfect State* (Oxford, 1985), section 5, chapter 15, p.

229.

40) *Kanz ul-Ummal* (Beirut, 1998), vol. 3, number 2786, p. 50.

41) 그 사례로 다음을 보라. Bernard Lewis, 'Democracy and the Enemies of Freedom', *Wall Street Journal*, 22 December 2003, p. A14: "이슬람교의 역사를 연구하고, 또 이슬람 세계에서 나온 광범위하고 풍부한 정치 분야의 글들을 연구해보면, 민주주의적 제도를 발전시키는 것이 가능하다고 믿게된다. 잘못 사용되는 경우가 많은 서방의 정의를 반드시 적용할 필요는 없다. 이슬람 자신의 역사와 문화에 기반한 정의에 따라 문명화되고 인간적인 사회에서 그들 나름의 방식으로 법과 협의와 개방성의 원칙 위에 제한된 정부를 세울 수 있다. 한편으로는 이슬람의 전통 문화 속에 충분히 많은 것이 있으며, 다른 한편으로는 이슬람인들이 근대에 많은 경험을 했기 때문에, 이를 바탕으로 삼아 진정한 의미의 자유를 향해 전진할 수 있을 것이다."

42) 수다이프의 발언은 다음 자료에서 인용하였다. Bernard Lewis, *Islam from the Prophet Muhammad to the Capture of Constantinople* (Oxford, 1974), vol. 2, pp. 54~55.

43) Abu Nasr al-Farabi, *Mabadi' ara' ahl al-madina al-fadila*, 특히 section 6, chapter 18을 보라. 이어서 나오는 인용문은 같은 책 chapter 19, p. 315에서 발췌한 것이다. 다음 자료도 보라. Abu Nasr al-Farabi, *Al-Siyasa al-madaniyya al-mulaqqab bimabadi' al-mawjudat* (Al-Farabi's The Political Regime), edited by Fawzi Mitri Majjar (Beirut, 1964), p. 100, II, pp. 18ff.

3장 대의 민주주의의 탄생

1) William Shakespeare, *King Lear*, Act V, Scene 3.

2) Baron de Montesquieu, *The Spirit of the Laws* (New York and London, 1949), book 2, chapter 2 ('Of the Republican Government, and the Laws in relation to Democracy'), p. 9.

3) Marquis d'Argenson, *Considérations sur le gouvernement ancien et présent de la France* (Amsterdam, 1765), pp. 7~8.

4) James Madison, 'The Utility of the Union as a Safeguard Against Domestic Faction and Insurrection (continued)', *Daily Advertiser* (Thursday, 22 November 1787). "민주정과 공화정에는 두 가지 큰 차이점이 있다. 첫째, 후자는 정부 운영 기능을 나머지 시민들이 선출한 소수의 시민에게 위임한다는 것. 둘째, 후자는 더 많은 시민과 더 넓은 영토로 확대될 수 있다는 것."

5) 다음에서 인용하였다. Pierre Rosanvallon, 'The History of the Word "Democracy" in France', *Journal of Democracy*, 6, 4 (1995), p. 143.

6) 1787년 6월 6일, 제임스 윌슨이 연방 제헌 의회에서 한 연설이다. 다음에서 인용하였다. Max Farrand (ed.), *The Records of the Federal Convention of 1787*, 4 vols (New Haven, Conn., and London, 1937), vol. 1, chapter 13, document 18, pp. 132~133.

7) 이어지는 인용문들은 다음에서 발췌한 것이다. Thomas Paine, *Rights of Man*, part 1 (London, 1791 [1925]), pp. 272~274.

8) Francois Guizot, *Histoire des origines du gouvernement représentatif, 1821-1822*, 2 vols (Paris, 1821-1822), translated as *The History of the Origins of Representative Government in Europe* (London, 1861), part 1, lecture 1, p. 12.

9) A. F. Pollard, *The Evolution of Parliament* (London, 1920), p. 3. 이와 똑같은 주장은 다음 자료에서도 제기되었다. Alan F. Hattersley, *A Short History of Democracy* (Cambridge, 1930), pp. 78~79.

10) 영국의 연대기 작가인 William of Malmesbury의 설명에 따르면(in *Rolls Series* ii, pp. 394~395 and p. 398), 우르바누스 2세는 "신의 성역(聖域)에서 불신자들을 제거하라. 도둑들을 쫓아내고 신자들을 다시 이끌어 돌아오게 하라. 친족에 대한 충성심 때문에 머뭇거리지 마라. 인간의 충성심이 우선으로 향해야 할 대상은 신이다." 다음 자료도 보라. Dana C. Munro, 'The Speech of Urban II at

Clermont, 1095', *American Historical Review*, xi (1906), pp. 231~242.

11) 에스파냐 왕립 학술원이 17세기에 발행한 *Diccionario de Autoridades* (Madrid, 1737), vol. 1, pp. 627~628에 따르면, 이 오래된 단어 '코르테스(cortes)'에는 세 가지 기본 의미가 있는데 이 의미들은 서로 겹치는 부분이 많다. 첫째, '코르테(corte)'는 국왕이 머물며 자문회의(consejos)와 심의회(tribunales)를 개최하는 도시 혹은 마을을 가리킨다. 이 경우 '코르테'는 뜰이나 안마당 혹은 로마 군단(legion)의 10분의 1을 뜻하는 라틴어 단어 'cohors'에 그 기원을 두고 있다. 둘째, '코르테'는 국왕에게 조언하고 봉사하는 자문 회의 전체, 혹은 심의회 전체, 또는 대신이나 관리 전체를 가리킨다고 한다. 셋째, '코르테'라는 단어는 도시의 평의회를 가리키는 것으로서 이 평의회의 구성원들은 국왕에게 각종 제안과 요구 사항을 제시하거나 여러 봉사를 제공하는 권한이 있었다. 알폰소 9세의 행동과 관련하여 형성된 '코르테스'의 새로운 의미는 위의 세 가지 의미들이 정리되고 종합된 것이라 할 수 있다.

12) Real Academia Española, *Diccionario de Autoridades*, vol. 5, p. 392.

13) 아이슬란드 싱벨리르에 기원후 930년경부터 존재하던 회의체는 종종 유럽에서 가장 오래된 입법 회의체라는 칭송을 받지만 이런 견해는 잘못된 것이다. 이 회의체의 구성원들은 공개된 평지에서 집회를 열었으며 현명한 인물인 '울플리오트(Ulfljøt)'의 제안을 들었던 것은 사실이다. 하지만—남아 있는 증거물이 암시하는 바에 따르면—이 회의체 구성원들은 제안에 대해 박수갈채로 승인하는 것이 상례였으며 토론이나 논쟁은 없었던 것으로 보인다. 이렇게 박수갈채로 승인하는 규칙은 봉건적 회의체의 규칙과 완전히 일치하는 규칙이라고 Antonio Marongiu는 자신의 저서 *Medieval Parliaments. A Comparative Study* (London, 1968), part 1에서 지적하였다. 다음에도 같은 지적이 있다. Walter Ullmann, *Principles of Government and Politics in the Middle Ages* (Harmondsworth, 1961).

14) Marichalar and Manrique, *Historia de la legislación y Recitaciones del Derecho de civil de España* (Madrid, 1861–1876), vol. VII, pp. 455~456.

15) 다음에서 인용하였다. Roger Bigelow Merriman, 'The Cortes of the Spanish Kingdoms in the Later Middle Ages', *American Historical Review*, vol. 16, 3 (1911), p. 482, note 29.

16) Johann Friedrich Böhmer, *Acta imperii selecta* (Innsbruck, 1870), p. 130.

17) Niccolò Machiavelli, *The Prince* (published originally as *De Principatibus* 〔Florence, 1532〕 (Cambridge and New York, 1990)), chapters ix and xix; 또한 Quentin Skinner의 정교한 해설도 참고하라. Quentin Skinner, *The Foundation of Modern Political Thought*, vol. 2: *The Age of the Reformation* (Cambridge and London, 1978), pp. 353~354.

18) Charles F. Adams (ed.), The Works of John Adams 10 vols (Boston, 1850–1856), vol. 6, p. 469.

19) Henri Pirenne, *Belgian Democracy: Its Early History* (Manchester, 1915), pp. 134~147.

20) Bob Dylan의 노래 〈It's Alright, Ma (I'm Only Bleeding)〉(1965).

21) *The Rule of St Augustine* (New York, 1976), chapter 7, section 3. 이 책은 종교 생활 안내서로서 역사상 가장 최초의 저술 가운데 하나이다. 기원후 400년경에 집필되었다.

22) Manegold of Lautenbach, *Liber ad Gebebardum* (Hannover, 1891), pp. 308–410; 또한 같은 저자, *Liber contra Wolfelum*, edited by Robert Ziomkowski Leuven (Paris and Dudley, Mass., 2002).

23) Günter Stemberger, 'Stammt das synodale Element der Kirche aus der Synagoge?', *Annuarium Historiae Conciliorum*, 8 (1976), pp. 1–14.

24) J. H. Robinson (ed.), *Translations and Reprints from the Original Sources of European History* (Philadelphia, 1912), series I, vol. III, 6, pp. 31–2.

25) John Hamilton의 '국민 맹약' 지지 설교. 다음 자료에 실려 있다. *Diary of Archibald Johnston of Wariston*, 1632–1639 (Edinburgh, 1911), vol. I, p. 326.

26) *The Confession of Faith of the Kirk of Scotland: or THE NATIONAL COVENANT, with a designation of such Acts of Parliament as are expedient for justifying the union after mentioned* (Assembly at Edinburgh, 30 August 1639, Session 23).

27) Alexander Henderson, *The Bishops Doom. A Sermon Preached before the General Assembly which sat at Glasgow anno. 1638. On occasion of pronouncing the sentence of the greater excommunication against eight of the bishops, and deposing or suspending the other six. By Alexander Hamilton, moderator of that and several subsequent assemblies. With a Postscript on the present decay of church discipline* (Edinburgh, 1792), pp. 17-18.

28) 루터의 친구였던 독일의 종교 개혁가 필리프 멜란히톤(Philip Melanchthon)이 1548년에 쓴 전기와 루터의 적수였던 요하네스 코클레우스(Johannes Cochlaeus)가 쓴 전기를 보라. 이 두 전기는 영어로 번역되어 출간되었다. Elizabeth Vandiver et al. (eds), *Luther's Lives. Two Contemporary Accounts of Martin Luther* (Manchester, 2002). 제롬 볼섹이 칼뱅을 어떻게 묘사했는지는 다음을 보라. Bernard Cottret, *Calvin. A Biography* (London, 2002).

29) 모든 인용문은 다음에서 발췌한 것이다. *Areopagitica. A Speech for the Liberty of Unlicenc'd Printing*, in E. H. Visiak (ed.), *Milton. Complete Poetry and Selected Prose* (Glasgow, 1925).

30) Act of Abjuration, in E. H. Kossmann and A. F. Mellink (eds), *Texts Concerning the Revolt of the Netherlands* (Cambridge, 1974), p. 225.

31) Sophocles, *Antigone*, 1. 296.

32) Plutarch, *Lives: Cleomenes*, chapter 27, section 1.

33) Diogenes Laertius, *Diogenes*, Book 6, section 50.

34) 이어 나오는 인용문의 출처는 다음과 같다. Jean-Jacques Rousseau, *Considérations sur le gouvernement de Pologne* (completed in 1772 but unpublished (Indianapolis and New York, 1972)), pp. 27, 42, 2.

35) *The Kings Cabinet Opened: or, Certain packets of secret letters & papers, written with the Kings own hand, and taken in his cabinet at Nasby-Field, June 14. 1645. By victorious Sr Thomas Fairfax* (London, 1645).

36) 다음 익명의 소책자를 보라. *A Key to the Kings Cabinet: or Animadversions upon the three Printed Speeches, of Mr Lisle, Mr Tate, and Mr Browne, spoken at a Common-Hall in London, 3. July 1645. Detecting the Malice and Falshood of their Blasphemous Observations made upon the King and Queenes Letters* (Oxford, 1645), pp. 2ff.

37) 이 인용문과 다음에 이어지는 인용문들은 다음에서 발췌한 것이다. William Cobbett, *Complete Collection of State Trials*, vol. 4 (London, 1809), pp. 995, 1074.

38) 인용문과 세부 내용은 다음의 공식 기록에서 발췌한 것이다. *King Charls. His Speech Made Upon the Scaffold At Whitehall-Gate, Immediately before his Execution, On Tuesday the 30 of Jan. 1648* 〔원문 그대로임〕 *With a Relation of the maner of his going to Execution. Published by Special Authority* (London, 1649).

39) *Vant Swingelsche Calff*, etc. (Paris, 1580): "교육받지 못한 직조공들과 모피 가공업자들은 목사에게서 토론하는 법을 배웠다. 이들은 논리적이지도 않고 이해력도 떨어졌지만, 설명하려면 시간이 오래 걸리는 주제인, 과두정, 다두정(polyarchy), 귀족정, 특히 군주정과 민주정을 비교하는 일에 특별한 쾌락을 느꼈다. …… 겐트 주민들은 이제 공공연하게 말한다. 이제 더는 네모난 모자, 긴 가운, 벨벳으로 만든 망토를 보고 싶지 않다고. …… 즉 성직자, 학식 있는 교수, 그리고 귀족을 보고 싶지 않다는 뜻이었다." '보통 사람들'의 어리석음을 비판하는 입장인 이 고약한 가톨릭 저술가는 다음과 같은 결론을 내리는데 이는 이 책의 첫머리에 나오는 주장이기도 하다. "성직자와 학식 있는 교수들이 없어진다면 우리는 옛 바빌론에서 일어났던 혼란보다 더 위험하고 끔찍한 혼란을 겪게 될 것이다."

40) Christopher Hill, *The English Revolution 1640* (London, 1940), part 4에서 인용한 Sir John Oglander의 발언이다.

4장 미국의 민주주의

1) 다음 자료를 보라. 'Democracy' and 'Democratic Party' in *The Encyclopaedia Britannica*, 11th edn (Cambridge, 1910), vol. viii, pp. 1~3.

2) Thomas Jefferson, 'First Inaugural Address', 4 March 1801, reprinted in Saul K. Padover (ed.), *The Complete Jefferson* (Freeport, NY, 1969), pp. 385~386.

3) George Cabot to Timothy Pickering, 14 February 1804, in Henry Adams (ed.), *Documents Relating to New England Federalism, 1800–1815* (Boston, 1877), p. 346.

4) Thomas Paine, *Common Sense* (Philadelphia, 1776 [1925]), p. 148. 토머스 페인은 분명 다음 책을 읽었거나 그 책에 관한 이야기를 들었을 것이다. 그것은 16세기 초에 출간된 프랜시스 미던(Francis Midon)의 역사 소설로 알려져 있다. *Memoirs of a Most Remarkable Revolution in Naples, or, The History of Massaniello* (London, 1729).

5) James Madison ('Publius'), 'The Utility of the Union as a Safeguard Against Domestic Faction and Insurrection (continued)', *Daily Advertiser* (Thursday, 22 November 1787). 매디슨이 '민주주의(democracy)'라는 단어를 쓰는 방식이 지극히 비(非)관행적이었음은 스코틀랜드에서 발행된 다음 서적의 '데모크라시(Democracy)'라는 항목의 간략한 서술과 비교하면 알 수 있다. *Encyclopaedia Britannica; or a Dictionary of Arts and Sciences* (Edinburgh, 1771), vol. 2, p. 415. "데모크라시, 민중 정부와 동일하며, 최고 권력이 민중의 손에 있는 체제다. 옛 로마와 아테네에 존재했던 체제이며, 오늘날 공화국들을 보면 바젤(Basel)을 제외하고는 민주정보다는 귀족정에 더 가깝다."

6) James Madison, *Notes of Debates in the Federal Convention of 1787* (New York, 1987), pp. 322~323, 369 and 64. 뒤에 이어지는 인용문들은 다음 페이지에서 발췌한 것이다. pp. 106, 483, 322~323, 308, 39, 306, 107, and 235.

7) Alexander Hamilton and James Madison ('Publius'), 'Method of Guarding Against the Encroachments of Any One Department of Government by Appealing to the People Through a Convention', *New York Packet* (5 February 1788).

8) *Records of the Federal Convention of 1787*, edited by Max Farrand (New Haven, Conn., 1911–1137), vol. 3, pp. 86, 28, 73, 368; vol. 2, p. 333n.

9) 이 말은 워싱턴의 고별 연설에서 따온 것이다. (17 September 1796), reprinted in John Rhodehamel (ed.), *George Washington: Writings* (New York, 1997), p. 969.

10) *Marbury v. Madison*, 5 US (1 Cranch) 137 (1803).

11) Merrill D. Peterson, *The Jefferson Image in the American Mind* (New York, 1960), p. 699.

12) German Republican Society, 'To Friends and Fellow Citizens, April 11, 1793', in Philip S. Foner (ed.), *The Democratic-Republican Societies, 1790–1800: A Documentary Sourcebook of Constitutions, Declarations, Addresses, Resolutions, and Toasts* (Westport, Conn., 1976), pp. 53~54.

13) Sean Wilentz, *The Rise of American Democracy* (New York and London, 2005), p. 54에서 인용하였다. 또한 같은 저자의 다음 책도 보라. *Chants Democratic: New York City & the Rise of the American Working Class* (New York, 1984), pp. 38~39.

14) 이 중요한 시기에 관해서는 다음을 보라. Philip S. Foner (ed.), *The Democratic-Republican Societies, 1790–1800: A Documentary Sourcebook of Constitutions, Declarations, Addresses, Resolutions, and Toasts* (Westport, Conn., 1976), pp. 6~7; the *American Daily Advertiser* (Philadelphia), 20 May and 21 December 1793; the *New-York Journal*, 18 January 1794; and *Principles, Articles and Regulations Agreed upon by the Members of the Democratic Society in Philadelphia*, May 30th, 1793 (Philadelphia, 1793).

15) George Washington's letters to Burges Ball (25 September 1794) and to Edmund Randolph (16

October 1794), in Rhodehamel (ed.), *George Washington: Writings*, pp. 885 and 887.

16) 이 신생 공화국에서 일어난 최대의 비리 사건인 이 사건에 관한 더 자세한 내용은 다음을 참고하라. John Keane, *Tom Paine: A Political Life* (London and New York, 1995), pp. 170ff.

17) '펜실베이니아 민주 협회'의 1794년 10월 9일 회의록 내용이며 다음에서 따왔다. Foner (ed.), *The Democratic-Republican Societies, 1790–1800: A Documentary Sourcebook of Constitutions, Declarations, Addresses, Resolutions, and Toasts*, p. 96. 또한 토머스 제퍼슨이 1794년 12월 28일 제임스 매디슨에게 보낸 편지에서, 조지 워싱턴이 이끄는 '독재정 지지파'에 대한 '민주협회들'의 저항에 공감을 표한 것과 비교해보라. Robert A. Rutland (ed.), *The Papers of James Madison*, vol. 15 (Charlottesville, Va., 1985), pp. 426~429.

18) Thomas Jefferson to John Taylor, 4 June 1798, in Julian P. Boyd (ed.), *The Papers of Thomas Jefferson* (Princeton, NJ, 1950–), vol. 30, pp. 300, 389.

19) 18세기에 사용된 옛 단어 '검은 무어인(blackamoor)'은 경멸이 담긴 말이었다. 검은 피부의 노예를 가리키는 말이었는데, 그들이 북아프리카에 사는 검은 피부의 이슬람교도와 닮았다고 생각했던 것이다.

20) Thomas Jefferson, 'First Inaugural Address', 4 March 1801, reprinted in Padover (ed.), *The Complete Jefferson*, p. 385.

21) Walt Whitman, *Thou Mother With Thy Equal Brood* (1872), *section 4, in Walt Whitman, Complete Poetry & Selected Prose and Letters* (London, 1938), p. 412.

22) Gouverneur Morris to R. R. Livingston (1805), in David Hackett Fischer, *The Revolution of American Conservatism* (New York, 1965), p. 96.

23) James Sterling Young, *The Washington Community, 1800–1828* (New York, 1966), pp. 51~57.

24) 이어서 나오는 인용문들은 다음에서 발췌한 것이다. Alexis de Tocqueville, *Democracy in America*, edited by Phillips Bradley (New York, 1945), vol. 1, pp. 57, 69, 261, 285, and vol. 2, p. 263.

25) 이어서 나오는 인용문들은 다음에서 발췌한 것이다. Dr Torrielli, *Italian Opinion on America as Revealed by Italian Travellers, 1850–1900* (Cambridge, Mass., 1941), pp. 22, 100~101, 78~79.

26) 이 부분의 서술은 다음 자료를 토대로 했다. Tocqueville, *Democracy in America*, vol. 1, pp. 370~397.

27) Tocqueville, *Democracy in America*, vol. 1, p. 397.

28) James Madison, *Notes of Debates in the Federal Convention of 1787*, edited by Adrienne Koch (New York, 1966), p. 295.

29) Thomas Jefferson to John Holmes, 22 April 1820, in *The Works of Thomas Jefferson* (New York and London, 1904–5), volume 12, pp. 158~160.

30) John C. Calhoun, 'Remarks on Receiving Abolition Petitions' in the U.S. Senate, February 6, 1837', in *The Papers of John C. Calhoun*, edited by Clyde N. Wilson, vol. 13 (Columbia, SC, 1980), p. 394. "현재 북부에 퍼지고 있는 [노예제 폐지의] 정신이 아무런 소리도 지르지 않고 경련도 일으키지 않고 저절로 죽어버릴 것이라고 생각하는 사람들이 있는데, 이들은 그 운동의 진정한 성격을 완전히 잘못 이해하고 있는 것이다. 그 운동의 진전을 중지하기 위한 효율적이고 즉각적인 방법을 택하지 않는다면 그 운동은 계속 커지고 또 계속 확산될 것이다."

31) *New York Tribune* (1855), cited in Eric Foner, *Politics and Ideology in the Age of the Civil War* (New York, 1980), p. 53.

32) Arthur Calhoun, *A Social History of the American Family*, 3 vols (New York, 1945), vol. 2, p. 84에서 인용.

33) Angelina Grimké, *An Appeal to the Christian Women of the South* (New York, 1836).

34) Angelina Grimké, 'Speech Before the Legislative Committee of the Massachusetts Legislature, February 21, 1838', reprinted in *The Liberator* (Boston, 2 March 1838).

35) Dunbar Rowland, *Jefferson Davis. His Letters, Papers and Speeches* (Jackson, Miss., 1923), vol. 1, pp. 286 and 316~317에서 인용.

36) George Fitzhugh, *Sociology for the South, or the Failure of Free Society* (New York, 1854), pp. 179, 223, 26~27, 246.

37) Tocqueville, *Democracy in America*, vol. 2, p. 385.

38) Morton Keller, *Affairs of State: Public Life in Late Nineteenth Century America* (Cambridge, Mass., 1977), p. 245.

39) H. Wayne Morgan, *From Hayes to McKinley* (Syracuse, NY, 1969), p. 128.

40) Thomas Reeves, *Gentleman Boss: The Life of Chester Alan Arthur* (New York, 1975), p. 293; Morgan, *From Hayes to McKinley*, p. 446.

41) William M. Ivins, *Machine Politics and Money in Elections in New York City* (New York, 1887), p. 57.

42) Moisei Ostrogorski, *Democracy and the Organization of Political Parties* (New York, 1902), vol. 2, pp. 379~380.

43) Jules Verne, *Le tour du monde en 80 jours* (Around the World in 80 Days) (New York, 1962), p. 180.

44) Louis F. Post and Fred C. Leubuscher, *Henry George's 1886 Campaign* (Westport, Conn., 1976), p. 105.

45) Michael Schudson, *The Good Citizen. A History of American Civil Life* (New York and London, 1998), pp. 155~156.

46) Aileen S. Kraditor, *The Ideas of the Woman Suffrage Movement, 1890-1920* (New York, 1981), p. 109에서 인용.

47) Harold J. Laski, *Parliamentary Government in England* (London, 1938), p. 100에서 인용.

48) 이 인용문과 이어서 나오는 인용문들은 다음에서 발췌한 것이다. John L. Thomas, 'Nationalizing the Republic, 1877-1920', in Bernard Bailyn et al., *The Great Republic. A History of the American People*, 3rd edn (Lexington, Mass., 1985), pp. 580, 579, 575.

49) Murray C. Morgan, 'The Tools of Democracy and the Woolly Rhinoceros Eaters', *Puget Soundings* (March 1972), pp. 14~15에서 인용.

50) John L. Thomas, 'Nationalizing the Republic, 1877-1920', in Bernard Bailyn et al., *The Great Republic. A History of the American People*, p. 605에서 인용.

51) Murray C. Morgan, 'The Tools of Democracy and the Woolly Rhinoceros Eaters', *Puget Soundings* (March 1972), pp. 14~15에서 인용.

52) Bill Sizemore, quoted in David Santen, 'Ballot Ballet', *Metroscape* (July 2002), pp. 5~12.

53) Henry L. Stimson and McGeorge Bundy, *On Active Service in Peace and War* (New York, 1948), p. 58.

54) Walter Lippmann, *The Phantom Public* (New Brunswick, NJ, and London, 1993 [1925]), pp. 15~28.

55) Edmund Burke, 'Speech in Opening the Impeachment (16 February 1788)', *The Works of the Right Honourable Edmund Burke* (London, 1899), p. 402.

56) George Gordon, Lord Byron, *Don Juan*, canto xvi. stanza 108.

57) Woodrow Wilson, Address to the Senate of the United States: 'A World League for Peace' (22 January 1917).

58) President Grover Cleveland, 'First Inaugural Address', 4 March 1885.

59) Tocqueville, *Democracy in America*, vol. 2, chapter 22, p. 279.

60) Richard Drinnon, *Facing West: The Metaphysics of Indian-Hating and Empire-Building* (New York, 1980), pp. 70, 97~99, 102~103에서 인용.

61) Alden T. Vaughan, 'From White Man to Redskin: Changing Anglo-American Perceptions of the American Indian', *American Historical Review*, 87 (1982), p. 942에서 인용.

62) Thomas Paine, *Agrarian Justice Opposed to Agrarian Law, and to Agrarian Monopoly* (London, 1819 [1795/6]), p. 5.

63) James Mill, 'Article Colony', *Supplement to the Encyclopaedia Britannica* (Edinburgh, 1824).

64) President Grover Cleveland, 'First Inaugural Address', 4 March 1885. "국민의 양심은 다음을 요구한다. 우리 경계 안의 아메리카 원주민들을 정부의 피보호자로서 공정하고 정직하게 다룰 것이고, 그들에 대한 교육과 문명화 작업은 궁극적으로 그들의 시민권을 목적으로 삼아 추진될 것이다. 일부다처제는 가족 관계를 파괴하고 문명 세계의 도덕관을 해치므로 준주(準州) 안에서 금지될 것이다."

65) Henry Adams, *History of the United States of America during the Administrations of Jefferson and Madison* (New York, 1889-1891), vol. II, pp. 48~49.

66) Bernard Bailyn et al., *The Great Republic. A History of the American People*, p. 660에서 인용.

67) Nahum Capen, *The Republic of the United States of America: Its Duties to Itself, and its Responsible Relations to Other Countries* (New York and Philadelphia, 1848), pp. 27, 144, 154.

68) Theodore Roosevelt, 'The Strenuous Life', a speech delivered at the Hamilton Club, Chicago, 10 April 1899.

5장 라틴아메리카의 카우디요 민주주의

1) Bernard Bailyn et al., *The Great Republic. A History of the American People*, 3rd edn (Lexington, Mass., 1985), p. 667에서 인용.

2) Woodrow Wilson, 'War Message' (2 April 1917), in *War Messages*, 65th Congress, 1st Session, Senate Document Number 5, Serial Number 7264 (Washington, DC, 1917), pp. 3~8.

3) Bernard Bailyn et al., *The Great Republic. A History of the American People*, p. 659에서 인용.

4) 모든 인용문은 다음에서 발췌하였다. James Monroe's message to Congress (2 December 1823), reprinted in J. D. Richardson (ed.), *Compilation of Messages and Papers of the Presidents, 1789-1897* (Washington, DC, 1907), vol. 2, p. 287.

5) *Real Orden* (Sevilla, 22 January 1809), Archivo Histórico Nacional, Madrid, Estado D71.

6) From the 'Manifesto of the Regency Council' (14 February 1810) composed by Manuel José Quintana, in Fernández Martín, *Derecho parlamentario español. Colección de Constituciones, disposiciones de carácter constitucional, leyes y decretos electorales para diputados y senadores, y reglamentos de las Cortes que han regido en España en el presente siglo* (Madrid, 1885), t. II, pp. 594ff.

7) *Acta de Independencia* (Caracas, Venezuela), 5 July 1811.

8) David Bushnell, 'El Sufragio en la Argentina y en Colombia hasta 1853', *Revista del instituto de Historia del Derecho*, 19, 11-29 (1968), p. 22.

9) Obituary of Juan Manuel de Rosas, *The Times* (London), 15 March 1877, p. 5.

10) Domingo Faustino Sarmiento, *Civilización i barbarie. Vida de Juan Facundo Quiroga* (La Plata, 1938 [Santiago, 1845]), pp. 179 and 35.

11) Simón Bolívar, 'Report to the Congress of Angostura [February 1819]', in David Bushnell (ed.), *El Libertador: Writings of Simón Bolívar* (Oxford, 2003), p. 27.

12) 이어지는 문단의 내용은 2005년 11월 17일 부에노스아이레스에서 Hilda Sabato와 한 인터뷰를 바탕으로 한다. 인용문들은 다음에서 발췌한 것이다. Bartolomé Mitre's *Historia de San Martín y de*

la emancipación sudamericana (Buenos Aires, 1877~1888), p. 1; Bartolomé Mitre, *Historia de Belgrano* (Buenos Aires, 1859), vol. 1, pp. 404~405, 4th edn, 1887); and Bartolomé Mitre, *The Emancipation of South America* (London, 1893), pp. 19~21.

13) Domingo Faustino Sarmiento, *Sarmiento's Travels in the United States in 1847* (Princeton, NJ, 1970), p. 116, and 'Discurso a los maestros', in *Obras completas* (Santiago and Buenos Aires, 1885-1903), vol. 21, pp. 244, 247~248.

14) 멕시코 모렐로스 주의 아파칭간에서 안드레스 킨타나 루우, 카를로스 부스타만테를 포함한 대의원들이 작성한 1814년의 '독립파(independentista)' 멕시코 헌법은, 국민 주권, 공화정, 노예제 폐지, 법 앞의 평등, 대의 정치, 로마 가톨릭에 대한 지원 중지(그러나 국교라는 점에는 변함이 없었다) 등을 선언했다. 이 문서는 특수한 형태의 대표제의 중요성을 말하고 있었다. "국민이 억압당하는 상황 때문에 헌법에 의해 대표자를 선출하는 것이 불가능한 경우에, 시민의 암묵적 의지(*tácita voluntad*)에 따라 설립되는 보완적 대표(*representacion supletoria*)에게는 정당성이 있다." (Constitution of Apatzingán, 22 October 1814, article 8, reprinted in Ernesto de la Torre Villar, *La Constitución de Apatzingán y los creadores del Estado mexicano* (Mexico City, 1964), p. 381).

15) *Guadalajara Reporter*, 18-24 October 1997에서 인용.

16) Lucas Alamán, *Historia de México* (1849 - 1852), 6th edn (Mexico City, 1972), vol. 5, p. 463.

17) 다음에서 사료를 수집하였다. Archivo General de la Nación (Mexico City), vol. 445, document XIV, f. 1.

18) Article 10, Constitution of New Granada and Venezuela (Cucuta, 1821), in Luis Mariñas Otero, *Las Constituciones de Venezuela* (Madrid, 1965), p. 199.

19) James Creelman, 'President Díaz: Hero of the Americas', in Lewis Hanke (ed.), *History of Latin American Civilization*, vol. 2 (Boston, 1967), p. 259.

20) 1873년 잉글랜드의 사우샘프턴에서 Vicente G.와 Ernesto Quesada가 로사스와 한 인터뷰. 다음에서 발췌한 것이다. Arturo Enrique Sampay, *Las ideas políticas de Juan Manuel de Rosas*, pp. 215, 218~219. 팔레르모에서 한 연설은 1839년 4월 18일 Félix Frías에게 보낸 Enrique Lafuente의 서신을 확인하라. 다음에 실려 있다. Gregorio F. Rodríguez (ed.), *Contribución histórica y documental* (Buenos Aires, 1921-1922), vol. 2, pp. 468~469.

21) 로사스를 대면한 목격자의 이야기는 Henry Southern가 Lord Palmerston에게 보낸 서신에 있다(27 January 1850). the Palmerston Papers, GC/ SO/ 251, Historical Manuscripts Commission (London).

22) From the report in *La Gaceta Mercantil* (Buenos Aires), 19 July 1835.

23) 이 연설은 다음 자료에 실려 있다. Antonio Zinny, *La Gaceta Mercantil de Buenos Aires, 1823-1852, resumen de su contenido con relación a la parte Americana y con especialidad a la Historia de la República Argentina* (Buenos Aires, 1912), vol. 2, pp. 243~244.

24) Henry Southern이 Lord Palmerston에게 보낸 서신을 보라(16 July 1849). the Public Record Office (London) collection, Foreign Office, General Correspondence, FO 6 (1823-1852), 144: "경제 일간지 〈가세타 메르칸틸〉은 그의 직접적인 통제를 받으며 …… 매일 이 나라의 모든 장소에서 그 구역의 행정 책임자들에게 읽힌다. 치안판사는 이 신문을 민간인에게 읽어주고 군 지휘관은 군과 관련된 사람들에게 읽어준다. 사실상 이 신문은 정부의 시뮬라크르(Simulacrum, 원본보다 더 원본 같은 모조품, 혹은 원본과 무관하게 존재하는 현실)의 일부이다. 이 정부는 로사스 장군과 같이 완고하고 지치지 않는 성격을 지닌 인물만이 가능한 완벽성을 보이며 유지되고 있다."

25) Antonio Zinny, *La Gaceta Mercantil de Buenos Aires, 1823-1852, resumen de su contenido con relación a la parte Americana y con especialidad a la Historia de la República Argentina* (Buenos Aires, 1912), vol. 2, p. 236.

26) 다음을 보라. John Anthony King, *Twenty-Four Years in the Argentine Republic* (London,

1846), pp. 259~260. "로사스는 자신의 권력을 더 효율적으로 정립하고 약한 자들에게 더 겁을 주기 위해서, 1839년 자신의 초상화를 제작하도록 하여 그것을 매우 아름답게 치장한 다음, 마차에 실어 개선 행진을 하듯 도시의 거리를 행진하도록 했다. 이 폭정의 도구를 때로는 '마소르카' 요원의 아내와 딸이 끌게 했으며, 또 어떤 경우에는 요란하게 떠드는 한 무리의 빈민들이 끌게 했다. 이들이 외치는 익숙한 구호가 허공을 갈랐다. '연방파 만세! 야만스러운 통합파에게는 죽음을!' 하지만 이것이 전부가 아니었다. …… 초상화는 교회에서 교회로 전달되었으며 그때마다 사제들이 나와서 종교적인 존경의 표시까지 하면서 맞이했다. 초상화는 오르간 소리와 찬송가와 기도 소리가 울려 퍼지는 가운데, 성스러운 통로를 지나 옮겨졌다. 초상화는 분향과 함께 봉헌되고, 장엄 미사와 같은 기념 행사로 환영받은 다음, 십자가에 매달린 구세주 옆 제단에 놓였다. 신성을 모독하는 의식 절차와 역겨운 위선과 공포심 속에서 마치 신처럼 숭배되었던 것이다." 또한 다음을 보라. Andrés Lamas, *Escritos políticos y literarios durante la guerra contra la Tiranía de D. Juan Manuel de Rosas* (Buenos Aires, 1877), p. 266. 여기에는 1839년 수도사 후안 곤살레스가 자신을 따르는 무리에게 다음과 같이 말했다고 기록되어 있다. "우리 주 하느님을 사랑하는 것이 올바른 일인 것과 마찬가지로, 우리의 지사이며 법의 회복자인 D. 후안 마누엘 데 로사스를 사랑하고, 그에게 복종하며 그를 존경하는 것은 올바른 일이다."

27) *La Gaceta Mercantil* (Buenos Aires), 1 April 1835.

28) Marcela Ternavasio, *La revolución del voto. Política y Elecciones en Buenos Aires, 1810-1852* (Buenos Aires, 2002), pp. 202, 206, 232~233.

29) 폭력을 민주화하는 과정은 다음 자료에서 논한다. John Keane, *Violence and Democracy* (Cambridge and New York, 2004).

30) James Bryce, *Modern Democracies* (New York, 1921), vol. 1, pp. 187~206.

31) Francisco I. Madero, *La sucesión presidencial en 1910: El Partido Nacional Democrático* (Mexico City, 1908), pp. 179~185, 230~241.

32) Julio V. González가 상원 회의에서 한 연설(1 February 1912)을 다음에서 인용하였다. Natalio Botana, *El orden conservador: La política argentina entre 1880 y 1915* (Buenos Aires, 1985), p. 174.

33) Alcides Argüedas, *Los caudillos bárbaros* (Barcelona, 1929) and *Los caudillos letrados* (Barcelona, 1923).

34) Barrington Moore, Jr, *Social Origins of Dictatorship and Democracy. Lord and Peasant in the Making of the Modern World* (Boston, 1967), p. 418.

35) Comisión Nacional de Homenaje a Artigas, *El Congreso de Abril de 1813, a través de los documentos* (Montevideo, 1951).

36) [Batlle], 'Instrucción Para Todos', *El Día* (4 December 1914).

37) [Batlle], 'El P. E. Colegiado', *El Día* (18 December 1911).

38) 핵심이 되는 문헌은 다음과 같다. Joseph Borély, *Nouveau Système Électoral. Représentation proportionnelle de la majorité et des minorités* (Paris, 1870).

39) '이중 동시 투표 제도'에 대한 이 타격은 치명적인 것은 아니었다. 이중 동시 투표 제도는 강하게 뿌리내려 있었으며 이미 널리 퍼져 있었기 때문이다. 이중 동시 투표 방식은 훗날 아르헨티나의 일부 지역에서 그리고 온두라스의 대통령 선거에서 그대로 복제되어 실시되며, 우루과이의 법률에도 1934년, 1935년, 1939년에 걸쳐 점진적으로 도입되었다. 1982년의 '정당법' 개혁과 1996년의 헌법 개정에 따라 제한된 점이 있었지만, 이중 동시 투표 제도는 오늘날에도 여전히 활용되고 있다.(개정된 '정당법'에 따르면 각 정당은 행정과 입법의 직책에 단일 후보를 세 명까지 낼 수 있으며 또한 급이 다른 직책에 동시에 단체로 입후보하는 복수의 후보자 명단을 세 벌까지 낼 수 있다. 이때 단일 후보나 복수 후보 명단은 정당 내부의 각기 다른 특정 '수블레마'를 대표해야 한다.) 그러나 이 제도가 20세기 중에 활용

된 면면을 살펴보면 실제 일정한 단점들이 있음을 알 수 있다. 이중 동시 투표 제도는 시민들이 기본적으로 정당에 투표한다는 것을 전제로 하며, 따라서 당이 제시한 후보자 명단에서 이탈하여 투표할 수 없도록 되어 있다. 결국 유권자는 하나의 정당에서 제시하는 후보자들을 놓고 그 가운데 자신이 선호하는 후보자를 선택하도록 강요받는 것이다. 이 밖에 단점으로 대통령 선거 후보자를 선택할 때 당내 토론과 공공 토론을 억제한다는 점, 전체 투표수의 과반이 안 되는 득표를 한 정치인들이 국가의 고위 공직에 오르도록 허용한다는 점이 많은 논쟁을 불러일으켰다. 1991년에 아르헨티나의 산타페 주에서 이중 동시 투표 제도가 채택되었는데 여기에서 바로 그런 상황이 발생했다. 2003년에 시행된 주지사 선거에서 로사리오의 시장을 지낸 사회당 후보 에르메스 비네르(Hermes Binner)가 556,603표를 얻었고, 그의 주요 경쟁자인 페론당 후보 호르헤 오베이드(Jorge Obeid)—그는 전직 주지사였으며 산타페 시의 시장이었다.—가 319,887표를 얻었다. 하지만 오베이드가 승리자로 발표되었다. 왜냐하면 페론당의 '수블레마들'에게 던져진 표를 합산했기 때문이다. 더 많은 표를 얻으려고 '수블레마'의 숫자를 뻥튀기하는 전략—대부분 이런 전략은 기회주의적 성향을 띤다.—은 결국 50명의 유권자 가운데 거의 한 사람만 선거의 입후보자가 되는 상황을 몰고 온다. 이러한 불합리에 직면한 산타페 주는 2004년 11월 이중 동시 투표 제도를 폐지하고, 그 대신 의무적 예비선거를 먼저 실시한 다음 폐쇄형 명부(closed-list) 방식으로 본 선거를 치르는 투표 제도를 도입했다. 행정직 선거에서는 최다 득표자가 당선자가 되며 입법직 선거에서는 비례대표 방식을 채용했다.

40) 2005년 11월 15일 몬테비데오에서 Ana Maria Rodríguez, Ana Frega, Inés Cuadro, Carlos Demasi와 한 인터뷰.

41) *El Diario Ilustrado* (Santiago), 24 August 1931.

6장 유럽의 민주주의

1) Giuseppe Mazzini, 'The democratic tendency of our times', *People's Journal* (29 August 1846), p. 1.

2) John Milton, *Paradise Regain'd*, in E. H. Visiak (ed.), *Milton. Complete Poetry & Selected Prose* (Glasgow, 1938), Book 3, pp. 375~376.

3) 1520년부터 한 세기 동안, 현지에서 '세 동맹 자유 국가(Freestate of the Three Leagues)'라고 불리던 산간 지대의 작은 공화국은—오늘날 이 지역은 해당 지역 주민들이 쓰는 세 가지 언어에 따라 세 가지 이름으로 불린다. 각각 그라우뷘덴(독일어), 그리조니(이탈리아어), 그리슌(로맨스어)이다.—자치 정부의 형태를 유지하는 데 성공했다. 이 공화국은 다양한 종교 공동체들의 연합을 기반으로 삼았으며, 신을 두려워할 줄 아는 시민들이 공공 회의체를 통해 자신들의 공동 관심사에 관한 결정을 내렸다. 바로 '세 동맹 자유 국가'의 시민들이 민주주의 체제에서 생활한 최초의 근대 유럽인들이었다고 말하는 사람이 종종 있다. 하지만 그렇지 않다. 이 '자유 국가' 시민 일부가 자신들이 민주주의 체제에서 살고 있다고 생각했으며 유럽에서 가장 먼저 이곳에서 민주주의라는 단어가 긍정적인 의미로 쓰인 것은 사실이다. 하지만 그들은 하인과 빈민과 자유 상태가 아닌 농민을 그 체제에서 제외했으며, 또한 여성을 시민 범주에서 철저히 배제했다. 여성은 무기를 들고 싸우지 않으며 또 싸울 수도 없다는 생각에 따른 것이었다. 이 두 사실을 굳이 언급하지 않더라도, 펜을 들어 민주주의라는 단어를 문서에 기록한 소수의 '자유 국가' 시민들은 그 단어를 명백하게 고전적이며 회의체와 관련된 의미로 사용했다. 네덜란드 사람들과 달리 '세 동맹 자유 국가'의 시민들은 '대의' 민주주의로서 민주주의 개념이 전혀 없었다. 1577년 개신교 목사이자 역사가인 울리히 캄펠(Ulrich Campell, 1509?~1582)이 쓴 글이 이 점을 분명하게 보여준다. 이 글은 개신교로 강제로 개종시키는 것을 지지하는 라틴어 논문이었는데, 이 글에서 캄펠은 '자유 국가'를 다음과 같이 묘사했다. "민주적 행정관이 위세를 떨치는 곳이다. 이는 주민 일부가 더 많은 표를 확보하게 되면 그 주민들이 최고 행정관으로 인정받고 그 주민들이 지배한다는 말이다."('De officio', Staatsarchiv Graubünden, B721, 27~28). 이러한 그리스 편향성은 1618년에 작성된 다음의 독일어 논문에서도 명확하게 드러난다. *Grawpündtnerische Handlungen*

dess M.DC.XVIII jahrs (1618). 이 논문은 '세 동맹 자유 국가'가 "다수표를 획득한" 보통 시민에게 "법률을 제정하고 폐기하는 권한, 외국의 왕족이나 귀족과 동맹을 체결하는 권한, 전쟁과 평화 조약에 관한 권한, 그 밖에 상급이나 하급 권한과 관련된 모든 사안을 심의할 권한"을 부여했던 것을 칭송한다. 또 이 논문은 다음 말을 덧붙인다. "우리 정부의 형태는 민주주의적(*Democratisch*)이다. 따라서 우리가 자유롭게 지배하는 토지와 우리에게 종속된 토지 모두에서, 모든 행정관, 재판관, 관리의 선임과 해임이 우리 보통 사람들에게 달려 있다." 1620년과 1639년 사이에 민주주의에 관한 이야기는 사라져 갔다. '자유 국가'는 자율권을 상실했다. '30년전쟁'이 몰고 온 유럽의 힘의 정치와 '신앙 고백주의 (confessionalism)'라는 거대한 파도에 휩쓸려버린 것이다.

4) Juan Díaz del Moral, *Historia de agitaciones campesinas andaluzas-Córdoba* (Madrid, 1984), pp. 9.

5) 다음의 탁월한 글을 보라. Jenö Szücs, 'Three Historical Regions Europe. An Outline', in John Keane (ed.), *Civil Society and the State. New European Perspectives* (London and New York, 1988), pp. 291~332. 이 글은 원래 헝가리어로 쓰인 것으로 다음 제목으로 출간되었다. 'Vázlat Európa három régiójáról', *Történelmi Szemle*, 24 (1981), pp. 313~369.

6) Benedict [Baruch] de Spinoza, 'Of Democracy', in *The Chief Works Benedict de Spinoza* (*Tractatus Theologico-Politicus, Tractatus Politicus*) [1670] (London, 1891), vol. 1, chapter xi.

7) Simon Schama, *Patriots and Liberators: Revolution in the Netherlands 1780-1813* (New York, 1977), p. 67에서 인용.

8) G. K. van Hogendorp, *Brieven en Gedenkschriften* (The Hague, 1876), vol. 3, pp. 60~61.

9) Maximilien Robespierre, *Discours rapports à la Convention* (Paris, 1965), pp. 213ff.

10) Chevalier de Jaucourt, *Encyclopédie ou Dictionnaire Raisonné des Sciences, des Arts et des Métiers* (Paris, 1754), p. 816. 또한 장 자크 루소가 말한 내용도 참조하라. 루소는 대규모의 근대 국가와 제국이 성장함에 따라, 그리고 불평등이 증가하고 사치품과 시장 전문화가 부패를 불러옴에 따라, 민주정은 이제 쓸모없는 옛것이 되어버렸다고 했다. "만일 국민이 신과 같은 사람들로 이루어졌다면 그들의 정부는 민주정이 될 것이다. 인간은 이렇게 완벽한 정부를 감당할 수 없다."('The Social Contract or Principles of Political Right', Book 3, Chapter 4, in G. D. H. Cole, *Rousseau. The Social Contract and Discourses* (London and New York, 1913), p. 56). 자신의 논점을 더욱 분명히 하기 위해 그는 다음과 같이 덧붙였다. "우리가 민주주의라는 용어를 엄격한 의미로 받아들인다면, 진정한 민주주의란 이제까지 존재할 수 없었으며 앞으로도 존재하지 않을 것이다. 다수의 사람이 통치하며 소수의 사람이 통치의 대상이 된다는 것은 자연 질서에 어긋난다. 국민이 끊임없이 집회를 열어 공공의 사안에 자신의 시간을 바친다는 것은 상상하기 힘든 일이며, 또한 만일 그런 목적으로 위원회를 구성한다면 그런 행동은 반드시 행정의 형태를 변형하는 결과를 초래할 것이 명백하다."

11) Emmanuel-Joseph Sieyès, *Écrits politiques* (Paris, 1985), p. 47.

12) George Gordon, Lord Byron, 'My Dictionary', in *Letters and Diaries 1798 to 1824*, edited by Peter Quennell (London, 1950), vol. 2, p. 605. "어떤 정부 형태가 최악인지 말하기 힘들다. 모두 나쁘다. 민주주의에 대해서 말하자면 이것이 가장 나쁘다. 민주주의란 실제로 무엇인가? 불한당들의 귀족정이다."

13) J. Leflon, *Pie VII: des abbayes bénédictines à la papauté* (Paris, 1958), p. 434에서 인용. 이어지는 의견은 다음 두 자료를 포함하여 1790년대 후반에 발간된 자코뱅파 신문, 소책자, 서적을 바탕으로 한 것이다. Giuseppe Compagnoni, Vocabolario Democratico', *Monitore Cisalpino* (18 May-22 August 1798), and *Elementi di diritto costituzionale democratico, ossia principi di giuspubblico universale* (1797).

14) *Das Volk* (Berlin), number 5, 10 June 1848, pp. 18~19; and number 11 (which outlines a 'People's Social Charter'), 27 June 1848, pp. 41ff.

15) Adamantios Koraes, *Ephemeris Athenon* (Athens, 3 August 1825)

16) A. N. Radishchev, *Puteshestvie iz Peterburga v Moskvu, Volnost* (St Petersburg, 1790), translated as Aleksandr Nikolaevich Radishchev, *A Journey from St. Petersburg to Moscow* (Cambridge, Mass., 1958). 라디셰프가 다룬 주제가 어떤 것들이었는지 다음 꿈 이야기를 통해 짐작할 수 있다. 꿈 속에서 저자는 자신이 차르임을 발견한다. 이때 순례자의 모습을 한 '진실(Truth)'이 나타나 차르에게 다음과 같이 말한다. "그대는 그대의 힘을 사용하여 다음과 같이 될 수 있음을 알라. 그대는 이 나라에서 가장 대단한 살인자가 될 수 있다. 그대는 가장 뛰어난 도적이 될 수도 있고, 가장 위대한 반역자가 될 수도 있다. 또한 그대는 공공의 안녕을 깨는 가장 큰 침해자가 될 수 있다. 그대는 약한 자들의 삶에 그대의 잔혹함을 퍼붓는 가장 잔인한 적대자가 될 수 있다. 전사한 아들 때문에 우는 어머니가 있다면, 남편 때문에 우는 아내가 있다면, 그때 비난받을 사람은 마땅히 바로 그대이다. …… 만일 경작지에 작물을 심지 않고 땅을 놀리고 있다면, 농부의 자식들이 제대로 된 먹을거리가 없어 바짝 마른채 엄마의 품속에서 굶주려 죽어 가고 있다면, 그때 비난받아 마땅한 사람도 바로 그대이다."

17) V. I. Lenin, *Collected Works* (Moscow, 1960–1966), vol. 2, p. 507.

18) From P. N. Tkachev's 'Open Letter Engels', in *Izbrannye sochineniia sotsialno-politicheskie temy*, edited by B. P. Kozmin (Moscow, 1932), 3, pp. 88~98.

19) Dr T. H. B. Oldfield, *Representative History of Great Britain and Ireland*, cited in Sir Thomas Erskine May, *The Constitutional History of England Since the Accession of George the Third: 1760-1860* (London, 1896), vol. 1, pp. 361~362.

20) Thucydides, *History of the Peloponnesian War*, Book I, 143, I.

21) *Diaries and Correspondence of the Earl of Malmesbury* (London, 1844), vol. 4, p. 147.

22) Letter to James Maury, 21 November 1807, in E. A. Bergh (ed.), *The Writings of Thomas Jefferson* (Washington, DC, 1907), vol. xi, p. 397.

23) Edmund Burke, *Debates on the Passage of the Quebec Act* (런던의 하원에서, 1774년 5월 31일), and *Speeches in the Impeachment Warren Hastings* (런던의 하원에서, 1788년 2월 16일). "이 신사 분들은 일종의 지리적 도덕이라는 계획을 수립해놓았습니다. 그 논리에 따르면, 공적 상황에서든 사적 상황에서든 인간의 의무는 우주의 위대한 통치자와의 관계라든가 인류와의 관계에 따라 결정되는 것이 아니며, 기후나 경도(經度)에 따라, 생명이 아니라 위도(緯度)라는 기준에 따라서 결정된다고 합니다. 마치 어떤 사람이 적도를 넘으면 모든 덕성이 죽어버린다는 이야기와 같습니다. 벌레가 어떤 선을 넘으면 죽는다는 이야기와 마찬가지입니다. 바다를 항해하는 사람들에게는 아마도 다른 종류의 세례(洗禮)가 있는 모양입니다. 이 세례를 받으면 그들이 유럽에 있을 때 습득한 모든 것이 무효가 되며, 이 세례 이후에는 만물의 새로운 질서가 시작되는 모양입니다."

24) Jeremy Bentham, *Letter to Lord Pelham, Giving a Comparative View of the System of Penal Colonization in New South Wales, and the Home Penitentiary System, Prescribed by Two Acts of Parliament of the Years 1794 & 1799* (London, 1802). 다음의 문헌도 이와 똑같은 논지이다. Cornewall Lewis, *An Essay on the Government of Dependencies* (London, 1841), ed. Lucas 1891, p. 289. "자치를 하는 종속국이란 표현은 (이 종속국이 사실상 독립해 있지 않은 경우라면) 용어 자체의 모순이다." 다음 자료도 보라. James Mill, 'Colony', in *Essays* (London, 1828). 그리고 인도와 관련해서는 다음 자료를 보라. the declaration of the Parliamentary Committee of 1833. "원주민과 유럽인의 이해관계가 서로 충돌하면, 언제나 원주민의 이해관계를 유럽인의 이해관계에 앞서서 고려해야 한다는 것은 논쟁의 여지가 없는 원칙으로 인정된다." (R. Muir, *The Making of British India*, 1756-1858, p. 305). 1837년 벅스턴(Buxton)이 의장으로 있던 '하원 원주민 조사위원회(the House of Commons Select Committee on Aborigines)'에서도 같은 의견이 나왔으며, 바로 이 해에 강력한 '원주민보호협회'가 창설되었다.

25) Catherine Cleverdon, *The Woman Suffrage Movement in Canada* (Toronto, 1950), p. 215. 선

거 과정에 따르는 거친 행동과 폭력성이 '좀 더 약한 성(性)', 즉 여성에게 끼치는 영향에 대한 우려가 있었지만—1832년 4월 25일부터 5월 22일 사이에 치러진 몬트리올의 중간선거 기간에 3명의 캐나다인이 영국 병사의 총탄에 맞아 죽는 사건이 벌어졌다.—부동산이 있거나 임차인 자격이 있는 여성들의 선거권 보유는 수십 년 동안 지속되었다. 그러다 로어캐나다와 어퍼캐나다가 합병되어 캐나다 주가 되던 1849년에 여성의 투표권이 박탈되었다. 그리고 1867년에 제정된 '영국령 북아메리카 법(British North America Act)' 제41조에 의해 투표에서 여성을 제외하는 것이 확고한 사실이 되었다. 이 조치로 인해 당시 새롭게 형성된 연방 전역에서 이러한 불의한 조치를 폐지하라는 투쟁이 벌어졌다. 이 투쟁을 주도한 것은 '서프러제트(suffragette, 여성 참정권 운동가)'와 그들의 지지자들이었다. 이들은 '뉴브런즈윅여성참정권협회'나 '매니토바평등참정권클럽'이나 '여성기독교인금주동맹' 같은 단체를 조직했다. 1900년이 돼서야 비로소 여성 부동산 보유자들 대부분이 시(市) 선거에서 투표권을 행사할 수 있게 되었다. 최초로 주(州) 선거에서 투표권을 쟁취한 것은 매니토바 주의 여성들이었다. 1916년 1월, 이 문제를 두고 총력전이 벌어지면서 많은 남성의 생각이 바뀌었다. '군 유권자 법'(1917년) 채택 이후, 전국 규모의 선거에서 여성으로서 처음 투표한 사람들은 '블루버드(Bluebirds)'라 불리던 여성 군무원들이었다.

26) A. J. Marshall, *Darwin and Huxley in Australia* (Sydney, 1970), p. 44에서 인용.

27) James Tuckey, *Account of a Voyage to Establish a Colony at Port Phillip in Bass's Strait* (London, 1805), p. 190.

28) Speeches of Henry Lord Brougham, upon questions relating to public rights, duties and interests: with historical introductions (London, 1838), vol. 2, p. 600.

29) John Stuart Mill, *Dissertations and Discussions* (London, 1921 [1838]), p. 311. 같은 저자의 다음 책도 비교해서 보라. *Autobiography* (London, 1961 [1873]), p. 220. "소수 집단은 그들이 소수이기 때문에 투표에서 지는 것이고 항상 그렇게 질 수 밖에 없다. 그러나 일정한 수의 유권자 집단이 입법 기관 안에 자신들이 선택한 한 사람의 대표자를 둘 수 있게 하는 조치를 한다면, 소수 집단이 완전히 억압받는 상황을 면할 수 있다." 다수로부터 소수를 보호한다는 원칙의 씨앗은 첫 번째 선거법 개혁안에 관한 의회 토론에서도 발견된다.(다음을 보라. Praed's motion in *Hansard* (London, 1831), vol. 188, 1075) 어쩌면 사우스오스트레일리아의 정착민들이 제네바에서 빅토르 콩시데랑(Victor Considerant)이 했던 작업에 관해 알고 있었을 가능성도 있다. 푸리에주의자였던 콩시데랑은 1834년 이후 이와 유사한 선거 방식을 공개적으로 추진했다. 콩시데랑은 자신의 계획을 1846년 제네바 주(州) 의회에 제출했으며, 그 내용을 책으로도 펴냈다. *De la sincérité du gouvernement représentatif ou exposition de l'élection véridique* (Zurich, 1892). 소수 집단의 대표권에 관한 원칙이 최초로 언급된 것은, 1789년 1월 30일 미라보가 의회에서 한 연설에서였다. 미라보는 이렇게 말했다. "대의 기관과 국가의 관계는, 지도와 국토의 물리적 환경의 관계와 같다. 대의 기관은 그 기관의 모든 구성 부분을 통하여 그리고 그 기관 전체를 통하여 항상 국민을—즉 국민의 의견과 열망과 소망을—축소한 그림을 제시해야 한다. 마치 지도가 산, 골짜기, 강, 호수, 숲, 평야, 도시, 작은 마을을 우리 앞에 펼쳐 보여주듯이, 대의 기관이 제시하는 그림은 원본에 대해 정확한 비례 관계를 유지해야 한다. 미세한 부분이 큰 구성 요소에 의해 뭉개져서는 안 되며, 후자 역시 제외되어서 안 된다. 각 요소의 가치는 그 요소가 전체에 대하여, 그리고 전체를 위하여 얼마나 중요한지에 달려 있다.(Simon Sterne, *On Representative Government and Personal Representation* (Philadelphia, 1871), pp. 50~51에서 인용. 또한 다음을 보라. *Oeuvres de Mirabeau* (Paris, 1834), p. 7.)

30) 롤런드 힐이 비례대표제 도입을 지지한 것은 다음에 기록되어 있다. George Birkbeck Hill, *Life of Sir Rowland Hill* (London, 1880), vol. 1, p. 223; Catherine Helen Spence, *Autobiography* (Adelaide, 1910), 17. 또한 다음을 보라. *Preface to the Laws of the Society for Literary and Scientific Improvement*, reprinted as Appendix B in the first volume George Birkbeck Hill, *Life of Sir Rowland Hill*, p. 69.

31) Manning Clark, *A History of Australia* (London and Sydney, 1995), p. 257에서 인용.

32) 빅토리아 주의 이런 개선 방안이 태즈메이니아 식민지의 개선 방안에서 영향을 받았다는 가능성에 관해서는 다음에서 살핀다. Terry Newman, 'Tasmania and the Secret Ballot', *Australian Journal of Politics and History*, vol. 49, 1 (2003), pp. 93~101. 다음 자료들도 보라. John Hirst, *Australia's Democracy. A Short History* (Crow's Nest, 2002); 피터 브렌트가 운영하는, 많은 정보를 담은 다음의 웹사이트도 참고하라. http://www.enrollingthepeople.com; and Edward Wakefield, 'The Australian Ballot', *The Forum*, 8 (1889), pp. 148~158. 멜버른의 법률가였던 헨리 새뮤얼 채프먼(Henry Samuel Chapman, 1803~1881)은 비밀투표 제도를 도입하게 되는 태즈메이니아와 빅토리아의 입법안을 작성하는 데 크게 관여했다. 채프먼은 캐나다에서 급진 성향의 신문사를 운영했으며 뉴질랜드와 태즈메이니아에서 살기도 했고 1855년에는 빅토리아 주 의회 의원으로 선출되기도 했다.(빅토리아 주 의회는 1856년에 양원제로 바뀌었다.) 다음도 보라. Neale, 'H. S. Chapman and the "Victorian Ballot"', *Historical Studies*, 12 (1967), pp. 506~521.

33) 매사추세츠 주 입법부에 관한 다음의 보도를 보라. *New York Times*, 17 January 1853, p. 1. "오늘[1853년 1월 15일 토요일] 매사추세츠 주 입법부에, '비밀투표 법안'을 폐지하고 투표자가 자신의 투표용지를 투입하는 내용을 의무 사항으로 하는 것의 타당성을 검토하라는 지침이 제시되었다."

34) Henry George, 'Money in Elections', *North American Review*, 136 (1883), p. 210.

35) 이후 많은 관찰자들이 이러한 오스트레일리아식 투표의 효과를 과장했다. 뇌물 수수는 분명 계속되었으며 어쩌면 더 증가했는지도 모른다. 그렇기 때문에, 런던 〈타임즈〉는 오스트레일리아식 투표가 도입된 직후 이를 '완전한 실패작'이며 '사악한 시스템'이라고 비난했다.('The Ballot in Australia' [13 January 1857]). 하지만 이 투표 방식 덕분에 유권자들은 훨씬 더 유리한 거래 조건을 갖게 되었다. 스스로 가격을 부를 수 있었으며 그들이 원하는 누구에게서나 뇌물을 받을 수 있게 된 것이다. 하지만 이런 행동은 정당 정치를 법적으로 감시하는 시스템이 도입되면서 사라지게 되었다. 그때부터 표를 사는 행위가 공약과 정강으로 대체되었던 것이다. 영국에서 나온 증거는 다음에 요약되어 있다. C. O'Leary, *The Elimination of Corrupt Practices in British Elections* (Oxford, 1962), pp. 155ff. 유사한 경향을 1970년대 인도에서도 볼 수 있었다. 다음 자료를 보라. A. H. Somjee, *The Democratic Process in a Developing Society* (New York, 1979), p. 118. "양쪽에서 제공하는 현금에 유혹당한 …… 유권자는 종종 누구든 돈을 주겠다고 하면 그 돈을 받아 챙기기로 결정한다. 양쪽에서 돈을 받은 사실 덕분에 유권자는 돈 때문에 어느 한쪽에 투표해야 하는 의무에서 해방된다. 이리하여 유권자들은 비밀투표 제도를 활용하는 기술 면에서 성숙한 단계에 이르게 된 것이다."

36) Alexander Keyssar, *The Right to Vote. The Contested History of Democracy in the United States* (New York, 2000), pp. 142~143. 미국에서 오스트레일리아식 투표가 도입된 초기에는 이 방식이 "북부 지역에서는 이민자 출신의 많은 문맹자들의 참여를, 남부 지역에서는 교육받지 못한 흑인 유권자들의 참여를 막는 장애물"이었다고 한다.

37) *Melbourne Argus* (27 September 1856).

38) 오스트레일리아식 투표와 여성 참정권의 밀접한 관련성에 대하여 영국 총리 윌리엄 글래드스톤은 다음과 같이 말했다. "여성들에게 공개적인 투표 장소에 나아가 공적인 방식으로 자신의 표를 기록하는 의무를 스스로에게 부과하라고 촉구하는 것이 하나의 과제라면, 이와 별도의 또 다른 과제는 그들이 투표소의 조용한 분리 구역에 들어가서 투표용지라고 하는 보호막 아래서 독립적인 표를 기록할 수 있도록 만들어주는 것이다." (Justin McCarthy, *A History of Our Own Times* (Leipzig, 1880), vol. 4, p. 317에서 인용.)

39) Sir John Barrow, *A Description of Pitcairn's Island and its Inhabitants* (New York, 1854), p. 295.

40) Walter Brodie, *Pitcairn's Island, and The Islanders, in 1850*, 2nd edn (London, 1851), p. 108. 또한 최소 12명이 죽은 이 사건에 대한 자세한 내용이 담긴 다음 기록물을 보라. 'Meeting of the

Bounty and Story of Pitcairn Island 1790 – 1894', *John Angus Nimmo Papers* (*1939 – 1990*), NLA MS 9488, folio 1 (Australian National Library, Canberra).

41) 이어지는 서술은 다음을 참고했다. the letter by Russell Elliott, dated 25 January 1839 (Callao), reprinted in Brodie, *Pitcairn's Island, and The Islanders, in 1850*, pp. 82~83. the report of the signing of the constitution by Elliott, 30 November 1838, reprinted in ibid., pp. 84~85; and Thomas Boyles Murray, *Pitcairn: The Island, the People, and the Pastor* (London, 1857), pp. 144~145.

42) Barrow, *A Description of Pitcairn's Island and its Inhabitants*, p. 282. 또한 Arthur Quintal, Jr.가 샌드위치 제도의 선원 목사였던 S. C. Damon에게 쓴 편지를 참고하라. (11 January 1844), 이 편지는 다음에 게재되어 있다. Nathan Welby Fiske, *Aleck; the Last of the Mutineers; or the History of Pitcairn's Island, 2nd edn* (Amherst, 1845), p. 159.

43) Brodie, *Pitcairn's Island, and The Islanders, in 1850*, p. 153.

44) From the 1889 *Report of the Social Purity Society* (Adelaide, 1890), p. 1.

45) *Women of South Australia*! (Trades Hall, Adelaide, 1894).

46) *Register* (Adelaide), 15 March 1893.

47) *The Country* (Adelaide), 28 July 1894.

48) 다음을 보라. Graham Loughlin, 'Gordon, John Hannah (1850–1923)', *Australian Dictionary of Biography, vol. 9: 1891–1939* (Melbourne, 1983), pp. 53~54.

49) South Australian *Parliamentary Debates* (House of Assembly), 23 August 1894, p. 1086. 당시 추정으로 '여성기독교인금주동맹'이 전체 서명의 3분의 2 이상을 받아냈다는 점은 언급할 만한 가치가 있다.

50) South Australian *Parliamentary Debates* (House of Assembly), 18 December 1894, p. 2951.

51) *Observer* (Adelaide), 2 May 1896, 41.

52) Muriel Matters와의 인터뷰, 'A Woman Who Dared', *Southern Sphere* (1 July 1910), p. 12.

53) Walter Bagehot, *The English Constitution* (London, 1867), p. 270.

54) 다음은 영국에서 시민적 권리의 역사적 성장을 다룬 (논쟁적이지만) 고전적인 저술이다. T. H. Marshall, *Citizenship and Social Class* (Cambridge, 1950).

55) 오늘날, 과거에 영국 정부가 캐나다, 오스트레일리아, 뉴질랜드 같은 곳에서 용인한 실험들이 전형적이었으며 웨스트민스터가 운영한 제국은 전반적으로 웨스트민스터 방식의 통치 기술을 훈련하는 훈련장이었다고 생각하는 사람은 앨프리드 밀너 경(Lord Alfred Milner, 1854~1925)의 다음 발언을 깊이 생각해보아야 할 것이다.(그는 계몽적이고 현실적인 제국주의자였다.) 밀너가 수행한 공직 업무 가운데 마지막 중요한 과업은 이집트로 가는 대표단의 단장을 맡은 것이었다. 당시 이집트에서 심각한 폭동이 일어나 영국 정부는 1915년에 이집트에 설립한 보호령과 자치권을 요구하는 현지인들 사이에서 적절한 타협안을 찾아야 했다. 밀너 경은 다음과 같이 자신의 생각을 정리했다. "나는 1883년 우리가 이 나라에 주었던 대의 제도의 발전보다 이곳 관료 계층의 인격과 지성이 개선된 것이 훨씬 더 중요하다고 생각한다. 진정한 영국인으로 태어난 나는 당연히 참정권, 의회, 대의제, 다수의 의견을 비롯한 모든 것에 깊이 경의를 표한다. 그러나 이집트 사회의 실태를 직접 관찰하는 사람으로서, 나는 우리가 이해하는 민주 정부라는 것이 지금 누구라도 예견할 수 있는 시간보다 더 오랫동안 전혀 고려의 대상이 될 수 없다는 사실에 대해 모른 척할 수가 없다. 이곳 사람들은 우리가 이해하는 민주 정부를 완전히 이해할 수 없을 뿐 아니라 그런 것을 바라지도 않는다. 혹시라도 만일 이들이 그런 정부를 갖게 된다면 그들은 완전히 실패하고 말 것이다. 그래서 몇몇 어리석은 이론가를 제외한다면 그 누구도 민주 정부를 이들에게 부여하려고 하지 않는 것이다." (*England in Egypt* (London, 1920), pp. 378~379)

56) *Encyclopédie* (17 vols, Paris, 1751 – 65), vol. 11, p. 36.

57) *Rights of Man, Part First*, in Philip S. Foner (ed.), *The Complete Writings of Thomas Paine* (New

York, 1945), p. 341.

58) William Edward Hartpole Lecky, *Democracy and Liberty* (London, New York and Bombay, 1896), 261.

59) Siegfried Sassoon, *The Complete Memoirs of George Sherston* (New York, 1937), vol. 2, p. 143.

60) 이어지는 인용문들의 출처는 다음과 같다. Robert Musil, cited in D. Luft, *Robert Musil and the Crisis of European Culture* (Berkeley and Los Angeles, 1980), p. 279; H. G. Wells, *After Democracy: Addresses and Papers on the Present World Situation* (London, 1932), p. 24; and L. Volovici, *Nationalist Ideology and Anti-Semitism: The Case of Romanian Intellectuals in the 1930s* (Oxford, 1991). 여기에 요약한 대의 민주주의에 관한 주요 반론들의 출처는 (순서대로) 다음과 같다. Heinrich von Treitschke, *Politik* (1898), 3rd edn (Berlin, 1913), vol. 1, p. 62; Edmund Burke, 'Reflections on the Revolution in France (1790)', in *The Works of Edmund Burke* (London, 1886), vol. 2, pp. 396~397, 365; G. W. F. Hegel, *Vorlesungen ueber die Philosophie der Weltgeschichte*, III, in *Philosophische Bibliothek*, edited by Georg Lassen (Leipzig, 1920), p. 604; Johann Gottlieb Fichte, *Grundlage des Naturrechts*, part 1 (1797), in *Fichtes Werke* (Leipzig, 1908), vol. 2, p. 163; Friedrich Daniel Ernst Schleiermacher, *Ueber die Begriffe der verschiedenen Staatsformen* (Berlin, 1818); Georges Sorel, *The Illusions of Progress* (London, 1969), p. 150; and Prince Kropotkin, *Paroles d'un Révolté* (Paris, 1885), p. 190, and *Anarchist Communism* [1887] (London, 1920), p. 6.

61) *The Times* (London), 10 August 1936.

62) From a 1908 letter to Robert Michels, in Max Weber, *Briefe 1906–1908*, in Max Weber-Gesamtausgabe (Tübingen, 1990), vol. II, 5, p. 615.

63) J. A. Hobson, *Democracy and a Changing Civilisation* (London, 1934), p. vii.

64) F. C. Egerton, *Salazar, Rebuilder of Portugal* (London, 1943), pp. 224~227에서 인용.

65) V. I. Lenin, *A Contribution to the History of the Question of Dictatorship* (1920), in *Collected Works* (Moscow, 1966), vol. 31, pp. 340~361.

66) Benito Mussolini, *Le fascisme* (Paris, 1933), pp. 19ff.

67) 이 인용문과 다음에 이어지는 인용문들의 출처는 다음과 같다. *Parliamentary Debates, House of Commons, 1947–1948*, vol. 444 (10 November 1947), pp. 36~155, and ibid., 11 November 1947, pp. 203~318.

7장 인도의 민주주의

1) Winston Churchill, *India. Speeches and an Introduction* (London, 1931), pp. 30, 136, 77; Hira Lal Seth, *Churchill on India* (Sant Nagar, Lahore, 1942), p. 16.

2) HMG, *Report of the Indian Statutory Commission*, 1 (London, 1930), pp. 299~300.

3) HMG, *Report of the Indian Statutory Commission*, 1 (London 1930), pp. 118~119.

4) 'Foundation Stone Laid by the Duke', *The Statesman* (13 February 1921), p. 12.

5) Deyan Sudjic, *Architecture and Democracy* (London and Glasgow, 1999), p. 30에서 인용.

6) 'Message from the King. Brilliant Scene', *The Statesman* (19 January 1927), p. 7.

7) 이어지는 인용문들은 다음에서 발췌한 것이다. Shashi Tharoor, *Nehru. The Invention of India* (New Delhi and London, 2003), pp. 48, 167.

8) 다음의 미완성 평론에서 발췌한 것이다. 'Roads to Freedom (April 1919)', in *Selected Works of Jawaharlal Nehru* (New Delhi, 1972), vol. 1, p. 141.

9) 'Sapru Committee of the Constituent Assembly'의 보고서 내용 중에 있는 이 인용문은 다음에서 발췌한 것이다. Granville Austin, *The Indian Constitution: Cornerstone of a Nation* (New Delhi,

1966), p. 147.

10) Jawaharlal Nehru, *An Autobiography* (London, 1936), p. 503.

11) 'The Rashtrapati (1937)'가 처음 발표된 것은 *The Modern Review* (Calcutta)이며, 훗날 다음 자료에 다시 게재되었다. *Selected Works of Jawaharlal Nehru* (New Delhi, 1976), vol. 8, pp. 520–23.

12) Max Weber, 'Politik als Beruf', in *Gesammelte Politische Schriften* (Tübingen, 1958), p. 523.

13) Ogden Nash, 'The Pandit' (1961), in *Everyone but Thee, Me and Thee* (Boston, 1962).

14) Rajni Kothari, *Politics in India* (Delhi, 1970)의 내용과 그의 다음 저술에 있는 다른 강조점들을 비교해보라. *The State Against Democracy: In Search of Humane Governance* (Delhi, 1988).

15) B. R. Ambedkar, 'Speech on the Adoption of the Constitution', in B. Shiva Rao (ed.), *The Framing of India's Constitution: Select Documents*(New Delhi, 1968), vol. 4, p. 944.

16) '개발도상사회연구센터'의 조사(*India Today*, 31 August 1996)에 따르면, 1996년 선거에서 전체 유권자의 평균 투표율을 넘은 집단은 '빈곤층', '지정 카스트', '마을(village) 주민'이었다.(빈곤층은 평균보다 2.9포인트 높았으며, 지정 카스트는 1.9포인트, 마을 주민은 1.1포인트 높았다.) 전체 평균보다 낮은 투표율을 보인 집단은 대학 졸업생과 대학원 졸업생(-4.5포인트), 도시 거주자(-3포인트), 그리고 상류 카스트(-1.6포인트)였다. 전체적인 내용은 다음 자료를 참고하라. Yogendra Yadav, 'Understanding the Second Democratic Upsurge: Trends of Bahujan participation in electoral politics in the 1990s', in Francine Frankel et al. (eds), *Transforming India: Social and Political Dynamics of Democracy* (Delhi, 2000), pp. 122~134.

17) 다음 자료는 1990년에서 2005년 사이 고아(Goa)에서 정당들 간에 있었던 거친 공작 때문에 의회 정치가 붕괴된 상황을 추적한다. Peter Ronald deSouza, 'A Carnival of Greed', *Indian Express* (10 February 2005); 2005; 검은 완장을 두른 편자브 의회 의원들에게 찬디가르 경찰은 몽둥이를 내리치고 물대포를 퍼부었다. 해당 내용은 다음에 있다. *The Hindu* (27 February 2005), p. 5; 비하르 주에 어떻게 무법 상태가 확산되었는지 다음 자료에 잘 묘사되어 있다. Vandita Mishra, 'We don't talk anymore', *The Indian Express* (11 February 2005).

18) A. B. Vajpayee, 'Challenges to Democracy in India', *Organiser*, 24 November 1996; and 'Vajpayee Advocates a Change in Our System of Governance', *Organiser*, 9 March 1997.

19) *Times of India* (28 December 1993), pp. 1, 11.

20) 2004년 총선거가 다가오던 때에 뛰어난 인도의 저술가이자 학자인 아시스 난디(Ashis Nandy)는 정치적 악당에 대해 다음과 같이 지적했다. 인도에 새롭게 등장한 중간 계급의 일부는 자신들을 보호해주는 정치인들이 설사 부패했거나 범죄 기록이 있더라도 기꺼이 그들을 지지한다. "그렇다. 우리는 그 정치인이 악당이라는 것을 안다. 하지만 최소한 그 악당은 우리 사람이다."라는 식의 태도다. 이런 현상은 다음의 결론을 암시한다. 인도에서 민주주의가 성공적으로 작동한 결과, 현대적이고 서구화된 인도인들로 이루어진 상류 집단이 생겨났는데, 이 가운데 일부는 민주주의 자체에 대해 모호한 태도를 보인다는 것이다.(2004년 2월 26일 델리에서 존 킨이 아시스 난디와 한 인터뷰.)

21) 다음 자료들을 보라. Sri Aurobindo, 'Bande Mataram' (20 March 1908), in *Collected Works* (Pondicherry, 1970), pp. 767~769, and R. K. Mookerji, *Hindu Civilization: From the Earliest Time up to the Establishment of the Maurya Empire* (Bombay, 1950 [originally published in 1936]), especially pp. 99, 214, and p. 209. "팔리어 경전에는 불교의 승가(僧家)들이 진정한 민주적 원칙에 엄격하고도 세밀하게 일치하는 모습으로 작동했던 사실에 관한 흥미로운 정보가 있다. 민주주의의 핵심은 공공 집회 혹은 전원 회의체에서 진행되는 토론을 기반으로 한 결정에 따라 통치하는 것이다. 팔리어 경전에는 종교적 회의체 혹은 승가의 집회가 진행되는 모든 절차가 묘사되어 있다."

22) K. N. Govindacharya, 'Agenda', *The Pioneer*, 6 April 1997.

23) 태초의 거인 '푸루샤(Purusha)'를 제물로 바침으로써 이 세상이 시작되었다는 《리그베다》에 있는 다음의 서술과 비교해보라. "그들이 거인의 몸을 분할하면서 몇 개의 부분으로 나누었던가? 이 괴물의

입은 무엇이라 불렸던가? 괴물의 두 팔은? 그리고 두 넓적다리와 두 발은 무엇이라 불렸던가?/ 그의 입은 '브라만'이 되었고, 두 팔은 '크샤트리아'(전사戰士)가 되었으며 두 넓적다리는 '바이샤'(평민), 그리고 거인의 두 발에서는 '수드라'(하인)가 태어났다."

24) William Dalrymple, 'Trapped in the Ruins', *Independent on Sunday* (20 March 2004), p. 4에서 인용.

25) Edward Luce, 'Master of Ambiguity', *Financial Times Magazine* (London), 3 April 2004, pp. 17 ~21에서 인용.

8장 거대한 변화

1) Kader Asmal et al. (eds), *Nelson Mandela In His Own Words* (London, 2003), p. 62.

2) Barrington Moore, Jr, *Social Origins of Dictatorship and Democracy. Lord and Peasant in the Making of the Modern World* (Boston, 1967), p. 418.

3) 1963년 6월 서베를린에서 한 이 연설의 동영상과 연설문은 다음에서 볼 수 있다. http://www.americanrhetoric.com/speeches/jfkberliner.html

4) Sidney Verba, 'Problems of Democracy in the Countries', 이것은 출판되지 않은 글이다. (Harvard–MIT Joint Seminar on Political Development, October 1976); S. E. Finer, *The Man on Horseback: The Role of the Military in Politics* (Harmondsworth, 1976), p. 223.

5) John Keane, *Violence and Democracy* (Cambridge and New York, 2004), p. 1에서 인용.

6) Stan Sesser, 'A Rich Country Gone Wrong', *New Yorker*, 9 October 1989, pp. 80~81.

7) Francisco Weffort, 'Why Democracy?', in Alfred Stepan (ed.), *Democratizing Brazil. Problems of Transition and Consolidation* (New York and Oxford, 1989), pp. 327~350에서 인용.

8) '스마일 혁명', 즉 미소로 대응하는 집단 행동에 관한 세부 내용은 Ana Frega, Ana Maria Rodríguez, Carlos Demasi and Inés Cuadro와 한 인터뷰에 기반을 두고 있다. Montevideo, 15 November 2005. 이 사건은 다음의 다큐멘터리 영화에서 잘 포착되어 있다. 〈Y el pueblo dijo ¡no ¡ (그리하여 사람들은 '노'라고 말했다)〉(Montevideo, 1994).

9) *Svobodné Slovo* (Prague), 18 November 1989. 이때 프라하에서 벌어진 사건에 대한 더 긴 묘사는 다음에서 찾아볼 수 있다. John Keane, *Václav Havel: A Political Tragedy in Six Acts* (London and New York, 1999), pp. 338~359.

10) Bernard Gwertzman and Michael T. Kaufman (eds), *The Collapse of Communism by the Correspondents of 'The New York Times'* (New York, 1990), p. vii에서 인용.

11) Henry Adams, *Democracy. An American Novel* (New York, 1961 [1880]), p. 189.

12) Francis Fukuyama, 'The End of History?', *The National Interest* (Summer 1989). 본 저자가 그와 인터뷰한 내용도 보라. 'On the Road to Utopia?', *Independent* (London), 19 June 1999.

13) 다음을 보라. Freedom House report *Democracy's Century. A Survey of Global Political Change in the 20th Century* (New York, 1999).

14) 본문의 뒤이어 나오는 인용문은 모두 다음 자료에서 발췌한 것이다. Samuel P. Huntington, *The Third Wave. Democratization in the Late Twentieth Century* (Norman, OK, and London, 1991), especially chapters 1 and 6.

15) Joseph Schumpeter, *Capitalism, Socialism, and Democracy* (New York and London, 1942), p. 269.

16) Samuel P. Huntington, *The Third Wave. Democratization in the Late Twentieth Century* (Norman, OK, and London, 1991), p. 39.

17) 이어서 나오는 인용문들은 다음에서 발췌한 것이다. Julius Nyerere, 'Misingi ya Demokrasi', in *Sauti ya TANU*, number 47, reprinted in E. B. M. Barongo, *MkikiMkikiwa Siasa Tanganyika* (Dar

es Salaam, 1966), pp. 220~223; Julius K. Nyerere, *Freedom and Unity; Uburu na Umoja: A Selection of Writings and Speeches, 1952-1965* (London, 1967), p. 104; Julius K. Nyerere, 'Hotuba ya Rais' (10 December 1962), in Tanganyika, *Parliamentary Debates*, National Assembly (Dar es Salaam, 1962); and the pamphlet, *Democracy and the Party System* (Dar es Salaam, 1967).

18) 다음에 이어지는 묘사는 다음에 토대를 두고 있다. *Tanganyika Sunday News* (Dar es Salaam), 16 December 1962, p. 7.

19) 파수꾼 민주주의의 탄생은 프리드리히 폰 하이에크(Friedrich von Hayek)를 필두로 하여 다수결 원칙과 대의 민주주의를 맹렬하게 비난하던 시장 자유주의자들에게 근본적인 의문을 제기한다. 하이에크는 저서 *Law, Legislation and Liberty*(London and Henley, 1979)('법, 입법, 그리고 자유'라는 제목으로 번역되어 있다. - 역자)에서 자신은 '자유(liberty)'를 사랑하는 사람이라고 선언하면서 다음과 같이 주장했다. "만일 민주주의라는 것이 다수의 무제한적 의지에 의한 통치를 의미하게 된다면, 나는 내 자신이 민주주의자가 아니라고 솔직하게 인정할 것이다. 그리고 한 걸음 더 나아가 그런 통치 형태는 해로운 것이며 결국에는 작동하지 않으리라고 평가할 것이다."(p. 39). 그의 논리에 따르면, 정부의 기본적인 목적은 "틀을 만들어주는 것이며 그 틀 속에서 개인과 집단은 각자의 목표를 성공적으로 추구한다. 그리고 이따금 여러 이유로 시장이 공급해주지 못하는 서비스를 제공하기 위해서 세입 증대라는 정부의 강제력을 사용하는 것이다."(p. 139). 그렇기 때문에 현재 가장 시급한 과제는 시장 자유와 제한된 입헌 정부를 보호하는 것이라는 논리다. 하이에크는 이런 정부를 '데마키(demarchy, 제한적 민주주의)'라고 명명했다. 이때 배척해야 할 대상은 각 정당이 선거 기간에 돈을 주고 표를 사는 행위이다. 그것은 필연적으로 거대하게 팽창한 정부의 등장으로 이어지기 때문이다.(하이에크는 이런 정부를 '전체주의적 민주주의' 또는 '국민투표적 독재plebiscitary dictatorship'라고 불렀다.) 이런 정부는 개인의 자유를 짓밟고 원래 정부의 권력을 제한하기 위해 제정된 헌법에 대한 존경심을 파괴한다는 것이다. 하이에크는 대의 민주주의가 억압되어야 마땅하다고 주장했다. 그렇게 해야만 대의 민주주의가 자신의 가장 나쁜 특질들로부터 스스로를 보호할 수 있다는 논리였다. 그러나 이런 그의 주장은 시장에 의해 생성되는 자발적 자유를 지나치게 신봉하는 태도라는 비판을 받을 수 있다. 하이에크가 시장 실패(market failure)에 대해 제대로 인식하지 못하고 있다는 것이다. 하이에크의 주장은 헌법적 메커니즘을 활용하면 정부의 권력과 임무 영역에 대해서 정부 스스로 제한을 두는 효과를 거둘 것이라는 지나치게 안이한 전제에서 출발한다. 또 '데마키'가 현실에서는 곧바로 국가 권위주의의 형태로 타락해버리고 말 것이라는 의구심도 있다. 하이에크는 양원제 정부 시스템을 제안했다.(같은 책, p. 113) 이 정부를 통제하는 주요 기관은 헌법 구조를 규정하고 보호하는 일을 하는 하나의 회의체였다. 이 회의체의 구성원은 45세에서 60세 사이의 남녀이며, 15년 임기로 선출된다. 유권자는 일생에 단 한 번, 즉 45세가 되는 해에 단 한 번, 자신을 대표할 이 회의체의 구성원을 선출할 권한을 얻는다. 마치 현인들로 구성된 상원과 같은 이 회의체 제안이 지닌 수많은 기술적인 문제는 차치하고라도, 과연 이렇게 제한된 유권자의 선거권에 기반을 둔 엘리트 집단이 헌법적인 지배를 하는 것에 대해 어떻게 자유로운 방식으로 국민적 지지를 얻을 수 있다는 것인지 하이에크는 분명한 방도를 전혀 제시하지 않았다. 하이에크의 주장에는 아주 초보적이면서도 더 근본적인 차원의 문제가 있다. 경험적 차원의 문제이다. 정부 활동의 국내적인 영역과 국경을 초월하는 영역에서뿐만 아니라 시장을 비롯한 시민 사회 제도들의 지방적, 지역적, 국제적 영역에서까지, 권력을 감시하고 공적인 책임을 지는 방식으로 권력이 행사되도록 만드는 비(非)시장적이며 헌법 외적인 수많은 메커니즘을 갖춘, '파수꾼 민주주의'의 성장을 주목하지 않았던 것이다.

20) A Green Paper for the Council of Europe, *The Future of Democracy in Europe. Trends, Analyses and Reforms* (Strasbourg, 2004).

21) George Eliot, *Felix Holt: The Radical* (Edinburgh and London, 1866), chapter 5, p. 127; Walt Whitman, 'Election Day, November 1884'.

22) Archon Fung and Erik Olin Wright, 'Thinking about Empowered Participatory Governance',

in Archon Fung and Erik Olin Wright, *Deepening Democracy. Institutional Innovations in Empowered Participatory Governance* (London and New York, 2003), p. 5.

23) 관심이 있는 독자들을 위해 다음 몇 가지를 덧붙인다. 이때 제안된 선거 시스템은 '단기 이양식 투표 (Single Transferable Vote, STV)'의 현지판으로 이 시스템의 기원에 관해서는 논쟁이 있다. '시민 의회'가 열린 당시, STV 방식이 선거에 활용되던 곳은 아일랜드공화국, 오스트레일리아, 몰타, 뉴질랜드의 지방 선거, 북아일랜드(영국 하원 선거는 예외다)였다. 오스트레일리아에서는 이 방식을 '헤어-클라크 비례 방식(Hare-Clark Proportional Method)'이라 하며, 미국에서는 '선택 투표(choice voting)'라 한다. 이 방식은 기존의 최고 득표자 1인 당선 시스템보다 복잡하다. 이 방식은 일종의 비례대표제이며, 사표(死票)를 최소화하며 정당이 제시한 명단보다 후보자 개개인을 향해 좀 더 확실하게 표가 던져지도록 설계되었다. 한 선거구에서 복수의 당선자가 나오는 방식인데, 단순하게 설명하자면 각 후보자는 정해진 최소한의 표를 얻으면 당선되는 것이다. 이때 한계가 되는 수치 혹은 쿼터를 '드루프(Droop)' 쿼터라고 부른다. 정말로 진지한 관심이 있는 독자를 위해 설명한다면, 쿼터는 다음 공식으로 결정된다. '유효 투표 총수 ÷ (의석수 + 1) + 1'. STV 방식에서 투표자들은 후보자들의 명단을 두고 자신이 선호하는 순서에 따라 번호를 매긴다. 가장 선호하는 후보자에게는 1번을 쓰고, 두 번째로 선호하는 후보자에게는 2번을 쓰는 식으로 다른 후보자들에게도 번호를 매긴다. 개표하여 집계하는 도중에 후보자의 득표수가 드루프 쿼터를 넘으면 당선이 확정된다. 그다음 그에게 던져진 초과분 혹은 '잉여' 투표는 다른 후보자들에게 이양된다. 이때 그 순서는 각 투표자가 미리 정해 둔 선호도 순서에 따른다. 한편, 가장 적은 수의 표를 얻은 후보자는 당선에서 제외되는 것으로 결정되면서, 그가 얻은 표는 다른 후보자들에게 옮겨진다. 이 같은 과정이 계속 반복되어 시행되며 개별 선거구의 당선자 수가 다 채워지면 중단된다. 만일 표 계산의 최초 시점에 쿼터에 도달한 후보가 한 명도 없다면, 득표수가 적은 후보자부터 먼저 탈락되고 그 탈락 후보자들에게 던져진 표를 다른 후보자들에게 이양한다. 그런 식으로 충분한 수의 후보자가 쿼터를 초과하도록 계산을 계속한다. 여기에서 다른 모든 투표 방식과 마찬가지로 이 STV 방식이 전혀 문제가 없는 것은 아니라는 점을 언급하는 것이 좋겠다. 어떤 경우에 STV 방식은 이러한 표 계산의 초기 단계에서, 당선될 수도 있었던 후보를 탈락시키는 경우도 있다. 이는 '한 표의 가치는 동일해야 한다'는 원칙을 사실상 어기는 것이다.(이른바 미크 방식 Meek's method을 활용하는 전산화된 산정 방식을 사용하면 이런 문제를 상당 부분 해결할 수 있다. 뉴질랜드에서 그렇게 한다.) 또 다른 문제는 이따금 생기는 '당나귀 투표(donkey vote)' 문제이다.(영어권에서 'donkey'는 미련한 동물로 여겨진다. – 역자) 후보자를 알파벳순으로 정렬할 경우, 가장 앞에 오는 후보자가 조금이나마 유리하다는 것이다.(이 문제를 해결하는 방법은 각 투표용지마다 후보자의 명단을 다르게 정렬하는 '롭슨 순환Robson rotation' 방식을 쓰는 것이다. 이 방식을 옹호한 태즈메이니아 주의 의원 닐 롭슨Neil Robson에서 따온 명칭이다.) 그리고 마지막으로 여러 명의 의원을 내는 선거구에서 만일 어떤 의원이 죽거나 사임했을 때 어떻게 공석을 채울 것인가 하는 까다로운 문제가 있다. 직전 선거의 투표용지를 다시 검토하고 계산하여 공석을 메울 수 있다. 이를 '역계산 방식(countback method)'이라 하며 오스트레일리아수도주(Australian Capital Territory), 몰타 등지에서 이 방식을 쓴다. 다른 방식으로는, 결원이 된 의원과 같은 정당에 속한 관리 혹은 선출된 대표자들에게 공석을 채울 새로운 사람을 지명하게끔 하는 방식이다. 아일랜드공화국에서 사용되는 방식이다. 아일랜드공화국에서는 지방 의회에 결원이 생길 경우 결원이 된 의원이 속한 정당 동료들이 지명하는 후보자로 공석을 채운다. 보충 선거를 실시해 단일 승자를 뽑는 경우도 있고, 가장 단순한 방식을 쓰는 경우도 있다. 아일랜드공화국의 유럽의회 선거에서 쓰는 방식인데, 당선이 확정된 사람들은 당선 뒤에 자신이 만일 의석을 지키지 못하게 될 경우에 그 자리를 승계할 후보자 명단을 제출한다. '단기 이양식 투표' 방식의 역사에 관해서는 다음 자료, 특히 9장을 보라. Clarence Hoag and George Hallett, *Proportional Representation* (New York, 1926). 통상적인 견해에 따르면 '단기 이양식 투표' 방식을 동반한 비례대표제를 옹호한 최초의 기록은 런던의 변호사 토머스 헤어(Thomas Hare)가 1857년에 펴낸 《대의제의 기제(The Machinery of Representation)》라는 소책자였다. 같은 해 이 소책자의 두

번째 판이 발행되었으며, 이후 그는 15년에 걸쳐 계속해서 판을 거듭하며 좀 더 세련된 제안들을 모아 《대표자의 선출(The Elections of Representatives)》이라는 책을 펴냈다. 1861년, 헤어가 제안한 이 시스템을 두고 존 스튜어트 밀은 "통치의 이론과 실제에서 이제껏 만들어진 가장 뛰어난 개선책 가운데 하나"라는 찬사를 아끼지 않았다. 다음 자료를 보라. *Considerations on Representative Government* (London, 1861), p. 142. 밀이 이렇게 극찬을 하는 바람에 토머스 헤어의 명성이 높아졌지만 사실 이것과 동일한 원칙에 대해서 다른 사람들 역시 오랫동안 연구하고 있었다. STV의 대략적인 개념은 이미 몇몇 사람들이 각각 독립적으로 고안한 것이 있었다. 그중에 프랑스의 수학자이자 논리학자인 조제프 디아즈 제르곤(Joseph Diaz Gergonne, 1771~1859)이 있었다. 그는 자신이 쓴 평론 'Arithmétique politique. Sur les élections et le système représentatif', *Annales de Mathématiques*, vol. 10 (1820), pp. 281~288.에서 투표자들이 던진 표가 사표(死票)가 될 위험에서 투표자들을 보호하는 선거 방식을 추상적으로 스케치하여 독자들에게 제공했다. 그는 이렇게 썼다. "선거에서 투표자들은 자신들의 의견과 이해관계 혹은 욕구에 따라서 자유롭게 스스로를 집단으로 형성할 수 있게 된다. 그러면 지구의 어떤 시민이라도 200명의 유권자의 신임을 받는다면, 선거를 통해 구성되는 의회에서 대표자가 될 수 있을 것이다.(p.286)" 거의 같은 시기에 참으로 우연이라고밖에 말할 수 없게도, 선거 방식을 발명하는 보이지 않는 손이 영국의 키더민스터와 버밍엄에서 사립학교 교장을 지내던 토머스 라이트 힐(Thomas Wright Hill, 1763~1851)로 하여금 단기 이양식 투표 방식을 동반한 비례대표 시스템을 현지의 '문예와 과학적 개량을 위한 협회'에서 실험하도록 만들었다. 우리가 앞서 살펴본 대로 라이트 힐의 아들 롤런드 힐은 근대 우편 제도의 창시자였으며, 오스트레일리아의 사우스오스트레일리아 주의 식민위원회 서기였다. 롤런드 힐은 (1840년에) 바로 이 선거 방식을 애들레이드 시 자치체에 도입함으로써 세계사에 커다란 흔적을 남겼다. 세 번째 인물은 덴마크의 카를 크리스토퍼 게오르그 안드레(Carl Christoffer Georg Andrae, 1812~1893)이다. 수학 교수 출신인 그는 훗날 재무장관과 국회 의장을 지낸다. 그는 앞서 언급한 두 사람의 실험을 전혀 몰랐다. 그러나 그는 1856년 덴마크의 연방화된 영역의 '리그스라드(Rigsraad)', 즉 최고 의회를 선거를 통해 구성할 때, 제한된 선거권에 따라 STV 방식의 초기 양식을 활용하는 데서 가장 중요한 역할을 한다. 그가 STV에 한 공헌은 그의 아들이 쓴 다음 자료를 보라. Poul Georg Andrae, *Andræ og hans Opfindelse Forholdstals Valgmaaden* (Copenhagen, 1905). 이 책은 다음의 영문판으로도 출간되었다. *Andræ and His Invention: The Proportional Representation Method* (Copenhagen and Philadelphia, 1926).

24) 여기서 미국의 예를 하나 들어보자. 미국은 'Election Systems & Software' 같은 회사가 선구적으로 개발한 전자 투표 시스템이 다른 어떤 파수꾼 민주주의 국가에서보다 더 널리 처음 사용된 나라이다. 2006년 중간선거 때 플로리다 주의 제13 하원의원 선거구의 결과가 보여주는 바는 터치스크린 투표 기계를 사용하여 투표한 사람들 가운데 거의 15퍼센트에 가까운 사람들이─1만 8천 명의 유권자─당시 치열하게 경쟁하던 미국 하원 선거에서 양측의 어떤 후보에게도 투표하지 않았음을 보여주었다. 근처 선거구들의 경우에 이렇게 투표자의 실수로 인해 무효표로 간주된 표수가 2.2퍼센트 내지 5.3퍼센트에 불과한 것을 생각하면 이는 매우 특이한 현상이었다. 제13 하원의원 선거구의 이런 불운한 투표들 가운데 상당수의 사람들은 기자들에게 투표 기계의 스크린에서 하원의원 선거를 표시하는 부분을 찾는 것조차 불가능했다고 불만을 토로했다. 기자들의 질문을 받은 많은 사람들은 자신들이 스크린을 보면서 선거에 관한 세부 사항을 찾아보려고 신경을 써서 살펴보았다고 주장했다. 스크린 디자인이 나빴기 때문에 이런 상황이 발생했던 것일 수도 있다. 인터뷰에 응한 사람들 가운데 약 60퍼센트는 투표를 한 뒤에 자신의 선택이 제대로 등록이 되었는지 확인하고 싶었으나 그렇게 할 수 없었다고 말했다. 투표의 마지막 단계에 투표 통계를 요약해주는 페이지가 나오는데 거기에 자신들이 던진 표가 전혀 표시되지 않았다는 것이다. 다른 선거구에서 얻은 증거에 따르면, 만일 컴퓨터 소프트웨어에 실제로 '버그(bug)들'이 들어가 있었다면 이 버그들은 민주당 측의 도전자인 크리스틴 제닝스(Christine Jennings)에게 비율적으로 더 불리하게 작동했으며 공화당 측의 후보자인 베른 뷰캐넌(Vern Buchanan)에게는 우호적으로 작동했다. 후자의 후보자가 369표라는 근소한 표차로 승리했다.

재검표가 진행되었다. 이는 투표 기계가 제대로 기록한 표만을 대상으로 한 것이었다. 재검표에서도 뷰캐넌이 승리했다는 사실은 이미 낙심한 패배자들에게는 아무런 의미가 없었다. 오히려 그들의 실망만 더 깊어지게 했다.

25) Ernest Bevin, *Parliamentary Debates (Hansard). House of Commons Debates* (London, 1946), vol. 427, 22 October 1946.

26) 다음의 문서를 보라. 1–3 in Martin Martiny and Hans-Jürgen Schneider (eds), *Deutsche Energiepolitik seit 1945. Vorrang für die Kohle. Dokumente und Materialen zur Energiepolitik der Industriegewerkschaft Bergbau und Energie* (Cologne, 1981), pp. 21~36.

27) 대의 민주주의를 지지하는 민주주의자들은 하향식 정부 규제의 효율성을 확신하고 있었다. 이런 확신에 대해 초대 주(駐) 아르헨티나 미국 대사를 지낸 프레더릭 제섭 스팀슨(Frederic Jesup Stimson)은 이렇게 강조했다. *The Western Way. The Accomplishment and Future of Modern Democracy* (New York and London, 1929), pp. 86~87. "그런 정부의 여러 기관들은 끝까지 분석해보면 결국은 자기 자신 이외의 전례에는 구속을 받지 않는 관리 개인의 의견 내지 편견에 근거하여 운영되는데, 이런 기관의 놀라운 증가는 최근 몇 년간 미국에서 창설된 여러 종류의 이사회, 위원회, 평의회, 감사 기관의 수효와 목적을 들어보면 분명하게 잘 알 수 있게 된다. 1907년 한 해만 보더라도 그 수가 262개나 된다. 같은 해에 이 기관들은 집행하고 규제하고 감독하는 일을 했는데, 그들이 관리했던 분야는 다음과 같다. 철도, 상선 회사, 모든 일반 운송업, 여객 운송 회사, 전화와 전신, 가스, 난방, 조명, 발전 회사 또는 공익 사업 일반, 도시 건설, 보건, 빈민 구제, 교육 및 공립 학교, 형무소, 보호 시설, 빈민 구제 시설, 어업과 수렵, (주로 들어오는) 이민, 기업 일반, 모든 특별한 종류의 배관공, 야금 기술자, 건설과 금융 조합, 호텔, 노동 조건이 열악한 공장, 간질병 환자 집단 거주지, 경마."

28) James Madison, *The Federalist Papers*, no. 51.

29) *Newsweek* (12 June 1961) and Evan Thomas, 'Bluster Before the Fall', *Newsweek* (15 September 2003).

30) Robert Putnam and Nicholas Bayne, *Hanging Together. Co-operation and Conflict in the Seven-Power Summits* (London, 1987), p. 29.

31) Rosa Parks and James Haskins, *Rosa Parks: My Story* (London, 1992); 또한 다음을 보라. 'Parks Recalls Bus Boycott. Excerpts from an interview with Lynn Neary', http://www.npr.org/templates/story/story.php?storyId=4973548 (National Public Radio, 1992).

32) President Roosevelt, Address to the White House Correspondents' Association, Washington (15 March 1941).

33) 제2차 세계대전 이후 몇 년을 살펴보면 전 지구적인 맥락에서 민주주의의 미래에 대한 새로운 방향의 생각들이 많이 발견된다. 그런 예로 다음을 보라. Thomas Mann, *Goethe and Democracy* (Washington, DC, 1949); Jacques Maritain이 미국정치학회 연례회 때(뉴욕, 1949년 12월 29일) 연설하기 위해 준비한 원고인 'Christianity and Democracy', Harold Laski et al., *The Future of Democracy* (London, 1946); Albert Camus, *Neither Victims nor Executioners* (Chicago, 1972) 이 글이 맨 처음 등장한 것은 1946년 가을에 발간된 《콩바(Combat)》에서였다. Reinhold Niebuhr, *The Children of Light and the Children of Darkness. A Vindication of Democracy and a Critique of its Traditional Defenders* (London, 1945); Pope Pius XII, *Democracy and Peace* (London, 1945); Sidney Hook, 'What Exactly Do We Mean By "Democracy"?', *New York Times*, 16 March 1947, pp. 10ff; and A. D. Lindsay, *Democracy in the World Today* (London, 1945). 이 글에는 연합국의 전쟁 목표의 앞자리에 '민주주의'를 놓은 것이 다른 사람이 아닌 바로 스탈린이었다는 (E. H. 카가 가장 먼저 내세운) 주장이 언급되어 있다. 스탈린은 (1941년 7월 3일 라디오 방송을 통해) 히틀러에 맞서는 소련의 전쟁이 "독립과 민주적 자유를 위한 유럽 및 아메리카 대륙 사람들의 투쟁과 하나로 융합되어 있다."고 말했다. 하지만 카의 주장은 잘못된 것이다. 그 이유는, 이보다 훨씬 전(1941년 3월

15일)에 루스벨트 대통령이 백악관 출입기자협회(WHCA)와 만난 자리에서 한 유명한 연설이 있기 때문이다.

34) Niebuhr, *The Children of Light and the Children of Darkness. A Vindication of Democracy and a Critique of its Traditional Defenders*, p. vi.

35) Charles Malik, 'What Are Human Rights?', *The Rotarian* (August 1948); and the speech 'Required: National Moral Leadership [26 February 1948], reprinted in Habib C. Malik (ed.), *The Challenge of Human Rights. Charles Malik and the Universal Declaration* (London, 2000), pp. 87~95.

36) 2005년 9월 24일 이스탄불에서 인권 단체 '마즐룸데르(Mazlumder)'의 무스타파 에르칸(Mustafa Ercan)과 한 인터뷰.

37) John Perry Barlow, 'A Declaration of the Independence of Cyberspace', *Electronic Frontier Foundation*, 8 February 1996, https://www.eff.org/cyberspace-independence

38) Harry G. Frankfurt, *On Bullshit* (Princeton and Oxford, 2005).

9장 미래에서 본 민주주의

1) From a lecture delivered by Sheikh Rashid al-Ghannouchi, exiled leader of the Tunisian An-Nahda Party, Centre for the Study of Democracy (London), 3 November 2006.

2) '뮤즈'라는 상상의 존재를 세워 이야기 전개의 도구로 삼고 또 현재의 추세가 가져올 장기적인 효과를 미리 예견함으로써 '바깥에서' 현재의 추세를 관찰하는 방법을 택한다. '뮤즈'와 '므네모시네'를 연결하면서 '기억'과 회의체 민주주의 체제 사이에 존재했던 강한 유대 관계를 다시 한 번 떠올린다. '기억(memory)'을 의인화한 존재인 '므네모시네'는 (예를 들어 그리스의 시인 헤시오도스가 대지와 신들의 기원에 관하여 쓴《신들의 계보》시행 131~136에서 그랬듯이) 대지의 여신 가이아와 하늘의 신 우라노스 사이에 탄생한 딸인 타이탄 여신으로 묘사된다. 제우스는 므네모시네와 아홉 밤을 연거푸 동침했고 그녀는 훗날 아홉 명의 뮤즈를 출산한다. 파우사니아스(Pausanias)를 비롯한 작가들은 코린토스 만 북쪽 연안에 위치한 보이오티아의 레바데아에 있는 트로포니우스 신전 앞에 므네모시네에게 헌정된 샘물 혹은 냇물이 있었다는 것을 떠올렸다. (Pausanias, *Guide to Greece*, 9.39.3. "이후에 당신은 신관들의 안내를 받을 것이다. [트로포니오스] 신전으로 바로 안내되는 것이 아니라 두 냇물로 안내될 것이다. 두 냇물은 서로 아주 가까이에 있다. 먼저 당신은 레테의 물을 마셔야 한다. 당신의 머릿속을 가득 채우고 있는 모든 생각을 잊게 될 것이다. 그다음 당신은 '므네모시네'의 물을 마신다. 그러면 당신은 내려간 이후에도 당신이 본 것을 기억하게 될 것이다.") '므네모시네'에 관한 언급은 데모크라티아 시대에 들어서도 한참 동안 계속된다. 기원전 4세기의 것인 투리이, 히포니움, 테살리, 크레테의 무덤에서 발굴한 금으로 된 나뭇잎에는 죽은 자에게 보내는 글이 적혀 있는데, 하데스에 도착해서 '레테'의 물을 마시지 말라는 내용이다. 그 물을 마시면 과거를 잊어버리게 되므로 그 대신에 '므네모시네'의 샘과 냇물에서 갈증을 달래라고, 그리해야 기억이 보존될 것이라는 것이었다.

3) Italo Calvino, 'The Watcher [1963]', in *The Watcher and Other Stories* (New York, 1971), pp. 1~74. '불치자를 위한 코톨렌고 병원'의 광대한 부지에 설치된 투표소에 신부들과 수녀들이 환자 무리를 투표소로 데리고 가는 것을 아메리고 오르메아라는 이름의 공산당원은 특이할 정도로 담담하게 하루 종일 지켜보았다. 기괴한 장면이었다. 하지만 아메리고는 이런 투표 장면을 당연하게 여겼다. "온갖 허풍과 과시와 호화로움과 겉치레 앞에 언제나 굽신대던 이탈리아에서 이런 광경이 연출되는 것은 정직하고 엄격한 도덕률의 교훈이며, 파시스트들에 대한 길고도 조용한 복수다. …… 파시스트들은 자신의 옷을 장식하던 황금빛 술과 리본과 함께 땅속으로 들어가 있지만, 민주주의는 굳은살이 박이거나 떨리는 손에 마치 전보용지처럼 접은 투표용지와 연필이 전달되는 이 엄숙한 의식과 함께 앞으로 전진하고 있다."

4) Thomas Carlyle, *Latter-Day Pamphlets* (1850), in *The Works of Thomas Carlyle* (London, 1899), vol. 10, 5; Oscar Wilde, 'The Soul of Man Under Socialism', *The Fortnightly Review*, 290

(February 1891), pp. 292~319.

5) Richard S. Katz and Peter Mair et al., 'The Membership of Political Parties in European Democracies, 1960–1990', *European Journal of Political Research*, 22 (1992), pp. 329~345; and Peter Mair and Ingrid van Biezen, 'Party Membership in Twenty European Democracies, 1980–2000', *Party Politics*, 7, 1 (2001), pp. 5~21.

6) Peter Ronald deSouza et al. (eds), *State of Democracy in South Asia. A Report* (New Delhi, 2008), pp. 92, 253, 266~267; and Murray Goot, 'Distrustful, Disenchanted and Disengaged?', in David Burchell and Andrew Leigh (eds), *The Prince's New Clothes: Why Do Australians Dislike Their Politicians?* (Sydney, 2002), p. 13.

7) Max Weber, *Badische Landeszeitung* (16 December 1897), p. 1, cited in Wolfgang J. Mommsen, *Max Weber and German Politics 1890–1920* (Chicago and London, 1984), p. 77.

8) 판 폴렌호번은 다음과 같이 제시했다. 현대적 형태의 초국가적 법률은 역사적으로 중세 세계에 뿌리를 두고 발전해 왔으며, 1500년경 중세 기독교 세계가 분할된 이후 제한 없는 주권을 주장하는 영토 국가들이 발흥하면서 그 국가들이 '교전권(ius belli)'의 논리를 발전시켰다. 그리고 3세기가 지난 뒤 제러미 벤담(Jeremy Bentham)이 '국제법(international law)'이라고 처음 명명한 것으로 재탄생하여 '유스 벨리 아크 파키스(ius belli ac pacis, '주권'을 지닌 국가가 전쟁을 할 것인가 아니면 평화를 유지할 것인가 양단간에 결정을 내릴 권리가 있다는 것)' 논리가 펼쳐졌으며, 그다음에는 '유스 파키스 아크 벨리(ius pacis ac belli, 한 국가가 다른 국가들 사이에 평화를 유지하면서 살고, 이 목적을 위해 전쟁이라는 수단을 최소한으로 사용할 권리가 있다는 것)' 논리가 펼쳐졌다. 판 폴렌호번은 평화의 새로운 시대—유스 파키스(ius pacis)의 시대—가 실현되리라고 확신했다. 동시에 오직 전 지구적 경찰력이 창설되고 배치될 때 비로소 그런 시대가 가능하다는 점을 명확히 했다. 그는 군사 개입의 권리를 폭력 범죄에 대한 법적인 심판과 징벌로부터 분리해야 한다고 생각했다. 갑자기 전투가 벌어지면 세계 여러 나라의 국민들은 어떻게 해야 하는지 혹은 누가 옳고 누가 그른지를 밝히려고 오랜 시간 논쟁할 필요가 없으며, 보호가 필요한 사람들에게 도움을 주기 위해서 누가 달려갈 수 있는지에 관해서도 오랜 논쟁을 할 필요가 없다고 그는 생각했다. 그는 그 문제는 나중에 생각해도 된다고 권했다. 가장 먼저 해야 할 일은 당장 싸움을 멈추라고 경찰이 명령하는 것이다. 만일 그 명령을 존중하지 않는다면 반드시 경찰력이 개입해서 싸움 당사자들을 서로 격리하고 전투 행위를 중단시켜야 할 것이다. 그다음에 비로소 죄가 있는 자를 심판하여 징벌을 내리고, 잘못된 것을 바로잡고, 손실을 대한 보상을 하는 것이다.

9) Donald Rumsfeld의 기자 회견, United States Defense Secretary, CNN (7 October 2001).

10) 이어지는 인용문은 다음에서 발췌한 것이다. Dobrica Ćosić, *Srpsko pitanje - demokratsko pitanje* (Belgrade, 1992), p. 129; *Piščevi zapisi (1981–1991)* (Belgrade, 2002), pp. 393, 402; and *Piščevi zapisi (1992–1993)* (Belgrade, 2004), pp. 24~5, 56, 135~136.

11) George Orwell, 'You and the Atom bomb', *Tribune*, 19 October 1945, reprinted in *Selections from Essays and Journalism: 1931–1949* (London 1981), p. 715.

12) President Bill Clinton, 27 September 1993, cited in Tony Smith, *America's Mission. The United States and the Worldwide Struggle for Democracy in the Twentieth Century* (Princeton, NJ, 1994), p. 311. 클린턴 대통령은 1994년 연두교서에서 이와 같은 논점을 되풀이했다. "궁극적으로 우리의 안보를 확고하게 하고 영구히 평화를 건설하는 가장 좋은 전략은 세계의 다른 지역에서 민주주의가 진전하는 것을 지지하는 일이다. 민주 체제는 서로 공격하지 않는다. 민주 체제에서는 서로 더 좋은 교역 파트너가 되면 더 좋은 외교 파트너가 된다."

13) Dan Reiter and Allan C. Stam, *Democracies at War* (Princeton, NJ, and Oxford, 2002), p. 2.

14) Henry A. Kissinger와 한 인터뷰, CNN International, 26 November 2006.

15) Mark Peceny, *Democracy at the Point of Bayonets* (University Park, Penn., 1999); John A. Tures, 'Operation Exporting Freedom: The Quest for Democratization via United States Military

Operations', *Whitehead Journal of Diplomacy and International Relations*, 6 (2005), pp. 97~111.

16) 1920년 대통령 선거 유세는 공화당에 압도적인 승리를 안겨주었는데, 이때 승리한 후보자 워런 하딩 (Warren Harding)은 우드로 윌슨(Woodrow Wilson)이 추진한 인기 없는 대(對) 아이티 정책을 비난 하면서 '총검 끝으로 위협하면서(at the point of bayonets)'라는 구절을 사용했다. 당시 민주당 부통 령 후보는 프랭클린 델러노 루스벨트였다. 루스벨트는 선거 운동 중에 자신이 해군 차관보로 있으면 서 아이티의 헌법을 제정했다고 자랑했다. 하딩은 이를 비난하면서 다음과 같이 말했다. "나는 서인 도 제도에 사는 힘없는 사람들에게 헌법을 제정해주고 총검 끝으로 위협하면서 그 헌법을 그들의 목 구멍 속으로 쑤셔 넣을 권한을 해군 차관보에게 주지 않을 것이다."(H. Schmidt, *The United States' Occupation of Haiti, 1915-1934* (New Brunswick, NJ, 1971), p. 118에서 인용.) 여기에서 기억할 점은, 잘 계산된 하딩의 말에도 흑인 아이티인의 유전자에는 자치 능력이 없다고 여기는 백인 미국인 정책 입안자들의 깊은 편견이 들어 있었다는 사실이다. "맙소사, 뭐라고? 흑인들이 프랑스어를 한다 고?" 1915년 미국이 아이티에서 군사 개입을 시작할 즈음 아이티 문화에 대해서 한 시간 동안 설명을 들은 윌리엄 제닝스 브라이언(William Jennings Bryan)이 한 말이다.(H. Schmidt의 같은 책에서 인 용.) 그는 민주당 대통령 후보를 세 번이나 지냈으며 평민들의 선을 신뢰한다고 공언한 덕분에 '위대한 평민'이라는 별명으로 불렸다.

17) Amnesty International, *United States of America: Guantánamo and beyond: The continuing pursuit of unchecked executive power*, 13 May 2005, AI Index: AMR 51/063/205, pp. 83~109. Human Rights Watch, *United States: Ghost Prisoner. Two Years in Secret CIA Detention*, vol. 19, no. 1(G), February 2007, pp. 37~42.

18) President George W. Bush, at a press conference given at the White House, 13 April 2004.

19) 기원전 414년 Aristophanes가 쓴 희곡, *The Birds*, verses 1570-1571; and Joseph de Maistre, 'On the Nature of Sovereignty', in Richard Lebrun (ed.), *Against Rousseau* (Montreal, 1996), p. 152.

20) 〈Sweet Neo Con〉이라는 노래의 가사. 2005년 5~6월에 녹음된 Rolling Stones의 앨범 *A Bigger Bang* (2005).

21) Ellen Knickmeyer and Naseer Mehdawi, 'In Syria, Iraq's Fate Silences Rights Activists', *Washington Post*, 26 October 2006, A 18.

22) José Luis Velasco, 'Democratización y Conflictos Distributivos en América Latina', in Waldo Ansaldi (ed.), *La Democracia en América Latina, un barco a la deriva* (Buenos Aires, 2007), pp. 131~154; and Leonardo Curzio, 'La Transición a la Democracia y la Construcción de Ciudadanía en México', 같은 책, pp. 313~331

23) 2002년 1월 28일 예루살렘에서 아리엘 샤론 총리가 한 연설과 2003년 11월 6일 조지 W. 부시 대통령 이 워싱턴에서 열린 미국 민주주의기금(NED)의 20주년 기념식에서 한 발언.

24) 인용문은 다음에서 발췌한 것이다. 2005년 11월 17일 부산에서 열린 APEC 정상회담에서 중화인민공 화국의 후진타오 주석이 한 연설. 그리고 2006년 11월 17일 베트남 하노이에서 열린 APEC 정상회담 에서 후진타오 주석이 한 연설(Sun Shangwu, 'Hu: China to pursue peace, prosperity', posted at www.chinadaily.com.cn/china).

25) State Council Information Office, *Building of Political Democracy in China* (Beijing, 19 October 2005). 앞서 인용된 구절의 출처는 다음과 같다. 량치차오(梁啓超), '新中國未來記', 《飮氷室合集》(上 海, 1902). 쑨원이 1924년 초에 광저우에서 매주 실시했던 강연은 《三民主義》(上海, 1927), pp. 149~ 360에 수록되었다. Mao Tse-tung, *On New Democracy* (January 1940) (Peking, 1966).

26) 2006년 11월 5일 '중국-아프리카 협력에 대한 베이징 정상 포럼'은 인민대회당에서 후진타오 중국 주 석, 멜레스 제나위 에티오피아 총리, 무바라크 이집트 대통령이 낭독한 선언문을 채택했다. 이 선언문 은 "새로운 형태의 전략적 동반자 관계 확립은 중국과 아프리카가 공유하는 소망이며 독자적인 선택

이다. 우리는 공동의 이익에 공헌하며 개발도상국의 연대, 상호 지원과 협력, 단결을 강화하고, 지속적인 평화와 조화로운 세계 발전에 기여한다."라고 밝혔다. 이 '새로운 형태의 전략적 동반자 관계'를 촉진하기 위해 지도자들은 고위층 인사의 방문, 무역과 투자의 양방향 협조, 공중 위생과 인력 훈련, 문화 교류를 포함한 다양한 방법을 활용하기로 약속했다. 지도자들은 부채 경감과 시장 개방에 대한 국제 사회의 약속을 국제 사회가 스스로 실천에 옮길 것을 촉구했으며, "중국-아프리카의 친선과 양측의 장기적 이해관계에 맞추어 협력 과정에서 일어날 수 있는 문제와 도전은 우호적인 상호 협의를 통해 적절하게 처리"할 것을 약속했다. 이틀간의 회담 기간 동안 아프리카의 지도자들은 각각 '하나의 중국 정책'과 '중국의 평화 통일'에 대한 굳건한 지지를 반복하여 확인했다.

10장 민주주의의 민주화

1) 'Afghans take first awkward steps towards democracy', *Financial Times* (London), 9/10 October 2004.

2) Amartya Sen, 'Democracy as a Universal Value', *Journal of Democracy*, 10, 3 (1999), pp. 3~17.

3) George F. Kennan, *The Cloud of Danger* (Boston and Toronto, 1977), pp. 41~42, 45.

4) 이런 논지의 대화가 영국 기자의 기사에 실려 있다. Jonathan Dimbleby, '……and we don't care', *Sunday Times* (London), 27 April 2008, p. 3.

5) Mathias Greffrath를 비롯한 사람들과 한 인터뷰, 'Den Planeten verwestlichen!', *Süddeutsche Zeitung* (München), 20 November 2001 (translation mine); Richard Rorty와 한 인터뷰 (Paris, 10 May 2002); and Richard Rorty, 'The priority of democracy to philosophy', *Objectivity, relativism, and truth. Philosophical Papers*, vol. 1 (Cambridge and New York, 1991), p. 193.

6) *Daily Star* (Beirut), 3 February 2003에서 인용.

7) Thucydides, *History of the Peloponnesian War*, Book 2, 64.3; Kurt A. Raaflaub의 언급과 비교하여 보라. Kurt A. Raaflaub, 'Democracy, Power, Imperialism', in J. Peter Euben et al. (eds), *Athenian Political Thought and the Reconstruction of American Democracy* (Ithaca, NY, and London, 1994), pp. 103~146.

8) Josiah Ober, 'Learning from Athens', *Boston Review*, March/April 2006; and *Democracy and Knowledge: Innovation and Learning in Classical Athens* (Princeton, NJ, 2008).

9) James Mill, 'Government', *Encyclopaedia Britannica* (Edinburgh, 1820), reprinted as *An Essay on Government* (Cambridge, 1937).

10) Giuseppe Mazzini, *Thoughts Upon Democracy in Europe*, first published in the *People's Journal* (1847) and reprinted in *Joseph Mazzini. A Memoir by E.A.V. with Two Essays by Mazzini* (London, 1887), pp. 171~257.

11) Theodore Parker, 'The American Idea', in *Additional Speeches, Addresses, and Occasional Sermons* (Boston, 1855), vol. I, p. 33; and 'The Nebraska Question', 같은 책, vol. I, p. 327.

12) Nahum Capen, *The History of Democracy: or, Political Progress, Historically Illustrated, From the Earliest to the Latest Periods* (Hartford, Conn., 1874), p. v.

13) 이 내용은 다음을 참고하였다. 1949년 12월 29일 뉴욕에서 열린 미국 정치학회 연례회의에서 한 연설과 1950년 2월 19일 게티스버그 대학에서 '아담스 카운티 기독교와 유대인 총회 라운드 테이블'을 위해 준비한 연설. 이 연설 원고들은 다음에 보존되어 있다. University of Notre Dame Archives, Notre Dame, Indiana, Jacques Maritain Papers, 6/04 F. 이어지는 인용문들은 pp. 2~5에서 발췌한 것이다.

14) Njabulo Ndebele, *The Cry of Winnie Mandela* (Claremont, 2004), pp. 82, 84.

15) 내가 이란의 성직자 겸 학자인 모센 카디바(Mohsen Kadivar, 1959~)와 나눈 대화와 그 뒤에 이어진 서신 교환(2006년 6월)에는 지상 세계와 초월적 세계 사이에 존재한다고 가정된 공간이 지닌 핵심적 중요성이 강조되었다. 테헤란에서 그는 내게 이렇게 말했다. "이슬람의 견해에 따르면 인간에게는 '관

대한 마음'이 부여되어 있다.(그가 사용한 단어는 '카라마트Karamat'였다.) 인간은 하느님의 성령을 지닌 자들이다. …… 따라서 인간은 신의 대리자, 즉 지상의 칼리프(caliph)로서 행동할 권리가 있다." 신의 눈으로 볼 때 인간은 신뢰를 부여하기에 충분한 존재일 뿐 아니라, 이 지상에서 어떻게 살 것인 지 그리고 어떻게 잘살 것인지를 결정할 신이 주신 의무가 인간에게 지워져 있다고 그는 계속해서 말 했다. (신앙자들에게) 핵심 종교 규율들은 이러한 의무를 이행하는 데 중요한 역할을 하지만, 이 규율 들에는 두 종류가 있다. 불변의 것과 변화할 수 있는 것이다. 신의 단일성, 무함마드의 예언, 내세의 확 실성은 인간에게 주어진 의문의 여지가 없는 선물이다. 하지만 신은 인간에게 인간적 판단력을 행사할 수 있는 넉넉한 공간을 남겨 두었다. 성서와 전통의 해석은 임시적이며 인간 자신이 새로이 결정하는 명령에 지배받는다. 종교 문건은 세속적 사항들을 전혀 언급하지 않거나, 항공 교통 통제 시스템의 운 영 혹은 이혼 가정의 아동 복리를 확보하는 문제 같은 지극히 다양한 사안에는 적용되지 않는다. 여기 에 '정치'의 불가피성이 있다. 이는 인간의 집단적 사안에 대한 인간의 집단적 개념 규정이며 처리이다. 신정(神政)이라는 것은 특정한 정부 형태가 아니다. 이슬람교도들은 민주정, 전제정, 귀족정이라는 서 로 다른 세 종류의 통치 형태 가운데 하나를 선택해야 하는 상황에 처해 있다고 카디바는 말했다. 이 슬람의 공식적 요구 사항을 충족하는 것은 오직 민주정뿐이다. 카디바는 이슬람 사회에 특별히 적합 한 이런 종류의 정부 형태를 이전에 '종교 민주주의'라고 명명한 적이 있다고 말했다. 이제 그는 '이슬 람 사회의 민주주의 혹은 이슬람교도를 위한 민주주의'라는 표현을 선호한다고 했다. 그가 염두에 두 고 있는 것은 여러 민주주의적 제도—시민 사회, 자유롭고 공정한 선거, 공직 순환 보유, 이슬람교도 와 비이슬람교도에 대한 동등한 존중, 정부 권력에 대한 공적 감시—인데, 이 제도들은 정치 제도를 합법적인 것으로 여기는 시민들의 종교적 양심으로 가득 차 있다. 왜냐하면 그 정치 체제는 결국 신에 의해 승인되기 때문이다. 신은 '모든' 사람에게 지상에서 잘살아야 한다는 의무를 지웠기 때문에, 그리 고 잘산다는 것은 집단적 사안을 공동으로 조정하는 데 평등한 자들로서 공헌하는 학습된 능력에 의 존하는 것이기 때문에, 민주주의는—'벨라야트에 파키흐(velayat-e faqih)'로 알려진 임명제의 절대적 수호자 통치 체제가 아니라—신을 섬기며 오늘날 세계에서 이슬람교도로 명예롭게 살아가는 데 꼭 필요한 필수 조건이다.

16) 이 부분은 다음을 토대로 하였다. John Keane, 'Humble Democracy: New Thinking about an Aging Ideal', *Think India Quarterly*, vol. 10, 2 (April-June 2007), pp. 1~34 (originally delivered as the B. N. Ganguli Memorial Lecture, CSDS, Delhi, 25 February 2005).

17) Benedetto Croce, 'Liberalism and Democracy', in *My Philosophy and Other Essays on the Moral and Political Problems of Our Time* (London, 1951), p. 94.

18) Montesquieu, *De l'esprit des lois*, book 11, chapter 6 and book 19, chapter 27.

19) Kathleen Freeman, *The Pre-Socratic Philosophers* (Oxford, 1949), p. 399에서 인용.

20) Walt Whitman, 'Democratic Vistas', in *Complete Prose Works* (Philadelphia, 1892), paragraph 55.

21) Gough Whitlam와 한 인터뷰, 'Good life's work for Labor titan', *Weekend Australian* (Sydney), 8-9 July 2006, p. 26.

22) Alexis de Tocqueville, *Democracy in America*, edited by J. P. Mayer (New York, 1969), volume 1, p. 12.

23) C. S. Lewis, 'Equality [1943]', in Walter Hooper (ed.), *Present Concerns: Essays by C. S. Lewis* (New York, 1986), p. 17, paragraph 1.

24) 2005년 5월 25일 홍콩의 입법회 건물에서 칙선 변호사 마틴 리(Martin Lee)와 한 인터뷰.

25) E. M. Forster, 'What I believe [1936]', in *Two Cheers for Democracy* (London, 1951).

플런킷, 조지 워싱턴 451, 462

플로레스, 베난시오 568

피우스 7세 633, 634, 1084

피츠휴, 조지 445~447

피트, 윌리엄 453, 652

필리포스 2세 140~142

ㅎ

하딩, 워런 1010

하르모디오스 56, 58, 61, 75, 115, 140, 165, 170

하리리, 라피크 846, 847

하벨, 바츨라프 32, 831, 842

하워드, 존 961, 962, 964

하인리히 5세 310, 661

함무라비 185, 186

해리슨, 윌리엄 헨리 417, 418

해밀턴, 알렉산더 250, 383, 386, 391, 396, 399, 402~404, 406, 466, 478, 766

헌팅턴, 새뮤얼 851~856, 871, 892

헤로도토스 118, 157, 172

호메로스 62, 66, 150

호헨도르프, G. K. 반 620

후세인, 사담 1003

후안 1세 269, 298

후진타오 1035, 1036, 1041, 1042

후쿠야마, 프랜시스 152, 848~852, 854, 892, 1091

휘트먼, 월트 45, 382, 410, 423, 881, 1072, 1073, 1076, 1084

히틀러, 아돌프 730, 737, 739, 740, 742, 743, 756, 897, 904, 1060

히파르코스 54~56, 131

히페레이데스 142, 143

히피아스 54~56

힐, 롤런드 675, 676

ㄱ

간접 민주주의 22

《걸리버 여행기》(스위프트) 1067

게리맨더링 152, 153, 948

경제협력개발기구 907, 980

공리주의 1058

공화 민주주의 29, 255, 395, 399, 434, 435, 732

과두정 58, 89, 111, 114, 125, 127, 143, 149, 157, 165~168, 170~175, 192, 207, 271, 299, 300, 389, 614, 642, 674

과두제의 철칙 414, 591

교도 민주주의 830

《국가론》(플라톤) 231

《국가에 관한 6권의 책》(보댕) 150

국민 투표 534, 562, 563, 564, 592, 641, 643, 723, 838, 887, 893, 948

국민회의당(인도) 757, 758, 762, 763, 765~769, 773, 774, 781, 782, 784, 785, 786, 789, 790, 792, 794, 796, 798, 806, 808, 809, 810, 811, 824

국제사면위원회 926, 935, 1033

국제연합(UN) 38, 893

국제올림픽위원회(IOC) 38, 889~891

국제통화기금 907, 908, 980, 1032

권리 장전(영국) 152, 923

귀족 민주주의 29, 295, 362, 365, 368, 612

귀족정 147, 149, 271, 358, 359, 360, 398, 548, 608, 615, 620, 623, 627, 689, 1088

《그리스의 역사》(그로트) 155

그린피스 12, 932

《근대 민주정》(브라이스) 870, 1093, 1097

옮긴이 _ 양현수

서울대 정치학과를 졸업했고 미국 컬럼비아대학에서 정치학 석사와 박사 학위를 받았다.
현재 전문 번역가로 일하고 있다. 옮긴 책으로는 《장칭》, 《트로츠키》가 있다.

민주주의의 삶과 죽음

2017년 6월 30일 초판 1쇄 인쇄
2017년 7월 15일 초판 1쇄 발행

- 지은이 ─────── 존 킨
- 옮긴이 ─────── 양현수
- 펴낸이 ─────── 한예원
- 편집 ─────── 이승희, 조은영, 윤슬기
- 본문 조판 ─────── 성인기획
- 펴낸곳   교양인

    우 04020 서울 마포구 포은로 29 신성빌딩 202호
    전화 : 02)2266-2776 팩스 : 02)2266-2771
    e-mail : gyoyangin@naver.com
    출판등록 : 2003년 10월 13일 제2003-0060

ⓒ 교양인, 2017
ISBN 979-11-87064-15-2 03900

* 잘못 만들어진 책은 바꾸어드립니다.
* 값은 뒤표지에 있습니다.

이 도서의 국립중앙도서관 출판예정도서목록(CIP)은 서지정보유통지원시스
템 홈페이지(http://seoji.nl.go.kr)와 국가자료공동목록시스템(http://www.
nl.go.kr/kolisnet)에서 이용하실 수 있습니다.(CIP제어번호: CIP2017015169)